Bielefeld, Der Wohnungseigentümer
Ratgeber zum Wohnungseigentum

Volker Bielefeld

Der Wohnungseigentümer

Ratgeber zum Wohnungseigentum

mit Gesetzestext und Rechtsprechungsregister

9., neu bearbeitete Auflage

Haus & Grund Deutschland – Verlag und Service GmbH

Zitierweise: Bielefeld, Ratgeber Wohnungseigentum

ISBN 978-3-939787-57-0

9., neu bearbeitete Auflage 2011
Stand: September 2011
Haus & Grund Deutschland –
Verlag und Service GmbH
Mohrenstraße 33
10117 Berlin
Tel. 030 – 20216-204
Fax 030 – 20216580
Internet: www.haus-und-grund-verlag.net
E-mail: verlag@haus-und-grund.net

Gestaltung: Max Witkiewicz, Bad Münstereifel
Satz: CPI – Clausen & Bosse, Leck
Druck: CPI – Clausen & Bosse, Leck

Vorwort

Seit dem Inkrafttreten der WEG-Reform am 1. Juli 2007 sind inzwischen über vier Jahre vergangen.
Die neuen Bestimmungen haben zu zahlreichen grundsätzlichen Änderungen geführt, die nach dem Willen des Gesetzgebers der Verbesserung der Rechtsklarheit und der Rechtssicherheit dienen sollten. Dennoch sehen sich alle Betroffenen, ob Wohnungseigentümer, Verwalter, Anwälte, Notare, in gleicher Weise aber auch die Käufer von Eigentumswohnungen, mit einer Fülle neuer, zusätzlicher und bisher unbekannter Fragen und Probleme konfrontiert.
Auch diese Gesetzesreform macht einmal mehr deutlich, dass gewollte Rechtsklarheit allein nicht immer und gleichzeitig auch zur Rechtssicherheit führt.
So sollte die Einführung einer erweiterten Beschlusskompetenz dazu dienen, dass bisher geltende starre Einstimmigkeitsprinzip mit dem Ziel zu durchbrechen, in bestimmten Fällen und unter bestimmten Voraussetzungen Änderungen oder Abweichungen von einer gesetzlichen Vorschrift oder von ihnen gleichstehenden Regelungen in Teilungserklärungen und Gemeinschaftsordnungen nicht mehr der Zustimmung aller Eigentümer zu unterwerfen.
Insbesondere die mit diesem neuen Rechtsinstrumentarium geschaffene Möglichkeit, über Änderungen der Kostenverteilung und Modernisierungsmaßnahmen mehrheitlich zu beschließen, kommt diesem Ziel zwar grundsätzlich näher und den Bedürfnissen der Praxis entgegen.
Allerdings haben die bisher von der Rechtsprechung entschiedenen Fälle deutlich gemacht, dass diese gesetzlichen Regelungen – gewollt oder ungewollt – einer sehr detaillierten Auslegung zugänglich sind und den Wohnungseigentümern dadurch ein „weiter Gestaltungsspielraum" eingeräumt wurde.
Andererseits hat die Rechtsprechung im Wege dieser Auslegung im konkreten Einzelfall relativ enge Grenzen gezo-

gen. Hinzu kommt, dass auch die Meinungen der Experten zu verschiedenen Kernfragen dieser neuen Regelungen keineswegs nur in eine Richtung weisen und deshalb nicht unbedingt der Rechtsklarheit und Rechtssicherheit dienlich sind.
Auch die ebenfalls, der Rechtsprechung des Bundesgerichtshofes folgend, getroffene gesetzliche Regelung der Teilrechtsfähigkeit der Wohnungseigentümergemeinschaft hat bisher noch nicht zu einer allgemein verständlichen Klärung und Abgrenzung der individuellen Rechte der Wohnungseigentümer einerseits und den Rechten der Gemeinschaft andererseits und der damit einhergehenden Fragen geführt.
Schließlich sind auch die mit der Umstellung auf das ZPO-Verfahren verbundenen Fragen in vielen Punkten noch nicht abschließend und vor allem auch nicht zufriedenstellend im Interesse der Gesamtheit der Wohnungseigentümer und der Verwalter geklärt.
Der jetzt in neunter, überarbeiteter und ergänzter Auflage vorliegende „Ratgeber zum Wohnungseigentum" soll, soweit dies die bisherige „Reform"-Rechtsprechung zulässt, informierend auf die neuen Fragen Antworten geben.
Gleichzeitig soll er aber auch in der bewährten Weise auf strittige Fragen hinweisen und ebenso neue Rechtsauffassungen zu „alten" Fragen erläuternd darstellen.
Umfassendes Wissen und aktuelle Informationen sind nach wie vor die Grundlage für verantwortungsvolle Entscheidungen zur Vermeidung von Konflikten und zur Abwehr von Streitigkeiten in den Wohnungseigentümergemeinschaften .

Düsseldorf, November 2011 Volker Bielefeld

Inhaltsverzeichnis

I. Was ist Wohnungseigentum?

Jeder Wohnungseigentümer, aber auch der, der erst eine Eigentumswohnung erwerben will, muss sich darüber im Klaren sein, dass er mit seiner Wohnung eine besondere Form des Eigentums erworben hat bzw. erwerben wird und diese besondere Rechtsform seine Rechte und Pflichten als Eigentümer entscheidend prägt und beeinflusst.

1.1 Der Begriff „Wohnungseigentum"

Gemäß § 1 Abs. 2 WEG ist Wohnungseigentum gesetzlich definiert

- als Sondereigentum an einer Wohnung
  in Verbindung mit dem
- Miteigentumsanteil am gemeinschaftlichen Eigentum, zu dem es gehört.

Danach ist der Begriff „Wohnungseigentum" an den Begriff „Wohnung = Räume, die Wohnzwecken dienen" gekoppelt. Daher spricht man allgemein auch von der „Eigentumswohnung", obwohl das Wohnungseigentumsgesetz diesen Begriff nicht verwendet.
Eine gesetzliche Bestimmung des Begriffs „Eigentumswohnung" ergibt sich allerdings aus einer Regelung zu § 12 des früheren Zweiten Wohnungsbaugesetzes, wonach eine Eigentumswohnung eine Wohnung ist, an der Wohnungseigentum nach den Vorschriften des Wohnungseigentumsgesetzes begründet ist.
Aus dieser Definition ergibt sich, dass der Unterschied zwischen den Begriffen „Wohnungseigentum" und „Eigentumswohnung" darin liegt, dass der Begriff

- „Eigentumswohnung“ das Objekt
  und der Begriff
- „Wohnungseigentum“ den rechtlichen Inhalt des Eigentumsrechts an diesem Objekt

bezeichnet.

1.2 Der Begriff „Teileigentum“

Räume eines Gebäudes können grundsätzlich auch zu anderen als zu Wohnzwecken genutzt werden, beispielsweise für berufliche oder gewerbliche Zwecke.
In diesen Fällen spricht man vom Teileigentum. Nach § 1 Abs. 3 WEG gilt als

- Teileigentum das Sondereigentum an nicht zu Wohnzwecken dienenden Räumen eines Gebäudes
  in Verbindung mit dem
- Miteigentumsanteil an dem gemeinschaftlichen Eigentum, zu dem es gehört.

Soweit in den weiteren Vorschriften des Wohnungseigentumsgesetzes nur die Begriffe „Wohnungseigentum“ und „Wohnungseigentümer“ verwendet werden, geschieht dies aus Gründen der Vereinfachung und bedeutet nicht etwa, dass das „Teileigentum“ und die „Teileigentümer“ von diesen Vorschriften ausgenommen sind.
Dies ergibt sich aus § 1 Abs. 6 WEG, wonach für das Teileigentum die Vorschriften über das Wohnungseigentum entsprechend gelten.
In der Praxis wird der unterschiedlichen Bestimmung als Wohnungseigentum oder Teileigentum und des damit geregelten Nutzungszwecks und Nutzungsrechts (reine Wohnnutzung, berufliche und gewerbliche Nutzung) häufig nicht die ausreichende Beachtung geschenkt.
Deshalb entstehen immer wieder Streitigkeiten darüber, ob die Bezeichnung als Wohnungseigentum auch tatsächlich

jede gewerbliche oder berufliche Nutzung ausschließt bzw. andererseits die Bezeichnung als Teileigentum keine Wohnnutzung zulässt.

1.3 Wohnungseigentum und Eigentumsbegriff

Wohnungseigentum ist echtes Eigentum, stellt allerdings eine Mischform von Alleineigentum (§§ 1008ff. BGB) und Miteigentum dar.
Das Wohnungseigentum verbindet

- das Alleineigentum an einer Wohnung oder an einer sonstigen Raumeinheit = Sondereigentum
  mit
- dem Bruchteilseigentum am Grundstücksrecht
  = Miteigentum, gemeinschaftliches Eigentum

(vgl. hierzu: BGH, 17. 1. 1968, V ZB 9/67; BayObLG, 14. 5. 1975, 2 Z 23/75, m. w. N.).
Gemäß § 94 BGB ist ein auf einem Grundstück errichtetes Gebäude wesentlicher Bestandteil dieses Grundstücks, wobei auch die zur Herstellung des Gebäudes eingefügten Sachen als wesentliche Bestandteile des Gebäudes zu den wesentlichen Bestandteilen des Grundstücks gehören.
Da das Gebäude somit als wesentlicher Bestandteil des Grundstücks gilt, kann es gemäß § 93 BGB nicht Gegenstand besonderer Rechte sein.
Von dieser Vorschrift des § 93 BGB weicht das Wohnungseigentumsgesetz insoweit ab, als es an Räumen und den dazugehörigen wesentlichen Bestandteilen des Gebäudes als „Gegenstand besonderen Rechts“ Sondereigentum der einzelnen Miteigentümer zulässt.
Damit soll den Miteigentümern im Rahmen ihres Miteigentums am Grundstück und am Gebäude ein Bereich wirklichen Alleineigentums eingeräumt werden, soweit dies mit den Erfordernissen der Gemeinschaft vereinbar ist.

Unter diesem Gesichtspunkt enthält das Wohnungseigentumsgesetz notwendigerweise die entsprechenden Bestimmungen, durch die die Grenzen zwischen Sondereigentum als Alleineigentum und Miteigentum gezogen werden (vgl. hierzu: BayObLG, 12. 1. 1966, 2 Z 80/65).
Das Wohnungseigentumsgesetz trifft als „Rahmengesetz" jedoch nur die grundsätzlichen Regelungen zur Abgrenzung zwischen Gemeinschafts- und Sondereigentum. Darüber hinaus sind die Grenzen zwischen Sonder- und Gemeinschaftseigentum vielfach unbestimmt, so dass in der Praxis Streitigkeiten und Auseinandersetzungen unvermeidlich bzw. vorprogrammiert sind.

2. Sondereigentum und Gemeinschaftseigentum

Eine eindeutige Trennung und Abgrenzung von Sondereigentum und Gemeinschaftseigentum ist deshalb von entscheidender Bedeutung, weil es um so wichtige Fragen geht wie

- Instandhaltung und Instandsetzung,
- Modernisierende Instandsetzung,
- Modernisierungsmaßnahmen,
- bauliche Veränderungen,
- Lasten- und Kostenverteilung,
- Gebrauchs- und Nutzungsregelungen,
- Verkehrssicherungspflichten,
- Versicherungen etc.

Aus diesen Gründen ist deshalb bei zahlreichen Streitigkeiten zunächst die grundsätzliche Frage zu klären, ob im konkreten Streitfall Sondereigentum oder gemeinschaftliches Eigentum betroffen ist.

2.1 Was gehört zum Sondereigentum?

Was Gegenstand und Inhalt des Sondereigentums sein kann, ergibt sich zunächst aus den Vorschriften der §§ 1, 3, 5 und 8 WEG.

2.1.1 Räume als Gegenstand des Sondereigentum

Sondereigentum kann an Wohnungen (Wohnungseigentum) und an nicht zu Wohnzwecken dienenden Räumen (Teileigentum)

- vertraglich eingeräumt
  oder
- durch Teilung begründet werden.

Für beide Fälle gilt die Vorschrift des § 3 Abs. 2 Satz 1 WEG, wonach Sondereigentum nur eingeräumt werden soll, wenn die Wohnungen oder sonstigen Räume in sich abgeschlossen sind.
Daraus ergibt sich für den Gegenstand des Sondereigentums zunächst, dass es sich

- um Wohnungen oder um nicht zu Wohnzwecken dienende Räume handeln muss
  und
- diese Wohnungen oder sonstigen Räume in sich abgeschlossen sind.

Was als Wohnung gilt bzw. was unter Abgeschlossenheit zu verstehen ist, ergibt sich aus den Vorschriften des Wohnungseigentumsgesetzes selbst nicht. Zur Klärung dieser Begriffe ist auf andere Bestimmungen zurückzugreifen.

2.1.2 Der Begriff „Wohnung“

Der Begriff „Wohnung“ ist für den Bereich des Wohnungseigentums durch die „Allgemeine Verwaltungsvorschrift für die Ausstellung von Bescheinigungen gemäß § 7 Abs. 4

Nr. 2 und § 32 Abs. 2 Nr. 2 des Wohnungseigentumsgesetzes" vom 19. März 1974 (BAnz. Nr. 58 v. 23. März 1974, siehe Anhang 2) geregelt.
Nach Zif. 4 dieser Verwaltungsvorschrift gilt als Wohnung
„die Summe der Räume, welche die Führung eines Haushaltes ermöglichen; dazu gehören stets eine Küche oder ein Raum mit Kochgelegenheit sowie Wasserversorgung, Ausguss und WC. Die Eigenschaft als Wohnung geht nicht dadurch verloren, dass einzelne Räume vorübergehend oder dauernd zu beruflichen oder gewerblichen Zwecken benutzt werden. Räume, die zwar zu Wohnzwecken bestimmt sind, aber die genannten Voraussetzungen nicht erfüllen, können nicht als Wohnung im Sinne der oben angeführten Vorschriften angesehen werden" (zum Begriff „Wohnraum" vgl. u. a. BVerwG, 14. 8. 1992, 8 C 39.91, zum „Wohnraum" im Sinne des Wohngeldgesetzes – WoGG).

2.1.3 Der Begriff „Abgeschlossenheit"

Was unter dem Begriff „Abgeschlossenheit" zu verstehen ist, ergibt sich aus Zif. 5 der o. a. Verwaltungsvorschrift.
Danach gelten als „abgeschlossene Wohnungen" solche Wohnungen, die
„baulich vollkommen von fremden Wohnungen oder Räumen abgeschlossen sind, z. B. durch Wände und Decken, die den Anforderungen der Bauaufsichtsbehörden (Baupolizei) an Wohnungstrennwände und Wohnungstrenndecken entsprechen und einen eigenen abschließbaren Zugang unmittelbar vom Freien, von einem Treppenhaus oder von einem Vorraum haben. Zu abgeschlossenen Wohnungen können zusätzliche Räume außerhalb des Wohnungsabschlusses gehören. Wasserversorgung, Ausguss und WC müssen innerhalb der Wohnung liegen. Zusätzliche Räume, die außerhalb des Wohnungsabschlusses liegen, müssen verschließbar sein."

Danach kann Sondereigentum nicht nur an der in sich abgeschlossenen Wohnung begründet werden kann, sondern auch an außerhalb liegenden Räumen, sofern diese Räume verschließbar sind. Deshalb können Keller- und Bodenräume einerseits der im Sondereigentum stehenden Wohnung zugeordnet werden, andererseits an solchen verschließbaren Räumen auch Teileigentum als Sondereigentum an nicht zu Wohnzwecken dienenden Räumen begründet werden.
Nach herrschender Rechtsauffassung gelten Wohnungen und Räume in bestehenden Gebäuden auch dann im Sinne von § 3 Abs. 2 Satz 1 WEG als abgeschlossen, wenn Trennwände und Trenndecken nicht den Anforderungen entsprechen, die das Bauordnungsrecht des jeweiligen Bundeslandes aufstellt (Gemeinsamer Senat, 30. 6. 1992, GmS-OGB 1/91; vgl. auch BGH, 10. 12. 1992, V ZB 12/90).
Im Einzelfall kann auch bei unzureichender Abgeschlossenheit Sondereigentum aufgrund der Eintragung im Grundbuch entstehen (BayObLG, 30. 4. 1980, 2 Z 12/79, zur Abgeschlossenheit des Sondereigentums an Kellern bei fehlenden Trennwänden zwischen den Kellerabteilen).
Der Fortbestand des Sondereigentums wird auch durch bauliche Veränderungen, die die Abgeschlossenheit aufheben, nicht berührt (OLG Köln, 10. 1. 1994, 2 Wx 51/93, dort auch zur Einräumung von Sondernutzungsrechten bei der Möglichkeit der Wiederherstellung der Abgeschlossenheit; vgl. zur Abgeschlossenheit auch BayObLG, 10. 11. 1983, 2 Z 117/82, zur Herstellung der Abgeschlossenheit als erstmalige Herstellung eines ordnungsmäßigen Zustandes; KG Berlin, 3. 7. 1984, 1 W 561/84, zur Abgeschlossenheit für den Fall, dass sich zwischen zwei Wohnungen eine jederzeit zu öffnende Verbindungstür befindet, die als Rettungsweg baurechtlich vorgeschrieben ist; LG Düsseldorf, 7. 1. 1985, 25 T 252/83, zur Abgeschlossenheit einer im Kellergeschoss zweier Hausgrundstücke gelegenen gemeinsamen Tiefgarage; LG Landau, 25. 6. 1985, 4 T 52/85, zur Abgeschlossen-

heit zweier Wohnungen mit gemeinschaftlichem Heizungsraum; OLG Düsseldorf, 29. 10. 1989, 3 Wx 391/86, zur Erteilung der Abgeschlossenheitsbescheinigung bei Benutzung eines im Nachbargebäude befindlichen Treppenhauses, wenn die Benutzung durch eine Grunddienstbarkeit gesichert ist; zu den Voraussetzungen der Erteilung der Abgeschlossenheitsbescheinigung bei Appartements einer Appartementanlage vgl. OVG Lüneburg, 30.6. 1983, 14 A 6/82; zum Fehlen der erforderlichen Abgeschlossenheit zweier Teileigentumseinheiten, die beide von einem gemeinschaftlich zu benutzenden Vorraum – hier: WC – zugänglich sind, vgl. BayObLG, 19. 6. 1984, 2 Z 32/84; zur Entbehrlichkeit des Vorhandenseins eines WC bei Teileigentum vgl. OLG Düsseldorf, 15. 9. 1997, 3 Wx 313/97).
Der früher vertretenen Auffassung, wonach die Aufhebung der Abgeschlossenheit bei Verbindung zweier Wohnungen durch Durchbrechung der sie trennenden tragenden Wand wegen der Schaffung eines rechtswidrigen Zustandes als Nachteil im Sinne von § 22 Abs. 1 i. V. m. § 14 Nr. 1 WEG anzusehen sei, war der BGH entgegengetreten.
Danach kann ein Nachteil im Sinne von § 14 Nr. 1 WEG nicht bereits aus dem Umstand hergeleitet werden, dass durch die Baumaßnahme ein Zustand geschaffen wird, der der Teilungserklärung widerspricht und der im Gegensatz zu § 3 Abs. 2 WEG steht (BGH, 21. 12. 2000, V ZB 45/00; BayObLG, 8. 9. 2000, 2Z BR 8/00; 14. 2. 2002, 2Z BR 187/01).
Im Übrigen wird der rechtswidrige Zustand bei rechtlicher Vereinigung der beiden Raumeinheiten zu einem Wohnungs- bzw. Teileigentum aufgehoben.

2.1.3.1 Ausnahme für Garagenstellplätze

Zum Erfordernis der „Raumeigenschaft“ und der „Abgeschlossenheit“ enthält das Gesetz jedoch eine Ausnahmevorschrift.

Gemäß § 3 Abs. 2 Satz 2 WEG gelten Garagenstellplätze als abgeschlossene Räume, wenn ihre Flächen durch dauerhafte Markierungen ersichtlich sind. Trotz fehlender „Raumeigenschaft“ können sie Gegenstand des Sondereigentums sein (zur „dauerhaften Markierung“ vgl. Anhang 2, Allgemeine Verwaltungsvorschrift; zur Frage der Sondereigentumsfähigkeit bei Kfz.-Stellplätzen auf Garagendecks im Freien vgl. Kap. 2.8, Kfz.-Stellplatz).

2.1.3.2 Bescheinigung der Abgeschlossenheit

Die Prüfung und Bescheinigung der Abgeschlossenheit ist grundsätzlich Sache der Baubehörde. Allerdings können die Landesregierungen gemäß § 7 Abs. 4 Satz 3 WEG durch Rechtsverordnung bestimmen, dass die Abgeschlossenheit generell oder nur in bestimmten Fällen von einem öffentlich bestellten oder anerkannten Sachverständigen für das Bauwesen statt von der Baubehörde bescheinigt wird. Eine solche Regelung könnte beispielsweise auf Fälle der Umwandlung von Miet- in Eigentumswohnungen oder auf genehmigungsfreie Bauvorhaben beschränkt werden.
Die Landesregierungen können die Ermächtigung durch Rechtsverordnung auf die Landesbauverwaltungen übertragen. Diese Ermächtigungen berühren jedoch die Geltung der Bestimmungen der Allgemeinen Verwaltungsvorschrift zur Erteilung der Abgeschlossenheit nicht (s. o. Kap. 2.1.3).
Die Vorlage der Abgeschlossenheitsbescheinigung ist nach § 7 Abs. 4 Satz 1 Nr. 2 WEG formelle Voraussetzung für die Eintragung von Wohnungseigentum in das Grundbuch. Ihr Fehlen stellt ein absolutes Eintragungshindernis dar (BayObLG, 20. 6. 1990, 2 Z 37/90; 28. 6. 1990, 2 Z 54/90).

2.1.3.3 Prüfung der Abgeschlossenheitsbescheinigung durch das Grundbuchamt

Das Grundbuchamt hat bei Vorlage der Abgeschlossenheitsbescheinigung in eigener Verantwortung anhand der eingereichten Anlagen zur Eintragungsbewilligung zu prüfen, ob die Voraussetzungen der Abgeschlossenheit nach § 3 Abs. 2 WEG i. V. m. § 1 Abs. 6 WEG für die Einräumung von Sondereigentum vorliegen (OLG Düsseldorf, 15. 9. 1997, 3 Wx 313/97; zur Prüfung bei Zweifeln an der bescheinigten Abgeschlossenheit durch das Grundbuchamt vgl. OLG Hamm, 26. 1. 1998, 15 W 502/97).
Allerdings zählt es nicht zu den Aufgaben des Grundbuchamtes, bei der Anlegung der Wohnungsgrundbücher zu prüfen, ob die bautechnischen Anforderungen insoweit von der Baubehörde bzw. den Sachverständigen, die die Abgeschlossenheit bescheinigt haben, überprüft und deren Erfüllung zutreffend bejaht wurde (BayObLG, 23.11. 1989, 2 Z 108/89; vgl. insoweit auch BGH, 14. 2. 1991, V ZB 12/90).
Die Bescheinigung darüber, dass eine Wohnung oder nicht zu Wohnzwecken dienende Räume in sich abgeschlossen sind (§§ 3 Abs. 2, 32 Abs. 1 WEG), wird auf Antrag erteilt. Dabei ist es nicht notwendig, dass der Antragsteller Grundstückseigentümer oder Erbbauberechtigter ist; ein irgendwie geartetes Interesse an der Bescheinigung genügt (vgl. hierzu Schreiben des Bayerischen Staatsministerium des Innern vom 25. 9. 1995 an die nachgeordneten Behörden).

2.1.4 Zugehörige Gebäudebestandteile als Gegenstand des Sondereigentums

Die Zuordnung zugehöriger Gebäudebestandteile der gemäß § 3 Abs. 1 WEG im Sondereigentum stehenden Räume als Gegenstand des Sondereigentums gemäß § 5 Abs. 1 WEG hat als Ausnahmeregelung der §§ 93 und 94

BGB zur Folge, dass Sondereigentum nur an wesentlichen Bestandteilen des Gebäudes begründet werden kann. Gegenstand des Sondereigentums können aber nur solche zugehörigen Bestandteile des Gebäudes sein, die

- verändert,
- beseitigt oder
- eingefügt werden können,
  ohne dass dadurch
- das gemeinschaftliche Eigentum oder
- ein auf Sondereigentum beruhendes Recht eines anderen Wohnungseigentümers über das nach § 14 WEG zulässige Maß hinaus beeinträchtigt oder
- die äußere Gestaltung des Gebäudes verändert wird.

Neben dieser positiven Abgrenzung enthält § 5 Abs. 2 WEG eine weitere, negative Abgrenzung des Sondereigentums, wonach

- Teile des Gebäudes, die für dessen Bestand oder Sicherheit erforderlich sind, sowie
- Anlagen und Einrichtungen, die dem gemeinschaftlichen Gebrauch der Wohnungseigentümer dienen,

nicht Gegenstand des Sondereigentums sind, selbst wenn sie sich im Bereich der im Sondereigentum stehenden Räume befinden.
Die gemäß § 5 Abs. 1 WEG dem Gegenstand des Sondereigentums zugeordneten zugehörigen Gebäudebestandteile gehören nicht zum Verwaltungsvermögen gemäß § 10 Abs. 7 WEG. Demgegenüber zählen alle beweglichen Sachen, dazu zählt auch Zubehör im Sinne von § 97 BGB, die von der teilrechtsfähigen Wohnungseigentümergemeinschaft rechtsgeschäftlich erworben wurden, zum Verwaltungsvermögen der Gemeinschaft der Wohnungseigentümer (vgl. dazu Kap. 8.7).

2.1.5 Inhalt des Sondereigentums

Die Vorschrift des § 5 WEG unterscheidet im Übrigen hinsichtlich des Sondereigentums nach Gegenstand und Inhalt.
Neben den bereits dargestellten Gegenständen des Sondereigentums, soweit diese gesetzlich bestimmt sind, können gemäß § 5 Abs. 4 WEG Vereinbarungen über das Verhältnis der Wohnungseigentümer untereinander zum „Inhalt“ des Sondereigentums gemacht werden.
Damit sind sämtliche Vereinbarungen im Sinne von § 10 Abs. 2 Satz 2 WEG und ihnen gleichstehende Regelungen in der Teilungserklärung und der Gemeinschaftsordnung gemeint (vgl. hierzu Kap. 4.1 ff.).

2.2 Was gehört zum Gemeinschaftseigentum?

Was zum Gegenstand des gemeinschaftlichen Eigentums zählt, ergibt sich zunächst aus § 1 Abs. 5 WEG. Danach sind gemeinschaftliches Eigentum

- das Grundstück sowie
- die Teile, Anlagen und Einrichtungen des Gebäudes, die nicht im Sondereigentum oder im Eigentum eines Dritten stehen.

Ferner zählen gemäß § 5 Abs. 2 WEG zum Gemeinschaftseigentum

- Teile des Gebäudes, die für dessen Bestand oder Sicherheit erforderlich sind, und
- Anlagen und Einrichtungen, die dem gemeinschaftlichen Gebrauch der Wohnungseigentümer dienen.

Darüber hinaus können gemäß § 5 Abs. 3 WEG die Wohnungseigentümer vereinbaren, dass zum gemeinschaftlichen Eigentum auch gehören

– Bestandteile des Gebäudes, die Gegenstand des Sondereigentums sein können.

Umgekehrt können Bestandteile des Gebäudes, die gemäß § 5 Abs. 2 WEG zwingend Gemeinschaftseigentum sind, nicht durch Vereinbarung zum Sondereigentum erklärt werden.
Deshalb können auch Fenster weder durch Beschluss noch durch eine Vereinbarung zum Gegenstand des Sondereigentums erklärt werden. Regelungen dieser Art, wie sie immer noch in Teilungserklärungen oder Gemeinschaftsordnungen getroffen werden, sind nichtig (vgl. Kap. 2.8, Fenster).
Hiervon zu unterscheiden sind allerdings rechtsgeschäftliche Vereinbarungen, durch die beispielsweise im gemeinschaftlichen Eigentum stehende Räume, die nicht zwingend Gemeinschaftseigentum sind, in Sondereigentum überführt werden können.
Eine solche Umwandlung von Gemeinschaftseigentum in Sondereigentum fällt jedoch nicht in den Regelungsbereich des § 10 Abs. 2 und Abs. 3 WEG, sondern betrifft das sachenrechtliche Grundverhältnis (KG Berlin, 17. 12. 1997, 24 W 3797/97).
Eine solche Umwandlung bedarf gemäß § 4 Abs. 1 und Abs. 2 WEG der Einigung aller Eigentümer in der Form der Auflassung gemäß § 925 Abs. 1 BGB und der Eintragung in das Grundbuch (OLG Saarbrücken, 28. 9. 2004, 5 W 173/03; BayObLG, 17. 7. 1986, 2 Z 20/86; 6. 11. 1986, 2 Z 83/86; 4. 8. 1988, 2 Z 57/88; 5. 1. 2000, 2Z BR 163/99, auch zu den unterschiedlichen Auffassungen über die Eintragungsvoraussetzungen; KG Berlin, 17. 12. 1997, 24 W 3797/97; vgl. im Übrigen aber auch BGH, 6.6. 1986, V ZR 264/84, wonach Sondereigentum ohne Änderung des damit verbundenen Miteigentumsanteils erweitert werden kann, dort zur kaufvertraglichen Vereinbarung, einen im Sondereigentum stehenden Hobbyraum durch Einbeziehung von im gemein-

schaftlichen Eigentum stehenden Kellerräumen zu erweitern, vgl. hierzu auch BayObLG, 10. 11. 1987, 2 Z 75/86). Eine Änderung der Teilungserklärung mit nachfolgender Zustimmung der Wohnungseigentümer reicht insoweit nicht aus (BGH, vgl. BayObLG, 5. 1. 2000, 2Z BR 163/99, m. w. N. 31. 10. 1986, 2 Z 83/86; 4. 8. 1988, 2 Z B 57/88; OLG Stuttgart, 12. 12. 1985, 8 W 344/84).
Ebenso wenig kann ein Mehrheitsbeschluss, durch den Gemeinschaftseigentum in Sondereigentum umgewandelt werden soll, auch nicht im Sinne einer so genannten geltungserhaltenden Reduktion in die Begründung eines Sondernutzungsrechts umgedeutet werden (OLG Düsseldorf, 12. 7. 1995, 3 Wx 181/95).

2.3 Abgrenzung von Sonder-/Gemeinschaftseigentum durch Grundbucheintragung

Was im konkreten Einzelfall Gegenstand des Sondereigentums ist bzw. wie das Sondereigentum gegenständlich gegenüber dem Gemeinschaftseigentum abgegrenzt ist, ergibt sich aus der Grundbucheintragung.

2.3.1 Eintragungsbewilligung

Gemäß § 7 Abs. 3 WEG kann zur näheren Bezeichnung des Gegenstands oder des Inhalts des Sondereigentums auf die Eintragungsbewilligung Bezug genommen werden. Dabei sind der Eintragungsbewilligung gemäß § 7 Abs. 4 WEG als Anlagen beizufügen:

- eine von der Baubehörde mit Unterschrift und Siegel versehene Bauzeichnung, aus der die Aufteilung des Gebäudes sowie die Lage und Größe der im gemeinschaftlichen Eigentum stehenden Gebäudeteile ersichtlich ist (Aufteilungsplan); alle zu demselben Wohnungseigentum ge-

hörenden Räume sind mit der jeweils gleichen Nummer zu kennzeichnen;
- eine Bescheinigung der Baubehörde, dass die Voraussetzungen des § 3 Abs. 2 WEG (Abgeschlossenheitsbescheinigung) vorliegen (vgl. Kap. 2.1.3).

2.3.1.1 Der Aufteilungsplan

Der Aufteilungsplan soll sicherstellen, dass dem Bestimmtheitsgrundsatz des Sachen- und Grundbuchrechts Rechnung getragen wird, also das Sondereigentum auf die dafür vorgesehenen Räume beschränkt bleibt und die Grenzen des Sondereigentums und des gemeinschaftlichen Eigentums klar abgesteckt werden (BGH, 30. 6. 1995, V ZR 118/94; OLG Karlsruhe, 1. 7. 1993, 9 U 351/91; zur Abgrenzung des Sondereigentums durch Teilungserklärung und Aufteilungsplan vgl. auch BayObLG, 14. 3. 1990, 1b Z 7/89).

Der Aufteilungsplan, der gemäß § 7 Abs. 4 Satz 1 Nr. 1 WEG der Eintragungsbewilligung als Anlage beizufügen ist, soll von der Baubehörde mit Unterschrift und Siegel versehen werden.

Um die erforderliche Abgrenzung von Sonder- und Gemeinschaftseigentum zu gewährleisten, genügt die Vorlage von Grundrissplänen nicht. Vielmehr muss die Bauzeichnung (Aufteilungsplan) alle Gebäudeteile erfassen, also neben Grundrissen auch Schnitte und Ansichten des Gebäudes, auch des Dachgeschosses.

Die Tatsache, dass bestimmte Gebäudeteile zwingend Gemeinschaftseigentum sind, macht die Vorlage von Bauzeichnungen nicht entbehrlich (BayObLG, 31. 7. 1980, 2 Z 54/79; vgl. aber auch BayObLG, 23. 4. 1993, 2Z BR 35/93, wonach bei Garagenbauwerken Grundrisspläne ausreichen; zu den geringeren Anforderungen an den Aufteilungsplan bei Begründung von Dauerwohnrechten vgl. BayObLG, 28. 5. 1997, 2Z BR 60/97).

Bei bestehenden Gebäuden muss der Aufteilungsplan eine Baubestandszeichnung sein und grundsätzlich den derzeitigen Bauzustand zutreffend wiedergeben.
Abweichungen zwischen der Darstellung im Aufteilungsplan und der tatsächlichen Ausführung können eine Versagung der beantragten Abgeschlossenheitsbescheinigung rechtfertigen. Dies gilt auch dann, wenn die Abgeschlossenheit im Sinne des § 3 Abs. 2 WEG durch die Abweichungen selbst nicht in Frage gestellt ist (VGH München, 20. 11. 1997, 2 B 94 3258).
Wird bei der tatsächlichen Bauausführung von dem Aufteilungsplan in einer Weise abgewichen, die es unmöglich macht, die errichteten Räume einer in dem Aufteilungsplan ausgewiesenen Raumeinheit zuzuordnen, kann an diesen Räumen kein Sondereigentum, sondern nur gemeinschaftliches Eigentum entstehen (BGH, 5. 12. 2003, V ZR 447/01).
Sind Räume im Aufteilungsplan nicht hinreichend als Sondereigentum bezeichnet, so entsteht durch die Eintragung des Aufteilungsplans im Grundbuch an diesen Räumen kein Sondereigentum, sondern gemeinschaftliches Eigentum (vgl. hierzu BayObLG, 9. 10 1973, 2 Z 48/73; 4. 8. 1988, 2 Z 57/88; OLG Stuttgart, 6. 10. 1978, 8 W 480/77; OLG Celle, 15.6. 1979, 4 U 30/79).
Andererseits hindern Abweichungen der tatsächlichen Bauausführung vom Aufteilungsplan die Entstehung von Sondereigentum nicht grundsätzlich, wenn eine Abgrenzung zwischen Sondereigentum und Gemeinschaftseigentum zweifelsfrei möglich ist (BGH, 20. 5. 2011, V ZR 99/10; 18. 7. 2008, V ZR 97/07; 5. 12. 2003, V ZR 447/01; OLG Karlsruhe, 1. 7. 1993, 9 U 351/91; BayObLG, 15. 12. 1989, 2 Z 130/89; 31. 7. 1980, 2 Z 54/79; 28.9. 1981, 2 Z 68/81).
Es kommt deshalb im konkreten Fall auch nicht darauf an, ob sich die tatsächliche Bauausführung innerhalb der Wohnungen mit der im Aufteilungsplan vorgesehenen deckt (BayObLG, 1. 10. 1981, 2 Z 84/80; zur Anpassung der recht-

lichen Verhältnisse bei Abweichung der tatsächlichen Bauausführung vom Aufteilungsplan vgl. OLG Hamm, 11. 6. 1986, 15 W 452/85).
Grundsätzlich gilt, dass Sondereigentum in dem Umfang entsteht, wie es sich aus der Teilungserklärung und dem Aufteilungsplan ergibt (BayObLG, 4. 8. 1988, 2 Z 57/88; 14.3. 1990, 1b Z 7/89; OLG Frankfurt, 21. 2. 1978, 20 W 825/77; OLG Celle, 15. 6. 1979, 4 U 30/79). Unklarheiten im Aufteilungsplan führen nicht zur Entstehung von Sondereigentum, sondern zur Begründung von Gemeinschaftseigentum.
Bestehen zwischen dem Aufteilungsplan einer Wohnungseigentumsanlage und den Plänen, die den Verkaufsverhandlungen zugrunde gelegen haben, Differenzen in der Form, dass die Wohnungen nach ihrer Lage im Gebäude unterschiedlich dargestellt werden, kommt es hinsichtlich der erworbenen Eigentumswohnung nur darauf an, was die Parteien übereinstimmend wollten, selbst wenn sich aus der Eintragung im Grundbuch etwas anderes ergibt (OLG Düsseldorf, 30. 8. 1999, 9 U 256/98).

2.3.1.2 Abweichungen von Teilungserklärung und Aufteilungsplan

Anders verhält es sich, wenn Teilungserklärung und Aufteilungsplan voneinander abweichen oder einander widersprechen. In diesem Fall hat keiner der beiden Erklärungsinhalte Vorrang (BGH, 30. 6. 1995, V ZR 118/94; BayObLG, 5. 4. 1984, 2 Z 26/84; 15. 7. 1999, 2Z BR 86/99).
Sind daher Räume im Aufteilungsplan als Sondereigentum ausgewiesen, die entsprechende Zuordnung in der Teilungserklärung aber unterblieben, bleiben diese Räume gemeinschaftliches Eigentum, Sondereigentum ist nicht rechtswirksam entstanden (zum unauflösbaren Widerspruch zwischen Teilungserklärung und Aufteilungsplan OLG Hamm, 22. 5. 2003, 15 W 98/03; zur Ausnahme bei

fehlender verbaler Beschreibung in der Teilungserklärung jedoch gleichzeitig eindeutiger Zuordnung durch gleiche Nummerierung im Aufteilungsplan vgl. OLG Frankfurt, 23. 3. 1997, 20 W 135/97). Durch Klarstellungsvermerke lassen sich die Unklarheiten nicht beseitigen (OLG Düsseldorf, 3. 4. 2009, I-3 Wx 52–69/09).

Ist umgekehrt in der Teilungserklärung ein nummerierter Hobbyraum dem Sondereigentum zugeschrieben worden, fehlt aber die entsprechende Nummerierung im Aufteilungsplan, ist auch in diesem Fall kein Sondereigentum entstanden, der Hobbyraum ist als dem Gemeinschaftseigentum zugehörig zu betrachten (vgl. hierzu u. a. OLG Stuttgart, 13. 10. 1980, 8 W 384/80; BayObLG, 28. 9. 1981, 2 Z 68/81; 9. 10. 1973, 2 Z 48/73; vgl. auch OLG Karlsruhe, 1. 7. 1993, 9 U 351/91, zum Entstehen von Gemeinschaftseigentum statt Sondereigentum bei Widerspruch zwischen Eintragungsbewilligung und Aufteilungsplan; vgl. aber auch OLG Zweibrücken, 8. 2. 1996, 3 W 226/95, zur rechtswirksamen Zuordnung von Sondereigentum/Garage zu einem Miteigentumsanteil trotz fehlender Identität von Teilungserklärung und Aufteilungsplan; zur Abweichung zwischen Aufteilungsplan, Teilungserklärung und/oder Gemeinschaftsordnung vgl. auch Kap. 9.1.2, zu abweichenden Nutzungs- und Gebrauchsbeschränkungen).

Sind in der Teilungserklärung und im Lageplan zwar Sondernutzungsflächen übereinstimmend ausgewiesen und weichen sie lediglich in den Größenangaben voneinander ab, ist die Darstellung im Lageplan maßgeblich (BayObLG, 24. 2. 2000, 2Z BR 147/99).

2.4 Größe und Änderung von Miteigentumsanteilen

Nach § 1 Abs. 2 und 3 WEG ist das Wohnungs- bzw. das Teileigentum mit einem Miteigentumsanteil am gemeinschaftlichen Eigentum verbunden, und zwar untrennbar, so dass es ohne diesen Miteigentumsanteil weder veräußert, noch belastet werden kann. Die Rechte an dem Miteigentumsanteil erstrecken sich auf das ihm zugehörige Sondereigentum (§ 6 Abs. 2 WEG).

Gesetzlich ist die Bestimmung der Größe der Miteigentumsanteile oder ihr Verhältnis zum Wert des Sondereigentums nicht geregelt (BGH, 18. 6. 1976, V ZR 156/75; KG Berlin, 10. 1. 1994, 24 W 4817/93; BayObLG, 18. 11. 1991, 2 Z 124/91; 10. 11. 1994, 2Z BR 100/94; 27. 9. 1996, 2Z BR 80/96; 22. 4. 1999, 2Z BR 154/98; 12. 8. 1999, 2Z BR 80/99; 24. 2. 2000, 2Z BR 147/99; OLG Düsseldorf, 8. 1. 2001, 3 Wx 402/00).

Daher ist es grundsätzlich dem teilenden Eigentümer überlassen, in welchem Verhältnis er die Miteigentumsanteile, ausgedrückt in 100-stel, 1000-stel oder auch 10000-stel Anteilen, dem jeweiligen Sondereigentum zuordnet.

Üblicherweise erfolgt die Berechnung und Festlegung nach dem Verhältnis der Wohn-/Nutzflächen und damit grundsätzlich auch in einer gewissen Abhängigkeit vom Wert des jeweiligen Sondereigentums (BayObLG, 18. 11. 1991, 2 Z 124/91; 27. 9. 1996, 2Z BR 80/96; 22. 4. 1999, 2Z BR 154/98; 12. 8. 1998, 2Z BR 80/99; zur Berücksichtigung der Flächen von Balkonen, Loggien und Dachterrassen vgl. BayObLG, 7. 3. 1996, 2Z BR 136/95, dort zu einem Viertel der Fläche).

Da die Größe des Miteigentumsanteils jedoch nicht zwingend von einem bestimmten Wert- oder Größenanteil abhängig und insoweit auch vom wirtschaftlichen Wert und Gewicht des Sondereigentums losgelöst ist, ist es auch zulässig, das einmal begründete Wohnungseigentum in der Weise inhaltlich zu ändern, dass die Wohnungseigentümer untereinander die Miteigentumsanteile ändern, ohne dabei gleichzeitig das mit den Miteigentumsanteilen verbundene Sondereigentum einer Änderung zu unterwerfen (BGH, 18. 6. 1976, V ZR 156/75).

Für eine solche Inhaltsänderung reicht eine Vereinbarung

der unmittelbar Beteiligten Wohnungseigentümer aus. Der Mitwirkung der übrigen Eigentümer, deren Miteigentumsanteile unverändert bleiben, bedarf es nicht, weil durch die Änderung der Miteigentumsanteile ein Eintritt weiterer Personen in die Wohnungseigentümergemeinschaft nicht erfolgt (BGH, 18. 6. 1976, V ZR 156/75; zum Austausch des Sondereigentums zwischen zwei Eigentümern vgl. Kap. 2.5.4).
Befinden sich die Sondereigentumsrechte, deren zugeordnete Miteigentumsanteile verändert werden sollen, in der Hand nur eines Eigentümers, erübrigt sich eine Mitwirkung der anderen Wohnungs- oder Teileigentümer ohnehin.
In Anlehnung an § 8 WEG reicht hier die einseitige Erklärung des Eigentümers gegenüber dem Grundbuchamt aus (BGH, 18. 6. 1976, V ZR 156/75, m. w. N.).
Ein Mehrheitsbeschluss, der eine Änderung aller Miteigentumsanteile zum Inhalt hat, ist wegen des damit verbundenen Eingriffs in den dinglichen Kernbereich nichtig (BayObLG, 18. 11. 1991, 2 Z 124/91; 30. 7. 1998, 2Z BR 9/98; BGH, 20. 9. 2000, V ZB 58/98, mangels Beschlusskompetenz).
Wegen des Eingriffs in den dinglichen Kernbereich des Wohnungseigentums ist eine Änderung der Miteigentumsanteile dann nicht gerechtfertigt, wenn sich eine unmittelbare Änderung des Kostenverteilungsschlüssels gemäß § 10 Abs. 2 Satz 2 WEG bzw. gemäß § 16 Abs. 3 und 4 WEG anbietet.
Bei der Prüfung einer Änderung der Miteigentumsanteile sind jedoch grundsätzlich strenge Maßstäbe anzulegen, da sich jeder Wohnungseigentümer darauf verlassen können muss, dass das einmal Vereinbarte bzw. die gesetzliche Regelung Geltung hat (BayObLG, 18. 11. 1991, 2 Z 124/91; 10. 11. 1994, 2Z BR 100/94; 27. 9. 1996, 2Z BR 80/96; 12. 8. 1999, 2Z BR 80/99; vgl. auch Kap. 4.4 Anspruch auf Änderung einer Vereinbarung; Kap. 10.3.3 Anspruch auf Änderung des Verteilungsschlüssels).

2.5 Unterteilung und Vereinigung von Wohnungseigentumsrechten

Jeder Wohnungseigentümer ist berechtigt, sein Wohnungseigentum in mehrere selbständige Wohnungseigentumsrechte zu unterteilen und aus der bisherigen Raumeinheit mehrere, wiederum in sich abgeschlossene Raumeinheiten zu bilden und mit einem Miteigentumsanteil zu versehen. Dabei darf allerdings der Status der übrigen Eigentümer, beispielsweise deren Stimmrechte, nicht verändert werden (BayObLG, 17. 1. 1991, 2 Z 161/90).

Für die Grundbucheintragung bedarf es allerdings wiederum der Erteilung einer Abgeschlossenheitsbescheinigung und der Vorlage eines Aufteilungsplans.

Dies gilt auch dann, wenn ein Wohnungseigentum unterteilt wird, das bereits früher aus zwei selbständigen Einheiten bestanden hat, so dass durch die erneute Unterteilung „nur“ der ursprüngliche Zustand wiederhergestellt wird (BayObLG, 24.2. 1994, 2Z BR 122/93).

Eine solche Unterteilung bedarf nicht der Zustimmung der übrigen Wohnungseigentümer oder eines anderen Dritten, es sei denn, dass in der Teilungserklärung oder im Einräumungsvertrag entsprechende Regelungen über die Zustimmung Dritter getroffen worden sind. Auch in einem solchen Fall darf die Zustimmung nur aus wichtigem Grund verweigert werden.

Kann eine Unterteilung nur in der Weise erfolgen, dass ein Teil der bisherigen Sondereigentumsräume in gemeinschaftliches Eigentum überführt werden muss, bedarf die Unterteilung der Zustimmung der übrigen Miteigentümer gemäß § 4 WEG, also der Einigung der Beteiligten und Eintragung in das Grundbuch (BGH, 5. 10. 1998, II ZR 182/97).

Bei Teilung und gleichzeitiger Veräußerung erfolgt eine vertragliche Regelung zwischen Veräußerer und Erwerber, bei Teilung ohne Veräußerung genügt eine einseitige Erklärung gegenüber dem Grundbuchamt (BGH, 17. 1. 1968, V ZB 9/67; 10.10. 1980, V ZB 47/79; OLG Braunschweig, 30. 6. 1976, 2 Wx 44/75; OLG Karlsruhe, 20. 8. 1987, 11 W 100/85; BayObLG, 5. 12. 1985, 2 Z 67/85).

2.5.1 Nichtige Unterteilung und Unterwohnungseigentum

Nichtig ist eine Unterteilung von Wohnungseigentum, wenn Räume, die bisher zum Sondereigentum gehörten, nicht als Sondereigentum mit einem Miteigentumsanteil verbunden werden (BayObLG, 10. 11. 1987, 2 Z 75/86; 7. 12. 1995, 2Z BR 90/95).

Ebenso dürfen von der Unterteilung nur solche Räume erfasst werden, die Sondereigentum des zu unterteilenden Wohnungseigentums sind. Werden dennoch im Rahmen der Unterteilung gemeinschaftliche Räume als Sondereigentum der neugebildeten Einheiten im Unterteilungsplan und durch Bezugnahme auf diesen Plan im Grundbuch ausgewiesen, entsteht eine insoweit inhaltlich unzulässige Eintragung (BayObLG, 19. 3. 1998, 2Z BR 113/97; 15. 7. 1999, 2Z BR 86/99).

Auch so genanntes Unterwohnungseigentum kann rechtswirksam nicht begründet werden, so zum Beispiel bei Unterteilung eines Wohnungseigentums in zwei neue selbständige Einheiten und Schaffung von Unterwohnungseigentum als Sondereigentum am gemeinsamen Flur (OLG Köln, 20. 2. 1984, 2 Wx 29/83; vgl. auch Kap. 2.6 Mitsondereigentum).

2.5.2 Stimmrecht bei Unterteilung

Bei einer Unterteilung darf die Rechtsstellung – der Status – der übrigen Wohnungseigentümer grundsätzlich nicht verändert werden (OLG Hamm, 12. 3. 2002, 15 W 358/01). Dies gilt auch für die Stimmrechtsverhältnisse und die Be-

schlussfassung mit der Folge, dass die ursprüngliche Stimmenzahl durch Teilung und eventuelle Veräußerung des geteilten Sondereigentums keine Änderung erfahren darf.
Andererseits kommt aber eine einheitliche Stimmrechtsausübung gemäß § 25 Abs. 2 Satz 2 WEG für den Fall der Unterteilung bei dann verschiedenen Wohnungseigentümern nicht in Frage.
Deshalb ist nach herrschender Rechtsmeinung die auf das aufgeteilte Wohnungseigentum entfallende Stimme nach Bruchteilen aufzuteilen (vgl. hierzu BGH, 24. 11. 1978, V ZB 2/87; BGH, 7. 10. 2004, V ZB 22/04, bei vereinbartem Objektstimmrecht und Unterteilung in zwei Wohnungseigentumsrechte: statt bisher 1 Stimme je Wohnung, nach Unterteilung je eine halbe Stimme je neuer Wohnung, m. w. N.; ebenso OLG Düsseldorf, 24. 1. 1990, 3 Wx 571/89; KG Berlin, 18. 11. 1998, 24 W 4180/97; OLG Hamm, 12. 3. 2002, 15 W 358/01; in diesem Sinne auch LG München I, 19. 10. 2009, 1 S 21 731/08; offen gelassen von OLG Karlsruhe, 20. 8. 1986, 11 W 100/85, aber grundsätzlich für Beibehaltung der bisherigen Stimmenzahl; vgl. aber OLG Braunschweig, 30. 6. 1976 2 Wx 44/75, zur entsprechenden Anwendung des § 25 Abs. 2 Satz 2 WEG, wonach den Berechtigten nach erfolgter Unterteilung nur ein einheitlich auszuübendes Stimmrecht zusteht; vgl. auch BayObLG, 17. 1. 1991, 2 Z 161/90, dort zur Erhöhung der Stimmenzahl bei entsprechender Regelung in der Gemeinschaftsordnung; vgl. aber auch OLG Düsseldorf, 3. 2. 2004, I-3 Wx 364/04, wonach bei einem Wohnungseigentum, das zwei Wohnungseigentümern je zur Hälfte gehört und einer von ihnen Alleineigentümer des neu entstandenen Wohnungseigentums wird, letzterem bei Geltung des Kopfprinzips ein weiteres Stimmrecht zukommt).
Die herrschende Rechtsmeinung übersieht allerdings, dass selbst bei quantitativ gleich bleibender Stimmenzahl (so in den Fällen des OLG Düsseldorf, des KG Berlin und des OLG Hamm) durch die Möglichkeit der qualitativen Ver-

schiebung des Stimmrechtsverhältnisses sehr wohl eine Veränderung der Rechtsstellung der übrigen Wohnungseigentümer eintreten kann.
So kann bei Stimmengleichheit von 2:2 vor Unterteilung sich nach Unterteilung beispielsweise ein Stimmenverhältnis 2½ JA-Stimmen: 1½ NEIN-Stimmen ergeben. Damit wäre im ersten Fall ein Beschluss nicht zustande gekommen, im zweiten Fall wäre ein positiver Beschluss gefasst worden (zur Stimmrechtsproblematik bei Unterteilung vgl. auch Bielefeld, Festschrift Merle, S. 75).
Eine Stimmrechtsvermehrung sieht das KG Berlin bei Geltung des Kopfprinzips für den Fall als zulässig an, dass ein Wohnungseigentümer ein Wohnungseigentum, das aus einem Miteigentumsanteil und mehreren selbständigen, in sich abgeschlossenen Wohnungen besteht, nachträglich unterteilt und die neu geschaffenen Wohnungseigentumsrechte veräußert (KG Berlin, 15. 9. 1999, 24 W 9353/97).
Eine Stimmrechtsvermehrung wird auch dann als zulässig angesehen, wenn ein Mehrfacheigentümer bei Geltung des Kopfprinzips einzelne der ihm gehörenden Wohnungen verkauft (BayObLG, 19. 12. 2001, 2Z BR 15/01; OLG München, 23. 8. 2006, 34 Wx 58/06).

2.5.3 Vereinigung von Wohnungseigentumsrechten

Die Vereinigung von Wohnungseigentumsrechten und die Eintragung der Vereinigung der bisher selbständigen Rechte in das Wohnungsgrundbuch ist in entsprechender Anwendung des § 890 Abs. 1 BGB dann zulässig, wenn

1. die Wohnungseigentumsrechte am gleichen Grundstück bestehen und demselben Rechtsträger gehören;
2. die vom nunmehr einheitlichen Sondereigentum umfassten Räume in sich abgeschlossen sind und
3. die Bescheinigungen nach den §§ 3 Abs. 2, 7 Abs. 4 Nr. 2 WEG vorgelegt werden.

Die Vereinigung mehrerer in einer Hand befindlicher Eigentumsrechte bedarf nicht der Mitwirkung bzw. der Zustimmung der übrigen Wohnungseigentümer (BayObLG, 23. 3. 2000, 2Z BR 167/99; OLG Hamm, 10. 6. 1999, 15 W 11/99).

Hinsichtlich der Abgeschlossenheit hält das KG Berlin und ebenso das Bayerische Oberste Landesgericht, anders als das HansOLG Hamburg, den Nachweis der Abgeschlossenheit der neu gebildeten Raumeinheit nicht für erforderlich (BayObLG, 23. 3. 2000, 2Z BR 167/99; HansOLG Hamburg, 25. 6. 1965, 2 W 77/65; KG Berlin, 27. 6. 1989, 1 W 2309/89; zum Anspruch auf Genehmigung baulicher Veränderungen, z.B. Beispiel Durchbrechung einer Brandmauer vgl. KG Berlin, 21. 8. 1996, 24 W 5074/95; zur grundsätzlich zulässigen Durchbrechung tragender Wände vgl. BGH, 21. 12. 2000, V ZB 45/00).

Erfolgt die Zusammenlegung (Vereinigung) zweier Eigentumswohnungen unter gleichzeitiger Vornahme baulicher Veränderungen durch Einbeziehung gemeinschaftlichen Eigentums, kann auf die Zustimmung der Miteigentümer nicht verzichtet werden (KG Berlin, 19. 6. 1985, 24 W 6402/84).

Auch im Falle einer intensiveren Nutzung bzw. einer Nutzungsänderung sowie bei einer Änderung der Lasten- und Kostenverteilung kann im Regelfall auf die Zustimmung der Miteigentümer nicht verzichtet werden (BGH, 21. 12. 2000, V ZB 45/00; OLG Hamm, 10. 6. 1999, 15 W 11/99).

2.5.4 Austausch des Sondereigentums und Änderung der Miteigentumsanteile

Wohnungseigentümer können untereinander – unter Beibehaltung ihres jeweiligen, auch unterschiedlich hohen Miteigentumsanteils – ihr Sondereigentum vollständig austauschen (BayObLG, 2. 2. 1984, 2 Z 125/83).

Eine Erweiterung des Umfangs des Sondereigentums kann

auch ohne Änderung der damit verbundenen Miteigentumsanteile erfolgen (BGH, 6. 6. 1986, V ZR 264/84; zur Zuschreibung eines Grundstücks als Bestandteil eines Wohnungseigentums vgl. BayObLG, 23. 7. 1993, 2Z BR 69/93).
Auch eine Änderung der Miteigentumsanteile, unabhängig von dem mit ihnen verbundenen Sondereigentum, ist grundsätzlich zulässig.
Eine solche Verkleinerung oder Vergrößerung der Miteigentumsanteile erfordert aber eine Änderungsvereinbarung der Beteiligten, die Teilauflassung sowie die Eintragung in den einzelnen Wohnungsgrundbüchern.

2.5.5 Umwandlung von Wohnungseigentum in Teileigentum

Die Umwandlung von Wohnungseigentum in Teileigentum bzw. umgekehrt stellt eine Inhaltsänderung des jeweiligen Sondereigentums aller Wohnungs- und Teileigentümer dar (§§ 873, 876 BGB).
Sie bedarf materiell rechtlich immer der Zustimmung aller übrigen Wohnungseigentümer und der nachteilig betroffenen dinglich Berechtigten; grundbuchrechtlich ist deren Bewilligung erforderlich sowie die Eintragung in das Grundbuch (BayObLG, 6. 12. 2000, 2Z BR 89/00; 24. 7. 1997, 2Z BR 49/97, auch zur Entbehrlichkeit der Mitwirkung von Sondernachfolgern aufgrund entsprechender Vereinbarung, weiter zu den gleichen Grundsätzen bei der Umwandlung von Sonder- in Gemeinschaftseigentum; 13. 1. 1994, 2Z BR 130/93; 25. 6. 1997, 2Z BR 90/96; 27. 11. 1997, 2Z BR 136/97, auch zur Abdingbarkeit des Zustimmungs- und Bewilligungserfordernisses in der Teilungserklärung; OLG Braunschweig, 30. 6. 1976, 2 Wx 44/75, dort auch zur Stimmrechtsaufspaltung bei Unterteilung durch Unterwerfung unter die Vorschrift des § 25 Abs. 2 Satz 2 WEG; OLG Celle, 30. 5. 2000, 4 W 53/00; BayObLG, 5. 12. 1985, 2 Z

67/85, zur Umwandlung eines Büros in eine Wohnung; 18. 7. 1991, 2 Z 87/91, zur Umwandlung eines Hobbyraums in eine Wohnung; zum Umwandlungs- bzw. Änderungsanspruch bei Unwirksamkeit oder bei Mängeln des Einräumungsvertrages und deren Heilung durch gutgläubigen Erwerb späterer Eigentümer vgl. BayObLG, 5. 2. 1998, 2Z BR 127/97; zum fehlenden Zustimmungsanspruch bei zusätzlichem Raumbedarf eines Miteigentümers vgl. OLG Hamm, 10. 6. 1999, 15 W 11/99; OLG Köln, 5. 3. 1997, 16 Wx 279/96, zum Erfordernis der Grundbucheintragung und zur Unzulässigkeit eines Mehrheitsbeschlusses; 23. 1. 1995, 16 Wx 202/94; LG Bremen, 20. 7. 1995, 2 T 247/95; zur Entbehrlichkeit eines berichtigten Aufteilungsplans, wenn bei Umwandlung eines Teileigentums in ein Wohnungseigentum Lage und Grenzen des Sondereigentums unverändert bleiben, vgl. HansOLG Bremen, 27. 11. 2001, 3 W 52/01; vgl. auch Kap. 9.1.2.1 Nutzungs- und Gebrauchsbeschränkungen beim Sondereigentum; zur Umwandlung von Gemeinschafts- in Sondereigentum s. Kap. 2.2).

2.5.6 Umdeutung bei unwirksamer Einräumung von Sondereigentum in Sondernutzungsrecht

Ist Sondereigentum formunwirksam, also nicht nach den Vorschriften über die Begründung von Sondereigentum gemäß § 4 WEG durch Einigung der Beteiligten in der Form der Auflassung und durch Eintragung in das Grundbuch oder unter Verstoß gegen die zwingenden Vorschriften des § 5 WEG eingeräumt worden, kommt anstelle der Einräumung von Sondereigentum die Umdeutung in ein Sondernutzungsrecht in Betracht (vgl. KG Berlin, 16. 9. 1998, 24 W 8886/97, zur Umdeutung in ein Sondernutzungsrecht aufgrund allstimmiger Zustimmung zu einem Dachgeschossausbau).

2.6 Mitsondereigentum

Umstritten ist der von Rechtsprechung und Schrifttum entwickelte Begriff „Mitsondereigentum“ bzw. „Nachbareigentum“.
Gemeint ist damit die fiktive Gestaltung einer Sonderform des Sondereigentums, die die Gegenstände umfassen soll, die nicht zwingend dem Gemeinschaftseigentum zuzuordnen sind, aber nur bestimmten einzelnen Eigentümern gemeinsam als Sondereigentum gehören sollen (OLG Zweibrücken, 7. 11. 1986, 3 W 152/86, zur Zulässigkeit von Mitsondereigentum an einer gemeinsamen Rohrzuleitung zur gemeinschaftlichen Hauptleitung für zwei nebeneinander liegende Wohnungen; KG Berlin, 10. 1. 1990, 24 W 6746/89, zur Unzulässigkeit von Mitsondereigentum an Trenndecken zwischen zwei Wohnungen, offen gelassen für nichttragende Wände; OLG Düsseldorf, 5. 5. 1975, 3 W 33/75, zur Unzulässigkeit von Mitsondereigentum an einem abgeschlossenen Raum, der auch Gegenstand von Teileigentum hätte sein können; grundsätzlich ablehnend zum Mitsondereigentum BayObLG, 10. 11. 1987, 2 Z 75/86; 15. 12. 1981, 2 Z 89/81; 24. 2. 2000, 2Z BR 155/99, m. w. N.; vgl. auch Vandenhouten in Niedenführ/Kümmel/Vandenhouten § 3 Rn 7, § 5 Rn 45; Kap. 2.5.1 zum „Unterwohnungseigentum“).
Ein (Mit-) Benutzungsrecht am Sondereigentum eines anderen Miteigentümers kann dagegen einzelnen Wohnungseigentümern eingeräumt werden (OLG Zweibrücken, 22. 6. 1989, 3 W 36/89).

2.7 Sondernutzungsrechte

Jedem Wohnungseigentümer steht gemäß § 13 Abs. 2 WEG ein Mitgebrauchsrecht am gemeinschaftlichen Eigentum zu. Diese Vorschrift ist jedoch abdingbar. Das bedeutet,

dass es keine zwingende Vorschrift gibt, nach der notwendigerweise am gemeinschaftlichen Eigentum stets eine wie auch immer geartete Form der gemeinschaftlichen Nutzung oder des gemeinschaftlichen Gebrauchs bestehen bleiben muss (BayObLG, 27. 2. 1981, 2 Z 10/81; 30. 5. 1990, 2 Z 36/90; KG Berlin, 14. 91982, 1 W 4779/81).
Da die Wohnungseigentümer nach § 15 Abs. 1 WEG i. V. m. § 10 Abs. 2 Satz 2 WEG berechtigt sind, den Gebrauch des gemeinschaftlichen Eigentums durch Vereinbarung zu regeln, können sie abweichend vom allgemeinen Mitgebrauchsrecht nach § 13 Abs. 2 WEG auch einzelnen Wohnungseigentümern oder mehreren Eigentümern ein umfassendes, alleiniges und ausschließliches Nutzungsrecht an Flächen, Räumen, Anlagen und Einrichtungen des gemeinschaftlichen Eigentums unter Ausschluss aller übrigen Miteigentümer einräumen (so u. a. BayObLG, 21. 10. 1997, 2Z BR 137/97).
Dieses Recht wird als Sondernutzungsrecht bezeichnet. Erforderlich zur Einräumung eines Sondernutzungsrechts ist stets eine Vereinbarung gemäß § 10 Abs. 2 Satz 2 WEG, also eine Regelung, der alle im Grundbuch eingetragenen Wohnungseigentümer zustimmen müssen. Ein Mehrheitsbeschluss reicht nicht aus, er ist als gesetzesändernder Mehrheitsbeschluss nichtig (BGH, 20. 9. 2000, V ZB 58/99).
Eine solche Vereinbarung ist gemäß § 5 Abs. 4 WEG als Inhalt des Sondereigentums in das Grundbuch einzutragen, um gemäß § 10 Abs. 3 WEG auch im Falle des Eigentümerwechsels gegenüber dem neuen Eigentümer (Sondernachfolger) Geltung zu erlangen.
Erfolgt keine Eintragung in das Grundbuch, wirkt die Vereinbarung als (nur) schuldrechtliche Vereinbarung nur unter den Beteiligten. Im Falle eines Eigentümerwechsels entfällt die Wirksamkeit unter allen Eigentümern, wenn nicht der neue Eigentümer (Sondernachfolger) der Vereinbarung über die Einräumung des Sondernutzungsrechts aus-

drücklich beitritt (OLG Köln, 2. 4. 2001, 16 Wx 7/01, unter Aufgabe der früheren Auffassung, dass ein Sondernutzungsrecht auch stillschweigend entstehen kann, OLG Köln, 8. 1. 1997, 16 Wx 319/96; BayObLG, 10. 1. 2002, 2Z BR 180/01).

Deshalb ist die Berufung eines Sondernachfolgers auf die fehlende Bindung an ein von seinem Vorgänger eingegangenes schuldrechtliches Nutzungsverhältnis weder rechtsmissbräuchlich gemäß § 242 BGB noch stellt es eine Schikane im Sinne von § 226 BGB dar (OLG Zweibrücken, 21. 1. 2005, 3 W 198/04, m. Hinweis auf KG Berlin, ZMR 2005, 75).

Andererseits wirkt eine Vereinbarung gegenüber einem Sondernachfolger auch ohne Eintragung, wenn er durch sie begünstigt wird, allerdings auch nur für diesen Fall (OLG Düsseldorf, 14.2. 3 Wx 392/00; BayObLG, 10. 1. 2002, 2Z BR 180/01; zum alleinigen Gebrauchsrecht an einer Terrasse vor der Erdgeschosswohnung ohne vereinbartes Sondernutzungsrecht vgl. BayObLG, 7. 1. 2004, 2Z BR 220/03).

Auch das auf eine unwirksame Vereinbarung zurückgehende, gleichwohl aber im Grundbuch eingetragene Sondernutzungsrecht wird vom Gutglaubensschutz des § 892 BGB erfasst und kann deshalb grundsätzlich von dem Erwerber eines Wohnungseigentums, dem das vermeintliche Sondernutzungsrecht zugewiesen worden ist, gutgläubig erworben werden (LG München I, 1 S 15864/10).

Neben der Zustimmung der Wohnungseigentümer im Wege einer Vereinbarung gemäß § 10 Abs. 2 Satz 2 WEG ist bei der Begründung, Aufhebung, Änderung oder Übertragung eines Sondernutzungsrechts gemäß § 5 Abs. 4 Satz 2 WEG stets die Zustimmung der Grundpfandrechtsgläubiger erforderlich. Eine Ausnahme gilt nur für den Fall, dass durch die Vereinbarung gleichzeitig das zu Gunsten eines Grundpfandrechtsgläubigers belastete Wohnungseigentum mit einem Sondernutzungsrecht verbunden wird.

Die Einräumung eines Sondernutzungsrechts kann bereits bei Begründung durch den teilenden Eigentümer erfolgen, der sich auch das Recht vorbehalten kann, ein in der Teilungserklärung ausgewiesenes Sondernutzungsrecht später zu veräußern und zu übertragen, ohne dass es dann noch der Zustimmung der übrigen Miteigentümer bedarf (BayObLG, 24. 10. 1989, 2 Z 115/89).
Sondernutzungsrechte müssen nach dem grundbuchrechtlichen Bestimmtheitsgrundsatz klar und bestimmt bezeichnet sein. Nach der Eintragungsbewilligung und den in Bezug genommenen Anlagen müssen die Flächen, Anlagen und Einrichtungen, an denen Sondernutzungsrechte bestellt werden, insoweit irrtumsfrei Aufschluss über die Grenzen der ausschließlichen Nutzung geben (BayObLG, 5. 1. 2001, 2Z BR 125/00; 23. 5. 1985, 2 Z 43/83; 16.12. 1993, 2Z BR 112/93, dort auch zum – unwirksamen – gutgläubigen Erwerb eines Sondernutzungsrechts durch Zuschlag in der Zwangsversteigerung; zur Auslegung eines Sondernutzungsrechts an einem Hauszugang vgl. auch BayObLG, 17. 5. 1985, 2 Z 144/84; 21. 10. 1997, 2Z BR 137/97, zur Bestimmtheit bei einer Ausschlussregelung).
Sondernutzungsrechte erstrecken sich ausschließlich auf den Gebrauch der zugeordneten Flächen, Räume, Anlagen und Einrichtungen. Es handelt sich folglich nur um Gebrauchsrechte (zum Umfang der Sondernutzung eines „Raumes“ vgl. beispielsweise BayObLG, 13. 9. 1993, 2Z BR 72/93).
Aus ihrer Einräumung kann jedenfalls nicht das Recht hergeleitet werden, bauliche Veränderungen vorzunehmen, es sei denn, dass hierzu ausdrücklich eine entsprechende Vereinbarung getroffen wurde (OLG Köln, 18. 1. 2002, 16 Wx 247/01; vgl. zum Sondernutzungsrecht im Einzelnen Kap. 9.1.1).

2.8 Gesamtübersicht zum Sonder- und Gemeinschaftseigentum

Die nachstehende Darstellung enthält in alphabetischer Übersicht die sich aus Gesetz und der Rechtsprechung ergebende Zuordnung zum Sonder- und/oder zum Gemeinschaftseigentum.

Abdichtung

Der Abdichtungsanschluss zwischen einer Dachterrasse und Gebäude gehört zum gemeinschaftlichen Eigentum (BayObLG, 27. 4. 2000, 2Z BR 7/00), ebenso Abdichtungen zwischen Balkonen und Gebäudewand (BGH, 15. 1. 2010, V ZR 114/09; OLG München, 30. 1. 2007, 34 Wx 116/06) sowie andere Abdichtungen im Bereich des gemeinschaftlichen Eigentums.

Abflussrohr

Abflussrohre gehören als Hauptleitungen zum gemeinschaftlichen Eigentum, auch wenn sie durch Räume führen, die sich im Sondereigentum befinden. Handelt es sich aber um Zuleitungen aus dem Sondereigentumsbereich zur Hauptleitung, sind sie dem Sondereigentum zuzuordnen. Zwischen zwei nebeneinander liegenden Wohnungen befindliche Zuleitungen können Mitsondereigentum sein (OLG Zweibrücken, 7. 11. 1986, 3 W 152/86).
Siehe auch: Abwasserkanal, Anschlussleitung, Fallrohr, Hauptver-/entsorgungsleitung, Wasserrohr

Absperrventil

Siehe hierzu: Heizkörperventil

Abstellplatz

Abstellplätze auf unbebauten Grundstücksflächen sind nicht sondereigentumsfähig und zählen daher grundsätzlich zum gemeinschaftlichen Eigentum.
Zulässig sind jedoch mehrheitlich beschliessbare Gebrauchsregelungen sowie Vereinbarungen über die Einräumung von Sondernutzungsrechten. Die entsprechenden Flächen müssen hinreichend bestimmt sein (vgl. Kap. 9.1.1).

Abwasserhebeanlage

Die Zuordnung einer Abwasserhebanlage zum Sonder- oder zum Gemeinschaftseigentum ist davon abhängig,

- ob sie nur der Entsorgung einer bestimmten Sondereigentumseinheit

dient und sich in den betreffenden Sondereigentumsräumen befindet = Sondereigentum (vgl. KG Berlin, 8. 9. 1993, 24 W 5753/93+2301/93; BayObLG, 22. 10. 1991, 2 Z 114/91; OLG Düsseldorf, 30. 10. 2000, 3 Wx 276/00, zum Sondereigentum einer im gemeinschaftlichen Heizungskeller befindlichen Abwasserhebeanlage),
oder

- ob sie als Bestandteil der Gesamtabwasserentsorgungsanlage Gemeinschaftseigentum ist (vgl. BayObLG, 15. 1. 2003, 2Z BR 101/02; 28. 2. 1983, 2 Z 15/82, zur unterschiedlichen Kostentragung für Wartung und Reparatur; BayObLG, 20. 2. 1992, 2 Z 158/91, zur Verteilung der Umbaukosten gemäß § 16 Abs. 2 WEG; zu den Zuordnungskriterien vgl. auch OLG Düsseldorf, 1. 7. 1994, 3 Wx 334/94, konkret jedoch offen gelassen).

Abwasserkanal

Abwasserkanäle dienen als Entsorgungseinrichtung dem gemeinschaftlichen Gebrauch im Sinne des § 5 Abs. 2 WEG und sind daher gemeinschaftliches Eigentum, das allerdings dort endet, wo die Kanäle in das Sondereigentum abzweigen. Dienen sie dort nur der Entsorgung der betreffenden Sondereigentumsräume, sind sie dem Sondereigentum zuzuordnen.
Siehe auch: Hauptentsorgungsleitung, Hauptversorgungsleitung

Alarmanlage

Eine Alarmanlage im Sondereigentumsbereich gehört als Zubehör im Sinne von § 97 BGB dem jeweiligen Sondereigentümer (OLG München, 3. 7. 1979, 5 U 1851/79). Im Bereich des Gemeinschaftseigentums (Tiefgarage, Aufzug) installierte Alarmanlagen sind als Zubehör Bestandteil des Verwaltungsvermögens.
Siehe auch: Rauchwarnmelder

Anschlussleitungen

Sämtliche Installationseinrichtungen für Strom, Gas, Heizung, Wasser und Abwasser stehen im gemeinschaftlichen Eigentum, soweit es sich um Hauptleitungen handelt.
Die von den Hauptleitungen abzweigenden Anschlussleitungen stehen jedoch ab Übergang in die Sondereigentumsräume im Sondereigentum. Insoweit dienen diese Leitungen nicht mehr dem gemeinschaftlichen Gebrauch im Sinne von § 5 Abs. 2 WEG.
Siehe auch: Abflussrohr, Elektrizitätsleitung, Etagenheizung, Gasleitung, Hauptversorgungsleitung, Heizkörper, Wasserrohr

Antenne

Antennenanlagen (Gemeinschaftsantenne, Breitbandkabelanschluss, Parabolantenne), die dem Fernseh- und Rundfunkempfang der gesamten

Wohnungseigentümergemeinschaft dienen, stehen im gemeinschaftlichen Eigentum (Diester, Anm. zu LG Düsseldorf, 12. 11. 1971, 15 T 661/71; vgl. auch AG Starnberg, 10. 3. 1970, 1 UR 18/69; AG Wiesbaden, Innern Bl. 6131; auch OLG Frankfurt, 9.1. 1975, 20 W 561/74; zur Gemeinschaftsantenne als Sondereigentum vgl. BGH, 8. 11. 1974, V ZR 120/73, dort zu der im Einzelfall zulässigen Zuordnung einer Zentralheizungsanlage zum Sondereigentum).
Auch Funkantennen, die nur einem einzelnen Eigentümer dienen (Amateurfunkantennen), sind dem Gemeinschaftseigentum zuzurechnen, wenn sie sich außerhalb des Sondereigentumsbereichs des betreffenden Eigentümers befinden.

Antennensteckdose

Antennensteckdosen sind Sondereigentum (OLG Köln, 31. 51989, 16 Wx 25/89). Das gleiche gilt für die Zuleitungen von der Gemeinschaftsantennenanlage ab Abzweigung in die Sondereigentumsräume.
Breitbandkabelanschlüsse sind wegen ihrer direkten Zuordnung zu den jeweiligen Sondereigentumseinheiten dem Sondereigentum zuzuordnen (vgl. dazu auch Wenzel, ZWE 2001, 236, dort zu den direkt zurechenbaren Kabelanschlussgebühren).

Armaturen

Die üblichen Armaturen an den Heizungs- und Sanitärinstallationen (Bad- und Duscharmaturen) sind dem Sondereigentum zuzuordnen. Ausnahmen gelten für Messvorrichtungen zur Verbrauchserfassung (Verbrauchszähler) und für Thermostatventile(strittig nach BGH, 8. 7. 2011, V ZR 176/10).
Siehe auch: Thermostatventile, Verbrauchserfassungsgeräte

Attika

Eine Attika ist zwingend gemeinschaftliches Eigentum (BayObLG, 19. 7. 1989, 1 b Z 29/88).

Aufzug

Aufzüge dienen dem gemeinschaftlichen Gebrauch der Wohnungseigentümer und sind zwingend gemeinschaftliches Eigentum.

Außenjalousie

Außenjalousien in einer Wohnungseigentumsanlage stehen stets im gemeinschaftlichen Eigentum. Dies gilt grundsätzlich und nicht nur dann, wenn sie „nicht ausdrücklich zum Sondereigentum erklärt worden sind“ (KG Berlin, 19. 6. 1985, 24 W 4020/84).
Siehe auch: Rollladen

Außenputz

Der Außenputz (Fassadenputz) eines Gebäudes ist zwingend gemeinschaftliches Eigentum. Der innerhalb des Sondereigentums aufgebrachte Innenputz (Wand- und Deckenputz) sowie eine innenseitig aufgebrachte Putzschicht auf der Balkonbrüstung (LG Itzehoe, 29. 9. 2009, 11 S 11/09) ist dagegen Sondereigentum.

Außenwand

Die Außenwand/Außenmauer eines Gebäudes ist zwingend gemeinschaftliches Eigentum (OLG Zweibrücken, 2. 2. 2000, 3 W 12/00).

Badeinrichtung

Bad- und Duscheinrichtungen innerhalb der Sondereigentumsräume sind stets Sondereigentum. Dies gilt entsprechend auch für WC, Bad- und Duscharmaturen.

Balkenkonstruktion

Balken- und Trägerkonstruktionen, die der Stabilität und der Sicherheit des Gebäudes dienen, sind zwingend gemeinschaftliches Eigentum. Innerhalb der Wohnungen angebrachte Zierbalken ohne statische Bedeutung stehen im Sondereigentum.

Balkon

Balkone sind als „räumliche Einheit" grundsätzlich sondereigentumsfähig. Das Sondereigentum erstreckt sich auf den Luftraum (Balkonraum), den Innenanstrich und den Bodenbelag (BGH, 15. 1. 2010, V ZR 114/09). Auch ohne entsprechende Zuordnung in der Teilungserklärung bzw. der Gemeinschaftsordnung gelten sie als Sondereigentum
Eine Zuordnung zum Gemeinschaftseigentum scheidet im Regelfall aus, weil das jedem Wohnungseigentümer gemäß § 13 Abs. 2 WEG zustehende Mitgebrauchsrecht am gemeinschaftlichen Eigentum wegen des im Regelfall fehlenden Zugangs zum Balkon praktisch nicht ausübbar ist, andererseits ein allgemeiner Zugang dem Erfordernis der Abgeschlossenheit der Wohnung widersprechen würde (vgl. insoweit auch OLG Köln, 5. 12. 2000, 16 Wx 121/00).
Die Verbindung des Balkons mit der entsprechenden Wohnung ergibt sich zudem daraus, dass Balkonflächen üblicherweise mit einer Teilfläche der Wohn-/Nutzfläche des Sondereigentums zugerechnet werden und insoweit – wenn auch nicht zwingend – mitbestimmend sind für die Bemessung der Höhe des Miteigentumsanteils.
Die Zuordnung der Balkone zum Sondereigentum beschränkt sich aber, auch bei Zuordnung gemäß Teilungserklärung, grundsätzlich nur auf die sondereigentumsfähigen Bestandteile, also im Wesentlichen auf den Balkonraum (OLG Düsseldorf, 21. 12. 1998, 3 Wx 418/98; OLG Karlsruhe, 5. 5. 2000, 11 Wx 71/99, m. w. N.).

Soweit es sich um die konstruktiven und die der Sicherheit dienenden Bestandteile handelt, stehen diese Balkonteile im Gemeinschaftseigentum (BGH, 15. 1. 2010, V ZR 114/09; 25. 1. 2001, VII ZR 193/99; 2. 10. 1987, V ZR 140/86; 18. 12. 1986, VII ZR 305/85; 21. 2. 1985, VII ZR 72/84; OLG Düsseldorf, a. a. O.; BayObLG, 16. 5. 1990, 1 b Z 22/89; 17. 12. 1993, 2Z BR 105/93, zur Dachterrasse; BayObLG, ZMR 1996, 503; OLG Karlsruhe, a. a. O.; OLG München, 30. 1. 2007, 34 Wx 116/06; OLG Zweibrücken, 21. 9. 1999, 3 W 141/99).
Danach gelten beim Balkon die Balkonplatte, das Balkongitter, die Balkonbrüstung (einschließlich Deck- und Kronenbleche), die Balkontür, Balkonfenster (ausgenommen die Innenseiten) und Balkondecken sowie Isolierungsschichten auf der Balkonplatte als gemeinschaftliches Eigentum (BGH, 15. 1. 2010, V ZR 114/09; BayObLG, 20. 6. 1974, 2 Z 22/74; 6. 11. 1986, 2 Z 98/86, zur Bodenisolierung einer Loggia gegen Feuchtigkeit; BayObLG, 30. 3. 1990, 2 Z 31/90, zur Balkonbrüstung als Gemeinschaftseigentum; BayObLG, 22.6. 1991, 2 Z 66/91; 5. 5. 1993, 2Z BR 29/93; 17. 12 1993, 2Z BR 105/93, zu den konstruktiven und isolierenden Bestandteilen einer Dachterrasse als Gemeinschaftseigentum; KG Berlin, 15. 11. 2000, 24 W 6514/99; OLG Düsseldorf, 20. 6. 1979, 3 W 134/79; 9. 8. 1991, 22 U 20/91; OLG Frankfurt, 9. 1. 1975, 20 W 561/74; 9.2. 1984, 20 W 640/83; OLG Hamm, 5. 2. 1980, 15 W 277/79; 13. 8. 1996, 15 W 115/96; 16. 9. 1988, 26 U 57/88; OLG Köln, 9. 1. 1976, 16 Wx 155/76; LG München, 21. 2. 1969, 13 T 560/68).
Der begehbare Boden-/Plattenbelag sowie innenseitig angebrachte und von außen nicht einsehbare Balkonverkleidungen zählen dagegen zum Sondereigentum (BayObLG, 5. 5. 1993, 2Z BR 29/93; 17.12. 1993, 2Z BR 105/93; KG Berlin, 15. 11. 2000, 24 W 6514/99; OLG Frankfurt, 3. 2. 1983, 20 W 68/83, dort für Mörtelbett und Plattenbelag; wohl auch OLG Düsseldorf, 20. 6. 1979, 3 W 134/79; OLG Hamm, 12. 31984, 15 W 283/83, hinsichtlich Plattenbelag und Innenanstrich der Balkonbrüstung; zum Innenanstrich der Balkonbrüstung als Gemeinschaftseigentum vgl. LG Itzehoe, 29. 9. 2009, 11 S 11/09, allerdings unzutreffend; OLG Hamm, 28. 4. 1987, 15 W 163/85, zum Sondereigentum bei Bodenplatten und Fliesen; OLG Köln, 9. 1. 1976, 16 Wx 155/76 und 5. 12. 2000, 16 Wx 121/00, hinsichtlich des begehbaren Belages; OLG Frankfurt, 4. 7. 1989, 20 W 411/88, zum Sondereigentum an Balkonbrüstungen und Balkoninnenwänden).
Wegen der Zuordnung des Plattenbelages zum Sondereigentum (auch durch Teilungserklärung) kann die Gemeinschaft die Wohnungseigentümer nicht durch Mehrheitsbeschluss verpflichten, nach Sanierung der im gemeinschaftlichen Eigentum stehenden Balkonteile einen von ihr bestimmten Belag wieder herzustellen (OLG Düsseldorf, 27.2002, 3 Wx 348/01, zur Wiederherstellung des ursprünglich lose verlegten Bodenbelages; zur Nichtigkeit wegen Eingriffs in den Kernbereich des Sondereigentums vgl. auch OLG Köln, 5. 12. 2000, 16 Wx 121/00).
Soweit der Balkon im konkreten Fall ohne weitere Differenzierung dem

Sondereigentum zugeordnet ist und keine gesonderte Kostentragungsregelung für die Instandhaltung und Instandsetzung getroffen wurde, verbleibt es bei der gesetzlichen Verteilung der Instandsetzungskosten nach § 16 Abs. 2 WEG für die zwingend im gemeinschaftlichen Eigentum stehenden Bestandteile, und zwar auf alle Eigentümer und damit auch auf die, zu deren Wohnung kein Balkon gehört (OLG Düsseldorf, 12. 1. 1998, 3 Wx 546/97; 21. 12. 1998, 3 Wx 418/98, auch zur anteiligen Tragung der Folgekosten für notwendige Maßnahmen am bzw. im Sondereigentumsbereich als Folge der Instandsetzung des Gemeinschaftseigentums gemäß § 14 Nr. 4 WEG; vgl. auch OLG Hamm, 13. 8. 1996, 15 W 115/96; OLG Karlsruhe, 5. 5. 2000, 11 Wx 71/99, dort zur rechtswirksamen Umdeutung hinsichtlich der dem Sondereigentümer zuzuweisenden Instandsetzungspflicht für die Balkontüren und für die Balkonbrüstung/-geländer; zur Kostentragung bei Instandhaltungs-/Instandsetzungsmaßnahmen vgl. Kap. 12.2.4.3).
Zulässig sind aber abweichende Regelungen zur Kostentragung durch die jeweiligen Balkoneigentümer auch für solche Balkonbestandteile, die gemeinschaftliches Eigentum sind (OLG Hamm, 13. 8. 1996, 15 W 115/96, zur Tragung der Instandsetzungskosten durch die jeweiligen Balkoneigentümer „ab Oberkante der Rohdecke", insoweit auch für die Instandsetzung der im gemeinschaftlichen Eigentum stehenden Isolierungsschicht; zur abweichenden Kostenverteilung vgl. auch OLG Düsseldorf, 22. 3. 1999, 3 Wx 14/99, anteilige Verteilung der Instandsetzungskosten für Hebebühnen nur auf die Garageneigentümer).
Siehe auch: Blumen-/Pflanztröge, Dachterrasse, Fenster, Loggia; Kap. 13.13 Balkonanbau

Balkonstützen

Balkonstützen sind als konstruktive Bestandteile zwingend gemeinschaftliches Eigentum.

Balkontrennmauer

Eine Balkontrennmauer ist stets gemeinschaftliches Eigentum. Dies gilt auch für den Fall, dass eine solche Trennmauer nachträglich durch einen Wohnungseigentümer – eigenmächtig ohne Zustimmung der Miteigentümer – als bauliche Veränderung im Sinne von § 22 Abs. 1 Satz 1 WEG errichtet wird (BayObLG, 15. 2. 1984, 2 Z 111/83).

Bleirohre

Ver- und Entsorgungsleitungen aus Blei zählen zum gemeinschaftlichen Eigentum. Ihre Entfernung und die Ersetzung durch Rohre aus anderem Material unterliegt im Rahmen ordnungsmäßiger Verwaltung der mehrheitlichen Beschlussfassung (KG Berlin, 8. 9. 1993, 24 W 5753/93 + 2301/93). Nach § 6 Abs. 2 Trinkwasserverordnung (TrinkwV) sind noch vorhandene Bleirohre zur Trinkwasserversorgung bis zum 1. 12. 2013 aus-

zutauschen, wenn die vorgeschriebenen Grenzwerte überschritten werden. Die Wohnungseigentümergemeinschaft trifft nach § 23 Abs. 1 TrinkwV die Verpflichtung, die Eigentümer über Trinkwasserleitungen aus Blei zu informieren.
Siehe auch: Trinkwasserverordnung

Blumen-/Pflanzentrog

Blumen- und Pflanztröge auf Balkonen und Terrassen sind gemeinschaftliches Eigentum, soweit sie als begrenzende Einfassungen die Brüstung oder eine seitlich/vertikale Grenzmauer ersetzen (vgl. hierzu BayObLG, 6. 11. 1986, 2 Z 98/86, dort zu Pflanztrögen auf einer Loggia; vgl. auch BayObLG, 17. 12 1993, 2Z BR 105/93, zu einer mehrheitlich zu beschließenden Bepflanzungsregelung auf Dachterrassen; LG Karlsruhe, 1. 6. 1989, 11 T 85/89, auch zur Auslegung von Kostentragungsregelungen bei unwirksamer Zuordnung von Blumentrögen zum Sondereigentum; a. A. unzutreffend OLG Nürnberg, 26.2. 1987, 2 U 3413/86).

Boden

Decken und Böden zwischen zwei Wohnungen sowie Bodenplatten sind als konstruktive Bestandteile zwingend gemeinschaftliches Eigentum (vgl. KG Berlin, 10. 1. 1990, 24 W 6746/89).
Siehe auch: Balkon, Bodenbelag, Estrich, Geschossdecke, Teppichboden

Bodenbelag

Der innerhalb des Sondereigentums auf dem Estrich verlegte Bodenbelag (Teppichboden, Parkett, Fliesen) ist dem Sondereigentum zuzuordnen (BayObLG, 15. 1. 1980, 2 Z 80/78; 16. 12. 1993, 2Z BR 113/93; 17. 12. 1993, 2Z BR 105/93, zum Sondereigentum am Bodenbelag einer Dachterrasse; OLG Köln, 9. 1. 1976, 16 Wx 175/75; vgl. auch KG Berlin, 10. 1. 1990, 24 W 6746/89).
Siehe auch: Balkon

Bodenplatte

Siehe hierzu: Balkon

Brandmauer

Die Brandmauer eines Gebäudes ist wegen ihrer Feuerschutzfunktion zwingend gemeinschaftliches Eigentum (BayObLG, 19.8. 1971, 2 Z 99/70).

Briefkastenanlage

Die Briefkastenanlage ist gemeinschaftliches Eigentum. Dies gilt auch für die Briefeinwurfanlage in der Wohnungsabschlusstür (vgl. hierzu auch AG Pforzheim, 27. 5. 1994, 2 UR II 8/94, dort auch zum Gemeinschaftseigentum an den Innenseiten einer Briefkastenanlage).

Car-Port

Kfz.-Stellplätze im Freien, die mit vier Eckpfosten und Überdachung versehen sind (= Car-Ports) sind Gemeinschaftseigentum (BayObLG, 6. 2. 1986, 2 Z 70/85). Möglich ist die Einräumung von Sondernutzungsrechten.

Dach

Das Dach ist als konstruktiver Bestandteil mit gleichzeitiger Schutzfunktion und als architektonisches Gestaltungselement zwingend gemeinschaftliches Eigentum.
Auch der Dachbelag (Dachziegel, Teerpappe) ist zwingend Gemeinschaftseigentum (BayObLG, 30. 3. 2000, 2Z BR 2/00, auch zum Gemeinschaftseigentum an Dächern von Reihenhäusern in der Rechtsform nach WEG; OLG Frankfurt, 9. 1. 1975, 20 W 561/74; KG Berlin, 10. 3. 1993, 24 W 5506/92; vgl. auch BGH, 23. 3. 1993, VI ZR 176/92, zur Gebäudesicherungspflicht des Verwalters auch hinsichtlich des im gemeinschaftlichen Eigentum stehenden Daches).
Siehe auch: Flachdach

Dachfenster

Dachfenster sind gemeinschaftliches Eigentum. Eine Aufteilung in Außenseite (= Gemeinschaftseigentum) und Innenseite (= Sondereigentum) ist unwirksam (AG Münster, 24. 4. 1985, 26 II 71/84; OLG Karlsruhe, 14. 1. 1985, 11 W 102/84; BGH, 19. 12. 1991, V ZB 27/90, zur Folgekostentragung bei eigenmächtiger baulicher Veränderung durch Einbau bzw. Austausch von Dachfenstern als gemeinschaftliches Eigentum).
Siehe auch: Fenster

Dachterrasse

Dachterrassen sind grundsätzlich sondereigentumsfähig, auch wenn sie nicht von allen Seiten umschlossen sind (vgl. AG Bad Cannstatt, 24. 1. 1991, 5 GR 285/90, zur Unbeachtlichkeit des fehlenden Abschlusses nach oben; LG Schwerin, 24. 7. 2008, 5 T 165/05). Das Sondereigentum beschränkt sich aber auf den Terrassenraum und den begehbaren Belag.
Die konstruktiven Bestandteile und Bestandteile mit Schutzfunktion, also Bodenplatte, Isolierungsschichten (Feuchtigkeit, Wärmedämmung), Brüstung, Gitter, sind zwingend gemeinschaftliches Eigentum (BayObLG, 8. 3. 1984, 2 Z 51/82; 12. 9. 1991, 2 Z 111/91; 17. 12. 1993, 2Z BR 105/93; OLG Düsseldorf, 20. 6. 1979, 3 W 134/79; OLG Frankfurt, 9. 1. 1975, 20 W 561/74; 3. 2. 1983, 20 W 68/83; OLG Hamm, 3. 7. 1995, 15 W 93/95; OLG Köln, 9. 1. 1976, 16 Wx 175/75; LG München, 21. 2. 1969, 13 T 560/68; AG Königstein, 8. 9. 1978, 7 UR II 8/77).
Siehe auch: Balkon, Flachdach; Humusschicht

Decke

Siehe hierzu: Boden

Diele

Dielen, die den einzigen Zugang zu einem im gemeinschaftlichen Eigentum stehenden Raum bilden, können nicht Sondereigentum sein. Das gleiche gilt für Haus- und Kellereingänge, Flure und Treppenhäuser (BayObLG, 6. 2. 1986, 2 Z 12/85; LG Aurich, 15. 9. 1988, 3 T 204/88).
Siehe auch: Flur

Dichtung

Siehe hierzu: Abdichtung

Doppelhaus

An der Hälfte eines Doppelhauses kann Sondereigentum nur an der Wohnung, nicht jedoch an den Teilen des Gebäudes begründet werden, die für dessen Bestand und Sicherheit erforderlich sind.
Auch an den Anlagen und Einrichtungen, die dem gemeinschaftlichen Gebrauch dienen, kann Sondereigentum nicht begründet werden (OLG Düsseldorf, 2. 7. 2004, 3 Wx 318/03); BayObLG, 12. 1. 1966, 2 Z 80/65).

Doppelstockgarage

An Doppelstockgaragen kann Sondereigentum in gleicher Weise begründet werden wie an anderen Garagen auch. Nicht möglich ist die Begründung von Sondereigentum am Stellplatz auf der Hebebühne einer solchen Doppelstockgarage; die Hebebühne als solche ist gemeinschaftliches Eigentum (BayObLG, 29. 11. 1974, 2 Z 54/74; OLG Düsseldorf, 22. 3. 1999, 3 Wx 14/99, auch zur zulässigen Kostentragungsregelung für die Garageninstandsetzung nur durch die Garageneigentümer; offen gelassen durch OLG Hamm, 4. 10 1982, 15 W 293/82, dort zu den gemeinschaftlich zu tragenden Instandhaltungskosten der Stellplatzinhaber; zur zulässigen Einräumung von Sondernutzungsrechten an den Stellplätzen in einer Duplexgarage vgl. OLG Jena, 24. 11. 1999, 6 W 715/99).

Einbauküchen

Einbauküchen zählen zum Sondereigentum, sofern sie als wesentlicher Bestandteil des Gebäudes gemäß §§ 93 ff. BGB einzuordnen sind. Andernfalls gelten sie gemäß § 97 BGB als Zubehör (zur „regionalen" Differenzierung vgl. Armbrüster in Bärmann § 5 Rn 66 m. w. N.).

Einbauschrank

Einbauschränke innerhalb des Sondereigentums sind Sondereigentum, sofern sie wesentlicher Bestandteil des Gebäudes gemäß §§ 93 ff. BGB sind.

Eingangsflur

Siehe hierzu: Diele, Flur

Eingangstür

Siehe hierzu: Diele, Tür

Elektrizitätsleitung

Elektrizitätsleitungen sind, soweit es sich um Haupt-/Steigleitungen handelt, gemeinschaftliches Eigentum. Das Sondereigentum an diesen Installationen beginnt beim Übergang von der Abzweigdose in die Sondereigentumsräume.
Werden die einzelnen Wohnungs- oder Teileigentumseinheiten durch getrennt verlegte Steigleitungen vom gemeinschaftlichen Hauptanschluss im Keller versorgt, sind diese Steigleitungen im Regelfall dem Sondereigentum zuzuordnen (vgl. aber insoweit die unterschiedlichen Auffassungen: bei Durchführung durch Sondereigentumsräume = Sondereigentum, BayObLG, 8. 9. 1988, 2 Z 55/87; für Leitungen bei Abzweigung von der Steigleitung im Treppenhaus und Verlegung durch die Mauer des Treppenhauses = Gemeinschaftseigentum: BayObLG, 12. 11. 1992, 2Z BR 96/92; vgl. auch: Wasserrohr).
Elektrizitätszähler, die zwischen Hauptleitung und den einzelnen Steigleitungen bzw. Zuleitungen in die Sondereigentumsräume zwecks Erfassung des Stromverbrauchs installiert sind und der Abrechnung im Innenverhältnis der Wohnungseigentümer dienen, sind Gemeinschaftseigentum, sofern sie nicht im Eigentum Dritter (Elektrizitäts-/Versorgungswerke) stehen.
Siehe auch: Steigleitungen

Estrich

Als temperatur- und schalldämmende (isolierende) Schutzschicht ist der Estrich gemeinschaftliches Eigentum (OLG Düsseldorf, 20. 6. 1979, 3 W 134/79; OLG München, 12. 3. 1985, 9 U 4773/84; BGH, 6. 6. 1991, VII ZR 372/89; BayObLG, 15. 1. 1980, 2 Z 80/78; 16. 12. 1993, 2Z BR 113/93; KG Berlin, 8. 9. 1993, 24 W 5753/93 und 2301/93; a. A. unzutreffend OLG Köln, 9.1. 1976, 16 Wx 155/75).

Erfassungsgeräte

Siehe hierzu: Verbrauchserfassungsgeräte

Etagenheizung

Etagenheizungen sind, wenn sie der ausschließlichen Wärme-/Warmwasserversorgung nur einer Sondereigentumseinheit dienen, dem Sondereigentum zuzuordnen. Dies gilt auch für die Zuleitungen ab Hauptleitung, selbst wenn die Abzweigung ab Hauptanschluss im Keller beginnt (wegen der unterschiedlichen Auffassungen vgl.: Hauptversorgungsleitung).
Siehe auch: Heizungsanlage

Fäkalienhebeanlage

Siehe hierzu: Abwasserhebeanlage

Fahrstuhl

Siehe hierzu: Aufzug

Fallrohr

Regenfallrohre sind gemeinschaftliches Eigentum (BayObLG, 19. 7. 1989, 1 b Z 29/88).

Fenster

Fensterrahmen, Fensterstöcke und Fensterverglasung (Isolierverglasung) sind als konstruktive und die äußere Gestalt des Gebäudes bestimmende bauliche Elemente gemäß § 5 Abs. 1 WEG zwingend gemeinschaftliches Eigentum (BayObLG, 3. 8. 2000, 2Z BR 184/99; OLG Düsseldorf, 23. 11. 1998, 3 Wx 376/98; 12. 1. 1998, 3 Wx 546/97; LG Lübeck, 1. 7. 1985, 7 T 365/85; LG Darmstadt, 24. 7. 1986, 5 T 1343/85; HansOLG Bremen, 3. 3. 1987, 1 U 82/86; LG Hannover, 27. 1. 1988, 1 T 148/87).
Entgegenstehende Regelungen sind nichtig (OLG Hamm, 22. 8. 1991, 15 W 166/91; OLG Karlsruhe, 5. 5. 2000, 11 Wx 71/99).
Als Sondereigentum verbleiben insoweit nur der Innenanstrich und die Beschläge sowie bei herkömmlichen Doppel- (Kasten-) Fenstern die inneren Fensterflügel einschließlich Verglasung (so wohl auch LG Lübeck, a. a. O.; BayObLG, 3. 12. 1981, 2 Z 80/80; 21. 12. 1999, 2Z BR 115/99, zu den Innenfenstern als Sondereigentum bei echten Doppelfenstern; vgl. auch KG Berlin, 15. 10. 1986, 24 W 1779/86, dort zur Unzulässigkeit der Entfernung herkömmlicher Doppelfenster als gemeinschaftliches Eigentum).
Zur Umdeutung einer unwirksamen Zuordnung der Fenster zum Sondereigentum in eine Kostentragungsregelung vgl. Kap. 12.2.4.3.4 Auslegung und Umdeutung in Kostentragungsregelung.
Siehe auch: Isolierglasfenster

Fensterbank

Nach außen gerichtete Fensterbänke und Fenstersimse sind gemeinschaftliches Eigentum (OLG Frankfurt, 23. 9. 1975, 22 U 275/83).

Fensterladen

Fensterläden sind als die Außenansicht des Gebäudes gestaltende Bauelemente gemeinschaftliches Eigentum (LG Memmingen, 29. 12. 1977, 4 T 1048/77; LG Freiburg, 2. 4. 1997, 4 T 39/97).
Siehe auch: Außenjalousie, Rollladen

Fensterscharniere

Fensterscharniere stehen als konstruktive Bestandteile des Fensters zwingend im gemeinschaftlichen Eigentum (OLG Köln, 24. 9. 1996, 16 Wx 86/96).

Fertiggarage

Fertiggaragen sind, auch wenn sie ohne Fundamente und sonstige Verankerung mit dem Grund und Boden aufgestellt sind, im Hinblick auf ihr Eigengewicht wesentlicher Bestandteil des Grundstücks und können dem Sondereigentum zugeordnet werden. Die konstruktiven Bestandteile (Wände, Boden und Decke) von Fertiggaragen sind jedoch zwingend gemeinschaftliches Eigentum (BayObLG, 11. 11. 1988, 2 Z 92/88).
Siehe auch: Garage

Flachdach

Die oberste Schicht des Daches, die schützende und isolierende Funktion hat, ist gemeinschaftliches Eigentum (OLG Frankfurt, 9. 7. 1986, 20 W 357/85, zur Abgrenzung des „begehbaren" Belages bei Dachterrassen und Balkonen).

Flur

Eingangsflure zum Gebäude sowie Verbindungsflure, die als einziger Zugang zum gemeinschaftlichen Eigentum dienen, stehen grundsätzlich im Gemeinschaftseigentum (BGH, 5. 7. 1991, V ZR 222/90; OLG Oldenburg, 6. 2. 1989, 5 W 9/89, zum Gemeinschaftseigentum an einem Vorflur, der den einzigen Zugang zu zwei Wohnungen bildet; zur Ausnahme vgl. BayObLG, 8. 5. 1991, 2 Z 33/91, wonach Räumlichkeiten, die den einzigen Zugang zu einem Gemeinschaftsraum bilden, dann im Sondereigentum stehen können, wenn der Gemeinschaftsraum, vorliegend ein Dachspeicher, nicht dem ständigen Mitgebrauch der Wohnungseigentümer dient; dazu auch OLG Köln, 28. 12. 2000, 16 Wx 163/00).
Siehe auch: Diele, Zugangsfläche

Fundament

Fundamente sind als konstruktive Bestandteile des Gebäudes zwingend gemeinschaftliches Eigentum.

Fußbodenbelag

Siehe hierzu: Balkon (Plattenbelag), Boden, Estrich, Putz, Teppichboden

Fußbodenheizung

Die Fußbodenheizung (Heizkessel, Tankanlage, Hauptleitungen und im Estrich verlegte Heizschlangen) ist gemeinschaftliches Eigentum (AG Bonn, 7. 1. 1997, 28 II 106/96; LG Bonn, 29. 7. 1997, 8 T 27/97; zur Haftung

bei Mängeln bzw. Schäden an der Fußbodenheizung vgl. i. Ü. OLG Köln, 30. 3. 1998, 16 Wx 20/98).
Siehe auch: Heizung, Heizkörper

Garage

Freistehende Garagen wie auch Sammel-/Tiefgaragen können im gemeinschaftlichen Eigentum stehen, ebenso kann an ihnen als Ganzes Sonder-/Teileigentum eingeräumt werden (OLG Hamm, 23. 3. 1993, 15 W 362/92, zur zulässigen Begründung von selbständigem Sondereigentum/Teileigentum an Garagen; OLG Frankfurt, 19. 12. 1994, 20 W 313/93; BayObLG, 30. 3. 1993, 2Z BR 11/93).
Wird an Garagen Sondereigentum eingeräumt, sind Gegenstand des Sondereigentums nur die betreffenden Garagenräume und die zugehörigen Bestandteile im Sinne von § 5 Abs. 1 WEG.
Die konstruktiven Bestandteile wie Dach, Außenmauer, Boden/Bodenplatte, Garagentor etc. sind zwingend gemeinschaftliches Eigentum.
Ebenso sind die überdachten oder auch nicht überdachten Zu-/Abfahrten und Treppenzugänge zur Tiefgarage wie auch die Garagendecken freistehender Garagen gemeinschaftliches Eigentum (BayObLG, 30. 3. 1993, 2Z BR 11/93).
Soweit sich (Tief-)Garagen im Gemeinschaftseigentum befinden, kann an den in den Garagen befindlichen Stellplätzen Sondereigentum gemäß § 3 Abs. 2 Satz 2 WEG begründet werden, soweit die Flächen durch dauerhafte Markierungen kenntlich gemacht sind (zur ausreichenden Abgrenzung durch einen in den Boden eingelassenen Markierungsnagel und zum entsprechenden Anspruch auf Wiederherstellung der Abgrenzung vgl. BayObLG, 4. 4. 2001, 2Z BR 141/00; vgl. auch OLG Celle, 13. 6. 1991, 4 W 61/91, wonach eine solche Garage über eine Zugangssperre verfügen muss).
Im Übrigen besteht die Möglichkeit, an den im gemeinschaftlichen Eigentum stehenden Garagen oder Garagenstellplätzen Sondernutzungsrechte gemäß § 15 Abs. 1 WEG durch Vereinbarung der Wohnungseigentümer einzuräumen (OLG Karlsruhe, 28.12. 1977, 3 W 15/77; vgl. zum Sondernutzungsrecht Kap. 9.1.1).
Siehe auch: Abstellplatz, Doppelstockgarage, Fertiggarage, Kfz.-Stellplatz

Garagenoberdeck

Das Oberdeck einer Tiefgarage befindet sich im gemeinschaftlichen Eigentum. An Kfz.-Stellplätzen auf einem solchen Garagenoberdeck, auch auf dem nicht überdachten Oberdeck eines Parkhauses, kann rechtswirksam Sondereigentum begründet werden (OLG Hamm, 26. 1. 1998, 15 W 502/97; vgl. dazu auch Höckelmann/Sauren, Rpfleger 1999, 14).
Siehe auch: Kfz.-Stellplatz auf Garagenoberdeck.

Garten

Gartenflächen zählen als Grundstücksflächen zwingend zum Gemeinschaftseigentum. Grundsätzlich können an diesen Flächen aber Sondernutzungsrechte eingeräumt werden. Die insoweit genau zu bezeichnenden Flächen stehen den jeweiligen Sondernutzungsberechtigten zum ausschließlichen alleinigen Gebrauch zur Verfügung stehen.
Sind keine Sondernutzungsrechte eingeräumt, steht jedem Wohnungseigentümer das Recht zum Mitgebrauch des gemeinschaftlichen Gartens zu, und zwar unabhängig von der Größe seines Miteigentumsanteils und seiner Wohnung (BayObLG, 21. 3. 1972, 2 Z 58/71).
Siehe auch: Kap. 2.7 und 9.1.1

Gasetagenheizung

Gasetagenheizungen stehen als zur Wohnung zugehörige Bestandteile im Sondereigentum (vgl. hierzu AG München, 20. 12. 1994, UR II 312/94).
Siehe auch: Etagenheizung, Heizungsanlage

Gasleitung

Gasleitungen stehen als Hauptleitungen im Gemeinschaftseigentum. Ab Übergang in den Sondereigentumsbereich befinden sich die Gasleitungen dagegen im Sondereigentum (zu den abweichenden Auffassungen bei Abzweigung von der Hauptleitung im Keller oder im Treppenhaus vgl. Elektrizitätsleitung, Wasserrohr).
Siehe auch: Anschlussleitung, Elektrizitätsleitung, Etagenheizung, Hauptversorgungsleitung, Installationen

Gasuhr

Gasuhren und Gasabsperrventile galten nach bisheriger Rechtsauffassung als gemeinschaftliches Eigentum, weil es sich um Einrichtungen für den gemeinschaftlichen Gebrauch bzw. um technische Vorrichtungen zur Erfassung des Verbrauchs handelt (KG Berlin, 8. 9. 1993, 24 W 5753/93 und 2301/93). Soweit es sich allerdings um Vorrichtungen zur Erfassung des individuellen Verbrauchs im Sondereigentum handelt, stehen Gasuhren im Sondereigentum bzw. im Eigentum Dritter (Versorgungsunternehmen).
Siehe auch: Verbrauchserfassungsgeräte

Gegensprechanlage

Eine Gegensprechanlage dient dem gemeinschaftlichen Gebrauch der Wohnungseigentümer und gehört folglich gem. § 5 Abs. 2 WEG zum Gemeinschaftseigentum, und zwar bis zur Abzweigung in die einzelnen Sondereigentumseinheiten (so auch OLG Köln, 24. 9. 1996, 16 Wx 86/96; 26. 8. 2002, 16 Wx 126/02).
Die Sprechstellen in den einzelnen Sondereigentumseinheiten stehen dagegen im Sondereigentum, es sei denn, dass die Funktionsfähigkeit der

Sprechstelle Voraussetzung für das Funktionieren der gesamten Anlage ist (OLG Köln, 26. 8. 2002, 16 Wx 126/02; zur Schadensersatzpflicht bei unsachgemäßer Behandlung der im Sondereigentum stehenden Klingelanlage/Gegensprechanlage vgl. BayObLG, 18. 10. 1990, 2 Z 119/90).
Siehe hierzu auch: Klingelanlage

Geländer

Geländer an Treppen, Zu-, Auf- und Abgängen sind baurechtlich zwingend vorgeschrieben und gehören als Zubehör zu den Anlagen und Einrichtungen, die dem Gebrauch und der Sicherheit der Bewohner einer Wohnungseigentumsanlage dienen. Sie stehen daher zwingend im gemeinschaftlichen Eigentum.

Gemeinschaftsantenne

Siehe: Antenne, Parabolantenne, Breitbandkabelanschluss

Gemeinschaftsräume

Hobbyräume, Fahrradkeller, Geräteräume, Wasch- und Trockenräume, Hausmeisterbüro und Hausmeisterwohnung, stehen im Regelfall im gemeinschaftlichen Eigentum, sofern sich aus der Teilungserklärung und dem Aufteilungsplan nicht ausdrücklich etwas anderes ergibt.

Geschossdecke

Geschossdecken einschließlich der aufgebrachten Isolierungsschichten gegen Feuchtigkeit und Trittschall sind grundsätzlich Gemeinschaftseigentum (OLG Hamm, 13. 8. 1996, 15 W 115/96, dort zu den Folgewirkungen hinsichtlich der Instandsetzungsverpflichtung bei unwirksamer Zuordnung zum Sondereigentum; vgl. dazu auch OLG Düsseldorf, 11. 10. 1993, 15 W 79/93).

Grundstücksfläche

Das Grundstück, auf dem die Wohnungseigentumsanlage errichtet ist, ist gemäß § 1 Abs. 5 WEG zwingend gemeinschaftliches Eigentum. Dementsprechend kann auch an einzelnen Grundstücksflächen kein Sondereigentum begründet werden.
Soweit in der Rechtsprechung davon die Rede ist, dass an unbebauten Grundstücksflächen Sondereigentum begründet werden kann, wenn darauf entsprechend dem Aufteilungsplan Räume und/oder Gebäudeteile noch errichtet werden sollen (OLG Frankfurt, 10. 41978, 20 W 959/77; 21. 2. 1978, 20 W 825/77), berührt dies den grundsätzlichen Ausschluss des Grundstücks hinsichtlich der Zuordnung zum Sondereigentum nicht. Entsprechende Grundstücke sind insoweit nur von der Nutzung für andere gemeinschaftliche Zwecke ausgenommen. Zulässig ist die Einräumung von Sondernutzungsrechten (vgl. hierzu Kap. 9.1.1).
Siehe auch: Abstellplatz, Garten, Kfz.-Stellplatz

Hauptversorgungsleitung

Hauptversorgungsleitungen und Hauptentsorgungsleitungen, die der Ver- oder Entsorgung der Wohnungseigentümergemeinschaft mit Gas, Strom, Wärme, Wasser und Abwasser dienen, sind Anlagen, die dem gemeinschaftlichen Gebrauch der Wohnungseigentümer im Sinne des § 5 Abs. 2 WEG dienen. Sie sind zwingend gemeinschaftliches Eigentum und zwar auch dann, wenn sie im Sondereigentum stehende Räume durchqueren, nicht aber eigentliche Versorgungs- oder Anschlussleitung für das betreffende Wohnungs- oder Teileigentum sind.
Dienen Leitungen der Ver- oder Entsorgung nur eines Wohnungs- oder Teileigentums, gehören sie bis zum Anschluss an die im gemeinschaftlichen Eigentum stehende Hauptversorgungsleitung auch dann zum Sondereigentum, wenn sie sich im Sondereigentumsbereich eines anderen Wohnungseigentümers befinden (BayObLG, 8. 9. 1988, 2 Z 55/87; vgl. auch BayObLG, 2. 3. 1989, 2 Z 87/88, zur Sorgfaltspflicht des betreffenden Eigentümers hinsichtlich der Verhinderung von Frostschäden an der Wasserzuleitung; abweichend zur Zuordnung zum Sondereigentum allerdings BayObLG, 12. 11. 1992, 2Z BR 96/92, zur Zuordnung zum Gemeinschaftseigentum von Energiezuleitungsrohren, die von der Steigleitung im Treppenhaus abzweigen und durch die Mauer des Treppenhauses zu einer Eigentumswohnung geführt werden; a. A. auch KG Berlin, 14. 11. 1988, 24 W 2933/88, zur Zuordnung von Wasser- und Entwässerungsleitungen zum Gemeinschaftseigentum, die von der Hauptleitung abzweigen, aber durch fremdes Sondereigentum führen, ehe sie die Zapfstelle im Sondereigentum des anderen Wohnungseigentümers erreichen; so auch OLG Stuttgart, 11. 4. 1988, 8 W 252/87, zur Zuordnung einer von der Hauptwasserleitung abgezweigten, separaten Zuleitung zum Gemeinschaftseigentum, die durch einen Leitungsschacht senkrecht durch mehrere Sondereigentumseinheiten geführt wird und nur ein Sondereigentum versorgt).
Siehe auch: Anschlussleitung, Elektrizitätsleitung, Etagenheizung, Gasleitung, Installation, Wasserrohr

Hausmeisterwohnung

Die Hausmeisterwohnung in einer Wohnungseigentumsanlage ist als selbständiges Sondereigentum im Regelfall Bestandteil des Verwaltungsvermögens, sofern nicht etwas anderes ausdrücklich bestimmt ist oder der Hausmeister gegebenenfalls nicht selbst als Wohnungseigentümer Eigentümer des betreffenden Wohnungseigentums ist.
Siehe auch: Kap. 9.1.2.1 Hausmeisterwohnung

Haussprechanlage

Siehe hierzu: Gegensprechanlage

Hauszugangswege

Hauszugangswege stehen grundsätzlich im gemeinschaftlichen Eigentum, weil an Grundstücksflächen Sondereigentum nicht begründet werden kann.

Im Einzelfall zulässig ist aber die Einräumung eines Sondernutzungsrechts an einem Hauszugang, wenn dieser nur dem Zugang zu dem betreffenden Sondereigentum dient (BayObLG, 17.5. 1985, 2 Z 144/84, dort zum Zugang und zur Verkehrssicherungspflicht an einem Zugangsweg in einer aus Einfamilienhäusern/Doppelhaushälften bestehenden Wohnungseigentumsanlage; zur Verkehrssicherungspflicht gegenüber Dritten an einer den Wohnungseigentümern zugänglich gemachten Privatstraße vgl. BayObLG, 23. 3. 2000, 2Z BR 177/99, zur Straßenbeleuchtung).

Hebeanlage

Siehe hierzu: Abwasserhebeanlage

Hebebühne

Siehe hierzu: Doppelstockgarage

Heizkörper

Heizkörper im Bereich des Sondereigentums sind nach herrschender Meinung als zu den Räumen gehörende Bestandteile gemäß § 5 Abs. 1 WEG Sondereigentum, da sie ausschließlich der Wärmeversorgung des betreffenden Wohnungs-/Teileigentums und nicht dem gemeinschaftlichen Gebrauch im Sinne von § 5 Abs. 2 WEG dienen (BGH, 8. 7. 2011, V ZR 176/10, m. w. N. ausdrücklich bei zulässiger Zuordnung der Heizkörper zum Sondereigentum gemäß Teilungserklärung; OLG Köln, 31. 5. 1989, 16 Wx 25/89; vgl. auch Grziwotz, MietRB 2010, 152 m. w. N.; vgl. auch Armbrüster in Bärmann § 5 Rn 82).

Sind Heizkörper durch Teilungserklärung oder spätere Vereinbarung dem Sondereigentum zugeordnet, gilt dies auch, vorbehaltlich anderer Regelungen, für dazugehörige Leitungen zum Anschluss an die Zentralheizung, Heizungs- und Thermostatventile und ähnliche Aggregate (BGH, 8. 7. 2011, V ZR 176/10).

Nach gegenteiliger Auffassung sind Heizkörper und die Anschlussleitungen in den einzelnen Wohnungen integraler Bestandteil einer gemäß § 5 Abs. 2 WEG dem gemeinschaftlichen Gebrauch dienenden Anlage, die im gemeinschaftlichen Eigentum steht. Dies trifft auch auf solche Heizkörper zu, bei denen eine Auswechslung oder Demontage keine Beeinträchtigung der Gesamtheizungsanlage erfolgt (Vandenhouten in Niedenführ/Kümmel/Vandenhouten § 5 Rn 38 m. w. N.; zur Zuordnung der Heizkörper zum Gemeinschaftseigentum einschließlich Zuleitungen, Heizkostenverteiler, Thermostatventile vgl. auch Müller, a. a. O. Teil 2 Rn 18).

Der BGH hat sich dieser Auffassung ausdrücklich nicht angeschlossen, ohne allerdings die Frage abschließend zu entscheiden (BGH, 8. 7. 2011, V ZR 176/19, allerdings auch mit dem einschränkenden Hinweis, dass Heizkörper dann zum Gemeinschaftseigentum zählen können, wenn sie funktionsnotwendige Bestandteile der gesamten Heizungsanlage sind; zur unzulässigen Heizkörperentfernung vgl. Kap. 10.4, Heizkosten, Heizkörperentfernung; Kap. 13.13, Heizkörperaustausch, Heizkörperentfernung;).

Heizkörperventil

Stehen Heizkörper gemäß Teilungserklärung im Sondereigentum (s. o. Heizkörper), gilt dies – vorbehaltlich abweichend getroffener Vereinbarungen – auch für Heizkörperventile (BGH, 8.7 2011, V ZR 176/10; a. A. OLG München, 20. 3. 2008, 34 Wx 46/07, m. w. N., Zuordnung zum Gemeinschaftseigentum, da Heizkörperventile das ordnungsmäßige Funktionieren der gesamten Heizungsanlage beeinflussen; Vandenhouten in Niedenführ/Kümmel/Vandenhouten § 5 Rn 38; ebenso Müller, a.a.O. Teil 2 Rn 18; AG Wennigsen, 5. 12. 2008, 21 C 11/08; zum Gemeinschaftseigentum an Absperrventilen und an Gas- und Wasseruhren vgl. auch KG Berlin, 8. 9. 1993, 24 W 5753/93 und 2103/93).
Eine Zuordnung der Heizkörperventile zum Gemeinschaftseigentum kann nach der Entscheidung des BGH nicht daraus hergeleitet werden, dass gem. § 14 Abs. 1 Energieeinsparungsverordnung Zentralheizungen gegebenenfalls auch nachträglich mit zentralen selbsttätig wirkenden Einrichtungen zur Verringerung und Abschaltung der Wärmezufuhr sowie zur Ein- und Ausschaltung elektrischer Antriebe in Abhängigkeit von der Außentemperatur oder einer anderen geeigneten Führungsgröße und der Zeit ausgestattet werden müssen (BGH, 8. 7. 2011, V ZR 176/10). Diese Verpflichtung besagt nichts über die eigentumsrechtliche Zuordnung der Ventile. Sie stellt ab auf den Bauherren bzw. den Eigentümer und damit auf denjenigen, dem das Bauteil zugewiesen ist, an dem das Ventil eingebaut werden muss. Sind Heizkörper gemäß Teilungserklärung dem Sondereigentum zugewiesen, trifft die Verpflichtung den jeweiligen Wohnungseigentümer. Deshalb stehen nach Auffassung des BGH auch die Geräte im Sondereigentum, die zur Steuerung, Überwachung oder zur Verbrauchserfassung benötigt werden.
Siehe auch: Thermostatventile, Verbrauchserfassungsgeräte

Heizkostenverteiler

Heizkostenverteiler als Erfassungsgeräte für den Wärmeverbrauch waren nach bisheriger Auffassung dem gemeinschaftliches Eigentum zugeordnet, weil sie der Ermittlung und Verteilung der Kosten im Sinne von § 16 Abs. 2 WEG und damit einer ordnungsmäßigen Verwaltung dienen (so wohl auch OLG Karlsruhe, 27. 8. 1986, 11 W 39/86, zur Verteilung der Kosten gemäß § 16 Abs. 2 WEG für die Anbringung der Ausstattung zur Wärmemessung; Armbrüster in Bärmann § 5 Rn 114; Vandenhouten in Nie-

denführ/Kümmel/Vandenhouten § 5 Rn 38; Müller, a.a.O., Rn 64; vgl. auch Bielefeld, DWE 1990, 14).
Nach jetziger Auffassung des BGH sind auch Verbrauchserfassungsgeräte dem Sondereigentum zuzuordnen, wenn die Heizkörper selbst gemäß Teilungserklärung dem Sondereigentum zugeordnet sind (BGH, 8. 7. 2011, V ZR 176/19; vgl. oben Heizkörper)
Siehe auch: Thermostatventile, Verbrauchserfassungsgeräte

Heizungsanlage

Zentrale Heizungsanlagen können, je nach unterschiedlicher Versorgungsfunktion, sowohl im gemeinschaftlichen Eigentum wie auch im Sondereigentum stehen.

Heizungsanlagen als Gemeinschaftseigentum

Eine Heizungsanlage, die in einem von mehreren zu einer Wohnungseigentümergemeinschaft gehörenden Gebäude untergebracht und wesentlicher Bestandteil des Gebäudes ist, dient dann, wenn sie nur die zu der Gemeinschaft gehörenden Wohnungen und sonstigen Raumeinheiten versorgt, im Sinne des § 5 Abs. 2 WEG dem gemeinschaftlichen Gebrauch der Wohnungseigentümer und steht daher zwingend im gemeinschaftlichen Eigentum (BGH, 8. 7. 2011, V ZR 176/10, nur mit Hinweis auf herrschende Meinung; BayObLG, 20. 8. 1998, 2Z BR 44/98; OLG Schleswig, 6. 3. 2006, 2 W 13/06 vgl. auch Grziwotz, MietRB 2010, 152, m. w. N.).
Siehe auch: Heizkörper, Heizungsraum, Steigleitungen, Thermostatventile, Verbrauchserfassungsgeräte

Heizungsanlage als Sondereigentum

Wird eine Zentralheizungsanlage bestimmungsgemäß nicht von der Wohnungseigentümergemeinschaft, sondern von vornherein von einem Miteigentümer betrieben, der die Anlage errichtet hat, und ist die Anlage dafür bestimmt und ausgelegt, über die Wohnungen der betreffenden Wohnungseigentümergemeinschaft hinaus auch weitere Gebäude außerhalb der Anlage mit Wärme zu versorgen, kann eine solche Zentralheizungsanlage im Sondereigentum (Teileigentum) stehen (BGH, 8. 11. 1974, V ZR 120/73; LG Bayreuth, 8. 6. 1972, T 65/72).
Dienen Heizungsgeräte nur der Versorgung eines Wohnungseigentums und damit nicht dem gemeinschaftlichen Gebrauch, kann an ihnen Sondereigentum begründet werden, und zwar auch dann, wenn sie in einem gemeinschaftlichen Keller untergebracht sind (LG Frankfurt, 1. 3. 1989, 2/9 T 1212/88; BayObLG, 24. 2. 2000, 2Z BR 155/99, dort auch zum Recht, einen zweiten Eigentümer vom Mitgebrauch der im Sondereigentumsbereich stehenden Therme auszuschließen).
Siehe hierzu auch: Etagenheizung

Heizungsraum

Der Heizungsraum ist gemeinschaftliches Eigentum (BGH, 2. 2. 1979, V ZR 14/77; 23. 6. 1989, V ZR 40/88, dort zum Schadensersatz beim Verschweigen von Mängeln an der im gemeinschaftlichen Eigentum stehenden Zentralheizungsanlage; BayObLG, 21. 2. 1980, 2 Z 13/79; 25. 3. 1992, 2Z BR 1/92; 23. 10. 1992, 2Z BR 87/92, zur Zutrittsregelung; zur Herausgabe der Schlüssel für den Heizungsraum vgl. auch LG Hamburg, 10. 9. 2010, 318 S 24/09; LG Düsseldorf, 17. 9. 1991, 19 T 196/91, ebenfalls zur Zutrittsregelung; LG Landau, 25. 6. 1985, 4 T 52/85, zur Abgeschlossenheit von Wohnungen mit Zugang zum gemeinschaftlichen Heizungsraum). Auch die Zugänge bzw. Zugangsflächen zum Heizungsraum sind grundsätzlich Gemeinschaftseigentum (OLG Düsseldorf, 12. 3. 1999, 3 Wx 72/99).

Heizungsrohr

Heizungsrohre sind als Hauptversorgungsleitung gemeinschaftliches Eigentum. Ab ihrem Übergang in die Sondereigentumsräume stehen sie jedoch im Sondereigentum.
Siehe hierzu auch: Hauptversorgungsleitung

Hof

Höfe sind als unbebaute Grundstücksflächen zwingend gemeinschaftliches Eigentum. Zulässig ist die Einräumung von Sondernutzungsrechten (vgl. hierzu Kap. 9.1.1).

Humusschicht

Eine auf einer Dachterrasse aufgebrachte Humusschicht gehört zum Sondereigentum (BayObLG, 12. 9. 1991, 2 Z 111/91).

Innenanstrich

Der Innenanstrich der Sondereigentumsräume wie auch der Innenanstrich von Fenstern und Wohnungsabschlusstüren ist dem Sondereigentum zuzuordnen (vgl. auch LG Lübeck, 1. 7. 1985, 7 T 365/85).

Innentür

Siehe hierzu: Türen

Installationen

Sämtliche Installationen für Wasser, Gas, Strom, Wärmeversorgung sowie für andere Anlagen und Einrichtungen sind als Hauptversorgungsleitungen (siehe dort) gemeinschaftliches Eigentum.
Ab Abzweigung in die Sondereigentumsräume sind sie dagegen dem Sondereigentum zuzuordnen (vgl. zu den unterschiedlichen Auffassungen aber auch: Hauptversorgungsleitung).

Siehe auch: Anschlussleitungen, Armaturen, Elektrizitätsleitung, Etagenheizung, Gasleitung, Hauptversorgungsleitung, Wasserrohr

Isolierglasfenster

Isolierglasfenster sind zwingend gemeinschaftliches Eigentum (BayObLG, 3. 8. 2000, 2Z BR 184/99, dort auch zur Verpflichtung des jeweiligen Eigentümers zur Instandsetzung durch Austausch blind gewordener Glas-/Fensterscheiben).

Isolierungsschicht

Isolierungsschichten zur Geräusch- und Wärmedämmung wie auch Feuchtigkeitsisolierungen sind gemeinschaftliches Eigentum, weil sie dem Bestand und der Sicherheit des Gebäudes dienen (OLG Düsseldorf, 20. 6. 1979, 3 W 134/79; 12. 1. 1998, 3 Wx 546/97, zu den Instandsetzungskosten bei unwirksamer Zuordnung zum Sondereigentum; BayObLG, 30. 4. 1982, 2 Z 67/81, auch zu den Anforderungen nach DIN 4122 und zum Anspruch auf sachverständige Feststellung von Baumängeln; 6. 11. 1986, 2 Z 98/86; 27. 7. 1989, 2 Z 68/89, zur Feuchtigkeitsisolierung und Wärmedämmung bei einer Dachterrasse; 12. 9. 1991, 2 Z 111/91; 17. 12. 1993, 2Z BR 105/93; OLG Frankfurt, 9. 2. 1984, 20 W 640/83; OLG Hamm, 3. 7. 1995, 15 W 93/95; 13. 8. 1996, 15 W 115/96, ebenfalls zu den Instandsetzungskosten bei unwirksamer Zuordnung zum Sondereigentum).
Siehe auch: Balkon, Dachterrasse, Flachdach, Geschossdecke

Jalousie

Siehe hierzu: Außenjalousie, Rollladen

Kaltwasserzähler

Siehe hierzu: Verbrauchserfassungsgeräte, Wasseruhr

Kamine

Kamine sind gemeinschaftliches Eigentum, das allerdings am Punkt des Übergangs in die Sondereigentumsräume endet (BayObLG, 20. 8. 1998, 2Z BR 44/98; KG Berlin, 8. 9. 1993, 24 W 5753/93+2301/93; OLG Oldenburg, 5. 11. 1979, 6 T 411/77; LG Frankfurt, 12. 3. 1990, 2/9 T 1215/89; vgl. auch KG Berlin, 8.9. 1993, 24 W 5753/93 und 2301/93, zur unzulässigen baulichen Veränderung an dem im Gemeinschaftseigentum stehenden Schornstein; OLG Köln, 30. 7. 1990, 16 Wx 60/90, zur baulichen Veränderung zwecks alleiniger Nutzung).

Kanalisation

Die Kanalisation auf dem Grundstück ist gemeinschaftliches Eigentum soweit es sich nicht um öffentliche Einrichtungen und Anlagen handelt.
Siehe auch: Abwasserkanal

Kellerdecke

Kellerdecken sind als konstruktive Bestandteile zwingend gemeinschaftliches Eigentum.

Kellerraum

Ein Kellerraum kann als „zusätzlicher Raum außerhalb des Wohnungsabschlusses““ zu einer abgeschlossenen Wohnung und insoweit zum Sondereigentum gehören, aber auch zum selbständigen Sondereigentum (Teileigentum) zählen, sofern er „abgeschlossen“ ist (vgl. hierzu auch Kap. 2.1.1, zur Abgeschlossenheit, vgl. auch BayVGH, 26. 7. 1990, 2 B 892905; BayObLG, 7. 11. 1991, 2 Z 137/91, jeweils zur Abgeschlossenheit von Kellerräumen als Voraussetzung zur Begründung von Teileigentum).
Die fehlende Abgeschlossenheit (fehlende Trennwand eines Kellerabteils) hindert jedoch die Entstehung von Sondereigentum nicht, wenn dieser Keller als Sondereigentum im Grundbuch eingetragen ist (BayObLG, 30. 4. 1980, 2 Z 12/79).

Kesselraum

Siehe hierzu: Tankraum

Kfz.-Stellplatz

An Kfz.-Stellplätzen kann je nach Lage des Einzelfalls Sondereigentum oder auch ein Sondernutzungsrecht eingeräumt werden, ebenso können sie aber auch im gemeinschaftlichen Eigentum stehen.

Kfz.-Stellplatz auf Grundstücks-/Hofflächen

Im Freien liegende Abstellplätze für Kraftfahrzeuge sind stets Gemeinschaftseigentum, weil an Grundstücksflächen Sondereigentum nicht eingeräumt werden kann. Das Grundstück steht kraft Gesetzes stets im gemeinschaftlichen Eigentum (OLG Hamm, 2.10. 1974, 15 W 172/74; OLG Karlsruhe, 27. 1. 1972, 11 W 53/71). Zulässig ist die Einräumung von Sondernutzungsrechten.
Siehe auch: Car-Ports

Kfz.-Stellplatz auf Garagen-Oberdeck

An Kfz.-Stellplätzen auf einem nicht überdachten Oberdeck eines Garagengebäudes oder Parkhauses kann Sondereigentum begründet werden (OLG Hamm, 26. 1. 1998, 15 W 502/97; OLG Frankfurt, 26. 4. 1977, 20 W 302/77; OLG Köln, 18. 7. 1984, 2 Wx 11/84; OLG Celle, 13. 6. 1991, 4 W 61/91; LG Braunschweig, 10. 3. 1981, 8 T 89/81; Merle, Rpfleger 1977, 196; ebenso Sauren, der zutreffend als Voraussetzung von einem entsprechenden Gebäudeunterbau ausgeht, Rpfleger 1984, 185).
Bei diesen Stellplätzen handelt es sich nicht um eine Grundstücksfläche, sondern um einen Gebäudeteil, für den bei ausreichender, dauerhafter

Markierung die Ausnahmeregelung zur Abgeschlossenheit gemäß § 3 Abs. 2 WEG zum Tragen kommt (a. A. früher OLG Hamm, 2. 10. 1974, 15 W 172/74; wie dort auch LG Lübeck, 11. 7. 1975, 7 T 298/75; LG Aachen, 11. 1. 1984, 3 T 235/83; differenzierend OLG Frankfurt, 17. 10. 1983, 20 W 648/83, für den Fall, dass es sich um eine nicht abgegrenzte, ebenerdige Stellfläche auf dem Dach einer Tiefgarage handelt).
Siehe auch: Abstellplatz, Doppelstockgarage, Garage, Stellplatz

Klingelanlage

Klingelanlagen sind gemeinschaftliches Eigentum bis zur Abzweigung der Anlagen in die Sondereigentumsräume (OLG Köln, 24. 9. 1996, 16 Wx 86/96; 26. 8. 2002, 16 Wx 126/02; AG Böblingen, 4. 7. 1996, 11 GR 35/96; AG Bremen, 23. 6. 1995, 111 a II 47/1995 WEG; AG Berlin-Schöneberg, 5. 11. 1991, 76 II 164/91, zum Einbau als Maßnahme ordnungsmäßiger Instandsetzung; BayObLG, 18. 10. 1990, 2 Z 119/90, dort zum Schadensersatz wegen unsachgemäßen Gebrauchs gemeinschaftlichen Eigentums).
Die innerhalb des Sondereigentums befindlichen Teile der Klingelanlage, so beispielsweise die Sprechanlage, sind jedoch Sondereigentum, jedenfalls insoweit, als deren Funktionsfähigkeit nicht Voraussetzung für das Funktionieren der Gesamtanlage ist (OLG Köln, 26. 8. 2002, 16 Wx 126/02). Die für diese Anlagen aufzuwendenden Reparaturkosten sind vom jeweiligen Eigentümer zu tragen.
Siehe auch: Gegensprechanlage, Videoüberwachung

Korridor

Siehe hierzu: Diele, Flur

Leitungen

Siehe hierzu: Hauptversorgungsleitung, dort auch m. w. N.

Leuchtreklame

Leuchtreklameanlagen, die an Hauswänden, Dächern oder an anderen Anlagen, die im gemeinschaftlichen Eigentum stehen, angebracht sind, stehen als fassadengestaltendes Element im gemeinschaftlichen Eigentum.

Lichtkuppel

Lichtkuppeln sind als konstruktives, baugestaltendes Element dem gemeinschaftlichen Eigentum zuzuordnen.

Lichtschacht

Lichtschächte, die der Belichtung des gemeinschaftlichen Eigentums und insoweit dem gemeinschaftlichen Gebrauch dienen, sind gemeinschaftliches Eigentum.

Loggia

Loggien sind wie Balkone grundsätzlich sondereigentumsfähig, auch wenn sie nicht nach allen Seiten abgeschlossen sind (OLG Düsseldorf, 20. 6. 1979, 3 W 134/79; vgl. aber auch OLG Düsseldorf, 12. 11. 1993, 3 Wx 333/93, dort zu einer eigenmächtigen baulichen Veränderung an einer zur Sondernutzung zugewiesenen und im gemeinschaftlichen Eigentum stehenden Loggia).
Siehe auch: Balkon, Dachterrasse, Isolierungsschicht, Terrasse

Luftschacht

Luftschächte dienen dem gemeinschaftlichen Gebrauch und stehen daher im gemeinschaftlichen Eigentum.

Markise

Markisen sind grundsätzlich als fassadengestaltende Elemente dem Gemeinschaftseigentum zuzuordnen, unabhängig davon, ob sie im Zeitpunkt der Erstellung der Wohnanlage bauseitig errichtet oder erst später angebracht wurden (vgl. hierzu LG Berlin, 17. 31989, 65 S 115/88; wie hier Deckert, a. a. O., Gruppe 3, S. 40; Müller, a. a. O. Rn 61, 65, differenzierend danach, ob Balkon/Loggia im Sonder- oder im Gemeinschaftseigentum stehen; differenzierend ebenfalls Staudinger/Rapp, § 5 Rn 25).
Siehe auch: Balkontrennmauer, Außenjalousie, Rollladen

Mauerwerk

Das Mauerwerk steht als konstruktiver und für den Bestand und die Sicherheit des Gebäudes erforderlicher Bestandteil gemäß § 5 Abs. 2 WEG zwingend im Gemeinschaftseigentum.
Siehe auch: Tragende Mauer, Trennmauer

Müllabwurfanlage

Eine Müllabwurfanlage dient dem gemeinschaftlichen Gebrauch und steht insoweit zwingend im gemeinschaftlichen Eigentum, ebenso die Müllbehälter und -tonnen, sofern diese nicht im Eigentum Dritter (Stadtwerke etc.) stehen.

Nichttragende Wand

Siehe hierzu: Trennwand

Putz

Der Decken- und Wandputz in den Sondereigentumsräumen ist dem Sondereigentum zuzuordnen.

Rauchwarnmelder

Rauchwarnmelder sind nach neuer Auffassung als Zubehör im Sinne von § 97 BGB (LG Hamburg, 2. 3. 2011, 318 S 193/10) weder dem Sondereigentum (AG Hamburg-Wandsbek, 21. 6. 2010, 740 C 31/10; 5. 7. 2010, 740 C 55/09), noch dem Gemeinschaftseigentum zuzuordnen (AG Ahrensburg, 25. 9. 2008, 37 C 11/08; AG Rendsburg, 30. 10. 2008, 18 C 545/08; vgl. zur Differenzierung auch OLG Frankfurt, 17. 7. 2008, 20 W 325/06). Als Zubehör gehören sie als rechtsgeschäftlich erworbene Sachen gemäß § 10 Abs. 7 WEG zum Verwaltungsvermögen der Wohnungseigentümergemeinschaft. Siehe auch: Kap. 12.2.4.1.6; Kap. 13.13, Rauchwarnmelder

Rollladen

Rollläden sind als fassadengestaltende bauliche Elemente dem gemeinschaftlichen Eigentum zuzuordnen mit Ausnahme der innenseitig angebrachten Zugvorrichtungen und der Rollladengurte (OLG Saarbrücken, 4. 10. 1996, 3 Wx 99/95–50; LG Freiburg, 2. 4. 1997, 4 T 39/97; LG Memmingen, 29. 12. 1977, 4 T 1048/77; AG Düsseldorf, 7. 5. 1987, 291 II 159/86, zur Anbringung von Rollläden mit mehrheitlicher Beschlussfassung im Rahmen ordnungsmäßiger Verwaltung; LG Düsseldorf, 20. 11. 1989, 25 T 584/89; OLG Düsseldorf, 26. 3. 1990, 3 Wx 595/89).

Sauna

Siehe hierzu: Schwimmbad

Schaufensterscheiben

Schaufensterscheiben sind wie alle übrigen Fenster zwingend dem gemeinschaftlichen Eigentum zuzuordnen (OLG Hamm, 22. 8. 1991, 15 W 166/91, auch zur Auslegung und Umdeutung einer entgegenstehenden Regelung in der Teilungserklärung).

Schilder

Namensschilder und Beschilderungen innerhalb der Wohnungseigentumsanlage sind gemeinschaftliches Eigentum.

Schließanlage

Türschlösser und zugehörige Schlüssel sind gemeinschaftliches Eigentum, jedenfalls bei einer gemeinschaftlichen Türschließanlage.

Schornstein

Siehe hierzu: Kamin

Schwimmbad

Schwimmbäder und Saunen sind in der Regel gemeinschaftliches Eigentum. Da sie aber mit ihrem Nutzungszweck persönliche Annehmlichkeiten für die Wohnungseigentümer schaffen, gehen sie über den Bedarf hinaus, der sich aus dem Interesse der Wohnungseigentümer an einem zweckgerechten Gebrauch der Wohnungen oder des Gemeinschaftseigentums ergibt.

Insofern dienen Schwimmbäder und Saunen nicht zwingend dem gemeinschaftlichen Gebrauch im Sinne des § 5 Abs. 2 WEG. Sie können daher auch zum Gegenstand des Sondereigentums (Teileigentum) gemacht werden (BGH, 10. 10. 1980, V ZR 47/79).
Soweit Saunen im Übrigen im Sondereigentumsbereich installiert sind, gehören sie als zu den Räumen gehörende Bestandteile zum Sondereigentum (vgl. hierzu BayObLG, 20.11. 1987, 2 Z 91/87).

Speicherraum

Speicherräume sind gemeinschaftliches Eigentum, sofern sie nicht gemäß Teilungserklärung zum Sondereigentum erklärt worden sind. Zulässig ist aber die Einräumung von Sondernutzungsrechten (vgl. hierzu Kap. 9.1.1).

Sprechanlage

Siehe hierzu: Klingel-/Gegensprechanlage

Steigleitungen

Steigleitungen einer Zentralheizungsanlage stehen im gemeinschaftlichen Eigentum (BGH, 8. 7. 2011, V ZR 176/10).

Stellplatz

Ein von drei Wänden umgebener Stellplatz ist nur sondereigentumsfähig, wenn eine Zugangssperre zugunsten der Berechtigten besteht (OLG Celle, 13. 6. 1991, 4 W 61/91).
Siehe auch: Abstellplatz, Car-Port, Doppelstockgarage, Garage, Kfz.-Stellplatz

Stromleitung

Siehe hierzu: Elektrizitätsleitung, Hauptversorgungsleitung, dort m. w. N.

Tankraum

Der Kessel- und Tankraum der gemeinschaftlichen Heizungsanlage steht zwingend im gemeinschaftlichen Eigentum (KG Berlin, 14. 11. 1988, 24 W 2207/88).
Siehe auch: Heizungsanlage

Telefonanschluss

Die für Telefonanschlüsse erforderlichen Installationen befinden sich im gemeinschaftlichen Eigentum. Ab Übergang in die Räume des Sondereigentums sind die entsprechenden Anschlussleitungen und Anschlüsse dagegen Sondereigentum, sofern hieran nicht Eigentum Dritter besteht, beispielsweise der Telekom.

Teppichboden

Ein im Treppenhaus festverlegter Teppichboden ist Gemeinschaftseigentum (vgl. dazu LG Düsseldorf, 28. 5. 1990, 25 T 219/90, zur Entfernung als bauliche Veränderung). In den Sondereigentumsräumen befindlicher Teppichboden ist dagegen dem Sondereigentum zuzuordnen (zur Entfernung und Austausch durch Parkettboden vgl. BayObLG, 16. 12. 1994, 2Z BR 113/93).

Terrasse

An ebenerdigen Terrassen kann bei vertikaler Abgrenzung gegenüber den angrenzenden Grundstücksflächen Sondereigentum begründet werden. Handelt es sich lediglich um plattierte Flächen ohne vertikale Abgrenzung, kann Sondereigentum nicht begründet werden (HansOLG Hamburg, 4. 3. 2003, 2 Wx 102/99; LG Frankfurt, 4. 3. 1992, 2/9 T 142/92; VGH München, 20. 11. 1997, 2 B 94 3258). Anstelle der Begründung von Sondereigentum können bei fehlender Abgrenzung Sondernutzungsrechte eingeräumt werden (vgl. hierzu OLG Köln, 21.4. 1982, 2 Wx 13/82; vgl. i. Ü. Kap. 9.1.1).
An Dachterrassen, die über anderen Wohnungen liegen, kann Sondereigentum begründet werden, und zwar auch dann, wenn sie nur vom Hausflur aus betreten werden können (OLG Frankfurt, 9. 1. 1975, 20 W 561/71).

Thermostatventile

Thermostatventile stehen als regelungstechnische Einrichtungen vorbehaltlich anderer Regelungen im Sondereigentum, wenn die Heizkörper gemäß Teilungserklärung dem Sondereigentum zugeordnet sind (BGH, 8. 7. 2011, V ZR 176/10; Armbrüster in Bärmann § 5 Rn 107). Dem steht die gegenteilige Auffassung gegenüber, wonach Thermostatventile zum gemeinschaftlichen Eigentum gehören, weil ihr Einbau öffentlich-rechtlich vorgeschrieben ist (§ 14 Abs. 2 EnEV) und bei Verwendung unterschiedlicher Systeme die Funktionsfähigkeit der Gesamtheizungsanlage beeinträchtigt wird (vgl. OLG München, 20. 3. 2008, 34 Wx 46/07; OLG Hamm, 6. 3. 2001, 15 W 320/00; AG Heidelberg, 1. 2. 1989, 25 UR 232/87, bestätigt durch OLG Karlsruhe, 16. 1. 1990, 11 W 233/89; Vandenhouten a. a. O. § 5 Rn 38 m. w. N.; vgl. auch Bielefeld, DWE 1988, 44; Müller, Teil 2 Rn 18 m. w. N.).
Siehe auch: Heizkörper, Heizkörperventile, Heizkostenverteiler

Tiefgarage

Siehe hierzu: Garage

Trägerkonstruktion

Trägerkonstruktionen dienen, unabhängig vom Material (Stahl, Eisen, Holz), als konstruktive Bestandteile des Gebäudes dessen Bestand und Sicherheit im Sinne von § 5 Abs. 2 WEG.

Tragende Wände

Tragende Wände (tragendes Mauerwerk) sind konstruktive Bestandteile des Gebäudes, die gemäß § 5 Abs. 2 WEG zu dessen Bestand und Sicherheit erforderlich sind (LG Bremen, 10. 10. 1986, 2 T 330/1986).
Siehe auch: Mauerwerk, Trennwand

Trennwand

Nichttragende Trennwände innerhalb der Sondereigentumsräume sind Sondereigentum. Handelt es sich bei nichttragenden Wänden um Trennwände zwischen zwei Wohnungen, können sie u. U. nach den Vorschriften der §§ 921 f. 743 ff. BGB unter Beschränkung auf die beiden Nachbarn als so genanntes „Mitsondereigentum" behandelt werden (zum Mitsondereigentum vgl. Kap. 2.6).
Siehe auch: Wand

Treppe

Treppen sind konstruktive Bestandteile des Gebäudes, die für dessen Bestand und Sicherheit gemäß § 5 Abs. 2 WEG erforderlich sind und dem gemeinschaftlichen Gebrauch der Wohnungseigentümer dienen. Sie sind zwingend gemeinschaftliches Eigentum.

Treppenhaus

Das Treppenhaus einer Wohnungseigentumsanlage ist zwingend Gemeinschaftseigentum. Mitsondereigentum (vgl. dazu Kap. 2.6) kann an einzelnen Teilen des Treppenhauses nicht eingeräumt werden (BayObLG, 15. 12. 1981, 2 Z 89/81).

Trockenplatz

Eine unbebaute Grundstücksfläche, die als Trockenplatz dienen soll, kann nicht zum Sondereigentum erklärt werden. Selbst wenn, was grundsätzlich möglich wäre, Sondernutzungsrechte eingeräumt werden, verbleiben diese Flächen stets in gemeinschaftlichem Eigentum.

Tür

Türen innerhalb der Sondereigentumsräume stehen grundsätzlich im Sondereigentum. Wohnungsabschlusstüren (einschließlich Einfassung, Klinke und Beschläge) sind dagegen gemeinschaftliches Eigentum (OLG Düsseldorf, 10. 9. 1999, 22 U 35/99; Zuordnung zum Sondereigentum gemäß Teilungserklärung im Sonderfall vgl. OLG Düsseldorf, 4. 2. 2002, 3 Wx 293/01; zu einer abweichend vereinbarten Kostentragungsregelung vgl. OLG Düsseldorf, 23. 11. 1998, 3 Wx 376/98).
Innenanstrich und die innenseitigen Türgriffe und -klinken sind Sondereigentum sind (OLG Düsseldorf, 10. 9. 1999, 22 U 35/99; OLG Hamm, 4. 11. 1987, 15 W 397/87; LG Stuttgart, 22. 12. 1972, 2 T 690/71).
Siehe auch: Wohnungsabschlusstür

Türöffnungsanlage

Siehe hierzu: Gegensprechanlage, Klingelanlage

Ventil

Siehe hierzu: Heizkörperventil, Thermostatventil

Verbrauchserfassungsgeräte

Verbrauchserfassungsgeräte dienen mit den durch sie ermittelten Verbrauchsdaten als Abrechnungsgrundlage einer ordnungsmäßigen Verwaltung. Nach bisheriger Auffassung stehen sie daher zwingend im gemeinschaftlichen Eigentum (HansOLG Hamburg, 22. 4. 1999, 2 Wx 389/99; 30. 12. 2003, 2 Wx 73/01; LG Hamburg, 29. 12. 2010, 318 S 101/10; KG Berlin, 8. 9. 1993, 24 W 5753/93 und 2103/93, zu Gas- und Wasseruhren; Armbrüster in Bärmann § 5 Rn 114; Vandenhouten a.a.O. § 5 Rn 38; Müller, a.a.O. Rn 64; Niedenführ a.a.O. Teil III Rn 12).
Sind jedoch Heizkörper dem Sondereigentum zugeordnet durch Teilungserklärung oder spätere Vereinbarung, stehen auch Verbrauchserfassungsgeräte im Sondereigentum (BGH, 8. 7. 2011, V ZR 176/10).
Wegen ihrer Verwendung im geschäftlichen Verkehr unterliegen sie der Eichpflicht (s. hierzu auch Kap. 10.4 Einzelfragen/Eichpflicht).
Siehe auch: Heizkörper, Heizkörperventile, Heizkostenverteiler

Verdunstungsmesser

Siehe hierzu: Heizkostenverteiler, Verbrauchserfassungsgeräte, Wärmemengenzähler

Vestibül

Siehe hierzu: Diele, Flur

Vorhalle

Als Eingangshalle zur Wohnungseigentumsanlage stehen Vorhallen zwingend im gemeinschaftlichen Eigentum.

Vorkaufsrecht

Vorkaufsrechte der anderen Wohnungseigentümer können nicht gemäß § 5 Abs. 4 WEG zum Inhalt des Sondereigentums gemacht und in das Grundbuch eingetragen werden (HansOLG Bremen, 25.5. 1977, 1 W 18/77a).

Wärmemengenzähler

Siehe hierzu: Verbrauchserfassungsgeräte, Heizkostenverteiler

Wand

Die Zuordnung von Wänden zum Sondereigentum oder Gemeinschaftseigentum ist von ihrer konstruktiven Funktion abhängig. So sind tragende

Wände grundsätzlich dem Gemeinschaftseigentum zuzuordnen, während nichttragende Wände im Regelfall Sondereigentum sind.
Siehe auch: Tragende Wand, Zwischenwand

Wandschrank

Siehe hierzu: Einbauschrank

Waschmaschine

Waschmaschinen sind als Zubehör Bestandteil des Verwaltungsvermögens. Sie dienen dem Zweck der Hauptsache gemäß § 97 BGB. Ihre Instandhaltung und Instandsetzung gehört deshalb zur ordnungsmäßigen Verwaltung (LG Lübeck, 26. 1. 2010, 12 T 4/09, m. w. N.).

Wasserrohr-/leitung

Wasserrohre und Wasserleitungen stehen als Hauptversorgungsleitungen zwingend im gemeinschaftlichen Eigentum. Ab Abzweigung in die Sondereigentumsräume sind sie jedoch regelmäßig dem Sondereigentum zuzuordnen. Zu den im Einzelfall unterschiedlichen Auffassungen vgl. Hauptversorgungsleitung.
Sie auch: Abflussrohr, Anschlussleitung, Hauptversorgungsleitung, dort m. w. N.

Wasseruhren

Wasseruhren (Kaltwasserzähler) sind nach bisheriger Auffassung zwingend gemeinschaftliches Eigentum, wenn sie im Innenverhältnis der Wohnungseigentümergemeinschaft der Erfassung und der Abrechnung des Wasserverbrauchs gemäß § 16 Abs. 2 und 3 WEG dienen (HansOLG Hamburg, 30. 12. 2003, 2 Wx 73/01; vgl. auch Niedenführ in Niedenführ/Kümmel/Vandenhouten Teil III Rn 12). Dies gilt auch dann, wenn sie sich im Bereich des Sondereigentums befinden (strittig nach BGH, 8. 7. 2011, V ZR 176/10, dort zur Zuordnung von Verbrauchserfassungsgeräten bei im Sondereigentum stehenden Heizkörpern).
Sie unterliegen im Falle ihrer Verwendung zur Wasserkostenabrechnung der Eichpflicht und sind alle sechs Jahre nachzueichen bzw. durch neue Geräte auszutauschen (zur Eichpflicht vgl. auch Kap. 10.4 Einzelfragen/Heizkosten-Eichpflicht).
Ihr Einbau ist keine bauliche Veränderung, sondern Folgemaßnahme der Einführung der gesetzlich vorgeschriebenen verbrauchsabhängigen Abrechnung (LG Hamburg, 29. 12. 2010, 318 S 1101/10, auch zur Amortisation binnen zehn Jahren bzw. Unwirtschaftlichkeit).
Siehe auch: Heizkörper, Heizkostenverteiler, Verbrauchserfassungsgeräte,

Wohngebäude

Sondereigentum kann an sämtlichen Räumen eines von mehreren Gebäuden begründet werden, die sich als Wohnungseigentumsanlage auf demsel-

ben Grundstück befinden. Eine Erstreckung des Sondereigentums auf die konstruktiven Bestandteile des Gebäudes ist jedoch ausgeschlossen (BGH, 3. 4. 1968, V ZB 14/67, m. w. N.).
Daher kann zwar an einer Doppelhaushälfte oder an einem Reiheneigenheim Wohnungseigentum begründet werden, das Sondereigentum erstreckt sich in diesem Fall aber nur auf die Räume, während sämtliche konstruktiven Bestandteile grundsätzlich gemeinschaftliches Eigentum bleiben.

Wohnungsabschlusstür

Eine Wohnungsabschlusstür, die als Gebäudebestandteil nicht für den Bestand oder Sicherheit des Gebäudes erforderlich ist und die nicht dem gemeinschaftlichen Gebrauch dient, kann durch Teilungserklärung dem Sondereigentum des betreffenden Wohnungseigentümers zugeordnet werden.
Ein Mehrheitsbeschluss zur Verpflichtung des betreffenden Sondereigentümers, die insoweit dem Sondereigentum zugeordnete Tür instand zu setzen, ist mangels Beschlusskompetenz nichtig (OLG Düsseldorf, 4. 2. 2002, 3 Wx 293/01).
Sie auch: Tätige Mithilfe, Tür

Zentralheizung

Siehe hierzu: Etagenheizung, Heizungsanlage

Zugangsfläche

Räume und Flächen, die den einzigen Zugang zu Anlagen und Einrichtungen des gemeinschaftlichen Eigentums bilden, stehen grundsätzlich in gemeinschaftlichem Eigentum (OLG Düsseldorf, 12. 3. 1999, 3 Wx 72/99; OLG Frankfurt, 4. 4. 2011, 20 W 75/08, Hinterhausdurchgang als Zugang zur gemeinschaftlichen Gartenfläche; zur Ausnahme vgl. BayObLG, 8. 5. 1991, 2 Z 33/91, soweit der gemeinschaftliche Raum nicht für den regelmäßigen Mitgebrauch der Miteigentümer in Anspruch genommen wird; eben so OLG Köln, 28. 12. 2000, 16 Wx 163/00; zur Zulässigkeit von Sondereigentum an einer Garage, die den alleinigen Zugang zur gemeinschaftlichen Grundstücksfläche ermöglicht, vgl. OLG Hamm, 27. 2. 2001, 15 W 17/01; zur Offenhaltung des Zugangs zu Versorgungseinrichtung im Dachboden vgl. BayObLG, 29. 1. 2004, 2Z BR 153/03).
Andererseits kann an einer Grundstücksfläche, die den einzigen Zugang zum Sondereigentum eines Eigentümers bildet, ein Sondernutzungsrecht für einen anderen Eigentümer eingeräumt werden. Dieser muss allerdings das Betreten der Sondernutzungsfläche als Zugang zu dem zugehörigen Sondereigentum zulassen (OLG Zweibrücken, 17. 1. 2011, 3 W 196/10).
Siehe auch: Flur

Zuleitung
Siehe hierzu: Hauptversorgungsleitung

Zwischenwand
Nichttragende Zwischenwände im Sondereigentumsbereich sind Sondereigentum. Zwischen zwei verschiedenen Sondereigentumseinheiten kann Mitsondereigentum eingeräumt werden (vgl. Kap. 2.6). Im Bereich des gemeinschaftlichen Eigentums sind solche Zwischenwände Gemeinschaftseigentum.
Siehe auch: Tragende Wand, Trennwand

3. Die Begründung von Wohnungseigentum

Das Wohnungseigentumsgesetz sieht gemäß § 2 WEG zwei Möglichkeiten der Begründung von Wohnungseigentum vor, nämlich

- die Begründung durch vertragliche Einräumung von Sondereigentum (§ 3 WEG) oder
- die Begründung durch Teilungserklärung (§ 8 WEG).

3.1 Begründung durch vertragliche Einräumung

Befindet sich ein Grundstück im Miteigentum mehrerer Grundstückseigentümer, so können sich die Miteigentümer gegenseitig durch notariellen Vertrag das Sondereigentum an einer Wohnung oder an nicht zu Wohnzwecken dienenden Räumen in einem auf dem Grundstück bereits errichteten oder in einem noch zu errichtenden Gebäude einräumen. Dadurch erfolgt abweichend von § 93 BGB eine Beschränkung der Miteigentümer an dem Grundstück (s. o. Kap. 1.3).
Voraussetzung ist allerdings in diesem Fall, dass an dem Grundstück, auf dem Sondereigentum an einem Gebäude

eingeräumt werden soll, bereits Miteigentum nach Bruchteilen im Sinne von § 1008 BGB besteht.
Ist also eine Erbengemeinschaft gesamthänderisch Eigentümer eines Grundstücks, bedarf es zur Einräumung von Sondereigentum an die einzelnen Mitglieder der Erbengemeinschaft einer vorherigen Aufteilung des Grundstücks in Bruchteilseigentum (OLG Hamm, 6. 12. 1967, 15 W 496/67; vgl. hierzu aber auch BGH, 10. 2. 1983, V ZB 18/82, wonach Miteigentümer eines Grundstücks durch einen dinglichen Vertrag Wohnungseigentum gemäß § 3 WEG auch in der Weise begründen können, dass sie sowohl die Zahl der Miteigentumsanteile verändern (zusammenlegen) als auch diesen (neuen) Anteilen jeweils das Sondereigentum an einer Wohnung zuordnen).
Voraussetzung für die vertragliche Einräumung von Sondereigentum ist, dass die Wohnungen oder die sonstigen Räume in sich abgeschlossen sind (s. o. Kap. 2.1.2).

3.1.1 Formvorschriften

Zur Einräumung und zur Aufhebung des Sondereigentums ist die Einigung aller Beteiligten über den Eintritt der Rechtsänderung und die Eintragung in das Grundbuch erforderlich (§ 4 Abs. 1 WEG).
Dabei bedarf die Einigung der Beteiligten der für die Auflassung vorgeschriebenen Form, wonach die Beteiligten gleichzeitig vor dem Notar erscheinen müssen. Eine Vertretung ist dabei zulässig, jedoch muss die Vollmacht in öffentlich beglaubigter Form nachgewiesen werden (§ 4 Abs. 2 Satz 1 WEG).
Die Einräumung oder Aufhebung von Sondereigentum kann nicht unter einer Bedingung oder Zeitbestimmung vorgenommen werden.
Die Eintragung und Aufteilung eines Grundstücks in Wohnungseigentum im Grundbuch erfordert im Hinblick auf das Genehmigungserfordernis nach § 172 Abs. 1 Satz 4

BauGB nicht die Vorlage eines Negativattestes der Baubehörde, solange die Landesregierung von der Verordnungsermächtigung in dieser Vorschrift keinen Gebrauch gemacht hat (OLG Hamm, 20. 5. 1999, 15 W 124/99; vgl. zur Vorlage eines Negativattestes zwecks Nachweises gegenüber dem Grundbuchamt auch OLG Zweibrücken, 15. 4. 1999, 3 W 60/99).

3.1.2 Anlegung des Wohnungsgrundbuchs

Für jeden Miteigentumsanteil wird von Amts wegen ein besonderes Grundbuchblatt (Wohnungsgrundbuch, Teileigentumsgrundbuch) angelegt, auf dem das zu dem jeweiligen Miteigentumsanteil gehörende Sondereigentum und als Beschränkung des Miteigentums die Einräumung der zu den anderen Miteigentumsanteilen gehörenden Sondereigentumsrechte eingetragen werden (§ 7 Abs. 1 WEG).
In Ausnahmefällen kann von der Anlegung besonderer Grundbuchblätter abgesehen werden, wenn dadurch Irrtümer nicht entstehen können. Insoweit wird dann lediglich ein gemeinschaftliches Wohnungs-/Teileigentumsgrundbuch angelegt (§ 7 Abs. 2 WEG).

3.1.3 Bezugnahme auf die Eintragungsbewilligung

Bei der Eintragung des Gegenstandes und des Inhalts des Sondereigentums in das Grundbuch kann auf die Eintragungsbewilligung Bezug genommen werden (§ 7 Abs. 3 WEG).
Der Eintragungsbewilligung sind der Aufteilungsplan (vgl. Kap. 2.3.1.1) und die Abgeschlossenheitsbescheinigung (vgl. Kap. 2.1.3.2) als Anlagen beizufügen (§ 7 Abs. 4 WEG).
Zur Eintragungsbewilligung gehört alles, was mit Einverständnis der Beteiligten durch die Urkunde zum Gegenstand und zum Inhalt der zu begründenden und einzutragenden Sondereigentumsrechte gemacht werden soll.

Zur Bezeichnung des Gegenstandes des Sondereigentums genügt grundsätzlich die Bezeichnung der Höhe des Miteigentumsanteils und die Bezeichnung des zugeordneten Wohnungs- / Teileigentums.
Neben der näheren Bezeichnung des Gegenstands des Sondereigentums kann die Eintragungsbewilligung auch die gemäß § 10 Abs. 2 Satz 2 WEG getroffenen Vereinbarungen über die Rechtsbeziehungen der Wohnungseigentümer untereinander sowie Sondernutzungsrechte als Inhalt des Sondereigentums enthalten.
Wird in der Eintragungsbewilligung auf die Teilungserklärung bzw. auf die Gemeinschaftsordnung und insoweit auf eine darin abweichend vom Gesetz getroffene Vereinbarung Bezug genommen, wird die in der Teilungserklärung bzw. in der Gemeinschaftsordnung getroffene Vereinbarung zum Inhalt des Sondereigentums, ohne dass es einer gesonderten Eintragung in das Grundbuch gemäß § 10 Abs. 3 WEG bedarf. Andernfalls würde der Rahmen des Grundbuchs „uferlos überschritten" (OLG Düsseldorf, 16. 5. 2003, 3 Wx 107/93, dort zu einer abweichenden Stimmrechtsregelung).

3.2 Begründung durch Teilungserklärung

Anders als eine Gemeinschaft von Bruchteilseigentümern kann der Alleineigentümer eines Grundstücks gemäß § 8 Abs. 1 WEG durch *einseitige* Erklärung gegenüber dem Grundbuchamt das Eigentum an seinem Grundstück in der Weise in Miteigentumsanteile teilen, dass mit jedem Anteil das Sondereigentum an einer Wohnung oder an Räumen, die nicht zu Wohnzwecken bestimmt sind, verbunden ist. Es kann sich dabei um Wohnungen oder Räume in einem bereits bestehenden, aber auch in einem noch zu errichtenden Gebäude handeln.
Bestandteil der Teilungserklärung in eigentlichem (enge-

ren) Sinn sind die dinglichen, sachenrechtlichen Regelungsinhalte, durch die die gegenständliche Abgrenzung und Zuordnung von Wohnungseigentum und Teileigentum, von Sondereigentum und Gemeinschaftseigentum erfolgt, wie auch die Festlegung und Zuordnung der Miteigentumsanteile (zur Unterscheidung Teilungserklärung und Gemeinschaftsordnung vgl. Kap. 4).
Für diese auch als Vorratsteilung bezeichnete Begründung von Wohnungseigentum gelten die auf den Einräumungsvertrag anzuwendenden Vorschriften entsprechend (s. o. Kap. 3.1).
Bei Begründung von Wohnungseigentum durch Teilung gemäß § 8 WEG ist auch mit Rücksicht auf die Rangklassenprivilegierung von Ansprüchen der Wohnungseigentümergemeinschaft nach § 10 Abs. 1 Nr. 2 ZVG die Zustimmung von Grundpfandrechtsgläubigern nicht erforderlich (OLG München, 18. 5. 2011, 34 Wx 220/11, m. w. N.).

3.3 Änderung des Einräumungsvertrages und der Teilungserklärung

Änderungen des Einräumungsvertrages oder der Teilungserklärung nach erfolgter Begründung des Wohnungseigentums können aus verschiedenen Gründen erforderlich werden. In der Praxis ist dabei von unterschiedlichen Gestaltungsmöglichkeiten auszugehen.

3.3.1 Änderung durch den/die teilenden Eigentümer

Bei der Begründung durch Einräumungsvertrag gemäß § 3 WEG können die Miteigentümer eine Änderung der dinglichen Rechtsverhältnisse nur unter Zustimmung aller Eigentümer im Wege der Einigung, Auflassung und Eintragung in das Grundbuch vornehmen. Für die im Einräumungsvertrag abweichend von § 10 Abs. 2 Satz 2 WEG getroffenen schuldrechtlichen Regelungen gelten die Bestimmungen über die Abänderbarkeit von Vereinbarungen (vgl. dazu Kap. 4.3).

Erfolgt die Begründung von Wohnungseigentum durch Teilung gemäß § 8 WEG, kann der teilende Alleineigentümer des Grundstücks die in der Teilungserklärung in engerem Sinne geregelten dinglichen Rechtsverhältnisse, also die Zuordnung und Abgrenzung von Sondereigentum und Gemeinschaftseigentum sowie die Festlegung und Zuordnung der Miteigentumsanteile grundsätzlich solange ändern, als er noch Eigentümer aller Wohnungs-/Teileigentumsrechte ist.

Dieses einseitige Änderungsrecht entfällt jedoch ab dem Zeitpunkt, an dem die erste Eigentumswohnung veräußert und für den Erwerber eine Auflassungsvormerkung im Grundbuch eingetragen ist (BayObLG, 24. 6. 1993, 2Z BR 56/93).

Das gleiche gilt für die abweichend von § 10 Abs. 2 Satz 2 WEG getroffenen Regelungen zu den schuldrechtlichen Beziehungen der Wohnungseigentümer untereinander.

3.3.2 Änderungsvorbehalt des Veräußerers

Beim Verkauf noch zu begründenden Wohnungs-/Teileigentums kann sich der Veräußerer grundsätzlich vertraglich das Recht vorbehalten, in der Teilungserklärung Änderungen vorzunehmen (BGH, 8. 11. 1985, V ZR 113/84; vgl. auch BayObLG, 15. 3. 1989, 2 Z 127/88, dort zur Auslegung einer Vollmacht im Kaufvertrag zur Änderung der Teilungserklärung, solange das Sondereigentum des Erwerbers „unangetastet bleibt"; BayObLG, 24. 6. 1993, 2Z BR 56/93, zur mangelnden Bestimmtheit einer im Kaufvertrag enthaltenen Vollmacht zur Änderung der Teilungserklärung; BayObLG, 25. 8. 1994, 2Z BR 80/94; 18. 10. 1994, 2Z BR 55/94, zur Unwirksamkeit einer Vollmacht wegen Verstoßes gegen den grundbuchrechtlichen Bestimmtheits-

grundsatz; 16. 12. 1997, 2Z BR 10/97, zur Auslegung eines Änderungsvorbehaltes gemäß Vollmacht im Kaufvertrag; OLG Düsseldorf, 19. 2. 1997, 3 Wx 450/95).
Ein solcher vertraglicher Änderungsvorbehalt kann sich jedoch nur auf die schuldrechtlichen Beziehungen der Wohnungseigentümer im Sinne von § 10 Abs. 2 Satz 1 und 2 WEG beziehen.
Eine Änderung der in der Teilungserklärung geregelten dinglichen Rechtsverhältnisse kann sich der Veräußerer nicht vorbehalten (BGH, 8. 11. 1985, V ZR 113/84).

3.4 Die Bedeutung von Einräumungsvertrag und Teilungserklärung

Von den meisten Wohnungseigentümern wird die Bedeutung des Einräumungsvertrages bzw. der Teilungserklärung in ihrer ganzen Tragweite im Regelfall unterschätzt bzw. übersehen.

3.4.1 Die Bestimmung der Miteigentumsanteile

Für die Festlegung der Höhe der Miteigentumsanteile, meist ausgedrückt in Tausendstel- oder Zehntausendstel-Anteilen, und deren Verhältnis zur Größe oder zum Wert des zugehörigen Sondereigentums, gibt es keine gesetzlichen Regelungen. Sie ist vielmehr dem freien Ermessen des teilenden Eigentümers überlassen (s. o. Kap. 2.4).
Je nach Ausgestaltung der Miteigentumsanteile kann es insbesondere bei der Verteilung der Lasten und Kosten gemäß § 16 Abs. 2 WEG oder aber auch hinsichtlich der Stimmrechtsregelungen zu Benachteiligung einzelner Wohnungseigentümer kommen.
„Ungerechtigkeiten“ bei der Verteilung der Lasten und Kosten auf der Grundlage der Höhe der Miteigentumsanteile werden immer dort auftreten, wo beispielsweise eine

kleine Wohnung mit entsprechend niedrigen verbrauchsabhängigen Kosten (z. B. Wasserverbrauch) mit einem hohen Miteigentumsanteil verbunden ist und große Wohnungen mit entsprechend hohen verbrauchsabhängigen Kosten nur einen niedrigen Miteigentumsanteil aufweisen.
Ist ein solches Missverhältnis unter Festlegung der Miteigentumsanteile entstanden, konnte bisher eine spätere nachträgliche Änderung wegen der erforderlichen Zustimmung aller Wohnungseigentümer nur in Ausnahmefällen erreicht werden.
Die mit der WEG-Reform 2007 geschaffene Erweiterung der Beschlusskompetenz gestattet es den Wohnungseigentümern seither, bei nicht sachgerechter Festlegung der Miteigentumsanteile und darauf beruhender „ungerechter" Kostenverteilung die Verteilung der Kosten gemäß §§ 16 Abs. 3 und 4, 21 Abs. 7 WEG durch mehrheitliche Beschlussfassung zu ändern.
Anders ist es allerdings nach wie vor bei einer Vereinbarung, durch die abweichend von der gesetzlichen Regelung des § 25 Abs. 2 WEG das Stimmrecht in der Wohnungseigentümerversammlung nicht nach der Kopfzahl, sondern nach Miteigentumsanteilen geregelt ist.
Hier bleibt es dabei, dass eine nachträgliche „Angleichung" der Stimmrechte nur durch eine Vereinbarung gemäß § 10 Abs. 2 Satz 2 WEG erfolgen kann, also mit Zustimmung aller Wohnungseigentümer und Eintragung der Vereinbarung in das Grundbuch (zum Stimmrecht vgl. Kap. 14.2 ff.).
Nach § 10 Abs. 2 Satz 3 WEG kann aber auch hier eine Änderung von jedem einzelnen Wohnungseigentümer verlangt werden, wenn das Festhalten an der geltenden Stimmrechtsregelung unbillig erscheint.

3.4.2 Zuordnung von Gemeinschafts- und Sondereigentum

Zahlreiche Teilungserklärungen enthalten bzw. verweisen nur auf die gesetzlichen Regelungen hinsichtlich der Zuordnung und Abgrenzung von Sondereigentum und Gemeinschaftseigentum.
Da das Gesetz aber insoweit nur Mindestvorschriften enthält, kommt es in der Praxis immer wieder zu Auseinandersetzungen, wenn es darum geht, beispielsweise Kosten für die Instandhaltung oder Instandsetzung von Anlagen und Einrichtungen zu verteilen, bei denen streitig sein kann, ob sie Gemeinschafts- oder Sondereigentum sind.
Andererseits ist es zulässig, durch entsprechende Vereinbarungen in der Teilungserklärung bzw. in der Gemeinschaftsordnung die Lasten- oder Kostenverteilung abweichend von der „eigentumsmäßigen" Zuordnung zu regeln.
Auch bei baulichen Veränderungen kann es entscheidend auf klare Abgrenzungen von Sondereigentum und Gemeinschaftseigentum ankommen, da bauliche Veränderungen am gemeinschaftlichen Eigentum in der Regel nur mit Zustimmung der nachteilig betroffenen Eigentümer durchgeführt werden können (Kap. 13.3).
Insofern ist eine klare Abgrenzung von Sonder- und Gemeinschaftseigentum bereits bei der Begründung von Wohnungseigentum von entscheidender Bedeutung für eine reibungslose Abwicklung der Verwaltung in der späteren Gemeinschaft der Wohnungseigentümer.

3.4.3 Gebrauchs- und Nutzungsregelungen

Auch Regelungen, die den Gebrauch und die Nutzung von Sondereigentum und Gemeinschaftseigentum betreffen und von der entsprechenden eigentumsrechtlichen Zuordnung und Abgrenzung abhängen, sind vielfach Gegenstand entsprechender Vereinbarungen in der Teilungserklärung bzw. im Einräumungsvertrag.

Soweit solche Regelungen nicht gegen zwingende Gesetze oder gegen die guten Sitten verstoßen, sind sie auch dann wirksam, wenn sie einzelne Wohnungseigentümer in der Ausübung ihrer Rechte beschränken bzw. andere Wohnungseigentümer begünstigen.

4. Die Gemeinschaftsordnung

Nach den Vorschriften des § 10 Abs. 2 Satz 1 WEG bestimmt sich das Verhältnis der Wohnungseigentümer untereinander nach

- den Vorschriften des Wohnungseigentumsgesetzes und, soweit dies keine besonderen Bestimmungen enthält, nach
- den Vorschriften des Bürgerlichen Gesetzbuches über die Gemeinschaft.

Daneben können die Wohnungseigentümer gemäß § 10 Abs. 2 Satz 2 WEG aber auch von den Vorschriften des Wohnungseigentumsgesetzes

- abweichende Vereinbarungen

treffen, soweit nicht das Wohnungseigentumsgesetz selbst etwas anderes ausdrücklich bestimmt.
Diese vom Gesetz abweichenden *Vereinbarungen* können die Wohnungseigentümer im Rahmen der Vertragsfreiheit zur Regelung ihres Verhältnisses untereinander gemäß § 5 Abs. 4 WEG zum Inhalt des Sondereigentums machen. Sie finden ihren Niederschlag in den entsprechenden Regelungen der *Gemeinschaftsordnung,* vielfach auch als Bestandteil der (insoweit) erweiterten Teilungserklärung.
Dies gilt sowohl für den Fall der vertraglichen Begründung von Wohnungseigentum (§ 3 WEG) wie auch für den Fall

der einseitig vorgenommenen Teilung des Alleineigentümers eines Grundstücks (§ 8 WEG).

Sachenrechtliche Regelungen – beispielsweise die Umwandlung von Gemeinschafts- in Sondereigentum – können nicht Gegenstand einer Vereinbarung nach § 10 Abs. 2 Satz 2, Abs. 3 WEG sein (BGH, 4. 4. 2003, V ZR 322/02; zum Inhalt der Teilungserklärung vgl. Kap. 3.2).

Durch die Eintragung der Vereinbarungen im Sinne von § 10 Abs. 2 Satz 2 WEG als Inhalt des Sondereigentums im Grundbuch sind auch alle späteren (Zweit-) Erwerber, die so genannten Sondernachfolger, an die so getroffenen Vereinbarungen gebunden. Die Regelungen bilden damit das, „was bei einem Verein die Satzung ist" (BayObLG, 14. 12. 1978, 2 Z 14/78).

Diese frühere Rechtslage zu den Rechtsfolgen der Eintragung von Vereinbarungen in das Grundbuch gilt jedoch nicht mehr uneingeschränkt, weil nach jetzt geltendem Recht von den als Inhalt des Sondereigentums in das Grundbuch eingetragenen Vereinbarungen in bestimmten Fällen und unter bestimmten Voraussetzungen auch durch mehrheitliche Beschlussfassung abgewichen werden können.

Da Beschlüsse als nicht eintragungsfähige Regelungen nicht in das Grundbuch eingetragen werden, kann sich ein Sondernachfolger folglich auch nicht mehr (allein) auf die im Grundbuch eingetragenen Vereinbarungen verlassen. Den (ergänzenden) Ersatz bildet insoweit die jetzt vorgeschriebene Führung der Beschluss-Sammlung (vgl. dazu Kap. 14.5).

Die für die Gemeinschaftsordnung in der Praxis auch verwendeten Begriffe *Grundordnung* oder *Miteigentumsordnung* sind zumindest hinsichtlich des letzteren Begriffes insoweit nicht sachgerecht, als Vereinbarungen nicht nur das gemeinschaftliche Eigentum (= Miteigentum) betreffen, sondern ebenso auch das Sondereigentum und die Mitgliedschaftsrechte in der Gemeinschaft.

4.1 Der Begriff „Vereinbarung“

Das Verhältnis der Wohnungseigentümer untereinander bestimmt sich gemäß § 10 Abs. 2 Satz 1 WEG nach den Vorschriften des Wohnungseigentumsgesetzes und, soweit dieses Gesetz keine besonderen Bestimmungen enthält, nach den Vorschriften des Bürgerlichen Gesetzbuches über die Gemeinschaft. Abweichend von den Bestimmungen des Wohnungseigentumsgesetzes können die Wohnungseigentümer aber ihr Verhältnis untereinander gemäß § 10 Abs. Abs. 2 Satz 2 WEG durch Vereinbarungen regeln, sofern nicht etwas andere ausdrücklich bestimmt ist.
Um Vereinbarungen im Sinne dieser Vorschrift handelt es sich um vom Wohnungseigentumsgesetz abweichende Regelungen, die das

- Sondereigentum,
- das Miteigentum,
- die gemeinschaftlichen Gegenstände und
- die Mitgliedschaftsrechte in der Gemeinschaft

betreffen.
Die den Wohnungseigentümern damit eingeräumte Vertragsfreiheit findet aber ihre Grenze in den unabdingbaren Vorschriften des Wohnungseigentumsgesetzes (OLG Hamm, 25. 6. 1975, 15 W 65/73) und den entsprechenden Vorschriften der §§ 134, 138, 242, 315 BGB (BayObLG, 23. 5. 1990, 2 Z 46/90), also den Bestimmungen, die grundsätzlich n i c h t

- geändert,
- eingeschränkt oder
- aufgehoben

werden können.
Von diesen unabdingbaren gesetzlichen Bestimmungen, auch als zwingende Vorschriften bezeichnet, kann auch

durch eine Vereinbarung nach § 10 Abs. 2 Satz 2 WEG nicht abgewichen werden. Dabei ist es nicht erforderlich, dass sich die Unabdingbarkeit aus dem jeweiligen Gesetzeswortlaut selbst ergibt. Es genügt vielmehr, dass sich die zwingende Natur aus dem jeweiligen Zweck der gesetzlichen Regelung ergibt (BayObLG, 28. 10. 1980, 2 Z 63/80).

4.2 Unabdingbare Vorschriften

Als unabdingbar nach den Bestimmungen des Wohnungseigentumsgesetzes gelten:

1. *§ 5 Abs. 1 und 2 WEG – Gegenstand des Sonder-/Gemeinschaftseigentums*
   Diese Vorschrift bestimmt – vorbehaltlich des § 5 Abs. 3 – zwingend, was zum Gegenstand des Sondereigentums bzw. des Gemeinschaftseigentums gehört
2. *§ 6 WEG – Unselbständigkeit des Sondereigentums*
   Nach dieser Bestimmung kann das Sondereigentum ohne den Miteigentumsanteil, zu dem es gehört, nicht veräußert oder belastet werden. Rechte am Miteigentumsanteil erstrecken sich auf das zu ihm gehörende Sondereigentum.
3. *§ 11 WEG – Unauflöslichkeit der Gemeinschaft*
   Diese Vorschrift schließt eine Aufhebung der Gemeinschaft aus, sieht aber in § 11 Abs. Satz 3 WEG eine Ausnahme für den Fall vor, dass das Gebäude ganz oder teilweise zerstört wird und eine Verpflichtung zum Wiederaufbau nicht besteht.
4. *§ 12 Abs. 2 Satz 1 WEG – Veräußerungsbeschränkung*
   Das Gesetz räumt zwar grundsätzlich das Recht ein, die Veräußerung des Wohnungseigentums zu beschränken, schreibt jedoch gleichzeitig zwingend vor, dass die Zustimmung nur aus wichtigem Grunde versagt werden darf.

5. *§ 12 Abs. 4 Satz 1 WEG – Aufhebung einer Veräußerungsbeschränkung*
Eine nach § 12 Abs. 1 WEG vereinbarte Veräußerungsbeschränkung kann gemäß § 12 Abs. 4 Satz 2 WEG durch Vereinbarung nicht eingeschränkt und auch nicht ausgeschlossen werden.
6. *§ 16 Abs. 3 und 4 WEG – Änderung der Kostenverteilung durch Mehrheitsbeschluss*
Die Befugnisse der Wohnungseigentümer, gemäß § 16 Abs. 3 und 4 WEG durch Stimmenmehrheit eine von § 16 Abs. 2 WEG abweichende Kostenverteilung zu beschließen, kann durch Vereinbarung nicht ausgeschlossen und nicht eingeschränkt werden. Sieht allerdings eine Öffnungsklausel geringere als die nach § 16 Abs. 2 und 3 WEG erforderlichen Mehrheitserfordernisse vor, gilt die danach getroffene Regelung.
7. *§ 18 Abs. 1 WEG – Anspruch auf Entziehung*
Nach dieser Regelung können die Wohnungseigentümer von einem anderen Wohnungseigentümer die Veräußerung seines Wohnungseigentums verlangen, wenn dieser sich einer so schweren Verletzung der ihm gegenüber anderen Wohnungseigentümern obliegenden Verpflichtungen schuldig gemacht hat, dass diesen die Fortsetzung der Gemeinschaft mit ihm nicht mehr zugemutet werden kann.
8. *§ 20 Abs. 2 WEG – Bestellung eines Verwalters*
Die Bestellung eines Verwalters kann nicht ausgeschlossen werden. Das bedeutet allerdings nicht, dass eine Wohnungseigentümergemeinschaft deshalb auch zwingend einen Verwalter haben muss.
9. *§ 22 Abs. 2 WEG – Mehrheitsbeschluss für Modernisierungsmaßnahmen*
Das Recht der Wohnungseigentümer, über die Vornahme von Modernisierungsmaßnahmen mehrheitlich beschließen, kann gemäß § 22 Abs. 2 Satz 2 WEG nicht eingeschränkt und ausgeschlossen werden. Etwas ande-

res gilt für den Fall, dass eine Öffnungsklausel niedrigere Mehrheitserfordernisse regelt.

10. *§ 23 Abs. 3 WEG – Schriftlicher Beschluss*
    Die Gültigkeit eines Beschlusses außerhalb der Versammlung setzt zwingend die schriftliche Zustimmung aller Eigentümer voraus.
11. *§ 24 Abs. 2 WEG – Minderheitenrecht*
    Nach dieser Vorschrift kann stets eine Minderheit von mehr als einem Viertel der Wohnungseigentümer (nach Kopfzahl) die Einberufung einer – außerordentlichen – Wohnungseigentümerversammlung verlangen.
12. *§ 26 Abs. 1 WEG – Berufung und Abbestellung des Verwalters*
    Nach dieser Vorschrift kann die Bestellung eines Verwalters auf eine Dauer von maximal drei bzw. fünf Jahren erfolgen. Beschränkungen der Abberufung sind nur insoweit zulässig, als die Abberufung vom Vorliegen eines wichtigen Grundes abhängig gemacht werden kann. Andere Beschränkungen sind unzulässig.
13. *§ 27 Abs. 1 bis 3 WEG – Keine Einschränkung der gesetzlichen Verwaltertätigkeit*
    Die in den Vorschriften des § 27 Abs. 1 bis 3 WEG geregelten Befugnisse des Verwalter können gemäß § 27 Abs. 4 WEG durch Vereinbarung nicht eingeschränkt oder ausgeschlossen werden.

Von den hier genannten unabdingbaren Bestimmungen (Nr. 1 bis13) kann durch eine Vereinbarung gemäß § 10 Abs. 2 Satz 2 WEG nicht abgewichen werden. Insoweit getroffene Regelungen sind nichtig.
Von den abdingbaren gesetzlichen Bestimmungen des Wohnungseigentumsgesetzes kann dagegen grundsätzlich durch eine Vereinbarung gemäß § 10 Abs. 2 Satz 2 WEG abgewichen werden, soweit nicht das Gesetz selbst in bestimmten Fällen auch eine abweichende Regelung durch

mehrheitliche Beschlussfassung der Wohnungseigentümer zulässt.
Abweichende Vereinbarungen, durch die die abdingbaren gesetzlichen Bestimmungen

- aufgehoben,
- eingeschränkt,
- abgeändert oder
- ergänzt

werden, können bereits bei Begründung des Wohnungseigentums im Rahmen des Einräumungsvertrages oder in der (erweiterten) Teilungserklärung bzw. Gemeinschaftsordnung durch den teilenden Eigentümer getroffen werden oder später nach erfolgter Begründung durch die dann eingetragenen Wohnungseigentümer.
Vereinbarungscharakter im Sinne von § 10 Abs. 2 Satz 2 WEG erhalten entsprechende Regelungen aber auch erst dann und nur dadurch, dass in ihnen ausdrücklich und eindeutig zum Ausdruck kommt, dass damit bewusst und dauerhaft für die Zukunft von den abdingbaren gesetzlichen Bestimmungen oder – ihnen gleichstehend – von der Teilungserklärung bzw. von der Gemeinschaftsordnung abgewichen oder ergänzende Regelungen getroffen werden sollen (BayObLG, 21. 4. 1972, 2 Z 125/71; OLG Karlsruhe, 16. 4. 1985, 11 W 127/83; einschränkend und mit Hinweis auf § 133 BGB vgl. aber auch OLG Celle, 22. 12. 1986, 4 W 224/84, wonach eine das Gesetz oder die Gemeinschaftsordnung ändernde Vereinbarung in der maßgeblichen Entschließung nicht unbedingt einer ausdrücklichen Erklärung der gewollten Abweichung bedarf, wenn der dahingehende Wille auch sinngemäß zum Ausdruck gebracht wird; vgl. auch Kap. 4.8. zur Auslegung von Vereinbarungen).

4.3 Zustandekommen und Änderung von Vereinbarungen

Für das Zustandekommen und für die Änderung von Vereinbarungen bedarf es gemäß § 10 Abs. 2 Satz 2 WEG grundsätzlich der Zustimmung aller im Grundbuch eingetragenen Wohnungseigentümer und gemäß § 10 Abs. 3 WEG der Eintragung in das Grundbuch als Inhalt des Sondereigentums, damit diese Vereinbarungen auch im Falle des Eigentümerwechsels gegenüber den neuen Eigentümern (Sondernachfolgern) Rechtswirkung entfalten.
Ohne Grundbucheintragung gelten Vereinbarungen im Sinne von § 10 Abs. 2 Satz 2 WEG als (nur) schuldrechtliche Vereinbarung ausschließlich unter den beteiligten Wohnungseigentümern (vgl. dazu Kap. 4.3.5.1), es sei denn, der Sondernachfolger tritt der schuldrechtlichen Vereinbarung ausdrücklich bei.

4.3.1 Zustandekommen bei Begründung des Wohnungseigentums

Im Falle der Begründung des Wohnungseigentums gemäß § 3 WEG werden Vereinbarungen im Sinne von § 10 Abs. 2 Satz 2 WEG durch Zustimmung derjenigen Eigentümer getroffen, die sich gegenseitig vertraglich das Wohnungs- oder Teileigentum einräumen.
Ihren Niederschlag finden diese Regelungen im Einräumungsvertrag selbst oder der sie ergänzenden Gemeinschaftsordnung.
Erfolgt die Begründung des Wohnungseigentums durch Teilung gemäß § 8 WEG, entstehen die Vereinbarungen durch einseitige Ausgestaltung entsprechender Regelungen durch den teilenden Alleineigentümer, und zwar meist als integrierter Bestandteil der – erweiterten – Teilungserklärung (Teil 2) oder der sie ergänzenden Gemeinschaftsordnung.

4.3.2 Änderung durch den teilenden Eigentümer

Das Recht, Vereinbarungen über das Verhältnis der – künftigen – Wohnungseigentümer untereinander durch entsprechende vom Gesetz abweichende Vereinbarungen gemäß § 10 Abs. 2 Satz 2 WEG zu treffen, hat der teilende Eigentümer bis zur rechtlichen Invollzugsetzung der Wohnungseigentümergemeinschaft, also bis zur Veräußerung der ersten Wohnung an einen Dritten und dessen Eintragung als Eigentümer in das Grundbuch (zur rechtlichen Invollzugsetzung vgl. BayObLG, 11. 4. 1990, 2 Z 7/90; vgl. ebenso zur Änderung der Teilungserklärung Kap. 3.3.1)

4.3.3 Änderungsvorbehalt des teilenden Eigentümers/Veräußerers

Beim Verkauf noch zu begründenden Wohnungs- oder Teileigentums kann sich der teilende Eigentümer als Veräußerer vertraglich das Recht vorbehalten, auch noch nach erfolgtem Verkauf Ergänzungen oder Änderungen der Gemeinschaftsordnung vorzunehmen, allerdings nur hinsichtlich der Gestaltung des Gemeinschaftsverhältnisses der Wohnungseigentümer, nicht hinsichtlich der dinglichen Rechtsverhältnisse (BGH, 8. 11. 1985, V ZR 113/84; vgl. hierzu auch Kap. 3.3.2).

4.3.4 Änderung nach rechtlicher Invollzugsetzung

Nach erfolgter Begründung des Wohnungseigentums und rechtlicher Invollzugsetzung der Wohnungseigentümergemeinschaft (Eintragung des ersten Erwerbers eines Wohnungseigentums vom Bauträger in das Grundbuch, vgl. OLG Karlsruhe, 12. 11. 2001, 14 Wx 37/01) bedarf das Zustandekommen entsprechender Vereinbarungen nach § 10 Abs. 2 Satz 2 WEG in der Regel der Zustimmung aller Wohnungseigentümer und zu ihrer Wirkung gegenüber Sondernachfolgern der Eintragung in das Grundbuch.

Das Gleiche gilt für die Ergänzung, Änderung oder Aufhebung bestehender Vereinbarungen und ihr gleichstehender Regelungen in der Teilungserklärung oder der Gemeinschaftsordnung, sofern nicht das Gesetz selbst oder eine vereinbarte Öffnungsklausel eine Änderung durch Beschluss zulässt.

4.3.5 Vereinbarung und/oder einstimmiger Beschluss

Da für das Zustandekommen einer Vereinbarung nach § 10 Abs. 2 Satz 2 WEG oder auch deren Aufhebung, Ergänzung oder Änderung die Zustimmung aller Eigentümer erforderlich ist, also auch immer ein einstimmiger „Beschluss“ vorliegen muss, stellt sich die Frage, wodurch sich ein „einstimmiger/allstimmiger Beschluss“ von einer – ebenfalls Einstimmigkeit voraussetzenden – „Vereinbarung“ unterscheidet.
Ob im konkreten Fall ein einstimmiger „Beschluss“ oder eine „Vereinbarung“ vorliegt, ist eine Auslegungsfrage (BayObLG, 23. 5. 1990, 2 Z 46/90).
Gemäß § 10 Abs. 2 Satz 2 WEG ist eine Vereinbarung dadurch charakterisiert, dass sie eine vom Gesetz abweichende Regelung mit rechtsgestaltender Wirkung für die Zukunft enthält.
Soll also eine vom dispositiven Gesetzesrecht (= abdingbare gesetzliche Bestimmungen) abweichende Regelung des Gemeinschaftsverhältnisses getroffen werden, verlangt § 10 Abs. 2 Satz 2 WEG stets eine Vereinbarung (BGH, 11. 7. 1991, V ZB 24/90, dort zur Unzulässigkeit eines Mehrheitsbeschlusses über eine vom Gesetz abweichende Verzugszinsenregelung; vgl. i. Ü. BGH, 20. 9. 2000, V ZB 58/99).
Damit diese Vereinbarungen im Falle des Eigentümerwechsels auch gegenüber dem neuen Eigentümer (Sondernachfolger) Rechtswirkung entfalten, bedürfen sie gemäß § 10 Abs. 3 WEG als Inhalt des Sondereigentums der Eintragung in das Grundbuch.

4.3.5.1 Schuldrechtliche Vereinbarung

Werden Vereinbarungen gemäß § 10 Abs. 2 Satz 2 WEG – aus welchen Gründen auch immer – nicht in das Grundbuch eingetragen, haben sie zwar auch Vereinbarungswirkung, gelten aber nur unter den jeweils Beteiligten, denjenigen also, die der Vereinbarung zugestimmt haben (KG Berlin, 6. 6. 1990, 24 W 1227/90). Die Beteiligten können die zwischen ihnen getroffenen Vereinbarungen stets auch nur durch neue Vereinbarungen aufheben, ergänzen oder ändern.

Schuldrechtliche – also nicht in das Grundbuch eingetragene – Vereinbarungen werden jedoch mit ihrem gesamten Inhalt hinfällig, wenn ein neuer Eigentümer (Sondernachfolger) in die Gemeinschaft eintritt und sich der von den bisherigen Eigentümern getroffenen schuldrechtlichen Vereinbarung nicht unterwirft (OLG Düsseldorf, 14. 2. 2001, 3 Wx 392/00; OLG Köln, 2. 4. 2001, 16 Wx 7/01; BayObLG, 10. 1. 2002, 2Z BR 180/01).

Die Berufung eines Sondernachfolgers auf die fehlende Bindungswirkung nach § 10 Abs. 3 WEG ist regelmäßig nicht als rechtsmissbräuchlich anzusehen (OLG Hamm, 10. 9. 1996, 15 W 236/96).

4.3.5.2 Einstimmiger Beschluss

Beschlüsse regeln ausschließlich Angelegenheiten, die einer Beschlussfassung zugänglich sind, für die den Wohnungseigentümern also ausdrücklich durch das Gesetz eine Beschlusskompetenz eingeräumt ist. Auf das Wort „beschließen“ kommt es dabei nicht an (BayObLG, 23. 5. 1990, 2 Z 46/90; grundsätzlich zur Beschlusskompetenz BGH, 20. 9. 2000, V ZB 58/99).

Unter den Begriff „Beschluss“ fallen damit insbesondere die Regelungen nach den Vorschriften des § 15 Abs. 2 WEG über den ordnungsmäßigen Gebrauch von Sonder- und Gemeinschaftseigentum und nach den Vorschriften der §§ 21

Abs. 1 und 3, 23 Abs. 1 WEG zu Regelungen über die Angelegenheiten der Verwaltung des gemeinschaftlichen Eigentums.

Nach jetzigem Recht fallen unter die durch Beschlussfassung zu regelnden Angelegenheiten jedoch auch Regelungen, durch die von einer gesetzlichen Bestimmung abgewichen wird, zum Beispiel Regelungen gemäß § 16 Abs. 3 und 4 WEG über abweichende Kostenverteilungen.

Beschlüsse haben daher nicht mehr „nur" konkrete Angelegenheiten auf der Grundlage entsprechender gesetzlicher Regelungen, sondern auch Regelungen über das Verhältnis der Wohnungseigentümer untereinander zum Inhalt.

Durch Beschlüsse können folglich entgegen früherer Gesetzeslage auch vom Gesetz abweichende Regelungen getroffen werden, soweit jedenfalls das Gesetz selbst oder gemäß § 10 Abs. 2 Satz 2 WEG getroffene Vereinbarungen entsprechend § 23 Abs. 1 WEG eine mehrheitliche Beschlussfassung zulassen.

Soweit durch das Gesetz den Wohnungseigentümern die Beschlusskompetenz eingeräumt ist, reicht für Beschlussfassungen im Rahmen ordnungsmäßiger Verwaltung die einfache Stimmenmehrheit aus, soweit nicht in bestimmten Fällen eine (doppelt) qualifizierte Mehrheit (§§ 16 Abs. 4, 22 Abs. 2 WEG) vorgeschrieben ist.

Handelt es sich dagegen bei den Beschlussgegenständen um Angelegenheiten, die über die ordnungsmäßige Verwaltung hinausgehen, ist – Beschlusskompetenz vorausgesetzt – grundsätzlich immer die Zustimmung aller im Grundbuch eingetragenen Wohnungseigentümer, also ein einstimmiger – oder auch allstimmiger – Beschluss erforderlich. Auch in diesen Fällen ist allerdings ein Mehrheitsbeschluss wirksam, wenn er nicht angefochten und rechtskräftig für ungültig erklärt wird.

Der Wohnungseigentümergemeinschaft fällt aber nicht die Kompetenz zu, den Bereich der nach dem Wohnungseigentumsgesetz durch Mehrheitsbeschluss zu entscheidenden

Angelegenheiten nach eigenem Ermessen zu erweitern, auch wenn die zur Verwaltung gehörenden Angelegenheiten in § 21 Abs. 5 WEG und den diesbezüglichen Vorschriften nicht abschließend festgelegt sind. Dies gilt auch für die durch Erweiterung der Beschlusskompetenz gemäß § 21 Abs. 7 WEG zu regelnden Angelegenheiten.
Grundsätzlich ist aber nach wie vor zwischen „Vereinbarung“ und „einstimmigem Beschluss“ zu unterscheiden. Dies soll an den nachstehenden Fallbeispielen verdeutlicht werden.

Fallbeispiel 1 – Tierhaltung

Die Aufstellung einer Hausordnung gehört zu den Maßnahmen, die nach der gesetzlichen Regelung des § 21 Abs. 5 Nr. 1 WEG jederzeit mit Mehrheit beschlossen werden können. Zulässig sind aber nur solche Regelungen, die ordnungsmäßiger Verwaltung entsprechen.
Hausordnungsregelungen, die über die ordnungsmäßige Verwaltung hinausgehen, wie ein generelles Verbot der Hundehaltung, können dagegen nicht mit Mehrheit, sondern nur ein- bzw. allstimmig beschlossen werden.
Stimmen aber alle (im Grundbuch eingetragenen) Wohnungseigentümer in der „konkret“ zu beschließenden Hausordnung einem solchen generellen Hundehaltungsverbot zu, und wird dieser einstimmige Beschluss nicht angefochten und nicht für ungültig erklärt, sind alle Eigentümer an diese Regelung gebunden.
Diesen „einstimmigen Beschluss“ können die gleichen Eigentümer jedoch jederzeit durch mehrheitliche Beschlussfassung im Rahmen ordnungsmäßiger Verwaltung gemäß § 21 Abs. 3 WEG wieder aufheben, weil eine Regelung zur Tierhaltung als Maßnahme ordnungsmäßiger Verwaltung der mehrheitlichen Beschlussfassung unterliegt.

Eine andere Variante ergibt sich für den Fall, dass eine Vereinbarung gemäß § 10 Abs. 2 Satz 2 WEG über ein Tierhaltungsverbot nicht besteht, die Wohnungseigentümer ein solches Verbot aber mehrheitlich beschließen. Obwohl dieser (Nur-) Mehrheitsbeschluss ordnungsmäßiger Verwaltung widerspricht, ist auch er im Falle der Nichtanfechtung als „Vereinbarungsersetzender Mehrheitsbeschluss" wirksam und bindet im Falle eines Eigentümerwechsels auch den neuen Eigentümer. Allerdings kann auch dieser Mehrheitsbeschluss durch einen neuen Mehrheitsbeschluss im Rahmen ordnungsmäßiger Verwaltung aufgehoben werden.
Soll dagegen ein auf Dauer auch gegenüber Sondernachfolgern wirksames Tierhaltungsverbot geregelt werden, kann diese Regelung der jederzeitigen Abänderbarkeit durch Mehrheitsbeschluss nur dadurch entzogen werden, dass eine Vereinbarung im Sinne von § 10 Abs. 2 Satz 2 WEG getroffen wird, die als Inhalt des Sondereigentums in das Grundbuch einzutragen ist.
Unterbleibt die Eintragung, wirkt diese Regelung als „nur" schuldrechtliche Vereinbarung ausschließlich unter den Beteiligten, kann von diesen aber – anders als bei einem einstimmigen Beschluss – nicht durch Mehrheitsbeschluss, sondern nur im Wege einer neuen – schuldrechtlichen – Vereinbarung aufgehoben oder geändert werden.

Fallbeispiel 2 – Bauliche Veränderung

Gemäß § 22 Abs. 1 WEG können bauliche Veränderungen, die über die ordnungsmäßige Instandhaltung und Instandsetzung hinausgehen, beschlossen oder verlangt werden, wenn die Wohnungseigentümer zustimmen, die von dieser Maßnahme über das nach § 14 Nr. 1 WEG zulässige Maß hinaus beeinträchtigt werden. Sind alle

Eigentümer betroffen, bedarf es eines ein-/allstimmigen Beschlusses.
Kommt nur ein Mehrheitsbeschluss zustande, ist auch dieser Beschluss wegen grundsätzlich eingeräumter Beschlusskompetenz wirksam, wenn er nicht angefochten und rechtskräftig für ungültig erklärt wird.
Die durch § 22 Abs. 1 WEG eingeräumte Beschlusskompetenz betrifft jedoch nur die konkret zu beschließende Maßnahme.
Wollte man die Vorschrift des § 22 Abs. 1 WEG selbst ändern, um bauliche Veränderungen, unabhängig von der Zustimmungsbedürftigkeit der jeweils nachteilig betroffenen Wohnungseigentümer, generell mit Mehrheit beschließen zu können, müsste dies wegen der Änderung der gesetzlichen Bestimmung in Form einer Vereinbarung gemäß § 10 Abs. 2 Satz 2 und Abs. 3 WEG – Zustimmung aller Eigentümer und Eintragung in das Grundbuch – geschehen, als eine bewusst und erkennbar vom Gesetz abweichende Regelung mit rechtsgestaltender Wirkung für die Zukunft. Ein Mehrheitsbeschluss wäre als gesetzesändernder Mehrheitsbeschluss nichtig.

4.3.6 Vereinbarter Mehrheitsbeschluss – Öffnungsklausel

Zulässig gemäß § 10 Abs. 2 Satz 2 WEG sind Regelungen in einer Teilungserklärung bzw. in einer Gemeinschaftsordnung, die eine vom Gesetz oder von einer bereits getroffenen Vereinbarung abweichende oder ändernde Regelung durch mehrheitliche Beschlussfassung – einfache oder auch qualifizierte Mehrheit – gestatten. Diese Vereinbarungen werden als Öffnungsklausel bezeichnet. Diese Vereinbarungen müssen jedoch hinreichend bestimmt sein, um Rechtswirkung entfalten zu können.
Die danach zu beschließenden Änderungen setzen allerdings voraus, dass sie sowohl hinsichtlich des „Ob“ als auch des „Wie“ nicht willkürlich sein dürfen. Sie müssen den

Grundsätzen ordnungsmäßiger Verwaltung entsprechen (BGH, 1. 4. 2011, V ZR 162/10; 10. 6. 2011, V ZR 2/10).

Änderungen auf Grund einer Öffnungsklausel sind im Übrigen nur zulässig, soweit es um Regelungen über den Inhalt des Sondereigentums geht. Regelungen, nach denen auch der Gegenstand des Sondereigentums einer Änderung durch eine Öffnungsklausel unterworfen sein soll, sind unzulässig (OLG Stuttgart, 12. 12. 1985, 8 W 344/84, auch zu den Grenzen der Abänderungsbefugnis; vgl. auch BayObLG, 30. 11. 1979, 2 Z 38/79, zum Einstimmigkeitserfordernis bei vorbehaltenem Recht zur nachträglichen Einräumung von Sondernutzungsrechten).

Auf Grund einer Öffnungsklausel vorgenommene Änderungen der Teilungserklärung bzw. Gemeinschaftsordnung bedürfen gemäß § 10 Abs. 4 Satz 2 WEG als Beschluss nicht der Eintragung in das Grundbuch. Sie sind jedoch gemäß § 26 Abs. 7 Satz 2 Nr. 1 in die Beschluss-Sammlung aufzunehmen (vgl. hierzu Kap. 14.5).

Ist bei einer vereinbarten Öffnungsklausel das qualifizierte Mehrheitserfordernis (Quorum) nicht konkretisiert, ist davon auszugehen, dass sich das jeweils vereinbarte Mehrheitserfordernis auf alle und nicht nur auf die in der Versammlung anwesenden Eigentümer bezieht (BGH, 10. 6. 2011, V ZR 2/10).

Soweit nach früherem Recht aufgrund von Öffnungsklauseln vom Gesetz oder von einer Vereinbarung abweichende Regelungen durch mehrheitliche Beschlussfassung getroffen worden, sind diese Beschlüsse weiterhin wirksam, allerdings nicht uneingeschränkt.

So sind hinsichtlich der Kostenverteilung vor Inkrafttreten der WEG-Reform mehrheitlich beschlossene Änderungen aufgrund einer Öffnungsklausel nur dann wirksam, wenn durch sie die Bestimmungen nach § 16 Abs. 3 und 4 WEG nicht eingeschränkt oder ausgeschlossen werden.

Regelt beispielsweise eine Öffnungsklausel, dass die Kostenverteilung für Instandhaltungs- und Instandsetzungsmaßnahmen abweichend von der gesetzlichen Regelung gemäß § 16 Abs. 2 WEG (nach Miteigentumsanteilen) grundsätzlich mit einer Mehrheit von zwei Drittel der in der Versammlung anwesenden Eigentümer geändert werden kann, ist eine so getroffene Mehrheitsentscheidung wirksam, weil das so geregelte geringere Stimmrechtserfordernis das Quorum des § 16 Abs. 4 WEG – Dreiviertelmehrheit nach Köpfen und mehr als die Hälfte der Miteigentumsanteile – weder einschränkt noch ausschließt.

4.3.7 Ersatzvereinbarung

Der früheren Rechtsauffassung, die es für zulässig erachtete, von einer abdingbaren gesetzlichen Regelung generell auch durch Mehrheitsbeschluss abzuweichen und ein solcher Beschluss als „Ersatzvereinbarung" jedenfalls dann Rechtswirkung entfalten sollte, wenn er nicht gemäß § 23 Abs. 4 WEG innerhalb Monatsfrist angefochten und durch rechtskräftiges Urteil für ungültig erklärt worden war, war der BGH mit seiner „Jahrhundertentscheidung" vom 20. 9. 2000 (V ZB 58/99) entgegengetreten.
In diesem Beschluss unterschied der BGH nach:

- gesetzes- bzw. vereinbarungsändernden Mehrheitsbeschlüssen,
- vereinbarungsersetzenden Mehrheitsbeschlüssen und
- gesetzes- bzw. vereinbarungswidrigen Mehrheitsbeschlüssen.

4.3.8 Gesetzes- oder vereinbarungsändernder (nichtiger) Mehrheitsbeschluss

Gesetzes- bzw. vereinbarungsändernde Mehrheitsbeschlüsse enthalten Regelungen, durch die von den abdingbaren gesetzlichen Bestimmungen bzw. von Vereinbarungen oder ihnen gleichstehenden Regelungen der Teilungserklärung oder der Gemeinschaftsordnung abgewichen

wird bzw. durch die diese Bestimmungen geändert oder aufgehoben werden, ohne dass eine Beschlusskompetenz besteht.
Diese gesetzes- oder vereinbarungsändernden Mehrheitsbeschlüsse sind deshalb wegen fehlender Beschlusskompetenz der Wohnungseigentümer nichtig (BGH, 20. 9. 2000, V ZB 58/99).
Räumt das Wohnungseigentumsgesetz den Eigentümern nicht ausdrücklich das Recht zur Beschlussfassung ein, sind sie auch nicht berechtigt, entsprechende Regelungen durch Beschlussfassung zu treffen. Folglich fehlt auch die Voraussetzung zur Beschlussanfechtung.
Soweit in der Vergangenheit gesetzes- oder vereinbarungsändernde Mehrheitsbeschlüsse als so genannte Ersatzvereinbarung Rechtswirkung erlangten, sind diese Ersatzvereinbarungen rückwirkend nichtig. Die Nichtigkeit gesetzes- oder vereinbarungsändernder Mehrheitsbeschlüsse erstreckt sich also nicht nur auf künftig zu regelnde Angelegenheiten, sondern betrifft auch früher getroffene Regelungen.
Das gilt beispielsweise für früher „beschlossene" Ersatzvereinbarungen zu Sondernutzungsrechten, zur Kostenverteilung, zur Erwerberhaftung, zur Ladungsfiktion, zu Verzugszinsenregelungen, zu Stimmrechtsänderungen.
Die mit der WEG-Reform 2007 geschaffene Erweiterung der Beschlusskompetenz führt nicht zu einem „Wiederaufleben" früherer gesetzes- oder vereinbarungsändernder Mehrheitsbeschlüsse.

4.3.9 Vereinbarungsersetzender (anfechtbarer) Mehrheitsbeschluss

Bei einem vereinbarungsersetzenden Mehrheitsbeschluss handelt es sich um einen Beschluss in Angelegenheiten, die den Rahmen

- des ordnungsmäßigen Gebrauchs im Sinne des § 15 Abs. 2 WEG,
- der ordnungsmäßigen Verwaltung im Sinne des § 21 Abs. 3 WEG oder
- der ordnungsmäßigen Instandhaltung und Instandsetzung im Sinne des § 22 Abs. 1 WEG

überschreiten und zu deren Regelung deshalb eine Vereinbarung oder ein einstimmiger Beschluss erforderlich wäre.
In diesem Fall ersetzt ein unangefochtener (Nur-)Mehrheitsbeschluss die an sich erforderliche Vereinbarung oder den einstimmigen Beschluss (BGH, 20. 9. 2000, V ZB 58/99).
Die Rechtswirksamkeit dieser vereinbarungsersetzenden Mehrheitsbeschlüsse ergibt sich daraus, dass es sich bei den genannten Regelungen um Angelegenheiten handelt, für die das Gesetz den Wohnungseigentümern ausdrücklich die Möglichkeit einer Mehrheitsentscheidung im Rahmen „ordnungsmäßiger Maßnahmen" einräumt, die Beschlusskompetenz damit ausdrücklich vorgegeben ist, allerdings nur für den Fall, dass eine gesetzliche Regelung oder eine Vereinbarung nicht entgegensteht.
Handelt es sich um Maßnahmen, die über den ordnungsmäßigen Rahmen hinausgehen, ist grundsätzlich ein einstimmiger Beschluss erforderlich.
Da es sich aber in beiden Fällen um Beschlüsse handelt, gilt die Bestimmung des § 23 Abs. 4 WEG, wonach ein Beschluss nur dann ungültig ist, wenn er innerhalb Monatsfrist angefochten und durch rechtskräftiges Urteil für ungültig erklärt wird.
Damit gilt, dass für Gebrauchs-, Verwaltungs- und Instandhaltungs- bzw. Instandsetzungsmaßnahmen oder bauliche Veränderungen an der bisherigen Rechtsprechung festzuhalten ist, wonach in diesen Angelegenheiten bestandskräftige (= nicht angefochtene und nicht für ungültig er-

klärte) Mehrheitsbeschlüsse gültig sind, auch wenn der Regelungsgegenstand mangels „Ordnungsmäßigkeit" an sich eine Vereinbarung im Sinne von § 10 Abs. 2 Satz 2 WEG oder einen einstimmigen Beschluss erforderlich gemacht hätte.

Vereinbarungsersetzende Mehrheitsbeschlüsse sind daher nicht nichtig, sondern – nur – anfechtbar.

Dies gilt u. a. für ein nur mit Mehrheit beschlossenes Tierhaltungsverbot. Wird ein solcher Verbots-Beschluss nicht angefochten und folglich auch nicht für ungültig erklärt, erwächst er in Bestandskraft.

Für die Aufhebung solcher vereinbarungsersetzenden Mehrheitsbeschlüsse reicht jedoch ein einfacher Mehrheitsbeschluss als Beschluss im Rahmen ordnungsmäßiger Verwaltung dann aus, wenn mit dieser Beschlussfassung die ursprünglich geltende Regelung wiederhergestellt wird (OLG Karlsruhe, 31. 5. 2000, 11 Wx 96/00).

4.3.10 Gesetzes- oder vereinbarungswidriger Mehrheitsbeschluss

Von einem gesetzes- oder vereinbarungswidrigen Mehrheitsbeschluss ist dann zu sprechen, wenn mit diesem Beschluss abdingbare gesetzliche Regelungen bzw. Vereinbarungen oder ihnen gleichstehende Regelungen in der Teilungserklärung nicht abgeändert, sondern im konkreten Einzelfall nur fehlerhaft angewendet werden. Diese nur fehlerhaften Beschlüsse sind nicht nichtig, sondern ebenfalls – nur – anfechtbar (BGH, 20. 9. 2000, V ZB 58/99).

So ist ein Mehrheitsbeschluss über eine Jahresabrechnung, die einen vom Gesetz oder von der Teilungserklärung abweichenden Verteilungsschlüssel enthält, nicht nichtig, sondern nur anfechtbar. Unterbleibt eine Anfechtung, wird die Abrechnung mit dem gesetzes- oder vereinbarungswidrig angewendeten Verteilungsschlüssel wirksam.

Das gleiche gilt, wenn die Wohnungseigentümer gemäß § 16

Abs. 3 oder 4 WEG eine von § 16 Abs. 2 WEG abweichende Kostenverteilung mehrheitlich beschlossen haben, ungeachtet dessen aber ein anderer Verteilungsschlüssel in der Jahresabrechnung zugrunde gelegt und die Abrechnung mit diesem „beschlusswidrigen“ Verteilungsschlüssel beschlossen wird. Auch in diesem Fall ist die Jahresabrechnung nicht nichtig, sondern nur anfechtbar.

4.3.11 Fortwirkung aufgrund gerichtlicher Entscheidung

Wirksam und für alle Eigentümer weiterhin bindend sind auch früher getroffene Ersatzvereinbarungen, die zwar gemäß BGH-Beschluss vom 20. 9. 2000 nichtig wären, aufgrund gerichtlicher Entscheidung jedoch vor diesem Beschluss mangels Anfechtung für gültig erklärt wurden. In diesen Fällen überlagert die Rechtskraft der gerichtlichen Entscheidung die Nichtigkeit, da zwischen den Beteiligten rechtsverbindlich durch gerichtlichen Beschluss festgestellt wurde, dass die Beschlüsse nicht nichtig, sondern gültig sind (vgl. Sauren, Immobilien Praxis & Recht, 12/00, S. 56).

4.4 Änderung kraft gesetzlichen Anspruchs

Nachdem die Rechtsprechung bereits nach früherem Recht in bestimmten Fällen und unter bestimmten Voraussetzungen einen Anspruch auf Zustimmung zur Änderung der in der Teilungserklärung bzw. der Gemeinschaftsordnung getroffenen Regelung bejaht hatte, ist den Wohnungseigentümern nach jetzt geltendem Recht ein gesetzlicher Änderungsanspruch eingeräumt.
Danach kann jeder Wohnungseigentümer gemäß § 10 Abs. 2 Satz 3 WEG eine vom Gesetz abweichende Vereinbarung oder die Anpassung einer Vereinbarung verlangen, soweit ein Festhalten an der gesetzlichen Regelung aus schwerwiegenden Gründen unter Berücksichtigung aller Umstände

des Einzelfalles, insbesondere der Rechte und Interessen der anderen Wohnungseigentümer unbillig erscheint.
Mit dieser Regelung ist der Maßstab dafür, was im Einzelfall als „unbillig" anzusehen ist, die so genannte Eingriffsschwelle für eine Änderung, im Vergleich zur früheren Rechtsauffassung, die von einer „groben Unbilligkeit" ausging, herabgesetzt worden.
Der Änderungsanspruch erstreckt sich aber nur auf Vereinbarungen im Sinne von § 10 Abs. 2 Satz 2 WEG. Die sachenrechtlichen Regelungen, also die Abgrenzung und Zuordnung von Sonder- und Gemeinschaftseigentum, unterliegen nicht dem gesetzlich geregelten Änderungsanspruch nach § 10 Abs. 2 Satz 3 WEG.
Der Änderungsanspruch erstreckt sich aber auch auf solche Regelungen, die auf Grund einer in der Gemeinschaftsordnung enthaltenen Öffnungsklausel durch mehrheitliche Beschlussfassung getroffen wurden (OLG Hamm, 10. 9. 2007, 15 W 358/06).
Soweit ein Änderungsanspruch nach § 10 Abs. 2 Satz 3 WEG geltend gemacht wird, muss aber in den Fällen, in denen den Wohnungseigentümern die Beschlusskompetenz eingeräumt ist, zunächst durch Vorbefassung in der Wohnungseigentümerversammlung der Versuch unternommen worden sein, eine Änderung im Beschlusswege durchzusetzen (BGH, 15. 1. 2010, V ZR 114/09). Das betrifft in erster Linie Änderungen der Kostenverteilungen nach § 16 Abs. 3 und 4 WEG.
Geht es um Gebrauchsregelungen, die gemäß § 15 Abs. 1 WEG in Verbindung mit § 10 Abs. 2 Satz 2 WEG als Zweckbestimmung mit Vereinbarungscharakter bisher nur durch eine neue Vereinbarung geändert werden konnten, kann jetzt, wenn eine entsprechende ändernde Vereinbarung nicht zustande kommt, der betroffene Eigentümer einen Änderungsanspruch unter den Voraussetzungen gemäß § 10 Abs. 2 Satz 3 WEG geltend machen.
Ist beispielsweise ein in der Teilungserklärung als „Büro"

bezeichnetes Teileigentum mit dieser Nutzungsbestimmung weder zu vermieten noch zu veräußern, kann eine Anpassung dieser Zweckbestimmung mit Vereinbarungscharakter in der Weise verlangt werden, dass auch eine Nutzung für Wohnzwecke von den übrigen Eigentümern geduldet werden muss (vgl. dazu bisher schon OLG Düsseldorf, 24. 1. 2003, 3 Wx 381/02).
Auch bei einer nicht sachgerechten Stimmrechtsregelung ist eine Anpassung unter erleichterten Voraussetzungen möglich. Das könnte dann der Fall sein, wenn das Stimmrecht beispielsweise gemäß § 25 Abs. 2 WEG nach Köpfen geregelt ist und die „Nur-Garageneigentümer" im Verhältnis zu den Wohnungseigentümern eine majorisierende Mehrheit bilden. Hier kann davon ausgegangen werden, dass nach den Grundsätzen ordnungsmäßiger Verwaltung eine Änderung Stimmrechts dahingehend verlangt werden kann, dass an die Stelle des Kopfprinzips das Wertprinzip (nach Miteigentumsanteilen) tritt.

4.5 Änderung durch richterliche Ermessensentscheidung

Treffen die Wohnungseigentümer eine Maßnahme im Rahmen ordnungsmäßiger Verwaltung nicht oder lehnen sie eine entsprechende Beschlussfassung ab, kann das Gericht gemäß § 21 Abs. 8 WEG anstelle der Wohnungseigentümer in der strittigen Angelegenheit im Verfahren nach § 43 WEG nach billigem Ermessen entscheiden, soweit sich die Maßnahme nicht aus dem Gesetz, einer Vereinbarung oder einem Beschluss der Wohnungseigentümer ergibt.
Kommt beispielsweise ein Beschluss zur Änderung der Betriebskostenverteilung nach § 16 Abs. 3 WEG nicht zustande, kann jeder Wohnungseigentümer diesen Negativbeschluss anfechten und gemäß § 21 Abs. 8 WEG mit dem Antrag auf Entscheidung des Gerichts verbinden. Voraussetzung ist aber grundsätzlich, dass sich die Wohnungseigen-

tümerversammlung zunächst mit der strittigen Frage befasst hat (BGH, 15. 1. 2010, V ZR 114/09).
Das Gestaltungsurteil des Gerichts muss sich im Rahmen dessen halten, was auch die Wohnungseigentümer ihrerseits durch Beschluss hätten regeln können (vgl. im Einzelnen auch Vandenhouten in Niedenführ/Kümmel/Vandenhouten § 21 Rn 133 ff.).

4.6 Zustimmung Dritter

Das Zustandekommen, die Ergänzung, die Änderung oder die Aufhebung von Vereinbarungen bedarf grundsätzlich der Zustimmung aller im Grundbuch eingetragenen Wohnungseigentümer, nicht jedoch der Zustimmung des „faktischen", aber noch nicht im Grundbuch eingetragenen Eigentümers (vgl. dazu BGH-Rechtsprechung zur „Eigentümerstellung", u. a. 18. 5. 1989, V ZB 14/88, dort zur Zahlungspflicht des Erwerbers/Sondernachfolgers).
Werden durch die Änderung oder Aufhebung von Vereinbarungen, die durch Grundbucheintragung zum Inhalt des Sondereigentums werden, die Rechte von Grundpfandrechtsgläubigern oder Reallastgläubigern rechtlich und wirtschaftlich betroffen, so ist deren Zustimmung zu einer Vereinbarung bzw. zu deren Änderung oder Aufhebung gemäß § 5 Abs. 4 Satz 2 WEG nur noch dann erforderlich, wenn durch die Vereinbarung ein Sondernutzungsrecht begründet oder ein mit dem belasteten Wohnungseigentum verbundenes Sondernutzungsrecht aufgehoben, geändert oder übertragen wird. Bei der Begründung eines Sondernutzungsrechts ist die Zustimmung eines Grundpfandrechtsgläubigers jedoch entbehrlich, wenn durch die Vereinbarung gleichzeitig das zu seinen Gunsten belastete Wohnungseigentum mit einem Sondernutzungsrecht verbunden wird.
Das Zustimmungserfordernis anderer dinglich Berechtig-

ter ist ungeachtet der neuen gesetzlichen Bestimmung nach § 5 Abs. 4 Satz 2 WEG auch künftig jedenfalls dann erforderlich, wenn die Berechtigten durch die Vereinbarung entsprechend §§ 876, 877 BGB rechtlich nachteilig beeinträchtigt sind. Liegt keine Beeinträchtigung vor, ist auch keine Zustimmung erforderlich.

4.7 Die Wirkung von Vereinbarungen

Nach § 10 Abs. 3 WEG wirken Vereinbarungen, durch die die Wohnungseigentümer ihr Verhältnis untereinander in Ergänzung oder Abweichung von Vorschriften des Wohnungseigentumsgesetzes dauerhaft regeln, sowie die Abänderung oder Aufhebung solcher Vereinbarungen gegen Sondernachfolger eines Wohnungseigentümers (spätere Erwerber, Zweiterwerber) nur, wenn sie als Inhalt des Sondereigentums in das Grundbuch eingetragen werden.
Diese ausdrückliche Regelung hinsichtlich der Rechtswirkung gegenüber dem Sondernachfolger lässt den Schluss zu, dass der Gesetzgeber einer Vereinbarung unter den jeweils direkt Beteiligten, also im so genannten Innenverhältnis, als (nur) „schuldrechtliche Vereinbarung" auch ohne Eintragung in das Grundbuch Rechtswirkung einräumen wollte (vgl. hierzu auch KG Berlin, 6. 6. 1990, 24 W 1227/90; BayObLG, 29. 11. 1991, 2 Z 115/91; OLG Karlsruhe, 30. 1. 1990, 11 W 128/89; zur Rechtswirkung einer nur schuldrechtlichen Vereinbarung gegenüber dem Sondernachfolger, wenn dieser Begünstigter ist, vgl. OLG Düsseldorf, 14. 2. 2001, 3 Wx 392/00, dort im Falle der Einräumung eines Sondernutzungsrechts, vgl. auch Kap. 9.1.1; zur Auslegung schuldrechtlicher Regelungen in der Teilungserklärung vgl. BayObLG, 29. 11. 1991, 2 Z 115/91).
Eine solche „nur" schuldrechtliche Vereinbarung, der ebenfalls alle Eigentümer zustimmen müssen, unterscheidet sich jedoch von einem „einstimmigen Beschluss" und

seiner Wirkung unter den an der Beschlussfassung beteiligten Wohnungseigentümern.
Der Unterschied lag bisher darin, dass es sich auch bei einer „nur“ schuldrechtlichen Vereinbarung nach der gesetzlichen Definition der „Vereinbarung“ immer um eine von den abdingbaren Gesetzesvorschriften abweichende Regelung handelt, während „einstimmige Beschlüsse“, jedenfalls unter Beachtung der Gesetzesdogmatik, stets und ausschließlich Verwaltungsangelegenheiten zum Gegenstand hatten, und immer dann erforderlich waren, wenn es um Angelegenheiten ging, die über die „ordnungsmäßige“ Verwaltung hinausgehen.
Nach den durch die WEG-Reform eingeführten Bestimmungen gilt jedoch, dass in bestimmten Fällen auch von den abdingbaren gesetzlichen Bestimmungen durch Beschluss abgewichen werden kann (u.a. § 16 Abs. 3 und 4 WEG), Beschlussfassungen also nicht mehr nur auf Angelegenheiten der Verwaltung beschränkt sind.

4.8 Formvorschriften

Zur Eintragung einer Vereinbarung in das Grundbuch bedarf es der Eintragungsbewilligung aller Beteiligten, damit die Vereinbarung dinglich wirkt. Das gilt sowohl für das erstmalige Zustandekommen wie auch für spätere Ergänzungen oder Änderungen von Vereinbarungen wie auch für deren Aufhebung. Eine Ausnahme gilt nur für den Fall der Begründung gemäß § 8 WEG, wenn nur die Eintragungsbewilligung des teilenden Alleineigentümers erforderlich ist.
Die Eintragungsbewilligung ist dem Grundbuchamt in der Form des § 29 GBO nachzuweisen, also durch öffentliche oder öffentlich beglaubigte Urkunde.
Eine Beurkundung ist dagegen nicht erforderlich, aus praktischen Erwägungen heraus jedoch zu empfehlen (zum Er-

fordernis notariell beglaubigter Bewilligungen vgl. Klein in Bärmann § 10 Rn 111).
Wird die Eintragungsbewilligung von einem Vertreter, beispielsweise dem Verwalter, erklärt, so ist dessen Vollmacht ebenfalls in der Form des § 29 GBO nachzuweisen (BayObLG, 14.12. 1978, 2 Z 14/78).
Der Nachweis durch Vorlage einer gemäß § 26 Abs. 4 WEG beglaubigten Niederschrift über die Versammlung, in der der Verwalter durch Mehrheitsbeschluss beauftragt wurde, ist nicht ausreichend, um die zur Eintragung der Vereinbarung erforderliche Eintragungsbewilligung zu erklären (BayObLG, a. a. O.).
Im Falle einer – nur – schuldrechtlichen Vereinbarung reicht es mangels Formerfordernisses aus, dass ein Teil der Wohnungseigentümer – allerdings nachweislich ebenfalls durch Unterschrift – in der Wohnungseigentümerversammlung, der restliche Teil nachträglich schriftlich zustimmt (KG Berlin, 14. 11. 1988, 24 W 4304/88).

4.9 Auslegung von Vereinbarungen

Bei der Auslegung von Vereinbarungen, ebenso von Teilungserklärungen und Gemeinschaftsordnungen, ist entsprechend der Auslegung von Willenserklärungen gemäß § 133 BGB der wirkliche Wille zu erforschen und nicht an dem buchstäblichen Sinne des Ausdrucks zu haften.
Dabei ist vom Standpunkt desjenigen auszugehen, für den die Erklärung bestimmt ist. Die Auslegung hat auf den Wortlaut und den objektiven Sinn der im Grundbuch als Inhalt des Sondereigentums eingetragenen Erklärung abzustellen, wie er sich für einen unbefangenen Betrachter als nächstliegende Bedeutung ergibt. Mehr und etwas anderes als dieser verstehen konnte, kann in die Erklärung nicht hineingelegt werden (BGH, 25. 9. 2009, V ZR 33/09; 21. 2. 1991, V ZB 13/90; BGHZ 139, 288 = NJW 1998, 3713, 3714;

BGHZ 156, 192; BGH ZMR 2004, 834; BGH NZM 2006, 464; BayObLG, 21. 2. 1991, 2 Z 11/91; 10. 2. 1993, 2Z BR 126/92; KG Berlin, 25. 2. 2009, 24 W 362/08; OLG Düsseldorf, 23. 11. 1998, 3 Wx 376/98; HansOLG Hamburg, 6. 3. 2003, 2 Wx 38/00; 4. 4. 2002, 2 Wx 91/98; OLG Hamm, 19. 3. 2007, 15 W 340/06).

Auch die allgemeinen Grundsätze der Vertragsauslegung gemäß Treu und Glauben mit Rücksicht auf die Verkehrssitte im Sinne von § 157 BGB sind insofern zu beachten, als es beim Inhalt der Auslegung um die Erforschung des wirklichen Willens geht, der in der Vereinbarung, der Teilungserklärung oder der Gemeinschaftsordnung seinen Ausdruck gefunden hat (BayObLG, 14. 7. 1965, 2 Z 316/64).

Bei der Auslegung sind strenge Maßstäbe insbesondere dann anzulegen, wenn eine Teilungserklärung zugunsten des Veräußerers Eingriffe in die Vertragsautonomie der Eigentümergemeinschaft enthält (BGH, 8. 11. 1985, V ZR 113/84), beispielsweise hinsichtlich vereinbarter Vorbehalte zur Änderung der Teilungserklärung bzw. der Gemeinschaftsordnung.

Dies gilt in gleicher Weise für alle einseitig gesetzten Vertragsklauseln, soweit sie nicht für den – regelmäßig rechtsunkundigen – Wohnungseigentümer nach Art und Umfang ihrer rechtsbeschränkenden Wirkung ohne weiteres erkennbar sind.

Insoweit sind bei der Auslegung von Vereinbarungen, Teilungserklärungen und Gemeinschaftsordnungen die gleichen Grundsätze anzuwenden wie bei der Auslegung allgemeiner Geschäftsbedingungen (BayObLG, 11. 7. 1974, 2 Z 40, 41, 42/74).

Das bedeutet allerdings nicht, dass deshalb die AGB-Vorschriften (ab 1. 1. 2002 §§ 305ff. BGB) entsprechend anzuwenden sind. Vielmehr unterliegen die Bestimmungen einer Gemeinschaftsordnung und damit die Vereinbarungen als deren Regelungsgegenstand nicht der Kontrolle des AGB-Gesetzes (BayObLG, 11. 4. 1991, 2 Z 28/91; Nieden-

führ in Niedenführ/Kümmel/Vandenhouten § 10 Rz. 24; AG Neuss, 29. 6. 1992, 27 II 392/90; LG Frankfurt, 1. 2. 1983, 2/9 T 1177/82; offen gelassen BayObLG, 23. 12. 1981, 2 Z 11/81; OLG Frankfurt, 27. 9. 1985, 20 W 426/84; anders i. Ü. bei Verwaltungsverträgen, dessen Regelungen den AGB-Bestimmungen unterworfen sind, so BayObLG, 2. 8. 1990, 2 Z 40/90; ebenso KG Berlin, 20. 3. 1989, 24 W 5478/86; zuletzt OLG Düsseldorf, 6. 1. 2003, 3 Wx 364/02).
Die Auslegung von Vereinbarungen und ebenso auch von einseitig getroffenen Regelungen eines teilenden Alleineigentümers in der Teilungserklärung, auch wenn es sich um „nur" schuldrechtliche Vereinbarungen handelt, ist nicht den Tatsachengerichten vorbehalten, sondern vom Rechtsbeschwerdegericht im vollen Umfang nachprüfbar (BayObLG, 29. 11. 1991, 2 Z 115/91).
Sie unterliegen der Inhaltskontrolle unter dem Gesichtspunkt von Treu und Glauben (BGH, 10. 12. 2010, V ZR 60/10, mit Hinweis auf die unterschiedlichen Auffassungen zur Inhaltskontrolle nach §§ 305 ff. BGB oder nach Treu und Glauben gem. § 242 BGB; BayObLG, 14. 6. 1995, 2Z BR 53/95, dort zur zulässigen Verpflichtung zur Übertragung der Sondereigentumsverwaltung auf den WEG-Verwalter).

5. Unauflöslichkeit der Gemeinschaft

Nach den Vorschriften des § 11 Abs. 1 Satz 1 und 2 WEG kann kein Wohnungseigentümer die Aufhebung der Gemeinschaft verlangen. Das gilt auch für das Verlangen nach einer Aufhebung aus wichtigem Grund.
Diese Vorschrift ist unabdingbar. Von ihr kann folglich auch nicht durch eine Vereinbarung gemäß § 10 Abs. 2 Satz 2

WEG abgewichen werden. Auch Pfändungsgläubiger oder Insolvenzverwalter haben nicht das Recht, die Aufhebung der Gemeinschaft zu fordern (OLG Düsseldorf, 5. 1. 1970, 3 W 144/69).
Eine Aufgabe des Wohnungs- oder Teileigentums durch Verzicht gemäß § 928 Abs. 1 BGB (Dereliktion) ist nicht möglich und kann nicht in das Grundbuch eingetragen werden. Anders als bei der „gewöhnlichen" Miteigentümerschaft kann kein Wohnungseigentümer die Aufhebung der Gemeinschaft verlangen, nicht einmal aus wichtigem Grund. Bei einem Verzicht auf das Wohnungs- oder Teileigentum würde man sich über diese Regelung hinwegsetzen (BGH, 14. 6. 2007, V ZB 18/07).
Dem Grundsatz der Unauflöslichkeit der Gemeinschaft trägt auch die neue Bestimmung des § 11 Abs. 3 WEG Rechnung, wonach ein Insolvenzverfahren über das Verwaltungsvermögen der Gemeinschaft nicht stattfindet.

5.1 Vertragliche Aufhebung

Dem gesetzlichen Ausschluss des Anspruchs auf einseitige Aufhebung der Gemeinschaft, steht die Möglichkeit der vertraglichen Aufhebung nicht entgegen.
Aufgrund des aus der Eigentümerstellung fließenden Rechts können die Wohnungseigentümer durch gemeinsame schuldrechtliche Verpflichtung die Gemeinschaft aufheben, beispielsweise durch reale Grundstücksteilung (BayObLG, 22. 3. 1984, 2 Z 104/83).
Gegen die Zulässigkeit einer solchen gemeinsamen schuldrechtlichen Verpflichtung bestehen keine Bedenken, da dies dem grundsätzlichen Rechtsgedanken des § 11 Abs. 1 WEG nicht widerspricht, der lediglich verhindern soll, dass eine Auflösung gegen den Willen auch nur eines einzigen Eigentümers erfolgen kann (BayObLG, 10. 12. 1979, 2 Z 23/48).

5.2 Aufhebung bei Zerstörung

Anders stellt sich die Situation im Falle der Zerstörung der Wohnungseigentumsanlage dar.
Nach der Ausnahmeregelung des § 11 Abs. 1 Satz 3 WEG kann eine Regelung in der Gemeinschaftsordnung oder auch durch spätere Vereinbarung getroffen werden, wonach auch ein einzelner Wohnungseigentümer die Aufhebung der Gemeinschaft für den Fall verlangen kann, dass das Gebäude ganz oder teilweise zerstört wird und eine Verpflichtung zum Wiederaufbau nicht besteht.
Fehlt eine solche Vereinbarung, kann zwar ein Einzelanspruch nicht geltend gemacht werden, jedoch ist die Gemeinschaft wiederum berechtigt, im Wege einer gemeinsamen schuldrechtlichen Verpflichtung die Aufhebung der Gemeinschaft herbeizuführen.

5.3 Verpflichtung zum Wiederaufbau

Ist das Gebäude zu mehr als der Hälfte seines Wertes zerstört und ist der Schaden nicht durch eine Versicherung oder in anderer Weise gedeckt, so kann nach § 22 Abs. 4 WEG der Wiederaufbau nicht gemäß § 21 Abs. 3 WEG mit Stimmenmehrheit beschlossen oder gemäß § 21 Abs. 4 WEG nicht von einem einzelnen Wohnungseigentümer verlangt werden.
Diese Vorschrift ist aber nach herrschender Rechtsprechung abdingbar (so u. a. KG Berlin, 19. 6. 1969, 1 W 2890/68; BayObLG, 20. 6. 1974, 2 Z 22/74; 18. 9. 1997, 2Z BR 85/97).
Daher könnte in der Gemeinschaftsordnung eine Vereinbarung getroffen werden, die selbst für den Fall einer stärkeren als der in § 22 Abs. 4 WEG genannten Zerstörung eine Verpflichtung zum Wiederaufbau vorsieht, wie ebenso auch eine solche Vereinbarung zulässig ist, die bei einer gering-

fügigeren Zerstörung den Wiederaufbau von der Zustimmung aller Wohnungseigentümer oder aber von einem qualifizierten Mehrheitsbeschluss, etwa einer Zwei-Drittel-Mehrheit, abhängig macht (vgl. BayObLG, 18. 9. 1997, 2Z BR 85/97, Wiederaufbauverpflichtung auch dann, wenn die Kosten nicht gedeckt sind; zur Auslegung des Begriffes „teilweise Zerstörung“ in Abgrenzung zur Baufälligkeit und zu unterlassener Instandsetzung vgl. KG Berlin, 20. 6. 1997, 24 W 9042/96).

Ist keine abweichende Vereinbarung getroffen, besteht eine Verpflichtung zum Wiederaufbau nur dann,

- wenn das Gebäude zu nicht mehr als der Hälfte seines Wertes zerstört worden ist (Wert des Gebäudes bezogen auf das gemeinschaftliche Eigentum am Gebäude) und/oder
- wenn der Schaden durch eine Versicherung oder in anderer Weise, beispielsweise durch entsprechende Schadensersatzansprüche, gedeckt ist.

Andererseits bleibt es natürlich den Wohnungseigentümern auch im Falle des Fehlens einer von § 22 Abs. 4 WEG abweichenden Vereinbarung unbenommen, durch eine gemeinsame schuldrechtliche Verpflichtung eine andere Regelung zu treffen.

5.4 Verpflichtung bei steckengebliebenen Bauvorhaben

Ebenso wie im Falle der Zerstörung oder Beschädigung des Gebäudes jeder einzelne Wohnungseigentümer gemäß § 22 Abs. 4 WEG i. V. mit § 21 Abs. 4 WEG den Wiederaufbau als Maßnahme ordnungsmäßiger Verwaltung verlangen kann, kann auch die Mitwirkung der übrigen Eigentümer bei der Fertigstellung eines steckengebliebenen Bauvorhabens verlangt bzw. durch die Wohnungseigentümer die mangelfreie Fertigstellung des gemeinschaftlichen Eigentums mehrheitlich beschlossen werden (OLG Frankfurt, 15. 3. 1991, 20 W 114/90; 15. 11. 1993, 20 W 208/92; BayObLG, 20. 11. 2002, 2Z BR 144/01; MittBayNot 1983, 68; 24. 2. 2000, 2Z BR 173/99, dort auch zur entsprechenden Anwendung der WEG-Vorschriften auf die werdende Wohnungseigentümergemeinschaft).

Die Interessenlage bei Insolvenz des Bauträgers vor Fertigstellung des Bauvorhabens ist der ähnlich, die sich bei einer Zerstörung oder Beschädigung des Gebäudes im Sinne des § 22 Abs. 4 WEG ergibt und in der eine Fertigstellung nur noch durch die Wohnungseigentümer selbst in Betracht kommt.

In einem solchen Fall entspricht es dem Interesse der Gesamtheit der Wohnungseigentümer, wenn diese die Fertigstellung in eigener Regie übernehmen und dadurch die Bezugsfertigkeit des Hauses herstellen (OLG Karlsruhe, 8. 3. 1979, 11 W 98/78; Weitnauer, DNotZ 1979, 31, 45 (Sonderheft); Röll, NJW 1978, 1507, NJW 1981, 467; vgl. dazu auch Merle in Bärmann § 22 Rn 374 ff.; Pick, PiG, H. 4, 59, 68; vgl. zum Ganzen auch Rix, Der steckengebliebene Bau, JHI-Schriftenreihe Theorie und Praxis, Band 5, dort auch m. w. N.).

Unabhängig von dem konkreten Fertigstellungsbegehren gilt allgemein der Grundsatz, dass durch die Anlegung des Wohnungs- oder Teileigentumsgrundbuchs dem dadurch rechtswirksam entstandenen Wohnungs- oder Teileigentum das Recht zur Herstellung des in der Teilungserklärung vorgesehenen Raumes unabdingbar innewohnt (OLG Hamm, 3. 2. 1987, 15 W 456/85).

Insoweit wird auch bei teilweise steckengebliebenen Bauvorhaben das Bestehen von Sondereigentum jedenfalls solange vermutet, als nicht ausgeschlossen ist, dass die Räume noch gebaut werden (BayObLG, 19. 3. 1987, 2 Z 13/87; zum Stimmrecht bei noch nicht vollständiger Fertigstellung aller Wohnungen vgl. OLG Braunschweig, 15. 8. 1994, 3 W 6/94).

Die gleichen Grundsätze, die für das Fertigstellungsbegehren bei steckengebliebenen Bauvorhaben gelten, sind im Übrigen auf solche Baumaßnahmen anzuwenden, zu denen sich alle Wohnungseigentümer einheitlich verpflichtet haben (OLG Köln, 10. 8. 1989, 16 Wx 113/88).

5.5 Kostenverteilung bei Fertigstellung steckengebliebener Bauvorhaben

Die durch die Fertigstellung eines steckengebliebenen Bauvorhabens entstehenden Kosten sind grundsätzlich gemeinschaftliche Kosten im Sinne von § 16 Abs. 2 WEG und dementsprechend von allen Wohnungseigentümern im Verhältnis der für sie eingetragenen Miteigentumsanteile zu verteilen (BayObLG, 24. 2. 2000, 2Z BR 173/99, zur Kostentragung einschließlich des teilenden Eigentümers als Eigentümer der nicht verkauften Wohnungen). Allerdings sind die Wohnungseigentümer nicht gehindert, die Kosten für die Herstellung des gemeinschaftlichen Eigentums abweichend von § 16 Abs. 2 WEG nach § 16 Abs. 4 WEG zu verteilen.
Ob von diesem Grundsatz gegebenenfalls durch mehrheitliche Beschlussfassung abgewichen werden darf, wenn von den Erwerbern der einzelnen Wohnungen Kaufpreise oder Zahlungen bereits in unterschiedlicher Höhe geleistet worden sind, ist umstritten.
Einerseits wird die Auffassung vertreten, dass es gemäß § 21 Abs. 4 WEG dem Interesse der Gesamtheit der Wohnungseigentümer nach billigem Ermessen entspricht, wenn bei der Verteilung der Kosten für die Fertigstellung des Gebäudes die von dem einzelnen Wohnungseigentümer nach den Kaufverträgen geschuldeten und bereits geleisteten Zahlungen berücksichtigt werden (OLG Karlsruhe, 8. 3. 1979, 11 W 98/78; ausdrücklich offen gelassen durch BayObLG, 17. 2. 1983, 2 Z 10/82).
Die gegenteilige Meinung geht zutreffend davon aus, dass

sich der gegen die Gemeinschaft geltend zu machende Anspruch „nur“ auf die Fertigstellung des gemeinschaftlichen Eigentums richten kann und folglich die Kosten unter den Wohnungseigentümern gemäß § 16 Abs. 2 WEG nach Miteigentumsanteilen zu verteilen sind. Eine Ausnahme kann für den Fall gelten, dass ein Eigentümer höhere Zahlungen an den Bauträger entrichtet als die anderen Eigentümer und diese Beträge nachweislich in den Bau der gemeinschaftlichen Anlagen und Einrichtungen geflossen sind (vgl. dazu Merle in Bärmann, § 22 Rn 386).
Weigert sich ein Wohnungseigentümer, sich an den Kosten für die Fertigstellung eines „steckengebliebenen Baues“ zu beteiligen, so berechtigt dies die anderen Eigentümer zunächst nicht, den sich weigernden Eigentümer von den Versorgungsleistungen auszuschließen bzw. die Versorgungsanschlüsse für Strom, Wasser, Heizung etc. zu sperren (OLG Hamm, 16. 3. 1984, 15 W 266/83).
Gerät er jedoch mit der Zahlung der rechtswirksam beschlossenen Kosten für die Fertigstellungsmaßnahmen in Verzug, kann insoweit ein Zurückbehaltungsrecht ausgeübt werden (vgl. hierzu: Kap. 10.5.3 Zurückbehaltungsrecht hinsichtlich Versorgungsausschluss bei Zahlungsrückständen).

5.6 Anteil bei Aufhebung der Gemeinschaft

Kommt es zu einer Aufhebung der Gemeinschaft nach den Vorschriften des § 11 Abs. 1 Satz 3 WEG

- durch eine gemeinsame schuldrechtliche Verpflichtung aller Eigentümer
  oder
- durch das einseitige Verlangen eines einzelnen Eigentümers aufgrund entsprechender Vereinbarung bei völliger oder teilweiser Zerstörung des Gebäudes,

ist zu klären, wie der Wert, beispielsweise bei einer Veräußerung der gesamten Anlage, auf die einzelnen Eigentümer zu verteilen ist.
Ist in der Gemeinschaftsordnung keine abweichende Vereinbarung getroffen, bestimmt sich im Falle der Aufhebung der Gemeinschaft der Anteil der Miteigentümer gemäß § 17 Abs. 1 WEG nach dem Verhältnis des Wertes ihrer Wohnungseigentumsrechte zur Zeit der Aufhebung der Gemeinschaft.
Der Wert bestimmt sich also nicht nach dem Verhältnis der Miteigentumsanteile gemäß § 16 Abs. 2 WEG, da hierbei Werterhöhungen oder Wertminderungen des Sondereigentums keine Berücksichtigung finden würden.
Allerdings kann auch hier durch eine Vereinbarung eine abweichende Regelung getroffen werden, da die Vorschriften des § 17 WEG abdingbar sind.
Soweit das gemeinschaftliche Eigentum durch bauliche Veränderungen eine Wertverbesserung erfahren hat, sich ein einzelner Wohnungseigentümer aber an den Kosten für diese Maßnahme wegen fehlender Beeinträchtigung nicht zu beteiligen brauchte, bleibt eine solche Veränderung gemäß § 17 Satz 2 WEG bei der Berechnung des Wertes des Anteils dieses Wohnungseigentümers außer Betracht. Etwas anderes gilt nur dann, wenn in der Gemeinschaftsordnung eine abweichende Vereinbarung getroffen wurde.

6. Veräußerungsbeschränkung

Ein generelles Veräußerungsverbot kann rechtswirksam nicht vereinbart werden. Zulässig ist allerdings gemäß § 12 Abs. 1 WEG eine Vereinbarung, nach der ein Wohnungseigentümer zur Veräußerung seines Wohnungseigentums

der Zustimmung anderer Wohnungseigentümer oder eines Dritten, beispielsweise des Verwalters, bedarf.
Zweck dieser Vorschrift ist es, einer Wohnungseigentümergemeinschaft grundsätzlich die Möglichkeit und das Recht einzuräumen, das Eindringen unerwünschter Personen in die Gemeinschaft zu verhindern und sich im Übrigen davor zu schützen, dass Wohnungseigentum in die Hand eines persönlich oder finanziell Unzuverlässigen gerät (OLG Celle, 29. 3. 1974, 4 Wx 2/74; BayObLG, 9. 3. 1977, 2 Z 79/76; 29. 6. 1988, 2 Z 164/87; 6. 3. 2003, 2Z BR 90/02).
Unzulässig sind dabei aber Vereinbarungen, nach denen eine Veräußerung nur an bestimmte Personen erfolgen darf (BayObLG, 27. 3. 1984, 2 Z 25/84), oder Vereinbarungen, die die Veräußerung oder Vermietung beispielsweise an Ausländer, an kinderreiche Familien oder an Wohngemeinschaften ausschließen.
Im generellen oder differenzierenden Ausschluss willkürlich bestimmter Gruppen vom zustimmungsfreien Erwerb oder der Vermietung liegt ein Verstoß gegen die guten Sitten gemäß § 138 BGB oder auch eine Verletzung des Gleichheitsgrundsatzes nach Art. 3 Grundgesetz (OLG Zweibrücken, 17. 8. 1993, 3 W 141/93). Eine solche Regelung ist nichtig.
Wirksam wird eine in der Teilungserklärung gemäß § 12 WEG begründete Veräußerungsbeschränkung erst mit der rechtlichen Invollzugsetzung der Wohnungseigentümergemeinschaft, also mit der Eigentumseintragung des ersten Wohnungseigentumserwerbers in das Grundbuch (zur insoweit erforderlichen Eintragung des ersten Erwerbers einer Wohnung vom Bauträger vgl. OLG Karlsruhe, 12. 11. 2001, 14 Wx 37/01).
Daher ist eine nach § 12 WEG geregelte Veräußerungsbeschränkung auf die werdende Wohnungseigentümergemeinschaft nicht anwendbar (vgl. hierzu OLG Hamm, 7.4. 1994, 15 W 26/94).
Ist eine Veräußerungsbeschränkung gemäß § 12 Abs. 1

WEG vereinbart, können die Wohnungseigentümer gemäß § 12 Abs. 4 WEG durch Stimmenmehrheit beschließen, dass die vereinbarte Veräußerungsbeschränkung aufgehoben wird. Dieses Recht kann durch Vereinbarung nicht eingeschränkt oder ausgeschlossen werden. Ein Mehrheitsbeschluss wäre als gesetzesändernder Beschluss nichtig.
Ist eine Veräußerungsbeschränkung durch Mehrheitsbeschluss aufgehoben, kann die Veräußerungsbeschränkung im Grundbuch gelöscht werden. Einer Bewilligung gemäß § 19 der Grundbuchordnung bedarf es hierzu nicht. Es reicht vielmehr der Nachweis durch Vorlage einer Niederschrift über diesen Beschluss mit den nach § 26 Abs. 6 Satz 2 WEG erforderlichen öffentlich beglaubigten Unterschriften des Versammlungsvorsitzenden, eines Wohnungseigentümers und des Vorsitzenden bzw. des stellvertretenden Vorsitzenden des Verwaltungsbeirates, sofern ein solcher bestellt ist.

6.1 Anwendungsbereiche

Die nach § 12 Abs. 1 WEG im Rahmen von Vereinbarungen zulässigen Beschränkungen betreffen die Veräußerung als „rechtsgeschäftliche Übertragung des Wohnungs- oder Teileigentums unter Lebenden – im Gegensatz zur Belastung des Wohnungseigentums und zum Eigentumsübergang kraft Gesetzes“ (BayObLG, 22. 12. 1976, 2 Z 20/76).
Übertragen wird ein Wohnungseigentum durch Auflassung und Eintragung der Auflassung im Grundbuch. Als Veräußerung (= rechtsgeschäftliche Übertragung im Sinne von § 12 Abs. 1 WEG) kommen in Betracht:

1. die Veräußerung des Wohnungs-/Teileigentums als Ganzes;
2. die Teilveräußerung eines Wohnungs-/Teileigentums durch reale Teilung des Sondereigentums mit einer ideel-

len Teilung des Miteigentumsanteils am Grundstück (BayObLG, 12. 1. 1977, 2 Z 32/76);

3. die Übertragung eines ideellen Miteigentumsanteils an einem Wohnungseigentum auf einen anderen Miteigentümer (OLG Celle, 2. 7. 1974, 4 Wx 10/74);
4. die Rückübertragung des Wohnungseigentums vom Erwerber auf den Veräußerer, wenn der Kaufvertrag einvernehmlich aufgehoben wird (BayObLG, 22. 12. 1976, 2 Z 20/76).

   Einer rechtsgeschäftlichen Veräußerung im Sinne von § 12 Abs. 1 WEG stehen gemäß § 12 Abs. 3 Satz 2 WEG gleich:
5. eine Veräußerung im Wege der Zwangsvollstreckung;
6. eine Veräußerung durch den Insolvenzverwalter.

Nicht um eine Veräußerung im Sinne von § 12 Abs. 1 WEG handelt es sich dagegen bei der Übertragung des Miteigentumsanteils an einem Nachlass, zu dem ein Wohnungseigentumsrecht gehört (OLG Hamm, 13. 9. 1979, 15 W 209/79). Auch die Verpflichtung eines Erwerbers zur Rückübertragung aufgrund Rücktritts, Wandlung oder Anfechtung des Vertrages stellt keine Veräußerung im Sinne des § 12 Abs. 1 WEG dar.

6.2 Das Zustimmungserfordernis bei Veräußerung

Ist nach der Teilungserklärung oder einer Vereinbarung die Veräußerung zustimmungspflichtig, so bedarf es dieser Zustimmung in allen rechtsgeschäftlichen Veräußerungsfällen (vgl. Nrn. 1 bis 6 in Kap. 6.1).
Sie kann sowohl gegenüber dem Veräußerer als auch gegenüber dem Erwerber erklärt werden (LG München, 26. 10. 1984, 1 T 1711/84). Auch bei vereinbartem Zustimmungserfordernis bedarf die Eintragung des Eigentums aufgrund eines Schenkungsvertrages nicht des Zustim-

mungsnachweises der übrigen Eigentümer (KG Berlin, 17. 8. 2010, 1 W 97/10).

Die Zustimmung ist nach herrschender Rechtsmeinung auch dann erforderlich, wenn der Erwerber bereits Mitglied der Wohnungseigentümergemeinschaft ist. Der Schutzzweck einer solchen Vereinbarung richtet sich sowohl auf Umstände wirtschaftlicher wie auch charakterlicher Art und ist nicht abhängig von der bisherigen Rechtsstellung des Erwerbers als Miteigentümer der Gemeinschaft (vgl. hierzu OLG Celle, 2. 7. 1974, 4 Wx 10/74; KG Berlin, 20. 6. 1978, 1 W 31/78; BayObLG, 9. 3. 1977, 2 Z 79/76).

Ist der Veräußerer zugleich Verwalter, hindert ihn dies grundsätzlich nicht, die ihm nach der Teilungserklärung obliegende Zustimmung auch bei der Veräußerung eines ihm gehörenden Wohnungseigentums gegenüber dem Erwerber rechtswirksam zu erteilen (BayObLG, 26. 6. 1986, 2 Z 54/85; vgl. auch OLG Düsseldorf, 22. 8. 1984, 3 W 256/84; LG München, 26.10. 1984, 1 T 1711/84, mit ausdrücklichem Hinweis, dass die Vorschrift des § 181 BGB im Falle der Eigenveräußerung durch den Verwalter nicht entgegensteht).

Grundsätzlich ist die nach § 12 WEG zulässige Veräußerungsbeschränkung als Ausnahme von dem rechtsgeschäftlichen Veräußerungsverbot gemäß § 137 BGB eng auszulegen ist.

6.3 Die Versagung der Zustimmung

Auch wenn § 12 Abs. 1 WEG grundsätzlich die Möglichkeit einräumt, die Veräußerung zustimmungspflichtig zu machen, wird ein möglicher Missbrauch dadurch verhindert, dass gemäß § 12 Abs. 2 Satz 1 WEG die Zustimmung nur aus wichtigem Grund versagt werden darf. Ein Mehrheitsbeschluss, durch den die Zustimmung aus einem nicht wich-

tigen Grund verweigert wird, ist nichtig (BayObLG, 6. 3. 2003, 2Z BR 90/02, m. w. N.).
Diese Bestimmung ist unabdingbar, von ihr kann also auch durch eine Vereinbarung gemäß § 10 Abs. 2 Satz 2 WEG nicht abgewichen werden. Entgegenstehende Vereinbarungen sind nichtig.

6.3.1 Wichtiger Grund zur Versagung der Zustimmung

Der wichtige Grund für die Versagung der Zustimmung zur Veräußerung muss stets in der Person des Erwerbers liegen (so u. a. BayObLG, 1. 2. 1990, 2 Z 141/89; 14. 3. 1990, 1 b Z 7/89; OLG Frankfurt, 19. 11. 1993, 20 W 376/92; HansOLG Hamburg, 15. 4. 1994, 2 Wx 92/93; OLG Köln, 15. 3. 1996, 19 U 139/95; 9. 7. 2001, 16 Wx 134/01; OLG Zweibrücken, 18. 2. 1994, 3 W 200/93).
„Wichtige Gründe" sind nur dann anzuerkennen, wenn die Veräußerung des Wohnungseigentums eine gemeinschaftswidrige Gefahr für die übrigen Wohnungseigentümer bedeutet (OLG Köln, a. a. O.; OLG Zweibrücken, a. a. O.).
Die Prüfung kann dabei immer nur aufgrund der Umstände des Einzelfalles vorgenommen werden.
Eine Gefahr in diesem Sinne stellt im Hinblick auf die starken persönlichen und wirtschaftlichen Bindungen der Wohnungseigentümer in der Gemeinschaft das Eindringen „unerwünschter" Dritter in diese Gemeinschaft dar. Davon ist dann auszugehen, wenn der Erwerber voraussichtlich keine Gewähr dafür bietet, sich persönlich in die Gemeinschaft einzuordnen oder dass im Hinblick auf die Verteilung gemeinschaftlicher Lasten und Kosten gemäß § 16 Abs. 2 WEG wirtschaftliche Bedenken gerechtfertigt sind.
Letzteres kann dann der Fall sein, wenn der Erwerber als bisheriger Mieter der Wohnung mehrfach Mietrückstände hat auflaufen lassen (OLG Köln, 15. 3. 1996, 19 U 139/95; zu Provokationen und Beleidigungen als wichtiger Grund vgl. BayObLG, 31. 10. 2001, 2Z BR 37/01).

Auch die voraussichtliche Nichterfüllung gemeinschaftlicher Pflichten, die zu einer nachhaltigen Störung des Gemeinschaftslebens führen können, rechtfertigen die Versagung der Zustimmung zur Veräußerung (BayObLG, 16. 11. 1972, 2 Z 68/72; 14. 3. 1990, 1 b Z 7/89, m. w. N.; 6. 3. 2003, 2Z BR 90/02, für den Fall der zweckwidrigen bzw. unzulässigen Nutzung; OLG Düsseldorf, 5. 5. 1997, 3 Wx 495/96, zur Weigerung des Erwerbers, sich an das Verbot der Hundehaltung in der Hausordnung zu halten; HansOLG Hamburg, 15. 4. 1994, 2 Wx 92/93, zur möglichen, aber unzulässigen zweckwidrigen Nutzung; vgl. auch LG Düsseldorf, 17.6. 1991, 25 T 236/91, zu gemeinschaftswidrigem Verhalten in der Vergangenheit, eigenmächtigen baulichen Veränderungen und mangelnder Zahlungsbereitschaft als anerkannt wichtiger Grund; vgl. dazu auch LG Köln, 19. 3. 2009, 29 S 45/09).
Bei der Versagung der Zustimmung aus sozialen, ethischen oder charakterlichen Gründen müssen diese Eigenschaften in der Person des Erwerbers begründet und unzumutbar sein; dass Erwerber lediglich „unerwünscht" oder „nicht genehm" sind, reicht als „wichtiger Grund" zur Versagung der Zustimmung nicht aus (AG Mettmann, 8. 5. 1990, 7 IIa 44/89; OLG Köln, 9. 7. 2001, 16 Wx 134/01).
Als wichtige Gründe, die eine Versagung der Zustimmung zur Veräußerung rechtfertigen können und die im Übrigen auch als Regelung in der Gemeinschaftsordnung zulässig sind, kommen auch beabsichtigte Nutzungen in Betracht, die den Charakter der Wohnanlage nachteilig verändern würden (zum Beispiel der bordellartige Betrieb eines „Massagesalons", KG Berlin, 20.6. 1978, 1 W 31/78).
Nicht als „wichtige Gründe" im Sinne von § 12 Abs. 2 Satz 1 WEG gelten

- rückständige Hausgelder des Veräußerers, weil hier der Grund nicht in der Person des Erwerbers liegt (OLG Schleswig, 28. 5. 1982, 2 W 22/82; OLG Brandenburg, 12. 1. 2009, 5 Wx 49/07);

- nicht gezahlte Sondervergütung für die Erteilung der Zustimmung (BayObLG, 5. 7. 1982, 2 Z 63/81; KG Berlin, 11. 10. 1989, 24 W 4478/89);
- die Geltendmachung von Vorkaufsrechten, weil das Wohnungseigentumsgesetz ein gesetzliches Vorkaufsrecht nicht kennt (BayObLG, 16. 11. 1972, 2 Z 68/72);
- ausländische/türkische Staatsangehörigkeit als genereller Grund (AG Velbert, 3. 3. 1982 8 II 202/81; vgl. auch OLG Zweibrücken, 17. 8. 1993, 3W 141/93);
- Kinderreichtum oder Wohngemeinschaft aus mehreren Personen (OLG Zweibrücken, 17. 8. 1993, 3 W 141/93),
- nicht geleistete Vorauszahlungen des Erwerbers auf das Hausgeld als „Sicherheit", da die Zahlungspflicht gegenüber der Gemeinschaft erst mit Grundbucheintragung entsteht.

Damit der Verwalter seiner Verpflichtung zur Erteilung der Zustimmung im Rahmen ordnungsmäßiger Verwaltung nachkommen kann, ist der veräußernde Wohnungseigentümer verpflichtet, dem Verwalter jede ihm mögliche Information über den Erwerber zu erteilen oder diesen zu einer entsprechenden Selbstauskunft zu veranlassen (KG Berlin, a.a.O., mit Hinweis auf BayObLG, 5. 7. 1982, 2 Z 63/81; OLG Köln, 15. 3. 1996, 19 U 139/95; zur Informationspflicht des Veräußerers gegenüber dem Erwerber vgl. OLG Düsseldorf, 4. 12. 1996, 9 U 92/96; OLG Hamm, 14. 4. 1997, 22 U 96/96; LG Hamburg, 21. 5. 1999, 321 0 67/99).
Ob zur Erfüllung der Informationspflicht der Kaufvertrag vorzulegen ist, ist strittig. Gegebenenfalls ist zu prüfen, ob sich aus der Teilungserklärung bzw. der Gemeinschaftsordnung im Wege der Auslegung eine Vorlagepflicht ergibt (vgl. dazu OLG Frankfurt, 19. 11. 1993, 20 W 376/92, wonach der Verwalter sich bei der Erteilung/Nichterteilung der Zustimmung nicht am Inhalt des Kaufvertrages orientieren darf).

6.3.2 Anspruch auf Erteilung der Zustimmung

Ist die Veräußerung von der Erteilung der Zustimmung durch die Wohnungseigentümer abhängig, so richtet sich der Anspruch zunächst gegen diese, und zwar im Rahmen einer mehrheitlichen Beschlussfassung durch die Wohnungseigentümerversammlung.
Ist dem Veräußerer die Geltendmachung des Anspruchs gegenüber den Wohnungseigentümern nicht zumutbar, ist ausnahmsweise der Zustimmungsanspruch direkt gerichtlich geltend zu machen (BayObLG, 1. 2. 1990, 2 Z 141/89).
Wird in der Gemeinschaftsordnung die Veräußerung von der Zustimmung des Verwalters abhängig gemacht, handelt der Verwalter als Zustimmungsberechtigter im Regelfall als Treuhänder für die Wohnungseigentümer (vgl. dazu Kümmel in Niedenführ/Kümmel/Vandenhouten § 12 Rn 39).
Soweit durch den Verwalter in einem solchen Fall die Zustimmung noch nicht erteilt wurde, kann die Wohnungseigentümergemeinschaft eine den Verwalter bindende Entscheidung treffen (BayObLG, 31. 1. 1980, 2 Z 24/79; zur möglichen Verpflichtung des Verwalters vor Erteilung der Zustimmung die Zustimmung der Wohnungseigentümer einzuholen vgl. OLG Brandenburg, 12. 1. 2009, 5 Wx 49/07; zur „Rückdelegierung" der dem Verwalter nach der Teilungserklärung obliegenden Zustimmungsverpflichtung vgl. Kap. 13.5 Zustimmung zu baulichen Veränderungen durch den Verwalter; vgl. auch HansOLG Hamburg, 15. 4. 1994, 2 Wx 92/93, zur Haftung des Verwalters bei Verweigerung Zustimmung bei Rechtsirrtum seines Rechtsanwalts).
Wird die Zustimmung verweigert, kann nur der Veräußerer, nicht der Erwerber, den Anspruch auf Zustimmung zur Veräußerung gerichtlich geltend machen, und zwar entweder gegen den zustimmungsberechtigten Verwalter oder aber durch Anfechtung des ablehnenden Beschlusses der

Wohnungseigentümerversammlung (zum Antrag auf Erteilung der Zustimmung durch den Verwalter im WEG-Verfahren vgl. OLG Zweibrücken, 18. 2. 1994, 3 W 200/93).
Haben die Wohnungseigentümer die Entscheidung über die an sich vom Verwalter gemäß Teilungserklärung zu erteilende Zustimmung zur Veräußerung durch mehrheitliche Beschlussfassung an sich gezogen und beschlossen die Zustimmung zu verweigern, ist die Klage auf Erteilung der Zustimmung gegen die teilrechtsfähige Wohnungseigentümergemeinschaft zu richten.
Dies gilt auch dann, wenn die Wohnungseigentümer den Verwalter aufgrund entsprechender Beschlussfassung angewiesen haben, die Zustimmung zu verweigern (BGH, 13. 5. 2010, V ZR 166/10).
Macht der Erwerber den Veräußerer wegen Nichterfüllung des Kaufvertrages schadensersatzpflichtig, muss er darlegen und beweisen, dass der Zustimmungsverpflichtete (Verwalter oder Wohnungseigentümergemeinschaft) die Zustimmung zur Veräußerung bei vertragsgerechtem Verhalten des Veräußerers hätte erteilen müssen (OLG Köln, 15. 3. 1996, 19 U 139/95).
Der Geschäftswert für ein solches Verfahren ist im Regelfall mit 10 bis 20 Prozent des Verkaufspreises anzunehmen (OLG Frankfurt a. M., 12. 11. 2007, 395/07).

6.3.4 Schadensersatz bei zu Unrecht verweigerter Zustimmung

Ist die Zustimmung zu Unrecht verweigert worden, wird der Zustimmungsberechtigte, also der Verwalter bzw. die Wohnungseigentümergemeinschaft, zur Erteilung der Zustimmung verurteilt (BayObLG, 9. 3. 1977, 2 Z 79/76).
Bei zu Unrecht verweigerter Zustimmung können Schadensersatzansprüche gegen den Verwalter bzw. die Wohnungseigentümergemeinschaft geltend gemacht werden (BayObLG, 29. 12. 1983, 2 Z 18/83; OLG Karlsruhe, 18. 9.

1984, 4 W 59/84, und 9. 2. 1983, 4 W 97/82; HansOLG Hamburg, 15. 4. 1994, 2 W 92/93, zum Verzugsschaden wegen nicht erteilter Zustimmung OLG Düsseldorf, 13. 8. 2003, 3 Wx 176/03, zum Schadensersatz des Verwalters wegen verschuldeter Verzögerung bei Zustimmungserteilung; KG Berlin, Vorlagebeschl. vom 26. 11. 1993, 24 W 4675/93, zum Verzögerungsrisiko, das der Anspruchsberechtigte bis zur Ersetzung der Zustimmung durch das Gericht selber trägt, im strittigen Fall allerdings zur Zustimmung des Verwalters bei baulichen Veränderungen, vgl. dazu BGH, 21. 12. 1995, V ZB 4/94, im Ergebnis im Sinne des KG Berlin).
Das gleiche gilt für den Fall der verspätet erteilten Zustimmung. Allerdings gibt es für die Frist, innerhalb derer die Zustimmung zu erteilen ist, keinen allgemein gültigen Maßstab. Die Länge der dem Zustimmungsberechtigten einzuräumenden Prüfungsfrist ist grundsätzlich von den Umständen des Einzelfalles abhängig. Dabei ist jedoch eine Frist von mindestens vier Wochen bis zu zwei Monaten im Regelfall noch als angemessen anzusehen, insbesondere dann, wenn der Veräußerer seiner Verpflichtung zur Mitwirkung an der Überprüfung nicht nachkommt (zum Fehlen eines Verzugsschadens bei Anwaltsbeauftragung vor Verzugseintritt vgl. LG Hamburg, 16. 6. 1993, 318 T 16/93, aufgehoben jedoch durch HansOLG Hamburg, 15. 4. 1994, 2 Wx 92/93).

6.3.5 Zustimmung bei Erstveräußerung

Eine nach der Teilungserklärung bzw. der Gemeinschaftsordnung erforderliche Zustimmung betrifft auch den Fall der Erstveräußerung, also auch bei Veräußerung durch den teilenden Eigentümer nach Entstehung – auch der werdenden – Wohnungseigentümergemeinschaft (BGH, 21. 2. 1991, V ZB 13/90; vgl. dazu § 61 WEG).
Die Regelung des § 61 WEG bezieht sich sowohl auf die Begründung des Wohnungseigentums durch Einräumungsver-

trag gemäß § 3 WEG als auch durch Teilungserklärung gemäß § 8 WEG (vgl. auch HansOLG Hamburg, 24. 8. 1981, 2 W 20/81, schon früher zum Zustimmungserfordernis bei Begründung nach § 3 WEG; a. A. KG Berlin, 7. 4. 1994, 1 W 6026/93).

6.3.6 Formvorschriften

Die Erteilung der Zustimmung zur Veräußerung muss gegenüber dem Grundbuchamt gemäß § 29 GBO in notariell beglaubigter Form nachgewiesen werden. Vorher ist eine Eintragung in das Grundbuch nicht möglich.
Sie kann nicht von der Übernahme der dadurch entstehenden Kosten durch den veräußernden Wohnungseigentümer abhängig gemacht werden (OLG Hamm, 7. 4. 1989, 15 W 513/88).
Bei Beschlussfassung in der Wohnungseigentümerversammlung hat der Nachweis in Form einer notariell beglaubigten Niederschrift über die Versammlung zu erfolgen.
Wenn der Verwalter die Zustimmung zu erteilen hat, hat er seine Legitimation durch den Bestellungsbeschluss durch die Wohnungseigentümerversammlung gemäß Niederschrift über die Beschlussfassung mit den nach § 24 Abs. 6 WEG erforderlichen und öffentlich-beglaubigten Unterschriften nachzuweisen (OLG Frankfurt, 30. 9. 2010, 20 W 320/10).
Erforderlich ist die Zustimmung des Verwalters, der bei Eingang des Umschreibungsantrages aktuell Verwalter der Wohnungseigentümergemeinschaft ist (HansOLG Hamburg, 16. 3. 2011, 13 W 15/11, Rechtsbeschwerde zugelassen wegen abweichender Auffassung OLG Düsseldorf, 11. 5. 2011, 3 Wx 70/11).

6.4 Wirkung der Veräußerungsbeschränkung

Ist nach § 12 Abs. 1 WEG zur Veräußerung die Zustimmung der Wohnungseigentümer, des Verwalters oder eines anderen Dritten erforderlich, ist der Kaufvertrag solange schwebend unwirksam, bis die Zustimmung in der erforderlichen Form erteilt ist (OLG Köln, 15. 3. 1996, 19 U 139/95).

Aus diesem Grunde kann auch ein Erwerber keine Schadensersatzansprüche gegen den Zustimmungsberechtigten geltend machen. Diese Möglichkeit steht nur dem veräußernden Wohnungseigentümer zu (LG Ansbach, 16. 12. 1981, II S 619/81; zum Schadensersatz bei zu Unrecht verweigerter Zustimmung vgl. Kap. 6.3.4).

Ab wann die in einer Teilungserklärung vereinbarte Veräußerungsbeschränkung gemäß § 12 WEG als solche selbst wirksam wird, ist umstritten (vgl. hierzu OLG Hamm, 7. 4. 1994, 15 W 26/94, wonach das Wirksamwerden der vereinbarten Veräußerungsbeschränkung die rechtliche Invollzugsetzung der Wohnungseigentümergemeinschaft, also die Eintragung des ersten Erwerbers in das Grundbuch voraussetzt, und eine Anwendung auf die werdende Wohnungseigentümergemeinschaft nicht zulässig ist; a. A. Schmidt, WE 1994, 239, zutreffend im Hinblick auf BGH, 21. 2. 1991, V ZB 13/90, zur erforderlichen Zustimmung auch bei Erstveräußerung, also vor rechtlicher Invollzugsetzung der Gemeinschaft).

6.5 Gemeindliches Vorkaufsrecht

Mit dem Inkrafttreten des Baugesetzbuches am 1. Juli 1987 ist gemäß § 24 Abs. 2 BauGB das gemeindliche Vorkaufsrecht entfallen, so dass der Nachweis durch Negativattest entfallen ist (Baugesetzbuch ‚BauGB' vom 8. Dezember 1986, BGBl. I S. 2191, i. d. F. der Neubekanntmachung

27. August 1997 in der ab 1. Januar 1998 geltenden Fassung, BGBl. I S. 2141, ber. BGBl. 1998, I S. 137, zuletzt geändert durch Art. 12 des Gesetzes vom 23. 7. 2002, BGBl. I S. 2850; vgl. auch LG Berlin, 12. 4. 1994, 85 T 56/94; OLG Frankfurt, 18. 5. 1995, 20 W 134/95, m. w. N.).

6.6 Aufhebung und Rückabwicklung von Kaufverträgen

Für die Wohnungseigentümer kann auch die Aufhebung und Rückabwicklung von Kaufverträgen von Bedeutung sein.
Eine solche Rückabwicklung kann u. a. dann erfolgen, wenn der Käufer Schadensersatz wegen arglistiger Täuschung geltend macht, die darin liegen kann, dass der Verkäufer den Erwerber nicht über die völlige Zerstrittenheit der Wohnungseigentümergemeinschaft unterrichtet hat (OLG Düsseldorf, 4. 12. 1996, 9 U 92/96, bei 100 gerichtlichen Verfahren innerhalb von sieben Jahren und erheblichen Sachmängeln; vgl. auch OLG Hamm, 14. 7. 1997, 22 U 96/96, ebenfalls zur arglistigen Täuschung über die Zerrüttung der Gemeinschaft).
Eine Rückabwicklung kann außer in den Fällen arglistiger Täuschung auch im Falle von Rechtsmängeln in Betracht kommen (vgl. dazu OLG Düsseldorf, 30. 10. 1996, 9 U 29/96, zur nicht realisierbaren Nutzungsänderung eines Hobbykellers zu Wohnzwecken).

7. Die Wohnungseigentümer

Nach der Entscheidung des Bundesgerichtshofes zur Teilrechtsfähigkeit (BGH, 2. 6. 2005, V ZB 32/05) hat der Gesetzgeber im Rahmen der WEG-Reform 2007 die Teilrechtsfähigkeit gesetzlich geregelt.

Dabei ging es zunächst darum, eine klare Bestimmung zur eindeutigen Abgrenzung und Zuordnung der Rechte und Pflichten zu normieren, die

- einerseits den einzelnen Wohnungseigentümern als Mitglieder der Bruchteilsgemeinschaft und
- andererseits der teilrechtsfähigen Wohnungseigentümergemeinschaft als selbständiges Rechtssubjekt (Verband)

zustehen bzw. obliegen.
Erforderlich war dazu eine inhaltlich-rechtliche Begriffsdefinition zur Abgrenzung zwischen den

- „*Wohnungseigentümern*" als Wohnungseigentümer in ihrer Gesamtheit bzw. als Einzelpersonen und Teilhaber einer Bruchteilsgemeinschaft
  und
- der „*Wohnungseigentümergemeinschaft*" als teilrechtsfähiges Subjekt, vom BGH als „Gemeinschaft", „*teilrechtsfähige Wohnungseigentümergemeinschaft*" und auch als „Verband" bezeichnet.

Entscheidend bei dieser rechtlichen Abgrenzung ist allerdings, dass durch die Unterscheidung zwischen „Wohnungseigentümergemeinschaft" und „Wohnungseigentümern" die Zahl der Verwaltungsorgane im Sinne des § 20 Abs. 1 WEG

- Wohnungseigentümer,
- Verwalter,
- Verwaltungsbeirat

keine Erweiterung durch ein Verwaltungsorgan „Wohnungseigentümergemeinschaft" erfahren hat.
Es bleibt vielmehr bei der einheitlichen Gemeinschaft der Wohnungseigentümer, die durch Zuerkennung der Teilrechtsfähigkeit deshalb nicht in zwei Gemeinschaften zerfällt (Armbrüster, ZWE 2006 470,471; Wenzel, ZWE 2006, 462, 463).

7.1 Rechte und Pflichten der Wohnungseigentümer

Nach der gesetzlichen Regelung gemäß § 10 Abs. 1 WEG sind (und bleiben) die Wohnungseigentümer grundsätzlich die Inhaber der Rechte und Pflichten nach den Vorschriften des Wohnungseigentumsgesetzes, es sei denn, dass das Gesetz selbst nicht etwas anderes ausdrücklich bestimmt. Diese Ausnahmen sind durch die Folgebestimmungen nach § 10 Abs. 6 und 7 WEG geregelt.
Dadurch wird zunächst die vorrangige Stellung der Wohnungseigentümer gegenüber der in dieser Vorschrift noch nicht genannten teilrechtsfähigen Wohnungseigentümergemeinschaft betont.
Als Wohnungseigentümer im Sinne des Gesetzes gilt der im Grundbuch eingetragene Eigentümer (zur Gesellschaft bürgerlichen Rechts ‚GbR' als Wohnungseigentümer und deren Eintragung vgl. BGH, 28. 4. 2011, V ZB 194/10).
Durch § 10 Abs. 1 WEG wird weiter bestimmt, dass das Sondereigentum und das gemeinschaftliche Eigentum nicht dem Verwaltungsvermögen (vgl. dazu Kap. 8.8) der teilrechtsfähigen Gemeinschaft zugeordnet ist. Sondereigentum und Gemeinschaftseigentum sind nicht nur der Verwaltungs- und Verfügungsbefugnis der Wohnungseigentümergemeinschaft als selbständiges Rechtssubjekt, sondern auch dem Zugriff der Gläubiger der Wohnungseigentümergemeinschaft entzogen ist. Die Änderung der sachenrechtlichen Grundverhältnisse der Gemeinschaft ist keine Angelegenheit der Verwaltung durch die Gemeinschaft der Wohnungseigentümer (vgl. dazu auch Wenzel, ZWE Sonderdruck 2007, 17).
Die Wohnungseigentümer bleiben allein und ausschließlich Inhaber des Sonder- und des Gemeinschaftseigentums. So gehört auch das gemäß § 1 Abs. 5 Satz 1 WEG im gemeinschaftlichen Eigentum stehende Grundstück vermögensrechtlich ausschließlich den Wohnungseigentümern. Was im Übrigen insoweit dem Sonder- bzw. Gemeinschafts-

eigentum zugeordnet bzw. zueinander abgegrenzt ist, ergibt sich aus den entsprechenden Bestimmungen gemäß § 1 Abs. 6, § 3 und 5 WEG.
Soweit es sich allerdings um Verwaltungsangelegenheiten handelt, die das Grundstück als solches betreffen, obliegen diese im Außenverhältnis gemäß § 10 Abs. 6 Satz 1 WEG als Verwaltungsangelegenheit der teilrechtsfähigen Wohnungseigentümergemeinschaft (vgl. dazu auch Elzer, WuM 2007, 395/396).

7.1.1 Die gesetzlichen Rechte der Wohnungseigentümer

Die Rechte eines Wohnungseigentümers erstrecken sich nach den Vorschriften des Wohnungseigentumsgesetzes auf den Gebrauch

- des Sondereigentums,
- des gemeinschaftlichen Eigentums und
- auf einen Anteil an den Nutzungen des gemeinschaftlichen Eigentums.

7.1.1.1 Gebrauch und Nutzung des Sondereigentums

Aus der Rechtsstellung des Wohnungseigentümers als alleiniger Eigentümer seines Sondereigentums leitet sich gemäß § 13 Abs. 1 WEG sein Recht ab, mit den im Sondereigentum stehenden Gebäudeteilen nach Belieben zu verfahren, insbesondere diese

- zu bewohnen,
- zu vermieten,
- zu verpachten,
- sie in sonstiger Weise zu nutzen und
- andere von Einwirkungen auszuschließen.

Dieses Recht gilt allerdings nicht uneingeschränkt, sondern nur insoweit, als nicht das Gesetz oder Rechte Dritter entgegenstehen.

Beschränkungen hinsichtlich des Sondereigentums ergeben sich aus den Vorschriften des § 14 WEG über die Pflichten der Wohnungseigentümer und des § 15 WEG über die Gebrauchsregelungen für das Sonder- und das Gemeinschaftseigentum.
Dabei sind vor allem die in der Teilungserklärung und in der Gemeinschaftsordnung getroffenen Gebrauchs- und Nutzungsregelungen zu beachten, die in relativ starkem Maße die Rechte der Wohnungseigentümer einschränken und auch beeinträchtigen können, beispielsweise bei einer gewerbliche Nutzung.
Das Recht, andere von Einwirkungen auf das Sondereigentum auszuschließen, ist jedoch nicht als uneingeschränktes Abwehrrecht aufzufassen, da jeder Eigentümer im Zweifelsfalle geringfügige Beeinträchtigungen zu dulden hat (zu den Duldungspflichten vgl. Kap. 7.1.2.4).
Als Einwirkungen im Sinne von § 13 Abs. 1 WEG sind solche Störungen zu betrachten, die sowohl von Dritten (= Personen, die nicht der Wohnungseigentümergemeinschaft angehören) als auch von Miteigentümern oder der Gemeinschaft als solcher verursacht werden.
Dabei handelt es sich vor allem um Lärm- und Geruchsbelästigungen, ebenso zählen dazu aber auch Schäden, die ihre Ursache im gemeinschaftlichen Eigentum haben und zu einer Beeinträchtigung des Sondereigentums führen können (vgl. hierzu insbesondere Kap. 12.2.4.2 Nr. 4 und 13.2.2).

7.1.1.2 Mitgebrauch des gemeinschaftlichen Eigentums

Hinsichtlich des gemeinschaftlichen Eigentums steht jedem Wohnungseigentümer gemäß § 13 Abs. 2 Satz 1 WEG das Recht zum Mitgebrauch zu, das seine Grenzen jedoch in den Vorschriften der §§ 14 und 15 WEG findet, wobei wiederum vor allem die durch Vereinbarungen in der Gemeinschaftsordnung getroffenen Gebrauchs- und Nutzungsrege-

lungen im Einzelfall in unterschiedlichem Maße zu einer Beschränkung des Mitgebrauchs des gemeinschaftlichen Eigentums führen können (zum Mitgebrauch aufgrund entsprechender Vereinbarung vgl. u. a. OLG Düsseldorf, 24. 8. 1994, 3 Wx 254/94).
Ebenso wie dem Wohnungseigentümer selbst, steht auch dem Mieter eines Wohnungseigentums das Mitgebrauchsrecht gemäß § 13 Abs. 2 Satz 1 WEG grundsätzlich dann zu, wenn es mit der Nutzung der vermieteten Räume zusammenhängt (OLG Düsseldorf, 15. 6. 2004, I-3 Wx 97/04).

7.1.1.3 Anteil an den Nutzungen des Gemeinschaftseigentums

Neben dem Recht auf Mitgebrauch des gemeinschaftlichen Eigentums gebührt jedem Miteigentümer gemäß § 13 Abs. 2 Satz 2 WEG ein Anteil an den Nutzungen des gemeinschaftlichen Eigentums.
Um welche Nutzungen es sich dabei handelt und wie diese Nutzungen zu verteilen sind, bestimmt sich nach den Vorschriften des § 16 Abs. 1 WEG bzw. nach den von dieser gesetzlichen Bestimmung abweichend getroffenen Vereinbarungen in der Gemeinschaftsordnung (vgl. dazu auch Kap. 10.1).

7.1.2 Die gesetzlichen Pflichten der Wohnungseigentümer

Den in § 13 WEG grundsätzlich geregelten Rechten der Wohnungseigentümer, die allerdings nur als Rahmenvorschriften zu betrachten sind und durch Vereinbarungen sowohl im Sinne einer Beschränkung als auch einer Erweiterung ergänzt werden können, stehen die Vorschriften über die Pflichten der Wohnungseigentümer gegenüber.
Auch bei diesen Vorschriften handelt es sich ebenfalls nur um den „Rahmen“, innerhalb dessen entsprechende Ände-

rungen und/oder Ergänzungen erfolgen können, da diese Vorschriften abdingbar sind.

7.1.2.1 Instandhaltungspflicht

Nach der Vorschrift des § 14 Nr. 1 WEG ist jeder Wohnungseigentümer verpflichtet, die im Sondereigentum stehenden Gebäudeteile so instand zu halten, dass dadurch keinem der anderen Wohnungseigentümer ein Nachteil erwächst, der über das bei einem geordneten Zusammenleben unvermeidliche Maß hinausgeht. Jeder Wohnungseigentümer hat also für die Instandhaltung seines Sondereigentums selbst Sorge zu tragen und die dadurch entstehenden Kosten zu übernehmen.

Kommt ein Wohnungseigentümer dieser Instandhaltungspflicht im Bereich seines Sondereigentums nicht nach, ist er gegenüber den anderen Wohnungseigentümern oder der Wohnungseigentümergemeinschaft zum Ersatz des Schadens verpflichtet, der sich aus unterlassener Instandhaltung des eigenen Sondereigentums im Bereich des Sondereigentums eines anderen Miteigentümers oder aber im gemeinschaftlichen Eigentum ergeben hat (zur Schadensersatzpflicht bei Verletzung der Pflichten nach § 14 WEG siehe BayObLG, 10.5. 1988, 2 Z 101/87; vgl. auch OLG Frankfurt, 29. 10. 1993, 10 U 296/90, zum Umfang der das Sondereigentum betreffenden Instandhaltungspflicht sowie zur Haftung des Wohnungseigentümers für Erfüllungsgehilfen in diesen Fällen).

Eine Verletzung der Instandhaltungspflicht hinsichtlich des Sondereigentums liegt u. a. dann vor, wenn ein Wohnungseigentümer es unterlässt, regelmäßig für einen ordnungsmäßigen Farbanstrich der innenseitigen Fensterrahmen im Bereich seines Sondereigentums zu sorgen. Unterbleibt dieser Anstrich und kommt es durch das von innen in den Fensterrahmen eindringende Schwitzwasser zu einem Abplatzen des Außenanstrichs und zu einer allmählichen Verrottung des Fensterrahmens, so muss der betreffende Wohnungseigentümer die Kosten für die insgesamt erforderlich werdende Instandsetzung des Fensters tragen.

Ähnliches gilt auch für andere Instandhaltungs- und Instandsetzungsmaßnahmen, wenn deren Unterlassung zu Schäden am gemeinschaftlichen Eigentum oder auch zu Schäden am Sondereigentum eines anderen Wohnungseigentümers führt.

Die Sorgfaltspflicht des einzelnen Wohnungseigentümers umfasst dabei auch den Fall, dass sich im Kellerraum eines Wohnungseigentümers Wasserzuleitungen für andere Wohnungen befinden und diese Zuleitungen beispielsweise vom Eigentümer des betreffenden Kellers vor dem Einfrieren zu schützen sind. Verletzt er diese Pflicht schuldhaft, haftet er auf Schadensersatz (BayObLG, 2. 3. 1989, 2 Z 87/88).

Die Pflicht zur Instandhaltung des Sondereigentums schließt allerdings nicht die Verpflichtung ein, die im Sondereigentum stehenden Anlagen und Einrichtungen wie beispielsweise Wasserinstallationen regelmäßig von einem Fachmann überprüfen zu lassen (BayObLG, 10. 3. 1994, 2Z BR 13/94, zu einem Wasserschaden, der durch ein abgebrochenes Eckventil am Waschbecken entstanden war; KG Berlin, 19. 10. 1998, 24 W 4300/98).

In allen diesen Fällen kommt es in der Praxis auf eine eindeutige Zuordnung von Sondereigentum und Gemeinschaftseigentum an, wie sie sich aus dem Gesetz und den Regelungen der Teilungserklärung oder der Gemeinschaftsordnung ergibt.

Bevor also über Instandhaltungspflichten und eventuelle Schadensersatzansprüche zu entscheiden ist, muss zunächst geklärt werden, ob es sich bei der erforderlichen Instandhaltung bzw. Instandsetzung um Maßnahmen am Sonder- oder am Gemeinschaftseigentum handelt (zur Instandhaltung des gemeinschaftlichen Eigentums vgl. Kap. 12.2.4).

7.1.2.2 Gebrauchspflichten

Jeder Wohnungseigentümer kann zwar gemäß § 13 WEG mit seinem Wohnungseigentum nach Belieben verfahren und auch das gemeinschaftliche Eigentum mit gebrauchen, jedoch bedarf es hierzu bestimmter Regelungen, um ein verträgliches Miteinander in der Wohnungseigentümergemeinschaft zu gewährleisten.

Hierzu sieht das Wohnungseigentumsgesetz neben den allgemeinen „Gebrauchspflichten" gemäß § 14 Nr. 1 WEG als „Mindestverhaltensnormen" die Möglichkeit zusätzlicher Gebrauchsregelungen nach den Bestimmungen des § 15 WEG vor.

Gemäß § 14 Nr. 1 WEG ist jeder Wohnungseigentümer verpflichtet, von den im Sondereigentum stehenden Gebäudeteilen sowie von dem gemeinschaftlichen Eigentum nur in solcher Weise Gebrauch zu machen, dass dadurch keinem der übrigen Wohnungseigentümer ein Nachteil erwächst, der über das bei einem geordneten Zusammenleben unvermeidliche Maß hinausgeht. Wird gegen diesen Grundsatz verstoßen, kann der beeinträchtigte Eigentümer gemäß § 1004 Abs. 1 Satz 2 BGB einen Unterlassungsanspruch geltend machen. So kann beispielsweise das gezielte Hineinschauen in die Fenster einer im Sondereigentum stehenden Wohnung von einer im gemeinschaftlichen Eigentum stehenden Grünfläche das zulässige Maß des Gebrauchs übersteigen (OLG München, 27. 9. 2005, 32 Wx 065/059).

Was als „unvermeidliches Maß" zu betrachten ist, wird in der Regel nur im konkreten Einzelfall zu entscheiden sein. Dabei werden vor allem die entsprechenden Vorschriften des Bürgerlichen Gesetzbuches zu berücksichtigen sein (§ 138 BGB – Verstoß gegen die guten Sitten; § 242 BGB – Treu und Glauben; § 276 BGB – im Verkehr erforderliche Sorgfalt).

Bei sich gegenüberstehenden Grundrechten der Woh-

nungseigentümer ist eine fallbezogene Abwägung der beiderseits grundrechtlich geschützten Interessen erforderlich (OLG München, 27. 9. 2005, 32 Wx 065/05).
Der durch § 14 Nr. 1 WEG allgemein gesetzte Maßstab über den zulässigen Gebrauch des Sondereigentums und des gemeinschaftlichen Eigentums ist vor allem dann zu berücksichtigen, wenn Gebrauchsregelungen im Sinne von § 15 WEG nicht bestehen und ein einzelner Wohnungseigentümer im Verfahren nach § 43 Abs. 1 Satz 1 WEG eine Entscheidung durch das Gericht verlangt, ob ein bestimmter Gebrauch sich noch im Rahmen des zulässigen Maßes bewegt oder nicht.
Auch im Zusammenhang mit baulichen Veränderungen gemäß § 22 Abs. 1 WEG ist die Vorschrift des § 14 Nr. 1 WEG von Bedeutung, weil diese Maßnahmen gemäß § 22 Abs. 1 Satz 2 WEG dann nicht der Zustimmung der übrigen Wohnungseigentümer bedürfen, wenn deren Rechte durch die bauliche Veränderung nicht über das unvermeidliche Maß hinaus beeinträchtigt werden (vgl. Kap. 13.3.1).

7.1.2.3 Einhaltung der Pflichten durch andere Personen

Die Verpflichtung, vom Sondereigentum und vom gemeinschaftlichen Eigentum nur einen solchen Gebrauch zu machen, der sich im Rahmen des nach § 14 Nr. 1 WEG zulässigen Maßes hält, trifft nicht nur den Wohnungseigentümer selbst.
Gemäß § 14 Nr. 2 WEG hat ein Wohnungseigentümer dafür zu sorgen, dass auch die zu seinem Hausstand oder die zu seinem Geschäftsbetrieb gehörenden Personen die in § 14 Nr. 1 WEG bezeichneten Pflichten einhalten. Gleiches gilt für Personen, denen ein Wohnungseigentümer die Benutzung der im Sondereigentum und der im Gemeinschaftseigentum stehenden Gebäudeteile überlässt.
Das bedeutet, dass Familienangehörige des Wohnungseigentümers, von ihm beschäftigtes Hauspersonal sowie

Mieter und Pächter von Wohnungs- oder Teileigentum den Pflichten des § 14 Nr. 1 WEG unterworfen sind.
In diesen Fällen ist es Aufgabe des Wohnungs- oder Teileigentümers, von den betreffenden Personen die Einhaltung dieser Pflichten zu verlangen und insoweit auf sie einzuwirken. Gleiches gilt für den Fall, dass der Verkäufer eines Wohnungseigentums die Wohnung vor Eigentumsumschreibung dem Erwerber überlässt (KG Berlin, 19. 4. 2000, 24 W 1808/00).
Verstoßen bei vermietetem Wohnungs- oder Teileigentum die Mieter oder Pächter gegen die Pflichten des § 14 Nr. 1 WEG, erfassen die nach § 15 Abs. 3 WEG und § 1004 BGB geltend zu machenden Unterlassungsansprüche nicht nur den Mieter als Handlungsstörer, sondern auch den vermietenden Wohnungs- oder Teileigentümer als so genannten Zustandsstörer, wenn dieser es unterlässt, durch entsprechende Handlungen oder rechtliche Maßnahmen gegen den Mieter oder Pächter die Beeinträchtigungen oder Störungen zu unterbinden.
Unterlassungsansprüche richten sich daher üblicherweise darauf, die Unterhaltung einer störenden Einrichtung oder eines beeinträchtigenden Betriebes durch den Eigentümer oder durch Dritte zu unterbinden.
Führen Einwirkungen auf den Mieter oder Pächter nicht zum Erfolg, muss gegebenenfalls fristlos gekündigt und Räumungsklage erhoben werden (OLG Frankfurt, 15. 11. 1989, 20 W 338/89, zur Untersagung eines bordellähnlichen Betriebs; vgl. insoweit auch Kap. 9.1.2.1, Bordellbetrieb, Modelltätigkeit, Prostitution; vgl. weiter Kap. 9.4 Unterlassungsanspruch bei zweckwidrigem Gebrauch).
Zur Einhaltung der Verpflichtung nach § 14 Nrn. 1 und 2 WEG kann ein Wohnungseigentümer auch durch Zwangsmittel angehalten werden.
Dabei ist es im Falle der Vermietung oder Verpachtung grundsätzlich zunächst jedoch Sache des verpflichteten Wohnungseigentümers, die zur Durchsetzung der Unterlas-

sungsverpflichtung gegenüber einem Mieter anzuwendenden Mittel selbst zu bestimmen (OLG Köln, 15. 1. 1997, 16 Wx 275/96, zur Einhaltung der Hausordnung; LG Frankfurt, 6. 5. 1985, 2/9 T 1149/84, zur Unterbindung von Lärmstörungen).
Verursacht der Mieter einer Eigentumswohnung einen Schaden am gemeinschaftlichen Eigentum oder im Sondereigentum eines Miteigentümers, haftet der vermietende Wohnungseigentümer gegenüber der Gemeinschaft gemäß § 278 BGB für das Verschulden des Mieters (oder Untermieters) als Erfüllungsgehilfe (BayObLG, 18. 3. 1970, 2 Z 36/69, zum Schadensersatz für einen von einem Untermieter verursachten Schaden am Personenaufzug; zur zulässigen Geltendmachung von Ersatzvornahmekosten gegen einen vermietenden Teileigentümer vgl. KG Berlin, 15. 7. 2002, 24 W 21/01; AG Frankfurt, 23. 12. 1993, 65 UR II 191/93, zum Schadensersatz für einen vom Mieter verursachten Wasserschaden im Sondereigentumsbereich eines Miteigentümers; zur Haftung des Verkäufers für Beschädigungen des Gemeinschaftseigentums durch den Erwerber vor Eigentumsumschreibung vgl. KG Berlin, 19. 4. 2000, 24 W 1808/00).
Die verkürzte Verjährungsfrist gemäß § 548 BGB (sechs Monate) für Ersatzansprüche des Vermieters gegenüber dem Mieter wegen Veränderungen oder Verschlechterungen der Mietsache findet auf Schadensersatzansprüche der Wohnungseigentümergemeinschaft gegen den Mieter einer Eigentumswohnung keine Anwendung (BGH, 29. 6. 2011, V ZB 236/10; a. A. OLG Stuttgart, 5. 8. 2010, 7 U 82/10).
Eine Haftung des vermietenden Wohnungseigentümers ist allerdings dann nicht gegeben, wenn die Verantwortlichkeit des Mieters für eigenes Verschulden nach §§ 827, 828 BGB (Ausschluss und Minderung der Verantwortlichkeit, Minderjährigkeit, Taubstumme) ausgeschlossen ist (BayObLG, a. a. O.).

7.1.2.4 Duldungspflichten

Aus der Tatsache, dass die Vorschriften des § 14 Nr. 1 WEG einen Gebrauch des Sondereigentums und des gemeinschaftlichen Eigentums zulassen, der sich im Rahmen eines unvermeidlichen, erträglichen Maßes hält, ergibt sich andererseits zwangsläufig auch eine Duldungspflicht, die § 14 Nr. 3 WEG in der Weise beschreibt, dass jeder Wohnungseigentümer verpflichtet ist, Einwirkungen auf die im Sondereigentum stehenden Gebäudeteile und auf das gemeinschaftliche Eigentum zu gestatten, soweit ihm dadurch keine Nachteile entstehen, die über das bei einem geordneten Zusammenleben unvermeidliche Maß hinausgehen.
Jeder Wohnungseigentümer muss also solche Nachteile dulden, die innerhalb einer Gemeinschaft unvermeidlich sind (vgl. u. a. LG Heidelberg, 23. 10. 1996, 8 S 2/96, zur Duldung von Kinderspiellärm, der unter Beachtung der allgemeinen Ruhezeiten das Maß der gewöhnlichen Belästigung nicht übersteigt; BayObLG, 9. 11. 1989, 2 Z 51/89, zur Duldung von Reparaturmaßnahmen am Sondereigentum, wenn diese nur aus dem Sondereigentumsbereich eines anderen Wohnungseigentümers heraus durchgeführt werden können; vgl. AG Bad Cannstatt, 24. 1. 1991, 5 GR 285/90).
Verstößt ein Wohnungseigentümer gegen seine Duldungspflicht, berechtigt dies die anderen Wohnungseigentümer jedoch nicht, eigenmächtig im Wege der „Selbsthilfe“ die erforderlichen Maßnahmen durchzuführen (vgl. hierzu BayObLG, 19. 3. 1992, 2 Z 16/92, zum Schadensersatzanspruch eines Wohnungseigentümers wegen eigenmächtigen Räumungsversuchs einer Dachterrasse durch Miteigentümer).
Gehen Störungen über das unvermeidliche Maß hinaus, kann jeder einzelne Wohnungseigentümer nach den Vorschriften über Besitz und Eigentumsstörungen gemäß §§ 859, 985 ff., 1004 BGB gegen die störenden Eigentümer bzw. Mieter oder Pächter vorgehen. Bei der Frage, ob eine

konkrete Störung mehr stört als die bei einer bestimmungsgemäßen Nutzung zu erwartende Störung, kommt es auf die typisierende Betrachtung an (vgl. BayObLG, 16. 12. 1993, 2Z BR 113/93, zum Unterlassungsanspruch von Lärmstörungen durch trampelnde Kinder; zur Unterlassung von Lärmstörungen bei einem Gaststättenbetrieb vgl. BayObLG, 2. 9. 1993, 2Z BR 63/93; Unterlassungsanspruch bei Geschrei, lauter Musik, Springen, Trampeln, Möbelrücken, Türen knallen OLG Düsseldorf, 19. 8. 2009, I-3 Wx 233/08).

Neben dieser Duldungspflicht aus dem Gebrauch von Sonder- und Gemeinschaftseigentum durch Miteigentümer oder Dritte ist jeder Wohnungseigentümer gemäß § 14 Nr. 4 WEG verpflichtet, das Betreten und die Benutzung der im Sondereigentum stehenden Gebäudeteile zu gestatten, soweit dies zur Instandhaltung und Instandsetzung des gemeinschaftlichen Eigentums erforderlich ist (BayObLG, 21. 1. 1999, 2Z BR 156/98; LG Bochum, 14. 1. 1988, 7 T 1019/87, zur Duldung des Zutritts zur Wohnung durch Verwalter, Handwerker und Architekten).

Art und Umfang der Duldung der erforderlichen Maßnahmen und deren Zumutbarkeit durch Gewährung des Zutritts durch das Sondereigentum richten sich nach den konkreten Umständen des Einzelfalls (BayObLG, 12. 10. 1995, 2Z BR 66/95, keine Schuttentsorgung bei Terrassensanierung durch die Wohnung, sondern über ein Gerüst, dessen Aufstellungskosten zu Lasten der Gemeinschaft gehen; auch zu den von der Gemeinschaft zu tragenden Kosten des Versetzens von Blumentrögen auf der Dachterrasse und der Wiederanbringung von Sichtschutzmatten am Terrassengeländer).

Ein generell in der Teilungserklärung geregeltes Betretungsrecht des Verwalters zur Instandsetzungskontrolle verstößt gegen das Recht auf Unverletzlichkeit der Wohnung gemäß Art. 14 GG. Unter Berücksichtigung dieses Grundrechts kann ein über die Regelung gemäß § 14 Nr. 4 WEG hinausgehendes Betretungsrecht des Verwalters nur

wirksam vereinbart werden, wenn ausreichende Anhaltspunkte dafür vorliegen, dass Instandhaltungs- und Instandsetzungsmaßnahmen vorgenommen werden müssen (OLG München, 22. 2. 2006, 34 Wx 133/05; BayObLG, 27. 6. 1997, 2Z BR 16/96). Dies gilt auch dann, wenn die Duldungsverpflichtung auf einen zweimaligen Zutritt beschränkt ist (OLG Zweibrücken, 24. 11. 2000, 3 W 184/00).
Entsteht dem betroffenen Eigentümer aus der ihm obliegenden Duldungspflicht ein Schaden in seinem Sondereigentum, ist dieser zu ersetzen (vgl. Kap. 12.2.4.2 .8).
Da es sich bei solchen Schadensersatzleistungen um Kosten der Verwaltung gemäß § 16 Abs. 2 WEG handelt, muss sich auch der betroffene duldungsverpflichtete Wohnungseigentümer anteilmäßig wegen zurechenbaren Mitverschuldens an diesen Kosten beteiligen (BayObLG, 21. 5. 1992, 2Z BR 6/92; KG Berlin, 8. 9. 1993, 24 W 5753/93+2301/93).
Weitere Duldungspflichten im Rahmen der ordnungsmäßigen Verwaltung gemäß § 21 Abs. 5 Nr. 6 WEG ergeben sich aus der dort geregelten Verpflichtung zur Duldung aller Maßnahmen zur Herstellung

- einer Fernsprechteilnehmereinrichtung,
- einer Rundfunkempfangsanlage oder eines
- Energieversorgungsanschlusses,

zugunsten eines Wohnungseigentümers.
Der Wohnungseigentümer, zu dessen Gunsten diese Maßnahmen vorgenommen wurden, ist allerdings zum Ersatz eines eventuell dadurch entstehenden Schadens verpflichtet (zur Duldungsverpflichtung bei der Installation von Fernsehempfangseinrichtungen vgl. Kap. 13.13 Kabelfernsehen, Parabolantenne).

8. Die rechtsfähige Wohnungseigentümergemeinschaft

Durch § 10 Abs. 6 WEG, in der Literatur auch als „Generalklausel" zur Teilrechtsfähigkeit bezeichnet (Blankenstein, WEG-Reform 2007, A 1.1, S. 17), werden zunächst die Funktionen, die Aufgaben, die Rechte und die Pflichten der Wohnungseigentümergemeinschaft als „Verband" geregelt (vgl. dazu auch Elzer, WuM 2007, 295/296).
Nach diesen Bestimmungen

- kann die Gemeinschaft der Wohnungseigentümer gemäß § 10 Abs. 6 Satz 1 WEG im Rahmen der *gesamten* Verwaltung des gemeinschaftlichen Eigentums gegenüber Dritten und Wohnungseigentümern selbst Rechte erwerben und Pflichten eingehen,
- ist die Wohnungseigentümergemeinschaft gemäß § 10 Abs. 6 Satz 2 WEG Inhaberin der als Gemeinschaft gesetzlich begründeten und rechtsgeschäftlich erworbenen Rechte und Pflichten,
- übt die Wohnungseigentümergemeinschaft gemäß § 10 Abs. 6 Satz 3 1. Halbsatz WEG die gemeinschaftsbezogenen Rechte der Wohnungseigentümer aus und nimmt die gemeinschaftsbezogenen Pflichten der Wohnungseigentümer wahr,
- nimmt die Wohnungseigentümergemeinschaft gemäß § 10 Abs. 6 Satz 3 2. Halbsatz WEG sonstige Rechte und Pflichten der Wohnungseigentümer wahr, soweit diese gemeinschaftlich geltend gemacht werden können oder zu erfüllen sind.

Anders als es noch der BGH entschieden hatte, kann die Gemeinschaft nach der durch Gesetz zuerkannten Teilrechtsfähigkeit Rechte und Pflichten im Rahmen der *gesamten* Verwaltung erwerben. Das heißt, die Rechtsge-

schäfte und Rechtshandlungen der rechtsfähigen Gemeinschaft sind nicht auf den engeren Rahmen der Verwaltung des gemeinschaftlichen Eigentums nach den Bestimmungen der §§ 20ff. WEG beschränkt.
Die Rechtsfähigkeit der Wohnungseigentümergemeinschaft erfasst sowohl das Verhältnis gegenüber Dritten, also die Rechtsbeziehungen und Rechtshandlungen im so genannten *Außenverhältnis*, wie auch das Verhältnis gegenüber den Wohnungseigentümern als Mitglieder der Bruchteilsgemeinschaft, also die rechtlichen Beziehungen im so genannten *Innenverhältnis*.
Die Gemeinschaft muss die Bezeichnung *„Wohnungseigentümergemeinschaft“* gefolgt von der bestimmten Angabe des gemeinschaftlichen Grundstücks führen. Sie kann vor Gericht *klagen* und *verklagt* werden.

8.1 Erwerb von Rechten und Wahrnehmung von Pflichten

Die Rechte und Pflichten der rechtsfähigen Wohnungseigentümergemeinschaft erstrecken sich gemäß § 10 Abs. 6 Satz 1 WEG auf die *gesamte Verwaltung* des gemeinschaftlichen Eigentums und die dazu erforderlichen oder daraus resultierenden Rechtsgeschäfte und Rechtshandlungen.
Damit ist klar gestellt, dass es nicht nur um die Verwaltung des gemeinschaftlichen Eigentums im engeren Sinne gemäß §§ 20ff. WEG geht, sondern dass auch solche Rechtsgeschäfte und Rechtshandlungen einbezogen sind, bei denen es um

- die Verwaltungsangelegenheiten im Rahmen des gemeinschaftlichen Gebrauchs der im gemeinschaftlichen Eigentum stehenden Anlagen und Einrichtungen der Wohnanlage gemäß § 15 WEG) geht
  und ebenso um

- die verwaltungsmäßige Umsetzung einer von den Wohnungseigentümern beschlossenen Entziehung des Wohnungseigentums nach § 18 WEG (vgl. auch Gottschalg, NZM 2007, 194 (196/197).

Im Übrigen zählen zu den Verwaltungsangelegenheiten nicht nur die in § 21 Abs. 1 Nr. 5 WEG aufgeführten Angelegenheiten, sondern alle Maßnahmen, die in tatsächlicher oder rechtlicher Hinsicht für die Erhaltung, Sicherung, Verbesserung und gewöhnliche Nutzung des gemeinschaftlichen Eigentums erforderlich oder geeignet sind oder sich sonst als Geschäftsführung zugunsten der Wohnungseigentümer in Bezug auf das gemeinschaftliche Eigentum darstellen (BGH, 11. 12. 1992, V ZR 118/91).
Unter die Verwaltungszuständigkeit der Wohnungseigentümergemeinschaft fällt dabei auch der Erwerb von beweglichen Sachen als Zubehör im Sinne von § 97 Abs. 1 BGB (Einrichtungsgegenstände, Gartengeräte, Wascheinrichtungen, Heizöl- und Gasvorräte; so auch Armbrüster in Bärmann § 1 Rn 138 ff.) wie auch der Erwerb von Immobilien, und zwar sowohl durch rechtsgeschäftlichen Erwerb wie auch durch Erwerb in der Zwangsversteigerung (OLG Hamm, 20. 10. 2009, I-15 Wx 81/09; OLG Celle, 26. 2. 2008, 4 W 213/07). Insoweit zählt das der Gemeinschaft zufallende Zubehör zum Verwaltungsvermögen im Sinne von § 10 Abs. 7 WEG.
Beim Immobilienerwerb geht es in erster Linie um den Erwerb von Wohnungseigentum als Hausmeisterwohnung oder auch von Teileigentum an Räumen zum Abstellen oder zur Lagerung gemeinschaftlicher Gerätschaften oder Verwaltungsunterlagen (s. auch Wenzel, ZWE Sonderdruck 2007, 17).
Die so erworbenen Immobilien gehen in das Verwaltungsvermögen der Wohnungseigentümergemeinschaft über, sind aber jederzeit wieder veräußerbar. Der Erwerb von Immobilien entspricht aber nur dann ordnungsmäßiger

Verwaltung, wenn wichtige und über bloße Zweckmäßigkeitserwägungen hinausgehende Gemeinschaftsinteressen für den Erwerb sprechen (OLG Hamm, 4. 5. 2010, 15 W 382/09, zum Erwerb eines benachbarten Grundstücks mit Heizkraftwerk zur Wärmeversorgung der Gemeinschaft).
Der Erwerb von Immobilien durch mehrheitliche Beschlussfassung der Wohnungseigentümer widerspricht aber dann ordnungsmäßiger Verwaltung, wenn es sich um wertlose und nicht veräußerbare Immobilien handelt (OLG Hamm, 12. 6. 2010, I-15 Wx 63/10).
Aus dem Erwerb von Immobilien durch die Wohnungseigentümergemeinschaft folgt aber nicht, dass die Gemeinschaft damit auch ihre Mitgliedschaftsrechte als Wohnungseigentümer ausüben kann. Diese ruhen vielmehr (OLG Hamm, 12. 6. 2010, I-15 Wx 63/10; i. Ü. herrschende Meinung: Häublein, FS für Seuß, S. 139; Basty, ZWE 2009, 254; Klein in Bärmann § 10 Rn 223).
Die der Wohnungseigentümergemeinschaft für das erworbene Immobilieneigentum entstehenden Aufwendungen und Erträge sind, sofern nicht etwas anderes beschlossen wird, auf die übrigen Eigentümer im Verhältnis der Miteigentumsanteile aufzuteilen.

8.2 Die Gemeinschaft als Inhaberin von Rechten und Pflichten

Gemäß § 10 Abs. 6 Satz 2 WEG ist die teilrechtsfähige Wohnungseigentümergemeinschaft Inhaberin der von ihr als Gemeinschaft gesetzlich begründeten und rechtsgeschäftlich erworbenen Rechte und Pflichten. Sie ist

- Inhaberin des Verwaltungsvermögens und damit Inhaberin sämtlicher Forderungen gegenüber Wohnungseigentümern (Hausgeldbeiträge, Sonderumlagen) und gegenüber Dritten (gegenüber Banken als Kontoinhaberin),

- Auftraggeber für Aufträge an Dritte (Heizöllieferanten, Handwerksbetriebe etc.) im Rahmen der allgemeinen Verpflichtung zur ordnungsmäßigen Verwaltung (u. a. zur Instandhaltung und Instandsetzung des gemeinschaftlichen Eigentums nach vorheriger Beschlussfassung);
- Schuldner bei Schadensersatzansprüchen von Wohnungseigentümern und von Dritten, z. B. aus Verletzung der Verkehrssicherungspflicht (zur Haftung bei rechtsgeschäftlicher Übertragung der Verkehrssicherungspflicht und daraus folgender Beschränkung auf eine Kontroll- und Überwachungspflicht vgl. Wenzel, NZM 2006, 321 m. w. N.);
- Schuldner von Aufopferungsansprüchen eines Wohnungseigentümers gemäß § 14 Nr. 4 WEG,
- verpflichtet zur Wahrnehmung der Verkehrssicherungspflicht,
- verpflichtet zum Ausgleich von Aufwendungsersatzansprüchen gemäß § 21 Abs. 2 WEG
- berechtigt und verpflichtet zur Durchsetzung eines Notwegerechts.

8.3 Ausübung und Wahrnehmung gemeinschaftsbezogener Rechte und Pflichten der Wohnungseigentümer

Die Rechtsfähigkeit erstreckt sich gemäß § 10 Abs. 6 Satz 3 WEG auf die Ausübung gemeinschaftsbezogener Rechte der Wohnungseigentümer und Wahrnehmung gemeinschaftsbezogener Pflichten der Wohnungseigentümer, die bisher von der Gesamtheit der Wohnungseigentümer geltend gemacht und erfüllt wurden, die aber der rechtsfähigen Gemeinschaft zur ausschließlichen Ausübungsbefugnisse im Rahmen der ihr obliegenden Verwaltungskompetenz übertragen wurden und deshalb nur noch und ausschließlich von der Gemeinschaft geltend zu machen und zu erfüllen sind (vgl. Hügel, ZMR 2008, 855; Wenzel, ZWE 2006, 467).

Soweit von einer Gemeinschaftsbezogenheit auszugehen ist, besteht eine unmittelbare Ausübungsbefugnis durch die teilrechtsfähige Gemeinschaft. Die Rechts- und Parteifähigkeit versetzt die Gemeinschaft in die Lage, Ansprüche selbst durchzusetzen, so dass damit auch das Bedürfnis für ein Tätigwerden des Verwalters im eigenen Namen entfallen ist.

Allerdings ist der Verwalter weiterhin verpflichtet, als Organ der durch ihn repräsentierten teilrechtsfähigen Gemeinschaft dafür Sorge zu tragen, dass die Gemeinschaft ihre Rechte selbst durchsetzt, er handelt insoweit *für* die Gemeinschaft, jedoch nicht in eigenem Namen (BGH, 28. 1. 2011, V ZR 145/10, zur Geltendmachung von Hausgeldansprüchen durch die Gemeinschaft statt – wie nach früherem Recht – durch den Verwalter in gewillkürter Prozessstandschaft).

Zu den von der Gemeinschaft auszuübenden und wahrzunehmen Verwaltungsangelegenheiten zählen

- Beitreibung anteiliger Lasten- und Kostenbeiträge (Hausgeldvorschüsse, Sonderumlagen, Restzahlung aus Jahresabrechnungen etc.) durch die Gemeinschaft;
- Rückzahlungen an Wohnungseigentümer und Dritte, so unter anderem die Rückforderung zu viel gezahlter Hausgeldbeiträge, beispielsweise Überzahlungen aus bestandskräftiger Jahresabrechnung mit gesetzeswidrigem Verteilungsschlüssel durch die Gemeinschaft (OLG München, 30. 3. 2006, 32 Wx 040/06, im vorliegenden Fall zur Überzahlung aus bestandskräftiger Jahresabrechnung mit gesetzeswidrigem Verteilungsschlüssel;
- Vergabe von Instandhaltungs- und Instandsetzungsaufträgen, Maßnahmen zur Vornahme baulicher Verände-

rungen und von Modernisierungsmaßnahmen nach entsprechender Beschlussfassung durch die Wohnungseigentümer (Wenzel, NZM 2006, 321);

- Geltendmachung von Schadensersatzansprüche gegenüber Wohnungseigentümern wegen Verletzung gemeinschaftlichen Eigentums, beispielsweise bei eigenmächtigen baulichen Veränderungen am gemeinschaftlichen Eigentum durch einzelne Eigentümer;
- Geltendmachung von Schadensersatzansprüche der Gemeinschaft gegenüber dem Verwalter und Dritten (vgl. dazu auch Wenzel, ZWE 2006, 2);
- Ausübung des Zurückbehaltungsrechts durch Versorgungssperre bei Hausgeldrückständen;
- Ausgleich von Aufopferungsansprüche eines Wohnungseigentümers gemäß § 14 Nr. 4 WEG gegenüber der Gemeinschaft;
- Geltendmachung von Aufwendungsersatzansprüchen des Verwalters gegenüber der Gemeinschaft wegen Aufwendungen zugunsten der Wohnungseigentümer (Instandsetzungsmaßnahmen größeren Umfangs ohne Beschlussermächtigung);
- die Wahrnehmung der unter den Wohnungseigentümern und gegenüber Dritten obliegenden Verkehrssicherungspflicht (OLG München, 24. 10. 2005, 34 Wx 82/05; Klein in Bärmann, § 10 Rn 259, 271; Wenzel, ZWE 2009, 57 (59), Becker, ZWE 2010, 397(398); zur zulässigen Übertragung zur Wahrnehmung des Winterdienstes auf gemeinschaftlichen Verkehrsflächen vgl. LG München I, 2. 8. 2010, 1 S 4042/10, mit ablehn. Anm. Becker, ZWE 2010, 397(398);
- Ausgleich von Ansprüchen, die Dritte wegen Verletzung der Verkehrssicherungspflicht gegen die Gemeinschaft geltend machen (Wenzel, ZWE 2006, 2 (7); OLG München, 24. 10. 2005, 34 Wx 82/05);
- Ausübung des Entziehungsrechts gemäß § 18 Abs. 1 Satz 2 WEG als ausdrücklich der teilrechtsfähigen Gemein-

schaft zustehendes Recht (vgl. dazu auch Wenzel, NZM 2006, 321);
- Vermietung von im gemeinschaftlichen Eigentum stehenden Grundstücksflächen (Kfz.-Stellplätze, Räumen, Anlagen und Einrichtungen gemeinschaftlichen Eigentums (insoweit auch Elzer, WuM 2007, 295/296; Wenzel, NZM 2006, 321).

Weiterhin gemeinschaftsbezogen sind

- Mängelansprüche der Wohnungseigentümer aus Ersterwerbsverträgen, soweit sie grundsätzlich der Gesamtheit zustehen (Anspruch auf kleinen Schadensersatz bzw. Minderung wegen erheblicher Mängel am Gemeinschaftseigentum, vgl. dazu Wenzel, ZWE 2006, 109), oder
- individuelle Mängelansprüche der Wohnungseigentümer, wenn die Wohnungseigentümer diese Ansprüche durch mehrheitliche Beschlussfassung zur Ausübung auf die Wohnungseigentümergemeinschaft übertragen hat (auf das Gemeinschaftseigentum bezogene Erfüllungs-, Nacherfüllungsansprüche und primäre Mängelrechte der Wohnungseigentümer, auch wenn es sich nur um die einem einzelnen Wohnungseigentümer zustehenden Ansprüche, beispielsweise auf Beseitigung der Ursachen von Wasserschäden am Gemeinschaftseigentum (BGH, 15. 1. 2010, V ZR 80/09; 19. 8. 2010, VII ZR 113/09, auch zur Hemmung von Verjährungsansprüchen einer Eigentümer; vgl. auch Wenzel, ZWE 2006, 109).

Im Rahmen ordnungsmäßiger Verwaltung gemäß § 21 Abs. 5 Nr. 2 WEG können die Wohnungseigentümer die Ausübung der auf die ordnungsmäßige Herstellung des Gemeinschaftseigentums gerichteten Rechte der einzelnen Erwerber aus den Verträgen mit dem Veräußerer, die nicht wie der Anspruch auf Minderung und kleinen Schadensersatz bereits ihrer Natur nach gemeinschaftsbezogen sind, durch Mehrheitsbeschluss auf die rechtsfähige Wohnungseigentümergemeinschaft übertragen, zunächst auch als so genanntes Ansichziehen bezeichnet (BGH, 12. 4. 2007, VII ZR 236/05; 15. 1. 2010, V ZR 80/90; 19. 8. 2010, VII ZR 113/09).

Da sich die Zuständigkeit der Gemeinschaft auf gemeinschaftsbezogene Ansprüche beschränkt, bezieht sie sich nicht auf die Rechte der einzelnen Wohnungseigentümer, großen Schadensersatz zu verlangen, den Erwerbsvertrag zu wandeln oder von ihm zurückzutreten (BGH, 19. 8. 2010, VII ZR 113/09, m. w. N.).

Auch wenn die Wohnungseigentümergemeinschaft die Durchsetzung der auf die ordnungsmäßige Herstellung des gemeinschaftlichen Eigentums gerichteten Rechte an sich gezogen hat, ist der Erwerber weiterhin berechtigt, seine vertraglichen Individualansprüche gegenüber dem Veräußerer selbständig zu verfolgen, vorausgesetzt allerdings, dass sein Handeln nicht zu einer Beeinträchtigung von gemeinschaftsbezogenen Interessen der Wohnungseigentümer oder von schützenswerten Interessen des Veräußerers führt (BGH, 19. 8. 2010, VII ZR 113/09, 27. 7. 2006, VII ZR 276/05; 15. 4. 2004, VII ZR 130/03).

In einem solchen Fall kann der Erwerber dem Veräußerer eine Frist mit Ablehnungsandrohung selbst dann setzen, wenn die Wohnungseigentümergemeinschaft die Durchsetzung der Mängelansprüche an sich gezogen hat (BGH, 19. 8. 2010, VII ZR 113/09, dort auch zur Verjährungshemmung).

Im Übrigen kann die Wohnungseigentümergemeinschaft von den einzelnen Wohnungseigentümern ermächtigt werden, neben den Ansprüchen wegen Mängeln am Gemeinschaftseigentum Ansprüche wegen Mängeln des Sondereigentums geltend zu machen (BGH, 12. 4. 2007, VII ZR 236/05).

Ebenfalls um gemeinschaftsbezogene Angelegenheiten handelt es sich bei Schadensersatzansprüchen Dritter ge-

gen die Gesamtheit aller Wohnungseigentümer als Grundstückseigentümer, die aber nur gegen die Gemeinschaft und nicht gegen die Wohnungseigentümer geltend zu machen sind, weil es sich um die Verwaltung des gemeinschaftlichen Eigentums handelt.
Das betrifft Ansprüche

- bei nachbarrechtlichen Verstößen wegen Störungen, die vom gemeinschaftlichen Eigentum ausgehen;
- Beseitigungsansprüche wegen eines vom Gemeinschaftseigentum ausgehenden Überhangs,
- Verletzung der Gebäudeunterhaltspflichten;
- Geltendmachung von Notwegerechten (BGH, 7. 7. 2006, V ZR 159/05).

Auch die Geltendmachung von Ansprüchen gegen den abberufenen oder ausgeschiedenen Verwalter auf Herausgabe der Verwaltungsunterlagen nach § 667 BGB gehört zur Verwaltung des gemeinschaftlichen Eigentums mit der Folge, dass die Gemeinschaft insoweit beteiligtenfähig ist und der Anspruch somit von der Wohnungseigentümergemeinschaft und nicht von den Wohnungseigentümern geltend zu machen ist (OLG München, 21. 2. 2006, 32 Wx 014/06, für bisher schon geltendes Recht gemäß BGH, 2. 6. 2005, V ZB 32/05).
Im Gerichtsverfahren tritt die Wohnungseigentümergemeinschaft dabei als gesetzlicher Prozessstandschafter auf.

8.4 Ausübung und Wahrnehmung sonstiger Rechte und Pflichten der Wohnungseigentümer

Den Bestimmungen zur Rechtsfähigkeit der Gemeinschaft unterliegen gemäß § 10 Abs. 6 Satz 3 WEG zudem sonstige der Gemeinschaft neben jedem der Wohnungseigentümer zustehende Rechte, die bisher von der Gesamtheit auf-

grund eines Mehrheitsbeschlusses geltend gemacht werden können, ihr aber nicht allein zustehen.
Dazu zählen:

- die Abnahme des gemeinschaftlichen Eigentums,
- gemeinschaftliche Beseitigungs- und Wiederherstellungsansprüche gegen einen Wohnungseigentümer (§ 1004 BGB) nach eigenmächtiger Vornahme baulicher Veränderungen,
- gemeinschaftlicher Anspruch auf und Unterlassung von Störungen u. a. durch Tierhaltung und/oder Musizieren.

Bei diesen Ansprüchen ist allerdings streitig, ob es sich um individuelle Ansprüche der Wohnungseigentümer (OLG München, 27. 7. 2005, 34 Wx 69/05) handelt, die die Wohnungseigentümergemeinschaft nur durch Beschluss der Wohnungseigentümer an sich ziehen kann (vgl. dazu Hügel, ZMR 2008, 855 zur Abnahme des gemeinschaftlichen Eigentums durch den Verband Wohnungseigentümergemeinschaft) oder ob es sich um Ansprüche handelt, die ihr auch als teilrechtsfähige Gemeinschaft selbständig zustehen (OLG München, 17. 11. 2005, 32 Wx 77/05) und von ihr auch selbständig ohne vorangehende Beschlussermächtigung geltend gemacht werden können (vgl. dazu auch Armbrüster ZWE 2007, Sonderdruck 2007, 47).
So ist im Einzelfall zu prüfen, ob die Ansprüche aus dem Miteigentum am gemeinschaftlichen Eigentum resultieren und folglich ohne entsprechende Beschlussermächtigung nicht durch die Gemeinschaft, sondern nur von den Wohnungseigentümern geltend zu machen sind.
Vor dem Inkrafttreten der WEG-Reform hatte der BGH entschieden, dass der teilrechtsfähige Verband Wohnungseigentümergemeinschaft weder Mitglied derselben noch Miteigentümer des Grundstücks ist mit der Folge, dass er grundstücksbezogene Unterlassungsansprüche (Betrieb einer Mobilfunkstation) nur geltend machen kann, wenn die Wohnungseigentümer ihn durch entsprechende Be-

schlussfassung dazu ermächtigt haben (BGH, 30. 3. 2006, V ZB 17/06).
Nach der inzwischen geltenden Regelung in § 10 Abs. 6 WEG, wonach sich die Teilrechtsfähigkeit auf die gesamte Verwaltung und damit auch auf Gebrauchsrechte und Pflichten gemäß § 15 WEG erstreckt, kann die Gemeinschaft insoweit auch aus eigenem Recht Beseitigungsansprüche geltend machen (vgl. dazu Kap. 13.9.3).
Ebenso kann es sich auch um vertragliche Ansprüche handeln, die sich aus rechtsgeschäftlichen Handlungen der Gemeinschaft mit Dritten ergeben, z. B. bei Mietverträgen über das gemeinschaftliche Eigentum, wenn Störungen durch den Mieter erfolgen und insoweit von der Mietsache vertragswidrig Gebrauch gemacht wird. Das könnte beispielsweise dann der Fall sein, wenn ein Teil des gemeinschaftlichen Grundstücks dem Teileigentümer einer Gaststätte zur sommerlichen Nutzung als Biergarten überlassen wird, der Pächter sich aber nicht an die vereinbarten Ruhezeiten hält.
Eine weitere „Variante" kann sich schließlich daraus ergeben, dass die Wohnungseigentümergemeinschaft als „Inhaberin" der als Gemeinschaft gesetzlich begründeten und rechtsgeschäftlich erworbenen Rechte und Pflichten auch Wohnungseigentum in der eigenen Anlage erwirbt und dann eigene Unterlassungs- oder Beseitigungsansprüche aus ihrem Miteigentumsrecht geltend machen kann.

8.5 Individualansprüche der Wohnungseigentümer

In Abgrenzung zu den gemeinschaftsbezogenen Ansprüchen, die aufgrund eines Mehrheitsbeschlusses geltend zu machen oder zu erfüllen sind, sind auch künftig die Individualansprüche zu unterscheiden, deren Geltendmachung nicht der Beschlusskompetenz der Wohnungseigentümer unterliegt.
Darunter fallen u. a.

- Ansprüche auf ordnungsmäßige Verwaltung (vgl. auch Wenzel, ZWE 2006, 2, 7);
- Schadensersatzansprüche gegen Miteigentümer;
- Schadensersatzansprüche eines Eigentümers gegen den Verwalter, z. B. bei zu Unrecht verweigerter Zustimmung zur Veräußerung;
- Schadensersatzansprüche gegen Dritte;
- Beschlussanfechtungen, weil sie die Willensbildung innerhalb der Gemeinschaft und nicht den Rechtsverkehr der teilrechtsfähigen Wohnungseigentümergemeinschaft betreffen, so dass ein Anfechtungsantrag nicht gegen die teilrechtsfähige Wohnungseigentümergemeinschaft, sondern ausschließlich und immer gegen alle übrigen Wohnungseigentümer zu richten ist (BGH, 2. 5. 2005, V ZB 32/05; OLG München, 2. 2. 2006, 32 Wx 121/05, ZMR 2005, 550);
- Beseitigungsansprüche und Unterlassungsansprüche (§ 1004 BGB), dies allerdings immer unter Berücksichtigung möglicher Ansprüche der Gemeinschaft, die ihr selbst zustehen oder die sie durch mehrheitliche Beschlussfassung an sich gezogen hat bzw. ihr übertragen wurden.

Hat die Wohnungseigentümergemeinschaft Ansprüche nach § 1004 BGB durch mehrheitliche Beschlussfassung an sich gezogen, begründet dies ihre alleinige Zuständigkeit (vgl. dazu BGH, 12. 4. 2007, VII ZR 236/05, zu Mängelbeseitigungsansprüchen).
Unter diesem Gesichtspunkt kann es strittig sein, ob der einzelne Wohnungseigentümer dann, wenn die Wohnungseigentümer die Geltendmachung von Beseitigungsansprüche seitens der Gemeinschaft durch Mehrheitsbeschluss trotz gegenteiligen Beschlussantrages abgelehnt haben, diesen Beschluss als Negativbeschluss anfechten muss, um seinen Individualanspruch auf Beseitigung oder Unterlassung geltend machen zu können (vgl. dazu Kap. 13.10.1).

8.6 Begrenzung der Haftung der Wohnungseigentümer

Als Folge der gesetzlich geregelten Teilrechtsfähigkeit der Wohnungseigentümergemeinschaft haftet anstelle des Wohnungseigentümers die teilrechtsfähige Wohnungseigentümergemeinschaft mit ihrem Verwaltungsvermögen.

Neben der Haftung der teilrechtsfähigen Wohnungseigentümergemeinschaft kommt eine gesamtschuldnerische Haftung der Wohnungseigentümer (nur) dann in Betracht, wenn diese sich neben der Gemeinschaft klar und eindeutig auch persönlich verpflichtet haben oder der Gesetzgeber dies ausdrücklich anordnet (BGH, 2. 6. 2005, V ZB 32/05; 18. 6. 2009, VII ZR 196/08; vgl. insoweit Kap. 10.4, Kommunale Gebühren).

Nach § 10 Abs. 8 WEG haftet jeder Wohnungseigentümer grundsätzlich gegenüber einem Gläubiger der Gemeinschaft und ebenso im Innenverhältnis „Wohnungseigentümer zu Wohnungseigentümergemeinschaft“ nur noch in Höhe seines Miteigentumsanteils gemäß § 16 Abs. 2 WEG und nicht mehr mit seinem gesamten Privatvermögen.

In diesem Rahmen haftet er für alle Verbindlichkeiten der Gemeinschaft der Wohnungseigentümer, die während seiner Zugehörigkeit zur Gemeinschaft entstanden oder während dieses Zeitraums fällig geworden sind.

Für den Fall der Veräußerung haftet der ausgeschiedene Wohnungseigentümer neben dem Erwerber in entsprechender Anwendung der Vorschriften des § 160 HGB für diese Verbindlichkeiten in so genannter Nachhaftung noch auf einen Zeitraum von fünf Jahren, und zwar ab Eintragung des neuen Eigentümers im Grundbuch. Die Haftung beschränkt sich allerdings auch insoweit ebenfalls (nur) auf die Höhe des jeweiligen Miteigentumsanteils.

Gegenüber einem Gläubiger kann der in Anspruch genommene Wohnungseigentümer neben den in seiner Person begründeten auch die der Gemeinschaft zustehenden Ein-

wendungen und Einreden geltend machen, nicht aber seine Einwendungen und Einreden gegenüber der Gemeinschaft.
Das bedeutet, dass der von dem Gläubiger anteilig in Anspruch genommene Wohnungseigentümer mit eigenen Forderungen gegenüber dem Gläubiger aufrechnen kann. Das gleiche gilt für Forderungen der Gemeinschaft, die diese gegenüber dem Gläubiger hat. Auch mit diesen kann der in Anspruch genommene Eigentümer gegenüber dem Gläubiger aufrechnen.
Eine solche Aufrechnung ist allerdings nicht mit solchen Forderungen möglich, die der in Anspruch genommenen Eigentümer gegenüber der Gemeinschaft geltend machen kann. Für die Einrede der Anfechtbarkeit und Aufrechenbarkeit ist § 770 des Bürgerlichen Gesetzbuches entsprechend anzuwenden.
Gemäß § 10 Abs. 8 Satz 4 WEG haftet ein Wohnungseigentümer im Übrigen gegenüber der Gemeinschaft wegen nicht ordnungsmäßiger Verwaltung ebenfalls nur nach dem Verhältnis seines Miteigentumsanteils, insoweit entsprechend § 10 Abs. 8 Satz 1 WEG.
Das bedeutet, dass ein Wohnungseigentümer, der im Rahmen seiner Mitwirkungspflicht zur ordnungsmäßigen Verwaltung nicht an einer Beschlussfassung über eine Sonderumlage zur Gewährleistung einer ausreichenden Liquidität der Gemeinschaft beigetragen oder sie möglicherweise sogar verhindert hat, auch nur in Höhe seines Miteigentumsanteils auf Schadensersatz wegen schuldhafter Pflichtverletzung gegenüber der Gemeinschaft in Anspruch genommen werden kann.
Diese gesetzliche Beschränkung der nur anteiligen Haftung im Innen- und im Außenverhältnis darf aber nicht darüber hinwegtäuschen, dass sich die anteilige Haftung grundsätzlich auf den Gesamtbetrag aller Forderungen gegen die Gemeinschaft erstreckt und sich daraus eine in der Höhe unbegrenzte Nachschusspflicht jedenfalls dann ergibt, wenn

nacheinander alle übrigen Wohnungseigentümer zahlungsunfähig werden.

Dies kann im äußersten Fall dann wieder dazu führen, dass der letzte zahlungsfähige Eigentümer für sämtliche Verbindlichkeiten der Gemeinschaft haftet (vgl. dazu auch Elzer, WuM 2007, 295, 297).

Eine Ausnahme von der nur anteiligen (quotalen) Haftung des einzelnen Wohnungseigentümers gemäß § 10 Abs. 8 WEG gilt im Übrigen für die Fälle, wo nach Landesrecht, insoweit auch nach kommunalem Abgabenrecht und örtlichen Satzungen, eine gesamtschuldnerische Haftung der Wohnungseigentümer in ihrer Eigenschaft als Miteigentümer des Grundstücks normiert ist. Es handelt sich insoweit um eine ausdrückliche Anordnung des Gesetzgebers, durch die eine abweichende Haftung der Wohnungseigentümer begründet oder bestimmt werden kann (BGH, 2. 6. 2005, V ZB 32/05; 18. 6. 2009, VII ZR 196/08; OLG Hamm, 20. 1. 2009, 15 Wx 164/08, dort zur gesamtschuldnerischen Haftung der Wohnungseigentümer für Abfallentsorgung, Straßenreinigung und Abwasserentsorgung auf Grund kommunaler Satzung gemäß § 6 KAG NW; vgl. auch VGH Gelsenkirchen, 8. 5. 2008, 13 K 1606/06).

Dies gilt grundsätzlich für alle grundstücksbezogene Abgabenregelungen (VGH Mannheim, 26. 9. 2008, 2 S 1500/06). Dabei bedarf es für die Annahme einer gesamtschuldnerischen Haftung nicht einer ausdrücklichen gesetzlichen Normierung, sondern vielmehr einer Regelung, die umgekehrt eine anteilige Begrenzung der auf dem Grundstück ruhenden öffentlichen Last auf den Miteigentumsanteil an dem Grundstück normiert.

Insoweit muss eine ausdrückliche Beschränkung der nur anteiligen Haftung in den kommunalen Abgabengesetzes der Länder angeordnet werden. Insoweit regelt auch § 134 BauGB (Baugesetzbuch) für Erschließungsbeiträge nur eine teilschuldnerische Haftung der Wohnungseigentümer in Höhe ihres Miteigentumsanteils (vgl. dazu BGH, 11. 6.

2010, IX ZR 127/09, m. w. N. auf die unterschiedlichen Länderregelungen; VG Gelsenkirchen. 16. 9. 2009, 13 K 711/08, zur gesamtschuldnerischen eines Wohnungseigentümers für einen Betrag von 4356 Euro für Abwasser, Straßenreinigung und Abfallentsorgung).

Von dieser aus kommunalen Gebührenregelungen herzuleitenden gesamtschuldnerischen Haftung sind die Fälle zu unterscheiden, in denen es sich um Forderungen aus Verträgen mit Versorgungsunternehmen handelt, die der Verwalter als gesetzlicher Vertreter der Gemeinschaft abgeschlossen hat. In diesen Fällen haftet der einzelne Wohnungseigentümer nur in Höhe seines Miteigentumsanteils (vgl. dazu BGH, 7. 3. 2007, VIII ZR 125/06; 20. 1. 2010, VIII ZR 329/08; vgl. auch Kap. 10.4, Kommunale Gebühren).

8.7 Das Verwaltungsvermögen der Gemeinschaft

Nach früherer Auffassung war das Verwaltungsvermögen stets allein den Wohnungseigentümern als Rechtsträger zugeordnet. Mit der Anerkennung der Wohnungseigentümergemeinschaft als selbständiges Rechtssubjekt ist nunmehr das Verwaltungsvermögen ausschließlich ihr zugeordnet.

Gemäß § 10 Abs. 7 WEG gehört ihr das Verwaltungsvermögen, sie ist Inhaberin dieses Vermögens, nicht die einzelnen Wohnungseigentümer. Damit ist das Verwaltungsvermögen dem Zugriff des einzelnen Eigentümers entzogen (so auch Elzer, WuM 2007, 295, 297).

Zum Verwaltungsvermögen zählen

- die im Rahmen der gesamten Verwaltung des gemeinschaftlichen Eigentums gesetzlich begründeten und rechtsgeschäftlich erworbenen Sachen und Rechten sowie
- die entstandenen Verbindlichkeiten,

- die Ansprüche und Befugnisse aus Rechtsverhältnissen mit Dritten und mit Wohnungseigentümern sowie
- die eingenommenen Gelder,

und zwar unabhängig vom Zeitpunkt des Erwerbs oder der Entstehung der Ansprüche und Befugnisse.
Vereinigen sich sämtliche Wohnungseigentumsrechte in einer Person, geht das Verwaltungsvermögen auf den Eigentümer des Grundstücks über.
Nach der gesetzlichen Definition zählen zum Verwaltungsvermögen das gesamte Aktivvermögen, ausgenommen das Sondereigentum und das Gemeinschaftseigentum (OLG Hamm, 19. 7. 2011, 15 Wx 120/10), sowie das gesamte Passivvermögen der Gemeinschaft.
Im Einzelnen sind daher dem Verwaltungsvermögen zuzuordnen:

- sämtliche Guthaben bei Kreditinstituten;
- sämtliche Forderungen gegenüber Dritten und Wohnungseigentümern, einschließlich der Forderungen gegen einzelne Wohnungseigentümer aus der ihnen nach § 16 Abs. 2 WEG obliegenden Zahlungsverpflichtung, unabhängig davon, ob bereits ein Beschluss mit entsprechender Fälligstellung der Forderung gefasst ist;
- alle mobilen Gegenstände/Zubehör (z. B. Gartengeräte, Waschmaschine, Rasenmäher, Einrichtungsgegenstände, Spielplatzgeräte, Heizöl- und Gasvorräte, vgl. dazu Klein in Bärmann § 10 Rn 288 m. w. N.; vgl. auch Bub, ZWE 2006, 253, 257, dort auch zur Definition des Verwaltungsvermögens unter Einbeziehung des Zubehörs, a. a. O., S. 253);
- Einkünfte aus Vermietung und Verpachtung gemeinschaftlichen Eigentums an Miteigentümer oder Dritte als Einnahmen aus rechtsgeschäftlichem Verkehr (Wenzel, ZWE 2006, 2, 6);
- Zinserträge;
- Waschmünzenerlöse.

Ferner gehören zum Verwaltungsvermögen sämtliche Ansprüche und Befugnisse aus Rechtsverhältnissen mit Dritten und Wohnungseigentümern. Insoweit zählen dazu auch beschränkte persönliche Dienstbarkeiten (Wenzel, ZWE 2006, 2, 7).

Soweit anfangs strittig war, ob Wohnungen oder Grundstücke zum Verwaltungsvermögen zählen, wird inzwischen vorherrschend die Auffassung vertreten, dass die teilrechtsfähige Wohnungseigentümergemeinschaft auch Immobilien erwerben kann und diese folglich dem Verwaltungsvermögen zufallen.

Für den Erwerb von Immobilien durch den Verband und deren Zuordnung zum Verwaltungsvermögen spricht grundsätzlich die Regelung in § 10 Abs. 6 Abs. 1 WEG wonach die Gemeinschaft selbst Rechte und Pflichten erwerben kann und deshalb auch als grundbuchfähig und sogar auch als erbfähig angesehen wird und im Übrigen die Regelung in § 10 Abs. 7 Satz 2 WEG, wonach das Verwaltungsvermögen aus den im Rahmen der Verwaltung des gemeinschaftlichen Eigentums gesetzlich begründeten und rechtsgeschäftlich erworbenen Sachen besteht (Abramenko, ZWE 2006, 409, dort auch mit Hinweis auf die dadurch individuell bestehenden Beseitigungs- und Unterlassungsansprüche der Gemeinschaft; Sauren, ZWE 2006, 258, 263, mit Hinweis auf Schwörer, NZM 2005, 602, ebenfalls bejahend; Wenzel, ZWE 2006, 109).

Ausdrücklich zählt das Gesetz auch die entstandenen Verbindlichkeiten zum Verwaltungsvermögen. Auch sie gehen im Falle eines Eigentümerwechsels auf den neuen Eigentümer über, ohne dass es hierzu einer gesonderten vertraglichen Schuldübernahme bedarf.

Da das Verwaltungsvermögen im Eigentum der teilrechtsfähigen Wohnungseigentümergemeinschaft steht und seine einzelnen Vermögensbestandteile bei einem Eigentümerwechsel unverändert erhalten bleiben, geht das Vermögen bei jedem Eigentümerwechsel anteilig auf den neuen

Eigentümer (Sondernachfolger) über, unabhängig davon, ob der Erwerb rechtsgeschäftlich oder durch Zuschlag in der Zwangsversteigerung erfolgt (vgl. dazu auch Hügel/Elzer, Das neue WEG-Recht, § 3 Rn 150).
Das bedeutet aber auch, dass der einzelne Eigentümer keinen Zugriff auf „seinen Anteil“ am Verwaltungsvermögen hat.
Gläubiger der Gemeinschaft haben einen vollstreckbaren Anspruch auf das Verwaltungsvermögen. Erforderlich dazu ist jedoch ein entsprechender Titel gegen die Gemeinschaft.
Dem vollstreckbaren Anspruch des Gläubigers kann eine Zweckbindung einzelner Bestandteile, beispielsweise die Zweckbindung der Instandhaltungsrückstellung, nicht entgegengehalten werden.

8.8 Insolvenzunfähigkeit

Um die nach der BGH-Entscheidung zur Teilrechtsfähigkeit aufgetretene Rechtsunsicherheit zu beseitigen, hat der Gesetzgeber im Rahmen der WEG-Reform 2007 durch die Bestimmung des § 11 Abs. 3 WEG geregelt, dass die Wohnungseigentümergemeinschaft nicht insolvenzfähig ist.

8.9 Partei- und Beteiligtenfähigkeit

Die Rechtsfähigkeit der Wohnungseigentümergemeinschaft führt im Übrigen dazu, dass sie parteifähig ist, und zwar sowohl für Streitigkeiten im Außenverhältnis wie auch im Innenverhältnis. Die Gemeinschaft kann klagen und verklagt werden. Danach ist die Wohnungseigentümergemeinschaft selbst in der Lage, Ansprüche durchzusetzen, so dass das Bedürfnis für ein Tätigwerden des Verwalters im

eigenen Namen entfallen ist. Allerdings ist der Verwalter nach wie vor gehalten, für eine effektive Durchsetzung der Ansprüche zu sorgen. Seine Verpflichtung besteht nur noch im Handeln *für* den Verband (BGH, 28. 1. 2011, V ZR 145/09).
Die Vertretungsbefugnisse des Verwalters in gerichtlichen Verfahren beschränken sich gemäß § 27 Abs. 3 Nr. 2 WEG ausdrücklich und nur auf die Führung von Rechtsstreitigkeiten in einem gegen die Gemeinschaft gerichteten Rechtsstreitigkeiten § 43 Nr. 2 oder Nr. 5 WEG oder auf solche Verfahren, zu denen er gemäß § 27 Abs. 3 Nr. 7 WEG durch Vereinbarung oder Beschluss ermächtigt worden ist (vgl. auch Kap. 15.5.1.3.7).

8.10 Bezeichnung der Wohnungseigentümergemeinschaft

Die nach § 10 Abs. 6 Satz 4 WEG getroffene gesetzliche Definition hat die „Sprachregelung" des BGH mit der ergänzenden Bestimmung übernommen, dass die teilrechtsfähige Wohnungseigentümergemeinschaft (Verband) gemäß § 10 Abs. 6 Satz 4 WEG im rechtsgeschäftlichen Verkehr als „Wohnungseigentümergemeinschaft" mit der bestimmten Angabe des Grundstücks zu bezeichnen ist. Dies kann die Bezeichnung der „Anschrift" oder auch die grundbuchmäßige Bezeichnung sein.

9. Gebrauchsregelungen

Nach § 15 WEG gibt es für die Aufstellung von Gebrauchsregelungen drei Alternativen, und zwar:

1 Aufstellung durch Vereinbarung;
2. Aufstellung durch Mehrheitsbeschluss und
3. Aufstellung aufgrund des Einzelanspruchs auf ordnungsmäßigen Gebrauch.

Für alle drei Fälle gilt zunächst, dass sowohl der Gebrauch und die Nutzung des Sondereigentums wie auch des gemeinschaftlichen Eigentums erfasst werden.
Dies ist insofern von Bedeutung, als sich die in § 21 WEG geregelten Maßnahmen der ordnungsmäßigen Verwaltung vom Wortlaut des Gesetzes nur auf das gemeinschaftliche Eigentum, nicht aber auf das Sondereigentum beziehen.

9.1 Gebrauchsregelungen durch Vereinbarung

Die Wohnungseigentümer können nach den Vorschriften des § 15 Abs. 1 WEG sowohl den Gebrauch

- des Sondereigentums als auch
- des gemeinschaftlichen Eigentums

durch Vereinbarung gemäß § 10 Abs. 2 Satz 2 WEG regeln.
In der Praxis geschieht dies in der Form, dass im Einräumungsvertrag gemäß § 3 WEG, in der Teilungserklärung gemäß § 8 WEG oder durch entsprechende Vereinbarungen gemäß § 10 Abs. 2 Satz 2 WEG in der Gemeinschaftsordnung sowohl für das Sondereigentum wie auch für das gemeinschaftliche Eigentum bestimmte Nutzungs- und Gebrauchsrechte verbindlich festgelegt werden, durch die die gesetzlichen Gebrauchsrechte und Gebrauchspflichten ändernd und/oder ergänzend ausgestaltet werden. Besondere Bedeutung haben dabei die so genannten Sondernutzungsrechte.

9.1.1 Sondernutzungsrechte

Das Sondernutzungsrecht stellt ein ausschließliches Nutzungs- und Gebrauchsrecht an gemeinschaftlichen Flächen, Räumen, Anlagen und Einrichtungen dar, das einem einzelnen oder mehreren Wohnungseigentümern eingeräumt wird.
Es handelt sich um eine gemäß §§ 10 Abs. 2 Satz 2, 15 Abs. 1 WEG getroffene Vereinbarung über eine Gebrauchs- und Nutzungsregelung des gemeinschaftlichen Eigentums (OLG Hamm, 1. 12. 1997, 15 W 384/97, mit Hinweis auf BayObLG, 24. 10. 1989, 2 Z 115/89). Die für eine Sondernutzungsfläche ausgewiesene Zweckbestimmung lässt eine abweichende Nutzung nicht zu (BayObLG, 9. 4. 2002, 2Z BR 30/02, dort zur Ausweisung einer Sondernutzungsfläche als Kfz.-Stellplatz).
Nach herrschender Meinung hat das Sondernutzungsrecht schuldrechtlichen Charakter. Es ist kein dingliches Recht. Durch Eintragung in das Grundbuch wird es zum Inhalt, nicht zum Gegenstand des Sondereigentums und insoweit verdinglicht (KG Berlin, 4. 12. 2006, 24 W 201/05; zum dogmatischen Streit vgl. Reetz, NotBZ 1997, 211, dort als Anmerkung zu BayObLG, 11. 9. 1997, 2Z BR 120/97).
Durch die Einräumung eines Sondernutzungsrechts werden die übrigen Eigentümer von dem ihnen grundsätzlich gemäß § 13 Abs. 2 Satz 1 WEG zustehenden Mitgebrauchsrecht am gemeinschaftlichen Eigentum ausgeschlossen. Insofern handelt es sich nicht um eine Gebrauchsregelung, die gemäß § 15 Abs. 2 WEG Mehrheit beschlossen werden kann, sondern um eine gesetzesändernde Vereinbarung, die eine positive und eine negative Komponente enthält (KG Berlin, 4. 12. 2006, 24 W 201/05; vgl. dazu auch Hügel/Elzer, a. a. O. § 1 Rdnr. 13ff.).
Einerseits werden einem Eigentümer alleinige Nutzungsrechte – positiv – eingeräumt, andererseits werden andere Eigentümer – negativ – vom Mitgebrauchsrecht am ge-

meinschaftlichen Eigentum ausgeschlossen (OLG Hamm, 1. 12. 1997, 15 W 384/97, mit Hinweis auf BayObLG, 8. 11. 1985, 2 Z 119–122/84).

Die Eigentumsverhältnisse als solche bleiben unberührt (OLG Frankfurt, 25. 5. 1987, 20 W 307/86, zur Einräumung von Sondernutzungsrechten an Räumen).

Das Sondernutzungsrecht am Grundstück oder an Grundstücksflächen ist daher weder ein „Grundstück“, noch ein grundstücksgleiches Recht (BayObLG, 23. 7. 1993, 2Z BR 69/93; 14. 2. 1991, 2 Z 16/91; OLG Düsseldorf, 20. 9. 2000, 3 Wx 328/00; OLG Köln, 20. 2. 1984, 2 Wx 29/83; LG Stuttgart, 20. 12. 1989, 2 T 934/88).

Aus den gleichen Gründen kann auch eine Dienstbarkeit an einem Wohnungseigentum nicht mit dem Inhalt eingetragen werden, dass der Ausübungsbereich das Sondernutzungsrecht am gemeinschaftlichen Eigentum ist (BayObLG, 11. 9. 1997, 2Z BR 120/97).

Wird das Sondernutzungsrecht an einer Fläche eingeräumt, auf die sich eine Dienstbarkeit erstreckt, bedarf die Eintragung des Sondernutzungsrechts der Zustimmung des Dienstbarkeitsberechtigten (BayObLG, 9. 4. 2002, 2Z BR 30/02; zum Sondernutzungsrecht an einer Dienstbarkeit, die nur einigen Wohnungseigentumseinheiten zusteht, vgl. LG Kassel, 3. 9. 2002, 3 T 359/02 und 3 T 365/02; zur Zustimmung von Grundpfandrechtsgläubigern zur Einräumung, Änderung oder Aufhebung von Sondernutzungsrechten vgl. Kap. 9.1.1.7).

9.1.1.1 Einschränkungen des Sondernutzungsrechts

Ungeachtet des mit dem Sondernutzungsrecht eingeräumten alleinigen Gebrauchsrechts wird das Recht des Sondernutzungsberechtigten durch die Bindungen eingeschränkt, die für das gemeinschaftliche Eigentum aus anderen Gründen bestehen, insbesondere aufgrund des Rechts zum Mitgebrauch gemäß § 13 Abs. 2 Satz 1 WEG.

So kann beispielsweise das Sondernutzungsrecht an einer rückwärtigen Gartenfläche mit dem Recht der übrigen Eigentümer belastet sein, einen über diese Fläche führenden Weg zum gemeinschaftlichen Kellereingang zu benutzen (KG Berlin, 20. 12. 1989, 24 W 3084/89; vgl. auch BayObLG, 19. 12. 1989, 1 b Z 42/88, dort zum Zugang zu einer gärtnerisch genutzten Sondernutzungsfläche über die einem anderen Wohnungseigentümer zugewiesenen Sondernutzungsfläche; zur Beschränkung des Sondernutzungsrechts durch schuldrechtliche, formfreie Vereinbarung aller Wohnungseigentümer und deren Aufhebung vgl. OLG Hamm, 15. 8. 1996, 15 W 58/96; vgl. auch Kap. 2.8, Zugangsfläche).

9.1.1.2 Sondernutzungsrecht als Gebrauchsrecht

Beim Sondernutzungsrecht handelt es sich vorrangig um die Einräumung von Gebrauchsrechten bzw. Gebrauchsvorteilen (LG Hannover, 30. 4. 1984, 1 T 48/84; zur Beschränkung auf Gebrauchsrechte vgl. auch OLG Düsseldorf, 5. 10. 1988, 3 Wx 378/88).
Die zur Sondernutzung zugewiesenen Flächen, Räume, Anlagen und Einrichtungen bleiben grundsätzlich gemeinschaftliches Eigentum und unterliegen – mit Ausnahme der ausschließlichen Nutzung durch den oder die berechtigten Wohnungseigentümer – der ordnungsmäßigen Verwaltung durch die Gemeinschaft und sind damit gegenüber wesentlichen Eingriffen durch die Sondernutzungsberechtigten geschützt.

9.1.1.3 Art und Umfang von Sondernutzungsrechten

Die Einräumung von Sondernutzungsrechten am gemeinschaftlichen Eigentum und die damit verbundenen Gebrauchsrechte sind nicht auf einzelne, bestimmte Nutzungsarten beschränkt. Die Nutzung der Sondernutzungsrechte

unterliegt jedoch ebenso wie die Nutzung des Sondereigentums den geltenden gesetzlichen Bestimmungen über den Gebrauch und die Nutzung des gemeinschaftlichen Eigentums und ist im Übrigen durch die Rechte Dritter beschränkt (vgl. dazu auch BayObLG, 11. 2. 1999, 2Z BR 167/98; OLG Köln, 19. 6. 1995, 16 Wx 46/95).
Aus der Einräumung von Sondernutzungsrechten kann deshalb grundsätzlich nicht das Recht zur Vornahme baulicher Veränderungen hergeleitet werden (KG Berlin, 10. 1. 1994, 24 W 3851/93; vgl. weiter BayObLG, 27. 3. 1984, 2 Z 27/83; 17.5. 1985, 2 Z 52/84; 23. 10. 1986, 2 Z 110/86; 17. 12. 1987, 2 Z 84/87; 9. 3. 1989, 2 Z 2/89 und 2 Z 132/88, zur zulässigen Nutzung von „Dach-/Speicherräumen" als Hobbyraum und zur Unzulässigkeit baulicher Veränderungen durch Dachausbau; BayObLG, 21. 4. 1992, 2Z BR 20/92; 28. 10. 1998, 2Z BR 122/98, zur Errichtung eines Zauns und einer Heckenbepflanzung zur Abgrenzung der Sondernutzungsfläche; BayObLG 7. 5. 1999, 2Z BR 178/98, zur Errichtung eines Schwimmbades; 14. 11. 2002, 2Z BR 107/02, zur erforderlichen Zustimmung bei Errichtung eines Carports auf einer Sondernutzungsfläche; OLG Düsseldorf, 5. 10. 1988, 3 Wx 378/88; 20. 12. 1996, 3 Wx 9/96, zur unzulässigen Errichtung eines Jägerzaunes auf der Gartenfläche; OLG Köln, 19. 6. 1995, 16 Wx 46/95, zur unzulässigen Errichtung eines Vorbaus zu einer Toreinfahrt; 21. 2. 1997, 16 Wx 8/97, zur unzulässigen Errichtung einer Pergola; 29. 4. 1997, 16 Wx 76/97, zur unzulässigen Errichtung eines Geräteschuppens; 22. 6. 1998, 16 Wx 99/98, zur unzulässigen Errichtung eines Gartenhauses und eines Zauns; 18. 1. 2002, 16 Wx 247/01, zur unzulässigen Beseitigungen eines im Sondernutzungsbereich befindlichen Kamins; OLG Hamm, 28. 5. 1998, 15 W 4/98, zum unzulässigen Ausbau eines „ausbaufähigen" Spitzbodens zu Wohnzwecken; zur unzulässigen Pflasterung einer Gartenfläche, 15. 2. 2000, 15 W 426/99; OLG Stuttgart, 5. 10. 1998, 8 W 573/97, zur unzulässigen Errichtung eines Wintergartens

auf einer Sondernutzungs-Terrasse; weniger restriktiv hinsichtlich baulicher Veränderungen wohl OLG Karlsruhe, 23. 1. 1987, 11 W 133/86, wenn nach dortiger Auffassung die Vornahme baulicher Veränderungen ausdrücklich nur den Einschränkungen nach § 14 Nr. 1 WEG unterworfen ist).

Ist einem Sondernutzungsberechtigten das Recht eingeräumt, beispielsweise den Garten „ortsüblich" zu nutzen, kann damit im Einzelfall das Recht verbunden sein, bauliche Veränderungen vorzunehmen, wenn beispielsweise die danach errichteten Anlagen in Gärten vergleichbarer Größe und vergleichbarem Zuschnitt in der näheren Umgebung der Wohnanlage anzutreffen, also „ortsüblich" sind (BayObLG, 19. 3. 1998, 2Z BR 131/97, zur Errichtung einer Pergola; 22. 4. 1994, 2Z BR 9/94, zum zulässigen Bau einer Verbindungstreppe zum Spitzboden; 16. 4. 1998, 2Z BR 61/98, zur genehmigten Errichtung eines Wintergartens; vgl. auch BayObLG, 21. 5. 1999, 2Z BR 188/98, Verneinung eines Beseitigungsanspruchs nach genehmigter Gartenhauserrichtung; zur Ungültigerklärung eines entsprechenden Genehmigungsbeschlusses vgl. BayObLG, 21. 4. 1992, 2Z BR 20/92; zur zulässigen Nutzung über die „übliche Gartenpflege hinaus" vgl. OLG Hamm, 15. 2. 2000, 15 W 426/99; zum Umfang der Gartennutzung vgl. auch LG Hamburg, 10. 9. 2010, 318 S 24/09, auch zur Terrassenvergrößerung und zum Ersatz eines Stacheldrahtzauns).

Nicht zulässig ist es dagegen, durch mehrheitliche Beschlussfassung im Rahmen einer Haus- und Gartenordnung einem Wohnungseigentümer vorzuschreiben, seinen zur Sondernutzung zugewiesenen „Gartenteil" als „Ziergarten" zu pflegen. Ebenso wird durch ein mehrheitlich beschlossenes Verbot, Baumschaukeln und Hängematten an Bäumen anzubringen, das Sondernutzungsrecht an einem Garten in unzulässiger Weise eingeschränkt (BayObLG, 23. 10. 2003, ZMR 2005, 132).

Andererseits umfasst ein Sondernutzungsrecht, das dem

Eigentümer eines Ladens die Nutzung der vor dem Laden befindlichen Gehwegfläche zur Aufstellung von Verkaufseinrichtungen einräumt, nicht das Recht, auf dieser Fläche Tische aufzustellen zur Bewirtung der Gäste eines Speiserestaurants BayObLG, 8. 3. 2005, 2Z BR 239/04).

9.1.1.4 Wirkung gegenüber Sondernachfolgern

Die Begründung von Sondernutzungsrechten bedarf stets einer Vereinbarung gemäß § 10 Abs. 2 Satz 2 WEG (KG Berlin, 4. 12. 2006, 24 W 201/05; OLG Düsseldorf, 25. 7. 2003, 3 Wx 133/03). Gegen den Willen eines Eigentümers kann für diesen kein Sondernutzungsrecht bestellt werden (OLG Köln, 10. 12. 1997, 16 Wx 250/97).
Als (nur) schuldrechtliche Vereinbarung ohne Eintragung in das Grundbuch wirkt die Einräumung von Sondernutzungsrechten grundsätzlich nur unter den beteiligten Wohnungseigentümern (vgl. dazu auch KG Berlin, 4. 12. 2006, 24 W 201/05, m. w. N.).
Es erlischt, wenn ein neuer Wohnungseigentümer in die Gemeinschaft eintritt, und dieser nicht der bisherigen schuldrechtlichen Vereinbarung beitritt (OLG Köln, 2. 4. 2001, 16 Wx 7/01, unter Aufgabe der früheren Rechtsauffassung, wonach ein Sondernutzungsrecht auch durch stillschweigende Hinnahme einer alleinigen Nutzung durch einen einzelnen Eigentümer entstehen kann, vgl. insoweit OLG Köln, 8. 1. 1997, 16 Wx 319/96; vgl. auch BayObLG, 10. 1. 2002, 2Z BR 180/01; zu einer durch schriftliche Zustimmung aller Eigentümer zustande gekommenen Vereinbarung vgl. BayObLG, 14. 11. 2002, 2Z BR 107/02; zur Wirkung einer nur schuldrechtlichen Vereinbarung gegenüber dem Sondernachfolger, wenn dieser Begünstigter ist, vgl. OLG Düsseldorf, 14. 2. 2001, 3 Wx 392/00).
Erfolgt trotz Kenntnis des (nur) schuldrechtlich vereinbarten Sondernutzungsrechts kein schuldrechtlicher Beitritt des Sondernachfolgers, liegt darin weder ein rechts-

missbräuchliches (§ 242 BGB) noch schikanöses (§ 226 BGB) Verhalten (OLG Zweibrücken, 21. 1. 2005, 3 W 198/04).
Damit das Sondernutzungsrecht auch im Falle des Eigentümerwechsels gegenüber dem neuen Eigentümer, dem Sondernachfolger, Rechtswirkung entfaltet, bedarf es der Eintragung in das Grundbuch. Das führt zu einer Änderung des Inhalts des Sondereigentums aller Wohnungseigentümer.
Insoweit bedarf das durch Vereinbarung zu begründende Sondernutzungsrecht (als dingliches Sondernutzungsrecht oder verdinglichtes Recht) gemäß § 873, § 877 BGB der Einigung aller Wohnungseigentümer und der Eintragung in das Grundbuch. Dazu ist gemäß § 19 GBO die Bewilligung aller Eigentümer erforderlich und zusätzlich die Zustimmung der dinglich Berechtigten, jedenfalls dann, wenn deren Rechtsstellung nachteilig berührt wird (OLG Hamm, 15. 8. 1996, 15 W 58/96; 1. 12. 1997, 15 W 384/97; zur Zustimmung der Grundpfandrechtsgläubiger nachfolgend Kap. 9.1.1.5).

9.1.1.5 Einräumung von Sondernutzungsrechten

Erforderlich zur Eintragung ist die Eintragungsbewilligung der Betroffenen, wobei drei Fälle zu unterscheiden sind:

1. Einräumung von Sondernutzungsrechten bei der Begründung von Wohnungseigentum gemäß § 3 WEG:
   hier ist die Zustimmung der Miteigentümer erforderlich, die sich vertraglich das Sondereigentum einräumen;
2. Einräumung von Sondernutzungsrechten bei Begründung des Wohnungseigentums durch Teilung gemäß § 8 WEG:
   hier ist nur die einseitige Erklärung des teilenden Grundstückseigentümers notwendig;
3. Einräumung von Sondernutzungsrechten nach bereits er-

folgter Begründung des Wohnungseigentums durch Vereinbarung gemäß § 10 Abs. 2 Satz 2 WEG;
hier ist stets die Zustimmung aller im Grundbuch eingetragenen Wohnungseigentümer erforderlich.

Neben der Zustimmung der Wohnungseigentümer ist zur Einräumung von Sondernutzungsrechten ist die Zustimmung dinglich Berechtigter erforderlich, insoweit auch die Zustimmung der Grundpfandrechtsgläubiger, wenn ein Sondernutzungsrecht begründet oder ein mit dem Wohnungseigentum verbundenes Sondernutzungsrecht aufgehoben, geändert oder übertragen wird. Entbehrlich ist die Zustimmung eines Grundpfandrechtsgläubigers dann, wenn durch die Vereinbarung gleichzeitig das zu seinen Gunsten belastete Wohnungseigentum (ebenfalls) mit einem Sondernutzungsrecht verbunden wird.
Durch unangefochten gebliebenen Mehrheitsbeschluss können Sondernutzungsrechte weder eingeräumt, noch beschränkt oder aufgehoben werden. Den Wohnungseigentümern fehlt hierzu die Beschlusskompetenz, da es sich bei der Einräumung eines Sondernutzungsrechts nicht um eine Gebrauchsregelung im Sinne von § 15 Abs. 2 WEG, sondern um einen Gebrauchsentzug in Abänderung des Mitgebrauchsrechts gemäß § 13 Abs. 2 Satz 1 WEG handelt. Insoweit handelt es sich um einen gesetzesändernden und deshalb nichtigen Mehrheitsbeschluss (BGH, 20. 9. 2000, V ZB 58/99; OLG Düsseldorf, 25. 7. 2003, 3 Wx 133/03).
Die in einer Gemeinschaftsordnung getroffene Regelung, die dem Bauträger einen Vorbehalt für die Begründung von Sondernutzungsrechten ohne nähere Beschreibung bis zur Veräußerung der letzten Eigentumswohnung einräumt, kann als Inhalt des Sondereigentums in das Grundbuch eingetragen werden. Sie ermächtigt ihn, Sondernutzungsrechte auch noch nach Eintragung einer Auflassungsvormerkung für den ersten Erwerber allein zu begründen (OLG Frankfurt, 2. 3. 1998, 20 W 54/98; zu den unter-

schiedlichen Gestaltungsmöglichkeiten vgl. KG Berlin, 4. 12. 2006, 24 W 201 / 05, auch zur Übertragung „geparkter" Sondernutzungsrechte).

9.1.1.6 Übertragung von Sondernutzungsrechten

Eine Übertragung oder Veräußerung von Sondernutzungsrechten, beispielsweise die Übertragung eines Sondernutzungsrechts an einem Kfz.-Stellplatz, kann wegen der untrennbaren Verbindung des Sondernutzungsrechts mit dem zugehörigen Wohnungs- oder Teileigentum (Sondereigentum) nur auf ein anderes Mitglied der Wohnungseigentümergemeinschaft erfolgen.
Auf einen der Wohnungseigentümergemeinschaft nicht angehörenden Dritten kann ein Sondernutzungsrecht selbständig nicht übertragen werden. Eine Übertragung kann nur in Verbindung mit dem Sondereigentum erfolgen, dem das Sondernutzungsrecht zugeordnet ist (BGH, 24. 11. 1978, V ZB 11 / 77).
Soweit zwei Wohnungseigentümer derselben Wohnungseigentümergemeinschaft die Übertragung eines Sondernutzungsrechts vereinbaren, bedarf es hierzu nicht der Zustimmung der übrigen Wohnungseigentümer, sofern nicht eine entsprechende Vereinbarung diese Zustimmung ausdrücklich vorschreibt (BGH, 24. 11. 978, V ZB 11 / 77; a. A. OLG Hamm, 15. 8. 1996, 15 W 58 / 96, wonach die Übertragung eines im Grundbuch eingetragenen Sondernutzungsrechts der materiell-rechtlichen Einigung aller Wohnungseigentümer und der Zustimmung der betroffenen dinglich Berechtigten bedarf).
Die grundsätzliche Übertragbarkeit des Sondernutzungsrechts führt aber auch dazu, dass es als Vermögensrecht im Sinne von § 857 ZPO von den Mitgliedern der Wohnungseigentümergemeinschaft gepfändet werden kann (LG Stuttgart, 20. 12. 1988, 2 T 934 / 88).
Im Gegensatz zum Wohnungseigentum können Sondernut-

zungsrechte nicht Gegenstand der Belastung mit einer Dienstbarkeit sein. Das Sondernutzungsrecht erhält durch seine Eintragung in das Grundbuch dingliche Wirkung, die sich aber ausschließlich darin erschöpft, als diese Vereinbarung über die Sondernutzung gegenüber dem Sondernachfolger Geltung erlangt. Das Sondernutzungsrecht wird nicht zum dinglichen Recht, sondern bleibt seinem Wesen nach eine schuldrechtliche Vereinbarung (KG Berlin, 4. 12. 2006, 24 W 201/05; OLG Zweibrücken, 22. 12. 1998, 3 W 232/98; vgl. auch BGH, 19. 5. 1989, V ZR 182/87, zur Belastung eines Wohnungseigentums mit einer Dienstbarkeit in der Weise, das ein zum Wohnungseigentum gehörendes Fenster ständig geschlossen zu halten ist).

9.1.1.7 Aufhebung und Änderung von Sondernutzungsrechten

Die Aufhebung und die inhaltliche Änderung bestehender Sondernutzungsrechte bedarf – wie die Einräumung neuer oder zusätzlicher Sondernutzungsrechte auch – materiell rechtlich der Einigung aller Wohnungseigentümer (BGH, 24. 11. 1978, V ZB 11/77; BayObLG, 30. 3. 2000, 2Z BR 18/00; OLG Düsseldorf, 19. 7. 1995, 3 Wx 201/95; OLG Stuttgart, 21. 11. 1986, 8 W 581/85; KG Berlin, 12. 11. 1993, 24 W 3064/93; OLG Hamm, 15. 8. 1996, 15 W 58/96).
Zusätzlich ist die Zustimmung von Grundpfandrechtsgläubigern gemäß § 5 Abs. 4 Satz 2 WEG sowie anderer dinglich Berechtigter dann erforderlich, wenn deren Rechte betroffen sind (BayObLG, a. a. O.).
Entgegen der früheren Auffassung, dass ein Wohnungseigentümer wegen der mit dem Sondernutzungsrecht verbundenen „quasi dinglichen Rechte und Pflichten“ nicht einseitig auf dieses Recht verzichten kann (OLG Düsseldorf, 19. 7. 1995, 3 Wx 201/95; OLG Hamm, 15. 8. 1996, 15 W 58/96), hat sich der BGH (13. 9. 2000, V ZB 14/00) der gegenteiligen Auffassung angeschlossen, wonach allein die

Bewilligung des Sondernutzungsberechtigten grundbuchrechtlich zur Löschung ausreicht.
Da aber die Aufhebung eines Sondernutzungsrechts an einem belasteten Wohnungseigentum gemäß § 5 Abs. 4 Satz 2 WEG der Zustimmung der Grundpfandrechtsgläubiger bedarf, ist zur Löschung des Sondernutzungsrechts im Grundbuch auch deren Bewilligung erforderlich.
Im Übrigen ist die Auffassung der Entbehrlichkeit der Zustimmung der übrigen Eigentümer zur Aufhebung eines Sondernutzungsrechts für den Fall als strittig anzusehen, in denen der Sondernutzungsberechtigte aufgrund entsprechender Vereinbarungen zur Kostentragung bezüglich der ihm eingeräumten Sondernutzungsrechte verpflichtet ist, beispielsweise zur Kostentragung für Instandhaltungs- oder Instandsetzungsmaßnahmen an dem ihm zur Sondernutzung zugewiesenen Kfz.-Stellplatz. Die in diesem Fall erforderliche Aufhebung der Vereinbarung setzt die Zustimmung der übrigen Eigentümer voraus.
Werden einem Wohnungseigentümer Sondernutzungsrechte teilweise entzogen, beispielsweise durch die Einrichtung eines Kinderspielplatzes, richtet sich die Nutzungsentschädigung gegen die anderen Wohnungseigentümer nach dem Wert von Erholungsflächen (KG Berlin, 21. 5. 2001, 24 W 6221/00).
Ist einem Wohnungseigentümer rechtswirksam ein Sondernutzungsrecht eingeräumt, beispielsweise an einem Keller, kann der Berechtigte jederzeit die Herausgabe des Kellers verlangen, wenn dieser unrechtmäßig von einem anderen Miteigentümer genutzt wird. Ein solcher Herausgabeanspruch unterliegt gemäß § 902 Abs. 1 BGB nicht der Verjährung und nicht der Verwirkung (LG München I, 29. 3. 2010, 1 S 17989/09).

9.1.1.8 Bestimmbarkeit der Sondernutzungsrechte

Gegenstand und Grenzen der Sondernutzungsrechte werden durch die Teilungserklärung und den Aufteilungsplan bzw. die zugrunde liegenden Vereinbarungen festgelegt und bestimmt.
Dabei ist der Gegenstand des Sondernutzungsrechts wegen des grundbuchrechtlichen Bestimmtheitsgrundsatzes zweifelsfrei zu bestimmen. Hierzu ist es erforderlich, aber auch ausreichend, dass die Fläche bestimmbar ist. Nimmt die Teilungserklärung auf einen Plan (Aufteilungsplan) Bezug, in dem das Sondernutzungsrecht jedoch nicht gekennzeichnet ist, kann deshalb ein Sondernutzungsrecht nicht rechtswirksam entstehen (BayObLG, 16. 12. 1993, 2Z BR 112/93; zum Bestimmtheitserfordernis vgl. auch BayObLG, 13. 12. 1988, 2 Z 120/88; 7. 11. 1991, 2 Z 112/91; OLG Hamm, 13. 2. 2000, 15 W 454/99, auch zur Mitwirkungspflicht zur Änderung der Teilungserklärung).
Hinreichend bestimmt sein müssen Sondernutzungsrechte auch für den Fall, dass sich der teilende Eigentümer das Recht vorbehält, eine Zuordnung erst zu einem späteren Zeitpunkt mit den Ersterwerbern vorzunehmen (OLG Hamm, 1. 12. 1997, 15 W 384/97).
In diesem Fall ist auch die spätere Mitwirkung der übrigen Eigentümer und der Grundpfandrechtsgläubiger nicht erforderlich (OLG Hamm, a. a. O., BayObLG, 8. 11. 1985, 2 Z 119–122/84; 24. 10. 1989, 2 Z 115/89; OLG Düsseldorf, 13. 7. 1987, 3 Wx 206/87).
Streitigkeiten über den Geltungsbereich eines eingetragenen Sondernutzungsrechts sind im Verfahren nach § 43 Abs. 1 Nr. 1 WEG zu entscheiden (BGH, 21. 12. 1989, V ZB 22/89).

9.1.1.9 Kostentragung bei Sondernutzungsrechten

Mangels ausdrücklicher abweichender Vereinbarung verbleibt es hinsichtlich der Kostentragung bei Sondernutzungsrechten, beispielsweise für Instandhaltungs- und Instandsetzungsmaßnahmen, bei der gesetzlichen Regelung gemäß § 16 Abs. 2 WEG, wonach alle Eigentümer im Verhältnis ihrer im Grundbuch eingetragenen Miteigentumsanteile anteilig verpflichtet sind, auch wenn sie von der Nutzung und vom Gebrauch der betreffenden Flächen, Räume, Anlagen und Einrichtungen ausgeschlossen sind (OLG Braunschweig, 23. 12. 1999, 3 W 67/99;).
Etwas anderes galt bisher nur, wenn dem Sondernutzungsberechtigten durch entsprechende Vereinbarung die Kostentragung übertragen worden war (BayObLG, 17. 5. 1985, 2 Z 144/84, durch verkürzte Leitsatzwiedergabe vielfach falsch ausgelegt, insoweit ebenfalls fälschlich auch durch AG Duisburg, 10. 7. 1995, 45 II 3/95, bejahend zur Kostentragung durch den jeweils Sondernutzungsberechtigten; BayObLG, 25. 5. 1998, 2Z BR 87/98, zur Kostentragung für die Instandsetzung des Entwässerungssystems für den Dachgarten; zur vermuteten Tragung der Folgekosten durch den Sondernutzungsberechtigten, wenn diesem bauliche Veränderungen gestattet worden sind vgl. BayObLG, 27. 4. 2001, 2Z BR 70/00; zur vereinbarten Kostentragung für Instandhaltung und Instandsetzung auch der im gemeinschaftlichen Eigentum stehenden Balkonteile vgl. OLG München, 27. 9. 2006, 34 Wx 059/06; zur Auslegung einer Kostentragungsregelung zu Lasten des Sondernutzungsberechtigten im Sinne einer die Gemeinschaft treffenden Kostentragungspflicht bei Fällen eines Baumes auf einer Gartensondernutzungsfläche vgl. OLG Düsseldorf, 17. 10. 2003, I-3 Wx 227/03; zur Kostentragungspflicht des Sondernutzungsberechtigten für das Fällen von Bäumen vgl. OLG München. 1. 4. 2011, 32 Wx 1/11).
Da den Wohnungseigentümern durch die neuen Bestim-

mungen des § 16 Abs. 3 und 4 WEG und § 21 Abs. 7 WEG eine erweiterte Beschlusskompetenz zur Regelung der Kostentragung und Kostenverteilung eingeräumt wurde, sind diese Bestimmungen – wenn auch nicht uneingeschränkt – entsprechend auch auf Regelungen zur Verteilung von Betriebs-, Verwaltungs-, Instandhaltungs- und Instandsetzungskosten sowie zur Kostenregelung bei besonderer Nutzung des gemeinschaftlichen Eigentums anzuwenden, soweit solche Kosten im Zusammenhang mit Sondernutzungsrechten entstehen.
Typisch für die Praxis ist die Einräumung von Sondernutzungsrechten vor allem an Gartenflächen und Kfz.-Stellplätzen.

Garten-Sondernutzungsrechte

Die Einräumung von Sondernutzungsrechten an Gartenflächen erfolgt üblicherweise mit dem Zweck, eine räumlich aufgeteilte Benutzung des gemeinschaftlichen Gartens zu regeln. Ist daher gemäß Teilungserklärung ein Sondernutzungsrecht an bestimmten, im Lageplan genau bezeichneten Gartenflächen eingeräumt, darf der nutzungsberechtigte Wohnungseigentümer die insoweit begrenzten Flächen allein unter Ausschluss aller übrigen Miteigentümer nutzen.
Die „alleinige Nutzung" der Gartenfläche schließt zunächst neben dem Recht zum ausschließlichen tatsächlichen Gebrauch das Recht zur ordnungsmäßigen Verwaltung ein, insoweit auch das Recht zur gärtnerischen Pflege und Gestaltung der Gartenfläche und räumt die Befugnis ein, den Baum- und Strauchbestand zu beschneiden und auszulichten und auch einen absterbenden oder vom Einsturz bedrohten Baum zu fällen (OLG Düsseldorf, 17. 10. 2003, I-3 Wx 227/03, zur Kostentragung der Gemeinschaft bei Fällen eines Baumes trotz Kostentragungsregelung zu Lasten des Sondernutzungsberechtigten; LG Hamburg, 10. 9. 2010, 318 S 24/09).
Dehnt ein einzelner Wohnungseigentümer sein Nutzungsrecht durch Anpflanzung oder auch durch bauliche Maßnahmen auf die Nutzungsflächen anderer Miteigentümer aus, können diese von ihm die Herausgabe der unberechtigterweise genutzten Flächen bzw. die Unterlassung solcher Handlungen verlangen, durch die die übrigen Miteigentümer in ihren Nutzungsrechten beeinträchtigt werden (zum zustimmungsfreien Umfang der gärtnerischen Nutzung von Sondernutzungsflächen vgl. OLG Schleswig, 1. 3. 2001, 2 W 179/00; zur Einhaltung von Grenzabständen gemäß Nachbarrecht bei Bepflanzungen vgl. BayObLG, 11. 2. 1999, 2Z BR 167/98; 14. 12. 2000, 2Z BR 60/00; OLG München, 11. 1. 2006, 34 Wx 150/05; zur Heran-

ziehung nachbarrechtlicher Vorschriften im Rahmen der Interessenabwägung vgl. OLG Hamm, 21. 10. 2002, 15 W 77/02; zur unzulässigen Einschränkung des Sondernutzungsrechts durch eine mehrheitlich beschlossene Gartenordnung vgl. BayObLG, 23.10. 2003, ZMR 2005, 132).
Zuwiderhandlungen können in einem solchen Fall auch durch Verhängung eines Ordnungsgeldes geahndet werden (BayObLG, 16. 9. 1982, 2 Z 82/91; zur gärtnerischen Gestaltung vgl. Kap. 13.13 Gartengestaltung).
Sind an Gartenflächen keine Sondernutzungsrechte eingeräumt, sind alle Eigentümer zum Mitgebrauch des gemeinschaftlichen Gartens berechtigt, und zwar unabhängig von der Größe des jeweils für sie eingetragenen Miteigentumsanteils (BayObLG, 21. 3. 1972, 2 Z 58/71; vgl. zur mehrheitlich beschliessbaren räumlich getrennten ausschließlichen Gartennutzung durch einzelne Eigentümergruppen vgl. OLG Hamm, 11. 11. 2004, 15 W 351/04).

Sondernutzungsrechte an Kfz.-Stellplätzen

Sondernutzungsrechte können an Kfz.-Stellplätzen im Freien eingeräumt werden, ebenso aber auch an Garagen, die sich im gemeinschaftlichen Eigentum befinden (BayObLG, 24. 10. 1974, 22 Z 51/74).
Hat sich der Veräußerer der Eigentumswohnungen in der Teilungserklärung die nachträgliche Eintragung von Sondernutzungsrechten an Kfz.-Stellplätzen ausdrücklich vorbehalten, ist hierfür die Zustimmung aller Wohnungseigentümer und der Grundpfandrechtsgläubiger gemäß § 5 Abs. 4 Satz 2 WEG und der übrigen dinglich Berechtigen erforderlich, sofern sie rechtlich beeinträchtigt werden. Die Zustimmung ist in öffentlich beglaubigter Form nachzuweisen (BayObLG, 30. 11. 1979, 2 Z 38/79; zur Übertragung „geparkter" Sondernutzungsrechte an Kfz.-Stellplätzen und den Gestaltungsmöglichkeiten vgl. KG Berlin, 4. 12. 2006, 24 W 201/05); vgl. auch Kap. 3.3 Änderung von Einräumungsvertrag und Teilungserklärung).
Waren dagegen von Anfang für die Wohnungseigentümer Garagen oder Abstellplätze vorgesehen, ist die Zustimmung der dinglich Berechtigten nur dann erforderlich, wenn einzelnen Wohnungseigentümern keine Sondernutzungsrechte eingeräumt oder ihnen lediglich an Stelle der vorgesehenen Garage ein Stellplatz zur Verfügung gestellt werden sollte (OLG Frankfurt, 2. 5. 1975, 20 W 261/75).
Der BGH sieht allerdings die Zustimmung der dinglich Berechtigten auch in dem vom OLG Frankfurt entschiedenen Fall dann als notwendig an, wenn die Einräumung des Sondernutzungsrechts an einem Kfz.-Stellplatz mit dem gleichzeitigen Ausschluss der Nutzung der übrigen Stellplätze verbunden ist (BGH, 14. 6. 1984, V ZB 32/82).
Ein an einem Kfz.-Stellplatz oder an einer Gartenfläche eingeräumtes Sondernutzungsrecht kann grundsätzlich nur an einen Miteigentümer, nicht aber an einen aussenstehenden Dritten übertragen werden (vgl. oben Kap. 9.1.1.6).

Auch ohne Zustimmung der Miteigentümer zulässig ist dagegen die schuldrechtliche Überlassung des Gebrauchsrechtes, beispielsweise die Vermietung des Sondernutzungsrechtes an dem Kfz.-Stellplatz, sofern nicht die Teilungserklärung oder die Gemeinschaftsordnung die Vermietung von der Zustimmung des Verwalters oder der Miteigentümer abhängig machen (BayObLG, 24. 10. 1974, 2 Z 51/74).

9.1.1.10 Kaufvertraglich zugesicherte Sondernutzungsrechte

Enthält die Teilungserklärung oder die Gemeinschaftsordnung keine Regelung über die Einräumung von Sondernutzungsrechten, kann sich der Erwerber eines Wohnungseigentums nicht darauf berufen, dass ihm solche Sondernutzungsrechte gemäß Kaufvertrag zustehen.
Der Anspruch auf ein Sondernutzungsrecht kann im Verhältnis zur Wohnungseigentümergemeinschaft rechtswirksam nur dann geltend gemacht werden, wenn auch in der Teilungserklärung und im Aufteilungsplan das Sondernutzungsrecht dem erworbenen Wohnungseigentum entsprechend zugeordnet wurde.
Ein nur kaufvertraglich eingeräumtes Sondernutzungsrecht hat nur schuldrechtliche Wirkung, begründet also lediglich Schadensersatzansprüche gegenüber dem Veräußerer (HansOLG Hamburg, 26. 7. 1978, 5 U 222/77; OLG Frankfurt, 1. 4. 1980, 20 W 11/80).

9.1.2 Vereinbarte Nutzungs- und Gebrauchsbeschränkungen

In der Teilungserklärung und der Gemeinschaftsordnung oder auch durch spätere Vereinbarung nach § 10 Abs. 2 Satz 2 WEG können Nutzungs- und Gebrauchsregelungen getroffen werden, die nicht nur die Nutzung und den Gebrauch des gemeinschaftlichen Eigentums, sondern auch des Sondereigentums einschränkend mit dem Ziel regeln, ein störungsfreies Miteinander in der Gemeinschaft zu gewährleisten.

9.1.2.1 Nutzungs- und Gebrauchsbeschränkungen beim Sondereigentum Alphabetische Übersicht

Nutzungs- und Gebrauchsbeschränkungen beim Sondereigentum ergeben sich zunächst aus der bereits in der Teilungserklärung festgelegten Zweckbestimmung

- als Wohnungseigentum = zu Wohnzwecken dienende Räume

  bzw.
- als Teileigentum = nicht zu Wohnzwecken dienende Räume.

Bei dieser Festlegung als Wohnungs- oder Teileigentum handelt es sich nicht um eine Vereinbarung der Wohnungseigentümer im Sinne des § 10 Abs. 2 Satz 2 WEG, sondern um einen notwendigen Teil des dinglichen Begründungsaktes von Wohnungseigentum und Teileigentum (BayObLG, 13. 1. 1994, 2Z BR 130/93; 25. 6. 1997, 2Z BR 90/96).
Daher kann eine Änderung der Zweckbestimmung als Wohnungs- oder Teileigentum oder umgekehrt als Inhaltsänderung grundsätzlich auch nicht durch eine Vereinbarung der Wohnungseigentümer gemäß § 10 Abs. 2 Satz 2 WEG erfolgen. Erforderlich ist eine Änderung des dinglichen Rechtsaktes, also gemäß §§ 873, 877 BGB die Einigung aller Wohnungseigentümer in der Form der Auflassung und die Eintragung ins Grundbuch (vgl. hierzu Kap. 2.5.5 Umwandlung von Teileigentum in Wohnungseigentum und Kap. 2.2 Was gehört zum Gemeinschaftseigentum).
Die bei der Begründung von Wohnungseigentum erforderliche Zweckbestimmung als Wohnungs- oder Teileigentum, die einer Änderung durch Vereinbarung nicht zugänglich ist, lässt jedoch differenzierende Gebrauchsregelungen zu.
Durch solche Gebrauchsregelungen als „Zweckbestimmungen mit Vereinbarungscharakter" gemäß §§ 5 Abs. 4, 10

Abs. 2 Satz 2, 15 Abs. 1 WEG wird der Gebrauch und die Nutzung der im Sondereigentum stehenden Räume näher konkretisiert, und zwar sowohl in erweiternder, aber auch in einschränkender Beziehung. Damit ist es möglich und rechtlich zulässig, bei einem Wohnungseigentum die im Sondereigentum stehenden Räume zu anderen Zwecken als zum Wohnen und beim Teileigentum die Räume auch als Wohnung zu nutzen (BayObLG, 13. 1. 1994, 2Z BR 130/93).

Dabei bleibt aber die im Rahmen des dinglichen Begründungsaktes vorgenommene Einordnung als Wohnungseigentum oder Teileigentum und deren Eintragung im Grundbuch unberührt (BayObLG, 25. 6. 1997, 2Z BR 90/96).

Sofern jedoch solche Vereinbarungen mit abweichender Zweck- bzw. Nutzungsbestimmung nicht getroffen waren, hatte die Rechtsprechung schon bisher im konkreten Einzelfall einen Anspruch auf Zustimmung zu einer Änderung der Teilungserklärung bzw. der Gemeinschaftsordnung anerkannt (OLG Düsseldorf, 24. 1. 2003, 3 Wx 381/02, zur zulässigen Nutzung eines Teileigentums „Büroraum" als Wohnung; vgl. auch BayObLG, 11. 4. 2001, 2Z BR 121/00, dort zum Anspruch auf Änderung der Nutzung eines „Hobbyraumes" zu Wohnzwecken).

Nach jetzt geltender Regelung gemäß § 10 Abs. 2 Satz 3 WEG kann jeder Wohnungseigentümer eine vom Gesetz abweichende Vereinbarung oder die Anpassung einer Vereinbarung verlangen, also insoweit gemäß § 15 Abs. 1 WEG auch eine Vereinbarung über eine Gebrauchsregelung des Sonder- und des Gemeinschaftseigentums, wenn das Festhalten an der geltenden Regelung aus schwerwiegenden Gründen unter Berücksichtigung aller Umstände des Einzelfalles, beispielsweise der Unvermietbarkeit oder Unverkäuflichkeit, unbillig erscheint. Allerdings sind bei der Abwägung die Rechte und Interessen der übrigen Eigentümer zu berücksichtigen.

Als Maßstab für die Zulässigkeit einer von der Wohnnutzung abweichenden Nutzung gilt, dass die von der bestimmungswidrigen Nutzung ausgehenden Störungen bei typisierender Betrachtung nicht größer sind als die auch bei bestimmungsgemäßer Nutzung üblicherweise auftretenden Beeinträchtigungen (allgemeine Meinung, so u. a. BayObLG, 22. 9. 2004, 2Z BR 103/04; 92 2005, 2Z BR 170/04, dort insbesondere zur „typisierenden Betrachtung; 16. 6. 2000, 2Z BR 20/00; im Übrigen ständige BayObLG-Rechtsprechung, u. a. 9. 2. 2005, 2Z BR 170/04; 29. 3. 2000, 2Z BR 3/2000; 29. 9. 1999, 2Z BR 103/99; OLG Celle, ZMR 2004, 689; OLG Köln, 15. 2. 2002, 16 Wx 232/01, m. w. N.; 11. 9. 2002, 16 Wx 128/02; 27. 12. 2002, 16 Wx 233/02; OLG München, 25. 5. 2005, 34 Wx 024/05).

Die in der Praxis gemäß § 15 Abs. 1 WEG als Zweckbestimmung mit Vereinbarungscharakter getroffenen Vereinbarungen, die eine Nutzung zu näher bestimmten Zwecken regeln, beim Teileigentum beispielsweise als „Laden“ oder „Büro“, bedürfen mangels eindeutiger Bestimmtheit häufig jedoch der Auslegung (vgl. dazu auch OLG Hamm, 9. 1. 2009, 15 Wx 142/08, zur unzulässigen Nutzung eines Schornsteinzuges als Lüftungsanlage).

Bei widersprüchlichen Regelungen in Teilungserklärung und Gemeinschaftsordnung (beispielsweise einerseits „Laden mit Lager“ und andererseits „Nutzung als Gewerbe“, „Bürogruppe“ oder „Gewerbliche Nutzung“) wird teilweise die Auffassung vertreten, dass grundsätzlich die Regelungen in der Gemeinschaftsordnung vorgehen (BayObLG, 28. 10. 1997, 2Z BR 88/97; 7. 7. 1988, 2 Z 7/88; OLG Düsseldorf, 19. 3. 2003, 3 Wx 249/02; OLG Hamm, 25. 9. 1989, 15 W 314/88).

Nach anderer Auffassung regelt die in einer Gemeinschaftsordnung enthaltene Gebrauchsregelung eher das „wie“ der Nutzung und stellt insoweit eine „Detailregelung“ zu den in der Teilungserklärung enthaltenen Angaben über Zweck und Nutzungsart des Sondereigentums dar (OLG Köln, 13. 6. 1988, 16 Wx 23/88).

Nach wohl vorherrschender Auffassung ist bei abweichenden bzw. widersprüchlichen Nutzungsbestimmungen und Gebrauchsregelungen in Teilungserklärung, Gemeinschaftsordnung und Aufteilungsplan davon auszugehen, dass die nach der gesetzlichen Regelung weitestgehende Nutzung zulässig sein muss (so auch OLG Stuttgart, 3. 5. 1989, 8 W 369/88; 19. 1. 1990, 8 W 603/89; vgl. auch KG Berlin, 17. 11. 1999, 24 W 3094/99, zum nur „beschreibenden Charakter" einzelner Raumbezeichnungen in einem Aufteilungsplan als „Laden", wenn dort im Übrigen alle Räume mit dem Oberbegriff „Gewerbe" und in der Teilungserklärung als „Teileigentum" bezeichnet sind; OLG Düsseldorf, 5. 6. 2000, 3 Wx 118/00, zur weitergehenden Nutzung bei unterschiedlicher Zweckbestimmung).

Baupläne, Baubeschreibungen und Grundrisspläne sind in der Regel bei der Auslegung der Zweckbestimmung nicht zu berücksichtigen (OLG Stuttgart, 4. 11. 1986, 8 W 357/86). Dies gilt auch dann, wenn die Grundrisspläne Grundlage der Aufteilungspläne gewesen sind, die gemäß § 7 Abs. 4 WEG bei der Grundbucheintragung vorzulegen sind (BGH, 15. 1. 2010, V ZR 40/09).

Ebenso erlangen aus der Bauplanung des Architekten stammende Einzelbezeichnungen für Räume eines Teileigentums im Aufteilungsplan nicht ohne weiteres die Bedeutung einer Zweckbestimmung (OLG Schleswig, 7. 10. 1998, 2 W 165/98). Aufgabe des Aufteilungsplans ist es in erster Linie, die Aufteilung des Gebäudes sowie die Lage und Größe der im Sondereigentum stehenden Gebäudeteile ersichtlich zu machen. Bei einzelnen Raumbezeichnungen handelt es sich in der Regelung um Nutzungsvorschläge (BayObLG, 6. 3. 2003, 2Z BR 6/03).

Im Streitfalle ist jede Zweckbestimmung nach ihrer nächstliegenden Bedeutung dahingehend auszulegen, dass nur solche Nutzungen ausgeschlossen sein sollen, die – bei so genannter typisierender Betrachtung – mehr als die nach der Zweckbestimmung vorgesehene Nutzung stören, wobei die Möglichkeit zusätzlicher Störungen bereits ausreicht (BayObLG, 5. 3. 1987, 2 111/86; 6. 8. 1987, 2 Z 94/86; 1. 7. 1993, 2Z BR 38/93; 13. 1. 1994, 2Z BR 130/93; 20. 1. 1994, 2Z BR 93/93; 10. 6. 1998, 2Z BR 15/98, dort auch zur Beweispflicht des zweckwidrig Nutzenden; vgl. auch OLG Stuttgart, 14. 2. 1986, 8 W 496/85, auch zur Prüfung der gesamten Teilungserklärung daraufhin, welche Erklärungen Vereinbarungscharakter haben und den Inhalt des Sondereigentums regeln sollen; OLG Zweibrücken, 29. 11. 1993, 3 W 133/93, zur zulässigen abweichenden Nutzung, wenn bei typisierender Betrachtung keine weitergehenden Störungen eintreten, jedoch konkret zur unzulässigen Wohnnutzung von als „Sauna, Abstellraum, Fitness, Hobby" bezeichneten Räumen).

Die zulässige – auch gewerbliche – Nutzung muss sich jedoch im Rahmen der gesetzlichen Bestimmungen halten. Eine Nutzung, die mit einem sozialen Unwerturteil behaftet ist, ist deshalb nicht ohne weiteres zulässig (BayObLG, 16. 6. 2000, 2Z BR 178/99, zum „Pärchentreff" und „Swingerclub" in einer Sauna).

Sieht die Teilungserklärung oder die Gemeinschaftsordnung vor, dass eine von der Zweckbestimmung abweichende Nutzung unter bestimmten Voraussetzungen zulässig sein soll und nur aus wichtigem Grund verweigert werden darf, ist die diesbezügliche Prüfung nach objektiven Kriterien und nicht nach der subjektiven Einstellung der übrigen Wohnungseigentümer vorzunehmen. Geboten ist in diesen Fällen eine objektive Abwägung der gegenseitigen Interessen der Beteiligten (HansOLG Hamburg, 21. 9. 1973, 2 W 4/73).

Voraussetzung für die Erteilung der Genehmigung ist im Regelfall ein sachlicher Grund für die Nutzungsänderung und die Gewähr, dass andere Wohnungseigentümer dadurch nicht unbillig benachteiligt werden (BayObLG, 24. 6. 1993, 2Z BR 121/92).

Im Übrigen wird eine vereinbarte Gebrauchsbeschränkung

nicht dadurch aufgehoben, dass über Jahre eine andere Nutzung praktiziert und stillschweigend geduldet wird (OLG Düsseldorf, 24. 8. 1994, 3 Wx 254/94).
Ergänzende, über die Bezeichnung als Teileigentum hinausgehende Zweck- bzw. Nutzungsbestimmungen sind grundsätzlich nicht als Konkurrenzverbote zugunsten anderer Teileigentümer anzusehen (BayObLG, 14. 3. 1996, 2Z BR 6/96; zur grundsätzlichen Zulässigkeit von Konkurrenzschutzklauseln in einer Gemeinschaftsordnung vgl. BayObLG, 27. 9. 1989, 2 Z 45/89; OLG Köln, 12. 3. 1993, 2 Wx 4/93; vgl. auch nachfolgend: Pils-Stube/Pils-Bar/Pilslokal).
Dies schließt jedoch nicht aus, dass im Einzelfall Zweckbestimmungen in Form differenzierender Nutzungsarten der Charakter von Konkurrenzausschlussregelungen beizumessen ist (OLG Hamm, 20. 6. 1986, 15 W 177/86; OLG Stuttgart, 4. 11. 1986, 8 W 357/86, zur Nutzung eines „Büros“ als Arztpraxis).
Die nachfolgende alphabetische Übersicht gibt die Rechtsprechung zu den häufigsten Streitfällen zu Zweck- und Nutzungsbestimmungen wieder.

Abstellraum

Ein zu einem Wohnungs- bzw. Teileigentum gehörender und nach dem Aufteilungsplan als „Abstellraum“ bezeichneter Raum kann, wenn Regelungen der Teilungserklärung oder Gebrauchsregelungen nicht entgegenstehen, im konkreten Fall auch als Kosmetiksalon genutzt werden (OLG Düsseldorf, 28. 11. 2004, ZR 2004, 610; HansOLG Bremen, 16. 7. 1993, 3 W 26/93).
Siehe auch: Speicherraum

Altenheim

In einer aus acht Wohnungen bestehenden Wohnanlage in einem Kurort stellt die Nutzung von drei Wohnungen durch einen Eigentümer für eine Altenpflegeeinrichtung eine gewerbliche Nutzung dar, die den Wohnwert der übrigen Wohnungen beeinträchtigt und daher unzulässig ist (OLG Hamm, 1. 2. 1988, 15 W 349/87).
Siehe auch: Vermietung

Anwaltspraxis

Die Ausübung einer Anwaltspraxis in einer Wohnung ist grundsätzlich hinzunehmen. Der damit verbundene Parteienverkehr stellt keine unzumutbare Beeinträchtigung dar. Gleiches gilt für die Nutzung als Steuerberater-/Wirtschaftsprüferkanzlei, Patentanwaltsbüro (KG Berlin, 9. 7. 1986, 24 W 2741/86; BayObLG, 28. 10. 1998, 2Z BR 137/98; OLG Köln, 15. 2. 2002, 16 Wx 232/01).
Siehe auch: Architekturbüro, Krankengymnastikpraxis

Apotheke

Ein als Apotheke bezeichnetes Teileigentum kann nicht als Gaststätte genutzt werden, da ein solcher Betrieb erfahrungsgemäß mehr Beeinträchtigungen bringt als der Betrieb einer Apotheke (Nichteinhaltung der Ladenschlusszeiten, Lärm- und Geruchsbelästigungen, OLG Stuttgart, 14. 2. 1986, 8 W 496/85).

Architekturbüro

Die Nutzung einer „Wohnung" als Architekturbüro, Ingenieur-Planungsbüro oder Steuerberaterpraxis ist grundsätzlich zulässig, weil sie typischerweise nicht zu Störungen führt, die über das bei einer Wohnnutzung unvermeidliche Maß hinausgehen (KG Berlin, 8. 6. 1994, 24 W 5760/93, auch zur Zulässigkeit der Anbringung eines Praxisschildes am Haus- und Wohnungseingang; vgl. auch OLG Zweibrücken, 27. 5. 1997, 3 W 81/97).

Archivraum

Ist ein Raum nach der Teilungserklärung als Büroraum oder Archivraum bezeichnet, so handelt es sich nach der für einen unbefangenen Beobachter nächstliegenden Bedeutung nicht nur um eine Beschreibung der Räume, sondern um eine Zweckbestimmung mit der Wirkung einer Gebrauchsvereinbarung nach § 15 WEG.
Der Ausbau eines so bezeichneten Raumes als Schlafzimmer mit Bad und die damit verbundene Nutzung für Wohnzwecke ist unzulässig und begründet einen Unterlassungs- bzw. Beseitigungsanspruch (OLG Stuttgart, 4. 11. 1986, 8 W 297/86).
Siehe auch: Speicherraum

Arztpraxis

Die Ausübung einer Arztpraxis in einer Eigentumswohnung stellt im Regelfall keinen Nachteil dar, der über das bei einem geordneten Zusammenleben unvermeidliche Maß hinausgeht. Bei der Beurteilung einer Beeinträchtigung kommt es unter anderem darauf an, welche Art von Arztpraxis betrieben wird (Einzelpraxis, Gemeinschaftspraxis, Bestellpraxis).
So geht der Charakter eines Hauses als reines Wohnhaus durch die Ein-

richtung einer Arztpraxis nicht grundsätzlich verloren, weil es allgemein üblich und weit verbreitet ist, eine ärztliche Praxis von einer Wohnung aus auszuüben. Dies gilt selbst für ein Wohnhaus, das höchsten Ansprüchen gerecht wird (AG Hamburg, 9.4. 1956, 102 II W 1/56; insoweit auch BayObLG, 5. 1. 1984, 2 Z 23/83, dort zur zulässigen Ausübung einer Krankengymnastikpraxis; OLG München, 25. 5. 2005, 34 Wx 024/05, zur zulässigen Nutzung als Humanpraxis).
Auch wenn die Berufsausübung an die Zustimmung des Verwalters gebunden ist und nur aus wichtigem Grund versagt werden darf, ist zumindest beim Betrieb einer Zahnarztpraxis in einer Erdgeschosswohnung sowie bei der Ausübung einer Frauenarztpraxis im zweiten Geschoss eines Hochhauses keine Beeinträchtigung zu erwarten, die ein Verbot der Praxisausübung aus wichtigem Grund rechtfertigen würde (BayObLG, 4. 1. 1973, 2 Z 73/72; OLG Karlsruhe, 15. 1. 1976, 11 W 93/75; KG Berlin, 9. 7. 1986, 24 W 2741/86; anders allerdings für den Fall, dass der Zugang zur Arztpraxis über einen Laubengang führt, so dass ein Einblick in andere Anliegerwohnungen gegeben ist, BayObLG, 10.5. 1979, 2 Z 31/78).
Eine Ausnahme gilt jedoch dann, wenn es sich um die Ausübung einer ärztlichen Praxis für ansteckende oder gefährliche Krankheiten handelt (vgl. hierzu Pick in B/P/M § 13 Rn 58) oder wenn es sich um eine Arztpraxis mit erheblichem Patientenverkehr handelt (BayObLG, 20. 7. 2000, 2Z BR 50/00; 24. 2. 1997, 2Z BR 89/96, zu einer Kinderarztpraxis; OLG Düsseldorf, 20. 9. 1995, 3 Wx zu einer Kinderarztpraxis in „Büroräumen"; zur Zulässigkeit einer Zahnarztpraxis in einem „Büro" vgl. OLG Hamm, 23. 10. 2003, 15 W 372/02; OLG München, 25. 5. 2005, 34 Wx 024/05, zur unzulässigen Nutzung eines Wohnungseigentums als Tierarztpraxis).
Ist eine Zweckbestimmung in Form differenzierender Nutzungsarten als Konkurrenzausschlussregelung getroffen, kann auch die Nutzung eines als „Büro" bezeichneten Teileigentums als Arztpraxis unzulässig sein (OLG Stuttgart, 4. 11. 1986, 8 W 357/86).
Siehe auch: Psychologische Praxis, Zahnarztpraxis

Asylantenbetreuung

Siehe hierzu: Vermietung, Wohnnutzung

Aussiedlerunterbringung

Siehe hierzu: Vermietung, Wohnnutzung

Bäckerei

Der Betrieb einer Bäckerei mit einem Stehcafé in einem als „Laden" bezeichneten Teileigentum ist nicht zulässig (BayObLG, 6. 3. 2003, 2Z BR 6/03).
Siehe auch: Eiscafé/Eisdiele

Ballettstudio

In als „Hobbyraum" bezeichneten Räumen kann der Betrieb eines Ballettstudios (mit ca. 50 Besuchern wöchentlich) auch dann zulässig sein, wenn es sich um eine Wohnanlage in einem Gebiet mit reiner Wohnlage handelt (so jedenfalls BayObLG, 27. 6. 1985, 2 Z 59/84; wegen der durch diese Form der Nutzung zu erwartenden Beeinträchtigung allerdings bedenklich; vgl. insoweit zur Unzulässigkeit eines Ballettstudios in „Praxis-/Büroräumen" LG Bremen, 25. 3. 1991, 2 T 19/91).
Siehe auch: Tanzstudio

Billard-Cafe

Ein „Billard-Cafe" darf nicht in Räumlichkeiten betrieben werden, deren Zweckbestimmung gemäß Teilungserklärung „Laden, Büro, Arztpraxis oder Wohnung" lautet (OLG Zweibrücken, 28.1. 1987, 3 W 14, 14/87).

Bistro

Gegen die Führung eines mit Spielgeräten ausgestatteten Bistro in einem „Café" kann ein Unterlassungsanspruch geltend gemacht werden (OLG Zweibrücken, 3. 6. 1997, 3 W 91/97; OLG Hamm, 22. 12. 1994, 15 W 159/94, zur Unzulässigkeit eines Bistro in einem „Laden").

Blumenladen

Siehe hierzu: Wohnnutzung

Bodenraum

Bei der in der Teilungserklärung enthaltenen Bezeichnung „Bodenraum" handelt es sich um eine verbindliche Zweckbestimmung mit Vereinbarungscharakter dahingehend, dass ein so bezeichneter Raum nicht zum dauernden Aufenthalt von Menschen bestimmt ist. Eine Nutzung als Ferienwohnung, Gästezimmer oder auch als Büro oder Gewerberaum ist danach nicht zulässig (OLG Schleswig, 16. 6. 2004, 2 W 49/04).

Bordellbetrieb

Der Betrieb eines Bordells in Sondereigentumsräumen ist grundsätzlich unzulässig, so dass jeder einzelne Wohnungseigentümer gemäß § 15 Abs. 3 WEG die Unterlassung der Beeinträchtigung verlangen kann.
Allgemein ist davon auszugehen, dass der ständig wechselnde und praktisch nicht überprüfbare, vor allem auch nächtliche Besucherverkehr in einem Bordell und die bei solchen Betrieben mögliche Anfangskriminalität eine Gefährdung der Sicherheit des Sondereigentums der Miteigentümer und des gemeinschaftlichen Eigentums darstellt (BayObLG, 21. 11. 1980, 2 Z 72/80; KG Berlin, 9. 7. 1986, 24 W 2741/86; 6. 5. 1987, 24 W 5641/86; LG Hamburg, 1. 12. 1983, 10d T 57/83; zum Anspruch auf Untersagung eines „bordellartigen Betriebes" oder" Hostessen-Service" vgl.

OLG Frankfurt, 15. 11. 1989, 20 W 338/89, auch zur Verpflichtung des vermietenden Wohnungseigentümers zur Unterlassung als Zustandsstörer und zur Verpflichtung zur fristlosen Kündigung und zur Räumungsklage; ebenso OLG Hamm, 26. 6. 1993, 5 U 275/92; zur Festsetzung eines Ordnungsgeldes wegen fortgesetzter Zuwiderhandlung gegen die Untersagung des Bordellbetriebs vgl. LG Essen, 25. 3. 1994, 16 O 383/92, bestätigt durch OLG Hamm, 23. 6. 1994, 5 W 33/94).
Siehe auch: Modell-Tätigkeit, Prostitution

Büro

Mit der Zweckbestimmung eines Teileigentums als „Büro“ ist der gänzlich anders geartete Betrieb wie der eines Spielsalons nicht zu vereinbaren. Eine insoweit widersprechende Nutzung ist daher unzulässig (AG Passau, 21. 9. 1979, 1 UR II 123/79).
Die Bezeichnung „Büro“ beinhaltet aber grundsätzlich eine Nutzung, die auch mit wechselndem Personenverkehr verbunden sein kann und sich daher nicht wesentlich von der Nutzung einer Arztpraxis unterscheidet, so dass grundsätzlich ein „Büro“ auch als Arztpraxis genutzt werden könnte, vorausgesetzt, dass die Störungen nicht größer sind als die bei Büro-Nutzung; zur unzulässigen Nutzung von „Büroräumen“ im Keller für Wohnzwecke vgl. OLG Köln, 27. 11. 2002, 16 Wx 226/02).
Unter besonderen Umständen kann im Übrigen ein Anspruch auf Änderung eines gemäß Teilungserklärung als Büroraum bezeichneten Teileigentums bestehen, um die Räume als Wohnung zu nutzen. Dies kann dann der Fall sein, wenn eine reale Möglichkeit, das Teileigentum gemäß Zweckbestimmung zu nutzen oder zu verwerten, nicht besteht (OLG Düsseldorf, 24. 1. 2003, 3 Wx 381/01).
Siehe auch: Arztpraxis/Zahnarztpraxis, Ballettstudio, Bodenraum

Cafe

Die Zweckbestimmung als „Café“ erlaubt trotz Wandlung des Begriffes „Café“ nicht den Betrieb einer Gaststätte bis 4.00 Uhr morgens (Hans-OLG Hamburg, 29. 7. 1998, 2 Wx 20/98; zur unzulässigen Nutzung eines Cafés als griechisches Spezialitätenrestaurant vgl. BayObLG, 22. 9. 2004, 2Z BR 103/04).
Ein als „Laden“ bezeichnetes Teileigentum kann wegen seiner Zweckbestimmung nicht als Cafe oder Gaststätte genutzt werden (BayObLG, 2. 6. 1980, 2 Z 66/79). Zulässig kann aber die Nutzung als Tagescafé innerhalb der gesetzlichen Ladenschlusszeiten sein (BayObLG, 21. 9. 1984, 2 Z 107/83; vgl. auch OLG Karlsruhe, 18. 5. 1984, 11 W 4/84, dort zur zeitlichen Dauer des Betriebs eines Cafés nur bis 20.00 Uhr).
Siehe auch: Bistro, Eiscafé/Eisdiele, Tagescafé

Chemische Reinigung

Die in einer Teilungserklärung enthaltene Zweckbestimmung eines Teileigentums als „Laden" deckt den Betrieb einer Chemischen Reinigung unter Einsatz umfangreicher Reinigungsmaschinen und -geräte nicht ab (OLG Hamm, 4. 10. 1977, 15 W 67/77; BayObLG, 31. 7. 1997, 2 Z BR 34/97; zur Zulässigkeit eines Chemischen Reinigungsbetriebes in einer „Gewerblichen Einheit Chemische Reinigung" bei abweichender Bezeichnung (Geschäftsräume) in Teilungserklärung und Aufteilungsplan vgl. BayObLG, 9. 5. 1994, 2Z BR 23/94).

Siehe auch: Laden

Dachraum

In der Teilungserklärung als „Dachraum/Speicherraum" bezeichnete Räume, an denen Sondernutzungsrechte eingeräumt sind, können als Hobbyraum oder Werkstatt genutzt werden. Bauliche Änderungen, die eine intensivere Nutzung ermöglichen, sind jedoch unzulässig (BayObLG, 9. 3. 1989, 2 Z 2/89).

Auch der genehmigte Einbau von Küche und Bad bewirken keine Umwandlung des Teileigentums in Wohnungseigentum (KG Berlin, 19. 11. 1997, 24 W 1011/97).

Die Nutzung eines als „Dachgeschoß" bezeichneten Teileigentums für Wohnzwecke ist unzulässig und ein Unterlassungsanspruch deshalb begründet, weil eine Nutzung des Dachgeschosses als Wohnung mehr stört als eine Nutzung zu anderen als Wohnzwecken (BayObLG, 13. 1. 1994, 2Z BR 130/93; 23. 2. 1995, 2Z BR 103/94, auch zur Unabänderbarkeit der Zweckbestimmung/Nutzungsart in Folge einer Unterteilung des betreffenden Wohnungseigentums; OLG Düsseldorf, 21. 5. 1997, 3 Wx 566/96).

Siehe auch: Bodenraum, Hobbyraum, Speicherraum

Diskothek

Siehe hierzu: Weinkeller

Döner-Schnellimbiss

Die Nutzung eines als „Laden" bezeichneten Teileigentums als Döner-Schnellimbiss überschreitet wegen der Geräusch- und Geruchsbelästigungen die für einen Laden übliche Nutzung (OLG Zweibrücken, 6. 12. 2005, 3 W 150/05).

Drogencafé

Räume, die gemäß Teilungserklärung als „Ladenwohnung" bezeichnet sind und über einen eigenen, von der übrigen Wohnanlage getrennten Eingang verfügen, können – im Einzelfall und unter bestimmten Voraussetzungen – als Café für Drogenabhängige und drogengefährdete Personen genutzt werden. Die zulässige Nutzung (Reichen von kleinen Speisen und

Getränken, medizinische Versorgung und Rechtsrat, Gelegenheit zur Körperpflege) ist dabei grundsätzlich auf die allgemeinen Geschäftszeiten beschränkt (KG Berlin, 18. 11. 1998, 24 W 8659/97).
Siehe hierzu auch: Methadonabgabestelle

Eingangshalle

Der Betrieb eines Vermietungs-Schalters in einer gemeinschaftlichen Eingangshalle zu einem Hallenbadtrakt einer Wohnanlage und zu den Büroräumen eines Vermietungsbüros widerspricht dem Nutzungszweck einer solchen Halle und begründet einen Unterlassungsanspruch (BayObLG, 15. 11. 984, 2 Z 16/84).

Eiscafé/Eisdiele

Ein in der Teilungserklärung als „Cafe/Eisdiele" bezeichnetes Teileigentum darf nur als Tagescafé oder als Ladengeschäft mit üblichen Ladenschlusszeiten genutzt werden (BayObLG, 21. 7. 1980, 2 Z 4/79; zur unzulässigen Nutzung eines „Ladengeschäfts" als Eisdiele vgl. OLG Schleswig, 29. 3. 2000, 2 W 7/00; vgl. auch OLG München, 25. 2. 1992, 25 U 3550/91, dort auch zum direkten Unterlassungsanspruch gegen den zweckwidrig nutzenden Mieter/Pächter).
Die Bezeichnung eines Teileigentums als „Eis-Café" schließt jedoch eine andere Nutzung nicht generell aus, es sei denn, dass damit ein Konkurrenzausschluss bezweckt sein sollte (vgl. dazu OLG Hamm, 20.6. 1986, 15 W 177/86; zur Konkurrenzschutzklausel als Inhalt einer Gemeinschaftsordnung vgl. auch BayObLG, 27. 9. 1989, 2 Z 45/89; zu einer durch Ersatzvereinbarung geregelten Konkurrenzschutzklausel vgl. OLG Hamm, 13. 2. 1997, 15 W 445/96, zum Betreiben eines Bäckerei-Shop neben einem Bäckerei-Geschäft in einem Supermarkt; zum Konkurrenzschutz s. auch oben: Arztpraxis sowie unten: Pilsstube).
Siehe auch: Cafe, Pizzeria-Restaurant, Tagescafé

Erotik-Fachgeschäft

In einem als „Gewerberaum" bezeichneten Teileigentum ist der Betrieb eines Ladenmäßigen Erotik-Fachgeschäftes mit Videothek dann zulässig, wenn in der Wohngegend ähnliche Geschäfte und Nachtclubs vorhanden sind (KG Berlin, 16. 2. 2000, 24 W 3925/98, auch zur Abgrenzung gegenüber Sex-Shop).
Siehe auch: Peep-Show, Sexfilm-Kino

Ferienwohnung

Die Zweckbestimmung eines Wohnungseigentums als „Ferienwohnung" oder „Ferienappartement" legt im Allgemeinen eine vorübergehende Nutzung als Wohnung durch wechselnde Gäste fest. Ob die Nutzung einer so bezeichneten Wohnung als Seminar- oder Veranstaltungsraum mehr stört als eine zweckentsprechende Nutzung kann nur im Einzelfall unter

Abwägung der Vor- und Nachteile entschieden werden (BayObLG, 2. 6. 2004, 2Z BR 029/04).
Siehe auch: Bodenraum, Vermietung

Fitness-Center

Siehe hierzu: Schwimmbad

Frauensportstudio

Ein in der Teilungserklärung als „Laden" ausgewiesenes Teileigentum darf wegen der damit verbundenen größeren Störungen nicht als „Frauensportstudio" genutzt werden (OLG Schleswig, 12. 8. 2002, 2 W 21/02).

Freiberufliche Tätigkeit

Grundsätzlich ist ein Wohnungseigentümer berechtigt, in den nach der Teilungserklärung als „Wohnung" bezeichneten Räumen auch eine freiberufliche Tätigkeit auszuüben. Eine Änderung des Charakters eines Hauses ergibt sich daraus nicht. Die Duldung einer freiberuflichen Tätigkeit in einer „Wohnung" ist daran zu messen, ob sich daraus im konkreten Einzelfall unzumutbare Beeinträchtigungen ergeben (LG Berlin, 26. 7. 1994, 85 T 214/94).

Friseursalon

Die Nutzung eines Wohnungseigentums als Friseursalon braucht wegen der durch diesen Betrieb verursachten Beeinträchtigungen (Kundenverkehr, Auftreten von Dämpfen und Gerüchen) auch dann nicht hingenommen zu werden, wenn grundsätzlich eine gewerbliche Nutzung nach Genehmigung durch den Verwalter zulässig sein soll und nur aus wichtigem Grund versagt werden darf. Eine dennoch erteilte Genehmigung ist zu widerrufen (BayObLG, 31. 8. 2000, 2Z BR 39/00).

Gästezimmer

Siehe hierzu: Bodenraum

Garage

Die Nutzung eines Teileigentums „Ladens" als Garage widerspricht der Zweckbestimmung und ist unzulässig (AG Dortmund, 17. 1. 1995, 139 II 89/94).

Gaststätte

Eine Gaststätte erhält als gastronomischer Betrieb seine besondere Ausprägung allgemein durch die Darreichung von Speisen und Getränken zum Verzehr an Ort und Stelle, daher auch die entsprechende Ausstattung mit Sitzgelegenheiten. Eine Gaststätte ist zudem nicht an die Ladenschlusszeiten gebunden. Erlaubnis und Betrieb sind durch das Gaststättengesetz geregelt. Im Übrigen unterscheiden sich Läden und Gaststätten

deutlich durch Kundenstamm und Verbraucherverhalten (BayObLG, 23. 4. 1993, 2Z BR 31/93; 30. 3. 1993, 2Z BR 21/93; OLG Hamm, 22. 12. 1994, 15 W 159/94).
Soll in einer Wohnungseigentumsanlage der Betrieb einer Gaststätte zulässig sein soll, muss sich dies eindeutig aus der Zweckbestimmung gemäß Teilungserklärung oder Gemeinschaftsordnung ergeben.
Die Bezeichnung eines Teileigentums als „Laden" lässt eine Nutzung als Gaststätte grundsätzlich nicht zu (BayObLG, 21. 2. 1985, 2 Z 101/84; 18. 3. 1985, 2 Z 51/84; vgl. aber auch 15. 3. 1985, 2 Z 127/84, zum Betrieb einer Gaststätte bei unterschiedlicher Bezeichnung in Teilungserklärung und Aufteilungsplan; OLG Düsseldorf, 24. 3. 1997, 3 Wx 426/95). Soweit die Teilungserklärung dagegen die Bezeichnung „Geschäftsraum" oder ausdrücklich „Gaststätte" enthält, ist eine Nutzung als Gaststätte/Restaurant zulässig (zum Betrieb eines „Nachtlokals" in einer Gaststätte vgl. BayObLG, 13. 7. 1984, 2 Z 22/84; zum Unterlassungsanspruch bei Überschreitung von Öffnungszeiten vgl. BayObLG, 11. 12. 1986, 2 Z 119/86; zu störenden Geräuschimmissionen durch Musikdarbietungen in einer Gaststätte vgl. BayObLG, 2. 9. 1993, 2Z BR 63/93).
Der Besitz einer Konzession für den Betrieb einer Gaststätte allein ist wohnungseigentumsrechtlich unbeachtlich, wenn nicht die Zweckbestimmung eine Nutzung der Räumlichkeiten als Gaststättenbetrieb ausweist.
Die öffentlich-rechtliche Erlaubnis berührt die Rechtsbeziehungen innerhalb der Gemeinschaft nicht (OLG Frankfurt, 1. 4. 1980, 20 W 11/80; vgl. auch LG Wuppertal, 27. 2. 1986, 6 T 46/86 und 72/86).
Siehe auch: Apotheke, Bistro, Geschäftsraum, Laden, Pils-Stube, Pizzeria-Restaurant, Praxis

Gewerbliche Räume

Die Bezeichnung „Gewerberaum" oder „Raum für gewerbliche Zwecke" lässt eine weitestgehende gewerbliche Nutzung zu, allerdings unter Berücksichtigung öffentlich-rechtlicher Vorschriften (vgl. auch OLG Zweibrücken, 15. 8. 1986, 3 W 134/86, zur Zulässigkeit eines Cafés in Räumen für gewerbliche Zwecke).
Siehe auch: Erotik-Fachgeschäft

Hausmeisterwohnung

Eine gemäß Teilungserklärung bzw. Gemeinschaftsordnung bezeichnete und im Gemeinschaftseigentum stehende „Hausmeisterwohnung" ist grundsätzlich bestimmungsgemäß zu nutzen. Eine anderweitige Nutzung, beispielsweise durch Vermietung an Dritte, ist ausnahmsweise dann zulässig, wenn aus triftigen Gründen eine Nutzung als Hausmeisterwohnung im Einzelfall nicht möglich ist (BayObLG, 28. 7. 1988, 2 Z 50/88; zur Einrichtung eines Hausmeisterraumes in einer Mehrhausanlage vgl. OLG Düsseldorf, 21. 8. 2002, 3 Wx 388/01).

Heimnutzung

Das Betreiben einer heimartigen Einrichtung (hier: Betreuung Jugendlicher) in Räumlichkeiten, die als Wohnungseigentum bezeichnet sind, braucht nicht geduldet zu werden (vorliegend in einer Anlage mit vier Wohnungen). Zulässig sind nur Nutzungen durch eine Familie oder eine Partnerschaft (OLG Hamm, 18. 2. 1999, 15 W 234/98, m. w. N.)

Hobbyraum

Die Zulässigkeit der Nutzung eines Hobbyraums für gewerbliche oder berufliche Zwecke richtet sich danach, ob die dadurch hervorgerufenen Beeinträchtigungen die Störungen überschreiten, die von einer üblichen Nutzung als Hobbyraum ausgehen (vgl. hierzu BayObLG, 27. 6. 1985, 2 Z 59/84; 7. 8. 1986, 2 Z 117/85).

Der Ausbau und die Nutzung eines Hobbyraums zur Wohnnutzung und gegebenenfalls zur Vermietung ist grundsätzlich unzulässig (BGH, 16. 6. 2011, V ZA 1/11; BayObLG, 1. 9. 2004, 2Z BR 101/04; 7. 7. 2004, 2Z BR 089/04; 18. 12. 1998, 2Z BR 166/98; 16. 6. 2000, 2Z BR 20/00, allerdings auch zur Ausnahme bei Lage in einem Fremdenverkehrsgebiet; zum Anspruch auf Änderung der Zweckbestimmung „Hobbyraum" für Wohnzwecke vgl. BayObLG, 11. 4. 2001, 2Z BR 121/00; zum unzulässigen Ausbau als Bügelraum und Gästezimmer vgl. OLG Zweibrücken, 6. 7. 1987, 3 W 66/87; OLG Köln, 13. 1. 1986, 16 Wx 118/85, zur unzulässigen Wohnnutzung; zur fehlenden Annahme der Verwirkung bei Unterlassungsanspruch wegen Wohnnutzung vgl. OLG Düsseldorf, 9. 2. 2000, 3 Wx 340/99; AG Reinbek, 26. 1. 1987, 1 II 93/86, zum zulässigen Ausbau eines Hobbyraums als Wohnung, insoweit allerdings unzutreffend; zur zulässigen Nutzung von Kellerräumen für Hobbyzwecke vgl. OLG Düsseldorf, 24. 3. 1997, 3 Wx 426/95; zur zulässigen Wohnnutzung bei entsprechender Vereinbarung vgl. OLG Saarbrücken, 26. 8. 1998, 5 W 173/98.52).

Siehe auch: Kellerraum

Hoffläche

Ist einem Teileigentümer die gewerbliche Nutzung seiner Räume gemäß Teilungserklärung zu gestatten, beinhaltet dies auch das Recht, die Hoffläche an Werktagen zu den üblichen Geschäftszeiten zwischen 8.00 und 20.00 Uhr zu nutzen (OLG Düsseldorf, 5. 6. 2000, 3 Wx 118/00).

Imbissstube

Die Nutzung eines als „Laden" bezeichneten Teileigentums als „Imbissstube" ist unzulässig und begründet einen Unterlassungsanspruch (BayObLG, 29. 9. 1999, 2Z BR 103/99; KG Berlin, 29. 4. 1985, 24 W 4447/84; OLG Köln, 13. 9. 1999, 16 Wx 65/99).

Siehe auch: Sauna

Ingenieurbüro

Siehe hierzu: Architekturbüro

Jugendbetreuung

Wird ein Wohnungseigentum einem Verein zur Verfügung gestellt, um dort eine Gruppe von mehreren Jugendlichen zu betreuen, wird damit die Nutzung als Wohnung in ähnlicher Weise überschritten, wie dies beim Betrieb eines Altenheims, eines Internats oder eines Hotels der Fall wäre. Eine solche Nutzungsänderung begründet regelmäßig einen entsprechenden Unterlassungsanspruch (OLG Frankfurt, 23. 9. 1980, 20 W 100/80).
Siehe auch: Kindertagesstätte

Kampfsportschule

Siehe hierzu: Massageinstitut

Kantine

Siehe hierzu: Sportvereinskantine

Kellerraum

Räume, die gemäß Teilungserklärung als „Kellerraum" bezeichnet sind, dürfen wegen dieser Zweckbestimmung nicht für Wohn- oder Schlafzwecke genutzt werden (OLG Düsseldorf, 24. 3. 1997, 3 Wx 426/95, jedoch zur zulässigen Nutzung zu Hobbyzwecken und zur nicht erforderlichen Entfernung bereits angebrachter Wasser- und Heizungsinstallationen, da diese bei Hobbynutzung verwendet werden dürfen; BayObLG, 22. 10. 1992, 2Z BR 66/92; 29. 1. 1998, 2Z BR 146/97, auch zur erzwingbaren Entfernung bereits eingebauter Installationen, vorliegend Waschbecken, Dusche, WC; 15. 7. 1999, 2Z BR 94/99, auch zur Folgerung auf eine Wohnnutzung nach Einbau von Sanitäreinrichtungen; AG Hamburg, 30. 10. 1989, 102b II 118/89; einschränkend, nach hier vertretener Auffassung allerdings unzutreffend, OLG Köln, 6. 2. 1998, 16 Wx 333/97, zur Verwirkung eines Unterlassungsanspruchs bei bestimmungswidriger Wohnnutzung über 9 Jahre, auch zu Lasten des Sondernachfolgers; AG Dortmund, 17. 1. 1995, 139 II 89/94, zur unzulässigen Wohnnutzung von Kellerräumen).
Siehe auch: Tanzstudio

Kindertagesstätte

Die Vermietung einer Eigentumswohnung als Kindertagesstätte ist keine übliche Nutzung zu Wohnzwecken und begründet insoweit einen Unterlassungsanspruch (AG Hildesheim, 5. 7. 1985, 18 UR II 12/85). Sind Räumlichkeiten als Tagungsstätte bezeichnet, ist eine Nutzung als Kindergarten oder Kindertagesstätte unzulässig (OLG Stuttgart, 18. 12. 1998, 8 W 123/98).

Kiosk

Siehe hierzu: Verkaufskiosk

Konkurrenzbetriebe / Konkurrenzausschluss

Siehe hierzu: Arztpraxis, Eiscafé, Pilsstube

Kosmetiksalon

Siehe hierzu: Abstellraum

Krankengymnastikpraxis

Nach der Verkehrsauffassung fällt es nicht schlechthin aus dem Rahmen auch eines guten Wohnhauses, wenn in den Wohnungen bestimmte freie Berufe (z. B. Arztpraxis, Anwaltskanzlei) oder gewerbliche Tätigkeiten in begrenztem Umgange ausgeübt werden. Dies gilt auch für den Betrieb einer Krankengymnastikpraxis (BayObLG, 5. 1. 1984, 2 Z 23/83; a. A. LG Wuppertal, 27. 2. 1986, 6 T 46/86 und 72/86).

Laden

Die Bezeichnung eines Teileigentums als „Laden" stellt eine Zweckbestimmung mit Vereinbarungscharakter dar (a. A. BayObLG, 23. 5. 1997, 2Z BR 44/97; 6. 3. 2003, 2Z BR 6/03). Ob eine bestimmte Nutzung eines „Laden" dem Begriff „Laden" entspricht und eine entsprechende Nutzung zulässt, beurteilt sich nach dem allgemeinen wie auch dem juristischen Sprachgebrauch.

Im Rechtsleben kommt es auf den Begriff des „Ladens" nach dem Ladenschlussgesetz und auf die Vorschriften des § 56 HGB an. Dabei ist die mit der begrifflichen Definition verbundene Verweisung auf die öffentlich-rechtlichen Ladenschlusszeiten dynamisch zu verstehen, so dass im Umfang der landesrechtlichen Aufhebung der Ladenschlusszeiten auch wohnungseigentumsrechtlich eine Nutzung des Teileigentums zulässig ist (OLG Hamm, 23. 7. 2007, 15 W 205/06, zur Frage einer abweichenden, nicht stärker störenden Nutzung eines „Ladens" als Sonnenstudio im Rahmen erweiterter Ladenschlusszeiten offen gelassen; zur Änderung der Ladenschlusszeiten vgl. auch BayObLG, 6. 3. 2003, 2Z BR 9/03, dort zum Ladenschlussgesetz vom 30. 7. 1996, BGBl. I S. 1186).

Als Laden im Sinne des Ladenschlussgesetzes wird im Übrigen ein zum Geschäftsverkehr mit der Kundschaft geeigneter, von der Straße durch eine Ladentür abgeschlossener Geschäftsraum angesehen, in dem ständig Waren zum Verkauf an jedermann feilgehalten werden, der im allgemeinen Sprachgebrauch als Einzelhandelsgeschäft bezeichnet wird (OLG Hamm, 4. 10. 1977, 15 W 67/77; BayObLG, 19. 7. 1978, 2 Z 1/78; 24. 6. 1993, 2Z BR 121/92; 6. 3. 2003, 2Z BR 6/03; zur begrifflichen Abgrenzung vgl. auch oben: Gaststätte; vgl. zum. Ladenbegriff im Sinne des § 184 Abs. 1 StGB auch BGH, 7. 7. 1987, 1 Str. 247/87).

Enthält daher eine Teilungserklärung für Teileigentumsräume die Zweckbestimmung „Laden“, so ist die tatsächliche Nutzung an diesen Maßstäben zu messen. Dies gilt auch für ein Teileigentum, dass übereinstimmend in Teilungserklärung und Aufteilungsplan als „Laden“ und „gewerbliche Räume“ bezeichnet ist. Bei den „gewerblichen Räumen“ handelt es sich insoweit um zugehörige Ladenräume, nicht um selbständige Teileigentumseinheiten (so OLG Frankfurt, 17. 6. 1997, 20 W 357/96; vgl. auch BayObLG, 6. 3. 2003, 2Z BR 6/03, zur Unbeachtlichkeit der Bezeichnung einzelner Räume als“Gang“, „Teeküche“ und „Büro“, dort auch zur Begrenzung der Ladennutzung hinsichtlich der Ladenschlusszeiten).
Entspricht die Nutzung nicht diesen Zwecken, kann ein Unterlassungsanspruch geltend gemacht werden, es sei denn, dass die abweichende Nutzung nicht mehr stört als die bestimmungsgemäße „Ladennutzung“.
Siehe auch: Café, Chemische Reinigung, Bistro, Döner-Schnellimbiss, Drogencafé, Eiscafé/Eisdiele, Garage, Gaststätte, Imbissstube, Massagepraxis, Peep-Show, Pils-Stube, Pizzeria-Restaurant, Playothek, Restaurant, Salatrestaurant, Sauna, Sexfilm-Kino, Spielsalon, Sportvereinskantine, Tagescafé, Teestube, Waschsalon

Ladenkeller

Der Begriff „Ladenkeller“ bezeichnet in einer Teilungserklärung typischerweise einen zu einem Laden gehörenden Keller, nicht aber einen im Keller befindlichen selbständigen Laden. Deshalb kann in solchen Räumlichkeiten keinem eigenständigen Gewerbe nachgegangen werden (OLG München, 5. 7. 2006, 34 Wx 63/06).

Massageinstitut

Der Betrieb eines medizinischen Massageinstituts in der Erdgeschosswohnung einer aus sechs Wohnungen bestehenden Wohnungseigentumsanlage ist von den übrigen Wohnungseigentümern zu dulden (HansOLG Hamburg, 21. 9. 1973, 2 W 4/73; vgl. auch BayObLG, 6. 8. 1987, 2 Z 94/86, zur Zulässigkeit eines Massageraums in einem „Laden“).
Ein als „Massageinstitut“ bezeichnetes und zu einer Turnhalle ausgebautes Teileigentum darf nicht als Kampfsport- und Selbstverteidigungsschule genutzt werden (BayObLG, 1. 7. 1993, 2Z BR 38/93).

Media-Agentur

Der Betrieb einer Media-Agentur in einem Wohnungseigentum mit gemäß Teilungserklärung genehmigter „Ausübung eines freiberuflichen Dienstleistungsbetriebes“ ist zulässig (OLG Frankfurt, 17. 5. 2005, 20 W 132/03).

Methadonabgabestelle

Die Vermietung und Nutzung eines Teileigentums in einem Büro- und Geschäftshaus, das gemäß Teilungserklärung zur Ausübung eines „beliebigen

Gewerbes oder Berufs" genutzt werden darf, als Methadonabgabestelle kann zulässig sein, wenn dies nach dem Charakter der Wohnanlage und den örtlichen Verhältnissen (Straßenstrich auf der Parallelstraße) bei typisierender Betrachtung nicht aus dem Rahmen fällt (OLG Düsseldorf, 14. 1. 2002, 3 Wx 336/01).
Ist eine Wohnanlage in einem innerstädtischen Bereich angesiedelt, so sind die für einen solchen Bereich typischen Unannehmlichkeiten hinzunehmen (18. 11. 1998, 24 W 8659/97).

„Modell"-Tätigkeit

Die Ausübung einer Tätigkeit als „Fotomodell" in einer Eigentumswohnung stellt eine gewerbliche Nutzung der Wohnung zu sittenwidrigen Zwecken dar und rechtfertigt den Anspruch auf sofortige Unterlassung bzw. bei einer vermieteten Eigentumswohnung auf Räumung der Wohnung (AG Neuss, 21. 9. 1979, 39 C 309/79 und 39 C 318/79; vgl. auch LG Hamburg, 1. 12. 1983, 10d T 57/83).
Siehe auch: Bordellbetrieb, Prostitution, Sauna

Nachtlokal

Mit der Zweckbestimmung eines Teileigentums als „Geschäftsräume" lässt sich der Betrieb eines bis in die frühen Morgenstunden geöffneten Nachtlokals mit Musikveranstaltungen allenfalls dann vereinbaren, wenn eine solche gewerbliche Nutzung dem Charakter der Wohnanlage entspricht (KG Berlin, 17. 10. 1988, 24 W 1240/88).
Siehe auch: Gaststätte

Pärchentreff

Siehe hierzu: Sauna

Patentanwaltsbüro

Siehe hierzu: Anwaltspraxis

Peep-Show

Die Darbietung von Peep-Show- und Striptease-Vorführungen ist mit einer in der Teilungserklärung vorgesehenen Nutzungsart als „Laden" nicht vereinbar und stellt im übrigen eine Nutzung dar, die ähnlich wie die Prostitution in einer Eigentumswohnung als sittenwidrig einzustufen ist. Aus diesen Gründen ist ein Anspruch auf Unterlassung einer solchen Nutzung gerechtfertigt (AG München, 6. 4. 1982 UR II 63/82; zum Ausschluss von Peep-Shows, Sexfilm-Kinos etc. aus städtebaulichen Gründen in einem Kerngebiet vgl. auch OVG Lüneburg, 11. 9. 1986, 1 OVG C 26/85).
Siehe auch: Bordellbetrieb, Erotik-Fachgeschäft, „Modell"-Tätigkeit, Prostitution, Sexfilm-Kino

Pils-Stube / Pils-Bar / Pilslokal

Der Betrieb einer Pils-Stube in einem als „Laden", „Blumenladen" oder „Eisdiele und Cafe" bezeichneten Sonder- / Teileigentum stellt eine Änderung der Zweckbestimmung dar und ist unzulässig BayObLG, 16. 6. 1980, 2 Z 10 / 79; 6. 3. 2003, 2Z BR 9 / 03, dort auch zur Verwirkung eines Unterlassungsanspruches; OLG München, 25. 2. 1992, 25 U 3550 / 91, dort auch zum direkten Unterlassungsanspruch gegen den zweckwidrig nutzenden Pächter).

Ist dagegen ein Teileigentum als „Pilsstube" bezeichnet und Konkurrenzschutz vereinbart, darf in derselben Anlage ein Lokal für griechische Spezialitäten mit Speisen und Alkoholausschank nicht betrieben werden (BayObLG, 7. 5. 1997, 2Z BR 32 / 97, auch zur grundsätzlichen Zulässigkeit von Konkurrenzschutzklauseln in einer Gemeinschaftsordnung, insoweit m. w. N.; ebenfalls zur Zulässigkeit von Konkurrenzschutzklauseln, BayObLG, 27. 9. 1989, 2 Z 45 / 89; vgl. auch BayObLG, 14. 3. 1996, 2Z BR 6 / 96, wonach eine Zweckbestimmung als solche kein Konkurrenzverbot enthält; zum Konkurrenzausschluss vgl. auch oben „Arztpraxis", „Eiscafé / Eisdiele"; zum Verzicht auf die Rechte aus einer Konkurrenzschutzklausel vgl. OLG Köln, 12. 3. 1993, 2 Wx 4 / 93; zur unzulässigen Rechtsausübung zwecks Konkurrenzausschaltung vgl. BayObLG, 7. 8. 1997, 2Z BR 80 / 97).

Siehe auch: Gaststätte

Pizzeria-Restaurant

Der Betrieb eines Pizzeria-Restaurants in einem als „Café / Eisdiele" oder als „Laden" bezeichneten Teileigentum widerspricht der in der Teilungserklärung festgelegten Zweckbestimmung (BayObLG, 21. 7. 1980, 2 Z 4 / 79; 6. 3. 2003, 2Z BR 9 / 03; OLG Karlsruhe, 9. 7. 1985, 1 W 38 / 85).

Playothek

Der in der Teilungserklärung verwendete Begriff „Ladenlokal" für ein im Erdgeschoss gelegenes Teileigentum lässt die Nutzung so bezeichneter Räumlichkeiten als „Playothek" oder „Spielothek" nicht zu (BayObLG, 9. 2. 2005, 2Z BR 170 / 04; OLG Düsseldorf, 15. 11. 1985, 3 W 359 / 85; OLG Frankfurt, 20. 2. 1986, 20 W 30 / 86; OLG Hamm, 25. 9. 1989, 15 W 314 / 88, zum Negativimage eines Spielsalons und einer dadurch hervorgerufenen Abwertung des Wohnumfeldes; 25. 9. 1989, 15 W 505 / 88; zum Ausschluss von Spielhallen aus städtebaulichen Gründen in einem Kerngebiet vgl. OVG Lüneburg, 11. 9. 1986, 1 OVG C 26 / 85).

Siehe auch: Spielsalon

Praxis

Der Betrieb einer Gaststätte in Räumen eines Teileigentums, die als „Praxis" bezeichnet sind, widerspricht der vereinbarten Zweckbestimmung und ist deshalb unzulässig (BayObLG, 22. 1. 2004, 2Z BR 229/03).
Siehe auch Arztpraxis, Psychologische Praxis, Zahnarztpraxis

Prostitution

Die Ausübung der Prostitution in einer Eigentumswohnung (auch in vermieteten Eigentumswohnungen) stellt eine Beeinträchtigung – auch im Sinne von § 14 Nr. 1 WEG) der übrigen Miteigentümer dar und braucht von diesen nicht geduldet zu werden (HansOLG Hamburg, 14. 3. 2005, 2 Wx 19/05).
So hat auch ein vermietender Wohnungseigentümer die durch Mieter ausgeübte Prostitution durch geeignete Schritte (Kündigung) zu unterbinden (BayObLG, 30. 10. 1984, 2 Z 110/84; 6. 11. 1986, 2 Z 103/86; 27. 5. 1993, 2Z BR 30/93; OLG Frankfurt, 4. 12. 1989, 20 W 418/89; zur Wertminderung der übrigen Wohnungen bei Ausübung der Prostitution vgl. OLG Karlsruhe, 22. 6. 1999, 14 Wx 35/99; ebenso zur negativen Auswirkung auf den Verkehrswert oder Mietpreis OLG Düsseldorf, 12. 3. 2003, 3 Wx 369/02; vgl. aber auch LG Nürnberg, 18. 4. 1990, 14 T 214/90, zur Zulässigkeit der Prostitution in einer Wohnung, wenn diese gemäß Teilungserklärung gewerblich genutzt werden darf und wenn die Prostitution nicht in anstößiger Weise nach außen wirkt; zur zulässigen Prostitution in „atypischen Anlagen vgl. OLG Köln, 25. 8. 2008, 16 Wx 117/08).
Siehe auch: Bordellbetrieb, „Modell-"Tätigkeit, Peep-Show, Sauna, Sexfilm-Kino

Psychologische Praxis

Der Betrieb einer psychologischen Einzel-Praxis in den Räumen einer vermieteten Eigentumswohnung steht mit der Zweckbestimmung einer Nutzung zu Wohnzwecken dann noch in Einklang, wenn die üblichen Praxis-Zeiten (montags bis freitags 8.30 Uhr bis 18.30 Uhr) eingehalten werden und sich die Besucher-/Patientenzahl (vorliegend durchschnittlich 8 Personen) nicht störend auf die Hausbewohner auswirkt (OLG Düsseldorf, 7. 1. 1998, 3 Wx 500/97, auch zur Zulässigkeit eines Architekturbüros und einer Steuerberaterpraxis in Wohnungseigentumsräumlichkeiten).
Die Nutzung eines Teileigentums „Gewerbliche Räume" als Tagesstätte mit Kontakt- und Informationsstellenfunktion für Menschen mit psychischer Behinderung ist zulässig (OLG Zweibrücken, 11. 8. 2005, 3 W 21/05).

Rechtsanwaltspraxis

Siehe hierzu: Anwaltspraxis

Restaurant

Regelmäßig erlaubt die Zweckbestimmung eines Teileigentums als „Laden“ keinen Restaurantbetrieb. Eine Ausnahme kann für den Fall gelten, dass es sich um ein Geschäftshaus handelt, in dem nur wenige Wohnungen vorhanden sind (hier: 3 von 16 Einheiten; KG Berlin, 14. 11. 1988, 24 W 3089/88).

Zulässig ist dagegen der Restaurantbetrieb in einem Teileigentum, das im Aufteilungsplan sowohl die Bezeichnung „Laden“ wie auch „Gewerbe“ enthält (KG Berlin, 17. 11. 1999, 24 W 3094/99).

Salatrestaurant

Mit der Zweckbestimmung eines Teileigentums als „Laden“ lässt sich der Betrieb eines als Salatrestaurant ohne Alkoholausschank geführten gastronomischen Betriebes nicht vereinbaren (KG Berlin, 6. 3. 1985, 24 W 3538/84).

Siehe auch: Gaststätte

Sauna

Der Betrieb einer Sauna in einem als „Laden“ bezeichneten Teileigentum ist bei Einhaltung der Ladenschlusszeiten grundsätzlich als zulässig anzusehen, wenn darüber hinaus weitergehende Störungen nicht auftreten (BayObLG, 7. 11. 1985, 2 Z 65/85; dort zum – unzulässigen – Betrieb einer Sauna mit angeschlossener Imbissstube).

In einem als „Sauna, Ruheraum, Duschraum, Tauchbecken“ bezeichneten Teileigentum ist der gewerbsmäßige Betrieb einer Sauna zulässig. Der so vereinbarte Bestimmungszweck wird jedoch überschritten, wenn in den Räumlichkeiten die Aufnahme sexueller Kontakte ermöglicht oder erleichtert wird. Ein solcher Betrieb braucht nicht geduldet zu werden (BayObLG, 22. 4. 1994, 2Z BR 19/94).

Das gleiche gilt für die Nutzung eines Teileigentums „Sauna“ als „Pärchentreff“ oder „Swinger-Club“ (BayObLG, 16. 6. 2000, 2Z BR 178/99).

Schwimmbad

Ein in der Teilungserklärung und im Aufteilungsplan als „Schwimmbad“ bezeichnetes Teileigentum darf nur mit Zustimmung aller Eigentümer in ein Fitness-Center umgestaltet werden (BayObLG, 15. 7. 1988, 2 Z 145/87).

Seminarveranstaltung

Siehe hierzu: Ferienwohnung

Sexfilm-Kino

Die Nutzung eines „Ladens“ als Sex-Shop in Verbindung mit der Vorführung von Sex-Filmen widerspricht der Zweckbestimmung „Laden“ (AG

München, 6. 4. 1982, UR II 63/82; LG Passau, 11. 1. 1983, 2 T 151/82; zur Unzulässigkeit eines Sex-Shops in einem Laden vgl. auch BayObLG, 19. 8. 1994, 2Z BR 45/94; KG Berlin, 16. 2. 2000, 24 W 3925/98, dort auch zur Abgrenzung von Sex-Shop zu Erotik-Fachgeschäft mit Videothek; zur Unzulässigkeit eines Sex-Shops mit Videokabinen wegen der negativen Auswirkungen auf den Verkehrswert und den Mietpreis eines Teileigentums vgl. Verfüg Berlin, 6. 12. 2002, Verfüg 188/01).
Siehe auch: Erotik-Fachgeschäft, Peep-Show, Prostitution

Sonnenstudio

Siehe hierzu: Laden

Speicherraum

Die Bezeichnung eines Raumes in der Teilungserklärung als „Speicher" beinhaltet eine Zweckbestimmung mit Vereinbarungscharakter, die durch Eintragung in das Grundbuch zum Inhalt des Sondereigentums wird. Über diese Zweckbestimmung kann sich ein Wohnungseigentümer nicht hinwegsetzen. Der Beschaffenheit von Speicherräumen entspricht es, die so bezeichneten Räume als Abstellraum zur Aufbewahrung nicht benötigter Gegenstände zu nutzen. Darunter fällt auch die Aufbewahrung von Notariatsakten (BayObLG, 14. 2. 2001, 2Z BR 90/00).
Eine Nutzung für Wohnzwecke ist regelmäßig nicht zulässig (BGH, 26. 9. 2003, V ZR 217/02, dort zur Schadensersatzpflicht bei Verkauf von „Speicherraum" für Wohnzwecke wegen Rechtsmangels; OLG Düsseldorf, 28. 11. 2004, ZMR 2004, 610; 21. 5. 1997, 3 Wx 566/96, auch zur Ausnahme bei entsprechender Abänderungsvereinbarung).
Die Umwandlung eines Speicherraums in eine Wohnung bedarf dagegen grundsätzlich der Zustimmung aller Wohnungseigentümer, wenn dieser Raum nicht von vornherein für Wohnzwecke vorgesehen war (OLG Karlsruhe, 25. 1. 1987, 11 W 133/86, auch zur grundsätzlichen Zustimmungsbedürftigkeit durch alle Eigentümer bei Umwandlung von Teil- in Wohnungseigentum; BayObLG, 2. 9. 1993, 2Z BR 73/93, auch zur Abgrenzung zwischen öffentlich-rechtlicher Verzichtserklärung durch Unterschrift auf einer Eingabeplanung und bürgerlich-rechtlicher Willenserklärung; vgl. demgegenüber aber auch LG Wuppertal, 19. 12. 1985, 6 T 858/85, zur zulässigen Wohnnutzung einer zunächst ohne behördliche Genehmigung ausgebauten Dachgeschosswohnung, die als „nicht zu Wohnzwecken dienende Räume" in der Teilungserklärung ausgewiesen war und nach Erteilung der Baugenehmigung für Wohnzwecke genutzt wurde; vgl. auch BayObLG, 25. 6. 1997, 2Z BR 90/96, zur zulässigen Nutzung eines Teileigentums Speichers zu Wohnzwecken aufgrund bestandskräftigen Mehrheitsbeschlusses).
Siehe auch: Dachraum

Spielothek

Unzulässig ist die Nutzung eines „Ladens" als „Spielothek" bei täglichem Betrieb von 8.30 Uhr bis 1.00 Uhr (BayObLG, 9. 2. 2005, 2Z BR 170/04). oder einer „Gaststätte" als „Spielhalle" an „sensiblen Standorten" (LG München I, 4. 4. 2011, 1 S 16881/09).
Siehe hierzu: Playothek, Spielsalon

Spielsalon

Die Nutzung eines „Büro" als „Spielsalon" ist nicht zulässig, da sie mit größeren Beeinträchtigungen (Geräuschbelästigungen) verbunden ist als bei einer Nutzung als „Büro" (AG Passau, 21. 9. 1979, 1 UR II 123/79; vgl. auch OLG Zweibrücken, 9. 1. 1987, 3 W 198/86, unzulässige Nutzung eines „Ladens" als Spielsalon; 6. 10. 1987, 3 W 99/87; KG Berlin, 14. 3. 1990, 24 W 6087/89; LG München I, 4. 4. 2011, 1 S 1686/09, unzulässige Nutzung von Restaurant/Imbissraum in einem allgemeinen Wohngebiet als Spielhalle).
Siehe auch: Playothek, Teestube

Sportstudio

Siehe hierzu: Frauensportstudio

Sportvereinskantine

Die in der Teilungserklärung enthaltene Zweckbestimmung „Laden" steht der Nutzung eines Teileigentums als Sportvereins-Kantine entgegen (KG Berlin, 21. 5. 1986, 24 W 1511/86).

Steuerberaterpraxis

Siehe hierzu: Anwaltspraxis, Architekturbüro

Swinger-Club

Siehe hierzu: Sauna

Tagescafé

Die Nutzung eines „Ladens" als Tagescafé geht regelmäßig über die in der Teilungserklärung enthaltene Zweckbestimmung hinaus und muss grundsätzlich nicht hingenommen werden (BayObLG, 21. 9. 1984, 2 Z 107/83).
Siehe auch: Café, Eiscafé/Eisdiele

Tagungsraum

Als „Tagungsraum" bezeichnete Raumeinheiten können nicht als Kindergarten oder Kindertagesstätte genutzt werden (OLG Stuttgart, 18. 12. 1998, 8 W 123/98).

Tanzstudio

Die Nutzung eines „Kellerraums" als Tanzstudio widerspricht der Zweckbestimmung und ist deshalb unzulässig (BayObLG, 20. 1. 1994, 2Z BR 93/93).

Teestube

Die Zweckbestimmung „Laden" lässt den Betrieb einer Teestube mit Spielsalon nicht zu (BayObLG, 15. 2. 1984, 2 Z 113/83).

Veranstaltungsräume

Siehe hierzu: Ferienwohnung

Vereinsräume

Die Nutzung eines Wohnungseigentums durch einen islamischen Verein für gesellschaftliche und religiöse Zusammenkünfte ist unzulässig. Ein Verbot verstößt nicht gegen das Grundrecht der freien Religionsausübung (AG Mannheim, 6. 4. 2005, 4 UR WEG 251/04).

Verkaufskiosk

Die Nutzung eines „Ladens" als Verkaufskiosk widerspricht der Zweckbestimmung (OLG Düsseldorf, 1. 12. 1995, 3 Wx 337/95).

Vermietung/Sondereigentum

Jeder Wohnungseigentümer kann gemäß § 13 Abs. 1 WEG mit den im Sondereigentum stehenden Räumen nach Belieben verfahren, sie insbesondere verpachten und vermieten, soweit nicht das Gesetz oder Rechte Dritter entgegenstehen.
Als Vermieter unterliegt er damit im Verhältnis zum Mieter den geltenden mietrechtlichen Bestimmungen. Gegenüber der Wohnungseigentümergemeinschaft gelten die Bestimmungen des Wohnungseigentumsgesetzes.
Im Falle der Umwandlung von Mietwohnungen in Eigentumswohnungen tritt der Erwerber als Wohnungseigentümer kraft Gesetzes in bestehende Mietverträge ein und wird auch dann alleiniger Vermieter, wenn nach dem bestehenden Mietvertrag gemeinschaftliches Eigentum mit vermietet ist (BGH, 28. 4. 1999, VIII ARZ 1/98). Ist dagegen ein im Sondereigentum eines anderen Miteigentümers stehender Nebenraum mit vermietet wird der Erwerber nicht alleiniger Vermieter (so ausdrücklich in Abgrenzung zu BGH, a.a.O., LG Hamburg, 15. 7. 1999, 333 S 30/99).
Nach herrschender Meinung kann die Vermietung des Sondereigentums durch Vereinbarung grundsätzlich ausgeschlossen wierden (Klein in Bärmann § 13 Rn 58 ff.).
Ebenso kann eine Verpflichtung des Wohnungseigentümers zur Vermietung seines Sondereigentums ist unter bestimmten Voraussetzungen im Wege einer Vereinbarung geregelt werden (BayObLG, 10. 3. 1988, 2 Z

123/87, zur begrenzten Vermietungspflicht in einer Ferienpark-Wohnanlage; 23. 10. 1991, 2 Z 91/91, zur ergänzend konkretisierenden Beschlussfassung über den Ausschluss der Eigennutzung; vgl. auch BayObLG, 14. 6. 1995, 2Z BR 53/95, zur Zulässigkeit einer Vereinbarung über die Übertragung der Verwaltung an den WEG-Verwalter für den Fall der Vermietung des Sondereigentums).

Als Inhalt des Wohnungseigentums kann in der Teilungserklärung oder in der Gemeinschaftsordnung vereinbart werden, dass ein Wohnungseigentümer zur Überlassung der Wohnung an einen Dritten zur Benutzung, sei es unentgeltlich oder im Rahmen der Vermietung, der Zustimmung des Verwalters oder der Wohnungseigentümergemeinschaft bedarf (BGH, 15.6. 1962, V ZB 2/62; BayObLG, 14. 9. 1987, 2 Z 38/87).

Ebenso wie für den Fall der Veräußerungsbeschränkung gemäß § 12 Abs. 1 WEG darf auch die Zustimmung zur Vermietung nur aus wichtigem Grund verweigert werden. Dies ist unter anderem der Fall bei voraussehbaren unzumutbaren Beeinträchtigungen und Störungen der Miteigentümer, bei Beeinträchtigungen des Charakters des Wohnhauses oder auch bei gesetzlichen Nutzungsbeschränken (KG Berlin, 13. 12. 2004, 24 W 51/04, dort zur zulässigen Vermietung von Wohnungseigentum an einen Betreuungsverein für Suchtkranke).

Um im Einzelfall beurteilen zu können, ob ein solcher wichtiger Grund vorliegt, der die Versagung der Zustimmung rechtfertigen könnte, ist auch der vermietende Wohnungseigentümer verpflichtet sein, bei der Ermittlung der zu dieser Beurteilung erforderlichen Angaben über die Person des künftigen Mieters mitzuwirken.

So ist es jedenfalls gemäß § 138 BGB nicht sittenwidrig und für den vermietenden Wohnungseigentümer nicht unzumutbar, vor Abschluss des Mietvertrages nähere Angaben über die Person des neuen Mieters zu machen, und diese dem Zustimmungsberechtigten zur Kenntnis zu geben.

Dass sich die Wohnungseigentümergemeinschaft hierüber im Interesse einer ungestörten Nutzung und der Werterhaltung ihres Eigentums frühzeitig vergewissern will, ist ein legitimes Anliegen, das durch Mehrheitsbeschluss der Wohnungseigentümer rechtswirksam realisiert werden kann.

Aus der Zulässigkeit und der Verbindlichkeit eines Mehrheitsbeschlusses, der die vermietenden Wohnungseigentümer zur Einholung von Auskünften über den künftigen Mieter verpflichtet, kann jedoch nicht geschlossen werden, dass die Nichtbeachtung eines solchen Beschlusses selbst als wichtiger Grund bereits ausreicht, um die Zustimmung zur Vermietung zu verweigern (vgl. zum Ganzen LG Mannheim, 29. 9. 1977, 4 T 336/76, auch zur – inzwischen wohl nicht mehr vertretbaren – Verpflichtung zur Einholung eines polizeilichen Führungszeugnisses über den Mieter; vgl. auch LG Mannheim, 23. 12. 1976, 4 T 278/76, zur unzulässigen Verweigerung der Zustimmung zur Vermietung an fünf Einzelpersonen).

Die Vermietung an täglich oder wöchentlich wechselnde Feriengäste stellt grundsätzlich eine zulässige Form der Wohnnutzung dar und bedarf daher nicht der Zustimmung der übrigen Eigentümer. Etwas anderes gilt nur, wenn ein entsprechendes Verbot gemäß § 10 Abs. 2 Satz 2 WEG vereinbart wurde. Eine mehrheitliche Beschlussfassung reicht nicht aus (BGH, 15. 1. 2010, V ZR 72/09).

Ein generelles Verbot der Vermietung an Feriengäste kann zumindest dann nicht ausgesprochen werden, wenn es sich um eine Wohnanlage in einem Fremdenverkehrsort handelt, weil auch die zeitweilige Vermietung nicht grundsätzlich unvereinbar ist mit einem geordneten Zusammenleben im Sinne von § 14 Nr. 1 WEG (BayObLG, 10. 10. 1979, 2 Z 61/77; vgl. auch BayObLG, 5. 1. 1984, 2 Z 23/83 und 25. 6. 1987, 2 Z 68/86, zur Vermietung an Feriengäste; BayObLG, 29. 3. 2000, 2Z BR 3/000, zweifelhaft, aber offen gelassen zur Vermietung einer unterteilten „Verwalterwohnung" als Hotelappartement; BayObLG, 16. 6. 2000, 2Z BR 20/00, zur zulässigen Vermietung eines für Wohnzwecke ausgebauten Hobbyraumes und dessen gleichzeitiger getrennter Vermietung neben der zugehörigen Wohnung; OLG Frankfurt, 3. 12. 1982, 20 W 613/82, auch zur Abgrenzung der zulässigen Vermietung an Feriengäste zu der nach der Teilungserklärung untersagten Berufsausübung in der Wohnung).

Die bei einer Vermietung an Feriengäste auftretenden Nachteile sind im Regelfall als unvermeidlich im Sinne des § 14 Nr. 1 WEG anzusehen. Gehen die Beeinträchtigungen im konkreten Fall nicht über das zulässige Maß hinaus, liegt auch kein wichtiger Grund vor, um die Zustimmung zur Vermietung zu verweigern (zur grundsätzlichen Frage der Genehmigung zur Begründung von Wohnungseigentum in Gebieten mit Fremdenverkehrsfunktion vgl. § 22 Abs. 1 BauGB; zur grundsätzlichen Zulässigkeit der Umwandlung von Miet- in Eigentumswohnungen und deren Genehmigung im Rahmen einer Erhaltungssatzung vgl. weiter § 172 Abs. 1 BauGB).

Das Recht der Wohnungseigentümer zur Vermietung ihrer Wohnung schließt das Recht ein, das ihnen nach § 13 Abs. 2 Satz 1 WEG zustehende Recht auf Mitgebrauch aller Räume, Anlagen und Einrichtungen des gemeinschaftlichen Eigentums auf ihre Mieter zu übertragen. (BayObLG, 25. 6. 1987, 2 Z 68/86; 9. 10. 1997, 2Z BR 90/97; OLG Düsseldorf, 6. 11. 1995, 3 Wx 324/95).

Dies gilt grundsätzlich auch für den Mitgebrauch derjenigen gemeinschaftlichen Einrichtungen, die für die Nutzung des Sondereigentums nicht notwendig sind (OLG Düsseldorf, 15. 6. 2004, I-3 Wx 97/04, zur gleichberechtigten Nutzung gemeinschaftlicher Anlagen und Einrichtungen durch einen Mieter; BayObLG, 9. 10. 1997, 2Z BR 90/97, zur ausschließlichen Nutzung eines Kinderspielplatzes nur für die in der Anlage wohnenden Kinder, nicht dagegen für fremde Kinder, die in vermietetem Teileigentum entgeltlich betreut werden).

Siehe auch: Ferienwohnung, Wohnnutzung

Vermietung / Gemeinschaftseigentum

Die Vermietung gemeinschaftlichen Eigentums, beispielsweise von gemeinschaftlichen Kellerräumen oder Freiflächen auf dem Grundstück, kann im Wege einer Gebrauchsregelung durch Mehrheitsbeschluss entschieden werden, soweit nicht eine Vereinbarung entgegensteht und den Wohnungseigentümern kein Nachteil erwächst (BGH, 29. 6. 2000, V ZB 46/99; HansOLG Hamburg, 6. 2. 2003, 2 Wx 74/99)

Durch die Vermietung wird das nach § 13 Abs. 2 WEG bestehende Mitgebrauchsrecht zwar dem unmittelbaren Gebrauch des einzelnen Eigentümers zum Eigengebrauch entzogen, jedoch tritt an die Stelle des unmittelbaren Gebrauchs der Anteil an den Mieteinnahmen als mittelbarer Gebrauch (HansOLG Hamburg, 10. 3. 2004, 2 Wx 144/01, zur Zulässigkeit auch bei nur geringen Mieteinnahmen und entsprechend niedrigen anteiligen Nutzungen aus der Vermietung; BayObLG, 28. 3. 2002, 2Z BR 182/01, allerdings zur Unzulässigkeit wegen zusätzlicher Nachteile durch Lärm etc. bei Biergartennutzung; zur früheren Rechtsprechung vgl. BayObLG, 19. 2. 1987, 2 Z 4/87, zur grundsätzlichen Zulässigkeit der Vermietung in den Grenzen des § 14 Nr. 1 WEG; OLG Zweibrücken, 27. 8. 1985, 3 W 121/85; 5. 6. 1986, 3 W 96/86, zur notwendigen Einstimmigkeit bei entgeltlicher Überlassung/Vermietung von Gemeinschaftseigentum an Dritte; ebenso LG Stuttgart, 14. 4. 1999, 10 T 40/99; zur Zulässigkeit eines Mehrheitsbeschlusses zur entgeltlichen Vermietung vgl. KG Berlin, Vorlagebeschl. v. 15. 12. 1999, 24 W 6209/99, begründet mit der Kompensation der Entziehung des Mitgebrauchs durch die anteiligen Mieteinnahmen; zur platz- und zeitmäßig begrenzten Überlassung einer im Gemeinschaftseigentum stehenden Terrasse an den Eigentümer eines Teileigentums „Gaststätte“ als mehrheitlich beschliessbare Gebrauchsregelung vgl. LG Stuttgart, 27. 3. 1992, 2 T 996/91).

Die Vermietung setzt einen Mehrheitsbeschluss der Wohnungseigentümer voraus. Der Vertrag wird geschlossen zwischen dem Mieter (Wohnungseigentümer oder ein Dritter) und der teilrechtsfähigen Wohnungseigentümergemeinschaft, vertreten gemäß § 27 Abs. 3 Nr. 4 und Nr. 7 WEG durch den Verwalter als ihren gesetzlichen Vertreter (zur Befugnis der Verwalters zur Vermietung gemeinschaftlicher Flächen vgl. auch BayObLG, 10. 12. 2003, 2Z BR 49/03; siehe auch Vermietung/Sondereigentum).

Versicherungsagentur

Grundsätzlich ist der Betrieb einer Versicherungsagentur in als Wohnungseigentum bezeichneten Raumeinheiten als zulässig anzusehen (vgl. insoweit Anwaltspraxis, Architekturbüro, Arztpraxis, Krankengymnastikpraxis).

Voraussetzung ist allerdings auch hier, dass die von dieser Nutzung ausgehenden Störungen nicht größer sind als die, die sich auch bei einer Wohnnutzung ergeben (vgl. hierzu KG Berlin, 22. 10. 1993, 24 W 7471/92, zur Zulässigkeit einer Versicherungsvertretung im Sinne einer Gleichstellung mit freiberuflichen Tätigkeiten in einer Wohnung; a. A. AG Mülheim, 23. 10. 1979, 12 II 15/79, zur Nutzung einer Wohnung als Versicherungsagentur in einer Anlage, die in reiner Wohngegend gehobenster Ansprüche ausschließlich Wohnzwecken vorbehalten sein soll).

Videothek

Der Betrieb einer Videothek in einem als „Laden" bezeichneten Teileigentum über die reinen Ladenschlusszeiten hinaus ist als unzulässig anzusehen (zur eventuell abweichenden Beurteilung vgl. BayObLG, 24. 6. 1993, 2Z BR 121/92, für den Fall einer sachlich begründeten Nutzungsänderung).
Siehe auch: Erotik-Fachgeschäft, Sexfilm-Kino,

Wahrsagerei

Ist nach einer Teilungserklärung die freiberufliche Tätigkeit in einem Wohnungseigentum gestattet, kann eine gewerbliche Betätigung als Wahrsager/in nicht untersagt werden (KG Berlin, 22. 10. 1993, 24 W 7471/92).

Waschsalon

Mit der Zweckbestimmung einer als „Laden" bezeichneten Teileigentumseinheit ist der Betrieb eines Waschsalons mit Getränkeausschank nicht zu vereinbaren (OLG Frankfurt, 13.10. 1986, 20 W 159/86).

Weinkeller

Die in der Teilungserklärung enthaltene Zweckbestimmung eines Teileigentums als „Weinkeller, Kegelbahn, Windfang, Abstellraum, Kühlraum, WC und Vorplatz" ist nicht vereinbar mit dem Betrieb der so bezeichneten Räumlichkeiten als Diskothek oder Gaststätte mit Tanzbetrieb (BayObLG, 11. 10. 1989, 2 Z 96/98).

Wirtschaftsprüferkanzlei

Siehe hierzu: Anwaltspraxis

Wohnnutzung

Die Bezeichnung eines Wohnungseigentums in der Teilungserklärung als „Wohnung" ist als Zweckbestimmung mit Vereinbarungscharakter anzusehen (BayObLG, 13. 1. 1994, 2Z BR 130/93, auch zur störenden Nutzung eines Teileigentums für Wohnzwecke; 22. 10. 1992, 2Z BR 83/92, zur Unzulässigkeit eines Blumenladens in einer Wohnung).
Damit soll eine Nutzung ausgeschlossen werden, die mehr stört oder beeinträchtigt als eine Nutzung zu Wohnzwecken.
Als Kriterium hierfür kann neben der abweichenden Nutzung selbst u. a. die Belegungsdichte oder die Dauer der Vermietung gelten (zur zulässigen

Belegung einer Wohnung mit Aussiedlern/Asylbewerbern bei Einhaltung eines Richtwertes von zwei Personen je Zimmer und mindestens 10 Quadratmeter Wohnfläche für jede Person vgl. BayObLG, 9. 2. 1994, 2Z BR 7/94; KG Berlin, 10. 7. 1992, 24 W 3030/92, mit Bezugnahme auf das Wohnungsaufsichtsgesetz Berlin; OLG Stuttgart, 13. 8. 1992, 8 W 2189/92, Überlassung an zwei Personen je Zimmer und länger als sechs Monate; KG Berlin, 10. 7. 1992, 24 W 3030/92, je Wohnung eine Familie für eine Übergangszeit; OLG Hamm, 26. 9. 1991, 15 W 127/91, zur Vermietung an einen ständig wechselnden Personenkreis; OLG Frankfurt, 11. 5. 1994, 20 W 216/94, zur Belegungsdichte bei Überlassung an Asylbewerber; zur zulässigen Überlassung einer Wohnung in einem „guten Wohnhaus“ an eine asylberechtigte Familie vgl. BayObLG, 28. 11. 1991, 2 Z 133/91).
Siehe auch: Kellerraum

Zahnarztpraxis

Die Nutzung eines „Büros“ als Zahnarztpraxis (als Bestellpraxis) kann zulässig, sein, wenn von der insoweit abweichenden Nutzung keine größere Störungen ausgehen als die, die auch bei einer Büronutzung üblicherweise auftreten (OLG Hamm, 23. 10. 2003, 15 W 372/02).
Siehe hierzu: Arztpraxis

Zahnklinik

Bei einer in der Gemeinschaftsordnung enthaltenen Zweckbestimmung eines Teileigentums „Gewerbliche Nutzung“ ist der Betrieb einer „Zahnklinik“ in den so bezeichneten Räumlichkeiten grundsätzlich zulässig (OLG Düsseldorf, 19. 3. 2003, 3 Wx 249/02).

9.1.2.2 Unterlassungsanspruch bei zweckwidriger Nutzung

Da Wohnungseigentum echtes Eigentum im Sinne von § 903 BGB ist, genießt es auch den Schutz des § 1004 BGB (KG Berlin, 17. 2. 1993, 24 W 3563/92).

Wird daher Wohnungs- oder Teileigentum von einem Wohnungseigentümer entgegen der Zweck- und Nutzungsbestimmung gemäß Teilungserklärung oder Gemeinschaftsordnung bestimmungswidrig genutzt, besteht ein Unterlassungsanspruch, den sowohl der einzelne Wohnungseigentümer als Individualanspruch als auch die Wohnungseigentümer und die teilrechtsfähige Wohnungseigentümergemeinschaft gemäß § 15 Abs. 3 WEG, § 10 Abs. 6 WEG,

§ 1004 Abs. 1 Satz 2 BGB geltend machen können (vgl. hierzu u. a. BayObLG, 20. 7. 2000, 2Z BR 50/00, m. w. N.; 2. 9. 1993, 2Z BR 63/93; OLG Schleswig, 12. 8. 2002, 2 W 21/02; siehe insbesondere aber die Einzelübersicht zu Kap. 9.1.2.1 und auch Kap. 9.3 Einzelanspruch auf ordnungsmäßigen Gebrauch, Kap. 8.4 Unterlassungsanspruch der teilrechtsfähigen Wohnungseigentümergemeinschaft).

Unterlassungsansprüche verjähren gemäß § 195 BGB in drei Jahren, und zwar ab dem Zeitpunkt der Kenntniserlangung des Anspruchs.

Im Falle des Eigentümerwechsels muss sich der neue Eigentümer die Kenntnis des Voreigentümers zurechnen lassen.

Die Durchsetzung eines gerichtlich ausgesprochenen Unterlassungsanspruchs wegen zweck- oder bestimmungswidriger Nutzung von Wohnungs- oder Teileigentum ist im Regelfall dann unproblematisch durchzusetzen, wenn der Wohnungs- oder Teileigentümer selbst derjenige ist, der die zweckwidrige Nutzung ausübt.

Ist das zweckwidrig genutzte Wohnungs- oder Teileigentum vermietet, kann grundsätzlich jeder Eigentümer auch ohne Ermächtigung durch die Miteigentümer gegen den vermietenden Wohnungs- oder Teileigentümer rechtswirksam einen Unterlassungsanspruch geltend machen(so u. a. BayObLG, 20. 7. 2000, 2Z BR 50/00; 11.12. 1986, 2 Z 119/86; 23. 5. 1997, 2Z BR 44/97, auch zu den Schadensersatzansprüchen gegen den zweckwidrig vermietenden Eigentümer; LG Bremen, 25. 3. 1991, 2 T 19/91; LG Mannheim, 18. 9. 1990, 4 T 210/90, auch zur Festsetzung eines Ordnungsgeldes wegen Verstoßes gegen das Unterlassungsgebot; ebenso LG Memmingen, 22. 10. 1990, 4 T 1555/90, bestätigt durch BayObLG, 17. 1. 1991, 2 Z 164/90, mit Festsetzung eines Ordnungsgeldes in Höhe von DM 2000 gegen den zweckwidrig vermietenden Teileigentümer wegen unterlassener Einwirkung auf Einhaltung von Schließzeiten durch den zweckwidrig nutzenden Teileigentums-Pächter).

Aufgrund mietvertraglicher Verpflichtungen ist es dem vermietenden Wohnungs-/Teileigentümer oft nicht möglich, das Mietverhältnis vorzeitig zu beenden (vgl. zur rechtlichen Unmöglichkeit der Leistungserfüllung in einem solchen Fall LG Hamburg, 8. 7. 1992, 318 T 284/91).
Der wohnungseigentumsrechtliche Unterlassungsanspruch stellt keinen wichtigen Grund zur außerordentlichen Kündigung dar, so dass bei rechtswirksam abgeschlossenem Mietvertrag zwar die Unterlassung der zweckwidrigen Nutzung – gegebenenfalls durch andere Miteigentümer – verlangt, der Mietvertrag selbst aber erst mit Ablauf der vereinbarten Mietzeit beendet werden kann (zum bereits früher anerkannten Ausnahmefall siehe oben Kap. 9.1.2.1 – Prostitution, sowie OLG Frankfurt, 15. 11. 1989, 20 W 338/89, zur fristlosen Kündigung und zur Räumung bei Prostitution in einer Eigentumswohnung).
Insofern gehört es zum Risikobereich des Vermieters, dass die Vermietung des Sondereigentums mit der Gemeinschaftsordnung vereinbar ist. Ist die Vermietung untersagt oder stehen andere Vereinbarungen der konkreten Vermietung entgegen, kann der vereinbarungswidrig vermietende Eigentümer nicht bereits deshalb das Mietverhältnis aus wichtigem Grund kündigen (BGH 29. 11. 1995, XII 230/94).
Gegenüber der Wohnungseigentümergemeinschaft kann sich der zweckwidrig vermietende Wohnungs- oder Teileigentümer von der wohnungseigentumsrechtlichen Verpflichtung, eine zweckwidrige Nutzung zu unterlassen, andererseits nicht dadurch befreien, dass er sich auf die Tatsache der – rechtswirksamen – langfristigen Vermietung und das fehlende Kündigungsrecht beruft (OLG Hamm, 25. 9. 1989, 15 W 314/88; 25. 9. 1989, 15 W 505/88).
Vielmehr ist er zunächst verpflichtet, den Mietvertrag zum nächstmöglichen Termin zu ordentlich kündigen, wobei das Gericht sogar den Verwalter ermächtigen kann, das Kündigungsrecht anstelle des zweckwidrig vermietenden Woh-

nungseigentümers auszuüben (LG Lübeck, 28. 4. 1987, 7 T 98/87).

Da eine gerichtlich ausgesprochene Unterlassungsverpflichtung auch bei langfristiger Vermietung nicht auf eine unmögliche Leistung gerichtet ist, ist der zweckwidrig vermietende Wohnungseigentümer im Übrigen in den Fällen, in denen eine fristlose oder befristete Kündigung nicht möglich ist, verpflichtet, alle ihm zumutbaren Schritte zu unternehmen und alles rechtlich Mögliche zu veranlassen, um die rechtswidrige Nutzung zu unterbinden.

Zu diesen Möglichkeiten zählt auch das Angebot von Abstandszahlungen oder die Vermittlung anderer geeigneter Räumlichkeiten zwecks Aufgabe der zweckwidrigen Nutzung (OLG Hamm, 25. 9. 1989, 15 W 314/88; 25. 9. 1989, 15 W 505/88; 22. 12. 1994, 15 W 159/94; BayObLG, 22. 12. 1990, 2 Z 154/90, dort aber auch zur fehlenden Befugnis des Gerichts, bestimmte Maßnahmen, wie beispielsweise die Räumung, vorzuschreiben; vgl. auch OLG Düsseldorf, 6. 9. 1989, 3 Wx 191/89, auch zur Entscheidung über die Rechtfertigung einer Kündigung im Mietprozess; OLG Schleswig, 12. 8. 2002, 2 E 21/02).

Nach inzwischen herrschender Rechtsmeinung können jedoch die Wohnungseigentümer den Unterlassungsanspruch erfolgversprechender und schneller direkt gegenüber dem zweckwidrig nutzenden Mieter oder Pächter geltend machen.

Der – nach Wohnungseigentumsrecht zweckwidrig nutzende – Mieter kann sich grundsätzlich nicht auf ein Recht zur Störung gemäß § 1004 Abs. 2 BGB i. V. mit § 986 Abs. 1 Satz 2 BGB berufen, da ein solches Recht nur vom Vermieter abgeleitet werden kann, wenn dieser zu solchen Störungen berechtigt wäre (OLG München, 25. 2. 1992, 25 U 3550/91; OLG Stuttgart, 30. 9. 1992, 8 W 256/92; OLG Karlsruhe, 22. 9. 1993, 6 U 49/93; OLG Frankfurt, 18. 3. 1993, 2 U 124/92, dort zur Haltung von Kampfhunden).

Jede von einer Zweckbestimmung in der Teilungserklärung

abweichende oder ihr zuwiderlaufende und nach typisierender Betrachtung mehr störende Nutzung ist nicht (mehr) durch den Inhalt des Sondereigentums gedeckt und beeinträchtigt daher die Miteigentumsanteile der übrigen Wohnungseigentümer.
Zwar ist jedes Miteigentum durch die zu den anderen Miteigentumsanteilen gehörenden Sondereigentumsrechte beschränkt, aber diese Beschränkung im Sinne einer Pflicht zur Duldung bestimmter Nutzungen greift dann nicht, wenn es sich um eine zweckwidrige Nutzung handelt, die eben nicht durch eine Gebrauchsregelung gedeckt wird, die gemäß § 15 Abs. 1 WEG zum Inhalt des Sondereigentums gemacht wurde.
Aus diesen Gründen werden die übrigen Miteigentümer in ihrem dinglichen Eigentumsrecht beeinträchtigt und haben demzufolge bei einem vermehrt störenden Gebrauch des Sondereigentums selbst den dinglichen Abwehranspruch aus § 1004 BGB.
Aufgrund seiner absoluten Wirkung richtet sich dieser Anspruch gegen jeden, der das Sondereigentum zweckwidrig nutzt, also auch direkt gegen den Mieter (vgl. auch Kap. 13.8 Unterlassungs-/Beseitigungsanspruch bei baulichen Veränderungen).
Der – wohnungseigentumsrechtlich zweckwidrig nutzende – Mieter, der das gemietete Wohnungs- oder Teileigentum wegen des Rechtsmangels nicht nutzen kann, ist seinerseits wiederum nicht verpflichtet, den Mietvertrag zu kündigen, um seinen für die Mietzeit laufenden Schadensersatzanspruch gegen den zweckwidrig vermietenden Wohnungs-/Teileigentümer zu mindern (BGH, 18. 1. 1995, XII ZR 30/93).
Steht jedoch fest, dass die vertraglich vereinbarte Nutzung auf Dauer nicht möglich ist, ist er im eigenen Interesse gehalten, die Räume anderweitig unterzuvermieten (BGH, a. a. O., auch zum Anspruch des Mieters auf entgangenen Gewinn aus der Untervermietung).

9.1.2.3 Schadensersatz wegen zweckwidriger Nutzung

Anstelle eines Unterlassungsanspruchs bleibt im Einzelfall zu prüfen, ob gegebenenfalls gegen den zweckwidrig selbst nutzenden bzw. vermietenden Eigentümer Schadensersatzansprüche wegen bestimmungs- bzw. zweckwidriger Nutzung – auch im Falle der Vermietung – geltend gemacht werden können.

Voraussetzung ist allerdings, dass ein Schaden entstanden und dieser nach Art und Höhe nachzuweisen ist (OLG Hamm, 25. 9. 1989, 15 W 505/88, dort mit Hinweis auf die in der Vorinstanz abgewiesene Klage auf Schadensersatz wegen Wertminderung durch zweckwidrige Nutzung, da ein bleibender Schaden und dessen Höhe noch nicht feststellbar war; vgl. auch OLG Stuttgart, 19. 5. 193, 8 W 485/92, grundsätzlich bejahend zum Schadensersatzanspruch bei zweckwidriger Nutzung wegen Pflichtverletzung und unerlaubter Handlung, hinsichtlich des Umfangs nach § 249 Satz 1 BGB; vgl. weiter OLG Frankfurt, 9. 7. 1986, 20 W 357/85, zum Schadensersatzanspruch wegen unsachgemäßer Bepflanzung einer Dachterrasse mit daraus resultierenden Feuchtigkeitsschäden).

Ein solcher Schaden kann beispielsweise in der Duldung von Immissionen (Lärmbeeinträchtigungen) liegen, die aus einer zweckwidrigen, aber nicht vorzeitig beendbaren Nutzung herrühren (Nutzung eines „Ladens“ als Pilsbar und Weinstube, bei langfristigem und vorzeitig nicht kündbarem Miet- bzw. Pachtvertrag).

Unter analoger Anwendung des § 906 Abs. 2 Satz 2 BGB kann möglicherweise im konkreten Fall auch ein „angemessener Ausgleich“ aus der Differenz der Mieteinnahmen aus tatsächlicher zweckwidriger Nutzung gegenüber theoretisch erzielbaren Einnahmen bei bestimmungsgemäßer „Laden-“Nutzung errechnet werden (AG Dachau, 25. 10. 1985, 4 UR II 20/84).

9.1.2.4 Nutzungs- und Gebrauchsbeschränkungen beim Gemeinschaftseigentum

Ebenso wie für das Sondereigentum bestimmte Gebrauchs- und Nutzungsregelungen durch Vereinbarungen zulässig sind, kann auch die Nutzung und der Gebrauch der gemeinschaftlichen Anlagen und Einrichtungen als Gebrauchsregelung im Sinne von § 15 Abs. 1 WEG durch eine Vereinbarung gemäß § 10 Abs. 2 Satz 2 WEG geregelt werden.
So werden in der Praxis in der Teilungserklärung bzw. in der Gemeinschaftsordnung für bestimmte Teile des gemeinschaftlichen Eigentums konkrete Gebrauchs- und Nutzungsregelungen getroffen.
Dabei kann es sich einerseits um die Ausweisung bestimmter Grundstücksflächen als Spielplätze, Trockenplätze, Kfz.-Stellplätze oder auch um die Ausweisung von Grünflächen handeln. Ebenso können aber auch für bestimmte, im gemeinschaftlichen Eigentum stehende Räume genau beschriebene Nutzungen vorgesehen werden, beispielsweise die Nutzung einzelner Räume als Fahrradkeller, als Wasch- und/oder Trockenkeller und weiterhin auch als Hobby- oder sonstiger Gemeinschaftsraum.
Die Zweckbestimmung so ausgewiesener Grundstücksflächen und gemeinschaftlicher Räume ergibt sich konkret aus der jeweiligen Teilungserklärung, der Gemeinschaftsordnung und dem jeweils zugrunde liegenden Aufteilungsplan.
Änderungen sind nur mit Zustimmung aller Wohnungseigentümer zulässig (zu den grundbuchmäßigen Voraussetzungen bei Änderungen der Zweckbestimmung vgl. BayObLG, 4. 8. 1988, 2 Z 57/88; zur faktischen Änderung des Nutzungszwecks vgl. OLG Düsseldorf, 24. 8. 1994, 3 Wx 254/94; zum Anspruch auf Änderung vgl. OLG Düsseldorf, 24. 1. 2003, 3 Wx 381/02).
Gemäß § 10 Abs. 2 Satz 3 WEG kann jeder Eigentümer unter bestimmten Voraussetzungen auch eine Anpassung

oder Änderung einer Gebrauchsregelung verlangen, wenn das Festhalten an der bestehenden Regelung unbillig erscheint.
Ergibt sich aus der Teilungserklärung oder der Gemeinschaftsordnung und dem Aufteilungsplan ein bestimmter Nutzungs- oder Gebrauchszweck nicht oder ist dieser zu unbestimmt, entscheiden die Wohnungseigentümer mit Mehrheit über den ordnungsmäßigen Gebrauch im Rahmen der vorgegebenen Zweckbestimmung unter Berücksichtigung der im Übrigen durch § 14 Nr. 1 WEG gezogenen Grenzen.
So getroffene Beschlüsse unterliegen aber wie alle anderen Beschlüsse der Wohnungseigentümer der gerichtlichen Überprüfung.
Das Problem liegt in der Praxis in den unterschiedlichen Auffassungen über Art und Umfang des nach einer Zweckbestimmung – noch – zulässigen Gebrauchs.
So sieht das OLG Düsseldorf in einer in der Teilungserklärung enthaltenen Bezeichnung „Rasenfläche" bereits eine hinreichende Zweckbestimmung mit der Folge, dass eine mehrheitlich beschlossene Regelung, auf dieser Fläche das Ballspielen von Kindern zu gestatten, für ungültig zu erklären ist, weil sie der Zweckbestimmung zuwiderläuft (OLG Düsseldorf, 27. 11. 1985, 3 Wx 352/85, jedoch strittig, weil der Begriff „Rasenfläche" nur die bauliche Gestaltung, nicht aber bereits eine fest umrissene Nutzung beinhaltet; vgl. in diesem Sinne auch OLG Saarbrücken, 24. 10. 1989, 5 W 187/89, dort zu einer mehrheitlich beschlossenen Gebrauchsregelung zum zulässigen Spielen von Kindern auf einer „Grünfläche").

9.2 Gebrauchsregelungen durch Mehrheitsbeschluss

Ist für den Gebrauch des Sonder- und/oder Gemeinschaftseigentums gemäß § 15 Abs. 1 WEG keine Vereinbarung im Sinne von § 10 Abs. 2 Satz 2 und Abs. 3 WEG oder eine ihr gleichstehende Regelung in der Teilungserklärung oder der Gemeinschaftsordnung getroffen, können die Wohnungseigentümer gemäß § 15 Abs. 2 WEG durch Stimmenmehrheit für die im Sondereigentum stehenden Gebäudeteile und für das gemeinschaftliche Eigentum Gebrauchsregelungen beschließen.

Diese Regelungen müssen der jeweiligen Beschaffenheit des Sonder- oder des Gemeinschaftseigentums und dessen ordnungsmäßigem Gebrauch entsprechen. Was im Einzelnen dabei als ordnungsmäßiger Gebrauch anzusehen ist, ergibt sich aus den allgemeinen Bestimmungen des Wohnungseigentumsgesetzes nicht, so dass die Entscheidung hierüber immer nur für den konkreten Fall getroffen werden kann.

Grundsätzlich kann aber einem Wohnungseigentümer durch mehrheitliche Beschlussfassung nicht ein Gebrauch des Sonder- oder Gemeinschaftseigentums untersagt werden, der sich in den Grenzen der Vorschriften der §§ 13, 14 WEG hält (BayObLG, 5.1. 1984, 2 Z 23/83; vgl. auch BayObLG, 13. 7. 1984, 2 Z 22/84, zu einer Benutzungsregelung der Kfz.-Stellplätze durch die Gäste eines Teileigentums „Gaststätte"; zum Abstellen von Motorrädern im Kellerraum vgl. BayObLG, 21. 1. 1987, 2 Z 133/87; KG Berlin, 2. 7. 1990, 24 W 1434/90, zu einer Gebrauchsregelung von Garagen, die im Gemeinschaftseigentum stehen).

Im Rahmen der mehrheitlich zu beschließenden Gebrauchsregelungen können die Wohnungseigentümer auch über die Vermietung von Räumen, Flächen, Anlagen und Einrichtungen entscheiden, die im gemeinschaftlichen Eigentum stehen. Voraussetzung ist, dass Vereinbarungen nicht entgegenstehen und den Wohnungseigentümern

durch die Vermietung keine weiteren Nachteile entstehen (BGH, 29. 6. 2000, V ZB 46/99; HansOLG Hamburg, 6. 2. 2003, 2 Wx 74/99).
Durch die Vermietung von Gemeinschaftseigentum wird das Recht zum Mitgebrauch gemäß § 13 Abs. 2 WEG nicht entzogen. Es wird nur die Möglichkeit des unmittelbaren (Eigen-)Gebrauchs durch die des mittelbaren (Fremd-)Gebrauchs ersetzt, wobei an die Stelle des unmittelbaren Gebrauchs der Anteil der Mieteinnahmen tritt (BGH, a. a. O.).
Ihren Niederschlag finden die gemäß § 15 Abs. 2 WEG durch Mehrheit zu beschließenden Gebrauchsregelungen regelmäßig in der Hausordnung sowie in anderen „Ordnungen" (Garagenordnung, Aufzugsordnung, Schwimmbad-/Saunaordnung etc.; vgl. hierzu und zu einzelnen Gebrauchsregelungen Kap. 12.2.1).
Dabei ist grundsätzlich zu berücksichtigen, dass diese mehrheitlich beschliessbaren Gebrauchsregelungen hinreichend bestimmt sein müssen.
Sind mangels ausreichender inhaltlicher Bestimmtheit künftige Auseinandersetzungen über die beschlossenen Regelungen zu erwarten, entsprechen sie nicht ordnungsmäßiger Verwaltung und sind auf Antrag durch das Gericht für ungültig zu erklären (BayObLG, 21. 1. 1988, 2 Z 133/87; vgl. allgemein zur erforderlichen Bestimmtheit von Beschlüssen BayObLG, 9. 8. 1984, 2 Z 77/83; 17. 9. 1992, 2Z BR 62/92; 24. 6. 1993, 2Z BR 28/93; vgl. auch Kap. 14.6.3.6).

9.3 Einzelanspruch auf Gebrauchsregelung

Jeder einzelne Wohnungseigentümer kann gemäß § 15 Abs. 3 WEG einen Gebrauch der im Sondereigentum stehenden Gebäudeteile und des gemeinschaftlichen Eigentums verlangen,

- der dem Gesetz,
- den Vereinbarungen,
- den Beschlüssen

  und, soweit sich daraus eine Regelung nicht ergibt,
- den Interessen der Gesamtheit der Wohnungseigentümer

entspricht.
Der Anspruch richtet sich also zunächst auf die Einhaltung der dem Gesetz, den Vereinbarungen und den Beschlüssen entsprechenden Gebrauchs- und Nutzungsregelungen, aber ebenso auch auf deren Aufhebung, Ergänzung oder Änderung.
Sind keine Gebrauchsregelungen durch Vereinbarung oder Mehrheitsbeschluss getroffen, kann jeder Wohnungseigentümer eine solche Regelung verlangen, die dem Interesse der Gesamtheit der Wohnungseigentümer entspricht, also eine Regelung, durch die erstmalig Art und Umfang des zulässigen Gebrauchs festgelegt werden.
Dieser Anspruch kann zu jeder Zeit geltend gemacht werden. Einer Ermächtigung durch die übrigen Wohnungseigentümer bedarf es nicht.
Ist einem Wohnungseigentümer ein Sondernutzungsrecht an bestimmten Räumen, Anlagen oder Einrichtungen des gemeinschaftlichen Eigentums eingeräumt worden, muss die Gemeinschaft dem betreffenden Eigentümer den ausschließlichen und alleinigen Gebrauch und die ausschließliche Nutzung eben dieser Anlagen und Einrichtungen gewähren.
Die Gemeinschaft ist nicht berechtigt, ein solches Sondernutzungsrecht durch Mehrheitsbeschluss zu beschränken oder zu entziehen, um beispielsweise einem anderen Wohnungseigentümer die Nutzung der Räume oder Anlagen zu ermöglichen (vgl. hierzu Kap. 9.1.1 Sondernutzungsrechte).
Das gleiche gilt für im gemeinschaftlichen Eigentum stehende Anlagen, Einrichtungen und Räume, für die eine be-

stimmte Zweckbestimmung durch Aufteilungsplan, Teilungserklärung und Gemeinschaftsordnung festgelegt worden ist.
So kann nicht durch Mehrheitsbeschluss ein gemäß Teilungserklärung als Fahrradkeller bezeichneter Raum der so bestimmten Nutzung als Abstellraum für Fahrräder entzogen werden. Einem Mehrheitsbeschluss zugänglich ist insoweit nur eine Regelung über das „Wie" der Benutzung (BayObLG, 10. 11. 1961, 2 Z 153/61).

9.4 Unterlassungsanspruch bei zweckwidrigem Gebrauch

Die Regelung des 15 Abs. 3 WEG räumt neben dem Anspruch auf Gebrauchsgewährung in gleicher Weise einen Anspruch auf Gebrauchsunterlassung ein, wenn der tatsächliche Gebrauch den gemäß § 15 Abs. 1 und 2 WEG getroffenen Vereinbarungen oder Beschlüssen widerspricht (vgl. hierzu Kap. 9.1.2.2, dort entsprechend zum Unterlassungsanspruch bei bestimmungswidrigem Gebrauch des Sondereigentums).
Ein Anspruch auf Gebrauchsgewährung oder auf Unterlassung kann im Übrigen auch dann geltend gemacht werden, wenn Mieter oder Pächter eines Wohnungs- oder Teileigentums durch Handlungen anderer Wohnungseigentümer in ihren Rechten beeinträchtig werden.
In diesen Fällen ist der vermietende Eigentümer berechtigt, Belästigungen seiner Mieter durch andere Miteigentümer im eigenen Namen gerichtlich geltend zu machen und Gebrauchsgewährung oder Unterlassung zu verlangen (OLG Frankfurt, 30. 11. 1960, 6 W 497/60; AG Hannover, 31. 1. 2000, 70 II 414/99, zum rechtswirksamen Anspruch des Mieters eines Wohnungseigentümers auf Unterlassung des Rauchens eines Miteigentümers).
Diese Anträge sind im Verfahren gemäß § 43 WEG geltend

zu machen und auf die Durchsetzung der durch Vereinbarung oder Mehrheitsbeschluss getroffenen Gebrauchsregelungen gerichtet.

Voraussetzung zur Geltendmachung von Gewährungs- oder Unterlassungsansprüchen ist aber grundsätzlich das Vorliegen einer pflichtwidrigen Handlung in der Vergangenheit, die in der Zukunft vermieden werden soll. Insoweit kommt es – auch – auf die Wiederholungsgefahr an (vgl. hierzu auch AG Hamburg, 30.10. 1989, 102 b II 118/89).

Liegen keine durch Vereinbarung oder durch Mehrheitsbeschluss getroffenen Gebrauchsregelungen vor, kann jeder Wohnungseigentümer gemäß § 15 Abs. 3 WEG – ebenfalls im Verfahren nach § 43 WEG – eine Regelung verlangen, die dem Interesse der übrigen Wohnungseigentümer nach billigem Ermessen entspricht (zum Herausgabe- oder Räumungsverlangen bei fehlender Nutzungsbefugnis für gemeinschaftliche Räume vgl. BayObLG, 15. 1. 2004, 2Z BR 225/03).

Wird eine richterliche Entscheidung nach § 21 Abs. 8 WEG begehrt, hat das Gericht über Art und Ausmaß des zulässigen ordnungsmäßigen Gebrauchs zu entscheiden und die Anordnungen zur Durchführung der erforderlichen Maßnahmen zu treffen.

Das Gericht kann aber nur eine solche Gebrauchsregelung treffen, die auch von den Eigentümern gemäß § 15 Abs. 2 WEG mit Mehrheit hätte beschlossen werden können (KG Berlin, 3. 9. 1971, 1 W 3312/69; vgl. auch KG Berlin, 11. 5. 1988, 24 W 6131/87, zu einer gerichtlich getroffenen Stellplatzregelung; ebenso KG Berlin, 27. 4. 1994, 24 W 7352/93, zu einer Stellplatzregelung durch richterliche Anordnung eines jährlichen Losverfahrens; vgl. im übrigen Kap. 12.2.1.5, u. a. Kfz.-Stellplatzregelungen).

Im Falle einer durch das Gericht gestalteten Gebrauchsregelung sind die Wohnungseigentümer ihrerseits wiederum nicht gehindert, eine andere Gebrauchsregelung durch mehrheitliche Beschlussfassung zu treffen, die aber den

Grundsätzen ordnungsmäßiger Verwaltung entsprechen muss (KG Berlin, 28. 2. 1996, 24 W 8306/94, zu einer Kfz.-Stellplatzregelung; OLG Frankfurt, 8. 1. 2009, 20 W 384/07).

10. Nutzungen, Lasten und Kosten des gemeinschaftlichen Eigentums

Grundsätzlich gilt, dass die aus dem Sondereigentum anfallenden Nutzungen (Mieten, Pachten) nur dem jeweiligen Sondereigentümer zustehen und ebenso die für das Sondereigentum entstehenden Lasten und Kosten (Grundsteuer, direkt mit Dritten abgerechnete Kosten z. B. Strom) ausschließlich von den betreffenden Sondereigentümern selbst zu tragen sind.
Dem stehen die Nutzungen, Lasten und Kosten des gemeinschaftlichen Eigentums gegenüber, die auf alle Wohnungseigentümer anteilig zu verteilen bzw. von ihnen gemeinschaftlich zu tragen sind.

10.1 Nutzungen des gemeinschaftlichen Eigentums

Nach § 16 Abs. 1 WEG gebührt jedem Wohnungseigentümer ein seinem Anteil entsprechender Bruchteil der Nutzungen des gemeinschaftlichen Eigentums. Dieser Anteil bestimmt sich nach dem im Grundbuch eingetragenen Verhältnis der Miteigentumsanteile, da das gemeinschaftliche Vermögen dinglich den einzelnen Miteigentumsanteilen zugeordnet ist.
Zu den so genannten Nutzungen des gemeinschaftlichen Eigentums im Sinne von § 16 Abs. 1 WEG gehören

- Miet- und Pachtzinsen aus dem gemeinschaftlichen Eigentum,
- Zinsen aus dem gemeinschaftlichen Vermögen,
- Gartenerzeugnisse wie Blumen, Obst etc.

Diese Nutzungen fallen in das gemeinschaftliche Vermögen und unterliegen der allgemeinen Verwaltung der Wohnungseigentümer, wobei es allerdings zu den Aufgaben des Verwalters gehört, sich um die Nutzung des gemeinschaftlichen Eigentums auch durch Vermietung zu kümmern (OLG Köln, 4. 5. 1998, 16 Wx 34/88, zur Beitreibungspflicht des Verwalters für Einnahmen aus der Vermietung von Werbeflächen im Gemeinschaftseigentum, aber auch zur Mitwirkungspflicht der Eigentümer bei der Wahrung ihrer Vermögensinteressen).
Ein einzelner Wohnungseigentümer hat nicht das Recht, die Zahlung von Mieteinnahmen aus dem gemeinschaftlichen Eigentum an sich persönlich zu verlangen. Die Zahlung kann grundsätzlich nur an die Wohnungseigentümergemeinschaft in ihrer Gesamtheit verlangt werden.
Die Verteilung der Nutzungen richtet sich gemäß § 16 Abs. 1 WEG nach den im Grundbuch eingetragenen Miteigentumsanteilen, sofern nicht durch eine Vereinbarung im Sinne von § 10 Abs. 2 Satz 2 WEG eine abweichende Regelung getroffen wurde.
Ob im Einzelfall Ertrags- und Nutzungswerte des gemeinschaftlichen Eigentums in den Wirtschaftsplan und die Jahresabrechnung aufzunehmen sind, hängt davon ab, ob diese Beträge innerhalb der Gemeinschaft ausgleichspflichtig sind (BayObLG, 19.3. 1973, 2 Z 5/73).
Zu den in den Wirtschaftsplan und die Jahresabrechnung grundsätzlich aufzunehmenden Nutzungswerten zählen insbesondere die aus dem gemeinschaftlichen Vermögen erzielten Zinserträge, beispielsweise aus der Instandhaltungsrückstellung. Da Zinserträge der Kapitalertragsteuer unterliegen, müssen anteilig in den Einzelabrechnungen ausge-

wiesen und von jedem Eigentümer in der persönlichen Steuererklärung angegeben werden.
Die Verteilung der Zinserträge erfolgt gemäß § 16 Abs. 1 WEG nach Miteigentumsanteilen, jedenfalls dann, wenn die in die Instandhaltungsrückstellung abzuführenden Beiträge ebenfalls nach Miteigentumsanteilen berechnet werden. Erfolgt die Berechnung nach der Größe der Wohn- oder Nutzfläche, sind auch die Zinserträge nach dem gleichen Schlüssel zu verteilen. Entsprechendes gilt auch für die Verteilung anderer Erträge (zum gleichen Verteilungsschlüssel bei rücklagenfinanzierten Instandsetzungsmaßnahmen vgl. LG München I, 18. 8. 2010, 1 S 1874/10).

10.2 Lasten und Kosten des gemeinschaftlichen Eigentums

Durch die Vorschriften des § 16 Abs. 2 WEG ist jeder Wohnungseigentümer gegenüber den anderen Wohnungseigentümern verpflichtet,

- die Lasten des gemeinschaftlichen Eigentums,

sowie die Kosten

- der Instandhaltung,
- der Instandsetzung,
- der sonstigen Verwaltung und
- eines gemeinschaftlichen Gebrauchs des gemeinschaftlichen Eigentums entsprechend seinem im Grundbuch eingetragenen Miteigentumsanteil zu tragen.

10.2.1 Lasten des gemeinschaftlichen Eigentums

Lasten des gemeinschaftlichen Eigentums sind Leistungen, die aus dem Grundstück oder auch aus dem Verwaltungsvermögen im Sinne von § 10 Abs. 7 WEG zu entrichten sind und insoweit im Gegensatz zu den Nutzungen (vgl. Kap. 10.1) stehen, als durch sie der Nutzungswert des Grund-

stücks gemindert wird (Becker in Bärmann § 16 Rn 25; Niedenführ in Niedenführ/Kümmel/Vandenhouten § 16 Rn 37). Zu unterschieden ist nach öffentlich-rechtlichen und privatrechtlichen Lasten.
Zu den öffentlich-rechtlichen Lasten zählen:

- Beiträge nach den Kommunalabgabengesetzen der Bundesländer,
- Schornsteinfegergebühren gemäß § 25 Abs. 4 Satz 1 SchfG.

Zu den privatrechtlichen Lasten gehören

- Leistungen auf Grundpfandrechte, die das gesamte Grundstück (alle Wohnungs- und Teileigentumsrechte) belasten.

10.2.1.1 Öffentlich-rechtliche Lasten

Hierzu zählen die Abgaben nach den Kommunalabgabengesetzen (KAG) der Länder. Es handelt sich dabei um Steuern, Gebühren und Beiträge. Zu den Gebühren im Sinne der KAG zählen Gebühren für die Abfallbeseitigung, für die Entwässerung der Grundstücke, für die Reinigung der öffentlichen Straßen sowie andere Gebühren und Entgelte. Ob die Gebühren im Einzelfall zu den Lasten des gemeinschaftlichen Eigentums oder zu den Kosten des gemeinschaftlichen Gebrauchs zählen, hängt von den jeweiligen örtlich unterschiedlich durch Satzung festgelegten Gebührenregelungen ab.
Bei den Beiträgen nach den Kommunalabgabengesetzen handelt es sich um den Ersatz des Aufwandes für die Herstellung, Anschaffung und Erweiterung öffentlicher Einrichtungen und Anlagen, bei Straßen, Wegen und Plätzen auch für deren Verbesserung.
Wer nach den Kommunalabgabengesetzen und den darauf basierenden örtlichen Satzungen beitragspflichtig ist, ist in den einzelnen Bundesländern unterschiedlich geregelt.

Teilweise wird nur die anteilige Beitragspflicht entsprechend der Regelung für die Erschließungsbeiträge nach BauGB übernommen, andererseits ergibt sich mangels entsprechender Regelungen die für die Wohnungseigentümer weit reichende und risikobehaftete Konsequenz, dass in einzelnen Bundesländern auch jeder einzelner Eigentümer beispielsweise für Straßenausbaubeiträge als Gesamtschuldner in Anspruch genommen werden kann (z. B. in Nordrhein-Westfalen gemäß § 8 Abs. 9 i. V. m. Abs. 2 Satz 3 KAG NW; zu den Beiträgen u. a. für die Verbreiterung oder Erneuerung von Straßen und Plätzen, für die Einrichtung von Parkbuchten, Fußgängerzonen etc. vgl. VGH Mannheim, 12. 1. 990, 23 B 8801295; zum Anschlusszwang an die öffentliche Kanalisation vgl. OVG Münster, 7. 3. 94, 22 A 753/92; zur gesamtschuldnerischen Haftung für kommunale Gebühren vgl. auch Kap. 8.6, 10.4, Kommunale Gebühren).

Anders als die Beiträge nach den Kommunalabgabengesetzen gehören Erschließungsbeiträge im Sinne des § 127 BauGB (Kosten für die erstmalige Herstellung von Straßen, Wegen, Plätzen, Parkflächen etc.) nicht zu den Lasten des gemeinschaftlichen Eigentums. Diese Erschließungsbeiträge sind gemäß § 134 Abs. 1 BauGB bei Wohnungs- und Teileigentum auf die einzelnen Wohnungs- und Teileigentümer entsprechend ihrem Miteigentumsanteil umzulegen. Diese anteilige Umlage gilt auch für den Fall, dass infolge besonderer baulicher Gestaltung der Wohnanlage nur ein Sondereigentümer Zugang von der Erschließungsanlage her hat).

Für Erschließungsbeiträge haften die Wohnungseigentümer aufgrund gesetzlicher Regelung nicht als Gesamtschuldner (vgl. Becker in Bärmann § 16 Rn 27 m. w. N.).

Zu den Lasten im Sinne des § 16 Abs. 2 WEG gehören gemäß § 25 Abs. 4 Schornsteinfegergesetz auch die Gebühren nach der Kehr- und Überprüfungsgebührenordnung, die „vom Grundstückseigentümer oder im Falle von Woh-

nungseigentum von der Gemeinschaft der Wohnungseigentümer zu tragen" sind. Insoweit haften die Wohnungseigentümer als Gesamtschuldner und nicht die teilrechtsfähige Wohnungseigentümergemeinschaft.
Nach inzwischen vorherrschender Meinung ist allerdings eine Haftung der Gemeinschaft und insoweit auch eine gesamtschuldnerische Haftung dann ausgeschlossen, wenn es sich um Kehr- und Überprüfungsgebühren handelt, die für Tätigkeiten an Anlagen entstehen, die zum Sondereigentum gehören, wie beispielsweise Gasetagenheizungen (Becker in Bärmann § 16 Rn 28, m. w. N.).

10.2.1.2 Privatrechtliche Lasten

Zu den privatrechtlichen Lasten zählen Reallasten, Rentenschulden, sowie Kapitalverpflichtungen aus Grundpfandrechten / Gesamthypotheken, sofern sie alle Wohnungseigentumsrechte belasten (Becker in Bärmann § 16 Rn 29; Niedenführ in Niedenführ / Kümmel / Vandenhouten § 16 Rn 38 m. w. N.).
Ist danach das gesamte Grundstück mit einer Gesamtgrundschuld belastet, zählen die hieraus zu erbringenden Leistungen zu den privatrechtlichen Lasten im Sinne des § 16 Abs. 2 WEG (BayObLG, 28. 5. 1973, 2 Z 14/73; Becker in Bärmann § 16 Rn 29; Niedenführ a. a. O. § 16 Rn 38).
Nicht zu den Lasten im Sinne des § 16 Abs. 2 WEG gehören dagegen Leistungen auf Grundpfandrechte, mit denen das einzelne Wohnungseigentum belastet ist. Das bedeutet also, dass jeder einzelne Wohnungseigentümer für die auf seinem Wohnungs- / Teileigentum lastende Hypothek die entsprechenden Zins- und Tilgungszahlungen selbst zu erbringen hat.
Die für das jeweilige Sonder- / Teileigentum zu entrichtenden Grundsteuer ist keine öffentliche Last der Gemeinschaftseigentums. Vielmehr ist das Wohnungseigentum als rechtlich selbständiges Sondereigentum selbständiger Ge-

genstand der Besteuerung gemäß § 93 Abs. 1 Satz 1 BewG. Steuerpflichtiger ist der jeweilige Wohnungs- bzw. Teileigentümer (Becker in Bärmann, § 16 Rn 27).

10.2.2 Kosten des gemeinschaftlichen Eigentums

Zu den Kosten des gemeinschaftlichen Eigentums zählen gemäß § 16 Abs. 2 WEG

- die Kosten der Instandhaltung und Instandsetzung,
- die Kosten der sonstigen Verwaltung und
- die Kosten des gemeinschaftlichen Gebrauchs des gemeinschaftlichen Eigentums.

10.2.2.1 Kosten der Instandhaltung und Instandsetzung

Die Kosten für Instandhaltungs- und Instandsetzungskosten sind gemäß § 16 Abs. 2 WEG von jedem Wohnungseigentümern entsprechend seinem Miteigentumsanteil zu tragen, soweit nicht eine Vereinbarung, eine entsprechende Regelung der Teilungserklärung oder der Gemeinschaftsordnung oder im konkreten Einzelfall gemäß § 16 Abs. 4 WEG ein qualifizierter Mehrheitsbeschluss eine andere Kostenverteilung vorschreibt (vgl. hierzu Kap. 12.2.4.3).

10.2.2.2 Kosten der sonstigen Verwaltung

Zu den Kosten der sonstigen Verwaltung gemäß § 16 Abs. 2 WEG zählen insbesondere

- die Verwaltervergütung,
- eventuelle Aufwandsentschädigungen für den Verwaltungsbeirat,
- die Kosten für einen Hausmeister oder für sonstiges Hilfspersonal,
- Versicherungsprämien für das Gemeinschaftseigentum,
- Kosten für die Durchführung von Wohnungseigentümerversammlungen,

- Kosten für die Kontoführung der von der Gemeinschaft bei Kreditinstituten unterhaltenen Konten,
- Kosten für die Prüfung von Wirtschaftsplänen und Jahresabrechnungen etc.

Ebenfalls zu den Kosten der Verwaltung zählen gemäß § 16 Abs. 7 WEG insbesondere Kosten eines Rechtsstreits gemäß § 18 WEG bei Entziehung des Wohnungseigentums und die Schadensersatzleistungen nach § 14 Nr. 4 WEG. Die Kosten eines Rechtsstreits gemäß § 43 gehören nach § 16 Abs. 8 WEG nur dann zu den Kosten der Verwaltung, wenn es sich um Mehrkosten gegenüber der gesetzlichen Vergütung eines Rechtsanwaltes handelt, die gemäß § 27 Abs. 2 Nr. 4, Abs. 3 Nr. 6 WEG aufgrund einer gesonderten Vergütungsvereinbarung zwischen Verwalter und beauftragtem Rechtsanwalt von der Wohnungseigentümergemeinschaft zu zahlen sind (vgl. zu Einzelheiten Kap. 15.5.1.2.4).

10.2.2.3 Kosten des gemeinschaftlichen Gebrauchs

Zu den Kosten des gemeinschaftlichen Gebrauchs werden die üblicherweise anfallenden Betriebskosten (vgl. hierzu Kap. 10.3.4.1) gerechnet. Darunter fallen u. a.

- die Kosten des Aufzugs,
- die Gebühren für Straßenreinigung und Müllabfuhr (mit Einschränkungen, s. u.),
- die Gebühren für die Schornsteinreinigung,
- die Kosten der Hausreinigung und Ungezieferbekämpfung,
- die Kosten der Gartenpflege etc.

Durch die WEG-Reform erfolgte mit dem aus dem Mietrecht übernommenen Begriff „Betriebskosten“ eine weitergehende Konkretisierung des bisher verwendeten Begriffs „Kosten des gemeinschaftlichen Gebrauchs“ (vgl. dazu Kap. 10.3.5.4).

10.2.2.4 Verfahrenskosten

Die Kosten eines Rechtsstreits nach § 43 WEG gehören nicht zu den Kosten der sonstigen Verwaltung im Sinne von § 16 Abs. 2 WEG. Ihre Verteilung richtet sich nach der gerichtlichen Kostenentscheidung. Sind allerdings diese Kosten aus dem Verwaltungsvermögen gezahlt, müssen sie in die Jahresgesamtabrechnung aufgenommen und in den Einzelabrechnungen nach dem Verteilungsschlüssel gemäß § 16 Abs. 2 WEG auf die Wohnungseigentümer anteilig umgelegt werden, die nach der Entscheidung des Gerichts die Verfahrenskosten zu tragen haben.

Soweit Kostenvorschüsse zu zahlen sind, sind diese in der Jahresabrechnung ebenfalls nach dem Verhältnis der Miteigentumsanteile nach § 16 Abs. 2 WEG zu verteilen, wenn zum Zeitpunkt der Abrechnung eine gerichtliche Entscheidung noch nicht vorliegt.

Handelt es sich bei den Kosten eines Rechtsstreits nach § 43 WEG um Mehrkosten, die durch entsprechende Vereinbarungen mit einem Anwalt gemäß § 27 Abs. 2 Nr. 4, 27 Abs. 3 Nr. 6 WEG entstanden sind, haben alle Wohnungseigentümer die Differenz zwischen Mehrkosten und den Kosten nach dem gesetzlichen Streitwert im Verhältnis der Miteigentumsanteile zu tragen. Die im Rechtsstreit unterlegene Partei hat den übrigen Eigentümern die ihnen entstandenen Kosten nach dem gesetzlichen Streitwert zu erstatten.

Zu den Kosten der Verwaltung im Sinne des § 16 Abs. 2 WEG gehören gemäß § 16 Abs. 7 WEG insbesondere die Kosten eines Rechtsstreits über die Entziehung des Wohnungseigentums gemäß § 18 WEG und der Ersatz des Schadens im Falle des § 14 Nr. 4 WEG.

Die Verteilung dieser Kosten richtet sich in diesen Fällen nach den im Grundbuch eingetragenen Miteigentumsanteilen der einzelnen Wohnungs- und Teileigentümer, wobei auch derjenige Wohnungseigentümer an den Kosten zu beteiligen ist, gegen den der Prozess auf Entziehung des Wohnungseigentums gerichtet ist. Ebenso ist der nach § 14 Nr. 4 WEG anspruchsberechtigte Eigentümer bei der Verteilung des vollen Entschädigungsbetrages in der Jahresabrechnung in Höhe seines Miteigentumsanteils entsprechend zu beteiligen.

10.3 Der Verteilungsschlüssel

Nach der gesetzlichen Regelung nach § 16 Abs. 2 WEG haben sich die einzelnen Wohnungseigentümer entsprechend ihren im Grundbuch eingetragenen Miteigentumsanteilen an den Lasten und Kosten der Verwaltung des gemeinschaftlichen Eigentums zu beteiligen.
Diese Kostenverteilung erfolgt dabei grundsätzlich unabhängig davon, ob ein einzelner Wohnungseigentümer die gemeinschaftlichen Anlagen und Einrichtungen tatsächlich gebraucht. Einen allgemeinen Grundsatz, wonach ein Wohnungseigentümer Kosten für solche Einrichtungen nicht zu tragen hat, die ihm persönlich keinen Nutzen bringen, gibt es nicht (BGH, 28. 6. 1984, VII ZB 15/83; BayObLG, 19. 3. 1992, 2 Z 7/92, zur Beteiligung aller Eigentümer an den Kosten für die Instandsetzung einer Garagenzufahrt; HansOLG Hamburg, 25. 6. 1974, 2 W 37/74; BGH, 28. 6. 1984, VII ZB 15/83 zur Verteilung der Aufzugskosten; zu Einzelfragen vgl. Kap. 10.4); zur möglichen abweichenden Kostenverteilung durch einfachen oder qualifizierten Mehrheitsbeschluss im konkreten Einzelfall vgl. Kap. 10.3.4.1 und 10.3.4.2).
Entscheidend ist letztlich, zu wessen Benutzung die Einrichtung bestimmt ist, und nicht der Umfang, in dem einzelne Wohnungseigentümer die Anlage tatsächlich nutzen (OLG Köln, 19. 10. 1977, 16 Wx 106/77).
Aufgrund der Abdingbarkeit dieser Bestimmung kann jedoch durch Vereinbarung gemäß § 10 Abs. 2 Satz 2 WEG

generell oder für bestimmte Kostenarten eine abweichende Kostenverteilung geregelt werden. Einer Vereinbarung in diesem Sinne stehen entsprechende Regelungen in der Teilungserklärung bzw. Gemeinschaftsordnung gleich. Eine solche abweichende Regelung kann auch als so genannte Öffnungsklausel vereinbart werden.
Durch die Erweiterung der Beschlusskompetenz ist den Wohnungseigentümern das Recht und die Möglichkeit eingeräumt, gemäß § 16 Abs. 3 und 4 WEG eine von § 16 Abs. 2 WEG abweichende Kostenverteilung durch mehrheitliche Beschlussfassung zu regeln. Diese Bestimmungen gelten auch für den Fall, dass bereits abweichende Vereinbarungen zur Kostenverteilung getroffen wurden (BGH, 9. 7. 2010, V ZR 202/09; 16. 7. 2010, V ZR 221/09; 1. 4. 2011, V ZR 162/10; 9. Dabei ist den Wohnungseigentümern ein weiter Gestaltungsspielraum eingeräumt (BGH, 1. 4. 2011, V ZR 162/10; 10. 6. 2011, V ZR 2/10).
Schließlich kann nach § 10 Abs. 2 Satz 3 WEG unter bestimmten Voraussetzungen jeder Wohnungseigentümer auch für die Kostenverteilung eine abweichende Vereinbarung verlangen und dieses Verlangen gerichtlich durchsetzten.

10.3.1 Änderung durch Vereinbarung/Teilungserklärung/Gemeinschaftsordnung

Von der Möglichkeit, durch Vereinbarung nach § 10 Abs. 2 Satz 2 und Abs. 3 WEG von der gesetzlichen Verteilungsregelung nach § 16 Abs. 2 WEG abzuweichen bzw. diese zu ändern, wird in der Praxis regelmäßig bereits bei der Begründung bzw. der Aufstellung der Teilungserklärung oder der Gemeinschaftsordnung Gebrauch gemacht.
So kann einerseits der Verteilungsschlüssel geändert werden, andererseits können aber auch einzelne Personen oder Eigentümergruppen von einzelnen Kosten befreit werden. Auch kann für Untergemeinschaften in einer Mehrhausan-

lage eine abweichende Kostenverteilung beschlossen werden. Dies gilt auch für eine in einer Mehrhausanlage vereinbarte Kostentrennung über die Höhe der Instandhaltungsrückstellung (AG Aachen, 24. 3. 2010, 118 C 1/10).
Ist der Verteilungsschlüssel geändert oder soll er geändert werden, ist zu beachten ob sich die Änderung auf alle oder nur auf einzelne Bewirtschaftungs- oder Betriebskosten bezieht.
Gegebenenfalls ist diese Frage im Wege der Auslegung zu klären (vgl. hierzu BGH, 28. 6. 1984, VII ZB 15/83, zu einer auslegungsfähigen Vereinbarung über die Verteilung der Aufzugskosten).
Ob und welcher abweichende Verteilungsmaßstab im Einzelnen zur Anwendung kommt, richtet sich nach den jeweiligen Lasten und Kosten und den konkreten Gegebenheiten der jeweiligen Wohnanlage.
Dabei kann neben der Zahl der Wohnungen auch die Wohn- oder Nutzfläche zugrunde gelegt werden (zur Wohnungsgröße als Bezugsgrundlage vgl. BayObLG, 11. 11. 1988, 2 Z 92/88, zur Berücksichtigung der tatsächlichen Wohnungsgröße wegen unrechtmäßiger Einbeziehung gemeinschaftlicher Flächen).
Eine Kostenverteilung nach Personen- bzw. Kopfzahl ist nur bedingt zu empfehlen, da die Zahl der zu berücksichtigenden Personen immer wieder strittig ist (vgl. OLG Hamm, 30. 8. 1989, 15 W 127/88, zur Bezugnahme auf die tatsächliche und nicht auf die polizeilich gemeldete Personenzahl zum Stichtag der Abrechnung).
Am gerechtesten erscheint die Kostenverteilung nach dem Verbrauchs- oder dem Verursacherprinzip.
Von einem in der Teilungserklärung oder der Gemeinschaftsordnung abweichend von § 16 Abs. 2 WEG vereinbarten Verteilungsschlüssel kann wiederum durch Vereinbarung gemäß § 10 Abs. 2 Satz 2 WEG oder auch mehrheitliche Beschlussfassung gemäß § 16 Abs. 3 und 4 WEG abgewichen werden.

Damit ein gemäß § 10 Abs. 2 Satz 2 WEG abweichend vereinbarter Verteilungsschlüssel im Falle des Eigentümerwechsels auch gegenüber dem neuen Eigentümer (Sondernachfolger) gilt, bedarf die Vereinbarung gemäß § 10 Abs. 3 WEG der Eintragung in das Grundbuch, es sei denn, dass der abweichende Verteilungsschlüssel gemäß § 16 Abs. 3 oder 4 WEG mehrheitlich beschlossen wurde.
Wird eine Vereinbarung – ohne Eintragung in das Grundbuch – als nur „schuldrechtliche Vereinbarung" getroffen, gilt sie nur unter den Beteiligten und kann auch wiederum nur durch eine Vereinbarung aller Beteiligten geändert werden. Sie verliert aber ihre Wirkung automatisch – auch im Verhältnis der ursprünglich Beteiligten untereinander – wenn im Falle des Eigentümerwechsels ein neuer Eigentümer (Sondernachfolger) in die Gemeinschaft eintritt (OLG Köln, 2. 4. 2001, 16 Wx 392/00; vgl. aber auch zur Gültigkeit einer nur schuldrechtlichen Vereinbarung im Falle des Eigentümerwechsels, wenn diese zugunsten des Sondernachfolgers wirkt, OLG Düsseldorf, 14. 2. 2001, 3 Wx 392/00).

10.3.2 Änderung durch Mehrheitsbeschluss aufgrund einer Öffnungsklausel

Sieht die Teilungserklärung oder die Gemeinschaftsordnung selbst die Abänderbarkeit des vereinbarten Verteilungsschlüssels durch qualifizierten Mehrheitsbeschluss vor, sind diese Regelungen grundsätzlich wirksam. Man spricht in diesem Fall von einer Öffnungsklausel.
Rechtliche Voraussetzung für eine danach zulässige Änderung ist allerdings, dass über das „Ob" und das „Wie" der vorgesehenen Änderung nicht willkürlich entschieden wird und die Änderung insoweit den Grundsätzen ordnungsmäßiger Verwaltung entspricht. Die herrschende Meinung geht im Übrigen inzwischen davon aus, dass grundsätzlich bei einer Änderung der Kostenverteilung, auch aufgrund

einer Öffnungsklausel, die im Rahmen eines Änderungsverlangens nach § 10 Abs. 2 Satz 3 WEG gesetzlich verankerten Voraussetzungen erfüllt sein müssen bzw. zu berücksichtigen sind (BGH, 15. 10. 2010, V ZR 114/09).

Dabei steht den Wohnungseigentümern bei Änderungen der Kostenverteilung ein weiter Gestaltungsspielraum zu (BGH, 1. 4. 2011, V ZR 162/10; 10. 6. 2011, VZR 2/10; vgl. dazu auch OLG Hamm, 28. 2. 2000, 15 W 349/99, Unwirksamkeit eines abändernden Mehrheitsbeschlusses, wenn Müllgebühren zugunsten jener Eigentümer anders verteilt werden, die ihre Wohnung seltener nutzen; OLG Schleswig, 30. 7. 1990, 2 W 24/90, Bejahung der Änderung eines Verteilungsschlüssels nach Vergrößerung der Wohnfläche durch Ausbau ursprünglicher Hobbyräume, auch zur Wirkung einer nicht eingetragenen Änderungsvereinbarung; OLG Zweibrücken, 30. 4. 1999, 3 W 83/99; vgl. auch LG Hamburg, 19. 2. 1992, 318 T 215/91, zu einer – begrenzt zulässigen – Vereinbarung, die den Verwalter zur Änderung des Verteilungsschlüssels ermächtigt).

Ordnungsmäßig im Sinne von § 21 Abs. 4 WEG sind vereinbarte Öffnungsklauseln nur dann, wenn sie inhaltlich und auch hinsichtlich der vereinbarten Stimmrechtserfordernisse hinreichend klar bestimmt sind.

Ist in der Teilungserklärung bzw. in der Gemeinschaftsordnung eine Bezugsbasis für die nach der Öffnungsklausel erforderliche qualifizierte Mehrheit nicht geregelt, ist eine Auslegung dahingehend vorzunehmen, dass zur Erreichung des Quorums die Mehrheit aller – im Grundbuch eingetragenen – Wohnungseigentümer erforderlich ist und nicht nur die Mehrheit der in der Versammlung anwesenden Eigentümer (BGH, 10. 6. 2011, V ZR 2/10, dort zur Ungültigerklärung eines Beschlusses zur Änderung der Verteilung der Instandsetzungskosten bei Fenstern und Balkontüren).

10.3.3 Anspruch auf Änderung des Verteilungsschlüssels

Kommt eine Änderung des bestehenden Verteilungsschlüssels im Wege einer Vereinbarung gemäß § 10 Abs. 2 Satz 2 WEG, aufgrund einer Öffnungsklausel oder im Rahmen der erweiterten Beschlusskompetenz durch mehrheitliche Beschlussfassung gemäß § 16 Abs. 3 und 4 WEG (vgl. Kap. 10.3.5 und 10.3.6), nicht zustande, eröffnet die Regelung nach § 10 Abs. 2 Satz 3 WEG eine weitere Möglichkeit, die jedem einzelnen Wohnungseigentümer den gesetzlichen Anspruch einräumt, eine Änderung der Kostenverteilung zu verlangen.

Der hierzu von der bisherigen Rechtsprechung (BGH, 27. 6. 1985, VII ZB 21/84; 13. 7. 1995, V ZB 6/94; OLG Köln, 5. 7. 2001, 16 Wx 27/01, m. w. N.; OLG Hamm, 23. 2. 2006, 15 W 135/05) entwickelte Grundsatz, dass eine einmal vereinbarte Regelung ihre Geltung behalten und nicht unter dem ständigen Vorbehalt einer nachträglichen Änderung aus Gründen der Billigkeit stehen darf, gilt – allerdings unter jetzt einschränkenden Bedingungen – auch weiterhin für die nach § 10 Abs. 3 Satz 3 WEG künftig möglichen Änderungen der Kostenverteilungen.

Die neue Regelung des § 10 Abs. 2 Satz 3 WEG schließt grundsätzlich an die bisherige Rechtsauffassung an, wonach im Einzelfall nach Treu und Glauben gemäß § 242 BGB wegen sachlich nicht gerechtfertigter Mehrbelastung die Zustimmung zu einer Änderung eines bestehenden Verteilungsschlüssels verlangt werden konnte, wenn außergewöhnliche Umstände das Festhalten an der einmal getroffenen Regelung als grob unbillig erscheinen lassen würden.

Dabei wurde die Auffassung vertreten, dass einem Änderungsanspruch nur aufgrund einer vom Gericht vorgenommenen Würdigung der Gesamtumstände des Einzelfalles stattgegeben werden kann und das Maß der Kostenmehrbelastung eines einzelnen Wohnungseigentümers den Anspruch allein nicht rechtfertigt (BGH, 7. 10. 2004, V ZB

22/04, mit umfangreichen Nachweisen zur obergerichtlichen Rechtsprechung).
Nach jetzt geltender abgemildeter Regelung gemäß § 10 Abs. 2 Satz 3 WEG kann jeder Wohnungseigentümer eine vom Gesetz und insoweit auch eine von § 16 Abs. 2 WEG abweichende Vereinbarung oder die Anpassung einer Vereinbarung verlangen kann, soweit das Festhalten an der geltenden Regelung

- aus schwerwiegenden Gründen
- unter Berücksichtigung aller Umstände des Einzelfalles,
- insbesondere der Rechte und Interessen der anderen Wohnungseigentümer

unbillig erscheint.
Voraussetzung ist dabei, dass die nach § 10 Abs. 2 Satz 3 WEG verlangte Änderung, wie im Falle der Änderung einer durch Öffnungsklausel geregelten Kostenverteilung, den Grundsätzen ordnungsmäßiger Verwaltung entspricht. Das heißt nach jetzigem Recht, so der BGH, dass das „Ob" und das „Wie" der Änderung nicht willkürlich sein dürfen (BGH, 1. 4. 2011, V ZR 162/10; 10. 6. 2011, V ZR 2/10). Es ist danach nicht mehr auf das Vorliegen sachlicher Gründe abzustellen (so früher noch im Zusammenhang mit einer Änderung aufgrund einer Öffnungsklausel BGH, 27. 6. 1985, VII ZB 21/84).

10.3.3.1 Unbilligkeit

Grundsätzlich unbillig im Sinne von § 10 Abs. 2 Satz 3 WEG ist eine Regelung, die bei objektiver Betrachtung die unterschiedlichen Interessen der Wohnungseigentümer nicht in einen angemessenen Ausgleich bringt, weil einzelne Eigentümer übervorteilt oder ohne sachlichen Grund benachteiligt werden (LG Hamburg, 17. 3. 2010, 318 584/09; Kümmel in Niedenführ/Kümmel/Vandenhouten § 10 Rn 40).
Soweit es dabei um Vor- oder Nachteile einer bestehenden

Kostenverteilung geht, ist Ausgangspunkt für die Prüfung der Unbilligkeit der Vergleich zwischen der Kostenbelastung bei bestehender Kostenverteilung und der mit der Veränderung angestrebten Kostenbelastung (LG Hamburg, 17. 3. 2010, 318 S 84/09).

Dabei ist grundsätzlich, in Anpassung an die frühere Rechtsauffassung davon auszugehen, dass eine Kostenverteilung dann unbillig ist, wenn die tatsächliche Wohnfläche von dem für die Kostenverteilung maßgeblichen Miteigentumsanteil um mehr als 25 vom Hundert abweicht (BT-Drucksache, 16/887, S. 18 f.).

Danach geht auch die jetzt herrschende Meinung davon aus, dass eine unbillige Kostentragungsregelung dann naheliegt, wenn sie zu einer Kostenmehrbelastung von etwa 25 Prozent führt, und zwar unabhängig davon, ob die Kostenregelung von Anfang verfehlt war oder erst im Nachhinein aufgrund geänderter Umstände unbillige Ergebnisse hervorruft (BGH, 11.6.V ZR 174/09; LG Hamburg, 17. 3. 2010, 318 S 84/09, auch zur Unbilligkeit wegen einer massiven Kostenmehrbelastung von 33 Prozent; 12. 5. 2010, 318 S 190/09).

Liegt die Kostenmehrbelastung unter der Quote von 25 Prozent, ist in der Regel nicht von einer Unbilligkeit im Sinne der gesetzlichen Regelung auszugehen (LG Hamburg, 17. 3. 2010, 318 S 84/09, zum fehlenden Anspruch auf Befreiung von den Kosten für Aufzug, Hausmeister, Treppenhausreinigung, Waschküche, Instandhaltung und Instandsetzung der Balkone, der Waschküche und des Aufzugskosten, Treppen wegen objektiv fehlender Nutzungs- bzw. Gebrauchsmöglichkeit).

Maßgeblich für die Prüfung der Unbilligkeit ist der Vergleich zwischen der Kostenbelastung durch den bestehenden Verteilungsschlüssels und der Kostenbelastung bei der angestrebten Änderung. Dies gilt auch für den Fall, dass eine Kostenbefreiung verlangt wird. Bei einer angestrebten Änderung der Verteilung der Kosten für Instandhaltungs- und Instandsetzungsmaßnahmen ist die Mehrbelastung nicht nur anhand eines bestimmten Wirtschaftsjahres, sondern anhand von Durchschnittswerten über einen längeren Zeitraum, um Zufallsergebnisse zu vermeiden (LG Hamburg, 17. 3. 2010, 318 S 84/09; 12. 5. 2010, 318 S 190/09). Im Übrigen bleibt zu berücksichtigen, ob sich die Umstände, die für eine Vereinbarung zur Kostenverteilung wesentlich sind, geändert oder nachträglich als falsch herausgestellt habern (LG München I, 10. 6. 2009, 1 S 10155/08).

10.3.3.2 Schwerwiegende Gründe

Das heißt, dass ein schwerwiegender Grund, der die Annahme einer Unbilligkeit im Sinne von § 10 Abs. 2 Satz 3 WEG rechtfertigt, grundsätzlich dann vorliegt, wenn der geltende Verteilungsschlüssel nach Miteigentumsanteilen für den Eigentümer, der die Änderung verlangt, zu einer erheblichen Mehrbelastung von mindestens 25 Prozent führt gegenüber einer Kostenverteilung nach Wohn- oder Nutzflächen (BGH, 17. 12. 2010, V ZR 131/10; 11. 6. 2011, V ZR 174/09).

Beträgt danach im konkreten Fall die tatsächliche Belastung, berechnet nach Miteigentumsanteilen, 500 Euro, unter Zugrundelegung der Wohnfläche aber nur 300,00 Euro, entspricht das einer Mehrbelastung von 210,00 Euro oder 70 Prozent, die im Sinne der gesetzlichen Regelung als unbillig anzusehen ist.

Bei dem Vergleich der geltenden und der angestrebten Kostenverteilung ist von Fall zu Fall, insbesondere wenn es um eine Änderung der Kostenverteilung von Instandhaltungs- und Instandsetzungskosten geht, von mehrjährigen Durchschnittswerten auszugehen, um Zufallsergebnisse zu vermeiden.

Je geringer die Mehrbelastung ausfällt, desto gewichtiger müssen die übrigen Gründe für die Unbilligkeit der bestehenden Kostenverteilung sein. Dabei liegt die Darlegungs- und Beweislast, bei demjenigen Eigentümer, der die Ände-

rung verlangt (LG Hamburg, 17. 3. 2010, 318 S 84/09; 12. 5. 2010, 318 S 190/09).
Bei einer erheblichen Unterschreitung der Mehrbelastungsquote von 25 vom Hundert wird im Regelfall nicht von einer Unbilligkeit auszugehen sein (vgl. dazu LG Hamburg, a. a. O., dort zum abgelehnten Anspruch auf Befreiung von den Kosten des Aufzugs, der Sanierung von Balkonen, des Hausmeisters wegen fehlender Gebrauchs- oder Nutzungsmöglichkeit).

10.3.3.3 Berücksichtigung der Einzelfallumstände

Bei der Beurteilung der Unbilligkeit bedarf es einer Abwägung aller Umstände des Einzelfalles. Insoweit ist das Maß der Kostenmehrbelastung nicht alleiniges Entscheidungskriterium (BGH, 15. 1. 2010, V ZR 114/09; 11. 6. 2010, V ZR 174/09; 11. 7. 2010, V ZR 174/09; 17. 12. 2010, V ZR 131/10). Dabei sind alle für die Beurteilung wesentlichen Umstände sowie Denkgesetze und Erfahrungssätze zu berücksichtigen.
So kann grundsätzlich die Erkennbarkeit einer nicht sachgerechten und unbilligen Regelung der Kostenverteilung zum Zeitpunkt des Erwerbs und das Vertrauen auf den Fortbestand einer einmal getroffenen Regelung einem Änderungsverlangen wegen Unbilligkeit der geltenden Kostenverteilungsregelung entgegenstehen (BGH, 17. 12. 2010, V ZR 131/10; 15. 1. 2010, V ZR 114/09, dort zur Verteilung der Instandsetzungskosten von Balkonen auch auf die Eigentümer ohne Balkon; LG Hamburg, 17. 3. 2010, 318 S 84/09).
Der Vertrauensschutz auf bestehende Regelungen und deren Erkennbarkeit dürfen allerdings nicht überbewertet werden, wenn sich die ursprüngliche Regelung von Anfang an oder aufgrund späterer, nach der Aufteilung in Wohnungseigentum eingetretener Umstände als verfehlt oder unzweckmäßig erweist (BGH, 17. 12. 2010, V ZR 131/10,

m. w. N.). Das kann dann der Fall sein, wenn in einer Ferienwohnungsanlage gemäß Teilungserklärung bzw. Gemeinschaftsordnung eine Kostenverteilung nach Köpfen vorgeschrieben ist.
Auch Veränderungen der maßgeblichen, tatsächlichen oder rechtlichen Verhältnisse gegenüber den Verhältnissen, die der geltenden Regelung zugrunde gelegen, sind bei der Beurteilung der Unbilligkeit zu berücksichtigen (LG Hamburg, 17. 3. 2010, 318 S 84/09).

10.3.3.4 Berücksichtigung der Rechte und Interessen anderer Wohnungseigentümer

Ein Änderungsanspruch nach § 10 Abs. 2 Satz 3 WEG scheidet auch dann aus, wenn das angebliche Missverhältnis der Kostenverteilung allein daraus resultiert, dass die individuelle Nutzung geringer ist als die allgemein übliche Nutzung (vgl. dazu OLG Schleswig, 17. 7. 1996, 2 W 104/95, zu einer um das Zehnfache höheren Belastung mit Kosten für Wasser und Abwasser im Verhältnis zu dem durch Wasserzähler nachgewiesenen Verbrauch wegen nur sporadischer Nutzung einer Ferienwohnung).
Ebenso ist grundsätzlich davon auszugehen, dass bei unterschiedlichen Nutzungen der Sondereigentumseinheiten deren Größe kein hinreichender Maßstab ist zur Bestimmung der anteiligen Kostenverursachung. Ob deshalb eine Kostenverteilung nach Miteigentumsanteilen, die zu einer erheblich höheren Belastung als bei einer Verteilung nach Wohn-/Nutzflächen führt, unangemessen bzw. unbillig ist, ist danach zu beurteilen, ob die nach dieser Verteilung anfallenden Kosten in einem vertretbaren Verhältnis zu den durch das Sondereigentum verursachten Kosten stehen. Einen allgemeinen Erfahrungssatz, wonach im konkreten Fall eine gewerbliche Nutzung stets höhere Kosten verursacht als eine Wohnnutzung, gibt es nicht (BGH, 17. 12. 2010, V ZR 131/10).

10.3.4 Änderung des Verteilungsschlüssels durch Mehrheitsbeschluss aufgrund gesetzlicher Regelung

Abweichend von der gesetzlichen Regelung des § 16 Abs. 2 WEG (Verteilung der Kosten nach Miteigentumsanteilen) können die Wohnungseigentümer gemäß § 16 Abs. 3 und Abs. 4 WEG

- die Betriebskosten des gemeinschaftlichen Eigentums und des Sondereigentums,
- die Kosten der Verwaltung,
  und im Einzelfall
- die Kosten der Instandhaltung und Instandsetzung,
- die Kosten baulicher Veränderungen und
- die Kosten von Modernisierungsmaßnahmen

durch mehrheitliche Beschlussfassung ändern.
Die so eingeräumte Beschlusskompetenz zwingt die Wohnungseigentümer allerdings, grundsätzlich erst diese Möglichkeit auszuschöpfen, bevor ein Verlangen nach § 10 Abs. 2 Satz 3 WEG zur Änderung der Kostenverteilung geltend gemacht wird. Bei Bestehen der Beschlusskompetenz ist im Wege der Vorbefassung in der Wohnungseigentümerversammlung also zunächst der Versuch zu unternehmen, eine Änderung der Kostenverteilung durch Beschlussfassung nach § 16 Abs. 3 und 4 WEG herbeizuführen. (LG Hamburg, 12. 5. 2010, 318 S 190/09).
Kommt eine mehrheitliche Beschlussfassung nicht zustande, kann sowohl durch Beschlussanfechtung aber auch ohne Anfechtung eine Ermessensentscheidung des Gerichts im Wege der Gestaltungsklage gemäß § 21 Abs. 8 WEG beantragt werden (BGH, 15. 1. 2010, V ZR 114/09).
Der Antrag auf Gestaltungsklage und gerichtliche Ermessensentscheidung unterliegt dabei den gleichen Kriterien, die § 10 Abs. 2 Satz 3 WEG für das Verlangen nach Änderung der Kostenverteilung vorschreibt (BGH, 17. 12. 2010, V ZR 131/10; 15. 2. 1010, V ZR 114/09).

Insoweit ist grundsätzlich auch bei Änderungen der Kostenverteilung nach § 16 Abs. 3 und 4 WEG auf das Kriterium der Unbilligkeit der bestehenden oder der angestrebten Änderungsregelung abzustellen.
Die zwingende Vorbefassung der Wohnungseigentümerversammlung entfällt jedoch dann, wenn die Beschlusskompetenz zur Änderung der Kostenverteilung fehlt, wie dies bei einer dauerhaften auf die Zukunft gerichteten Änderung der Verteilung der Kosten für Instandhaltungs- und Instandsetzungsmaßnahmen der Fall ist (BGH, 15. 1. 2010, V ZR 114/09; LG Hamburg, 17. 3. 2010, 318 S 84/09).
Die durch § 16 Abs. 3 und 4 WEG eröffnete Beschlusskompetenz lässt den Wohnungseigentümern einen weiten Gestaltungsspielraum (BGH, 16. 7. 2010, V ZR 221/09; 1. 4. 2011, V ZR 162/10; 10. 6. 2011, V ZR 2/10). Dabei dürfen aber die Grundsätze ordnungsmäßiger Verwaltung nicht überschritten werden (BGH, 1. 4. 2011, V ZR 162/10; 10. 6. 2011, V ZR 2/120).
Voraussetzung für eine danach möglich Änderung ist deshalb, dass das „Ob" und das „Wie" der Änderung nicht willkürlich sein darf. Die Mehrheit darf sich nicht über schutzwürdige Belange der Minderheit hinwegsetzen (zu den weiteren Voraussetzungen vgl. Kap. 10.3.3).

10.3.4.1 Gesonderte Beschlussfassung

Diese Änderungen bedürfen jedoch grundsätzlich einer gesonderten Beschlussfassung, so dass eine nur im Rahmen der Beschlussfassung über die Jahresabrechnung vorgenommene Änderung der Verteilungsschlüssel keine Rechtswirkung für eine in die Zukunft gerichtete Dauerregelung entfaltet (BGH, 9. 7. 2010, V ZR 202/09; LG München I, 8. 8. 2011, 1 S 809/10).
Dazu ist es aus Gründen der Transparenz erforderlich, dass die Änderung des Kostenverteilungsschlüssels ausdrücklich als gesonderter Gegenstand der Beschlussfassung in der der

Einladung zur Versammlung beigefügten Tagesordnung bezeichnet ist. Eine lediglich im Rahmen des Beschlusses über die Jahresabrechnung erfolgende Änderung des Verteilungsschlüssels reicht nicht zur generellen Änderung der Kostenverteilung aus (BGH, 9. 7. 2010, V ZR 202/09; LG München 8. 8. 2011, 1 S 809/10).

10.3.4.2 Änderung durch gesetzeswidrigen Mehrheitsbeschluss

Wird in einer konkreten Jahresabrechnung – einmalig – von einem gesetzlichen, einem abweichend gemäß § 10 Abs. 2 Satz 2 WEG vereinbarten oder gemäß § 16 Abs. 3 und 4 WEG mehrheitlich beschlossenen Verteilungsschlüssel durch Mehrheitsbeschluss abgewichen und diese Abrechnung und der darin enthaltene – falsche – Verteilungsschlüssel nicht angefochten, wird zwar die insoweit gesetzes- oder vereinbarungswidrige Abrechnung rechtswirksam, jedoch führt dies nicht zu einer – dauerhaften – Änderung dieses (nur) in der Abrechnung enthaltenen Verteilungsschlüssels (BGH, 20. 9. 2000, V ZB 58/99).
Die – generelle – Festlegung des Verteilungsschlüssels im Rahmen der Kostenverteilung kann jedenfalls nicht in der Jahresabrechnung erfolgen (BGH, 9. 7. 2010, V ZR 202/09; LG München 8. 8. 2011, 1 S 809/10).
Selbst wenn über Jahre vereinbarungswidrige Abrechnungen der gemeinschaftlichen Lasten und Kosten nicht angefochten wurden, führen diese bestandskräftig gewordenen Jahresabrechnungen nicht dazu, dass der gesetzliche, der in der Gemeinschaftsordnung vereinbarte oder mehrheitlich beschlossene Verteilungsschlüssel als solcher für die Zukunft abgeändert wurde (vgl. dazu u. a. BayObLG, 7. 11. 1985, 2 Z 83/85; KG Berlin, 6. 3. 1985, 24 W 2695/84).
In einem solchen Fall bleibt daher auch das Recht bestehen, bei erneuter Beschlussfassung über eine wiederum gesetzes- oder vereinbarungswidrige Lasten- und Kostenvertei-

lung diesen Beschluss – dann auch erfolgreich – anzufechten (BayObLG, 18. 4. 1974, 2 Z 8/74).

10.3.4.3 Rückwirkende Änderung

Eine rückwirkende Änderung des Verteilungsschlüssels entspricht in der Regel nicht den Grundsätzen ordnungsmäßiger Verwaltung (BGH, 9. 7. 2010, V ZR 202/09). Im Rahmen der Beschlussfassung über die Abrechnung eines bereits abgelaufenen Wirtschaftsjahres kann sie allerdings bei Vorliegen besonderer Umstände zulässig sein, so zum Beispiel dann, wenn der bisherige Verteilungsschlüssel unpraktikabel ist oder seine Anwendung zu grob unbilligen Ergebnissen führen würde. Dies gilt jedenfalls dann, wenn sich bei typisierender Betrachtung noch kein schutzwürdiges Vertrauen herausgebildet hat (BGH, 1. 4. 2011, V ZR 162/10; 9. 7. 2010, V ZR 202/09; vgl. auch LG Düsseldorf, 9. 6. 2009, 16 S 77/08).
So kann der Umstand, dass Vorschüsse aufgrund eines rechtswirksam beschlossenen Wirtschaftsplans schon gezahlt worden sind, allein kein schutzwürdiges Vertrauen begründen. Daher müssen die Wohnungseigentümer damit rechnen, dass ein für den Wirtschaftsplan beschlossener Verteilungsschlüssel vor oder im Rahmen der Beschlussfassung über die Jahresabrechnung geändert wird (BGH, 9. 7. 2010, V ZR 202/09; 1. 4. 2011, V ZR 162/10).

10.3.4.4 Unabdingbarkeit

Die den Wohnungseigentümern nach § 16 Abs. 3 und 4 WEG eingeräumte Beschlusskompetenz zu einer von § 16 Abs. 2 WEG abweichenden Regelung der Kostenverteilung kann gemäß § 16 Abs. 5 WEG durch eine Vereinbarung nicht eingeschränkt oder ausgeschlossen worden. Die Regelung nach § 16 Abs. 3 und 4 WEG ist unabdingbar (LG Hamburg, 30. 6. 2010, 318 S 138/09; vgl. OLG Hamm, 19. 8.

2008, 15 Wx 989/08, zur Nichtigkeit einer Regelung in der Teilungserklärung, nach der Änderungen der Kostenverteilung eines einstimmigen Beschlusses bedürfen). Ein Mehrheitsbeschluss ist als gesetzesändernder Mehrheitsbeschluss nichtig.

Die Unabdingbarkeit hat aber nicht zur Folge, dass Mehrheitsbeschlüsse, die nicht den Grundsätzen ordnungsmäßiger Verwaltung entsprechen, nichtig sind. Sie sind als gesetzeswidrige Mehrheitsbeschlüsse (nur) anfechtbar, im Falle der Anfechtung allerdings für ungültig zu erklären.

Andererseits ergibt sich aus der Unabdingbarkeit des § 16 Abs. 5 WEG, dass bereits in der Teilungserklärung oder der Gemeinschaftsordnung abweichend vereinbarte oder auf Grund einer Öffnungsklausel beschlossene Verteilungsschlüssel mehrheitlich im Sinne des § 16 Abs. 3 und Abs. 4 WEG abänderbar sind (BGH, 9. 7. 2010, V ZR 202/09; 16. 7. 2010, V ZR 221/09; 1. 4. 2011, V ZR 162/10; 10. 6. 2011, V ZR 2/10).

10.3.4.5 Änderungsmaßstäbe

Im Rahmen des eingeräumten Ermessensspielraums können die Wohnungseigentümer neben den gesetzlichen vorgegebenen Änderungsmaßstäben jeden Maßstab wählen, der den Interessen der Gemeinschaft und der einzelnen Wohnungseigentümer angemessen ist und insbesondere nicht zu einer ungerechtfertigten Benachteiligung Einzelner führt. Weil jede Änderung der Kostenverteilung sich zwangsläufig auf die Belastung des einen oder anderen zum Vorteil oder zum Nachteil auswirkt, dürfen an die Entscheidung über die Angemessenheit des zu ändernden Verteilungsschlüssels jedoch keine allzu strengen Anforderungen gestellt werden (BGH, 1. 4. 2011, V ZR 162/10; BT-Drucksache 16/887, S. 23).

Nach diesen Grundsätzen wäre der Einwand eines vermietenden Wohnungseigentümers, er könne eine Änderung

des Verteilungsschlüssels aufgrund entsprechender mietvertraglicher Regelungen nicht einseitig durchsetzen, unbeachtlich und würde im Falle der Anfechtung eines entsprechenden Beschlusses zur Änderung der Kostenverteilung nicht zur Ungültigerklärung des Beschlusses führen (vgl. dazu auch Elzer, WuM 2007, 292/299).
Grundsätzlich muss aber bei jeder Änderung der Verteilungsmaßstäbe geprüft werden, nach welchen Kriterien der geltende Verteilungsmaßstab festgelegt wurde.
Sind beispielsweise die Miteigentumsanteile als allgemeiner Kostenverteilungsmaßstab nicht nach dem Verhältnis der Wohnflächen festgelegt, sondern sind Ausstattungsmerkmale berücksichtigt (Balkon, Terrasse, Aufzug), führt dies zu einer generellen Höherbelastung der Eigentümer der so ausgestatteten Wohnungen.
Würde man in einem solchen Fall ausschließlich den Wohnungseigentümern der mit Balkonen ausgestatteten Wohnungen gemäß § 16 Abs. 4 WEG die Kosten für eine Balkonsanierung auferlegen, würde dies zu einer Ungleichbehandlung im Verhältnis zu den Eigentümern ohne Balkon führen, weil die Balkoneigentümer durch ihren höheren Miteigentumsanteil ohnehin einen höheren Anteil nicht nur an den Sanierungskosten für die Balkone, sondern auch an allen anderen Kosten zu tragen haben.
Das würde auch den Fall betreffen, dass in einer Mehrhausanlage nur die Eigentümer mit den Aufzugskosten belastet werden sollen, die in einem Haus mit Aufzug wohnen. Sind für diese Wohnungen unter Berücksichtigung der Ausstattung mit Aufzug höhere Miteigentumsanteile festgelegt als für Wohnungen gleicher Größe in den Häusern ohne Aufzug führt dies automatisch zu einer insgesamt höheren Kostenbelastung und damit zu einer ungerechtfertigten Benachteiligung einzelner Eigentümergruppen.

10.3.5. Änderung der Verteilung der Betriebs- und Verwaltungskosten

Die Wohnungseigentümer können gemäß § 16 Abs. 3 WEG im Rahmen ihrer privatrechtlichen Selbstbestimmung grundsätzlich mit Stimmenmehrmehrheit beschließen, dass abweichend von § 16 Abs. 2 WEG

- die *Betriebskosten* des gemeinschaftlichen Eigentums oder des Sondereigentums im Sinne des § 556 Abs. 1 des Bürgerlichen Gesetzbuches, die nicht unmittelbar gegenüber Dritten abgerechnet werden,
  und
- die *Kosten der Verwaltung*

nach *Verbrauch* oder *Verursachung* erfasst und nach diesem oder nach einem *anderen Maßstab* verteilt werden, soweit dies ordnungsmäßiger Verwaltung entspricht.
Die damit eröffnete Beschlusskompetenz lässt den Wohnungseigentümern einen weiten Gestaltungsspielraum (BGH, 16. 7. 2010, V ZR 221/09; 1. 4. 2011, V ZR 162/10; 10. 6. 2011, V ZR 2/10).

10.3.5.1 Stimmrechtserfordernisse

Für die Beschlussfassung reicht die einfache Stimmenmehrheit der gemäß § 25 Abs. 3 WEG beschlussfähigen Wohnungseigentümerversammlung aus. Es gilt das Kopfprinzip gemäß § 25 Abs. 2 WEG oder ein davon abweichend vereinbartes Stimmrecht (Wertprinzip nach Miteigentumsanteilen oder Objektprinzip nach der Zahl der im Eigentum befindlichen Wohnungen).

10.3.5.2 Verbrauchs- oder Verursachermaßstab

Als Maßstab für die Änderung der Kostenverteilung kommt neben dem Verbrauch oder der Verursachung jeder andere Maßstab in Frage, der den Grundsätzen ordnungs-

mäßiger Verwaltung entspricht. Insoweit ist grundsätzlich auch eine Kostenverteilung nach Wohnungseinheiten (Objektprinzip), Personen- oder Nutzerzahl oder auch der Nutzungsintensität zulässig.
Erfolgt die Ermittlung und Abrechnung nach Verbrauch oder nach Verursachung, ist zu berücksichtigen, in welchem Umfang es sich um Kosten handelt, die im Bereich des Sondereigentums und / oder des gemeinschaftlichen Eigentums anfallen. So ist beispielsweise bei einer Erfassung des Mülls nach dem Verursacherprinzip grundsätzlich zu unterscheiden, ob es sich „Sondereigentumsmüll" oder um „Gemeinschaftsmüll" handelt (OLG Köln, 1. 3. 2006, 16 Wx 223 / 05).

10.3.5.3 Unbilligkeitsgrundsatz

Das Kriterium der Unbilligkeit einer Kostenverteilungsregelung ist grundsätzlich auch bei einer Änderung der Verteilung der Betriebs- und Verwaltungskosten zu berücksichtigen.
Die Unbilligkeit einer Beteiligung eines Wohnungseigentümers gemäß § 16 Abs. 2 WEG an den Betriebskosten von Anlagen und Einrichtungen des gemeinschaftlichen Eigentums folgt grundsätzlich nicht bereits aus unterlassener oder fehlender Nutzungsmöglichkeit (LG Hamburg, 12. 5. 2010, 318 S 190 / 09, zur fehlenden Nutzungsmöglichkeit von Aufzügen; BGH, 15. 1. 2010, V ZR 114 / 09; vgl. zur Unbilligkeit auch Kap. 10.3.3.1).

10.3.5.4 Betriebskostenarten

Welche Kosten zu den Betriebskosten zählen, ergibt sich aus der Betriebskostenverordnung (Verordnung über die Aufstellung von Betriebskosten – Betriebskostenverordnung – BetrKV vom 25. 11. 2003, BGBl. I S. 2346).
Zu den Betriebskosten zählen nach dieser Verordnung:

1. die laufenden öffentlichen Lasten des Grundstücks, hierzu gehört namentlich die Grundsteuer;
2. die Kosten der Wasserversorgung,,
3. die Kosten der Entwässerung,
4. die Kosten der Betriebs der zentralen Heizungsanlage,
5. die Kosten des Betriebs der zentralen Warmwasserversorgungsanlage,
6. die Kosten verbundener Heizungs- und Warmwasseranlagen,
7. die Kosten des Betriebs des Personen und Lastenaufzuges,
8. die Kosten der Straßenreinigung und der Müllbeseitigung,
9. die Kosten der Gebäudereinigung und Ungezieferbekämpfung,
10. die Kosten der Gartenpflege,
11. die Kosten der Beleuchtung,
12. die Kosten der Schornsteinreinigung,
13. die Kosten der Sach- und Haftpflichtversicherung,
14. Kosten für den Hauswart,
15. die Kosten des Betriebs der Gemeinschaftsantennenanlage und die Kosten des Betriebs der mit einem Breitbandkabelnetz verbundenen privaten Verteilanlage
16. die Kosten des Betriebs der Einrichtungen für die Wäschepflege,
17. sonstige Betriebskosten.

Da die *Verwaltungskosten* nicht zu den Betriebskosten zählen (§ 1 Abs. 2 Nr. 1 BetrKV), sind diese ausdrücklich in § 16 Abs. 3 WEG genannt, um auch hier den Wohnungseigentümern die Möglichkeit zu eröffnen, auch für diese Kosten eine abweichende Verteilung mehrheitlich zu beschließen.
So kann durch einfachen Mehrheitsbeschluss auch die Verteilung der Verwaltervergütung im Verhältnis der Wohnungseigentümer untereinander statt nach Miteigentums-

anteilen nach Wohnungseinheiten (Euro/Wohnung/Monat bzw. Jahr) geregelt werden.
Strittig ist die Frage, ob die mietrechtlich zu den Betriebskosten zählenden Wartungs- und Pflegekosten auch nach WEG-rechtlichen Gesichtspunkten als Betriebskosten im Sinne von § 16 Abs. 3 WEG zu behandeln sind, oder den Instandhaltungs- und Instandsetzungskosten nach § 16 Abs. 4 WEG zuzuordnen sind und deshalb auch unterschiedlichen Mehrheitserfordernissen unterliegen (für eine Zuordnung zu § 16 Abs. 3 WEG Becker in Bärmann § 16 Rn 84; so auch Moosheimer, ZMR 2009, 809; zur Zuordnung zu den Kosten nach § 16 Abs. 4 WEG vgl. Elzer, ZWE2008, 153; Riecke/Schmid/Elzer § 16 Rn 63 f.).

10.3.6 Änderung der Kostenverteilung bei Instandhaltung, Instandsetzung, baulichen Veränderungen und Modernisierungsmaßnahmen

Ebenfalls durch mehrheitliche Beschlussfassung können die Wohnungseigentümer gemäß § 16 Abs. 4 WEG im Einzelfall die Kostenverteilung auch bei Maßnahmen der Instandhaltung, der Instandsetzung, bei baulichen Veränderungen und bei Modernisierungsmaßnahmen abweichend von der gesetzlichen Regelung nach § 16 Abs. 2 WEG ändern.
Voraussetzung ist aber, dass der abweichende Maßstab

- dem Gebrauch oder
- der Möglichkeit des Gebrauchs

Rechnung trägt.

10.3.6.1 Einzelfallregelung

Anders als bei einem Verlangen nach Änderung der Kostenverteilung gemäß § 10 Abs. 2 Satz 3 WEG gestattet die nach § 16 Abs. 4 WEG geregelte Beschlusskompetenz den Wohnungseigentümern eine Änderung der Kostenverteilung für Instandhaltungs- und Instandsetzungsmaßnahmen ausschließlich im Einzelfall. Für eine allgemeine, über eine Einzelfallregelung hinausgehende Änderung der Verteilungsschlüssel für Instandhaltungen und Instandsetzungen ergibt sich aus § 16 Abs. 4 WEG keine Beschlusskompetenz (BGH, 16. 7. 2010, V ZR 202/09; LG München I, 1 S 809/09).

Erforderlich ist zunächst die Beschlussfassung über eine konkrete Maßnahem voraus, für die dann eine von § 16 Abs. 2 WEG abweichende Kostenverteilung beschlossen wird. Der Zeitraum für die Durchführung der Maßnahme ist unmaßgeblich.

Dabei umfasst der mehrheitliche Beschluss über eine abweichende Kostenverteilung im Einzelfall bei einer baulichen Veränderung oder bei einer Modernisierungsmaßnahme auch deren später auftretende Folgekosten für Instandhaltungs- und Instandsetzungsmaßnahmen (vgl. dazu auch Becker in Bärmann § 16 Rn 121 m. w. N.; s. auch Häublein, NZM 2007, 752; Niedenführ in Niedenführ/Kümmel/Vandenhouten § 16 Rn 90).

Eine abweichend von § 16 Abs. 4 WEG im Einzelfall beschlossene Kostenverteilung widerspricht den Grundsätzen ordnungsmäßiger Verwaltung gemäß § 21 Abs. 3 und 4 WEG, wenn die von der Änderung der Kostenverteilung betroffenen Eigentümer einen Anspruch dieser Eigentümer auf Gleichbehandlung in ähnlichen Fällen auslöst und damit den allgemeinen Kostenverteilungsschlüssel unterläuft (BGH, 18. 6. 164/09, zur Unzulässigkeit der Auferlegung von Kosten für die Dachsanierung eines von mehreren Häusern nur auf die Eigentümer des zu sanierenden Hauses; vgl. zur Einzelfallregelung auch Niedenführ in Niedenführ/Kümmel/Vandenhouten § 16 Rn).

Einer ordnungsmäßigen Verwaltung entspräche eine nach § 16 Abs. 4 WEG im Einzelfall abweichende Kostenverteilung nur dann, wenn für alle gleich gelagerten Instandsetzungsmaßnahmen unter dem Gesichtspunkt der Maßstabskontinuität eine entsprechende abweichende Kostenverteilung beschlossen würde. Dies soll jedoch mit der Regelung des § 16 Abs. 4 WEG gerade nicht erreicht werden, so dass ein solcher Beschluss den Grundsätzen ordnungsmäßiger Verwaltung widerspricht (BGH, 18. 6. 2010, V ZR 164/09; vgl. auch Hügel in Hügel/Elzer, Das neue WEG-Recht, § 5 Rn 61).

10.3.6.2 Stimmrechtserfordernisse

Erforderlich zur Änderung der Kostenverteilung nach § 16 Abs. 4 WEG ist eine Dreiviertelmehrheit aller Stimmberechtigten, also im Grundbuch eingetragenen Wohnungseigentümer, und zwar entsprechend § 25 Abs. 2 WEG nach Köpfen, wobei diese Mehrheit zusätzlich mehr als die Hälfte der Miteigentumsanteile repräsentieren muss.
Das Nichterreichen dieses „doppelten Quorums" führt allerdings nicht zur Nichtigkeit eines solchen Beschlusses, sondern nur zu dessen Anfechtbarkeit (BT-Drucksache 16/887, S. 25; Blankenheim, AIZ 20 07, 30).
Beschließt also eine Wohnungseigentümergemeinschaft mit einfacher Mehrheit, die alten Fenster durch neue Fenster zu ersetzen und regelt die Kostenverteilung ebenfalls – nur – mit einfacher Mehrheit in der Weise, dass jeder Eigentümer die Kosten für seine Fenster selber trägt, ist auch ein solcher Mehrheitsbeschluss wirksam, wenn er nicht angefochten und durch gerichtliche Entscheidung für ungültig erklärt wird.
Auch hier sind entsprechend der abweichend von § 16 Abs. 2 WEG getroffenen Regelung die Kosten für spätere Instandhaltungs- oder Instandsetzungsmaßnahmen von den jeweiligen Eigentümern selbst zu tragen.
Sind nach einer Öffnungsklausel hinsichtlich des Stimmrechtserfordernisses geringere Anforderungen an eine Änderung der Kostenverteilung bei Instandhaltungs- oder Instandsetzungsmaßnahmen beschlossen, beispielsweise

„nur" eine Zwei-Drittel-Mehrheit, so gilt diese Regelung, da die Beschlusskompetenz der Mehrheit nicht eingeschränkt, sondern erweitert wird (BT-Drucksache 16/887, S. 25 cc; Blankenheim, AIZ 2007, 30). Wird dieses – niedrigere – Quorum nicht erreicht, ist der Beschluss zwar nicht nichtig, aber auf Anfechtung hin für ungültig zu erklären (BGH 10. 6. 2011, V ZR 2/10).

10.3.6.3 Gebrauchsmaßstab

Die nach § 16 Abs. 4 WEG zulässige Änderung der Kostenverteilung soll dem Gebrauch oder der Möglichkeit des Gebrauchs Rechnung tragen.
Mit diesem Gebrauchsmaßstab soll zum einen Verteilungsgerechtigkeit erreicht und zum anderen der Grundsatz der ordnungsmäßigen Verwaltung konkretisiert werden (BGH, 15. 1. 12010, V ZR 114/09).
Der insoweit maßgebliche Gebrauch stellt nicht auf den alleinigen, exklusiven Gebrauch ab, wie er beispielsweise bei einem Balkon im Regelfall zu unterstellen ist. Vielmehr kann bei einer Änderung die tatsächliche Gebrauchshäufigkeit oder die Anzahl der nutzenden Personen Berücksichtigung finden (BGH, 18. 6. 2010, V ZR 164/09; 15. 1. 2010, V ZR 114/09).
Allerdings kommt es unter diesem Gesichtspunkt darauf an, dass es irgendeine Form gesteigerter Gebrauchsmöglichkeiten des jeweiligen Gemeinschaftseigentums oder entsprechende Zugangsmöglichkeiten zu den jeweiligen Anlagen und Einrichtungen geben muss.
Als Konsequenz ergibt sich danach, dass die Belastung ausschließlich einzelner Eigentümer oder einer Gruppe von Eigentümern nur dann in Betracht kommt, wenn diese Eigentümer einen eigennützigen Gebrauch machen oder machen können, der den von den Kosten frei gestellten Eigentümern nicht oder so nicht möglich ist (BGH, 18. 6. 2010, V ZR 164/09; LG Hamburg, 25. 5. 2011, 318 S 21/11).

So können nicht allein einzelnen Eigentümern einer Wohnanlage gemäß § 16 Abs. 4 WEG die Kosten einer Dachsanierung auferlegt werden, weil am Dach kein eigennütziger Gebrauch einzelner Eigentümer möglich ist.
Das folgt auch daraus, dass eine Änderung der Verteilung der Kosten für Instandhaltungs- und Instandsetzungsmaßnahmen nach § 16 Abs. 4 WEG den Grundsätzen ordnungsmäßiger Verwaltung widerspricht, wenn die für den Einzelfall beschlossene Änderung des Kostenverteilungsschlüssels einen Anspruch der betroffene Eigentümer auf Gleichbehandlung in künftigen Fällen auslöst und so den allgemeinen Kostenverteilungsschlüssel unterläuft. Ein solcher Verstoß führt allerdings nur zur Anfechtbarkeit, nicht zur Nichtigkeit des Beschlusses (BGH, 18. 6. 2010, 164/09, V ZR 164/09).
Allein auf die Berücksichtigung des Gebrauchsmaßstabes kann jedoch eine Änderung der Kostenverteilung gemäß § 16 Abs. 4 WEG nicht gestützt werden. Es müssen vielmehr die nach § 10 Abs. 2 Satz 3 WEG ergänzend genannten Kriterien der Unbilligkeit als Voraussetzung für eine Änderung der Kostenverteilung vorliegen. Für eine erzwungene Änderung können keine unterschiedlichen Voraussetzungen gelten, je nachdem ob sie für einen konkreten Einzelfall oder generell Bestand haben sollen (BGH, 15. 1. 2010, V ZR 114/09, m. w. N.).
Deshalb ist es nicht grundsätzlich unbillig, wenn Wohnungseigentümer für Kosten der Instandhaltung und Instandsetzung des gemeinschaftlichen Eigentums auch dann in Höhe ihres jeweiligen Miteigentumsanteils aufkommen müssen, wenn sie gemeinschaftliche Anlagen oder Einrichtungen nicht benutzen oder auch nicht benutzen können (BGH, 15. 1. 2010, V ZR 114/09, zur Verteilung von Instandsetzungskosten für Balkonen auf alle Eigentümer; LG Hamburg, 17. 3. 2010, 318 S 84/09, auch zur Verteilung auf alle Eigentümer bei objektiv fehlender Nutzungsmöglichkeit von Aufzügen Treppenhaus und Waschküche).

10.3.6.4 Kostenbefreiung

Die Anwendung der Vorschrift über die Kostenbefreiung gemäß § 16 Abs. 6 Satz 1 WEG der Wohnungseigentümer, die einer baulichen Veränderung nicht zugestimmt haben, ist bei baulichen Veränderungen, für die gemäß § 16 Abs. 4 WEG eine abweichende Kostenverteilung mehrheitlich beschlossen wurde, gemäß § 16 Abs. 6 Satz 2 WEG ausdrücklich ausgeschlossen (zur Kostenbefreiung nach § 16 Abs. 6 WEG s. Kap.13.9).
Das bedeutet, dass auch der Eigentümer, der einer baulichen Veränderung nicht zugestimmt hat, an die nach § 16 Abs. 4 WEG beschlossene abweichende Kostenverteilung gebunden ist.
Die Anfechtung eines solchen abweichenden Kostenverteilungsschlüssels würde auch nicht zur Ungültigerklärung führen und folglich ins Leere gehen, wenn die in § 16 Abs. 4 WEG genannten Voraussetzungen erfüllt sind.
Damit deshalb ein nachteilig betroffener Eigentümer, dessen Zustimmung zu der baulichen Veränderung erforderlich gewesen wäre, die Kostenbefreiung in Anspruch nehmen kann, bleibt nur die Möglichkeit der Anfechtung des Beschlusses über die bauliche Maßnahme selbst.
Im Übrigen bleibt es aber dabei, dass eine generelle, auf Dauer wirkende Änderung der Kostenverteilung für Instandhaltungs- und Instandsetzungsmaßnahmen und für bauliche Veränderungen bzw. Modernisierungsmaßnahmen – abweichend von der gesetzlichen oder einer vereinbarten Kostenverteilung – auch künftig einer Vereinbarung im Sinne von § 10 Abs. 2 Satz 2 WEG bedarf, weil die Abänderbarkeit nach § 16 Abs. 4 WEG nur im Einzelfall zulässig ist (BGH, 10. 6. 2011, V ZR 2/10, dort zur Beschlussfassung über die Änderung der Verteilung der Instandsetzungskosten bei Fenstern).

10.3.7 Erweiterte Beschlusskompetenz in Zahlungsangelegenheiten

Zur praxisnahen Regelung von Zahlungsangelegenheiten räumt § 21 Abs. 7 WEG den Wohnungseigentümern die Möglichkeit ein, mehrheitlich Regelungen zu beschließen

- über die Art und Weise von Zahlungen,
- zur Fälligkeit beschlossener Zahlungen (Wirtschaftsplan, Abrechnung, Umlagen),
- zu Folgen des Verzugs sowie
- zur Zahlung von Kosten für eine besondere Nutzung des gemeinschaftlichen Eigentums oder
- über Zahlungen für einen besonderen Verwaltungsaufwand

Diese Bestimmungen ermöglichen Regelungen zu

- Vertragsstrafen bei Verstoß gegen Vermietungsbeschränkungen,
- höheren als den nach § 288 Abs. 1 BGB zulässigen Verzugszinsen bei Hausgeldrückständen,
- An- und Zurechenbarkeit von Kosten für die besondere Nutzung von Gemeinschaftseigentum und

An- und Zurechenbarkeit von Kosten für besondere Verwaltungsmaßnahmen, z. B. Umzugskostenpauschalen, Zusatzgebühr bei Nichtteilnahme am Lastschriftverfahren, Zusatzkosten für die Information der Wohnungseigentümer über Rechtsstreitigkeiten gemäß § 43 WEG,

- Sondervergütung für die Aufnahme von Beschlüssen in die Beschluss-Sammlung, die vor dem 1. Juli 2007 gefasst wurden;
- Sondervergütung für die Ausstellung von Bescheinigungen für haushaltsnahe Dienstleistungen
- Vergütung an Dritte für Online-Kosten bei Führung der Beschluss-Sammlung im Internet;

- zusätzliche Vergütungsregelungen im Verwaltungsvertrag für Zusatzleistungen des Verwalters neben den gesetzlich zu erbringenden Leistungen, z. B. bei gerichtlicher Vertretung (Vergütungsregelung nach RVG), Baubetreuungsleistungen (Vergütung nach HOAI);
- Regelungen zur Erhebung von Umzugskostenpauschalen (BGH, 1. 10. 2010, V ZR 220/09).

10.3.8. Verteilung vereinbarter Höhervergütung für Rechtsanwalte

Da nach der Neuregelung bei Beauftragung eines Rechtsanwaltes auch eine höhere als die gesetzliche Vergütung vereinbart werden kann, bedurfte die frühere Regelung des § 16 Abs. 5 WEG, wonach die Kosten eines Verfahrens nach § 43 WEG nicht zu den Kosten der Verwaltung gemäß § 16 Abs. 2 WEG zählen, einer Änderung dahingehend, dass die Kosten eines Rechtsstreits gemäß § 43 insoweit zu den Kosten der Verwaltung im Sinne des Absatzes 2 gehören, als es sich um Mehrkosten gegenüber der gesetzlichen Vergütung eines Rechtsanwalts aufgrund einer mit dem Verwalter vereinbaren Mehrvergütung gemäß § 27 Abs. 2 Nr. 4, Abs. 3 Nr. 6 WEG handelt.

10.4 Einzelfragen zur Lasten- und Kostenverteilung

Die Rechtsprechung hat sich in einer Vielzahl von Entscheidungen mit Fragen der Kostenverteilung in Einzelfällen befasst. Dabei haben sich insbesondere nach der WEG-Reform 2007 zahlreiche Folgefragen ergeben, zu denen in vielen Fällen eine abschließende Klärung noch aussteht.

Aufzugskosten

Die Kostenverteilung gemäß § 16 Abs. 2 WEG ist, vorbehaltlich entgegenstehender Vereinbarungen oder Beschlüsse, zunächst unabhängig vom individuellen Gebrauch und vom Nutzen für einzelne Wohnungseigentümer vorzunehmen. Deshalb haben sich nach bisher herrschender Meinung

grundsätzlich auch Erdgeschossbewohner ebenso an sämtlichen Aufzugskosten zu beteiligen wie auch alle Eigentümer oder Bewohner in Mehrhausanlagen, selbst wenn dort nur einzelne Gebäude mit einem Aufzug ausgestattet sind, und zwar im Verhältnis der Miteigentumsanteile (BGH, 28. 6. 1984, VII ZB 15/83, zur Kostenbeteiligung aller Bewohner in einer Mehrhausanlage; BayObLG, 12. 12. 1991, 2 Z 157/91; 18. 5. 1999, 2Z BR 1/99; 24. 11. 2004, 2Z BR 156/04; OLG Düsseldorf, 18.9. 1985, 3 W 317/85, zur Beteiligung auch der Eigentümer, die den Aufzug nicht benötigen; HansOLG Hamburg, 25. 6. 1974, 2 W 37/74; LG München, 12. 5. 1976, 6 T 792/75, zur Beteiligung aller Eigentümer einer Mehrhausanlage an den (Instandhaltungs-) Kosten für den nachträglichen Einbau selbstschließender Türen in den Liftkabinen; vgl. auch OLG Celle, 28. 11. 2006, 4 W 231/01, zur Kostenbeteiligung auch der Eigentümer, die den Aufzug nicht nutzen).
Eine Unterscheidung nach Betriebs- und Instandhaltungs- bzw. Instandsetzungskosten wurde bisher nicht vorgenommen.
Die gesetzliche Regelung der Kostenverteilung gemäß § 16 Abs. 2 WEG ist jedoch abdingbar. Deshalb ist auch eine Vereinbarung gemäß § 10 Abs. 2 Satz 2 WEG oder eine ihr gleichstehende Regelung in der Teilungserklärung oder in der Gemeinschaftsordnung zulässig, wonach beispielsweise die Erdgeschossbewohner generell von der Kostentragung befreit werden können oder in einer Mehrhausanlage nur die Eigentümer die Aufzugskosten zu tragen haben, die in einem Haus mit Aufzug wohnen. Eine solche Regelung muss aber eindeutig sein.
Eine Änderung der gesetzlichen Verteilungsregelung wie auch die nach einer Vereinbarung abweichend getroffene Kostenverteilung kann nach jetzt geltendem Recht unter bestimmten Voraussetzungen
- mehrheitlich beschlossen oder
- von einem einzelnen Eigentümer verlangt werden.

So kann die Verteilung der Betriebskosten der Aufzugsanlage durch einfachen Mehrheitsbeschluss unter den Voraussetzungen des § 16 Abs. 3 WEG geändert werden. Danach können abweichend von der gesetzlichen Kostenverteilung nach § 16 Abs. 2 WEG die Betriebskosten für Aufzüge in einer Mehrhausanlage ausschließlich auf die Eigentümer verteilt werden, die in einem der Häuser mit Aufzug wohnen (LG Nürnberg-Fürth, 25. 3. 2009, 14 S 7627/08). Dem steht die Auffassung gegenüber, dass auch im Falle fehlender Nutzungsmöglichkeiten von Aufzügen die Kosten auf alle Eigentümer verteilt werden können, wenn diese Verteilung nicht unbillig ist, also nicht zu einer Mehrbelastung von mehr als 25 Prozent führt (LG Hamburg, 12. 5. 2010, 318 S 190/09; vgl. auch Kap. 10.3.5).
Ebenfalls, allerdings nur durch doppelt qualifizierten Mehrheitsbeschluss gemäß § 16 Abs. 4 WEG, können im konkreten Fall auch die Kosten für Instandhaltungs- und Instandsetzungsmaßnahmen abweichend von § 16 Abs. 2 WEG verteilt werden, wenn der abweichende Verteilungsmaßstab dem Gebrauch oder der Möglichkeit des Gebrauchs Rechnung trägt.

Die Änderungen dürfen jedoch hinsichtlich des „Ob" und des „Wie" nicht willkürlich getroffen werden und müssen den Grundsätzen ordnungsmäßiger Verwaltung entsprechen (BT-Drucksache 16/887, S. 23; BGH, 1. 4. 2011, V ZR 162/10, m. w. N.).

Bauliche Veränderungen

Grundsätzlich sind die Kosten für bauliche Veränderungen auf die Wohnungseigentümer im Verhältnis der Miteigentumsanteile zu verteilen, sofern nicht durch Vereinbarung gemäß § 10 Abs. 2 Satz 2 WEG oder durch Beschluss gemäß § 16 Abs. 4 WEG die Kostenverteilung anders geregelt wird. Gemäß § 16 Abs. 6 WEG sind die Wohnungseigentümer, die mangels Beeinträchtigung nicht zuzustimmen brauchen, von der Kostentragung bei baulichen Veränderungen befreit

Siehe dazu: Kap. 13.9

Betriebskosten

Siehe hierzu: Kap. 10.3.5

Fensterinstandsetzung

Sind gemäß Teilungserklärung Fenster dem Sondereigentum zugeordnet, ist diese Zuordnung nach herrschender Rechtsauffassung zwar nichtig, jedoch ist diese nichtige Regelung im Wege der Auslegung in eine Kostentragungsregelung umzudeuten mit der Folge, dass es bei der Kostentragungsverpflichtung der jeweiligen Eigentümer für die Instandsetzung ihrer Fenster bleibt (u. a. OLG Hamm, 22. 8. 1991, 15 W 166/91; 13. 8. 1996, 15 W 115/96).

Hatten Eigentümer in diesen Fällen in Unkenntnis der Umdeutungsmöglichkeit mehrheitlich beschlossen, die Kostentragung für die Instandsetzung den jeweiligen Eigentümern aufzuerlegen, ist nach der BGH-Rechtsprechung (BGH, 20. 9. 2000, V ZB 58/99) dieser Beschluss als gesetzesändernder Mehrheitsbeschluss nichtig. Dennoch bleibt es wegen der Auslegung und Umdeutung bei der Kostentragungspflicht der jeweiligen Eigentümer.

Anders verhält es sich in den Fällen, in denen keine Zuordnung der Fenster zum Sondereigentum erfolgte, die Eigentümer aber – im Glauben, dass es sich bei den Fenstern um Sondereigentum handelt – in der Vergangenheit die Kosten für die Instandsetzung der Fenster selber übernommen hatten. In solchen Fällen steht den Eigentümern aus dem Gesichtspunkt der unberechtigten Geschäftsführung ohne Auftrag ein Anspruch auf Erstattung der Kosten für die Erneuerung der Fenster zu (HansOLG Hamburg, 21. 3. 2002, 2 Wx 103/99; AG Hannover, 23. 7. 2002, 71 II 187/02, dort auch für eine Kürzung des Aufwendungsersatzanspruchs nach dem Grundsatz „neu für alt").

Ein Erstattungsanspruch besteht allerdings dann nicht, wenn die alten Fenster zum Zeitpunkt des Austausches noch nicht erneuerungsbedürftig waren, und der Anspruch erst nach zehn Jahren im Zuge der Erneuerung aller Fenster geltend gemacht wird (HansOLG Hamburg, 4. 12. 2009, 2 Wx 34/09).

Andererseits haben die Eigentümer, die aufgrund einer früheren Ersatzvereinbarung ihre Fenster in der Vergangenheit auf eigene Kosten instand gesetzt haben, gemäß § 683 BGB einen Aufwendungsersatzanspruch gegenüber der Gemeinschaft nach den Grundsätzen der berechtigten Geschäftsführung ohne Auftrag (Wenzel, ZWE 226/235; AG Neuss, 9. 11. 2001, 27c 205/01; bestätigt durch LG Düsseldorf, 4. 4. 2002, 19 T 461/01; vgl. zu dem auch HansOLG Hamburg, 21. 3. 2002, 2 Wx 103/99; AG Hannover, 23. 7. 2002, 71 II 187/02, dort auch zur Kürzung der Ersatzaufwendungen nach dem Grundsatz „neu für alt").

Der Anspruch beschränkt sich allerdings auf den Betrag der Aufwendungen, die im Falle einer ordnungsmäßigen Instandsetzung von der Gemeinschaft hätten übernommen werden müssen. Danach entsprach es ordnungsmäßiger Verwaltung, wenn eine Wohnungseigentümergemeinschaft in diesen Fällen beschloss, die von den Wohnungseigentümern aufgewendeten Kosten aus der Rücklage zu erstatten.

Insoweit bestehende Ersatzansprüche konnten, sofern noch keine Verjährung eingetreten war, gegen die teilrechtsfähige Gemeinschaft geltend gemacht werden (vgl. zum Erstattungsanspruch trotz Verjährung OLG Hamm, 20. 11. 2006, 15 W 166/06; HansOLG Hamburg, 7. 11. 2006, 2 Wx 105/06; OLG Düsseldorf, 5. 12. 2008, I-3 Wx 158/08).

Nach jetzt geltendem Recht können die Wohnungseigentümer gemäß § 16 Abs. 4 WEG mehrheitlich beschließen, dass die Kosten für die Instandhaltung und Instandsetzung der Fenster im konkreten Einzelfall den jeweiligen Eigentümern auferlegt werden (vgl. hierzu auch Kap. 12.2.4.3). Für eine generell auf Dauer ausgerichtete Änderung bedarf nach wie vor einer Vereinbarung gemäß § 10 Abs. 2 Satz 2 WEG (BGH, 10. 6. 2011, V ZR 2/10).

Fotokopierkosten

Für die Anfertigung von Fotokopien aus Abrechnungs- und Verwaltungsunterlagen kann der Verwalter grundsätzlich gemäß § 21 Abs. 7 WEG wegen besonderen Verwaltungsaufwandes eine besondere Vergütung zuzüglich Mehrwertsteuer im Verwaltungsvertrag vereinbaren. (Pauschale nach RVG Anlage 1 Nr. 7000: für die ersten 50 Seiten 0,50 Euro, für jede weitere Seite 0,15 Euro, ebenso GKG Anlage 1 Teil 9, Nr. 9000; BayObLG, 19. 12. 2002, 2Z BR 104/02, zur zulässigen Gebühr von 0,50 Euro; OLG München, 26. 7. 2007, 32 Wx 073/09, zur nicht unangemessenen Vergütung von 0,20 Euro pro Kopie; BGH, 11. 02. 2011, V ZR 66/10, zum Anspruch des Eigentümers, Kopien auf eigene Kosten anzufertigen; OLG Hamm, 19. 10. 2000, 15 W 133/00, zur Abhängigkeit von der Anzahl der Kopien, GKG und RVG folgend; vgl. auch Kap. 15. 4. 10.2 Zusatzvergütungen, Kopierkostenerstattung; vgl. auch Kap. 14.4.4 und 17.2.5).

Gartenpflegekosten

Siehe hierzu: Grundstückskosten

Gebäudeversicherung

Siehe hierzu: Grundstückskosten

Grundstückskosten

Grundstückskosten (Kosten für Straßenreinigung, Gartenpflege, Haftpflichtversicherung, Gebäudeversicherung) sind als Kosten des Grundstücks nach Miteigentumsanteilen zu verteilen. Dies gilt jedenfalls grundsätzlich dann, wenn sich der Anteil der Wohnungseigentümer am Grundstück nach Miteigentumsanteilen bemisst (AG Hannover, 4. 4. 2009, 481 C 1989/08).

Gutachterkosten

Unter die ordnungsmäßige Verwaltung fällt auch die Einholung eines Rechtsgutachtens, das dazu dienen soll, in einer Wohnungseigentümerversammlung u. a. über die Aufhebung eines Beschlusses aus einer früheren Versammlung zu entscheiden, weil unter den Wohnungseigentümern Unsicherheit entstanden war, ob die früher gefassten Beschlüsse ordnungsmäßiger Verwaltung entsprechen und insoweit rechtswirksam sind . Die Kosten hierfür sind Kosten der sonstigen Verwaltung und folglich gemäß § 16 Abs. 2 WEG zu verteilen, wenn keine abweichende Vereinbarung getroffen wird (OLG Köln, 20. 11. 1996, 16 Wx 217/96).

Haftpflichtversicherung

Siehe hierzu: Grundstückskosten

Hausmeisterkosten

Die Kosten eines von der Wohnungseigentümergemeinschaft angestellten Hausmeisters sind Kosten der Verwaltung des gemeinschaftlichen Eigentums, auch wenn die Hausmeisterleistungen einzelne Eigentümer nicht oder kaum betreffen (BayObLG, 27. 6. 1985, 2 Z 62/84, auch zur Frage der Kostenbefreiung durch Eigenleistung, vorliegend verneint wegen daraus resultierender Höherbelastung der übrigen Eigentümer; OLG Düsseldorf, 12. 3. 2003, 3 Wx 377/02; KG Berlin, 14. 6. 1993, 24 W 5328/92, zu den Kosten der vom Hausmeister vorgenommenen Pflege- und Reinigungsarbeiten; OLG Düsseldorf, 12. 3. 2003, 3 Wx 377/02; vgl. auch Kap. 12.2.1.5, Hausreinigung).

Da die Hausmeisterkosten nach neuem Recht zu den Betriebskosten zählen, kann gemäß § 16 Abs. 3 WEG durch mehrheitliche Beschlussfassung auch eine von § 16 Abs. 2 WEG abweichende Kostenverteilung beschlossen werden.

Die Heizkostenverordnung (Verordnung über die verbrauchsabhängige Abrechnung der Heiz- und Warmwasserkosten – Verordnung über Heizkostenabrechnung – HeizkostenV, i. d. F. der Bekanntmachung vom 5. Oktober 2009, Begl. I S. 3250) schreibt auch für Eigentumswohnungen die verbrauchsabhängige Abrechnung der Heiz- und Warmwasserkosten vor.
Sie hat gemäß § 2 Vorrang vor rechtsgeschäftlichen Bestimmungen und ist gemäß § 3 auch auf das Wohnungseigentum anzuwenden, unabhängig davon, ob durch Vereinbarung oder Beschluss der Wohnungseigentümer abweichende Bestimmungen über die Verteilung der Kosten der Versorgung mit Wärme und Warmwasser getroffen worden sind (LG Lübeck, 26. 1. 2010, 12 T 4/09, auch zur Nachrüstung als Maßnahme ordnungsmäßiger Verwaltung in Umsetzung einer gesetzlichen Verpflichtung; OLG Zweibrücken, 17. 10. 1985, 3 W 192/85, zur Nichtigkeit von Vereinbarungen, die gegen die Heizkostenverordnung verstoßen).
Auch in Wohnungseigentumsanlagen mit zwei Wohnungen, von denen eine vom Eigentümer bewohnt und die andere Wohnung vermietet ist, besteht eine Pflicht zur Verbrauchserfassung nach den Vorschriften dieser Verordnung. § 2 der HeizkostenV findet keine Anwendung (OLG München, 11. 9. 2007, 32 Wx 118/07; OLG Düsseldorf, 15. 10. 2003, I-3 Wx 225/03).
Folglich kann jeder Wohnungseigentümer, auch im Rahmen seines Anspruchs auf ordnungsmäßige Verwaltung, die nach der Heizkostenverordnung vorgeschriebene verbrauchsabhängige Abrechnung der Heiz- und Warmwasserkosten auch dann verlangen, wenn die Abrechnung bisher noch nach anderen Maßstäben erfolgt (BayObLG, 17. 6. 1999, 2Z BR 46/99).
Die gemäß § 16 Abs. 3 WEG eingeräumte Beschlusskompetenz gestattet es aber den Wohnungseigentümern, auch eine nach § 10 Abs. 2 Satz 2 WEG getroffene Vereinbarung über die Verteilung der Heizkosten durch mehrheitliche Beschlussfassung zu ändern. Ob eine danach getroffene Änderung des Verteilungsschlüssels für die Heizkosten mit der Heizkostenverordnung vereinbar ist, richtet sich nach der Fassung der Verordnung, die bei erstmaliger Geltung des neu beschlossenen Verteilungsschlüssels in Kraft ist (BGH, 16. 7. 2010, V ZR 221/09; so auch Becker in Bärmann § 16 Rn 100).
So können auch in den Fällen, in denen Erfassungsgeräte entgegen der Heizkostenverordnung nicht angebracht sind und deshalb eine verbrauchsabhängige Abrechnung nicht vorgenommen werden kann, die Heiz- und Warmwasserkosten nach dem vereinbarten Verteilungsmaßstab, oder wenn eine Vereinbarung nicht getroffen wurde, gemäß § 16 Abs. 2 WEG nach Miteigentumsanteilen verteilt werden. Widerspricht die vereinbarte Kostenverteilung nach Miteigentumsanteilen der HeizkostenV, tritt deshalb aber nicht automatisch dieser Verteilungsschlüssel außer

Kraft (LG Itzehoe, 23. 11. 2010, 11 S 55/09 m. w. N.; a. A. LG Lübeck, 26. 1. 2010, 12 T 4/09).

1. Kosten der Anbringung der Erfassungsgeräte

Die Kosten für die Anbringung der Erfassungsgeräte für den Wärme- und Warmwasserverbrauch sind gemäß § 3 Satz 2 und 3 HeizkostenV nach den Regelungen entsprechend zu verteilen, also nach Miteigentumsanteilen gemäß § 16 Abs. 2 WEG, wenn nicht abweichende Regelungen in der Teilungserklärung oder der Gemeinschaftsordnung vereinbart wurden (vgl. hierzu auch OLG Karlsruhe, 27. 8. 1986,11 W 39/86, dort auch zur Frage der Kostentragung für die Ausstattung mit Geräten zur Vorerfassung bei eigenmächtigem Einbau einer Fußbodenheizung, deren Verbrauch nicht durch Heizkostenverteiler erfasst werden kann; zu Kauf, Miete oder Leasing der Erfassungsgeräte vgl. OLG Düsseldorf, 23. 6. 2008, I-3 Wx 77/08).

2. Kostenverteilung für Wärme- und Warmwasserversorgung

Von den Kosten des Betriebs der zentralen Heizungsanlage sind gemäß § 7 Abs. 1 der HeizkostenV mindestens 50 v. H., höchstens 70 v. H. nach dem erfassten Wärmeverbrauch der Nutzer zu verteilen. Für Gebäude, die das Anforderungsniveau der Wärmeschutzverordnung vom 16. 8. 1994 (Begl. I SD. 2121) nicht erfüllen, gelten gemäß § 7 Abs. 1 Satz 2 und 3 HeizkostenV andere Sätze (zwingend 70 vom Hundert des Verbrauchs bzw. Verbrauchserfassung nach anerkannten Regeln der Technik, AG Düsseldorf, 21. 3. 2011, 292 a C 7251/10).

Die übrigen Kosten sind nach der Wohn- oder Nutzfläche oder nach dem umbauten Raum zu verteilen. Es kann auch die beheizte Wohn- oder Nutzfläche oder der beheizte umbaute Raum zugrunde gelegt werden.

Zu den Betriebskosten der zentralen Heizungsanlage einschließlich der Abgasanlage zählen nach den Vorschriften der Verordnung gemäß § 7 Abs. 2 die Kosten

- der verbrauchten Brennstoffe und ihrer Lieferung,
- des Betriebsstromes,
- der Bedienung, Überwachung und Pflege der Anlage,
- der regelmäßigen Prüfung ihrer Betriebsbereitschaft und Betriebssicherheit einschließlich der Einstellung durch einen Fachmann,
- der Reinigung der Anlage und des Betriebsraumes,
- der Messungen nach dem Bundes-Immissionsschutz-Gesetz,
- der Anmietung oder anderer Arten der Gebrauchsüberlassung einer Ausstattung zur Verbrauchserfassung sowie
- der Verwendung einer Ausstattung zur Verbrauchserfassung, einschließlich der Kosten der Eichung sowie der Berechnung, Aufteilung und Verbrauchsanalyse.

Gemäß § 7 Abs. 3 gilt für die Verteilung der Kosten der Wärmelieferung Absatz 1 der Verordnung entsprechend. Zu den Kosten der Wärmeliefe-

rung gehören ferner das Entgelt für die Wärmelieferung und die Kosten des Betriebs der zugehörigen Anlagen entsprechend Absatz 2.
Gemäß § 8 Abs. 1 sind auch die Kosten des Betriebs der zentralen Warmwasserversorgungsanlage mit mindestens 50 v. H., jedoch höchstens 70 v. H. nach dem erfassten Wärmeverbrauch, die übrigen Kosten nach der Wohn- oder Nutzfläche zu verteilen.
Zu den Kosten des Betriebs der zentralen Warmwasserversorgungsanlage gehören gemäß § 8 Abs. 2 die Kosten der Wasserversorgung, soweit sie nicht gesondert abgerechnet werden und die Kosten der Wassererwärmung entsprechend § 7 Abs. 2 der Verordnung.
Zu den Kosten der Wasserversorgung gehören die Kosten
- des Wasserverbrauchs, die Grundgebühren und die Zählermiete,
- der Verwendung von Zwischenzählern,
- des Betriebs einer hauseigenen Wasserversorgungsanlage und einer Wasseraufbereitungsanlage einschließlich der Aufbereitungsstoffe.

Soweit es sich um zentrale Heizungsanlagen handelt, die mit einer zentralen Warmwasserversorgungsanlage verbunden sind, sind die einheitlich entstandenen Kosten des Betriebs aufzuteilen nach den in § 9 HeizkostenV enthaltenen Berechnungsgrundlagen.

3. Kostenverteilung in Sonderfällen

Kann der anteilige Wärme- oder Warmwasserverbrauch wegen Ausfall oder Defekt der Geräte oder aus anderen zwingenden Gründen nicht ordnungsgemäß erfasst werden, hat die Wohnungseigentümergemeinschaft gemäß § 9a Abs. 1 den Verbrauch auf der Grundlage des Verbrauchs der betroffenen Räume in vergleichbaren früheren Abrechnungszeiträumen oder des Verbrauchs vergleichbarer anderer Räume im jeweiligen Abrechnungszeitraum zu ermitteln bzw. zu schätzen und ihn der Kostenverteilung zugrunde zu legen (OLG Düsseldorf, 20. 3. 2000, 3 Wx 414/99; zur Umlage der Heizkosten bei undurchführbarer Regelung in der Teilungserklärung vgl. auch OLG Köln, 17. 6. 2002, 16 Wx 73/02,). Die Ordnungsmäßigkeit der Jahresabrechnung ist in diesen Fällen nur dann berührt, wenn die Schätzung bzw. die Vergleichsberechnung grob unrichtig ist (BayObLG, 28. 3. 2001, 2Z BR 52/00).

4. Überschreitung der Höchstsätze

Von dem in den Vorschriften der §§ 7 Abs. 1 und 8 Abs. 1 der Verordnung genannten Höchstsatz von 70 v. H. der Betriebskosten, die nach dem erfassten Verbrauch abzurechnen sind, können die Wohnungseigentümer durch mehrheitliche Beschlussfassung abweichen. Ob eine mehrheitlich beschlossene Änderung mit der Heizkostenverordnung vereinbar ist, bestimmt sich nach der zum Zeitpunkt der Änderung jeweils geltenden Fassung (BGH, 16. 7. 2010, V ZR 221/09).
Allerdings entspricht ein Mehrheitsbeschluss, wonach die Heizkosten in

einem älteren Gebäude mit entsprechenden Lagenachteilen einzelner Wohnungen ausschließlich nach Verbrauch verteilt werden sollen, regelmäßig nicht ordnungsmäßiger Verwaltung (OLG Hamm, 22. 12. 2005, 15 W 375/04).

5. Verzicht auf Anbringung der Geräte

Ein Verzicht auf die Einhaltung der Heizkostenverordnung verstößt grundsätzlich gegen die Regeln ordnungsmäßiger Verwaltung. Allerdings ist ein entsprechender Beschluss nicht nichtig, sondern nur anfechtbar. Jeder Wohnungseigentümer kann jedoch im Rahmen ordnungsmäßiger Verwaltung die verbrauchsabhängige Verteilung der Heiz- und Warmwasserkosten verlangen und gemäß § 21 Abs. 4 WEG auch gerichtlich durchsetzen (LG Lübeck, 26. 1. 2010, 12 T 4/09). Die Vorschriften der HeizkostenV sind gemäß § 11 Abs. 1 Nr. 1 allerdings unter anderem dann nicht anwendbar, wenn das Anbringen der Ausstattung zur Verbrauchserfassung, die Erfassung des Verbrauchs und die Verteilung der Verbrauchskosten nicht oder nur mit unverhältnismäßig hohen Kosten möglich ist.

Als unverhältnismäßig hoch sind die Kosten dann anzusehen, wenn sie in einem Zeitraum von drei bis zu 10 Jahren den Betrag von 15 Prozent der in der gleichen Zeit anfallenden Kosten für die Wärme- und Warmwasserversorgung überschreiten (zur – unterschiedlichen – Bestimmung der Unverhältnismäßigkeit vgl. OLG Düsseldorf, 24. 8. 1988, 3 Wx 309/88; 23. 11. 1988, 3 Wx 422/88; BayObLG, 30. 6. 2004, 2Z BR 118/04, m. w. N. u. a. BGH, NJW-RR 1991, 647; 13. 4. 1989, 2 Z 69/88; 16. 9. 1993, 2Z BR 91/93; LG Frankfurt, 26. 6. 1991, 2/9 T 640/88; LG Hamburg, 5. 6. 1992, 311 S 272/90; AG Hamburg, 14. 12. 1990, 102a II 161/89).

6. Zuwiderhandlungen gegen die Verordnung

Die Nichtanwendung der Verordnung stellt keine Ordnungswidrigkeit dar. Jeder einzelne Wohnungseigentümer kann aber, falls die Wohnungseigentümergemeinschaft die verbrauchsabhängige Abrechnung ablehnt, ihre Anwendung gemäß § 43 WEG gerichtlich durchsetzen. Im Falle der Vermietung kann der Mieter bei Nichtanwendung der HeizkostenV die Heizkostenabrechnung um 15 v. H. eigenmächtig kürzen. Im Verhältnis der Wohnungseigentümer untereinander gilt dieses Recht gemäß § 12 Abs. 1 Satz 2 HeizKostenV ausdrücklich nicht.

7. Einzelfragen / Heizkostenabrechnung

Soweit die Heizkostenverordnung Einzelfragen nicht regelt, hat zwischenzeitlich die Rechtsprechung in zahlreichen Entscheidungen Klarheit geschaffen.

Auswechseln der Erfassungsgeräte

Der Austausch oder der Wechsel der Erfassungsgeräte nach erstmaliger Ausstattung richtet sich nach den Vorschriften über die ordnungsmäßige

Instandhaltung und Instandsetzung, wobei im Rahmen modernisierender Instandsetzung auch die Verwendung neuer Systeme mehrheitlich beschlossen werden kann, soweit sie der technischen Entwicklung entsprechend als ausgereift und erprobt anzusehen sind (vgl. hierzu auch Kap. 12.2.4.1, Wertverbessernde und modernisierende Maßnahmen). Ob und wann der Austausch älterer Erfassungsgeräte (Verdunstungsmesser) durch neuzeitliche Systeme (Funkerfassung) als Instandsetzung, modernisierende Instandsetzung oder Modernisierung mit den unterschiedlichen Mehrheitserfordernissen erfolgen kann, ist strittig (vgl. zum Mietrecht LG Kassel, 27. 5. 2004, 1 S 3181/03, bei Unbrauchbarkeit der alten Geräte; LG Heidelberg, 19. 11. 2010, 5 S 34/10, Austausch auch funktionsfähiger Geräte; LG Berlin, 22. 10. 2010, 63 S 451/10, bei Ablauf der Eichfrist).

Eichpflicht

Werden zur Erfassung des Wärme- und Warmwasserverbrauchs eichpflichtige Geräte verwendet, unterliegen sie gemäß § 2 Abs. 1 des Eichgesetzes der Zulassung und der Eichpflicht (Eichgesetz i. d. F. vom 23. 3. 1992, Begl. I S. 711, zuletzt geändert durch Gesetz vom 7. 3. 2011, BGBl. I S. 338; vgl. auch BayObLG, 8. 6. 1990, 1 b Z 18/99).
Die Eichung der Erfassungsgeräte oder der Austausch durch neue Geräte hat bei Wärme- und Warmwassererfassungsgeräten alle fünf Jahre, bei Kaltwasserzählern alle sechs Jahre zu erfolgen (Eichgesetz, Anhang B 6.2, 22.1 und 6.1).
Unterbleibt die Nacheichung, werden aber die Geräte weiter verwendet, ist eine darauf beruhende Verbrauchserfassung und Abrechnung im Falle der Anfechtung für ungültig zu erklären.
Ein Mehrheitsbeschluss, der die Weiterverwendung eichpflichtiger Geräte nach Ablauf der Eichfrist vorsieht, widerspricht ordnungsmäßiger Verwaltung und ist für ungültig zu erklären. Zuwiderhandlungen können als Ordnungswidrigkeit geahndet werden (BayObLG, 26. 3. 1998, 2Z BR 154/97).
Verantwortlich für die Durchführung der Nacheichung der Erfassungsgeräte in Wohnungseigentumsanlagen ist im Rahmen ordnungsmäßiger Verwaltung stets der Verwalter. Er hat die Nacheichung auch ohne vorherige Beschlussfassung der Wohnungseigentümer zu dem jeweiligen Termin zu veranlassen (vgl. auch Niedenführ in Niedenführ/Kümmel/Vandenhouten, Teil III. HeizkostenV Rn 12).
Die Kosten der Eichung sind Kosten der Verwendung im Sinne der HeizkostenV und im Rahmen der Heizkostenabrechnung auf die einzelnen Eigentümer umzulegen (vgl. hierzu AG Bremerhaven, 1.10. 1986, 53 C 512/1986).

Eigentumsrechtliche Zuordnung der Erfassungsgeräte

Da die Kosten für die Erfassungsgeräte und deren Anbringung gemäß § 3 Satz 3 HeizkostenV nach den für die Verwaltung des gemeinschaftlichen

Eigentums geltenden Regelungen zu verteilen sind und die danach gemäß § 16 Abs. 2 WEG vorzunehmende Kostenverteilung nur gemeinschaftliches Eigentum betreffen kann, ergibt sich bereits hieraus die Zuordnung der Erfassungsgeräte zum Gemeinschaftseigentum (vgl. zur Zuordnung zum Gemeinschaftseigentum auch Vandenhouten in Niedenführ/Kümmel/Vandenhouten § 5 Rn 38 m. w. N.; KG Berlin, 8. 9. 1993, 24 W 5753/92+2301/93; OLG Saarbrücken, 4. 10. 1996, 5 W 286/95; HansOLG Hamburg, 22. 4. 1999, 2 Wx 39/99; Armbrüster in Bärmann § 5 Rn 114; a. A. BGH, 8. 7. 2011, V ZR 176/10, für den Fall, dass Heizkörper gemäß Teilungserklärung dem Sondereigentum zugeordnet sind).
Wohnungseigentumsrechtlich ergibt sich die Zuordnung aus § 1 Abs. 5 sowie insbesondere aus § 5 Abs. 1 und 2 WEG allein aus dem Gesichtspunkt, dass ihre Veränderung oder Beseitigung zu einer Beeinträchtigung der Rechte der übrigen Eigentümer insoweit führen würde, als deren Anspruch auf eine ordnungsmäßige Abrechnung der Heizkosten nicht mehr gewährleistet werden könnte.
Da im Übrigen die Auswahl der Geräte und deren späterer Austausch oder Ersatz gemäß § 4 Abs. 2 HeizkostenV der mehrheitlichen Entscheidung der Wohnungseigentümer obliegt, durch Mehrheitsbeschluss aber nicht in das Sondereigentum eingegriffen werden kann, sind die Erfassungsgeräte auch unter diesem Gesichtspunkt nicht sondereigentumsfähig und deshalb dem gemeinschaftlichen Eigentum zuzuordnen.

Flächenmaßstab

Gemäß § 7 Abs. 1 HeizkostenV sind die nicht verbrauchsabhängig zu ermittelnden Kosten nach der Wohn- oder Nutzfläche, dem umbauten Raum, der beheizten Wohn- oder Nutzfläche oder nach dem beheizten umbauten Raum abzurechnen.
Für die Abrechnung sind daher die in der Teilungserklärung enthaltenen Flächenangaben der Abrechnung zugrunde zu legen, also in der Regel die Wohn- oder die Nutzflächen, da nur in den seltensten Fällen Angaben über die beheizten Flächen enthalten sind. Zur Berechnung der Wohn- oder Nutzfläche ist die Wohnflächenverordnung (WoFlV vom 25. 11. 2003, BGBl. I 2346) zu berücksichtigen.
Soweit ein Wohnungseigentümer eine Heizkostenabrechnung mit der Behauptung zurückweist, die Fläche seiner Wohnung sei falsch berechnet, muss er diese Behauptung mit einer ins Einzelne gehenden Gegenrechnung belegen (vgl. hierzu AG Berlin-Schöneberg, 8. 7. 1986, 15 C 136/86, dort zur entsprechenden Verpflichtung eines Mieters).

Freistellung

Ein Wohnungseigentümer, der die Heizkörper nachweislich dauernd abgesperrt hält, kann deshalb nicht verlangen, dass er von den „verbrauchsabhängigen“ Kosten des Heizbetriebs nach den bei ihm abgelesenen Verbrauchswerten völlig freigestellt wird. Gemäß § 242 BGB kann er allenfalls so gestellt werden wie derjenige Eigentümer einer Wohnung gleicher Größe, bei dem die niedrigsten Verbrauchswerte festgestellt werden (BayObLG, 7. 4. 1988, 2 Z 157/87).

Messungenauigkeiten der Erfassungsgeräte

Soweit eine aufgrund von Heizkostenverteilern nach dem Verdunstungsprinzip erstellte Heizkostenabrechnung wegen der Ungenauigkeit dieser Erfassungsgeräte angezweifelt wird, ist es Sache des jeweiligen Eigentümers, behauptete Fehlerquellen selbst nachzuweisen, weil trotz der Möglichkeit der Verwendung genauerer Messmethoden die Verwendung von Verdunstungsgeräten grundsätzlich zulässig ist (BGH, 9. 4. 1986, VIII ZR 133/85; vgl. auch OLG Köln, 4. 3. 1985, 27 U 18/84; LG Koblenz, 21.2. 1985, 3 S 382/84).
Auch die fehlerhafte Anbringung der Heizkostenverteiler in einer Wohnung hat nicht zwingend die Unrichtigkeit der Heizkostenabrechnung für sämtliche Wohnungen zur Folge (LG Berlin, 6. 10. 1986, 62 S 381/85; vgl. aber auch LG Berlin, 16. 6. 1986, 61 S 112/85, zur fehlerhaften Montage der Heizkostenverteiler; AG Münster, 10. 6. 1980, 28 C 181/80, zu geringen Ungenauigkeiten bei Abrechnung nach Gradtagszahlen).

Zutrittgewährung für Geräteablesung

Die Wohnungseigentümer sind verpflichtet, die Ablesung der Erfassungsgeräte durch Zutritt zur Wohnung zu gewährleisten. Der Zutritt kann gegebenenfalls gerichtlich durch einstweilige Anordnung erzwungen werden (LG Köln, 18. 4. 1985, 1 S 466/84).

Zwischenablesung

Die Kosten zusätzlicher Messungen bzw. Zwischenablesungen zur Erfassung des Heizkostenverbrauchs im Falle eines Nutzerwechsels zählen gemäß §§ 7 Abs. 2, 8 Abs. 2 HeizKostenV zu den verbrauchsabhängigen Kosten, die gemäß § 16 Abs. 3 WEG als Betriebskosten abweichend von § 16 Abs. 2 WEG durch mehrheitliche Beschlussfassung auf die Verursacher verteilt werden können.

Heizkörperentfernung

Nach bisheriger Auffassung konnte durch mehrheitliche Beschlussfassung als Gebrauchsregelung im Sinne von § 15 Abs. 2 WEG die Entfernung der im Sondereigentum stehenden Heizkörper untersagt werden. Danach ist auch ein Mehrheitsbeschluss, der das Entfernen der Heizkörper im Interesse einer gleichmäßigen Erfassung des Wärmeverbrauchs untersagte, nicht nichtig (BayObLG, 20. 3. 1985, 2 Z 14/84; zur Unzulässigkeit der Entfernung von Heizkörpern vgl. auch OLG Hamm, 26. 6. 1987, 15 W 438/85; HansOLG Hamburg, 22. 4. 1999, 2 Wx 39/99).
Nach dieser Auffassung konnte auch für eine Wohnung, in der ein Wohnungseigentümer durch den Ausbau eines oder mehrerer Heizkörper eine

ordnungsmäßige Messung seines Verbrauchs verhinderte, eine Verbrauchsschätzung gemäß § 9a Heizkosten i. V. mit § 315 BGB vorgenommen werden (vgl. hierzu AG Hamburg, 22. 1. 1987, 102a II 147/86, zur Verbrauchsschätzung gemäß § 315 BGB).
Dieser bisherigen Auffassung ist der BGH nicht gefolgt (BGH, 8. 7. 2011, V ZR 176/10). Da nach Auffassung des BGH den Wohnungseigentümern die Legitimation fehlt, im Falle einer Sanierung der Zentralheizungsanlage den einzelnen Wohnungseigentümer die Erneuerung auch technisch kompatibler Heizkörper aufzuzwingen oder umgekehrt eine von ihm für sich angestrebte Erneuerung mit technisch kompatiblen Geräten oder deren technisch vertretbarer Verlegung innerhalb seiner Wohnung zu verweigern, ist davon auszugehen, dass ein Mehrheitsbeschluss der Wohnungseigentümer zum Verbot der Entfernung von Heizkörpern mangels Beschlusskompetenz nichtig ist.
Um einer eigenmächtigen Entfernung von Heizkörpern durch einzelne Wohnungseigentümer entgegen zu wirken, dürfte allerdings ein Beschluss ordnungsmäßiger Verwaltung entsprechen, durch den ein Wohnungseigentümer gemäß § 14 Nr. 1 WEG verpflichtet wird, die im Sondereigentum stehenden Heizkörper so instand zu halten, dass die Rechte der übrigen Eigentümer nicht über das unvermeidliche Maß hinaus beeinträchtigt werden.

Instandhaltungs-/Instandsetzungskosten

Siehe hierzu: Kap. 12.2.4.3

Kabelanschlusskosten

Bei den Kosten des Kabelanschlusses handelt es sich um Betriebskosten, für die eine von § 16 Abs. 2 WEG Kostenverteilung mit einfacher Mehrheit beschlossen werden kann (vgl. dazu auch Wenzel, ZWE 2001, 226/236). Erforderlich für eine wohnungsbezogene Abrechnung der Kabelanschlusskosten ist jedoch ein entsprechender gesonderter Mehrheitsbeschluss gemäß § 16 Abs. 3 WEG (vgl. BGH, 1. 4. 2011, V ZR 162/10). Ein Mehrheitsbeschluss über die Festlegung des Verteilungsschlüssels in der Jahreseinzelabrechnung ist zwar nicht nichtig, als gesetzeswidriger Mehrheitsbeschluss jedoch anfechtbar.

Kehrgebühren

Siehe hierzu: Reinigungskosten, Schornsteinfegergebühren

Kommunale Gebühren

Kommunale Gebühren wie Müllabfuhr, Straßenreinigung und Abfallentsorgung sind als Betriebskosten nach der gesetzlichen Regelung gemäß § 16 Abs. 2 WEG oder einem davon gemäß § 10 Abs. 2 Satz 2 WEG abweichend vereinbarten oder einem gemäß § 16 Abs. 3 WEG mehrheitlich beschlossenen Verteilungsschlüssel umzulegen, sofern nicht eine direkte Zu-

rechnung zum Sondereigentum durch Personen- oder wohnungsbezogene Abrechnung möglich ist (vgl. dazu Wenzel, ZWE 2001, 226/236).
Dabei können auch die nach kommunaler Gebührensatzung zugrunde gelegten Verteilungsmaßstäbe der Abrechnung im Innenverhältnis der Wohnungseigentümer als ordnungsmäßiger Abrechnungsmaßstab zur Anwendung kommen.
Hinsichtlich der Haftung für kommunale Gebühren und der damit zusammenhängenden Zustellung des Gebührenbescheides an den richtigen „Adressaten" (Wohnungseigentümer oder teilrechtsfähige Wohnungseigentümergemeinschaft) ist auf die jeweiligen landesrechtlichen Regelungen der Kommunalabgabengesetze bzw. die örtlichen Gebührensatzungen abzustellen.
Das bedeutet, dass trotz Teilrechtsfähigkeit der Wohnungseigentümergemeinschaft eine gesamtschuldnerische Haftung eines jeden einzelnen Wohnungseigentümers für kommunale Gebühren dann in Frage kommt, wenn das kommunale Abgabenrecht eine solche Haftung regelt, also die Wohnungseigentümer als Miteigentümer und nicht die teilrechtsfähige Gemeinschaft nach Landesrecht haften (vgl. dazu BGH, 11. 5. 2010, IX ZR 127/09;VG Gelsenkirchen 16. 9. 2009, 13 K 711/08; vgl. hierzu auch Kap. 8.6, 10.2.1.1 und 15.5.1.8).

Kosten für Garagen/Kfz.-Stellplätze

Das Sondereigentum an freistehenden Garagen (Teileigentum) umfasst grundsätzlich nicht deren konstruktive Bestandteile. Daher sind Reparaturkosten an den im gemeinschaftlichen Eigentum stehenden Gebäudeteilen (Garagenwand, Garagentor, Garagendach) auch von sämtlichen Wohnungseigentümern gemäß § 16 Abs. 2 WEG, also im Verhältnis der eingetragenen Miteigentumsanteile zu tragen (OLG Hamm, 23. 2. 2005, 15 W 135/06; OLG Karlsruhe, 28. 12. 1977, 3 W 8/77).
Zulässig ist es jedoch, den Teileigentümern der Garagen eine ihrer besonderen Nutzung entsprechende Kostentragung aufzuerlegen. Hierzu bedarf es jedoch einer ausdrücklichen Vereinbarung gemäß § 10 Abs. 2 Satz 2 WEG. Eine solche Regelung könnte dann die „Garageneigentümer" verpflichten, grundsätzlich sämtliche Kosten für die Instandhaltung und Instandsetzung auch der im gemeinschaftlichen Eigentum befindlichen baulichen Teile zu tragen. Ein Mehrheitsbeschluss ist als gesetzesändernder Mehrheitsbeschluss nichtig.
Gemäß § 10 Abs. 2 Satz 3 WEG kann unter besonderen Umständen auch eine solche abweichende Vereinbarung verlangt werden. Das gilt dann, wenn die bestehende Kostenverteilung unbillig ist.
Ob für Instandhaltungs- und Instandsetzungsmaßnahmen eine abweichende Kostenverteilung durch doppelt qualifizierten Mehrheitsbeschluss im konkreten Einzelfall gemäß § 16 Abs. 4 WEG zulässig ist, ist unter den entsprechenden Voraussetzungen „des Gebrauchs" oder des „möglichen Gebrauchs" zu prüfen.

Bei im Sondereigentum stehenden Garagenstellplätzen gelten die gleichen Regelungen.

Leerstehende Wohnungen

Leerstehende Wohnungen sind grundsätzlich nicht von der gesetzlichen bzw. davon abweichend vereinbarten Kostentragungsregelung ausgenommen (BayObLG, 30. 9. 1976, 2 Z 60/76; OLG Hamm, 29. 6. 1981, 15 W 169/80). Vielmehr haben auch die Eigentümer leerstehender Wohnungen in vollem Umfang zu den gemeinschaftlichen Lasten und Kosten beizutragen (OLG Düsseldorf, 20. 3. 1998, 3 Wx 7/98).
Etwas anderes kann nur für den Fall angenommen werden, dass ein Festhalten am vereinbarten Verteilungsschlüssel unbillig wäre und einen Änderungsanspruch nach § 10 Abs. 2 Satz 3 WEG begründen könnte.
Eine Kostenbefreiung kann im Übrigen immer nur dann gerechtfertigt sein, wenn es sich um die Zuordnung und Verteilung verbrauchsabhängig ermittelter Kosten handelt (BayObLG, 23. 8. 2001, 2Z BR 114/01, dort auch zur zulässigen Vereinbarung über die Freistellung nicht beheizbarer Räume von den Heizkosten; vgl. aber zur Zulässigkeit einer Vereinbarung über die Umlagefähigkeit auch verbrauchsunabhängiger Kosten OLG Hamm, 29. 6. 1981, 15 W 169/80; vgl. dazu auch AG Hildesheim, 5. 2. 1988, 25 UR II 19/87, zur Freistellung von Verbrauchskosten bei Wohnungen im Rohbauzustand; AG Hamburg, 18. 1. 1991, 102 A II 206/90, zur Freistellung bei noch nicht fertiggestellten Wohnungen).
Unabhängig vom individuellen Verbrauch anfallende Kosten (Straßenreinigung, Treppenreinigung, Versicherung, Hausmeister, Kehrgebühren) sind grundsätzlich auf alle Wohnungseigentümer umzulegen, unabhängig davon, ob und gegebenenfalls wie lange deren Wohnungen leerstehen.
Ein Bauträger ist im übrigen auch dann zur anteiligen Lasten- und Kostentragung für noch nicht bezugsfertige und noch nicht veräußerte Wohnungen verpflichtet, wenn die Gemeinschaftsordnung eine Lasten- und Kostentragung für die Wohnungseigentümer erst ab Bezugsfertigkeit vorsieht (BayObLG, 28. 9. 1978, 2 Z 21/77; vgl. hierzu aber auch OLG Frankfurt, 27. 1. 1984, 0 W 394/83, wonach es ausnahmsweise möglich sein kann, eine in der Gemeinschaftsordnung enthaltene Kostenverteilung durch Mehrheitsbeschluss zu ändern, um die Bauträgermiteigentümerin nicht mit Gemeinschaftskosten zu belasten, weil deren Miteigentumsanteile noch nicht mit Sondereigentum verbunden sind; vorliegend war ein vorgesehenes weiteres Gebäude der Anlage noch nicht errichtet).
Im Übrigen ist nach jetzt geltendem Recht zu prüfen, ob eine von § 16 Abs. 2 WEG abweichende Verteilung der Betriebskosten gemäß § 16 Abs. 3 WEG mit mehrheitlicher Beschlussfassung getroffen werden kann.

Liquiditätsumlage

Die Erhebung einer Sonderumlage zur Beseitigung von Liquiditätsschwierigkeiten aufgrund von Hausgeldrückständen (Nachtragshaushalt bzw.

Nachtrags-Umlage) oder auch aufgrund eines fehlerhaften Wirtschaftsplans entspricht ordnungsmäßiger Verwaltung.
Die zum Ausgleich der Hausgeldrückstände oder zur Herbeiführung der Liquidität erforderlichen Mittel sind Kosten im Sinne von § 16 Abs. 2 WEG, zu deren anteiliger Tragung alle Miteigentümer verpflichtet sind, einschließlich des Eigentümers, der seine Wohnung in der Zwangsversteigerung erworben hat (KG Berlin 2. 12. 2002, 24 W 92/02; BayObLG, 23.3. 1982, 2 Z 31/81; zur Liquiditätsumlage als Masseverbindlichkeit bei Insolvenz eines Wohnungseigentümers vgl. BGH, 15.6. 1989, V ZB 22/88; für den Fall der Zwangsverwaltung vgl. OLG Düsseldorf, 10. 8. 1990, 3 Wx 201/90).
Für eine Nachtrags-Umlage muss die Zusammensetzung der aufgelaufenen Hausgeldrückstände genau nach den zwischenzeitlichen Wirtschaftsplänen und Jahresabrechnungen und auch nach den Wohnungen der zahlungsunfähigen Wohnungseigentümer festgestellt werden (KG Berlin, 2. 12. 2002, 24 W 92/02; KG Berlin, WM 2001, 355 = DWE 2001, 117). Dabei sind auch die für unterschiedliche Abrechnungszeiträume anzusetzenden Verjährungsfristen zu berücksichtigen.

Modernisierungskosten

Siehe hierzu: Kap. 13.12.3

Müllabfuhrgebühren

Können die Müllabfuhrgebühren verbrauchs- oder verursacherabhängig erfasst und abgerechnet werden, kann der Verteilungsschlüssel gemäß § 16 Abs. 3 WEG abweichend von der gesetzlichen Kostenverteilung nach Miteigentumsanteilen gemäß § 16 Abs. 2 WEG wie bei den anderen Betriebskosten im Sinne von § 556 Abs. 1 BGB durch mehrheitliche Beschlussfassung umgestellt werden. Hierbei ist jedoch zu unterscheiden nach Anfall der Müllgebühren im Sondereigentum und im Gemeinschaftseigentum. Insofern ist die Kostenverteilung nach unterschiedlichen Verteilungsschlüsseln vorzunehmen (OLG Köln, 1. 3. 2006, 16 Wx 223/05).

Reinigungskosten

Reinigungskosten, die für gemeinschaftliche Gebäudeteile anfallen, sind grundsätzlich nach Miteigentumsanteilen zu verteilen, da eine verbrauchs- oder nutzungsabhängige Erfassung und Verteilung im Regelfall nicht in Betracht kommt.
Wird eine Umstellung dieser Kostenverteilung gemäß § 16 Abs. 3 WEG auf Wohneinheiten statt nach Miteigentumsanteilen beschlossen und führt dies zu einer unbilligen Mehrbelastung eines oder mehrerer Eigentümer um rund 35 Prozent, verstößt diese Änderung gegen das Willkürverbot und hat die Ungültigerklärung des Beschlusses zur Folge (vgl. LG Düsseldorf, 9. 6. 2009, 16 S 77/08; LG Nürnberg-Fürth, 25. 3. 2009, 14 S 7627/08).

Andererseits wird eine Umstellung der Kostenverteilung bei Reinigungskosten für Garagen und Gehwege von „Wohnfläche“ auf „Wohnungseinheiten“ als ordnungsmäßige Verwaltungsmaßnahme für zulässig erachtet (BGH, 1. 4. 2011, V ZR 162/10).
Siehe hierzu oben: Hausmeisterkosten

Sonderumlage bei baulichen Veränderungen

Ein Mehrheitsbeschluss über die Erhebung einer von allen Eigentümern zu zahlenden Sonderumlage zur Finanzierung der Durchführung einer für den Einzelfall beschlossenen baulichen Veränderung im Sinne von § 22 Abs. 1 WEG kann abweichend von § 16 Abs. 2 WEG gemäß § 16 Abs. 4 WEG mit der danach erforderlichen doppelt qualifizierten Mehrheit beschlossen werden. Wird dieses „Quorum“ nicht erreicht, ist auch ein insoweit gesetzeswidriger Mehrheitsbeschluss nicht nichtig, sondern wirksam, wenn er nicht durch rechtskräftiges Urteil für ungültig erklärt wird (so bereits vor der WEG-Reform für eine Sonderumlage zur Finanzierung von Instandsetzungsmaßnahmen BayObLG, 27. 2. 2003, 2Z BR 135/02; OLG Köln, 8. 2. 2002, 16 Wx 6/02).
Insofern können sich die Eigentümer, die der Maßnahme nicht zugestimmt haben, nicht auf die Kostenbefreiung gemäß § 16 Abs. 6 Satz 1 WEG berufen, da diese Vorschrift gemäß § 16 Abs. 6 Satz 2 WEG ausdrücklich nicht anwendbar ist (BGH, 13. 5. 2011, V ZR 202/10; vgl. dazu auch Kap. 13.8).
Grundsätzlich gilt aber, dass Sonderumlagen einer gesonderten Beschlussfassung bedürfen (BayObLG, 10. 4. 2002, 2Z BR 70/01).

Sonderumlage wegen erhöhten Wasserverbrauchs

Ein Mehrheitsbeschluss, einzelne Teileigentumseinheiten entgegen dem in der Teilungserklärung vereinbarten Verteilungsschlüssel ohne dessen generelle Änderung gemäß § 16 Abs. 3 WEG mit einer einmaligen Sonderumlage wegen erhöhten Wasserverbrauchs zu belasten, ist als vereinbarungswidriger Mehrheitsbeschluss nicht nichtig, sondern erwächst im Falle der Nichtanfechtung in Bestandskraft (BayObLG, 4. 4. 2001, 2Z BR 13/01).
Siehe auch: Kap. 12.2.4.5.5 Sonderumlage zur Instandhaltungsfinanzierung

Schornsteinfegergebühren

Schornsteinfegergebühren gehören grundsätzlich zu den Lasten des Grundstücks, die gemäß § 16 Abs. 2 WEG auf alle Eigentümer im Verhältnis der Miteigentumsanteile umzulegen sind. Da sie zu den Betriebskosten im Sinne von § 16 Abs. 3 WEG zählen, kann auch eine abweichende Kostenverteilung mit Mehrheit beschlossen werden (AG Hannover, 4. 4. 2009, 481 C 1989/08 zur zulässigen Verteilung nach Wohneinheiten; ebenso BGH, 1. 4. 2011, V ZR 162/10).

Fallen Schornsteinfegergebühren für Tätigkeiten an Anlagen an, die im Sondereigentum stehen (Gasetagenheizung), so sind auch diese Gebühren als Lasten des Grundstücks – zunächst – in voller Höhe vom Verwalter zu zahlen, im Rahmen der Einzelabrechnungen jedoch den jeweiligen Sondereigentümern zu belasten (AG München, 20. 12. 1994, UR II 312/94; vgl. auch Kap. 10.2.1 Lasten des gemeinschaftlichen Eigentums).

Schwimmbad-/Saunabenutzung

Eine von der gesetzlichen Regelung bzw. von der Teilungserklärung oder der Gemeinschaftsordnung abweichende Kostenverteilung zur Sauna- und Schwimmbadbenutzung durch Anbringung von Münzzählern bedarf grundsätzlich einer Vereinbarung im Sinne von § 10 Abs. 2 Satz 2 und 3 WEG, also der Zustimmung aller Wohnungseigentümer und der Eintragung dieser Vereinbarung in das Grundbuch (AG Hamburg-Altona, 12. 2. 1976, 303 II 9/75).
Abweichende, auf dem Verbrauchs- oder Verursacherprinzip beruhende Kostenverteilungsregelungen können gemäß § 16 Abs. 3 WEG mit einfacher Mehrheit beschlossen werden, soweit es sich um die anfallenden Betriebskosten handelt. Für eine von § 16 Abs. 2 WEG abweichende Verteilung der Instandhaltungs- und Instandsetzungskosten bedarf es jedoch einer Vereinbarung nach § 10 Abs. 2 Satz 2 WEG oder im konkreten Einzelfall gemäß § 16 Abs. 4 WEG eines doppelt qualifizierten Mehrheitsbeschlusses.
Ein Wohnungseigentümer kann sich grundsätzlich der Kostentragungspflicht nicht dadurch entziehen, dass er Sauna und Schwimmbad nicht benutzt.
Ein Mehrheitsbeschluss, eine Saunaanlage aus Kostengründen zu schließen, ist wegen generellen Entzugs des gemeinschaftlichen Gebrauchs nichtig (a. A. früher BayObLG, 19. 2. 1987, 2 Z 139/86, vgl. jedoch BayObLG, 28. 2. 2002, 2Z BR 177/01, dort zur Nichtigkeit eines Beschlusses zur Stilllegung eines Müllschluckers; vgl. i. Ü. Kap 13.13, dort zur Liftstilllegung).

Umzugskostenpauschale

Die Erhebung einer Umzugskostenpauschale ist gemäß § 21 Abs. 7 WEG einer mehrheitlichen Beschlussfassung zugänglich. Ein entsprechender Beschluss entspricht aber nur dann ordnungsmäßiger Verwaltung, wenn die beschlossene Pauschale maßvoll bemessen ist und nicht zu einer ungerechtfertigten Ungleichbehandlung der Wohnungseigentümer führt (BGH, 1. 10. 2010, V ZR 220/09, bejahend zu einer angemessenen Pauschale von 50,– Euro je Umzug, ablehnend zur Erhebung nur bei Vermietung an Feriengäste; vgl. auch AG Hannover, 25. 11. 2009, 483 C 9799/09).

Verfahrenskosten

Siehe hierzu: Kap. 10.2.2.4; Kap. 18.7

Vermietungspauschale

Die Erhebung eines Zuschlages zum Hausgeld in Form einer Vermietungspauschale für jede vermietete Eigentumswohnung bedarf einer Vereinbarung. Ein Mehrheitsbeschluss ist als gesetzesändernder Mehrheitsbeschluss nichtig. Eine gemäß § 21 Abs. 7 WEG mehrheitlich zu beschließende Auferlegung von Kosten für eine besondere Nutzung dürfte nur unter besondere Voraussetzungen zulässig sein.
Siehe hierzu: Umzugskostenpauschale

Versammlungskosten / Saalmiete

Die für die Durchführung von Wohnungseigentümerversammlungen zu zahlende Saalmiete zählt zu den Kosten der sonstigen Verwaltung des gemeinschaftlichen Eigentums und ist gemäß § 16 Abs. 2 WEG auf alle Wohnungseigentümer zu verteilen.
Der Verwalter ist zwar zur Durchführung der jährlichen Wohnungseigentümerversammlung verpflichtet, jedoch kann daraus nicht der Schluss gezogen werden, dass die aus der Durchführung insoweit entstehenden Kosten mit der vereinbarten Verwaltervergütung abgegolten sind (AG Köln, 7. 1. 1980, 151 II 5015/79).
Für die Durchführung der Versammlung steht dem Verwalter jedoch keine zusätzliche Vergütung zu. Auch für die Durchführung außerordentlicher Versammlungen hat der Verwalter keinen Anspruch auf eine Sondervergütung, wenn hierfür nicht eine besondere Vergütung als besonderer Verwaltungsaufwand gemäß § 21 Abs. 7 WEG ausdrücklich mehrheitlich beschlossen wurde.

Verbrauchsabhängige Kosten

Siehe hierzu: Wasserkosten

Verwaltervergütung

Siehe hierzu: Kap. 15.4.10

Verwaltungskosten

Die Verteilung von sonstigen Verwaltungskosten und Bankkosten kann gemäß § 16 Abs. 3 WEG durch mehrheitliche Beschlussfassung umgestellt werden von Miteigentumsanteilen auf Wohnungseinheiten (AG Hannover, 4. 4. 2009, 481 C 1989/09; ebenso BGH, 1. 4. 2011, V ZR 162/10).

Wasserkosten

Wasserkosten zählen zu den Betriebskosten, die nach Verbrauch erfasst und abweichend von § 16 Abs. 2 WEG entsprechend verbrauchsabhängig abgerechnet werden können. Hierzu reicht gemäß § 16 Abs. 3 WEG ein einfacher Mehrheitsbeschluss aus. Dies gilt auch für den Fall, dass gemäß Teilungserklärung oder Gemeinschaftsordnung geregelt ist, dass die Kos-

ten der Wasserversorgung im Verhältnis der Wohnflächen zu verteilen sind (BGH, 25. 9. 2003, V ZB 21/03; 9. 7. 2010, V ZR 202/09; 16. 7. 2010, V ZR 221/09).
Der Einbau von Kaltwasserzählern als Voraussetzung zur Verbrauchserfassung kann im Rahmen ordnungsmäßiger Verwaltung mit Mehrheit beschlossen werden. Es handelt sich nicht um eine bauliche Veränderung (LG Hamburg, 29. 12. 2010, 318 S 101/10).
Die Einführung der verbrauchsabhängigen Erfassung und Abrechnung der Kaltwasserkosten kann allerdings im konkreten Fall daran scheitern, dass Kosten für die Anschaffung und den Einbau der Wasseruhren einschließlich der Kosten für die Eichung der Erfassungsgeräte sich nicht in einem überschaubaren Zeitraum – das entspricht etwa einem Zeitraum von zehn Jahren – amortisieren (LG Hamburg, 29. 12. 2010, 318 S 101/10; AG Hannover; 31. 7. 2001, 71 II 169/01; Wenzel, ZWE 2001, 226/236; Schuschke, NZM 2001, 501; vgl. auch OLG Düsseldorf, 8. 1. 2001, 3 Wx 402/00, zur Beschlusskompetenz der Wohnungseigentümer zur Einführung einer verbrauchsabhängigen Erfassung und Abrechnung der Wasser- und Entwässerungsgebühren; vgl. auch OLG Schleswig, 22. 8. 2002, 11 U 26/01, zur unzulässigen Abrechnung nach fiktiven Zählern im Sondereigentum).
Da die Kosten der Anschaffung und der Installation der Wasseruhren zu den Betriebskosten gemäß § 16 Abs. 3 WEG (Kosten der Gebrauchsüberlassung von Wasserzählern gemäß § 2 Nr. 2 BetrKV) zählen, können die Wohnungseigentümer mehrheitlich beschließen, dass diese Kosten von den jeweiligen Wohnungseigentümer direkt zu tragen sind.
Da Abwasserkosten im Regelfall nach der verbrauchten Frischwassermenge abgerechnet werden, unterliegt auch die Abrechnung der Abwasserkosten der verbrauchsabhängigen Abrechnung.
Werden Kaltwasser und Abwasser nach Verbrauch in den Wohnungen abgerechnet, muss allerdings in der Abrechnung auch zwischen dem individuellen Verbrauch und dem Verbrauch für Gemeinschaftszwecke unterschieden werden (BayObLG, 7. 3. 2002, 2Z BR 77/01, vgl. dort auch zur Abgrenzung der Verbrauchskosten, wenn diese im Abrechnungsjahr nicht gezahlt werden; vgl. auch OLG Hamm, 22. 12. 2003, 15 W 396/03; vgl. dazu auch Kap. 10.3.2; 13.13).
An der hinreichenden Bestimmtheit fehlt es allerdings bei einer Regelung über die Verteilung der im Gemeinschaftseigentum anfallenden Wasserkosten, wenn lediglich bestimmt ist, dass die Kosten für Frischwasser nach den durch Wasserzähler gemessenen Verbrauchsanteilen erfolgen soll. Danach kann zwar der gemeinschaftliche Wasserverbrauch ermittelt werden, wie aber die Verteilung der Kosten auf die einzelnen Eigentümer – nach deren Verbrauch im Sondereigentum oder nach Miteigentumsanteilen – erfolgen soll, ergibt sich aus einem solchen Beschluss nicht (OLG Hamm, 22. 12. 2003, 15 W 396/03).

10.5 Zahlungsverpflichtung

Die Verpflichtung zur Zahlung der anteiligen Lasten und Kosten, die üblicherweise als Wohn- oder besser als Hausgeld bezeichnet werden, ergibt sich aus § 16 Abs. 2 WEG i. V. mit § 28 Abs. 2 WEG, wonach jeder einzelne Wohnungseigentümer verpflichtet ist, nach Abruf durch den Verwalter entsprechend dem beschlossenen Wirtschaftsplan Vorschüsse zu leisten.

Zahlungsverpflichtet ist dabei stets und allein der im Grundbuch eingetragene Wohnungseigentümer (BGH, 23. 9. 1999, V ZB 17/99). Deshalb ist auch der Erwerber eines Wohnungseigentums gegenüber der Wohnungseigentümergemeinschaft erst dann zur Zahlung verpflichtet, wenn er als Eigentümer im Grundbuch eingetragen ist.

Die Zahlungspflicht eines Erwerbers gegenüber der Gemeinschaft entsteht jedoch erst mit deren rechtlicher Invollzugsetzung. Das heißt, dass neben dem veräußernden Bauträger oder dem teilenden bisherigen Alleineigentümer nach Begründung des Wohnungseigentums zusätzlich ein Erwerber als Miteigentümer – also mindestens zwei Eigentümer – im Grundbuch eingetragen sein muss (BGH, 5. 6. 2008, V ZB 85/07, m. w. N., ausführlich zur „werdenden Wohnungseigentümergemeinschaft" in Abgrenzung zu den „Volleigentümern" als eingetragene Eigentümer der rechtlich in Vollzug gesetzten Gemeinschaft).

Handelt es sich dagegen um eine „werdende Wohnungseigentümergemeinschaft", also um eine Gemeinschaft, in der neben dem Bauträger als Alleineigentümer noch kein weiterer Eigentümer eingetragen ist, entsteht die Zahlungsverpflichtung des Erwerbers als „werdender Wohnungseigentümer" bereits vor Eintragung in das Grundbuch, soweit der Kaufvertrag abgeschlossen, eine Auflassungsvormerkung in das Grundbuch eingetragen und das Sondereigentum (Wohnungs- oder Teileigentum) in Besitz genommen worden ist (BGH, 5. 6. 2008, V ZB 85/07).

Die Zahlungsverpflichtung des Erwerbers eines Wohnungseigentums erstreckt sich im Übrigen nur auf solche Forderungen, die nach seiner Eintragung in das Grundbuch beschlossen und fällig gestellt worden sind. Für vor der Umschreibung fällig gewordene Hausgeldrückstände des Voreigentümers haftet der neue Eigentümer nur dann, wenn dies gemäß § 10 Abs. 2 Satz 2 WEG in der Teilungserklärung bzw. in der Gemeinschaftsordnung vereinbart wurde.

Der Käufer einer Eigentumswohnung, der auf Grund eines formnichtigen Kaufvertrages in den Besitz einer vermieteten Eigentumswohnung gelangt ist, ist gegenüber der Wohnungseigentümergemeinschaft nicht zahlungsverpflichtet. Das gleiche gilt für den auf Grund nichtiger Auflassung im Grundbuch eingetragenen Scheinwohnungseigentümer (KG Berlin, 23. 9. 2002, 24 W 230/01, m. Hinweis auf BGH, 6. 10. 1994, V ZB 2/94).

Sind BGB-Gesellschafter Eigentümer eines Wohnungs- oder Teileigentums, haften sie für die Lasten und Kosten des gemeinschaftlichen Eigentums (= Hausgeld) als Gesamtschuldner (OLG Frankfurt, 16. 12. 1986, 20 W460/85).

Wird ein Wohnungseigentum in der Zwangsversteigerung erworben, geht die Zahlungspflicht mit dem Zuschlag auf den Ersteher als neuen Wohnungseigentümer über, also nicht erst mit dessen Eintragung in das Grundbuch. Gemäß § 56 Satz 2 ZVG hafte er für sämtliche Lasten- und Kostenbeiträge, die nach Erteilung des Zuschlags fällig werden (BGH, 27. 6. 1985, VII ZB 16/84; vgl. auch LG Saarbrücken, 27. 5. 2009, 5 S 26/08, für fällige Zahlungen aus einer vor dem Zuschlag beschlossenen Sonderumlage).

Im Falle der Insolvenz eines Wohnungseigentümers oder nach Anordnung der Zwangsverwaltung hat der Insolvenzverwalter bzw. der Zwangsverwalter die nach Insolvenzeröffnung bzw. nach Anordnung der Zwangsverwaltung entstehenden fälligen Hausgeldforderungen zu erfüllen (zu Einzelheiten vgl. Kap. 10.6.5.6 Zahlungspflichten in der

Zwangsversteigerung, Kap. 10.6.5.7 Zahlungspflichten bei der Zwangsverwaltung, Kap. 10.6.5.8 Lasten- und Kostentragung bei Insolvenz eines Wohnungseigentümers).

Der Erbe eines Wohnungseigentümers haftet in vollem Umfang für sämtliche Lasten und Kosten des verstorbenen Wohnungseigentümers, unabhängig davon, ob die Zahlungen bereits fällig geworden sind oder erst fällig werden, soweit es sich um rechtswirksam beschlossene Forderungen handelt. Anders verhält es sich nur dann, wenn er gemäß § 1975 BGB eine Nachlassverwaltung oder das Nachlassinsolvenzverfahren beantragt hat.

Die tatsächliche Höhe der nach § 16 Abs. 2 WEG insgesamt anteilig zu zahlenden Lasten und Kosten ergibt sich aus der gemäß § 28 Abs. 3 WEG vom Verwalter vorzulegenden Jahresabrechnung (zu Einzelheiten vgl. Kap. 17.2.3).

Aus dieser durch Mehrheitsbeschluss zu genehmigenden Jahresrechnung ergibt sich auch, ob je nach Höhe der geleisteten Vorschüsse auf das Hausgeld noch Nachzahlungen zu erbringen oder Rückzahlungen vorzunehmen sind.

Die Zahlungsverpflichtung setzt stets eine wirksame Beschlussfassung über Wirtschaftsplan oder Jahresabrechnung voraus, und zwar über die Gesamt- und Einzelwirtschaftspläne bzw. Gesamtjahres- und Einzelabrechnungen (zu Einzelheiten vgl. Kap. 17.1.3 und 17.2.7).

Sind diese Beschlüsse gefasst und nicht angefochten, können nach gerichtlicher Geltendmachung der Zahlungsverpflichtung sachliche Einwände im Zahlungsverfahren nicht mehr geltend gemacht werden.

Neben der wirksamen Beschlussfassung muss die Fälligkeit der auf dem Wirtschaftsplan bzw. auf der Jahresabrechnung beruhenden Forderungen gegeben sein. Sie ergibt sich aus dem Zeitpunkt der Beschlussfassung über Wirtschaftsplan oder Jahresabrechnung und dem damit zusammenfallenden oder gesondert beschlossenen Zahlungstermin bzw. der danach durch den Verwalter ergehenden Zahlungsaufforderung (zur Fälligkeit vgl. Kap. 17.1.3.2 und 17.1.5).

Ergeben sich nach Erstellung der Jahresabrechnung Nachforderungen über den Betrag der geleisteten Vorauszahlungen hinaus, werden diese Nachforderungen fällig mit dem Tage der Beschlussfassung über die Jahresabrechnung.
Ansprüche auf Zahlung der Lasten und Kosten gemäß § 16 Abs. 2 WEG verjähren gemäß § 195 BGB nach 3 Jahren. Die Frist beginnt mit dem Schluss des Jahres, in dem die Forderungen gemäß Wirtschaftsplan oder Jahresabrechnung beschlossen wurden.

10.5.1 Vorschüsse

Der Anspruch auf Vorschüsse auf die laut Wirtschaftsplan beschlossenen Hausgeldzahlungen besteht so lange, bis die Wohnungseigentümerversammlung rechtswirksam über die Jahresabrechnung beschlossen hat.
Vorschüsse brauchen jedoch dann nicht mehr gezahlt zu werden, wenn die Möglichkeit besteht, von der Vorschusszahlung auf eine sich noch aus der Jahresabrechnung ergebende Restzahlung überzugehen. Voraussetzung hierfür ist aber, dass diese Restzahlung niedriger ist, als die im Haushaltsplan beschlossene Vorauszahlung.
Rückständige Vorschüsse sind durch den Verwalter als dem gesetzlichen Vertreter der teilrechtsfähigen Wohnungseigentümergemeinschaft geltend zu machen. Eines besonderen Beschlusses bedarf es hierzu nicht.
Hausgeldansprüche können ebenso wie auch andere Gemeinschaftsansprüche durch einen einzelnen Wohnungseigentümer zu Händen des Verwalters erst dann rechtswirksam geltend gemacht werden, wenn einerseits die Abrechnungsunterlagen für alle Wohnungseigentümer verbindlich durch Beschluss der Wohnungseigentümerversammlung festgestellt worden sind (BGH, 12. 7. 1984, VII ZB 1/84) und andererseits der betreffende Wohnungseigentümer durch gesonderte Beschlussfassung zur Geltendmachung des Anspruchs ermächtigt wurde (BGH,

20. 4. 1990, V ZB 1/90; OLG Köln, 9. 8. 2000, 16 Wx 67/00). Das Gleiche gilt für die Geltendmachung von Hausgeldrückständen durch einzelne Eigentümer (OLG Köln, 17. 1. 2003, 16 Wx 111/02).
Vorschüsse auf Kosten eines Verfahrens nach § 43 WEG gehören nach inzwischen herrschender Rechtsmeinung zu den Kosten der Verwaltung des gemeinschaftlichen Eigentums (zu den Zahlungsfristen für Gerichtskostenvorschüsse vgl. LG München I, 27. 4. 2009, 1 S 20171/08).
Insoweit ist auch eine mehrheitliche Beschlussfassung über eine Umlage zur Finanzierung der Verfahrenskosten zulässig (BayObLG, 18. 3. 1993, 2Z BR 108/92; zur Aufnahme der Verfahrenskosten in die Jahresabrechnung vgl. Kap. 10.2.2.4). Andernfalls sind etwa zu leistende Gebührenvorschüsse für ein von der Gemeinschaft eingeleitetes Verfahren dem gemeinschaftlichen Vermögen zu entnehmen (KG Berlin, 24.3. 1988, 24 W 4602/87).
Forderungen auf rückständige Hausgeldvorschüsse verjähren in 3 Jahren (vgl. dazu auch Gaier, NZM 2003, 90).

10.5.2 Aufrechnung

Eine ordnungsmäßige Verwaltung ist nur dann gewährleistet, wenn alle Wohnungseigentümer ihren Verpflichtungen zur anteiligen Lasten- und Kostentragung gemäß § 16 Abs. 2 WEG nachkommen und die gemäß Wirtschaftsplan beschlossenen Hausgeldvorauszahlungen sowie die Zahlungen aus rechtswirksam beschlossenen Umlagen leisten.
Gegenüber diesem Anspruch auf anteilige Zahlung gemeinschaftlicher Lasten und Kosten einschließlich der Ansprüche auf Vorschüsse kann nur

- mit anerkannten, rechtskräftig festgestellten Gegenforderungen oder
- mit Ansprüchen aus Notgeschäftsführung im Sinne des § 21 Abs. 2 WEG i. V. mit § 683 BGB

aufgerechnet werden (BayObLG, 9. 6. 2004, 2Z BR 032/04; 31. 10. 2002, 2Z BR 94/02; 8. 8. 1986, 2 Z 95/85; KG Berlin, 24. 11. 1987, 24 W 4218/87; 24.5. 1993, 24 W 3698/92; OLG Stuttgart, 21. 1. 1989, 8 W 248/88).

Zulässig ist die Aufrechnung nur mit solchen Ansprüchen, die sich gegen die teilrechtsfähige Wohnungseigentümergemeinschaft, nicht aber gegen einzelne Miteigentümer der Gemeinschaft richten.

Anerkannte Gegenforderungen sind nur die Forderungen, die aufgrund einer entsprechenden Beschlussfassung der Wohnungseigentümer anerkannt sind. Dabei kann es sich um zu viel gezahlte Vorschüsse handeln, die sich aus der vorgelegten Jahresabrechnung ergeben, die von der Wohnungseigentümerversammlung mehrheitlich genehmigt und nicht angefochten worden ist.

Ein Anspruch aus Notgeschäftsführung gemäß § 21 Abs. 2 WEG ist nur dann anzuerkennen, wenn ein Wohnungseigentümer eine Maßnahme getroffen hat, die zur Abwehr eines unmittelbar drohenden Schadens notwendig war. Hierzu gehören beispielsweise die Aufwendungen eines Wohnungseigentümers zur Klageerhebung gegen einen Bauunternehmer, um die Verjährung von Gewährleistungsansprüchen der Wohnungseigentümergemeinschaft abzuwenden (zum fehlenden Anspruch auf Aufwendungsersatz gemäß §§ 677, 683 BGB für eigene Bemühungen bei Störungen des Wohnungseigentums, wenn Beschlüsse der Eigentümer entgegenstehen und die Voraussetzungen des § 679 BGB nicht vorliegen, vgl. BayObLG, 1. 8. 2002, 2Z BR 132/01).

Im Übrigen ist es grundsätzlich zulässig, jegliche Aufrechnung gegenüber Ansprüchen auf anteilige Zahlung der gemeinschaftlichen Lasten und Kosten gemäß § 16 Abs. 2 WEG in der Teilungserklärung bzw. in der Gemeinschaftsordnung auszuschließen.

10.5.3 Zurückbehaltungsrecht

Wohnungseigentümer können Zahlungen zu den anteiligen Lasten und Kosten gemäß § 16 Abs. 2 WEG nicht mit dem Hinweis darauf verweigern, dass ihnen noch (Zahlungs-) Ansprüche gegenüber der Gemeinschaft zustehen.
Ein solches Zurückbehaltungsrecht (§ 273 BGB) gegenüber den Zahlungsansprüchen der teilrechtsfähigen Wohnungseigentümergemeinschaft aus § 16 Abs. 2 WEG besteht grundsätzlich nicht (BayObLG, 27.10. 1971, 2 Z 85/70; 22. 3. 1977, 2 Z 48/76; 13. 11. 1978, 2 Z 92/77).
Daher ist ein Wohnungseigentümer auch nicht berechtigt, die nach dem beschlossenen Wirtschaftsplan im Voraus zu entrichtenden Hausgeldzahlungen deshalb einzustellen, weil sich bei Fortsetzung seiner Zahlungen für ihn in der Jahresabrechnung ein ohnehin auszugleichender Überschuss ergeben würde.
Ebenso können Wohnungseigentümer die monatlichen Hausgeldzahlungen nicht mit der Begründung verweigern, dass Miteigentümer ihnen noch Aufwendungen zu erstatten haben, die sie für die Gemeinschaft beispielsweise aus Notgeschäftsführung, getätigt haben.
Hier besteht, sofern Teilungserklärung oder Gemeinschaftsordnung nicht etwas anderes bestimmen, lediglich ein Aufrechnungsrecht, sofern die erforderlichen Voraussetzungen vorliegen (vgl. hierzu Kap. 10.5.2).
Andererseits ist aber die Wohnungseigentümergemeinschaft berechtigt, unter bestimmten Voraussetzungen (u. a. eine bestimmte Höhe der Hausgeldrückstände) gegenüber Miteigentümern ein Zurückbehaltungsrecht dann auszuüben, wenn diese bei nachhaltigem Zahlungsrückstand ihren Zahlungsverpflichtungen nicht nachkommen (BGH, 10. 6. 2005, V ZR 235/04).
Sie können dieses Zurückbehaltungsrecht in der Weise ausüben, dass sie die mit ihren Zahlungen in Verzug befindlichen Eigentümer wie auch – im Falle der Vermietung – de-

ren Mieter von den Versorgungsleistungen mit Wasser, Heizung etc. ausschließen (BGH, 10. 6. 2005, V ZR 235/04, dort bei Rückständen von 16534 Euro; BayObLG,31. 3. 2004, 2Z BR 224/03, bei Hausgeldrückständen von 3300 Euro und ausbleibenden Hausgeldvorauszahlungen; KG Berlin, 8. 8. 2005, 24 W 112/04; 15. 7. 2002, 24 W 21/02; 21. 5. 2001, 24 W 94/01; 26. 11. 2001, 24 W 7/01; OLG Celle, 9. 11. 1990, 4 W 211/90; BayObLG, 16. 1. 1992, 2 Z 162/91; OLG Hamm, 11. 10. 1993, 15 W 79/93).

Dem Vollzug der Sperre von Versorgungsleistungen muss allerdings eine Androhung vorausgehen (BGH, 10. 6. 2005, V ZR 235/04). Ein entsprechender Mehrheitsbeschluss widerspricht nicht ordnungsmäßiger Verwaltung (KG Berlin, 8. 8. 2005, 24 W 112/04).

Ein bestandskräftiger Mehrheitsbeschluss, der den Verwalter lediglich zur Ausübung und Durchsetzung des den Eigentümern zustehenden Zurückbehaltungsrechts nach § 273 BGB bevollmächtigt, reicht allein nicht aus (OLG München, 23. 2. 2005, 34 Wx 005/05).

Bei der technischen Durchführung der Absperrung handelt es sich nicht um eine bauliche Veränderung im Sinne des § 22 Abs. 1 WEG, sondern um eine der Beschlusskompetenz der Wohnungseigentümer unterliegende Maßnahme zur Ausübung des ihnen zustehenden Zurückbehaltungsrechts nach § 273 BGB (BayObLG, 31. 2. 2004, 2Z BR 224/03; vgl. auch KG Berlin, 21. 5. 2001, 24 W 94/01; 26. 11. 2001, 24 W 7/01; zur Duldungspflicht der Maßnahmen zur Absperrung nach vorheriger Ankündigung und zur Duldung des Zutritts vgl. AG Hamburg, 23. 9. 1992, 102a II 130/92; AG München, 24. 11. 1994, UR II 724/94 WEG/2; AG Wuppertal, 24. 4. 1996, 99 UR II 145/95 WEG).

Durch Teilzahlungen auf den geschuldeten Hausgeldbetrag kann das Zurückbehaltungsrecht der Wohnungseigentümergemeinschaft nicht abgewendet werden (KG Berlin, 8. 8. 2005, 24 W 112/04).

Für den Bereich des Mietrechts lehnt die vorherrschende

Meinung jedoch ein Zurückbehaltungsrecht des Vermieters ab (vgl. insoweit zur Unzulässigkeit der Zurückbehaltung von Versorgungsleistungen gegenüber dem Mieter einer Eigentumswohnung vgl. OLG Köln, 26. 4. 2003, 1 U 67/03 und 15. 3. 2000, 2 U 74/99, dazu ablehnend Bielefeld, ZWE 2000, 516, ebenso ausdrücklich ablehnend KG Berlin, 21. 5. 2001, 24 W 94/01; vgl. auch AG Leipzig, 19. 3. 1998, 3 C 3421/98, zur Aufrechterhaltung der Wasserversorgung durch den Vermieter aufgrund einstweiliger Verfügung; ebenso KG Berlin, 29. 8. 2005, 8 U 70/05; verneinend zur Unterbrechung der Stromversorgung zu Lasten eines Mieters bei titulierten Ansprüchen gegen den vermietenden Eigentümer AG Bremen, 6. 12. 2010, 16 C 0424/10).
Damit kann eine Versorgungssperre gegenüber dem Mieter einer Eigentumswohnung praktisch nicht durchgesetzt werden. Ausnahmen gelten im konkreten Fall für gewerbliche (Teileigentums-)Räume.
Ein vermietender Wohnungseigentümer setzt sich jedenfalls Schadensersatzansprüchen aus, wenn er seinem Mieter keinen ordnungsmäßigen Gebrauch der Wohnung gewähren kann. Es gehört jedenfalls zum Risikobereich des Vermieters, dass die Vermietung des Sondereigentums mit der Gemeinschaftsordnung vereinbar ist (vgl. dazu auch KG Berlin, 21. 5. 2001, 24 W 94/01, mit Hinweis auf BGH, 29. 11. 1995, XII ZR 230/94).

10.6 Haftung der Wohnungseigentümer

Ein von den meisten Wohnungseigentümern nicht erkanntes Risiko liegt in der Haftung sowohl im Innen- wie auch im Außenverhältnis bei Zahlungsausfällen von Miteigentümern bzw. Forderungen Dritter gegenüber der Gemeinschaft.

10.6.1 Haftung bei Grundpfandrechten

Besteht nach erfolgter Begründung von Wohnungseigentum an einem Grundstück noch ein Gesamtgrundpfandrecht (Gesamthypothek, Gesamtgrundschuld), so belastet dieses Gesamtgrundpfandrecht jedes einzelne Wohnungseigentum in voller Höhe mit der Folge, dass jeder einzelne Wohnungseigentümer bei Zahlungsunfähigkeit eines anderen Miteigentümers vom jeweiligen Grundpfandrechtsgläubiger in Anspruch genommen werden kann.
Allerdings besteht in diesem Fall im Verhältnis der Wohnungseigentümer untereinander ein Regressanspruch des leistenden gegen den nichtleistenden Eigentümer.

10.6.2 Haftung bei Bauhandwerkersicherungshypotheken

Ist eine Wohnungseigentumsanlage noch nicht fertiggestellt oder werden entsprechende Baumaßnahmen von der Gemeinschaft in Auftrag gegeben, wird häufig für die beteiligten Bauhandwerker eine Sicherungshypothek in Höhe des Vergütungsanspruchs eingeräumt. Der Anspruch auf Einräumung einer Bauhandwerkersicherungshypothek besteht jedoch wegen der nur anteiligen Außenhaftung der Wohnungseigentümer gemäß § 10 Abs. 8 Satz 1 WEG nur in Höhe des auf die einzelnen Eigentümer entfallenden Miteigentumsanteils (vgl. dazu BT-Drucksache 16/887, 66; Klein in Bärmann § 10 Rn 345 f.).

10.6.3 Haftung der Wohnungseigentümer und der Wohnungseigentümergemeinschaft

Für Schulden der teilrechtsfähigen Wohnungseigentümergemeinschaft gegenüber Dritten – also im so genannten Außenverhältnis – haften entgegen der früheren Rechtsauffassung (BGH, 29. 6. 1977, VIII ZR 23/76) die Wohnungseigentümer nicht mehr gesamtschuldnerisch, sondern nur noch anteilig in Höhe ihres Miteigentumsanteils (vgl. dazu Kap. 8.6).

10.6.4 Ausgleichsanspruch

Hat ein Wohnungseigentümer bei einer für das gesamte Grundstück bestehenden Belastung die auf einen einzelnen, zahlungsunfähigen Miteigentümer entfallende Leistung übernommen, kann der zahlende Eigentümer gegebenenfalls gegen die nichtleistenden Wohnungseigentümer Ausgleichsansprüche geltend machen und von diesen Zahlung verlangen (BayObLG, 28. 5. 1973, 2 Z 14/73; vgl. aber hierzu BGH, 27. 9. 1978, V ZR 128/76, hinsichtlich der Ablehnung von Erstattungsansprüchen gegenüber einem Dauernutzungsberechtigten).
Der Ausgleichsanspruch besteht auch in den Fällen, in denen ein einzelner Wohnungseigentümer Maßnahmen zur Abwehr eines dem gemeinschaftlichen Eigentum unmittelbar drohenden Schadens ergriffen hat (BayObLG, 8. 8. 1986, 2 Z 95/85; 15. 6. 1989, 2 Z 112/88, zum Ausgleichsanspruch bei Aufwendungen für das gemeinschaftliche Eigentum aufgrund eines Mehrheitsbeschlusses; BayObLG, 27. 4. 2000, 2Z BR 7/00, zum Erstattungsanspruch für Kosten eines Gutachtens zur Ursachenermittlung bei Feuchtigkeitsschäden).
Ist ein Wohnungseigentümer für Leistungen an die Gemeinschaft auf Zahlung in Anspruch genommen worden, hat er im Innenverhältnis gegenüber den übrigen Wohnungseigentümern einen Erstattungsanspruch, den er aber erforderlichenfalls gegen jeden Eigentümer einzeln anteilig geltend machen muss (BGH, 29. 6. 1977, VIII ZR 23/76; vgl. auch KG Berlin, 7. 2. 1990, 24 W 6163/88 + 7140/89, zum Erstattungsanspruch von Gebühren für Straßenreinigung und Müllabfuhr aus dem Verwaltungsvermögen gemäß § 670 BGB aufgrund Inanspruchnahme als Gesamtschuldner).
Dies gilt auch für den Fall, dass ein Wohnungseigentümer

Verwaltungskosten über seinen Anteil hinaus bezahlt hat. Auch hier kann der Eigentümer seine Ausgleichsforderungen gegen einzelne Miteigentümer anteilig geltend machen (BayObLG, 15. 6. 1989, 2 Z 112/88; 15. 6. 1994, 2Z BR 31/94; OLG Hamm, 7. 12. 1992, 15 W 240/91, auch zur Erstattung der Kosten für ein Sachverständigengutachten zur Feststellung von Bauschäden, aber ablehnend zur Erstattung von Kreditkosten; zum Ausgleichsanspruch der Gemeinschaft gegen einen Miteigentümer bei Übernahme von Kosten des Sondereigentums vgl. OLG Frankfurt, 29. 10. 1993, 10 U 296/90).
Eine Erstattung aus Mitteln der Gemeinschaft für zu viel geleistete Hausgeldvorauszahlungen kann ein Wohnungseigentümer aber erst dann verlangen, wenn über die Jahresabrechnung beschlossen wurde und diese für den betreffenden Wohnungseigentümer ein Guthaben ausweist.
Der Anspruch kann nur gegen die Gemeinschaft, vertreten durch den Verwalter, gerichtlich geltend gemacht werden (KG Berlin, a. a. O.).
Ein nachbarrechtlicher Ausgleichsanspruch kann im Übrigen in entsprechender Anwendung des § 909 Abs. 2 Satz 2 BGB dann bestehen, wenn bei Schäden durch Bruch einer Wasserleitung beim Nachbarn eine Ersatzpflicht nach § 836 Abs. 1 BGB mangels Verschulden nicht besteht (BGH, 19. 4. 1985, V ZR 33/84).

10.6.5 Lasten- und Kostentragung bei Eigentümerwechsel

Für die Lasten und Kosten gemäß § 16 Abs. 2 WEG haftet grundsätzlich der im Grundbuch eingetragene Eigentümer, und zwar derjenige, der zum Zeitpunkt der Beschlussfassung über die Zahlungsverpflichtung und die Fälligkeit der Forderung nach Wirtschaftsplan, Jahresabrechnung oder Sonderumlage als Wohnungseigentümer im Grundbuch eingetragen ist (BayObLG, 18. 7. 2002, 2Z BR 148/01).
Der im Grundbuch eingetragene Wohnungseigentümer hat

die Lasten und Kosten des gemeinschaftlichen Eigentums nach § 16 Abs. 2 WEG auch dann (noch) zu tragen, wenn er das Wohnungseigentum

- veräußert hat,
- nicht mehr nutzt und
- für den Erwerber eine Auflassungsvormerkung eingetragen ist.

Solange der Wohnungseigentümer rechtlich der Wohnungseigentümergemeinschaft angehört, besteht seine Haftung nach § 16 Abs. 2 WEG fort. Die rechtliche Zugehörigkeit zur Wohnungseigentümergemeinschaft wird jedenfalls durch die Verpflichtung des Wohnungseigentümers

- zur Veräußerung,
- zur Besitzübertragung und
- durch die nachfolgende Nutzung durch den Erwerber

vor Umschreibung des Eigentums im Grundbuch nicht beendet. Der Veräußerer steht rechtlich solange nicht außerhalb der Gemeinschaft, solange er im Grundbuch eingetragen ist (BGH, 24. 3. 1983, VII ZB 28/82).
Wer allerdings den Erwerb von Wohnungs- oder Teileigentum wirksam nach § 123 BGB angefochten hat, haftet, auch wenn er noch im Grundbuch eingetragen ist, nicht in entsprechender Anwendung des § 16 Abs. 2 WEG für Verbindlichkeiten, die nach seiner Grundbucheintragung begründet und fällig geworden sind (BGH, 6. 10. 1994, V ZB 2/94).
Mit der Eintragung des Erwerbers im Grundbuch und dem damit erfolgenden Ausscheiden des Voreigentümers geht der Anspruch auf Abrechnung und Auszahlung von Guthaben auf den neuen Eigentümer über und kann folglich von dem früheren Eigentümer nicht mehr geltend gemacht werden (KG Berlin, 31. 1. 2000, 24 W 7323/98; 31. 1. 2000, 24 W 7617/99).

10.6.5.1 Haftung für laufende Lasten und Kosten

Jeder Wohnungseigentümer ist nach der Beschlussfassung über den Wirtschaftsplan (§ 28 Abs. 2 WEG) verpflichtet, nach Abruf durch den Verwalter oder gemäß beschlossenem Zeitplan bzw. Fälligkeit entsprechende Vorschüsse zu leisten.
Das gleiche gilt nach entsprechender Beschlussfassung über Instandhaltungs- oder Reparaturumlagen oder andere Umlagen, sofern diese im Rahmen ordnungsmäßiger Verwaltung mit Mehrheit beschlossen werden können.
Für diese rechtswirksam beschlossenen und zeitlich fest liegenden (Voraus-) Zahlungen ist im Fall der Veräußerung (Eigentümerwechsel) der neue Eigentümer (Erwerber) gegenüber der Wohnungseigentümergemeinschaft erst dann zahlungsverpflichtet, wenn er als Eigentümer im Grundbuch eingetragen ist. Bis zu diesem Zeitpunkt bleibt der veräußernde und im Grundbuch – noch – eingetragene Eigentümer gegenüber der Wohnungseigentümergemeinschaft zahlungsverpflichtet (BGH, 18. 5. 1989, V ZB 14/88).
Die Zahlungsverpflichtung des noch eingetragenen Eigentümers gegenüber der Gemeinschaft gilt auch für den Fall, dass im Kaufvertrag – wie üblich – eine abweichende Regelung dergestalt getroffen wurde, dass ab Übergabe bzw. Inbesitznahme der Wohnung der Erwerber die Hausgeldvorauszahlungen zu erbringen hat. Kommt der Käufer der Wohnung dieser schuldrechtlichen Verpflichtung nicht nach, die er – nur – mit dem Verkäufer, nicht aber mit der Wohnungseigentümergemeinschaft getroffen hat, kann die Gemeinschaft auch in diesem Fall nur den noch eingetragenen Eigentümer, nicht aber den Käufer auf Zahlung in Anspruch nehmen.

10.6.5.2 Zahlungspflicht bei Restforderungen

Vielfach ergibt sich aus der Jahresabrechnung ein Differenzbetrag als „Restforderung“, weil die tatsächlichen Ausgaben höher sind als die im Wirtschaftsplan veranschlagten Ausgaben, so dass die danach zu leistenden Vorauszahlungen nicht zur Deckung ausreichen.
Diese „Restforderung“ – auch als Abrechnungsspitze bezeichnet – ist im Falle des Eigentümerwechsels von demjenigen zu zahlen, der zum Zeitpunkt der Beschlussfassung über die Jahresabrechnung als Wohnungseigentümer im Grundbuch eingetragen ist (BGH, 21. 4. 1988, V ZB 10/87).
Dabei kommt es nicht darauf an, wann diese „Restforderung“ entstanden ist oder wie sie sich auf den Abrechnungszeitraum verteilt, sondern ausschließlich darauf, wer gemäß Grundbucheintragung als Eigentümer bei der Beschlussfassung stimmberechtigt war und demzufolge an dem Beschluss über die Jahresabrechnung mitgewirkt hat oder hätte mitwirken können.
Selbst wenn es sich um Jahresabrechnungen aus länger zurückliegenden Abrechnungszeiträumen handelt, ist ebenfalls der neue Eigentümer dann zahlungsverpflichtet, wenn die Beschlussfassung über diese „alten“ Abrechnungen erst zu einem Zeitpunkt erfolgt, zu dem er bereits als Eigentümer eingetragen ist.
Hier ist allenfalls zu prüfen, ob ein Verstoß gegen Treu und Glauben möglicherweise deshalb vorliegt, weil die Wohnungseigentümergemeinschaft „bewusst“ die Beschlussfassung über solche Jahresabrechnungen verzögert, bis der „zahlungskräftigere“ neue Eigentümer ins Grundbuch eingetragen ist.
Gegenüber einer solchen Manipulation kann der Einwand des Rechtsmissbrauchs geltend gemacht werden. Allerdings bedarf ein entsprechender Beschluss der Anfechtung, da Nichtigkeit nicht gegeben ist, auch nicht wegen Versto-

ßes gegen die guten Sitten gemäß § 138 BGB (vgl. hierzu zuletzt BayObLG, 21. 7. 1994, 2Z BR 43/94, dort m. w. N. auf BayObLG, 9. 7. 1991, 2 Z 72/91; siehe auch LG Hamburg, 28. 9. 1989, 20 T 25/89, dort zum Fehlen eines Verstoßes gegen § 242 BGB).
Der Haftung für Restforderungen aus früheren Jahresabrechnungen steht in einem solchen Fall der Anspruch des Erwerbers als neuer Eigentümer auf Auszahlung von Guthaben aus solchen Abrechnungen gegenüber (KG Berlin, 31. 1. 2000, 24 W 7617/99; 31. 1. 2000, 24 W 7323/98).

10.6.5.3 Haftung für Hausgeldrückstände

Ist der veräußernde Wohnungseigentümer seiner Verpflichtung zur Hausgeldvorauszahlung gemäß Wirtschaftsplan nicht nachgekommen und sind deshalb bis zum Zeitpunkt des Beginns der Zahlungspflicht des neuen Eigentümers ab Umschreibung ins Grundbuch Hausgeldrückstände aufgelaufen, haftet er als inzwischen ausgeschiedener Eigentümer auch nach der Beschlussfassung über die Jahresabrechnung weiterhin gemäß rechtswirksam beschlossenem Wirtschaftsplan für die Hausgeldvorschüsse, die während des Zeitraums fällig geworden waren, als er noch (eingetragener) Wohnungseigentümer war (BGH, 30. 11. 1995, V ZB 16/95; BayObLG, 19. 4. 1990, 1 b Z 19/89; OLG Zweibrücken, 4. 3. 1996, 3 W 250/95; KG Berlin, 31. 1. 2000, 24 W 7617/99).
Der Erwerber haftet für Hausgeldvorschüsse also erst ab Eigentumsumschreibung, nicht dagegen für rückständige Hausgeldvorschüsse des Voreigentümers.
Ebenso haftet der Erwerber – entgegen früherer Rechtsauffassung – auch dann nicht für Hausgeldrückstände des Voreigentümers, wenn diese Rückstände in dessen Einzelabrechnung eingestellt und diese zusammen mit der Gesamtabrechnung bestandskräftig beschlossen wurde, der Erwerber die Abrechnung also nicht angefochten hatte

(BGH, 23. 9. 1999, V ZB 17/99; KG Berlin, 31. 1. 2000, 24 W 7617/99; vgl. auch HansOLG Hamburg, 15. 6. 1999, 8 U 214/98, unter Berufung auf BGH, 10. 3. 1994, IX ZR 98/93, wonach auch der Zwangsverwalter für entsprechende Rückstände nicht haftet; vgl. auch BayObLG, 30. 4. 1999, 2Z BR 33/99, auch zum Rückzahlungsanspruch für geleistete Zahlungen auf Hausgeldrückstände; ebenso KG Berlin, 31. 1. 2000, 24 W 7617/99, zum Rückzahlungsanspruch gegen die Gemeinschaft auch bei rechtsgeschäftlichem Erwerb wegen ungerechtfertigter Bereicherung).
Die gemäß Wirtschaftsplan nicht geleisteten Hausgeldvorschüsse sind als Hausgeldrückstände grundsätzlich nicht Gegenstand der Jahresabrechnung, auf die sich die Beschlussfassung der Wohnungseigentümer erstreckt. Sie können auch nicht durch die Beschlussfassung zum Gegenstand der Jahresabrechnung gemacht werden, weil die Abrechnung in der zu beschließenden Fassung nur die reinen Einnahmen und Ausgaben enthält.
Zulässig sind allerdings Vereinbarungen gemäß § 10 Abs. 2 Satz 2 WEG bzw. entsprechende Regelungen in der Teilungserklärung bzw. in der Gemeinschaftsordnung, wonach der Erwerber für sämtliche Hausgeldrückstände des Voreigentümers haftet (s. dazu nachfolgend Kap. 10.6.5.4).
Ein Mehrheitsbeschluss reicht nicht aus, er ist als gesetzesändernder Mehrheitsbeschluss nichtig (BGH, 20. 9. 2000, V ZB 58/99; vgl. auch LG München I, 20. 12. 2010, 1 S 4319/10, zur fehlenden Beschlusskompetenz, den Ersteher in Anspruch zu nehmen, ausgenommen Abrechnungsspitzen).

10.6.5.4 Haftung für rechtswirksam beschlossene Hausgeldverbindlichkeiten früherer Abrechnungszeiträume

Der neue Eigentümer haftet nicht für „Hausgeldrückstände“ des ausgeschiedenen Wohnungseigentümers aus rechtswirksam beschlossenen Jahresabrechnungen vorangegangener Abrechnungsperioden. Eine „Fortschreibung“ solcher Rückstände in später folgenden Jahresabrechnungen ist unzulässig, weil das Gesetz einen Haftungsübergang für fällig gestellte, rückständige Verbindlichkeiten des Rechtsvorgängers nicht vorsieht (BGH, 24.2. 1994, V ZB 43/93).

Da die Jahresabrechnung im Übrigen eine reine Einnahmen- und Ausgabenrechnung ist, können Rückstände aus früheren, rechtswirksam beschlossenen Abrechnungen auch nicht durch „Fortschreibung“ zum Gegenstand einer neuen, bestandskräftig beschlossenen Jahresabrechnung gemacht werden (BGH, 23. 9. 1999, V ZB 17/99).

Eine Zahlungsverpflichtung des Erwerbers für Hausgeldrückstände des Voreigentümers auch aus rechtswirksam beschlossenen, früheren Abrechnungen kann jedoch rechtswirksam in der Teilungserklärung bzw. der Gemeinschaftsordnung vereinbart werden mit der Folge, dass der – rechtsgeschäftliche – Erwerber einer Eigentumswohnung – gegebenenfalls auch in gesamtschuldnerischer Haftung – für Hausgeldrückstände des Voreigentümers haftet (BGH, 24. 2. 1994, V ZB 43/93, dort m. w. N.; KG Berlin, 2. 12. 2002, 24 W 92/02; zur Unzulässigkeit einer solchen Vereinbarung für den Fall des Erwerbs in der Zwangsversteigerung vgl. jedoch BGH, 22. 1. 1987, V ZB 3/86).

Eine solche Regelung in der Teilungserklärung erfasst nicht nur die nicht geleisteten Hausgeldvorauszahlungen des Voreigentümers aus dem Abrechnungszeitraum, in den auch der Eigentümerwechsel fällt, sondern auch Forderungen gegen den inzwischen ausgeschiedenen Wohnungseigentümer aus früheren, rechtswirksam beschlossenen Jahresabrechnungen.

10.6.5.5 Haftung für Ausgleichszahlungen/ Liquiditätsumlagen

Sind Ausgleichszahlungen zur Deckung derzeit oder gar nicht mehr beitreibbarer Hausgeldrückstände früherer Eigentümer zu beschließen oder Zahlungen zur Überbrückung zeitweilig bestehender Liquiditätsengpässe, handelt es sich grundsätzlich um die Beschlussfassung über neue Forderungen, so dass zahlungsverpflichtet wiederum immer diejenigen sind, die zum Zeitpunkt der Beschlussfassung als Eigentümer im Grundbuch eingetragen sind (BGH, 15.6. 1989, V ZB 22/88; KG Berlin, 2. 12. 2002, 24 W 92/02).

Insofern besteht eine grundsätzliche – wenn auch nur anteilige – Zahlungsverpflichtung des neuen Eigentümers für alle in der Gemeinschaft auftretenden Zahlungsausfälle und nicht mehr beitreibbaren Zahlungsrückstände, und zwar möglicherweise auch aus Zeiten, zu denen der neue Eigentümer noch nicht einmal daran dachte, je eine Eigentumswohnung zu erwerben (zur Umlage von Hausgeldrückständen säumiger Wohnungseigentümer vgl. BayObLG, 10. 4. 2002, 2Z BR 70/01).

Die Genehmigung einer Jahresabrechnung, die als Einzelposition die Umlage eines Hausgeldrückstands enthält, beinhaltet gleichzeitig auch den Beschluss über die Umlage (BayObLG, a. a. O.).

10.6.5.6 Zahlungspflichten bei Erwerb in der Zwangsversteigerung

Nach den Vorschriften des § 56 Satz 2 ZVG i. V. m. § 103 BGB trägt der Ersteher in der Zwangsversteigerung die Lasten und Kosten vom Tag des Zuschlags an, weil damit das Eigentum kraft Gesetzes auf ihn übergeht (BGH, 27. 6. 1985, VII ZB 16/84). Das gilt auch für zeitlich gestaffelte und entsprechend fällig gestellte Zahlungen für eine Sonderumlage, die vor dem Eigentumsübergang beschlossen worden war (LG Saarbrücken, 27. 5. 2009, 5 S 26/08). Er haftet kraft Gesetzes aber nicht für Verpflichtungen, die vor dem Zuschlag entstanden sind.

Für Ausgleichszahlungen zur Deckung von Liquiditätslücken wegen Hausgeldausfällen haftet der Ersteher in der Zwangsversteigerung dann, wenn der Beschluss über die Umlage nach dem Zuschlag in der Zwangsversteigerung erfolgt (KG Berlin, 2. 12. 2002, 24 W 92/02; vgl. hierzu Kap. 10.6.5.5).

Für echte „Hausgeldrückstände“, also für nicht geleistete Hausgeldvorauszahlungen gemäß rechtswirksam beschlossenem Wirtschaftsplan, haftet der Ersteher in der Zwangsversteigerung allerdings grundsätzlich nicht, und zwar auch dann nicht, wenn die Beschlussfassung über die Jahresabrechnung, in die diese Rückstände einfließen, erst nach dem Zuschlag erfolgt und diese Abrechnung nicht angefochten wird (BGH, 23. 9. 1999, V ZB 17/99; vgl. auch die insoweit für den Insolvenzfall vertretene Auffassung des BGH, 10. 3. 1994, IX ZR 98/93).

Vereinbarungen in der Teilungserklärung oder in der Gemeinschaftsordnung, nach denen „der Erwerber gesamtschuldnerisch für etwaige Rückstände haftet“, verpflichten nur den rechtsgeschäftlichen Erwerber, nicht jedoch den Ersteher in der Zwangsversteigerung (BGH, 13. 10. 1983, VII ZB 4/83; 22. 1. 1987, V ZB 3/86; OLG Düsseldorf, 23. 6. 1995, 3 Wx 167/95; zur zulässigen Vereinbarung über die Haftung des rechtsgeschäftlichen Erwerbers für Hausgeldrückstände des Voreigentümers vgl. BGH, 24. 2. 1994, V ZB 43/93; KG Berlin, 2. 12. 2002, 24 W 92/02).

Der Ersteher in der Zwangsversteigerung haftet allerdings für vor dem Zuschlag entstandene Forderungen, wenn es sich um Restforderungen (Abrechnungsspitze) handelt und die Beschlussfassung über die Jahresabrechnung, die diese Restforderungen enthält, zu dem Zeitpunkt erfolgt, in dem der Ersteher kraft Gesetzes bereits Eigentümer geworden ist (insoweit ausdrücklich BHG, 21. 4. 1988, V ZB 10/87; OLG Karlsruhe, 11.1. 1990, 11 W 167/89).

10.6.5.7 Zahlungspflichten bei Zwangsverwaltung

Der Zwangsverwalter hat die gemäß Wirtschaftsplan und/oder Jahresabrechnung nach Anordnung der Zwangsverwaltung fällig werdenden Hausgeldforderungen als Kosten der Verwaltung im Sinne von § 155 Abs. 1 ZVG vorweg zu bestreiten. Daran hat sich auch nach den durch die WEG-Reform 2007 geänderten Bestimmungen des Gesetzes über die Zwangsversteigerung und Zwangsverwaltung (§ 10 Abs. 1 Nr. 2, 156 Abs. 1 ZVG) nichts geändert (BGH, 15. 10. 2009, V ZB 43/0).
Wird nach der Anordnung der Zwangsverwaltung die Jahresabrechnung beschlossen, hat der Zwangsverwalter nur die darin ausgewiesene Restforderung (Abrechnungsspitze) zu begleichen. Er haftet jedoch nicht für bereits vorher fällig gewordene, aber nicht geleistete Hausgeldvorauszahlungen gemäß Wirtschaftsplan oder für rechtswirksam beschlossene Forderungen aus früheren Jahresabrechnungen. Dies gilt auch dann, wenn diese Beträge in die Jahresgesamt- und Einzelabrechnung eingestellt sind und er den Abrechnungsbeschluss nicht anfacht (BGH, 23. 9. 1999, V ZB 17/99; HansOLG Hamburg, 15. 6. 1999, 8 U 214/98).
Übersieht der Zwangsverwalter solche Beträge und bezahlt sie, kann er die Rückzahlung der Überzahlungen verlangen (BayObLG, 30. 4. 1999, 2Z BR 33/99).
Für Sonder-/Ausfallumlagen haftet der Zwangsverwalter dann, wenn die Beschlussfassung hierüber erstmals im Rahmen der Jahresabrechnung erfolgt und zu diesem Zeitpunkt die Zwangsverwaltung bereits oder noch besteht (OLG Karlsruhe, 11. 1. 1990, 11 W 167/89; OLG Düsseldorf, 10. 8. 1990, 3 Wx 201/90). Er haftet allerdings dann nicht, wenn die Sonderumlage ausschließlich dazu dient, Hausgeldrückstände des Voreigentümers aus der Zeit vor

der Anordnung der Zwangsverwaltung auszugleichen (BGH, 5. 2. 2009, IX ZR 21/07).
Für rückständige Sonderumlagen aus der Zeit vor Anordnung der Zwangsverwaltung haftet der Zwangsverwalter nicht, auch wenn sie in die Jahresabrechnung eingestellt sind. Einer Anfechtung des Abrechnungsbeschlusses bedarf es nicht (HansOLG Hamburg, 15. 6. 1999, 8 U 214/98).
Können die fälligen Forderungen der Wohnungseigentümergemeinschaft nicht aus den Einnahmen der Zwangsverwaltung gedeckt werden, muss der die Zwangsverwaltung betreibende Gläubiger entsprechende Vorschusszahlungen an den Zwangsverwalter leisten (BGH, 15. 10. 2009, V ZB 43/09).
Grundsätzlich haftet neben dem Zwangsverwalter weiterhin der Wohnungseigentümer auch für Forderungen der Gemeinschaft aus der Zeit der Zwangsverwaltung (vgl. dazu OLG München, 12. 10. 2006, 32 Wx 124/06; OLG Zweibrücken, 27. 7. 2005, 3 W 167/04).

10.6.5.8 Lasten- und Kostentragung bei Insolvenz eines Wohnungseigentümers

Ist über das Vermögen eines Wohnungseigentümers das Insolvenzverfahren eröffnet worden, geht die Verfügungs- und Verwaltungsbefugnis gemäß § 80 Abs. 1 InsO über das Wohnungseigentum des insolventen Eigentümers auf den Insolvenzverwalter über.
Nach Insolvenzeröffnung fällige Hausgeldschulden des insolventen Eigentümers hat der Insolvenzverwalter deshalb als Masseverbindlichkeit im Sinne von § 55 Abs. 1 Nr. 1 InsO vorweg aus der Insolvenzmasse insoweit zu befriedigen (BGH, 26. 9. 2002, V ZB 24/02).
Das gleiche gilt für Restforderungen („Abrechnungsspitze"), über die nach Insolvenzeröffnung eine Beschlussfassung (novierender Beschluss) im Rahmen der Jahresab-

rechnung erfolgt ist, so dass damit eine Forderung erstmals (originär) begründet wird (vgl. hierzu OLG Karlsruhe, 16. 2. 1988, 11 W 147/87, zur Zahlungsverpflichtung für die nach Insolvenzeröffnung entstandenen Hausgeldforderungen). Eine Zahlungsverpflichtung besteht auch dann, wenn über eine Sonderumlage zur Deckung von Liquiditätsausfällen nach Insolvenzeröffnung beschlossen wird. Auch hier handelt es sich um eine vorweg aus der Insolvenzmasse zu befriedigende Masseverbindlichkeit (BGH, 15. 6. 1989, V ZB 22/88; BayObLG, 10. 9. 1989, 2 Z 81/89).
Bei vor Insolvenzeröffnung begründete und fällig gestellte Ansprüche auf Zahlung von Hausgeldvorschüssen (nicht geleistete Hausgeldvorauszahlungen gemäß Wirtschaftsplan) handelt es sich um einfache Insolvenzforderungen nach § 38 InsO.
Kann der Insolvenzverwalter wegen fehlender Erlöse und auch im Falle der Überschuldung den Zahlungsverpflichtungen nicht nachkommen, kann er gemäß § 32 Abs. 3 InsO die Wohnung frei geben, die dann in das Vermögen des Schuldners übergeht. In diesem Fall muss die Wohnungseigentümergemeinschaft ihre nach Freigabe fälligen Forderungen gegenüber dem insolventen Eigentümer geltend mach (LG Berlin, 17. 8. 2007, 55 T 112/06, ZMR 2008, 244).

10.6.5.9 Vorrecht für Hausgeldrückstände in der Zwangsversteigerung

Nach § 10 Abs. 1 ZVG ist für Hausgeldansprüche der Gemeinschaft in der Rangordnung 2 ein begrenztes (privilegiertes) Vorrecht eingeräumt. Damit gehen in der Zwangsversteigerung den Forderungen der Wohnungseigentümer im Range nur die Forderungen nach der Rangklasse 1 vor (Verfahrenskosten und Erhaltungsaufwand).

10.6.5.9.1 Bevorrechtigte Beträge

Als bevorrechtigt zu behandelnde Beträge gelten die Beiträge zu den Lasten und Kosten des gemeinschaftlichen Eigentums und des Sondereigentums, sofern es sich um Beträge handelt, die gemäß Wirtschaftsplan, Jahresabrechnung oder Sonderumlage gemäß §§ 16 Abs. 2, 28 Abs. 2 und 5 WEG rechtswirksam beschlossen und fällig gestellt waren einschließlich der Vorschüsse und Rückstellungen. Als bevorrechtigt werden auch die Beträge angesehen, die als so genannte Rückgriffsansprüche einzelner Eigentümer gegen den Vollstreckungsschuldner anteilig geltend gemacht werden können.

Nicht unter die bevorrechtigten Beträge fallen Nebenleistungen, wie beispielsweise Verfahrenskosten einer Hausgeldklage, soweit nur für diese Beträge die Zwangsversteigerung beantragt wird (LG Berlin, 26. 3. 2010, 82 T 236/10).

10.6.5.9.2 Zeitliche Begrenzung der Ansprüche

Nach der gesetzlichen Regelung gemäß § 10 Abs. 1 Nr. 2 ZVG erfasst das Vorrecht die laufenden und die rückständigen Beträge aus dem Jahr der Beschlagnahme und den letzten zwei Jahren. Ob unter diese Beträge auch die im zweiten Jahr vor der Beschlagnahme erstmalig beschlossenen Abrechnungsspitzen als Restforderung aus der drei Jahre vor der Beschlagnahme zu beschließenden Jahresabrechnung fallen, erscheint strittig (vgl. dazu Kümmel in Niedenführ/Kümmel/Vandenhouten IV Nr. 5 ZVG Rn 8).

10.6.5.9.3 Betragsmäßige Begrenzung der Ansprüche

Das Vorrecht ist neben der zeitlichen Begrenzung auch betragsmäßig begrenzt, und zwar hinsichtlich der Hauptforderung einschließlich Zinsen und aller Nebenleistungen (Vollstreckungskosten, Anwaltskosten) auf fünf vom Hundert des Verkehrswertes, also nicht auf die Höhe des Versteigerungserlöses.

10.6.5.9.4 Betreibung der Zwangsversteigerung durch die Gemeinschaft

Betreibt die Wohnungseigentümergemeinschaft gemäß §§ 10, 45 ZVG die Zwangsvollstreckung selbst, ist hierfür ein vollstreckbarer Titel erforderlich, aus dem die Verpflichtung des Schuldners zur Zahlung, die Art und der Bezugszeitraum des Anspruchs sowie seine Fälligkeit erkennbar sind.
Soweit die Art und der Bezugszeitraum des Anspruchs sowie seine Fälligkeit nicht aus dem Titel ersichtlich sind, sind sie in sonst geeigneter Weise glaubhaft zu machen, also durch Vorlage der Wirtschaftspläne und der Abrechnung und der (beglaubigten) Niederschriften über die entsprechenden Beschlussfassungen.
Dabei müssen die geltend gemachten Ansprüche gemäß § 10 Abs. 3 Satz 1 ZVG den nach § 18 Abs. 2 Nr. 2 WEG festgelegten Betrag von drei vom Hundert des Einheitswertes übersteigen.

10.6.5.9.5 Betreibung der Zwangsversteigerung durch Dritte

Wird das Zwangsversteigerungsverfahren von Dritten betrieben, müssen die Wohnungseigentümer ihre bevorrechtigten Ansprüche durch einen entsprechenden Titel beim Vollstreckungsgericht anmelden oder durch die Niederschrift über die Beschlüsse der Wohnungseigentümer einschließlich ihrer Anlagen (Wirtschaftspläne, Jahresabrechnungen) oder in sonstiger Weise glaubhaft machen.
Aus dem Vorbringen müssen sich die Zahlungspflicht, die Art und der Bezugszeitraum des Anspruchs sowie seine Fälligkeit ergeben.

Da es sich um Ansprüche der teilrechtsfähigen Wohnungseigentümergemeinschaft handelt, erfolgt die Anmeldung der Ansprüche gemäß § 27 Abs. 3 Nr. 2 WEG durch den Verwalter. Der Verwalter ist insofern auch verpflichtet, sich Kenntnis über das Versteigerungsverfahren zu verschaffen.
Die Anmeldung hat spätestens im Versteigerungstermin zu erfolgen. Erfolgt die Anmeldung erst nach der Aufforderung des Gerichts zur Abgabe von Geboten, verlieren die Ansprüche ihren Rang und werden bei der Verteilung des Versteigerungserlöses nicht mehr berücksichtigt.
Versäumt der Verwalter fahrlässig die rechtzeitige Anmeldung der bevorrechtigten Ansprüche der Gemeinschaft, macht er sich gemäß § 280 BGB schadensersatzpflichtig.

10.6.5.9.6 Sicherung von Hausgeldforderungen durch Zwangssicherungshypothek

Hat eine Wohnungseigentümergemeinschaft aufgrund von Hausgeldrückständen gegen einen Miteigentümer einen vollstreckbaren Titel erlangt, so bedurfte es nach früherer Auffassung zur Eintragung einer Zwangssicherungshypothek nach vorherrschender Meinung der namentlichen Eintragung aller Wohnungseigentümer (OLG Köln, 16. 5. 1994, 2 Wx 15/94). Die Eintragung der Zwangshypothek auf den Verwalter wurde für unzulässig erachtet, auch für den Fall, dass er die Forderung als Prozessstandschafter geltend gemacht hatte (so u. a. OLG Celle, 23. 6. 1986, 4 W 102/86).
Nach der gesetzlichen Regelung über die Zuerkennung der Teilrechtsfähigkeit und der daraus folgenden Grundbuchfähigkeit sind Zwangssicherungshypotheken jetzt auf den Namen der Wohnungseigentümergemeinschaft einzutragen, sofern sie als Gläubiger in dem zugrunde liegende Vollstreckungstitel ausgewiesen ist (vgl. dazu LG Bremen, 2. 3. 2007, 3 T 137/07).

11. Die Entziehung des Wohnungseigentums

Hat sich ein Wohnungseigentümer einer so schweren Pflichtverletzung der ihm gegenüber den anderen Wohnungseigentümern bestehenden Verpflichtungen schuldig gemacht, dass diesen die Fortsetzung der Gemeinschaft mit dem störenden Eigentümer nicht mehr zugemutet werden kann, können die anderen Wohnungseigentümer von ihm gemäß § 18 Abs. 1 WEG die Veräußerung des Wohnungseigentums verlangen.
Obwohl es sich bei dieser Maßnahme um den schwersten aller möglichen Eingriffe in das Eigentum handelt, verstößt die Entziehung gemäß § 18 WEG nicht gegen Artikel 14 des Grundgesetzes (BVerfG, 14. 7. 1993, 1 BvR 1523/92; 27. 2. 1997, 1 BvR 1526/96).
Die Möglichkeit der Entziehung des Wohnungseigentums kann gemäß § 18 Abs. 4 WEG weder durch eine Vereinbarung gemäß § 10 Abs. 2 Satz 2 WEG noch durch eine ihr gleichstehende Regelung in der Teilungserklärung oder der Gemeinschaftsordnung eingeschränkt oder ausgeschlossen werden. Es handelt sich also um eine unabdingbare Vorschrift.

11.1 Voraussetzungen zur Entziehung

Die Entziehung ist aber nur unter engen Voraussetzungen zulässig (BVerfG, a. a. O.). Nach § 18 Abs. 2 WEG ist eine Entziehung insbesondere dann zulässig, wenn

1. der Wohnungseigentümer trotz Abmahnung gröblich gegen die ihm nach § 14 WEG obliegenden Pflichten verstößt (zur erforderlichen Abmahnung vor dem Entzie-

hungsbeschluss s. BGH, 8. 7. 2011, V ZR 2/11; 19. 1. 2007, V ZR 26/06) oder
2. der Wohnungseigentümer sich mit der Erfüllung seiner Verpflichtung zur Lasten- und Kostentragung gemäß § 16 Abs. 2 WEG in Höhe des Betrages, der drei vom Hundert des Einheitswertes seines Wohnungseigentums beträgt, länger als drei Monate im Verzug befindet (vgl. dazu BGH, 19. 1. 2007, V ZR 26/06).

Zu den weiteren Voraussetzungen für die Entziehung gehört, dass weitere schwere Pflichtverletzungen zu befürchten sind. Unabhängig von einer Wiederholungsgefahr kann die Entziehung aber auch dann zulässig sein, wenn eine einmalige Verletzung der Pflichten von einer solchen Schwere ist, dass den anderen Wohnungseigentümern das weitere gemeinsame Bewohnen der Anlage mit dem Störer nicht mehr zugemutet werden kann (BVerfG a. a. O.; zu den Gründen vgl. auch BayObLG, 4. 6. 1998, 2Z BR 19/98, als Gründe u. a. Tätlichkeiten gegenüber dem Verwalter, grobe Beleidigungen oder Verleumdungen der Miteigentümer, vorsätzliche Beschädigungen von Sondereigentum und Gemeinschaftseigentum).
Sind in der Gemeinschaftsordnung Regelungen über die Voraussetzungen zur Entziehung getroffen, müssen diese hinreichend bestimmt sein (OLG Düsseldorf, 24. 3. 2000, 3 Wx 77/00).

11.2 Verschulden und nicht schuldhaftes Verhalten

Zugunsten der Wohnungseigentümer ist bei einer Entziehungsklage zu berücksichtigen, dass die Verpflichtung zur Veräußerung des Wohnungseigentums nicht generell von „schuldhaftem Verhalten“ abhängig gemacht werden kann (BVerfG, a. a. O.; AG Reinbek, 24. 2. 1993, 5 C 87/91).

Im konkreten Fall ist zu prüfen, ob die Entziehung nur bei zurechenbarem Handeln zulässig ist, oder ob die gesetzlich vorgesehene Entziehungsmöglichkeit auch dann die Wohnungseigentümer gegen einen störenden Miteigentümer schützt, wenn dieser nicht schuldhaft handelt.
Der im Gesetz verwendete Begriff des „schuldig Machens" wird im Hinblick auf eine Verletzung des Grundrechts auf Eigentum nicht falsch interpretiert, wenn die Schuldunfähigkeit des Störers bei der Beurteilung der Schwere der Pflichtverletzung berücksichtigt wird.
Soweit die Pflichtverletzung nicht schuldhaft erfolgt ist und eine Wiederholungsgefahr nicht nahe liegt, müssen besondere Gründe vorliegen, wenn allein aufgrund vergangener Pflichtverletzungen das Wohnungseigentum entzogen werden soll (vgl. hierzu insgesamt BVerfG, a. A.).

11.3 Erforderliche Maßnahmen vor Entziehungsklage

Vor einer Entziehungsklage müssen grundsätzlich alle möglichen und zumutbaren Maßnahmen ausgeschöpft werden (zum Erfordernis einer Abmahnung vor Beschlussfassung über einen Antrag auf Entziehung vgl. BGH, 8. 7. 2011, V ZR 2/11; 19. 1. 2007, V ZR 26/06; LG München I, 14. 6. 2010, 1 S 25652/09).
Das bedeutet, dass bei Streitigkeiten der Wohnungseigentümer untereinander über Pflichtverletzungen auch der Versuch unternommen werden muss, eine Klärung im Verfahren nach § 43 WEG herbeizuführen, wenn andere Maßnahmen, wie beispielsweise wiederholte Abmahnungen, vergeblich waren.
Erst wenn auch diese gerichtlich unternommenen Schritte erfolglos waren, kann die Entziehung als letztes Mittel zur Entfernung des Störenfriedes aus der Gemeinschaft zur Anwendung kommen (AG München, 14. 12. 1960, 13 C 180/60; vgl. auch LG Passau, 12. 4. 1984, 1 S 151/83; LG

Aachen, 15. 10. 1992, 2 S 298/91, dort auch zur unzulässigen Einleitung des Entziehungsverfahrens „ohne jegliche Vorwarnung“).
Wird ein der Entziehung vorangehender „Abmahnungs“-Beschluss der Wohnungseigentümer von dem abgemahnten Eigentümer angefochten, ist im Beschlussanfechtungsverfahren nach vorherrschender Meinung nur die Ordnungsmäßigkeit der Beschlussfassung zu prüfen, nicht dagegen die sachliche Berechtigung der Abmahnung zu prüfen (BGH, 8. 7. 2011, V ZR 2/11; BayObLG, 15. 2. 1995, 2Z BR 1/95, nur Prüfung formeller Mängel, unter Aufgabe der früheren Auffassung gem. Beschl. v. 2. 5. 1985, 2 Z 108/84; ebenso KG Berlin, 22. 12. 1993, 24 W 875/93; 25. 8. 1993, 24 W 6943/92; 1. 10. 1990, 24 W 6701/89; 24. 1. 1990, 24 W 4100/89; a. A. OLG Düsseldorf, 26. 8. 1991, 3 Wx 189/91, dort auch zur Prüfung der materiellen Berechtigung der Abmahnung).

11.4 Gründe für die Entziehung

Was als Entziehungsgrund geltend gemacht werden kann, hängt im Übrigen stets vom konkreten Einzelfall ab (LG München I, 14. 6. 2010, 1 S 25652/09, zur hinreichenden Bestimmtheit).
Nach § 18 Abs. 1, 2 Nr. 2 WEG ist eine Entziehung wegen rückständiger Hausgelder dann möglich, wenn sich der säumige Wohnungseigentümer mit einem Betrag von mehr als drei vom Hundert des Einheitswertes länger als drei Monate in Verzug befindet und er diesen Rückstand gemäß § 19 Abs. 2 WEG auch nicht bis zu Erteilung des Zuschlags in der Zwangsversteigerung ausgleicht (BGH, 19. 1. 2007, V ZR 26/06; vgl. auch AG Mülheim, 15. 5. 1986, 23 C 4/86; ebenso AG Düsseldorf, 5. 5. 1994, 290 C 2/94; zur Vorenthaltung bzw. zum Ausschluss von Versorgungsleistungen durch Absperrung der Heizung und der

Kalt- und Warmwasserversorgung bei rückständigem Hausgeld im Rahmen des Zurückbehaltungsrechts vgl. Kap. 10.5.3).

Aber auch wenn diese Voraussetzungen nicht erfüllt sind, kann von dem zahlungsunfähigen oder zahlungsunwilligen Miteigentümer die Veräußerung verlangt und hierüber mit mehr als der Hälfte der stimmberechtigten Wohnungseigentümer beschlossen werden, wenn die Verletzung der Zahlungspflichten gemäß § 16 Abs. 2 WEG wegen laufender unpünktlicher Erfüllung ein Gewicht erlangt hat, das den anderen Wohnungseigentümern die Fortsetzung der Gemeinschaft mit dem säumigen Miteigentümer unzumutbar macht (BGH, 19. 1. 2007, V ZR 26/06).

Auch wiederholte Beschmutzungen (Farbschmierereien an Wänden, Türen und Boden im Treppenhaus etc.) und Sachbeschädigungen können als hinreichender Grund angesehen werden, einer Entziehungsklage stattzugeben (AG Reinbek, 24. 2. 1993, 5 C 87/91). Es muss sich grundsätzlich gravierende Pflichtverletzungen handeln (LG München I, 14. 6. 2010, 1 S 25652/09)

Nicht als hinreichende Entziehungsgründe gelten

- die politische Tätigkeit einer Organisation, die Wohnungs- oder Teileigentümerin ist, und zwar auch nicht für den Fall, dass Angriffe politischer Gegner auf diese Organisation und damit eine Gefährdung auch der übrigen Wohnungseigentümer nicht ausgeschlossen werden können (AG München, 14. 12. 1960, 13 C 180/60);
- die zeitweilige Vermietung einer Wohnung an mehrere Gastarbeiter, wenn sich daraus nur vorübergehende Beeinträchtigungen ergeben (LG Wuppertal, 15. 2. 1975, 9 S 361/75);
- das mehrfache Prozessieren (dreimal innerhalb von drei Jahren) eines Eigentümers gegen die Gemeinschaft (LG Düsseldorf, 29. 10. 1991, 25 T 699/91);
- Meinungsverschiedenheiten verbaler Art zwischen Er-

werber, Wohnungseigentümer, Hausmeister und Verwalter (BayObLG, 4. 1. 1995, 2Z BR 114/94;
- nur vorübergehend im Treppenhaus abgestellte Blumentröge; lange zurückliegende umzugsbedingte Beschädigung einer Haustür (LG München I, 14. 6. 2010, 1 S 25652/09).

Allgemein können Verstöße gegen § 14 Nr. 1 WEG nur dann als Entziehungsgrund geltend gemacht werden, wenn sich daraus eine mehr als nur unerhebliche Beeinträchtigung ergibt (vgl. hier LG Aachen, a. a. O., u. a. zur unterlassenen Instandhaltung, zur lediglich zeitweiligen Nutzung und Beheizung als nicht hinreichender Entziehungsgrund).

Wird ein Wohnungseigentümer wegen ausreichender Gründe und bestehender Wiederholungsgefahr zur Veräußerung seines Wohnungseigentums verurteilt, kann der Verwalter die ihm nach der Teilungserklärung auch in diesem Fall obliegende Zustimmung zur Veräußerung verweigern, wenn in der Person des Erwerbers wichtige Gründe liegen, die befürchten lassen, dass der Erwerber die Rechte der Miteigentümer dadurch nicht beachten wird, dass er die Wohnung wiederum dem zur Veräußerung verurteilten Wohnungseigentümer überlässt (BayObLG, 4. 1. 1995, 2Z BR 114/94).

Ein Unterlaufen des Entziehungsurteils durch Mitwirkung des Erwerbers an einem solchen Rechtsgeschäft rechtfertigt die Verweigerung der Zustimmung bzw. stellt in sich wiederum einen Grund dar, die Entziehung des Wohnungseigentums gegen den neuen Eigentümer zu betreiben (BayObLG, 4. 6. 1998, 2Z BR 19/98).

11.5 Verfahren zur Entziehung

Der Beschluss über die Entziehung des Wohnungseigentums bedarf gemäß § 18 Abs. 3 WEG einer Mehrheit von mehr als der Hälfte aller stimmberechtigten Wohnungseigentümer, also nicht nur der – zufällig – in der Wohnungseigentümerversammlung anwesenden Eigentümer. Durch eine Vereinbarung gemäß § 10 Abs. 2 Satz 2 WEG kann jedoch eine Erleichterung des Mehrheitserfordernisses für den Entziehungsbeschluss in der Gemeinschaftsordnung geregelt werden. Insoweit ist die Regelung des § 18 Abs. 3 WEG abdingbar (OLG Hamm, 1. 4. 2004, 15 W 71/04).

Deshalb kann in der Teilungserklärung bzw. in der Gemeinschaftsordnung auch vereinbart werden, dass der Beschluss über die Entziehung einer größeren Mehrheit, beispielsweise einer Zweidrittel-Mehrheit bedarf (OLG Celle, 7. 4. 1955, 4 Wx 1/55).

Die Abstimmung erfolgt nach dem gesetzlichen Kopfstimmrecht (§ 25 Abs. 2 Satz 1 WEG), nicht nach Miteigentumsanteilen, auch wenn die Teilungserklärung für die Verwaltung des gemeinschaftlichen Eigentums allgemein eine solche Stimmrechtsregelung enthält (BayObLG, 24. 6. 1999, 2Z BR 179/98). Der betroffene Wohnungseigentümer darf bei dieser Beschlussfassung gemäß § 25 Abs. 5 WEG nicht mitabstimmen.

Ein genereller Stimmrechtsausschluss trifft ihn erst nach rechtskräftiger Verurteilung (§ 25 Abs. 5 WEG).

Besteht eine Wohnungseigentümergemeinschaft nur aus zwei Parteien, ist eine Beschlussfassung nach § 18 Abs. 3 WEG über die Erhebung einer Klage auf Entziehung des Wohnungseigentums entbehrlich (BGH, 22. 1. 2010, V ZR 75/09).

In einem solchen Fall kann sofort die Klage auf Entziehung des Wohnungseigentums erhoben werden, und zwar vor dem Amtsgericht, in dessen Bezirk das Grundstück liegt, ohne Rücksicht auf den Wert des Streitgegenstandes (§ 43 Nr. 1 WEG).

Im Übrigen ist gemäß § 18 Abs. 1 Satz 2 WEG ausschließlich die Gemeinschaft der Wohnungseigentümer klagebefugt.

Der Beschluss der Wohnungseigentümer über die Entziehung des Wohnungseigentums unterliegt der Anfechtung im wohnungseigentumsrechtlichen Verfahren nach §§ 43 Nr. 4, 46 WEG.

In diesem Verfahren ist der Beschluss aber nur auf Mängel zu überprüfen, die das Zustandekommen und den Inhalt des Beschlusses betreffen. Ob das Veräußerungsverlangen gerechtfertigt ist, ist der Überprüfung durch das zuständige Gericht im Zivilprozessverfahren vorbehalten (BayObLG, 4. 3. 1999, 2Z BR 20/99; OLG Köln, 23. 12. 1997, 16 Wx 236/97; Vandenhouten in Niedenführ/Kümmel/Vandenhouten, WEG, § 18 Rn 21; zum Ermessensspielraum bei der Entscheidung der Wohnungseigentümer zur Zwangsveräußerung vgl. KG Berlin, 2. 2. 1996, 24 W 3553/95).

Die vorgesehene Beschlussfassung über die Entziehung des Wohnungseigentums muss eindeutig aus der Tagesordnung der Wohnungseigentümerversammlung ersichtlich sein (OLG Düsseldorf, 15. 8. 1997, 3 Wx 147/97; KG Berlin, 22. 11. 1995, 24 W 2452/95, zur ausreichenden Bezeichnung „Abmeierung").

Dem Entziehungsbeschluss muss grundsätzlich eine Abmahnung vorausgehen, in dem das störende Verhalten und die daraus herzuleitenden Pflichtverletzungen hinreichend bestimmt bezeichnet sein müssen (LG München I, 14. 6. 2010, 1 S 25652/09). Ein wegen fehlender Abmahnung nicht ausreichender Entziehungsbeschluss stellt sich jedoch rechtlich als Abmahnung dar. Ein insoweit ergangener, als Abmahnung zu verstehender Entziehungsbeschluss erlaubt dann eine Entziehungsklage, wenn der Betroffene Wohnungseigentümer, und sei es auch nur ein einziges Mal, gegen die abgemahnten Pflichten verstößt (BGH, 8. 7. 2011, V ZR 2/11; 19. 1. 2007, V ZR 26/06).

Ist ein Wohnungseigentümer rechtskräftig zur Veräußerung seines Wohnungseigentums verpflichtet worden, kann er diese Verpflichtung nicht dadurch umgehen, dass er eine Übertragung auf einen Dritten vornimmt, der ihm ein Nießbrauchsrecht oder ein dinglich gesichertes, lebenslanges Dauerwohnrecht einräumt (BayObLG, 25. 6. 1997, 2Z BR 50/97; a. A. LG Itzehoe, 11.10. 1990, 4 S 118/90).

Die Kosten eines Entziehungsverfahrens sind gemäß § 16 Abs. 7 WEG Kosten der Verwaltung des gemeinschaftlichen Eigentums, die nach Miteigentumsanteilen auf alle Eigentümer umzulegen sind.

12. Die Verwaltung des Gemeinschaftseigentums durch die Wohnungseigentümer

Während die Verwaltung des Sondereigentums jedem einzelnen Wohnungseigentümer eigenverantwortlich und unabhängig von den übrigen Miteigentümern überlassen ist, obliegt die Verwaltung des gemeinschaftlichen Eigentums gemäß § 20 Abs. 1 WEG

- den Wohnungseigentümern gemäß §§ 21 bis 25 WEG,
- dem Verwalter gemäß §§ 26 bis 28 WEG und
- dem Verwaltungsbeirat gemäß § 29 WEG, sofern ein solcher bestellt ist.

Auch wenn damit hinsichtlich der „Zuständigkeit" für die Verwaltung des gemeinschaftlichen Eigentums der Eindruck einer Dreiteilung entsteht, so sind doch die Wohnungseigentümer „die eigentlichen Herren und Träger der Verwaltung".

Die Verwaltung des gemeinschaftlichen Eigentums steht den Wohnungseigentümern gemäß § 21 Abs. 1 2. Halbsatz WEG gemeinschaftlich zu.
Das bedeutet, dass bei Verwaltungsmaßnahmen zunächst vom Prinzip der Einstimmigkeit auszugehen ist, allerdings mit der gleichzeitigen Einschränkung, dass durch das Gesetz selbst oder durch eine Vereinbarung nicht ausdrücklich etwas anderes bestimmt ist (§ 21 Abs. 1 1. Halbsatz WEG).
Von dem grundsätzlichen Prinzip der Einstimmigkeit abweichend enthält das Wohnungseigentumsgesetz selbst Regelungen über

- die Notgeschäftsführung durch einen einzelnen Wohnungseigentümer,
- die ordnungsmäßige Verwaltung durch Mehrheitsbeschluss,
- den Einzelanspruch eines jeden Wohnungseigentümers auf ordnungsmäßige Verwaltung und
- die Durchführung baulicher Veränderungen und Aufwendungen, die über die ordnungsmäßige Instandhaltung und Instandsetzung hinausgehen, soweit die Rechte der übrigen Eigentümer nicht beeinträchtigt werden.

Im Übrigen können durch Vereinbarungen abweichende Regelungen getroffen werden, wonach beispielsweise bauliche Veränderungen grundsätzlich einer mehrheitlichen Beschlussfassung unterliegen.

12.1 Notgeschäftsführung

Jeder Wohnungseigentümer ist gemäß § 21 Abs. 2 WEG berechtigt, ohne Zustimmung der anderen Wohnungseigentümer die Maßnahmen zu treffen, die zur Abwendung eines dem gemeinschaftlichen Eigentum unmittelbar drohenden Schadens notwendig sind.
Solche Maßnahmen darf der einzelne Wohnungseigen-

tümer aber nur in Fällen dringender Gefahr vornehmen, vor allem dann, wenn die Wohnungseigentümergemeinschaft nicht über erforderliche Maßnahmen beschließt oder wenn der Verwalter, der grundsätzlich für die Durchführung der Instandhaltungs- und Instandsetzungsmaßnahmen zuständig ist, im konkreten Notfall nicht erreichbar ist und die Abwehrmaßnahme keinen Aufschub duldet (vgl. AG Blankenese, 12. 8. 1993, 506 II 49/92, dort zu Dachsanierungsmaßnahmen im Rahmen der Notgeschäftsführung durch einen einzelnen Eigentümer).

Grundsätzlich schließt die gesetzliche Beschränkung des Eingriffsrechts des einzelnen Wohnungseigentümers auf Notfälle Eingriffe in den laufenden Gang einer geordneten Verwaltung aus.

So ist der einzelne Eigentümer beispielsweise nicht berechtigt, Schadensersatzansprüche gegenüber Dritten wegen Beschädigung gemeinschaftlichen Eigentums geltend zu machen.

Auch der Gemeinschaft zustehende Ansprüche (Gemeinschaftsansprüche) gegen den Verwalter oder gegen Miteigentümer kann ein einzelner Wohnungseigentümer gerichtlich nur dann geltend machen, wenn er hierzu durch vorherigen Beschluss der Wohnungseigentümergemeinschaft ermächtigt worden ist (BGH, 15. 12. 1988, V ZB 9/88; 20. 4. 1990, V ZB 1/90).

Soweit der einzelne Wohnungseigentümer aber berechtigt im Rahmen der Notgeschäftsführung tätig wird, hat er gegenüber der Gemeinschaft einen Anspruch auf Erstattung seiner dadurch entstandenen Aufwendungen, weil es sich hierbei um Kosten der Verwaltung gemäß § 16 Abs. 2 WEG handelt (BayObLG, 8. 8. 1986, 2 Z 95/85).

Der Verwalter darf im Rahmen der Notgeschäftsführung nur solche Aufträge vergeben, die die Gefahrenlage beseitigen, nicht aber solche Maßnahmen, durch die die Schadensursache dauerhaft beseitigt wird (BGH, 18. 2. 2011, V ZR 197/10).

12.2 Ordnungsmäßige Verwaltung

Soweit die Verwaltung des gemeinschaftlichen Eigentums nicht durch Vereinbarung der Wohnungseigentümer geregelt ist, können die Wohnungseigentümer eine der Beschaffenheit des gemeinschaftlichen Eigentums entsprechende ordnungsmäßige Verwaltung durch Stimmenmehrheit beschließen (§ 21 Abs. 3 WEG).
Was als „ordnungsmäßige Verwaltung" allgemein im Sinne dieser Vorschrift anzusehen ist, lässt sich dem Gesetz nur beispielhaft entnehmen. Danach ist ordnungsmäßig

- was dem geordneten Zusammenleben in der Gemeinschaft dient (§ 14 Nr. 1 WEG) und
- was dem Interesse der Gesamtheit der Wohnungseigentümer nach billigem Ermessen entspricht (§§ 15 Abs. 3 und 21 Abs. 4 WEG).

Im Vordergrund steht danach das Interesse der Gemeinschaft, also die Nützlichkeit einer Maßnahme für alle Wohnungseigentümer der jeweiligen Wohnungseigentümergemeinschaft und nicht ausschließlich für Dritte.
Die Ordnungsmäßigkeit der Verwaltung richtet sich bei objektiver Beurteilung vornehmlich nach den individuellen Interessen aller Wohnungseigentümer an der Erhaltung des Gemeinschaftsvermögens und an einem geordneten Zusammenleben innerhalb der Gemeinschaft (BayObLG, 9. 6. 1975, 2 Z 35/75).
Dieser Anspruch auf Erhaltung des gemeinschaftlichen Eigentums und auf ein geordnetes Zusammenleben der Wohnungseigentümer untereinander kann auch von jedem einzelnen Wohnungseigentümer geltend gemacht werden.
So kann jeder Eigentümer gemäß § 21 Abs. 4 WEG eine Verwaltung verlangen, die den Vereinbarungen und Beschlüssen und, soweit solche nicht bestehen, dem Interesse der Gesamtheit der Wohnungseigentümer nach billigem Ermessen entspricht (BayObLG, 15. 3. 1990, 2 Z 18/90).

Diesen Anspruch kann der einzelne Eigentümer aber, wenn die Gemeinschaft ihm nicht „freiwillig" stattgibt, gemäß § 21 Abs. 8 WEG im Verfahren nach § 43 Nr. 1 WEG geltend machen. In diesem Fall entscheidet das Gericht nach billigem Ermessen.

Wohnungseigentümer, die ihren individuellen Anspruch auf ordnungsmäßige Verwaltung durchsetzen wollen, müssen jedoch vorher im Rahmen des Zumutbaren und Möglichen alles versucht haben, zunächst eine Beschlussfassung in der Versammlung herbeizuführen. Von einer solchen Vorbefassung kann nur dann ausnahmsweise abgesehen werden, wenn die Herbeiführung eines Beschlusses im Einzelfall nur sinnlose Förmelei wäre, wenn nämlich von vornherein feststeht, dass das Begehren des betroffenen Wohnungseigentümers keine Mehrheit finden würde (KG Berlin, 3. 3. 1999, 24 W 3566/98; BayObLG, 6. 8. 1985, 2 Z 45/85; 18. 7. 1991, 2 Z 149/90, dort zu einer Zweiergemeinschaft mit gleichen Stimmrechten; OLG Stuttgart, 8. 7. 1977, 8 W 572/76; LG München I, 16. 11. 2009, 1 S 4964/09).

Außer diesen allgemeinen Grundsätzen über die „ordnungsmäßige Verwaltung" enthält das Wohnungseigentumsgesetz in § 21 Abs. 5 eine – allerdings nicht abschließende – Aufzählung einzelner Maßnahmen, die zu einer ordnungsmäßigen, dem Interesse der Gesamtheit der Wohnungseigentümer entsprechenden Verwaltung gehören. Hierzu zählt das Gesetz:

1. die Aufstellung einer Hausordnung;
2. die ordnungsmäßige Instandhaltung und Instandsetzung des gemeinschaftlichen Eigentums;
3. die Feuerversicherung des gemeinschaftlichen Eigentums zum Neuwert sowie die angemessene Versicherung der Wohnungseigentümer gegen Haus- und Grundbesitzerhaftpflicht;
4. die Ansammlung einer angemessenen Instandhaltungsrückstellung;

5. die Aufstellung eines Wirtschaftsplanes (§ 28 WEG);
6. die Duldung aller Maßnahmen, die zur Herstellung einer Fernsprechteilnehmereinrichtung, einer Rundfunkempfangsanlage oder eines Energieversorgungsanschlusses zugunsten eines Wohnungseigentümers erforderlich sind.

Da es hier nur um den allgemeinen Rahmen ordnungsmäßiger Verwaltung geht, kommt es in der Praxis darauf an, diesen Rahmen im konkreten Einzelfall auszufüllen.
Dabei gilt grundsätzlich, dass Mehrheitsbeschlüsse zu Maßnahmen einer ordnungsmäßigen Verwaltung so klar gefasst werden müssen, dass zukünftige Auseinandersetzungen über deren Inhalt vermieden werden.
Entspricht ein Eigentümerbeschluss den Anforderungen an die Bestimmtheit (Bestimmtheitsgrundsatz) nicht, ist er im Falle der Anfechtung vom Gericht für ungültig zu erklären (OLG Düsseldorf, 23. 9. 2008, I-3 Wx 272/07). Ein unbestimmter Beschluss widerspricht ordnungsmäßiger Verwaltung (zum Bestimmtheitsgrundsatz vgl. Kap. 9.2 Gebrauchsregelungen durch Mehrheitsbeschluss und 14.7.3.6 Inhaltliche Bestimmtheit der Beschlüsse).

12.2.1 Die Hausordnung

Zu den Maßnahmen einer ordnungsmäßigen Verwaltung gehört gemäß § 21 Abs. 5 Nr. 1 WEG die Aufstellung einer Hausordnung. Es handelt sich hierbei um eine Gebrauchsregelung im Sinne des § 15 WEG, deren Ziel es ist, ein geordnetes und friedliches Miteinander in der Wohnungseigentümergemeinschaft zu gewährleisten unter Wahrung der gegenseitigen Rechte und Pflichten nach den Vorschriften der §§ 13, 14 WEG.

12.2.1.1 Aufstellung der Hausordnung

Für das Zustandekommen von Gebrauchsregelungen und damit auch für das Zustandekommen einer Hausordnung sieht § 15 WEG grundsätzlich drei Möglichkeiten vor, und zwar durch Vereinbarung (§ 15 Abs. 1), durch Mehrheitsbeschluss (§ 15 Abs. 2) oder durch gerichtliche Entscheidung (§ 15 Abs. 3).

1. Aufstellung durch Vereinbarung

Gemäß § 15 Abs. 1 WEG können die Wohnungseigentümer den Gebrauch des Sondereigentums und des gemeinschaftlichen Eigentums durch eine Vereinbarung regeln.
Maßgeblich für die Annahme einer nach § 10 Abs. 2 Satz 2 WEG getroffenen Vereinbarung im materiellen Sinne einer Satzung ist es, ob ihr Inhalt erkennbar in Ergänzung oder Abweichung vom Gesetz in Form eines Kollektivvertrages rechtsgestaltende Wirkung für alle Zukunft entfalten und deshalb auch wiederum nur durch eine Vereinbarung abänderbar sein soll.
Von einer Hausordnung kann dies im Regelfall nicht angenommen werden.
Vielmehr ist sie durch die gesetzliche Regelung des § 21 Abs. 5 Nr. 1 WEG als Maßnahme einer ordnungsmäßigen Verwaltung ausdrücklich der mehrheitlichen Beschlusskompetenz der Wohnungseigentümerversammlung zugewiesen. Wollte man die Regelung der Inhalte der Hausordnung dieser Beschlusskompetenz dadurch entziehen, dass man sie dem Einstimmigkeitsprinzip der Vereinbarung nach § 10 Abs. 2 Satz 2 WEG unterwirft, würde dies der – insoweit als unabdingbar anzusehenden – gesetzlichen Regelung widersprechen, wonach über Angelegenheiten der ordnungsmäßigen Verwaltung mit Mehrheit zu entscheiden ist (§ 21 Abs. 3 WEG).
Von der Rechtsprechung wird daher zutreffend die Auffassung vertreten, dass Hausordnungen auch dann, wenn sie formell Bestandteil der Teilungserklärung bzw. der Gemeinschaftsordnung sind, im Regelfall der Abänderbarkeit durch Mehrheitsbeschluss unterliegen (BayObLG, 9. 6. 1975, 2 Z 35/75; 20. 11. 1997, 2Z BR 93/).
Diese Möglichkeit der Abänderbarkeit einer Hausordnung durch Mehrheitsbeschluss der Eigentümer gilt auch für die Fälle, dass nach der Teilungserklärung oder der Gemeinschaftsordnung der Verwalter oder auch der Verwaltungsbeirat berechtigt oder verpflichtet ist, eine Hausordnung aufzustellen (KG Berlin, 18. 11. 1991, 24 W 3791/91; BayObLG, 5. 12. 1991, 2 Z 154/91; OLG Frankfurt, 17. 7. 1997, 20 W 278/96; zur Aufstellung durch den Verwalter vgl. KG Berlin, 16. 8. 1956, 1 W 591/657/56; OLG Hamm, 15. 12. 1969, 15 W 322/69).

Das durch die Teilungserklärung oder Gemeinschaftsordnung dem Verwalter oder dem Verwaltungsbeirat übertragene Recht kann nicht durch Mehrheitsbeschluss entzogen werden (OLG Oldenburg, 21. 7. 1977, 5 Wx 9/77; vgl. auch OLG Karlsruhe, 25. 2. 1988, 11 W 142/87).
Ob die Befugnis zur Aufstellung der Hausordnung dem Verwalter oder dem Verwaltungsbeirat durch Mehrheitsbeschluss übertragen werden kann, ist strittig.
In beiden Fällen ist eine Anfechtung der Regelungsinhalte einer so aufgestellten Hausordnung nicht möglich, da nur Beschlüsse gemäß § 46 WEG anfechtbar sind, in diesen Fällen aber gerade keine Beschlussfassung erfolgt. Über die Rechtswirkung einer vom Verwalter oder Verwaltungsbeirat aufgestellten Hausordnung ist daher im Streitfall durch Feststellungsantrag im Verfahren nach § 43 Nr. 1 WEG zu entscheiden.

2. Aufstellung durch Mehrheitsbeschluss

Üblicherweise wird die Hausordnung durch mehrheitliche Beschlussfassung in der Wohnungseigentümerversammlung aufgestellt.
Um langwierige Diskussionen zu vermeiden und das Beschlussverfahren zu beschleunigen, empfiehlt es sich, entsprechende Entwürfe vor der Beschlussfassung durch den Verwalter oder den Verwaltungsbeirat, gegebenenfalls in Abstimmung miteinander, erstellen zu lassen.
Die Änderung von Hausordnungen sollte allerdings nur durch qualifizierte mehrheitliche Beschlussfassung möglich sein, da auf diese Weise am ehesten gewährleistet ist, dass ständige Änderungen mit wechselnden Mehrheiten vorgenommen werden (zur Änderung der Hausordnung und den insoweit erforderlichen inhaltlichen Angaben bei der Ankündigung von Änderungen in der Tagesordnung/Einladung zur Versammlung vgl. OLG Köln, 14. 10. 1987, 16 Wx 60/87).

3. Erlass der Hausordnung durch den Richter

Fehlt eine Hausordnung oder kommt eine solche durch Mehrheitsbeschluss in der Wohnungseigentümerversammlung nicht zustande, kann jeder Wohnungseigentümer im Rahmen seines Anspruchs auf ordnungsmäßige Verwaltung gemäß § 21 Abs. 5 Nr. 1 WEG die Aufstellung einer Hausordnung verlangen und zwar durch entsprechenden Antrag gemäß § 43 Nr. 1 WEG.
Dabei ist es nicht zwingend notwendig, dass mit dem Antrag bereits der Inhalt der begehrten Hausordnung konkretisiert wird, vielmehr kann das Gericht gemäß § 21 Abs. 8 WEG nach billigem Ermessen eine entsprechende Hausordnung erlassen, allerdings beschränkt auf solche Regelungen, wie sie auch von den Wohnungseigentümern hätte beschlossen werden können (KG Berlin, 3. 9. 1971, 1 W 3312/690). Zulässigkeitsvoraussetzung für eine Gestaltungsklage nach § 21 Abs. 8 WEG ist jedoch die vorherige Befassung der Wohnungseigentümerversammlung mit der Aufstellung einer Hausordnung (BGH, 15. 1. 2010, V ZR 114/09).

Das heißt, dass die richterliche Eingriffsmöglichkeit über die Regelungskompetenz der Wohnungseigentümer nicht hinausgeht. Das bedeutet andererseits, dass die Wohnungseigentümer im Rahmen ordnungsmäßiger Verwaltung auch eine gerichtlich aufgestellte Hausordnung jederzeit durch Mehrheitsbeschluss ändern können (KG Berlin, 28. 2. 1996, 24 W 8306/94).
Das Recht des Wohnungseigentümers auf ordnungsmäßige Verwaltung erstreckt sich aber nicht nur auf die Aufstellung einer Hausordnung, sondern auch auf deren Änderung oder Ergänzung durch gerichtliche Entscheidung gemäß § 43 Nr. 1 WEG.
Für alle Fälle des richterlichen Eingriffs gilt aber, dass die Aufstellung durch das Gericht erst dann verlangt werden kann, wenn vorher die Wohnungseigentümerversammlung vergeblich bemüht wurde und die Aufstellung einer Hausordnung mangels mehrheitlicher Beschlussfassung scheiterte. Ohne diese so genannte Vorbefassung durch die Wohnungseigentümerversammlung wird ein entsprechender Antrag mangels Rechtsschutzbedürfnis durch das Gericht zurückgewiesen.

12.2.1.2 Inhalt der Hausordnung

Der Anspruch auf Aufstellung einer Hausordnung als Maßnahme einer ordnungsmäßigen Verwaltung kann zwar grundsätzlich nicht ausgeschlossen werden, jedoch hat es der Gesetzgeber bewusst unterlassen, Art und Umfang möglicher Inhalte einer Hausordnung gesetzlich zu regeln. Als allgemeiner Maßstab sind die Vorschriften der §§ 13, 14 WEG zu berücksichtigen.
Hausordnungen dürfen daher nicht willkürlich sein und das Sondereigentum und die Rechte der Sondereigentümer gemäß § 13 Abs. 1 WEG wie auch das Mitgebrauchsrecht am gemeinschaftlichen Eigentum gemäß § 13 Abs. 2 WEG nicht über das unvermeidliche Maß hinaus beeinträchtigen. Sie müssen billigem Ermessen entsprechen und unterliegen insoweit auch der richterlichen Überprüfung (LG Oldenburg, 1. 2. 1977, 6 T 353/76).
Inhaltlich muss sich eine Hausordnung, von allgemein geltenden Regelungen abgesehen, von Fall zu Fall an den jeweiligen Bedürfnissen der einzelnen Wohnungseigentümergemeinschaften orientieren und die Besonderheiten

der jeweiligen Wohnungseigentumsanlage berücksichtigen. Grundsätzlich müssen Hausordnungsregelungen durch objektivierbare Begriffe hinreichend bestimmt sein (OLG Düsseldorf, 19. 8. 2009, I-3 Wx 233/08).
Zu den allgemeinen Regelungen einer Hausordnung gehören u. a.

- Sorgfalts- und Sicherheitspflichten (Schließregelungen für Fenster, Türen; Abschaltregelungen für Installationseinrichtungen; Maßnahmen zum Feuer- und Kälteschutz);
- Benutzungsregelungen (Benutzung von Treppenhaus, Flur, Keller, Dach- und Bodenräumen, Aufzugsanlagen, Gemeinschaftsräumen, Hobbyräumen, Sauna und Schwimmbad etc.);
- Ruhezeitenregelungen (Einhaltung von Nacht-, Mittags- und Feiertagsruhe; zeitliche Beschränkungen für Gebrauch und Nutzung von Spielanlagen, Müllabwurfanlagen, Hobbyräumen etc.);
- Räum- und Reinigungspflichten (Regelungen die für Reinigung gemeinschaftlicher Anlagen, Einrichtungen und Räume);
- Regelungen über das Auf- und Abstellen von Gegenständen (Kinderwagen, Fahrräder, Spielgeräte);
- Aufbewahrung und Beseitigung gefährlicher, brennbarer Gegenstände, Abfälle etc.;
- Tierhaltung (Regelungen zur Beschränkung und Vermeidung von Beeinträchtigungen, Gefährdungen und Behinderungen).

Die Grenzen von Gebrauchs- und Nutzungsregelungen im Rahmen einer Hausordnung sind gezogen durch die Zweckbestimmung der Räume und Anlagen im Sondereigentum und Gemeinschaftseigentum, durch das Interesse der Gesamtheit der Wohnungseigentümer, durch Verkehrssitte und Ortsüblichkeit, durch öffentlich-rechtliche Vorschriften (BayObLG, 26. 2. 1988, 2 Z 113/87), durch Verkehrssicherungspflichten (OLG Hamm, 20. 4. 1988, 15 W 168–169/88), aber auch durch Treu und Glauben bzw. nach billigem Ermessen).

Konkret sind aber auch die Interessen der Wohnungseigentümer als kinderreiche Familie (HansOLG Hamburg, 28. 10. 1992, 2 Wx 10/91) oder aufgrund persönlicher Bedürfnisse, beispielsweise wegen Körperbehinderung, zu berücksichtigen (OLG Düsseldorf, 12. 12. 1983, 3 W 227/83; a. A. OLG Saarbrücken, 11. 6. 1996, 5 W 82/96–20, konkret jedoch nur zur Überempfindlichkeit gegen Lärmbeeinträchtigungen).

Grundsätzlich unzulässig sind Regelungen, die im Widerspruch stehen zu dem verfassungsrechtlich nach Artikel 2 Abs. 1 GG geschützten Bereich der freien Entfaltung der Persönlichkeit im Rahmen der gewöhnlichen Lebensführung, wie beispielsweise das Musizieren in der eigenen Wohnung, typischer Kinderlärm etc.

Im Wege der verfassungskonformen Auslegung sind hiergegen verstoßende Regelungen als Verstöße gegen die guten Sitten gemäß § 138 BGB anzusehen und deshalb nichtig.

Vermietende Wohnungseigentümer sind gemäß § 14 Nr. 2 WEG verpflichtet, dafür Sorge zu tragen, dass ihre Mieter vom Sondereigentum und vom gemeinschaftlichen Eigentum nur in der Weise Gebrauch machen, dass die anderen Wohnungseigentümer in ihren Rechten nicht über das unvermeidliche Maß hinaus beeinträchtigt werden.

Das bedeutet, Wohnungseigentümer müssen und können zulässigerweise als Vermieter entsprechende Regelungen im Mietvertrag treffen, durch die die Mieter zur Einhaltung der von den Wohnungseigentümern beschlossenen Hausordnung verpflichtet sind (AG Hamm, 11. 1. 1996, 26 C 329/94).

12.2.1.3 Überwachung und Durchsetzung der Hausordnung

Gemäß § 27 Abs. 1 Nr. 1 WEG ist der Verwalter berechtigt und verpflichtet, für die Durchführung der Hausordnung zu sorgen. Er hat danach grundsätzlich

1. alle Wohnungseigentümer über den Inhalt der Hausordnung zu unterrichten bzw. die Voraussetzungen zu schaffen, dass sich die Eigentümer selbst unterrichten können;
2. Beschwerden über Verstöße gegen die Hausordnung entgegenzunehmen und die störenden Eigentümer auf ihre Verstöße und mögliche Folgen hinzuweisen;
3. nötigenfalls die erforderlichen rechtlichen Maßnahmen gegen die störenden Eigentümer einzuleiten, allerdings nur nach vorangegangener Beschlussfassung in der Wohnungseigentümerversammlung.

1. Unterrichtung der Eigentümer

Die Vorschrift des § 27 Abs. 1 Nr. 1 WEG verpflichtet den Verwalter grundsätzlich nicht, jeden einzelnen Wohnungseigentümer über den Inhalt der Hausordnung zu unterrichten.
Vielmehr haben die Wohnungseigentümer eine eigene Informationspflicht und der Verwalter hat lediglich die Voraussetzungen schaffen, dass jeder Eigentümer die Möglichkeit der Information erhält.
Dies kann dadurch geschehen, dass er allen Wohnungseigentümern ein Exemplar der Hausordnung (bei Erstattung der Kopierkosten) zur Verfügung stellt oder dass sich die Gemeinschaft darauf einigt, dass die Information durch Aushang in der Wohnanlage selbst ausreicht.

2. Überwachungspflicht des Verwalters

Eine dem Verwalter grundsätzlich obliegende Eigenüberwachungspflicht hinsichtlich der Einhaltung der Hausordnung durch die Eigentümer sowie eine Verpflichtung zum Einschreiten bei Verstößen gegen die Hausordnung ist aus der gesetzlichen Regelung selbst nicht herzuleiten.
Allein aus praktischen Erwägungen ist dem Verwalter nicht zuzumuten, die Einhaltung der Hausordnung persönlich zu kontrollieren oder durch Mitarbeiter überwachen zu lassen, allerdings erachtet die Rechtsprechung stichprobenartige Kontrollen für erforderlich (LG Hannover, 21. 5. 1986, 1 T 134/85).
Zudem kann bezweifelt werden, ob es stets im Interesse der Gesamtheit der Wohnungseigentümer liegt, dass der Verwalter Verstöße nach eigenem

Ermessen ahnden soll, weil Verstöße gegen die Hausordnung von der Wohnungseigentümergemeinschaft zwar grundsätzlich, im konkreten Fall jedoch nicht zwangsläufig als störend empfunden werden.
Die Durchführung der Hausordnung durch den Verwalter im Rahmen der ihm obliegenden gesetzlichen Verpflichtung hat sich daher darauf zu beschränken, beschlossene Maßnahmen durchzuführen, zum Beispiel durch Aufstellen von Hinweis- oder Verbotsschildern, durch stichprobenartige Kontrollen die Einhaltung zu überwachen, ihm gemeldete oder sonst bekannt gewordene Verstöße zur Kenntnis zu nehmen und die Störer daraufhin anzusprechen und erforderlichenfalls abzumahnen, um damit gegebenenfalls die Voraussetzungen für weitere rechtliche Schritte und entsprechende Beschlüsse hierzu in der nächsten Wohnungseigentümerversammlung vorzubereiten (zum Umfang der insoweit bestehenden Verwalterpflichten vgl. auch LG Hannover, 21. 5. 1986, 1 T 134/85).
Im Übrigen ist es im Rahmen der Unterstützung des Verwalters Sache des Verwaltungsbeirates, auch die Einhaltung der Hausordnung mit zu überwachen und den Verwalter über Verstöße zu unterrichten.
Bei allen Störungen oder Verstößen gegen die Hausordnung bleibt aber zu berücksichtigen, dass die Rechte einzelner oder mehrerer Wohnungseigentümer durch das Verhalten anderer konkret beeinträchtigt sein müssen bzw. das gemeinschaftliche Eigentum als solches eine Störung oder Beeinträchtigung erfährt.

3. Ahndung von Verstößen

Sind dem Verwalter Verstöße gegen die Hausordnung gemeldet oder hat er selbst Zuwiderhandlungen festgestellt, ist er nach den Vorschriften des § 27 Abs. 1 Nr. 1 WEG verpflichtet, gegen den Störer tätig zu werden.
Das setzt allerdings zunächst die eindeutige und nachweisliche Störung voraus. Hier liegt das entscheidende Problem, weil im Regelfall die Miteigentümer nicht bereit sind, festgestellte Verstöße in mündlicher oder schriftlicher Form zu „bezeugen".
Ein erfolgreiches Tätigwerden des Verwalters setzt aber eben diese Nachweise voraus. Ist der Nachweis zu erbringen, hat der Verwalter die störenden Eigentümer schriftlich abzumahnen und aufzufordern, Störungen, Beeinträchtigungen und Zuwiderhandlungen zu unterlassen.
Bleiben die „Abmahn-Versuche" erfolglos, haben die Wohnungseigentümer darüber mit Mehrheit zu entscheiden, ob gegen die Störer gerichtlich vorgegangen werden soll. Sowohl die Abmahnungen wie auch darauf beruhende Beschlüsse der Wohnungseigentümer müssen aber das störende Verhalten bzw. die Zuwiderhandlungen konkret bezeichnen (vgl. hierzu BayObLG, 2. 5. 1985, 2 Z 108/84).
Die gerichtliche Feststellung der Pflichten aus der Hausordnung kann sowohl von einzelnen Eigentümern wie auch aus eigenem schutzwürdigen Interesse des Verwalters beantragt werden. (OLG Hamm, 15. 12. 1969, 15 W 322/69).

Im Übrigen kann jeder Wohnungseigentümer im Verfahren nach § 43 Nr. 1 WEG Belästigungen im eigenen Namen geltend machen und Unterlassung verlangen, die sein Mieter durch Miteigentümer erfährt (OLG Frankfurt, 30. 11. 1960, 6 W 497/60).
Soweit es sich im Übrigen bei den Hausordnungsverstößen um Eigentums- oder Besitzstörungen handelt, beispielsweise bei Lärm- und Geruchsbelästigungen, können Ansprüche gegen den Störer auch aufgrund der Vorschriften über den Eigentums- und Besitzschutz gemäß § 1004 BGB geltend gemacht werden.
Auch diese Ansprüche sind im Verfahren nach § 43 Nr. 1 WEG geltend zu machen (OLG Frankfurt, 8. 7. 1981, 17 U 58/81, zur Störung des Eigentums durch Klavierspielen eines anderen Wohnungseigentümers).
Schwerwiegende Verstöße gegen die Hausordnung können unter Umständen die Entziehung des Wohnungseigentums gemäß § 18 WEG zur Folge haben. Hierzu bedarf es jedoch besonderer Voraussetzungen, über die immer nur im konkreten Einzelfall entschieden werden kann (vgl. hierzu Kap. 11 Entziehung des Wohnungseigentums).

12.2.1.4 Geldstrafen bei Hausordnungsverstößen

Um nicht bei jedem festgestellten und nachweisbaren Verstoß gegen die Hausordnung im Verfahren der freiwilligen Gerichtsbarkeit gegen den Störer vorgehen zu müssen, können grundsätzlich im Rahmen einer Vereinbarung gemäß § 10 Abs. 2 Satz 2 WEG für Verstöße gegen die Hausordnung auch Geldstrafen festgesetzt werden.
Über die jeweilige Höhe hat die Wohnungseigentümerversammlung im konkreten Fall zu entscheiden.
Das Gericht kann allerdings auf Antrag des „bestraften" Eigentümers einen Beschluss für ungültig erklären, wenn die verhängte Strafe, gemessen am Verschulden des Störers und an den Folgen der Zuwiderhandlung für die Wohnungseigentümergemeinschaft, offenbar unbillig, insbesondere aber auch maßlos hoch erscheint (BayObLG, 24. 11. 1959, 2 Z 164/59; vgl. auch OLG Frankfurt, 19. 9. 1978, 20 W 531/78). Das Gericht hat allerdings nur die Möglichkeit, einen solchen „Straf-Beschluss" für ungültig zu erklären. Ein „Strafmaß" kann das Gericht von sich aus nicht festsetzen.

12.2.1.5 Einzelfälle aus der Rechtsprechung

Die nachstehende Übersicht enthält einen Auszug aus der Vielzahl der durch die Rechtsprechung entschiedenen Hausordnungsstreitigkeiten. Dabei ist zu beachten, dass es sich jeweils um konkrete Einzelfälle handelt, die nicht verallgemeinert werden können.

Auf- und Abstellen von Gegenständen

Grundsätzlich unterliegen Abstellregelungen (Kinderwagen, Fahrräder, Spielgeräte etc.) der mehrheitlichen Beschlussfassung im Rahmen ordnungsmäßiger Verwaltung.

Es handelt sich hierbei um Gebrauchsregelung im Sinne von § 15 Abs. 2 WEG, bei denen Gesichtspunkte der Verkehrssicherung (Verkehrssicherheit und Fluchtweg im Brandfall, insbesondere in Treppenhäusern und Treppenhausfluren), aber auch optischer Beeinträchtigungen zu berücksichtigen sind. Die Verkehrssicherungspflicht gebietet es allerdings nicht, einen gewissen Zustand völliger Gefahrenfreiheit zu schaffen (OLG Hamm, 20. 4. 1988, 15 W 168–169/88).

Im Rahmen öffentlich-rechtlicher Bestimmungen sind insbesondere bauordnungsrechtliche Vorschriften zu beachten (BayObLG, 26. 2. 1988, 2 Z 113/87, zum Freihalten der Feuerwehranfahrtszone bei PKW-Abstellregelungen, s. auch Kfz.-Stellplatzregelungen).

Die Grenzen ergeben sich im Übrigen aus der Verkehrssitte nach Treu und Glauben bzw. nach billigem Ermessen.

Unzulässig sind im Rahmen einer Hausordnung:

- generelle Verbote auch des zeitweiligen Abstellens von Kinderwagen, Spielgeräten, Fahrrädern sowie unbestimmte Regelungen über das Abstellen von Kinderwagen (HansOLG Hamburg, 28. 10. 1992, 2 Wx 10/91; OLG Hamm, 3. 7. 2001, 15 W 444/00, zum zulässigen zeitweiligen Abstellen, nicht jedoch über Nacht und nicht an Tagen des Nichtgebrauchs);
- generelle Abstellverbote für Krankenfahrstühle behinderter Miteigentümer (OLG Düsseldorf, 12. 1. 11983, 3 W 227/83);
- generelle Abstellverbote für Gegenstände vor der eigenen Wohnungstür, beispielsweise das zeitweilige Abstellen schmutziger Schuhe bei schlechter Witterung (OLG Hamm, 20. 4. 1988, 15 W 168–169/88).

Zulässig und im Rahmen einer Hausordnung beschliessbar sind:

- Aufstellverbote für Gegenstände in gemeinschaftlichen Räumen, Anlagen und auf Grundstücks-/Gartenflächen; für Garderoben (KG Berlin, 4. 11. 1992, 24 W 7087/91); Schirmständer (KG Berlin, 4. 11. 1992, 24 W 7087/91, a. A. BayObLG, 7. 4. 1993, 2Z BR 9/93, zur Zulässigkeit in einer kleinen Wohnanlage); Schränke, Getränkeautomaten (Bay-

ObLG, 30. 5. 1990, 2 Z 36/90; vgl. aber auch genehmigenden Beschluss zur Aufstellung eines Gefrierschranks in einem „Waschraum“, OLG Frankfurt, 3. 11. 2008, 20 W 259/07; zum Aufstellverbot für Gartenzwerge vgl. HansOLG Hamburg, 20. 4. 1988, 2 W 7/87; AG Essen-Borbeck, 30. 12. 1999, 19 II 35/99 WEG, Aufstellungsverbot für exhibitionistischen Gartenzwerg; AG Grünstadt, 11. 2. 1994, 2 a C 334/93, Verbot für Aufstellung von Frustzwergen; jedoch kein Verbot für Aufstellung „normaler“ Gartenzwerge auf Sondernutzungsflächen).

Allgemein gilt, dass selbst kompliziertere Regelungen, beispielsweise für das Abstellen von Fahrrädern, nicht von vornherein wegen Verstoßes gegen die Grundsätze ordnungsmäßiger Verwaltung unzulässig und auf Antrag durch das Gericht für ungültig zu erklären sind (KG Berlin, 2. 7. 1990, 24 W 1434/90).

Es wird vielmehr in jedem Einzelfall abzuwägen sein, wo die stärkeren Beeinträchtigungen liegen, beispielweise im ständigen Transport von Kinderwagen und Fahrrädern durch das Treppenhaus, oder im zeitweiligen Abstellen innerhalb oder außerhalb des Hauses im Eingangsbereich.

Insoweit kommt es konkret auf die Interessenabwägung der Beteiligten unter Berücksichtigung der örtlichen Gegebenheiten an.

Siehe auch: Kfz-Stellplatzregelungen

Aufzugsregelung

Eine Aufzugsanlage soll den Bewohnern und Besuchern eines Wohnhauses ein müheloses Aufsuchen der einzelnen Stockwerke ermöglichen. Eine Einschränkung des automatischen Betriebs auf bestimmte Stockwerke widerspricht ordnungsmäßigem Gebrauch und kann nicht mit Mehrheit beschlossen werden (OLG Köln, 25. 4. 2001, 16 Wx 29/01).

Bade-/Duschverbot

Ein generelles Bade- und Duschverboten kann wegen Eingriffs in den Kernbereich des Wohnungseigentums nicht beschlossen werden. Ein entsprechender Mehrheitsbeschluss ist nichtig.

Eine zeitliche Begrenzung durch ein Bade- und Duschverbot in der Zeit von 23.00 Uhr bis 5.00 Uhr kann jedoch unter bestimmten Umständen (nach hier vertretener Auffassung allerdings nicht generell) rechtswirksam als Hausordnungsregelung beschlossen werden.

Eine solche Regelung ist nicht grob unbillig und verstößt nicht gegen Treu und Glauben, weil damit auch nur das Baden und Duschen verboten wird, nicht das Waschen in sonstiger, weniger störender Weise (BayObLG, 21. 2. 1991, 2 Z 7/91; a. A. zutreffend Staudinger/Bub § 21 Rn 144, sofern es sich nicht um unzureichend gedämmte Gebäude handelt; vgl. auch BayObLG, 18. 11. 1999, 2Z BR 77/99, zur gerichtlichen Verpflichtung, das Einlaufenlassen von Badewasser in der Zeit von 22.00 Uhr bis 6.00 Uhr zu unterlassen, auch wenn die dadurch auftretenden Geräuschbeeinträchtigungen nur geringfügig über den nach DIN zulässigen Höchstwerten liegen; insoweit wie Staudinger/Bub, zur Abhängigkeit vom Ausmaß der Geräuschbeeinträchtigung).

Balkonbepflanzungen

Die Anbringung außenhängender Blumenkästen an Balkonen kann nicht generell im Wege einer mehrheitlich zu beschließenden Gebrauchsregelung gemäß § 15 Abs. 2 WEG untersagt werden (LG Hamburg, 21. 12. 1981, 10 T 13/79; zur unzulässigen Anbringung wegen Veränderung der optischen Gestaltung vgl. AG Köln, 26. 2. 1989, 204 II 457/88).

Dies gilt jedenfalls dann, wenn eine Gefährdung nicht gegeben ist und entsprechende Vorschriften (Bauordnung, baupolizeiliche Vorschriften) nicht entgegenstehen.

Die Anbringung über Gehsteigen und Einfahrten kann jedoch aus Sicherheitserwägungen durch Mehrheitsbeschluss untersagt werden. Eine konkrete Gefährdung braucht dabei nicht nachgewiesen zu werden (BayObLG, 25. 7. 1991, 2 Z 69/91).

Zur Vermeidung von Störungen können mehrheitlich Gebrauchsregelungen beschlossen werden, die die Eigentümer u. a. verpflichten, die Blumenkästen automatisch zu bewässern und zur Neubepflanzung oder zum Auswechseln der Pflanzen abzunehmen.

Hinzunehmen ist grundsätzlich der naturbedingte Blätter- und Blütenfall.

Art und Umfang der Bepflanzung können aber im Rahmen ordnungsmäßiger Verwaltung mehrheitlich geregelt werden, um Schäden am gemeinschaftlichen Eigentum beispielsweise durch das Eindringen von Wurzelwerk in Bodenplatten und Isolierungsschichten auszuschließen (vgl. dazu auch BayObLG, 17. 12. 1993, 2Z BR 105/93, zur Befugnis der Wohnungseigentümer, mehrheitlich über die Gestaltung von Pflanzbeeten auf einer im Sondereigentum stehenden Dachterrasse zu entscheiden; zur zulässigen Balkonbepflanzung mit Bohnen- und Rankgewächsen vgl. BayObLG, 19. 1. 1984, 2 Z 17/83).

Siehe auch: Kap. 13.13 Balkonkasten

Bilderschmuck

Siehe hierzu: Dekorationen

Dekorationen

Das zeitweilige Anbringen von Dekorationen (z. B. Oster-/Weihnachtsschmuck) an der Außenseite der Wohnungsabschlusstür kann nicht durch Mehrheitsbeschluss untersagt werden (LG Düsseldorf, 10. 10. 1989, 25 T 500/89). Das gleiche gilt für die Anbringung von Advents- und Weihnachtsbeleuchtung in Fenstern und auf Balkonen.

Dagegen geht das Aufhängen von Bildern in gemeinschaftlichen Räumen, wie beispielsweise im Treppenhaus, über den individuell durchsetzbaren ordnungsmäßigen Mitgebrauch des gemeinschaftlichen Eigentums hinaus. Erforderlich für ein Ausschmücken des Treppenhauses ist daher die Zustimmung aller Eigentümer (LG Hamburg, 11. 5. 1989, 20 T 17/89).

Duplex-Garage

Siehe hierzu: Kfz.-Stellplatzregelung

Duschverbot

Siehe hierzu: Badeverbot

Garagenregelung

Siehe hierzu: Kfz.-Stellplatzregelungen

Gartennutzung

Eine als „Garten" bezeichnete Grundstücksfläche dient allen Eigentümern gemäß § 13 Abs. 2 WEG zum Mitgebrauch, der sich allerdings in den Grenzen des § 14 Nr. 1 WEG halten und die konkreten Gegebenheiten in angemessener Weise berücksichtigen muss. Der individuelle Gebrauch des Gartens darf deshalb die Interessen und Rechte übrigen Miteigentümer nicht über das unvermeidliche Maß hinaus beeinflussen.
Unter Berücksichtigung dieser Voraussetzungen kann ein allgemeines Aufstellverbot für Gartenmöbel, Partyzelte, Wäschespinnen oder andere Gartengebrauchsgegenstände nicht mehrheitlich beschlossen werden (AG Moers, 11. 12. 1996, 4 II 26/96, zur zulässigen Aufstellung eines Partyzeltes; vgl. auch Kap. 13.13, Kinderschaukel, Kinderspielplatz, Schaukelgerüst; vgl. auch unten: Rasenflächennutzung).
Auch das Sonnenbaden kann nicht generell untersagt werden, ein FKK-Verbot ist dagegen als zulässig anzusehen (zur zulässigen Nutzung eines abgegrenzten Teils einer Grünfläche als Liegewiese vgl. BayObLG, 12. 12. 1991, 2 Z 145/91).
Siehe auch: Grünfläche Kap. 13.13 Gartengestaltung

Grillen

Allgemein gültige Regelungen über das Grillen auf Balkonen, Terrassen und im gemeinschaftlichen Garten von Wohnungseigentumsanlagen lassen sich nicht aufstellen. Vielmehr hängt die Entscheidung über die Zulässigkeit vom konkreten Einzelfall ab.
Das Betreiben eines Gartengrills auf dem Balkon einer Eigentumswohnung überschreitet regelmäßig die Grenzen, die durch § 14 Nr. 1 WEG gesetzt werden. Deshalb kann ein Grillverbot auf Balkonen im Rahmen der Hausordnung ausgesprochen werden (vgl. hierzu AG Wuppertal, 25. 10. 1976, 47 UR II 7/76; LG Düsseldorf, 9.11. 1990, 25 T 435/90; OLG Zweibrücken, 6. 4. 1993, 3 W 50/93).
Beschränkt zulässig ist das Grillen – auch mit einem Gartengrillgerät – auf Sondernutzungsflächen, soweit dadurch keine unzumutbaren Nachteile im

Sinne von § 14 Nr. 1 WEG durch Rauch und Gerüche entstehen (LG Stuttgart, 14. 8. 1996, 10 T 359/96, dort zum zulässigen Grillen auf der Terrassensondernutzungsfläche dreimal jährlich; zu den Grenzen vgl. auch OLG Düsseldorf, 26. 5. 1995, 5 Ss OWi 149/95; vgl. auch AG Bonn, 29. 4. 1997, 6 C 545/96, zum Grillen in einer Miethausanlage einmal monatlich bei vorheriger Ankündigung).

Im Regelfall statthaft ist die Benutzung elektrischer Tischgrillgeräte. Bei konkreten Beeinträchtigungen über das nach § 14 Nr. 1 WEG unvermeidliche Maß hinaus, kann jeder einzelne Eigentümer Unterlassung verlangen.

Ob in der gemeinschaftlichen Gartenanlage gegrillt werden darf, ist von der konkreten Situation im Einzelfall abhängig, unter anderem auch von der Lage und Größe des Gartens, von der Häufigkeit und auch von den verwendeten Geräten (gegen generelles Grillverbot BayObLG, 18. 3. 1999, 2Z BR 6/99; bejahend zur Zulässigkeit des Grillens in einem „Mietergarten" AG Wedding, 1. 6. 1990, 10 C 476/89; zur Zulässigkeit eines mehrheitlich beschlossenen Grillverbots in der Gartenanlage vgl. OLG Zweibrücken, a. a. O.).

Grünfläche

Das Mitgebrauchsrecht an gemeinschaftlichen Grünflächen darf nur in der Weise ausgeübt werden, dass die Miteigentümer nicht über das nach § 14 Nr. 1 WEG unvermeidliche Maß hinaus beeinträchtigt werden (OLG München, 27. 9. 2005, 32 Wx 065/05, zum unzulässigen Hineinschauen in die Fenster einer Erdgeschosswohnung und Grimassenschneiden durch Kinder von Miteigentümern).

Hausreinigung

Die Haus- und Treppenreinigung in einer Wohnungseigentumsanlage wird allgemein als eine in der Hausordnung gemäß § 21 Abs. 5 Nr. 1 WEG zu regelnde Maßnahme betrachtet.

Danach ist im Rahmen ordnungsmäßiger Verwaltung durch Mehrheitsbeschluss darüber zu entscheiden

- w e r die Haus-/Treppenhausreinigung d u r c h z u f ü h r e n hat,
- w i e die Reinigung vom Umfang her zu erfolgen hat,
- w a n n die Reinigung zeitlich zu erfolgen hat und
- w e r die Kosten trägt bzw. wie die Kosten zu verteilen sind.

1. Durchführung der Reinigung

Die Haus- und Treppenreinigung stellt eine Leistung dar, die – ähnlich der Instandhaltung und Instandsetzung – für die Gemeinschaft erbracht wird (vgl. insoweit auch OLG Hamm, 5. 2. 1980, 15 W 277/79, zur Zuordnung der Hausreinigung zur Instandhaltung und Instandsetzung; insoweit auch AG München, 28. 12. 1992, UR II 600/92, als so genannte Hand- und Spanndienste).

Es handelt sich um eine Maßnahme der Verwaltung des gemeinschaftlichen Eigentums, über die gemäß § 21 Abs. 3 und 5 WEG im Rahmen ordnungsmäßiger Verwaltung mit Mehrheit zu beschließen ist.
Im Rahmen einer ordnungsmäßigen Verwaltung des gemeinschaftlichen Eigentums kann jedoch ein Wohnungseigentümer durch Mehrheitsbeschluss nicht zur tätigen Mithilfe verpflichtet werden. Hierfür ist grundsätzlich die Zustimmung aller Eigentümer erforderlich, entweder durch einstimmigen Beschluss oder durch eine entsprechende Vereinbarung.
Ein nur mit Mehrheit gefasster Beschluss ist als gesetzesändernder Mehrheitsbeschluss nichtig (anders noch vor BGH, 20. 9. 2000, V ZB 58/99, nur zur Anfechtbarkeit, OLG Hamm, 5. 2. 1980, 15 W 277/79; KG Berlin, 15. 4. 1977, 1 W 1151/77; vgl. auch BayObLG, 30. 6. 1983, 2 Z 76/82, zur unzulässigen persönlichen Heranziehung zu Balkonanstrichmaßnahmen; zur zulässigen Heranziehung zu Reinigungsmaßnahmen durch Hausordnungsregelung vgl. jedoch BayObLG, 24. 3. 1994, 2Z BR 28/94; 5. 12. 1991, 2 Z 154/91; OLG Hamm, 23. 10. 1986, 15 W 309/85; OLG Stuttgart, 19. 5. 1987, 8 W 89/87).
Das Gesetz geht grundsätzlich davon aus, dass der Wohnungseigentümer zur gemeinschaftlichen Verwaltung nur durch anteilige Geldleistungen beizutragen hat, wobei als Verteilungsschlüssel bei Anwendung der gesetzlichen Regelung gemäß § 16 Abs. 2 WEG die Miteigentumsanteile zugrunde zu legen sind.
Allein deshalb scheidet die persönliche Dienstleistung aus, da sie nach diesem Verteilungsschlüssel nicht zurechenbar ist.
Insoweit hat der Verwalter die Haus- und Treppenreinigung als Verwaltungsmaßnahme unter Verwendung der gemeinschaftlichen Mittel nach Maßgabe des Wirtschaftsplanes durchzuführen bzw. durchführen zu lassen. Dies ist der für die Verwaltung des gemeinschaftlichen Eigentums vom Gesetz her vorgegebene Weg (vgl. hierzu KG Berlin, a. a. O.).
Das bedeutet also, dass die Wohnungseigentümer grundsätzlich nicht mehrheitlich beschließen können, dass die Haus- und Treppenreinigung von den einzelnen Wohnungseigentümern persönlich durchgeführt wird, es sei denn, dass dies ausdrücklich in der Teilungserklärung oder in der Gemeinschaftsordnung vorgesehen ist oder nachträglich durch eine Vereinbarung im Sinne von § 10 Abs. 2 Satz 2 WEG mit Zustimmung aller Eigentümer geregelt wird.
Nach gegenteiliger Meinung kann, unabhängig von entsprechenden Vereinbarungen bzw. Regelungen in der Teilungserklärung oder in der Gemeinschaftsordnung, unter bestimmten Voraussetzungen im Rahmen einer Hausordnung mehrheitlich beschlossen werden, die Haus- und Treppenreinigung den Wohnungseigentümern persönlich zu übertragen (BayObLG, 5. 12. 1991, 2 Z 154/91, wobei dort jedoch für den Einzelfall nicht ausgeschlossen wird, dass ein Mehrheitsbeschluss ordnungsmäßiger Verwaltung widersprechen könnte; 24. 3. 1994, 2Z BR 28/94, dort allerdings uneingeschränkt für Mehrheitsbeschluss, gegen AG München, 28. 12. 1992,

UR II 600/92; für die Zulässigkeit der tätigen Mithilfe bei der Reinigung der Bürgersteige als Konkretisierung der jeden Eigentümer treffenden Verkehrssicherungspflicht vgl. LG Duisburg, 14. 4. 1994, 9 T 102/93).
Ob in Ausnahmefällen Wohnungseigentümer zur Treppenhausreinigung oder auch zu Schneeräumarbeiten verpflichtet werden können ist nach Abwägung aller Umstände zu entscheiden, abhängig von Größe der Anlage, der Verteilungsgerechtigkeit, vom Umfang der zu leistenden Arbeiten und der Zumutbarkeit bei Alter oder Krankheit und Ortsüblichkeit (LG Stuttgart, 25. 3. 2010, 2 S 43/09; LG München I, 2. 8. 2010, 1 S 4042).
Einzelheiten sollen in solchen Fällen durch einen vom Verwalter aufzustellenden Reinigungsplan geregelt werden (OLG Hamm, 26. 11. 1985, 15 W 309/85, für den Fall einer aus wenigen Eigentümern bestehenden Gemeinschaft und unter Hinweis auf die Berücksichtigung besonderer Verhältnisse in einer Gemeinschaft und örtliche Gegebenheiten).

2. Art und Umfang der Reinigungspflicht

Ist grundsätzlich geklärt, wer die Reinigung durchzuführen hat, ist im Rahmen ordnungsmäßiger Verwaltung gemäß § 21 Abs. 3 WEG für die jeweilige Anlage konkret darüber zu entscheiden, in welcher Art (beispielsweise Trocken- und/oder Nassreinigung) und in welchen zeitlichen Abständen die Reinigung zu erfolgen hat (zur zulässigen Abänderung eines einstimmigen Beschlusses durch späteren Mehrheitsbeschluss hinsichtlich der zeitlichen Regelung vgl. LG Mannheim, 22. 1. 1976, 4 T 159/75).

3. Kostentragung und Kostenverteilung

Grundsätzlich stellen die Kosten der Haus-/Treppenreinigung Betriebskosten im Sinne des § 16 Abs. 3 WEG dar, deren Verteilung abweichend von § 16 Abs. 2 WEG durch mehrheitliche Beschlussfassung gemäß § 16 Abs. 3 WEG geregelt werden kann.
Dabei ist es grundsätzlich als zulässig anzusehen, diejenigen Eigentümer von der Kostentragung zu befreien, die sich verpflichtet haben, die Reinigung selbst durchzuführen (vgl. hierzu KG Berlin, 15. 4. 1977, 1 W 1151/77; zur Kostenbefreiung bei Eigenleistung vgl. aber auch BayObLG, 27. 6. 1985, 2 Z 62/84, wonach eine Anrechnung von Eigenleistungen und damit die Eigenleistung selbst nur dann zulässig ist, wenn dies im Ergebnis nicht zu einer höheren Belastung der Eigentümer führt, die keine Eigenleistungen erbringen; vgl. auch Kap. 12.2.4.3).
Siehe auch: Schneeräumung, Streupflicht

Haustür – Schließregelungen

Im Rahmen einer Gebrauchsregelung gemäß § 15 Abs. 2 WEG entscheiden die Wohnungseigentümer unter Berücksichtigung unterschiedlicher Interessen, aber grundsätzlich im Interesse der Gesamtheit der Wohnungseigentümer nach billigem Ermessen über Regelungen zum Offenhalten oder zum Schließen der Haustüren in der Wohnanlage.

Nicht ordnungsmäßig ist danach ein Beschluss, der das Offenhalten der Türen gestattet, wenn diese Regelung dem Sicherheitsbedürfnis und dem Interesse nach Fernhalten unerwünschter Personen zuwiderläuft, und zwar selbst dann, wenn es sich insoweit um schutzwürdige Interessen auch einer Minderheit handelt und sich die Auswirkungen der Regelung im wesentlichen gegen diese richten.
Befinden sich in einer Anlage auch Arztpraxen und andere gewerbliche Räumen, handelt es sich aber im Übrigen überwiegend um eine Wohnanlage, ist allein keinen Grund dar, das Offenhalten der Tür als ordnungsmäßig zu betrachten und insoweit auch einen diesbezüglichen Mehrheitsbeschluss als ordnungsmäßige Gebrauchsregelung im Sinne von § 15 Abs. 2 WEG zuzulassen.
Das gilt insbesondere für Wohnungseigentumsanlagen, die über eine elektrische Türöffnungs-/Sprechanlage verfügen, so dass bereits aus diesem Grunde ein ständiges Offenhalten der Tür nicht erforderlich ist (BayObLG, 11. 2. 1982, 2 Z 44/81; LG Wuppertal, 30. 5. 1972, 6 T 433/70; OLG Frankfurt, 8. 1. 2009, 20 W 384/07, zur ständigen Offenhaltung bei vorhandenem Schließmechanismus, auch zur Berücksichtigung unterschiedlicher Nutzerinteressen; vgl. aber auch KG Berlin, 17. 7. 1985, 24 W 1956/85, wonach ein Wohnungseigentümer mangels entsprechender Regelungen durch Vereinbarung oder Beschlüsse regelmäßig nicht verlangen kann, dass die Miteigentümer es unterlassen, tagsüber kurzfristig den Schließmechanismus der Haustür außer Betrieb zu setzen; vgl. auch AG Bremen, 16. 6. 1993, 111 a II 30/1993 WEG; 23. 6. 1995, 111 a II 47/1995 WEG, jeweils zur unzulässigen Regelung über das ständige Verschließen der Hauseingangstür trotz funktionsfähiger Gegensprechanlage).
Siehe auch: Schließregelungen

Hausverbot

Ein generelles Hausverbot kann nicht mit Mehrheit beschlossen werden. Vielmehr sind im konkreten Fall die widerstreitenden grundrechtlich geschützten Rechtspositionen in einen angemessenen Ausgleich zu bringen (BVerfG, 6. 10. 2009, 2 BvR 693/09).

Heizungsraum-Zutrittsregelungen

Das Recht auf Mitbenutzung gemeinschaftlicher Anlagen und Einrichtungen richtet sich maßgeblich nach deren Bestimmungszweck.
Der Bestimmungszweck von Zentralheizungsanlagen liegt in der Versorgung der Wohnungseigentümergemeinschaft mit Wärme und Warmwasser, so dass sich das Mitbenutzungsrecht insoweit vorrangig nur auf die Versorgungsleistung erstreckt, nicht aber auf die Befugnis aller Eigentümer, den Heizungsraum zwecks Bedienung und Kontrolle der Anlagen und Einrichtungen zu betreten.
Eine Wohnungseigentümergemeinschaft ist daher grundsätzlich berechtigt, die Befugnis zum Betreten des Heizungsraumes zu beschränken oder

sogar generell zu untersagen, sofern entgegenstehende Interessen (fehlende oder unzureichende Überwachung, mangelnde Gefahrenabwehr oder Vorsorge bei Störungsfällen) nicht beeinträchtigt werden (BayObLG, 10. 3. 1972, 2 Z 78/71; OLG Köln, 8. 11. 1996, 16 Wx 215/96; zum Anspruch auf Herausgabe von Schlüsseln für den Heizungsraum vgl. LG Hamburg, 10. 9. 2010, 318 S 24/09).

Heizungsregelungen

Der Betrieb der Heizungsanlage kann grundsätzlich durch zeit- und temperaturabhängige Heizregelungen im Rahmen ordnungsmäßiger Verwaltung durch Mehrheitsbeschluss geregelt werden.

Als allgemeiner Grundsatz gilt, dass tagsüber eine Temperatur zwischen 19 Grad und 22 Grad C und während der Nachtzeit eine Temperatur von mindestens 17 Grad C eingehalten und damit die Bewohnbarkeit gewährleistet wird (OLG Celle, 29. 12. 1989, 2 U 200/88, dort 20 Grad C als untere Grenze zwischen 7.00 Uhr und 22.00 Uhr; LG Hamburg, 12. 6. 1987, 11 S 341/86 und 5. 6. 1987, 11 S 130/86, zwischen 20 Grad C und 21 Grad C zwischen 9.00 Uhr 22.00 Uhr; AG Hannover, 22. 12. 1983, 514 C 1852/83, mindestens 17 Grad C zwischen 22.00 Uhr und 7.00 Uhr).

Auch außerhalb der Heizperiode, also selbst während der Sommerzeit, hat eine Beheizung zu erfolgen, wenn dies erforderlich ist, wobei es grundsätzlich den Wohnungseigentümern freigestellt ist, darüber zu entscheiden, in welcher Weise die Beheizung zu erfolgen hat. Der Verwalter ist ohne Beschlussfassung der Eigentümer nicht zur eigenmächtigen Abschaltung befugt (BayObLG, 26. 2. 1993, 2Z BR 117/92).

Eine vollständige, wenn auch zeitlich befristete Abschaltung der Heizungsanlage widerspricht ordnungsmäßiger Verwaltung (LG Würzburg, 4. 8. 1983, 3 T 2104/82, als Vorinstanz zu BayObLG, 9.8. 1984, 2 Z 77/83, dort zur unzulässigen vollständigen Abschaltung in der Zeit vom 30. April bis zum 1. Oktober eines jeden Jahres; vgl. zu Mietwohnungen u. a. LG Göttingen, 10. 2. 1988, 2 S 160/87; LG Frankfurt, 27. 2. 1990, 2/13 O 474/89; AG Köln, 29. 11. 1984, 2056 C 351/84; AG Uelzen, 9. 4. 1986, 4 a C 272/86, dort zur „Sommerheizung“ bei Außentemperaturen von weniger als 12 Grad C an drei aufeinander folgenden Tagen und zur durchschnittlichen Heiztemperatur zwischen 18 Grad C und 22 Grad C; zur üblichen Raumtemperatur vgl. auch LG Hamburg, 5. 6. 1987, 11 S 130/86, dort 20 Grad C für Wohnräume und 18 Grad C für Schlafräume; AG Köln, 31. 7. 1987, 217 C 494/86, dort nicht weniger als 15 Grad C in Schlafzimmern).

Eine Regelung zur Nachtabsenkung der Heiztemperaturen ist als Maßnahme ordnungsmäßiger Gebrauchsregelung einer mehrheitlichen Beschlussfassung zugänglich, wenn dabei Zeitpunkt, Dauer und Temperatur hinreichend bestimmt sind. Grundsätzlich sind bei einer solchen Regelung die Umstände des Einzelfalls zu berücksichtigen, z. B. die Möglichkeit der individuellen Temperaturregelung durch Thermostatventile (vgl. zum Ganzen: BayObLG, 9. 8. 1984, 2 Z 77/83; AG Hildesheim, 13. 5. 1976, 4 UR

II 6/76; AG Würzburg, UR II 118/81, ohne Beschlussdatum, zitiert nach BayObLG, a. a. O.; zur Mindesttemperatur vgl. im Mietrecht AG Hannover, 22. 12. 1983, 514 C 18524/83, mindestens 17 Grad C für die Zeit zwischen 22.00 Uhr und 7.00 Uhr).
Die Nachtabschaltung von Zirkulationspumpen kann dagegen nicht als ordnungsmäßige Regelung im Rahmen der Hausordnung mehrheitlich beschlossen werden, wenn dadurch keine nennenswerte Energie- oder Kosteneinsparung erfolgt und im Übrigen eine Komforteinbuße dadurch eintritt, dass zur Nachtzeit nicht sofort Warmwasser zur Verfügung steht (AG Kiel, 5. 6. 1989, 6 II 25/86).

Hundehaltung

Siehe hierzu: Tierhaltung

Katzenhaltung

Siehe hierzu: Tierhaltung

Kellerfenster-Schließung

Eine Regelung über das zeitlich beschränkte Öffnen und Schließen von Kellerfenstern stellt eine Gebrauchsregelung im Sinne von § 15 Abs. 2 WEG dar, über die im Rahmen der Hausordnung mit Mehrheit gemäß § 21 Abs. 3 WEG beschlossen werden kann (OLG Karlsruhe, 21. 4. 1976, 3 W 8/76). Das gleiche gilt für Treppenhausfenster und Dachluken.
Siehe auch: Belüftungsregelung

Kellernutzung

Ist nach der Teilungserklärung eine Zuteilung der Keller an die Eigentümer vorgesehen, kann diese auch durch Mehrheitsbeschluss erfolgen (KG Berlin, 13. 11. 1989, 24 W 4201/89). Dabei muss die Verteilung der Keller die konkreten Bedürfnisse der aller Wohnungs- und Teileigentümer berücksichtigen (KG Berlin, 22. 5. 1991, 24 W 401/91). Stehen nicht ausreichend Keller für alle Eigentümer zur Verfügung, so unterliegt die nach der Teilungserklärung dem Verwalter obliegende Kellerverteilung der Überprüfung durch die Wohnungseigentümer oder durch das Gericht. Eine unwiderrufliche Zuteilung widerspricht dabei ordnungsmäßigem Gebrauch (BayObLG, 3. 6. 1992, 2Z BR 30/92).

Kfz.-Stellplatzregelungen

Grundsätzlich dürfen Kraftfahrzeuge nur auf den dafür gemäß Aufteilungsplan, Teilungserklärung bzw. Gemeinschaftsordnung vorgesehenen Flächen eines Grundstücks abgestellt werden (zur zulässigen Abstellregelung durch Mehrheitsbeschluss auf teilweise asphaltiertem Hofraum vgl. BayObLG, 20. 11. 1997, 2Z BR 93/97; zum unzulässigen Abstellen in der Feuerwehrzone einer Wohnanlage vgl. BayObLG, 26. 2. 1988, 2 Z 113/87). Ein Mehrheitsbeschluss, der das Abstellen von Kraftfahrzeugen außerhalb

der Kfz.-Stellplätze nur für Notfälle gestattet, entspricht ordnungsmäßiger Verwaltung. Solche „Not-"Abstellplätze dürfen jedoch durch Bepflanzungen und Umzäunungen nicht unbefahrbar gemacht werden (BayObLG, 2. 6. 1981, 2 Z 46/80; vgl. auch BayObLG, 4. 10. 1984, 2 Z 115/83, dort zur unzulässigen Sicherung eines PKW-Stellplatzes durch Eisenpfähle).
Das Abstellen von Wohnmobilen, LKW und Klein-LKW auf Kfz.-Stellplätzen in einer reinen Wohnanlage kann regelmäßig durch Mehrheitsbeschluss untersagt werden (BayObLG, 21. 9. 1984, 2 Z 112/83; 19. 7. 1984, 2 Z 60/84; 22. 12. 1983, 2 Z 92/83; 6. 2. 1992, 2 Z 170/91, zum Abstellverbot für ein Wohnmobil auf einem PKW-Abstellplatz, an dem ein Sondernutzungsrecht eingeräumt ist; dagegen zur Unzulässigkeit eines mehrheitlich beschlossenen Abstellverbots für ein Wohnmobil normaler Größe auf einem Kfz.-Stellplatz, an dem ein Sondernutzungsrecht besteht, vgl. KG Berlin, 20. 10. 1999, 24 W 9855/98; HansOLG Hamburg, 18. 9. 1991, 2 Wx 22/90; vgl. auch BayObLG, 12.6. 1981, 2 Z 48/80, dort zur Sicherung eines Kfz.-Stellplatzes, an dem ein Sondernutzungsrecht eingeräumt wurde, durch Absperrpfähle sowie zum Abstellen eines „Oldtimers" auf der Terrasse einer Eigentumswohnung).
Ein Zwang zur Aufstellung von Stellplatzregelungen für die im gemeinschaftlichen Eigentum stehenden Parkplätze besteht solange nicht, so lange keine konkreten Beeinträchtigungen für die Nutzer entstehen (KG Berlin, 29. 4. 1985, 24 W 4734/84).
Stehen allerdings weniger Garagen bzw. Stellplätze als benötigt zur Verfügung, besteht ein Anspruch auf Gebrauchsregelungen, durch die die Interessen aller Eigentümer angemessen berücksichtigt werden (KG Berlin, 2. 7. 1990, 24 W 1434/90, zur unzulässigen unbegrenzten Vermietung sowie zur Möglichkeit einer Regelung durch Losverfahren; ebenfalls zum Losverfahren durch richterliche Anordnung KG Berlin, 27. 4. 1994, 24 W 7352/93; zum Losverfahren bei der Vergabe von Kfz.-Stellplätzen anstelle einer Versteigerung vgl. auch BayObLG, 30.10. 1992, 2Z BR 88/92; ebenfalls zum Losverfahren bei starker Nachfrage nach Kfz.-Stellplätzen vgl. BayObLG, 8. 1. 1992, 2 Z 160/91, dort auch zur Zulässigkeit der Vermietung von Kfz.-Stellplätzen aufgrund Mehrheitsbeschlusses; zur zulässigen Vermietung vgl. auch HansOLG Hamburg, 6. 2. 2003, 2 Wx 74/99; zur Verteilung durch Punktesystem anstelle des früheren Losverfahrens vgl. KG Berlin, 28. 2. 1996, 24 W 8306/94; 27. 4. 1994, 24 W 7352/93, zum Losverfahren; zur gerichtlichen Stellplatzregelung vgl. auch KG Berlin, 11. 5. 1988, 24 W 6131/87; zur Zulässigkeit einer Benutzungsregelung gemäß § 15 Abs. 1 WEG für eine im Miteigentum stehende Duplex-Garage vgl. BayObLG, 21. 7. 1994, 2Z BR 56/94).
Bei gewerblich oder beruflich genutzten Parkflächen, die einzelnen Sondereigentumseinheiten zugeordnet sind, müssen Gebrauchsregelungen den Interessen der Mieter, Klienten und Kunden der betreffenden Eigentümer Rechnung tragen (KG Berlin, 18. 12. 1995, 24 W 7497/94, zur unzulässigen ganztägigen Schließung der Parkpalette).

So kann einem einzelnen Teileigentümer als Vermieter mehrerer Läden nicht durch Mehrheitsbeschluss untersagt werden, für alle Zukunft nur einen einzigen Stellplatz zu nutzen (KG Berlin, 24. 4. 1991, 24 W 5388/90; zum unzulässigen Ausschluss der Nutzung von Stellplätzen durch Besucher eines Sauna-Teileigentums vgl. BayObLG, 23. 7. 1999, 2Z BR 100/99).

Lüftung von Bekleidung/Betten

Im Rahmen einer Hausordnung sind einschränkende Trocken-Regelungen zulässig, die das Wäschetrocknen auf aufgestellten Trockenständern grundsätzlich dann gestatten, wenn diese nicht über die Balkonbrüstung hinausragen (OLG Oldenburg, 21. 7. 1977, 5 Wx 9/77).
Das gleiche gilt für das Lüften von Betten und Bekleidung, vorausgesetzt, dass diese nicht über die Balkonbrüstung gehängt werden. Eine Regelung, die das Trocknen und Lüften von Wäsche, Kleidung und Betten allgemein untersagt, widerspricht ordnungsmäßiger Verwaltung.
Belüftungsregelungen für Waschkeller, Heizungsräume, Kellerräume und Treppenhaus sind im Rahmen einer Hausordnung inhaltlich zulässig, wenn dadurch gemäß § 14 Nr. 1 WEG die Pflicht zur gegenseitigen Rücksichtnahme konkretisiert wird (BayObLG, 23. 10. 1992, 2Z BR 87/92).
Siehe hierzu unten auch: Trockenraum

Müllabwurfanlage

Die Stilllegung einer Müllabwurfanlage kann nicht mehrheitlich beschlossen werden, da dadurch das grundsätzlich nach § 13 Abs. 2 WEG eingeräumte Mitgebrauchsrecht entzogen wird. Es handelt sich insoweit um einen gesetzesändernden Mehrheitsbeschluss, der nichtig ist (BayObLG, 28. 2. 2002, 2Z BR 177/01, ausdrücklich unter Aufgabe der früheren Rechtsprechung BayObLG, 18. 1. 1996, 2Z BR 115/95).
Soweit nach öffentlich-rechtlichen Vorschriften Müllschluckanlagen still zu legen sind, kann die Wohnungseigentümergemeinschaft Gegenteiliges nicht beschließen (zur gesetzlich angeordneten Stilllegung von Müllabwurfanlagen vgl. § 46 Abs. 1 Satz 2 BauO NRW – Landesbauordnung Nordrhein-Westfalen,).
Soweit im Übrigen gesetzliche Regelungen nicht entgegenstehen, können zeitliche Begrenzungen zur Benutzung der Müllabwurfanlage, durch die die Ruhezeiten gewährleistet werden sollen, im Rahmen ordnungsmäßiger Verwaltung mit Mehrheit beschlossen werden (vgl. auch BayObLG, 13. 12. 1984, 2 Z 46/84, zu Beschränkungen der Nutzung bei mangelhafter Schallisolierung).
Die mehrheitlich beschlossene Stilllegung allein unter Berufung auf öffentlich-rechtliche Vorschriften zur Mülltrennung widerspricht dem billigen Interesse der Gesamtheit der Wohnungseigentümer (BayObLG, 18. 1. 1996, 2Z BR 115/95).

Musikausübung

Das Musizieren in einer Wohnung gehört zum sozial üblichen Verhalten und ist Element der Zweckbestimmung des Wohnens in den eigenen Räumen (BGH, 10. 9. 1998, V ZB 11/98). Es ist jedoch nicht dem Kernbereich des Sondereigentums zuzuordnen, sondern ein Freiheitsrecht im Rahmen der Entfaltung der freien Persönlichkeit gemäß Art. 2 Abs. 1 des Grundgesetzes, auf das rechtswirksam verzichtet werden kann (Klein in Bärmann, § 10 Rn 102; a. A. OLG Frankfurt, 4. 12. 2000, 20 W 414/99. Deshalb kann grundsätzlich auch durch Vereinbarung gemäß §§ 15 Abs. 1, 10 Abs. 2 Satz 2 WEG ein generelles Musizierverbot in der Gemeinschaftsordnung bzw. in der Teilungserklärung geregelt werden (Klein in Bärmann § 10 Rn 85, 102). Ein solches Verbot ist auch nicht sittenwidrig und verstößt nicht gegen die Grundrechte (Klein in Bärmann § 10 a. a. O.).
Durch Mehrheitsbeschluss kann allerdings ein generelles Musizierverbot nicht ausgesprochen werden, allerdings ist ein solcher Beschluss nicht nichtig, sondern nur anfechtbar (OLG Frankfurt, 4. 12. 2000, 20 W 414/99; 6. 8. 2003, 20 W 22/02; OLG Hamm, 10. 11. 1980, 15 W 122/80, m. w. N.; Klein in Bärmann § 10 Rn 39, m. w. N).
Zulässig sind dagegen zeitliche Begrenzungen, die auf einer angemessenen Interessenabwägung beruhen. Dabei sind die baulich/örtlichen Gegebenheiten hinsichtlich Schalldämmung ebenso zu berücksichtigen wie die Art der Instrumente (vgl. dazu auch BGH, 10. 9. 1998, V ZB 11/98, zur Berücksichtigung der konkreten Umstände im Einzelfall).
Die zeitlichen Begrenzungen dürfen wiederum nicht einem Musizierverbot gleichkommen. So sind Regelungen, die das Musizieren an Sonn- und Feiertagen ausschließen oder nur auf bestimmte Tage oder Tageszeiten beschränken, und somit einem Verbot gleichkommen, nichtig (OLG Hamm, 10. 11. 1980, 15 W 122/80, m. w. N.; BayObLG, 12. 10. 1995, 2Z BR 55/95; OLG Zweibrücken, 15. 8. 1990, 3 W 48/90, zur unzulässigen – verbotsähnlichen – Beschränkung des Musizierens auf die Zeit von 10.00–12.00 Uhr und 15.00–17.00 Uhr).
Ebenso sind Regelungen unzulässig, durch die das Singen und Musizieren außerhalb der Ruhezeiten auf „nicht belästigende Weise und Lautstärke" beschränkt oder die stärkere Einschränkungen vorsieht als die, die für die Tonübertragung durch Fernseh- oder Rundfunkgeräte, CD-Player, Plattenspieler etc. gelten (BGH, 10. 9. 1998, V ZB 11/98).
Zulässig und im Rahmen einer angemessenen Interessenabwägung sind Regelungen, die das Musizieren auf etwa zwei bis drei Stunden täglich innerhalb eines bestimmten zeitlichen Rahmens zur Wahrung der Mittags- und Nachtruhe beschränken (OLG Hamm, a. a. O.; 7. 11. 1985, 15 W 181/85; BayObLG, 28. 3. 1985, 2 Z 8/85, zur grundsätzlich zulässigen Beschränkung der Musikausübung auch für Berufsmusiker und Studierende der Musik; 12. 10. 1995, 2Z BR 55/95, zur Beschränkung auf drei Stunden täglich außerhalb der Ruhezeiten; vgl. weiter OLG Frankfurt, 22. 8. 1984,

20 W 148/84; 29. 8. 1984, 20 W 190/84; 1. 6. 1987, 20 W 23/87; vgl. auch HansOLG Hamburg, 7. 9. 1998, 2 Wx 48/95, dort zur Zulässigkeit eines absoluten Musizierverbotes für bestimmte Ruhezeiten; zur zulässigen Beschränkung der Ruhezeiten auf die Zeit zwischen 20.00 Uhr und 8.00 OLG Frankfurt, 6. 8. 2003, 20 W 22/02).
Strittig ist allerdings der Beginn der abendlichen Ruhezeit (ab 22.00 Uhr: BayObLG, 22. 10. 1995, 2Z BR 55/95; ebenso OLG Zweibrücken, 15. 8. 1990, 3 W 48/90; OLG Hamm, a. a. O., ab 20.00/22.00 Uhr; ab 20.00 Uhr: OLG Stuttgart, Vorlbeschl. v. 16. 3. 1998, 8 W 68/97).
Eine die persönliche Musikausübung einschränkende Regelung, die Zimmerlautstärke vorschreibt, kann ebenfalls wegen verbotsähnlicher Wirkung und des damit verbundenen Eingriffs in die Eigentumsrechte nicht mit Mehrheit beschlossen werden (OLG Hamm, a. a. O.; OLG Oldenburg, 21. 7. 1977, 5 Wx 9/77; zur unzulässigen Verpflichtung und zu einem insoweit nichtigen Mehrheitsbeschluss, ein Klavier nur mit einem so genannten Moderator zu spielen, vgl. OLG Frankfurt, 29. 8. 1984, 20 W 190/84; AG Hannover 8. 9. 2008, 4580/08, zum praktischen Klavierspielverbot bei Beschränkung auf Zimmerlautstärke; vgl. zum Ganzen auch Bielefeld, Hausordnung für Wohnungseigentümer, S. 37).

Rasenflächennutzung

Die Bezeichnung einer Grundstücksfläche im Aufteilungsplan als „Rasenfläche“ ist eine baulich-gestalterische Zweckbestimmung, die neben einer optimal-ansprechenden Gestaltung auch die Nutzung für Spielmöglichkeiten der in der Anlage wohnenden Kinder beinhaltet (OLG Frankfurt, 17. 5. 1991, 20 W 361/90). Eine konkrete Nutzung beinhaltet diese Zweckbestimmung jedoch nicht (vgl. hierzu auch AG Rheinbach, ohne Datum, 4 II 4/77, zur Spielmöglichkeit auf Grünflächen, wenn damit die Fläche nicht ihrer bestimmungsgemäßen Nutzung entzogen wird).
Die Zweckbestimmung „Rasenfläche“ schließt somit das Spielen von Kindern auf diesen Flächen nicht aus (BayObLG, 23. 10. 1992, 2Z BR 87/92, zur Nutzung eines abgegrenzten Teils einer Grünfläche als Liegewiese und Kinderspielplatz; OLG Düsseldorf, 14. 8. 1989, 3 Wx 261/89, dort zur Errichtung eines Schaukelgerüstes auf einer im Sondernutzungsrecht stehenden Grünfläche/Ziergarten; OLG Saarbrücken 24. 10. 1989, 5 W 187/89, dort zum zulässigen Spielen auf einer Grünfläche unter Ausschluss von Ballspielen; HansOLG Hamburg, 10. 4. 1991, 2 W 40/89, zur Nutzung eines Rasens auch zum Spielen; 20. 4. 1988, 2 W 7/87, zur Duldung von Kinderspielen im Garten und zur Duldung gelegentlicher Hausfeste im Hof, m. w. N.; vgl. auch LG München, 25.4. 1989, 1 T 14129/88; BayObLG, 27. 9. 1989, 2 Z 67/89; zu einer unzulässigen, mehrheitlich beschlossenen Regelung, die Kindern das Ballspielen auf einer „Rasenfläche“ gestattet, vgl. OLG Düsseldorf, 27. 11. 1985, 3 W 352/85).
Siehe auch: Spielplatzbenutzung; Kap. 13.10: Kinderspielplatz, Schaukelgerüst

Ruhezeitenregelung

Regelungen über Ruhezeiten gehören zu den häufigsten Hausordnungsinhalten, führen aber auch zu den meisten Streitigkeiten. Grundsätzlich können sich Ruhezeitenregelungen an öffentlich-rechtlichen Regelungen als „Maßstab" orientieren, dürfen aber die darin festgelegten Zeiten nicht überschreiten (OLG Braunschweig, 24. 7. 1986, 3 W 55/86, dort zu folgenden, zulässig vereinbarten Ruhezeiten: samstags bis 8.00 Uhr, 13.00–15.00 Uhr, und ab 19.00; sonntags ganztägig; vgl. i. Ü. die jeweiligen landesrechtlichen Regelungen über die Ruhezeiten, allerdings unterschiedlich: 20.00 Uhr bis 7.00 Uhr in Hamburg und Hessen; 22.00 Uhr bis 7.00 Uhr in Bayern, Berlin, Niedersachsen, Rheinland-Pfalz; 22.00 Uhr bis 6.00 Uhr NRW; zusätzlich 13.00 Uhr bis 15.00 Uhr in Rheinland-Pfalz; KG Berlin, 18. 11. 1991, 24 W 3791/91, zur Zulässigkeit privater Ruhezeitenregelungen unbeschadet der öffentlich-rechtlichen Lärmbekämpfungsvorschriften; zur grundsätzlich zulässigen Ruhezeitenregelung von 20.00 Uhr bis 8.00 Uhr und von 12.00 Uhr bis 14.00 Uhr vgl. BGH, 10. 9. 1998, V ZB 11/98, zu Musizierregelungen).

Unabhängig von vereinbarten Ruhezeiten sind allgemein übliche Geräusche als notwendiger und sozialadäquater Ausdruck des Zusammenlebens in einer Gemeinschaft grundsätzlich zu dulden, ohne dass dadurch gegen das Toleranzgebot verstoßen wird. Ein lärmempfindlicher Eigentümer kann nicht erwarten, dass sich eine Gemeinschaft insoweit an individuellen Bedürfnissen orientiert und entsprechende Regelungen trifft, um Störungen dieser Art zu unterbinden (OLG Saarbrücken, 11. 6. 1996, 5 W 82/96–20).

Zu diesen sozialadäquaten Geräuschen zählt auch der Lärm spielender und/oder zu Besuch weilender Kinder. Deshalb kann Kinderlärm nicht durch Hausordnungsregelungen verboten werden (LG Heidelberg, 23. 10. 1996, 8 S 2/96, dort auch zur grundsätzlichen Bindungswirkung einer Hausordnung gegenüber Mietern vermieteter Eigentumswohnungen, sofern die Hausordnung Bestandteil des Mietvertrages ist).

Grundsätzlich müssen aber Ruhezeitenregelungen hinreichend bestimmt sein. Unwirksam sind deshalb Regelungen, wonach „jedes unnötige und störende Geräusch zu vermeiden und die Ruhe beeinträchtigende Tätigkeiten zu unterlassen sind" (OLG Düsseldorf, 19. 8. 2009, I-3 Wx 233/08, zur Unterlassung wiederholter Lärmbeeinträchtigungen durch Geschrei, laute Musik, Springen und Trampeln in der Wohnung, Möbelrücken und Türenknallen).

Siehe auch: Hausordnung; Kap. 13.3.2.4: Lästige Immissionen, Lärmbeeinträchtigungen

Saunanutzung

Eine zeitliche Beschränkung der Saunanutzung auf zwei Tage pro Woche stellt eine auf Gewährung eines ordnungsmäßigen Gebrauchs gerichtete

Benutzungsregelung dar, die weder dem Gesetz noch – im zu entscheidenden Fall – Vereinbarungen oder wirksamen Beschlüssen widerspricht (OLG Düsseldorf, 2. 6. 2003, 3 Wx 94/03).

Schließregelungen

Schließregelungen betreffen als Gebrauchsregelung das Öffnen und Schließen von Türen in und zu gemeinschaftlichen Anlagen und Einrichtungen. Sie unterliegen grundsätzlich der mehrheitlichen Beschlussfassung (zur Auslegung einer Schließregelung vgl. BayObLG, 14. 9. 1988, 2 Z 80/88; 14. 3. 1990, 1 b Z 11/89, zum Offenhalten einer Verbindungstür zwischen Treppenhaus und Tiefgarage; zur Berücksichtigung der Nutzerinteressen vgl. OLG Frankfurt, 8. 1. 2009, 20 W 384/07).
Siehe auch: Haustür – Offen-/Geschlossenhaltung, Heizungsraum-Zutritt

Schilderanbringung

Das Anbringen von Namensschildern unterliegt einer mehrheitlich zu treffenden Gebrauchsregelung im Rahmen der Hausordnung. Die Kosten für die Schilderanbringung sind insoweit Kosten des gemeinschaftlichen Gebrauchs und dementsprechend gemäß § 16 Abs. 2 WEG zu verteilen.
Die Anbringung weiterer Schilder für berufliche Zwecke (unter Angabe des Namens und der Berufsbezeichnung, mit Bürozeiten etc.) kann mehrheitlich genehmigt werden, auch unter dem Vorbehalt des Widerrufs. Allerdings darf eine einmal erteilte Zustimmung nicht willkürlich zurückgezogen werden, wenn berechtigte Belange des Begünstigten entgegenstehen (OLG Oldenburg, 21. 7. 1977, 5 Wx 9/77).
Soweit im übrigen ein Wohnungseigentum als freiberufliche Praxis oder auch für gewerbliche Zwecke genutzt werden darf, müssen die übrigen Wohnungseigentümer die Anbringung entsprechender Praxisschilder auch am Haus- und/oder Wohnungseingang dulden (KG Berlin, 8.6. 1994, 24 W 5760/93; LG Dortmund, 30. 8. 1990, 17 S 164/90, zur zulässigen Anbringung eines Hinweisschildes auf eine Loge an der Haustür; zum Beseitigungsanspruch bei einem wenig geschmackvoll und deshalb störenden Hinweisschildes auf eine Anwaltspraxis vgl. OLG Köln, 15. 2. 2002, 16 Wx 232/01).
Die Anbringung von Plakaten/Schildern/Spruchbändern mit politischen oder anderen abfälligen Parolen an der Hausfassade oder in den Fenstern im Sondereigentumsbereich widerspricht dagegen einem ordnungsmäßigen Gebrauch des gemeinschaftlichen Eigentums und kann deshalb auch durch Mehrheitsbeschluss im Rahmen der Hausordnung untersagt werden (vgl. hierzu KG Berlin, 15. 2. 1988, 24 W 4716/87; vgl. auch LG Aurich, 28. 8. 1986, 3 T 97/86, zu unzulässigen störenden Vermietungsschildern – rotes Schild mit weißem Aufdruck „Zu vermieten" – im Sondereigentumsbereich; AG Erfurt, 12. 1. 2011, 5 C WEG 69/09, Plakate mit abfälligen Bemerkungen über den Bauträger).
Siehe auch: Kap. 13.13 Werbung

Schneeräumung

Eine Verpflichtung des einzelnen Wohnungseigentümers zu tätiger Mithilfe bei der Schneeräumung des gemeinschaftlichen Eigentums kann nach hier vertretener Meinung nicht mit Mehrheit beschlossen werden, sondern bedarf grundsätzlich einer Vereinbarung im Sinne von § 10 Abs. 2 Satz 2 WEG (vgl. hierzu auch: Hausreinigung, Streupflicht).
Dagegen entspricht ein Mehrheitsbeschluss ordnungsmäßiger Verwaltung, der die Wohnungseigentümer verpflichtet, Balkone und Terrassen schnee- und eisfrei zu halten und bei Nichteinhaltung dieser Verpflichtung den Hausmeister berechtigt, entsprechende Maßnahmen auf Kosten der jeweiligen Wohnungseigentümer durchzuführen bzw. durchführen zu lassen.
Diese Verpflichtung ergibt sich allerdings auch ohne entsprechende Beschlussfassung bereits aus § 14 Nr. 1 WEG i. V. mit § 21 Abs. 2 WEG, § 27 Abs. 1 Nr. 3, Abs. 3 Nr. 4 WEG, insoweit insbesondere zur Vermeidung von Gefahren für das gemeinschaftliche Eigentum durch Eindringen von Schmelzwasser in das Mauerwerk (vgl. hierzu auch AG Herzberg/Harz, 30. 12. 1982, II 10/82).

Spielplatznutzung

Grundsätzlich haben mehrheitlich beschlossene Regelungen über den Gebrauch und die Nutzung gemeinschaftlicher Anlagen und Einrichtungen zum Spielen die gleichgewichtigen Interessen von Kindern und älteren Menschen zu berücksichtigen (BayObLG, 27. 9. 1989, 2 Z 67/89).
Dabei sind zeitliche Beschränkungen ebenso zulässig wie ein Verbot bestimmter Ballspiele (Fußball, Federball) oder die Nutzung bestimmter Spielgeräte (Bobbycars, Rollschuhe, Skateboards, Inline-Skater) in räumlich bestimmten Anlagen bzw. auf gemeinschaftlichen Flächen. Dies gilt auch dann, wenn es sich um eine Anlage handelt, in der sich ausschließlich Ferienwohnungen befinden.
Ein generelles Spielverbot kann mehrheitlich beschlossen werden für Treppenhäuser, Hausflure, Eingangshallen und Personenaufzüge.
Handelt es dagegen um Räume mit einer bestimmten (Spiel-) Zweckbestimmung, beispielsweise um einen Tischtennisraum, kann ein generelles Spiel- und Aufenthaltsverbot für Kinder nicht ausgesprochen werden (BayObLG, 15. 3. 1982, 2 Z 2/81).
Welche Regelungen im Einzelfall zulässig sind, richtet sich nach den konkreten örtlichen Verhältnissen und der Zweckbestimmung der gemeinschaftlichen Anlagen und Einrichtungen (BayObLG, 27. 9. 1989, 2 Z 67/98, zur grundsätzlich zulässigen Nutzung eines „Garagenhofs" als Spielplatz).
Siehe auch: Rasenfläche; Kap. 13.13: Kinderspielplatz, Kinderschaukel, Sandkasten

Spruchbänder

Siehe hierzu: Schilderanbringung

Streupflicht

Die Streupflicht ist ebenso wie die Schneeräumung eine Angelegenheit der Verwaltung des gemeinschaftlichen Eigentums, über die mit Mehrheit beschlossen wird. Die Kostenverteilung richtet sich dabei nach § 16 Abs. 2 WEG, soweit nicht eine abweichende Kostenverteilung gemäß § 16 Abs. 3 WEG mehrheitlich beschlossen wird.
Die turnusmäßige Übertragung der Streupflicht auf die einzelnen Wohnungseigentümer ist dabei jedoch nicht zulässig und ein entsprechender Mehrheitsbeschluss nichtig, weil eine Heranziehung der Wohnungseigentümer zu persönlichen Dienstleistungen im Rahmen der gemeinschaftlichen Verwaltung keine rechtliche Grundlage findet.
Das Gesetz geht davon aus, dass die Eigentümer zur gemeinschaftlichen Verwaltung durch anteilige Geldleistungen beizutragen haben, deren Verteilung sich nach § 16 Abs. 2 WEG bzw. einem gemäß § 10 Abs. 2 Satz 2 WEG abweichend vereinbarten oder gemäß § 16 Abs. 3 WEG mehrheitlich beschlossenen Verteilungsschlüssel richtet.
Die Heranziehung zur tätigen Mithilfe durch Mehrheitsbeschluss ist unzulässig.
Zulässig ist dagegen eine Vereinbarung gemäß § 10 Abs. 2 Satz 2 WEG, also eine Regelung mit Zustimmung aller Eigentümer (OLG Hamm, 31.8. 1981, 15 W 38/81; 26. 11. 1985, 15 W 309/85; AG München, 28. 12. 1992, UR II 600/92; a. A. OLG Stuttgart, 19. 5. 1987, 8 W 89/87, dort zur Regelung der persönlichen Streupflicht durch Mehrheitsbeschluss im Rahmen einer Hausordnung; zulässig zur persönlichen Streupflicht auch LG Berlin, 7. 9. 1984, 191 T 27/84).
Ebenfalls zulässig ist eine mehrheitlich beschlossene Regelung, einzelne Eigentümer von der Beteiligung an den Kosten für die Durchführung der Streupflicht zu befreien, wenn sie sich selbst zur persönlichen Übernahme der Streupflicht verpflichten und die übrigen Eigentümer dadurch nicht höher belastet werden (KG Berlin, 15. 4. 1977, 1 W 1151/77).
Erstreckt sich die Streu- und Schneeräumpflicht auf Wege oder auf Flächen, an denen Sondernutzungsrechte eingeräumt worden sind, obliegt diese Pflicht, wie generell die Verkehrssicherungspflichten an diesen Anlagen und Einrichtungen, dem Inhaber der Sondernutzungsrechte, der auch die Kosten für das Räumen und Streuen zu tragen hat (BayObLG, 17. 5. 1985, 2 Z 144/84, nach hier vertretener Auffassung unzutreffend).
Grundsätzlich gilt aber, unabhängig von der im Einzelfall getroffenen Regelung, dass die Streupflicht in Wohnungseigentümergemeinschaften allen Wohnungseigentümern gemeinschaftlich obliegt.
Ist die Streu- und Räumpflicht einem Dritten, beispielsweise einem angestellten Hausmeister, übertragen worden, so trifft die Eigentümer in jedem Falle eine Überwachungspflicht.
Für Schadensersatzansprüche wegen Verletzung der Räum-, Streu- und Überwachungspflichten haftet die teilrechtsfähige Wohnungseigentümer-

gemeinschaft im Rahmen ihrer Verkehrssicherungspflicht und nicht mehr wie nach früherer Rechtsauffassung die Wohnungseigentümer als Gesamtschuldner (vgl. insoweit noch zur früheren Rechtsprechung auch unter Berücksichtigung eines Mitverschuldens des Schadensersatzanspruchsberechtigten BGH, 27. 11. 1984, VI ZR 49/83; vgl. auch BGH, 2. 10. 1984, VI ZR 125/83; siehe auch OLG Hamm, 28. 11. 1986, 9 U 263/81; zur Haftung bei Übertragung auf Dritte vgl. BGH, 17. 1. 1989, VI ZR 186/88; zur Haftung des Verwalters wegen Verletzung der Streu-/Verkehrssicherungspflicht zur Nachtzeit AG Hanau, 23. 1. 1997, 36 C 2155/96–16).

Tierhaltung

Ein generelles Tierhaltungsverbot bedarf grundsätzlich einer Vereinbarung nach § 10 Abs. 2 Satz 2 WEG (OLG Saarbrücken, 2. 10. 2006, 5 W 154/06; Klein in Bärmann, § 10 Rn 39). Ob ein Mehrheitsbeschluss, wenn eine Vereinbarung nicht entgegensteht, als vereinbarungsersetzender Mehrheitsbeschluss nicht nichtig, sondern nur anfechtbar ist, ist strittig (zur Nichtigkeit wegen § 138 BGB vgl. OLG Saarbrücken, 2. 11. 2006, 5 W 154/06; nur zur Anfechtbarkeit als vereinbarungsersetzender Mehrheitsbeschluss vgl. Klein in Bärmann § 15 Rn 32, § 14 Rn 36).
Davon zu unterscheiden ist ein generelles Hunde- oder Katzenhaltungsverbot, das ebenfalls grundsätzlich einer Vereinbarung bedarf. Ein Mehrheitsbeschluss wird aber, sofern eine Vereinbarung nicht entgegensteht, als vereinbarungsersetzender Mehrheitsbeschluss wirksam, wenn er nicht angefochten und für ungültig erklärt wird (BGH, 4. 5. 1995, V ZB 5/95; BayObLG, 2. 2. 1995, 2Z BR 120/94; 7. 3. 1972, 2 Z 59/71; KG Berlin, 16. 8. 1956, 1 W 591/657/56; OLG Hamm, ZMR 2005, 897; OLG Düsseldorf, ZMR 2005, 303; OLG Frankfurt, 17. 1. 2011, 20 W 500/08).
Ein solcher vereinbarungsersetzender Mehrheitsbeschluss, der ein generelles Hunde- oder Katzenhaltungsverbot beinhaltet, ist weder sittenwidrig, noch greift er in den Kernbereich des Wohnungseigentums ein (OLG Frankfurt, 17. 1. 2011, 20 W 500/08; BGH, 4. 5. 1995, V ZB 5/95).
Es bleibt jedoch zu beachten, dass ein generelles Hundehaltungsverbot im Einzelfall auch gegen Treu und Glauben verstoßen kann (BayObLG, 25. 10. 2001, 2Z BR 81/01, im Falle eines behinderten Wohnungseigentümers).
Im Übrigen entspricht es grundsätzlich ordnungsmäßiger Verwaltung, wenn die Wohnungseigentümer in der Hausordnung mehrheitlich eine Regelung zur Beschränkung der Tierhaltung treffen (OLG Celle, 31. 1. 2003, 4 W 15/03; KG Berlin, 8. 4. 1998, 24 W 1012/97, zur Beschränkung auf einen Hund oder drei Katzen; 16. 8. 1956, 1 W 591/657/56; BayObLG, 7. 3. 1972, 2 Z 50/71; OLG Celle, 31. 1. 2003, 4 W 15/03, zur Beschränkung auf einen Hund bzw. eine Katze; OLG Karlsruhe, 25. 2. 1988, 11 W 142/87; LG Wuppertal, 5. 7. 1977, 6 T 7/77; OLG Stuttgart, 5. 2. 1986, 13 U 11/85, zur Belästigung durch eine Hundezucht; OLG Düsseldorf, 10. 1. 1990, 5 Ss (Owi) 476/89, zur Belästigung durch schrilles Pfeifen eines Graupapageis;

LG Köln, 14. 8. 1986, 2 O 370/87, zum Aufstellungsverbot für Vogelkäfige auf dem Balkon während der üblichen Ruhezeiten).

Eine uneingeschränkte Tierhaltung stellt grundsätzlich eine unzulässige Belästigung anderer Wohnungseigentümer dar, ohne dass es auf eine konkrete Geruchs- oder Geräuschbelästigung einzelner Miteigentümer ankommt (KG Berlin, 3. 6. 1991, 24 W 6272/90; 8.4. 1998, 24 W 1012/97; OLG Celle, 31. 1. 2003, 4 W 15/03; zur Untersagung der Tierhaltung bei konkreter Beeinträchtigung vgl. Thüringer OLG, 28. 8. 2003, 6 W 422/03).

Im konkreten Fall kann auch durch Mehrheitsbeschluss für bestimmte Tiere ein Tierhaltungsverbot ausgesprochen werden, wenn der Rahmen des ordnungsmäßigen Gebrauchs durch Belästigungen der Miteigentümer überschritten wird (BayObLG, 7. 3. 1972, 2 Z 59/71; OLG Karlsruhe, a. a. O.; vgl. auch OLG Frankfurt, Urt. v. 18. 3. 1993, 2 U 124/92, zum Verbot der Haltung von Kampfhunden, aber auch zur Duldung nach Treu und Glauben gemäß § 242 BGB und zum Schikaneverbot gemäß § 226 BGB; zum unzulässigen Herumlaufen eines Kampfhundes im gemeinschaftlichen Keller und zum individuellen Unterlassungsanspruch des einzelnen Eigentümers vgl. KG Berlin, 22. 7. 2002, 24 W 65/02).

Die Haltung von Kleintieren (Goldhamster, Zierfische, Vögel) kann grundsätzlich nicht verboten werden, da sie im allgemeinen nicht als störend empfunden werden (so auch OLG Frankfurt, 13. 7. 1978, 20 W 247/78; einschränkend aber auch OLG Frankfurt, 19. 7. 1990, 20 W 149/90, zur Unzulässigkeit der Haltung von Schlangen und Ratten in der Wohnung; zur unzulässigen Haltung von Schlangen, Vogelspinnen, Skorpionen und ähnlichen exotischen Tieren vgl. AG Hamm, 11. 1. 1996, 26 C 329/94; allgemein zur Abgrenzung der Tierhaltung AG Hildesheim, 24. 6. 1988, 25 UR II 21/88).

Im Übrigen sind die Wohnungseigentümer berechtigt, auch im Rahmen der Hausordnung Regelungen zu treffen, die in geeigneter Weise die bei der Haltung von Tieren zu erwartenden Belästigungen und Beeinträchtigungen ausschließen oder mindern (OLG Stuttgart, 4. 3. 1982, 8 W 8/82).

So kann z. B. das freie Herumlaufen von Hunden oder Katzen innerhalb des Gebäudes untersagt oder vorgeschrieben werden, dass in den Garten- oder Grünanlagen diese Tiere nur angeleint geführt werden dürfen, um Beeinträchtigungen durch Gefährdungen und Verschmutzungen zu vermeiden (HansOLG Hamburg, 18. 11. 1997, 2 Wx 61/97; BayObLG, 2. 6. 2004, 2Z BR 099/04; OLG Hamm, 19. 4. 1995, 15 W 26/95; OLG Köln, 28. 7. 2008, 16 Wx 116/08, dort auch zur Verhinderung der Verschmutzung durch Hundekot; LG Konstanz, 15. 12. 2008, 62 T 73/08; LG Bonn, 6. 10. 2010, 8 S 142/09, keine Duldungspflicht bei Verschmutzungen des Wohnbereichs durch fremde Katzen).

Bei dauerhaft störendem Hundegebell, insbesondere bei anhaltender Störung der Nachtruhe, kann im Einzelfall die Haltung dieses Hundes, nicht allerdings generell die Hundehaltung durch Mehrheitsbeschluss untersagt werden. Eine solche Regelung überschreitet nicht die Beschlusskompetenz der Wohnungseigentümer (siehe insoweit oben zur Haltung von Kampfhunden OLG Frankfurt, a.a.O.; zur Zulässigkeit eines konkreten Tierhaltungsverbots aufgrund vorangegangener Unzuträglichkeiten OLG Düsseldorf, 15. 7. 2002, 3 Wx 173/02).

Die Mieter von Eigentumswohnungen sind an ein in der Teilungserklärung enthaltenes Tierhaltungsverbot nur dann gebunden, wenn auch der Mietvertrag eine ausdrückliche entsprechende Regelung enthält.

Ob dabei ein allgemeiner Hinweis im Mietvertrag auf die auch für Mieter geltenden Regelungen der Teilungserklärung oder der Gemeinschaftsordnung ausreicht, kann zweifelhaft sein.

Treten allerdings im konkreten Einzelfall Belästigungen durch die Tierhaltung auf, können Unterlassungsansprüche gemäß § 1004 BGB auch direkt gegen den Mieter geltend gemacht werden (LG Köln, 22. 11. 1988, 10 S 198/88; AG Hamm, 11. 1. 1996, 26 C 329/94).

Trockenraumnutzung

Die ausschließliche Nutzung eines Dachbodens als Trockenraum bei einem Verbot der Wäschetrocknung in der Wohnung, auf Balkonen und Loggien kann mehrheitlich beschlossen und dabei gleichzeitig untersagt werden, dass andere Gegenstände auf dem Dachboden gelagert werden (OLG Hamm, 1. 2. 1999, 15 W 164/98).

Siehe auch: Lüftung

Videoüberwachung

Die Installation einer Videoüberwachungsanlage im Eingangsbereich einer Wohnungseigentumsanlage durch Kleinstkameras im Klingeltableau und die Übertragung in ein hausinternes Kabelnetz ohne technische Beschränkung verstößt gegen die Grundsätze ordnungsmäßiger Verwaltung. Durch die ständige Überwachungsmöglichkeit wird in unzulässiger Weise in das Persönlichkeitsrecht der Wohnungseigentümer eingegriffen (BGH, 16. 3. 2010, VI ZR 176/09, zur Beeinträchtigung der Persönlichkeitsrechte durch Überwachungskameras auf einem Grundstück)

Die Überwachung kann zudem im Widerspruch zu den Bestimmungen des Datenschutzgesetzes stehen und verletzt auch insoweit das Persönlichkeitsrecht der überwachten Wohnungseigentümer (OLG Düsseldorf, 5. 1. 2007, I-3 Wx 199/06; KG Berlin, 26. 6. 2002, 24 W 309/01; OLG Karlsruhe, 8. 11. 2001, 12 U 180/01, zur versteckten Videoüberwachung eines Stellplatzes in einer Tiefgarage; AG Frankfurt, 9. 9. 2002, 65 UR II 149/02).

Allerdings kann der nachträgliche Einbau einer Videokamera in das Klingeltableau einer Wohnungseigentumsanlage als bauliche Veränderung gemäß § 22 Abs. 1 WEG dann verlangt werden, wenn die Kamera nur durch Betätigung der Klingel aktiviert wird, eine Bildübertragung allein in die Wohnung erfolgt, bei der geklingelt wurde, die Bildübertragung nach spätestens einer Minute unterbrochen wird und die Anlage nicht das dauerhafte Aufzeichnen von Bildern ermöglicht (BGH, 8. 4. 2011, V ZR 210/10;

BayObLG, 27. 10. 2004, 2Z BR 124/04, dort auch zu vorgeschriebenen Einschränkungen nach § 6 Abs. 2 und 5 BDSG).
Siehe auch: Kap. 13.13, Videoüberwachung

Wäschetrockner

Die Aufstellung von Wäschetrockern (Kondensator-, Kondensations- und Ablufttrockner) in gemeinschaftlichen Räumen bzw. in Sondereigentumsräumen kann durch mehrheitliche Beschlussfassung geregelt werden. Ob diese Geräte aufgestellt werden dürfen, hängt von den möglichen Beeinträchtigungen im Sinne von § 14 Nr. 1 WEG ab (zur Unzulässigkeit der Aufstellung von Ablufttrocknern in einem im Sondereigentum stehenden „Wirtschaftskeller" vgl. OLG Düsseldorf, 7. 8. 1985, 3 W 105/85; zur grundsätzlichen Zulässigkeit des Betriebs von Wäschetrocknern in einem gemeinschaftlichen Trockenraum vgl. LG Frankfurt/Main, 13. 2. 1992, 2/9 T 113/92, auch einschränkend zur Aufstellung von Ablufttrocknern). Auch wenn im Einzelfall ein Gemeinschaftswaschkeller vorhanden ist, kann daraus nicht der Schluss gezogen werden, dass ein Zwang zu dessen Nutzung besteht und die Wäschetrocknung in einem im Sondereigentum befindlichen Kellerraum deshalb nicht gestattet ist (AG Nürnberg, 11. 7. 2005, 1 UR II 365/03 WEG (Abgrenzung zu LG Bremen, 21. 6. 2004, 2 T 828/03).

Waschküchen-/Trockenraumbenutzung

Benutzungsregelungen der gemeinschaftlichen Wasch- und Trockenräume und der darin aufgestellten Wasch- und Trockenmaschinen können im Rahmen der Hausordnung mehrheitlich getroffen werden. Zeitliche Beschränkungen müssen allerdings so geregelt sein, dass berufstätigen Wohnungseigentümern die Mitbenutzung nicht praktisch unmöglich gemacht wird (BayObLG, 24. 8. 1990, 2 Z 87/90, zur Benutzung nach jeweils kalendermäßig festgelegten Tagen; KG Berlin, 7. 1. 1985, 24 W 4631/84; OLG Köln, 3. 12. 1999, 16 Wx 165/99, zur zulässigen Nutzung auch an Sonntagen zwischen 9.00 Uhr und 12.00 Uhr).

Waschmaschinenaufstellung/Wäschetrocknung

Da die Möglichkeit der Reinigung der täglich anfallenden Wäsche zum Kernbereich des Wohnungseigentums gehört, kann der Betrieb einer Waschmaschine und das Trocknen der Wäsche in der Wohnung nicht durch Mehrheitsbeschluss untersagt werden. Ein solcher Beschluss ist nichtig (OLG Frankfurt, 4. 12. 2000, 20 W 414/99).

Zugangs-/Zutrittsregelungen

Eine Einschränkung des Mitgebrauchs kann sich aus der naturgemäßen Zweckbestimmung gemeinschaftlicher Anlagen und Einrichtungen dann ergeben, wenn eine völlige Gleichheit des Mitgebrauchs nicht möglich ist. Insoweit kann das Betreten gemeinschaftlicher Anlagen und Einrichtun-

gen durch entsprechende Zugangs- oder Zutrittsregelungen durch Mehrheitsbeschluss beschränkt werden (OLG Frankfurt, 17. 7. 1997, 20 W 278/96, zum fehlenden Anspruch auf Zutritt und Herausgabe von Schlüsseln für gemeinschaftliche Anlagen in einer Mehrhausanlage).
Siehe auch: Heizungsraum-Zutrittsregelungen, Zugangsflächen

12.2.2 Versicherungen

Zur ordnungsmäßigen Verwaltung im Sinne des Gesetzes gehört gemäß § 21 Abs. 5 Nr. 3 WEG auch

- die Feuerversicherung des gemeinschaftlichen Eigentums zum Neuwert sowie
- die angemessene Versicherung der Wohnungseigentümer gegen Haus- und Grundbesitzerhaftpflicht.

Neben diesen beiden Versicherungen, die ausschließlich auf das gemeinschaftliche Eigentum abstellen, sieht das Wohnungseigentumsgesetz selbst keine weiteren Versicherungen vor. Die Verpflichtung zur Mitwirkung am Abschluss der Versicherung bindet nur die Eigentümer untereinander. Dritte können bei einem Verstoß gegen diese Verpflichtung keine Rechte herleiten (BayObLG, 15. 12. 1989, 2 Z 128/89).
Die Frage, ob der Abschluss zusätzlicher Versicherungen mit Mehrheit beschlossen werden kann oder ob dazu die Zustimmung aller Wohnungseigentümer erforderlich ist, ist im konkreten Fall stets unter dem Gesichtspunkt ordnungsmäßiger Verwaltung im Sinne von § 21 WEG zu prüfen.

12.2.2.1 Feuerversicherung des gemeinschaftlichen Eigentums

Vorgeschrieben ist nach der gesetzlichen Regelung die Feuerversicherung des gemeinschaftlichen Eigentums, nicht aber des Sondereigentums.
In der Praxis ist aber im Regelfall durch entsprechende vertragliche Gestaltung auch das Sondereigentum in den Ver-

sicherungsschutz einbezogen. Schwierigkeiten können allerdings dort auftreten, wo besonders luxuriöse Ausstattungen des Sondereigentums einzelner Eigentümer einen zusätzlichen Versicherungsschutz erforderlich machen.
Dadurch bedingte Prämienerhöhungen gehen allerdings dann ausschließlich zu Lasten des oder der begünstigten Wohnungseigentümer.
Ist im Schadensfall das Sondereigentum betroffen, ist der Verwalter verpflichtet, den Wohnungseigentümer bei der Geltendmachung seines Versicherungsschadens zu unterstützen, ihm insbesondere die Versicherungsnummer mitzuteilen (KG Berlin, 9. 10. 1991, 24 W 1484/91).
Der Abschluss der Versicherung erfolgt gemäß § 21 Abs. 5 Nr. 3 WEG zum Neuwert. Durch eine entsprechende Klausel im Vertrag zum „gleitenden Neuwert“ erfolgt eine automatische Anpassung des Versicherungsschutzes. Werden allerdings wertverbessernde Maßnahmen vorgenommen, sind diese gesondert durch eine Änderung des Versicherungsvertrages bzw. durch entsprechende Vertragsergänzungen zu berücksichtigen.
Die Versicherungsprämien sind Kosten der Verwaltung des gemeinschaftlichen Eigentums, fallen insoweit aber unter die Betriebskosten nach § 16 Abs. 3 WEG, deren Verteilung abweichend von § 16 Abs. 2 WEG durch mehrheitliche Beschlussfassung geregelt werden kann.
Die Höhe der Prämie ist nicht einheitlich, sondern richtet sich im Einzelfall nach

- der Bauweise des Gebäudes, seiner Nutzungsart sowie nach den jeweiligen Ortsklassen mit den speziellen Löschverhältnissen.

Im Rahmen der Feuerversicherung haftet die Versicherung für Schäden, die durch

- Brand, Blitzschlag oder Explosion

verursacht sind, sowie für Folgeschäden, die durch

- Löschmaßnahmen, Niederreißen oder Ausräumen der Gebäude oder einzelner Gebäudeteile entstanden sind.

In den Versicherungsschutz eingeschlossen sind ferner Schäden durch

- den Anprall oder Absturz bemannter Flugkörper ihrer Teile oder ihrer Ladung.

12.2.2.2 Haus- und Grundbesitzerhaftpflicht-Versicherung

Als Grundlage der Haus- und Grundbesitzerhaftpflicht gelten die „Allgemeinen Versicherungsbedingungen" für die Haftpflichtversicherung (AHB).
Danach gewährt die Versicherung dem Versicherungsnehmer Versicherungsschutz für den Fall, dass er wegen eines während der Wirksamkeit der Versicherung eingetretenen Schadensereignisses, das

- den Tod, die Verletzung oder die Gesundheitsschädigung von Menschen (Personenschaden) oder
- die Beschädigung oder die Vernichtung von Sachen (Sachschaden)

zur Folge hatte, für diese Folgen aufgrund gesetzlicher Haftpflichtbestimmungen privatrechtlichen Inhalts von einem Dritten auf Schadensersatz in Anspruch genommen wird (§ 1 AHB).
Entscheidend ist dabei, dass es im Rahmen der Haftpflicht immer nur um den Schaden Dritter geht, nicht aber der eigene Schaden versichert ist.
Für die Gemeinschaft von Wohnungseigentümern gilt im Rahmen der allgemeinen Versicherungsbedingungen für die Haus- und Grundbesitzerhaftpflicht-Versicherung:

1. Versicherungsnehmer ist die Gemeinschaft der Wohnungseigentümer,

2. versichert ist die gesetzliche Haftpflicht der Gemeinschaft aus dem gemeinschaftlichen Eigentum,
3. mitversichert ist die persönliche, gesetzliche Haftpflicht des Verwalters und der (einzelnen) Wohnungseigentümer bei Betätigung im Interesse und für Zwecke der Gemeinschaft.

Darüber hinaus sind im Rahmen der „besonderen Bedingungen“ eingeschlossen (nicht bei allen Versicherungen):

1. Ansprüche eines einzelnen Wohnungseigentümers gegen den Verwalter,
2. Ansprüche eines einzelnen Wohnungseigentümers gegen die Gemeinschaft der Wohnungseigentümer,
3. gegenseitige Ansprüche von Wohnungseigentümern bei Betätigung im Interesse

und für Zwecke der Gemeinschaft.

Ausgeschlossen bleiben von der Haus- und Grundbesitzerhaftpflicht-Versicherung

- Schäden am Gemeinschafts- und Sondereigentum (Wohnungs- und Teileigentum) und
- Haftpflichtansprüche der Gemeinschaft gegen den Sondereigentümer wegen Beschädigung des gemeinschaftlichen Eigentums (vgl. hierzu: Privathaftpflicht-Versicherung).

Schäden, für die die Haus- und Grundbesitzerhaftpflicht-Versicherung eintritt, können verursacht werden u. a. durch

- Vernachlässigung der Streu- und Räumpflicht bei Schnee- und Eisglätte,
- schadhafte oder unzureichende gemeinschaftliche Anlagen und Einrichtungen wie z. B. unzureichende oder fehlende Beleuchtung von Hauseingang, Hausflur, Treppenhäusern,
- bauliche Schäden am Dach, Dachrinnen, Gebäudewänden, Gesimsen, Treppen und Treppengeländern etc.,

- mangelhafte Instandhaltung oder Instandsetzung, unzureichende Pflege oder Wartung gemeinschaftlicher Anlagen und Einrichtungen wie beispielsweise Aufzug, Heizungs- und Warmwasseranlagen einschließlich ihrer Installationsvorrichtungen.

Die Deckungssummen der Haus- und Grundbesitzerhaftpflicht-Versicherungen betragen im Regelfall DM 1,5 Millionen für jedes Personen- und / oder Sachschadenereignis. Die nachstehenden Beispiele sollen verdeutlichen, in welchen Fällen die Haus- und Grundbesitzerhaftpflicht-Versicherung eintritt.

1. Schädigung Dritter

Ein Passant wird durch herabfallende Mauerwerksteile verletzt, weil die brüchige Fassade nicht rechtzeitig erneuert und der Bürgersteig nicht entsprechend gesichert war.

2. Schädigung eines Wohnungseigentümers

Ein Wohnungseigentümer stürzt im Treppenhaus, weil das Treppengeländer sich aus der Verankerung gelöst hatte und keinen sicheren Halt mehr bieten konnte.

3. Schäden an Sachen im Sondereigentum

Im Falle eines Rohrbruchs wird Mobiliar eines oder mehrerer Wohnungseigentümer beschädigt. Diese Schäden werden ersetzt, nicht hingegen Schäden an Decken und Wänden, da es sich hierbei um Sonder- oder um Gemeinschaftseigentum handelt.

In allen Fällen tritt die Haus- und Grundbesitzerhaftpflicht ein, unabhängig davon, ob sich im konkreten Schadensfall der Anspruch gegen den Verwalter oder die gesamte Wohnungseigentümergemeinschaft richtet.

12.2.2.3 Privathaftpflicht-Versicherung

Da die Haus- und Grundbesitzerhaftpflicht-Versicherung Ansprüche der Gemeinschaft gegen die einzelnen Wohnungseigentümer nicht abdeckt, ist der zusätzliche Abschluss einer Privathaftpflicht-Versicherung empfehlens-

wert, abgesehen davon, dass dies auch aus allgemeinen Gründen ratsam erscheint.
Eine Verpflichtung der Wohnungseigentümer, eine solche Privathaftpflicht-Versicherung abzuschließen, besteht allerdings nicht. Sie kann den Eigentümern auch nicht durch Mehrheitsbeschluss auferlegt werden, sondern nur im Rahmen einer Vereinbarung gemäß § 10 Abs. 2 Satz 2 WEG.
Im letzteren Fall wäre dann allerdings eine mehrheitliche Beschlussfassung möglich, die die Höhe der Deckungssumme festlegt.
Die Privat- und Familienhaftpflicht-Versicherung umfasst nach den allgemeinen Versicherungsbedingungen die gesetzliche Haftpflicht des Versicherungsnehmers u. a. als

- Inhaber einer oder mehrerer Wohnungen, bei Wohnungseigentümern als Sondereigentum, sofern sie ausschließlich zu Wohnzwecken verwendet werden.

Bei Sondereigentümern sind auch die Haftpflichtansprüche der Gemeinschaft der Wohnungseigentümer versichert wegen Beschädigung des gemeinschaftlichen Eigentums durch den versicherten Wohnungseigentümer.
Die Leistungspflicht erstreckt sich dabei jedoch nicht auf den Miteigentumsanteil des versicherten Wohnungseigentümers an dem gemeinschaftlichen Eigentum. Dieser hat sich also in Höhe seines Miteigentumsanteils an dem von ihm angerichteten Schaden selbst zu beteiligen.
Eingeschlossen sind im Rahmen dieser Versicherung aber auch Haftpflichtansprüche wegen Sachschäden durch häusliche Abwässer (zum Schadensersatzanspruch unter den Mitgliedern der Wohnungseigentümergemeinschaft bei Wasserschäden vgl. BGH, 10. 11. 2006, V ZR 62/06).
Nicht erfasst in der Privathaftpflicht-Versicherung ist der Versicherungsschutz bei vermieteten Eigentumswohnungen.
Da der vermietende Wohnungseigentümer nicht nur gegenüber seinem Mieter für Schäden aus der vermieteten Woh-

nung haftet, sondern gegenüber der Gemeinschaft auch für den Mieter, soweit dieser schuldhaft anderen Wohnungseigentümern oder der Gemeinschaft Schaden zufügt, ist der Abschluss einer zusätzlichen Haftpflicht-Versicherung als Vermieter zu empfehlen, die in aller Regel im Rahmen der Privathaftpflicht-Versicherung zusätzlich zu günstigen Konditionen angeboten wird.

12.2.2.4 Gewässerschäden-Haftpflicht-Versicherung

Nach den Vorschriften des Wasserhaushaltsgesetzes (§ 22 WHG) hat unabhängig vom Verschulden jeder den Schaden zu ersetzen, den er durch die Verschmutzung von Fluss-, Bach-, See- oder Grundwasser hervorruft.
Aus diesem Grunde ist es dringend anzuraten, in Wohnungseigentumsanlagen, die über eine Ölzentral-Heizung versorgt werden, eine Gewässerschäden-Haftpflicht-Versicherung abzuschließen.
Der Abschluss einer solchen Versicherung stellt, auch wenn das Wohnungseigentumsgesetz diese Versicherung nicht ausdrücklich nennt, eine Maßnahme der ordnungsmäßigen Verwaltung dar, so dass hierfür ein Mehrheitsbeschluss ausreicht (OLG Braunschweig, 3. 5. 1966, 2 W 10/66, zu einem Mehrheitsbeschluss, der einen einzelnen Wohnungseigentümer zum Abschluss einer solchen Versicherung rechtmäßig verpflichten kann).

12.2.2.5 Leitungswasser- und Sturmschaden-Versicherung

Neben den zwingend vorgeschriebenen Versicherungen empfiehlt sich für die Praxis stets auch der Abschluss einer Leitungsschaden- und Sturmschaden-Versicherung. Diese Versicherungen werden allgemein zusammen mit der Haus- und Grundbesitzerhaftpflicht-Versicherung als „verbundene Wohngebäudeversicherung“ in einem „Paket“ angeboten.

Durch die Leitungsschäden-Versicherung werden versichert:

- Schäden innerhalb und außerhalb des Gebäudes an Zu- und Ableitungsrohren durch Rohrbruch und Frost,
- Frostschäden an Badeeinrichtungen, einschließlich Wasserarmaturen, Boilern, Heizkörpern, Heizkesseln etc.

Nicht abgedeckt sind Risiken aus

- Grundwasserschäden, Schäden aus stehenden und fließenden Gewässern, Hochwasser und Witterungsniederschlägen.

Durch die Sturmschäden-Versicherung werden versichert:

- Schäden aus unmittelbaren Sturmeinwirkungen auf das Gebäude,
- Schäden durch Gebäudeteile, Bäume und andere Gegenstände, die durch die Sturmeinwirkung einen Schaden am Gebäude verursachen.

Nicht abgedeckt sind Risiken durch

- eindringende Feuchtigkeit bei Regen, Hagel und Schnee durch nicht sturmverursachte Schadensstellen.

Die Entscheidung über den Abschluss dieser Versicherung fällt unter die Maßnahmen ordnungsmäßiger Verwaltung, über die mit Mehrheit beschlossen werden kann.

12.2.2.6 Versicherungen als Arbeitgeber

Beschäftigt eine Wohnungseigentümergemeinschaft einen Hausmeister oder Reinigungspersonal, so ist sie selbstverständlich verpflichtet, die gesetzlich vorgeschriebenen (Sozial-) Versicherungen abzuschließen und die entsprechenden Beitrags- und Prämienzahlungen zu übernehmen.
Dazu gehört auch die Unfall-Versicherung bei der Verwaltungsberufsgenossenschaft. Private Unfall- oder Haft-

pflicht-Versicherungen befreien nicht von der gesetzlichen Unfallversicherung.
Die Meldung an die Verwaltungsberufsgenossenschaft bezieht sich dabei aber nur auf die Tatsache, dass die Gemeinschaft als solche im Sinne eines „Betriebes" bzw. als „Arbeitgeber" auftritt. Im Rahmen der jeweils zu erstattenden Jahresmeldung braucht im Einzelnen nicht aufgeführt zu werden, wer beschäftigt war, vielmehr ist nur die Anzahl der Beschäftigten, die Lohnsumme, die Zahl der Arbeitsstunden etc. anzugeben.

12.2.2.7 Hausratversicherung

Um Schäden an der eigenen Wohnung zu versichern, empfiehlt sich neben dem Abschluss einer Privathaftpflicht-Versicherung der Abschluss einer Hausratversicherung, in die zweckmäßigerweise eine zusätzliche Glasversicherung (für Glasschäden am Sondereigentum) einbezogen werden sollte, sofern nicht bereits für das gemeinschaftliche Eigentum eine Glasversicherung abgeschlossen wurde (insoweit für die zwingend im gemeinschaftlichen Eigentum stehende Fensterverglasung zu empfehlen), die auch Glasbruch im Bereich des Sondereigentums einbezieht.
Mit der Hausratversicherung versichert der Wohnungseigentümer alle zu seinem Hausrat gehörenden Gegenstände, insbesondere gegen

- Brand, Blitzschlag oder Explosion,
- Einbruch, Diebstahl oder Raub und
- Leitungswasserschäden und Sturm.

Eingeschlossen sind auch die in der Wohnung befindlichen Gegenstände, die dem Hauspersonal oder Besuchern und Gästen gehören. Ausgenommen ist allerdings das Eigentum von Mietern.

12.2.2.8 Rechtsschutzversicherung

Um sich gegen Risiken bei Rechtsstreitigkeiten innerhalb bzw. gegen die Wohnungseigentümergemeinschaft zu schützen, sollten die Wohnungseigentümer eine eigene Rechtsschutz-Versicherung abschließen, die sämtliche Gerichts-, Anwalts- und Sachverständigenkosten für den Fall eines Gerichtsverfahrens übernimmt.
Der Abschluss einer solchen Versicherung schließt nicht grundsätzlich aus, dass mit der Wahrnehmung individueller Rechte auch die Rechte anderer Miteigentümer wahrgenommen werden (BGH, 29. 3. 1995, IV ZR 207/94, zur fehlenden Sittenwidrigkeit eines Vertragsabschlusses, durch den auch andere Wohnungseigentümer von dem Versicherungsschutz profitieren).
Eine solche Versicherung ist angesichts der jetzt geltenden Regelung, dass die in Rechtsstreitigkeiten gemäß § 43 WEG unterliegende Partei sämtliche Prozesskosten zu tragen hat, von erheblicher Bedeutung für jeden einzelnen Wohnungseigentümer.

12.2.2.9 Vermögensschadenhaftpflicht-Versicherung des Verwalters

Um sich gegen Vermögensschäden, die aus der Tätigkeit als Verwalter für die Gemeinschaft auftreten können, zu schützen, sollte der Verwalter zweckmäßigerweise im Verwaltungsvertrag verpflichtet werden, eine Vermögensschadenhaftpflicht-Versicherung abschließen. Die Prämie ist vom Verwalter zu zahlen. Nach neuerer Auffassung wird der Abschluss einer solchen Versicherung als „Gegenleistung“ für einen vertraglich zuzusichernden Entlastungsanspruch des Verwalters empfohlen).
In größeren Gemeinschaften empfiehlt es sich zudem, eine solche Vermögensschadenhaftpflicht-Versicherung auch für den gewählten Verwaltungsbeirat zu Lasten der Gemeinschaft abzuschließen.

Die Versicherungsgesellschaften bieten für Vermögensschadenshaftpflichtversicherungen auch entsprechende Sonderverträge unter Einschluss der Verwaltungsbeiräte an, wobei die Prämien je nach Versicherungssumme und der Zahl der verwalteten Einheiten schwanken zwischen 1 und 3 Euro je Wohnungseinheit bei Versicherungssummen zwischen 100000 und 300000 Euro.

12.2.2.10 Abschluss und Kündigung von Versicherungen

Der Verwalter einer Wohnungseigentümergemeinschaft ist gemäß § 27 Abs. 1 Nr. 1 WEG berechtigt und verpflichtet, Beschlüsse der Wohnungseigentümer durchzuführen.
Daher fällt auch der Abschluss und die Kündigung von Versicherungen, die das gemeinschaftliche Eigentum betreffen, nach vorangegangener Beschlussfassung durch die Wohnungseigentümergemeinschaft in den Aufgabenbereich des Verwalters.
Ohne vorherige Beschlussfassung ist der Verwalter aber nicht berechtigt, Versicherungsverträge abzuschließen oder zu kündigen, wenn nicht ausdrücklich eine andere Regelung im Verwaltungsvertrag, der Teilungserklärung bzw. der Gemeinschaftsordnung getroffen wurde oder er aufgrund anderer Vollmachten gemäß § 27 Abs. 3 Nr. 7 WEG berechtigt ist (AG Erlangen, 12. 10. 1983, 5 C 21/83; LG Berlin, 13. 6. 1985, 7 S 12/85; LG München, 14. 2. 1990, 14 S 19840/89; LG Hamburg, 28. 8. 1986, 20 S 3/86).
Ist ein Verwalter zum Abschluss von Versicherungsverträgen berechtigt, gilt dies auch für deren Kündigung, wenn dadurch der Abschluss günstigerer Verträge möglich ist (LG Essen, 3. 5. 1978, 1 S 115/78; a. A. LG Bamberg, 14. 1. 1972, 2 S 81/71, kein Recht zur Kündigung von Verträgen, selbst bei eingeräumter Ermächtigung zum Abschluss von Versicherungen).
Beim Abschluss von Versicherungen für die Wohnungseigentümergemeinschaft ist der Verwalter nicht berechtigt,

von einem Versicherungsunternehmen als Vertragspartner der Wohnungseigentümergemeinschaft persönlich Provisionen anzunehmen. Tut er dies ohne Kenntnis und Einverständnis der Wohnungseigentümer, kann dies die Abberufung aus wichtigem Grund und die gleichzeitige fristlose Kündigung des Verwaltungsvertrages rechtfertigen.
Eine entgegengenommene Provision hat der Verwalter gemäß § 675, § 667 BGB an die Gemeinschaft herauszugeben (OLG Düsseldorf, 21. 1. 1998, 3 Wx 492/97; LG Essen, 11. 9. 1985, 7 T 108/85; LG Köln, 25. 6. 1992, 30 T 64/92; AG Bergheim, 17. 3. 1989, 15 a UR II 12/88 WEG).

12.2.3 Duldung ordnungsmäßiger Verwaltungsmaßnahmen

Weder eines Mehrheitsbeschlusses noch der Zustimmung einzelner Eigentümer bedürfen gemäß § 21 Abs. 5 Nr. 6 WEG die Maßnahmen, die zur Herstellung

- einer Fernsprechteilnehmereinrichtung,
- einer Rundfunkempfangsanlage oder eines
- Energieversorgungsanschlusses

zugunsten eines Wohnungseigentümers erforderlich sind.
Die hierfür erforderlichen Maßnahmen sind uneingeschränkt zu dulden, also auch über das nach § 14 Nr. 1 WEG zulässige Maß hinaus (HansOLG Hamburg, 13. 11. 1991, 2 Wx 64/90; BayObLG, 12. 11. 1992, 2Z BR 96/92).
Diese Duldungspflicht besteht allerdings nach der gesetzlichen Regelung nur hinsichtlich der Vornahme der erforderlichen Maßnahmen im Bereich des gemeinschaftlichen Eigentums. Dabei ist nur der Anschluss an eine vorhandene Hauptleitung zu dulden. Der Anschluss an eine außerhalb des Hauses gelegene öffentliche Versorgungsleitung stellt dagegen eine zustimmungsbedürftige bauliche Veränderung dar (BayObLG, 12. 11. 1992, 2Z BR 96/92; 12. 8. 1991, 2 Z 86/91).

Muss für die Herstellung dieser Anlagen in das Sondereigentum eines einzelnen Eigentümers eingegriffen werden, gilt nach hier vertretener Auffassung die Duldungspflicht in entsprechender Anwendung von § 14 Nr. 4 WEG ebenfalls (so auch AG Offenburg, 1. 3. 1985, 41 II 111/84, wonach ein Wohnungseigentümer, der die Umstellung auf Breitbandkabelanschluss ablehnt, Installationsarbeiten in seinem Sondereigentum dulden muss, soweit dies zur Versorgung der Miteigentümer erforderlich ist).
Zu den nach § 21 Abs. 5 Nr. 6 WEG zu duldenden Herstellungsmaßnahmen gehört neben der Rundfunkempfangsanlage nach heutigem Verständnis und technischem Standard auch der Anschluss an das Breitbandkabelnetz zugunsten eines einzelnen Eigentümers oder der Gemeinschaft (vgl. hierzu: Kap. 13.13, Kabelfernsehen).
Gemäß § 21 Abs. 6 WEG ist allerdings der Wohnungseigentümer, zu dessen Gunsten eine solche Maßnahme durchgeführt wird, zum Ersatz des hierdurch entstehenden Schadens verpflichtet. Das bedeutet auch, dass er die Beseitigung solcher Schäden am gemeinschaftlichen Eigentum (und gegebenenfalls im Bereich des Sondereigentums gemäß § 14 Nr. 4 WEG) auf eigene Kosten durchführen muss, die beispielsweise bei der Verlegung von Kabelleitungen und anderen Installationen entstanden sind.
Soweit im übrigen für die Installation der genannten Einrichtungen Genehmigungen erforderlich sind, so beispielsweise die so genannte „Eigentümererklärung" bei Einrichtung eines Fernsprech- aber auch eines Breitbandkabelanschlusses, ist hierzu der Verwalter gemäß § 27 Abs. 1 Nr. 8, Abs. 3 Nr. 4 WEG berechtigt und auch verpflichtet, diese Erklärung im Namen der Wohnungseigentümergemeinschaft abzugeben.

12.2.4 Instandhaltung und Instandsetzung

Zu den Rechten und Pflichten des einzelnen Wohnungseigentümers wie auch der Wohnungseigentümergemeinschaft gehört es, das Sondereigentum und das Gemeinschaftseigentum in seiner baulichen Substanz zu erhalten und gegebenenfalls, um Wertverluste oder Wertminderungen zu vermeiden, in Anpassung an neue technische und wirtschaftliche Entwicklungen sowie an erhöhte Wohnbedürfnisse zu verbessern. Dazu bedarf es entsprechender Instandhaltungs- und Instandsetzungsmaßnahmen.
Auch wenn das Wohnungseigentumsgesetz insoweit von Instandhaltungs- *und* Instandsetzungsmaßnahmen spricht, entstehen in der Praxis Probleme zunächst daraus, dass der Begriff „ordnungsmäßige Instandhaltung und Instandsetzung“ durch das Gesetz selbst inhaltlich nicht ausgestaltet ist, obwohl es sich technisch und rechtlich um zwei unterschiedliche Begriffe handelt.
Eine insoweit klare Abgrenzung erfolgte inzwischen allerdings durch die Rechtsprechung (so zuletzt KG Berlin 25. 2. 2009, 24 W 362/08, zur Abgrenzung einer vereinbarten Kostentragungsregelung für die *„Unterhaltung“* bestimmter Anlagen, die sich danach ausschließlich auf *Instandhaltungs*maßnahmen, nicht jedoch auf *Instandsetzungs*maßnahmen bezieht).

Instandhaltung

Als Instandhaltung werden die Maßnahmen bezeichnet, die erforderlich sind, um normale und verbrauchsbedingte Abnutzungserscheinungen zu beseitigen.
Dazu gehören vor allem Schönheitsreparaturen und Kleinreparaturen an Elektro- und Sanitärinstallationen sowie Wartungs- und Reinigungsmaßnahmen bei Heizungs- und Warmwasseranlagen.
Ziel ist die Aufrechterhaltung des ursprünglichen Zustan-

des durch pflegende, erhaltende und vorsorgende Maßnahmen (OLG Hamm, 23. 1. 1987, 15 W 429+434/86; KG Berlin, 14. 6. 1993, 24 W 5328/92, deshalb auch die Zuordnung von Kosten des mit Pflege- und Reinigungsmaßnahmen betrauten Hauswarts zu den Instandhaltungskosten; 19. 10. 1998, 24 W 4300/98).

Instandsetzung

Zur Instandsetzung zählen Maßnahmen zur Beseitigung größerer baulicher Schäden und Mängel, die durch Alterung, Abnutzung, Unterlassung der laufenden Instandhaltung oder durch Einwirkung Dritter entstanden sind.
Instandhaltungs- und Instandsetzungsmaßnahmen betreffen im Einzelnen:

- Maßnahmen in der Wohnung,
- Maßnahmen im und am Gebäude und
- Maßnahmen außerhalb des Gebäudes auf dem Grundstück.

Daraus ergibt sich, dass Maßnahmen zur Instandhaltung und Instandsetzung sowohl das Sondereigentum wie auch das Gemeinschaftseigentum betreffen.

Instandhaltung und Instandsetzung des Sondereigentums

Die Instandhaltung und Instandsetzung des Sondereigentums und der dem Sondereigentum zugeordneten Gebäudeteile ist ausschließlich Sache des jeweiligen Sondereigentümers und nicht des Verwalters (BayObLG, 29. 3. 2000, 2Z BR 6/00; BayObLGZ 1996, 84/86 f.).
Die Wohnungseigentümergemeinschaft kann deshalb nicht durch Mehrheitsbeschluss Instandsetzungsmaßnahmen beschließen, die das Sondereigentum betreffen. Mangels Beschlusskompetenz handelt es sich um einen gesetzesändernden und deshalb nichtigen Mehrheitsbeschluss (BGH, 8. 7.

2011, V ZR 176/10, zur Nichtigkeit eines Beschlusses über die Erneuerung der im Sondereigentum stehenden Heizkörper; OLG Köln, 5. 12. 2000, 16 Wx 121/00, zur Nichtigkeit eines Mehrheitsbeschlusses über die Aufbringung eines Plattenbelages auf dem Balkon).

Der in § 14 Nr. 1 WEG ausgesprochenen Verpflichtung zur Instandsetzung des Sondereigentums kann sich der einzelne Wohnungseigentümer nicht entziehen. Kommt er seiner Instandhaltungs- und Instandsetzungsverpflichtung nicht nach, können gegen ihn Schadensersatzansprüche geltend gemacht werden, wenn es aufgrund unterlassener Instandhaltungs- oder Instandsetzungsmaßnahmen im Sondereigentum zu Folgeschäden im Bereich des Sondereigentums anderer Eigentümer oder im Bereich des gemeinschaftlichen Eigentums kommt (vgl. im Übrigen Kap. 8.1. sowie Kap. 12.2.4.2 Zif. 5).

Hat der Verwalter bei einem Schaden im Sondereigentum Notmaßnahmen ergriffen, beispielsweise bei einem Wasserschaden, haftet er nicht für weitere Schäden im Sondereigentum, die sich daraus ergeben, dass er keine Sofortmaßnahmen zur Verhinderung weiterer Schäden eingeleitet hat (BayObLG, 29. 3. 2000, 2Z BR 6/00).

Der Sondereigentümer ist nicht verpflichtet, das gemeinschaftliche Eigentum auf die Notwendigkeit von Instandsetzungsmaßnahmen hin zu überprüfen. Er hat dagegen die Pflicht, erkannte Mängel dem Verwalter mitzuteilen (so auch OLG Frankfurt, 17. 1. 1985, 20 W 94/84).

Hat dennoch ein Wohnungseigentümer Instandsetzungsmaßnahmen am gemeinschaftlichen Eigentum durch ein vom ihm beauftragtes Unternehmen vornehmen lassen, haftet er gemäß § 278 Satz 1 BGB (Haftung für Verschulden des Erfüllungsgehilfen) für Schäden, die durch mangelhafte Ausführung der Maßnahmen am Sondereigentum anderer Eigentümer entstanden sind (BGH, 22. 4. 1999, V ZB 28/98).

Instandhaltung und Instandsetzung des gemeinschaftlichen Eigentums

Zu einer ordnungsmäßigen und dem Interesse der Gesamtheit der Wohnungseigentümer entsprechenden Verwaltung des gemeinschaftlichen Eigentums gehört gemäß § 21 Abs. 5 Nr. 2 WEG die „ordnungsmäßige Instandhaltung und Instandsetzung des gemeinschaftlichen Eigentums".
Die Entscheidung über Art, Umfang, Zeitpunkt und Finanzierung der Maßnahmen zur Instandhaltung und Instandsetzung obliegt der mehrheitlichen Beschlussfassung der Wohnungseigentümer gemäß § 21 Abs. 3 WEG. Dabei haben die Wohnungseigentümer im Allgemeinen einen Ermessensspielraum, dessen Grenzen nicht zu kleinlich gezogen werden dürfen (BGH, 8. 7. 2011, V ZR 176/10, zur Zulässigkeit einer Sonderumlage zwecks Finanzierung von Instandsetzungsmaßnahmen; OLG München, 25. 1. 2006, 34 Wx 114/05, dort zur Beauftragung eines Sachverständigen für Sanierungsuntersuchungen wegen Bodenverunreinigung; vgl. auch BayObLG, 10. 4. 2002, 2Z BR 70/01; LG Köln, 12. 4. 2010, 29 T 72/09).
Die Instandhaltung oder Instandsetzung muss bei objektiv-vernünftiger Betrachtungsweise nützlich und nach der Verkehrsauffassung und der wirtschaftlichen Leistungsfähigkeit der Gemeinschaft vertretbar sein. Sie darf den einzelnen Eigentümer in finanzieller Hinsicht nicht überfordern. Die Ordnungsmäßigkeit scheitert aber nicht an einer hohen finanziellen Belastung der Eigentümer, wenn die Sanierungsmaßnahmen angesichts einer fortschreitenden Verschlechterung des baulichen Zustandes erforderlich und unaufschiebbar sind (BayObLG, 10. 4. 2002, 2Z BR 70/01; 14. 8. 2003, 2Z BR 112/03; LG Köln, 12. 4. 2010, 29 T 72/09).
Hat die Gemeinschaft zur Vorbereitung und Durchführung von Instandhaltungs- und Instandsetzungsmaßnahmen entsprechende Beschlüsse gefasst und werden diese Beschlüsse

nicht angefochten, kann ein einzelner Eigentümer die übrigen Miteigentümer nicht mehr auf Schadensersatz (Mietausfall) wegen verzögerter Sanierungsmaßnahmen in Anspruch nehmen (OLG Hamm, 11. 1. 2005, 15 W 402/04).
Die Übertragung der Durchführung von Instandhaltungs- und Instandsetzungsmaßnahmen auf den Verwalter, den Verwaltungsbeirat oder einen aus einzelnen Wohnungseigentümern bestehenden „Arbeitskreis" unterliegt nicht der Beschlusskompetenz. Zulässig ist dagegen eine Vereinbarung gemäß § 10 Abs. 2 Satz 2 WEG (OLG Düsseldorf, 30. 7. 1997, 3 Wx 61/97; 30. 8. 2002, 3 Wx 213/02).
Die Gemeinschaft ist allerdings berechtigt, im Rahmen ordnungsmäßiger Verwaltung den Verwalter zu bevollmächtigen, über routinemäßige Instandhaltungs- und Instandsetzungsmaßnahmen bis zu einer bestimmten Höhe auch ohne vorherige Beschlussfassung in der Wohnungseigentümerversammlung oder mit Zustimmung des Verwaltungsbeirates zu entscheiden (im Sinne einer begrenzten Verfügungsmacht des Verwalters auch OLG Düsseldorf, a. a. O.). Der finanzielle Rahmen wird zweckmäßigerweise im Wirtschaftsplan durch mehrheitliche Beschlussfassung festgelegt.
Kommt ein Mehrheitsbeschluss über erforderliche Instandhaltungs- bzw. Instandsetzungsmaßnahmen nicht zustande oder weigert sich sogar die Mehrheit, diese Maßnahmen durchführen zu lassen, kann jeder einzelne Wohnungseigentümer im Rahmen seines individuellen Anspruchs auf ordnungsmäßige Verwaltung des gemeinschaftlichen Eigentums gemäß § 21 Abs. 4 WEG im Verfahren nach § 43 Nr. 1 WEG die Durchführung dieser Maßnahmen durchsetzen.
Verletzt die Wohnungseigentümergemeinschaft schuldhaft die ihr obliegende Pflicht zur Instandsetzung des gemeinschaftlichen Eigentums in angemessener Zeit, können sich daraus Schadensersatzansprüche eines Wohnungseigentümers ergeben, beispielsweise wegen Mietausfall (OLG

München, 28. 11. 2008, 34 Wx 24/07; 18. 2. 2009, 32 Wx 120/08; KG Berlin, 20. 10. 2004, 24 W 97/03; BayObLG, 31. 10. 2002, 2Z BR 94/02; 21. 5. 1992, 2Z BR 6/92; zur Geltendmachung von Schadensersatzforderungen gegen den Verwalter wegen eingetretener Schäden am Sondereigentum durch den einzelnen Eigentümer ohne ermächtigenden Beschluss der Miteigentümer vgl. OLG Hamm, 17. 12. 1996, 15 W 212/96); vgl. auch Kap. 12.2.4.3.7 und 12.2.4.3.8).

Um seinen Anspruch gerichtlich durchsetzen zu können, ist der Wohnungseigentümer im Falle der Weigerung der Gemeinschaft auch berechtigt, in dringenden Fällen im Rahmen der Notgeschäftsführung gemäß § 21 Abs. 2 WEG die Schadensursache durch einen Sachverständigen ermitteln zu lassen, um auf der Grundlage des Gutachtens deren Beseitigung zu verlangen (OLG Frankfurt, 17. 1. 1985, 20 W 94/84; BayObLG, 30. 4. 1982, 2 Z 67/81).

Ein verschuldensunabhängiger Ersatzanspruch gemäß § 906 Abs. 2 BGB wegen Beeinträchtigung der Nutzung des Sondereigentums durch Mängel am Gemeinschaftseigentum kann nicht geltend gemacht werden, weil sich die Interessenlage innerhalb einer Wohnungseigentümergemeinschaft grundsätzlich von derjenigen zwischen Grundstücksnachbarn unterscheidet (BGH, 21. 5. 2010, V ZR 10/10; LG Itzehoe, 1. 6. 2010, 11 S 70/09).

Grundsätzlich gilt allerdings, dass die Wohnungseigentümer unabhängig vom Verlangen des einzelnen Wohnungseigentümers zunächst alle erforderlichen Maßnahmen zur ordnungsmäßigen Instandhaltung und Instandsetzung des gemeinschaftlichen Eigentums zu veranlassen haben. Sie dürfen sich dabei auf die Empfehlungen eines Fachunternehmens oder eines Sachverständigen verlassen, und gegebenenfalls zur Eingrenzung der Schadensursache schrittweise vorgehen (BayObLG, 28. 4. 1994, 2Z BR 32/94; vgl. OLG München, 25. 1. 2006, 34 Wx 114/05, zur Einschaltung von Sachverständigen bei der Sanierung kontaminierter Grundstücksflächen).

Die Vorbereitung obliegt dem Verwalter, der gemäß § 27 Abs. 1 Nr. 2 WEG berechtigt und verpflichtet ist, die für die ordnungsmäßige Instandhaltung und Instandsetzung des gemeinschaftlichen Eigentums erforderlichen Maßnahmen zu treffen (vgl. dazu Kap. 15 5.1.1.3).
Für die im Rahmen ordnungsmäßiger Instandhaltung und Instandsetzung von den Wohnungseigentümern mehrheitlich zu beschließenden Maßnahmen gilt grundsätzlich, dass es sich um technisch einwandfreie und erprobte Lösungen zur dauerhaften Beseitigung der aufgetretenen Mängel und Schäden handeln muss. Im Übrigen müssen die Maßnahmen wirtschaftlich vertretbar sein (BayObLG, 19. 7. 1989, 1 b Z 29/88; 31. 8. 1989, 2 Z 73/89; 9. 9. 1999, 2Z BR 54/99; 10. 4. 2002, 2Z BR 70/00).
Den Grundsätzen ordnungsmäßiger Verwaltung entspricht ein Beschluss über die Durchführung von Instandhaltungs- und Instandsetzungsmaßnahmen aber nur dann, wenn auch die Kostenfrage geregelt ist. Dazu genügt es allerdings, dass die Aufbringung der Mittel durch die Wohnungseigentümer insoweit gesichert ist, dass die Maßnahme aus Mitteln der Instandhaltungsrückstellung und/oder durch Sonderumlage bezahlt werden kann (vgl. dazu BGH, 8. 7. 2011, V ZR 176/10).
Bei der Beschlussfassung über die erforderlichen Instandhaltungs- und Instandsetzungsmaßnahmen bleibt allerdings im Einzelfall die teilweise schwierige Abgrenzungsproblematik zu „baulichen Veränderungen“ und „Modernisierungsmaßnahmen“ zu berücksichtigen, für die andere Zustimmungserfordernisse gemäß § 22 Abs. 1 und Abs. 2 WEG gelten.
Allerdings kann auch eine ordnungsmäßige Instandsetzungsmaßnahme mit einer baulichen Veränderung einhergehen, so dass dann wiederum ein einfacher Mehrheitsbeschluss ausreicht (BayObLG, 16.3. 1988, 2 Z 149/87).

12.2.4.1 Abgrenzungskriterien

Die Rechtsprechung hat zahlreiche Kriterien entwickelt zur Abgrenzung und zur näheren Bestimmung ordnungsmäßiger Instandhaltungs- und Instandsetzungsmaßnahmen und zu ihrer Abgrenzung gegenüber baulichen Veränderungen.

12.2.4.1.1 Erstmalige Herstellung

Auch die erstmalige Herstellung einer Anlage nach den vorliegenden und den baubehördlich genehmigten Plänen bzw. die erstmalige Herstellung eines mängelfreien Zustandes bei von Anfang an vorhandenen Mängeln zählt zu den Maßnahmen einer ordnungsmäßigen Instandhaltung und Instandsetzung (BGH, 12. 4. 2007, VII ZR 236/05; BGH, 10. 2. 2010, VIII ZR 343/08, zum Mindeststandard des Stromnetzes zum Anschluss von Haushaltsgeräten; BayObLG, 3. 12. 1981, 2 Z 80/80 m. w. N.; 30. 4. 1982, 2 Z 67/81, zum Anspruch des einzelnen Eigentümers auf sachverständige Feststellung eines Baumangels bei Auftreten von Feuchtigkeit; 15. 11. 1984, 2 Z 27/84, zur Herstellung des endgültigen Zustandes bei Fehlen einer Planung über die Führung der Entlüftungsrohre; 24. 6. 1999, 2Z BR 48/99, zur Errichtung einer Sichtschutzwand; 26. 8. 1999, 2Z BR 66/69, zum Einbau der nach dem Dachentwässerungsplan vorgesehenen Regenfallrohre; BayObLG, 26. 8. 1999, 2Z BR 66/99, auch zu den Grenzen des Anspruchs nach § 242 BGB; ebenfalls zu den Anspruchsgrenzen gemäß § 242 BGB 18. 1. 2001, 2Z BR 65/00; 13. 2. 1986, 2 Z 87/85, zur Abgrenzung zu baulichen Veränderungen; 27. 7. 1989, 2 Z 68/89, zur Anbringung einer bisher nicht vorhandenen Wärmedämmung als Instandsetzung; 11. 3. 1993, 2Z BR 12/93, zur Verlegung einer Wäschespinne als erstmalige Herstellungsmaßnahme; 24. 6. 1999, 2Z BR 48/99, zur erstmaligen Herstellung einer geplanten Sichtschutzwand;

OLG Braunschweig, 22. 12. 1993, 3 W 49/93; KG Berlin, 6. 3. 1985, 24 W 3664/84, zur Verlegung von Betonschwellen zwecks verkehrsberuhigender Maßnahmen auf dem Grundstück; OLG Hamm, 12. 3. 1984, 15 W 283/83; 23. 1. 1987, 15 W 429+434/86, zur Flachdachsanierung als ordnungsmäßige Instandhaltung trotz Vornahme baulicher Veränderungen; 29. 12. 1992, 15 W 233/92, zur Beseitigung ursprünglicher Baumängel; OLG Köln, 9. 6. 1999, 16 Wx 56/99, zur Herstellung eines Terrassenunterbaus für eine im Sondereigentum stehende Dachterrasse; zur Sanierung kontaminierter Grundstücksflächen gemäß Bundes-Bodenschutzgesetz – BBodSchG vom 17. 3. 1998, BGBl. I S. 502, dazu OLG München, 25. 1. 2006, 34 Wx 114/05).
Baumängel in diesem Sinne können auch dann vorliegen, wenn die im Zeitpunkt der Errichtung des Bauwerks geltenden DIN-Vorschriften, beispielsweise zur Wärmedämmung, eingehalten wurden, zwischenzeitlich jedoch höhere Anforderungen gelten (BayObLG, 31. 8. 1989, 2 Z 73/89; a. A. wohl OLG Stuttgart, 5.5. 1994, 8 W 315/93, wonach ein einzelner Wohnungseigentümer nicht verpflichtet ist, nachträglich schalldämmende Maßnahmen vorzunehmen, dort bei Begründung von Wohnungseigentum an einem Altbau, insoweit zwar zutreffend, aber nicht geprüft hinsichtlich eines grundsätzlich zu bejahenden Anspruches gegen die Gemeinschaft).
Können vorhandene Baumängel durch unterschiedliche Lösungen beseitigt werden, sind unter dem Gesichtspunkt gleicher Effektivität aus wirtschaftlichen Gründen zunächst die weniger weitreichenden Maßnahmen vorzuziehen und weitergehende Maßnahmen erst dann zu ergreifen, wenn der angestrebte Erfolg mit den Erstmaßnahmen nicht erreicht wird (BayObLG, 31. 8. 1989, 2 Z 73/89; LG Bremen, 1. 12. 1993, 2 T 647/92; vgl. auch BayObLG, 24. 11. 1994, 2Z BR 110/94, dort zur Herstellung nach bestehenden Vorschriften und sachgerechter Ausführung).
Grundsätzlich kommt es bei der Beurteilung von Mängeln

auf den Stand der anerkannten Regeln der Technik zur Zeit der Abnahme des Bauwerks an unter Berücksichtigung der Qualitäts- und Komfortstandards vergleichbarer, zeitgleich fertiggestellter und abgenommener Bauwerke (BGH, 14.5. 1998, VII ZR 184/97; 19. 1. 1995, VII ZR 131/93; 24. 4. 1997, VII ZR 110/96).

Nicht entscheidend ist, welche DIN-Norm gilt, weil sie keine Rechtsnormen, sondern private technische Regeln mit Empfehlungscharakter enthalten, die die anerkannten Regeln der Technik widergeben, aber auch hinter diesen zurückbleiben können (BGH, 6. 6. 1991, I ZR 234/89).

Zur erstmaligen ordnungsmäßigen Herstellung gehört bei einer aufteilungsplanwidrigen Errichtung der Wohnanlage auch eine dem Aufteilungsplan und den Bauplänen entsprechende Errichtung der baulichen Anlagen und Einrichtungen (vgl. zur „Vervollständigung und erstmaligen Herstellung" auch OLG Frankfurt, 15. 10. 1982, 20 W 626/82).

Die Grenzen sind in diesen Fällen durch Treu und Glauben (§ 242 BGB) gezogen (BayObLG, 20. 3. 2002, 2Z BR 178/01). Es kann allerdings ein Ausgleichsanspruch benachteiligter Wohnungseigentümer in Betracht kommen kann (BayObLG, 15. 1. 21989, 2 Z 130/89; 26. 8. 1999, 2Z BR 66/99; zur technischen Unmöglichkeit der Herstellung geplanter Kfz.-Stellplätze vgl. OLG Karlsruhe, 5. 12. 1986, 11 W 98/86; zum Anspruch bei unzureichenden Nutzungsmöglichkeiten von Sondernutzungsrechten OLG Köln, 6. 2. 1998, 16 Wx 324/97, dort zu Kfz.-Stellplätzen).

Der Anspruch auf erstmalige planmäßige Herstellung des gemeinschaftlichen Eigentums unterliegt der dreijährigen Regelverjährung gemäß § 195 BGB (OLG Düsseldorf, 12. 3. 2009, I-3 Wx 60/08; KG Berlin, 18. 5. 2009, 24 W 17/08; OLG Hamm, 29. 5. 2007, 15 W 16/07, dort auch zur Verjährung von Beseitigungsansprüchen; OLG Braunschweig, 8. 2. 2010, 3 W 1/10).

12.2.4.1.2 Erhaltung/Wiederherstellung des ursprünglichen Zustandes

Zur ordnungsmäßigen Instandhaltung und Instandsetzung zählen in erster Linie Maßnahmen zur Erhaltung des bestehenden bzw. zur Wiederherstellung eines einmal vorhanden gewesenen ordnungsmäßigen Zustandes des gemeinschaftlichen Eigentums (so grundsätzlich u. a. BayObLG, 30. 10. 1979, 2 Z 28/78; 1. 7. 1980, 2 Z 23/79; 11. 12. 1980, 2 Z 74/79; 3. 12. 1981, 2 Z 80/80; KG Berlin, 21. 12. 1988, 24 W 5369/88 und 22. 12. 1993, 24 W 914/93; OLG Düsseldorf, 15. 4. 1996, 3 Wx 359/95; OLG Zweibrücken, 21. 9. 1999, 3 W 141/99).
Die ordnungsmäßige Instandhaltung und Instandsetzung erschöpft sich aber nicht in der Reparatur oder Erneuerung bereits früher vorhandener gleicher Bauteile (so früher u. a. OLG Zweibrücken, 23. 11. 1988, 3 W 136/88). Insoweit besteht deshalb keine grundsätzliche Verpflichtung, den ursprünglichen Zustand auch im Hinblick auf die Art des verwendeten Materials beizubehalten (OLG Düsseldorf, 22. 4. 1994, 3 Wx 370/93).

12.2.4.1.3 Über bloße Reproduktion hinausgehende Maßnahmen

Nach herrschender Meinung kann die Instandsetzung über die bloße Reproduktion des früheren Zustandes hinausgehen, um im Rahmen des technischen Fortschritts nicht nur einen höheren Standard einzusetzen, sondern auch bessere und modernere Materialien zu verwenden.
Voraussetzung ist dabei aber immer die Einhaltung eines vernünftigen Kosten-Nutzen-Verhältnisses (KG Berlin, 24. 5. 1993, 24 W 3698/92, zu einem festigenden Farbanstrich anstelle einer Erneuerung einer Naturputzfassade; 22. 12. 1993, 24 W 914/93, m. w. N; 27. 6. 1994, 24 W 7640/93; 2. 2. 1996, 24 W 7880/95; OLG Düsseldorf, 22. 4. 1994, 3 Wx

370/93, zur Ersetzung von Raufasertapeten durch Glasfasertapeten im Treppenhaus; 3. 5. 1999, 3 Wx 76/99; zu technisch besseren Lösungen, soweit sie gleichzeitig wirtschaftlich sinnvoll sind, vgl. auch OLG Braunschweig, 22. 12. 1993, 3 W 49/93).
So ist bei einer Heizungsmodernisierung auch die Umweltverträglichkeit zu prüfen. Bei Ersetzung durch neue Anlagen ist darauf zu achten, dass sich die technischen Einrichtungen bewährt und durchgesetzt haben (BayObLG, 10. 3. 1994, 2Z BR 136/93; 24. 8. 1998, 2 Z 26/88).

12.2.4.1.4 Technischer Ausfall nicht Voraussetzung

Die Durchführung der Instandsetzungsmaßnahmen ist deshalb auch nicht erst dann „ordnungsmäßig", wenn eine technische Anlage ausgefallen ist.
Entsprechende erhaltende oder wiederherstellende Maßnahmen in neuerer Technik können bereits dann, wenn sich die Anlage altersbedingt oder aus anderen Gründen in einem Zustand befindet, in dem jederzeit damit gerechnet werden muss, dass wesentliche Teile unbrauchbar werden (BayObLG, 10.3. 1994, 2Z BR 136/93, mit Hinweis auf OLG Celle, 22. 11. 1992, 4 W 47/92; OLG München 20. 3. 2008, 34 Wx 46/07).

12.2.4.1.5 Ersatzbeschaffung

Zur ordnungsmäßigen Instandhaltung und Instandsetzung zählt grundsätzlich auch die Ersatzbeschaffung für Geräte, die dem bestimmungsgemäßen Gebrauch der Wohnungseigentümergemeinschaft dienen (z. B. Waschmaschinen, Gerätschaften für den Hausmeister).
Die notwendige Ersatzbeschaffung umfasst auch solche Geräte, die einem technisch einwandfreien und modernen Zustand entsprechen (BayObLG, 30. 10. 1979, 2 Z 28/78, m. w. N.; 11. 12. 1980, 2 Z 74/79, m. w. N.).

12.2.4.1.6 Durchführung öffentlich-rechtlicher Bestimmungen

Soweit durch öffentlich-rechtliche Bestimmungen (Bundes-Bodenschutzgesetz, Landesbauordnungen, Betriebssicherheitsverordnung, Heizkostenverordnung, Energieeinsparverordnung, Trinkwasserverordnung u. a.) die Herstellung, Beseitigung oder auch Überwachung und Prüfung bestimmter Anlagen und Einrichtungen vorgeschrieben ist, fällt die Durchführung dieser Maßnahmen in den Bereich der ordnungsmäßigen Verwaltung und ist damit auch im Rahmen der ordnungsmäßigen Instandhaltung und Instandsetzung als erstmalige Herstellung eines den öffentlich-rechtlichen Vorschriften entsprechenden Zustandes zu berücksichtigen (BayObLG, 3. 12. 1981, 2 Z 80/80; 11. 12. 1980, 2 Z 74/79; 1. 7. 1980, 2 Z 23/79; OLG Frankfurt, 15. 10. 1982, 20 W. 626/82; OLG München, 25. 1. 2006, 34 Wx 114/05; OVG Münster, 15. 4. 2009, 10 B 304/09; LG Mannheim, 12. 5. 1976, 6 T 792/75; 1. 7. 1980 Freiburg, 2.8. 1978, 4 T 48/77).
Soweit es sich allerdings um den Einbau von Rauchwarnmeldern aufgrund entsprechender Vorschriften in den Landesbauordnungen handelt, ergibt sich die Verpflichtung nicht aus § 21 Abs. 1, 3 und 5 Nr. 2 WEG, da Rauchwarnmelder nach inzwischen herrschender Meinung weder Sonder- noch Gemeinschaftseigentum sind. Sie sind als Zubehör im Sinne von § 97 BGB anzusehen. Allerdings ergibt sich die Einbau- und Wartungsverpflichtung aus § 10 Abs. 6 Satz 3 WEG als gemeinschaftsbezogene Pflicht der teilrechtsfähigen Wohnungseigentümergemeinschaft (LG Hamburg, 2. 3. 2011, 318 S 193/10; zur Einbauverpflichtung des Vermieters und Duldungspflicht des Mieters vgl. auch AG Hamburg, 16. 2. 2011, 531 C 341/10).
Den Wohnungseigentümern obliegt in diesen Fällen nur die Entscheidung über das „Wie“ der Durchführung. Der Verwalter hat auf dieser Grundlage die entsprechende Aus-

führung im Namen der Wohnungseigentümer zu veranlassen (vgl. auch Kap. 2.8; Kap. 13.13).
Bei Verletzung oder Verstoß gegen öffentlich-rechtliche Bestimmungen kann der Verwalter nach den ihm gemäß § 27 Abs. 1 Nr. 2 und Abs. 3 Satz 1 Nr. 3 WEG obliegenden Verwaltungs- und Handlungsbefugnisse durch Ordnungsverfügung als Störer in Anspruch genommen, wenn vom gemeinschaftlichen Eigentum Störungen der öffentlichen Sicherheit und Ordnung ausgehen. Der Verwalter ist in diesen Fällen verpflichtet, erforderliche Instandsetzungs-, Beseitigungs- oder andere Abwehrmaßnahmen in eigenem Namen zu vergeben.
Gehen die Störungen dagegen vom Sondereigentum oder von im privaten Eigentum der Wohnungseigentümer stehenden Gegenständen aus, kann der Verwalter nicht in Anspruch genommen werden (vgl. hierzu OVG Münster, 2. 7. 2002, 7 B 924/02, Errichtung einer Mobilfunkanlage; 15. 4. 2009, 10 B 304/09, Verpflichtung zur Beseitigung störender Gegenstände im Treppenhaus als notwendiger Rettungsweg; 28. 1. 2011, 2 B 1495/10; VG Düsseldorf, 20. 8. 2010, 25 K 3682/10, jeweils zur Pflicht des Verwalters zur dauerhaften Offenhaltung von Garagentoren).
Vgl. zu Einzelfällen Kap. 13.13

12.2.4.2 Modernisierende Instandsetzung

Über Maßnahmen der modernisierenden Instandsetzung können die Wohnungseigentümer gemäß § 22 Abs. 3 WEG mit einfacher Mehrheit – im Gegensatz zu Modernisierungsmaßnahmen im Sinne von § 22 Abs. 2 WEG – beschließen (zur Modernisierung vgl. Kap. 13.11). Diese Maßnahmen können auch von jedem einzelnen Eigentümer gemäß § 21 Abs. 4 WEG verlangt werden.
Während bei der Instandhaltung und Instandsetzung im engeren Sinne zunächst die Erhaltung und Wiederherstellung des ursprünglichen Zustandes auch unter Berücksichtigung

technisch moderner Anlagen und Einrichtungen im Vordergrund steht, enthalten modernisierende Instandsetzungsmaßnahmen nach ihrer begrifflichen Bedeutung Maßnahmen, durch die die Wohnanlage und die Wohnungen an technische Entwicklungen, verbesserte Standards und an veränderte Wohnbedürfnisse und Anschauungen über gesunde Wohn- und Umweltverhältnisse angepasst werden.

Die modernisierende Instandsetzung dient deshalb nicht nur der bloßen Erhaltung eines einmal geschaffenen Zustandes im Sinne einer Konservierung. Sie ist vielmehr bei sich ändernden und vor allem steigenden Ansprüchen an Wohnkomfort und Wohnstandard als verbessernde Maßnahme auch deshalb erforderlich, um ein Absinken des Wohnwertes einer Anlage zu verhindern (OLG Hamm, 22. 10. 1981, 15 W 147/81; OLG Düsseldorf, 25. 2. 1981, 3 W 359/80).

Insoweit ist gerade bei der technischen Ausstattung eines Gebäudes der Maßstab nicht zu eng am bestehenden Zustand auszurichten, wenn längerfristig Wertverluste vermieden werden sollen.

Deshalb rechnen zur modernisierenden Instandsetzung auch Maßnahmen, die über die Reproduktion des ursprünglichen Zustandes hinausgehen, soweit sie die Vorteile neuerer technischer Entwicklungen nutzen und aufgrund einer Kosten-Nutzen-Analyse auch wirtschaftlich sinnvoll erscheinen (KG Berlin, 21. 12. 1988, 24 W 5369/88; 27. 6. 1994, 24 W 7640/93, zur Heizungsumstellung, s. Kap. 13.13, Heizungsumstellung; OLG Düsseldorf, 5. 5. 1999, 3 Wx 76/99, Aufbringung eines Dämmputzes bei einer ohnehin erforderlichen Fassadensanierung; 26. 4. 2000, 3 Wx 81/00; OLG Frankfurt a. M., 15. 11. 2010, 20 W 138/08, Vollwärmedämmung zur Bekämpfung von Schimmelpilzbildung; LG Hamburg, 17. 12. 2008, 318 S 91/08, zu einer Erneuerung der Innenverkleidung einer Aufzugskabine in Edelstahlausstattung und deren Finanzierung aus der Instandhaltungsrückstellung; LG Nürnberg-Fürth, 28. 7. 2010, 14 S 438/10, zur Umstellung von Öl-Zentralheizung auf Fernwärme).

Im Übrigen ist von einer modernisierenden Instandsetzung immer dann auszugehen, wenn ein verantwortungsbewusster, wirtschaftlich denkender Hauseigentümer vernünftigerweise ebenso handeln würde, der wirtschaftliche Aufwand für diese Maßnahme in einem vertretbaren Verhältnis zum Erfolg steht und sie sich in absehbarer Zeit (in spätestens 10 Jahren) amortisiert (BayObLG, 2Z BR 91/93; KG Berlin, 30. 11. 1992, 24 W 3802/92; 2. 2. 1996, 24 W 7880/95, zur Fassadensanierung bei gleichzeitiger Wärmedämmung; vgl. auch AG Ludwigsburg, 9. 2. 2009, 20 C 2872/08).

Insoweit entspricht eine modernisierende Instandsetzung nicht erst dann ordnungsmäßiger Verwaltung, wenn die technische Einrichtung funktionsunfähig ist oder sich in einem Zustand befindet, in dem jederzeit damit gerechnet werden muss, dass wesentliche Teile unbrauchbar werden (LG Nürnberg-Fürth, 28. 7. 2010, 14 S 438/10).

Grundsätzlich gilt allerdings, dass eine modernisierende Instandsetzung nur dann im Rahmen ordnungsmäßiger Verwaltung mit Mehrheit beschlossen werden kann, wenn ohnehin eine Instandsetzungsmaßnahme erforderlich ist (OLG München, 20. 3. 2008, 34 Wx 46/07; OLG Frankfurt, 15. 11. 2010, 20 W 138/08, m. w. N.).

Mit einer wirtschaftlich sinnvollen modernisierenden Instandsetzung können auch bauliche Veränderungen vorgenommen werden, ohne dass die Zustimmung aller Eigentümer vorliegt (BayObLG, 24.8. 1988, 2 Z 26/88; 6. 2. 1990, 2 Z 104/89; 10. 3. 1994, 2Z BR 136/93, wonach insbesondere bereits bewährte Techniken bei der Modernisierung Berücksichtigung finden können; KG Berlin, 21. 12. 1988, 24 W 5336/88; 10.5. 1991, 24 W 154/91; 22. 12. 1993, 24 W 914/93, m. w. N.; 27. 6. 1994, 24 W 7640/93; OLG Braunschweig, 22. 12. 1993, 3 W 49/93; OLG Düsseldorf, 3. 5. 1999, 3 Wx

76/99, mit der Feststellung, dass eine ordnungsmäßige Instandsetzung eine bauliche Veränderung nicht ausschließt; OLG Frankfurt, 28. 11. 1983, 20 W 392/83; OLG Hamm, 22. 10. 1981, 15 W 147/81).
Kommen dabei mehrere, gleichermaßen erfolgversprechende Maßnahmen in Betracht, haben die Wohnungseigentümer bei ihrer Entscheidung einen Ermessensspielraum (OLG Düsseldorf, 26. 4. 1999, 3 Wx 32/99; 26. 4. 2000, 3 Wx 81/00).
Was im Einzelfall als technisch „erprobt" und „bewährt" anzusehen ist, ist unter anderem danach zu beurteilen, ob und inwieweit entsprechende Techniken, Anlagen oder Einrichtungen im laufenden aktuellen wirtschaftlichen Produktionsprozess oder auf dem Absatzmarkt bereits vorherrschend sind (AG Ludwigsburg, 9. 2. 2009, 20 C 2872/08, zur Umstellung einer Heizungsanlage auf moderne Brennwerttechnik).

12.2.4.3 Kostentragung bei Instandhaltungs- und Instandsetzungsmaßnahmen

Die bei der Instandhaltung und Instandsetzung des gemeinschaftlichen Eigentums anfallenden Kosten sind anteilig auf die einzelnen Wohnungseigentümer zu verteilen. Das setzt eine entsprechende Beschlussfassung der Wohnungseigentümer voraus, und zwar einerseits über die Maßnahme selbst und andererseits über die anteilige Zahlungsverpflichtung und die Finanzierung aus der Instandhaltungsrückstellung oder durch eine Sonderumlage.
Eine Kostenbefreiung in analoger Anwendung von § 16 Abs. 6 WEG scheidet bei Instandhaltungs- und Instandsetzungsmaßnahmen aus, da sich diese Vorschrift ausdrücklich auf bauliche Veränderungen gemäß § 22 Abs. 1 WEG bezieht. Dies gilt auch für den Fall, dass ein Wohnungseigentümer einen Beschluss über eine Instandhaltungs- oder Instandsetzungsmaßnahme erfolgreich angefochten hat, die

Maßnahme selbst aber bereits durchgeführt wurde und nicht rückgängig gemacht werden kann (BGH, 13. 5. 2011, V ZR 202/10; LG Bremen, 25. 3. 2011, 4 S 75/10).

12.2.4.3.1 Die gesetzliche Kostentragungsregelung

Nach den Vorschriften des § 16 Abs. 2 WEG sind die Kosten für die Durchführung von Instandhaltungs- und Instandsetzungsmaßnahmen von allen Eigentümern anteilig im Verhältnis der für sie im Grundbuch eingetragenen Miteigentumsanteile zu tragen. Dies gilt auch für den Fall, dass der Beschluss über die Finanzierung durch eine Sonderumlage den Verteilungsschlüssel und die anteilige Belastung der einzelnen Eigentümer nicht ausweist (KG Berlin, 21. 7. 1999, 24 W 2613/98; BayObLG, 31. 1. 1992, 2 Z 143/91).

Dieser Regelung gilt auch für die Verteilung der Kosten, die für die Instandhaltung und Instandsetzung der gemeinschaftlichen Anlagen, Einrichtungen und Bestandteile von Gebäuden aufzuwenden sind, die als solche im Sondereigentum stehen, wie beispielweise freistehende Garagen.

Wie bei den im Sondereigentum stehenden Wohnungen, erstreckt sich das Sondereigentum auch hier nur auf die sondereigentumsfähigen Bestandteile, nicht auf die konstruktiven und das äußere Erscheinungsbild gestaltenden Bestandteile.

Das bedeutet, dass bei einer im Sondereigentum stehenden Garage (Teileigentum) das Dach, die Außenmauern und das Garagentor gemeinschaftliches Eigentum sind mit der Folge, dass Instandhaltungs- und Instandsetzungsmaßnahmen von allen Eigentümern anteilig zu tragen sind. Es müssen also alle Wohnungseigentümer zahlen, auch die, die keine Garage haben, sofern keine abweichende Vereinbarung getroffen wurde (OLG Karlsruhe, 28.12. 1977, 3 W 15/77; OLG Hamm, 4. 10. 1982, 15 W 293/82).

Allerdings müssen sich auch Garageneigentümer, die nur

eine Garage, aber keine Wohnung in der Eigentumsanlage haben, an den Kosten der Instandhaltung und Instandsetzung des gesamten gemeinschaftlichen Eigentums der Wohnanlage sowie an allen anderen Kosten beteiligen, wie beispielsweise an Aufzugskosten. Dies gilt auch hier nur dann, wenn keine abweichenden Kostentragungsregelungen vereinbart oder beschlossen worden sind.

12.2.4.3.2 Abweichende Regelung durch Vereinbarung/ Teilungserklärung/Gemeinschaftsordnung

Die Abdingbarkeit der Vorschrift des § 16 Abs. 2 WEG gestattet es, durch Vereinbarung gemäß § 10 Abs. 2 Satz 2 WEG eine generelle von § 16 Abs. 2 WEG abweichende Kostenverteilungsregelung für die Instandhaltungs- und Instandsetzungskosten des gemeinschaftlichen Eigentums zu treffen.
Einer solchen Vereinbarung stehen entsprechende Regelungen in der Teilungserklärung oder in der Gemeinschaftsordnung gleich.
Ein nur mit Mehrheit gefasster Beschluss, der generell die Kostenverteilung für alle künftig anfallenden Instandhaltungs- und Instandsetzungsmaßnahmen ändert, ist als gesetzesändernder Mehrheitsbeschluss nichtig (BGH, 20. 9. 2000, V ZB 58/99; zur Abänderung im konkreten Fall vgl. unten Kap. 12.2.4.3.5).
In einer solchen Vereinbarung kann abweichend vereinbart werden:

- ein anderer Verteilungsschlüssel für die Instandhaltungs- und Instandsetzungskosten, zum Beispiel nach Quadratmeter Wohnfläche oder nach der Zahl der Wohnungen anstatt nach Miteigentumsanteilen, und zwar für alle oder nur für besondere Instandhaltungs- und Instandsetzungsmaßnahmen;
- eine allgemeine Verpflichtung zur Übernahme der Kos-

ten für Maßnahmen an einzelnen bestimmten Teilen des gemeinschaftlichen Eigentums durch den jeweiligen Eigentümer, beispielsweise für die Instandhaltung und Instandsetzung der Fenster, Balkonverkleidungen, Balkontüren oder auch der Wohnungsabschlusstüren im jeweiligen Sondereigentumsbereich (vgl. OLG Düsseldorf, 23. 11. 1998, 3 Wx 376/98; 12. 3. 2003, 3 Wx 377/02, dort zur Kostentragungsregelung bei Instandsetzung nur der Fensterscheiben in Außenfenstern, nicht der ganzen Fenster; zur Verpflichtung zur Behebung von Glasschäden an blind gewordenen Glas-/Fensterscheiben vgl. BayObLG, 3. 8. 2000, 2Z BR 184/99);
- die Verpflichtung einzelner Nutzer zur Kostentragung, beispielsweise bei freistehenden Garagen im Sondereigentum oder bei Sondernutzungsrechten wie etwa Kfz.-Stellplätzen und Gartenflächen;
- die Befreiung einzelner Eigentümer von der Kostentragung für die Instandhaltung und Instandsetzung bei Aufzügen, wenn beispielsweise in einer Mehrhausanlage nicht alle Häuser einen Aufzug haben.

Das bedeutet, dass es nicht nur zulässig, sondern vielfach auch zweckmäßig ist, eine solche abweichende Kostenverteilung zu vereinbaren.
Grundsätzlich gilt aber, dass eine abweichende Kostenverteilung nicht auch die Durchführung der Instandhaltungs- und Instandsetzungsmaßnahmen in das Belieben der einzelnen Eigentümer stellt. Über Art, Umfang und Zeitpunkt der Durchführung der Maßnahmen entscheiden nach wie vor die Wohnungseigentümer in der Wohnungseigentümerversammlung.
Eine von der gesetzlichen Kostenverteilungsvorschrift abweichende Regelung bedarf im Übrigen einer klaren und eindeutigen Formulierung in der Teilungserklärung bzw. in der Gemeinschaftsordnung oder einer entsprechenden Vereinbarung (zur Auslegung vgl. auch OLG Düsseldorf,

23. 11. 1998, 3 Wx 376/98). Damit sie im Falle eines Eigentümerwechsels auch gegenüber dem Sondereigentümer gilt, bedarf sie gemäß § 10 Abs. 3 WEG der Eintragung in das Grundbuch.
Dabei ist auch eine klare Abgrenzung dahingehend vorzunehmen, ob die abweichende Kostenverteilung nur Instandhaltungsmaßnahmen oder nur Instandsetzungsmaßnahmen oder beide Maßnahmen betreffen soll.
Eine abweichend getroffene Vereinbarung bindet alle Eigentümer und kann im Nachhinein wiederum nur durch eine neue Vereinbarung aufgehoben, ergänzt oder geändert werden, ausgenommen eine Änderung nach § 16 Abs. 4 WEG im Einzelfall.
Ohne Eintragung in das Grundbuch wirkt eine abweichend vereinbarte Kostentragungsregelung (nur) als schuldrechtliche Vereinbarung lediglich unter den beteiligten Eigentümern. Tritt ein neuer Wohnungseigentümer in die Gemeinschaft ein, verliert eine solche nicht eingetragene Vereinbarung ihre Rechtswirkung unter allen Wohnungseigentümern.

12.2.4.3.3 Regelung durch richterlichen Eingriff

Bei grob unbilligen oder unbestimmten Regelungen der Teilungserklärung bzw. der Gemeinschaftsordnung hatte die Rechtsprechung nach früherem Recht in Ausnahmefällen grundsätzlich einen Änderungsanspruch bejaht, sofern nach Treu und Glauben gemäß § 242 BGB richterliche Eingriffe in Verträge zulässig sind (OLG Karlsruhe, 23. 7. 1986, 11 W 8/86; OLG Frankfurt, 1. 11. 1982, 20 W 464/82; 25. 10. 1982, 20 W 216/82, dort zu Fällen, in denen nach der Teilungserklärung eine unterschiedslose Kostentragung, unabhängig von der Nutzungsmöglichkeit vereinbart worden war).
Gemäß § 10 Abs. 2 Satz 3 WEG kann jetzt eine Änderung des Kostenverteilungsschlüssels für Instandhaltungs- und

Instandsetzungsmaßnahmen verlangt werden, wenn das Festhalten an der bestehenden Regelung unter besonderer Berücksichtigung aller Umstände des Einzelfalles unbillig erscheint. Mit dieser gesetzlichen Regelung sind die von der Rechtsprechung entwickelten Maßstäbe deutlich abgemildert (statt „grob unbillig“ nunmehr „unbillig“; zur Unbilligkeit einer gesetzlichen oder vereinbarten Regelung vgl. Kap. 10.3.3).
Kommt im Übrigen im Einzelfall eine abweichende Kostenverteilung gemäß § 16 Abs. 4 WEG durch mehrheitliche Beschlussfassung der Wohnungseigentümer nicht zustande, kann auf Antrag im Rahmen einer Gestaltungsklage an ihrer Stelle das Gericht nach Anfechtung des Negativbeschlusses durch einen oder mehrere Wohnungseigentümer gemäß § 21 Abs. 8 WEG nach billigem Ermessen über eine den Grundsätzen ordnungsmäßiger Verwaltung entsprechenden Kostenverteilung entscheiden.

12.2.4.3.4 Auslegung und Umdeutung unwirksamer Vereinbarungen in eine Kostentragungsregelung

Vom richterlichen Eingriff in Vereinbarungen, Teilungserklärungen oder Gemeinschaftsordnungen ist deren Auslegung und Umdeutung gemäß §§ 133, 140 BGB zu unterscheiden.
So kann eine in der Teilungserklärung oder der Gemeinschaftsordnung rechtsunwirksam erfolgte Regelung über die Zuordnung von Fenstern oder Balkonen zum Sondereigentum im Wege der Auslegung in eine Kostentragungsregelung zur Instandhaltung und Instandsetzung umgedeutet werden.
Bei einer solchen wegen § 5 Abs. 1 und Abs. 2 WEG nichtigen eigentumsrechtlichen Regelung muss nämlich ein unbefangener Betrachter als nächstliegende Bedeutung annehmen, dass mit der Zuordnung zum Sondereigentum

auch die Kostentragung für die Instandhaltung durch die jeweiligen Sondereigentümer einhergehen soll.
Entsprechend sind deshalb nach rechtlich zulässiger Umdeutung die Kosten für die Instandhaltung und Instandsetzung von Fenstern (Fensterrahmen, Fensterverglasung, Außenanstrich, Balkonen, Balkonbrüstung) ungeachtet der nach § 5 Abs. 1 WEG zwingenden Zuordnung zum Gemeinschaftseigentum von den jeweiligen Sondereigentümern zu tragen, allerdings auch immer nur im Rahmen eines Mehrheitsbeschlusses über die ordnungsmäßige Instandhaltung und Instandsetzung (BayObLG, 21. 12. 1999, 2Z BR 115/99; OLG Düsseldorf, 12. 1. 1998, 3 Wx 546/97; 21. 12. 1998, 3 Wx 418/98, dort jeweils auch differenzierend bei Zuordnung von Balkonen zum Sondereigentum; OLG Hamm, 22.8. 1991, 15 W 166/91; 13. 8. 1996, 15 W 115/96; OLG Karlsruhe, 5. 5. 2000, 11 Wx 71/99; 7. 7. 2010, 11 Wx 115/08; OLG München, 19. 9. 2005, 34 Wx 76/05, dort zur Kostentragung bei Zuordnung der Balkonbrüstung zum Sondereigentum; differenzierend zur Auslegung der Kostentragung von Instandsetzungsmaßnahmen „„im räumlichen Bereich des Sondereigentums" ‚bei Zuordnung von Balkonen zum Sondereigentum vgl. auch KG Berlin, 15. 11. 2000, 24 W 6514/99; differenzierend auch LG Wuppertal, 14. 7. 1995, 6 T 313/95, wonach eine Umdeutung zusätzlich eine Regelung in der Gemeinschaftsordnung voraussetzt, nach der die Kosten der Instandsetzung des Sondereigentums vom jeweiligen Sondereigentümer zu tragen sind; vgl. insoweit auch OLG Karlsruhe, 5. 5. 2000, 11 Wx 71/99 sowie LG Karlsruhe, 1. 6. 1989, 11 T 85/89, zur Überwälzung von Instandhaltungsmaßnahmen auf die jeweiligen Sondereigentümer bei nichtiger Zuordnung von Blumentrögen zum Sondereigentum; vgl. zur Tragung der Instandhaltungskosten bei Fenstern auch Kap. 10.4).

12.2.4.3.5 Abweichende Kostenverteilung durch Mehrheitsbeschluss

Nach § 16 Abs. 4 WEG können die Wohnungseigentümer bei konkret zu beschließenden Instandhaltungs- und Instandsetzungsmaßnahmen im jeweiligen Einzelfall auch eine von der gesetzlichen Regelung nach § 16 Abs. 2 WEG abweichende Kostenverteilungen mit Mehrheit beschließen können (vgl. dazu Kap. 10.3.6).
Erforderlich ist allerdings eine doppelt qualifizierte Mehrheit (doppeltes Quorum), und zwar eine Dreiviertelmehrheit aller im Grundbuch eingetragen Eigentümer (nach Köpfen), wobei diese Mehrheit gleichzeitig mehr als die Hälfte der Miteigentumsanteile repräsentieren muss. Dabei muss der abweichende Maßstab dem Gebrauch oder der Möglichkeit des Gebrauchs Rechnung tragen.
Von dieser Regelung kann durch eine Vereinbarung nicht abgewichen werden, es sei denn, eine Öffnungsklausel (Mehrheitsbeschluss aufgrund entsprechender Vereinbarung) regelt niedrigere Stimmrechtserfordernisse, wonach beispielsweise eine abweichende Kostenverteilung für Instandhaltungs- und Instandsetzungsmaßnahmen generell mit einer Zweidrittel-Mehrheit beschlossen werden kann. Stellt allerdings eine Regelung aufgrund einer Öffnungsklausel höhere Anforderungen, beispielsweise eine Mehrheit von vier Fünfteln (80 Prozent), ist diese Regelung als gesetzesändernder Mehrheitsbeschluss nichtig.
Da den Wohnungseigentümern nach § 16 Abs. 4 WEG ausdrücklich eine Beschlusskompetenz eingeräumt ist, hat dies aber auch zur Folge, dass auch ein einfacher Mehrheitsbeschluss zu einer im konkreten Einzelfall abweichenden Kostenverteilung gemäß § 23 Abs. 4 WEG Rechtswirkung entfaltet und alle, auch die nicht zustimmenden Wohnungseigentümer bindet, wenn der Beschluss nicht angefochten und durch das Gericht für ungültig erklärt wird (vgl. insoweit allerdings auch schon zur früheren Rechtsprechung

OLG Köln, 8. 2. 2002, 16 Wx 6/02, zur Finanzierung einer Garagensanierung durch Sonderumlage, abweichend von den Kostentragungsregelungen der Teilungserklärung).

12.2.4.3.6 Finanzierung der Instandhaltungskosten durch Kreditaufnahme

Nach herrschender Meinung können Instandhaltungs- und Instandsetzungsmaßnahmen im Rahmen ordnungsmäßiger Verwaltung auch durch Aufnahme eines Kredits finanziert werden. Dazu bedarf es jedoch stets einer gesonderten Beschlussfassung (BGH, 18. 2. 2011, V ZR 197/10; zur zulässigen Höhe einer Kreditaufnahme von höchstens drei monatlichen Hausgeldzahlungen aller Wohnungseigentümer vgl. LG Köln, 26. 8. 2010, 29 S 177/09).
Die Zins- und Tilgungsleistungen werden dann über mehrere Jahre hinweg aus den Wohngeldern oder auch aus der Instandhaltungsrücklage gezahlt (LG Wuppertal, 4. 1. 1993, 6 T 798/90; vgl. auch OLG Koblenz, 10. 1. 1979, 1 U 1011/77; AG München, 20. 12. 1982, UR II 182/82; BGH 21. 4. 1988, V ZB 10/87; BayObLG, 9. 8. 1990, 2 Z 82/90; OLG Hamm, 28. 11. 1991, 15 W 169/91).
Im Falle eines Eigentümerwechsels tritt als Folge der Teilrechtsfähigkeit der Wohnungseigentümergemeinschaft der neue Eigentümer in die Kreditverpflichtung ein, ohne dass es hierzu einer besonderen Vereinbarung bedarf (vgl. i. Ü. zur Kreditaufnahme Kap. 17.1.8).

12.2.4.3.7 Folgekosten bei Instandhaltungs- und Instandsetzungsmaßnahmen

Bei der Durchführung von Instandhaltungs- und Instandsetzungsmaßnahmen am gemeinschaftlichen Eigentum sind Folgeschäden im Bereich des Sondereigentums oft nicht zu vermeiden, so bei Fassadensanierungen, insbesondere aber bei Balkon- und Terrassensanierungen, wenn bei-

spielsweise zur Instandsetzung schadhafter Isolierungsschichten zunächst der im Sondereigentum stehende Plattenbelag zu entfernen ist.
Ein solcher Folgeschaden im Bereich des Sondereigentums ist gemäß § 14 Nr. 4 WEG zu ersetzen (OLG Düsseldorf, 21. 12. 1998, 3 Wx 418/98, zu Folgeschäden bei Balkonsanierung; OLG Hamm, 15. 3. 1984, 15 W 283/83, zu Folgeschäden bei Anbringung von Kronenblechen auf Balkonbrüstungen; 3. 7. 1995, 15 W 93/95, zur Zurechnung der entstehenden Folgekosten als Instandhaltungs-/Instandsetzungskosten; KG Berlin, 8. 9. 1993, 24 W 5753/93+2301/93, auch zur Ähnlichkeit mit dem privatrechtlichen Aufopferungsanspruch; OLG Schleswig, 13. 7. 2006, 2 W 32/06; KG Berlin, 10. 2. 1986, 24 W 4146/85, zum Anspruch des Duldungspflichtigen auf vorherige Sicherheitsleistung; BayObLG, 6. 2. 1987, 2 Z 93/86, zum Schadensersatzanspruch wegen Entzug des Eigengebrauchs; abgrenzend dazu auch BayObLG, 19. 5. 1994, 2Z BR 135/93; AG Bad Cannstatt, 24. 1. 1991, 5 GR 285/90, zum Schadensersatz wegen Beschädigung des Balkonplattenbelages und der Verkleidung der Balkoninnenbrüstung; zur grundsätzlichen Frage siehe BGH, 9. 7. 1986, GSZ 1/86; BGH, 21. 2. 1992, V ZR 268/90; BGH, 11. 12. 2002, IV ZR 226/01, zum Umfang der Haus und Grundbesitzerhaftpflichtversicherung bei Hausschwammsanierung und dadurch entstandene Vermögenseinbußen, vorliegend durch Mietzinsausfall, Mietzahlungen für Ersatzwohnung, Transportkosten für Möbelauslagerung).
Danach geltend gemachte Schadensersatzansprüche sind gemäß § 16 Abs. 7 WEG Kosten der Verwaltung im Sinne des § 16 Abs. 2 WEG und folglich auf alle Eigentümer im Verhältnis der Miteigentumsanteile umzulegen (u. a. OLG Düsseldorf, 28. 10. 1994, 3 Wx 448/94).
Das bedeutet aber auch, dass sich der geschädigte Sondereigentümer selbst im Verhältnis des auf ihn entfallenden Miteigentumsanteils am Schadensersatz zu beteiligen hat,

sein Anspruch also um die anteilig auf ihn entfallenden Kosten gemindert wird (KG Berlin, 8. 9. 1993, 24 W 5753/93+2301/93).

Strittig ist die Frage, ob ein Schadensersatzanspruch hinsichtlich der Höhe insoweit begrenzt ist, dass eine besonders aufwendige oder auch eine nicht in der alten Form wiederherstellbare Ausstattung des Sondereigentums oder auch die Abnutzung bei der Bemessung des Schadensersatzanspruchs unberücksichtigt bleiben oder ein entsprechender Abzug „Neu für Alt“ in Ansatz zu bringen ist (nach hier vertretener Meinung zu bejahen; im Ansatz in diesem Sinne wohl auch OLG Frankfurt, 4. 7. 1989, 20 W 411/88, wonach ein im Zuge von Sanierungsarbeiten zerstörter Plattenbelag auf der Innenseite der Balkonbrüstung nicht zu Lasten der Gemeinschaft erneuert zu werden braucht, weil dieser Plattenbelag als Sondereigentum „in die Risikosphäre“ des Sondereigentümers fällt, anders allerdings hinsichtlich des Ersatzanspruches wegen gleichzeitiger Zerstörung des im Sondereigentum stehenden Bodenbelages; a. A. BayObLG, 19. 3. 1998, 2Z BR 18/98, für einen Abzug jedoch auch dort unter der Voraussetzung, dass eine messbare „Vermögensmehrung“ eintritt).

Schadensersatzansprüche sind aber nicht nur auf Folgeschäden an im Sondereigentum stehenden Gebäudeteilen, Anlagen und Einrichtungen beschränkt.

Sie können sich auch aus anderen Beeinträchtigungen ergeben, die als Folge von Instandhaltungs- und Instandsetzungsmaßnahmen am gemeinschaftlichen Eigentum auftreten.

Hierbei kann es sich um Verdienstausfall, entgangene Nutzung und entgangenen Gewinn, aber auch um den Entzug oder um die Einschränkung der Eigennutzung handeln (vgl. hierzu BayObLG, 6. 2. 1987, 2 Z 93/86, zum Schadensersatz wegen Mietausfall und wegen Entzug der Eigennutzung; vgl. insoweit zur Abgrenzung aber auch BayObLG, 19. 5. 1994, 2Z BR 135/93, dort zur Zurückweisung eines

Schadensersatzanspruchs wegen Nutzungsentzugs von Balkon und Terrasse bei einer Zahnarztpraxis; zum Mietausfall vgl. auch KG Berlin, 8. 9. 1993, 24 W 5753/92 + 2301/93; ebenfalls zum Mietausfall vgl. OLG Köln, 29. 4. 1996, 16 Wx 30/96; zur Schadensberechnung vgl. BGH, 6. 6. 1991, VII ZR 372/99; zum fehlenden Schadensersatzanspruch des Mieters eines vermieteten Teileigentums auf entgangenen Gewinn gegen den Teileigentümer mangels Verschulden wegen gemeinschaftlich beschlossener Fassadensanierung vgl. OLG Düsseldorf, 16. 2. 2000, 15 U 161/99).

12.2.4.3.8 Haftung für Schäden im Sondereigentum als Folge schadhaften Gemeinschaftseigentums

Treten im Bereich des Sondereigentums Schäden auf, die durch Schäden im gemeinschaftlichen Eigentum verursacht worden sind, können Schadensersatzansprüche gegen die Wohnungseigentümergemeinschaft nur dann geltend gemacht werden, wenn diese ein Verschulden trifft (OLG Köln, 30. 3. 1998, 16 Wx 20/98; OLG Düsseldorf, 12. 12. 1994, 3 Wx 619/94). Beim erstmaligen Auftreten solcher Schäden ist dies regelmäßig nicht der Fall.
Typisch für solche Fälle sind Feuchtigkeitsschäden im Sondereigentumsbereich, die durch fehlende oder schadhafte Isolierungen im Bereich des gemeinschaftlichen Eigentums verursacht werden, also vor allem durch schadhafte Dach-, Terrassen- und Balkonisolierungen, aber auch durch Mauer-Setzrisse in Gebäudeaußenwänden.
Berechtigt sind Schadensersatzansprüche dann, wenn es die Wohnungseigentümergemeinschaft nach Kenntniserlangung der durch das gemeinschaftliche Eigentum verursachten Schäden im Bereich des Sondereigentums pflichtwidrig und schuldhaft unterlässt, die Schadensursache zu beheben bzw. beheben zu lassen (BayObLG, 21. 9. 1984, 2 Z 96/83; 3. 7. 1986, 2 Z 36/85; 6. 11. 1986, 2 Z 98/86; KG Berlin, 21. 5. 1986, 24 W 3233/85, dort auch zur Pflichtverlet-

zung des Verwalters im Rahmen seiner Verpflichtung zur ordnungsmäßigen Instandhaltung und Instandsetzung, s. dazu auch weiter unten; OLG Frankfurt, 17. 1. 1985, 20 W 94/84, auch zum Aufwendungsersatz für ein zur Schadensermittlung eingeholtes Gutachten im Rahmen der Notgeschäftsführung; AG Norderstedt, 10. 6. 1977, 8 II 33/75, dort zur Bejahung eines Schadensersatzanspruch wegen Unterlassung der Maßnahmen durch die Gemeinschaft; vgl. auch BayObLG, 21. 5. 1992, 2Z BR 6/92, dort zur Haftung der Gemeinschaft für Schäden, die durch nicht fachgerechte Instandsetzung am Sondereigentum entstehen, dort ebenfalls auch zur Haftung der Gemeinschaft für das Verschulden von Handwerksunternehmen als Erfüllungsgehilfen der Gemeinschaft, nicht des Verwalters).
Ein Ersatzanspruch für Instandsetzungskosten und Nutzungsausfall ist auch dann zu bejahen, wenn ein Eigentümer im Sondereigentumsbereich auftretende Schäden aufgrund schadhaften Gemeinschaftseigentums nicht reparieren kann und die erforderlichen Maßnahmen zurückstellen muss bis ein eingeleitetes Beweissicherungsverfahren zur Ermittlung möglicher Regresssprüche gegen Bauträger und/oder Handwerker abgeschlossen ist (OLG Celle, 26. 11. 1984, 4 W 90/84; vgl. zum Anspruch auf Ersatz von Mietausfall auch KG Berlin, 8. 9. 1993, 24 W 5753/92+ 2301/92).
Der Schadensersatzanspruch (Sach- und Vermögensschaden) kann auch gegen den Verwalter gerichtet sein, der es pflichtwidrig unterlässt, die zur Behebung eines Baumangels erforderlichen Beschlüsse der Wohnungseigentümer herbeizuführen (OLG Karlsruhe, 14. 1. 2000, 11 Wx 15/99, zum Schadensersatz wegen Wasserschaden aufgrund fehlender Rückstauventile; auch zum hälftigen Mitverschulden des betroffenen Eigentümers).
Ein verschuldensunabhängiger nachbarrechtlicher Schadensersatz- bzw. Ausgleichsanspruch gegenüber der Wohnungseigentümergemeinschaft gemäß § 906 Abs. 2 BGB

wegen Beeinträchtigung der Nutzung (z.B. Mietausfall) des Sondereigentums als Folge von Mängeln am Gemeinschaftseigentum kann nicht geltend gemacht werden, weil sich die Interessenlage innerhalb einer Wohnungseigentümergemeinschaft grundsätzlich von der zwischen Grundstücksnachbarn unterscheidet (BGH, 21. 5. 2010, V ZR 10/10; LG Itzehoe, 1. 6. 2010, 11 S 70/09).

12.2.4.3.9 Ersatzanspruch/Auslagenerstattung

Haben Wohnungseigentümer ohne Beschlussgrundlage, aber unter Billigung der Wohnungseigentümergemeinschaft und in Absprache mit dem Verwalter die zu ihrem Sondereigentum gehörenden Fenster auf eigene Kosten erneuert oder ausgetauscht, ohne dass dies im Übrigen zum Zeitpunkt der Erneuerung unter dem Gesichtspunkt ordnungsmäßiger Instandhaltung und Instandsetzung zwingend erforderlich gewesen wäre, sind in diesen Fällen grundsätzlich die Voraussetzungen eines Anspruchs aus ungerechtfertigter Bereicherung gemäß § 812 Abs. 1 Satz 1 BGB i. V. m. § 818 Abs. 2 BGB, § 398 BGB erfüllt (vgl. dazu HansOLG Hamburg, 21. 3. 2002, 2 Wx 103/99; OLG Düsseldorf, NJW-RR 1996, 913; BayObLG, 14. 8. 2003, 2Z BR 112/03, dort zur anteiligen Haftung der übrigen Eigentümer).

Aufwendungsersatzansprüche sind auch für solche Fälle anerkannt, in denen ein Wohnungseigentümer im Glauben, Fenster seien Sondereigentum, diese auf eigene Kosten instand gesetzt hat (AG Hannover, 14. 8. 2002, 71 II 187/02).

In beiden Fällen richten sich die Ansprüche – unter Berücksichtigung der Regelverjährungsfrist von drei Jahren – nach jetzt geltendem Recht – gegen die teilrechtsfähige Wohnungseigentümergemeinschaft.

Die eigenmächtige Durchführung von Instandhaltungs- oder Instandsetzungsmaßnahmen, beispielsweise eine Fenstersanierung, durch einzelne Eigentümer führt aller-

dings nicht zu deren Freistellung von den Kosten für eine mehrheitlich beschlossene Sanierung der übrigen Fenster (LG Bremen, 5. 11. 1987, 2 T 345/87; ebenso auch Deckert, ETW 3/16c; a. A., insoweit aber unzutreffend, OLG Oldenburg, 5. 11. 1987, 5 W 61/87, wonach bei bereits eingetretenem Schaden für die vorgenommene Fenstererneuerung ein Anspruch auf Erstattung bejaht wurde; vgl. dazu aber auch Kap. 10.4 Fensterinstandsetzung).
Beauftragt ein Wohnungseigentümer, ohne durch vorherige Beschlussfassung der Wohnungseigentümer ermächtigt worden zu sein, einen Handwerksbetrieb mit der Instandsetzung gemeinschaftlicher Gebäudeteile, haftet er gemäß § 278 Satz 1 BGB für den Handwerksbetrieb als Erfüllungsgehilfen, wenn durch dessen Verschulden Schäden am Sondereigentum eines anderen Wohnungseigentümers auftreten (BGH, 22. 4. 1999, V ZB 28/98).

12.2.4.4 Tätige Mithilfe bei der Instandsetzung

Nach § 16 Abs. 2 WEG haben die Wohnungseigentümer zur Finanzierung der Durchführung der gemeinschaftlichen Verwaltung, so auch zur ordnungsmäßigen Instandhaltung und Instandsetzung, durch anteilige Geldleistungen beizutragen.
Deshalb sind die Wohnungseigentümer nach herrschender Meinung nicht befugt, durch Mehrheitsbeschluss die Eigentümer zur tätigen Mithilfe bei der Instandhaltung und Instandsetzung des gemeinschaftlichen Eigentums heranzuziehen (BGH, 18. 6. 2010, V ZR 193/09; 15. 1. 2010, V ZR 72/09; LG München I, 2. 8. 2010, 1 S 4042/10; KG Berlin, 15. 4. 1977, 1 W 1151/77, zur Bewässerung der gemeinschaftlichen Rasenfläche; 12. 11. 1993, 24 W 3064/93; BayObLG, 30.6. 1983, 2 Z 76/82, zum Balkonanstrich; OLG Hamm, 5. 2. 1980, 15 W 277/79; 31. 8. 1981, 15 W 38/81, zur Streupflicht; AG Halle-Saalekreis, 5. 7. 2005, 120 II 48/05, zur Instandsetzung denkmalgeschützter Stallungen; vgl. auch

Kap. 10.4, Hausmeisterkosten; anders allerdings teilweise zur Hausreinigung, vgl. Kap. 12.2.1.5, Hausreinigung).
Wohnungseigentümer können allerdings durch Mehrheitsbeschluss von der anteiligen Kostentragung durch Eigenleistung befreit werden, z. B. bei Hausmeister- oder Reinigungskosten, wenn dadurch die übrigen Wohnungseigentümer nicht höher belastet werden (vgl. hierzu BayObLG, 27. 6. 1985, 2 Z 62/84; KG Berlin, 15. 4. 1977, 1 W 1151/77; 12. 11. 1993, 24 W 3064/93; zur Hinweispflicht des Verwalters auf Versicherungsschutz und Schadensersatz durch Unfall bei tätiger Mithilfe, OLG Hamm, 23. 6. 1994, 15 W 76/94).
Ein Mehrheitsbeschluss, durch den alle Wohnungseigentümer zur tätigen Mithilfe herangezogen werden sollen, ist als gesetzesändernder Mehrheitsbeschluss nichtig.

12.2.4.5 Instandhaltungsrückstellung

Die Ansammlung einer angemessenen Instandhaltungsrückstellung gehört gemäß § 21 Abs. 5 Nr. 4 WEG zu einer ordnungsmäßigen, dem Interesse der Gesamtheit der Wohnungseigentümer entsprechenden Verwaltung (so u. a. BayObLG, 9. 8. 1990, 2 Z 83/90). Sie dient der wirtschaftlichen Absicherung notwendiger Instandhaltungs- und Instandsetzungsmaßnahmen, die über die laufenden Reparaturen hinausgehen (OLG München, 25. 1. 2006, 34 Wx 114/05).
Auch der einzelne Wohnungseigentümer kann insoweit im Rahmen seines Anspruchs auf ordnungsmäßige Verwaltung die Bildung einer solchen Instandhaltungsrückstellung verlangen.
Was allerdings als „angemessen" anzusehen ist, sagt das Gesetz selbst nicht.

12.2.4.5.1 Höhe der Instandhaltungsrückstellung

Als Maßstab für die Mindesthöhe der Beiträge zur Instandhaltungsrückstellung werden allgemein die für den öffentlich geförderten Wohnungsbau festgelegten Instandhaltungspauschalen angesehen (vgl. Zweite Berechnungsverordnung – II. BV i. d. Fassung der Bekanntmachung vom 12. Oktober 1990, BGBl. I S. 2178, zuletzt geändert durch Art.78 Abs. 2 Gesetz vom 23. 11. 2007, BGBl. I S. 2614; OLG Düsseldorf, 21. 6. 2002, 3 Wx 123/02; zur Instandhaltungspauschale als Höchstsatz vgl. AG Mettmann, 28. 8. 2008, 26 C 40/08).
Danach gelten gemäß § 28 Abs. 2 II. BV ab 1. Januar 2011 folgende Sätze (je Quadratmeter Wohnfläche im Jahr):

- für Wohnungen, deren Bezugsfertigkeit am Ende des Kalenderjahres weniger als 22 Jahre zurückliegt, höchstens 8,16 Euro;
- für Wohnungen, deren Bezugsfertigkeit am Ende des Kalenderjahres mindestens 22 Jahre zurückliegt, höchstens 10,34 Euro;
- für Wohnungen, deren Bezugsfertigkeit am Ende des Kalenderjahres mindestens 32 Jahre zurückliegt, höchstens 13,22 Euro;
- für Garagen oder ähnliche Einstellplätze höchstens 78,15 Euro jährlich.

Die Pauschalen konnten erstmalig am 1. Januar 2005 und danach folgend am 1. Januar eines jeden darauf folgenden dritten Jahres um den Prozentsatz angepasst bzw. erhöht werden, um den sich seit der letzten Veränderung der amtlich festgestellte Verbraucherpreisindex für Deutschland insgesamt verändert hat. Die nächste Anpassung kann zum 1. Januar 2014 erfolgen.
Andere Methoden zur Berechnung der Höhe der Instandhaltungsrückstellung wurden von Bausachverständigen aus der Wohnungswirtschaft entwickelt. So werden die erfor-

derlichen Instandhaltungsbeiträge zum Beispiel nach der Peter'schen Formel wie folgt berechnet:

$$\frac{\text{Herstellungskosten je Quadratmeter} \times 1{,}5}{\text{80 Jahre}}$$

Das würde bei reinen Baukosten von beispielsweise 1800 Euro pro Quadratmeter eine jährliche Instandhaltungsrückstellung von rund 33,75 Euro pro Quadratmeter Wohnfläche und Jahr bedeuten.
Im konkreten Fall entscheidet die Wohnungseigentümerversammlung nach eigenem Ermessen durch Mehrheitsbeschluss über die Höhe der jährlich zu entrichtenden Beiträge zur Instandhaltungsrückstellung (zur Entscheidung über die Höhe der Instandhaltungsrückstellung in einer Mehrhausanlage bei vereinbarter Kostentrennung vgl. AG Aachen, 24. 3. 2010, 118 C 1/10).
Der Ermessensspielraum der Eigentümer bei der Entscheidung über die Höhe der Instandhaltungsrückstellung wird dann nicht überschritten, wenn die Grenzen der Instandhaltungspauschalen nach der II. Berechnungsverordnung eingehalten werden (KG Berlin, 11. 2. 1991, 24 W 4560/90; OLG Düsseldorf, 21. 6. 2002, 3 Wx 123/02; zur Einbeziehung der Einnahmen aus Waschmünzenerlösen vgl. BayObLG, 21. 12. 1989, 1 b Z 38 und 39/88; LG Lübeck, 26. 1. 2010, 12 T 4/09).
Ein ursprünglich in der Teilungserklärung festgelegter Beitrag zur Instandhaltungsrückstellung kann später auch mit Mehrheitsbeschluss den wirtschaftlichen Notwendigkeiten angepasst werden, da über Maßnahmen ordnungsmäßiger Verwaltung stets mit Mehrheit zu entscheiden ist. Eine diese Entscheidungskompetenz der Wohnungseigentümer aufhebende Vereinbarung ist als unwirksam anzusehen.

12.2.4.5.2 Verteilungsschlüssel der Instandhaltungsbeiträge

Die Höhe des Beitrages der Instandhaltungsrückstellung der einzelnen Wohnungseigentümer richtet sich nach § 16 Abs. 2 WEG, also nach der Höhe der Miteigentumsanteile, sofern keine abweichende Vereinbarung nach § 10 Abs. 2 Satz 2 WEG getroffen wurde. Soll der Verteilungsschlüssel geändert werden, bedarf es stets einer (neuen) Vereinbarung.

Ein Mehrheitsbeschluss gemäß § 16 Abs. 4 WEG reicht nicht aus, weil die Änderung des Verteilungsschlüssels für die Beiträge zur Instandhaltungsrückstellung nicht einen Einzelfall im Sinne der Regelung des § 16 Abs. 4 WEG betrifft. Ein Mehrheitsbeschluss ist als gesetzes- oder vereinbarungsändernder Mehrheitsbeschluss nichtig (BGH, 9. 7. 2010, V ZR 202/09; 1. 4. 2011, V ZR 162/10).

Im Einzelfall kann jedoch nach § 10 Abs. 2 Satz 3 WEG eine Änderung des Verteilungsschlüssels für die Beiträge zur Instandhaltungsrückstellung verlangt werden. Dies gilt dann, wenn nach einer Teilungserklärung oder Gemeinschaftsordnung für die Rücklagenbildung als Verteilungsschlüssel die Zahl der „Wohnungen" zugrunde gelegt wird, die Kosten der Instandhaltung jedoch nach „Miteigentumsanteilen" und sich daraus eine unbillige Kostenmehrbelastung von mehr als 25 Prozent ergibt (LG Hamburg, 30. 9. 2009, 318 S 22/09).

Erfolgt die Berechnung der Beiträge zur Instandhaltungsrückstellung nach den oben genannten Quadratmeter-Sätzen aus, ist deshalb zunächst der Gesamtbetrag der jährlichen Rückstellung, bezogen auf die Gesamtwohnfläche der Anlage, zu ermitteln, und dieser Gesamtbetrag dann gemäß § 16 Abs. 2 WEG nach Miteigentumsanteilen oder einem abweichend vereinbarten Verteilungsschlüssel auf die Eigentümer zu verteilen.

12.2.4.5.3 Anlageform der Instandhaltungsrückstellung

Nach der gesetzlichen Regelung gemäß § 27 Abs. 5 Satz 1 WEG hat der Verwalter die gemäß § 27 Abs. 1 Nr. 6 WEG von ihm eingenommenen Gelder der Wohnungseigentümer von seinem Vermögen gesondert zu halten. Dies gilt auch für die Anlage der Instandhaltungsrückstellung (vgl. hierzu Kap. 15.5.1.5).

Diese Regelung beinhaltet jedoch nicht die generelle Verpflichtung, für die laufenden Gelder und die Instandhaltungsrückstellung auch zwei getrennte Bankkonten zu führen (KG Berlin, 13. 4. 1987, 24 W 5174/86).

Ebenso wie grundsätzlich größere Beträge, die nicht in naher Zukunft benötigt werden, sind allerdings auch die Beiträge zur Instandhaltungsrückstellung verzinslich anzulegen, und zwar jeweils zum Quartalsende auf entsprechenden anderen als den laufenden Konten oder anderweitig Ertrag bringend (BayObLG, 20. 12. 1994, 2Z BR 106/94, bejahend auch zum Schadensersatzanspruch der Gemeinschaft in Höhe mehr als 12000,– DM wegen nicht verzinslicher Anlage der Gemeinschaftsgelder; vgl. teilweise abweichende Auffassung mit Nachweisen zu Kap. 15.5.1.6).

Über die konkrete Anlageform der Instandhaltungsrückstellung entscheidet die Wohnungseigentümerversammlung durch Mehrheitsbeschluss. Haben die Wohnungseigentümer keine Weisungen erteilt, entscheidet der Verwalter mit der gebotenen Sorgfalt (BayObLG, a. a. O.).

Risikobehaftete Anlageformen widersprechen dem Grundsatz ordnungsmäßiger Verwaltung (zur Zulässigkeit einer zinsbringenden Anlageform vgl. AG Buxtehude, 6. 8. 1991, 9 II 4/91; BayObLG, a. a. O.). Auch die Anlage der Instandhaltungsrückstellung auf einem für die Wohnungseigentümer abgeschlossenen Bausparvertrag widerspricht ordnungsmäßiger Verwaltung, selbst wenn nur ein Teil in dieser Weise angelegt wird (OLG Düsseldorf, 1. 12. 1995, 3 Wx 322+342/95).

Die Entwicklung der Instandhaltungsrückstellung ist in Verbindung mit der Jahresabrechnung und im Rahmen des Vermögensstatus (Bestand des Verwaltungsvermögens) gesondert auszuweisen (vgl. dazu auch OLG Düsseldorf, 12. 2. 1997, 3 Wx 75/95, dort auch zur betragsmäßigen Ausweisung von Bundesanleihen und Bundesschatzbriefen; zur Darstellung der Instandhaltungsrückstellung in der Jahresabrechnung und zum Vermögensstatus vgl. Kap. 17.2.3 und 17.2.3.2).

12.2.4.5.4 Zweckbindung der Instandhaltungsrückstellung

Die Instandhaltungsrückstellung ist insoweit zweckgebunden als sie grundsätzlich der Finanzierung von Instandhaltungs- und Instandsetzungsmaßnahmen dient (OLG München, 25. 1. 2006, 34 Wx 114/05).
Durch den Beschluss zur Bildung einer Instandhaltungsrückstellung sind die Wohnungseigentümer an diesen Verwendungszweck gebunden und können diese Bindung durch Mehrheitsbeschluss nicht aufheben (KG Berlin, 22. 8. 1990, 24 W 649/89; OLG Frankfurt, 9. 11. 1972, 20 W 261/72; zur Bindung des Verwalters an die Zweckbindung bei der Verwaltung gemeinschaftlicher Gelder vgl. OLG Düsseldorf, 4. 6. 1997, 3 Wx 569/96, dort zur treuwidrigen eigenen Verwendung).
Aus diesem Grunde darf die Instandhaltungsrückstellung auch nicht zur Deckung anderer Kosten (Rechtsanwalts- und Sachverständigenhonorare, Heizölkauf etc.) herangezogen werden (OLG Frankfurt, 9. 11. 1972, 20 W 261/72; BayObLG, 13. 4. 1984, 2 Z 19/83). Eine Ausnahme gilt jedoch für den Fall, dass Anwälte oder Sachverständige zur sachverständigen bzw. rechtskundigen Begleitung komplizierter Instandsetzungsmaßnahmen eingeschaltet und deren Honorare aus der Instandhaltungsrückstellung bezahlt werden (OLG München, 25. 1. 2006, 34 Wx 114/05, dort zur Sanierung kontaminierter Grundstücksflächen).

Die grundsätzliche Zweckbindung der Instandhaltungsrückstellung schließt jedoch im Einzelfall nicht aus, dass in der Praxis zum Liquiditätsausgleich wegen rückständiger Hausgelder auf die Instandhaltungsrückstellung zurückgegriffen werden kann, soweit die „eiserne Reserve" dadurch nicht angegriffen wird (OLG Saarbrücken, 20. 7. 1998, 5 W 110/96–35). Ein entsprechender Beschluss muss im Übrigen die konkrete Verwendung des zu entnehmenden Betrages erkennen lassen (AG Brühl, 7. 4. 2011, 23 C 583/10).

Es darf sich allerdings nur um einen begrenzten Zeitraum (ca. 4–6 Wochen) handeln, weil innerhalb dieser Zeit eine Wohnungseigentümerversammlung einberufen und ein Beschluss über die Erhebung einer Sonderumlage zur Beseitigung von Liquiditätsschwierigkeiten gefasst werden kann (vgl. zur Liquiditätsumlage BayObLG, 23. 3. 1982, 2 Z 31/81; zur zulässigen Bildung einer Rücklage für Heizöllieferungen durch Mehrheitsbeschluss vgl. BGH, 29. 6. 1977, VIII ZR 23/76; zu einem möglichen Schadensersatz gegen den Verwalter bei zweckwidriger Verwendung der Instandhaltungsrückstellung aus Liquiditätsgründen vgl. OLG Hamm, 15. 1. 1988, 15 W 350/87; vgl. auch Kap. 12.2.4.2 .6 und 17.1.8 Kreditaufnahme).

Eine Verrechnung von Hausgeldrückständen einzelner Wohnungseigentümer mit ihrem Guthabenanteil an der Instandhaltungsrückstellung ist unzulässig (OLG Hamm, 22. 10. 1990, 15 W 331/90; vgl. insoweit auch AG Beckum, 1. 12. 1989, 5 II 25/89).

Ob nach der gesetzlichen Zuerkennung der Teilrechtsfähigkeit der Wohnungseigentümergemeinschaft wegen der Zugehörigkeit der Instandhaltungsrückstellung zum Verwaltungsvermögen diese Rückstellung dann einer zweckwidrigen Verwendung unterliegt, wenn ein Gläubiger von seinem Pfändungsanspruch in das Verwaltungsvermögen Gebrauch macht, ohne dass dessen Forderung eine unbezahlte Rechnung für Instandhaltungs- oder Instandsetzungsmaßnahmen betrifft, kann streitig sein. Dies könnte beispielsweise den Anspruch eines Heizöllieferanten betreffen, der wegen seiner Forderung in das im Wesentlichen aus der Instandhaltungsrückstellung bestehende Verwaltungsvermögen pfänden wollte.

12.2.4.5.5 Sonderumlage zur Instandhaltungsfinanzierung

Ein Beschluss über eine Instandhaltungs- oder Instandsetzungsmaßnahme entspricht nur dann ordnungsmäßiger Verwaltung, wenn auch die Kostenfrage, das heißt die Finanzierung der Maßnahme geregelt ist. Das ist aber nicht erst dann der Fall, wenn die erforderlichen Mittel bereits aufgebracht sind. Es genügt vielmehr, dass die Aufbringung durch die Wohnungseigentümer gesichert ist (BGH, 8. 7. 2011, V ZR 176/10).

Hat daher eine Instandhaltungsrückstellung noch nicht eine den Besonderheiten der jeweiligen Eigentümergemeinschaft und der Anlage entsprechende angemessene Höhe erreicht hat, können die Wohnungseigentümer beschließen, Reparaturkosten nicht allein aus der Instandhaltungsrückstellung zu bezahlen, sondern stattdessen – zusätzlich – eine Sonderumlage zu erheben (BGH, 8. 7. 2011, V ZR 176/10; BayObLG, 7.5. 1981, 2 Z 20/80; vgl. zur teilweisen Deckung aus Instandhaltungsrückstellung und Sonderumlage OLG Hamm, 11. 8. 1970, 15 W 232/69; OLG Köln, 30. 4. 1998, 16 Wx 43/98; dort zur Ermessentscheidung über die Erhebung einer Sonderumlage zwecks Vermeidung einer vollständigen Ausschöpfung der Rückstellung; vgl. auch AG München, 10. 12. 1982, UR II 182/82, wonach stets ein angemessener Betrag als „Notpolster" zurückgelegt bleiben muss).

Der Beschluss über eine Sonderumlage muss grundsätzlich gesondert erfolgen und den Gesamtbetrag und den Betrag jedes einzelnen Wohnungseigentümers betragsmäßig ausweisen. Es kann aber genügen, wenn der Gesamtbetrag und der Verteilungsmaßstab angegeben werden, sofern der je-

weilige Einzelbetrag ohne weiteres errechnet werden kann (BayObLG, 10. 4. 2002, 2Z BR 70/01; 20. 11. 2002, 2Z BR 144/01).
Fehlt die Angabe des Verteilungsschlüssels, kann der Wohnungseigentümer, von dem die Zahlung verlangt wird, gerichtlich die Feststellung begehren, dass er zur Zahlung nicht verpflichtet ist. Einer Beschlussanfechtung bedarf es dazu nicht (BayObLG, 7. 11. 2002, 2Z BR 97/02).

12.2.4.5.6 Instandhaltungsrückstellung und Eigentümerwechsel

Die Instandhaltungsrückstellung gehört gemäß § 10 Abs. 7 WEG zum Verwaltungsvermögen, das der Gemeinschaft der Wohnungseigentümer gehört (vgl. dazu Kap. 8.7).
Daher bedarf es, anders als nach früherer Rechtslage, keiner besonderen kaufvertraglichen Regelung über den anteiligen Übergang des Anteils an der Instandhaltungsrückstellung. Sowohl bei rechtsgeschäftlichem Erwerb wie auch bei Erwerb in der Zwangsversteigerung erfolgt der Übergang kraft Gesetzes.
Wegen der Zuordnung der Instandhaltungsrückstellung zum Verwaltungsvermögen kann kein Eigentümer die anteilige Auszahlung seiner in die Rückstellung gezahlten Beiträge verlangen, auch nicht im Falle der Veräußerung seines Wohnungseigentums.

12.2.4.6 Sonderfall Umwandlung

Bei der Umwandlung von Mietwohnungen in Eigentumswohnungen sollten Erwerber darauf achten, dass bindende Vereinbarungen über die Bildung einer von Anfang ausreichenden Instandhaltungsrückstellung getroffen sind. In den meisten Fällen werden bei einer Umwandlung nur die dringendsten Instandhaltungs- und Modernisierungsmaßnahmen am gemeinschaftlichen Eigentum durchgeführt.

Daher werden häufig bereits kurze Zeit nach dem Erwerb weitere Instandhaltungs- und Instandsetzungsmaßnahmen erforderlich, die zu erheblichen finanziellen Belastungen führen können, wenn eine ausreichende Instandhaltungsrückstellung (noch) nicht zur Verfügung steht. Sinnvoll ist es daher, bei der Umwandlung bereits einen Teil des Kaufpreises als „Grund-"Beitrag zur Instandhaltungsrückstellung dem Verwaltungsvermögen im Sinne von § 10 Abs. 7 WEG zuzuführen (zur grundsätzlich zulässigen Umwandlung von Miet- in Eigentumswohnungen und zu den dabei zu beachtenden mietrechtlichen Bestimmungen, insbesondere § 577 BGB, vgl. BGH, 11. 3. 2009, VIII ZR 127/08).

13. Bauliche Veränderungen

Nach § 22 Abs. 1 WEG können bauliche Veränderungen und Aufwendungen, die über die ordnungsmäßige Instandhaltung und Instandsetzung des gemeinschaftlichen Eigentums hinausgehen, beschlossen oder verlangt werden, wenn jeder Wohnungseigentümer zustimmt, dessen Rechte über das nach § 14 Nr. 1 WEG bestimmte Maß hinausgehen.
Aus der Regelung des § 22 Abs. 1 Satz 1 WEG folgt deshalb zunächst eine klare Abgrenzung zwischen

- Maßnahmen der ordnungsmäßigen Instandhaltung und Instandsetzung, die grundsätzlich der mehrheitlichen Beschlussfassung unterliegen und
- darüber hinausgehenden Maßnahmen, bei denen ausdrücklich auf das Erfordernis der Zustimmung der beeinträchtigten Eigentümer abzustellen ist, unabhängig da-

von, ob die beeinträchtigten Eigentümer eine Mehrheit oder auch eine Minderheit darstellen.

In der Praxis stößt diese Abgrenzung zwischen baulichen Veränderungen und Maßnahmen der ordnungsmäßigen Instandhaltung und Instandsetzung auf erhebliche Schwierigkeiten. Da auch die neue gesetzliche Regelung insoweit keine weitergehende Abgrenzung zum Gegenstand hat, bleibt es grundsätzlich bei der bisher durch die Rechtsprechung entwickelten Abgrenzung, allerdings unter Berücksichtigung der neuen „Ausnahmeregelung" gemäß § 22 Abs. 2 WEG für Maßnahmen der Modernisierung und für Maßnahmen, die der Anpassung des gemeinschaftlichen Eigentums an den Stand der Technik dienen.

13.1 Begriff der baulichen Veränderung

Als bauliche Veränderung im Sinne der bisherigen Rechtsauffassung gilt – in enger Auslegung – zunächst jede über die bloße (ordnungsmäßige) Instandhaltung und Instandsetzung hinausgehende Umgestaltung des gemeinschaftlichen Eigentums in seiner bestehenden Form, und zwar nicht nur von Bauwerken, sondern auch von unbebauten Grundstücksteilen (so u. a. BayObLG, 30. 3. 2000, 2Z BR 2/00; 14. 1. 1992, 14. 1. 1999, 2Z BR 138/98; KG Berlin, 2. 10. 1981, 1 W 4877/80; OLG Frankfurt, 5. 11. 1979, 20 W 279/79; OLG Celle, 7. 6. 1962, 4 Wx 10/67; OLG Stuttgart, 26. 5. 1961, 8 W 238/60; OLG Zweibrücken 14. 6. 1991, 3 W 203/90).
Danach liegt eine bauliche Veränderung allgemein vor bei

- grundsätzlich jeder Umgestaltung des Grundstücks,
- jeder Veränderung bereits vorhandener Gebäudeteile und seiner äußeren Gestaltung und
- jeder auf Dauer angelegten gegenständlichen Verände-

rung realer Teile des gemeinschaftlichen Eigentums, die von dem im Aufteilungsplan vorgesehenen Zustand abweicht

(so u. a. BayObLG, 14. 5. 1975, 2 Z 23/75 m. w. N.; 14. 1. 1999, 2Z BR 138/98; OLG Hamm, 25. 11. 1975, 15 W 314/75; OLG Köln, 7. 6. 1995, 16 Wx 78/95; vgl. aber auch BayObLG, 27. 3. 1986, 2 Z 109/85, wonach keine bauliche Veränderung im Sinne des § 22 Abs. 1 WEG vorliegt, wenn eine Wohnanlage oder einzelne Teile von vornherein abweichend von dem ursprünglichen Plan (Aufteilungsplan) errichtet werden, so z. B. Einbau einer Wendeltreppe mit Deckendurchbruch und Fenstereinbau).
Auch bei erstmaliger Herstellung des nach dem Aufteilungsplan vorgesehenen baulichen Zustandes handelt es sich nicht um eine bauliche Veränderung im Sinne des § 22 Abs. 1 WEG (vgl. zur erstmaligen Herstellung auch Kap. 12.2.4.1.1).

13.2 Zweck der Vorschrift des § 22 Abs. 1 Satz 1 WEG

Zweck der Vorschrift des § 22 Abs. 1 Satz 1 WEG ist es, den Käufer von Wohnungseigentum mit Ausnahme von den üblicherweise zu erwartenden Instandhaltungs- und Instandsetzungskosten vor unvorhersehbaren Aufwendungen zu schützen bzw. ihn freizustellen, die vielleicht aus architektonisch-ästhetischen Gesichtspunkten begrüßenswert, aber wirtschaftlich nicht notwendig sind, und mit denen er beim Erwerb nicht zu rechnen brauchte (KG Berlin, 2. 10. 1981, 1 W 4877/80).
Hinzu kommt, dass durch bauliche Veränderungen weitaus stärker in die Rechte der einzelnen Wohnungseigentümer am gemeinschaftlichen Eigentum eingegriffen wird als durch Maßnahmen einer ordnungsmäßigen Verwaltung, die ohnehin unumgänglich sind und die der mehrheitlichen

Beschlussfassung unterliegen (BGH, 18. 1. 979, VII ZB 19/78; KG Berlin, 2.10. 1981, 1 W 4877/80).
Insofern stellt diese Vorschrift eine eindeutige und klare Schutzvorschrift zugunsten eines einzelnen Eigentümers, einer Minderheit oder auch der Mehrheit aller Wohnungseigentümer dar.

13.3 Zustimmungserfordernis

Um den Schutzzweck des § 22 WEG sicherzustellen, gilt gemäß § 22 Abs. 1 Satz 1 WEG der Grundsatz, dass bauliche Veränderungen und Aufwendungen, die über die ordnungsmäßige Instandhaltung und Instandsetzung hinausgehen,

- beschlossen oder auch verlangt werden können,
- wenn jeder der beeinträchtigten Eigentümer zustimmt.

Soweit im konkreten Fall eine öffentlich-rechtliche Baugenehmigung für die Vornahme baulicher Veränderungen erforderlich oder erteilt worden ist, berührt das die nach Wohnungseigentumsrecht erforderliche Zustimmung der beeinträchtigten Eigentümer grundsätzlich nicht (BayObLG, 21. 2. 1985, 2 Z 112/84; OLG Hamm, 9. 1. 1996, 15 W 340/95; 5. 1. 2004, 15 W 153/03; vgl. aber auch OLG Karlsruhe, 13. 2. 1998, 4 W 42/97, zur Auslegung einer im Baugenehmigungsverfahren gegenüber der Verwaltungsbehörde erteilten Zustimmung als Zustimmung im Sinne von § 22 Abs. 1 WEG, dort abgelehnt; vgl. i.Ü BayObLG, 14. 2. 1991, 2 Z 13/91; AG Hamburg-Wandsbek, 27. 12. 1989, 715 II 55/89; zur fehlenden Klagebefugnis für eine öffentlich-rechtliche Nachbarklage gegen eine für das gemeinschaftliche Eigentum erteilte Baugenehmigung vgl. BVerwG, 4. 5. 1988, 4 C 20.85; 28.2. 1990, 4 B 32.90).
Verstößt eine bauliche Veränderung gegen öffentlich-rechtliche Vorschriften, ist grundsätzlich von einem Nachteil aus-

zugehen, durch den alle Eigentümer beeinträchtigt werden und deshalb deren Zustimmung erforderlich machen (BayObLG, 24. 6. 1999, 2Z BR 48/99; zur Entbehrlichkeit der Zustimmung, wenn öffentlich-rechtliche Vorschriften nicht entgegenstehen vgl. BayObLG, 30. 1. 2003, 2Z BR 121/01).

13.3.1 Einschränkung des Zustimmungserfordernisses

Die Zustimmung zu baulichen Veränderungen ist nach § 22 Abs. 1 Satz 2 WEG nicht erforderlich, wenn durch die Veränderung die Rechte anderer Wohnungseigentümer nicht über das in § 14 WEG bestimmte Maß hinaus beeinträchtigt werden, ihnen also keine Nachteile erwachsen, die über das bei einem geordneten Zusammenleben unvermeidliche Maß hinausgehen (OLG Köln, 19. 6. 2002, 16 Wx 82/02; 7. 6. 1995, 16 Wx 78/95; 30. 7. 1980, 16 Wx 67/89; OLG Hamm, 15. 2. 1980, 15 W 131/79).
Ob aber unabhängig vom Zustimmungserfordernis der beeinträchtigten Wohnungseigentümer stets ein Mehrheitsbeschluss erforderlich ist, auch wenn nur ein einzelner Eigentümer eine bauliche Veränderung verlangt, ist strittig (zur früheren Rechtsprechung, wonach im konkreten Einzelfall ein Mehrheitsbeschluss weder ausreichend noch erforderlich ist, vgl. BGH, 18. 1. 1979, VII ZB 19/78).
Nach jetzt vorherrschender Meinung ist für die Vornahme baulicher Veränderungen, auch im Falle des Verlangens eines oder mehrerer Wohnungseigentümer, stets ein Mehrheitsbeschluss in der Wohnungseigentümerversammlung erforderlich. Dabei reicht die Zustimmung der beeinträchtigten Wohnungseigentümer nicht aus, wenn diese nicht gleichzeitig die Mehrheit der in der Versammlung anwesenden Wohnungseigentümer repräsentieren.
Selbst wenn nur eine Minderheit der Eigentümer beeinträchtigt ist, reicht deren Zustimmung allein nicht aus. Vielmehr ist für eine ordnungsmäßige Beschlussfassung die

Mehrheit aller erschienenen Wohnungseigentümer der nach § 25 Abs. 3 WEG beschlussfähigen Versammlung erforderlich (vgl. Merle in Bärmann § 22 Rn 133; Vandenhouten, a. a. O. § 22 Rn 5; a. A. Häublein NZM 2007, 752; Armbrüster ZWE 2008, 61; Abramenko ZMR 2009, 97).
Eine Zustimmung außerhalb der Wohnungseigentümerversammlung ist ausgeschlossen (LG Berlin, 29. 10. 2010, 55 S 155/10 WE; vgl. zum Ganzen Kap. 13.4).
Ebenso wie allein ein einzelner Wohnungseigentümer durch die Verweigerung seiner erforderlichen Zustimmung eine bauliche Veränderung verhindern kann, kann die Unterlassung oder die Beseitigung baulicher Veränderungen von jedem Wohnungseigentümer verlangt werden, der durch die baulichen Veränderungen in seinen Rechten über das unvermeidliche Maß hinaus beeinträchtigt ist (vgl. dazu auch Kap. 13.9 Beseitigungsanspruch).
Konkret ist daher bei baulichen Veränderungen zunächst immer die Frage zu prüfen, ob eine vorgesehene oder möglicherweise auch eine bereits durchgeführte Maßnahme

- überhaupt zu einem Nachteil im Sinne von § 14 Nr. 1 WEG führt, und wenn ja,
- wer hiervon in seinen Rechten beeinträchtigt und wessen Zustimmung insoweit erforderlich ist.

Weil Eigentümer, die mangels fehlender Beeinträchtigung der baulichen Veränderung nicht zuzustimmen brauchen, gemäß § 16 Abs. 6 WEG von den Kosten der baulichen Veränderung befreit sind, ist es im Einzelfall empfehlenswert, eine namentliche Abstimmung durchzuführen, um im Nachhinein Streitigkeiten über die Kostentragung zu vermeiden (vgl. dazu auch Kap. 13.8 Kostenbefreiung bei baulichen Veränderungen).

13.3.2 Nachteil und Beeinträchtigung im Sinne von § 14 Nr. 1 WEG

Als Nachteil im Sinne von § 14 Nr. 1 WEG gilt grundsätzlich jede nicht ganz unerhebliche Beeinträchtigung durch eine bauliche Veränderung, durch die die übrigen Wohnungseigentümer in vermeidbarer Weise tatsächlich benachteiligt werden (BGH, 8. 4. 2011, V ZR 210/10; 19. 12. 1991, V ZB 27/90; 18. 1. 1979, VII ZB 19/87; BayObLG, 30. 1. 2003, 2Z BR 121/02; 17. 7. 2003, 2Z BR 61/03).
Das Vorliegen eines Nachteils im Sinne von § 14 Nr. 1 WEG setzt grundsätzlich nicht voraus, dass es sich um eine erhebliche Beeinträchtigung handelt. Bereits nicht ganz unerhebliche Beeinträchtigungen gelten als Rechtsbeeinträchtigung im Sinne von § 22 Abs. 1 Satz 1 i. V. mit § 14 Nr. 1 WEG (BayObLG, 30. 1. 2003, 2Z BR 121/02; 17. 7. 2003, 2Z BR 61/03).
Die Beeinträchtigung muss jedoch konkret und objektiv feststellbar sein. Entscheidend ist, ob sich nach der Verkehrsanschauung ein Wohnungseigentümer in der entsprechenden Lage verständlicherweise beeinträchtigt fühlen kann (BGH, 8. 4. 2011, V ZR 210/10; 19. 12. 1991, V ZB 27/90; HansOLG Hamburg, 4. 3. 2003, 2 Wx 102/99; OLG Zweibrücken, 2. 2. 2004, 3 W 251/03, m. w. N. LG München I, 16. 2. 2009, 1 S 2028/08).
Das bloße Risiko einer Beeinträchtigung stellt noch keinen Nachteil im Sinne von § 14 Nr. 1 WEG dar. So liegt ein Nachteil erst vor, wenn die Beeinträchtigung eines anderen Wohnungseigentümers hinreichend wahrscheinlich ist (BGH, 8. 4. 2011, V ZR 210/10; 16. 3. 2010, VI ZR 176/09).
Eine nur subjektiv als störend empfundene Veränderung genügt nicht, um die Zustimmungsverpflichtung der übrigen Wohnungseigentümer auszulösen (HansOLG Hamburg, 4. 3. 2003, 2 Wx 102/99). Ganz geringfügige Beeinträchtigungen bleiben dagegen außer Betracht (so u. a. Bay-

ObLG, 4. 2. 1987, 2 Z 9/81; 21. 11. 1980, 2 Z 72/80; 1. 7. 1980, 2 Z 23/79; 29. 9. 1999, 2Z BR 75/99; OLG Hamm, 15. 2. 1980, 15 W 131/79).

Für die Frage, ob eine Beeinträchtigung vorliegt, kann es im Übrigen eine Rolle spielen, ob die bauliche Veränderung einen weitergehenden Nachteil über den Zustand hinaus bewirkt, der ohnehin durch die Gemeinschaft zu dulden ist, beispielsweise im Falle eingeräumter Sondernutzungsrechte (BGH, 18. 1. 1979, VII ZB 19/78; BayObLG, 14. 5. 1975, 2 Z 23/75; OLG Stuttgart, 17. 8. 1979, 8 W 270/79).

Insoweit bedarf es der Interessenabwägung in jedem konkreten Einzelfall (vgl. hierzu u. a. OLG Celle, 17. 12. 1980, 4 Wx 40/80; OLG Frankfurt, 5. 11. 1979, 20 W 279/79; OLG Köln, 30. 7. 1980, 16 Wx 67/80; zur Interessenabwägung vgl. insbesondere auch Kap. 13.10, Parabolantenne).

Nach inzwischen herrschender Meinung gilt als Nachteil im Sinne von § 14 Nr. 1 WEG

1. die Beeinträchtigung der konstruktiven Stabilität und Sicherheit der gemeinschaftlichen Gebäudeteile, Anlagen und Einrichtungen;
2. Veränderungen der architektonischen Gestaltung und des optischen Gesamteindrucks der Wohnanlage;
3. Beschränkungen des Rechts auf gemeinsamen Gebrauch der im gemeinschaftlichen Eigentum stehenden Räume, Anlagen und Einrichtungen;
4. Änderungen der Zweckbestimmung des gemeinschaftlichen Eigentums;
5. lästige Immissionen;
6. zusätzliche finanzielle Belastungen;
7. Gefährdung einzelner Eigentümer;
8. nicht auszuschließende künftige Streitigkeiten der Wohnungseigentümer untereinander aufgrund baulicher Veränderungen;
9. Beeinträchtigungen der Grundrechte (Informations-

freiheit, Gleichheitsgrundsatz, Berufsfreiheit, Eigentumsgarantie);
10. Schaffung eines rechtlich ordnungswidrigen Zustandes.

13.3.2.1 Beeinträchtigung der konstruktiven Stabilität und Sicherheit der der Wohnanlage

Ein Nachteil im Sinne von § 14 Nr. 1 WEG liegt grundsätzlich vor, wenn Bestand, Stabilität, Solidität und Sicherheit der Wohnungseigentumsanlage eine Beeinträchtigung erfahren (BGH, 19. 12. 1991, V ZB 27/90; 8. 9. 2000, V ZB 45/00; OLG Celle, 17. 12. 1980, 4 Wx 40/80; HansOLG Hamburg, 27. 7. 1976, 2 W 34/76; OLG Karlsruhe, 12. 1. 1978, 3 W 14/77; 14. 1. 1985, 11 W 102/84).

Nach diesen Gesichtspunkten reicht bei strenger Auslegung selbst das Vorliegen einer bau- und feuerpolizeilichen Genehmigung für das Durchbrechen einer nichttragenden Wand zwischen Kellerraum und angrenzender Garage bei gleichzeitigem Einbau einer feuerhemmenden Tür nicht aus, um einen Nachteil im Sinne von § 14 Nr. 1 WEG auszuschalten.

Erforderlich sollen in einem solchen Fall zusätzliche Maßnahmen aus der Sicht „vorbeugenden Brandschutzes" sein (OLG Celle, 17. 12. 1980, 4 Wx 40/80, insoweit allerdings wohl zu weitgehend).

Nach strenger Auslegung stellen bauliche Eingriffe in tragende Wände grundsätzlich einen Nachteil im Sinne von § 14 Nr. 1 WEG dar, mit der Folge, dass in solchen Fällen stets die Zustimmung aller Wohnungseigentümer erforderlich ist. Öffentlich-rechtliche (baupolizeiliche) Genehmigungen können die wohnungseigentumsrechtlich erforderliche Zustimmung der Eigentümer nicht ersetzen (so u. a. BayObLG, 6. 4. 1982, 2 Z 41/81).

Andererseits stellt nicht bereits jeder Eingriff in die bauliche Substanz der im gemeinschaftlichen Eigentum stehenden Gebäudeteile eine Beeinträchtigung der konstruktiven

Stabilität und Sicherheit des Gebäudes und damit einen Nachteil im Sinne von § 14 Nr. 1 WEG dar, jedenfalls dann nicht, wenn die Statik nicht beeinträchtigt wird und die baulichen Maßnahmen aufgrund sachkundiger technischer Planung und nach den anerkannten Regeln der Baukunst durchgeführt werden (BGH, 20. 12. 2000, V ZB 45/00, zur Durchbrechung einer tragenden Wand; 18. 1. 1979, VII ZB 19/78, zur Befestigung einer massiven Metalltür an der Hauswand; OLG Stuttgart, 17. 8. 1979, 8 W 270/79).

So reichen die bloße Befürchtung eines Nachteils, wie beispielsweise nicht auszuschließende Feuchtigkeitsschäden, oder die abstrakte Möglichkeit einer Beeinträchtigung wie die Veränderung der Wärmeverhältnisse allein für die Annahme eines Nachteils gemäß § 14 Nr. 1 WEG nicht aus.

Vielmehr sind die tatsächlichen Nachteile maßgebend (OLG Karlsruhe, 14. 1. 1985, 11 W 102/84; OLG Hamm, 26. 2. 1988, 15 W 407/87; HansOLG Hamburg, 7. 4. 1987, 2 W 24/86, zur Beeinträchtigung u. a. wegen erhöhter Brandgefahr; vgl. insoweit Kap. 13.3.2.7).

Liegt jedoch eine objektive, konkrete Beeinträchtigung (BGH, 19. 12. 1991, V ZB 27/90) vor, kann jeder Wohnungseigentümer die Unterlassung des geplanten Eingriffes oder die Wiederherstellung des ursprünglichen Zustandes verlangen.

13.3.2.2 Veränderung des architektonischen Gesamteindrucks

Die nachteilige Veränderung des optischen Gesamteindrucks und des architektonisch-ästhetischen Bildes einer Wohnanlage gilt grundsätzlich als Nachteil im Sinne des § 14 Nr. 1 WEG, sofern es sich um eine nicht ganz unerhebliche Beeinträchtigung handelt (BGH, 18. 1. 1979, VII ZB 19/78; BayObLG, 30. 3. 2000, 2Z BR 2/99; 19. 3. 1998, 2Z BR 131/97; 9. 7. 1998, 2Z BR 70/98; KG Berlin, 10. 1. 1994,

24 W 3851/93; OLG Düsseldorf, 10. 7. 1995, 3 Wx 99/95; 6. 10. 1999, 3 Wx 259/99).

Auch hier gelten aber nur konkrete und objektive Beeinträchtigungen als Nachteil im Sinne des Gesetzes. Entscheidend für diese Beurteilung ist dabei, ob sich nach der Verkehrsanschauung ein Wohnungseigentümer in entsprechender Lage verständlicherweise beeinträchtigt fühlen kann (BGH, 19. 12. 1991, V ZB 27/90; KG Berlin, 16. 11. 1992, 24 W 6919/91).

Ob eine Beeinträchtigung vorliegt, obliegt der Beurteilung durch den Tatrichter, die vom Rechtsbeschwerdegericht nur auf Rechtsfehler überprüft werden kann. Dem Gericht vorliegende Lichtbilder können eine Inaugenscheinnahme entbehrlich machen (BayObLG, u. a. 28. 8. 2003, 2Z BR 126/03; 10. 7. 1998, 2 Z BR 89/89 m. w. N.; OLG Zweibrücken, 2. 2. 2004, 3 W 251/03; OLG Köln 1. 12. 2004, 16 Wx 204/04).

Der Begriff der objektiven Beeinträchtigung wird in der Rechtsprechung allerdings nicht einheitlich beurteilt.

So wird nach engerer Auslegung die Auffassung vertreten, dass bei baulichen Veränderungen nicht bereits deshalb auf die Zustimmung der Miteigentümer verzichtet werden kann, weil sie nicht zu einer objektiven Verunstaltung führen. Vielmehr ist die Zustimmung bereits dann erforderlich, wenn die baulichen Veränderungen gegenständlich nicht zu übersehen sind (vgl. insoweit KG Berlin, 10. 1. 1994, 24 W 3851/93; in besonders enger Auslegung vgl. auch KG Berlin, 10. 2. 1992, 24 W 402/91, wonach bereits die bauliche Veränderung als solche einen Nachteil im Sinne von § 14 Nr. 1 WEG darstellt und die Zustimmungsverpflichtung auslöst).

Zutreffend geht dagegen die herrschende Rechtsmeinung davon aus, dass nicht jede optische Veränderung des architektonisch-ästhetischen Gesamteindrucks bereits einen Nachteil im Sinne von § 14 Nr. 1 WEG darstellt.

Ein solcher Nachteil liegt vielmehr erst dann vor, wenn die

vorgenommene Veränderung das optische Bild des Gebäudes in ästhetischer Hinsicht tatsächlich verschlechtert oder gar verunstaltet. Dass die Veränderung deutlich sichtbar ist, reicht nicht aus (HansOLG Hamburg, 7. 9. 1998, 2 Wx 48/95; OLG Hamm, 15. 2. 1980, 15 W 131/79; 23.1. 1987, 15 W 429+434/86; 21. 4. 1988, 15 W 448/86; 21. 10. 1984, 15 W 27/75; BayObLG, 26. 10. 1983, 2 Z 106/82; 19. 3. 1987, 2 Z 67/87; 9. 6. 1988, 2 Z 54/88; 14. 3. 1991, 2 Z 168/90; 23. 7. 1993, 2Z BR 22/92, mit Hinweis auf BGH, 18. 1. 1979, VII ZB 19/78, zur Duldung des Einbaues einer Gartentür zwischen Hecke und Hauswand wegen fehlender Beeinträchtigung; BayObLG, 5. 12. 1996, 2Z BR 82/96; OLG Köln, 7. 6. 1995, 16 Wx 78/95, zur fehlenden Beeinträchtigung bei einem Balkonanbau nach altem Recht; OLG Stuttgart, 5. 11. 1998, 8 W 308/97; OLG Schleswig, 27. 1. 1999, 2 W 90/98; 27. 1. 1999, 2 W 150/98; inzwischen auch entgegen früherer Ansicht OLG Zweibrücken, 21. 9. 1999, 3 W 141/99, im Anschluss an BGH, 19. 12. 1991, V ZB 27/90; in diesem Sinne auch zu geringfügigen optischen Beeinträchtigungen OLG Köln, 30. 7. 1980, 16 Wx 67/80; BayObLG, 3. 12. 1981, 2 Z 80/80 m. w. N.; auch KG Berlin, 7. 10. 1992, 24 W 235/92, zur Anbringung von schmiedeeisernen Fenster-Schutzgittern, vgl. dazu Kap. 13.13, Fenstergitter; vgl. auch OLG Düsseldorf, 14. 6. 1993, 3 Wx 129/92, wonach zunächst die „nennenswerte Auswirkung“ einer baulichen Veränderung zu prüfen sei, um dann die Frage einer „nachteiligen Veränderung“ zu klären; LG Bremen, 15. 5. 1997, 2 T 126/97 b, dort zur entbehrlichen Zustimmung bei optischer Verbesserung durch eine symmetrische Ergänzung von Dachfenstern).

Im Übrigen kann selbst bei einer objektiv konkreten baulichen Veränderung eine nachteilige optische Beeinträchtigung dann zu verneinen sein, wenn diese Beeinträchtigung durch andere Maßnahmen aufgehoben wird (BayObLG, 29. 10. 1998, 2Z BR 81/98; 24. 6. 1999, 2Z BR 48/99; 29. 9. 1999, jeweils zur „Aufhebung“ eines Nachteils durch verdeckende Bepflanzungen mit Thujen bzw. immergrünen

Pflanzen vor Schuppen auf Dachterrasse und Sichtschutzwand).
Die Gefahr der „Nachahmung“ im Falle einer baulich-optischen Veränderung stellt für sich allein genommen keinen Nachteil dar, der das Zustimmungserfordernis auslöst. Es handelt sich dabei nur um ein zusätzliches Argument, das im Falle der Interessenabwägung zu berücksichtigen sein kann (BayObLG, 12. 8. 1999, 2Z BR 39/99; vgl. zu den Folgewirkungen durch Maßnahmen anderer Eigentümer OLG Zweibrücken, 12. 1. 1999, 3 W 193/98).

13.3.2.3 Beschränkungen des Gebrauchsrechts

Wird durch bauliche Veränderungen das jedem Wohnungseigentümer gemäß § 13 Abs. 2 WEG zustehende Recht zum Mitgebrauch des gemeinschaftlichen Eigentums beeinträchtigt oder sogar unmöglich gemacht, liegt ein Nachteil im Sinne von § 14 Nr. 1 WEG vor mit der Folge, dass die Zustimmung aller bzw. „nur“ derjenigen erforderlich ist, die in ihren Rechten beeinträchtigt sind.
Bei der Beurteilung der Beeinträchtigung ist auf den bestimmungsmäßigen Gebrauch der Anlagen und Einrichtungen abzustellen, so dass nicht jede Gebrauchsbeeinträchtigung auch einen solchen Nachteil darstellt wie beispielsweise für das Betreten des im gemeinschaftlichen Eigentums stehenden Heizungsraumes (BGH, 18. 1. 1979, VII ZB 19/78; OLG Stuttgart, 17. 8. 1979, 8 W 270/79; vgl. auch BayObLG, 10. 3. 1972, 2 Z 78/71).
Wird ein Wohnungseigentümer durch bauliche Veränderungen, die ein Miteigentümer zulässigerweise am gemeinschaftlichen Eigentum vornimmt, nur vorübergehend im Gebrauch und in der Nutzung des Gemeinschafts- oder des Sondereigentums gestört, folgt daraus kein erstattungsfähiger Vermögensschaden (KG Berlin, 21. 1. 1998, 24 W 5061/97; zur vorübergehenden Lärmbeeinträchtigung durch erlaubten Dachausbau).

Die Möglichkeit, dass die durch bauliche Veränderungen geschaffenen Anlagen und Einrichtungen missbräuchlich genutzt werden könnten, stellt keinen Nachteil dar, der die Zustimmung erforderlich macht, wenn der bestimmungsgemäße Gebrauch der baulich veränderten Anlagen keine Störungen hervorruft (OLG Karlsruhe, 28. 8. 1997, 11 Wx 94/96).
Bei dauerhafter Beeinträchtigung des Sondereigentums eines anderen Eigentümers bedürfen bauliche Veränderungen dessen Zustimmung (OLG Düsseldorf, 27. 3. 2000, 3 Wx 53/00, zur Führung von Wasserleitungen durch zwei Deckendurchbrüche in Sondereigentumskellern).
Auch die durch eine bauliche Veränderung ermöglichte intensivere Nutzung der Räumlichkeiten bzw. Anlagen kann zu einer Beeinträchtigung der Gebrauchsrechte der übrigen Eigentümer führen und stellt damit einen Nachteil im Sinne von § 14 Nr. 1 WEG dar (BayObLG, 17. 7. 1996, 2Z BR 58/96, zur intensiveren Nutzung nach Zusammenlegung zweier Wohnung durch Mauerdurchbruch).
Die Tatsache, dass sich durch eine bauliche Veränderung die Zahl oder die Größe der Wohnungen verändern, stellt allein keinen Nachteil im Sinne von § 14 Nr. 1 WEG dar und löst nicht bereits deshalb das Zustimmungserfordernis aus (BGH, 20. 12. 2000, V ZB 45/00; BayObLG, 8. 9. 2000, 2Z BR 8/00).

13.3.2.4 Lästige Immissionen

Als Nachteil im Sinne von § 14 Nr. 1 WEG kommen grundsätzlich auch lästige Immissionen in Betracht. Hierbei handelt es sich im Wesentlichen um Beeinträchtigungen durch Lärm, Schmutz und Geruch.

1. Lärmbeeinträchtigungen

Kurzfristige, bei der Vornahme baulicher Veränderungen auftretende Lärmbeeinträchtigungen stellen im Regelfall keinen Nachteil im Sinne von § 14 Nr. 1 WEG dar, jedenfalls dann nicht, wenn sie sich im Rahmen des danach zulässigen Maßes halten (so AG Hannover, 30. 8. 1968, 86 II 115/67; BayObLG, 14. 1. 1999, 2Z BR 125/98; 10. 5. 1990, 2 Z 26/90; 14. 1. 1999, 2Z BR 125/98).
Anhaltende und auf Dauer nicht auszuschließende Beeinträchtigungen durch Lärmeinwirkungen stellen jedoch einen Nachteil im Sinne von § 14 Nr. 1 WEG dar, der von den übrigen Eigentümern nicht geduldet zu werden braucht (BayObLG, 4. 10. 1982, 2 Z 35/82, zur Beeinträchtigung durch Trittschalllärm; 16. 12. 1993, 2Z BR 113/93, zur Duldungspflicht bei Auswechseln des Bodenbelages, wenn die Anforderungen der DIN 4109 eingehalten werden; 27. 3. 1984, 2 Z 22/83, zur Frage der zulässigen Geräuschbeeinträchtigung durch die gemeinschaftliche Heizungsanlage; OLG Düsseldorf, 19. 8. 2009, I-3 Wx 233/08, zu wiederholten Beeinträchtigungen durch Geschrei, laute Musik, Springen, Trampeln, Möbelrücken; OLG Stuttgart, 23. 9. 1969, 8 W 147/67, zur Lärmbelästigung durch Regenfall auf eine Kunststoffterrassenüberdachung; offen gelassen hinsichtlich Lärmbelästigungen durch zusätzlichen Kfz.-Verkehr, OLG Frankfurt, 5. 11. 1979, 20 W 279/79, bejahend in der Vorinstanz; AG Berlin-Charlottenburg, 6. 11. 1981, 70 II 93/81, zur zusätzlichen Lärmbelästigung durch Aufstellung einer Tischtennisplatte auf einem Kleinkinderspielplatz).
Treten dauerhafte Lärmbelästigungen als Folge baulicher Veränderungen im Sondereigentumsbereich auf, kann auch hier gemäß § 14 Nr. 1 WEG ein Unterlassungs- bzw. Beseitigungs- oder Wiederherstellungsanspruch geltend gemacht werden (BayObLG, 8.7. 1981, 2 Z 81/80, Beseitigungsanspruch bejaht bei nachträglichem Einbau geräuschverursachender Wasserleitungsarmaturen; offen gelassen hinsicht-

lich eines Beseitigungsanspruchs bei Aufbringung eines Holzpodestes auf dem Fußboden; BayObLG, 16. 12. 1993, 2Z BR 113/93, bei Auswechseln eines Bodenbelages; zum Schadensersatz wegen Lärmstörungen vgl. BayObLG, 24. 10. 2001, 2Z BR 120/01; KG Berlin, 10. 1. 1990, 24 W 6746/89, keine zusätzliche Lärmbeeinträchtigung bei Deckendurchbruch zwecks Verbindung zweier Wohnungen, der jedoch aus anderen Gründen als bauliche Veränderung zu beseitigen war).

Liegen Geräuschbeeinträchtigungen, die durch die Benutzung von Bad- und Toiletteninstallationen auftreten, unter oder nur geringfügig über den zulässigen DIN-Werten, können Beseitigungs- oder Unterlassungsansprüche nicht geltend gemacht werden (BayObLG, 18. 11. 1999, 2Z BR 77/99, dort zur Duldung von Geräuschbeeinträchtigungen nach erfolgter Baderneuerung unter Berücksichtigung der aktuell geltenden DIN-Norm, hier DIN 4109 (1989) anstelle DIN 4109 (1962).

Zu Lärmbeeinträchtigungen siehe auch: Kap. 13.13 Kinderspielplatz

2. Beeinträchtigungen durch Schmutz

Bei Beeinträchtigungen durch Schmutz ist ebenfalls zunächst zu prüfen, ob es sich um kurzfristige oder um andauernde Beeinträchtigungen handelt, die durch bauliche Veränderungen verursacht werden.

Schmutzbeeinträchtigungen durch Baumaßnahmen selbst werden im Regelfall wegen ihrer begrenzten Dauer zu dulden sein (vgl. AG Hannover, a. a. O.; BayObLG, 4. 10. 1982, 2 Z 35/82; 14. 1. 1999, 2Z BR 125/98; 10. 5. 1990, 2 Z 26/90; 6. 4. 1982, 2 Z 41/81, im Ergebnis aber offen gelassen; LG Hamburg, 10. 9. 2010, 318 S 24/09).

Treten dagegen als Folge baulicher Veränderungen am gemeinschaftlichen Eigentum anhaltende Beeinträchtigungen durch Schmutz auf, die über das nach § 14 Nr. 1 WEG zulässige unvermeidliche Maß hinausgehen, bedürfen diese Maßnahmen der Zustimmung aller betroffenen Eigentümer. Bei fehlender Zustimmung können auch nach Abschluss der Baumaßnahmen Beseitigungs- oder Wiederherstellungsansprüche von jedem beeinträchtigten Wohnungseigentümer selbständig geltend gemacht werden.

3. Geruchsbelästigungen

Auch Geruchsbelästigungen dauerhafter Art als Folge baulicher Veränderungen können einen nicht hinzunehmenden Nachteil im Sinne von § 14 Nr. 1 WEG darstellen.
Dies gilt sowohl für Geruchsbelästigungen durch gesteigerten Kfz.-Verkehr bei Einrichtung neuer oder Verlegung bestehender Kfz.-Stellplätze wie auch für die Verlegung eines Müllcontainers (OLG Karlsruhe, 12.1. 1978, 3 W 14/77, vorliegend wurde Beeinträchtigung verneint).
Auch Küchen- oder Abluftdünste, die über Entlüftungsrohre ins Freie geleitet werden, können eine vermeidbare und damit nicht zu duldende Beeinträchtigung im Sinne des § 14 Nr. 1 WEG darstellen (BayObLG, 21. 6. 1990, 1b Z 36/89; 12. 4. 2000, 2Z BR 151/99; 12. 8. 2004, 2Z BR 148/04, dort auch zur Anwendbarkeit von § 906 BGB; vgl. auch BayObLG, 22. 9. 2004, 2Z BR 103/04, dort zur Geruchsbelästigung durch griechisches Spezialitätenrestaurant).
Grundsätzlich kommt es bei nachteilig wirkenden Immissionen im konkreten Einzelfall in erster Linie immer darauf an, ob es sich um anhaltende Beeinträchtigungen handelt und ob diese im Vergleich zu bisherigen Störungen einen zusätzlichen, vermeidbaren Nachteil darstell13.3.2.5 Änderung der Zweckbestimmung

13.3.2.5 Änderung der Zweckbestimmung

Wird durch eine bauliche Veränderung im oder am gemeinschaftlichen Eigentum eine Änderung der Zweckbestimmung vorgenommen, stellt dies regelmäßig eine Beein-

trächtigung dar, durch die die übrigen Wohnungseigentümer in vermeidbarer Weise tatsächlich benachteiligt werden.
Eine solche Maßnahme kann daher stets nur mit Zustimmung aller Wohnungseigentümer vorgenommen werden (OLG Frankfurt, 5. 11. 1979, 20 W 279/79, zur Verlegung eines Müllcontainerplatzes; OLG Stuttgart, 26. 5. 1961, 8 W 238/60, zur Schaffung zusätzlicher Kfz.-Stellplätze auf bisheriger Grünfläche; KG Berlin, 31. 8. 1967, 1 W 873/67, zur Aufstellung von Fertiggaragen auf Kfz.-Abstellplätzen; AG Berlin-Charlottenburg, 6. 11. 1981, 70 II 93/81, zur Aufstellung einer Tischtennisplatte auf einem Kleinkinderspielplatz).

13.3.2.6 Zusätzliche finanzielle Belastungen

Nach bisher herrschender Auffassung gilt, dass grundsätzlich wegen der kostenbefreienden Wirkung nach § 16 Abs. 6 WEG die durch eine bauliche Veränderung bewirkten Kosten als Nachteil im Sinne von § 14 Nr. 1 WEG ausscheiden (so insbesondere BayObLG, 9. 6. 1988, 2 Z 54/88; vgl. dazu auch Demharter, MDR 1988, 265).
Wenn nach inzwischen vertretener, allerdings strittiger Auffassung nur derjenige Wohnungseigentümer sich auf die Kostenbefreiung nach § 16 Abs. 6 WEG berufen kann, der mangels Beeinträchtigung im Sinne von § 14 Nr. 1 WEG einer baulichen Veränderung nicht zuzustimmen braucht, muss zweifelhaft sein, ob ein durch die bauliche Veränderung auch kostenmäßig nachteilig betroffener Eigentümer bei Nichtzustimmung sich weiterhin auf die kostenbefreiende Wirkung des § 16 Abs. 6 WEG berufen kann oder er den Beschluss anfechten muss, um von Kosten befreit zu werden (vgl. zur Kostenbefreiung allein der nicht zustimmungspflichtigen Eigentümer LG München I, 28. 2. 2011, 1 S 19089/10, Revision zum BGH zugelassen; vgl. dazu Kap.13.8 Kostenbefreiung).

13.3.2.7 Gefährdung der Wohnungseigentümer

Werden durch bauliche Veränderungen Wohnungseigentümer gefährdet, insbesondere gesundheitlich, stellt auch dies einen Nachteil im Sinne von § 14 Nr. 1 WEG dar (BayObLG, 19. 1. 1984, 2 Z 17/83, zum Einbau einer Wasserenthärtungsanlage; vgl. dazu auch Kap. 13.13, Wasserenthärtungsanlage; zur Beeinträchtigung der Sicherheit vor Einbrüchen vgl. OLG Zweibrücken, 2. 2. 2000, 3 W 12/00; zu gesundheitlichen Beeinträchtigungen durch Mobilfunkantennen vgl. OLG Hamm, 3. 1. 2002, 15 W 287/01).
Ob bereits die Möglichkeit oder das nicht ausschaltbare Risiko einer Gefährdung einen Nachteil darstellt, ist im Hinblick auf die neuere Rechtsauffassung zur objektiven und konkreten Benachteiligung (BGH, 19. 12. 1991, V ZB 27/90) zu verneinen.
So wurde bisher schon die Meinung vertreten, dass es bei einer möglichen Gefährdung nicht auf das subjektive Empfinden des einzelnen Wohnungseigentümers ankommt, sondern darauf, ob nach der Verkehrsanschauung verständlicherweise von einer Beeinträchtigung ausgegangen werden kann (vgl. insoweit BGH, a. a. O.).

13.3.2.8 Streitigkeiten der Wohnungseigentümer

Ob Streitigkeiten der Wohnungseigentümer als Folge baulicher Veränderungen einen Nachteil im Sinne von § 14 Nr. 1 WEG darstellen mit der Folge, dass die vorgesehenen baulichen Maßnahmen der Zustimmung aller Eigentümer bedürfen, ist nach herrschender Rechtsmeinung zu verneinen (so aber früher HansOLG Hamburg, 7. 4. 1987, 2 W 24/86).
Beeinträchtigungen aus baulichen Veränderungen müssen objektiv und konkret dargelegt werden, um bejahendenfalls das Zustimmungserfordernis auszulösen (BGH, a. a. O., früher auch bereits OLG Karlsruhe, 14. 1. 1985, 11 W

102/84). Diese Beeinträchtigungen sind für jeden Fall konkret zu prüfen.
Ob sich aus einer möglichen Häufung im Falle der „Nachahmung" der baulichen Veränderung Streitigkeiten ergeben können, ist deshalb ebenfalls kein Kriterium für die konkrete objektive Beeinträchtigung im Sinne von § 14 Nr. 1 WEG.
Den nachteilig betroffenen Eigentümern steht es nämlich frei, bei eigenmächtigen, ohne die erforderliche Zustimmung vorgenommenen baulichen Veränderungen Beseitigungs- oder Wiederherstellungsansprüche geltend zu machen. Eine „Aufrechnung" findet bei baulichen Veränderungen nicht statt (zum Aufrechungsverbot vgl. Kap. 13.9.4).
Erweist sich bei konkreter und objektiver Prüfung eine bauliche Veränderung im Einzelfall als nicht nachteilig, kann sie dennoch später als nachteilig angesehen werden, wenn gleichartige Folgemaßnahmen zu einer Häufung und so insgesamt zu einer nachteiligen Veränderung führen. Dies kann einen Beseitigungsanspruch auch hinsichtlich der zuerst vorgenommenen baulichen Veränderung begründen (vgl. hierzu OLG Düsseldorf, 2. 12. 1992, 3 Wx 159/92, zu einer – zunächst – als zulässig erachteten Errichtung einer Parabolantenne).

13.3.2.9 Beeinträchtigung der Grundrechte/Informationsfreiheit/Eigentumsgarantie/Gleichheitsgrundsatz

Die zunehmende Verbreitung zunächst des Breitbandkabelanschlusses und neuerdings des Fernsehempfangs durch Parabolantennen hat zur strittigen Auseinandersetzung darüber geführt, wie die aus einer baulichen Veränderung resultierenden Nachteile im Sinne von § 14 Nr. 1 WEG im Rahmen der nach dem Grundgesetz vorzunehmenden Interessenabwägung zwischen dem Grundrecht auf freie Information, dem Gleichheitsgrundsatz und dem Recht auf freie

Berufsausübung einerseits und der Eigentumsgarantie und dem daraus abgeleiteten Anspruch auf Schutz des Eigentums andererseits zu werten sind (vgl. Kap. 13.13, Kabelfernsehen, Parabolantenne).

13.3.2.10 Schaffung eines rechtlich ordnungswidrigen Zustandes

Nach herrschender Meinung kann ein Nachteil im Sinne von § 14 Nr. 1 WEG nicht bereits aus dem Umstand hergeleitet werden kann, dass die durch einen Wanddurchbruch zwischen zwei Wohnungen hervorgerufene Aufhebung der Abgeschlossenheit zu einem rechtswidrigen Zustand führt, der der Teilungserklärung widerspricht und der im Gegensatz zu § 3 Abs. 2 WEG steht (BGH, 20. 12. 2000, V ZB 45/00; BayObLG, 8. 9. 2000, 2Z BR 8/00; vgl. auch Kap. 13.13, Deckendurchbruch, Mauerdurchbruch).

13.4 Mehrheitsbeschluss bei baulichen Veränderungen

Nach § 22 Abs. 1 Satz 1 WEG können bauliche Veränderungen und Aufwendungen, die über die ordnungsmäßige Instandhaltung und Instandsetzung hinausgehen, beschlossen oder verlangt werden, wenn jeder Wohnungseigentümer zustimmt, dessen Rechte über das in § 14 Nr. 1 WEG bestimmte Maß hinaus beeinträchtigt werden. Die Zustimmung ist nicht erforderlich, soweit die Rechte eines Wohnungseigentümers nicht beeinträchtigt werden.
Unabhängig davon, ob alle oder nur einzelne Wohnungseigentümer im Sinne von § 14 Nr. 1 WEG beeinträchtigt und folglich zustimmungspflichtig sind, ist nach vorherrschender Auffassung grundsätzlich eine Beschlussfassung in der Wohnungseigentümerversammlung erforderlich.
Dabei ist neben dem erforderlichen Mehrheitsbeschluss der erschienenen Wohnungseigentümer stets die Zustimmung

aller beeinträchtigten Eigentümer erforderlich. (Merle in Bärmann § 22 Rn 119, 123 ff., 135; Vandenhouten in Niedenführ/Kümmel/Vandenhouten § 22 Rn 120; LG Berlin, 29. 10. 2010, 55 S 155/10 WE).

Dies gilt auch für den Fall, dass ein einzelner Wohnungseigentümer die Zustimmung zu einer baulichen Veränderung verlangt. Diese Vorbefassung der Wohnungseigentümerversammlung ist nur dann entbehrlich, wenn sie dem die Zustimmung verlangenden Eigentümer nicht zugemutet werden kann, weil beispielsweise im Einzelfall eindeutig feststeht, dass keinerlei Nachteil im Sinne von § 14 Nr. 1 WEG ausgelöst werden oder wenn von vornherein davon auszugehen ist, dass die übrigen Wohnungseigentümer die Zustimmung verweigern (LG München I, 16. 11. 2009, 1 S 4964/09).

Die Einholung der erforderlichen Zustimmung außerhalb der Versammlung ist nicht zulässig (vgl. dazu Vandenhouten in Niedenführ/Kümmel/Vandenhouten § 22 Rn 116; Merle in Bärmann § 22 Rn 133; a. A. Armbrüster, ZWE 2008, 61; Häublein, NZM 2007, 752).

Kommt ein Mehrheitsbeschluss zustande, dem nicht alle beeinträchtigten Eigentümer zugestimmt haben, ist dieser Mehrheitsbeschluss wegen der grundsätzlich gemäß § 22 Abs. 1 Satz 1 WEG eingeräumten Beschlusskompetenz als gesetzeswidriger Mehrheitsbeschluss nicht nichtig, sondern nur anfechtbar. Erfolgt keine Anfechtung, ist der Beschluss wirksam.

Wird in diesem Fall eine bauliche Veränderung aufgrund eines gesetzeswidrigen Mehrheitsbeschlusses ausgeführt, ist die beschlossene Maßnahme auch von den Miteigentümern zu dulden, die dem Beschluss nicht zugestimmt haben, mit der Folge, dass sie auch keine Beseitigung verlangen können (so schon früher BayObLG, 2. 5. 1984, 2 Z 18/84; 31. 10. 1989, 1 b Z 26/88; 29. 3. 2000, 2Z BR 159/99; zur Kostentragung und Kostenverteilung in diesen Fällen siehe dazu Kap. 13.7 und 13.8).

Ein Verwalter ist allerdings nicht verpflichtet, einen Beschluss über eine bauliche Veränderung als angenommen zu verkünden, der nicht die erforderliche Mehrheit gefunden hat. Ebenso ist auch das Gericht nicht verpflichtet, das Zustandekommen eines Mehrheitsbeschlusses festzustellen, wenn der Verwalter wegen an sich erforderlicher Einstimmigkeit zu einer baulichen Veränderung den Beschluss als abgelehnt verkündet hat (LG München I, Urteil vom 27. 4. 2009, 1 S 19129/08; a. A. AG Oberhausen, 22. 12. 2009, 34 C 55/09, zur Pflicht des Verwalters, auch fehlerhafte Beschlüsse zu verkünden).

13.5 Die Abdingbarkeit des Zustimmungsbedürfnisses

Die Vorschrift des § 22 Abs. 1 WEG ist abdingbar, es handelt sich insoweit um dispositives Recht (so u. a. BayObLG, 9. 12. 1999, 2Z BR 101/99; 3. 6. 1987, 2 Z 34/87).
Somit können sowohl in der Teilungserklärung als auch in der Gemeinschaftsordnung Regelungen getroffen werden, die die Zulässigkeit einer baulichen Veränderung von einem einfachen bzw. qualifizierten Mehrheitsbeschluss oder auch von der (schriftlichen) Zustimmung des Verwalters oder der Wohnungseigentümer abhängig machen (vgl. hierzu KG Berlin, 19. 6. 1969, 1 W 2890/68; BayObLG, 20. 6. 1974, 2 Z 22/74, m. w. N.; OLG Düsseldorf, 10. 3. 1997, 3 Wx 159/95, auch zum Unterschied zwischen der Zustimmung durch den Verwalter und der die Zustimmung aller Eigentümer ersetzenden Verwalterzustimmung).
Aufgrund der Abdingbarkeit kann also statt der unter Umständen erforderlichen Zustimmung aller Eigentümer zu einer baulichen Veränderung, beispielsweise bei einer optischen Beeinträchtigung, bei entsprechender Vereinbarung ein Mehrheitsbeschluss ausreichen.
Aber auch durch einen danach ausreichenden Mehrheitsbeschluss kann nur solchen baulichen Veränderungen zuge-

stimmt werden, durch die die Grenzen der ordnungsmäßigen Verwaltung im Übrigen nicht überschritten und die Wohnungseigentümer nicht unbillig benachteiligt werden (vgl. insoweit OLG Düsseldorf, 27. 4. 1990, 3 Wx 9/90; BayObLG, 10. 5. 1989, 2 Z 121/88; KG Berlin, 28. 7. 1999, 24 W 1542/99; vgl. auch Kap. 13.6).

Ist gemäß Teilungserklärung ein Ausbaurecht und damit grundsätzlich eine zulässige bauliche Veränderung vereinbart, brauchen die Miteigentümer dennoch nur solche Beeinträchtigungen zu dulden, die zur Realisierung des vereinbarten Ausbaurechts unabdingbar notwendig sind. Darüber hinausgehende Maßnahmen sind als zustimmungsbedürftige bauliche Veränderungen anzusehen (KG Berlin, 16. 1. 1984, 24 W 4224/83, zum vereinbarten Ausbaurecht eines Dachgeschoss-Teileigentums in Wohnungseigentum).

Zulässig ist auch eine Vereinbarung, wonach die Vorschrift des § 22 Abs. 1 WEG in Verbindung mit § 14 Nr. 1 WEG grundsätzlich nicht gilt. In einem solchen Fall treten an die Stelle der WEG-Vorschriften die nachbarrechtlichen Vorschriften des Privatrechts in Verbindung mit den Vorschriften des öffentlichen Baurechts (BayObLG, 9. 12. 1999, 2Z BR 101/99).

Die Abdingbarkeit des § 22 Abs. 1 Satz 2 WEG lässt aber auch Vereinbarungen zu, nach denen grundsätzlich zu jeder baulichen Veränderung die Zustimmung aller Eigentümer erforderlich ist (BayObLG, 25. 9. 1997, 2Z BR 79/97). Ebenso kann ein Verbot baulicher Veränderungen vereinbart werden, und zwar auch für den Fall, dass andere Eigentümer durch die Maßnahme nicht wesentlich beeinträchtigt werden (OLG Düsseldorf, 7. 1. 2005, I-3 Wx 306/04).

13.6 Zustimmung zu baulichen Veränderungen durch den Verwalter

Wegen der Abdingbarkeit des § 22 Abs. 1 WEG kann die Zulässigkeit baulicher Veränderungen durch einzelne Wohnungseigentümer von der Zustimmung des Verwalters oder der Wohnungseigentümergemeinschaft abhängig gemacht werden (OLG Frankfurt, 18. 11. 1983, 20 W 461/83).
Dabei wird vielfach ergänzend vereinbart, dass die Zustimmung nur aus einem wichtigen Grund verweigert werden darf.
Die nach der Gemeinschaftsordnung insoweit dem Verwalter übertragene Zustimmungsbefugnis stellt jedoch nach vorherrschender Meinung nur ein zusätzliches Erfordernis dar, das neben die Zustimmung der nachteilig betroffenen Eigentümer tritt (BayObLG, 2. 3. 2000, 2Z BR 152/99; 18. 7. 1991, 2 Z 64/91; OLG Köln, 7. 6. 1995, 16 Wx 78/95; vgl. auch Kap. 13.4.1).
Die „Rückdelegierung" der vom Verwalter zu erteilenden Zustimmung in die Wohnungseigentümerversammlung ist grundsätzlich zulässig, so dass jedenfalls ein „gewerblicher Verwalter" unter bestimmten Voraussetzungen die Weisung der Eigentümer einholen kann, wenn ernsthafte Zweifel bestehen, ob ein wichtiger Grund zur Verweigerung der Zustimmung vorliegt (BGH, 21. 12. 1995, V ZB 4/94; vgl. auch OLG Frankfurt, 18. 11. 1983, 20 W 461/83, keine Pflichtwidrigkeit des Verwalters bei der Übertragung der Zustimmungserklärung auf die Eigentümerversammlung; zu weiteren Einzelheiten vgl. Kap. 15.5.2).
Im Übrigen sind die Wohnungseigentümer grundsätzlich nicht gehindert, eine vom Verwalter erteilte Zustimmung zur Vornahme baulicher Veränderungen durch einen Miteigentümer der gerichtlichen Überprüfung gemäß § 21 Abs. 4 WEG zu unterstellen (BayObLG, 20. 6. 1974, 2 Z 22/74).
Ohne entsprechende Ermächtigung durch Teilungserklä-

rung, Gemeinschaftsordnung oder Vereinbarung der Wohnungseigentümer ist der Verwalter allerdings grundsätzlich nicht befugt, die Zustimmung zu baulichen Veränderungen zu erteilen, auch dann nicht, wenn es um die Erteilung der Zustimmung „als Grundeigentümer“ oder als „Bevollmächtigter“ nach den Vorschriften der Landesbauordnungen zu Bauanträgen einzelner Wohnungseigentümer geht (LG Hamburg, 20. 7. 1989, 20 T 94/88, auch zum Schadensersatzanspruch gegen den Verwalter bei insoweit unbefugtem Handeln).
Schadensersatzpflichtig kann sich ein Verwalter im Übrigen dann machen, wenn er in Verkennung der Rechtslage einen Wohnungseigentümer dahingehend berät, dass die von ihm vorgesehenen baulichen Veränderungen nicht nachteilig im Sinne von § 14 Nr. 1 WEG sind und die Zustimmung der übrigen Eigentümer insoweit nicht erforderlich ist (vgl. BGH, 2. 10. 1991, V ZB 9/91, zum Ersatz von Rechtsverfolgungskosten, die einem Eigentümer entstanden waren, der Beseitigungsansprüche wegen baulicher Veränderungen geltend gemacht hatte).

13.7 Gerichtliche Feststellung des Zustimmungserfordernisses

Da in der Praxis immer wieder strittig ist, ob eine bauliche Veränderung gemäß § 22 Abs. 1 Satz 1 WEG der Zustimmung der Wohnungseigentümer bedarf oder ob gemäß § 22 Abs. 1 Satz 2 WEG die Zustimmung nicht erforderlich ist, kann nach bisher vorherrschender Rechtsmeinung bereits vor einer entsprechenden Beschlussfassung durch die Wohnungseigentümer eine gerichtliche Feststellung zum Zustimmungserfordernis beantragt werden.
Eine ablehnende Entscheidung des Gerichts führt in einem solchen Fall zu einer abschließenden Beurteilung der strittigen Frage, eine positive Entscheidung wird in der Regel

maßgeblich für die Beschlussfassung in der Wohnungseigentümerversammlung sein (KG Berlin, 31. 8. 1967, 1 W 973/67; a. A. LG Köln, 3. 7. 1989, 30 T 69/89, wonach vor einer Beschlussfassung in der Wohnungseigentümerversammlung das Gericht nicht zur Klärung einer Rechtsfrage angerufen werden kann).

13.8 Kostentragung und -verteilung bei baulichen Veränderungen

Grundsätzlich sind die Kosten baulicher Veränderungen gemäß § 16 Abs. 2 WEG auf alle Eigentümer zu verteilen, sofern nicht eine abweichende Vereinbarung gemäß § 10 Abs. 2 Satz 2 WEG oder eine gemäß § 16 Abs. 4 WEG abweichende Beschlussfassung eine andere Verteilung regelt oder auch eine Kostenbefreiung nach § 16 Abs. 6 WEG zum Tragen kommt.

13.8.1 Kostenverteilung durch ein-/allstimmigen Beschluss

Werden bauliche Veränderungen mit der erforderlichen Zustimmung aller Wohnungseigentümer (ein- bzw. allstimmig) beschlossen, richtet sich die Verteilung der Kosten nach den Vorschriften des § 16 Abs. 2 WEG bzw. einem abweichend davon vereinbarten Verteilungsschlüssel.
Erforderlich ist jedoch nicht nur der Beschluss über die Durchführung der Maßnahme, sondern die ausdrückliche Einbeziehung der Kostenverteilung in die Beschlussfassung (vgl. OLG Köln, 27. 2. 1998, 16 Wx 30/98, zur Beschlussfassung nur über die Sanierungsmaßnahme, nicht über deren Finanzierung).
Deshalb kann ein Beschluss, der ausweislich der Beschlussniederschrift nur die Durchführung einer baulichen Veränderung beinhaltet, nicht dahingehend ausgelegt werden,

dass gleichzeitig auch eine Regelung über die Kostentragung und Kostenverteilung auf alle Eigentümer entsprechend dem allgemeinen Verteilungsschlüssel getroffen worden ist (OLG Hamm, 23. 3. 1997, 15 W 314/96).
Ist nur die Maßnahme als solche ein-/allstimmig beschlossen worden, aber keine ebenso eindeutige Beschlussfassung über die Kostenverteilung erfolgt, kann in der Praxis das Problem entstehen, dass das Zustandekommen einer ebenfalls ein-/allstimmig beschlossenen Kostenverteilung bezweifelt wird und einzelne Eigentümer sich deshalb mangels Zustimmung – zumindest nach früherer Rechtsauffassung – auf die Kostenbefreiung gemäß § 16 Abs. 6 WEG berufen könnten (zur Kostenbefreiung vgl. Kap.13.9).
Hier kann nur eine namentliche Abstimmung diese Probleme verhindern.

13.8.2 Kostenverteilung durch einfachen Mehrheitsbeschluss

Beschließen die Wohnungseigentümer nur mit Mehrheit über eine bauliche Veränderung, obwohl nicht alle Eigentümer zugestimmt haben, die wegen Beeinträchtigung im Sinne von § 14 Nr. 1 WEG hätten zustimmen müssen, ist dieser Beschluss als – nur – gesetzeswidriger Mehrheitsbeschluss gültig, wenn er nicht innerhalb Monatsfrist angefochten und durch rechtskräftiges Urteil für ungültig erklärt ist.
Ist in einem solchen Fall gleichzeitig ein Mehrheitsbeschluss gefasst, wonach die Kosten auf alle, auch auf die nicht zustimmungspflichtigen Eigentümer, gemäß § 16 Abs. 2 WEG zu verteilen sind, ist dieser Beschluss als gesetzändernder Mehrheitsbeschluss nichtig (BGH, 20. 9. 2000, V ZB 58/99).

13.8.3 Kostenverteilung durch qualifizierten Mehrheitsbeschluss

Aufgrund der erweiterten Beschlusskompetenz können die Wohnungseigentümer gemäß § 16 Abs. 4 WEG im Einzelfall bei konkret beschlossenen baulichen Veränderungen eine von der gesetzlichen Kostenverteilung gemäß § 16 Abs. 2 WEG (nach Miteigentumsanteilen) abweichende Kostenverteilung mit doppelt qualifizierter Mehrheit (Dreiviertelmehrheit aller stimmberechtigten Eigentümer und mehr als die Hälfte der Miteigentumsanteile) beschließen. Der insoweit abweichend zu beschließende Verteilungsschlüssel muss dem Gebrauch oder der Möglichkeit des Gebrauchs Rechnung tragen.
Haben die Wohnungseigentümer im Rahmen der mehrheitlich beschlossenen baulichen Veränderungen eine Höchstgrenze für die Kosten festgelegt, kann nach vereinzelt vertretener Auffassung ein Wohnungseigentümer nicht gegen seinen Willen gezwungen werden, sich an den an den überschießenden Kosten zu beteiligen (BayObLG, 27. 2. 1986, 2 Z 99/85, allerdings insoweit vom Ergebnis her unbefriedigend, da es das Gericht offen ließ, ob insoweit auch nur ein eingeschränktes Nutzungsrecht ausgeübt werden darf).

13.9 Kostenbefreiung bei baulichen Veränderungen

Stimmt ein Wohnungseigentümer einer baulichen Veränderung nicht zu, konnte er sich nach bisher herrschender Meinung auf die kostenbefreiende Wirkung des § 16 Abs. 6 Satz 1 2. Halbsatz WEG berufen (vgl. dazu auch Merle in Bärmann § 16 Rn 141). Er war dann allerdings gemäß § 16 Abs. 6 Satz 1, 1. Halbsatz, WEG auch nicht berechtigt, Nutzen aus dieser Maßnahme zu ziehen.
Soweit in einem solchen Fall eine abgetrennte Nutzung fak-

tisch nicht möglich war, konnte das dazu führen, dass der betroffene Eigentümer zwar nicht von vornherein zur anteiligen Kostentragung herangezogen werden konnte, aber im Nachhinein wegen der Unmöglichkeit des Ausschlusses von den Nutzungen aus dem Gesichtspunkt der ungerechtfertigten Bereicherung (§§ 812ff. BGB) letztendlich doch an den Kosten der Maßnahmen zu beteiligen war (vgl. BayObLG, 11. 12. 1980, 2 Z 74/79, zum mehrheitlich beschlossenen Einbau von Rauchgasklappen zwecks Energieeinsparung; vgl. auch OLG Hamm, 14. 5. 2002, 15 W 300/01, zu einem geschuldeten Bereicherungsausgleich durch einen Eigentümer, der einer baulichen Veränderung nicht zugestimmt hat; a. A. Merle in Bärmann § 16 Rn 142, 148, da sich der Ausschluss von den „Nutzungen" nur auf Früchte im Sinne von § 99 BGB, nicht aber auf Gebrauchsvorteile aus der baulichen Veränderung erstreckt).

Nach dieser bisher herrschenden Meinung hatte auch der Wohnungseigentümer, der eine bauliche Veränderung eigenmächtig ohne Zustimmung der übrigen Eigentümer durchgeführt hatte, wegen der Kostenbefreiung der anderen Eigentümer gemäß § 16 Abs. 6 WEG sämtliche Folgekosten aus der eigenmächtig ohne Zustimmung durchgeführten Maßnahme zu tragen (OLG Karlsruhe, 27. 8. 1986, 11 W 39/86; BGH, 9. 12. 1991, V ZB 27/90, auch zu der den öffentlichen Glauben des Grundbuchs überlagernder Wirkung des § 16 Abs. 6 Satz 1 WEG, insoweit auch zur kostenbefreienden Wirkung gegenüber einem Sondernachfolger).

Diese sich nach bisheriger Auffassung zu § 16 Abs. 6 WEG ergebenden Rechtsfolgen (vgl. dazu auch Merle in Bärmann § 16 Rn 143) sind inzwischen jedoch strittig, weil nach gegenteilig vertretener Rechtsauffassung sich nur der Wohnungseigentümer auf die kostenbefreiende Wirkung des § 16 Abs. 6 WEG berufen kann, der wegen fehlender Beeinträchtigung im Sinne von § 14 Nr. 1 WEG einer baulichen Veränderung nicht zuzustimmen braucht (LG München I,

28. 2. 2011, 1 S 19089/10; vgl. zu den unterschiedlichen Auffassungen auch Niedenführ a. a. O. § 16 Rn 86).
Ebenso ist nach dieser Auffassung dann auch strittig, ob die bisher auch vom BGH vertretene Auffassung noch aufrecht erhalten werden kann, dass finanzielle Belastungen durch bauliche Veränderungen keinen das Zustimmungserfordernis auslösenden Nachteil darstellen, weil die insoweit beeinträchtigten Wohnungseigentümer sich auf die kostenbefreiende Wirkung nach § 16 Abs. 6 WEG berufen können, so dass deren Zustimmung entbehrlich ist.
Da das LG München die Revision zum Bundesgerichtshof zugelassen hat, bleibt abzuwarten, wie diese Rechtsfrage höchstrichterlich entschieden wird.

13.10 Beseitigungsanspruch

Sind bauliche Veränderungen ohne die erforderliche Zustimmung der im Sinne von § 14 Nr. 1 WEG beeinträchtigten Wohnungseigentümer durchgeführt worden, können Beseitigungsansprüche geltend gemacht werden

- individuell durch jeden einzelnen Wohnungseigentümer,
- durch die Wohnungseigentümer aufgrund entsprechender Beschlussfassung,
- durch die Wohnungseigentümergemeinschaft aus eigenem Recht und
- durch die Wohnungseigentümergemeinschaft aufgrund entsprechender Ermächtigung durch die Wohnungseigentümerversammlung.

13.10.1 Individueller Beseitigungsanspruch

Grundsätzlich kann jeder einzelne Wohnungseigentümer gemäß § 1004 Abs. 1 Satz 1 BGB i. V. m. §§ 15 Abs. 3, 14 Nr. 1 WEG die Beseitigung baulicher Veränderungen verlangen.

Voraussetzung ist, dass er in seinen individuellen Eigentumsrechten beeinträchtigt ist und die Maßnahmen ohne seine Zustimmung vorgenommen wurde (BGH, 19. 12. 1991, V ZB 27/90; BayObLG, 24. 2. 2000, 2Z BR 176/99, dort zu § 1004 BGB als Rechtsgrundlage für den Beseitigungsanspruch; KG Berlin, 17. 5. 1989, 24 W 6092/88: OLG Hamm, 12. 3. 1991, 15 W 41/90).

Einer besonderen Ermächtigung durch entsprechende Beschlussfassung der Wohnungseigentümerversammlung bedarf es zur Geltendmachung des individuellen Beseitigungsanspruches nicht.

Der Beseitigungsanspruch kann sich dabei gleichzeitig auf die Wiederherstellung des ursprünglichen Zustandes richten, wenn nur dadurch die durch die bauliche Veränderung hervorgerufenen Beeinträchtigungen beseitigt werden können (vgl. auch OLG Hamm, 12. 3. 1991, 15 W 41/90, zur Verpflichtung zum Schadensersatz durch Wiederherstellung gemäß §§ 823Abs. 1, 249 BGB).

Ist die bauliche Veränderung noch nicht vorgenommen, kann der beeinträchtigte Wohnungseigentümer einen Anspruch auf Unterlassung gemäß § 1004 Abs. 1 Satz 1 BGB i. V. m. §§ 15 Abs. 3, 14 Nr. 1 WEG geltend machen.

Auch der Mieter eines Wohnungseigentums ist bei entsprechender Ermächtigung durch den vermietenden Eigentümer berechtigt, die Beseitigung zustimmungsbedürftiger baulicher Veränderungen geltend zu machen (BayObLG, 20. 4. 2000, 2Z BR 9/00).

Ist der teilrechtsfähigen Wohnungseigentümergemeinschaft durch Beschluss der Beseitigungsanspruch und dessen gerichtliche Geltendmachung übertragen, wird dem einzelnen Wohnungseigentümer dadurch die Prozessführungsbefugnis entzogen (OLG Hamm, 5. 11. 2009, I-15 Wx 015/09; OLG München, 23. 1. 2006, 34 Wx 016/05; BGH, 12. 4. 2007, VII ZR 236/05, allerdings zur Geltendmachung von Ansprüchen wegen Mängeln des Gemeinschaftseigentums; a. A. HansOLG Hamburg, 24. 10. 2008, 2 Wx 115/08;

OLG München, 16. 11. 2007, 32 Wx 111/07; vgl. auch Hügel/Elzer, NZM 2009, 457/474 zur Aushöhlung der Eigentumsgarantie durch Verdrängung des Individualanspruchs).
Hat allerdings ein Wohnungseigentümer seinen individuellen Beseitigungsanspruch vor der entsprechenden Beschlussfassung der Wohnungseigentümer geltend gemacht, so kann er das Verfahren in entsprechender Anwendung der §§ 265, 326 ZPO fortsetzen (OLG Hamm, 5. 11. 2009, I-15 Wx 015/09).

13.10.2 Geltendmachung der Beseitigungsansprüche durch die Wohnungseigentümer

Grundsätzlich können die Wohnungseigentümer in der Wohnungseigentümerversammlung mit einfacher Mehrheit beschließen, gegen den störenden Wohnungseigentümer gerichtlich vorzugehen und von ihm unter Fristsetzung die Beseitigung der baulichen Veränderung und die Wiederherstellung des ursprünglichen Zustandes zu veranlassen. Sie können von ihm aber nicht die Beseitigung im Wege der persönlichen Leistungspflicht verlangen (BGH, 15. 1. 2010, V ZR 72/09; 18. 6. 2010, V ZR 193/09).
Der Beseitigungsanspruch gründet sich ebenfalls auf die Bestimmungen nach § 1004 Abs. 1 Satz 1 BGB i. V. m §§ 15 Abs. 3, 14 Nr. 1 WEG. Zur gerichtlichen Geltendmachung des Anspruches der Wohnungseigentümer kann der Verwalter gemäß § 27 Abs. 2 Nr. 3 WEG durch Vereinbarung oder Beschluss ermächtigt werden. Diese Ermächtigung kann auch im mehrheitlich zu beschließenden Verwaltungsvertrag erteilt werden. Damit ist der Verwalter auch ermächtigt, einen Anwalt mit der gerichtlichen Durchsetzung des Anspruches zu beauftragen.

13.10.3 Geltendmachung der Beseitigungsansprüche durch die Wohnungseigentümergemeinschaft

Neben der Geltendmachung der Beseitigungsansprüche durch die Wohnungseigentümer selbst können die Wohnungseigentümer die Beseitigungsansprüche auch durch mehrheitliche Beschlussfassung auf die (teilrechtsfähige) Wohnungseigentümergemeinschaft übertragen. Damit ist die Wohnungseigentümergemeinschaft kraft Gesetzes prozessführungsbefugt (BGH, 18. 6. 2010, V ZR 193/09; 12. 4. 2007, VII ZR 236/05, zur Wohnungseigentümergemeinschaft als gesetzlicher Prozessstandschafter).
Die gerichtliche Geltendmachung kann wiederum gemäß § 27 Abs. 3 Nr. 7 WEG durch entsprechende Ermächtigung durch den Verwalter als gesetzlichen Vertreter der Wohnungseigentümergemeinschaft erfolgen (vgl. hierzu auch Kap. 8.4, dort auch zu den unterschiedlichen Auffassungen der Rechtsprechung; vgl. auch Wenzel, NZM 2006, 321).
Haben die Wohnungseigentümer mehrheitlich beschlossen, Beseitigungsansprüche selbst geltend zu machen bzw. auf die Wohnungseigentümergemeinschaft zu übertragen, ist der einzelne Eigentümer an diese Beschlüsse gebunden (vgl. dazu Wenzel, NZM 2006, 321). Das schließt allerdings die individuelle Geltendmachung nicht grundsätzlich aus (zum individuellen Beseitigungsanspruch vgl. Kap. 13.10.1).

13.10.4 Beseitigungsanspruch bei Eigentümerwechsel

Falle eines Eigentümerwechsel stellt sich die Frage der Geltendmachung von Beseitigungsansprüchen einerseits durch den Erwerber gegenüber der Gemeinschaft oder gegen einzelne Miteigentümer, andererseits durch die Gemeinschaft gegenüber dem Erwerber als Sondernachfolger des Eigentümers, der bauliche Veränderungen eigenmächtig durchgeführt hat.

13.10.4.1 Beseitigungsanspruch des Sondernachfolgers

Grundsätzlich hat ein neuer Eigentümer den zum Zeitpunkt seines Erwerbs vorhandenen baulichen Zustand, auch wenn er dem ursprünglichen Zustand widerspricht, wie eine Erstherstellung zu übernehmen (KG Berlin, 17. 5. 1989, 24 W 6092/88). Er muss sich entgegenhalten lassen, dass er sein Sondereigentum und das gemeinschaftliche Eigentum in Kenntnis der baulichen Veränderung und damit in einem Zustand erworben hat, der aus seiner Sicht praktisch wie ein planmäßiger Ausbauzustand wirken muss (OLG Hamm, 12. 3. 1991, 15 W 41/90).
Daher kann ein Sondernachfolger auch nicht die Beseitigung baulicher Veränderungen verlangen, die mit Zustimmung des Voreigentümers vorgenommen wurden (BayObLG, 4. 12. 2002, 2Z BR 40/02; 5. 2. 1998, 2Z BR 110/97; KG Berlin, 8. 9. 1993, 24 W 5753/92+2301/93; OLG Hamm, 12. 3. 1991, 15 W 41/90; OLG Hamm, 9. 1. 1996, 15 W 340/95; 11. 11. 2004, 15 W 351/04; OLG Düsseldorf, 11. 8. 1997, 3 Wx 227/97, einschränkend zur Bindung nur bei bereits begonnenen baulichen Maßnahme; zur Hinnahme des baulichen Zustandes durch den Erwerber vgl. auch HansOLG Hamburg, 7. 7. 1999, 2 Wx 63/96).

13.10.4.2 Beseitigungsanspruch gegen den Sondernachfolger

Der Erwerber eines Wohnungs-/Teileigentums (Sondernachfolger) haftet nach vorherrschender Meinung – von besonderen Umständen abgesehen – weder als Handlungs- noch als Zustandsstörer für eine bauliche Veränderung, die der Voreigentümer als Veräußerer am gemeinschaftlichen Eigentum vorgenommen hat (KG Berlin, 10. 7. 1991, 24 W 6574/90; 19. 3. 2007, 24 W 317/06; BayObLG, 4. 12. 1997, 2Z BR 123/97; OLG Köln, 22. 1. 1998, 16 Wx 299/97).
Das gleiche gilt für den Mieter einer Eigentumswohnung,

wenn der vermietende Wohnungseigentümer eine bauliche Veränderung vorgenommen hat. Auch er ist allerdings – wie der Sondernachfolger – zur Duldung der Beseitigung verpflichtet (BGH, 1. 12. 2006, V ZR 112/06).
Eine Haftung als Handlungsstörer scheidet aus, weil Wiederherstellungsansprüche aus einer Handlungsstörung (= Vornahme der baulichen Veränderung) nicht auf den Rechtsnachfolger übergehen. Es fehlt eine gesetzliche Überleitung von Verbindlichkeiten aus Rechtsverstößen des Rechtsvorgängers auf den Sondernachfolger im Wohnungseigentum.
Ebenso scheidet eine Haftung aus Zustandsstörung aus. Die bauliche Veränderung betrifft gemeinschaftliches Eigentum, und zwar durch Beseitigung, Veränderung oder Neuschaffung, so dass ein Anspruch auf Beseitigung oder Wiederherstellung auch nur gegen die Gemeinschaft gerichtet werden kann.
Die Realisierung dieses Anspruchs ist durch die Gemeinschaft im Rahmen ordnungsmäßiger Verwaltung mehrheitlich zu beschließen. Die Kosten sind gemäß § 16 Abs. 2 WEG von allen Wohnungseigentümern zu tragen (OLG Schleswig, 30. 3. 2000, 2 W 140/99; BayObLG, 4. 12. 1997, 2Z BR 123/97; KG Berlin, 23. 12. 1998, 24 W 4996/98; OLG Köln, 22. 1. 1998, 16 Wx 299/97).
Schadensersatzansprüche in Höhe dieser Kosten können aber gegen den Veräußerer des Wohnungseigentums als Verursacher geltend gemacht werden.
Der Erwerber hat jedoch als Sondernachfolger (des Voreigentümers als Handlungsstörer) die Maßnahmen zur Wiederherstellung des gemeinschaftlichen Eigentums gemäß § 14 Nr. 1 WEG zu dulden (OLG Düsseldorf, 9. 4. 2008, I-3 Wx 3/08; BayObLG, 15. 9. 2004, 2Z BR 120/04; 27. 3. 2003, 2Z BR 122/02; KG Berlin, 10. 7. 1991, 24 W 6574/90, zur baubehördlich genehmigten Entfernung einer tragenden Zwischenwand, wobei sich wegen unsachgemäßer Bauausführung die Decke der darunter liegenden Wohnung ge-

senkt hatte; KG Berlin, 19. 3. 2007, 24 W 317/06; BayObLG, 4. 12. 1997, 2Z BR 123/97, zur Duldung der Beseitigung einer vom Voreigentümer angebrachten Balkonverglasung; OLG Schleswig, 20. 3. 2000, 2 W 140/99, dort auch zur – vorliegend verneinten – Unzumutbarkeit bei Rückbaukosten von DM 25 000).

Der Duldungsanspruch steht allein der Gemeinschaft zu und ist von ihr geltend zu machen. Die einzelnen beeinträchtigten Wohnungseigentümer können insoweit nur einen Anspruch auf eine ordnungsmäßige, dem Interesse der Gesamtheit entsprechende Verwaltung verlangen (KG Berlin, 19. 3. 2007, 24 W 317/06).

Die insoweit zum Haftungsausschluss des Sondernachfolgers hinsichtlich einer Beseitigungsverpflichtung vertretene Auffassung (in der Rechtsprechung durch das KG Berlin, a. a. O.) steht allerdings im Widerspruch zur Rechtsauffassung des BGH zur Haftung des Sondernachfolgers für sämtliche Folgekosten einer baulichen Veränderung, die der Voreigentümer als Veräußerer ohne Zustimmung der übrigen Miteigentümer vorgenommen hat (BGH, 19.12. 1991, V ZB 27/90, siehe auch Kap. 13.13, Dachfenster).

Nach der Entscheidung des BGH muss der Erwerber als Sondernachfolger von dem Zeitpunkt ab, ab dem er für Verwaltungsverbindlichkeiten gemäß § 16 Abs. 2 WEG haftet, auch die Kostenbefreiung gemäß § 16 Abs. 6 WEG jener Miteigentümer gegen sich gelten lassen, die der baulichen Veränderung nicht zugestimmt haben (inzwischen wohl strittig wegen LG München I, 28. 2. 2011, 1 S 19 089/10, s. Kap. 13.8).

Inzwischen hat der BGH jedoch neben der Duldungspflicht des Sondernachfolgers als Zustandsstörer bei Vorliegen besonderer Umstände auch eine Beseitigungspflicht bejaht. Das setzt voraus, dass der neue Eigentümer nicht nur tatsächlich und rechtlich in der Lage ist, die Störung – die bauliche Veränderung – zu beseitigen, sondern darüber hinaus, dass die störende bauliche Veränderung „bei der gebotenen wertenden Betrachtung durch seinen maßgeblichen Willen aufrechterhalten wird“ (BGH, 4. 3. 2010, V ZB 130/09).

13.10.4.3 Beseitigungsanspruch bei Vermietung

Ebenso wie Unterlassungsansprüche bei zweckwidriger Nutzung durch Mieter und Pächter von Wohnungs- oder Teileigentumseinheiten nach inzwischen herrschender Rechtsmeinung direkt gegen diese geltend gemacht werden können, gilt dies auch für die Geltendmachung von Beseitigungsansprüchen in den Fällen, in denen Mieter von Eigentumswohnungen eigenmächtig bauliche Veränderungen vornehmen.

Die Geltendmachung der Ansprüche direkt gegen den störenden Mieter schließt aber ein Beseitigungsverlangen gegen den vermietenden Wohnungseigentümer als mittelbaren Störer nicht aus (OLG Oldenburg, 7. 2. 1990, 5 W 3/90, zu einer rechtswidrig angebrachten Leuchtreklame; BayObLG, 27. 10. 1993, 2Z BR 107/93, zur Zwangsvollstreckung bei einer Beseitigungsverpflichtung im Falle der Vermietung; OLG Köln, 14. 4. 2002, 16 Wx 58/00, dort auch zur Vollstreckung der Beseitigungsverpflichtung gemäß § 888 ZPO; zur Geltendmachung von Unterlassungsansprüchen bei zweckwidrigem Gebrauch Kap. 9.4).

Hat ein vermietender Wohnungseigentümer ohne die erforderliche Zustimmung eine bauliche Veränderung vorgenommen und wird dadurch ein anderer Wohnungseigentümer beeinträchtigt, kann dieser auch den Mieter der vermieteten Eigentumswohnung auf Duldung der Störungsbeseitigung in Anspruch nehmen (BGH, 1. 12. 2006, V ZR 112/06, dort zur Beseitigung eines Wintergartenausbaus).

13.10.4.4 Rechtsmissbräuchlicher Beseitigungsanspruch

Einem Beseitigungsanspruch kann im Einzelfall der Einwand des Rechtsmissbrauchs entgegengehalten werden (BayObLG, 9. 12. 1999, 2Z BR 101/99; OLG Düsseldorf, 25. 4. 1996, 3 Wx 378/95, unzulässige Rechtsausübung als Maßstab; 11. 8. 1997, 3 Wx 227/97), der Beseitigungsanspruch kann also nicht rechtswirksam geltend gemacht werden.

Dies gilt zunächst dann, wenn der Beseitigungsanspruch gegen Treu und Glauben verstößt (§ 242 BGB), die bauliche Veränderung also keinen Nachteil im Rechtssinne darstellt (BayObLG, 1. 7. 1980, 2 Z 23/79, kein Nachteil durch Aufstellung von Spielgeräten auf dem Grundstück der Wohnungseigentumsanlage; OLG Oldenburg, 11. 3. 1997, 5 W 18/97, zur unzulässigen Rechtsausübung, wenn ohne sachlichen Grund Ansprüche unterschiedlich gegen einzelne Eigentümer geltend gemacht werden).

Das gleiche gilt, wenn eine Beeinträchtigung nur geringfügig ist, ihre Beseitigung dagegen mit unverhältnismäßigen Aufwendungen verbunden und deshalb unter Berücksichtigung der Gesamtumstände billigerweise nicht zumutbar ist (BayObLG, 14. 5. 1990, 1 b 27/89; 16. 5. 1990, 1 b Z 22/89, m. Hinweis auf BGH, 21. 6. 1974, V ZR 164/72; 2. 10. 1987, V ZR 140/86; OLG Hamm, 25. 11. 1975, 15 W 314/75, zur Unterkellerung einer Terrasse; zum rechtsmissbräuchlichen Beseitigungsverlangen vgl. auch BayObLG, 16. 5. 1990, 1 b Z 22/89).

Einem Beseitigungsanspruch kann aber der Einwand des Rechtsmissbrauchs nicht allein deshalb entgegengehalten werden, weil die Beseitigung der baulichen Veränderung und die Wiederherstellung des ursprünglichen Zustandes erheblichen finanziellen Aufwand erfordert und daher wirtschaftlich nicht vertretbar ist (BayObLG, 14. 5. 1990, 1 b Z 27/89, kein rechtsmissbräuchlicher Beseitigungsanspruch trotz Kosten von 20 000 DM: ebenso OLG Frankfurt, 12. 8.

1996, 20 W 594/95, bei Kosten von 80000 DM; OLG Köln, 13. 9. 1999, 16 Wx 65/99, kein Rechtsmissbrauch allein wegen hoher Schadensersatzansprüche des Mieters für getätigte Umbauten; 11. 2. 2000, 16 Wx 9/00).

Die Zumutbarkeit der Beseitigung muss unter Würdigung aller konkreten Einzelumstände geprüft werden, wobei sich der zur Beseitigung in Anspruch genommene Eigentümer insbesondere eigenes Verschulden und absehbares Risiko zurechnen lassen muss (KG Berlin, 16.1. 1984, 24 W 4224/83, zum unzulässigen Ausbau von Dachräumen durch Errichtung einer Dachterrasse anstelle des „üblichen" Einbaues von Dachfenstern; BayObLG, 29. 9. 1999, 2Z BR 68/99, zur Interessenabwägung, wenn die Mehrheit mit der Vornahme der baulichen Veränderung einen gemeinschaftlichen Zweck verfolgt, z. B. zur Erhaltung der Konkurrenzfähigkeit einer Hotelanlage durch Einbau einer Sauna; vgl. auch OLG Frankfurt, 12. 8. 1996, 20 W 594/95).

Rechtsmissbräuchlich ist ein Beseitigungsverlangen grundsätzlich dann nicht, wenn der Wohnungseigentümer, der den Anspruch geltend macht, sich von Anfang an gegen die Maßnahme ausgesprochen hat.

Das gleiche gilt, wenn sich der Eigentümer des Risikos bewusst war, bauliche Veränderungen ohne Zustimmung der übrigen Miteigentümer vorzunehmen bzw. ohne die Zustimmung des Verwalters einzuholen, er also das Risiko der Werteinbuße als Konsequenz eigenmächtigen Handelns bewusst eingegangen ist (BayObLG, 16. 5. 1990, 1b Z 22/89; 10. 7. 1998, 2Z BR 89/98; 14. 1. 1999, 2Z BR 138/98; 29. 9. 1999, 2Z BR 68/99; OLG Zweibrücken, 21. 9. 1999, 3 W 141/99; vgl. auch OLG Düsseldorf, 15. 6. 1998, 9 U 244/97, zur Stattgabe eines Beseitigungsanspruchs trotz erheblicher Aufwendungen für die Baumaßnahmen wegen fehlenden Vertrauensschutzes; OLG Köln, 11. 2. 2000, 16 Wx 9/00).

Ein Beseitigungsanspruch ist auch nicht deshalb rechts-

missbräuchlich, weil gleiche bauliche Veränderungen anderer Eigentümer unwidersprochen geduldet werden. Einem solchem „Aufrechnungsverbot" fehlt die Rechtsgrundlage, weil es grundsätzlich jedem Wohnungseigentümer freisteht, seinerseits Beseitigungsansprüche geltend zu machen (BayObLG, 2.1. 5. 1992, 2Z BR 38/92; 23. 7. 1992, 2Z BR 22/92; 21. 7. 1994, 2Z BR 47/94, zur Zulässigkeit einer eigenmächtig angebrachten Balkonverglasung, allerdings nicht aus dem Gesichtspunkt der Aufrechnung; 18. 1. 1995, 2Z BR 118/94; OLG Düsseldorf, 14. 6. 1993, 3 Wx 129/92; OLG Frankfurt, 12. 8. 1996, 20 W 594/95; OLG Köln, 22. 1. 1997, 16 Wx 238/96).
Einem Beseitigungsverlangen kann das Schikaneverbot gemäß § 226 BGB entgegenstehen. Danach ist die Ausübung eines Rechts unzulässig, wenn dies lediglich dem Zweck dient, einem anderen einen Schaden zuzufügen, ein Beseitigungsanspruch also nur deshalb geltend gemacht wird, um den „störenden" Miteigentümer zu schädigen (BayObLG, 24. 2. 2000, 2Z BR 176/99; 19. 2. 1998, 2Z BR 135/97, kein Rechtsmissbrauch bei „Disziplinierung" wegen mangelnder Rücksicht; OLG Frankfurt, 6. 3. 1979, 3 Ws 9–25, 84–85/79; vgl. auch KG Berlin, 16. 1. 1984, 24 W 4224/83, zum Dachausbau; OLG Oldenburg, 11. 3. 1997, 5 W 18/97, kein Beseitigungsanspruch aus Prinzip).

13.10.4.5 Verjährung von Beseitigungsansprüchen

Beseitigungsansprüche unterliegen gemäß § 195 BGB der regelmäßigen Verjährungsfrist von drei Jahren (OLG Hamm, 29. 5. 2007, 15 W 16/07; 4. 12. 2008, 15 Wx 198/08; Vandenhouten in Niederführ/Kümmel/Vandenhouten § 22 Rn 190).
Die Verjährung beginnt mit dem Zeitpunkt, in dem der Wohnungseigentümer Kenntnis von seinem Beseitigungsanspruch erlangt hat oder hätte erlangen können. Erlangt er unverschuldet keine Kenntnis, das gilt in erster Linie für

die Eigentümer, die nicht im Hause wohnen, tritt Verjährung gemäß § 199 Abs. 4 BGB jedoch spätestens nach Ablauf von zehn Jahren ein.
Hat ein Wohnungseigentümer von seinem Beseitigungsanspruch keinen Gebrauch gemacht und ist der Anspruch verjährt, wirkt dies sowohl für wie auch gegen seinen Sondernachfolger (OLG Düsseldorf, 21. 5. 1997, 3 Wx 566/96, vgl. dazu auch Vandenhouten, a.a.O. § 22 Rn 188f.).

13.10.4.6 Beseitigungsanspruch bei baulichen Veränderungen vor Entstehung der Wohnungseigentümergemeinschaft

Werden bauliche Veränderungen bei bzw. während der Errichtung der Anlage abweichend vom Aufteilungsplan vorgenommen und wurden diese baulichen Maßnahmen zwischen Käufer und Bauträger verabredet, können Beseitigungsansprüche nicht geltend gemacht werden (BayObLG, 27. 3. 1986, 109/85; 24. 9. 1986, 2 Z 74/85; 20. 11. 1987, 2 Z 91/87; 9. 6. 1989, 1 b Z 11/88).
Das Recht zur Vornahme „eigenmächtiger" baulicher Veränderungen durch den Bauträger besteht auch noch im Stadium der „werdenden Wohnungseigentümergemeinschaft", also auch noch zu einem Zeitpunkt, wo die Kaufverträge schon abgeschlossen und Auflassungsvormerkungen bereits eingetragen sind.
Insoweit können Beseitigungsansprüche in der Regel erst nach rechtlicher Invollzugsetzung, also nach Eintragung des zweiten oder weiterer Erwerber im Grundbuch geltend gemacht werden (vgl. dazu BayObLG, 5. 11. 1993, 2Z BR 83/93).

13.10.4.7 Gerichtliche Durchsetzung des Beseitigungsanspruchs

Beseitigungsansprüche sind im Verfahren nach § 43 Nr. 1 WEG geltend zu machen. Klagebefugt ist jeder einzelne Wohnungseigentümer, ohne dass es dazu eines ermächtigenden Beschlusses der Wohnungseigentümer bedarf (BGH, 19. 12. 1991, V ZB 27/90).
Beseitigungsansprüche können aber auch durch die Wohnungseigentümer und durch die Wohnungseigentümergemeinschaft geltend gemacht werden. Im ersteren Fall können die Wohnungseigentümer den Verwalter durch Mehrheitsbeschluss ermächtigen, die Ansprüche gegen den störenden Miteigentümer geltend zu machen (BayObLG, 19. 12. 2004, 2Z BR 212/03), im anderen Fall kann die Wohnungseigentümergemeinschaft aufgrund mehrheitlicher Beschlussfassung den Beseitigungsanspruch an sich ziehen und ihn durch den Verwalter als gesetzlichen Prozessstandschafter geltend machen. Macht sie von dieser Möglichkeit Gebrauch, begründet dies ihre alleinige Zuständigkeit (vgl. dazu BGH, 12. 4. 2007, VII ZR 236/05, dort zur Geltendmachung von Mängelansprüchen).
Die Frage, ob die Wohnungseigentümergemeinschaft auch aus eigenem Recht Beseitigungsansprüche geltend machen kann, ist strittig (zur selbständigen Geltendmachung OLG München, 17. 11. 2005, 32 Wx 077/05; a. A. OLG München, 23. 1. 2006, 34 Wx 016/05; ebenso BGH, 30. 3. 2006, V ZB 17/06, allerdings vor Inkrafttreten der WEG-Reform).
Sie ist zumindest für den Fall zu bejahen, dass sie selbst Eigentümer eines Wohnungs- oder Teileigentums ist und daher eigene Ansprüche aus Eigentumsstörung gemäß § 1004 BGB geltend machen kann (vgl. Kap. 13.10.3).
Nach der Rechtskraftwirkung des Urteils gemäß § 48 Abs. 3 WEG findet die Zwangsvollstreckung nach den Vorschriften der Zivilprozessordnung statt.
Ist ein Wohnungseigentümer zur Beseitigung baulicher

Veränderungen verpflichtet worden, kann das Gericht die Wohnungseigentümer als Vollstreckungsgläubiger ermächtigen, die eigentlich von dem zur Beseitigung verpflichteten Wohnungseigentümer vorzunehmenden Maßnahmen durch Dritte auf Kosten des Schuldners, gegebenenfalls durch Einschaltung eines Gerichtsvollziehers ausführen zu lassen. In diesem Fall handelt es sich um die Vollstreckung so genannter vertretbarer Handlungen (§ 887 ZPO).
Ist allerdings die Wohnung, in der die Beseitigung der baulichen Veränderung vorzunehmen ist, vermietet, und weigert sich der Mieter, die erforderlichen baulichen Maßnahmen durchführen zu lassen, ist die nach § 45 Abs. 3 WEG vorgesehene Zwangsvollstreckung nach den Vorschriften über die Vollstreckung unvertretbarer Handlungen gemäß § 888 ZPO durchzuführen, es sei denn, dass gegen den Mieter ein Duldungstitel vorliegt.
Danach kann gegen den zur Beseitigung der baulichen Veränderung verpflichteten Wohnungseigentümer ein Zwangsgeld festgesetzt werden, wenn nicht innerhalb einer vom Gericht gesetzten Frist die notwendige bauliche Maßnahme durchgeführt wird. Dabei ist dieser Wohnungseigentümer als Vollstreckungsschuldner verpflichtet, alle in seiner Macht stehenden und ihm zumutbaren Maßnahmen einschließlich eines gerichtlichen Vorgehens zu ergreifen (BayObLG, 27. 10. 1993, 2Z BR 107/93, zur Verpflichtung zur Beseitigung einer Wintergartenverglasung unter Festsetzung eines Zwangsgeldes von DM 4000,–, ersatzweise 14 Tage Zwangshaft für den Fall, dass innerhalb von zwei Monaten keine Beseitigung erfolgt; BayObLG, 29. 12. 1988, 2 Z 79/88, dort m. w. N., i. Ü. zur Verpflichtung, einen eigenmächtig vorgenommenen Mauerdurchbruch wieder zu verschließen).

13.11 Verwalterpflichten bei baulichen Veränderungen

Grundsätzlich ist der Verwalter nicht berechtigt, eigenmächtig bauliche Veränderungen im oder am gemeinschaftlichen Eigentum vorzunehmen (vgl. hierzu LG Mannheim, 26. 8. 1974, 4 T 35/73). Es bedarf grundsätzlich einer Beschlussfassung gemäß § 22 Abs. 1 WEG.
Hat der Verwalter durch die ihm obliegende konstitutive Beschlussfeststellung den Beschluss über die bauliche Veränderung als angenommen verkündet, ist er grundsätzlich gemäß § 27 Abs. 1 Nr. 1 WEG zu dessen Durchführung verpflichtet. Dies gilt auch dann, wenn es sich um einen gesetzeswidrigen Beschluss handelt. Allerdings sollte in einem solchen Fall die Anfechtungsfrist abgewartet werden, um unnötige Risiken zu vermeiden.
Unter diesem Gesichtspunkt sollte ein Verwalter bereits im Vorfeld der Beschlussfassung über beabsichtigte bauliche Veränderungen mit größter Sorgfalt die erforderlichen Vorbereitungen für eine eindeutige und anfechtungssichere Beschlussfassung treffen.
Dabei sollten vor allem folgende Punkte beachtet werden:

1. Prüfung, ob die vorgesehenen Maßnahmen als bauliche Veränderungen einzustufen sind, oder ob es sich um Maßnahmen der ordnungsmäßigen Instandhaltung und Instandsetzung, der modernisierenden Instandsetzung oder um Modernisierungsmaßnahmen handelt;
2. bei geplanten baulichen Veränderungen ist zu prüfen, ob die Maßnahmen
   - der Zustimmung aller Eigentümer gemäß § 22 Abs. 1 WEG bedürfen oder
   - die Zustimmung einzelner Eigentümer gemäß § 22 Abs. 1 Satz 2 WEG entbehrlich ist;
3. Information und Mitteilung über die bei Durchführung der baulichen Veränderung entstehenden Kosten auf-

grund vorher eingeholter – alternativer – Kostenvoranschläge;

4. Information darüber, wer die Kosten trägt und nach welchem Verteilungsschlüssel die anteilige Kostentragung zu berechnen ist:
   - bei Maßnahmen gemäß § 22 Abs. 1 Satz 1 WEG Kostentragung durch alle Eigentümer, im Regelfall gemäß § 16 Abs. 2 WEG im Verhältnis der eingetragenen Miteigentumsanteile oder davon abweichend nach einem anderen Verteilungsmaßstab gemäß § 16 Abs. 4 WEG;
   - bei Maßnahmen gemäß § 22 Abs. 1 Satz 2 WEG Kostentragung nur durch die Eigentümer, deren Zustimmung erforderlich ist unter Kostenbefreiung derjenigen Eigentümer gemäß § 16 Abs. 6 WEG, deren Zustimmung mangels Beeinträchtigung entbehrlich ist;
5. Beschlussfassung über Art und Umfang der durchzuführenden Maßnahmen unter Bezugnahme auf die zugrunde liegenden Pläne und Kostenvoranschläge;
6. Beschlussfassung über Kostentragung, Kostenverteilung und Finanzierung durch Instandhaltungsrückstellung oder Umlage;
7. Feststellung und namentliche Erfassung der Eigentümer, deren Zustimmung entbehrlich ist und die deshalb nach § 16 Abs. 6 WEG nicht an den Kosten zu beteiligen sind und entsprechende Beschlussfassung hierüber;
8. Hinweis und in die Niederschrift aufzunehmende Feststellung des Verwalters, dass ein „nur“ mit Mehrheit gefasster Beschluss über eine bauliche Veränderung anfechtbar ist innerhalb Monatsfrist, wenn gemäß § 22 Abs. 1 Satz 1 WEG die Zustimmung aller Eigentümer erforderlich gewesen wäre;
9. Beschlussfassung darüber, ob bei an sich erforderlicher Zustimmung aller Eigentümer eine nur mehrheitlich beschlossene bauliche Veränderung bereits vor Ablauf

der Anfechtungsfrist ausgeführt werden soll, oder ob erst die einmonatige Anfechtungsfrist abgewartet und erst nach Fristablauf mit der Maßnahme begonnen werden soll;

10. Beschlussfassung über den Termin, bis zu dem spätestens die baulichen Veränderungen in Auftrag zu geben sind und
11. Beschlussfassung darüber, ob nach Beendigung der Maßnahmen die Bauabnahme allein durch den Verwalter oder gegebenenfalls unter Hinzuziehung des Verwaltungsbeirates, anderer Eigentümer oder auch eines Sachverständigen / Architekten erfolgen soll.

Werden diese Hinweise beachtet, dürfte es auch bei der Durchführung baulicher Veränderungen in der Praxis kaum zu Schwierigkeiten kommen.
Gleiches gilt sinngemäß für die Vorbereitung und Durchführung von Instandhaltungs- und Instandsetzungsmaßnahmen sowie von Modernisierungsmaßnahmen gemäß § 22 Abs. 2 WEG.

13.12 Modernisierungsmaßnahmen und Maßnahmen zur Anpassung an den Stand der Technik

Durch die WEG-Reform 2007 wurde den Wohnungseigentümern mit der Erweiterung der Beschlusskompetenz auch die Befugnis eingeräumt, unabhängig von einem Instandhaltungs- oder Instandsetzungsbedarf mit qualifizierter Mehrheit Maßnahmen zu treffen, um einer Verkehrswertminderung durch Anpassung ihrer Wohnanlage an die „Erfordernisse der Zeit" entgegenzuwirken (BGH, 18. 2. 2011, V ZR 82/10, m. w. N.).
Wohnungseigentümer können deshalb gemäß § 22 Abs. 2 WEG bauliche Veränderungen und Aufwendungen im Sinne des § 22 Abs. 1 WEG, die

- der Modernisierung entsprechend § 559 Abs. 1 des Bürgerlichen Gesetzbuches oder
- der Anpassung des gemeinschaftlichen Eigentums an den Stand der Technik dienen,
  dabei aber
- die Eigenart der Wohnanlage nicht ändern
- und keinen Wohnungseigentümer gegenüber anderen unbillig beeinträchtigen,

mehrheitlich beschließen.

13.12.1 Stimmrechtserfordernis

Abweichend von den für eine bauliche Veränderung vorgeschriebenen Stimmrechtserfordernissen reicht zur Beschlussfassung über Modernisierungsmaßnahmen nach § 22 Abs. 2 WEG eine doppelt qualifizierte Mehrheit aus (doppeltes Quorum"). Erforderlich ist danach eine Mehrheit von drei Viertel aller stimmberechtigten Wohnungseigentümer (Kopfprinzip gemäß § 25 Abs. 2 WEG) mehr als die Hälfte der Miteigentumsanteile. Diese Stimmrechtsregelung ist gemäß § 22 Abs. 2 Satz 2 WEG unabdingbar. Sie kann durch Vereinbarung nicht eingeschränkt oder ausgeschlossen werden (OLG Hamm, 19. 8. 2008, 15 Wx 89/08; LG München I, 27. 4. 2009, 1 S 20 171).
Soweit allerdings aufgrund einer vereinbarten Öffnungsklausel geringerer Anforderungen durch mehrheitliche Beschlussfassung geregelt wurden, sind diese Beschlüsse wirksam (BT-Drucksache 16/887, S. 29). So kann durch eine Öffnungsklausel geregelt werden, dass Modernisierungsmaßnahmen mit einer Zweidrittel-Mehrheit beschlossen werden können, weil durch eine solche Regelung die Bestimmung des § 22 Abs. 2 Satz 2 WEG weder eingeschränkt noch ausgeschlossen wird (vgl. auch Vandenhouten in Niedenführ/Kümmel/Vandenhouten § 22 Rn 175).
Andererseits sind Mehrheitsbeschlüsse über Modernisierungsmaßnahmen, die das „doppelte" Quorum nicht er-

reichen, nicht nichtig, sondern als lediglich gesetzeswidrige Mehrheitsbeschlüsse nur anfechtbar (BT-Drucksache 16/887, S. 31, 25).

13.12.2 Modernisierungsbegriff

Der Begriff „Modernisierung“ im Sinne von § 22 Abs. 2 WEG stellt ab ausdrücklich auf die mietrechtliche Regelung nach § 559 Abs. 1 BGB ab, wonach unter Modernisierung Maßnahmen zu verstehen sind,

- die den Gebrauchswert der Sache nachhaltig erhöhen,
- die allgemeinen Wohnverhältnisse auf Dauer verbessern oder
- nachhaltig Einsparungen von Energie und Wasser bewirken.

Diese in § 22 Abs. 2 Satz 1 WEG ausdrücklich angeordnete entsprechende Heranziehung der mietrechtlichen Regelung gibt Raum für eine großzügigere Handhabung des Modernisierungsbegriffes.
Deshalb kommt es für die Annahme einer Modernisierung im Sinne des § 559 Abs. 1 BGB nicht darauf an, dass alle dort genannten Voraussetzungen stets kumulativ vorliegen müssen (BGH, 18. 2. 2011, V ZR 82/10; LG München I, 27. 4. 2009, 1 S 20171/08).

13.12.2.1 Erhöhung des Gebrauchswertes

Eine Modernisierung im Sinne der gesetzlichen Regelung nach § 22 Abs. 2 WEG liegt dann vor, wenn die geplante Maßnahme aus der Sicht eines verständigen Wohnungseigentümers eine sinnvolle Neuerung darstellt, die voraussichtlich geeignet ist, den Gebrauchswert der Wohnung nachhaltig zu erhöhen.
Das kann beispielsweise dann der Fall sein, wenn neben der vorhandenen Heizungsanlage eine weitere Heizmöglichkeit

(Kamineinbau) geschaffen wird, die zur Steigerung des Wohnkomforts führt oder auch die Nutzung des jeweils günstigeren Brennstoffs ermöglicht (BGH, 18. 2. 2011, V ZR 82/10). Eine Kosten-Nutzen-Analyse ist dazu nicht erforderlich (LG München I, 27. 4. 2009, 1 S 20171/08).
Auch der mit einem Balkonanbau verbundene höhere Nutzungswert zu Erholungs- und Freizeitzwecken stellt grundsätzlich eine Gebrauchswerterhöhung dar (LG Lüneburg, 31. 5. 2011, 9 S 75/10; AG Konstanz, 25. 10. 2007, 12 C 10/07; AG Hannover, 26. 10. 2010, 483 C 3245/10; zur Balkon-Gartentreppe als zulässige Modernisierungsmaßnahme vgl. AG Hannover, 2. 10. 2007, 484 C 9870/07).

13.12.2.2 Dauerhafte Verbesserung der Wohnverhältnisse

Maßnahmen zur dauerhaften Verbesserung der Wohnverhältnisse erstrecken sich auf entsprechende Maßnahmen im Bereich des gemeinschaftlichen Eigentums. Dazu kann die Schaffung insbesondere von Kinderspielplätzen beitragen, sofern dies nicht ohnehin durch öffentlich-rechtliche Bestimmungen vorgeschrieben ist (Spielplatzgesetze der Länder). Auch die Schaffung von Grünanlagen, Stellplätzen und Sicherheitseinrichtungen (Schließanlagen, Gegensprechanlagen, Videoüberwachung) zählt zu den Maßnahmen zur dauerhaften Verbesserung der Wohnverhältnisse.

13.12.2.3 Nachhaltige Energie- und Wassereinsparung

Zu den Maßnahmen einer nachhaltigen Energieeinsparung zählen sämtliche Maßnahmen, die zur Verringerung von Energieverlusten und zur Senkung des Energieverbrauchs führen. Dies gilt in gleicher für Maßnahmen zur Wassereinsparung.
Dabei kommen im Einzelnen in Betracht Maßnahmen zur Wärmedämmung, Wärmerückgewinnung, Anschluss an die Fernwärmeversorgung, aber auch der Einbau von Solaran-

lagen. Hinzukommt der Einbau von Wasseruhren zur verbrauchsabhängigen Erfassung des Wasserverbrauchs und der damit zu erzielenden Wassereinsparung, aber auch der Einbau von Zeitschaltuhren zur Verringerung des Stromverbrauchs. Bei allen Maßnahmen kommt es darauf, dass die Einsparungen auf Dauer erzielt werden.

13.12.2.4 Anpassung an den Stand der Technik

Neben den genannten Modernisierungsmaßnahmen fallen unter die Regelung des § 22 Abs. 2 WEG auch Maßnahmen, die vom mietrechtlichen Begriff „Modernisierung" nicht abgedeckt sind und deshalb als Maßnahmen bezeichnet werden, die der Anpassung der Wohnanlage an den Stand der Technik dienen. Damit ist das Niveau einer anerkannten und in der Praxis bewährten, fortschrittlichen technischen Entwicklung gemeint und gleichzeitig der Rahmen für ein höheres Anforderungsniveau definiert, um Streit über den mit einer bestimmten Maßnahme erreichbaren Grad der Modernisierung zu vermeiden (BT-Drucksache 16/887, S. 30).

13.12.2.5 Einschränkende Voraussetzungen

Modernisierungsmaßnahmen bzw. Maßnahmen zur Anpassung an den Stand der Technik unterliegen aber der mehrheitlichen Beschlussfassung gemäß § 22 Abs. 2 Satz 1 WEG nur unter der weiteren Voraussetzung, dass durch die Maßnahmen

- die Eigenart der Wohnanlage nicht verändert und
- kein Wohnungseigentümer gegenüber anderen Eigentümern unbillig beeinträchtigt wird.

13.12.2.5.1 Veränderung der Eigenart der Wohnanlage

Nach den Vorstellungen des Gesetzgebers liegt eine Veränderung der Eigenart der Wohnanlage dann vor, wenn eine Umgestaltung der Anlage durch Anbauten (Wintergarten), Aufstockung (Penthouse), oder durch Abriss bestehender Gebäudeteile erfolgt. Gleiches gilt für Luxussanierungen (BGH, 18. 2. 2011, V ZR 82/10), Ausbau von Speicherräumen zu Wohnungen oder die Umgestaltung von Grünflächen in Parkplätze.

Darüber hinaus wird die Eigenart der Anlage auch dadurch verändert, dass durch Balkon- oder Aufzugsanbauten ein uneinheitlicher Gesamteindruck entsteht oder dadurch, das nur einzelne Balkone verglast werden oder der Einbau von Dachgauben die Symmetrie des Hauses verändert (vgl. dazu BT-Drucksache 16/887S. 30; LG Lüneburg, 31. 5. 2011, 9 S 75/10, ablehnend zum Balkonanbau; AG Hamburg-Altona, 7. 8. 2007, 316 C 425/06, ablehnend zum Umbau einer Loggia in einen Wintergarten).

Ein Ein- oder Anbau von Balkonen bei bereits vorhandenen Balkonen in gleicher Art und Größe verändert die Eigenart der Anlage nicht (AG Konstanz, 25. 10. 2007, 12 C 10/07).

13.12.2.5.2 Unbillige Beeinträchtigungen

Eine unbillige Beeinträchtigung im Sinne der gesetzlichen Regelung liegt – anders als bei einer baulichen Veränderung – nicht bereits dann vor, wenn sich ein verständiger Wohnungseigentümer nach der Verkehrsanschauung nachvollziehbar beeinträchtigt fühlen kann. Vielmehr ist vor dem Hintergrund der angestrebten Erweiterung des Gestaltungsspielraums zur Durchführung von Modernisierungsmaßnahmen davon auszugehen, dass mit dem Maßstab „unbillig beeinträchtigen“ die Kriterien hinsichtlich dessen, was ein – mit Mehrheit überstimmter – Wohnungseigentümer

hinzunehmen hat, deutlich weiter gefasst sind (BGH, 18. 2. 2011, V ZR 82/10; vgl. dazu auch BT-Drucksache 16/887, S. 31, dort allerdings noch zu der ursprünglich vorgesehenen Regelung „erheblich beeinträchtigen“; vgl. zu dieser Änderung in der gesetzlichen Regelung gegenüber der Entwurfsfassung AG Konstanz, 25. 10. 2007, 12 C 10/07).
So führen zwangsläufig mit der Modernisierung verbundene Umstände, wie beispielsweise die mit einem nachträglichen Einbau eines Aufzuges verbundene Einschränkung der Gebrauchsmöglichkeiten des Treppenhauses, allein noch nicht zur Bejahung einer unbilligen Beeinträchtigung (BT-Drucksache 16/887, S. 31).
Von unbilligen Beeinträchtigungen ist nur dann auszugehen, wenn es sich um Nachteile handelt, die bei wertender Betrachtung und in Abwägung mit den durch die Modernisierung verfolgten Vorteilen einem verständigen Wohnungseigentümer in zumutbarer Weise nicht abverlangt werden können. Von Bedeutung sind deshalb nur Maßnahmen, durch die einem oder mehreren Eigentümern größere Nachteile zugemutet werden als den anderen, wenn es also zu einer treuwidrigen Ungleichbehandlung der Wohnungseigentümer untereinander kommt (BGH, 18. 2. 2011, V ZR 82/10; LG Lüneburg, 31. 5. 2011, 9 S 75/10; AG Konstanz, 25. 10. 2007, 12 C 10/08, jeweils zur unbilligen Beeinträchtigung durch Verschattung und Sichtbeeinträchtigung bei nachträglichen Balkonanbauten, allerdings zumindest hinsichtlich der Verschattung unzutreffend, weil die „Verschattung“ im Regelfall alle von den Balkonanbauten betroffene Eigentümer trifft und daher nicht von einer Ungleichbehandlung gegenüber einem einzelnen Eigentümer die Rede sein kann.).
Die Kosten einer Modernisierungsmaßnahme sind nur dann als unbillige Beeinträchtigung anzusehen, wenn die Maßnahmen Kosten verursachen, die das gemeinschaftliche Eigentum in einen Zustand versetzen, der den allgemein üblichen Rahmen, etwa durch eine „Luxussanierung“,

übersteigt (LG München I, 27. 4. 2009, 1 S 20171/08). oder wenn die auf den einzelnen Eigentümer entfallenden anteiligen Kosten diesen zwingen würden, sein Wohnungseigentum zu veräußern (BT-Drucksache 16/887, S. 31).

13.12.3 Abweichende Kostenverteilung

Die Möglichkeit, gemäß § 16 Abs. 4 WEG auch für Modernisierungsmaßnahmen eine abweichende Kostenverteilung mit doppelt qualifizierter Mehrheit zu beschließen bzw. mit einfacher Mehrheit gemäß § 21 Abs. 7 WEG Zahlungsmodalitäten zu regeln, erlaubt es den Wohnungseigentümern, finanzschwache Miteigentümer durch entsprechende Einzelfallregelungen zu entlasten, beispielsweise durch Einräumung von Ratenzahlungen (zur Abmilderung unbilliger Beeinträchtigungen durch abweichenden Kostenverteilung nach § 16 Abs. 4 WEG; vgl. BGH, 18. 2. 2011, V ZR 82/10).
Eine Kostenbefreiung im Sinne von § 16 Abs. 6 Satz 1 WEG derjenigen Wohnungseigentümer, die einer Modernisierungsmaßnahme nicht zugestimmt haben, scheidet jedoch aus, da diese Regelung ausdrücklich nur auf Maßnahmen nach § 22 Abs. 1 WEG abstellt. Insoweit gilt das Gleiche wie für den Eigentümer, der einer Instandhaltungs- oder Instandsetzungsmaßnahme nicht zugestimmt hat (vgl. dazu BGH, 13. 5. 2011, V ZR 202/10).

13.12.4 Anspruch auf Modernisierungsmaßnahmen

Einem einzelnen Eigentümer wird ein Anspruch auf Modernisierungsmaßnahmen, anders als bei Instandhaltungs- und Instandsetzungsmaßnahmen, als Maßnahme ordnungsmäßiger Verwaltung nicht eingeräumt, es sei denn, die von ihm geplante Maßnahme beeinträchtigt keinen der übrigen Eigentümer.
Ausgenommen sind Maßnahmen für einen barrierefreien Zugang (Rollstuhlrampe, Schräglift im Treppenhaus) und

Maßnahmen der so genannten modernisierenden Instandsetzung (vgl. dazu Kap. 13.13 Rollstuhlrampe, Treppenhauslift).

13.13 Alphabetische Übersicht zu Einzelmaßnahmen der Instandhaltung, Instandsetzung, Modernisierung und baulichen Veränderungen

Die nachstehende Darstellung enthält eine in alphabetischer Reihenfolge gehaltene Übersicht zu konkreten Einzelmaßnahmen zur Instandhaltung, Instandsetzung, Modernisierung und zu baulichen Veränderungen unter Berücksichtigung der einschlägigen gesetzlichen Bestimmungen und der hierzu ergangenen Rechtsprechung.
Zur Vermeidung von Fehlinterpretationen sei aber darauf verwiesen, dass es sich in zahlreichen Fällen um konkrete Einzelfallentscheidungen handelt, die nicht verallgemeinert werden dürfen. In besonders zweifelhaften Fällen ist auf unterschiedliche Rechtsansichten hingewiesen.
Soweit sich durch die neuen Bestimmungen zu Modernisierungsmaßnahmen gemäß § 22 Abs. 2 WEG Änderungen in der rechtlichen Beurteilung ergeben können, ist darauf entsprechend hingewiesen.

Abgasverluste

Die Begrenzung von Abgasverlusten als öffentlich-rechtliche Vorschrift ist durch die Bestimmungen der Energieeinsparungsverordnung geregelt.
Siehe hierzu auch: Energieeinsparverordnung

Abluftanlage

Auch bei zulässiger gewerblicher Nutzung eines Teileigentums als Gaststätte bedarf der Einbau einer an der Fassade über das Dach führenden Abluftanlage als bauliche Veränderung der Zustimmung aller Eigentümer (KG Berlin, 8. 7. 2002, 24 W 344/01).

Absperrpfähle

Siehe hierzu: Sperrbügel

Antennen

Die Anbringung von Antennen auf dem Dach, an der Fassade oder auf dem Balkon einer Wohnungseigentumsanlage stellt allgemein eine zustimmungsbedürftige bauliche Veränderung dar, soweit damit Eingriffe in die bauliche Substanz verbunden sind. Als weitere Nachteile im Sinne von § 14 Nr. 1 WEG zählen optische Beeinträchtigungen, Sturmanfälligkeit und mögliche Störungen des Rundfunk- und Fernsehempfangs der übrigen Wohnungseigentümer (OLG Celle, 21. 12. 1981, 4 Wx 29/81; LG Düsseldorf, 10. 5. 1979, 25 T 498/79; AG Mettmann, 29. 9. 1986, 3 IIa 39/86; zur Ausnahme einer nicht störenden CB-Funkantenne vgl. BayObLG, 30. 5. 1990, 2 Z 57/90; BayObLG, 23. 10. 1986, 2 Z 51/85; OLG Zweibrücken, 31. 1. 2002, 3 W 299/01, zur Regelung der Antennenanbringung in einer Hausordnung).
Bei nur geringfügigen optischen Beeinträchtigungen ist die Zustimmung der übrigen Eigentümer gemäß § 22 Abs. 1 Satz 2 WEG i. V. mit § 14 Nr. 1 WEG nicht erforderlich. Beseitigungsansprüche können dann gemäß § 14 Nr. 1 und 3 WEG nicht geltend gemacht werden (AG Mettmann, 23. 11. 1979, 5 IIa 25/79; so auch BayObLG, 30. 5. 1990, 2 Z 57/90, zur Anbringung einer CB-Funkantenne).
Siehe auch: Fernseh-Gemeinschaftsantenne, Kabelfernsehen, Parabolantenne, Stabantenne

Armaturen

Siehe hierzu: Rohrleitungen

Asphaltboden

Die Ersetzung eines schadhaften Asphaltbodens in den Laubengängen einer Wohnungseigentumsanlage durch einen Plattenbelag stellt eine Maßnahme der ordnungsmäßigen Instandhaltung und Instandsetzung dar. Maßnahmen, die als wertverbessernde Maßnahmen über die Wiederherstellung des ursprünglichen Zustandes hinausgehen, gelten als ordnungsmäßig, auch im Sinne einer modernisierenden Instandsetzung, und sind damit durch Mehrheit beschliessbar, wenn der wirtschaftliche Aufwand hierfür in einem vertretbaren Verhältnis zum Erfolg steht (OLG Schleswig, 19. 5. 1967, 2 W 35/67).

Aufzug

Die Erneuerung einer Innenverkleidung einer Aufzugskabine in Edelstahlausstattung stellt eine modernisierende Instandsetzung dar (LG Hamburg, 17. 12. 2008, 318 S 91/08).
Siehe auch: Liftstilllegung, Fahrstuhltür

Aufzugseinbau

Grundsätzlich stellt der nachträgliche Einbau eines Aufzuges wegen der dadurch entstehenden Erhöhung des Gebrauchswertes (auch Schaffung

der Barrierefreiheit) eine Modernisierungsmaßnahme im Sinne von § 22 Abs. 2 WEG, § 559 Abs. 1 BGB dar (BT-Drucksache 16/887). Die Formulierung „Einbau“ schließt dabei den „Anbau“ nicht aus, da entscheidend auf die Funktion abzustellen ist (AG Konstanz, 13. 3. 2008, 13. 3. 2008, 12 C 17/07).
Ist allerdings der nachträgliche Anbau mit einem massiven Eingriff in die Gebäudesubstanz verbunden, führt die dadurch hervorgerufene erhebliche nachteilige Änderung des optischen Gesamteindrucks zu einer Veränderung der Eigenart der Wohnanlage. In diesem Fall widerspricht auch ein gemäß § 22 Abs. 2 WEG mit doppelt qualifizierter Mehrheitsbeschluss ordnungsmäßiger Verwaltung und ist auf Anfechtung hin für ungültig zu erklären (AG Konstanz, 13. 3. 2008, 12 C 17/07, zum nachträglichen Anbau von drei Außenaufzügen an drei von vier ineinander übergehenden Häusern).

Außenjalousie

Siehe hierzu: Markise, Rollladen

Außenkamin

Die Errichtung eines Außenkamins bedarf als bauliche Veränderung wegen der (möglichen) optischen Beeinträchtigung und der nachteilig wirkenden Rauchentwicklung der Zustimmung der übrigen Miteigentümer (OLG Köln, 11. 2. 2000, 16 Wx 9/00, zur Zustimmung in einer Mehrhausanlage; zur Wiederinbetriebnahme stillgelegter Kamine als Modernisierungsmaßnahme im Sinne von § 22 Abs. 2 WEG vgl. BGH, 18. 2. 2011, V ZR 82/10).

Außenregler

Nach den Vorschriften des § 14 Abs. 1 EnEV (siehe unten Energieeinsparverordnung) sind Zentralheizungen mit zentralen selbsttätig wirkenden Einrichtungen zur Verringerung und Abschaltung der Wärmezufuhr in Abhängigkeit von

- der Außentemperatur oder einer anderen geeigneten Größe und
- der Zeit

auszustatten.

Es handelt sich hierbei um so genannte Außenregler, die auch in bestehenden Wohnanlagen nachzurüsten sind. Da es sich um eine öffentlich-rechtliche Vorschrift handelt, zählt die Ausstattung mit diesen Regelungsgeräten zu den mehrheitlich beschliessbaren Maßnahmen ordnungsmäßiger Verwaltung. Die Unterlassung oder nicht rechtzeitige Nachrüstung gilt gemäß § 27 Nr. 4 EnEV als Ordnungswidrigkeit.
Siehe auch: Thermostatventile

Außentreppe

Die Anbringung von Außentreppen stellt im Regelfall eine zustimmungsbedürftige bauliche Veränderung dar (KG Berlin, 13.7. 1987, 24 W 5496/86, zur Verbindung einer Wohnung mit der Dachterrasse; BayObLG, 21. 6. 1990, 1 b Z 36/89, Anlegung einer Treppe von einer Loggia in den Garten). Siehe auch: Balkontreppe

Außenverglasung/Eingangshalle

Der Ersatz einer zu Bruch gegangenen durchgehenden Außenscheibe, die an die Glastür zu einer Eingangshalle einer Wohnungseigentumsanlage anschließt, durch zwei neue, durch einen schmalen Steg vertikal voneinander getrennte Scheiben stellt zwar eine bauliche Veränderung dar, die jedoch dann als geringfügig anzusehen und insoweit einer ordnungsmäßigen Instandsetzung zuzurechnen ist, wenn die Unterteilung der Scheibe wegen der vielfältigen Unterteilung angrenzender Schaufensterzeilen optisch kaum ins Gewicht fällt und daher keinen störenden Eindruck auf das ästhetische Gesamtgefüge bewirkt.

Automatenwaschsalon

Siehe hierzu: Waschsalon

Balkonüberdachung

Die Balkenüberdachung einer Garageneinfahrt stellt eine zustimmungsbedürftige bauliche Veränderung dar (BayObLG, 5. 4. 1990, 2 Z 24/90).

Balkonanbau

Der nachträgliche Anbau eines Balkons stellt zwar grundsätzlich eine bauliche Veränderung dar (BayObLG, 28. 3. 2001, 2Z BR 1/01; HansOLG Hamburg, 22. 05. 2006, 2 Wx 42/04), kann jedoch gemäß § 22 Abs. 2 WEG auch als Modernisierungsmaßnahme im Sinne des § 559 Abs. 1 BGB wegen der damit verbundenen Gebrauchswerterhöhung eingestuft werden (zur mietrechtlichen Zulässigkeit des Balkonanbaues gemäß § 559 Abs. 1 BGB vgl. LG München I, WuM 1989, 27; LG Wiesbaden 23. 10. 2002, 2 S 50/02; AG Konstanz, 25. 10. 2007, 12 C 10/07; AG Hannover, 26. 10. 2010, 483 C 3145/10; LG Lüneburg, 31. 5. 2011, 9 S 75/10).
Führt allerdings der Balkonanbau zu einer nachteiligen Veränderung des optischen Gesamteindrucks durch uneinheitliche Gestaltung (LG Lüneburg, 31. 5. 2011, 9 S 75/10; vgl. auch BT-Drucksache 16/887, S. 30, zur Uneinheitlichkeit bei Verglasung nur einzelner, nicht aller Balkone) und damit zu einer Änderung der Eigenart der Wohnanlage im Sinne des § 22 Abs. 2 WEG, handelt es sich nicht um eine mehrheitlich beschliessbare Modernisierungsmaßnahme. Erfolgt die Ausführung jedoch in gleicher Art und Größe (identische Bauausführung bei bereits vorhandenen Balkonen) wird die Eigenart der Wohnanlage nicht verändert (AG Konstanz, 25. 10. 2007, 12 C 10/07, zur Balkonaufstockung).

Einer Einstufung als Modernisierungsmaßnahme können neben einer durch einen Balkonanbau herbeigeführten Änderung der Eigenart der Wohnanlage weitere Nachteile durch eine nicht unerhebliche Verdunkelung (Verschattung) der dahinter oder darunter liegenden Wohnungen entgegenstehen. Sie führt zu einer unbilligen Beeinträchtigung im Sinne des § 22 Abs. 2 WEG des betroffenen Eigentümers gegenüber anderen Wohnungseigentümern. Ein Mehrheitsbeschluss, auch wenn er mit der erforderlichen doppelt qualifizierten Mehrheit gefasst wird, widerspricht ordnungsmäßiger Verwaltung und ist für ungültig zu erklären (AG Konstanz, 25. 10. 2007, 12 C 10/07; LG Lüneburg, 31. 5. 2011, 9S 75/10, in der Begründung umstritten, da ein Balkonanbau zwangsläufig zu einer gewissen Verschattung führt; zum Anbau einer massiven bzw. uneinheitlichen vorgesetzten Außenbalkonkonstruktion als zustimmungsbedürftige bauliche Veränderung mit nachteiliger Verschattungswirkung vgl. OLG Hamm, 11. 11. 2008, 15 Wx 62/08, noch zum alten Recht nach § 22 Abs. 1 WEG).
Siehe auch: Kap. 13.11 Modernisierung

Balkonbeleuchtung

Das Anbringen von Leuchten auf der im gemeinschaftlichen Eigentum stehenden Balkonbrüstung bedarf als bauliche Veränderung der Zustimmung (OLG Frankfurt, 11. 2. 1988, 20 W 24/88). Im Einzelfall wird jedoch zu prüfen sein, ob mangels Beeinträchtigung die Zustimmung gemäß § 22 Abs. 1 Satz 2 WEG erforderlich ist.

Balkonbrüstung/Kronenbleche

Die Anbringung von Kronenblechen auf Balkonbrüstungsmauern gilt als Maßnahme einer ordnungsmäßiger Instandhaltung und Instandsetzung, wenn damit Bauausführungsmängel (Verhinderung des Eindringens von Feuchtigkeit in das Mauerwerk) beseitigt werden sollen (OLG Hamm, 12. 3. 1984, 15 W 283/83).

Balkonfenster/Balkontür

Werden bei einheitlicher Fassadengestaltung die Außenfenster oder Balkontüren durch andere ersetzt, die in der Gestaltung der Rahmen, des Materials oder der Farbgebung sichtbar abweichen, liegt keine Instandsetzungsmaßnahme, sondern eine bauliche Veränderung vor, die nur einstimmig beschlossen werden kann (OLG Köln, 7. 6. 1995, 16 Wx 78/95, dort zu einer mehr als nur unerheblichen Veränderung des optischen Gesamteindrucks durch Einbau einer Balkondoppeltür).
Im Fall einer nur geringfügigen optischen Beeinträchtigung ist jedoch die Zustimmung nicht erforderlich, so beispielsweise bei nur unwesentlicher Änderung des Farbtons oder wenn konstruktive Änderungen wegen der begrenzten Einsehbarkeit durch die Balkonbrüstung nicht oder nur geringfügig auffallen (OLG Köln, 30. 7. 1980, 16 Wx 67/80; LG Düsseldorf,

2. 3. 1988, 25 T 625/88, zum Einbau eines nicht störenden, weil nicht einsehbaren Türelements anstelle des vorherigen Fensters).

Balkongittertür

Der Ersatz eines Balkongitters durch eine Balkongittertür stellt eine bauliche Veränderung dar (BayObLG, 20. 6. 1974, 2 Z 22/74).

Balkonkasten

Die feste Anbringung von Blumenkästen an der Balkonaußenbrüstung stellt nur bei Beeinträchtigung der äußeren Gestaltung des Gebäudes eine zustimmungsbedürftige bauliche Veränderung dar (AG Köln, 26. 2. 1989, 204 II 457/88, dort als zustimmungsbedürftige bauliche Veränderung zwar bejaht, aber für den Fall abzulehnen, dass keine anderen Beeinträchtigungen auftreten, da durch Blumenkästen nicht zwangsläufig eine nachteilige optische Änderung eintritt; vgl. insoweit auch LG Hamburg, 21. 12. 1981, 10 T 13/79, wonach die Anbringung außenhängender Blumenkästen nicht generell verboten werden kann).
Bei innenseitiger Anbringung kann im Regelfall auf die Zustimmung verzichtet werden, wenn andere Beeinträchtigungen erkennbar nicht vorhanden sind.
Siehe auch: Balkonbepflanzungen

Balkontrennwand

Die Errichtung einer im Anschluss an die Trennwand zum Nachbarbalkon angebrachten Mauer beeinträchtigt üblicherweise die äußere Gestaltung des Gebäudes zumindest im Verhältnis zum benachbarten Balkon und begründet insoweit einen Beseitigungsanspruch (BayObLG, 15. 12. 1984, 2 Z 111/83, zum Abriss einer Trennwand bis zur Höhe der Balkonbrüstung; LG Itzehoe, 21. 8. 2008, 1 S (W) 1/07, dort auch zur Beeinträchtigung/Einschränkung der Aussicht).
Siehe auch: Sichtblende

Balkontreppe

Die Anbringung einer Balkontreppe bedarf als bauliche Veränderung des gemeinschaftlichen Eigentums, nicht des Sondereigentums, der Zustimmung. Unbeachtlich ist, ob durch die Art der Konstruktion der ursprüngliche Zustand relativ leicht wieder hergestellt werden kann (BayObLG, 20. 6. 1974, 2 Z 22/74; HansOLG Hamburg, 4. 3. 2003, 2 Wx 75/00; LG Essen, 3. 9. 1986, 7 T 911/85, Anbringung einer Treppe von der Loggia in den Garten; zur zulässigen Errichtung einer Balkon-Gartentreppe vgl. AG Hannover 2. 10. 2007, 484 C 9870/07).

Balkonüberdachung

Die Veränderung des architektonischen Gesamteindrucks durch die Anbringung einer Balkonüberdachung ist regelmäßig als zustimmungsbe-

dürftige bauliche Veränderung anzusehen (AG Wuppertal, 31. 3. 1981, 52 UR II 32/80, dort allerdings in enger Auslegung des § 22 Abs. 1 WEG, wonach die Zustimmung grundsätzlich bereits bei der Änderung des ursprünglichen Erscheinungsbildes erforderlich ist).
Siehe auch: Balkonfenster, Balkonverglasung

Balkonverglasung

Balkonverglasungen, und zwar sowohl als Vollverglasung wie auch durch Anbringung von Fensterflügeln an bereits vorhandene seitliche Trennwände zu Nachbarbalkonen, bedürfen als bauliche Veränderung im Regelfall der Zustimmung, weil es sich um eine nicht unerhebliche und architektonisch nachteilige Beeinträchtigungen des optischen Gesamteindrucks der Gebäudefassade handelt (BGH, 21. 6. 1974, V ZR 164/72, m. Hinweis auf BGH, 18. 12. 1986, VII ZR 22/86; BayObLG, 10. 10. 1979, 2 Z 19/79; 3. 6. 1987, 2 Z 34/78; 2. 7. 1987, 2 Z 136/86; 16. 5. 1990, 1 b Z 22/89; 23. 7. 1993, 2Z BR 22/92; 4. 11. 1993, 2Z BR 89/93; OLG Düsseldorf, 20. 1. 1995, 3 Wx 483/94; OLG Frankfurt, 19.4. 1994, 20 W 30/94; differenzierend aber OLG Stuttgart, 17.9. 1979, 8 W 214/79, dort zur Zulässigkeit einer seitlichen Balkonverglasung).
Im Übrigen erfährt die architektonische Funktion der Balkone, die zumindest auch die Auflockerung der Fassade zum Ziele hat, durch die Balkonverglasung eine über das zulässige Maß hinausgehende Beeinträchtigung (zur unzulässigen Balkonverglasung weiter BayObLG, 3. 6. 1987, 2 Z 34/78; 2. 7. 1987, 2 Z 136/86; 4. 11. 1993, 2Z BR 89/93; OLG Frankfurt, 29. 11. 1984, 20 W 192/84; 19. 4. 1994, 20 W 30/94, dort auch zur Inaugenscheinnahme unter Teilnahme eines blinden Richters).
Eine Zuordnung als Modernisierungsmaßnahme scheidet im Falle einer Balkonverglasung wegen der dadurch hervorgerufenen Veränderung des optischen Gesamteindrucks aus (vgl. insoweit BT-Drucksache 16/877S. 30).
Sie auch: Glasüberdachung, Loggiaverglasung, Wintergarten

Balkonvergrößerung

Eine in den rückwärtigen Wohnraum vorgenommene Vergrößerung des Balkons stellt eine zustimmungsbedürftige bauliche Veränderung dar (OLG Hamm, 26. 2. 1988, 15 W 407/87).

Balkonverkleidung

Eine an den Seitenwänden und an der Balkondecke angebrachte Holzverkleidung ist regelmäßig als zustimmungsbedürftige bauliche Veränderung anzusehen (AG Mannheim, 26. 8. 1983, 6 UR II 14/83, auch zur Verwirkung von Beseitigungsansprüchen nach Ablauf von mehr als fünf Jahren, insoweit hinfällig wegen Verjährungsfrist nach neuer Regelung von drei Jahren; zur unzulässigen Aufstellung eines Schranks in einer Balkonnische vgl. OLG Köln, 31. 5. 1999, 16 Wx 77/99).

Von Anfang an vorhandene Balkonverkleidungen, die gleichzeitig mit Terrassen und baupolizeilich vorgeschriebenen Geländern errichtet wurden, stellen keine bauliche Veränderung dar, so dass Beseitigungsansprüche nicht geltend gemacht werden können (AG Stuttgart, 21. 12. 1979, 3517/78).

Beeteinfassungsmauer

Pflanzentrogartige Aufmauerungen als Beeteinfassung in einem Aufmaß von 12 Metern Länge und 1,50 Meter Breite bzw. 6 Metern Länge und einer Breite von 1,50 Meter bei einer Höhe von jeweils 0,5 Meter über dem Erdboden stellen eine zustimmungsbedürftige bauliche Veränderung dar, auch wenn die Errichtung auf einer Sondernutzungsfläche erfolgte (KG Berlin, 10. 1. 1994, 24 W 3851/93).

Blitzschutzanlage

Die erstmalige Installation einer Blitzschutzanlage zur Bewahrung eines höheren Gebäudes vor der elementaren Gefahr eines Blitzeinschlages stellt bei vertretbarem Kostenaufwand eine Maßnahme ordnungsmäßiger Instandsetzung dar (OLG Düsseldorf, 28. 6. 2000, 3 Wx 163/00).

Blumenkästen

Siehe hierzu: Balkonkasten

Blumenkübel

Die Aufstellung von Blumenkübeln auf einer im gemeinschaftlichen Eigentum stehenden Verkehrsfläche bedarf als bauliche Veränderung der Zustimmung aller Eigentümer, wenn der Mitgebrauch der Grundstücksfläche beeinträchtigt wird (AG Wetter, 9. 5. 2000, 7 A II 6/00).

Brandmauer

Die Durchbrechung einer Brandmauer bedarf als bauliche Veränderung grundsätzlich der Zustimmung aller Eigentümer (OLG Celle, 17. 12. 1980, 4 Wx 40/80; BayObLG, 29. 5. 1991, 2 Z 45/91; KG Berlin, 21. 8. 1996, 24 W 5074/95, zum Anspruch auf Genehmigung bei rechtlicher Vereinigung zweier nebeneinander liegender Wohnungen zu einer Sondereigentumseinheit).
Siehe auch: Mauerdurchbruch

Brandmelder

Siehe hierzu: Rauchwarnmelder

Brauchwasseranlage

Siehe hierzu: Warmwasseranlage

Breitbandkabelanschluss

Siehe hierzu: Kabelfernsehen, Parabolantenne

Car-Port

Bei der Errichtung eines Car-Ports handelt es sich im Regelfall um eine zustimmungsbedürftige bauliche Veränderung (BayObLG, 14. 11. 2002, 2Z BR 107/02, dort auch zu einer anlässlich eines „zwanglosen Zusammentreffens“ von allen Eigentümern schriftlich als „Vereinbarung“ bezeichneten Zustimmungserklärung zur Errichtung eines Car-Ports als Vereinbarung über ein Sondernutzungsrecht).
Siehe auch: Garagenaufstellung

CB-Funkantenne

Siehe hierzu: Amateurfunkantenne, Anntenne

Dachausbau

Der Ausbau von Dachgeschossräumen zu Wohnzwecken stellt allgemein eine zustimmungsbedürftige bauliche Veränderung dar, die im Regelfall ohnehin nur in Verbindung mit einer Änderung der nach der Teilungserklärung oder der Gemeinschaftsordnung vorgegebenen Zweckbestimmung vorgenommen werden kann.
Etwas anderes gilt dann, wenn ein solcher Ausbau durch entsprechende Regelungen in der Teilungserklärung oder in der Gemeinschaftsordnung ausdrücklich für zulässig erklärt bzw. bereits genehmigt worden ist (vgl. insoweit BayObLG, 9. 6. 1989, 1 b Z 11/88, zur Duldung eines Spitzbodenausbaues in den Grenzen des § 14 Nr. 1 WEG; dazu auch OLG Hamm, 5. 1. 2004, 15 W 153/03; zum zulässigen Einbau einer Verbindungstreppe zum Spitzboden bei bestehendem Sondernutzungsrecht unter Ausschluss anderer Beeinträchtigungen vgl. BayObLG, 22. 4. 1994, 2Z BR 9/94; 23. 3. 2000, 2Z BR 167/99; 4. 12. 2002, 2Z BR 40/02, dort auch zur Wohnnutzung bei gestattetem Ausbau.
Fehlen allerdings den Dachausbau genehmigende Regelungen, ist davon auszugehen, dass von den Ausbaumaßnahmen ausgehende Beeinträchtigungen über das nach § 14 Nr. 1 WEG zulässige Maß hinausgehen und von den anderen Eigentümern nicht geduldet zu werden brauchen (LG Hamburg, 18. 12. 1997, 318 T 119/97 (85), dort zum Ausbau eines Dachgeschosses zu einer dritten Wohnung in einem Zweifamilienhaus).

Als Beeinträchtigungen im Sinne von § 14 Nr. 1 WEG gelten:
- der Ausbau der Räume als Wohnung und die damit einhergehende größere Belegbarkeit (Belegungsdichte),
- die mit einer Wohnnutzung verbundene Geräuschentwicklung, die allgemein als stärker angenommen werden kann als bei zweckentsprechender anderer Nutzung des Teileigentums für Nichtwohnzwecke;
- die Inanspruchnahme gemeinschaftlichen Eigentums durch Installation von Heizkörpern, Wasseranschlüssen und Abflussleitungen;
- die Beeinträchtigung des architektonischen Gesamteindrucks durch

Einbau von Dachfenstern, Vergrößerung von Giebelfenstern und Einbau von Glasdachpfannnen;
- Änderung der Zweckbestimmung von Dächern durch Bepflanzung.

Soweit nach diesen Maßnahmen Beeinträchtigungen eintreten, kann nicht auf die Zustimmung der Wohnungseigentümer gemäß § 22 Abs. 1 Satz 2 WEG i. V. mit § 14 Nr. 1 WEG verzichtet werden.
Bereits vorgenommene bauliche Veränderungen müssen auf Antrag beseitigt werden (BayObLG, 4. 10. 1982, 2 Z 35/82; 13. 7. 1984, 2 Z 70/84, zu einer durch Deckendurchbruch ermöglichten Einbeziehung von Dachgeschossräumen in eine Wohnung; 12. 10. 1984, 2 Z 1/84, zur „Umwandlung" eines Speichers im Dachgeschoss zu einer Wohnung; 4. 7. 1985, 2 Z 106/84, durch WC-Einbau ermöglichte Nutzung als Wohnung; 9. 3. 1989, 2 Z 2/89, zur unzulässigen intensiveren Nutzung bei Dachausbau; OLG Köln, 28. 12. 2000, 16 Wx 163/00, zum unzulässigen Ausbau eines Spitzbodens, obwohl dieser nur durch die darunter liegende Wohnung erreichbar war; LG Hamburg, 30. 12. 1981, 10 T 29/80; zum unzulässigen Dachausbau vgl. auch AG Hamburg-Blankenesse, 23. 3. 1987, 506 II 3/87; zum Unterlassungsanspruch der Nutzung eines Spitzbodens zu Wohnzwecken vgl. OLG Frankfurt, 10. 10. 2005, 20 W 258/03).
Hinsichtlich des Beseitigungsanspruchs bleibt allerdings zu berücksichtigen, ob dessen Geltendmachung gegebenenfalls gegen § 242 BGB (Treu und Glauben) verstößt oder ob wegen Zeitablaufs Verjährung eingetreten ist (AG Mannheim, 26.8. 1993, 6 UR WE II 14/83; LG Wuppertal, 19.12. 1985, 6 T 858/85, dort aber Verpflichtung zur Erteilung der Zustimmung zur Nutzung von Dachgeschossräumen als Wohnung bei von Anfang vorgenommenem Ausbau).
Im Einzelfall kann unter Umständen nur ein Anspruch auf Unterlassung der Nutzung für Wohnzwecke geltend gemacht werden.
Siehe auch: Speicherausbau

Dachdurchbruch

Der Durchbruch eines Flachdaches eines Hochhauses zum Anschluss eines Kamin-Schornsteins bedarf als bauliche Veränderung der Zustimmung aller Wohnungseigentümer (HansOLG Hamburg, 7. 4. 1987, 2 W 24/87).

Dachfenster

Der Einbau von Dachfenstern/Dachgauben bzw. die Ersetzung von Dachluken durch Dachfenster/Dachgauben bedarf im Regelfall wegen der damit verbundenen optischen Veränderung des Gesamteindrucks als bauliche Veränderung der Zustimmung (KG Berlin, Vorlbschl. 28. 11. 1990, 24 W 5299/90; OLG Köln, 12. 1. 2000, 16 Wx 149/99, zum genehmigungsbedürftigen Einbau von sieben neuen, deutlich sichtbaren Dachflächenfenstern).

Wird jedoch der optisch-ästhetische Gesamteindruck der Anlage nicht beeinträchtigt, sondern eher noch verbessert (Verbesserung der Symmetrie), und treten keine anderen Nachteile auf, kann gegebenenfalls auf die Zustimmung der übrigen Eigentümer verzichtet werden (OLG Karlsruhe, 14. 1. 1985, 11 W 102/84; LG Bremen, 15. 5. 1997, 2 T 126/97b).

Dachgarten

Die Anlage eines Dachgartens auf einer im Sondereigentum stehenden Dachterrasse einer Penthousewohnung stellt im Regelfall eine zustimmungsbedürftige bauliche Veränderung dar (OLG Köln, 9. 6. 1999, 16 Wx 56/99).

Dachgauben

Siehe hierzu: Dachfenster

Dachsanierung

Siehe hierzu: Flachdach

Dachterrasse

Wird die Zweckbestimmung eines Daches durch Umgestaltung und Ausbau zu einer Dachterrasse (Entfernung des Kiesbelages, Abdeckung mit Folie und Platten, Aufschüttung von Erdreich, Vornahme von Bepflanzung) verändert, handelt es sich um eine zustimmungsbedürftige bauliche Veränderung (HansOLG Hamburg, 21. 12. 1984, 2 W 16/84).
Die Zustimmung aller Miteigentümer zur Anlage einer Dachterrasse ist auch dann erforderlich, wenn in der Teilungserklärung einem einzelnen Wohnungseigentümer die Befugnis zum Ausbau von Dachräumen eingeräumt ist (KG Berlin, 16. 1. 1984, 24 W 4224/83).

Deckendurchbruch

Ein Deckendurchbruch zur Verbindung zweier übereinander liegender Eigentumswohnungen stellt eine bauliche Veränderung dar, die der Zustimmung aller Miteigentümer bedarf (KG Berlin, 10. 1. 1990, 24 W 6746/89, dort mit Hinweis auf Beeinträchtigung durch größere Belegung, mögliche wohnheimähnliche Nutzung und Verminderung vorbeugenden Brandschutzes; vgl. aber auch BGH, 20. 12. 2000, V ZB 45/00, zur Entbehrlichkeit der Zustimmung, wenn durch den Eingriff keine Gefährdung der baulichen Substanz und der Statik erfolgt; zum zulässigen Einbau einer Verbindungstreppe von einer Wohnung zum darüber liegenden Spitzboden vgl. BayObLG, 22. 4. 1994, 2Z BR 9/94).
Siehe auch: Dachausbau, Mauerdurchbruch, Kap. 9.1.1.3 Sondernutzungsrecht

Diele

Siehe hierzu: Garagenumwandlung

Drahtfernsteueranlage

Die eigenmächtige Herstellung einer Drahtfernsteueranlage zum Öffnen und Schließen eines ca. 100 Meter vom Haus eines Eigentümers entfernt liegenden Einfahrttores stellt einen Gebrauch des gemeinschaftlichen Eigentums dar, der über das nach § 14 Nr. 1 WEG zulässige Maß hinausgeht, wenn eine Gefährdung von Personen und Sachen durch diese Anlage nicht gänzlich auszuschließen ist.
Es besteht allerdings kein Beseitigungsanspruch, sondern „nur“ ein Anspruch auf Außerbetriebsetzung, wenn wegen der unterirdischen Kabelführung weitergehende Beeinträchtigungen nicht auftreten (BayObLG, 3. 8. 1979, 2 Z 24/78, aus der Sicht heutiger BGH-Rechtsprechung zur objektiven und konkreten Beeinträchtigung wohl nicht mehr aufrechtzuerhalten, wenn nur eine Gefährdung „nicht gänzlich auszuschließen ist“).

Dunstabzugshaube

Der Einbau einer Dunstabzugshaube im Bereich des Sondereigentums durch Anschluss an einen stillgelegten Kamin stellt eine zustimmungsbedürftige bauliche Veränderung des Gemeinschaftseigentums dar (KG Berlin, 8. 9. 1993, 24 W 5753/92+2301/93).

Eingangs-Doppeltür

Da Wohnungseingangstüren zum gemeinschaftlichen Eigentum gehören, ist es Angelegenheit der Wohnungseigentümergemeinschaft, bestehende Gewährleistungsansprüche gegen die Bauträgerfirma geltend zu machen. Lässt in einem solchen Fall der Verwalter ohne vorherige Beschlussfassung der Wohnungseigentümer auf Kosten der Gemeinschaft zum Zweck des verbesserten Schallschutzes eine Doppel-Eingangstür in der Wohnung eines Wohnungseigentümers einbauen, hält sich dies im Rahmen seiner Befugnisse, erkannte Mängel des gemeinschaftlichen Eigentums mehrere Jahre nach dem Einzug mangels brauchbarer Nachbesserung durch die Bauträgerfirma beheben zu lassen.
In solchen Fällen entspricht es einer ordnungsmäßigen Verwaltung, wenn nicht noch weitere Jahre gewartet und der Mangel auf Kosten der Eigentümergemeinschaft zunächst einmal beseitigt wird.
Ein Anspruch aus ungerechtfertigter Bereicherung gegen den Eigentümer der betreffenden Wohnung besteht nicht, weil ein durch den Einbau der schalldämmenden Wohnungs-Doppeltür etwa entstandener Gebrauchs- und Vermögensvorteil von ihm nicht ohne rechtlichen Grund erlangt worden ist (BayObLG, 11. 5. 1978, 2 Z 29/77, hinsichtlich der hier dem Verwalter zugestandenen „eigenmächtigen“ Entscheidungsbefugnis nur für Ausnahmefälle zu akzeptieren).

Energieeinsparverordnung

Am 1. Oktober 2007 ist die Energieeinsparverordnung (Verordnung über energiesparenden Wärmeschutz und energiesparende Anlagentechnik bei Gebäuden – EnEV 2007 vom 24. Juli 2007, BGBl. I S. 1519, geändert durch Verordnung vom 29. April 2009, BGBl. I S. 954) in Kraft getreten.
Danach wird generell für Wohngebäude die Ausstellung von Energie- und Wärmebedarfsausweisen nach amtlichem Muster verbindlich vorgeschrieben. Wohnungseigentümer haben bei Verkauf ihrer Wohnung dem potenziellen Käufer gemäß § 16 Abs. 2 EnEV einen Energiesparausweis nach dem amtlichen Muster auszustellen.
Zu den auch für Wohnungseigentumsanlagen bedeutsamern Bestimmungen zählen weiter die Vorschriften über die nachträgliche Wärmedämmung bisher ungedämmter Geschossdecken beheizter Räume gemäß § 10 Abs. 3 und 4 EnEV (Ablauf der Frist 31. Dezember 2011) sowie die Vorschrift nach § 10 Abs. 1 EnEV, wonach Heizkessel, die mit flüssigen oder gasförmigen Brennstoffen beschickt werden und vor dem 1. Oktober 1978 eingebaut oder aufgestellt werden, nicht mehr betrieben werden dürfen, sofern es sich nicht um Niedertemperatur-Heizkessel oder Brennwertkessel handelt. Darüber hinaus sind gemäß § 10 Abs. 2 EnEV bei heizungstechnischen Anlagen bisher ungedämmte, zugängliche Wärmeverteilungs- und Warmwasserleitungen, die sich nicht in beheizten Räumen befinden zu dämmen. Weiter regelt die Vorschrift gemäß § 14 EnEV die Ausstattung mit so genannten Außenreglern, Thermostatventilen und selbsttätig wirkenden Regelungseinrichtungen zur Ein- und Ausschaltung von Zirkulationspumpen in Warmwasseranlagen.
Von der Anwendung der Vorschriften über die Wärmedämmung kann abgesehen werden, wenn sich die erforderlichen Aufwendungen für die Nachrüstung nicht innerhalb angemessener Frist amortisieren.
Da diese Maßnahmen zwingend vorgeschrieben sind und Zuwiderhandlungen gegen einzelne Vorschriften als Ordnungswidrigkeit geahndet werden, sind Verwalter verpflichtet, bei entsprechenden Erneuerungs- oder Ersatzmaßnahmen die Einhaltung der entsprechenden Vorschriften zu beachten.

Entlüftungsgitter

Ein Mauerdurchbruch der Außenwand (15 x 15 cm) und die Anbringung eines Entlüftungsgitters stellt eine bauliche Veränderung dar (OLG Köln, 28. 4. 1982, 16 Wx 31/82).
Siehe auch: Dunstabzugshaube

Fahrradständer

Sind in der Wohnungseigentumsanlage keine geeigneten Abstellmöglichkeiten (Fahrradräume) für Fahrräder vorhanden oder reichen die vorhandenen Möglichkeiten nicht aus, kann die Aufstellung von Fahrradständern

im Rahmen ordnungsmäßiger Verwaltung mehrheitlich beschlossen werden, sofern keine Beeinträchtigungen auftreten, die über das nach § 14 Nr. 1 WEG unvermeidliche Maß hinausgehen (optische Beeinträchtigungen, Behinderung des Geh- und Fahrverkehrs).
Mögliche Vorteile sind möglichen Nachteilen gegenüberzustellen und im Hinblick auf das Interesse aller Eigentümer abzuwägen (OLG Köln, 13. 5. 1996, 16 Wx 69/96; BayObLG, 5. 4. 1990, 2 Z 24/90, grundsätzlich zulässig, vorliegend wegen nachteiliger Verengung des Hauszugangs als zustimmungsbedürftige bauliche Veränderung beurteilt; BayObLG, 18. 7. 1991, 2 Z 64/91).
Im Übrigen kann jetzt geltendem Recht die Errichtung von Fahrradständern auch als Modernisierungsmaßnahme mit der nach § 22 Abs. 2 WEG erforderlichen doppelt qualifizierten Mehrheit beschlossen werden (vgl. dazu auch BT-Drucksache 16/877 S. 30).
Im Einzelfall bleibt zu prüfen, ob die (auch nachträgliche) Errichtung von Fahrradständern nicht sogar durch die Landesbauordnung vorgeschrieben ist und deshalb im Rahmen ordnungsmäßiger Verwaltung der Beschlussfassung mit einfacher Mehrheit unterliegt.

Fahrstuhleinbau

Der nachträgliche Ein-/Anbau eines Fahrstuhls kann als Modernisierungsmaßnahme gemäß § 22 Abs. 2 WEG mit doppelt qualifizierter Mehrheit beschlossen werden (BT-Drucksache 16/877 S. 30; vgl. Aufzugseinbau).
Auch wenn grundsätzlich ein individueller Anspruch auf Einbau eines Aufzuges nicht besteht, kann ein behinderter Wohnungseigentümer den Einbau eines Aufzuges auf eigene Kosten verlangen. Ein solcher Anspruch auf dauerhaften Einbau eines Fahrstuhl ist jedoch dann unverhältnismäßig und bedarf als bauliche Veränderung der Zustimmung aller Eigentümer, wenn dem gehbehinderten Mitwohnungseigentümer der Einbau eines Treppenlifts (mit Rückbauverpflichtung) gestattet wird (AG Hamburg, 26. 5. 2005, 102c II 6/05 WEG).
Siehe auch: Rollstuhlrampe, Treppenhauslift

Fahrstuhltüren

Der Einbau selbstschließender Türen in die Liftkabinen einer Aufzugsanlage gilt als verpflichtende Maßnahme nach öffentlich-rechtlichen Vorschriften und somit als Maßnahme ordnungsmäßiger Verwaltung, bei der nicht mehr über das „ob“, sondern nur noch über das „wie“ mehrheitlich zu beschließen ist. Die Kosten für diese Maßnahmen sind gemäß § 16 Abs. 2 WEG oder abweichend nach § 16 Abs. 4 WEG zu verteilen (LG München, 12. 5. 1976, 6 T 792/75).

Fallrohr

Siehe hierzu: Regenrinne

Fassadensanierung

Die notwendige Sanierung einer Gebäudefassade gilt als mehrheitlich zu beschließende Maßnahme ordnungsmäßiger Instandhaltung bzw. Instandsetzung.
Wird dabei gleichzeitig eine Wärmedämmaßnahme nach den Vorschriften der Energieeinsparverordnung durchgeführt, gilt dies ebenfalls gemäß § 22 Abs. 3 WEG als ordnungsmäßige, mit einfacher Mehrheit beschliessbare Instandsetzungsmaßnahme im Sinne einer modernisierenden Instandsetzung, zumal wenn diese Wärmedämmung dazu führt,

- dass künftig das Auftreten von Feuchtigkeitsschäden verhindert wird,
- die Heizkosten verringert werden,
- die erhöhten Kosten steuerlich geltend gemacht werden können, was bei normaler Instandsetzung zumindest den selbstnutzenden Eigentümern nicht möglich wäre;

vgl. hierzu; OLG Düsseldorf, 25. 2. 1981, 3 W 359/80; 15. 3. 2002, 3 Wx 13/02; OLG Frankfurt, 15. 11. 2010, 20 W 138/08; LG Krefeld, 22. 10. 1980, 1 T 103/80 AG Bergisch-Gladbach, 27. 1. 1982, 31 (7) II 35/81).
Auch in Fällen, in denen modernisierende Instandsetzungsmaßnahmen bauliche Veränderungen umfassen, reicht ein einfacher Mehrheitsbeschluss aus (OLG Düsseldorf, 26. 4. 2000, 3 Wx 81/00, zur Aufbringung einer Wärmedämmung bei Sanierung einer durchfeuchteten Fassade; 5. 5. 1999, Aufbringung eines Dämmputzes als modernisierende Instandsetzung; LG Krefeld, 27. 4. 1983, 1 T 180–181/81, bejahend zur Zulässigkeit einer Wärmedämmung bei Fassadensanierung;; BayObLG, 1. 12. 1983, 2 Z 109/82; OLG Frankfurt, 28. 11. 1983, 20 W 392/83; beide zur Instandsetzung der Außenwand bei Feuchtigkeitsschäden wegen unzureichender Isolierung/Wärmedämmung; vgl. auch LG Hamburg, 10. 9. 1986, 20 T 43/85, zur Fassadensanierung durch Anbringung einer den optischen Eindruck verändernden Thermohaut als Maßnahme mehrheitlich zu beschließender Instandsetzung; vgl. auch AG Offenbach, 22. 9. 1985, 41 II 48/84, zur zulässigen Aufbringung eines Rauhputzes auf eine Sichtbetonfassade einschl. der Loggiainnenseiten und der Balkonbrüstungen; vgl. auch BayObLG, 16. 3. 1988, 2 Z 149/87, zur zulässigen Sanierung einer Sichtbetonfassade durch Aufbringung eines mehrlagigen Verputzes; zur zulässigen Anbringung einer Vorhangfassade zur Beseitigung von Feuchtigkeitsschäden vgl. auch OLG Hamm, 16. 10. 1987, 15 W 238/87; zum zulässigen Farbanstrich einer nur mit Naturputz versehenen Fassade vgl. KG Berlin, 24. 5. 1993, 24 W 3698/92).
Soweit eine (modernisierende) Instandsetzung (noch) nicht erforderlich ist, können die Wohnungseigentümer eine wärmedämmende Fassadensanierung zwecks Energieeinsparung gemäß § 22 Abs. 2 WEG als Modernisierung mit doppelt qualifizierter Mehrheit beschließen, auch wenn dies mit einer baulichen Veränderung verbunden ist.
Im Übrigen sind bei Fassadensanierungen die erhöhten Anforderungen an

die Wärmedämmung nach den Vorschriften der Energieeinsparverordnung zu berücksichtigen (vgl. oben: Energieeinsparverordnung).

Fenster

Grundsätzlich stellt eine Veränderung der Fenster, durch die in die Substanz des Gemeinschaftseigentums eingegriffen und durch die die äußere Gestaltung des Gebäudes nachhaltig verändert wird, eine zustimmungsbedürftige bauliche Veränderung dar (OLG Köln, 17. 12. 2001, 16 Wx 276/01, zur Verlagerung des Mittelholms eines zweiflügeligen Fensters; zur Veränderung durch Unterteilung eines Fensters vgl. auch OLG Köln, 19. 6. 2002, 16 Wx 82/02; zum Einbau zusätzlicher Fenster als zustimmungsbedürftige bauliche Veränderung vgl. AG Konstanz, 13. 3. 2008, 12 C 17/07).
Siehe auch: Dachfenster

Fensteraustausch

Der Austausch von Holzfenstern durch Kunststofffenster stellt in der Regel eine dauerhafte Gebrauchswerterhöhung im Sinne der §§ 22 Abs. 2 WEG, 559 Abs. 1 BGB dar. Diese Maßnahme dient als mehrheitlich zu beschließende Modernisierungsmaßnahme der nachhaltigen Einsparung von Energie und hat darüber hinaus geringere Instandhaltungskosten zur Folge (LG München, 27. 4. 2009, 1 S 20171/08; vgl. auch OLG München, 2. 7. 2008, 32 Wx 91/08).
Als modernisierende Instandsetzung kann der Fensteraustausch gemäß § 22 Abs. 3 WEG mit einfacher Mehrheit beschlossen werden, wenn die Fenster ohnehin instandsetzungsbedürftig sind (vgl. auch BT-Drucksache 16/887, S. 32).
Um eine grundsätzlich zustimmungsbedürftige bauliche Veränderung im Sinne von § 22 Abs. 1 WEG handelt es sich allerdings dann, wenn herkömmliche Fenster durch solche mit Sprossenverglasung oder durch andere Unterteilung ersetzt werden oder die einheitliche Gestaltung durch Veränderung der Mittelholme bei Flügelfenstern gestört wird. Wegen der nicht unerheblichen optischen Veränderung ist Zustimmung aller Wohnungseigentümer erforderlich (OLG Frankfurt, 18. 11. 1982, 20 W 712/82; OLG Köln, 17. 12. 2001, 16 Wx 276/01; 2. 12. 2002, 16 Wx 205/02; 19. 6. 2002, 16 Wx 82/02).
Auch die Umwandlung eines Küchenfensters in ein Fensterschiebeelement gilt grundsätzlich als bauliche Veränderung. Die Zustimmung ist jedoch entbehrlich, wenn das geänderte Fensterelement wegen der Balkonbrüstung optisch nicht stört (OLG Düsseldorf, 6. 9. 1989, 3 Wx 191/89, auch zur zustimmungsbedürftigen Zumauerung eines Fensters).

Fenstergitter

Die Anbringung von Fenstergittern ist grundsätzlich als zustimmungsbedürftige bauliche Veränderung anzusehen. Bei besonderen Einbruchsgefahren kann es Wohnungseigentümern von Erdgeschosswohnungen je-

doch gestattet sein, mangels vorhandener Sicherungseinrichtungen auf eigene Kosten und bis zur Schaffung gemeinschaftlicher oder anderer wirksamer Sicherungsmaßnahmen Fenstergitter anzubringen (OLG Düsseldorf, 25. 6. 2004, I-3 Wx 148/04; KG Berlin, 17. 7. 2000, 24 W 8114/99 und 2406/00; 15. 12. 1993, 24 W 2014/94; 8. 11. 1989, 24 W 4563/89, zur Zulässigkeit der Anbringung von Außenjalousien, wenn dies aus versicherungsrechtlichen Gründen gefordert wird; vgl. auch KG Berlin, 7. 10. 1992, 24 W 235/92, zitiert nach KG Berlin, 10. 1. 1994, 24 W 3851/93, zur zulässigen nachträglichen Anbringung schmiedeeiserner Fenster-Schutzgitter, weil an der Fassade bereits ähnliche Schutzgitter angebracht waren).
Ermöglicht allerdings die Anbringung von Fenstergittern den Einstieg in andere Wohnungen und erhöht damit dort die Einbruchsgefahr, braucht die Anbringung nicht geduldet zu werden (OLG Zweibrücken, 2. 2. 2000, 3 W 12/00).

Fenster-Innen-/Außenversiegelung

Zu einer ordnungsmäßigen Instandhaltung gehört im Einzelfall neben dem bloßen Anstrich auch die Versiegelung der Fenster von außen und innen. Zum Außenanstrich zählen alle Maßnahmen, die zur Konservierung der Fenster zwecks Instandhaltung erforderlich sind. Dabei genügt ein bloßer Farbanstrich nicht, wenn wegen der besonderen Konstruktion der Fenster ein sachgerechter Außenanstrich neben dem Farbanstrich auch die Versiegelung der Fenster von außen und innen erforderlich macht. Die Versiegelungsarbeiten, auch von innen, sind daher dem Außenanstrich zuzurechnen und die Kosten gemäß § 16 Abs. 2 WEG zu verteilen (AG Hamburg-Wandsbek, 24. 9. 1974, 705 II 13/74).

Fensterumbau

Die Umgestaltung eines Wohnungsfensters in eine auf einen gemeinschaftlichen Innenhof führende Tür ist als bauliche Veränderung dann zu dulden, wenn durch die Art der Konstruktion – in Anpassung an eine bereits vorhandene Tür – das architektonische Aussehen nicht nur nicht beeinträchtigt, sonder sogar ein architektonisch ausgeglicheneres Bild geschaffen wird. Auch soweit an einem solchen Innenhof ein „de facto-Alleinnutzungsrecht" besteht, berechtigt dies nicht dazu, eine Beeinträchtigung im Sinne von § 14 Nr. 1 WEG geltend zu machen, so dass deswegen die Zustimmung dieses Eigentümers zu der Veränderung erforderlich wäre.
Soweit ein solcher Innenhof nach der Teilungserklärung im gemeinschaftlichen Eigentum steht, dient er auch der gemeinschaftlichen Nutzung. Daher bedarf ein Fensterumbau der vorstehenden Art nicht der Zustimmung der übrigen Eigentümer (BayObLG, 6. 8. 1982, 2 Z 99/81; vgl. auch OLG Düsseldorf, 2. 11. 1998, 3 Wx 364/98, zur Zulässigkeit des Umbaus eines Fensters in eine Terrassentür bei statischer Unbedenklichkeit und nur geringer Beeinträchtigung).
Auch die Ersetzung eines Gartenfensters durch eine Tür bedarf dann nicht

der Zustimmung der übrigen Eigentümer, wenn sie die Harmonie des Hauses nicht stört und den optischen Gesamteindruck der Wohnanlage nicht negativ beeinträchtigt und im Übrigen als Zugang zu der davor liegenden Terrassenfläche dient, an der ein Sondernutzungsrecht eingeräumt ist (BayObLG, 26. 10. 1983, 2 Z 106/82).
Anders stellt sich die Situation dar, wenn durch den Türeinbau anstelle des Fensters eine intensivere Nutzung des Gartens ermöglicht wird (BayObLG, 27. 11. 1997, 2Z BR 89/97, zum erleichterten Zugang in den Garten aus einer Krankengymnastikpraxis).

Fenster-/Türkombination

Die Auswechslung einer Tür-/Fensterkombination, die den Raum zum Balkon abschließt, stellt eine zustimmungsbedürftige bauliche Veränderung dar, wenn sich die neue wesentlich von der alten Konstruktion unterscheidet. Bei nur geringfügigen Änderungen ist die Zustimmung der übrigen Eigentümer entbehrlich.
Vorliegend wurde als nachteilig im Sinne von § 14 Nr. 1 WEG nur die oberhalb der Konstruktion angebrachte Verblendung des Rolladenkastens angesehen. Deshalb wurde der Beseitigungsanspruch auf die Entfernung der allein dadurch entstandenen optischen Beeinträchtigung beschränkt durch die Maßgabe, eine die Verblendung abdeckende Markise anzubringen in Anpassung an bereits vorhandene Markisen.
Soweit im Übrigen im vorliegenden Fall die ursprünglich durchgehende Glastür im unteren Teil durch eine Füllung versehen wurde, wurde dies mangels Einsehbarkeit des Balkons nicht als Nachteil im Sinne von § 14 Nr. 1 WEG angesehen (BayObLG, 3. 12. 1981, 2 Z 80/80).
Wird durch den Einbau von Fenster-/Türelementen anstelle des früheren Fensters eine intensivere Nutzung (hier: Laden- statt Büronutzung) ermöglicht, bedarf eine solche Maßnahme der Zustimmung aller Eigentümer (BayObLG, 5. 8. 1999, 2Z BR 67/99).
Werden mehr als 20 vom Hundert der Fensterflächen erneuert, sind die entsprechend erhöhten Anforderungen an die Wärmedämmung gemäß § 9 Abs. 1 i. V. m. Anlage 3 EnEV (siehe hierzu: 13.13 Energieeinsparverordnung) zu beachten.

Fernseh-Gemeinschaftsantenne

Eine Fernseh-(Rundfunk-)Gemeinschaftsantenne gehört zu den Anlagen und Einrichtungen des gemeinschaftlichen Gebrauchs, deren Errichtung im Rahmen ordnungsmäßiger Verwaltung mit Mehrheit beschlossen bzw. von jedem Wohnungseigentümer verlangt werden kann.
Die Errichtung der Empfangsanlage hat dem üblichen technischen Standard – auch der Empfangsgeräte – und den regionalen Gegebenheiten zu entsprechen. Danach richtet sich der Anspruch heute im Regelfall auf den Anschluss an das Breitbandkabelnetz.
Ist wegen regionaler Besonderheiten ein solcher Anschluss nicht möglich,

können sich die Wohnungseigentümer anstelle der Errichtung einer herkömmlichen Gemeinschaftsantenne auch für die Errichtung einer Gemeinschafts-Parabolantenne entscheiden, da letztere sowohl in der Quantität wie auch in der Qualität der zu empfangenden Programme dem heutigen Fernsehstandard entspricht.
Kommt ein Mehrheitsbeschluss nicht zustande, kann auch ein einzelner Eigentümer im Rahmen seines Anspruchs auf erstmalige Herstellung eines baulich-technisch einwandfreien Zustandes des Gemeinschaftseigentums und des nach dem Grundgesetz garantierten Rechts auf Informationsfreiheit auch die Errichtung einer Gemeinschafts-Parabolantenne verlangen.
Ist eine herkömmliche Gemeinschaftsantenne bereits vorhanden, können die Wohnungseigentümer wegen der inzwischen allgemeinen Verbreitung die Umrüstung auf das Breitbandkabelnetz unter gleichzeitiger Demontage der bisherigen Antenne als modernisierende Instandsetzung auch dann mit einfacher Mehrheit beschließen, wenn die Gemeinschaftsantenne noch voll funktionsfähig ist, aber nur über eine begrenzte Empfangskapazität verfügt (wie hier OLG Köln, 19. 7. 1995, 16 Wx 83/95, wenn die übrigen Empfangsmöglichkeiten – Lang-, Mittel- Kurzwellenempfang – nicht spürbar beeinträchtigt werden).
Im Übrigen kann eine Umrüstung auf den Breitbandkabelanschluss als Modernisierungsmaßnahme bzw. als Maßnahme zur Anpassung des gemeinschaftlichen Eigentums an den Stand der Technik gemäß § 22 Abs. 2 WEG mit doppelt qualifizierter Mehrheit beschlossen werden (vgl. insoweit zum Umstellungsrecht des Vermieters AG Berlin-Mitte, 18. 4. 1996, 13 C 331/95; zum ausreichenden Mehrheitsbeschluss als modernisierende Instandsetzung bei reparaturbedürftiger herkömmlicher Gemeinschaftsantenne vgl. OLG Hamm, 9. 10. 1997, 15 W 245/97; vgl. auch BayVGH, 25. 2. 1992, 7 B 90 1013, zur gebrauchswerterhöhenden Modernisierung durch den Breitbandkabelanschluss und der dadurch bedingten „nicht unbilligen" Mieterhöhung bei preisgebundenen Wohnungen unabhängig von der Inanspruchnahme).
Siehe auch: Amateurfunkantenne, Antenne, Kabelfernsehen, Parabolantenne

Feuchtigkeitsschäden

Treten Feuchtigkeitsschäden im Bereich des Sondereigentums auf und liegt die Schadensursache im Bereich des Gemeinschaftseigentums (schadhafte Isolierungsschichten bei Balkonen, Wänden in Feucht- und Nassräumen, Mauerrisse in Außenwänden) hat jeder Wohnungseigentümer gegenüber der Gemeinschaft den Anspruch, die Schadensursache durch Sachverständigengutachten ermitteln und feststellen zu lassen, wie die Schäden zu beseitigen sind. Der Beseitigungsanspruch setzt stets die Ermittlung der Schadensursache voraus (OLG Frankfurt, 27. 6. 1986, 20 W 114/86; 28. 11. 1983, 20 W 392/83; BayObLG, 30. 4. 1982, 2 Z 67/81; vgl.

auch BayObLG, 1. 12. 1983, 2 Z 109/82; 27. 4. 2000, 2Z BR 7/00, auch zur anteiligen Beteiligung an der Erstattung der Gutachterkosten).
Die Kosten für die Beseitigung der Schäden im Bereich des Gemeinschaftseigentums hat die Gemeinschaft gemäß § 16 Abs. 2 WEG zu tragen, die Kosten für die Beseitigung der Schäden im Sondereigentum muss der betroffene Wohnungseigentümer selbst übernehmen. Etwas anders gilt nur für den Fall, dass die Gemeinschaft ein Verschulden für die am gemeinschaftlichen Eigentum aufgetretenen Schadensursachen trifft (vgl. aber auch OLG Frankfurt, 9. 7. 1986, 20 W 357/85, dort zum Schadensersatzanspruch gegen einen Eigentümer, der auf der Dachterrasse einen Dachgarten mit Bepflanzungen angelegt hatte, die den durch die schadhafte Dachisolierung eingetretenen Schaden verstärkt hatten; vgl. i. Ü. Kap. 12.2.4.2, Zif. 6 und 7).

Flachdachsanierung

Zur ordnungsmäßigen und mit Mehrheit zu beschließenden Instandhaltung und Instandsetzung gehört auch die erstmalige Herstellung eines einwandfreien Zustandes bei von Anfang an vorhandenen Mängeln an Dächern.
Dies gilt selbst dann, wenn die erforderlichen Maßnahmen mit Eingriffen in die bauliche Substanz des gemeinschaftlichen Eigentums und somit mit baulichen Veränderungen im Sinne einer optischen Veränderung des Dachaufbaues verbunden sind (vgl. hierzu OLG Hamm, 23. 1. 1987, 15 W 429+434/86; zur Anbringung eines Pultdaches aus Kupferblech anstelle des bisherigen Flachdaches als ordnungsmäßige Instandsetzung vgl. BayObLG, 6.2. 1990, 2 Z 104/89; im Anschluss daran KG Berlin, 22.12. 1993, 24 W 914/93, dort zur Wiederherstellung des ursprünglichen (Vorkriegs-) Walmdaches anstelle eines (Ersatz-) Flachdaches; zur Ersetzung eines Flachdaches durch ein Walmdach als ordnungsmäßige Instandsetzung vgl. auch BayObLG, 12.3. 1998, 2Z BR 4/98; zur Umwandlung eines vorhandenen Umkehrdaches in ein Flachdach vgl. KG Berlin, 21. 12. 1988, 24 W 5369/88, wonach auch eine aufwendigere, aber wirtschaftlich vernünftige, technisch modernere Reparatur als ordnungsmäßige Instandsetzung mehrheitlich beschlossen werden kann).
Bei Flachdachsanierungen sind im Übrigen die Vorschriften der Energieeinsparverordnung hinsichtlich erhöhter Anforderungen an die Wärmedämmung gemäß § 9 Abs. 1 i. V. m. Anlage 3 EnEV dann zu beachten, wenn mehr als 20 vom Hundert der Bauteilflächen von der Maßnahme umfasst werden (siehe hierzu: Kap. 13.13 Energieeinsparverordnung).

Funkantenne

Siehe hierzu: Amateurfunkantenne, Antenne, Fernseh-Gemeinschaftsantenne, Mobilfunkantenne, Parabolantenne

Fußboden

Der Fußbodenbelag im Bereich des Sondereigentums ist Sondereigentum und unterliegt im Falle baulicher Veränderungen nicht den Bestimmungen des § 22 Abs. 1 WEG. Im Falle von Beeinträchtigungen durch bauliche Veränderungen am Sondereigentum ist daher von den Vorschriften des § 13 Abs. 1 WEG auszugehen, wonach jeder Wohnungseigentümer mit den im Sondereigentum stehenden Gebäudeteilen nach Belieben zu verfahren kann.

Danach ist der einzelne Eigentümer auch berechtigt, seinen im Sondereigentum stehenden Fußbodenbelag auszuwechseln, allerdings nur unter der Voraussetzung, dass dadurch weder das gemeinschaftliche Eigentum noch die Rechte der übrigen Eigentümer über das nach § 14 Nr. 1 WEG zulässige Maß hinaus beeinträchtigt werden (OLG Köln, 14. 11. 1997, 16 Wx 275/97, auch zu einem höheren Schallschutz als nach DIN-Vorschriften bei Auswechseln des Bodenbelages; zu baulichen Veränderungen im Sondereigentumsbereich und zu dadurch auftretenden Beeinträchtigungen vgl. auch Kap. 13.3.2.4 Nr. 1).

Fußweg

Die Beseitigung eines öffentlich genutzten Fußweges, der ohne Rechtsgrundlage durch faktische Benutzung auf dem Gemeinschaftsgrundstück entstanden ist, stellt zwar eine bauliche Veränderung dar, kann aber als Maßnahme ordnungsmäßiger Instandsetzung des gemeinschaftlichen Eigentums mit Mehrheit beschlossen werden (BayObLG, 27. 9. 1989, 2 Z 38/89; zur unzulässigen Benutzung einer Grünfläche als „Trampelpfad" vgl. OLG Stuttgart, 7. 10. 1994, 8 W 218/93).

Siehe auch: Gehweg, Grünfläche

Garagenanbau

Will ein Wohnungseigentümer an das im Sondereigentum stehende Haus eines anderen Wohnungseigentümers in der Weise eine Garage anbauen, dass dadurch ein Fenster des Hauses zugebaut wird, bedarf eine solche bauliche Veränderung der Zustimmung des beeinträchtigten Wohnungseigentümers. Auf die Zustimmung kann auch nicht deshalb verzichtet werden, weil die Fläche, auf der der Garagenanbau vorgenommen werden soll, im Sondernutzungsrecht des Eigentümers steht, der die bauliche Veränderung vornehmen will (BayObLG, 27. 3. 1984, 2 Z 27/83; zum zulässigen Garagenanbau bei fehlender Beeinträchtigung vgl. BayObLG, 30. 1. 2003, 121/02).

Garagenaufstellung

Die Aufstellung festverankerter Fertiggaragen auf einem gemeinschaftlichen Kfz.-Stellplatz bzw. anderen Grundstücksflächen (auch auf Sondernutzungsflächen) verändert den baulichen Gesamteindruck der Anlage und bedarf als bauliche Veränderung der Zustimmung aller Eigentümer (KG Berlin, 31. 8. 1967, 1 W 873/67; vgl. auch BayObLG, 23. 5. 1984, 2 Z 18/84; OLG Frankfurt, 27. 6. 1986, 20 W 114/86; OLG Hamm, 21. 4. 1988, 15 W 448/86). Gleiches gilt für die Errichtung so genannter Car-Ports (BayObLG, 6. 2. 1986, 2 Z 70/85; 2. 7. 1999, 2Z BR 30/99).

Garagentoranbringung

Die Anbringung eines Garagentores an offenen Stellplätzen in einer Tiefgarage stellt im Regelfall eine zustimmungsbedürftige bauliche Veränderung dar, wenn der optische Gesamteindruck – sei es auch nur geringfügig – verändert und das Rangieren auf der Verkehrsfläche erschwert wird (BayObLG, 16. 5. 1986, 2 Z 29/86, hinsichtlich des optischen Gesamteindrucks wohl unzutreffend; OLG Köln, 26. 5. 1999, 16 Wx 13/99).

Garagenumwandlung

Ist in einer Teilungserklärung ein im Teileigentum stehender Raum als „Kellergarage“ bezeichnet, verstößt ein Umbau, hier in eine Diele, gegen die in der Teilungserklärung festgelegte Zweckbestimmung und bedarf daher der Zustimmung aller Wohnungseigentümer. Eine zu berücksichtigende Beeinträchtigung im Sinne von § 14 Nr. 1 WEG kann bei einer solchen Maßnahme darin liegen, dass der Entzug der Nutzung als Garage dazu führt, dass ein sonst dort abzustellendes Kraftfahrzeug nunmehr auf gemeinschaftlichen Flächen abgestellt wird, die nicht als Kfz.-Stellfläche vorgesehen sind (BayObLG, 20. 6. 1984, 2 Z 59/83, bedenklich, soweit es sich nicht um eine objektive und konkrete Beeinträchtigung im Sinne der BGH-Rechtsprechung handelt).

Garagenzufahrt

Das Betonieren der Zufahrt zu den im Sondereigentum stehenden Garagen ist eine bauliche Veränderung, die der Zustimmung aller Eigentümer bedarf, weil es sich um eine wesentliche Veränderung an unbebauten Grundstücksteilen handelt (OLG Celle, 7.6. 1967, 4 Wx 10/67; zur Balkenüberdachung als zustimmungsbedürftige bauliche Veränderung vgl. BayObLG, 5. 4. 1990, 2 Z 24/90).

Garderobenaufstellung

Die Aufstellung einer Garderobe im Treppenhaus stellt eine zustimmungsbedürftige bauliche Veränderung dar (BayObLG, 19. 2. 1998, 2Z BR 135/97).

Gartengestaltung

Die gärtnerische Gestaltung einer im Aufteilungsplan nicht für andere Zwecke vorgesehenen Grundstücksfläche und deren gärtnerische Pflege stellen keine bauliche Veränderung des gemeinschaftlichen Eigentums dar, solange sie nicht mit einer gegenständlichen Veränderung (siehe Plattenbelag) des Grundstücks verbunden ist.

Unter eine ordnungsmäßige, mehrheitlich zu beschließende gärtnerische Gestaltung fällt jedoch nur die erstmalige Herstellung der Gartenanlage durch ortsübliche und dem Charakter der Wohnanlage entsprechende Bepflanzung mit Blumen, Sträuchern und Bäumen (BayObLG, 9. 6. 1975, 2 Z 35/75; vgl. auch BayObLG, 16. 1. 1990, 1 b Z 41/88, wonach das Pflanzen von Blumen keine bauliche Veränderung darstellt, allerdings offen gelassen für andere Bepflanzungen; OLG Hamm, 9. 11. 1995, 15 W 163/95; zum Bestandsschutz für Pflanzen, die bei Erstellung der Teilungserklärung bereits vorhanden waren, vgl. BayObLG, 1. 12. 1994, 2Z BR 111/94).
Als ordnungsmäßige und übliche Gartenpflege gilt insbesondere der Ersatz abgestorbener Pflanzen, das regelmäßige Rasenmähen wie auch das Zurückschneiden von Hecken, Sträuchern etc. (BayObLG, 2. 5. 1985, 2 Z 48/84; OLG Hamm, 9. 11. 1995, 15 W 163/95; AG Hamburg, 5. 3. 1990, 102 a II 160/89, zum zweimaligen Heckenschnitt und zum Beschneiden von Weißdornbäumen; zum zulässigen Schneiden eines Heckendurchgangs als Zugang zum gemeinschaftlichen Gartengrundstück vgl. BayObLG, 18. 1. 989, 2 Z 125/88; zur Gartengestaltung durch die Gemeinschaft vgl. auch KG Berlin, 17. 5. 1989, 24 W 6092/88; OLG Hamm, 9. 11. 1995, 15 W 163/95, zum Ersatz einer bis zu 18 Meter Höhe gewachsenen Hecke aus Zuckerahorngehölzen aus Sanierungsgründen durch 2,80 Meter hohe Mischgehölze als ordnungsmäßige Instandsetzung).
Zur üblichen Gartenpflege gehört ferner das Auslichten bzw. der Rückschnitt von Bäumen und Pflanzen, unter Umständen verbunden mit dem Entfernen einzelner, weniger wertvoller Bäume, wobei allerdings örtliche Baumschutzsatzungen zu berücksichtigen sind (BayObLG, 1. 12. 1994, 2Z BR 111/94, zum fehlenden Anspruch auf Beseitigung, wenn Rückschnitt zur Beseitigung der Beeinträchtigung durch Schattenbildung ausreicht; OLG Karlsruhe, 15. 3. 1993, 11 W 72/92; OLG Düsseldorf, 5. 10. 1988, 3 Wx 378/88; AG Hamburg-Blankenese, 9. 4. 1985, 506 II 24/83; vgl. i. Ü. LG Freiburg, 5. 8. 1986 4 T 40/85, dort zum Anspruch auf Fällen eines Baumes wegen Beeinträchtigung des Lichteinfalls; eingehend zur Beeinträchtigung des Lichteinfalls insoweit insbesondere OLG Karlsruhe, a. a. O.; zum zulässigen Fällen einzelner Bäume (aus einer Baumgruppe), die den Gesamteindruck nicht beeinträchtigen, auch aus Gründen der Beeinträchtigung von Belichtung und Besonnung oder wenn die Standsicherheit nicht mehr gewährleistet ist vgl. OLG Köln, 29. 1. 1999, 16 Wx 208/98; zum zulässigen Fällen einzelner Bäume, wenn der parkähnliche Charakter nicht beeinträchtigt vgl. HansOLG Hamburg, 7. 1. 2004, 2 Wx 110/03; LG Frankfurt, 14.4. 1989, 2/9 T 362/89, wonach das Fällen eines Baumes der Zustimmung aller Wohnungseigentümer bedarf, mit Hinweis darauf, dass die Beeinträchtigung der Belichtung allein noch keinen Abwehranspruch gemäß §§ 1004, 906 BGB begründet; OLG Köln, 25. 2. 2000, 16 Wx 29/2000, zum unzulässigen Fällen 70- bis 80-jähriger Bäume; zur Beeinträchtigung der Belichtung vgl. auch VGH Mannheim, wonach eine unzumutbare Beeinträchtigung der Belichtung dann vorliegt, wenn Fenster so beschattet wer-

den, dass die betroffene Wohnung während des Tages nur mit künstlichem Licht genutzt werden kann; zur unzulässigen Entfernung einer 18 Jahre alten und 6–7 Meter hohen Bepflanzung auf einer Sondernutzungsfläche vgl. OLG Düsseldorf, 6. 4. 1994, 3 Wx 534/93; allgemein zur Baumschutzsatzung und Befreiungstatbeständen aus Gefahrengesichtspunkten vgl. u. a. VGH Mannheim, Urt. v. 2. 10. 1996, 5 S 831/95, konkret zum unzulässigen Fällen einer Rosskastanie; zum Geldersatz anstelle der Wiederherstellung nach zunächst durch das Amtsgericht gestatteter Beseitigung eines Baumes auf einer Sondernutzungsfläche und danach erhobener sofortiger Beschwerde vgl. OLG Düsseldorf, 28. 8. 2002, 3 Wx 166/02; zum Schadensersatz wegen unzulässigen Selbsthilferechts gemäß § 910 BGB vgl. OLG Düsseldorf, 27. 6. 2001, 3 Wx 79/01; ebenso LG München, 21. 3. 2001, 15 S 7927/00; vgl. auch LG Dortmund, 10. 3. 2011, 11 S 148/10, zum Schadensersatz wegen eigenmächtigen Baumschnitts; zum zulässigen Selbsthilferecht und zur entsprechenden Anwendung von § 910 BGB im Bereich des Wohnungseigentums vgl. KG Berlin, 13. 6. 2005, 24 W 115/04).

Nach der erstmaligen Anlage eines Gartens vorgenommene Veränderungen der gärtnerischen Gestaltung oder eine völlige Neu- oder Umgestaltung übersteigen den Rahmen der ordnungsmäßigen Instandhaltung und Instandsetzung auch dann, wenn sie der weiteren Verschönerung der Anlage dienen (OLG Hamm, 9. 11. 1995, 15 W 163/95; vgl. dazu auch BayObLG, 14. 1. 1993, 2Z BR 118/92; zur Zuständigkeit für die Neuregelung der Gartengestaltung vgl. KG Berlin, 17. 5. 1989, 24 W 6092/88).

Daher kann eine sachlich nicht gebotene Umgestaltung der Gartenanlage, jedenfalls dann, wenn sie Kosten verursacht, gemäß § 22 Abs. 1 Satz 1 WEG als Maßnahme, die über die ordnungsmäßige Instandhaltung hinausgeht, nur mit Zustimmung derjenigen Wohnungseigentümer beschlossen werden, die im Sinne von § 14 Nr. 1 WEG beeinträchtigt sind.

Im Einzelfall bleibt jedoch zu prüfen, ob auf die Zustimmung widersprechender Eigentümer verzichtet werden kann, wenn deren Rechte nicht beeinträchtigt werden (vgl. hierzu BayObLG, 9. 6. 1975, 2 Z 35/75, dort zum Verzicht auf das Zustimmungserfordernis bei Anpflanzung von drei Fichten im Vorgarten, unter Freistellung von der Kostenbeteiligung gemäß § 16 Abs. 6 WEG).

Besondere Probleme, vor allem bei der Bepflanzung mit Bäumen, treten dann auf, wenn es sich um Gartenflächen handelt, die einzelnen Wohnungseigentümern zur Sondernutzung zugewiesen sind.

Auch hier gilt der Grundsatz, dass das Sondernutzungsrecht an einer Gartenfläche nicht nur die Befugnis umfasst, die betreffende Fläche als Garten zu nutzen, sondern gleichzeitig das Recht zur gärtnerischen Bepflanzung beinhaltet (vgl. hierzu BayObLG, 2. 5. 1985, 2 Z 48/84, zur Ausgestaltung einer das Grundstück einheitlich umfriedenden Hecke; 14. 1. 1993, 2Z BR 123/92, zur zulässigen Höhenbegrenzung einer Bepflanzung zur Vermeidung von Schäden durch Wurzelwerk an der darunter liegenden Tief-

garage; zur Zulässigkeit eines Mehrheitsbeschlusses über ein Pflanzverbot zur Vermeidung der Beeinträchtigung des Seeblicks von einem Hanggrundstück vgl. BayObLG, 6. 2. 1992, 2 Z 166/91; zur fehlenden Befugnis des Sondernutzungsberechtigten, einen stark wachsenden Baum zu pflanzen, vgl. KG Berlin, 13. 7. 1987, 2 4 1752/87; vgl. auch HansOLG Hamburg, 18. 2. 1994, 2 Wx 49/92, zur Umgestaltung bei ausdrücklicher Bestimmung der Bepflanzung; zur unzulässigen Errichtung von kniehohen Beeteinfassungsmauern vgl. KG Berlin, 10. 1. 1994, 24 W 3851/93; zur unzulässigen radikalen Entfernung vorhandener Bepflanzungen – 18 Jahre alte und 6–7 Meter hohe Bepflanzung – und völlige Neugestaltung durch einen Sondernutzungsberechtigten vgl. OLG Düsseldorf, 6. 4. 1994, 3 Wx 534/93).
Die Gemeinschaftsordnung kann dem Sondernutzungsberechtigten bei der Gartengestaltung jedoch einen Spielraum einräumen, der über das Recht zur üblichen Gartenpflege hinausgeht und auch das (ortsübliche Gartengestaltungs-) Recht zu baulichen Veränderungen einräumt (OLG Hamm, 15. 2. 2000, 15 W 426/99, dort auch zur baulichen Veränderung durch Pflasterung der Gartenfläche und Errichtung einer Mauer; BayObLG, 19. 3. 1998, 2Z BR 131/97, zur zulässigen Errichtung einer Pergola).
Bei Beurteilung der zulässigen Nutzung von Gartensondernutzungsflächen hinsichtlich möglicher Beeinträchtigungen im Sinne von § 14 Nr. 1 WEG sind auch nachbarrechtliche Gesichtspunkte zu prüfen (zum nachbarrechtlich begründeten Anspruch vgl. die unterschiedlichen Auffassungen von BayObLG, s. u. bejahend, und KG Berlin, 13. 7. 1987, 24 W 1752/87, wonach Wohnungseigentümer nicht „Nachbarn" im Sinne des Nachbarrechts sind, konkret vorliegend zur unzulässigen Anpflanzung einer stark wachsenden Hängebuche als baulicher Veränderung; zur Anwendung nachbarrechtlicher Vorschriften nur im Rahmen „benachbarter Sondernutzungsrechte" vgl. OLG Köln, 7. 6. 1996, 16 Wx 88/96, konkret zum Rückschnitt einer 8 Meter hohen Schwarzkiefer auf 3 Meter).
Nachbarrechtlich können sich Beeinträchtigungen und daraus folgend Beseitigungsansprüche ergeben, wenn beispielsweise durch Nichteinhaltung von Grenzabständen Bepflanzungen zur Schmälerung des Sonnenlichteinfalls führen (BayObLG, 4. 2. 1982, 2 Z 9/81; 5.3. 1987, 2 Z 50/86; 20. 8. 1987, 2 Z 50/87; KG Berlin, 13. 7. 1987, 24 W 1752/87; zur Einhaltung nachbarrechtlicher Bestimmungen im Rahmen des Bauordnungsrechts vgl. auch BayObLG, 16. 12. 1993, 2Z BR 82/93; zum Anspruch auf das Fällen eines Baumes bei Beeinträchtigung des Lichteinfalls vgl. i. Ü. LG Freiburg, 5. 8. 1986, 4 T 40/85; LG Frankfurt, 14. 4. 1989, 2/9 T 362/89; zur Berücksichtigung nachbarrechtlicher Bestimmungen im Rahmen der Interessenabwägung vgl. auch OLG Hamm, 21. 10. 2002, 15 W 77/02).
Siehe auch: Kap.2.8, Garten; Kap. 9.1.1.9, Garten-Sondernutzungsrechte

Gartenhaus

Die Errichtung eines Gartenhauses verändert im Regelfall den optischen Gesamteindruck einer Wohnanlage und begründet einen Beseitigungsan-

spruch, und zwar auch dann, wenn das Gartenhaus auf einer Sondernutzungsfläche errichtet wird (BayObLG, 17. 5. 1985, 2 Z 52/84; 26. 6. 1986, 2 Z 84/85; 17. 12. 1987, 2 Z 84/87; 21. 5. 1992, 2Z BR 38/92; KG Berlin, 12. 11. 1993, 24 W 3064/93); OLG Frankfurt, 6. 12. 1984, 20 W 242/84; OLG Köln, 29. 4. 1997, 16 Wx 76/96; LG München I, 16. 2. 2009, 1 S 2028/08; zur zulässigen Aufstellung eines „Kinderhauses" vgl. AG Reinbek, 22. 9. 1983, 7 II 15/83).
Siehe auch: Kap. 9.1.1.3 Sondernutzungsrecht

Gartenterrasse

Siehe hierzu: Terrassenanlage

Gartentor

Die Errichtung einer massiven Stahlrohrtür als Gartentor zwischen Gebäudewand und angrenzender Hecke stellt eine bauliche Veränderung des gemeinschaftlichen Eigentums im Sinne von § 22 Abs. 1 Satz 1 WEG dar. Führt diese Veränderung jedoch nicht zu einer Beeinträchtigung der Rechte der übrigen Eigentümer über das nach § 14 Nr. 1 WEG zulässige Maß hinaus, kann auf die Zustimmung der übrigen Wohnungseigentümer verzichtet werden.
Bei der Feststellung, ob es sich um eine Beeinträchtigung im Sinne von § 14 Nr. 1 WEG handelt, wurde vorliegend geprüft, ob

- die farbliche Gestaltung unter Berücksichtigung der Umgebung störend wirkt (bei grünem Tor zu grüner Hecke verneint);
- die Größe und Höhe des Tores einschließlich Umrahmung im Vergleich zu angrenzenden Bepflanzungen oder Anlagen passt (konkret verneint);
- die Errichtung eines Gartentores den architektonischen Gesamteindruck der Anlage stört (vorliegend verneint);
- der gemeinschaftliche Gebrauch gestört oder beeinträchtigt wird (konkret keine Beeinträchtigung des Zugangs zum Öltank).

Im vorliegenden Fall war auch zu berücksichtigen, dass es sich um eine Sondernutzungsfläche handelt. Insoweit stellte die Prüfung auch darauf ab, ob die bauliche Veränderung weitergehende Nachteile bewirkte als ohnehin aus der Sondernutzung resultierten (vgl. hierzu insgesamt OLG Stuttgart, 17. 8. 1979, 8 W 270/79; vgl. aber auch BayObLG, 27. 3. 1984, 2 Z 27/83 und LG Hannover, 30. 4. 1984, 1 T 48/84, wonach die Einräumung eines Sondernutzungsrechts nicht automatisch die Zustimmung beeinträchtigter Eigentümer entbehrlich macht).

Gartenzaun

siehe hierzu: Zaunerrichtung; Kap. 9.1.1.3 Sondernutzungsrecht

Gasetagenheizung

Der Einbau einer Gas-Etagenheizung mit Abgas-Führung direkt ins Freie ist eine bauliche Veränderung, deren Betrieb wegen der Beeinträchtigung durch störende Wasserdampfentwicklung einen Unterlassungsanspruch begründet. Dies gilt auch dann, wenn der teilende Eigentümer mit dem Einbau einverstanden war (OLG Düsseldorf, 4. 7. 1997, 3 Wx 270/97).
Als mehrheitlich zu beschließende Modernisierungsmaßnahme im Sinne von § 22 Abs. 2 WEG ist die Umstellung auf Gasetagenheizung nur dann einzuordnen, wenn damit im Vergleich zum früheren Zustand (Kohleheizung) eine nachhaltige Erhöhung des Gebrauchswertes oder eine dauerhafte Verbesserung der Wohnverhältnisse erreicht wird.

Gasleitung

Die Entfernung oder Stilllegung einer gemeinschaftlichen Gasleitung, die der Versorgung von im Sondereigentum stehenden Gasheizungen dient, und die gleichzeitige allgemeine Umstellung auf Elektroheizung kann nicht durch Mehrheitsbeschluss der Wohnungseigentümer angeordnet werden (BayObLG, 26. 3. 1976, 2 Z 77/75). Sie ist auch einer Beschlussfassung als Modernisierungsmaßnahme entzogen.
Die Verlegung einer unterirdischen Gasleitung über den gemeinschaftlichen Zugangsweg zwecks Versorgung eines rückwärtig gelegenen Gebäudes der Anlage bedarf nicht der Zustimmung der übrigen Eigentümer, wenn deren Reche nicht gemäß § 14 Nr. 1 WEG beeinträchtigt sind (OLG München, 6. 9. 2007, 34 Wx 033/07).

Gegensprechanlage

Die nachträglich Installation einer Gegensprechanlage kann gemäß § 22 Abs. 2 WEG kann Modernisierungsmaßnahme mit doppelt qualifizierter Mehrheit beschlossen werden (BT-Drucksache 16/887 S. 30).

Gehweg

Die Anlage der Gehwege nach erfolgter Fertigstellung der Wohnungseigentumsanlage ist eine Maßnahme ordnungsmäßiger Verwaltung, wenn damit erstmalig ein ordnungsmäßiger baulicher Zustand hergestellt wird. Spätere Veränderung sind regelmäßig als zustimmungsbedürftige bauliche Veränderung zu behandeln, wenn nicht ohnehin eine Instandsetzung erforderlich ist. Das gilt auch für die (Neu-) Anlage eines Gehweges zu Lasten der gemeinschaftlichen Grünflächen wegen der Beeinträchtigung des Gesamteindrucks der Wohnanlage (BayObLG, 28. 6. 1990, 2 Z 67/90; 5. 4. 1990, 2 Z 24/90, offen gelassen zur Neugestaltung durch Verlegung von Lochsteinen).
Siehe auch: Fußweg, Grünfläche

Gemeinschaftsantenne

Siehe hierzu: Fernseh-Gemeinschaftsantenne, Antenne, Kabelfernsehen, Parabolantenne

Glasüberdachung

Die Anbringung einer Glasüberdachung im Anschluss an den Balkon einer darüber liegenden Wohnung stellt eine zustimmungsbedürftige bauliche Veränderung dar (OLG Köln, 27. 9. 2002, 16 Wx 115/02).

Geräteschuppen

Siehe hierzu: Gartenhaus, Schuppen; Kap. 9.1.1.3 Sondernutzungsrecht

Grünfläche

Die Wiedereröffnung eines Weges durch Freilegung einer mit Rasen überdeckten früheren Wegebefestigung und die Wiederherstellung des Weges stellt eine bauliche Veränderung dar. Die Zustimmung zu dieser Maßnahme ist jedoch entbehrlich, wenn die Rechte der Miteigentümer nicht beeinträchtigt werden (OLG Stuttgart, 15. 10. 1979, 8 W 232/79, dort zur Entbehrlichkeit der Zustimmung für die genannte Maßnahme).
Siehe auch: Fußweg, Gehweg, Kfz.-Stellplatz, Plattenbelag, Rasenfläche

Heizkörperanschluss

Der Anschluss eines zusätzlichen Heizkörpers in bisher nicht beheizten und im Sondereigentum stehenden Räumen oder der Einbau größerer Heizkörper stellt wegen des damit verbundenen Eingriffs in das im gemeinschaftlichen Eigentum stehende Zentralheizungssystem eine zustimmungsbedürftige bauliche Veränderung im Sinne von § 22 Abs. 1 WEG dar. Ohne Zustimmung vorgenommene Heizkörperein- oder -umbauten sind gemäß § 15 Abs. 3 WEG, § 1004 BGB zu beseitigen (BayObLG, 30. 12. 1983, 2 Z 73/83).

Heizkörperaustausch

Der Austausch der Heizkörper im Rahmen einer Sanierung der Zentralheizungsanlage und deren Finanzierung durch Erhebung einer Sonderumlage unterliegt nicht Beschlusskompetenz der Wohnungseigentümer. Dennoch gefasste Beschlüsse sind nichtig (BGH, 8. 7. 2011, V ZR 176/10, dort für den Fall der Zuordnung der Heizkörper zum Sondereigentum gemäß Teilungserklärung). Auch unter dem Gesichtspunkt von Systemvorgaben durch Energie- oder Wärmebedarfsrechnungen ist die Wohnungseigentümergemeinschaft nicht legitimiert, den einzelnen Wohnungseigentümer zum Austausch der alten Heizkörper durch neue, technisch kompatible Heizkörper zu zwingen.
Bei einer Gesamterneuerung der Zentralheizung einer Wohnanlage muss jedoch den Eigentümern eine angemessene Zeit zur Umstellung der in ihrem Sondereigentum stehenden Heizkörper und Anschlussleitungen ge-

geben werden. Danach können sie von der erneuerten Anlage abgetrennt werden, wenn die alten Heizkörper mit der neuen Anlage nicht (mehr) kompatibel sind (BGH, 8. 7. 2011, V ZR 176/10; a. A. OLG München, 20. 3. 2008, 34 Wx 46/07, zur zulässigen mehrheitlichen Beschlussfassung über den Austausch auch der Heizkörper einschließlich Heizkörperventile im Rahmen der Erneuerung der Zentralheizungsanlage).
Siehe auch: Heizungserneuerung (unten), Kap. 2.8 Heizkörper, Heizkörperventile, Thermostatventile

Heizungsanlagen-Verordnung

Die früher geltende Heizungsanlagen-Verordnung wurde mit Wirkung vom 1. 2. 2002 aufgehoben durch § 20 Energieeinsparverordnung (EnEV) vom 16. 11. 2001 (BGBl. I 3085):
Siehe hierzu: Energieeinsparungsverordnung.
Siehe: Energieeinsparverordnung

Heizungserneuerung

Die notwendige, altersbedingte vollständige Erneuerung der Heizungsanlage kann als modernisierende Instandsetzung gemäß § 22 Abs. 3 WEG i. V. m. § 21 Abs. 3 und 4 WEG mit einfacher Mehrheit beschlossen werden. Das gilt auch für eine Umstellung von Öl- auf Gasbeheizung (BT-Drucksache 16/887, S. 29).
Den Wohnungseigentümern fehlt aber die Beschlusskompetenz zur gleichzeitigen Erneuerung der Heizkörper und der Anschlussleitungen in den Wohnungen, soweit die Heizkörper gemäß Teilungserklärung bzw. Gemeinschaftsordnung dem Sondereigentum zugeordnet sind (BGH, 8. 7. 2011, V ZR 176/10).
Mit der Umstellung der Heizungsanlage braucht nicht erst bis zum völligen Ausfall der (alten) Anlage gewartet zu werden (OLG München, 20. 3. 2008, 34 Wx 46/07). Voraussetzung ist allerdings, dass die vorgesehene neue Anlage als technisch erprobt und bewährt gilt. Eine Kosten-Nutzen-Analyse ist wegen der geplanten Gleichwertigkeit der Energieträger nicht erforderlich.
Ist ein Wechsel der Heizsysteme vorgesehen, sind auch Gesichtspunkte der Umweltverträglichkeit gegeneinander abzuwägen (BayObLG, 10. 3. 1994, 2Z BR 136/93; 24.8. 1988, 2 Z 26/88; OLG Celle, 22. 11. 1992, 4 W 47/92; KG Berlin, 27. 6. 1994, 24 W 7640/93, zur Umstellung von einer Wärmepumpenanlage auf Gasheizung; OLG Frankfurt, 30. 12. 1986, 20 W 134/86, zur erforderlichen Einstimmigkeit bei Umstellung von Fernheizung auf eine noch zu errichtende Zentralheizungsanlage, insoweit wohl zutreffend entschieden; zur Einstimmigkeit bei Umstellung einer Ölheizung auf Fernwärme, wenn ein alsbaldiger Ausfall noch nicht zu erwarten ist, vgl. OLG Düsseldorf, 8. 10. 1997, 3 Wx 352/97; zur Umstellung einer Anlage auf moderne Brennwerttechnik mit einhergehender Heizkostenersparnis vgl. AG Ludwigsburg, 9. 2. 2009, 20 C 2872/08).

Eine Heizungserneuerung scheitert nicht daran, dass die Kosten nicht oder nicht in voller Höhe aus der Instandhaltungsrückstellung gezahlt werden können. Es genügt, dass die Aufbringung der erforderlichen Mittel – auch durch Erhebung einer Sonderumlage – gesichert ist (BGH, 8. 7. 2011, V ZR 176/10).
Siehe auch: Heizkörper, Heizkörperaustausch, Energieeinsparungsverordnung

Heizungsumstellung/Etagenheizung/Nachtstromspeicherheizung/Ölheizung

Bei der Umstellung einer Etagenheizung auf Gas ist zum Einbau einer Gassteigleitung, die unsichtbar durch die im Gemeinschaftseigentum stehenden Gebäudeteile verlegt werden soll, und für ihren Anschluss an die öffentliche Gasversorgungsleitung die Zustimmung der übrigen Miteigentümer nicht erforderlich.
Zwar stellt die Anlage eines Hausanschlusses eine bauliche Veränderung dar, ist jedoch zu dulden, soweit die Gasleitung unsichtbar und nur auf Kosten der künftigen anschlussbereiten Nutzer verlegt wird. Die übrigen Eigentümer werden, abgesehen von zeitlich befristeten Beeinträchtigungen durch Lärm und Schmutz, nicht über das unvermeidliche Maß hinaus benachteiligt, so dass auf deren Zustimmung gemäß § 22 Abs. 1 Satz 2 WEG verzichtet werden kann (AG Hannover, 30. 8. 1968, 86 II 115/67). Im konkreten Fall ist im Übrigen zu prüfen, ob nicht die Verlegung von Gasleitungen als Energieversorgungsanschluss im Sinne von § 21 Abs. 5 Nr. 6 WEG anzusehen ist und daher unter diesem Gesichtspunkt der Duldungspflicht durch die übrigen Eigentümer unterliegt.
Die Umstellung der Wärmeversorgung einer Wohnanlage von Nachtspeicherstrom auf Gasbeheizung stellt keine Maßnahme der ordnungsmäßigen Verwaltung des gemeinschaftlichen Eigentums, auch nicht im Rahmen einer modernisierenden Instandsetzung. Nachtstromspeicherheizungen in den einzelnen Wohnungen stehen im Sondereigentum und sind deshalb einem Eingriff durch Beschlussfassung entzogen. Die Installation einer gemeinschaftlichen Heizungsanlage stellt daher eine zustimmungsbedürftige bauliche Veränderung dar (OLG Hamm, 26. 5. 1994, 5 U 220/93, dort aber auch zur Wirksamkeit eines diese Maßnahme betreffenden unangefochtenen Mehrheitsbeschlusses, weil die Kostentragungsregelung keinen Eingriff in den dinglichen Bestand des Sondereigentums darstellt).
Demgegenüber kann die Umstellung von Öl-Zentralheizung auf Fernwärme als modernisierende Instandsetzung mehrheitlich beschlossen werden (LG Nürnberg-Fürth, 28. 7. 2010, 14 S 438/10, auch allgemein zu den Voraussetzungen einer modernisierenden Instandsetzung). Das Gleiche gilt für die Ersetzung einer Wärmepumpenanlage durch eine kostengünstigere Gaszentralheizungsanlage (KG Berlin, 27. 6. 1994, 24 W 7640/93).
Siehe auch: Gasetagenheizung, Gasleitung

Holzterrasse

Siehe hierzu: Terrassenanlage

Jägerzaun

Siehe hierzu: Zaun; Kap. 9.1.1.3 Sondernutzungsrecht

Kabelfernsehen

Die Umrüstung eines vorhandenen Fernseh-Gemeinschaftsantennenanschlusses auf das Breitbandkabelnetz (Kabelfernsehen) ist nach den jetzt geltenden gesetzlichen Bestimmungen gemäß § 22 Abs. 2 WEG grundsätzlich als Modernisierungsmaßnahme einzuordnen, die mit doppelt qualifizierter Mehrheit (Dreiviertelmehrheit aller stimmberechtigten Eigentümer und mehr als die Hälfte der Miteigentumsanteile) beschlossen werden kann (vgl. dazu auch BT-Drucksache 16/887, S. 29).

Nach hier vertretener Auffassung reicht für die Umrüstung auf das Breitbandkabelnetz allerdings im Regelfall bereits ein einfacher Mehrheitsbeschluss, weil es sich um eine modernisierende Instandsetzung im Sinne der bisherigen Rechtsprechung und der jetzigen Regelung nach § 22 Abs. 3 WEG handelt.

So wurde schon bisher die Umrüstung auf das Breitbandkabelnetz unter Berücksichtigung des heutigen allgemeinen technischen Entwicklungs- und Ausstattungs-Standard – mehr als zwei Drittel aller privaten Haushalte sind inzwischen an das Kabelfernsehen angeschlossen – trotz baulicher Veränderung als modernisierende Instandsetzung angesehen, die mit einfacher Mehrheit beschlossen werden kann, und zwar auch dann, wenn die vorhandene Gemeinschaftsantennenanlage noch voll funktionsfähig war, jedoch nur den Empfang einer begrenzten Anzahl von Programmen (öffentlich-rechtliche Programme, RTL und SAT 1) mit verminderter Qualität ermöglicht (OLG Köln, 19. 7. 1995, 16 Wx 83/895; zum ausreichenden Mehrheitsbeschluss als modernisierende Instandsetzung bei reparaturbedürftiger herkömmlicher Gemeinschaftsantenne vgl. OLG Hamm, 9. 10. 1997, 15 W 245/97; so bereits früher OLG Celle, 5. 4. 1986, 4 W 30/86, bei nicht mehr voll funktionsfähiger Gemeinschaftsantenne; zur Umrüstung als gebrauchswerterhöhende umlagefähige Modernisierung im preisgebundenen Wohnraum vgl. BayVGH, 25. 2. 1992, 7 B 90 1013).

Das Bundesverfassungsgericht war im Zusammenhang mit der Errichtung von Parabolantennen bereits der Auffassung entgegengetreten, dass dem Anspruch auf Informationsfreiheit und allgemeinen Wohnkomfort bereits ausreichend Rechnung getragen und Genüge getan werde, wenn nur der Empfang der öffentlich-rechtlichen Programme (ARD und ZDF) sowie RTL und SAT 1 gewährleistet sei (BverfG, 13. 3. 1995, 1 BvR 1107/92, gegen OLG Zweibrücken, 29. 6. 1992, 3 W 30/92).

Nach diesen Grundsätzen ist auch dem einzelnen Eigentümer der Anspruch auf Umrüstung auf das Breitbandkabelnetz zuzubilligen.

Bei einer solchen Umstellung muss allerdings gewährleistet bleiben, dass

bisher bestehende Rundfunk-Empfangsmöglichkeiten im Lang-, Mittel- und Kurzwellenbereich nicht spürbar – wohl aber in geringerem Umfang – beeinträchtigt werden. Andernfalls würde die nach Art. 5 Grundgesetz gewährleistete Informationsfreiheit im Vergleich zum früheren Zustand zumindest eingeschränkt werden und damit zu einem Nachteil im Sinne von § 14 Nr. 1 WEG führen (vgl. dazu und zur Lösung dieser Probleme durch eine „Wurfantenne" OLG Köln, 19. 7. 1995, 16 Wx 83/95).
Die innerhalb des Sondereigentums anfallenden Kosten für die Umrüstung waren bereits nach bisheriger Auffassung als aussonderbare Kosten des Sondereigentums auf die einzelnen Eigentümer zu verteilen (vgl. auch Wenzel, ZWE 2001, 226, 236). Soweit es sich allerdings um Umrüstungskosten im Bereich des gemeinschaftlichen Eigentums (Verteilernetz innerhalb des Hauses) handelt, sind diese Kosten gemäß § 16 Abs. 2 WEG nach Miteigentumsanteilen zu verteilen.
Nach jetzt geltender gesetzlicher Regelung können die Wohnungseigentümer jedoch gemäß § 16 Abs. 4 WEG mit doppelt qualifizierter Mehrheit auch für die Kosten der Installation des Verteilernetzes eine von § 16 Abs. 2 WEG abweichende Regelung treffen.
Da die laufenden monatlichen Gebühren und die anderen laufenden Kosten für den Betrieb des Breitbandkabelanschlusses unter die „Betriebskosten" fallen, können die Wohnungseigentümer gemäß § 16 Abs. 3 WEG eine von § 16 Abs. 2 WEG abweichende Kostenverteilung (zum Beispiel je Wohnung) mit einfacher Mehrheit beschließen.
Siehe hierzu auch: Fernseh-Gemeinschaftsantenne, Parabolantenne

Kaltwasserzähler

Der Einbau von Kaltwasserzählern in den einzelnen Wohnungen als Voraussetzung für die Ermittlung des Wasserverbrauchs unterliegt als Maßnahme ordnungsmäßiger Verwaltung der mehrheitlichen Beschlussfassung durch die Wohnungseigentümer.
Über Art, Zahl und Größe der Zähler zur Erfassung des Gesamtverbrauchs in der Anlage und über den Anbringungsort der Messeinrichtungen für die Wasserversorgung entscheidet dagegen nach den Allgemeinen Bedingungen für die Versorgung mit Wasser (AVBWasserV) das jeweilige Versorgungsunternehmen. Die Ausübung dieses Bestimmungsrechts hat jedoch in Abwägung der beiderseitigen Interessen, also auch der Interessen der Wohnungseigentümer als Kunden zu erfolgen. Bei der Bestimmung der Zählergröße darf das wirtschaftliche Interesse der Wohnungseigentümer nicht unberücksichtigt bleiben, wenn das Versorgungsunternehmen den Grund- und Servicepreis für seine Leistungen von der Größe der eingebauten Zähler abhängig macht und auf diese Weise die Einordnung in den Tarif bestimmt. Insofern ist im Interesse des Kunden die Auswahl der Zähler nach dem aktuellen Stand der Technik vorzunehmen (BGH, 21. 4. 2010, VIII ZR 97/09).
Siehe auch: Kap. 10.4 Wasserkosten

Kaminanschluss

Der Anschluss eines einzelnen Kaminofens an einen gemeinschaftlichen Schornstein widerspricht ordnungsmäßigem Gebrauch, wenn andere Öfen nicht mehr angeschlossen werden können (BayObLG, 21. 2. 1985, Z 112/84; vgl. auch OLG Frankfurt, 9. 8. 1985, 20 W 283/85, auch zum Beseitigungsanspruch).
Als bauliche Veränderung bedarf der Einbau eines Kamins bzw. die Errichtung eines Schornsteins zwecks Kaminanschluss der Zustimmung aller Eigentümer (HansOLG Hamburg, 7. 4. 1987, 2 W 24/87, wegen Durchbruch des Flachdaches; zur Zustimmungsbedürftigkeit wegen der Veränderung des optischen Gesamteindrucks vgl. OLG Celle, 15. 2. 1995, 4 W 295/94).
Muss aus technischen Gründen in einen solchen Kamin ein Edelstahlrohr eingebaut werden, handelt es sich um eine bauliche Veränderung, an deren Kosten sich die nichtzustimmungspflichtigen Wohnungseigentümer gemäß § 16 Abs. 6 WEG nicht zu beteiligen brauchen, wenn der Einbau nur für die zu einer Wohnung gehörenden Heizungsanlage erforderlich ist und der Kamin nur von diesem Eigentümer genutzt wird.
Die Kosten der Instandhaltung des „übrigen" Kamins und die Schornsteinfegergebühren sind gemäß § 16 Abs. 2 WEG auf alle Wohnungseigentümer zu verteilen (OLG Köln, 30. 7. 1990, 16 Wx 60/90), sofern die Wohnungseigentümer in einem solchen Fall nicht nach den jetzt geltenden Bestimmungen des § 16 Abs. 3 und Abs. 4 WEG eine abweichende Verteilung mit einfacher bzw. mit qualifizierter Mehrheit beschließen.
Die Wiederherstellung eines stillgelegten Schornsteins zwecks Anschlusses eines Kamins als weitere Heizmöglichkeit stellt zwar eine bauliche Veränderung dar, die aber als Modernisierungsmaßnahme entsprechend § 559 Abs. 1 BGB gemäß § 22 Abs. 2 Satz 1 WEG zur Erhöhung des Gebrauchswertes mit qualifizierter Mehrheit beschlossen werden kann (BGH, 18. 2. 2011, V ZR 82/10).
Siehe unten: Schornstein

Katzennetz

Die Anbringung eines Katzennetzes am vorderen Abschluss eines als Loggia ausgestalteten Balkons stellt wegen der Beeinträchtigung des optischen Gesamteindrucks der Wohnanlage eine zustimmungsbedürftige bauliche Veränderung dar (OLG Zweibrücken, 9. 3. 1998, 3 W 44/98) bzw. einen nachteiligen Gebrauch des gemeinschaftlichen Eigentums, der einen Beseitigungsanspruch rechtfertigt, der auch durch mehrheitliche Beschlussfassung der Wohnungseigentümer geltend gemacht werden kann (BayObLG, 3. 4. 2003, 2Z BR 38/03, offen gelassen hinsichtlich der Einstufung als bauliche Veränderung mangels Eingriffs in die bauliche Substanz).

Kfz.-Stellplatz

Eine im gemeinschaftlichen Eigentum stehende Grundstücks-(Rasen-)fläche kann nur mit Zustimmung aller Wohnungseigentümer ganz oder teilweise in einen bzw. mehrere Kfz.-Stellplätze umgewandelt werden. Daher kann auch ein einzelner Eigentümer eine Teilfläche eines Rasens nicht eigenmächtig umgestalten und als Kfz.-Stellplatz nutzen.
Eine solche Maßnahme beinhaltet eine bauliche Veränderung und keinen Gebrauch im Sinne von § 14 Nr. 1 WEG (OLG Stuttgart, 5. 7. 1974, 8 W 61/74; vgl. zur Anlegung eines Stellplatzes zu Lasten der Grünfläche und der hierzu erforderlichen Zustimmung aller Eigentümer auch BayObLG, 28. 6. 1990, 2 Z 67/90). Sie stellt auch keine Modernisierungsmaßnahme im Sinne des § 22 Abs. 2 WEG dar (BT-Drucksache 16/887, S. 30).
Die Zusammenlegung eines vorhandenen Parkplatzes mit dem Zufahrtsweg zu einem „neuen" Parkplatz bei gleichzeitiger Erhaltung bzw. sogar Schaffung zusätzlicher Stellplätze stellt keine bauliche Veränderung im Sinne des § 22 Abs. 1 WG dar. Es erfolgt weder eine Bebauung, noch wird die Zweckbestimmung geändert wird. Auch die Maße des Parkplatzes erfahren keine Änderung. In einem solchen Fall handelt es sich daher auch nicht um eine zustimmungsbedürftige bauliche Veränderung, sondern um eine mit Mehrheit beschliessbare Änderung der Parkordnung im Sinne einer Gebrauchsregelung für das gemeinschaftliche Eigentum (OLG Köln, 2. 5. 1978, 16 Wx 10/78).
Die farbliche Einzeichnung abgegrenzter Parkflächen auf einer baulich bereits zur Nutzung als Abstellplatz hergestellten Hoffläche stellt ebenfalls keine bauliche Veränderung im Sinne von § 22 Abs. 1 WEG dar. Es handelt sich dabei nicht um eine Umgestaltung bzw. Änderung der Zweckbestimmung bereits angelegter Flächen. Vielmehr stellt diese Maßnahme lediglich eine Gebrauchsregelung im Sinne von § 15 Abs. 2 WEG dar (OLG Karlsruhe, 19. 12. 1977, 3 W 6/77).
Die Einrichtung und Vermietung von PKW-Stellflächen auf der im gemeinschaftlichen Eigentum stehenden Zufahrtsfläche zu den Garagen kann nicht als Maßnahme eines ordnungsmäßigen Gebrauchs beschlossen werden (OLG Zweibrücken, 27. 8. 1985, 3 W 121/85; zu Gebrauchsregelungen bei Kfz.-Stellplätzen vgl. auch Kap. 12.2.1.5; zur Vermietung als mehrheitlich beschliessbare Gebrauchsregelung vgl. Kap. 9.1.2.1 Alphabetische Übersicht zu Gebrauchsregelungen: Vermietung).

Kellerausbau

Der Ausbau eines im gemeinschaftlichen Eigentum stehenden Montagekellers (Kriechkeller) als Hobbyraum für einen einzelnen Wohnungseigentümer kann zulässig sein, wenn dadurch die Rechte der übrigen Eigentümer nicht beeinträchtigt werden (BayObLG, 20. 6. 1984, 2 Z 59/83). Ein Umbau zwecks Wohnnutzung stellt dagegen wegen Änderung der Zweckbestimmung dar und bedarf deshalb bereits der Zustimmung aller Eigentümer durch eine entsprechende Vereinbarung gemäß § 10 abs. 2 Satz 2 WEG.

Keller-Trennwand

Die im gemeinschaftlichen Eigentum stehenden Kellerabteile, von denen jeweils ein bestimmtes Kellerabteil einzelnen Miteigentümern zur alleinigen Nutzung überlassen ist, dürfen nicht dergestalt verändert werden, dass hinter der Abgrenzung aus Maschendraht eine vom Fußboden bis zur Decke reichende Trennwand errichtet und die vorhandene Beleuchtung durch andere Leuchtstoffröhren mit eigenem Sicherungskasten und eigens installierter Verteilerdose ersetzt wird. Eine solche Maßnahme stellt eine Beeinträchtigung des gemeinschaftlichen Eigentums am Keller dar, weil dieser in erheblichem Maße umgestaltet wird. Darüber hinaus liegt eine Beeinträchtigung in der durch die Trennwände gestörten Einheitlichkeit der Gestaltung des gemeinschaftlichen Kellers. Auch eine nur optische Beeinträchtigung stellt einen Nachteil im Sinne von § 22 Abs. 1 Satz 2 i. V. mit § 14 Nr. 1 WEG dar, so dass auf die Zustimmung der übrigen Eigentümer zu dieser Maßnahme nicht verzichtet werden kann. Darüber hinaus ist die Errichtung der Trennwände zur sachgerechten Nutzung des Kellerabteils nicht erforderlich. Daher kann jeder Wohnungseigentümer die Beseitigung der baulichen Veränderung und Wiederherstellung des ursprünglichen Zustandes verlangen. Hingegen bestehen gegen die Anbringung eines Sichtschutzes in Form einer Stoffbespannung keine Bedenken, selbst wenn dadurch der natürliche Lichteinfall durch das vorhandene Oberlicht in die benachbarten Kellerabteile abgeschnitten wird. Ein Sichtschutz dieser Art entspricht zulässigem Gebrauch des gemeinschaftlichen Eigentums (BayObLG, 11. 6. 1979, 2 Z 59/78, in einzelnen Ansichten als unzutreffend anzusehen; LG Nürnberg-Fürth, 30. 8. 1978, 13 T 8584/77).

Kinderschaukel

Die Errichtung einer Kinderschaukel auf einer im gemeinschaftlichen Eigentum stehenden Rasenfläche ist als Maßnahme ordnungsmäßiger Verwaltung mit Mehrheit beschliessbare, wenn nicht anders lautende Zweckbestimmungen oder Gebrauchsregelungen entgegenstehen (so auch OLG Düsseldorf, 14. 8. 1989, 3 Wx 261/89; differenzierend und allgemein als nicht mehrheitlich beschliessbare unzulässige Gebrauchsregelung ablehnend KG Berlin, 18. 7. 1990, 24 W 2488/90; zur zulässigen Errichtung einer Kinderschaukel aufgrund von Bestimmungen in einem Spielplatzgesetz unter Berücksichtigung der DIN 18034 Nr. 5.2.3, vgl. BayObLG, 25. 6. 1998, 2Z BR 10/98).
Siehe unten: Kinderspielplatz, Schaukelgerüst

Kinderspielplatz

Bei der erstmaligen Anlage eines Kinderspielplatzes handelt es sich um eine bauliche Veränderung im Sinne von § 22 Abs. 1 Satz 2 WEG, da eine Grundstücksfläche durch bauliche Maßnahmen umgestaltet wird.

Die grundsätzlich zu einer solchen Maßnahme erforderliche Zustimmung aller Wohnungseigentümer erfährt allerdings dann eine Ausnahme, wenn aufgrund öffentlich-rechtlicher Vorschriften die Anlage eines Kinderspielplatzes nach der jeweiligen Landesbauordnung zur Auflage gemacht wird (vgl. insoweit auch OLG Düsseldorf, 10.11.,1982, 3 W 195/82, dort zur Anlage eines Spielplatzes durch den Veräußerer, wenn die gärtnerische Gestaltung der Außenanlagen noch nicht abgeschlossen ist und Teilungserklärung und Gemeinschaftsordnung nicht entgegenstehen).
Öffentlich-rechtlich vorgeschriebene Anlagen und Einrichtungen bzw. deren Veränderungen bedürfen nicht der Einstimmigkeit, da sie im Rahmen ordnungsmäßiger Verwaltung verpflichtend durchzuführen sind.
Die Wohnungseigentümer haben danach nur noch über das „wie" und das „wo" des Spielplatzes zu entscheiden, nicht mehr über die Frage der Anlage selbst. Insoweit handelt es sich dann um eine Gebrauchsregelung gemäß § 15 Abs. 2 WEG, nicht aber um eine bauliche Veränderung nach § 22 Abs. 1 WEG.
Aus diesem Grunde genügt für die Festlegung des „Standortes" des Spielplatzes ein einfacher Mehrheitsbeschluss (LG Freiburg, 2. 8. 1978, 4 T 49/77).
Die Aufstellung von Spielplatzgeräten (hier Spielhaus und Klettergerüst) stellt zwar eine bauliche Veränderung dar, hält sich aber ebenfalls im Rahmen der ordnungsmäßigen Instandhaltung und Instandsetzung, wenn es um die erstmalige Herstellung eines ordnungsmäßigen Zustandes aufgrund öffentlich-rechtlicher Vorschriften geht (BayObLG, 1. 7. 1980, 2 Z 23/79; 25. 6. 1998, 2Z BR 10/98, zur Aufstellung einer Kinderschaukel; vgl. auch AG Reinbek, 22. 9. 1983, 7 II 15/83, dort zur zulässigen Aufstellung eines „Kinderhauses" auf der gemeinschaftlichen Rasenfläche; zur zulässigen Aufstellung eines Sandkastens auf der gemeinschaftlichen Rasenfläche vgl. AG Nürnberg, 19. 3. 1985, 1 UR II 14/85; zur erforderlichen Zustimmung aller Eigentümer zur Errichtung eines Sandkastens auf einer Rasenfläche vgl. dagegen LG Paderborn, 7. 12. 1993, 5 T 535/93).
Führt allerdings die Aufstellung von Spielgeräten zu einer Änderung der Zweckbestimmung und werden dadurch Lärmbeeinträchtigungen hervorgerufen, ist die Zustimmung der bzw. aller beeinträchtigten Wohnungseigentümer erforderlich (zur insoweit unzulässigen Aufstellung einer Tischtennisplatte auf einem Kinderspielplatz vgl. AG Berlin-Charlottenburg, 2. 2. 1982, 70 II 14/85).
Generell sind allerdings von Kinderspiel- und Bolzplätzen ausgehende Lärmstörungen als ortsüblich hinzunehmen. Es handelt sich hierbei wohntypische Geschehensabläufe. Eine Ausnahme gilt nur dann, wenn es sich um unverhältnismäßig hohe Lärmbelästigungen handelt (vgl. für den Bereich des Mietrechts AG Magdeburg, 30. 4. 1998, 12 C 2885/97).

Kleinfeuerungsanlagen-Verordnung

Zur ordnungsmäßigen Instandhaltung und Instandsetzung gehört die Umsetzung der Verordnung über kleine und mittlere Feuerungsanlagen (Erste Verordnung zur Durchführung des Bundesimmissionsschutzgesetzes – 1. BimSchV vom 15. Juli 1988, in der Neufassung vom 26. 1. 2010, BGBl. I S. 38).
Mit dieser Verordnung werden die Vorgaben für Öfen und Heizungen, in denen feste Brennstoffe wie beispielsweise Holz verfeuert werden, an die technischen Weiterentwicklungen bei der Verringerung von Schadstoffimmissionen angepasst. Für bestehende Anlagen wurden neue Grenzwerte festgelegt. Der Turnus für die regelmäßigen Überwachung der Emissionsgrenzwerte für Öl- und Gasheizungen wurde auf einen drei – bzw. zweijährlichen Turnus umgestellt. Die neuen Vorschriften traten am 22. März 2010 in Kraft. Die Messungen selbst werden vom Bezirksschornsteinfegermeister vorgenommen. Die Nichtbefolgung der Verordnung gilt als Ordnungswidrigkeit.

Klimageräteeinbau

Der Einbau eines Klimagerätes in das Außenfenster eines Schlafzimmers stellt eine zustimmungsbedürftige bauliche Veränderung dar, wenn dadurch der optische Gesamteindruck der Wohnanlage mehr als nur unerheblich verändert wird (OLG Frankfurt, 1. 4. 1986, 20 W 99/86; vgl. auch LG Krefeld, 3. 11. 1986, 6 T 33/86, zum Mauerdurchbruch durch eine Gebäudeaußenwand; OLG Düsseldorf, 16. 11. 2009, I-3 Wx 179/09, zum Beseitigungsanspruch wegen nächtlicher Geräuschbeeinträchtigung).
Siehe auch unten: Mauerdurchbruch

Ladeneingang

Der nachträgliche Einbau eines Ladeneingangs stellt eine bauliche Veränderung dar, die der Zustimmung aller Wohnungseigentümer bedarf (BayObLG, 6. 3. 1986, 2 Z 57/85; 17.7. 1986, 2 Z 32/86).

Lärmschutzmaßnahmen

Zur ordnungsmäßigen Instandsetzung im Sinne der Herstellung eines erstmalig einwandfreien baulich-technischen Zustandes gehören auch schalldämmende Maßnahmen gegen Lärmstörungen, die von gemeinschaftlichen Anlagen und Einrichtungen ausgehen.
Grundsätzlich können Wohnungseigentümer eines umgewandelten Altbaues nur den Schallschutz verlangen, der im Zeitpunkt der Begründung des Wohnungseigentums bestand (OLG Köln, 9. 10. 2000, 16 Wx 102/00; vgl. aber auch zur Herstellung eines der DIN 4109 entsprechenden, jedoch bauordnungswidrig nicht vorhandenen Trittschallschutzes OLG Köln, 18. 5. 2001, 16 Wx 68/01, dort zur Geltendmachung des Anspruches gegenüber Veräußerer bzw. Wohnungseigentümergemeinschaft, nicht gegen-

über dem Eigentümer der betreffenden Wohnung; OLG Düsseldorf, 12. 11. 2001, 3 Wx 256/01, zur Einhaltung der DIN 4109 bei Ausbau einer Dachgeschosswohnung nach erfolgter Aufteilung und Umwandlung eines älteren Gebäudes und zur Unzumutbarkeit weitergehender Schallschutzmaßnahmen durch den ausbauenden Eigentümer).

Bei der Beurteilung der zulässigen Lärmgrenzen sind die Vorschriften über den Schallschutz nach DIN 4109 und VDI-Richtlinien 2058 bei haustechnischen Anlagen zu berücksichtigen. Werden die zulässigen Werte nach der Vornahme von baulichen Maßnahmen (Ersatz von Teppichboden durch Laminatboden) überschritten, kann der dadurch beeinträchtigte Wohnungseigentümer im Rahmen der Mindestanforderungen der geltenden Schallschutznormen grundsätzlich Dämmmaßnahmen verlangen, die ein Schallschutzniveau gewährleisten, dass dem Zustand vor den baulichen Maßnahmen entspricht (OLG Schleswig, 8. 8. 2007, 2 W 33/07; BayObLG, 16. 12. 1993, 2Z BR 113/93, ebenfalls zur Einhaltung des Trittschallschutzes bei Auswechseln des Bodenbelages; vgl. zu den zulässigen Höchstwerten nach DIN 4109 (i. d. F. v. 1989) auch BayObLG, 18. 11. 1999, 2Z BR 77/99; LG Saarbrücken, 10. 10. 1997, 5 T 488/97, Ablehnung von weiteren Maßnahmen gegen Beeinträchtigungen durch Ventilator der gemeinschaftlichen Entlüftungsschächte wegen nur geringfügiger Überschreitung der Lärmwerte nach VDI-Richtlinien 2058 und 4109).

Ein Anspruch gegen die Gemeinschaft auf Beseitigung der Lärmstörungen verjährt nach jetzt geltendem Recht nach 3 Jahren (BayObLG, 18. 2. 1981, 2 Z 13/80).

Siehe auch: Kap. 13.3.2.4 Lästige Immissionen; Kap. 13.13 Schalldämmung, Trittschallschutz

Leuchtreklame

Siehe hierzu: Werbung

Liftstilllegung

Die Stilllegung eines Lifts als Anlage, die dem gemeinschaftlichen Gebrauch aller Wohnungseigentümer dient, kann nicht als Gebrauchsregelung mit Mehrheit beschlossen werden. Ein nur mit Mehrheit gefasster Beschluss wäre als gesetzesändernder Mehrheitsbeschluss wegen Gebrauchsentzugs (§ 13 Abs. 2 WEG) nichtig. Rechtswirksam kann eine Stilllegung nur mit Zustimmung aller Wohnungseigentümer beschlossen werden (AG München, 5. 12. 1974, 21 U II 60/74).

Siehe auch: Fahrstuhleinbau

Loggiaverglasung

Eine Loggiaverglasung verändert das architektonische Bild des Gebäudes und bedarf daher stets der Zustimmung aller Wohnungseigentümer (OLG Zweibrücken, 7. 7. 1987, 3 W 58/87; BayObLG, 10. 7. 1998, 2Z BR 89/98). Bei solchen Maßnahmen handelt es sich auch nicht um Modernisierungs-

maßnahmen im Sinne von § 22 Abs. 2 WEG (vgl. dazu auch BT-Drucksache 16/877, S. 30, dort zur Balkonverglasung). Insoweit stellt auch der Umbau einer Loggia in einen Wintergarten eine zustimmungsbedürftige bauliche Veränderung dar (AG Hamburg-Altona, 7. 8. 2007, 316 C 425/06).
Siehe auch: Balkonverglasung, Wintergarten

Markisen

Die Anbringung von Markisen stellt eine bauliche Veränderung dar, die den optischen Gesamteindruck einer Wohnanlage verändert und deshalb im Regelfall gemäß § 22 Abs. 1 Satz 1 WEG der Zustimmung aller Wohnungseigentümer bedarf (Vorinstanz zu BayObLG, 3. 12. 1981, 2 Z 80/80, dort selbst jedoch als nicht entscheidungserheblich angesehen; 11. 9. 1985, 2 Z 63/85, zur Bejahung eines Beseitigungsanspruchs; ebenso OLG Frankfurt, 14. 5. 1985, 20 W 370/84; KG Berlin, 1. 4. 1987, 24 W 5286/86, zur unzulässigen Anbringung farblich abweichender Markisen; 3. 12. 1993, 24 W 6483/93, zur unzulässigen Anbringung einer Vertikalmarkise).
Entgegen dieser Rechtsauffassung ist nach hier vertretener Meinung nicht grundsätzlich die Zustimmung zur Anbringung von Markisen erforderlich. Vielmehr ist stets im konkreten Einzelfall zu prüfen, ob tatsächlich eine nachteilige Veränderung vorliegt, da nur in einem solchen Fall die Zustimmung der übrigen Eigentümer erforderlich ist (vgl. insoweit BayObLG, 26. 10. 1983, 2 Z 106/82, im Anschluss an OLG Hamm, 15. 2. 1980, 15 W 131/79, wonach die bloße Veränderung des optischen Bildes einer Anlage allein noch keinen Nachteil im Sinne von § 14 Nr. 1 WEG darstellt).
Im Einzelfall wird jedenfalls nicht von vornherein ausgeschlossen werden können, dass die Anbringung von Markisen gemäß § 22 Abs. 1 Satz 2 WEG auch ohne Zustimmung vorgenommen werden kann, weil die Rechte der übrigen Eigentümer nicht beeinträchtigt werden (so auch LG Düsseldorf, 2. 3. 1989, 25 T 625/88, für den Fall, dass eine Markise in Farbe und Größe so gehalten ist, dass sie sich unauffällig einpasst und insoweit die Fassade nicht nachteilig verändert; ebenso OLG Düsseldorf, 6. 9. 1989, 3 Wx 191/89, deshalb Beseitigungsanspruch verneint; ebenfalls ablehnend zu einem Beseitigungsanspruch OLG Zweibrücken, 2. 4. 2003, 3 W 252/03).
Gegebenenfalls wird auch zu prüfen sein, ob nicht sogar ein Anspruch auf Genehmigung zur Anbringung einer Markise geltend gemacht werden kann, wenn die Nutzung eines Balkons aufgrund seiner Lage bei starker Sonneneinstrahlung unzumutbar beeinträchtigt würde.
Siehe auch: Kap. 13.13 Rollladen

Mauerdurchbruch

Die Durchbrechung oder die Entfernung einer im gemeinschaftlichen Eigentum stehenden Mauer bzw. einer zwingend dem Gemeinschaftseigentum zuzuordnenden tragenden Wand stellt zwar eine bauliche Veränderung im Sinne von § 22 Abs. 1 WEG, die jedoch dann nicht der Zustimmung der übrigen Eigentümer bedarf, wenn wesentliche Eingriffe in die bauliche Substanz nicht erfolgen und keine Gefahr für die konstruktive Stabilität und die Brandsicherheit besteht (BGH, 21. 12. 2000, V ZB 45/00; BayObLG, 14. 2. 2002, 2Z BR 187/01, dort auch zur entbehrlichen Zustimmung, wenn durch eine bauliche Veränderung – Beseitigung von Betonwänden zwischen zwei Loggien – keine nachteilige optische Veränderung eintritt).

Bei nachteiligen Veränderungen ist jedoch die Zustimmung der betroffenen Eigentümer erforderlich (BayObLG, 2. 2. 1995, 2Z BR 71/94, m. w. N.; OLG Köln, 8. 2. 1995, 16 Wx 187/94; zur Ausnahme vgl. aber auch BayObLG, 14. 1. 1999, 2Z BR 125/98; OLG Düsseldorf, 13. 11. 1991, 2 Wx 64/90; OLG Köln, 16. 11. 1987, 16 Wx 91; zur Entbehrlichkeit der Zustimmung bei Durchbrechung einer nicht tragenden Wand zwischen Eigentumseinheiten vgl. OLG Schleswig, 12. 8. 2002, 2 W 21/02).

Die durch einen Mauer-/Wanddurchbruch nachträglich aufgehobene Abgeschlossenheit zweier dadurch verbundener Eigentumswohnungen wird entgegen früherer Auffassung nicht als Nachteil im Sinne von § 14 Nr. 1 WEG angesehen, so dass auf die Zustimmung der übrigen Eigentümer verzichtet werden kann (BGH, 20. 12. 2000, V ZB 45/00; zur Nutzungsänderung und größeren Belegung als Nachteil vgl. OLG Köln, 8. 2. 1995, 16 Wx 187/94; OLG Zweibrücken, 15. 10. 1999, 3 W 149/99, auch zur Zustimmungsbedürftigkeit bei Durchbrechung einer nichttragenden Wand).

Die baurechtliche Genehmigung eines solchen Mauer- oder Wanddurchbruchs ist wohnungseigentumsrechtlich unbeachtlich.

Ergeben sich bei bzw. nach einem eigenmächtig durchgeführten Mauerdurchbruch keine konkreten Beeinträchtigungen und ist die Wiederherstellung des ursprünglichen Zustandes mit einem nicht unerheblichen finanziellen Aufwand für den widerrechtlich handelnden Wohnungseigentümer verbunden, kann ein Beseitigungsanspruch gegen Treu und Glauben verstoßen und deshalb unzulässig sein (vgl. BayObLG, 19. 8. 1971, 2 Z 99/70; OLG Düsseldorf, 7. 7. 1988, 3 Wx 178/88; LG Bremen, 10. 10. 1986, 2 T 330/1986, alle zur Unzulässigkeit eines Mauer- bzw. Wanddurchbruches; LG Krefeld, 3. 11. 1986, 6 T 33/86, zur unzulässigen Durchbrechung einer Gebäudeaußenwand; a. A. unzutreffend OLG Köln, 16. 11. 1987, 16 Wx 91/87, zur Zulässigkeit der Durchbrechung einer tragenden Wand aufgrund des „einstimmigen Beschlusses" des betreffenden Eigentümers, da weder Standfestigkeit/Statik noch Rechte der Miteigentümer beeinträchtigt waren; zur Ablehnung eines Beseitigungsanspruches nach erfolgter Durchbrechung einer tragenden Wand wegen Verstoßes gegen Treu und Glauben vgl. LG Hamburg, 26. 6. 1991, 318 T 21/90).

Aus der Sicht des „vorbeugenden Brandschutzes" ist es nicht zulässig, eine Brandmauer zu durchbrechen und durch eine feuerhemmende Tür zu ersetzen, selbst wenn die Tür den bau- und feuerpolizeilichen Vorschriften aus „brandtechnischer Sicht" genügen sollte (OLG Celle, 17. 12. 1980, 4 Wx 40/80; BayObLG, 29. 5. 1991, 2 Z 45/91).

Soweit allerdings aus der Sicht des „vorbeugenden Brandschutzes" bereits der grundsätzlich bestehende Risikofaktor als ausreichend erachtet wird, um einen Nachteil im Sinne des § 14 Nr. 1 WEG anzunehmen, steht dem inzwischen die wohl zutreffendere Auffassung des BGH gegenüber, wonach ein Nachteil im Sinne des Gesetzes objektiv und konkret vorliegen muss, und die nur mögliche Gefahr als solche nicht ausreichend ist (BGH, 19. 12. 1991, V ZB 27/90; vgl. auch Kap. 13.3.2.7 Gefährdung der Wohnungseigentümer).
Im konkreten Einzelfall wird allerdings die Frage der Zustimmungsbedürftigkeit zu einer in die bauliche Substanz eingreifenden baulichen Veränderung nicht ohne Einschaltung eines Sachverständigen zu beantworten sein (BayObLG, 14. 1. 199, 2Z BR 125/98).
Siehe auch Kap. 13.13 Brandmauer, Deckendurchbruch, Entlüftungsgitter

Mobilfunkantenne

Die Errichtung einer Mobilfunkantenne stellt wegen der damit verbundenen baulich optischen Veränderung grundsätzlich eine zustimmungsbedürftige bauliche Veränderung im Sinne von § 22 Abs. 1 WEG dar (OLG Saarbrücken, 12. 1. 1998, 5 W 9/97–8, dort zur Errichtung einer 7,5 Meter hohen Antenne auf dem Flachdach einer 10-geschossigen Wohnungseigentumsanlage).
Neben die durch die Errichtung der Mobilfunkanlagen vorgenommene bauliche Veränderung kann die Möglichkeit der gesundheitlichen Beeinträchtigung treten.
Deshalb sollen Wohnungseigentümer nach vereinzelter Auffassung nicht verpflichtet sein, die Ungewissheit über mögliche gesundheitliche Beeinträchtigungen zu dulden. Bereits die Ungewissheit könne bei verständiger Beurteilung zu einer Beeinträchtigung der Lebensqualität und insoweit zu einem nicht hinzunehmenden Nachteil im Sinne von § 14 Nr. 1 WEG führen (OLG Hamm, 3. 1. 2002, 15 W 28701).
Die „Ungewissheit möglicher Beeinträchtigungen" stellt jedoch nach hier vertretener Meinung keine „tatsächliche Beeinträchtigung" im Sinne der BGH-Rechtsprechung dar (BGH, 19. 12. 1991, V ZB 27/90; zur Frage einer Duldungsverpflichtung zur Errichtung auf einer Sondernutzungsfläche vgl. OLG Köln, 10. 1. 2002, 16 Wx 221/02; zur Ablehnung von Mietminderungsansprüchen bei Einhaltung der zulässigen Grenzwerte vgl. im Mietrecht u. a. Deutsche Mieterzeitung 2001, 8; vgl. auch BVerfG, 28. 2. 2002, 1 BvR 1676/01, zur Zurückweisung einer Verfassungsbeschwerde wegen angeblicher gesundheitsgefährdender Auswirkungen bei Errichtung von Mobilfunkantennen; zur Verweigerung der Genehmigung von Mobilfunkanlagen in reinen Wohngebieten wegen Nutzungsänderung durch Errichtung einer gewerblichen Anlage vgl. OVG Münster, 7 B 924/02; BVerwG, 1. 11. 1999, NVwZ 2000, 680, 681).
Ein Beseitigungsanspruch kann dann nicht geltend gemacht werden, wenn ein Mehrheitsbeschluss über den Abschluss eines Mietvertrages zur Nut-

zung einer gemeinschaftlichen Dachteilfläche zur Errichtung einer Mobilfunkantenne nicht angefochten wurde und deshalb Bestandskraft erlangte (OLG Köln, 12. 1. 2001, 16 Wx 156/00, unter ausdrücklichem Hinweis auf Wirksamkeit eines (nur) gesetzeswidrigen Mehrheitsbeschlusses gemäß BGH, 20. 9. 2000, V ZB 58/99).

Montagekeller

Siehe hierzu: Kellerausbau

Müllcontainerplatz

Die erstmalige Herstellung ordnungsmäßiger Abstellmöglichkeiten für die Mülltonnen, auch bei Einführung eines neuen Abfallbeseitigungssystems, stellt zwar eine bauliche Veränderung dar, die aber im Rahmen ordnungsmäßiger Verwaltung auch dann mehrheitlich beschlossen werden kann, wenn die Errichtung auf einer Fläche zur „gärtnerischen Nutzung" erfolgt (LG Bremen, 5. 6. 1997, 2 T 553/96).

Die Umgestaltung/Verlegung eines Müllcontainerplatzes mit dem Ziel, zusätzlichen Parkraum zugunsten eines Miteigentümers zu schaffen, stellt dagegen eine bauliche Veränderung dar, die der Zustimmung aller Wohnungseigentümer bedarf (OLG Frankfurt, 5. 11. 1979, 20 W 278/79).

Als Nachteil für die Wohnungseigentümer gelten dabei eine Beschränkung des Rechts auf gemeinsamen Gebrauch, längere Wege zur Müllbeseitigung, eine nicht unbeträchtliche Veränderung des optischen Gesamteindrucks und lästige Immissionen durch gesteigerten Kfz.-Verkehr.

Stellt die Verlegung von Müllboxen aus objektiver Sicht für alle Wohnungseigentümer eine nützliche Maßnahme dar, deren Zweckmäßigkeit sich aufdrängt, ist die Zustimmung einzelner Wohnungseigentümer entbehrlich.

Die fehlende Notwendigkeit einer solchen baulichen Maßnahme stellt für sich allein keinen Nachteil im Sinne von § 14 Nr. 1 WEG dar. Zu den sozialen Pflichten eines Wohnungseigentümers gehört es, auch solche Maßnahmen zu dulden, durch die eigene schutzwürdigen Belange weder tatsächlich noch rechtlich berührt oder betroffen werden. Sofern im Übrigen widersprechende Eigentümer nicht mit den Kosten der Maßnahme belastet werden, liegt auch insoweit kein Nachteil vor (HansOLG Hamburg, 27. 7. 1976, 2 W 34/76; zur Verlegung eines Mülltonnenplatzes vgl. auch BayObLG, 14. 2. 2002, 2Z BR 138/01).

Ist die Verlegung von Mülltonnen mit einer baulichen Veränderung verbunden, beispielsweise mit der Veränderung einer Stützmauer an der Straße, ohne dass sich daraus weitere Nachteile oder lästige Auswirkungen ergeben, bedarf es nicht der Zustimmung aller Wohnungseigentümer. Insofern kann auch auf die Zustimmung widersprechender Eigentümer gemäß § 22 Abs. 1 Satz 2 WEG verzichtet werden (OLG Karlsruhe, 12. 1. 1978, 3 W 14/77).

Parabolantenne

Die Anbringung einer Parabolantenne stellt grundsätzlich eine bauliche Veränderung im Sinne des § 22 Abs. 1 Satz 1 WEG dar, weil sie im Regelfall mit einer optischen Beeinträchtigung verbunden ist (BayObLG, 28. 2. 2002, 2Z BR 23/02, Anbringung 40 cm oberhalb Balkonbrüstung, dort zur nachteiligen Veränderung offen gelassen; 29. 1. 1999, 2Z BR 135/98; 12. 8. 1991, 2 Z 86/91; 20. 4. 2000, 2Z BR 171/99; 30. 11. 2000, 2Z BR 92/00; OLG Zweibrücken, 29. 6. 1992, 3 W 30/92; OLG Hamm, 4. 12. 1992, 15 W 324/92; OLG Düsseldorf, 12. 11. 1993, 3 Wx 333/93; 2. 12. 1992, 3 Wx 159/92, dort allerdings zur Duldung gemäß § 22 Abs. 1 Satz 2 WEG wegen fehlender – optischer – Beeinträchtigung; LG Stuttgart, 11. 12. 1990, 2 T 518/90; LG München I, 15. 2. 2010, 1 S 15854/09, zum Beseitigungsanspruch wegen optischer Beeinträchtigung, die von jedermann von einer öffentlichen Verkehrsfläche wahrgenommen werden kann).
Ob ungeachtet der unstrittig optischen Beeinträchtigung aus anderen Gründen die Errichtung einer solchen Antenne zulässig und von den übrigen Eigentümern zu dulden ist, hängt von den konkreten Gegebenheiten im Einzelfall ab (BGH, 13. 11. 2009, V ZR 10/09, zur Duldung der Antennenanbrigung im Dachbereich nach Weisung der Eigentümergemeinschaft).
Grundsätzlich ist nach inzwischen allgemein herrschender Auffassung zunächst dem Grundrecht aus Art. 5 Abs. 1 Satz 1 Halbsatz 2 GG Rechnung zu tragen, sich aus allgemein zugänglichen Quellen ungehindert zu unterrichten (BGH, 2. 3. 2005, VIII ZR 118/04). Dies gilt für Mieter wie auch für Wohnungseigentümer.
Andererseits ist zu berücksichtigen, dass das Grundrecht aus Art. 14 Abs. 1 Satz 1 GG berührt ist, wenn von der Wohnungseigentümergemeinschaft oder einem Vermieter verlangt wird, die Anbringung einer Parabolantenne zu dulden.
Zwischen diesen gegenseitigen Interessen an der optisch ungeschmälerten Erhaltung der Wohnanlage einerseits und der Nutzung allgemein zugänglicher Informationsquellen andererseits ist im konkreten Fall eine Abwägung unter dem Gesichtspunkt vorzunehmen, welche Beeinträchtigungen im Rahmen des abstrakt vorzunehmenden Interessenausgleichs schwerer wiegen (BVerfG, 9. 2. 1994, 1 BvR 1687/92; 19. 2. 1998, 1 BvR 962/94).
Dabei gilt einerseits, dass grundsätzlich die Errichtung einer Parabolantenne, die den über Satelliten ausgestrahlten Empfang von Rundfunk- und Fernsehprogrammen ermöglicht, durch das Grundrecht auf Informationsfreiheit geschützt ist, gleichzeitig ist daneben aber auch das Grundrecht auf Schutz des Eigentums zu berücksichtigen (BverfGE 90, 27, 33 f.; BVerfG, 24. 1. 2005, 2 BvR 1953/00; 17. 3. 2005, 1 BvR 42/03; zur erforderlichen Interessabwägung und der nur eingeschränkten Überprüfungspflicht durch das Rechtsbeschwerdegericht vgl. OLG München, 9. 1. 2006, 34 Wx 101/05).

Im Rahmen dieser Interessenabwägung ist das besondere Informationsinteresse dauerhaft in der Bundesrepublik lebenden Ausländer zu beachten, die sich über das Geschehen in ihren Heimatländern unterrichten und die kulturelle und sprachliche Verbindung aufrechterhalten wollen.
Diesem Grundsatz wird nach inzwischen vorherrschender Meinung auch dann ausreichend Rechnung getragen, wenn einem ausländischen Mieter/Wohnungseigentümer zugemutet wird, Zusatzgeräte (Decoder, digitale Kabelprogramme) zum Empfang von Fernsehprogrammen in seiner Heimatsprache über das vorhandene Breitbandkabelnetz zu nutzen und die Kosten hierfür nicht so hoch sind, dass sie nutzungswillige Interessen typischerweise davon abhalten, ein entsprechendes Programmpaket zu beziehen (BGH, 17. 4. 2007, VIII ZR 63/04, m. w. N.; BVerfG, 17. 3. 2005, 1 BvR 42/03; LG München I, 15. 2. 2010, 1 S 15854/09).
Unter diesen Voraussetzungen ist jedenfalls dem Eigentumsrecht und dem Interesse der Wohnungseigentümergemeinschaft bzw. des Vermieters Vorrang unter dem Gesichtspunkt einzuräumen, dass das Gesamtbild der Fassade durch das Anbringen einer Parabolantenne auch dann beeinträchtigt ist, wenn nur geringfügig in die Gebäudesubstanz eingegriffen wird.
Das Recht auf Informationsfreiheit soll zwar die Zugänglichkeit zu Informationsquellen gewährleisten, nicht aber die Kostenlosigkeit des Informationszugangs sichern (BGH, 17. 4. 2007, VIII ZR 637/04, dort zur unzulässigen Errichtung einer Parabolantenne in einem Miethaus).
Die Aufstellung einer mobilen Parabolantenne auf dem Balkon einer mit Breitbandkabel-Anschluss ausgestatteten (Miet-) Wohnung, ohne dass eine feste Verbindung zum Gebäude installiert wird, kann zulässig sein, wenn weder eine Substanzverletzung noch eine nennenswerte ästhetische Beeinträchtigung zu erwarten ist (BGH, 16. 5. 2007, VIII ZR 207/04, ergangen als mietrechtliche Entscheidung, jedoch entsprechend anwendbar auf den Bereich des Wohnungseigentums, da ein Wohnungseigentümer nicht schlechter gestellt werden darf als ein Mieter; vgl. auch OLG Zweibrücken, 25. 9. 2006, 3 W 213/05, dort zum nicht ausschliessbaren Anspruch eines deutschen Wohnungseigentümers zur Aufstellung einer mobilen Parabolantenne; OLG Frankfurt, 28. 10. 2010, 20 W 122/07, m. w. N., zur Gestattung der Anbringung einer Parabolantenne auf dem Balkon).

Einzelanspruch bei fehlendem Breitbandkabelanschluss

Ist eine Wohnungseigentumsanlage nicht an das Breitbandkabelnetz angeschlossen und ist ein solcher Anschluss auf absehbare Zeit nicht zu erwarten, ist einem Wohnungseigentümer die Errichtung einer Parabolantenne dann zu gestatten, wenn auch über eine vorhandene Gemeinschaftsantenne kein quantitativ und qualitativ in Ton und Bild ausreichender Fernsehempfang gewährleistet werden kann (zum fehlenden Einzelanspruch, wenn mindestens 5 bzw. 3 bis 4 Programme empfangbar sind, vgl. LG Mannheim, 21. 8. 1991, 4 T 170/91; OLG Hamm, 4. 12. 1992, 15 W 324/92; vgl. auch OLG Köln, 31. 1. 1996, 16 Wx 230/95, nach hier vertretener An-

sicht inzwischen überholt und unzutreffend, weil nach heutigem Standard mehr als 5 Programme üblich sind).
Voraussetzung ist allerdings, dass die Parabolantenne optisch unauffällig angebracht wird, die Installation durch eine Fachfirma erfolgt und sämtliche Kosten, auch die Kosten der Entfernung bei einem eventuellen Auszug oder bei einer Umstellung der gesamten Anlage von dem betreffenden Eigentümer selbst getragen werden. Auch ist zu prüfen, ob digitale Empfangsmöglichkeiten gegeben sind.
Dies gilt gleichermaßen für deutsche wie auch für ausländische Wohnungseigentümer (vgl. auch BVerfG, 21. 6. 1994, 1 BvR 641/94, dort auch zur Auflage des Vermieters, bei der Anbringung von Parabolantennen Vorschriften des Baurechts und des Denkmalsschutzes zu beachten; vgl. auch OLG Düsseldorf, 2.12. 1992, 3 Wx 159/92, zur zulässigen Errichtung bei fehlender oder nur geringfügiger optischer Beeinträchtigung und unter Einräumung des Vorrangs der Informationsfreiheit).

Errichtung einer Parabolantenne im Rahmen ordnungsmäßiger Verwaltung

Ist eine Wohnungseigentumsanlage an das Kabelfernsehen angeschlossen, kann die Errichtung einer zusätzlichen Gemeinschaftsparabolantenne nicht im Rahmen ordnungsmäßiger Verwaltung mit Mehrheit beschlossen und auch von einem einzelnen Wohnungseigentümer nicht verlangt werden (OLG Frankfurt, 28.7. 1993, 20 W 44/92).
Hier ist im Übrigen auf die Erweiterung der Empfangsmöglichkeiten durch Decoderanschluss oder digitale Empfangsmöglichkeiten zu verweisen.
Zulässig im Rahmen ordnungsmäßiger Verwaltung und damit mehrheitlich beschliessbar kann die Umrüstung vom Breitbandkabelanschluss auf eine Satellitenempfangsanlage jedoch dann sein, wenn die optische Beeinträchtigung nur unerheblich und die Umrüstung im Hinblick auf die Kosten zweckmäßig und wirtschaftlich sinnvoll ist (BayObLG, 20. 4. 2000, 2Z BR 171/99, zu den unterschiedlichen Kosten des Breitbandkabelanschlusses von jährlich 30000,– DM und einmalig 28000,– DM für den Kauf der Satellitenanlage; zur unterschiedlichen Belastung bei Kauf und Leasing einer Satellitenanlage vgl. OLG Köln, 7. 9. 1998, 16 Wx 108/98).
Ist eine voll funktionsfähige Gemeinschaftsantennenanlage vorhanden, hängt die Zulässigkeit der Erweiterung der Empfangsmöglichkeiten durch Errichtung einer Parabolantenne im Rahmen mehrheitlich beschliessbarer ordnungsmäßiger Verwaltung von der Quantität und der Qualität des bisherigen Programmangebots und von der absehbaren Möglichkeit des Anschlusses an das Kabelfernsehen ab.
Werden über die vorhandene Antennenanlage nicht mehr als fünf bzw. nur drei oder vier Fernsehprogramme herangeführt, kann eine Umrüstung auf eine Gemeinschafts-Parabolantenne im Rahmen ordnungsmäßiger Verwaltung nach hier vertretener Meinung jedenfalls dann mit Mehrheit be-

schlossen werden, wenn auf absehbare Zeit ein Anschluss an das Kabelfernsehen nicht möglich ist oder die Kosten für diesen Anschluss im Vergleich zu den Anschaffungskosten einer Parabolantenne ungleich höher sind (zum fehlenden Anspruch auf Errichtung einer Parabolantenne bei Empfangsmöglichkeiten von fünf bzw. drei oder vier Programmen vgl. LG Mannheim, 21. 8. 1991, 4 T 170/91, dort zum Mieteranspruch; OLG Hamm, 4. 12. 1992, 15 W 324/92, dort zum Wohnungseigentum).
Sollte ein Mehrheitsbeschluss nicht zustande kommen, kann bei fehlender Anschlussmöglichkeit an das Breitbandkabelnetz die Errichtung einer Gemeinschaftsparabolantenne gemäß § 22 Abs. 3 WEG als Modernisierungsmaßnahme bzw. als Maßnahme zur Anpassung des gemeinschaftlichen Eigentums an den Stand der Technik mit doppelt qualifizierter Mehrheit beschlossen werden.

Pergola

Die Errichtung einer überdachten Pergola auf einer Dachterrasse stellt eine bauliche Veränderung dar, die wegen der – überwiegend nachteiligen – Veränderung des optischen Gesamteindrucks der Wohnanlage und der damit verbundenen Störung der architektonischen Fassadengestaltung im Regelfall der Zustimmung aller Wohnungseigentümer bedarf (BayObLG, 8. 4. 1981, 2 Z 35/80; OLG Köln, 21. 2. 1997, 16 Wx 8/97; OLG Frankfurt, 28.7. 1988, 20 W 216/88; s. auch Sondernutzungsrecht Kap. 9.1.1.3).
Das gleiche gilt für die nachträgliche Überdachung einer vorhandenen Pergola (BayObLG, 6. 7. 1989, 2 Z 111/88; vgl. zur Unbeachtlichkeit der nach der Bayerischen Bauordnung einzuhaltenden Abstandsflächen BayObLG, 14. 12. 2000, 2Z 60/00, dort jedoch grundsätzlich auch zur nachbarschützenden Wirkung von Abstandsflächen nach der BayBO und deren Maßgeblichkeit, wenn die Regelungen des § 22 Abs. 1 WEG abbedungen sind).

Photovoltaikanlage

Siehe hierzu: Sonnenkollektoren

Plattenbelag

Die Aufbringung eines Plattenbelages auf eine gemeinschaftliche Rasenfläche (ebenso auf eine im Aufteilungsplan in der Baubeschreibung als Rasen vorgesehene Fläche) gilt als zustimmungsbedürftige bauliche Veränderung (OLG Schleswig, 21. 2. 1994, 2 W 104/91, dort zu einer Wegebepflasterung in einem naturbelassenen und naturbepflanzten Garten).
Handelt es sich dagegen um die Plattierung einer Gartenfläche, die den Eigentümern der Erdgeschosswohnungen als Sitzplatz vor ihrer Wohnung zur Sondernutzung zugewiesen wurde, bedarf eine solche Maßnahme nicht der Zustimmung der übrigen Wohnungseigentümer, weil deren Rechte dadurch keine größeren Einschränkungen erfahren als sie sich ohnehin aus der Einräumung der Sondernutzungsrechte ergeben (BayObLG, 14. 5. 1975, 2 Z 23/75).

Die Verlegung von Betonplattenreihen zwecks Anlegung eines Sitzplatzes auf einer im gemeinschaftlichen Eigentum stehenden Rasenfläche stellt dagegen wiederum eine zustimmungsbedürftige bauliche Veränderung dar (OLG Stuttgart, 5. 11. 1979, 8 W 315/79).
Die Anlegung eines mit Platten ausgelegten Weges zur Herstellung der Begehbarkeit und des Zugangs zum Sondereigentum stellt eine Maßnahme ordnungsmäßiger Instandhaltung und Instandsetzung im Sinne der Herstellung eines erstmals einwandfreien baulich-technischen Zustandes des Gemeinschaftseigentums dar.
Siehe auch: Kap. 13.13 Grünfläche, Kfz.-Stellplatz, Rasenfläche; Kap. 12.2.1.5 Rasenfläche / Benutzungsregelung

Rankgerüst

Die Errichtung eines Rankgerüstes auf einer vor der Erdgeschosswohnung zugewiesenen Sondernutzungsfläche stellt zwar grundsätzlich eine bauliche Veränderung dar, die aber dann nicht der Zustimmung der übrigen Eigentümer bedarf, wenn keine nachteilige Beeinträchtigung vorliegt (BayObLG, 28. 1. 2003, 2Z BR 115/03).

Rasenfläche

Ist im Aufteilungsplan eine bestimmte Grundstücksfläche als Rasenfläche ausgewiesen, handelt es sich um eine Zweckbestimmung, die nur mit Zustimmung aller Wohnungseigentümer geändert werden kann.
Wird eine Grünfläche, die mit Rasen und Ziersträuchern versehen ist, über einen langen Zeitraum als Trocken- und Kinderspielplatz benutzt, kann sich aus einer solchen Nutzung, soweit sich aus der Teilungserklärung oder dem Aufteilungsplan ein anderweitiger Vorbehalt nicht ergibt, eine faktische Zweckbestimmung ergeben.
Die Umwandlung von Rasen- bzw. Grünflächen in Kfz.-Stellplätze kann nicht mit Mehrheit beschlossen werden, weil die Änderung der Zweckbestimmung einen Nachteil darstellt, der über das nach § 14 Nr. 1 WEG zulässige Maß hinausgeht (OLG Stuttgart, 26. 5. 1961, 8 W 238/60, auch zur Frage der wirtschaftlich notwendigen Schaffung von Kfz.-Stellplätzen zur Werterhaltung des Wohnungseigentums; vgl. auch BayObLG, 17. 7. 1986, 2 Z 32/86, zur unzulässigen Teerung einer Rasenfläche).
Wird die zu einer Mehrhausanlage gehörende Rasenfläche vor dem endgültigen Abschluss der gärtnerischen Arbeiten in einen Kinderspielplatz umgestaltet, gilt das nicht als bauliche Veränderung im Sinne von § 22 Abs. 1 Satz 1 WEG (OLG Düsseldorf, 10. 11. 1982, 3 W 195/82).
Die Errichtung eines völlig neuen Bauwerks (hier: Geräteschuppen) auf einer bisher als Grünfläche genutzten Grundstücksfläche ist ebenfalls als zustimmungsbedürftige bauliche Veränderung anzusehen. Sie wird auch nicht dadurch zu einer mehrheitlich beschliessbaren Maßnahme ordnungsmäßiger Instandhaltung des gemeinschaftlichen Eigentums, weil eine Mehrheit der Eigentümer den bisherigen Gerätekeller in anderer Form

nutzen will und das neue Bauwerk nunmehr die Geräte aufnehmen soll, die ihrerseits der Instandhaltung des gemeinschaftlichen Eigentums dienen. Wird allerdings ein Mehrheitsbeschluss nicht angefochten, erwächst er in Bestandskraft.
Sollen in einem solchen Fall auch die nicht zustimmenden Eigentümer an den Kosten der Maßnahme gemäß § 16 Abs. 2 WEG beteiligt werden, reicht hierfür allerdings ein einfacher Mehrheitsbeschluss nicht aus, er ist als gesetzesändernder Mehrheitsbeschluss nichtig (vgl. hierzu KG Berlin, 12. 4. 1977, 1 W 3787/76).
Beschließen die Eigentümer jedoch in einem solchen konkreten Fall gemäß § 16 Abs. 4 WEG mit doppelt qualifizierter Mehrheit, die Kosten nach einem von § 16 Abs. 2 WEG abweichenden Verteilungsschlüssel auf alle Eigentümer zu verteilen, ist dieser Beschluss wirksam und verpflichtet alle Eigentümer zur Zahlung, wenn er nicht angefochten wird.
Siehe auch: Kap. 13.13 Grünfläche, Kfz.-Stellplatz, Plattenbelag; Kap. 12.2.1.5 Rasenfläche / Benutzungsregelung

Rauchgasklappen

Der Einbau von Rauchgasklappen in eine Zentralheizungsanlage mit dem Ziel der Einsparung von Heizenergie ist keine bauliche Veränderung im Sinne des § 22 Abs. 1 Satz 1 WEG. Die Maßnahme kann im Rahmen ordnungsmäßiger Verwaltung mit Mehrheit beschlossen werden, weil die Anschaffung und der Einbau der Rauchgasklappen keinen Nachteil im Sinne des § 14 Nr. 1 WEG darstellt (BayObLG, 11. 12. 1980, 2 Z 74/79).

Rauchwarnmelder

Die Installation von Rauchwarnmeldern in Neubauten und mit Nachrüstungspflicht im Bestand (...) ist bisher in den Bundesländern Schleswig-Holstein (31. 12. 2010), Mecklenburg-Vorpommern (31. 12. 2009), Rheinlad-Pfalz (12. 7. 2012), Saarland und Thüringen (keine Nachrüstung), Hessen (31. 12. 2014), Hamburg (31. 12. 2010), Bremen (31. 12. 2015), Sachsen-Anhalt (31. 12. 2015) durch entsprechende Vorschriften in den Landesbauordnungen verbindlich vorgeschrieben. Der Erwerb, die Installation und die Wartung der Rauchwarnmelder stellt daher in diesen Ländern auch im Rahmen der Nachrüstung eine Maßnahme ordnungsmäßiger Verwaltung dar, die von der Wohnungseigentümergemeinschaft gemäß § 10 Abs. 6 Satz 3 WEG mehrheitlich beschlossen werden kann (LG Hamburg, 2. 3. 2010, 318 S 193/10; zur eigentumsrechtlichen Zuordnung vgl. Kap. 2.8, Rauchwarnmelder; Kap. 12.2.4.1.6, Öffentlich-rechtliche Bestimmungen)

Regenrinne

Die Anbringung einer optisch unauffälligen Regenrinne an der äußeren Balkonbrüstung ist als bauliche Veränderung unter dem Gesichtspunkt des § 14 Nr. 1 WEG zu dulden, wenn dadurch Beeinträchtigungen der darunter liegenden Terrasse durch herabtropfendes Regen- und Gießwasser vermieden werden können (OLG Düsseldorf, 27. 4. 1990, 3 Wx 9/90; zum Anspruch auf Anbringung eines Regenfallrohres im Rahmen erstmaliger Herstellung BayObLG, 28. 3. 1996, 2Z BR 4/96).

Reklameflächen

Siehe hierzu: Werbung

Rohrleitungen

Rohrleitungen und Armaturen bei Zentralheizungs- und Warmwasseranlagen sind bei erstmaligem Einbau oder bei Ersetzung vorhandener Anlagen gemäß § 10 Abs. 2 EnEV (vgl. Kap. 13.10 Energieeinsparverordnung – EnEV) gegen Wärmeverluste entsprechend der Leitfähigkeit mit einer Mindestdämmung zu versehen.
Die Verpflichtung zu dieser Maßnahme kann, wenn eine Beschlussfassung im Rahmen ordnungsmäßiger Verwaltung auf Veranlassung des Verwalters nicht zustande kommt, von jedem einzelnen Eigentümer im Rahmen seines Anspruchs auf ordnungsmäßige Verwaltung verlangt und auch gerichtlich erzwungen werden.

Rollladen

Die Anbringung eines Rollladens (ebenso einer Außenjalousie) stellt im Regelfall gemäß § 22 Abs. 1 Satz 1 WEG eine zustimmungsbedürftige bauliche Veränderung dar, und zwar wegen des Eingriffs in die bauliche Substanz und der dadurch eintretenden Veränderung des optischen Gesamteindrucks der Anlage.
Soweit allerdings Rollladen und Blenden kaum erkennbar sind und im Übrigen ein berechtigtes Interesse einzelner Eigentümer am Einbau besteht (Witterungsschutz, Geräuschdämmung, Einsparung von Heizenergie oder Sicherheitsaspekte), kann im konkreten Fall der Rollladeneinbau den anderen Eigentümern gegenüber zumutbar sein und daher gemäß § 14 Nr. 3 WEG im Rahmen gewisser Toleranzgrenzen auch eine Duldungspflicht auslösen (vgl. hierzu LG Bad Kreuznach, 2. 8. 1976, 2 T 63/76; AG Hamburg-Blankenese, 31. 10. 1984, 506 II 10/84; ablehnend dagegen zum Einbau außen aufliegender Rollladenkästen AG Nürnberg, 30. 10. 1985, 1 UR II 127/85; zur Anbringung von Außenjalousien bzw. Rollläden ablehnend OLG Düsseldorf, 26. 3. 1990, 3 Wx 595/89; 10. 7. 1995, 3 Wx 99/95; 3 Wx 259/99; BayObLG, 14. 3. 1991, 2 Z 168/90; 14. 11. 1991, 2 Z 123/91; HansOLG Hamburg, 4. 3. 2003, 2 Wx 148/00; zur Ablehnung eines Beseitigungsanspruches vgl. aber auch BayObLG, 3. 12. 1981, 2 Z 80/80, lediglich zur Beseitigung einer farblich geringfügig störenden Blende durch Anbringung einer Markise in gleicher Ausfertigung wie die bereits vorhandenen zur Abdeckung der Blende).
Siehe auch: Markise

Rollstuhlrampe

Der Einbau einer Rollstuhlrampe bzw. eines Rollstuhlschräglifts für Behinderte stellt zwar eine bauliche Veränderung im Sinne des § 22 Abs. 1 Satz 1 WEG dar, die jedoch aus der sozialen Verpflichtung des Nachbarschaftsverhältnisses gemäß § 242 BGB zu dulden ist (AG Köln, 26. 9. 1988, 204 II 230/88; AG Bielefeld, 3. 12. 2003, 5 II (WEG) 52/03; vgl. dazu ausführlich auch BT-Drucksache 16/877, S. 31).
Siehe auch: Treppenlift

Satellitenfernsehen

Siehe hierzu: Fernseh-Gemeinschaftsantenne, Kabelfernsehen, Parabolantenne

Schalldämmung

Die Vornahme schalldämmender Maßnahmen bei einem von Anfang an vorhandenen Baumangel, zum Beispiel bei einem schwimmenden Estrich ohne Trennfuge und Dämmstreifen, kann im Rahmen des Anspruchs auf ordnungsmäßige Instandhaltung und Instandsetzung nur dann geltend gemacht werden, wenn die Geräuschimmissionen zu nicht unwesentlichen Nachteilen für die anderen Wohnungseigentümer führen. Soweit nur eine unwesentliche Beeinträchtigung vorliegt, kommt es nicht darauf an, ob der Estrich in der Wohnung mangelhaft verlegt ist und deshalb Schallbrücken bestehen.
Deshalb ist es auch unbillig und treuwidrig, in einem solchen Fall eine aufwendige Beseitigung von Mängeln zu verlangen (BayObLG, 15. 1. 1980, 2 Z 80/78, wobei zu beachten ist, dass Estrichmängel das gemeinschaftliche Eigentum betreffen und insoweit Ansprüche auf Mängelbeseitigung gegen die Gemeinschaft geltend zu machen sind; vgl. auch BayObLG, 16. 12. 1993, 2Z BR 113/93, OLG Schleswig, 8. 8. 2007, 2 W 33/07, beide zur Einhaltung der Schallschutzvorschriften der DIN 4109 bei Auswechslung des Bodenbelages; BayObLG, 27. 3. 1984, 2 Z 22/83, wonach Geräuschbeeinträchtigungen durch die gemeinschaftliche Zentralheizungsanlage zu dulden sind, soweit die zulässigen Werte, u. a. nach DIN, nicht überschritten werden; insoweit auch BayObLG, 18. 11. 1999, 2Z BR 77/99, zur Duldung von Geräuschbeeinträchtigungen nach erfolgter Erneuerung von WC- und Badinstallationen; vgl. aber zur Anwendung der DIN als Maßstab OLG Frankfurt, 28. 11. 1983, 20 W 392/83, wonach trotz eines zulässigen DIN-Wertes ein ursprünglicher Baumangel vorliegen kann, wenn wissenschaftlich ein anderer Wert gefordert wird).
Die Auslegung von Treppen mit Teppichboden kann als schalldämmende Maßnahme ordnungsmäßiger Instandhaltung und Instandsetzung mehrheitlich beschlossen werden, wenn damit eine von Anfang an bestehende völlig mangelhafte Schallisolierung verbessert werden soll und der Ersteller der Anlage wegen Insolvenz nicht zur Beseitigung dieser Mängel he-

rangezogen werden kann. Ein Mehrheitsbeschluss ist deshalb in einem solchen Fall zulässig, weil unter ordnungsmäßiger Instandhaltung und Instandsetzung bei von Anfang an vorhandenen Baumängeln auch die erstmalige Herstellung eines einwandfreien baulich-technischen Zustandes zu verstehen ist (BayObLG, 8. 12. 1981, 2 Z 106/80).
Auch kann eine Gemeinschaftsordnung vorschreiben, dass die Wohnungseigentümer in ihrem Sondereigentum zusätzliche Maßnahmen für einen erhöhten Trittschallschutz zu ergreifen haben, und zwar auch über die nach DIN vorgeschriebenen Standards hinaus (OLG Köln, 14. 11. 1997, 16 Wx 275/97).
Siehe auch: Lärmschutzmaßnahmen, Trittschallschutz

Schaukasten

Siehe auch: Werbung; Kap. 12.2.1.5, Schilderanbringung

Schaukelgerüst

Die Errichtung eines zweisitzigen, zwei Meter hohen Schaukelgerüstes auf einer im Sondernutzungsrecht stehenden Gartenfläche (gemäß Teilungserklärung als Grünfläche und Ziergarten bezeichnet) hält sich im Rahmen des zulässigen ordnungsmäßigen Gebrauchs (OLG Düsseldorf, 14. 8. 1989, 3 Wx 261/890; a. A. wohl KG Berlin, 18. 7. 1990, 24 W 2488/90, dort aber nicht entschieden).
Siehe auch: Kinderschaukel

Schornstein

Stillgelegte Schornsteine dürfen ohne Zustimmung der Miteigentümer nicht zur Verlegung nur individuell nutzbarer Versorgungsleitungen genutzt werden (KG Berlin, 8. 9. 1993, 24 W 5753/92 + 2301/93, dort auch zur Verwirkung – jetzt Verjährung – eines Beseitigungsanspruchs).
Siehe auch: Kaminanschluss

Schrankeinbau

Die Aufstellung oder der Einbau von Schränken auf Balkonen oder in Balkonnischen bedarf im Regelfall wegen der Veränderung des optischen Gesamteindrucks als bauliche Veränderung der Zustimmung aller Eigentümer (OLG Köln, 31. 5. 1999, 16 Wx 77/99).

Schuppen

Die Errichtung eines Schuppens auf einer Dachterrasse stellt grundsätzlich eine bauliche Veränderung dar. Die die nachteilige Wirkung kann jedoch im Einzelfall durch eine entsprechende Grün-Bepflanzung beseitigt werden, so dass die an sich erforderliche Zustimmung entbehrlich wird (BayObLG, 29. 10. 1998, 2Z BR 81/98; 29. 9. 1999, 2Z BR 75/99; 24. 6. 1999, 2Z BR 48/99, zur Begrünung einer Sichtschutzwand).
Siehe auch: Gartenhaus

Schwimmbad

Siehe hierzu: Sondernutzungsrecht Kap. 9.1.1.3

Sichtblenden

Die Anbringung massiver, fest eingefügter Sichtblenden auf Balkonen, Terrassen und auf Gartenflächen bedarf im Regelfall als bauliche Veränderung der Zustimmung der übrigen Eigentümer (BayObLG, 20. 4. 2000, 2Z BR 9/00, zur Anbringung einer Sichtschutzmatte aus Kunststoff an einem Zaun zwischen zwei Gartensondernutzungsflächen; KG Berlin, 10. 2. 1997, 24 W 6582/96; HansOLG Hamburg, 30. 1. 1989, 2 W 24/88).
Im Einzelfall bleibt zu prüfen, ob auf die Zustimmung der übrigen Eigentümer mangels Beeinträchtigung im Sinne von § 14 Nr. 1 WEG verzichtet werden kann, so nach hier vertretener Meinung grundsätzlich bei entfernbaren textilen Sichtschutzvorrichtungen, soweit sie nicht in anderer Weise störend wirken (zur fehlenden Beeinträchtigung durch massive Sichtschutzmauern bei immergrüner Bepflanzung vgl. BayObLG, 24. 6. 1999, 2Z BR 48/99).
Siehe auch: Balkontrennwand, Markisen, Zaun

Sichtschutzzaun

Siehe hierzu: Zaun

Sitzgruppe

Die Errichtung einer Sitzgruppe aus Massivholz auf einer gemeinschaftlichen Grünfläche stellt eine bauliche Veränderung dar, die bei allenfalls nur geringfügiger optischer Beeinträchtigung nicht der Zustimmung der übrigen Eigentümer bedarf. Ein möglicher störender Gebrauch ist dabei unbeachtlich, sofern er nicht zwingend durch die Änderung selbst verursacht wird (etwa Lärm-, Geruchs- oder sonstige Beeinträchtigungen wie beispielsweise bei Müll- und Glascontainern oder Beleuchtungskörpern; OLG Karlsruhe, 28. 8. 1997, 11 Wx 94/96).

Solardach

Siehe hierzu: Sonnenkollektoren

Sonnenkollektoren

Die Errichtung von Sonnenkollektoren ist wegen der Neugestaltung maßgeblicher Teile der Außenanlage und der damit verbundenen optischen Beeinträchtigung im Regelfall als zustimmungsbedürftige bauliche Veränderung anzusehen, ungeachtet der damit verbundenen umweltfreundlichen Energiegewinnung (BayObLG, 30. 3. 2000, 2Z BR 2/00, zur unzulässigen Anbringung auf dem Flachdach in einer Reihenhausanlage; OLG München, 19. 9. 2005, 34 Wx 76/05; vgl. dazu auch Merle in Bärmann § 22 Rn 334; Spielbauer/Then, WEG § 22 Rn 19, 21, wegen Veränderung der

Eigenart der Wohnanlage; a. A. Klimesch, ZMR 2009, 342, 343; BayObLG, 30. 3. 2000, 2Z BR 2/00, 17. 10. 2001, 2Z BR 147/01, zur zulässigen Errichtung einer Photovoltaikanlage auf einem Garagendach; zur zulässigen Anbringung von zwei Solarzellen BayObLG, 15. 10. 1992, 2Z BR 75/92).

Speicherausbau

Die Umwandlung eines als Speicherraum bezeichneten Teileigentums in Wohnungseigentum ist grundsätzlich zustimmungsbedürftig, wenn der betreffende Raum nicht von Anfang an zu Wohnzwecken bestimmt und ausgebaut ist oder die Teilungserklärung bzw. Gemeinschaftsordnung den Ausbau zu Wohnzwecken gestattet (OLG Karlsruhe, 23. 1. 1987, 11 W 133/86; zum unzulässigen Ausbau eines Speicherraums für Wohnzwecke vgl. auch BayObLG, 2. 9. 1993, 2Z BR 73/93; BayObLG, 16. 3. 2000, 2Z BR 181/99, zum gestatteten Ausbau und zur Tragung sämtlicher Folgekosten).
Siehe auch: Dachausbau

Sperrbügel

Die Anbringung von Sperrbügeln auf einem im Sondernutzungsrecht stehenden Kfz.-Stellplatz stellt zwar eine bauliche Veränderung dar, ist jedoch im konkreten Fall von den übrigen Eigentümern zu dulden, wenn sie bei der Gestaltung des Allgemeinbildes nicht aus dem Rahmen fallen (OLG Schleswig, 10. 10. 1996, 2 W 2/96).

Spitzboden

Siehe hierzu: Speicherausbau, Dachausbau

Stabantenne

Auch wenn die Anbringung von Amateurfunkantennen (siehe oben) im Regelfall als bauliche Veränderung stets der Zustimmung aller Wohnungseigentümer bedarf, ist im Einzelfall die Entbehrlichkeit der Zustimmung gemäß § 22 Abs. 1 Satz 2 WEG zu prüfen. Insoweit kann auch die Anbringung einer 4 Meter hohen Stabantenne zu dulden sein, wenn vorhandene Fernsehantennen ohnehin bereits eine optische Beeinträchtigung hervorrufen und andere Nachteile nicht gegeben sind (BayObLG, 30. 5. 1990, 2 Z 57/90).
Siehe auch: Mobilfunkstation

Stahlgittertür

Der Einbau einer Stahlgittertür als Einbruchsschutz vor der Wohnungseingangstür stellt eine bauliche Veränderung dar. Im konkreten Fall kann jedoch – mangels Einsehbarkeit – auf die Zustimmung verzichtet werden (OLG Köln, 1. 12. 2004, 16 Wx 204/04).

Stromversorgung

Die Erweiterung einer nur für Beleuchtung und übliche elektrische Hausgeräte ausgelegten Stromversorgung in der Weise, dass der gesamte Heizungs- und Warmwasserbedarf der Wohnungseigentümer mit Nachtstrom gedeckt werden kann, geht über eine ordnungsmäßige Instandhaltung und Instandsetzung hinaus (BayObLG, 9.6. 1988, 2 Z 102/87).
Im Einzelfall ist jedoch einem einzelnen Eigentümer die Verlegung entsprechender Strom-Versorgungsleitungen auf eigene Kosten zu gestatten.

Teileigentum

Siehe hierzu: Speicherausbau

Teppichboden

Die Entfernung eines fest verlegten Teppichbodens im Treppenhaus ist eine zustimmungsbedürftige bauliche Veränderung (LG Düsseldorf, 28. 5. 1990, 25 T 219/90).

Terrassenanlage

Die Anlage einer Terrasse auf einer unbebauten Grundstücksfläche stellt wegen der damit verbundenen optischen Veränderung im Regelfall eine zustimmungsbedürftige bauliche Veränderung dar (OLG Hamm, 25. 11. 1975, 15 W 314/75, zur Terrassenunterkellerung, dort aber auch zum fehlenden Beseitigungsanspruch, wenn unverhältnismäßige Aufwendungen zur Beseitigung erforderlich sind; BayObLG, 10. 9. 1992, 2Z BR 74/92, zur Wirksamkeit eines unangefochtenen Mehrheitsbeschlusses über die Errichtung einer Terrasse samt Keller und Einräumung eines Sondernutzungsrechts, hinsichtlich des Sondernutzungsrechts inzwischen nach BGH, 20. 9. 2000, V ZB 58/99 nichtig; BayObLG, 25. 11. 1997, 2Z BR 99/97, zur Zustimmungsbedürftigkeit zur Errichtung einer Holzterrasse).

Terrassensanierung

Sind bei einer Terrasse bauseitig die unter dem im Sondereigentum stehenden Plattenbelag liegenden Schichten zur Feuchtigkeitsisolierung und zur Wärmedämmung nicht vertragsgemäß hergestellt, ist die Neuerstellung dieser Dämm- und Isolierschichten als ordnungsmäßige Instandsetzungsmaßnahme mehrheitlich beschliessbar als Maßnahme zur Mängelbeseitigung und insoweit zur erstmaligen Herstellung eines baulich-technisch einwandfreien Zustandes (BayObLG, 20. 3. 1991, 2 Z/91, dort auch zur zulässigen Durchführung entsprechender Maßnahmen bereits vor Schadenseintritt sowie zur Duldungspflicht gemäß § 14 Nr. 4 WEG).

Terrassenüberdachung

Die Überdachung einer Terrasse stellt wegen der damit verbundenen Änderung der architektonischen Gestaltung der Wohnanlage neben anderen möglichen Nachteilen eine zustimmungsbedürftige bauliche Veränderung dar (zur Beeinträchtigung durch Lärmbelästigung bei Regenfall auf

Kunststoffdach und durch Sichtbeeinträchtigung vgl. OLG Stuttgart, 23. 9. 1969, 8 W 147/69; zur unzulässigen Erweiterung einer Terrassenüberdachung bei gleichzeitiger Rundumverglasung vgl. OLG Zweibrücken, 23. 11. 1988, 3 W 136/88; zur Überbauung einer Gartenterrasse vgl. KG Berlin, 9. 1. 1987, 24 W 564/86; zur Terrassenverbauung vgl. BayObLG, 14. 2. 1991, 14. 2. 1991, 2 Z 13/91).

Terrassenvergrößerung

Die eigenmächtige Vergrößerung einer im Sondereigentum stehenden Terrasse ist als zustimmungsbedürftige bauliche Veränderung unzulässig und begründet insoweit einen Anspruch auf Beseitigung (OLG Braunschweig, 18. 4. 1994, 3 W 6/93). Im Einzelfall kann allerdings ein Anspruch auf Verkleinerung einer eigenmächtig über das vereinbarte Maß hinaus vergrößerten Terrasse auf einer Sondernutzungsfläche nach Treu und Glauben ausgeschlossen sein, wenn anderen Eigentümern daraus keine konkreten Beeinträchtigungen erwachsen sind (BayObLG, 23. 6. 2004, 2Z BR 173/03).

Thermostatventile

Heizungstechnische Anlagen sind gemäß § 14 Abs. 2 der EnEV (vgl. Kap. 13.13 Energieeinsparverordnung) mit selbsttätig wirkenden Einrichtungen zur raumweisen Temperaturregelung, also mit so genannten Thermostatventilen, auszustatten. Ob die Nachrüstung mit Thermostatventilen als Maßnahme ordnungsmäßiger Verwaltung mit Mehrheit beschlossen und auch vom einzelnen Eigentümer verlangt werden, ist inzwischen strittig (verneinend BGH, 8. Juli 2011, V ZR 176/10; bejahend OLG Karlsruhe, 16. 1. 1990, 11 W 233/89).
Die unterlassene oder nicht rechtzeitige Ausstattung stellt gemäß § 27 Nr. 4 EnEV eine Ordnungswidrigkeit dar.
Ob aus wirtschaftlichen Gründen entsprechend § 25 EnEV von der Verpflichtung zum Einbau befreit werden kann, kann nur im Einzelfall entschieden werden.
Zur Frage, ob Thermostatventile als regelungstechnische Instrumente Thermostatventile zum gemeinschaftlichen Eigentum oder zum Sondereigentum zählen, ist strittig (vgl. hierzu Kap. 2.8 Thermostatventile).
Die Kosten sind im Falle der Zuordnung zum Gemeinschaftseigentum gemäß § 16 Abs. 2 WEG nach Miteigentumsanteilen zu verteilen, sofern nicht abweichend davon gemäß § 16 Abs. 4 WEG ein anderer Verteilungsschlüssel mit doppelt qualifizierter Mehrheit beschlossen wird.

Treppenhauslift

Der Einbau eines Treppenhausliftes im gemeinschaftlichen Treppenhaus stellt grundsätzlich eine bauliche Veränderung im Sinne von § 22 Abs. 1 WEG dar, die jedoch im Regelfall zu dulden ist (dazu ausführlich BT-Drucksache 16/887, S. 31).

Im Rahmen der Interessenabwägung zwischen dem Eigentumsrecht nach Art. 14 GG und dem nach Art. 3 Abs. 3 Satz 2, Art. 6 Abs. 1 und Art. 12 GG bestehenden Verbot, Behinderte gegenüber Gesunden zu benachteiligen ist der Einbau im konkreten Fall gemäß § 22 Abs. 1 Satz 2 WEG i. V. m. § 14 Nr. 1 und 3 WEG durch behinderte Wohnungseigentümer oder deren Mieter zu dulden (BayObLG, 25. 9. 2003, 2 BR 161/01; LG Hamburg, 6. 6. 2001, 318 T 70/99; LG Erfurt, 19. 2. 2002, 7 T 575/01; AG Bielefeld, 3. 12. 2003, 5 II WEG 52/03; grundsätzlich auch OLG München, 22. 2. 2008, 34 Wx 66/07, im konkreten Fall jedoch abgelehnt).
Voraussetzung ist allerdings, dass bauordnungsrechtliche Gesichtspunkte (u. a. Sicherheit der Fluchtwege) nicht entgegenstehen, aber auch der ungehinderte Gebrauch des Treppenhauses gewährleistet bleibt (zur Duldung der Entfernung eines vorhandenen zweiten Handlaufs vgl. aber auch BayObLG, 25. 9. 2003, 2Z BR 161/03; OLG München 12. 7. 2005, 32 Wx 51/05, dort zur Duldung bei Unterschreitung der nach Bauordnung und DIN erforderlichen Mindestbreite).
Im Übrigen entspricht es ordnungsmäßiger Verwaltung, den betreffenden Wohnungseigentümer zu verpflichten, das volle Haftungsrisiko zu übernehmen und Sicherheiten für einen späteren Rückbau zu leisten (OLG München, 22. 2. 2008, 34 Wx 66/07; vgl. auch BVerfG, 28. 3. 2000, 1 BvR 1460/99; zur Duldungspflicht des Vermieters vgl. AG Krefeld, 9. 7. 1999, 38 UR 88/98 WEG).
Siehe auch: Fahrstuhleinbau, Rollstuhlrampe

Treppenhausrenovierung

Die Ersetzung einer vorhandenen Rauhfasertapete durch eine Glasfasertapete bei der Renovierung eines Treppenhauses ist keine bauliche Veränderung (OLG Düsseldorf, 22. 4. 1994, 3 Wx 370/93).

Trinkwasserverordnung

Am 1. Januar 2003 ist die Verordnung über die Qualität von Wasser für den menschlichen Gebrauch (Trinkwasserverordnung – TrinkwV2001) in Kraft getreten (BGBl. I S. 959). Mit Verordnung vom 3. 5. 2011 (BGBl. I S. 748) wurden die Vorschriften zur Kontrolle der Trinkwasserversorgung erweitert, u. a. durch Bestimmungen zur Vermeidung der Ausbreitung von Legionellen in Warmwassserbereitungsanlagen. Diese Vorschriften sind am 1. November 2011 in Kraft getreten.
Zweck der Verordnung ist es gemäß § 1, die menschliche Gesundheit vor den nachteiligen Einflüssen, die sich aus der Verunreinigung von Wasser, das für den menschlichen Gebrauch bestimmt ist, durch Gewährleistung seiner Genusstauglichkeit und Reinheit nach den Vorschriften der Verordnung zu schützen.
Die Vorschriften gelten gemäß § 3 Abs. 1 Nr. 2 und 3 TrinkwV für Wasserversorgungsanlagen und für Hausinstallationen, also für die Gesamtheit von Rohrleitungen, Armaturen und Geräten, die sich zwischen dem Punkt

der Entnahme für den menschlichen Gebrauch und dem Punkt der Übergabe von Wasser aus dem öffentlichen Leitungsnetz befinden.
Für diese im gemeinschaftlichen Eigentum befindlichen Anlagen trifft auch die Wohnungseigentümergemeinschaft bzw. den Verwalter als deren gesetzlicher Vertreter neben den in § 14 Abs. 6 und § 16 Abs. 4 TrinkwV geregelten Untersuchungspflichten eine besondere Informationspflicht nach § 21 TrinkwV, wonach auch die Wohnungseigentümergemeinschaft verpflichtet ist, die Wohnungseigentümer bzw. deren Mieter geeignetes und aktuelles Informationsmaterial über die Qualität des bereitgestellten Trinkwassers auf der Grundlage der durchgeführten Untersuchungen zur Verfügung zu stellen. Gemäß § 16 Abs. 3 TrinkwV gelten besondere Anzeige- und Handlungspflichten, wenn das Trinkwasser u. a. den mikrobiologischen und chemischen Anforderungen (§§ 5 und 6 TrinkwV) der Verordnung nicht entspricht.
Die Einhaltung dieser Pflichten der Wohnungseigentümergemeinschaft trifft den Verwalter im Rahmen seiner Verpflichtung zur ordnungsmäßigen Instandhaltung und Instandsetzung gemäß § 27 Abs. 1 Nr. 2, Abs. 3 Nr. 3 WEG, und zwar auch und insbesondere insoweit, als er Mängel des gemeinschaftlichen Eigentums festzustellen und die Eigentümer darauf hinzuweisen hat mit dem Ziel, auf eine entsprechende Beschlussfassung zur Beseitigung der Mängel hinzuwirken.
Mit dem Inkrafttreten der neuen Bestimmungen der Trinkwasserverordnung ab 1. November 2011 war auch für jede Wohnungseigentumsanlage dem zuständigen Gesundheitsamt der Bestand an vorhandenen zentralen Warmwasserbereitungsanlagen zu melden.
Siehe auch: Kap. 2.8 Bleirohre

Trittschallschutz

Ein Wohnungseigentümer darf Veränderungen im Bereich seines Sondereigentums, beispielsweise ein Auswechseln des Bodenbelags durch Verlegung von Parkett statt Teppichboden, nur insoweit vornehmen, als dadurch der vorgeschriebene Trittschallschutz, gemessen an den Anforderungen der DIN 4109, nicht verringert wird und insoweit keine Beeinträchtigung im Sinne von § 14 Nr. 1 WEG darstellt (BayObLG, 16. 12. 1993, 2Z BR 113/93; zum Anspruch auf erstmalige Herstellung einer ordnungsmäßigen Schalldämmung nach DIN 4109 gegen den Veräußerer oder die Gemeinschaft vgl. OLG Köln, 18. 5. 2001, 16 Wx 68/01; zur Beachtung der DIN 4109 bei Ausbaumaßnahmen in einem älteren, in Wohnungseigentum aufgeteilten Gebäude vgl. OLG Düsseldorf, 12. 11. 2001, 3 Wx 256/01; zum Anspruch auf erstmalige Herstellung des ursprünglich geplanten Trittschallschutzes vgl. OLG Köln, 4. 12. 2002, 16 Wx 180/02; zur Vornahme zusätzlicher Trittschallschutzmaßnahmen über die DIN-Normen hinaus aufgrund entsprechender Verpflichtung nach der Gemeinschaftsordnung vgl. OLG Köln, 14. 11. 1997, 16 Wx 275/97).
Ob bauliche Maßnahmen, die zu einer Verschlechterung des Trittschall-

schutzes geführt haben, als Beeinträchtigung im Sinne von § 14 Nr. 1 WEG anzusehen sind, richtet sich danach, ob hinsichtlich des Schallschutzes auf die zum Zeitpunkt der Errichtung des Gebäudes geltenden Normen abzustellen ist, oder auf die zum Zeitpunkt der Durchführung der baulichen Veränderungen geltenden Normen.
Im Regelfall ist hinsichtlich der Auswirkungen von baulichen Maßnahmen auf den Trittschallschutz auf die zum Zeitpunkt der Errichtung des Gebäudes maßgebenden Anforderungen dann abzustellen, wenn diese bei Errichtung des Gebäudes nicht übertroffen wurden. Führen die Veränderungen jedoch zu negativen Auswirkungen auf die Schallisolierung, ist auf die zum Zeitpunkt der Veränderung geltenden Anforderungen an den Schallschutz abzustellen (OLG München, 9. 5. 2005, 32 Wx 030/05, dort auch mit Hinweis darauf, dass bei Lärmbelästigung nicht allein auf die DIN 4109 abzustellen ist, sondern die Lästigkeit entscheidend sei; so auch OLG Köln, 14. 11. 1997, 16 Wx 275/97; 4. 12. 2002, 16 Wx 180/02).
Siehe auch: Lärmschutzmaßnahmen, Schalldämmung

Tür

Siehe hierzu: Stahlgittertür, Wohnungsabschlusstür

Türspion

Der Einbau eines Türspions in die Wohnungseingangstür stellt zwar einen Eingriff in das gemeinschaftliche Eigentum und damit eine bauliche Veränderung dar, ist jedoch gemäß § 22 Abs. 1 Satz 2 WEG zu dulden (LG Berlin, 13. 7. 1984, 65 S 3/84, zwar dort zum Mietrecht, jedoch analog anwendbar, weil Wohnungseigentümer nicht schlechter gestellt werden dürfen als Mieter, vgl. insoweit OLG Frankfurt, 12. 10. 1981, 20 W 151/81; vgl. auch OLG Celle, 19. 5. 1994, 4 W 350/93 zur rechtlichen Gleichbehandlung von Mietern und Wohnungseigentümern).

Videoüberwachung

Der nachträgliche Einbau einer Videokamera am Klingeltableau einer Wohnungseigentumsanlage stellt eine zustimmungsbedürftige bauliche Veränderung dar (BGH, 8. 4. 2011, V ZR 210/10). Die Videoüberwachung verstößt in der Regel gegen die Grundsätze ordnungsmäßiger Verwaltung (KG Berlin, 26. 6. 2002, 24 W 309/01; AG Frankfurt, 9. 9. 2002, 65 UR II 149/02). Die „überwachten" Wohnungseigentümer werden in ihrem verfassungsrechtlich und zivilrechtlich geschützten allgemeinen Persönlichkeitsrecht beeinträchtigt (OLG Düsseldorf, 5. 1. 2007, I-3 Wx 199/06).
Der nachträgliche Einbau einer Videoanlage im gemeinschaftlichen Klingeltableau kann allerdings gemäß § 22 Abs. 1 WEG verlangt werden, wenn die Kamera nur durch Betätigung der Klingel aktiviert wird, eine Bildübertragung allein in die Wohnung erfolgt, bei der geklingelt wurde, die Bildübertragung nach spätestens einer Minute unterbrochen wird und die

Anlage nicht das dauerhafte Aufzeichnen von Bildern ermöglicht (BGH, 8. 4. 2011, V ZR 210/10).
Siehe auch: Kap.12.2.1.5 Videoüberwachung

Wärmedämmung

Siehe auch: Energieeinsparungsverordnung, Fassadensanierung

Wärmeschutzverordnung

Die Vorschriften der ab 1. Januar 1995 geltenden Neufassung der Verordnung über einen energiesparenden Wärmeschutz bei Gebäuden (Wärmeschutzverordnung-WärmeschutzV vom 16.8. 1994, BGBl. I S. 2121) sind in die Vorschriften der Energieeinsparverordnung übernommen.
Siehe dazu: Energieeinsparverordnung

Wäschespinne

Die Aufstellung einer fest verankerten Wäschespinne auf der gemeinschaftlichen Grundstücksfläche stellt eine zustimmungsbedürftige bauliche Veränderung dar. Die Zustimmung ist entbehrlich, wenn damit erstmals ein baulich einwandfreier Zustand hergestellt oder eine optische Beeinträchtigung nicht hervorgerufen wird, weil nur das Führungsrohr ebenerdig verankert ist und die Wäschespinne selbst nur bei Bedarf aufgestellt wird (BayObLG, 11. 3. 1993, 2Z BR 12/93; OLG Zweibrücken, 23. 12. 1999, 3 W 198/99).

Wäschetrockenplatz

Das Verlegen eines Wäschetrockenplatzes innerhalb einer Gemeinschaftsanlage durch Umsetzen und Einbetonieren von Wäschestangen stellt eine bauliche Veränderung dar, die der Zustimmung aller Wohnungseigentümer bedarf (BayObLG, 6. 2. 1987, 2 Z 129/86).
Siehe auch: Kap. 12.2.1.5 Trockenraum

Wäschetrocknungsanlagen

Die Anbringung von Wäschetrockenstangen auf Balkonen bedarf als bauliche Veränderung im Sinne des § 22 Abs. 1 Satz 2 WEG nicht der Zustimmung der übrigen Eigentümer, wenn die Beeinträchtigung nicht über das nach § 14 Nr. 1 WEG zulässige Maß hinausgeht, also als unvermeidliche Störung zu dulden ist (AG Stuttgart, 21. 12. 1979, 31 GR 3517/78, zur Zulässigkeit einer solchen Veränderung unter besonderer Hervorhebung der farblichen Anpassung der Stangen an den Blumenschmuck und einer dadurch bedingten freundlicheren Ausgestaltung der ansonsten kahlen Hausfront).
Siehe auch: Kap. 12.2.1.5, Trockenraum

Wanddurchbruch

Siehe hierzu: Brandmauer, Deckendurchbruch, Mauerdurchbruch

Warmwasseranlage

Für die Inbetriebnahme, die Ersetzung, Erweiterung, Um- und Nachrüstung von Warmwasseranlagen gelten die Vorschriften der Energieeinsparverordnung (vgl. Kap. 13.13 Energieeinsparverordnung). Danach sind Wärmeverteilungs- und Warmwasserleitungen nach den Vorschriften gemäß § 10 Abs. 2 i. V. m. Anlage 5 EnEV zur Begrenzung der Wärmeabgabe zu dämmen. Verstöße werden als Ordnungswidrigkeit geahndet.
Werden in Warmwasseranlagen Zirkulationspumpen eingebaut, sind diese mit selbsttätig wirkenden Einrichtungen zur Ein- und Ausschaltung auszustatten (§ 14 Abs. 4 EnEV).
Voraussetzung für die nächtliche Abschaltung der Zirkulationspumpen ist eine nachweisbare Kosteneinsparung. Ist das nicht der Fall und ist das Abschalten gleichzeitig mit Komforteinbußen (länger anhaltender Kaltwasserfluss) verbunden, widerspricht eine Nachtabschaltung ordnungsmäßiger Verwaltung (so zutreffend AG Kiel, 5. 6. 1989, 6 II 25/86, zur früher geltenden Heizungsanlagenverordnung, entsprechend anwendbar aber auch auf die Neuregelungen nach EnEV).

Waschmaschine

Bei im gemeinschaftlichen Eigentum befindlichen Geräten wie Waschmaschinen, die bei bestimmungsgemäßem Gebrauch durch die Gemeinschaft einem normalen Verschleiß ausgesetzt sind, liegt bei fortlaufendem Bedarf die Ersatzbeschaffung im Rahmen ordnungsmäßiger Instandsetzung; ihre Instandhaltung und Instandsetzung gehört zur ordnungsmäßigen Verwaltung BayObLG, 15. 7. 1975, 2 Z 34/75; LG Lübeck, 26. 1. 2010, 12 T 4/09). Dies gilt in gleicher Weise für Gerätschaften eines Hausmeister.
Zur Ersatzbeschaffung ist gemäß § 27 Abs. 1 Nr. 2, Abs. 3 Nr. 3 WEG grundsätzlich sogar der Verwalter allein berechtigt und verpflichtet und im Regelfall daher eine mehrheitliche Beschlussfassung durch die Wohnungseigentümer entbehrlich (BayObLG, 15.7. 1975, 2 Z 34/75).

Waschsalon

Eingriffe in das gemeinschaftliche Versorgungssystem zum Betrieb eines „Automatenwaschsalons" in einer Teileigentumseinheit können wegen der damit verbundenen möglichen Nachteile (erschwerte Zuordnung und Behebung von Schäden am gemeinschaftlichen Eigentum) als bauliche Veränderung zustimmungsbedürftig sein (BayObLG, 14. 5. 1990, 1b Z 27/89).

Wasserenthärtungsanlage

Der Einbau einer Wasserenthärtungsanlage stellt eine zustimmungsbedürftige bauliche Veränderung im Sinne von § 22 Abs. 1 Satz 2 WEG dar, weil durch die Wasserenthärtungsanlage die Zusammensetzung des Trinkwassers verändert wird und deshalb gesundheitliche Schäden im Einzelfall

nicht ausgeschlossen werden können. Die insoweit im Sinne von § 14 Nr. 1 WEG nachteiligen Wirkungen machen die Zustimmung aller Eigentümer erforderlich (BayObLG, 19. 1. 1984, 2 Z 17/83; a. A. AG Neuss, 29. 1. 1980, 19 UR 44/77).
Im Einzelfall bleibt jedoch zu prüfen, ob die nachteiligen Wirkungen dadurch ausgeschaltet werden können, dass die Enthärtungsanlage „schonend" und nur bis zu einem bestimmten Härtegrad betrieben wird (OLG Karlsruhe, 30. 10. 1998, 11 Wx 53/98).

Wasserstrahlpumpe

Der Ersatz einer nicht mehr gebrauchsfähigen, per Hand ein- und auszuschaltenden Wasserstrahlpumpe durch eine automatische Tauchpumpe kann im Rahmen ordnungsmäßiger Instandhaltung und Instandsetzung mit Mehrheit beschlossen werden (a. A. BayObLG, 30. 10. 1979, 2 Z 28/78, jedoch nach heutiger Rechtsauffassung zur modernisierenden Instandsetzung unter Berücksichtigung technischer Weiterentwicklungen auch bei solchen Geräten nicht mehr aufrechtzuerhalten).

Weg

Die Auslegung eines Weges mit Plattenlochsteinen kann eine Maßnahme zur Herstellung eines erstmalig einwandfreien baulichen Zustandes und deshalb mit Mehrheit beschliessbar sein (offen gelassen in BayObLG, 5. 4. 1990, 2 Z 24/90).
Siehe auch: Fußweg, Gehweg, Grünfläche, Plattenbelag

Werbung

Grundsätzlich ist es in Wohnungseigentumsanlagen gestattet, für ein Geschäft oder Gewerbe ortsüblich und angemessen an der Außenfront der Anlage, am Haus- und Wohnungseingang durch entsprechende Schilder oder Tafeln zu werben, sofern die Ausübung des Gewerbes oder des Berufes gestattet und zu dulden ist (BayObLG, 18. 1. 2001, 2Z BR 64/00, dort jedoch auch zur Begrenzung der Zahl der aufzustellenden mobilen Werbeschilder; KG Berlin, 8. 6. 1994, 24 W 5760/93).
Dieses Recht kann auch deshalb nicht entzogen werden, weil ein Wohnungs-/Teileigentümer grundsätzlich nicht schlechter gestellt werden darf als der Mieter in einem Mietshaus (OLG Frankfurt, 12. 10. 1981, 20 W 151/81; zur rechtlichen Gleichstellung von Mieter und Wohnungseigentümer vgl. auch OLG Celle, 19.5. 1994, 4 W 350/93; zur grundsätzlichen Zulässigkeit der Nutzung von Fassaden für Werbezwecke vgl. OVG Rheinland-Pfalz, Urt. v. 7. 11. 1996, 1 A 13500/95).
Im Rahmen zulässiger Werbung hält sich auch eine Leuchtreklame, die als bauliche Veränderung zu dulden ist, wenn die durch sie hervorgerufene Beeinträchtigung nicht das nach § 14 Nr. 1 WEG zulässige Maß überschreitet. Ein Nachteil liegt jedoch dann nicht vor, wenn die Leuchtreklame keine optisch verunstaltende oder verschlechternde Wirkung hinsichtlich

des ästhetischen Gesamteindrucks hervorruft und auch die Sondereigentumsräume der Miteigentümer höchstens geringfügig beeinträchtigt werden.
Störende Wirkungen sind unter dem Gesichtpunkt der Ortsüblichkeit zu werten, wobei zeitliche Beschränkungen der Beleuchtung eine Benachteiligung auszuschließen vermögen (OLG Hamm, 15. 2. 1980, 15 W 131/79, zur Anbringung einer Leuchtreklame; zur Zulässigkeit eines Leuchttransparents vgl. BayObLG, 6. 2. 1987, 2 Z 129/786; zum Beseitigungsanspruch bei störender Leuchtreklame vgl. OLG Oldenburg, 7. 2. 1990, 5 W 3/90).
Ist im Übrigen nach einer Teilungserklärung oder einer Gemeinschaftsordnung die Anbringung von Hinweis- und Reklametafeln auf einen in der Anlage vorhandenen (Bäckerei-)Betrieb zulässig, gilt dies auch für die Anbringung von Schaukästen. Dabei möglicherweise auftretende Beeinträchtigungen des Lichteinfalls in Untergeschossräumen können im konkreten Fall zu dulden sein (OLG Stuttgart, 15. 10. 1979, 8 W 381/79; zur Beeinträchtigung durch Minderung des Lichteinfalls vgl. aber auch Kap. 13.10, Balkonanbau).
Siehe auch: Kap. 12.2.1.5, Schilderanbringung

Windfang

Die Anbringung eines verglasten Windfangs auf einer vor einer Hauseingangstür bereits vorhandenen Betonbrüstung verändert das architektonisch-ästhetische Bild der Gesamtanlage und bedarf daher als bauliche Veränderung gemäß § 22 Abs. 1 Satz 1 WEG der Zustimmung aller Eigentümer (BayObLG, 6. 4. 1982, 2 Z 41/81; AG Köln, 26.9. 1988, 204 II 230/88).

Windschutz

Die Anbringung eines feststehenden Windschutzes (Alu-Einfassung, Glaswand und Deckenplatte) auf einer Dachterrasse verändert das optische Bild eines Gebäudes und damit den optischen Gesamteindruck der Anlage.
Die ohne einen solchen Windschutz bedingte Einschränkung der Benutzung der Dachterrasse stellt im Regelfall keinen Grund dar, um auf die Zustimmung der übrigen Eigentümer zur baulichen Veränderung zu verzichten, da zu unterstellen ist, dass der Erwerb einer solchen Dachterrassenwohnung üblicherweise in Kenntnis der besonderen Lageverhältnisse erfolgt (BayObLG, 19. 4. 1978, 2 Z 43/77, wobei dort die Frage einer architektonisch nachteiligen Veränderung offen gelassen wurde).

Wintergarten

Der Anbau eines Wintergartens stellt wegen der Veränderung der äußeren Gestaltung der Wohnanlage in der Regel eine zustimmungsbedürftige bauliche Veränderung dar. Der Anbau ist nicht als Modernisierungsmaßnahme im Sinnen von § 22 Abs. 2 WEG anzusehen und begründet insoweit

bei eigenmächtiger Vornahme einen von jedem Eigentümer realisierbaren Beseitigungsanspruch (vgl. hierzu u. a. BayObLG, 9. 3. 2004, 2Z BR 213/03; OLG München, 7. 9. 2005, 34 Wx 43/05; OLG Hamm, 27. 6. 1986, 15 W 28/86; AG Bremen, 11. 2. 1987, 111 a WEG 52/1986; AG Konstanz, 13. 3. 2008, 12 C 17/07; zur Instandsetzungsverpflichtung der Gemeinschaft an den im gemeinschaftlichen Eigentum befindlichen Bauteilen des Wintergartens vgl. AG Bonn, 11. 9. 2000, 28 II 7/00; zum unzulässigen Umbau einer Loggia in einen Wintergarten vgl. AG Hamburg-Altona, 7. 8. 2007, 316 C 425/06).
Siehe auch: Kap. 9.1.1.3 Sondernutzungsrechte

Wohnungsabschlusstür

Die sichtbare Veränderung der Wohnungsabschlusstür stellt im Regelfall eine zustimmungsbedürftige bauliche Veränderung dar (vgl. zu zwei unterschiedlichen Fällen OLG Hamm, 15. 10. 1987, 15 W 371/86 und 4. 11. 1987, 15 W 379/87).
Dies gilt grundsätzlich auch für den Einbau einer Stahlgittertür vor der Wohnungseingangstür als Einbruchschutz. Die Zustimmung ist jedoch nicht erforderlich, wenn wegen der besonderen Lage der Wohnung im obersten Stockwerk die optische Veränderung nur bei Wohnungszutritt sichtbar ist (OLG Köln, 1. 12. 2004, 16 Wx 204/04).

Zaunerrichtung

Die Zulässigkeit der Errichtung von Zäunen in Wohnungseigentumsanlagen betrifft einmal die Gesamtanlage, zum anderen aber Grundstücksteilflächen, die einzelnen Wohnungseigentümern zur Sondernutzung zugewiesen worden sind.

Einzäunung des Gesamtgrundstücks

Die Einzäunung eines Grundstücks stellt im Falle der erstmaligen Herstellung oder der Vervollständigung der baulichen Anlage entsprechend der Teilungserklärung keine bauliche Veränderung im Sinne des § 22 Abs. 1 WEG dar (vgl. dazu OLG Hamm, 26. 3. 2007, 15 W 131/06).
Als Maßnahme ordnungsmäßiger Verwaltung zur Gefahrenabwehr kann vielmehr auch die Errichtung kindersicherer Zäume verlangt werden (BayObLG, 17. 2. 2000, 2Z BR 180/99, zur Errichtung an einem Bachlauf bejaht, an einer Zufahrtstraße zur Wohnanlage verneint).
Allerdings umfasst die Verpflichtung der Wohnungseigentümer – auch unter Berücksichtigung öffentlich-rechtlicher Vorschriften – eine Umzäunung hinzunehmen, nicht notwendigerweise jede denkbare Ausführung. Eine „Luxusausführung“ braucht nicht hingenommen zu werden (OLG Stuttgart, 7. 10. 1994, 8 W 218/93).
Im Übrigen sind die Grenzen des § 14 Nr. 1 WEG auch im Hinblick auf optische Beeinträchtigungen zu berücksichtigen (KG Berlin, 2. 10. 1981, 1 W 4877/80; BayObLG, 23. 10. 1986, 2 Z 110/86).

Einzäunung von Sondernutzungsflächen

Die Einzäunung einer im Sondernutzungs-Gartenfläche ist zwar generell als bauliche Veränderung anzusehen, nach teilweise vertretener Meinung jedoch als Maßnahme, die mangels Nachteil im Sinne von § 14 Nr. 1 WEG nicht der Zustimmung der übrigen Eigentümer bedarf.
Die sichtbare Abgrenzung durch einen Zaun entspricht nach dieser Auffassung natürlichen Wohnbedürfnissen. Erst die Abgrenzung lässt den vollen Genuss des Sondernutzungsrechts als Ausfluss des Eigentumsrechts zur Geltung kommen (BayObLG, 4. 2. 1982, 2 Z 9/81; ebenso HansOLG Hamburg, 19. 1. 1984, 2 W 29/83, dort mit ausdrücklicher Betonung, dass gerade bei kleinen Grundstücken das Sondernutzungsrecht auf die volle Ausnutzung der zugewiesenen Fläche gerichtet ist; zur Verlegung eines Zaunes wegen abweichender Errichtung vom Aufteilungsplan vgl. BayObLG, 16. 9. 1994, 2Z BR 78/94).
Andererseits wird argumentiert, dass gerade im städtischen Bereich eine Einzäunung auch von Sondernutzungsflächen als bauliche Veränderung zustimmungsbedürftig ist (KG Berlin, 23. 7. 1984, 24 W 2514/84; 12. 11. 1993, 24 W 3064/93; 11. 5. 1988, 24 W 6131/87; wie KG Berlin auch BayObLG, 23. 10. 1986, 2 Z 110/86, zur Unzulässigkeit einer Einzäunung, wenn dadurch der Parkcharakter einer Wohnanlage beeinträchtigt wird; ablehnend auch OLG Düsseldorf, 20. 12. 1996, 3 Wx 9/96; AG Nürtingen, 11. 5. 1990, G. Reg. III 10/90 WEG; vgl. auch KG Berlin, 10. 2. 1997, 24 W 6582/96, zur zustimmungsbedürftigen Errichtung eines Sichtschutzzauns und zum Beseitigungsanspruch gegenüber dem errichtenden Nutzer und zur Verwirkung; vgl. zur zustimmungsbedürftigen Errichtung einer Gartensichtschutzblende vor einem Mülleimerplatz OLG Köln, 23. 1. 2002, 16 Wx 176/01).

Entfernung / Instandhaltung / Instandsetzung

Die Entfernung vorhandener, instandsetzungsbedürftiger Holzzäune und deren Ersetzung durch eine Berberitzenhecke und zwei schmiedeeiserne Zäune geht über die ordnungsmäßige Instandhaltung und Instandsetzung hinaus und stellt eine bauliche Veränderung im Sinne von § 22 Abs. 1 WEG dar.
Die Zustimmung widersprechender Eigentümer ist aber bei einer solchen Maßnahme entbehrlich, wenn sie keinen Nachteil im Sinne von § 14 Nr. 1 WEG darstellt und im Übrigen eine Freistellung von den Kosten gemäß § 16 Abs. 3 WEG erfolgt (BayObLG, 2. 6. 1982, 2 Z 60/81; vgl. auch LG Hamburg, 10. 9. 2010, 318 S 24/09, zum Ersatz vorhandener alter Zäune).
Die Erneuerung einer Zaunanlage durch Ersetzung der bisherigen Holzpfosten durch einbetonierte Stahlpfosten kann als modernisierende Instandsetzung mit Stimmenmehrheit beschlossen werden (OLG Düsseldorf, 7. 3. 1986, 3 Wx 36/86).
Eine zustimmungsbedürftige bauliche Veränderung liegt dagegen vor,

wenn ein Wohnungseigentümer als Ersatz für durch Windbruch beschädigte Tannen einen Windschutz in Form eines zwei Meter hohen massiven Holzzaunes errichtet. Die damit verbundene Veränderung führt zu einer optischen Beeinträchtigung des gesamten äußeren Erscheinungsbildes der Wohnanlage, macht die Zustimmung aller Eigentümer erforderlich (LG Hannover, 30. 4. 1984, 1 T 48/84).
Die sofortige Beseitigung einer gefährlichen Einzäunung stellt eine Maßnahme im Rahmen der Verkehrssicherungspflicht dar und ist insoweit nicht als bauliche Veränderung im Sinne von § 22 Abs. 1 WEG anzusehen (OLG Frankfurt, 15. 6. 1981, 20 W 365/81; 3. 8. 1983, 20 W 217/83; zur Verkehrssicherungspflicht allgemein vgl. Kap. 15.5.1.4 Abwehr von Gefahren).
Siehe auch: Kap. 9.1.1.3 Sondernutzung

Zirkulationspumpe

Siehe hierzu: Warmwasseranlage

14. Die Wohnungseigentümerversammlung

Angelegenheiten, über die nach dem Wohnungseigentumsgesetz oder nach einer Vereinbarung der Wohnungseigentümer die Wohnungseigentümer durch Beschluss entscheiden können, werden gemäß § 23 Abs. 1 WEG durch Beschlussfassung in einer Versammlung geordnet. Die Wohnungseigentümerversammlung ist das Entscheidungsorgan und damit das oberste Verwaltungsorgan der Wohnungseigentümergemeinschaft.

14.1 Die Einberufung der Wohnungseigentümerversammlung

Die Versammlung der Wohnungseigentümer wird gemäß § 24 Abs. 1 WEG mindestens einmal im Jahr vom Verwalter einberufen.

Darüber hinaus ist eine Versammlung dann einzuberufen, wenn

- eine Vereinbarung der Wohnungseigentümer die Einberufung einer Versammlung für bestimmte Fälle vorsieht (§ 24 Abs. 2, 1. Halbsatz WEG) oder
- mehr als ein Viertel der Wohnungseigentümer schriftlich unter Angabe des Zweckes und der Gründe die Einberufung einer Versammlung verlangt (§ 24 Abs. 2, 2. Halbsatz WEG).

Das Recht der Minderheit, die Einberufung der Wohnungseigentümerversammlung zu verlangen, kann nicht durch Vereinbarung und folglich auch nicht durch die Teilungserklärung oder Gemeinschaftsordnung ausgeschlossen werden. Es handelt sich bei dieser Vorschrift um unabdingbares Recht (BayObLG, 5. 10. 1972, 2 Z 54/72).
Der Verwalter muss eine außerordentliche Versammlung der Wohnungseigentümer vorbehaltlich einer anderen Vereinbarung nach § 24 Abs. 2 WEG aber nur dann einberufen, wenn dies von mehr als einem Viertel der Wohnungseigentümer – gemessen an der Kopfzahl, nicht an der Zahl bzw. Größe der Miteigentumsanteile – verlangt wird (OLG Hamm, 4. 9. 1973, 15 W 34/73).
Beruft der Verwalter ohne hinreichenden Grund eine außerordentliche Wohnungseigentümerversammlung ein, hat er gegebenenfalls die dadurch zusätzlich entstehenden Kosten selbst zu tragen (BayObLG, 4. 11. 1993, 2Z BR 89/93). Ob der Grund im konkreten Fall hinreichend ist, spielt für die Wirksamkeit der gefassten Beschlüsse keine Rolle.

14.1.1 Einberufungsberechtigte

Das Recht der Einberufung einer Wohnungseigentümerversammlung erfolgt gemäß § 24 Abs. 1 WEG grundsätzlich durch den Verwalter (BayObLG, 27. 1. 1970, 2 Z 22/69). Dieses Recht des Verwalters erlischt aber mit dem Zeitpunkt der Beendigung seines Amtes (OLG Stuttgart, 18. 12. 1985, 8 W 338/85).

Beruft der abberufene oder aus dem Amt ausgeschiedene Verwalter – und damit ohne Befugnis kraft Amtes – dennoch eine Wohnungseigentümerversammlung ein, sind die auf dieser Versammlung gefassten Beschlüsse jedoch nicht nichtig, sondern (nur) anfechtbar, das heißt, der Einberufungsmangel zieht lediglich die Anfechtbarkeit nach sich (BayObLG, 13. 6. 1990, 2 Z 25/90; 30. 1. 1990, 2 Z 111/89; 28. 11. 1991, 2 Z 113/91; 28. 6. 2002, 2Z BR 41/02; 4. 12. 2002, 2Z BR 84/02; OLG Düsseldorf, 15. 4. 1988, 3 Wx 68/88; 4. 9. 1996, 3 Wx 125/96; OLG Hamm, 13. 1. 1992, 15 W 91; OLG Köln, 3. 1. 1996, 16 Wx 214/95; 24. 10. 2001, 16 Wx 192/01; OLG Zweibrücken, 16. 12. 2002, 3 W 202/02; zur Einberufung durch „de facto“–Verwalter vgl. BayObLG, 14.3. 1991, 2 Z 139/90; 2. 4. 1992, 2Z BR 4/92; zur Ungültigerklärung entsprechender Beschlüsse vgl. BayObLG, 11. 2. 1994, 2Z BR 6/94).

Das gleiche gilt, wenn eine Versammlung von einem fehlerhaft bestellten Verwalter einberufen wird (OLG Stuttgart, 10. 10. 1989, 8 W 625/88; BayObLG, 30. 1. 1990, 2 Z 111/89).

Das grundsätzliche Recht des Verwalters zur Einberufung der Wohnungseigentümerversammlung berechtigt ihn gleichzeitig, einen anberaumten Versammlungstermin abzusagen und die Versammlung auf einen anderen Zeitpunkt zu verlegen, sofern darin nicht eine grundsätzliche Weigerung zur Durchführung einer Versammlung zu sehen ist (OLG Hamm, 4. 7. 1980, 15 W 1777/79; KG Berlin, 11. 5. 1988, 24 W 6454/87).

Eine Ankündigung, innerhalb von vier bis sechs Wochen eine Versammlung einzuberufen, ist nicht als Weigerung anzusehen (BayObLG, 29. 11. 1990, 2 Z 72/90; zur verzögerten Einberufung als pflichtwidrige Weigerung vgl. OLG Düsseldorf, 25. 8. 2003, 3 Wx 217/02).

Fehlt ein Verwalter oder weigert er sich pflichtwidrig, die

Versammlung der Wohnungseigentümer einzuberufen, kann die Versammlung gemäß § 24 Abs. 3 WEG auch vom Vorsitzenden des Verwaltungsbeirates oder von seinem Vertreter einberufen werden, vorausgesetzt, dass ein Verwaltungsbeirat gewählt ist (OLG Celle, 15. 1. 2002, 4 W 310/01; 28. 4. 2000, 4 W 13/00; zur pflichtwidrigen Weigerung des Verwalters vgl. auch BayObLG, 29.11. 1990, 2 Z 72/90; zur Gültigkeit von Beschlüssen auch für den Fall, dass eine pflichtwidrige Verweigerung durch den Verwalter nicht vorlag vgl. BayObLG, 17. 4. 2002, 2Z BR 14/02; zur ordnungsmäßigen Einladung durch den Verwaltungsbeirat, wenn alle drei Mitglieder die Einladung unterschrieben haben, vgl. OLG Zweibrücken, 11. 2. 1999, 3 W 255/98; vgl. dazu auch OLG Köln, 29. 12. 1999, 16 Wx 181/95).
Eine ordnungsmäßig vom Verwaltungsbeiratsvorsitzenden einberufene Versammlung kann vom Verwalter nicht abgesagt, verschoben oder aufgelöst werden (OLG Celle, 15. 1. 2002, 4 W 310/01; 19. 11. 1998, 4 W 159/59).
Einzelne Wohnungseigentümer haben nicht das Recht, eine Wohnungseigentümerversammlung einzuberufen, auch wenn ein Verwalter oder Verwaltungsbeirat fehlt (KG Berlin, 27. 8. 1986, 24 W 1747/86; OLG Frankfurt, 27. 9. 2004, 20 W 513/01). Etwas anderes gilt nur, wenn gemäß Teilungserklärung bzw. Gemeinschaftsordnung einzelne Wohnungseigentümer zur Einberufung ermächtigt sind (OLG Hamm, 20. 11. 1989, 15 W 308/89, m. w. N.) oder wenn eine Bevollmächtigung durch alle Eigentümer erfolgt.
Allerdings kann jeder Wohnungseigentümer im Rahmen seines Anspruchs auf ordnungsmäßige Verwaltung im Verfahren nach § 43 Nr. 1 WEG verlangen, im Falle der Dringlichkeit auch durch einstweilige Verfügung, dass das Gericht den Verwalter zur Einberufung einer Wohnungseigentümerversammlung verpflichtet (OLG Hamm, 9. 10. 1985, 15 W 95/85, zur gerichtlichen Verpflichtung des Verwalters zur Einberufung einer außerordentlichen Wohnungseigentümerversammlung aufgrund einstweiliger Anordnung,

dort noch nach altem Recht; vgl. aber auch LG Berlin, 13.2. 1990, 85 T 4/90, wonach die gerichtliche Verpflichtung erst ausgesprochen werden kann, wenn ein eventuell vorhandener Verwaltungsbeirat trotz entsprechender Aufforderung untätig geblieben ist).

In entsprechender Anwendung des § 37 Abs. 2 BGB kann das Gericht im Verfahren nach § 43 Nr. 1 WEG aber auch den antragstellenden Wohnungseigentümer zur Einberufung der Versammlung ermächtigen (OLG Hamm, 20. 11. 1989, 15 W 308/89; OLG Zweibrücken, 16. 9. 2010, 3 W 132/10, zur Verwalterbestellung).

Ohne gerichtliche Ermächtigung sind einzelne Wohnungseigentümer nicht zur Einberufung einer Wohnungseigentümerversammlung befugt (BayObLG, 27. 1. 1970, 2 Z 22/69, m. w. N. auf die einschlägige Kommentierung).

In Ausnahmefällen sind aber auch die Wohnungseigentümer zur Einberufung berechtigt, vorausgesetzt die Einberufung erfolgt einvernehmlich, also mit Zustimmung aller Eigentümer. Eine Absage oder die Verlegung einer solchen einvernehmlich einberufenen Wohnungseigentümerversammlung kann allerdings dann auch nur wiederum mit Zustimmung aller Eigentümer erfolgen (BGH, 10. 6. 2011, V ZR 222/10).

Beschlüsse einer von einem nicht bevollmächtigten Wohnungseigentümer einberufenen Versammlung sind jedoch nicht nichtig, sondern nur anfechtbar (BayObLG, 30. 6. 2004, 2Z BR 113/04; zur Wirksamkeit von Beschlüssen einer von einem unberechtigten Eigentümer einberufenen Versammlung vgl. weiter BayObLG, 13. 12. 2001, 2Z BR 93/01; KG Berlin, 27. 8. 1986, 24 W 1747/86).

Fehlt es an einer an die Gesamtheit der Eigentümer gerichteten Einberufung und an einer späteren Beschlussniederschrift, stellt der Zusammentritt einzelner Wohnungseigentümer zu einer „ad hoc"–Zusammenkunft/Versammlung keine Versammlung im Sinne von § 23 Abs. 1 WEG dar. Einer solchen Zusammenkunft fehlt die gesetzliche Legiti-

mation, mit Wirkung für alle Wohnungseigentümer Beschlüsse zu fassen.
Da außerhalb einer Versammlung gefasste Beschlüsse der schriftlichen Zustimmung aller Eigentümer bedürfen, sind die anlässlich einer „ad hoc"-Zusammenkunft einzelner Eigentümer gefassten Beschlüsse nichtig (OLG Hamm, 20. 11. 1989, 15 W 308/89; ebenso BayObLG, 14. 11. 2002, 2Z BR 107/02, zu einem „zwanglosen Zusammentreffen").

14.1.2 Einzuladende

Zur Wohnungseigentümerversammlung sind alle im Grundbuch eingetragenen Wohnungseigentümer einzuladen.
Der Erwerber einer Eigentumswohnung ist als „faktischer Eigentümer" selbst dann nicht einzuladen, wenn sein Übereignungsanspruch durch eine Vormerkung gesichert ist und bereits Besitz, Nutzungen, Lasten und Gefahren auf ihn übergegangen sind (vgl. insoweit BGH, 1. 12. 1988, V ZB 6/88, dort zum fehlenden Stimmrecht des „faktischen Eigentümers").
Er kann allerdings von dem – noch – im Grundbuch eingetragenen (Vor-)Eigentümer mit der Ausübung des Stimmrechts bzw. mit der Vertretung in der Wohnungseigentümerversammlung bevollmächtigt werden. Eine solche im Kaufvertrag zu treffende Vereinbarung zwischen Veräußerer und Erwerber geht jedoch dann ins Leere, wenn die Teilungserklärung oder die Gemeinschaftsordnung eine Vertretungsbeschränkung enthält, durch die der Erwerber möglicherweise von der Vertretung ausgeschlossen werden könnte (vgl. Kap. 14.2.3 Stimmrechtsvertretung, auch zur abweichenden Auffassung des KG Berlin).
Der Nießbraucher ist nach herrschender Rechtsprechung wegen fehlender Stimmberechtigung nicht einzuladen (BGH, 7. 3. 2002, V ZB 24/01; vgl. auch Kap. 14.2 Stimmrecht und Stimmrechtsausübung).

Steht das Wohnungseigentum mehreren Wohnungseigentümern gemeinschaftlich zu, beispielsweise Eheleuten jeweils zur ideellen Hälfte, sind grundsätzlich alle Mitberechtigten getrennt einzuladen (OLG Köln, 16. 12. 1987, 16 Wx 92/87), obwohl das Stimmrecht wiederum gemäß § 25 Abs. 2 Satz 2 WEG nur gemeinschaftlich (mit einer Stimme) ausgeübt werden kann (zur Prüfung der Ermächtigung zur Ausübung des Stimmrechts durch Mitberechtigte in der Versammlung vgl. BayObLG, 31. 3. 1994, 2Z BR 16/94, dort zur Prüfungspflicht durch den Verwalter verneint; zum Stimmrecht der Mitberechtigten vgl. auch Kap. 14.2).
Bei juristischen Personen als Eigentümer ist deren gesetzlicher Vertreter einzuladen.
Für die Praxis empfiehlt sich eine Regelung in der Teilungserklärung oder in der Gemeinschaftsordnung, wonach mehrere Mitberechtigte grundsätzlich einen Vertreter oder einen Empfangsberechtigten zu benennen haben.
Sieht eine Teilungserklärung oder eine Gemeinschaftsordnung die getrennte Verwaltung von abgegrenzten Teilen einer Wohnanlage, beispielsweise in einer Mehrhausanlage, durch die jeweiligen Eigentümergruppen vor, sind im Falle einer solchen getrennten Verwaltung auch nur die betreffenden Wohnungseigentümer einzuladen (vgl. hierzu BayObLG, 25. 7. 1984, 2 Z 57/84; 17. 1. 2000, 2Z BR 99/99; OLG Frankfurt, 8. 1. 2009, 20 W 384/07).
Fehlen allerdings entsprechende Regelungen und geht es um die Beschlussfassung über nicht aussonderbare Verwaltungsangelegenheiten, sind grundsätzlich alle im Grundbuch eingetragenen Wohnungseigentümer einzuladen.
Dies gilt auch für den Fall, dass es in einer Wohnungseigentümergemeinschaft Teileigentümer gibt, die nur Eigentümer einer Garage, nicht aber einer Wohnung sind. Auch die „Nur"-Garageneigentümer sind stets zu allen Wohnungseigentümerversammlungen einzuladen (zur Beschlusszuständigkeit einer Gruppe von Garageneigentümern vgl. OLG Hamm, 2. 11. 1989, 15 W 520/88).

Wird ein Wohnungseigentümer nicht eingeladen, berührt das die Wirksamkeit der Beschlüsse der Wohnungseigentümerversammlung zunächst nicht. Die Beschlüsse sind deshalb nicht nichtig, jedoch anfechtbar (BGH, 23. 9. 1999, V ZB 17/99; BayObLG, 5. 4. 1990, 2 Z 14/90; 28. 6. 2002, 2Z BR 41/02; OLG Celle, 15. 1. 2002, 4 W 310/01, m. w. N.; OLG Düsseldorf, 5. 12. 1994, 3 Wx 536/93; zur Wiedereinsetzung bei Versäumung der Anfechtungsfrist im Falle der Nichteinladung vgl. OLG Hamm, 11. 11. 2008, 15 Wx 62/08).

Grundsätzlich nichtig sind dagegen Beschlüsse einer Versammlung, wenn der Verwalter vorsätzlich die Teilnahme des Vertreters eines (unliebsamen) Wohnungseigentümers unter Hinweis auf eine vereinbarte Vertretungsbeschränkung vereitelt, während die Teilnahme anderer wegen der Vertretungsbeschränkung ebenfalls nicht berechtigter Vertreter geduldet wird (OLG Köln, 17. 12. 2004, 16 Wx 191/04).

Der Erfolg der Anfechtung nicht nichtiger, sondern nur wegen Formmängel anfechtbarer Beschlüsse hängt im Übrigen davon ab, ob die Nichteinladung ursächlich für das Zustandekommen des Beschlusses war, die Stimme des nicht eingeladenen Wohnungseigentümers also zu einem anderen Ergebnis geführt hätte (OLG Köln, 16. 12. 1987, 16 Wx 92/87).

Deshalb ist ein Beschluss dann für ungültig zu erklären, wenn die Nichteinladung die Stimmrechtsausübung konkret beeinträchtigt oder verhindert hat und dadurch das Ergebnis der Meinungsbildung beeinflusst wurde (BayObLG, 14. 3. 1984, 2 Z 74/83; 13. 9. 1990, 2 Z 100/90, NJW-RR 1991, 531; 2. 4. 1992, 2Z BR 4/92, NJW-RR 1992, 910; OLG Celle, 15. 1. 2002, 4 W 310/01).

Das Gleiche gilt für den zu Unrecht von der Teilnahme an der Versammlung ausgeschlossenen Wohnungseigentümer. Auch hier ist ein Beschluss im Falle der Anfechtung für ungültig zu erklären, sofern nicht feststeht, dass die Beschlussfassung auch bei einer Teilnahme des ausgeschlossenen

Eigentümers in gleicher Weise erfolgt wäre (BayObLG, 10. 4. 2002, 2Z BR 97/01).
Zur generellen Nichtigkeit von Beschlüssen bei unberechtigtem Ausschluss eines Wohnungseigentümers von der Versammlung führt im Übrigen eine in einer Teilungserklärung enthalten nichtige Regelung, wonach ein Wohnungseigentümer grundsätzlich von der Teilnahme an der Versammlung ausgeschlossen ist, wenn er mit Hausgeldbeiträgen von mehr als einem Monat in Verzug ist. In diesen Fällen bedarf es keiner Kausalitätsprüfung zwischen Beschlussfassung und Versammlungsausschluss (LG Nürnberg-Fürth, 17. 3. 2010, 14 S 5126/09
Auch andere Einberufungsmängel stehen grundsätzlich der Wirksamkeit eines Beschlusses nicht entgegen, wenn nach dem Abstimmungsergebnis ausgeschlossen werden kann, dass der Beschluss bei ordnungsmäßiger Einladung anders ausgefallen wäre (OLG Karlsruhe, 10. 9. 1997, 4 W 71/97; BayObLG, 19. 12. 1985, 2 Z 103/85; 5. 4. 1990, 2 Z 14/90; 27. 11. 1997, 2Z BR 128/97; 6. 9. 2001, 2Z BR 107/01; OLG Köln, 3. 1. 1996, 16 Wx 214/95, zur zunächst vermuteten Ursächlichkeit des Fehlers für das Zustandekommen des Beschlusses).
So liegt ein Einladungsmangel auch dann nicht vor, wenn der Erwerber eines Wohnungseigentums erst zwischen Versand der Einladung und dem Versammlungstermin als neuer Eigentümer in das Grundbuch eingetragen wird (KG Berlin, 8. 1. 1997, 24 W 5678/96).
Die vielfach in Verwaltungsverträgen anzutreffende Regelung, wonach die Einladung zur Wohnungseigentümerversammlung als zugegangen gilt (Zugangs- oder Ladungsfiktion) und damit wirksam ist, wenn sie an die letzte dem Verwalter genannte Adresse des Eigentümers gerichtet ist, verstößt gegen § 308 Zif. 6 BGB (Nichtigkeit eines Mehrheitsbeschlusses zur Ladungsfiktion vgl. auch Merle, DWE 2001, 45; Wenzel, ZWE 2001, 226/236).
Entsprechende Regelungen in der Gemeinschaftsordnung

bzw. in der Teilungserklärung sind dagegen wirksam, weil eine Teilungserklärung nach vorherrschender Meinung nicht den Vorschriften über die Allgemeinen Geschäftsbedingungen (BGB §§ 305 ff.) unterliegt (LG Magdeburg, 26. 8. 1996, 3 T 481/96). Ist die Zugangsfiktion insoweit wirksam vereinbart, braucht nur der Nachweis anhand eines Postausgangsbuches zu erfolgen.

14.1.3 Form und Frist der Einberufung

Die Einberufung zur Wohnungseigentümerversammlung erfolgt gemäß § 24 Abs. 4 Satz 1 WEG in Textform. Damit bedarf die Einladung nicht mehr der eigenhändigen Unterzeichnung des Verwalters. Es reicht vielmehr die Einladung in kopierter oder sonstiger vervielfältigter Form, zum Beispiel EDV-gefertigt. Sie muss allerdings nach wie vor den Verwalter als Absender der Einladung erkennen lassen.
Grundsätzlich zulässig ist nach der Neuregelung auch die Einladung per Fax, per E-Mail oder auch als SMS. Letztere Formen dürften nach derzeitigem technischen Standard jedoch ordnungsmäßiger Verwaltung widersprechen. Auch ein Mehrheitsbeschluss, der die Einladung per Fax vorschreiben würde, widerspricht ordnungsmäßiger Verwaltung, ist aber nach hier vertretener Auffassung nicht nichtig, sondern als gesetzeswidriger Beschluss nur anfechtbar.
Ein Verstoß gegen die Textform führt trotz Ladungsmangel nicht zur Ungültigkeit von Beschlussfassungen, sondern nur zu deren Anfechtbarkeit und dies auch nur dann, wenn die fehlerhafte Einladung ursächlich für das Zustandekommen des Beschlusses war (so zur früheren fehlerhaften Schriftform: BayObLG, 8. 6. 1990, 1 b Z 18/89; 27. 11. 1997, 2Z BR 128/97).
Die Einberufungsfrist zur Wohnungseigentümerversammlung soll, außer im Falle besonderer Dringlichkeit, gemäß § 24 Abs. 4 Satz 2 WEG mindestens zwei Wochen betragen.

Auch hier führt die Nichteinhaltung der Ladungsfrist nicht zur Unwirksamkeit der Beschlüsse einer Versammlung und – im Falle der Anfechtung – nicht zwingend zur Ungültigerklärung führt, es sei denn, dass die Nichteinhaltung der Frist ursächlich war für das Zustandekommen einer bestimmten Beschlussfassung.
Es handelt sich insoweit „nur“ um eine Soll-Vorschrift, auf deren Verletzung eine Ungültigerklärung nur gestützt werden kann, wenn andere Gründe hinzukommen (OLG Köln, 23. 1. 2002, 16 Wx 175/01; BayObLG, 8. 6. 1990, 1 b Z 18/89; 28. 10. 1998, 2Z BR 137/98).
Zu prüfen ist in einem solchen Fall im Übrigen, ob die Nichteinhaltung der Ladungsfrist möglicherweise Schadensersatzansprüche gegen den Verwalter begründen kann.

14.1.4 Inhalt des Einladungsschreibens

Mit der Einberufung/Einladung zur Wohnungseigentümerversammlung sind

- Ort,
- Zeitpunkt und
- Tagesordnung

anzugeben, wobei die Festlegung von Ort, Zeitpunkt und Tagesordnung grundsätzlich Sache des Verwalters ist. Der ihm dabei zustehende Ermessensspielraum unterliegt jedoch den Beschränkungen der ordnungsmäßigen Verwaltung.

14.1.4.1 Ort und Zeitpunkt der Versammlung

Die Wohnungseigentümerversammlung soll grundsätzlich in der Nähe der Wohnungseigentumsanlage stattfinden (KG Berlin, 17. 5. 1983, 1 W 5856/82 mit Hinweis auf KG Berlin, 11. 7. 1972, 1 W 12541/70; OLG Köln, 12. 9. 1990, 16 Wx 101/90; OLG Düsseldorf, 1. 12. 1989, 3 Wx 499/89, allerdings insoweit differenzierend, als es für die Wahl des Versammlungsortes entscheidend darauf ankommt, dass den Eigentümern die Teilnahme nicht unmöglich oder unzumutbar gemacht wird; vgl. auch OLG Celle, 17. 11. 1997, 4 W 198/97, zur Zulässigkeit einer Vereinbarung über den Versammlungsort am Sitz der Verwaltung).

Allerdings muss eine Eigentümerversammlung nicht zwingend in der politischen Gemeinde durchgeführt werden, in der die Wohnanlage liegt (OLG Frankfurt, 20. 6. 1984, 20 W 602/83). Es muss jedoch ein räumlicher Bezug zum Ort der Wohnanlage gegeben sein. Das ist dann nicht mehr der Fall, wenn die Versammlung am 100 Kilometer von der Wohnanlage entfernten Sitz der Verwaltung stattfinden soll (AG Strausberg, 11. 3. 2009, 27 C 12/08, mit Hinweis auf OLG Köln, 18. 9. 1989, 16 Wx 115/89).

Da Wohnungseigentümerversammlungen grundsätzlich nicht öffentlich sind, dürfen sie nicht in Gaststätten unter Anwesenheit anderer Gäste stattfinden. Erforderlich ist die ungestörte Abhaltung der Versammlung unter Ausschluss Dritter (OLG Frankfurt, 7. 4. 1995, 20 W 16/95; OLG Hamm, 13. 10. 1989, 15 W 314/89; zur Nicht-Öffentlichkeit von Wohnungseigentümerversammlungen vgl. auch BGH, 29. 1. 1993, V ZB 24/92; zur unzulässigen Teil-Öffentlichkeit durch gemeinsame Versammlung zweier selbständiger Wohnungseigentümergemeinschaften vgl. OLG Köln, 6. 6. 2002, 16 Wx 97/02).

Andererseits gibt es keine Vorschriften, die bestimmte Räumlichkeiten als Versammlungsort grundsätzlich ausschließen. So kann auch die Abhaltung einer – kurzen – Versammlung in der Waschküche einer Wohnungseigentumsanlage zumutbar sein (vgl. insoweit OLG Düsseldorf, 1. 3. 1993, 3 Wx 512/92; vgl. auch OLG Hamm, 12. 12. 2000, 15 W 109/00, m. w. N. zur Unzumutbarkeit der Versammlung im Wohnwagen des Verwalters bei gespannten Beziehungen zwischen Eigentümern und Verwaltern).

Ein „ad hoc“-Zusammentritt selbst einer Mehrheit von

Wohnungseigentümern oder auch „Stammtisch-Versammlungen“ stellen jedoch keine ordnungsmäßige Versammlung dar (vgl. dazu Kap. 14.1.1 Einberufungsberechtigte).
Der Zeitpunkt ist so zu wählen, dass er verkehrsüblich und für alle Wohnungseigentümer zumutbar ist. Dabei ist insbesondere die Situation berufstätiger Wohnungseigentümer zu berücksichtigen.
Die Wahl eines ungewöhnlichen Zeitpunktes (zur Unzeit) kann einen Einberufungsmangel darstellen und zur Beschlussanfechtung und damit zur Ungültigerklärung von Beschlüssen führen (OLG Frankfurt, 9. 8. 1982, 20 W 403/82; OLG Zweibrücken, 29.11. 1993, 3 W 133/93).
Auf die Urlaubsplanung einzelner Wohnungseigentümer braucht der Verwalter aber keine Rücksicht zu nehmen (AG Wuppertal, 17. 2. 1993, 98 UR II 157/92).
Als verkehrsüblich und insoweit zumutbar gilt ein Versammlungstermin auch dann, wenn die Einberufung auf einen Sonntagvormittag (11.00 Uhr) unter Abwägung der Belange sämtlicher Eigentümer erfolgt (OLG Stuttgart, 18. 12. 1985, 8 W 338/85; BayObLG, 25. 6. 1987, 2 Z 68/86; zur zulässigen Versammlung am Karfreitagnachmittag OLG Schleswig, 6. 4. 1987, 2 W 144/85; an einem Samstag nach einem Feiertag um 20.00 Uhr OLG Zweibrücken, a. a. O.; in den Schulferien BayObLG, 17. 4. 2002, 2Z BR 14/02; zum nicht grundsätzlichen Ausschluss der Versammlung zwischen Weihnachten und Neujahr vgl. OLG Hamm, 12. 12. 2000, 15 W 109/00); zur zulässigen Versammlungseinberufung an einem Werktag um 15.00 Uhr vgl. OLG Köln, 13. 9. 2004, 16 Wx 168/04; 10. 1. 2007, 16 Wx 224/06, zur ordnungsmäßig festgelegten Versammlungszeit; zur Unzumutbarkeit/Unzulässigkeit einer Wiederholungsversammlung am Vormittag eines Werktages vgl. OLG Frankfurt, a. a. O.).

14.1.4.2 Tagesordnung

Gemäß § 23 Abs. 2 WEG ist es zur Gültigkeit eines Beschlusses erforderlich, dass der Beschlussgegenstand bei der Einberufung, also im Einladungsschreiben, bezeichnet ist. Jeder Wohnungseigentümer soll danach entscheiden können, ob seine Anwesenheit bei der Versammlung, nicht zuletzt auch aus eigenem Interesse, erforderlich ist (OLG Düsseldorf, 4. 4. 2001, 3 Wx 7/01).

Darüber hinaus soll die Tagesordnung die Möglichkeit eröffnen, sich auf die Erörterung und die Diskussion zu den anstehenden Beschlussfassungen vorzubereiten (OLG Düsseldorf, 4. 9. 1996, 3 Wx 125/96; BayObLG, 13. 12. 1984, 2 Z 5/83; KG Berlin, 1. 3. 1974, 1 W 858/73; Kümmel in Niedenführ/Kümmel/Vandenhouten, a. a. O. § 23 Rn 63).

Die Tagesordnung soll verhindern, dass die Eigentümer von einer Beschlussfassung überrascht werden (BayObLG, 23. 12. 2002, 2Z BR 89/02; OLG München, 14. 9. 2006, 34 Wx 49/06).

Erforderlich und genügend ist jede Angabe, die erkennen lässt, worüber beraten und Beschluss gefasst werden soll. Maßgeblich ist dabei das – auch von der Bedeutung des Beratungsgegenstandes abhängige – berechtigte Informationsbedürfnis der Wohnungseigentümer.

Im Allgemeinen ist es nicht notwendig, dass das Einladungsschreiben bereits alle Einzelheiten des Beschlussgegenstandes enthält (BayObLG, 14. 11. 1991, 2 Z 140/91; 13. 12. 1984, 2 Z 5/83; 9. 7. 1987, 2 Z 70/87, auch zur Abdingbarkeit insoweit, als alle Wohnungseigentümer in einer Universalversammlung auf die Einhaltung des § 23 Abs. 2 WEG verzichten können).

Üblichweise reicht daher die schlagwortartige Bezeichnung des Beschlussgegenstandes aus (BayObLG, 19. 12. 2002, 2Z BR 104/02, zum Tagesordnungspunkt „Verwalterbestellung“, der auch eine Beschlussfassung über eine Vergütungsregelung zulässt; 23. 12. 2002, 2Z BR 89/02; OLG

Celle, 4 W 6/02; OLG Zweibrücken, 16. 12. 2002, 3 W 202/02 zum Tagesordnungspunkt „Abberufung“ des Verwalters).

Unter dem Tagesordnungspunkt „Verschiedenes“ können keine wesentlichen Angelegenheiten, sondern allenfalls Gegenstände von untergeordneter Bedeutung beschlossen werden (OLG München, 19. 9. 2005, 34 Wx 76/05; BayObLG, 19.7. 1984, 2 Z 79/83, zur ungenügenden Bezeichnung für eine Beschlussfassung unter dem Tagesordnungspunkt „Verschiedenes“; zur Ausnahme bei Beschlüssen in Angelegenheiten von untergeordneter Bedeutung vgl. OLG Düsseldorf, 4. 9. 1996, 3 Wx 125/96, m. w. N.; OLG Hamm, 4. 3. 1993, 15 W 295/92; vgl. hierzu auch OLG Köln, 3. 11. 1997, 16 Wx 267/97).

Eine Ergänzung der Tagesordnung durch Nachtragseinladung ist grundsätzlich zulässig, auch wenn diese Einladung erst einen Tag vor der Versammlung eingeht und eine konkrete Beeinträchtigung nicht gegeben ist (HansOLG Hamburg, 5. 2. 1988, 2 W 67/85).

Ein Verstoß gegen die Vorschrift des § 23 Abs. 2 WEG führt nicht zur Nichtigkeit, sondern berechtigt nur zur Anfechtung (BayObLG, 19. 7. 2004, 2Z BR 45/04, dort zur nicht angekündigten Kündigung des Verwaltungsvertrages; 5. 3. 1992, 2 Z 171/91; OLG Hamm, 8. 12. 1992, 15 W 218/91; OLG Karlsruhe, 10. 9. 1997, 4 W 71/97; OLG Köln, 23. 1. 2002, 16 Wx 175/01, m. w. N.)

Insofern ist auch ein unter dem Tagesordnungspunkt „Verschiedenes“ gefasster Beschluss nicht nichtig, sondern bedarf zur Ungültigerklärung der Anfechtung gemäß § 46 Abs. 1 WEG innerhalb Monatsfrist (zur Fristversäumung vgl. Kap. 18.4).

Die Ungültigerklärung durch das Gericht setzt jedoch voraus, dass zweifelsfrei feststeht, dass bei ordnungsmäßiger Ankündigung in der Tagesordnung der Beschluss nicht gefasst worden wäre (OLG München, 19. 9. 2005, 34 Wx 76/05).

Gleiches gilt für die Aufnahme zusätzlicher, nicht in der Einladung angekündigter Tagesordnungspunkte zu Beginn einer Versammlung.

Haben im Übrigen alle Wohnungseigentümer an der Versammlung (Universalversammlung) teilgenommen und an der Beschlussfassung mitgewirkt, gilt auch ein solcher Formmangel – nicht angekündigter Tagesordnungspunkt – im Regelfall als geheilt (BayObLG, 21. 10. 1996, 2Z BR 72/96).

Eine nachträgliche Heilung des Einladungsmangels kann jedoch nicht dadurch herbeigeführt werden, dass im Rahmen eines Beschlussanfechtungsverfahrens nach § 43 WEG eine schriftliche Abstimmung gemäß § 23 Abs. 3 WEG in dieser Angelegenheit durch eine übereinstimmend abgegebene schriftsätzliche Stellungnahme nachgeholt wird (KG Berlin, 1. 3. 1974, 1 W 858/73, mit Hinweis auf BayObLG, 27. 1. 1970, 2 Z 22/69).

Ein Wohnungseigentümer, der nicht an der Versammlung teilgenommen hat, ist allerdings im Hinblick auf die notwendige Anfechtung im Regelfall nicht verpflichtet, sich danach zu erkundigen, ob unter dem Tagesordnungspunkt „Verschiedenes" Beschlüsse gefasst worden sind (vgl. zur allgemeinen Informationspflicht Kap. 14.5).

Die Aufstellung der Tagesordnung ist Sache des Verwalters, zweckmäßigerweise allerdings in Abstimmung mit dem Verwaltungsbeirat. Er hat bei der Einberufung den Gegenstand der vorgesehenen Beschlussfassung zu bezeichnen (BayObLG, 27. 1. 1970, 2 Z 22/69; 23. 9. 1988, 2 Z 97/87; LG Hamburg, 16. 5. 1962, 10 T 4/62).

Allerdings fällt es nicht in die Entscheidungskompetenz des Verwaltungsbeirates, darüber abschließend zu urteilen, ob und welche Tagesordnungspunkte aufgenommen werden sollen oder nicht.

Der einzelne Wohnungseigentümer hat im Regelfall keinen Anspruch auf Aufnahme bestimmter, von ihm gewünschter Tagesordnungspunkte (BayObLG, 23. 9. 1988, 2 Z 97/87;

vgl. aber auch LG Bremen, 2. 10. 1997, 2 T 436/97, zur Pflicht des Verwalters zur Aufnahme von Tagesordnungspunkten bei sachdienlichen Anträgen einzelner Wohnungseigentümer).

Geht es aber um Maßnahmen der ordnungsmäßigen Verwaltung, beispielsweise um die Beschlussfassung über die Jahresabrechnung oder um die Wahl oder Neuwahl von Verwaltungsbeiräten, kann jeder einzelne Eigentümer unabhängig von § 24 Abs. 2 WEG die Aufnahme entsprechender Tagesordnungspunkte gemäß § 21 Abs. 4 WEG gerichtlich geltend machen (OLG Düsseldorf, 6. 7. 1994, 3 Wx 456/92; BayObLG, 20. 6. 2001, 2Z BR 12/01; OLG Frankfurt, 18. 8. 2008, 20 W 426/05; LG Bremen, 2. 10. 1997, 2 T 436/97; LG München I, 30. 8. 2011, 36 T 6199/11; LG München I, 16. 5. 2011, 1 S 5166/11, dort auch zum Wegfall des Anspruchs, wenn mangels Wahrung der Ladungsfrist eine Beschlussanfechtung erwartet werden kann). Verletzt eine Hausverwaltung den Anspruch auf Aufnahme eines Tagesordnungspunktes in zu vertretender Weise, kann sich ein Schadensersatzanspruch des betroffenen Eigentümers gegen die Verwaltung auf Einberufung einer außerordentlichen Eigentümerversammlung auf deren Kosten ergeben (LG München I, 16. 5. 2011, 1 S 5166/11).

Bei gerichtlicher Geltendmachung des Anspruchs ist die Klage gegen den Verwalter, nicht gegen die Wohnungseigentümer oder die Wohnungseigentümergemeinschaft zu richten (AG Bonn, 31. 3. 2011, 27 C 194/10).

Bevor nicht die Möglichkeit ausgeschöpft ist, dass sich die Wohnungseigentümerversammlung mit einer bestimmten Angelegenheit befasst, kann in der Sache selbst kein Antrag an das Gericht gestellt werden (OLG Düsseldorf, 6. 7. 1994, 3 Wx 456/92, zur vorherigen Beschlussfassung über einen Antrag auf Abberufung des Verwalters vor Antrag auf gerichtliche Abberufung).

Der Anspruch auf Behandlung eines bestimmten Tagesordnungspunktes scheitert nicht an der entsprechenden Anwendung der Vorschrift des § 24 Abs. 2 WEG, weil der danach erforderliche Antrag von mehr als einem Viertel der Wohnungseigentümer (nach Kopfzahl) nur für die Einberufung – und entsprechend für die Aufstellung einer Tagesordnung – einer außerordentlichen Wohnungseigentümerversammlung gilt (OLG Düsseldorf, a. a. O.).

14.1.5 Versammlungsvorsitz

Den Vorsitz in der Wohnungseigentümerversammlung führt gemäß § 24 Abs. 5 WEG der Verwalter. Handelt es sich bei dem Verwalter um eine juristische Person, können anstelle der gesetzlich vertretungsberechtigten Person (Geschäftsführer oder rechtsgeschäftlich bestellte Vertreter) auch Angestellte der Verwaltung als Erfüllungsgehilfen im Sinne des § 278 BGB ohne besondere Bevollmächtigung den Versammlungsvorsitz übernehmen (LG Flensburg, 18. 3. 1998, 5 T 341/97, bestätigt durch OLG Schleswig, 29. 6. 1998, 2 W 62/98; anders noch OLG Schleswig, 4. 12. 1996, 2 W 85/96).
Im Übrigen kann die Versammlung auch einen anderen Versammlungsvorsitzenden mit Mehrheit wählen, wenn nicht bereits die Teilungserklärung oder die Gemeinschaftsordnung ohnehin eine andere Regelung für die Versammlungsleitung beinhaltet.
Die Wahl des Versammlungsvorsitzenden braucht nicht als Gegenstand der Beschlussfassung bei der Einberufung der Wohnungseigentümerversammlung angegeben zu werden. Die Wahl des Versammlungsvorsitzenden ist auch nicht selbständig anfechtbar (BayObLG, 9. 2. 1965, 2 Z 276/64; 17. 1. 00, 2Z BR 120/99).
Da Wohnungseigentümerversammlungen grundsätzlich nicht öffentlich sind und Dritte nur in Ausnahmefällen Zutritt zur Wohnungseigentümerversammlung haben, darf auch nur in Ausnahmefällen die Versammlungsleitung einem Nicht-Wohnungseigentümer übertragen werden.

Dies könnte der Fall sein, wenn ein Verwalter fehlt oder wenn es um die Beratung und Beschlussfassung zu schwierigen Verwaltungsangelegenheiten geht, die beispielsweise eine neutrale Versammlungsleitung erforderlich machen.
Aufgabe des Vorsitzenden ist die Leitung der Versammlung und die Feststellung und Bekanntgabe der Beschlussergebnisse, also die Feststellung der Annahme oder der Ablehnung von Beschlüssen der Wohnungseigentümer.
Durch diese konstitutive Beschlussfeststellung werden diese Beschlüsse wirksam, stehen allerdings unter dem Vorbehalt der gerichtlichen Nachprüfung bei Beschlussanfechtung gemäß §§ 23 Abs. 4, 46 Abs. 1 WEG (BGH, 23. 8. 2001, V ZB 10/01; KG Berlin, 17. 4. 2002, 24 W 9387/00; OLG Hamm, 7. 6. 1979, 15 W 56/79; 28. 12. 1989, 15 W 441/89).

14.1.6 Versammlungsablauf

Der Versammlungsablauf ist in erster Linie durch die Tagesordnung bestimmt, deren Gegenstände in der darin aufgeführten Reihenfolge zu behandeln sind (BayObLG, 18. 3. 1999, 2Z BR 151/98.
Um einen reibungslosen Ablauf der Versammlung zu gewährleisten, ist es insbesondere bei größeren Wohnungseigentümergemeinschaften sinnvoll, eine Geschäftsordnung mit bestimmten Ablaufregularien aufzustellen (zur Anfechtbarkeit von Beschlüssen einer völlig ungeordnet ablaufenden Versammlung vgl. BayObLG, 27. 11. 1997, 2Z BR 128/97).
Der Beschluss über eine solche Geschäftsordnung in einer Wohnungseigentümerversammlung ist nicht selbständig anfechtbar (BayObLG, 10. 7. 1987, 2 Z 47/87).
Sinnvoll und zulässig ist eine Geschäftsordnungsregelung beispielsweise zur allgemeinen Redezeitbegrenzung zu einzelnen Tagesordnungspunkten (OLG Stuttgart, 30. 4. 1986, 8 W 531/85; AG Koblenz, 18. 5. 2010, 133 C 3201/10, m. w. N.).
Auch die Abstimmungsmodalitäten (offene oder geheime

schriftliche Abstimmung) oder die Reihenfolge der Stimmrechtsauszählung können auf diese Weise geregelt werden (vgl. hierzu KG Berlin, 28. 11. 1984, 24 W 3678/84; siehe hierzu auch Kap. 14.3).
Grundsätzlich gilt allerdings, dass die Beschlusskompetenz für die Aufstellung einer Geschäftsordnung nur solche Regelungen zulässt, durch die nicht von gesetzlichen Bestimmungen abgewichen wird (zur fehlenden Beschlusskompetenz zur Änderung des formellen Organisationsrechts für die Wohnungseigentümerversammlung vgl. KG Berlin, 26. 6. 2002, 24 W 179/01, dort zur Schriftform und schriftlichen Begründung von Beschlussanträgen).
Ist eine Versammlung ordnungsgemäß einberufen und zusammengetreten, ist der Verwalter regelmäßig nicht befugt, die Versammlung aufzulösen (KG Berlin, 18. 11. 1998, 24 W 4180/97; KG Berlin, 16. 9. 1988, 24 W 3952/88, zur Auflösung einer Versammlung wegen unübersichtlicher Rechtslage und der Anfechtbarkeit von Beschlüssen bei Fortführung der Versammlung).

14.1.7 Beschlussfähigkeit

Zu Beginn jeder Wohnungseigentümerversammlung hat der Vorsitzende die Beschlussfähigkeit festzustellen.

14.1.7.1 Erstversammlungen

Gemäß § 25 Abs. 3 WEG ist eine Wohnungseigentümerversammlung nur dann beschlussfähig, wenn die erschienenen stimmberechtigten Wohnungseigentümer mehr als die Hälfte der Miteigentumsanteile vertreten, also das so genannte „Quorum" erreicht ist (Quorum = Anzahl der Mitglieder eines Organs ‚insoweit der Wohnungseigentümerversammlung', deren Anwesenheit oder Teilnahme bei oder an einer Abstimmung zu deren Gültigkeit erforderlich ist).
Maßgeblich für die Berechnung der Beschlussfähigkeit sind

die für die einzelnen Wohnungseigentümer im Grundbuch eingetragenen Miteigentumsanteile, wobei auch die Miteigentumsanteile jener Eigentümer mitzählen, die durch Vollmacht in der Wohnungseigentümerversammlung vertreten sind (OLG Celle, 18. 12. 1957, 4 Wx 42/57).
Bei der Feststellung der Beschlussfähigkeit der Versammlung sind die Miteigentumsanteile der Wohnungseigentümer, die erschienen bzw. vertreten, aber nicht stimmberechtigt sind, nicht mitzuzählen (BayObLG, 18. 12. 1986, 2 Z 81/85; 19. 12. 2001, 2Z BR 15/01; OLG Frankfurt, 19. 7. 1989, 20 W 190/89, auch zur Nichtberücksichtigung der Stimmen von Eigentümern, die durch Nicht-Stimmberechtigte vertreten werden; OLG Düsseldorf, 24. 7. 1991, 3 Wx 99/91; OLG Zweibrücken, 11. 3. 2002, 3 W 184/01; a. A. KG Berlin, 16.9. 1988, 24 W 3200/88).
Der Stimmrechtsausschluss umfasst grundsätzlich auch die den nicht stimmberechtigten Wohnungseigentümern übertragenen Stimmrechtsvollmachten (OLG Zweibrücken, 11. 3. 2002, 3 W 184/01).
Betrifft allerdings der Stimmrechtsausschluss nur bestimmte Beschlussfassungen, sind die Miteigentumsanteile der insoweit vom Stimmrecht ausgeschlossenen Wohnungseigentümer bei der Feststellung der Beschlussfähigkeit zu Beginn der Versammlung jedoch grundsätzlich mitzuzählen (KG Berlin, 10. 5. 1974, 1 W 899/72).
Stimmenthaltungen bei einzelnen Beschlussfassungen berühren im Übrigen die Beschlussfähigkeit als solche nicht. Verlässt allerdings ein Versammlungsteilnehmer vor der Abstimmung den Raum, um damit seine Stimmenthaltung zu bekunden, würde dies die Beschlussfähigkeit berühren und unter Umständen die Beschlussunfähigkeit der Versammlung herbeiführen.
Sollte sich im Übrigen ergeben, dass vom Stimmrecht ausgeschlossene Wohnungseigentümer mindestens die Hälfte aller Miteigentumsanteile auf sich vereinigen, ist in einem solchem Fall die Beschlussfähigkeit der Wohnungseigen-

tümer(erst)versammlung in Abweichung vom Wortlaut des § 25 Abs. 3 WEG zu bejahen (BayObLG, 15. 3. 1982, 2 Z 2/81; 15. 10. 1992, 2Z BR 75/92; 19. 12. 2001, 2Z BR 15/01; KG Berlin, 10. 11. 1993, 6075/92+6297/92; OLG Düsseldorf, 16. 11. 1998, 3 Wx 393/98).

Die Einberufung einer zweiten, nach § 25 Abs. 4 WEG ohne Rücksicht auf die vertretenen Anteile beschlussfähigen Versammlung wäre in einem solchen Fall eine nutzlose Formalität.

Die Vorschrift des § 25 Abs. 3 WEG ist abdingbar (Hans-OLG Hamburg, 9. 1. 1989, 2 W 37/88; BayObLG, 9. 6. 1988, 2 Z 40/88; KG Berlin, 10. 11. 1993, 24 W 6075/92+6297/92).

Zulässig ist daher eine Vereinbarung in der Teilungserklärung oder in der Gemeinschaftsordnung, nach der auch weniger als die Hälfte der Miteigentumsanteile oder aber auch eine bestimmte Anzahl von Wohnungseigentümern (Kopfzahlprinzip) für die Beschlussfähigkeit ausreichen.

Ein Mehrheitsbeschluss über eine abweichende Regelung zur Beschlussfähigkeit ist als gesetzesändernder Mehrheitsbeschluss nichtig (BGH, 20. 9. 2000, V ZB 58/99; zum fehlenden Antragsrecht bei Versammlungsbeginn auf Auflösung der Wohnungseigentümerversammlung vgl. OLG Düsseldorf, 1. 3. 1993, 3 Wx 512/92).

Die Beschlussfähigkeit muss nicht nur zu Beginn der Versammlung gegeben sein, sondern zu jeder Beschlussfassung. Daher ist im Verlaufe der Versammlung unter Umständen die Beschlussfähigkeit zu überprüfen, vor allem dann, wenn bei längerer Dauer einzelne Eigentümer zwischenzeitlich die Versammlung verlassen haben und insoweit Zweifel am Fortbestehen der Beschlussfähigkeit gerechtfertigt erscheinen (BayObLG, 18. 12. 1986, 2 Z 81/85; 9. 6. 1988, 2 Z 40/88; 10. 5. 1989, 2 Z 23/88; 5. 3. 1992, 2 Z 171/91; OLG Karlsruhe, 27. 5. 2002, 14 Wx 91/01; OLG Köln, 14. 10. 1987, 16 Wx 60/87; 25. 4. 1996, 16 Wx 50/96; 1. 10. 2002, 16 Wx 13/02; OLG Zweibrücken, 11. 3. 2002, 3 W 184/01).

Die fehlende Beschlussfähigkeit einer Wohnungseigentümerversammlung führt allerdings nicht zur Nichtigkeit der auf einer solchen Versammlung gefassten Beschlüsse. Sie sind grundsätzlich rechtswirksam, wenn sie nicht angefochten und durch das Gericht für ungültig erklärt werden (BayObLG, 30. 3. 1988, 2 Z 120/87; 13. 6. 1990, 2 Z 25/90; 5. 5. 1993, 2Z BR 29/93).

14.1.7.2 Zweitversammlung

Ist eine Versammlung gemäß § 25 Abs. 3 WEG nicht beschlussfähig, weil die erforderliche Anzahl von mehr als der Hälfte der Miteigentumsanteile nicht erreicht ist, beruft der Verwalter gemäß § 25 Abs. 4 WEG eine neue Versammlung mit dem gleichen Gegenstand, also mit der gleichen Tagesordnung, ein. Dabei ist als Mindestfrist wiederum von der gesetzlich vorgesehenen Zwei-Wochenfrist gemäß § 24 Abs. 4 WEG auszugehen.
Eine solche Zweitversammlung ist ohne Rücksicht auf die Höhe der vertretenen Miteigentumsanteile beschlussfähig. Hierauf ist bei der Einberufung hinzuweisen. Unterbleibt der Hinweis, liegt ein Einberufungsmangel vor, der zur Anfechtung der auf dieser Versammlung gefassten Beschlüsse berechtigt.
Dieser Einberufungsmangel fällt als Anfechtungsgrund weg, wenn bei der insoweit fehlerhaft einberufenen Zweitversammlung mehr als die Hälfte der Miteigentumsanteile vertreten ist und damit die für eine Erstversammlung erforderliche Beschlussfähigkeit vorliegt (OLG Frankfurt, 15. 10. 1982, 20 W 626/82).

14.1.7.3 Eventualeinladung

Da bei der Erstversammlung vielfach die erforderliche Beschlussmehrheit von mehr als der Hälfte der Miteigentumsanteile und damit das so genannte Quorum nicht erreicht

wird, wird vielfach gleichzeitig mit der Einladung zur Erstversammlung zu einer Zweitversammlung am gleichen Tage eingeladen, lediglich zeitverschoben um eine viertel oder halbe Stunde später, und zwar für den Fall, dass die Erstversammlung beschlussunfähig sein sollte.
Eine solche Eventualeinladung verstößt gegen die gesetzliche Regelung, weil eine Einladung zur Zweitversammlung erst nach Feststellung der Beschlussunfähigkeit der Erstversammlung erfolgen kann, was zum Zeitpunkt der „Erst-“Einladung nicht bekannt sein kann (BayObLG, 24. 4. 1981, 2 Z 58/80; HansOLG Bremen, 25. 3. 1980, 1 W 17/80; OLG Celle, 19. 4. 1978, 4 Wx 5/78; OLG Köln, 23. 8. 1989, 16 Wx 79/89; LG Offenburg, 24. 8. 1993, 4 T 42/93; KG Berlin, 12. 7. 1985, 24 W 288/85; 10. 2. 1986, 24 W 4051/85; 23. 12. 1987, 24 W 6824/86; 3. 10. 1985, 24 W 2637/85).
Die fehlerhafte Einberufung durch eine unzulässige Eventualeinladung führt aber nicht zur Unwirksamkeit der anlässlich einer solchen Versammlung gefassten Beschlüsse. Vielmehr bedarf es auch hier der Anfechtung gemäß §§ 23 Abs. 4, 46 Abs. 1 WEG und der Ungültigerklärung durch das Gericht.
Im Übrigen erfolgt eine Ungültigerklärung wegen dieses Einberufungsmangels dann nicht, wenn das Abstimmungsergebnis nicht auf diesem Mangel beruht.
Das gleiche gilt für den Fall, dass ein Mehrheitseigentümer durch sein Fernbleiben bewusst die Beschlussunfähigkeit der Versammlung herbeigeführt hat. Ihm ist nach Treu und Glauben eine Berufung auf diesen Mangel versagt (vgl. hier KG Berlin, a. a. O.).
Aus praktischen Erwägungen empfehlen sich Regelungen in der Teilungserklärung bzw. in der Gemeinschaftsordnung, die die Eventualeinladung zulassen. Eine solche abweichende Vereinbarung gemäß § 10 Abs. 2 Satz 2 WEG ist wirksam, da die Vorschrift des § 25 Abs. 4 WEG abdingbar ist (vgl. hierzu BayObLG, 10. 5. 1989, 2 Z 23/88; OLG Köln, 30. 12. 1998, 16 Wx 187/97).

Entgegen der früher herrschenden Meinung kann eine Regelung zur Eventualeinladung nicht durch unangefochten gebliebenen Mehrheitsbeschluss (Ersatzvereinbarung) getroffen werden. Ein solcher Mehrheitsbeschluss ist als gesetzesändernder Mehrheitsbeschluss nichtig (BGH, 20. 9. 2000, V ZB 58/99). Sie bedarf stets einer Vereinbarung nach § 10 Abs. 2 Satz 2 WEG (OLG Frankfurt, 24. 8. 2006, 20 W 214/06 und 20 W 215/06).
Die Einladung zu einer nach der Gemeinschaftsordnung zulässigen Eventualversammlung muss grundsätzlich aber einen eindeutigen Zeitpunkt angeben (BayObLG, 11. 10. 1989, 2 Z 65/89). Der Übergang in die zweite Versammlung, die ohne Einschränkungen beschlussfähig ist, ist förmlich festzustellen, d. h. auch in der Niederschrift festzuhalten (BayObLG, 25. 5. 1995, 2Z BR 38/99).

14.2 Versammlungsteilnahme, Stimmrecht und Stimmrechtsausübung

Jeder im Grundbuch eingetragene Wohnungseigentümer ist zur Teilnahme an der Wohnungseigentümerversammlung berechtigt, um sein Stimmrecht als Ausfluss seines Mitgliedschaftsrechtes in der Wohnungseigentümergemeinschaft auszuüben (BGH, 1. 12. 1988, V ZB 6/88) Die Versammlungsteilnahme und die Ausübung des Stimmrechts gehören zu den Kernbereichen des Wohnungseigentums (OLG Köln, 17. 12. 2004, 16 Wx 191/04).
Der Entzug des Teilnahmerechts und damit auch das Rede-, Frage- und Antragsrechts verstößt gegen die guten Sitten (§ 138 BGB) und ist eine unzulässige Verletzung der Rechte aus Art. 14 GG. Deshalb ist eine Regelung in der Teilungserklärung nichtig, wonach ein Wohnungseigentümer wegen Hausgeldrückständen von der Teilnahme an der Wohnungseigentümerversammlung ausgeschlossen werden kann (BGH, 10. 12. 2010, V ZR 60/10, m. w. N.; LG

Nürnberg-Fürth, 17. 3. 2010, 14 S 5126/09). Wird danach ein Wohnungseigentümer zu Unrecht von der Versammlung ausgeschlossen, sind die anschließend gefassten Beschlüsse per se anfechtbar, ohne dass die Kausalität zwischen Ausschluss und Beschlussfassung geprüft werden muss (LG Nürnberg-Fürth, 17. 3. 2010, 14 S 5126/09).

Das Stimmrecht als entscheidendes Mitverwaltungsrecht vermittelt jedem einzelnen Wohnungseigentümer das Recht und die Möglichkeit, an der Gestaltung der rechtlichen Beziehungen und der wirtschaftlichen Verwaltung mitzuwirken (zur unzulässigen Hinderung an der Ausübung der Teilhaberrechte durch Ankündigung in der Versammlungseinladung vgl. OLG Düsseldorf, 20. 4. 2007, I-3 Wx 127/06).

Ein vorsätzlicher Verstoß gegen das Recht zur Stimmrechtsausübung in der Wohnungseigentümerversammlung hat die Nichtigkeit eines darauf hin gefassten Beschlusses zur Folge (OLG Köln, 3. 12. 2003, 16 Wx 216/03, dort zur bewussten Nichteinladung; 17. 12. 2004, 16 Wx 191/04, m. w. N.).

Da das Stimmrecht unlösbar mit dem Eigentumsrecht verbunden ist, steht das Stimmrecht jedem – im Grundbuch eingetragenen – Eigentümer, aber nur diesem zu (vgl. dazu Kap. 14.2.5 Stimmrecht des „werdenden“ und des „faktischen“ Eigentümers).

Nach jetzt herrschender Rechtsmeinung steht auch im Falle der Belastung des Wohnungseigentums mit einem Nießbrauch dem Eigentümer das ausschließliche Stimmrecht zu und nicht dem Nießbraucher. Aus dem zwischen dem Wohnungseigentümer und dem Nießbraucher bestehenden Schuldverhältnis kann jedoch der Eigentümer verpflichtet sein, bei der Stimmabgabe die Interessen des Nießbrauchers zu berücksichtigen, nach dessen Weisung zu handeln oder ihm Stimmrechtsvollmacht zu erteilen, wenn eine Stimmrechtsbeschränkung nicht entgegensteht (BGH, 7. 3. 2002, V ZB 24/01).

Fehlt es an einer ausdrücklichen Vereinbarung, so ist für das Entstehen und den Umfang einer solchen Verpflichtung die zwischen Eigentümer und Nießbraucher getroffene Regelung zur Lasten- und Kostentragung des nießbrauchsbelasteten Wohnungseigentums maßgeblich. Diese zwischen Eigentümer und Nießbraucher bestehende Verpflichtung berührt jedoch die Gültigkeit der Beschlussfassung in der Wohnungseigentümerversammlung nicht.
Unterschiedliche Auffassungen bestehen zum Stimmrecht des Zwangsverwalters. Vorherrschend wird zutreffend die Auffassung vertreten, dass das Stimmrecht allein dem Zwangsverwalter zusteht, weil im Regelfall die Beschlussgegenstände der Wohnungseigentümerversammlung auch die Zwangsverwaltung berühren (Niedenführ in Niedenführ / Kümmel / Vandenhouten, WEG § 25 Rn 4; LG Frankfurt, 29.5. 1985, 2/9 T 1137/84; BayObLG, 5. 11. 1998, 2Z BR 131/98).
Andererseits wird einschränkend dem Zwangsverwalter ein Stimmrecht nur in den Angelegenheiten zugebilligt, die durch den Zweck der Zwangsverwaltung gedeckt sind (KG Berlin, 27. 8. 1986, 24 W 5931/85; ergänzend 14. 3. 1990, 24 W 4243/89, zum Stimmrecht, soweit es um Beschlussgegenstände der Wohnungseigentümerversammlung geht; vgl. auch KG Berlin, 12. 7. 1989, 24 W 1063/89, zur gemeinschaftlichen Stimmrechtsausübung durch Wohnungseigentümer und Zwangsverwalter).
Für das Stimmrecht selbst gilt zunächst die Vorschrift des § 25 Abs. 2 WEG, wonach jeder Wohnungseigentümer eine Stimme hat, und zwar unabhängig von der Zahl der in seinem Eigentum stehenden Wohnungen und unabhängig von der Höhe der auf die Wohnung bzw. Wohnungen entfallenden Miteigentumsanteile. Es gilt damit grundsätzlich das Kopfstimmrecht bzw. das Kopfprinzip (BGH, 17. 1. 1968, V ZB 9/67).
Das Kopfprinzip gilt auch dann, wenn ein Wohnungseigentum mehreren Eigentümern (Mehrfachberechtigte) ge-

meinschaftlich zu ideellen Anteilen zusteht, beispielsweise bei Ehepaaren zur ideellen Hälfte. Sie haben beide gemeinsam nur eine Stimme und können gemäß § 25 Abs. 2 Satz 2 WEG ihr Stimmrecht deshalb grundsätzlich auch nur einheitlich ausüben (OLG Celle, 18. 12. 1957, 4 Wx 42/57; OLG Köln, 18. 8. 1999, 16 Wx 78/99, dort auch zur Unabdingbarkeit des § 25 Abs. 2 Satz 2 WEG).
Bei Mehrfachberechtigten kann der einzelne Eigentümer das Stimmrecht in der Versammlung jedoch auch allein auszuüben, ohne dass es hierzu einer entsprechenden Regelung in der Gemeinschaftsordnung bedarf (OLG Frankfurt, 7. 8. 1997, 20 W 543/95, für Ehegatten als gemeinschaftliche Eigentümer; ebenso Müller, Rn 371; a. A. allerdings unzutreffend LG Duisburg, 2. 4. 2003, 11 T 356/02, nicht rechtskräftig; zur Entbehrlichkeit der Prüfung im Falle der Bevollmächtigung durch Mitberechtigte vgl. BayObLG, 31. 3. 1994, 2Z BR 16/94).
Ist ein Wohnungseigentümer einerseits Alleineigentümer und gleichzeitig auch Mitberechtigter an einem zweiten oder dritten Wohnungseigentumsrecht, stehen diesem Eigentümer auch bei Geltung des Kopfprinzips zwei bzw. drei Stimmen zu (KG Berlin, 15. 6. 1988, 24 W 2084/88; OLG Schleswig, 8. 3. 1998, 2 W 44/86; OLG Frankfurt, 1. 8. 1996, 20 W 555/95).

14.2.1 Abweichende Stimmrechtsregelungen

Das durch Gesetz geregelte Kopfstimmrecht ist nach herrschender Rechtsmeinung abdingbar (KG Berlin, 4. 3. 1998, 24 W 6949/97; 10. 1. 1994, 24 W 4817/93, m. w. N.; 27. 11. 1985, 24 W 1856/85; BayObLG, 8. 3. 1989, 2 Z 98/88).
So kann bereits in der Teilungserklärung oder der Gemeinschaftsordnung eine Stimmrechtsregelung getroffen werden, nach der sich das Stimmrecht nach

- der Höhe der Miteigentumsanteile
  oder nach
- der Zahl der Wohnungen,

dem so genannten Anteils-/Wert- oder Objektprinzip, richtet (OLG Hamm, 25. 6. 1975, 15 W 65/73; 25. 3. 1986, 15 W 406/85; BayObLG, 2. 3. 1989, 2 Z 8/89; KG Berlin, 25. 3. 1977, 1 W 3736/76).
Durch mehrheitliche Beschlussfassung kann das Stimmrecht jedoch nicht geändert werden. Ein solcher Beschluss ist als gesetzesändernder Mehrheitsbeschluss nichtig (BGH, 20. 9. 2000, V ZB 58/99).
Eine abweichende Stimmrechtsregelung ist u. a. dann möglich und sogar empfehlenswert, wenn eine Wohnungseigentumsanlage nur aus zwei Wohnungen besteht und dort beispielsweise das Stimmrecht nach Miteigentumsanteilen geregelt wird (BayObLG, 28. 1. 1986, 2 Z 4/86).
Wird bei einer abweichend vom Kopfprinzip getroffenen Regelung in einer Wohnungseigentümerversammlung dennoch „nach Köpfen" abgestimmt, ist ein so zustande gekommener Beschluss zwar nicht nichtig, im Falle der Anfechtung jedoch für ungültig zu erklären.
Stellt sich allerdings bei der gerichtlichen Prüfung heraus, dass sich auch bei Anwendung der nach der Teilungserklärung vorgesehenen Stimmrechtsregelung kein anderes Abstimmungsergebnis ergeben hätte, ist der Beschluss nicht für ungültig zu erklären (BayObLG, 15. 3. 1984, 2 Z 118/83).

14.2.2 Majorisierung

Vom gesetzlichen Kopfprinzip abweichende Stimmrechtsregelungen, die einem Mehrfacheigentümer größeren Stimmrechtseinfluss gewähren, werden vor allem mit wirtschaftlichen Argumenten, also wegen der höheren Vermögensbeteiligung der betreffenden Eigentümer, gerechtfertigt (OLG Karlsruhe, 4. 5. 1987, 11 W 35/87).
Bei einer solchen Stimmrechtshäufung besteht aber die Ge-

fahr, dass ein einzelner Wohnungseigentümer mit seiner Stimmenmehrheit die Beschlüsse in seinem Sinne „beeinflusst“.

Kommt es zu einer solchen Majorisierung, ist konkret im Einzelfall zu prüfen, ob dieses Mehrfach-Stimmrecht rechtsmissbräuchlich ausgeübt wurde (OLG Karlsruhe, 4. 5. 1987, 11 W 35/87).

Die aus dem Objekt- oder Wertprinzip herrührende Majorisierung der anderen Wohnungseigentümer rechtfertigt aber allein noch nicht den Vorwurf rechtsmissbräuchlichen Verhaltens oder einer Verletzung der Grundsätze ordnungsmäßiger Verwaltung. Die rechtsmissbräuchliche Stimmrechtsausübung als solche führt deshalb auch nicht zur Unwirksamkeit, sondern nur zur Anfechtbarkeit des strittigen Beschlusses (BGH, 19. 9. 2002, V ZB 30/02, zum Fall, dass sich ein Wohnungseigentümer mit seiner Stimmenmehrheit zum Verwalter bestellt oder seine Abberufung verhindert; BayObLG, 24. 1. 2001, 2Z BR 112/00; 10. 3. 1994, 2Z BR 143/93).

So ist das Abstimmungsverhalten eines Mehrfacheigentümers dann nicht rechtsmissbräuchlich, wenn für die Stimmabgabe nachvollziehbare und verständliche Gründe vorliegen (BayObLG, 3. 5. 2005, 2Z BR 143/04).

Dagegen ist von einer rechtsmissbräuchlichen Stimmrechtsausübung immer dann auszugehen, wenn ein Mehrfacheigentümer, beispielsweise der erstveräußernde Bauträger, einen ihm persönlich verbundenen Verwalter einsetzt, dessen fehlende fachliche Eignung offenkundig ist.

Da eine rechtsmissbräuchliche Stimmrechtsausübung aber auch unter dem Gesichtspunkt der wirtschaftlichen Interessen zu prüfen ist, führt im konkreten Einzelfall selbst ein Stimmenübergewicht von 90 Prozent allein nicht dazu, dass ein so zustande gekommener Mehrheitsbeschluss aufzuheben ist (vgl. hierzu OLG Karlsruhe, 15. 1. 1976, 11 W 93/75; KG Berlin, 25. 3. 1977, 1 W 3736/76; 10. 11. 1978, 1 W 179/78; OLG Frankfurt, 20. 7. 1978, 20 W 363/78; LG Hamburg, 29.3.

1974, 10 T 10/73; KG Berlin, 5. 11. 1986, 24 W 1558/86; OLG Zweibrücken, 10. 7. 1989, 3 W 72/82, zur Häufung bei 26 von insgesamt 51 Stimmen in der Hand eines Eigentümers, wobei das Gericht auch diese Stimmrechtshäufung nicht als sittenwidrig und damit nichtig ansehen wollte, im Ergebnis jedoch den Beschluss über die Verwalterbestellung wegen enger personeller Verflechtung und Abhängigkeit für ungültig erklärte; zum Mehrheitsverhältnis von 44 zu 100 Stimmen vgl. OLG Karlsruhe, 4. 5. 1987, 11 W 35/87; vgl. zum Ganzen auch Kap. 14.2.6 – Stimmrechtsausschluss).
Ausreichenden Schutz vor einer missbräuchlichen Stimmrechtsabgabe bietet grundsätzlich die Anfechtungsmöglichkeit und Ungültigerklärung der Beschlüsse gemäß §§ 23 Abs. 4, 46 Abs. 1 WEG durch das Gericht (BGH, 19. 9. 2002, V ZB 30/02; KG Berlin, 10. 1. 1994, 24 W 4817/93, auch zum fehlenden Anspruch auf Änderung einer vereinbarten Stimmrechtsregelung bei wirtschaftlichem Ungleichgewicht, m. w. N.).

14.2.3 Stimmrechtsvertretung

Jeder Wohnungseigentümer ist grundsätzlich berechtigt, sich durch jeden beliebigen Dritten in der Ausübung seines Stimmrechts und damit in der Teilnahme an der Wohnungseigentümerversammlung vertreten zu lassen (OLG Hamm, 3. 12. 2002, 15 W 212/02, dort auch zum Teilnahmerecht an der Wohnungseigentümerversammlung als zum Kernbereich des Sondereigentums gehöriges Recht; OLG Celle, 18. 12. 1957, 4 Wx 42/57; Schulze/Niedenführ, § 25 Rn 11).
Dies gilt sowohl für die Vertretung durch Ehegatten, durch Miteigentümer und den Verwalter wie auch für die Vertretung durch Rechtsanwälte, Steuerberater und auch durch Mieter. Die Erteilung der Vollmacht zur Stimmrechtsvertretung beinhaltet, vorbehaltlich einer abweichenden Vereinbarung, auch das Recht, Untervollmacht zu erteilen (BayObLG, 5. 4. 1990, 2 Z 14/90).

Sind Eheleute gemeinsam – jeweils zur ideellen Hälfte – Eigentümer ihrer Wohnung, können sie gemäß § 25 Abs. 2 Satz 2 WEG das Stimmrecht nur gemeinsam ausüben. Kann in einem solchen Fall nur einer der Ehegatten an der Versammlung teilnehmen, bedarf es zur Vertretung und Stimmrechtsausübung entgegen früherer Meinung keiner besonderen Vollmacht für den anwesenden Ehegatten (OLG Frankfurt, 7. 8. 1996, 20 W 543/95; vgl. auch BayObLG, 31. 3. 1994, 2Z BR 16/94, zur Entbehrlichkeit der Vollmachtsprüfung bei Anwesenheit nur eines von mehreren stimmberechtigten Miteigentümern).
Dies gilt auch für den Fall, dass gemäß Teilungserklärung die Vertretung mittels schriftlicher Vollmacht nachzuweisen ist. Hier reicht es aus, dass die schriftliche Vollmacht nur von einem Ehegatten im Einverständnis mit dem anderen unterschrieben wurde (OL Düsseldorf, 19. 4. 2005, I-3 Wx 317/04).
Auch der nicht eheliche Lebensgefährte ist – auch bei bestehender Vertretungsbeschränkung" – als Vertreter zur Wohnungseigentümerversammlung zuzulassen, „wenn dieser mit der Wohnungseigentümerin und den gemeinsamen drei Kindern seit mehr als zehn Jahren in einer auf Dauer angelegten verfestigten Verbindung in einer Familie zusammenlebt" (OLG Köln 8. 12. 2003, 16 Wx 200/03).
Zulässig ist auch eine Vereinbarung, die den Verwalter ermächtigt, generell für alle nicht anwesenden oder vertretenen Eigentümer das Stimmrecht auszuüben (OLG Frankfurt, 27.9. 1985, 20 W 426/84; AG München, 28. 12. 1992, UR II 600/92; Staudinger/Bub, § 25 Rn 54; in der grundsätzlichen Frage offen gelassen durch OLG Düsseldorf, 10. 4. 2000, 3 Wx 425/99, ablehnend für eine solche Stimmrechtsvertretung in dem Fall, dass eine Vereinbarung im Sinne von § 10 Abs. 2 Satz 2 WEG getroffen werden soll, auch wenn es sich um einen „einstimmigen" Beschluss handelt).
Die einem Verwalter formularmäßig zur Stimmrechtsaus-

übung erteilte Vollmacht unterliegt der Inhaltskontrolle nach den Vorschriften der §§ 305ff. BGB. Enthält eine solche vorformulierte Vollmacht auch eine Befreiung vom Selbstkontrahierungsverbot, ist die erteilte Vollmacht unwirksam (AG Kassel, 7. 2. 2011, 800 CC 4439/09).
Ist ein Wohnungseigentümer gemäß § 25 Abs. 5 WEG vom Stimmrecht ausgeschlossen, kann er auch andere Wohnungseigentümer nicht vertreten (OLG Frankfurt, 19. 7. 1989, 20 W 190/89). Insoweit erfasst das Stimmrechtsverbot auch die Ausübung der Stimmrechtsvollmachten anderer Wohnungseigentümer (OLG Zweibrücken, 11. 3. 2002, 3 W 184/01).
Wird ein Vertreter, der seine Bevollmächtigung ordnungsmäßig nachweisen kann, vom Vorsitzenden der Wohnungseigentümerversammlung zurückgewiesen, so sind die in der Versammlung gefassten Beschlüsse anfechtbar, sofern die nicht abgegebene oder nicht berücksichtigte Stimme erheblich war (BayObLG, 30. 6. 2004, 2Z BR 058/04).

14.2.3.1 Vertretungsbeschränkung

Das Recht, sich in der Ausübung des Stimmrechts vertreten zu lassen, kann durch Vereinbarungen in der Teilungserklärung oder Gemeinschaftsordnung eingeschränkt werden (BGH, 11. 11. 1986, V ZB 1/86; 29. 1. 1993, V ZB 24/92; BayObLG, 10. 8. 2000, 2Z BR 36/00; OLG Düsseldorf, 24. 5. 1995, 3 Wx 17/95).
Eine Vertretungsbeschränkung betrifft dabei nicht nur die Stimmrechtsabgabe, sondern grundsätzlich jede aktive Beteiligung nicht vertretungsberechtigter Dritter (BGH, 29. 1. 1993, V ZB 24/92).
Die Wirksamkeit von Vertretungsbeschränkungen findet jedoch dort ihre Grenze, wo eine solche Regelung zu einer unzumutbaren Benachteiligung des oder der Betroffenen führen würde (BayObLG, 16. 5. 2002, 2Z BR 32/02, hohes Alter oder geistige Gebrechlichkeit als wichtiger Ausnah-

megrund; OLG Karlsruhe, 21. 4. 1976, 3 W 8/76, zur physischen oder psychischen Handlungsunfähigkeit bzw. Unzumutbarkeit der zugelassenen Vertreter wegen Interessenkollision; 8. 11. 1996, 11 Wx 121/95, zur Duldungspflicht bei berechtigtem Interesse; offen gelassen durch BGH, 11. 11. 1986, V ZB 1/86; BayObLG, 8. 6. 1990, 1 b Z 18/89, zur Auslegung einschränkender Regelungen zur Vollmachtserteilung; 12. 12. 1996, 2Z BR 124/96, zur Ausnahme bei Vertretung durch nichtehelichen Lebenspartner bei Unzumutbarkeit der Beschränkung; OLG Braunschweig, 29. 8. 1989, 3 W 27/89, zum treuwidrigen Festhalten an Vertretungsbeschränkungen bei einer zerstrittenen Gemeinschaft; OLG Düsseldorf, 19. 10. 1998, 3 Wx 332/98, zur Vertretung durch eine andere „vertraute Person" wegen Krankheit und Zerstrittenheit mit den übrigen Miteigentümern; zur Unbeachtlichkeit einer Vertretungsbeschränkung, wenn die Stimmabgabe in der Versammlung nicht beanstandet wird, vgl. KG Berlin, 20. 7. 1994, 24 W 3942/94, nach hier vertretener Meinung allerdings unzutreffend; OLG Hamm, 12. 12. 1996, 15 W 424/96, zur Zulassung eines Nichtvertretungsberechtigten gemäß § 242 BGB, wenn dessen Teilnahme über mehrere Jahre unbeanstandet hingenommen wurde).

Als unzumutbar ist auch eine Vereinbarung anzusehen, durch die ausschließlich der Verwalter als vertretungsberechtigt bestimmt wird. Dies gilt insbesondere in den Fällen, in denen sich der Bauträger selbst zum Verwalter bestellt hat.

Allgemein erfolgt die Stimmrechts- und Vertretungsbeschränkung auf den Kreis der Wohnungseigentümer, deren Ehegatten oder Familienangehörige, auf Miteigentümer und Verwalter.

Die Einschränkung der Vertretungsbefugnis bedarf aber stets einer Vereinbarung, ein Mehrheitsbeschluss ist als gesetzesändernder Mehrheitsbeschluss nichtig (BGH, 20. 9. 2000, V ZB 58/99; vgl. auch LG Hamburg, 2. 6. 1978, 10 T 14/77; BayObLG, 29.7. 1988, 2 Z 43/88).

Die Grenzen einer Vertretungsbeschränkung ergeben sich aus den Vorschriften über Verstöße gegen gesetzliche Verbote (§ 134 BGB) und über die Sittenwidrigkeit von Rechtsgeschäften § 138 BGB). Zudem unterliegen Vertretungsbeschränkungen der so genannten Inhaltskontrolle nach § 242 BGB. Das bedeutet, dass sie im Hinblick auf einen Verstoß gegen den Grundsatz von Treu und Glauben hin zu überprüfen sind.

14.2.3.2 Die Vertretungsvollmacht

Im Normalfall erfolgt die Vertretung aufgrund schriftlich erteilter Vollmacht, die der Niederschrift über die Versammlungsbeschlüsse beizufügen ist.
Es genügt aber auch die nachträgliche Einholung der schriftlichen Genehmigungserklärung des Vertretenen (bejahend zur mündlichen Vollmachtserteilung vgl. AG Hannover, 25. 11. 1975, 86 II 43/75; zum Nachweis der schriftlichen Vertretungsbefugnis als Voraussetzung zur Teilnahme an der Versammlung vgl. BayObLG, 2. 2. 1984, 2 Z 63/83; KG Berlin, 12. 9. 1988, 24 W 5597/87, auch zum fehlenden Nachweis bei telegrafischer Vollmacht und zum Widerruf durch Telegramm; siehe auch BayObLG, 8. 6. 1990, 1 b Z 18/89, zur Zurückweisung bei fehlender schriftlicher Vollmacht gemäß Gemeinschaftsordnung; vgl. auch BayObLG, 11. 4. 2001, 2Z BR 27/01, zur Anfechtbarkeit von Beschlüssen bei Versammlungsausschluss wegen fehlenden Vollmachtsnachweises; zur Vertretungsbefugnis des Zwangsverwalters vgl. OLG Hamm, 23. 1. 1987, 15 W 429+434/86, zur Verpflichtung der Ausübung des Stimmrechts durch den Zwangsverwalter; einschränkend hierzu wohl KG Berlin, 27. 8. 1986, 24 W 5931/85, wonach der Zwangsverwalter nicht uneingeschränkt befugt ist, alle dem Wohnungseigentümer zustehenden Rechte wahrzunehmen).
Im Übrigen ist der Nachweis der Vertretungsbefugnis nach

den allgemeinen Beweisgrundsätzen zu führen (vgl. hierzu OLG Hamm, 2. 7. 1979, 15 W 3/87).
Ist ein Wohnungseigentümer vom Stimmrecht ausgeschlossen, erstreckt sich das Stimmverbot auch auf die ihm übertragenen Stimmrechtsvollmachten (OLG Zweibrücken, 11. 3. 2002, 3 W 184/01).
Aus grundsätzlichen Erwägungen zurückzuweisen ist die vom KG Berlin vertretene Auffassung, dass sich Wohnungseigentümer im Falle der Beschlussanfechtung nicht auf ein fehlendes Stimmrecht mangels Vertretungsvollmacht berufen können, wenn in der Versammlung selbst die unberechtigte Ausübung nicht beanstandet wurde (KG Berlin, 20.7. 1994, 24 W 3942/94). Ein nachträgliches Anfechtungsrecht kann jedenfalls dadurch nicht ausgeschlossen werden (vgl. insoweit OLG Celle, 8. 10. 1984, 4 W 181/84; BayObLG, 7.4. 1988, 2 Z 156/87; OLG Düsseldorf, 15. 4. 1988, 3 Wx 68/88, alle zum Anfechtungsrecht eines Wohnungseigentümers bei Beschlüssen, denen er vorher selbst zugestimmt hat).
Der Verwalter ist nicht verpflichtet, in der Einladung zur Wohnungseigentümerversammlung, zu der gleichzeitig Vollmachtsformulare zur Stimmrechtsvertretung übersandt werden, auf Vertretungsbeschränkungen hinzuweisen. Eine Beschlussanfechtung kann jedenfalls nicht darauf gestützt werden, dass der Verwalter wegen fehlenden Hinweises auf die Vertretungsbeschränkung einen deshalb unberechtigt bevollmächtigten Vertreter von der Versammlung ausgeschlossen hatte (KG Berlin, 26. 7. 2004, 24 W 360/02).

14.2.3.3 Erteilung von Untervollmachten

Der mit der Vertretung in der Wohnungseigentümerversammlung Bevollmächtigte (auch der Verwalter) ist grundsätzlich berechtigt, Untervollmacht zu erteilen, sofern sich aus der Teilungserklärung oder der Gemeinschaftsordnung nicht etwas anderes ausdrücklich ergibt (vgl. auch Kap. 14.2.6 Stimmrechtsausschluss).

Die Befugnis zur Erteilung einer Untervollmacht ergibt sich jedoch nicht von selbst, sondern muss in jedem Fall durch Auslegung ermittelt werden (BayObLG, 5. 4. 1990, 2 Z 14/90; 21. 4. 1998, 2Z BR 36/98+43/98; 23. 12. 2002, 2Z BR 93/02; OLG Zweibrücken, 14. 5. 1998, 3 W 40/98, gegenüber BayObLG allerdings einschränkend, als die Erteilung von Untervollmachten ausdrücklich gestattet sein muss).

Sind einem Stimmrechtsbevollmächtigten Weisungen für die Ausübung des Stimmrechts erteilt, binden diese Weisungen auch einen Unterbevollmächtigen, da ein Unterbevollmächtigter nicht mehr Befugnisse haben kann als der Hauptbevollmächtigte (BayObLG, 23. 12. 2002, 2Z BR 93/02).

Für die Dauer der Gültigkeit einer Vollmacht und deren Umfang kommt es darauf an, ob sie als generell erteilt anzusehen ist, oder ob sie eine zeitliche Befristung enthält, z. B. nur für eine konkrete Wohnungseigentümerversammlung.

Dies ist dann anzunehmen, wenn das Vollmachtsformular gleichzeitig mit der Einladung zu einer terminlich bestimmten Versammlung unter Beifügung der für diese Versammlung vorgesehenen Tagesordnung übersandt wird. In einem solchen Fall ist ein enger zeitlicher und sachlicher Zusammenhang gegeben, der darauf schließen lässt, dass die für den Fall der Nichtteilnahme des betreffenden Wohnungseigentümers angebotene Vollmachtserteilung sich nur auf diese Versammlung erstrecken soll. Etwas anderes kann nur gelten, wenn sich dies ausdrücklich aus dem Vollmachtsformular ergibt (so auch AG Neuss, 10. 3. 1993, 27 II 158/92; OLG Hamm, 8.12. 1992, 15 W 218/91; 23. 4. 1991, 15 W 50/91).

Eine allgemein auf den Verwalter ausgestellte Vollmacht erlischt kraft Gesetzes nach Ablauf seiner Bestellungszeit (a. A. zu beiden Meinungen LG Koblenz, 18. 4. 1984, 4 T 39/84; OLG Zweibrücken, 13. 6. 1986, 3 W 98/86, sogar bejahend zur Fortgeltung erteilter Vollmachten bei Wiederbestellung des Verwalters).

14.2.4 Teilnahme Dritter

Im Zusammenhang mit der Vertretung durch Dritte in der Wohnungseigentümerversammlung stellt sich die Frage, ob sich ein Wohnungseigentümer in der Versammlung durch Nichteigentümer beraten lassen kann und diese auch an seiner Stelle zu mündlichen Ausführungen berechtigt sind.
Dies ist bei berechtigtem Interesse, zum Beispiel bei hohem Alter oder geistiger Gebrechlichkeit eines Wohnungseigentümers oder auch bei schwierig zu beurteilenden Rechtsfragen grundsätzlich zu bejahen (vgl. BayObLG, 16. 5. 2002, 2Z BR 32/02; OLG Hamm, 9. 10. 1985, 15 W 95/85; vgl. dazu auch LG Wuppertal, 27. 10. 1994, 6 T 735/94; AG Essen, 8. 9. 1995, 95 II 19/95).
Abgesehen vom Fall des berechtigten Interesses kann die Wohnungseigentümergemeinschaft und der Verwalter die Teilnahme Dritter an der Versammlung ablehnen (LG Hamburg, 19. 5. 1989, 20 T 103/88; zur Unzulässigkeit der Anfechtung eines Beschlusses über den Versammlungsausschluss eines Rechtsanwalts vgl. BayObLG, 10. 4. 1997, 2Z BR 125/96; OLG Düsseldorf, 24. 5. 1995, 3 Wx 17/95, zur konkreten Einzelentscheidung in der jeweiligen Wohnungseigentümerversammlung; zur fehlenden Kausalität zwischen Beschlussfassung und Verletzung der Nicht-Öffentlichkeit durch genehmigte Teilnahme von Nichteigentümern vgl. OLG Hamm, 14. 6. 1996, 15 W 15/96).
Ein zu Unrecht erfolgter Ausschluss von einer Versammlung kann als Ladungsmangel zur Ungültigerklärung von Beschlüssen führen (BayObLG, 10. 4. 2002, 2Z BR 97/01; vgl. auch LG Nürnberg-Fürth, 17. 3. 2010, 14 S 5126/09, zur Anfechtbarkeit der Beschlüsse „per se“).
Grundsätzlich können die Wohnungseigentümer auch durch Vereinbarung, also durch entsprechende Regelung in

der Teilungserklärung oder der Gemeinschaftsordnung, „Besucher“ von der Versammlung ausschließen. Ist eine solche Regelung getroffen, darf ein Versammlungsteilnehmer jedenfalls dann keinen Zuhörer oder Berater mitbringen, wenn nur einer der Miteigentümer hiergegen Einwendungen erhebt und den Ausschluss des „Besuchers“ von der Versammlung verlangt (KG Berlin, Teilbeschl. v. 27. 11. 1985, 24 W 1856/85).

Ist nach der Teilungserklärung oder der Gemeinschaftsordnung die Vertretung in der Ausübung des Stimmrechts auf einen bestimmten Personenkreis beschränkt, erstreckt sich eine solche Vertretungsbeschränkung grundsätzlich auch auf Beistände in der Versammlung, weil die gemäß Teilungserklärung vereinbarte Stimmrechtsbeschränkung nicht nur die Stimmabgabe, sondern jede aktive Beteiligung Dritter an der Versammlung betrifft (BGH, 29. 1. 1993, V ZB 24/92).

Aber auch wenn eine Vertretungsbeschränkung nicht geregelt ist, sind Dritte als Besucher oder nicht stimmberechtigte Berater von der Teilnahme ausgeschlossen, weil Wohnungseigentümerversammlungen grundsätzlich nicht öffentlich sind (BGH, 29. 1. 1993, V ZB 24/92; OLG Hamm, 13. 10. 1989, 15 W 314/89; zur Nichtwahrung der Nichtöffentlichkeit bei zeitlich und örtlich gleichzeitiger Durchführung der Versammlung zweier Wohnungseigentümergemeinschaften vgl. OLG Köln, 6. 6. 2002, 16 Wx 97/02).

Zulässig ist deshalb die Teilnahme Dritter auch in begleitender oder beratender Funktion – als stiller Berater – nur bei berechtigtem Interesse eines Wohnungseigentümers (BGH, a. a. O.). Hierfür müssen jedoch Gründe vorliegen, die gewichtiger sind als das Interesse der Wohnungseigentümer, die Versammlung auf den eigenen Kreis zu beschränken.

Solche Gründe können im hohen Alter oder auch im Schwierigkeitsgrad des in einer Versammlung zu entscheidenden Sachverhalts liegen, obwohl man für den Regelfall

davon ausgehen kann, dass auch bei schwierigen Beschlussangelegenheiten bereits im Vorfeld der Versammlung fachlicher Rat außerhalb der Wohnungseigentümergemeinschaft von Dritten eingeholt werden kann.
Welche Gründe im Einzelfall als wichtig anzusehen sind, ist konkret in der jeweiligen Wohnungseigentümerversammlung zu entscheiden. Die Zerstrittenheit der Wohnungseigentümer untereinander allein begründet im Regelfall nicht ein berechtigtes Interesse an der Hinzuziehung eines Rechtsanwalts (BayObLG, 10. 4. 1997, 2Z BR 125/96).
Wird die Anwesenheit eines Beraters durch Mehrheitsbeschluss von den anwesenden Wohnungseigentümern mangels wichtiger Gründe abgelehnt, steht dem betroffenen Wohnungseigentümer der Weg der Beschlussanfechtung offen (BGH, a. a. O.; vgl. auch LG Hamburg, 13. 10. 1999, 318 T 20/99, dort zum gerichtlich ausgesprochenen Verbot, den Beistand eines zur Vertretung bevollmächtigten, behinderten Nichteigentümers von der Versammlung auszuschließen).
Ob und unter welchen Voraussetzungen der Verwalter oder die Wohnungseigentümergemeinschaft sich bei rechtlich schwierigen oder strittigen Beschlussfassungen eines Rechtsanwaltes zur Beratung bedienen, hängt vom konkreten Einzelfall ab. Grundsätzlich stehen dem gesetzliche Bestimmungen entgegen, jedoch hat die Beurteilung nach den Gesichtspunkten ordnungsmäßiger Verwaltung zu erfolgen (OLG Hamm, 28. 10. 2003, 15 W 203/02).
Die Hinzuziehung eines Rechtsanwaltes oder auch technischer Experten bei der Beratung konkreter Tagesordnungspunkte ist grundsätzlich auch unter dem Gesichtspunkt der „Nichtöffentlichkeit" der Versammlung stets dann zulässig, wenn die Wohnungseigentümer ein entsprechendes Bedürfnis an einer solchen Beratung haben und die erforderlichen Informationen den Kenntnisstand des Verwalters im Allgemeinen übersteigen (BayObLG, 19. 2. 2004, 2Z BR 212/03).

Ein Mehrheitsbeschluss, der Mietern grundsätzlich die Teilnahme an der Versammlung gestattet, widerspricht ordnungsmäßiger Verwaltung und ist auf Anfechtung für ungültig zu erklären (AG Bochum, 30. 10. 2008, 94 C 26/08).

14.2.5 Stimmrecht des „werdenden“ und des „faktischen“ Eigentümers

Grundsätzlich ist zwischen der werdenden und der rechtlich in Vollzug gesetzten Wohnungseigentümergemeinschaft zu unterscheiden.
Bei einer „werdenden Wohnungseigentümergemeinschaft“ handelt es sich um eine Gemeinschaft, in der als Eigentümer zunächst nur der Bauträger oder Veräußerer als Eigentümer eingetragen ist, neben ihm aber Käufer bereits einen Kaufvertrag abgeschlossen haben, für diese eine Auflassungsvormerkung im Grundbuch eingetragen ist und die die Wohnung in Besitz genommen haben. Diese „Eigentümer“ werden als „werdende Eigentümer“ bezeichnet. Sie haben die vollen Rechte als Wohnungseigentümer, sind also auch stimmberechtigt.
Die „rechtlich in Vollzug gesetzte Wohnungseigentümergemeinschaft“ und damit die echte, rechtlich handlungsfähige Wohnungseigentümergemeinschaft entsteht dann, wenn neben dem zunächst als Alleineigentümer eingetragenen Bauträger oder Veräußerer ein zweiter Eigentümer in das Grundbuch eingetragen ist. Damit endet gleichzeitig die „werdende Wohnungseigentümergemeinschaft“. Die weiterhin noch nicht eingetragenen Eigentümer der bisherigen werdenden Gemeinschaft behalten aber ihre Rechte als Eigentümer in vollem Umfang.
Dagegen erhält der Erwerber einer Eigentumswohnung, der erst nach rechtlicher Invollzugsetzung seine Wohnung erwirbt, die vollen Rechte als Eigentümer, so auch das Stimmrecht, erst dann, wenn er in das Grundbuch eingetragen ist. Dies gilt auch dann, wenn der Kaufvertrag abge-

schlossen, der Übereignungsanspruch durch eine Vormerkung gesichert ist und Besitz, Nutzungen, Lasten und Gefahren auf ihn übergegangen sind (BGH, 1. 12. 1988, V ZB 6/88).

Somit kann es in einer rechtlich in Vollzug gesetzten Wohnungseigentümergemeinschaft über einen gewissen Zeitraum drei Gruppen von Wohnungseigentümern geben, und zwar die bisherigen, aber noch nicht als Eigentümer eingetragenen „werdenden Wohnungseigentümer", die in das Grundbuch eingetragenen „echten Wohnungseigentümer" und die „faktischen Wohnungseigentümer", die den Kaufvertrag abgeschlossen haben, deren Übereignungsanspruch durch Vormerkung gesichert ist und die die Wohnung in Besitz genommen haben. Letztere erwerben die Rechte als Eigentümer (Teilnahmerecht, Stimmrecht, Antragsrecht, Beschlussanfechtungsrecht) erst mit ihrer Eintragung in das Grundbuch (vgl. dazu BayObLG, 11. 4. 1990, 2 Z 7/90, zum Antragsrecht – und insoweit auch zum Stimmrecht – eines Mitgliedes einer werdenden Wohnungseigentümergemeinschaft vor rechtlicher Invollzugsetzung; zum Übergang von der werdenden Gemeinschaft zur Wohnungseigentümergemeinschaft nach Eintragung des ersten Erwerbers vom Bauträger vgl. auch OLG Karlsruhe, 12. 11. 2001, 14 Wx 37/01; zur Entstehung der werdenden Gemeinschaft vgl. auch OLG München, 9. 1. 2006, 34 Wx 089/05; ebenso zu den Voraussetzungen des Entstehens der werdenden Gemeinschaft, BayObLG, 17. 7. 2003, 2Z BR 45/03, Anlegung der Grundbücher, Eintragung einer Eigentumsvormerkung für den ersten Erwerber und Besitzerlangung; zum Antragsrecht vor rechtlicher Invollzugsetzung vgl. auch BayObLG, 22. 11. 1990, 2 Z 103/90, dort bejaht auch zum Erhalt nach rechtlicher Invollzugsetzung; zur Anwendbarkeit der WEG-Vorschriften auf die werdende Wohnungseigentümergemeinschaft vgl. auch BayObLG, 24. 2. 2000, 2Z BR 173/99).

Soweit der Veräußerer den Erwerber im Kaufvertrag er-

mächtigt hat, ihn in allen die Wohnungseigentümergemeinschaft betreffenden Angelegenheiten bis zur endgültigen Umschreibung im Grundbuch zu vertreten, steht diese Ermächtigung hinsichtlich ihrer Ausübung unter dem Vorbehalt einer möglicherweise getroffenen Vertretungsbeschränkung, durch die Nicht-Wohnungseigentümer von der Vertretung ausgeschlossen sind.
In diesem Fall würde die kaufvertraglich (rechtsgeschäftlich) vereinbarte Vertretung ins Leere gehen (zur Stimmrechtsübertragung des teilenden Veräußerers vgl. auch KG Berlin, 11. 5. 1988, 24 W 6079/87; vgl. aber oben KG Berlin, 20. 7. 1994, 24 W 3942/94, dort zur Unbeachtlichkeit einer Vertretungsbeschränkung).

14.2.6 Stimmrechtsausschluss

Einen allgemeinen Stimmrechtsausschluss sieht das Gesetz nicht vor. Er kann auch nicht gemäß § 10 Abs. 2 und Abs. 3 WEG vereinbart werden (BGH, 11. 11. 1986, VII ZR 354/85; BayObLG, 9. 2. 1965, 2 Z 276/64; 23. 9. 1988, 2 Z 97/87; KG Berlin, 1. 10. 1994, 24 W 4817/93; LG Nürnberg-Fürth, 17. 3. 2010, 14 S 5126/09, zur Nichtigkeit einer Regelung zum Versammlungsausschluss, vgl. dazu auch Kap. 14.2).
Nur in bestimmten Fälle ist ein Wohnungseigentümer gemäß § 25 Abs. 5 WEG nicht bestimmberechtigt, und zwar dann, wenn die Beschlussfassung

- die Vornahme eines Rechtsgeschäftes mit ihm beinhaltet, das sich auf die Verwaltung des gemeinschaftlichen Eigentums bezieht;
- die Einleitung oder Erledigung eines Rechtsstreites der anderen Wohnungseigentümer gegen ihn beinhaltet, oder wenn
- ihm nach § 18 WEG das Wohnungseigentum rechtskräftig entzogen worden ist.

Um den Abschluss von Rechtsgeschäften im Sinne dieser Vorschrift geht es u. a. dann, wenn einem Wohnungseigentümer der Auftrag zu Instandhaltungs- und Instandsetzungsmaßnahmen in der Wohnanlage erteilt werden soll. Hier ist der betreffende Wohnungseigentümer als Auftragnehmer von der Beschlussfassung ausgeschlossen.
Ebenso ist ein Wohnungseigentümer nicht stimmberechtigt, wenn zu baulichen Veränderungen nach der Teilungserklärung ein Mehrheitsbeschluss erforderlich wäre, und er selbst diese Veränderungen durchführen will (BayObLG, 20. 6. 1974, 2 Z 22/74).
Hausgeldrückstände berechtigen dagegen nicht, einen Wohnungseigentümer vom Stimmrecht auszuschließen (BGH, 10. 12. 2010, V ZR 60/10, wie LG Nürnberg-Fürth, 17. 3. 2010, 14 S 5126/09, zur Nichtigkeit einer entsprechenden Regelung in der Teilungserklärung; BayObLG, 5. 11. 1998, 2Z BR 131/98). Wird in einem solchen Fall ein Wohnungseigentümer zu Unrecht von der Teilnahme an der Versammlung und damit von der Ausübung des Stimmrechts ausgeschlossen, sind die in dieser Versammlung gefassten Beschlüsse „per se" anfechtbar (LG Nürnberg/Fürth, 17. 3. 2010, 14 S 5126/09, BGH, 10. 12. 2010, V ZR 60/10).
Der Stimmrechtsausschluss nach § 25 Abs. 5 WEG trifft auch den Eigentümer, der gleichzeitig Verwalter oder mit diesem rechtlich oder wirtschaftlich abhängig verbunden ist, wenn mit der Jahresabrechnung über die Entlastung des Verwalters gleichzeitig zu beschließen ist (OLG Stuttgart, 5. 7. 1974, 8 W 61/74; BayObLG, 24. 10. 1978, 2 Z 45/77; 18. 12. 1986, 2 Z 81/85; 9. 6. 1988, 2 Z 40/88; 23. 2. 1989, 2 Z 7/89; OLG Karlsruhe, 27. 5. 2002, 14 Wx 91/01, dort jedoch auch zum Recht auf Erteilung von Untervollmachten, wenn damit keine Weisungen verbunden werden; jedoch LG Freiburg, 10. 10. 1986, 4 T 38/86; AG Hamburg, 5. 10. 1984, 102b II Wo 42/84; bejahend zum Stimmrechtsausschluss des Verwalters bei Beschlussfassung über seine Entlastung

vgl. auch Staudinger/Bub, § 25 Rn 74, § 28 Rn 536 m. w. N.; zur Zulässigkeit der getrennten Anfechtung eines Beschlusses, der die Jahresabrechnung und die Entlastung zum Gegenstand hat, vgl. BayObLG, 10. 8. 2000, 2Z BR 36/00; KG Berlin, 30. 10. 1985, 24 W 6819/84, zum Stimmrechtsausschluss des Verwalters bei der Beschlussfassung über eine Erhöhung der Verwaltervergütung, wenn die Interessen des Wohnungseigentümers mit denen des Verwalters identisch sind; vgl. auch BGH, 15. 12. 1988, V ZB 9/88, zum Stimmrechtsausschluss eines Wohnungseigentümers, der nicht als Wohnungseigentümer, sondern in seiner Funktion als Verwalter gerichtlich in Anspruch genommen werden soll).
Der Stimmrechtsausschluss des Verwalters, der gleichzeitig Eigentümer ist, erfasst in einem solchen Fall auch die ihm übertragenen Stimmrechtsvollmachten (OLG Zweibrücken, 14. 3. 1983, 3 W 222/82; 4. 7. 1982, 3 W 38/82; KG Berlin, 12. 9. 1988, 24 W 5887/87; LG Lübeck, 25. 2. 1985, 7 T 15/83, dort mit dem ausdrücklichen Hinweis, dass § 25 Abs. 5 WEG eine Sondervorschrift gegenüber § 181 BGB ist, mit der Folge, dass § 181 BGB auf Wohnungseigentümerbeschlüsse nicht anwendbar ist).
Da aber Bevollmächtigte – also auch der Verwalter – Untervollmacht erteilen können, brauchen die insoweit dem Verwalter erteilten Vollmachten nicht verloren zu gehen, vorausgesetzt allerdings, dass die Erteilung der Untervollmachten weisungsunabhängig erfolgt (BayObLG, 5. 4. 1990, 2 Z 14/90; 21. 4. 1998, 2Z BR 36/98 + 43/98; OLG Zweibrücken, 14. 5. 1998, 3 W 40/98, dort mit der zusätzlichen Einschränkung, dass die Erteilung der Untervollmacht ausdrücklich durch die Hauptvollmacht gedeckt ist).
Ist der bevollmächtigte Verwalter vom Stimmrecht ausgeschlossen, kann er zwar anderen Wohnungseigentümern Untervollmacht erteilen, jedoch sind die insoweit Unterbevollmächtigten an die in der Hauptvollmacht festgelegten Stimmrechtsweisungen gebunden (BayObLG, 23.12. 2002, 2Z BR 93/02, m. w. N.).

Der Stimmrechtsausschluss des Verwalters bei der Abstimmung über die Jahresabrechnung und seine – gleichzeitige – Entlastung gilt im Übrigen schlechthin, unabhängig davon, ob der Verwalter Wohnungseigentümer ist oder nicht.
Dies gilt selbst für den Fall, dass dem Verwalter in entsprechenden Vollmachtsurkunden oder auch im Verwaltungsvertrag ausdrücklich das Selbstkontrahieren im Sinne von § 181 BGB gestattet ist, da § 25 Abs. 2 WEG eine Sondervorschrift gegenüber § 181 BGB darstellt und deshalb auf Wohnungseigentümerbeschlüsse nicht anwendbar ist (OLG Zweibrücken, 1. 10. 1984, 3 W 84/84; LG Lübeck, a.a.O.; zur zulässigen Stimmrechtsausübung des Verwalters im Falle seiner Bestellung, Abberufung und der Kündigung des Verwaltungsvertrages vgl. Kap. 15.2.2 und Kap. 15.3).
Geht es allerdings darum, einem Wohnungseigentümer durch Beschluss der Versammlung Klagebefugnis zu erteilen, ist dieser Eigentümer von der Abstimmung darüber nicht ausgeschlossen (KG Berlin, 22. 12. 1993, 24 W 875/93).
Werden Wohnungseigentümer zu Beginn der Versammlung zu Unrecht von den nachfolgenden Abstimmungen ausgeschlossen, kann dies bei der Anfechtung von Beschlüssen grundsätzlich nur zu deren Ungültigerklärung führen. Ein anderes Beschlussergebnis kann deshalb auch im gerichtlichen Verfahren nicht festgestellt werden (KG Berlin, 17. 5. 1989, 24 W 5147/88).

14.2.7 Ruhen des Stimmrechts

Neben dem gesetzlich geregelten Stimmrechtsausschluss kann in der Teilungserklärung oder der Gemeinschaftsordnung für bestimmte Fälle auch ein Ruhen des Stimmrechts vereinbart werden.
Dies geschieht häufig für den Fall, dass Wohnungseigentümer mit einem bestimmten Hausgeldbetrag im Rückstand sind.

Solche grundsätzlich zulässigen Vereinbarungen sind allerdings zugunsten der Betroffenen eng auszulegen und setzen im Übrigen ein Verschulden des betroffenen Wohnungseigentümers voraus (BayObLG, 9. 2. 1965, 2 Z 276/65; insoweit auch KG Berlin, 16. 2. 1988, 24 W 5315/87, wonach das Ruhen des Stimmrechts ein erhebliches gemeinschaftswidriges Verhalten voraussetzt, das bei einem einmaligen Zahlungsrückstand noch nicht angenommen werden kann).
Durch Mehrheitsbeschluss kann das Stimmrecht – auch für konkret bestimmte Fälle – nicht ausgeschlossen werden. Ein solcher Mehrheitsbeschluss ist als gesetzesändernder Mehrheitsbeschluss nichtig (BGH, 20. 9. 2000, V ZB 58/99; vgl. allerdings zur schuldrechtlichen Wirkung eines solchen Beschlusses unter den Beteiligten bis zum Eintritt eines neuen Eigentümers in die Gemeinschaft KG Berlin, 6. 6. 1990, 24 W 1227/90).

14.3 Beschlussfassung

Angelegenheiten, über die nach dem Wohnungseigentumsgesetz oder nach einer Vereinbarung die Wohnungseigentümer durch Beschluss entscheiden können, werden gemäß § 23 Abs. 1 WEG durch Beschlussfassung in einer Wohnungseigentümerversammlung geordnet.
Dabei sind solche Angelegenheiten zu unterscheiden, über die

- mit einfacher oder qualifizierter Mehrheit
  oder
- mit Einstimmigkeit (= Zustimmung aller im Grundbuch eingetragenen Wohnungseigentümer, auch als „allseitige Zustimmung“ oder „allstimmiger Beschluss“ bezeichnet)

zu beschließen ist.

14.3.1 Mehrheitsbeschluss

Dem einfachen Mehrheitsbeschluss unterliegen die normalen Angelegenheiten im Rahmen der laufenden „ordnungsmäßigen" Verwaltung. Als Mehrheit gilt die einfache Mehrheit, nämlich „mehr als die Hälfte" der von den erschienenen und durch Vollmacht vertretenen Wohnungseigentümern als „JA-Stimmen" abgegebenen Stimmen (vgl. dazu auch BayObLG, 15. 10. 1998, 2Z BR 126/98).
Die relative Stimmenmehrheit genügt nicht, und zwar auch dann nicht, wenn über mehrere Beschlussanträge gleichzeitig abgestimmt wird (BayObLG, 13. 3. 2003, 2Z BR 85/02).
Bei Stimmengleichheit – gleiche Anzahl von JA- und NEIN-Stimmen – ist ein Beschluss nicht zustande gekommen (vgl. Kap. 14.5.2.1 Nichtbeschluss und Kap. 14.5.2.3 Negativbeschluss).
Durch Gesetz und durch Teilungserklärung bzw. Gemeinschaftsordnung ist bzw. kann für bestimmte Angelegenheiten auch eine qualifizierte Mehrheit, also eine Drei-Viertel- oder eine Zwei-Drittel-Mehrheit vorgeschrieben werden. Nach den neuen Bestimmungen ist gemäß § 16 Abs. 4 WEG sogar eine doppelt qualifizierte Mehrheit vorgeschrieben (vgl. dazu Kap. 10.3.6).
Bezugsgröße kann dabei die Zahl aller im Grundbuch eingetragenen oder die Zahl der in der Versammlung anwesenden und vertretenen Wohnungseigentümer sein. Eine solche Vereinbarung muss also hinreichend bestimmt sein, um Auslegungsschwierigkeiten zu vermeiden. Ist eine qualifizierte Mehrheit für bestimmte Beschlussangelegenheiten vorgeschrieben, ist zum Erreichen der Mehrheit eine entsprechende Anzahl von JA-Stimmen erforderlich (OLG Celle, 16. 5. 1991, 4 W 19/91; KG Berlin, 4. 3. 1998, 24 W 6949/97, zur fehlenden Bestimmtheit eines „generellen Quorums").
Über die Art der Abstimmung, mündlich, schriftlich, geheim oder offen, entscheiden die Wohnungseigentümer in

der Wohnungseigentümerversammlung mehrheitlich, wenn nicht bereits eine entsprechende Regelung in der Gemeinschaftsordnung enthalten ist oder nachträglich durch eine ebenfalls mehrheitlich zu beschließende „Geschäftsordnung für die Wohnungseigentümerversammlung" getroffen wurde.

Ist eine solche Regelung nicht getroffen, entscheidet der Versammlungsvorsitzende nach eigenem Ermessen, wie in den einzelnen Beschlussangelegenheiten abgestimmt und das Stimmergebnis ermittelt wird (vgl. auch BayObLG, 10. 5. 1989, 2 Z 23/88).

Ebenso kann der Versammlungsvorsitzende die Stimmabgabe wiederholen lassen, wenn eine schriftliche Abstimmung mittels Stimmzettel nicht geheim, sondern vor den Augen aller Versammlungsteilnehmer stattfindet, und die Auszählung der Stimmzettel noch nicht abgeschlossen war (BayObLG, 16. 3. 2000, 2Z BR 168/99).

Die Abstimmung selbst erfolgt durch

- Zustimmung = JA-Stimmen,
- Ablehnung = NEIN-Stimmen,
- Enthaltung.

Für das Zustandekommen eines Beschlusses kommt es ausschließlich darauf an, dass mehr JA-Stimmen als NEIN-Stimmen abgegeben werden (BGH, 8. 12. 1988, V ZB 3/88; HansOLG Hamburg, 22. 10. 2003, 2 Wx 34/01).

Erforderlich ist es dabei nicht, dass die Anzahl der JA-Stimmen konkret festgestellt wird. So kann der Versammlungsleiter das tatsächliche Ergebnis der Abstimmung grundsätzlich dadurch feststellen, dass er nach der so genannten Subtraktionsmethode bereits nach der Abstimmung über zwei von drei Abstimmungsfragen (Zustimmung = JA-Stimmen; Ablehnung=NEIN-Stimmen; Stimmenthaltung) die Zahl der verbleibenden, noch nicht abgegebenen Stimmen als Ergebnis der Abstimmung wertet (BGH, 19. 9. 2002, V ZB 37/02).

Durch diese Methode kann das tatsächliche Abstimmungsergebnis nur dann hinreichend verlässlich ermittelt werden, wenn für den Zeitpunkt der jeweiligen Abstimmung die Zahl der anwesenden und vertretenen Wohnungseigentümer und – bei Abweichung vom Kopfprinzip – auch deren Stimmrecht durch Subtraktion eindeutig feststellbar ist. Andernfalls ist davon auszugehen, dass die exakte Ermittlung der JA-Stimmen erforderlich ist und die Feststellung des Beschlussergebnisses als bloße Schlussfolgerung aus der Abfrage der NEIN-Stimmen und der Enthaltungen nicht korrekt erfolgen kann (vgl. insoweit OLG Düsseldorf, 3. 4. 2000, 3 Wx 465/99).

Durch Vereinbarung kann abweichend geregelt werden, dass auch Stimmenthaltungen grundsätzlich als abgegebene Stimmen zu berücksichtigen und als NEIN-Stimmen zu werten sind. Ein Mehrheitsbeschluss reicht für eine solche Regelung nicht aus, er ist als gesetzesändernder Mehrheitsbeschluss nichtig (Wenzel, ZWE 2001, 226, 236).

Um „Zufallsergebnisse" bei einer hohen Zahl von Stimmenthaltungen zu vermeiden, beispielsweise bei einem rechtswirksamen Mehrheitsbeschluss durch 3 JA-Stimmen, 2 NEIN-Stimmen und 10 Stimmenthaltungen, sollte im Zweifelsfall eine Wiederholung der Abstimmung erfolgen.

Hierüber sollte jedoch vorher ein entsprechender Beschluss gefasst werden (vgl. OLG Düsseldorf, 5. 10. 1988, 3 Wx 378/88; zur Zulässigkeit einer wiederholenden Beschlussfassung vgl. Kap. 14.6.3.5).

Zu den Angelegenheiten, über die in der Wohnungseigentümerversammlung mit einfacher Mehrheit beschlossen wird, gehören:

1. Änderung der Verteilung der Betriebs- und Verwaltungskosten gemäß § 16 Abs. 3 WEG,
2. Aufhebung von Veräußerungsbeschränkungen gemäß § 12 Abs. 4 WEG,

3. Maßnahmen der ordnungsmäßigen Verwaltung gemäß § 21 Abs. 3 WEG, insbesondere gemäß § 21 Abs. 5 WEG
   - die Aufstellung einer Hausordnung;
   - die ordnungsmäßige Instandhaltung und Instandsetzung des gemeinschaftlichen Eigentums;
   - die Feuerversicherung des gemeinschaftlichen Eigentums zum Neuwert,
   - die angemessene Versicherung der Wohnungseigentümer gegen Haus- und Grundbesitzerhaftpflicht;
   - die Ansammlung einer angemessenen Instandhaltungsrückstellung;
   - die Aufstellung eines Wirtschaftsplanes;
   - die Duldung aller Maßnahmen, die zur Herstellung einer Fernsprechteilnehmereinrichtung, einer Rundfunkempfangsanlage oder eines Energieversorgungsanschlusses zugunsten eines Wohnungseigentümers erforderlich sind;
4. Zahlungs-, Verzugs- und Kostenregelungen für besonderen Verwaltungsaufwand gemäß § 21 Abs. 7 WEG,
5. Gebrauchsregelungen gemäß § 15 Abs. 2 WEG, sofern nicht das Gesetz oder eine Vereinbarung entgegenstehen,
6. Bestellung und Abberufung eines Verwalters einschließlich seiner Wiederbestellung und vorzeitigen Abberufung aus wichtigem Grund gemäß § 26 Abs. 1 WEG,
7. Vorlage des Wirtschaftsplans, der Abrechnung und der Rechnungslegung gemäß § 28 Abs. 5 WEG,
8. Bestellung eines Verwaltungsbeirates gemäß § 29 Abs. 1 WEG.

Im konkreten Fall ist stets zu prüfen, ob durch Vereinbarungen gemäß § 10 Abs. 2 Satz 2 WEG oder in der Teilungserklärung bzw. der Gemeinschaftsordnung abweichende Vereinbarungen getroffen worden sind, auch hinsichtlich anderer Beschlussregelungen für einzelne Verwaltungsangelegenheiten.

Zu den Angelegenheiten, die mit doppelt qualifizierter Mehrheit beschlossen werden, gehören die Kostenverteilungsregelungen

1. für Instandhaltungs- und Instandsetzungskosten gemäß § 16 Abs. 4 WEG und
2. für bauliche Veränderungen, für Modernisierungsmaßnahmen und für Maßnahmen zur Anpassung des gemeinschaftlichen Eigentums an die technische Entwicklung gemäß § 16 Abs. 4 WEG

14.3.2 Einstimmiger Beschluss

Ein einstimmiger (allstimmiger) Beschluss setzt die Zustimmung aller Wohnungseigentümer voraus, nicht nur der (zufällig) in der Versammlung erschienenen oder vertretenen Eigentümer. Er ist immer dann erforderlich, wenn es sich handelt um

- Verfügungsmaßnahmen,
- Gebrauchsregelungen und Verwaltungsmaßnahmen, die über den ordnungsmäßigen Gebrauch im Sinne von § 15 Abs. 2 WEG bzw. über die ordnungsmäßige Verwaltung im Sinne von § 21 Abs. 3 WEG hinausgehen
  oder wenn
- eine Vereinbarung die Zustimmung aller Wohnungseigentümer vorschreibt.

Ein einstimmig gefasster Beschluss wird allerdings wegen der erforderlichen Zustimmung aller Eigentümer nicht schon deshalb auch zu einer Vereinbarung im Sinne von § 10 Abs. 2 Satz 2 WEG.
Ob ein einstimmig gefasster „Beschluss" eine nur einstimmig abänderbare Vereinbarung darstellen oder wiederum durch einstimmigen Beschluss oder auch nur durch Stimmenmehrheit wieder abänderbar sein soll, ist im Einzelfall nach Zweck und Inhalt der Beschlussfassung zu beurteilen (BayObLG, 19. 3. 1973, 2 Z 7/73; 23. 5. 1990, 2 Z 46/90; vgl.

auch OLG Düsseldorf, 14. 2. 2001, 3 Wx 392/00, dort auch zur Wirkung einer schuldrechtlichen Vereinbarung gegenüber einem durch sie begünstigten Sondernachfolger; vgl. auch OLG Zweibrücken, 10. 2. 1997, 3 W 200/96, dort zur Auslegung eines einstimmigen Beschlusses als Vereinbarung, wenn das Gemeinschaftsverhältnis im Sinne von § 10 Abs. 2 WEG betroffen ist).

Dabei liegt der Charakter einer Vereinbarung im Sinne von § 10 Abs. 2 Satz 2 WEG darin, dass Regelungen getroffen werden, die Ergänzungen oder Abweichungen vom Gesetz oder einer bereits getroffenen Vereinbarung enthalten, die also erkennbar rechtsgestaltend für die Zukunft in Form eines Kollektivvertrages wirken sollen (BayObLG, 21. 4. 1972, 2 Z 125/71; OLG Karlsruhe, 28. 3. 1983, 4 W 95/82; vgl. aber auch einschränkend OLG Celle, 22. 12. 1986, 4 W 224/86; zu den Grenzen einer Vereinbarung nach §§ 134, 138, 242, 315 BGB vgl. BayObLG, 23. 5. 1990, 2 Z 46/90; zum Begriff „Vereinbarung“ vgl. i. Ü. Kap. 4.1).

Eine Vereinbarung hat daher – insoweit als „Grundordnung“ – eine über die konkreten Verwaltungsangelegenheiten hinausgehende Bindung zum Ziel.

Ein Beschluss wird dagegen – sofern nicht das Gesetz selbst gemäß § 16 Abs. 3, § 21 Abs. 7, § 22 Abs. 2 WEG eine andere Regelung trifft – immer „nur“ konkrete Angelegenheiten zu regeln haben, und zwar Angelegenheiten,

- die nicht die Grundordnung der Gemeinschaft der Wohnungseigentümer berühren, (OLG Karlsruhe, 28. 3. 1983, 4 W 95/82),
- durch die nicht in schwerwiegender Weise in das Grundverhältnis der Wohnungseigentümer eingegriffen wird (OLG Düsseldorf, 7. 3. 1994, 3 Wx 502/93,
- durch die nicht in den dinglichen Kernbereich des Wohnungseigentums eingegriffen wird (BGH, 16. 9. 1994, V ZB 2/93).

Ein einstimmiger Beschluss ist insbesondere bei baulichen Veränderungen gemäß § 22 Abs. 1 WEG jedenfalls dann erforderlich, wenn alle Wohnungseigentümer nachteilig durch diese Maßnahme betroffen sind und kein Fall des § 22 Abs. 1 Satz 2 WEG vorliegt.

Im Einzelfall konkret gefasste einstimmige Beschlüsse können jederzeit durch Mehrheitsbeschluss wiederum geändert, aufgehoben oder ergänzt werden, sofern ein sachlicher Grund gegeben ist und im Übrigen nicht das Gesetz selbst oder eine Vereinbarung grundsätzlich wiederum die Zustimmung aller Wohnungseigentümer vorschreiben (OLG Karlsruhe, 31. 5. 2000, 11 Wx 96/00).

So kann beispielsweise die Tierhaltung durch einen einstimmigen Beschluss aller Wohnungseigentümer ausgeschlossen werden, sofern nicht eine Vereinbarung entgegensteht. Dieser Beschluss entfaltet Bindungswirkung für alle an dieser Beschlussfassung mitwirkenden Eigentümer, wenn er nicht angefochten und rechtskräftig für ungültig erklärt wird.

Ein so gefasster einstimmiger Beschluss hindert aber die Eigentümer nicht daran, diese Regelung später durch Mehrheitsbeschluss wieder aufzuheben, weil es für den dauerhaften Ausschluss der Tierhaltung einer die „Grundordnung" betreffenden Vereinbarung nach § 10 Abs. 2 Satz 2 WEG bedarf, die in das Grundbuch eingetragen werden muss, damit sie auch gegenüber späteren Sondernachfolgern Rechtswirkung entfaltet (zur Aufhebung eines einstimmigen Beschlusses über die Hausreinigung durch späteren Mehrheitsbeschluss als nicht die „Grundordnung" betreffende Regelung vgl. LG Mannheim, 22. 1. 1976, 4 T 59/75).

Anders verhält es sich dagegen mit einem einstimmigen Beschluss über die Vornahme baulicher Veränderungen, durch die ein neuer baulicher Zustand geschaffen wird.

Soll dieser Zustand erneut geändert werden, genügt hier ein Mehrheitsbeschluss nicht, weil es sich abermals um eine bauliche Veränderung eines bestehenden Zustandes handeln würde, der aufgrund der Regelung gemäß § 22 Abs. 1 Satz 1 WEG der Zustimmung aller Eigentümer bedarf, sofern – wie bei der vorangegangenen baulichen Veränderung – alle beeinträchtigt sind (vgl. hierzu Kap. 13.4 Mehrheitsbeschluss bei baulichen Veränderungen).

14.3.3 Schriftliche Beschlussfassung

Eine Beschlussfassung kann außerhalb der Wohnungseigentümerversammlung auch auf schriftlichem Wege erfolgen. Das setzt allerdings nach § 23 Abs. 3 WEG voraus, dass alle Wohnungseigentümer gemäß § 126 BGB in schriftlicher Form durch eigenhändige Unterzeichnung einem solchen Beschluss zustimmen. Ob die telegrafische Zustimmung oder die durch Telefax ausreicht, ist strittig (ablehnend Kümmel in Niedenführ / Kümmel / Vandenhouten § 23 Rn 67, m. w. N.; zustimmend Müller, Teil 8 Rn 229).
Rechtswirksam ist ein schriftlicher Beschluss dann, wenn alle Zustimmungserklärungen zugegangen sind. Als Empfangsberechtigter dieser Erklärungen ist im Regelfall der Verwalter anzusehen (BayObLG, 27. 10. 1971, 2 Z 85 / 70).
Auch schriftliche Beschlüsse sind anfechtbar. Die ebenfalls einmonatige Anfechtungsfrist gemäß § 46 Abs. 1 WEG beginnt nach teilweise vertretener Meinung mit dem Zugang der letzten Zustimmungserklärung beim Verwalter (HansOLG Hamburg, 14. 5. 1971, 2 W 33 / 71).
Zutreffend im Sinne der konstitutiven Beschlussfeststellung gemäß BGH (23. 8. 2001, V ZB 10 / 01), ist jedoch die gegenteilige Ansicht, wonach die Anfechtungsfrist beginnt mit dem Tag des Zugangs der Mitteilung über das Beschlussergebnis durch den Verwalter an die Eigentümer, wobei dem Verwalter die Mitteilungspflicht obliegt, und zwar durch Rundschreiben oder Aushang in der Wohnungseigentumsanlage (vgl. dazu auch Kümmel in Niedenführ / Kümmel / Vandenhouten § 23 Rn 68; kritisch zur Bekanntgabe durch Aushang Müller, Teil 8 Rn 223).

Das Erfordernis der einstimmigen (auch allstimmiger oder allseitigen) Zustimmung bei schriftlichen Beschlüssen gilt auch dann, wenn es sich um Angelegenheiten der ordnungsmäßigen Verwaltung des gemeinschaftlichen Eigentums handelt, für die normalerweise ein Mehrheitsbeschluss ausreicht (BayObLG, 28. 10. 1980, 2 Z 63/80).
Da diese Vorschrift nach herrschender Meinung unabdingbar ist, kann auch in Teilungserklärungen oder Gemeinschaftsordnungen keine Regelung des Inhalts getroffen werden, dass in schriftlichen „Umlauf-Beschlüssen" bereits eine Mehrheit für das Zustandekommen einer wirksamen Beschlussfassung ausreichen soll (Kümmel in Niedenführ/Kümmel/Vandenhouten § 23 Rn 69; BayObLG, 28. 10. 1980, 2 Z 63/80, dort auch zu entgegenstehenden Auffassungen; OLG Köln, 2. 8. 1976, 16 Wx 72/76; OLG Hamm, 6. 4. 1978, 15 W 117/76; WE 1993, 24 f.; bejahend zur Abdingbarkeit Müller, Teil 8 Rn 224).
Zulässig sind jedoch Regelungen in der Teilungserklärung oder der Gemeinschaftsordnung über die Form (Einzelzustimmung oder Zirkularbeschluss), über die Fristen und über mögliche Stimmrechtsvertretungen bei schriftlicher Beschlussfassung.
Der BGH erachtet auch eine Regelung in der Teilungserklärung für zulässig, wonach die für die gültige Beschlussfassung genügende schriftliche Zustimmung aller Eigentümer zu einer Beschlussvorlage im Interesse der Verwaltungsvereinfachung durch eine unwiderlegliche Zugangs- und Zustimmungsvermutung ersetzt wird (BGH, 20. 12. 1990, V ZB 8/90, dort für eine Regelung in der Teilungserklärung, wonach die Jahresabrechnung als anerkannt gilt, wenn ihr nicht innerhalb von vier Wochen schriftlich widersprochen wird).

14.3.4 Kombinierte Beschlussfassung

Für die Beschlussfassung ist – abgesehen von der schriftlichen Beschlussfassung – gemäß § 23 Abs. 1 WEG die Stimmabgabe in der Wohnungseigentümerversammlung allein maßgeblich. Über die Abstimmungsmodalität – mündlich / schriftlich – entscheiden die Wohnungseigentümer. Eine außerhalb der Versammlung erklärte Zustimmung nicht anwesender Wohnungseigentümer führt zu keiner Beschlussfassung im Sinne des § 23 Abs. 1 WEG.
Ohne Beschlussfassung in der Versammlung ist ein Beschluss gemäß § 23 Abs. 3 WEG nur gültig, wenn alle im Grundbuch eingetragenen Wohnungseigentümer ihre Zustimmung schriftlich erklären. Ein „Mischbeschluss“ (= Teilzustimmung in der Versammlung, Restzustimmung außerhalb der Versammlung) ist auf Anfechtung hin für ungültig zu erklären (BayObLG, 22. 5. 1998, 2Z BR 38/98).
Eine Ausnahme gilt für den Fall, dass dem in der Versammlung herbeigeführten „Teilbeschluss“ alle anwesenden und vertretenen Wohnungseigentümer in schriftlicher Form durch Unterzeichnung zugestimmt haben und die schriftliche Zustimmung der nichtanwesenden Eigentümer nachgeholt wurde, so dass das Erfordernis der Zustimmung aller Eigentümer im Rahmen des schriftlichen Beschlusses erfüllt ist (bedingt bejahend hierzu Müller, Teil 8 Rn 231.

14.3.5 Beschlussfassung in Mehrhaus-Anlagen

Grundsätzlich haben auch in einer Mehrhaus-Anlage in Angelegenheiten der Verwaltung des gemeinschaftlichen Eigentums alle Wohnungseigentümer aller Häuser an der Beschlussfassung mitzuwirken. Für die Regelung von Angelegenheiten, die alle Wohnungseigentümer betreffen, fehlt einer Untergemeinschaft die Beschlusskompetenz (LG Düsseldorf, 22. 10. 2009, 19 S 40/09; BayObLG, 31. 3. 1994, 2Z BR 16/94, wonach über eine Jahresabrechnung nicht für ein Haus allein beschlossen werden kann; 17. 1. 2000, 2Z BR 99/99; OLG Köln; 29. 10. 1997, 16 Wx 274/97; 8. 12. 1997, 16 Wx 311/97; OLG Zweibrücken, 23. 6. 2004, 3 W 64/04, dort auch zur Beiratsentlastung).

Die Addition von Abstimmungsergebnissen aus Teilversammlungen genügt nicht der Vorschrift des § 23 Abs. 1 WEG (OLG Köln, 1. 2. 1993, 16 Wx 16/93), es sei denn, dass abweichend von § 23 Abs. 1 WEG durch Vereinbarung geregelt ist, dass über gemeinsame Angelegenheiten in örtlich und zeitlich getrennt durchzuführenden Teilversammlungen Beschlüsse gefasst werden können. Das jeweilige Ergebnis muss aber die Anzahl aller abgegebenen Stimmen berücksichtigen (AG Karlsruhe-Durlach, 30. 12. 2009, 4 C 21/09).

Zulässig ist auch eine Vereinbarung, nach der in einer Mehrhausanlage das Stimmrecht in einzelnen Angelegenheiten auf diejenigen Eigentümer beschränkt ist, die von dieser Angelegenheit betroffen sind und die Beschlüsse nicht über diesen Bereich hinauswirken (OLG Hamm, 3. 7. 1995, 15 W 93/95; 1. 2. 1999, 15 W 164/98; BayObLG, 17. 1. 2000, 2Z BR 99/99).

In diesem Fall reicht für eine rechtswirksame Beschlussfassung die – mehrheitliche – Zustimmung der Eigentümer des betreffenden Hauses als „Untergemeinschaft" aus (vgl. hierzu BayObLG, 10. 11. 1961, 2 Z 153/61; 8. 10. 1981, 2 Z 78/80, jeweils zu Gebrauchsregelungen über Anlagen und Einrichtungen in einem von mehreren Häusern einer Gemeinschaft; zur getrennten Beschlussfassung der Teileigentümer einer Tiefgarage, wenn die Gemeinschaftsordnung dies vorsieht vgl. BayObLG, 29. 2. 1996, 2Z BR 142/95; 17. 1. 2000, 2Z BR 99/99, zur zulässigen getrennten Abrechnung; 17. 11. 2000, 2Z BR 107/00, zur getrennten Abstimmung, wenn nur einzelne Gruppen, beispielsweise Tiefgarageneigentümer, betroffen sind, aber auch zur notwendigen Beschlussfassung aller Eigentümer über Wirtschaftsplan und Jahresabrechnung; OLG Köln, 31. 5. 1989, 16 Wx 25/89;

24. 9. 1996, 16 Wx 86/96, zur getrennten Abstimmung bei Untergemeinschaften von Wohnungs- und Garageneigentümern; vgl. auch OLG Köln, 24. 9. 1997, 16 Wx 36/97; differenzierend zur Beschlusskompetenz der Garageneigentümer vgl. OLG Hamm, 2. 11. 1989, 15 W 520/88).
Haben in einer Angelegenheit, die nur ein Haus betrifft, alle Wohnungseigentümer abgestimmt, ist ein solcher Beschluss anfechtbar, aber nicht nichtig (BayObLG, 30. 10. 1990, 2 Z 107/90, zu einer baulichen Veränderung).
Die Beschränkung der Mitbestimmungsberechtigten auf einen begrenzten Kreis aus der Gesamtheit der Wohnungseigentümer gilt auch für die Bewohner von Einzelgebäuden mit verschiedenartigen, aber eindeutig voneinander – durch mehrere Eingänge – getrennten Hausteilen (LG Wuppertal, 30. 5. 1972, 6 T 433/70).
Sieht die Teilungserklärung bzw. Gemeinschaftsordnung getrennte Verwaltungsmaßnahmen vor, z. B. die getrennte Bildung von Instandhaltungsrückstellungen für die einzelnen Häuser/Gebäude einer Mehrhausanlage, kann von dieser Vereinbarung nicht durch Mehrheitsbeschluss abgewichen werden (vgl. insoweit BayObLG, 10. 9. 1987, 2 Z 52/87).
Soweit danach solchen „Untergemeinschaften" grundsätzlich bestimmte Kompetenzen übertragen worden sind, betrifft dies jedoch grundsätzlich nur solche Angelegenheiten, die nur die Eigentümer der einzelnen Gebäude betreffen. Deshalb kann auch für einzelne Untergemeinschaften kein „Teilverwalter" bestellt werden. Aus den gesetzlichen Regelungen zur Bestellung des Verwalters (§ 26 Abs. 1 WEG) und den ihm gesetzlich übertragenen Aufgaben (§ 27 Abs. 2 und 3 WEG) ergibt sich nach dem Grundsatz der Einheitlichkeit der Verwaltung, dass nur ein einziger Verwalter bestellt werden kann. Die Bestellung eines „Unterverwalters" ist nichtig (LG Nürnberg-Fürth, 23. 9. 2009, 14 S 1754/09).

14.4 Niederschrift

Über die in der Wohnungseigentümerversammlung gefassten Beschlüsse ist nach § 24 Abs. 6 WEG eine Niederschrift aufzunehmen. Die konstitutive Feststellung des Beschlussergebnisses muss nicht in die Beschlussniederschrift aufgenommen werden. Es reicht vielmehr aus, dass sich nach dem in der Niederschrift eindeutig festgehaltenen Abstimmungsergebnis das Beschlussergebnis ergibt (zur konstitutiven Feststellung des Beschlussergebnisses vgl. Kap. 14.4.3 und 14.6.3.2)

Bestimmte Formvorschriften sieht das Gesetz für die Niederschrift nicht vor, so dass die Wohnungseigentümer selbst entscheiden, ob die Niederschrift lediglich als Beschlussprotokoll (das allerdings zwingend) oder als Ablaufprotokoll unter Wiedergabe auch der inhaltlichen Diskussion anzufertigen ist.

Grundsätzlich braucht die Niederschrift jedenfalls „Meinungsverschiedenheiten“ oder „gegenteilige Ansichten“ der Wohnungseigentümer in der Versammlung nicht wiederzugeben. Insoweit besteht grundsätzlich auch kein Anspruch auf entsprechende Protokollberichtigung (AG Hamburg, 5. 3. 1990, 102 a II 159/89; vgl. aber unten Kap. 14.4.2).

Um die spätere Nachprüfbarkeit der Beschlüsse zu gewährleisten, sind als erforderliche Mindestangaben anzusehen:

- Ort, Tag und (laufende) Nummer der Versammlung;
- Vorsitzender der Versammlung;
- Angabe und Feststellung der ordnungsmäßigen Einladung (Datum der Einladung und Angabe der Tagesordnung);
- Teilnehmer (Teilnehmerliste und Angabe der durch Vollmacht vertretenen Eigentümer unter Beifügung der Vollmachten);
- Feststellung der Beschlussfähigkeit;

- kurze Inhaltsangabe zu den einzelnen Tagesordnungspunkten und genaue Formulierung des Beschlusstextes;
- Ergebnisse der Beschlussfassungen unter Angabe der JA-Stimmen, der NEIN-Stimmen und der Enthaltungen.

Bei namentlicher Abstimmung, in jedem Fall bei Abstimmungen über die Vornahme baulicher Veränderungen unter Kostenbefreiung einzelner Eigentümer gemäß § 16 Abs. 6 WEG, sollten die Namen der einzelnen Wohnungseigentümer stets bei der Feststellung der einzelnen Beschlussergebnisse festgehalten werden.
Die Niederschrift selbst ist von dem Versammlungsvorsitzenden und einem Wohnungseigentümer und, falls ein Verwaltungsbeirat bestellt ist, auch von dessen Vorsitzenden oder seinem Stellvertreter gemäß § 24 Abs. 6 Satz 2 WEG zu unterzeichnen.
Die fehlende Unterschrift eines Wohnungseigentümers oder des Beiratsvorsitzenden führt als formeller Mangel im Falle der Beschlussanfechtung nicht bereits deshalb zur Ungültigkeiterklärung des Beschlusses.
Sieht jedoch die Teilungserklärung bzw. Gemeinschaftsordnung für die Gültigkeit eines Beschlusses dessen Protokollierung, Eintragung in ein Beschlussbuch oder Unterzeichnung des Protokolls durch zwei von der Versammlung bestimmte Wohnungseigentümer vor, führt ein Verstoß gegen diese Bestimmung zwar nicht zur Nichtigkeit, aber zur Anfechtbarkeit und Ungültigerklärung des Beschlusses (BGH, 3. 7. 1997, V ZB 2/97; OLG Frankfurt, 17. 1. 2011, 20 W 500/08, auch zu den Voraussetzungen einer – möglichen – stillschweigenden Änderung der betreffenden Regelung in der Teilungserklärung; LG Saarbrücken, 27. 10. 2010, 5 S 7/10, Beschlusseintragung als Gültigkeitsvoraussetzung).
Strittig bei fehlender Unterschrift ist die Frage, ob der tatsächliche Beweiswert der Niederschrift beeinträchtigt ist (so BayObLG, 5. 12. 1989, 2 Z 121/89; vgl. zur Beweiskraft

der Niederschrift auch OLG Stuttgart, 11. 4. 1991, 8 W 422/90).

Hat der Beiratsvorsitzende die Versammlung geleitet, genügt seine Unterschrift insoweit als Versammlungsvorsitzender und die Unterschrift eines Wohnungseigentümers, wenn der stellvertretende Vorsitzende des Beirats nicht an der Versammlung teilgenommen hat (LG Lübeck, 11. 2. 1991, 7 T 70/91).

Die von dem Wohnungseigentümer/Miteigentümer zu leistende Unterschrift kann auch von einem Eigentümer geleistet werden, der Mitglied des Beirates ist und die Bezeichnung „Beirat“ seiner Unterschrift zufügt (OLG Hamm, 8. 7. 2011, I-15 Wx 183/11; a. A. OLG Düsseldorf, 22. 10. 2010, I-3 Wx 263/09).

Maßgeblicher Zweck des Protokolls ist es, den Wohnungseigentümern innerhalb der in § 46 Abs. 1 Satz 2 WEG gesetzten Anfechtungsfrist den Inhalt der in der Versammlung gefassten Beschlüsse in ihrer rechtswirksamen Formulierung deutlich zu machen und damit eine etwa beabsichtigte Beschlussanfechtung hinreichend bestimmt zu begründen und die Beweisführung zu erleichtern.

14.4.1 Frist zur Fertigstellung

Da ein Bedürfnis für diese Information insbesondere bei den Wohnungseigentümern besteht, die an der Versammlung selbst nicht teilgenommen haben, ist die Niederschrift über die Beschlussfassung in angemessener Zeit vor Ablauf der Anfechtungsfrist, spätestens jedoch eine Woche vor deren Ablauf, fertig zu stellen und den Wohnungseigentümern zur Einsichtnahme bereitzuhalten bzw. vorzulegen (BayObLG, 17. 7. 1972, 2 Z 16/72; 28.6. 1982, 2 Z 38/81; 5. 4. 1990, 2 Z 30/90; KG Berlin, 29. 6. 1988, 24 W 3060/88, dort zur Wiedereinsetzung bei nicht fristgemäßer Anfertigung der Niederschrift).

Die Nichteinhaltung dieser Frist oder die generelle Nichtanfertigung der Niederschrift stellt eine Pflichtverletzung des Verwalters dar, die einen Schadensersatzanspruch der Wohnungseigentümer begründen kann.

14.4.2 Anspruch auf Berichtigung

Ist in einer Niederschrift über eine Versammlung eine rechtsverbindliche Erklärung eines Wohnungseigentümers aufgenommen, so hat dieser ein Rechtsschutzbedürfnis im Sinne von § 43 WEG, dass das Protokoll berichtigt wird (LG Hildesheim, 26. 8. 1985, 5 T 207/85).
Im Übrigen besteht ein Anspruch auf Protokollberichtigung immer dann, wenn Beschlussfassungen nicht richtig oder unvollkommen wiedergegeben sind.
Der Berichtigungsantrag setzt aber voraus, dass der Antragsteller in seinen Rechten beeinträchtigt sein muss (BayObLG, 29. 6. 1984, 2 Z 15/84; 21. 2. 1991, 2 Z 2/91; 28. 2. 1991, 2 Z 144/90; 3. 7. 1991, 2 Z 56/91; KG Berlin, 20. 3. 1989, 24 W 3239/88; vgl. auch BayObLG, 5. 12. 1989, 2 Z 121/89; LG Hamburg, 18. 8. 2011, 318 S 168/09, Berichtigungsanspruch wegen „Betrugsverdacht"; OLG München, 24. 1. 2011, 15 U 4931/10, zur Duldung nachteilige Tatsachenbehauptungen).

14.4.3 Bedeutung für Beschlusswirkung

Die Gültigkeit von Beschlüssen, die auf einer Wohnungseigentümerversammlung gefasst werden, hängt grundsätzlich nicht davon ab, dass eine Niederschrift aufgenommen wird (BayObLG, 31. 1. 1980, 2 Z 49/79).
Der Richtigkeit des Inhalts der Niederschrift und ihrer Vollständigkeit kommt keine gesetzliche Beweiskraft zu. Jedenfalls können für die Feststellung über den Inhalt der Eigentümerbeschlüsse auch andere Beweismittel herangezogen werden (BayObLG, 27. 10. 1989, 2 Z 75/89; 7. 11. 1991, 2 Z 99/91).
Ebenso ist die Feststellung des Abstimmungsergebnisses in

der Niederschrift nicht Voraussetzung dafür, dass ein Beschluss rechtswirksam zustande gekommen ist (zur fehlenden konstitutiven Bedeutung der Beschlussfeststellung in der Niederschrift vgl. BayObLG, 18. 5. 1998, 2Z BR 51/98; vgl. auch Kap. 14.6).
Einer Genehmigung der Niederschrift durch Mehrheitsbeschluss in der nächsten Wohnungseigentümerversammlung bedarf es nicht. Vielmehr widerspricht ein solcher Beschluss ordnungsmäßiger Verwaltung (BayObLG, 6. 2. 1987, 2 Z 129/86; 10. 7. 1987, 2 Z 47/87; vgl. aber BayObLG, 9. 8. 1989, 2 Z 60/89, zum fehlenden Rechtsschutzinteresse bei Feststellungsantrag über die Gültigkeit einer Niederschrift vor vereinbarter Genehmigung).

14.4.4 Einsichtsrecht

Um sich jederzeit über die Beschlussfassungen der Wohnungseigentümergemeinschaft informieren zu können, hat jeder Wohnungseigentümer nach § 24 Abs. 6 Satz 3 WEG das Recht, die Niederschriften einzusehen. Das Einsichtsrecht erstreckt sich darüber hinaus auf sämtliche Verwaltungsunterlagen. Damit ist das Recht verbunden, sich Kopien von Verwaltungsunterlagen auf eigenen Kosten anzufertigen oder anfertigen zu lassen. Das Einsichtsrecht kann im Büro des Verwalters zu den üblichen Bürozeiten wahrgenommen werden (BGH, 11. 2. 2011, V ZR 66/10; zum Einsichtsrecht vgl. auch Kap. 17.2.5 Einsichtsrecht; Kap. 10.4 Fotokopierkosten).
Der Verwalter ist aber nicht verpflichtet, die Einsicht außerhalb seiner Geschäftsräume zu ermöglichen. Überlässt er dennoch einem Wohnungseigentümer Verwaltungsunterlagen zur Prüfung außerhalb seiner Geschäftsräume, kommt regelmäßig ein Leihvertrag zustande mit der Folge, dass der Verwalter die Herausgabe im eigenen Namen verlangen kann (BGH, 15. 7. 2011, V ZR 21/11).
Das Einsichtsrecht ist auch auf Dritte übertragbar, so dass

ein Wohnungseigentümer beispielsweise grundsätzlich auch seinen Mieter oder einen Kaufinteressenten zur Einsichtnahme in die Niederschrift bevollmächtigen kann. Ebenso ist ihm die Anfertigung von Abschriften gestattet, wie er auch gegen Kostenerstattung die Aushändigung von Kopien verlangen kann (vgl. hierzu auch Kap. 10.4, Fotokopierkosten).

14.4.5 Übersendung der Niederschrift an die Eigentümer

Eine gesetzliche Verpflichtung des Verwalters, allen Eigentümern nach der Wohnungseigentümerversammlung innerhalb einer bestimmten Frist eine Ausfertigung der Niederschrift zu übersenden, besteht nicht (BayObLG, 20. 3. 1991, 2 Z 8/91; OLG Frankfurt, 23. 8. 1990, 20 W 165; vgl. aber auch LG Bonn, 31. 10. 1995, 8 T 14/95, dort zur Übersendungspflicht nach „ständiger Praktizierung").
Empfehlenswert ist aber eine Regelung in der Gemeinschaftsordnung oder im Verwaltungsvertrag, allgemein die Zustellung von Niederschriften an alle Wohnungseigentümer zu Lasten der Gemeinschaft zu vereinbaren, jedoch mit klarer Regelung, innerhalb welcher Frist die Zusendung zu erfolgen hat.
Ist eine solche Regelung getroffen, hat der Verwalter die Übersendung der Niederschrift bis spätestens eine Woche vor Ablauf der einmonatigen Anfechtungsfrist vorzunehmen (BayObLG, 5. 4. 1990, 2 Z 30/90; OLG Hamm, 21. 2. 1995, 15 W 401/94).

14.5 Beschluss-Sammlung

Zusätzlich zu der bereits nach § 24 Abs. 6 WEG anzufertigenden Niederschrift über die in der Versammlung gefassten Beschlüsse ist nach § 24 Abs. 7 WEG die Führung einer gesonderten Beschluss-Sammlung vorgeschrieben.

Von dieser Vorschrift kann durch Vereinbarung nach § 10 Abs. 2 Satz 2 WEG nicht abgewichen werden (ebenso Hügel/Elzer, a.a.O. § 8 Rn 15, zur „verbindlichen Einführung", § 8 Rn 21, Führung ist „nicht disponibel"; ebenso Reichert, ZWE 2007, 388).
Dies folgt aus § 26 Abs. 1 Satz 4 WEG, wonach die nicht ordnungsmäßige Führung der Beschluss-Sammlung durch den Verwalter regelmäßig ein wichtiger Grund zu dessen Abberufung ist. Da wichtige Gründe zur Abberufung des Verwalters nicht durch Vereinbarung ausgeschlossen werden können, folgt daraus, dass auch die Führung einer Beschluss-Sammlung nicht ausgeschlossen werden kann.
Ein Mehrheitsbeschluss, durch den die Führung einer Beschluss-Sammlung ausgeschlossen wird, ist wegen fehlender Beschlusskompetenz als gesetzesändernder Mehrheitsbeschluss nichtig (BGH, 20. 9. 2000, V ZB 58/99).
Über die Aufnahme von Beschlüssen, die vor dem 1. Juli 2007 gefasst worden sind, entscheiden die Wohnungseigentümer durch Mehrheitsbeschluss. Ein solcher Beschluss entspricht ordnungsmäßiger Verwaltung, jedenfalls dann, wenn die nachträgliche Sammlung ohne weiteres möglich ist (BT-Drucksache 16/887, S. 33).

14.5.1 Zweck der Beschluss-Sammlung

Die den Wohnungseigentümern eingeräumte Beschlusskompetenz eröffnet die Möglichkeit, in bestimmten Fällen vom Gesetz oder von einer Vereinbarung abweichende Regelungen – anstelle der früher erforderlichen Vereinbarung – durch (nur) mehrheitliche Beschlussfassung zu treffen.
Da Beschlüsse, anders als Vereinbarungen im Sinne von § 10 Abs. 2 Satz 2 WEG, gemäß § 10 Abs. 4 WEG nicht der Eintragung in das Grundbuch bedürfen, erfordert die Rechtssicherheit eine Dokumentation, die es insbesondere Kaufinteressenten und Erwerbern von Eigentumswohnungen, aber auch den Wohnungseigentümern selbst und dem

Verwalter ermöglicht, sich jederzeit in „übersichtlicher Form Kenntnis von der aktuellen Beschlusslage der Gemeinschaft und den damit zusammenhängenden gerichtlichen Entscheidungen" zu verschaffen (BT-Drucksache 16/887, S. 33 Zif. 11.b; Hügel/Elzer, a. a. O., § 8 Rn 17).
Eine solche Möglichkeit bietet die Beschlussniederschrift nach § 24 Abs. 6 WEG nicht, da sie nur die Beschlüsse zu einem bestimmten Zeitpunkt wiedergibt, also den „status quo" beschreibt, nicht aber eine mögliche Änderung oder gerichtliche Aufhebung oder neue Beschlüsse.
Aus diesem Grunde ist gemäß § 24 Abs. 7 Satz 1 WEG eine Beschluss-Sammlung zu führen ist. Sie ersetzt nicht die nach § 24 Abs. 6 WEG zu führende Beschlussniederschrift, sondern ist selbständig neben dieser führen.
Wie die Beschlussniederschrift hat jedoch auch die Beschluss-Sammlung keine konstitutive Wirkung. Die Wirksamkeit eines Beschlusses hängt nicht von dessen Aufnahme in die Beschluss-Sammlung ab. Sie hat auch keinen Beweiswert in einem gerichtlichen Verfahren. Als Privaturkunde kann sie jedoch der Beweiserleichterung dienen (vgl. dazu Hügel/Elzer, a. a. O. § 8 Rdnr. 54).
Andererseits werden in das Grundbuch eingetragene Vereinbarungen, so insbesondere abweichende Kostenverteilungsregelungen, durch abweichende in die Beschluss-Sammlung eingetragene Beschlüsse verdrängt. Erwerber können folglich nicht mehr auf den Grundbuchinhalt vertrauen (vgl. hierzu auch Hügel/Elzer, a. a. O. § 8 Rdnr. 24).

14.5.2 Inhalt der Beschluss-Sammlung

Die Beschluss-Sammlung enthält gemäß § 24 Abs. 7 Satz 2 WEG den Wortlaut

- der in der Versammlung der Wohnungseigentümer *verkündeten* Beschlüsse mit Angabe von Ort und Datum der Versammlung,

- der schriftlichen Beschlüsse mit Angabe von Ort und Datum der Verkündung und
- der Urteilsformeln der gerichtlichen Entscheidungen in einem Rechtsstreit gemäß § 43 mit Angabe ihres Datums, des Gerichts und der Parteien.

Um die Übersichtlichkeit der Beschluss-Sammlung zu gewährleisten und sie nicht zu überfrachten, stellt die gesetzliche Regelung ausdrücklich (nur) auf die Wiedergabe des „Wortlautes der verkündeten Beschlüsse“ ab. Weitergehende Angaben oder Anlagen (Abrechnungen, Wirtschaftspläne, Hausordnungen oder Angebotsunterlagen zu Instandhaltungs- oder Instandsetzungsmaßnahmen, Anwesenheitslisten oder Stimmrechts- oder Teilnehmervollmachten) gehören nicht in die Beschluss-Sammlung.

14.5.2.1 Versammlungsbeschlüsse

Zu dokumentieren ist der *Wortlaut* des *verkündeten* Beschlusses. Die Erfassung des *Wortlautes* ist erforderlich, um die erforderliche Information über den Gegenstand bzw. den Inhalt des Beschlusses zu gewährleisten. Dazu reicht die Angabe „Tagesordnungspunkt (TOP ...)“ ebenso wenig aus wie eine nur stichwortartige Angabe zum Beispiel „Tierhaltung“ (AG München, 28. 6. 2008, 485 C 602/07; AG Offenbach, 19. 10. 2010, 330 C 16/10).
Zur Wirksamkeit eines Beschlusses ist es erforderlich, dass der Versammlungsleiter, in der Regel der Verwalter, das Beschlussergebnis *feststellt* und *bekannt* gibt, also verkündet (BGH, 23. 8. 2001, V ZB 10/01).
Das bedeutet, dass die Verkündung im Sinne der gesetzlichen Regelung die Feststellung des Beschlussergebnisses als „Annahme“ oder „Ablehnung“ bzw. das Verhältnis der JA-Stimmen zu den NEIN-Stimmen enthält, gegebenenfalls unter Angabe auch der Enthaltungen, wenn diese gemäß Teilungserklärung oder Gemeinschaftsordnung zu werten sind und insoweit das Beschlussergebnis mit bestimmen.

Die Aufnahme des festgestellten Abstimmungsergebnisses (JA-Stimmen, NEIN-Stimmen, Enthaltungen) ist zwar nicht vorgeschrieben, aber dennoch empfehlenswert, um im Falle einer fehlerhaften Verkündung aufgrund fehlerhafter Stimmrechtswertung durch den Verwalter feststellen zu können, ob eine Anfechtung nicht nur möglich, sondern auch Erfolg versprechend ist. Es obliegt der Beschlusskompetenz der Wohnungseigentümer, über die zusätzliche Eintragung des Abstimmungsergebnisses zu entscheiden.

In jedem Fall erforderlich ist die Angabe zur „Annahme" oder „Ablehnung" eines Beschlusses, soweit sich dies nicht aus dem verkündeten Beschlusswortlaut ergibt.

Neben dem „Wortlaut des verkündeten Beschlusses" sind in die Beschluss-Sammlung aufzunehmen Angaben zum Ort der Versammlung, gegebenenfalls mit der postalischen Anschrift, und das Beschluss-Datum (AG München, 28. 6. 2008, 485 C 602/07, dort zum Fehlen der Angaben als wichtiger Grund zur Abberufung).

Zu den Beschlüssen, die in die Beschluss-Sammlung aufzunehmen sind, zählen nicht nur die vom Versammlungsleiter als „angenommen" verkündeten *(positiven) Beschlüsse*, sondern auch die als „abgelehnt" verkündeten Beschluss-Anträge, die so genannten *„Negativ-Beschlüsse"* (Hügel/Elzer, a. a. O. § 8 Rn 26; Abramenko, Das neue WEG in der anwaltlichen Praxis, S. 60, Rn 37; Armbrüster, AnwBl. 2005, 18; im Ergebnis auch Reichert, ZWE 2007, 388).

Negativ-Beschlüsse sind anfechtbar und können in Verbindung mit entsprechenden Feststellungsanträgen dazu führen, dass der zugrunde liegende Beschluss-Antrag nach erfolgter Anfechtung im Ergebnis als „Urteil" an die Stelle der ursprünglichen zur Abstimmung gestellten Beschlussfassung tritt und diese „ersetzt". Dies gilt insbesondere für solche Fälle, in denen durch falsche Stimmrechtswertung ein unrichtiges Beschlussergebnis als Negativbeschluss vom Verwalter verkündet wird.

Zu den in die Beschluss-Sammlung aufzunehmenden Beschlüssen gehören auch die aufgrund einer Öffnungsklausel gefassten Beschlüsse, die entgegen früherer Meinung nach jetzt geltendem Recht gemäß § 10 Abs. 4 Satz 2 WEG nicht der Grundbucheintragung bedürfen.

14.5.2.2 Schriftliche Beschlüsse

Ebenso wie die Versammlungsbeschlüsse sind auch die schriftlichen Beschlüsse mit ihrem Wortlaut in die Beschluss-Sammlung aufzunehmen. Die Aufnahme braucht allerdings erst dann zu erfolgen, wenn alle Wohnungseigentümer zugestimmt und der Verwalter sie durch Aushang oder durch Rundschreiben bekannt gegeben hat. Diese Bekanntmachung entspricht der „Verkündung" im Sinne der gesetzlichen Bestimmung.
Es kann allerdings zweifelhaft sein, ob die Verkündung durch Aushang in der Wohnungseigentumsanlage mit den datenschutzrechtlichen Bestimmungen und dem Grundsatz der Nichtöffentlichkeit in Einklang steht (so auch Merle, ZWE 2007, 272 (276); kritisch insoweit Deckert/Kappus, NZM 745; vgl. auch Kap. 14.3.3 Schriftliche Beschlussfassung).

14.5.2.3 Urteile in einem Rechtsstreit nach § 43 WEG

Urteile sind mit dem Wortlaut ihrer Urteilsformel, dem so genannten Tenor, in die Beschluss-Sammlung aufzunehmen. Eine Wiedergabe der Entscheidungsgründe ist – auch auszugsweise – nicht erforderlich. Neben der Urteilsformel sind anzugeben das Gericht, das Datum und die Parteien sowie – vom Gesetz zwar nicht vorgeschrieben – das Aktenzeichen des Urteils.
Zu den aufzunehmenden Entscheidungen zählen Entscheidungen zur Hauptsache, zu den Kosten und zur vorläufigen Vollstreckbarkeit. Auch eine Klageabweisung ist aufzunehmen.

14.5.2.4 Vergleiche

Vergleiche sind ebenfalls in die Beschluss-Sammlung aufzunehmen, obwohl weder außergerichtliche noch gerichtliche Vergleiche als „gerichtliche Entscheidungen" anzusehen sind und auch nur unter den Beteiligten Rechtswirkung entfalten. Dies gilt jedenfalls für solche Vergleiche, die nach Rücknahme von Anfechtungsanträgen die ursprüngliche Beschlusslage verändern, der Beschluss selbst aber nicht aufgehoben oder geändert wurde. Zumindest ist in einer Anmerkung zu dem Ausgangsbeschluss ein abweichender Vergleich einzutragen (zu den strittigen Auffassungen vgl. auch hier Reichert, ZWE 2007, 388).

Um jedoch einem Vergleich auch gegenüber einem Sondernachfolger Rechtswirkung zukommen zu lassen, ist ein inhaltsgleicher neuer Beschluss – bei gleichzeitiger Aufhebung des ursprünglichen Beschlusses – erforderlich und in die Beschluss-Sammlung aufzunehmen (zustimmend zur Aufnahme von Vergleichen in die Beschluss-Sammlung Merle, ZWE 2007, 272 (277); ablehnend Hügel/Elzer, a.a.O. § 8 Rn. 29, jedoch auch differenzierend hinsichtlich der Aufnahme von Prozessvergleichen, die als Beschluss zu verstehen sind oder durch Beschluss bestätigt werden; empfehlend zur Aufnahme von Vergleichen auch Deckert/Kappus, NZM 2007, 745 (750).

14.5.2.5 Geschäftsordnungsbeschlüsse

Geschäftsordnungsbeschlüsse sind nicht in die Beschluss-Sammlung aufzunehmen, da sie in der Regel mit der Beendigung der Versammlung erledigt sind und auch nicht selbständig angefochten werden können (Deckert, NZM 2005, 927 (928); Deckert/Kappus, NZM 2007, 745 (748); Hügel/Elzer, a.a.O. § 8 Rn 26; a. A. zur grundsätzlichen Eintragung Merle, ZWE 2007, 272 (276).

Eine Ausnahme muss jedoch für solche Beschlüsse gelten,

die eine generelle Geschäftsordnungsregelung zum Inhalt haben, also Rechtswirkung über die konkrete Versammlung hinaus entfalten, oder für solche Beschlüsse, die zur Beschneidung von Teilnehmerrechten führen (Ausschluss vom Stimmrecht oder der Versammlung) und damit zur Anfechtbarkeit anderer Beschlüsse berechtigen (so im Ergebnis auch Reichert, ZWE 2007,388, m. w. N).

14.5.2.6 Nichtige Beschlüsse

Nichtige Beschlüsse sind nach vorherrschender Meinung nicht in die Beschluss-Sammlung aufzunehmen, da ihnen trotz Verkündung in der Wohnungseigentümerversammlung keine konstitutive Wirkung zukommt (vgl. insoweit Abramenko, a.a.O. S. 79 Rn 65; Hügel/Elzer, § 8 Rn 26; auch Reichert, ZWE 2007, 388, m. w. N.).
Da vielfach aber zweifelhaft sein kann, ob ein Beschluss nichtig oder nur anfechtbar ist, hängt es letztlich von der Rechtskenntnis des Verwalters ab, ob er wegen Nichtigkeit einen Beschluss nicht aufnimmt oder in Zweifelsfragen mit Hinweis auf die strittige Beschlusslage den Beschluss aufnimmt.

14.5.2.7 Mahnverfahren

Mahnbescheide gemäß § 43 Nr. 6 WEG gehören nicht zu den unter § 24 Abs. 7 Nr. 3 WEG genannten gerichtlichen Entscheidungen. Ergeht allerdings aufgrund eines Mahnbescheides ein Vollstreckungsbescheid (§ 699 ZPO) ist dieser, weil einem vorläufig vollstreckbaren Versäumnisurteil gleichstehend, in die Beschluss-Sammlung aufzunehmen (insoweit auch Deckert/Kappus, NZM 2007, 745 (749).

14.5.3 Fortlaufende Eintragung

Die Beschlüsse und gerichtlichen Entscheidungen sind historisch „fortlaufend“, und zwar „unverzüglich“ einzutragen. Das heißt, dass alle Beschlüsse und gerichtlichen Entscheidungen fortlaufend einzutragen und zu nummerieren sind, wobei die Eintragung unverzüglich – also ohne schuldhaftes Zögern im Sinne von § 121 Abs. 1 BGB – das heißt unmittelbar im Anschluss an die Verkündung, spätestens innerhalb einer Woche nach Beschlussfassung erfolgern muss (LG München I, 6. 2. 2008, 1 T 22613/07).
Die fortlaufende Nummerierung in der zeitlichen Reihenfolge der verkündeten Beschlüsse dient dem Nachweis der Vollständigkeit der Beschluss-Sammlung. Eine jährlich neu beginnende oder eine an Sachthemen oder Beschlussinhalten gekoppelte Nummerierung ist nicht zulässig.

14.5.4 Anmerkungen zu den Beschlüssen und gerichtlichen Entscheidungen

Werden Beschlüsse oder gerichtliche Entscheidungen angefochten oder aufgehoben, so ist dies jeweils durch eine Anmerkung zu dokumentieren. Das bedeutet, dass im Falle einer Beschlussanfechtung bei dem jeweiligen Beschluss anzumerken ist, dass er angefochten wurde, wann und durch wen die Anfechtung erfolgte und gegebenenfalls unter welchem Aktenzeichen (nicht gesetzlich vorgeschrieben).
Wird ein Beschluss durch einen neuen Beschluss oder nach Anfechtung durch entsprechendes Urteil bestätigt, geändert oder aufgehoben, ist dies zunächst durch Aufnahme des neuen Beschlusses oder der gerichtlichen Entscheidung mit entsprechender neuer Nummer zu dokumentieren und bei den in gleicher Sache vorangegangenen Beschlüssen oder gerichtlichen Entscheidungen entsprechend mit den erforderlichen Angaben anzumerken.

Werden Beschlüsse oder gerichtliche Entscheidungen aufgehoben, kann von einer Anmerkung abgesehen und die Eintragung gelöscht werden, und zwar durch Streichung oder Entfernung des Textes. Eine Löschung kann auch dann erfolgen, wenn ein Beschluss beispielsweise durch Zeitablauf überholt ist oder aus einem anderen Grunde keine Bedeutung mehr hat. Die Löschung betrifft aber nur den Text der Eintragung und ist mit einem Löschungsvermerk mit Datumsangabe und Unterschrift zu versehen. Die laufende Nummerierung der Eintragung darf zwecks Erhaltung des Vollständigkeitsnachweises nicht gelöscht werden.
Da es sich bei der „Löschung" um eine Kann-Bestimmung handelt, obliegt es ordnungsmäßiger Verwaltung durch die Wohnungseigentümer, nähere Regelungen zur Löschung oder zur Beibehaltung der Einträge zu beschließen.

14.5.5 Form der Beschluss-Sammlung

Die Beschluss-Sammlung kann in herkömmlicher schriftlicher Papierform oder auch in elektronischer Form geführt werden. Bei einer elektronisch geführten Beschluss-Sammlung muss jedoch gewährleistet sein, dass sie von Wohnungseigentümern oder von Bevollmächtigten eines Wohnungseigentümers ungehindert eingesehen oder diesen entsprechende Ablichtungen oder Ausdrucke – gegen entsprechende Kostenerstattung – ausgehändigt werden können.
Die Entscheidung über die Form obliegt den Wohnungseigentümern im Rahmen ordnungsmäßiger Verwaltung (vgl. dazu BT-Drucksache 16/887, S. 33).
Eine besondere Form der elektronischen Führung einer Beschluss-Sammlung bietet eine Online-Konzeption, die es Verwaltern und Wohnungseigentümern ermöglicht, das Internet als Speicher- und Informationsmedium für die Beschluss-Sammlung zu nutzen (vgl. dazu www.Beschlussregister.de).

14.5.6 Einsichtnahme in die Beschluss-Sammlung

Gemäß § 24 Abs. 7 Satz 8 WEG ist jedem Wohnungseigentümer oder einem von ihm bevollmächtigten Dritten Einsicht in die Beschluss-Sammlung zu gewähren. Ein Anspruch auf Herausgabe besteht nicht. Jedoch ist der Verwalter verpflichtet, dem Einsicht begehrenden Eigentümer auf dessen Verlangen gegen Kostenerstattung Kopien oder Ausdrucke aus der Beschluss-Sammlung zur Verfügung zu stellen. Entsprechende Vergütungsregelungen können gemäß § 21 Abs. 7 WEG mehrheitlich auch durch entsprechende Regelung im Verwaltungsvertrag getroffen werden.
Bei einer Online-geführten Beschluss-Sammlung kann den Eigentümern der jeweiligen Wohnungseigentumsanlage durch persönlichen Zugangscode jederzeit der direkte Zugriff auf die Beschluss-Sammlung ermöglicht werden.

14.5.7 Führung der Beschluss-Sammlung als ordnungsmäßige Verwaltungsaufgabe

Die Führung der Beschluss-Sammlung obliegt dem Verwalter als Aufgabe ordnungsmäßiger Verwaltung. Fehlt ein Verwalter, so ist der Vorsitzende der Wohnungseigentümerversammlung verpflichtet, die Beschluss-Sammlung zu führen, sofern die Wohnungseigentümer keinen anderen für diese Aufgabe bestellt haben.
Um die Bedeutung der Beschluss-Sammlung auch als Maßnahme ordnungsmäßiger Verwaltung durch den Verwalter hervorzuheben, stellt nach § 26 Abs. 1 Satz 4 WEG die nicht ordnungsmäßige Führung dieser Sammlung regelmäßig einen Grund dar, um den Verwalter aus wichtigem Grund abzuberufen.
Die Voraussetzungen liegen i. d. R. dann vor, wenn die nach § 24 Abs. 7 WEG erforderlichen Angaben fehlerhaft oder unvollständig sind, und die Eintragungen und Vermerke nicht unverzüglich im Sinne der gesetzlichen Bestimmung

vorgenommen werden (AG Offenbach, 19. 10. 2010, 330 C 16/10, dort zur fehlerhaften Führung der Sammlung als wichtiger Grund gegen Wiederbestellung des Verwalters).
Die Wiedergabe der Beschlussinhalte in der nach § 24 Abs. 6 WEG zu fertigenden Niederschrift über die Beschlüsse in der Versammlung muss identisch sein mit dem Wortlaut der Beschlüsse in der Beschluss-Sammlung. Bei fehlender Identität wird der Beschluss-Sammlung rechtlich der Vorrang einzuräumen sein.

14.5.8 Vergütung für die Führung der Beschluss-Sammlung

Einen Anspruch auf gesonderte Vergütung für die Führung der Beschluss-Sammlung hat der Verwalter nicht. Die Führung gehört zu den „Kardinalspflichten" des Verwalters, die mit der üblichen bzw. im Verwaltungsvertrag vereinbarten Vergütung abgegolten sind (insoweit auch Reichert, ZWE 2007, 388).
Ein Beschluss der Wohnungseigentümer, dem Verwalter ungeachtet dessen und mit Blick auf die bei bestehenden Vertragsverhältnissen rückwirkend auferlegte Verpflichtung zur Führung der Beschluss-Sammlung eine zusätzliche Vergütung zu zahlen, ist nicht nichtig, aber anfechtbar (zur Vereinbarung bzw. zum Beschluss über eine zusätzliche Vergütung für die Aufnahme früherer Beschlüsse als Kosten für einen besonderen Verwaltungsaufwand gemäß § 21 Abs. 7 WEG vgl. Reichert, ZWE 2007, 388, m. Hinweis auf Köhler, Das neue WEG, Rn 310).

14.5.9 Schadensersatzanspruch bei nicht ordnungsmäßiger Führung der Beschluss-Sammlung

Grundsätzlich haftet der Verwalter bei nicht ordnungsmäßiger Führung der Beschluss-Sammlung gegenüber den Wohnungseigentümern bzw. der teilrechtsfähigen Woh-

nungseigentümergemeinschaft nach den allgemeinen Vorschriften des BGB und den im Verwaltungsvertrag bzw. gemäß Teilungserklärung und Gemeinschaftsordnung getroffenen Regelungen (BT-Drucksache 16/887, S. 34).
Ob der Verwalter auch gegenüber einem Erwerber, der sich bei Abschluss des Kaufvertrages auf die Beschluss-Sammlung verlässt, im Falle eines Schadens haftet, ist strittig. Ein solcher Anspruch ergibt sich zwar nicht aus dem Gesetz (BT-Drucksache 16/887, 34), kommt aber nach §§ 280 Abs. 1, 241 Abs. 2, 311 Abs. 2 Nr. 3, Abs. 3 BGB in Betracht (vgl. insoweit Reichert, ZWE 2007, 393, m. Hinweis auf Armbrüster, a. a. O. 16 18).

14.6 Informationspflichten der Wohnungseigentümer

Als Mitglied der Wohnungseigentümergemeinschaft hat jeder Eigentümer aus dem Gesichtspunkt von Treu und Glauben auch die Nebenpflicht, alles zu tun, um den Leistungserfolg für die Gemeinschaft herbeizuführen.
Deshalb sind Wohnungseigentümer grundsätzlich auch verpflichtet, sich über die Beschlüsse ihrer Gemeinschaft zu informieren (OLG Frankfurt, 23. 8. 1990, 20 W 165/90; OLG Hamm, 22. 6. 1998, 15 W 156/98; vgl. auch BayObLG, 17. 1. 2003, 2Z BR 130/02; vgl. aber auch OLG Hamm, 11. 11. 2008, 15 Wx 62/08, keine monatliche Informationspflicht bei unterlassener oder nicht erhaltener Versammlungseinladung).
Verletzen sie diese Pflicht, können sie sich nicht darauf berufen, der Verwalter habe keine Beschlussniederschrift angefertigt bzw. ihnen diese nicht überlassen (vgl. hierzu AG Weinheim, 28. 8. 1986, UR II 44/85; OLG Frankfurt, a. a. O.; vgl. aber auch BayObLG, 27. 1. 1989, 2 Z 67/88, zur Wiedereinsetzung bei Nichtkenntnisnahme von Beschlüssen unter dem Tagesordnungspunkt „Verschiedenes“).
Im Rahmen seiner Informationspflicht hat ein Wohnungs-

eigentümer auch von sich aus zu klären, ob die Verwaltungsfirma, die rückständige Hausgelder von ihm fordert, tatsächlich Verwalter der Gemeinschaft ist. Jedenfalls kann er Zahlungen an die Gemeinschaft nicht deshalb verweigern, weil der Verwalter seine Bestellung ihm gegenüber nicht nachweist.
Da jeder Wohnungseigentümer seiner Informationspflicht durch Einsichtnahme in die Niederschriften und die Beschluss-Sammlung ohne weiteres nachkommen kann, kann er auch von dieser ihn wenig belastenden Pflicht nicht befreit werden (BayObLG, 23. 3. 1983, 2 Z 25/82; vgl. auch AG Hamburg-Blankenese, 30. 11. 1987, 506 II 52/87, dort zur Informationspflicht über die Möglichkeit der Einlegung von Rechtsmitteln).
Aufgrund der Informationsmöglichkeit durch Einsichtnahme in die unverzüglich anzufertigende Beschluss-Sammlung besteht – anders als nach früherem Recht – kein Rechtsschutzbedürfnis für die „vorsorgliche" Anfechtung von Beschlüssen.

14.7 Wirksamkeit und Ungültigerklärung von Beschlüssen – Konstitutive Beschlussfeststellung – Fehlerhafte Beschlussverkündung

Voraussetzung für das rechtswirksame Zustandekommen eines Beschlusses der Wohnungseigentümer ist im Regelfall die Feststellung und Bekanntgabe des Beschlussergebnisses durch den Vorsitzenden bzw. den Leiter der Wohnungseigentümerversammlung (BGH, 23. 8. 2001, V ZB 10/01; OLG Düsseldorf, 6. 5. 2002, 3 Wx 244/01, dort zur Verwalterbestellung).
Mit dieser konstitutiven Beschlussfeststellung ist der Beschluss ab dem Zeitpunkt seiner Beschlussfassung wirksam.
Besteht zwischen Beschlussverkündung in der Versamm-

lung und protokolliertem Beschlussergebnis ein Widerspruch, kann der Niederschrift keine konstitutive Wirkung für die Beschlussfassung beigemessen werden (OLG Düsseldorf, 30. 4. 2000, 3 Wx 465/99).
Ungültig ist ein Beschluss gemäß § 23 Abs. 4 WEG nur dann, wenn er nach erfolgter Anfechtung gemäß § 46 Abs. 1 WEG durch rechtskräftiges Urteil für ungültig erklärt wird oder wenn er nichtig ist, weil er gegen Rechtsvorschriften verstößt, auf deren Einhaltung rechtswirksam nicht verzichtet werden kann (§ 23 Abs. 4 Satz 1 WEG).
Deshalb bedarf auch ein fehlerhaft vom Versammlungsleiter festgestellter Beschluss der Anfechtung, um dessen Ungültigkeit herbeizuführen (vgl. dazu auch OLG Düsseldorf, 6. 5. 2002, 3 Wx 244/01, dort zur wirksamen Verwalterbestellung trotz fehlender Stimmenmehrheit wegen ungültiger Stimmabgabe).
Sind beispielsweise Stimmenthaltungen als NEIN-Stimmen gewertet, so dass ein Beschluss mangels Mehrheit der JA-Stimmen als nicht zustande gekommen festgestellt wird, bedarf auch dieser Negativbeschluss der Anfechtung wegen falscher Stimmrechtswertung.
Der Antrag auf Ungültigerklärung kann mit dem gleichzeitigen Antrag verbunden werden, dass wegen falscher Beschlussfeststellung der gestellte Beschlussantrag als mehrheitlich angenommen (positiv) zu werten ist (BayObLG, 13. 3. 2003, 2Z BR 85/02).
Strittig ist die Frage, ob ein Verwalter fehlerhaft zustande gekommene Beschlüsse als angenommen verkünden darf, beispielsweise dann, wenn eine nach Gesetz oder Vereinbarung erforderliche (doppelt-qualifizierte) Mehrheit (Quorum) nicht erreicht wurde oder der Beschluss inhaltlich fehlerhaft ist (ausführlich hierzu Bonifacio, DWE 2011, 9 ff.).
Diese Frage ist deshalb von Bedeutung, weil dem Verwalter gemäß § 49 Abs. 2 WEG die Verfahrenskosten dann auferlegt werden können, wenn er wegen fehlerhafter Beschluss-

verkündung grob schuldhaft zur Beschlussanfechtung Anlass gegeben hat (BGH, 18. 8. 2010, V ZB 164/09; vgl. dazu Kap. 18.7).
Zur Vermeidung unnötiger Verfahrensrisiken sollte deshalb ein Verwalter keinen Beschluss als angenommen verkünden, wenn die erforderliche (qualifizierte) Mehrheit nicht erreicht wird (vgl. dazu Elzer, MietRB 2008, 378/379; Hügel/Elzer, NZM 2009, 457/469; Greiner, ZWE 2011,118; Häublein, ZMR 2010, 804).
Jedenfalls besteht keine Verpflichtung des Verwalters, das Zustandekommen eines nicht ordnungsmäßigen Beschlusses festzustellen und als angenommen zu verkünden, wenn die erforderliche Mehrheit nicht erreicht wird (LG München I, 19. 2. 2009, 36 S 8656/08; 27. 4. 2009, 1 S 19 129/08).
Dem steht die gegenteilige Auffassung gegenüber, dass der Verwalter nicht Aufsichtsorgan der Wohnungseigentümer, sondern ausführendes Organ ist. Für Rechtmäßigkeitskontrollen ist das Gericht, nicht der Verwalter zuständig. Folglich hat er bei Beschlussfassung über eine zustimmungsbedürftige bauliche Veränderung einen Beschluss auch dann als angenommen zu verkünden, wenn nicht alle Wohnungseigentümer zugestimmt haben (AG Oberhausen, 22. 12. 2009, 34 C 55/09).
Folglich stellt es dann auch keine grobe Pflichtverletzung dar, wenn der Verwalter auf erforderliche Stimmrechtserfordernisse hingewiesen hat, er sich aber dem ausdrücklichen Willen der Mehrheit der Wohnungseigentümer beugt und trotz Nichterreichens der erforderlichen Stimmenmehrheit einen Beschluss als angenommen verkündet. Trotz rechtswidriger Beschlussverkündung fehlt es in einem solchen Fall für eine Anwendung des § 49 Abs. 2 WEG am Fahrlässigkeitsvorwurf (LG Berlin, 17. 2. 2009, 55 T 34/08; vgl. auch Kap. 18.8 Kostenentscheidung).

14.7.1 Anfechtung und Ungültigerklärung

Der Ungültigerklärung eines Beschlusses der Wohnungseigentümer muss ein entsprechender Antrag beim zuständigen Amtsgericht vorausgehen, der gemäß § 46 Abs. 1 Satz 2 WEG innerhalb eines Monats gestellt werden kann.
Die Anfechtung kann auch auf einen abtrennbaren Teil des Beschlusses beschränkt werden (BayObLG, 20. 4. 2000, 2Z BR 171/99). Insoweit können Beschlüsse, beispielsweise über die Jahresabrechnung, auch teilweise durch das Gericht für ungültig erklärt werden (OLG Düsseldorf, 20. 4. 2007, I-3 Wx 127/06).
Maßgebend für den Beginn der Anfechtungsfrist ist das Datum der Beschlussfassung und der konstitutiven Beschlussfeststellung durch Verkündung in der Versammlung und nicht etwa die Aufnahme in die Beschluss-Sammlung oder die Fertigstellung der Niederschrift oder deren Zusendung durch den Verwalter.
Der Antrag auf Ungültigerklärung kann von jedem im Grundbuch eingetragenen Wohnungseigentümer und vom Verwalter gestellt werden.
Dabei ist auch der Wohnungseigentümer anfechtungsberechtigt, der selbst einem Beschluss in der Versammlung zugestimmt hat. Das Anfechtungsrecht ist nicht davon abhängig, dass der anfechtende Wohnungseigentümer persönlich betroffen ist oder sonst Nachteile erleidet. Es genügt das Interesse an einer ordnungsmäßigen Verwaltung (BGH, 17. 7. 2003, V ZB 11/03).
Das Recht zur Beschlussanfechtung findet aber seine Grenzen im Grundsatz von Treu und Glauben gemäß § 242 BGB (OLG Celle, 8. 10. 1984, 4 W 181/84; BayObLG, 10. 3. 1994, 2Z BR 136/93; vgl. auch Kap. 18.2.1).
Der Antrag auf Beschlussanfechtung muss hinreichend bestimmt sein und klar erkennen lassen, welche Beschlüsse im Einzelnen angefochten werden sollen (OLG Köln, 25. 4. 1996, 16 Wx 50/96). Sie muss gemäß § 46 Abs. 1 Satz 2 WEG

innerhalb von zwei Monaten nach Beschlussfassung begründet werden (zum Anfechtungsverfahren vgl. auch Kap.18.1, 18.2 und 18.4).

Grundsätzlich steht es der Bestimmtheit eines Anfechtungsantrages aber nicht entgegen, wenn zunächst alle Beschlüsse angefochten werden (Vorratsanfechtung) und nach Kenntnis der Niederschrift eine Beschränkung auf einzelne Punkte erfolgt (BayObLG, 30. 5. 1995, 2Z BR 41/95; LG Mainz, 16. 9. 1999, 8 T 129/98).

Einem Antrag auf Ungültigerklärung eines Eigentümerbeschlusses fehlt das Rechtsschutzbedürfnis, wenn der angefochtene Beschluss durch inhaltsgleichen Wiederholungsbeschluss bestätigt worden ist und der wiederholende Beschluss mangels Anfechtung in Bestandskraft erwachsen ist (BGH, 13. 5. 2011, V ZR 202/10, m. w. N.; OLG Zweibrücken, 17. 10. 1985, 3 W 192/85; vgl. hierzu aber auch BayObLG, 3. 3. 1988, 2 Z 104/87, wonach mit erneuter Beschlussfassung zu Gegenständen früherer Beschlüsse deren Bestandskraft endet; vgl. zum Wiederholungsbeschluss auch Kap. 14.7.3.5; zum Rechtsschutzinteresse bei Beschlussanfechtung vgl. auch Kap. 18.4).

Die Frage, ob grundsätzlich nach Vollzug eines Eigentümerbeschlusses ein Rechtsschutzbedürfnis für eine Beschlussanfechtungsklage besteht, ist strittig. Einerseits wird die Auffassung vertreten, dass ein Rechtsschutzbedürfnis dann fehlt, wenn der Beschluss nicht rückgängig gemacht kann und eine Ungültigerklärung auch keine weiteren Auswirkungen nach sich zieht. Dem steht die Auffassung gegenüber, dass das Rechtsschutzinteresse zur Beschlussanfechtung regelmäßig bestehen bleibt.

Dieser Auffassung ist auch der BGH gefolgt, weil das Anfechtungsrecht grundsätzlich dem Interesse der Gemeinschaft an einer ordnungsgemäßen Verwaltung dient (zu den unterschiedlichen Auffassung vgl. BGH, 13. 5. 2011, V ZR 202/10, m. w. N.).

Beschlüsse der Wohnungseigentümer gemäß § 23 WEG –

ebenso auch gerichtliche Entscheidungen – bedürfen zu ihrer Wirksamkeit gegenüber Sondernachfolgern gemäß § 10 Abs. 4 WEG nicht der Eintragung in das Grundbuch. Das gleiche gilt für Beschlüsse aufgrund von Öffnungsklauseln.

Grundsätzlich gilt im Übrigen, dass die Anfechtung selbst zunächst die Wirksamkeit der Beschlüsse nicht berührt.

Das bedeutet unter anderem, dass ein Wohnungseigentümer Hausgeldvorauszahlungen aufgrund beschlossenen Wirtschaftsplans nicht mit der Begründung verweigern darf, er habe den Beschluss über den Wirtschaftsplan angefochten. Die aus der Beschlussfassung resultierende Zahlungsverpflichtung besteht solange, bis der Beschluss für ungültig erklärt wird.

14.7.2 Nichtige Beschlüsse

Grundsätzlich nichtig sind zunächst Beschlüsse, durch die

- abdingbare gesetzliche Regelungen,
- nach § 10 Abs. 2 Satz 2 WEG getroffene Vereinbarungen
- oder einer Vereinbarung gleichstehende Regelungen der Gemeinschaftsordnung bzw. der Teilungserklärung

dauerhaft geändert oder aufgehoben werden, sofern nicht ausdrücklich eine Beschlusskompetenz eingeräumt ist.

Es handelt sich insoweit um gesetzes- oder vereinbarungsändernde Mehrheitsbeschlüsse, die wegen Nichtigkeit nicht der Anfechtung bedürfen (BGH, 20. 9. 2000, V ZB 58/99).

Nichtig sind weiterhin Beschlüsse, durch die gegen zwingende gesetzliche Verbote oder gegen die guten Sitten verstoßen wird.

Ein Verstoß gegen zwingende gesetzliche Verbote liegt beispielsweise dann vor, wenn

- die Bestellung eines Verwalters auf einen Zeitraum von mehr als fünf Jahren erfolgt (BayObLG, 19. 6. 1980, 2 Z 25/79);
- die Zustimmung zur Veräußerung aus einem anderen als einem wichtigen Grunde versagt wird (BayObLG, 31. 1. 1980, 2 Z 49/79);
- die Wohnungseigentümerversammlung für eine Beschlussfassung nicht zuständig ist (BayObLG, 19. 9. 1982, 2 Z 78/81; 21. 2. 1979, 2 Z 35/79);
- in das Sondereigentum einzelner Wohnungseigentümer eingegriffen wird (BayObLG, 28. 9. 1979, 2 Z 37/78);
- gegen die inhaltlichen Bestimmungen der Heizkostenverordnung verstoßen wird (OLG Zweibrücken, 17. 10. 1985, 3 W 192/85).

Gegen die guten Sitten wird unter anderem dann verstoßen, wenn

- eine mehrheitlich beschlossene Musizierregelung praktisch einem Musikverbot gleichkommt (OLG Hamm, 10. 11. 1980, 15 W 122/80).

Nichtig ist ein Beschluss auch, wenn er einen tatsächlich unmöglichen und damit unvollziehbaren Inhalt hat (BayObLG, 11. 10. 1989, 2 Z 71/89).
Für die Feststellung der Nichtigkeit von Beschlüssen gilt nicht die einmonatige Anfechtungsfrist gemäß § 46 Abs. 1 WEG. Vielmehr ist die Berufung auf die Nichtigkeit von Beschlüssen zu jeder Zeit möglich (OLG Celle, 8. 10. 1960, 4 Wx 24/60).

14.7.3 Gültigkeit und Ungültigkeit von Beschlüssen

Beschlüsse der Wohnungseigentümer sind grundsätzlich gültig, sofern sie nicht nach erfolgter Anfechtung durch rechtskräftiges Urteil für ungültig erklärt werden bzw. nicht ohnehin nichtig sind.
Zu unterscheiden sind darüber hinaus aber Beschlussfas-

sungen, die Gültigkeit nicht erlangen, weil es zu keiner Beschlussfassung im Sinne des gestellten Beschlussantrages gekommen ist.

14.7.3.1 Gültigkeit von Beschlüssen bei Beschlussmängeln oder Fehlerhaftigkeit

Liegen Einladungsmängel oder Mängel in der Beschlussfassung vor, führen nicht bereits diese Mängel als solche zur Ungültigkeit eines Beschlusses, sondern berechtigen zunächst nur zu seiner Anfechtung (KG Berlin, 12. 9. 1988, 24 W 5597/87 m. w. N.; OLG Braunschweig, 12. 10. 1988, 3 W 2/88; BayObLG, 13. 6. 1990, 2 Z 25/90; OLG Hamm, 19. 4. 1995, 15 W 26/95, zu den Anforderungen an die Feststellung, dass Beschlüsse nicht auf einem Formmangel beruhen).
So führen Einberufungsmängel wie

- Nichteinladung eines Wohnungseigentümers,
- Nichteinhaltung der Einladungsfrist,
- Nichteinhaltung der Textform,
- unzureichende Angaben in der Tagesordnung,
- Einberufung der Versammlung durch einen Wohnungseigentümer statt durch den Verwalter oder durch einen fehlerhaft bestellten oder aus anderen Gründen nicht mehr im Amt befindlichen Verwalter

nicht zur Ungültigkeit von Beschlüssen einer insoweit fehlerhaft einberufenen Wohnungseigentümerversammlung.
Diese Beschlüsse müssen, um ihre Ungültigkeit zu bewirken, innerhalb Monatsfrist angefochten und durch das Gericht durch rechtskräftiges Urteil für ungültig erklärt werden.
Das gleiche gilt bei

- vereinbarungsersetzenden Mehrheitsbeschlüssen sowie bei

- gesetzes- und vereinbarungswidrigen Mehrheitsbeschlüssen.

Unterbleibt eine Anfechtung, sind auch diese Beschlüsse gültig und binden alle Wohnungseigentümer (vgl. hierzu Kap. 4.3.8 Änderung von Vereinbarungen durch Mehrheitsbeschluss).
Der Grundsatz, dass formelle Beschlussmängel unbeachtlich sind, wenn sie sich wegen fehlender Kausalität nicht auf die Beschlussfassung ausgewirkt haben, gilt dann nicht, wenn Mitwirkungsrechte einzelner Wohnungseigentümer bewusst umgangen werden. Zu diesen Rechten zählen das Teilnahmerecht an der Versammlung und das Stimmrecht. Verstöße hiergegen haben die Nichtigkeit der Beschlüsse zur Folge (OLG Köln, 17. 12. 2004, 16 Wx 191/04).
Die Rechtsprechung differenziert aber auch noch in anderen Punkten hinsichtlich der Gültigkeit bzw. Ungültigkeit von Beschlüssen.

14.7.3.2 Nichtbeschluss

Von einem nicht anfechtbaren „Nichtbeschluss" spricht man, wenn sich die Wohnungseigentümer vor der Beschlussfassung zu einer Angelegenheit, die an sich der Zustimmung aller Wohnungseigentümer oder einer qualifizierten Mehrheit bedarf, eindeutig darüber im Klaren sind, dass ein Beschluss nicht zustandekommt und der zugrunde liegende Antrag abgelehnt ist, wenn die erforderliche Einstimmigkeit bzw. die qualifizierte Mehrheit nicht erreicht wird (OLG Düsseldorf, 6. 10. 1999, 3 Wx 259/99; BayObLG, 18. 5. 1998, 2Z BR 51/98; vgl. zum Begriff aber auch BayObLG, 10. 10. 1996, 2Z BR 108/96, wonach ein Nichtbeschluss vorliegt, wenn ein Antrag in der Versammlung keine Mehrheit gefunden hat, vgl. insoweit unten 14.7.3.4 Negativbeschluss).
Bestehen insoweit auch bei der Feststellung des Beschlussergebnisses bei den Wohnungseigentümern keinerlei Zwei-

fel, ist eine Anfechtung eines solchen „Nichtbeschlusses" nicht erforderlich. Jedenfalls erlangt ein solcher „Beschluss" nicht dadurch Rechtswirkung, dass eine Anfechtung unterbleibt (HansOLG Hamburg, 30. 8. 1984, 2 W 31/83; BayObLG, 9.8.1984, 2 Z 24/84; OLG Frankfurt, 6.3. 1986, 20 W 570/85; 26. 11. 1984, 20 W 130/84).

Ein Interesse an einer gerichtlichen Klarstellung besteht im Falle eines so genannten Nichtbeschlusses grundsätzlich jedoch dann, wenn der Verwalter mit konstitutiver Wirkung ein positives Beschlussergebnis feststellt und die Eigentümerversammlung deshalb trotz Kenntnis des Nichterreichens der erforderlichen Einstimmigkeit oder auch einer qualifizierten Mehrheit von der Gültigkeit der Beschlussfassung ausgehen muss und dies auch im Protokoll so niedergelegt ist.

Insofern muss klar unterschieden und dies auch durch Beschlussfeststellung in der Versammlung, insoweit mit konstitutiver Wirkung, verkündet werden, ob in der zu entscheidenden Angelegenheit

- in Kenntnis der an sich erforderlichen qualifizierten Mehrheit oder Einstimmigkeit ein Mehrheitsbeschluss für die konkret angestrebte Regelung oder Maßnahme ausreichen
  oder
- auf die Durchsetzung verzichtet werden soll, wenn nicht die erforderliche Zustimmung aller Eigentümer bzw. die erforderliche qualifizierte Mehrheit erreicht wird.

Im letzten Fall wäre, wenn nur eine Mehrheit zustande kommt und nicht alle Eigentümer zustimmen, von einem Nichtbeschluss zu sprechen.

Im ersten Fall würde bei unterbleibender Anfechtung der bestandskräftig werdende Mehrheitsbeschluss einen qualifizierten Mehrheitsbeschluss bzw. einen einstimmigen Beschluss „ersetzen".

14.7.3.3 Minderheitsbeschluss

Von einem Minderheitsbeschluss ist nach einer Entscheidung des OLG Schleswig dann zu sprechen, wenn zu einer Beschlussfassung die Mehrheit der abgegebenen Stimmen erforderlich ist, diese Mehrheit aber nicht erreicht wird. Wirksam kann dieser Beschluss werden, wenn er nicht gemäß § 46 Abs. 1 WEG angefochten und durch das Gericht für ungültig erklärt wird.
Ein solcher Fall liegt vor, wenn zu einem bestimmten Antrag über mehrere Alternativen gleichzeitig abgestimmt wird, jedoch die erforderliche Mehrheit von mehr als der Hälfte der abgegebenen Stimmen für keine der Alternativen erreicht wird.
Kommt also bei einer solchen Abstimmung nur ein relativer Mehrheitsbeschluss zustande, handelt es sich um einen Minderheitsbeschluss, der dann als wirksam anzusehen ist, wenn vor der Abstimmung ausdrücklich festgestellt wird, dass auch die relative Mehrheit für das wirksame Zustandekommen einer Beschlussfassung bereits ausreichen soll.
Selbstverständlich unterliegt auch ein solcher Beschluss der Anfechtung mit der Folge der Ungültigerklärung durch das Gericht (OLG Schleswig, 14. 5. 1986, 2 W 123/85; vgl. auch OLG Hamm, 2. 11. 1988, 15 W 520/88, zur getrennten, eigentlich unzulässigen Beschlussfassung einer Gruppe von Garageneigentümern).
Die früher für zulässig erachtete Verwalterbestellung durch einen solchen Minderheitsbeschluss (auch relativen Mehrheitsbeschluss) ist nach heutiger Rechtsprechung nicht aufrecht zu erhalten. So ist ein Beschluss, wonach der mit relativer Mehrheit bestellte Verwalter als gewählt gelten soll, wegen Verstoßes gegen § 26 Abs. 1 Satz 2 WEG als gesetzesändernder Mehrheitsbeschluss nichtig (BayObLG, 13. 3. 2003, 2Z BR 85/02).

14.7.3.4 Negativbeschluss

Von einem Negativbeschluss wird dann gesprochen, wenn ein Antrag auf Beschlussfassung, auch der von einem einzelnen Wohnungseigentümer gestellte Antrag, mit der Mehrheit der abgegebenen Stimmen abgelehnt wird.
Ein solcher Negativbeschluss ist anfechtbar. Das dafür notwendige Rechtsschutzinteresse ergibt sich daraus, dass der Antragsteller durch die Ablehnung einer Beschlussfassung in seinem Recht auf ordnungsmäßige Verwaltung des gemeinschaftlichen Eigentums verletzt ist (BGH, 15. 1. 2010, V ZR 114/09 m. w. N.). Die Anfechtung des Beschlusses kann mit dem Feststellungsantrag verbunden werden, dass ein positiver Beschluss zustande gekommen ist (BGH, 23. 8. 2001, V ZB 10/01; 19. 9. 2002, V ZB 30/02; BayObLG, 25. 7. 2002, 2Z BR 63/02; OLG Düsseldorf, 18. 2. 2002, 3 Wx 406/01; zur Beschlussanfechtung in Verbindung mit dem Antrag auf Gestaltungsklage nach § 21 Abs. 8 WEG vgl. BGH, 15. 1. 2010, V ZR 114/09).
Diese Möglichkeit der Kombination von Anfechtungsantrag und positivem Feststellungsantrag schützt die Wohnungseigentümer vor unrichtig festgestellten oder unrichtig verkündeten Beschlussergebnissen aufgrund der konstitutiven Beschlussfeststellung des Verwalters in der Wohnungseigentümerversammlung.
Die Anfechtung von Negativbeschlüssen kann sich auch auf die Anfechtung der Beschlüsse beschränken, ohne dass zusätzlich ein Verpflichtungsantrag gestellt wird (BGH, 1. 4. 2011, V ZR 96/10; 15. 1. 2010, V ZR 114/09).

14.7.3.5 Wiederholungsbeschluss

Wohnungseigentümern steht grundsätzlich die Befugnis zu, über schon geregelte (= beschlossene) gemeinschaftliche Angelegenheiten erneut zu beschließen (BGH, 20. 12. 1990, V ZB 8/90; OLG Frankfurt, 17. 7. 1997, 20 W 278/96; KG

Berlin, 15. 9. 1999, 24 W 911/98; OLG Frankfurt, 24. 2. 2006, 20 W 229/03, dort einschränkend bei Vorliegen eines sachlichen Grundes).

Dabei spielt es keine Rolle, aus welchen Gründen eine Wohnungseigentümergemeinschaft eine neue Beschlussfassung herbeiführen will. Ausschlaggebend ist allein, dass der neue Beschluss eine einwandfreie Regelung im Sinne ordnungsmäßiger Verwaltung beinhaltet.

Daher kann ein zweiter, neuer Beschluss sowohl den zuerst gefassten Beschluss bestätigen („nur" bestätigender Beschluss), ihn abändern, ebenso aber auch aufheben bzw. außer Kraft setzen (= novatorisch ersetzender oder novierender Beschluss).

Allerdings muss ein solcher „Wiederholungsbeschluss" oder „Zweitbeschluss" schutzwürdige Belange hinsichtlich Inhalt und Wirkung des Erstbeschlusses berücksichtigen, darf also keinen Eigentümer gegenüber der zunächst beschlossenen Regelung unzumutbar benachteiligen (OLG Düsseldorf, 22. 10. 1999, 3 Wx 141/99, zur nachträglichen Änderung eines Abrechnungsbeschlusses wegen fehlerhafter Buchführung; 20. 3. 2000, 3 Wx 414/99, ebenfalls zur Korrektur der Jahresabrechnung wegen erst nachträglich als fehlerhaft erkannter Erfassung des Wärmeverbrauchs; KG Berlin, 31. 1. 2000, 24 W 7617/99, zur ersetzenden Wirkung eines Zweitbeschlusses über die Jahresabrechnung; 15. 9. 1999, 24 W 911/98, zur fehlenden Verletzung schutzwürdiger Belange aus Erstbeschluss bei Aufhebung eines Beschlusses zur Durchführung eines Beweisverfahrens; OLG Saarbrücken, 10. 10. 1997, 5 W 60/97–23, zur Ersetzung eines schadhaften Teppichbodens im Treppenhaus).

Soweit danach vom abändernden Beschluss keine rechtlichen Nachteile im Verhältnis zur Regelung durch den Erstbeschluss eintreten dürfen, bedeutet das aber nicht, dass etwaige tatsächliche Vorteile einem Eigentümer erhalten bleiben müssen, die durch den Erstbeschluss aufgetreten waren oder auftreten würden (OLG Düsseldorf, 20. 3. 2000, 3 Wx 414/99).

Fehlt es an Gründen, die eine Wiederholung der Beschlussfassung rechtfertigen, so widerspricht die inhaltsgleiche Wiederholung früherer, bereits angefochtener Eigentümerbeschlüsse ordnungsmäßiger Verwaltung, so dass bereits aus diesem Grunde eine Ungültigerklärung zu erfolgen hat (KG Berlin, 20. 7. 1994, 24 W 4748/93).

Werden nämlich frühere, aus materiellen Gründen angefochtene Beschlüsse ohne ersichtlichen Anlass und unter Wiederholung früherer Fehler durch Wiederholung bestätigt, werden damit nur inhaltsgleiche Anfechtungsverfahren mit entsprechenden Kosten „provoziert" in der Hoffnung, die anfechtenden Eigentümer zu einem Verzicht auf weitere Verfahren zu bringen.

Inhaltsgleiche Wiederholungsbeschlüsse führen im Übrigen nicht zu einer so genannten novatorischen Ersetzung der Erstbeschlüsse und heben diese wegen ihrer insoweit nur bestätigenden Wirkung auch nicht auf (BGH, 16. 9. 1994, V ZB 2/93; vgl. auch BGH, 13. 5. 2011, V ZR 202/10, m. w. N.).

Daher besteht auch kein Rechtsschutzinteresse an der Anfechtung eines inhaltsgleichen Wiederholungsbeschlusses, da sich die begehrte Ungültigerklärung nicht auf den inhaltlich gleichen Erstbeschluss auswirken würde. Würde man einem Wiederholungsbeschluss novatorische, also ersetzende Wirkung beimessen, würde mit dessen Ungültigerklärung im Falle seiner Anfechtung eine Aufhebung des Erstbeschlusses entfallen, der Erstbeschluss also in seiner Rechtswirkung wieder aufleben.

Wird im Übrigen ein angefochtener Eigentümerbeschluss durch einen weiteren Beschluss bestätigt, so berührt diese Tatsache das Verfahren zur Anfechtung des früheren Beschlusses jedenfalls solange nicht, als auch der bestätigende Beschluss angefochten und hierüber nicht entschieden ist (BGH, 1. 12. 1988, V ZB 6/88).

14.7.3.6 Inhaltliche Bestimmtheit der Beschlüsse

Allgemein gilt, dass Beschlüsse hinreichend bestimmt sein müssen, um Rechtswirkung entfalten zu können.
Soweit Beschlussinhalte so unbestimmt sind, dass künftige Auseinandersetzungen zwischen den Eigentümern zu erwarten sind, entsprechen Beschlüsse nicht den Erfordernissen einer ordnungsmäßigen Verwaltung und sind daher auf Anfechtung hin für ungültig zu erklären (BayObLG, 9. 8. 1984, 2 Z 77/83, zur unbestimmten Beschlussfassung über die Nachtabsenkung der Heizungstemperatur; 2. 5. 1985, 2 Z 108/84; 17.9. 1992, 2Z BR 62/92; 24. 6. 1993, 2Z BR 28/93; 12. 7. 1994, 2Z BR 51/94; KG Berlin, 20. 12. 1989, 24 W 2779/89; OLG Düsseldorf, 23. 9. 2008, I-3 Wx 272/07; OLG Hamm, 3. 7. 1995, 15 W 93/95).
Die Gerichte sind im Falle der Beschlussanfechtung jedoch auch zur Auslegung der angefochtenen Beschlüsse befugt. Dabei sind auch schriftliche Unterlagen (Urkunden, Gerichtliche Vergleiche, Gutachten etc.) heranzuziehen, auf die im Beschluss Bezug genommen wird (BayObLG, 5. 8. 1999, 2Z BR 32/99).
Da Beschlüsse aber grundsätzlich „aus sich heraus" – objektiv und normativ – auszulegen sind, weil sie auch für Sondernachfolger gelten sollen (BGH, 10. 9. 1998, V ZB 11/98), dürfen Umstände ausserhalb des Protokolls nur herangezogen werden, wenn sie nach den besonderen Verhältnissen des Einzelfalls für jedermann erkennbar sind. Für Umstände, die sich aus dem Protokoll ergeben, ist dies grundsätzlich anzunehmen (BayObLG, 8. 8. 2002, 2Z BR 5/02).

15. Der Verwalter

Während die Wohnungseigentümerversammlung als „oberstes Verwaltungsorgan" im Rahmen der gesetzlichen Bestimmungen, der Teilungserklärung und der Gemeinschaftsordnung über den „Inhalt" der Verwaltung des gemeinschaftlichen Eigentums bestimmt, obliegt die „Durchführung" dieser Verwaltung dem Verwalter.

Er ist als ausführendes Organ für den Vollzug einer ordnungsmäßigen Verwaltung verantwortlich zuständig und ist insoweit als Treuhänder der Wohnungseigentümer an deren Weisungen gebunden (BayObLG, 4. 8. 1975, 2 Z 50/75, dort m. w. N.; 31. 1. 1980, 2 Z 24/79; vgl. auch Niedenführ in Niedenführ/Kümmel/Vandenhouten § 27 Rn 6).

Die Weisungsbefugnis der Wohnungseigentümer findet allerdings ihre Grenzen in den unabdingbaren Vorschriften des § 27 Abs. 1 bis 3 WEG über die Rechte und Pflichten des Verwalters (vgl. Kap. 15.4).

Die nach dem Gesetz vorgeschriebene Bestellung eines Verwalters kann weder durch die Teilungserklärung noch durch spätere Vereinbarungen ausgeschlossen werden (§ 20 Abs. 2 WEG).

Das bedeutet, dass die nach dem Gesetz der Wohnungseigentümergemeinschaft zugewiesene Kompetenz zur Bestellung eines Verwalters auch nicht durch eine Regelung beschränkt werden kann, die die Bestellung beeinträchtigt oder gar vereitelt (KG Berlin, 19. 11. 1993, 24 W 1118/93, zur unzulässigen, weil auf Dauer erfolgten Festlegung der Verwaltervergütung durch Regelung in der Teilungserklärung; BayObLG, 27. 1. 1994, 2Z BR 88/93, zur Nichtigkeit einer Regelung in der Teilungserklärung, wonach die Neubestellung des Verwalters mit Dreiviertel-Mehrheit zu erfolgen hat; ebenso BayObLG, 20. 7. 1995, 2Z BR 49/95; BayObLG, 12. 10. 1994, 2Z BR 97/94, zur unzulässigen Vereinbarung, nach der nur Wohnungseigentümer zum Verwalter bestellt werden dürfen; BayObLG, 12. 10. 1994, 2Z BR 97/94, zur Nichtigkeit einer Regelung in der Teilungserklärung zum turnusmäßigen Wechsel der Verwaltung unter den Wohnungseigentümern).

Die Tatsache, dass die Verwalterbestellung nicht ausgeschlossen werden kann, bedeutet aber nicht, dass jede Gemeinschaft zwingend einen Verwalter haben muss.

Verzichten Wohnungseigentümer einvernehmlich – beispielsweise aus Kostengründen – auf einen Verwalter und übernehmen selbst die gemeinschaftliche Verwaltung, können sie von dritter Seite nicht gezwungen werden, einen Verwalter zu bestellen.

So kann auch das Grundbuchamt nicht die Bestellung eines Verwalters verlangen, wenn zur Veräußerung die Zustimmung eines Verwalters nach der Teilungserklärung erforderlich ist, eine Bestellung aber nicht erfolgte.

In einem solchen Fall kann die Zustimmung auf dem Beschlusswege unter Zustimmung aller im Grundbuch eingetragenen Wohnungseigentümer ersetzt werden (LG Hannover, 11. 11. 1982, 16 T 209/82; OLG Zweibrücken, 16. 12. 1986, 3 W 174/86; zum fehlenden Anspruch Dritter auf eine Verwalterbestellung vgl. BayObLG, 15. 12. 1989, 2 Z 128/89).

Das Gesetz schreibt also die Bestellung eines Verwalters nicht zwingend vor, vielmehr spricht die Vorschrift des § 20 Abs. 2 WEG nur ein „Verbot“ aus, die Bestellung eines Verwalters vertraglich auszuschließen (LG Hannover, a. a. O.).

15.1 Die „Person“ des Verwalters

Zur Person des Verwalters und zu seiner persönlichen oder fachlichen Qualifikation enthält das Wohnungseigentumsgesetz keinerlei Vorschriften. Befähigungsnachweise für die Verwaltertätigkeit sind von Gesetzes wegen nicht vorgeschrieben, so dass sich letztlich jeder zum Verwalter bestellen lassen kann, der sich diese Tätigkeit zutraut.

Die inzwischen mögliche Qualifizierung in verschiedenen offiziell auch durch die Industrie- und Handelskammern anerkannten Berufsbildungslehrgängen kann jedoch als erster Schritt zu einem allgemeinen Qualifikationsnachweis angesehen werden.

Im Übrigen stellt die neuere Rechtsprechung vermehrt auf den „gewerblichen" Verwalter ab im Sinne einer daraus herzuleitenden höheren Qualifikation, allerdings deshalb auch mit entsprechend höheren Anforderungen an seine Haftung (vgl. dazu u. a. BGH, 21. 12. 1995, V ZB 4/94, dort zur Rückdelegierung der dem Verwalter übertragen Zustimmungsverpflichtung auf die Wohnungseigentümer nach vorheriger Aufklärung über die tatsächlichen und rechtlichen Zweifelsfragen; BayObLG, 19. 12. 2002, 2Z BR 104/02, im Zusammenhang mit der Entlastung des Verwalters und Regelungen zur Beschränkung seiner Haftung; 14. 11. 2002, 2Z BR 113/02, zur erforderlichen Kenntnis der gesetzlichen Verfahrensvorschriften und den entsprechenden rechtlichen Kenntnissen, auch zur Auferlegung der Gerichtskosten wegen verschuldeter Fristversäumnis; vgl. auch KG Berlin, 16. 8. 1956, 1 W 591/657/56; 7. 6. 1994, 1 W 6026/93; OLG Celle, 12. 9. 1983, 4 W 122/83, zur Qualifikation als Haftungsmaßstab; zur Prüfung der fachlichen und persönlichen Eignung bei Verwalterwahl durch Majorisierung vgl. OLG Düsseldorf, 28. 7. 1995, 3 Wx 210/95; 19. 4. 2000, 3 Wx 51/00, zur Prüfung nach Eignungs- und Kostengesichtspunkten bei der Bestellung eines Notverwalters durch das Gericht; OLG Köln, 6. 3. 1998, 16 Wx 8/98, zur fehlenden Eignung und Fähigkeit des Verwalters bei wiederholt fehlerhafter Abrechnung; einschränkend zur Bestellung wegen mangelnder Qualifikation aufgrund fehlender Rechtskenntnisse LG Stuttgart, 17. 8. 1993, 2 T 490/93).

Eine Mehrheit von Personen kann nur dann als Verwalter

bestellt werden, wenn diese Mehrheit als selbständige rechtliche Einheit handlungsfähig ist (BGH, 11. 12. 1989, II ZR 117/89). Diese Handlungsfähigkeit wird auch dann nicht als gegeben angesehen, wenn bei gleichzeitiger Bestellung mehreren Personen die Verwaltungsaufgaben „getrennt" übertragen werden.

Nachdem zunächst im Schrifttum – als Folge der BGH-Rechtsprechung (BGH, 29. 1. 2001, II ZR 331/00) zur Rechts- und Parteilfähigkeit der BGB-Gesellschaft – die Bestellung einer BGB-Gesellschaft zum Verwalter für zulässig erachtet wurde, hat der BGH entschieden, dass ein Beschluss über die Bestellung einer BGB-Gesellschaft zum Verwalter einer Wohnungseigentümergemeinschaft nichtig ist (BGH, 26. 1. 2006, V ZB 132/05; OLG München 23. 8. 2006, 34 Wx 58/06).

Als Einzelpersonen können Wohnungseigentümer aber sehr wohl auch in ihrer eigenen Gemeinschaft zum Verwalter bestellt werden, wobei die „personelle Verflechtung" in einem solchen Fall grundsätzlich kein Hindernis darstellt (KG Berlin, 23.7. 1984, 24 W 1715/84).

Da es an allgemein erkennbaren Qualifikationsmerkmalen mangelt, sollten Wohnungseigentümer bei der Auswahl des Verwalters vorher prüfen, ob er

- die persönliche Zuverlässigkeit,
- die notwendigen Fachkenntnisse und
- die betrieblich – organisatorischen Voraussetzungen

für die Übernahme und für die Ausführung der Verwaltertätigkeit erfüllt.

Nachweisbar sind diese Kriterien am ehesten durch entsprechende Referenzen aus der Verwaltungstätigkeit für andere Wohnungseigentümergemeinschaften, wobei insbesondere die Dauer der Verwaltertätigkeit und die Häufigkeit der Wiederbestellung durch die gleiche Gemeinschaft im Regelfall als aussagefähig anzusehen sind. Auch die Zugehörigkeit zu einem der anerkannten Berufsverbände ist

im Regelfall als Nachweis einer beruflichen Qualifikation ausreichend.
Bei der Auswahl des Verwalters sollte im Übrigen berücksichtigt werden, dass es regelmäßig den Grundsätzen ordnungsmäßiger Verwaltung widerspricht, wenn die Wohnungseigentumsanlage und der Firmensitz des Verwalters bzw. der Verwaltung weit voneinander entfernt liegen (OLG Düsseldorf, 1. 12. 1989, 3 Wx 499/89, zu einer Anlage in Düsseldorf und einer Verwaltung in München).

15.2 Bestellung des Verwalters

Zum Verwalter kann jede natürliche Person bestellt werden, ebenso jede juristische Person (AG, GmbH, Genossenschaft) oder auch eine Personenhandelsgesellschaft sein (OHG oder KG).
Die Bestellung als Verwalter kann erfolgen

- durch Bestellung in der Teilungserklärung bzw. in der Gemeinschaftsordnung,
- durch Mehrheitsbeschluss,
- durch richterliche Anordnung auf Antrag eines oder mehrerer Wohnungseigentümer.

15.2.1 Bestellung durch Teilungserklärung/Gemeinschaftsordnung

Rechtlich zulässig und in der Praxis nicht nur üblich, sondern auch empfehlenswert ist die Erstbestellung eines Verwalters bereits in der Teilungserklärung oder in der Gemeinschaftsordnung (BGH, 20. 6. 2002, V ZB 39/01, offen gelassen hinsichtlich der Unterwerfung einer solchen Regelung unter AGB-Recht, allerdings in der Tendenz insoweit ablehnend; KG Berlin, 13. 1. 1976, 1 W 936/75; BayObLG, 4. 8. 1975, 2 Z 50/75; 29. 5. 1991, 2 Z 23/91; 3. 3. 1994, 2Z BR 142/93, m. w. N.). Sie hält einer Inhaltskontrolle nach § 242 BGB stand (BGH, a. a. O.).

Damit ist von vornherein eine ordnungsmäßige Verwaltung gewährleistet, auf die bereits der erste Käufer einer Eigentumswohnung einen gesetzlichen verankerten Rechtsanspruch hat. Einer Bestellung im Wege der Teilungserklärung stehen auch deshalb keine Bedenken entgegen, weil schon die erst allmählich entstehende Gesamt-Wohnungseigentümergemeinschaft jederzeit das Recht hat, den Verwalter, der seinen gesetzlichen und vertraglichen Verpflichtungen nicht nachkommt, aus „wichtigem Grund" abzuberufen.

Behält sich ein Grundstückseigentümer in der Teilungserklärung die Befugnis zur Bestellung eines Verwalters vor, endet dieses Recht grundsätzlich mit dem Entstehen der werdenden Wohnungseigentümergemeinschaft (so jedenfalls BayObLG, 3. 3. 1994, 2Z BR 142/93; zur Entstehung der werdenden Gemeinschaft vgl. Kap. 14.2.5).

15.2.2 Bestellung durch Mehrheitsbeschluss

Im Regelfall erfolgt die Bestellung des Verwalters gemäß § 26 Abs. 1 WEG durch einfachen Mehrheitsbeschluss der Wohnungseigentümer (BayObLG, 13. 3. 2003, 2Z BR 85/02).

Da diese Vorschrift zwingend, also unabdingbar ist, kann auch durch Teilungserklärung, Gemeinschaftsordnung oder durch spätere Vereinbarung für die Bestellung weder ein anderes Mehrheitsverhältnis vorgeschrieben, noch die Bestellung auf Dritte, beispielsweise den Verwaltungsbeirat, übertragen werden. Insoweit abweichende Regelungen sind nichtig (OLG München, 1. 4. 2011, 32 Wx 1/11; OLG Schleswig, 4. 12. 1996, 2 W 85/96; LG Lübeck, 28.2. 1985, 7 T 69/85; AG München, 28. 4. 1987, UR II 605/86; AG Niebüll, 22. 12. 1986, 14 II 101/86; BayObLG, 27. 1. 1994, 2Z BR 88/93; 20. 7. 1995, 2Z BR 45/95, jeweils zur Nichtigkeit einer Vereinbarung über eine Dreiviertel-Mehrheit für die Neubestellung des Verwalters; vgl. zur Bestellung des

Verwalters durch den Verwaltungsbeirat auch Kap. 16.6.5.2).
Auch eine Vereinbarung, dass nur Wohnungseigentümer zum Verwalter bestellt werden dürfen, ist nichtig (BayObLG, 12. 10. 1994, 2Z BR 97/94).
Der Mehrheitsgrundsatz lässt allerdings vom Kopfprinzip abweichende Stimmrechtsregelungen unberührt, solange es dadurch nicht wegen der möglichen Stimmrechtshäufung – beispielsweise bei Anwendung des Objektsprinzips – bei rechtsmissbräuchlicher Ausübung des Stimmrechts zur Majorisierung einer Minderheit kommt (BGH, 19. 9. 2002, V ZB 30/02; KG Berlin, 25. 3. 1977, 1 W 3736/77; 20. 3. 1989, 24 W 4238/88; OLG Hamm, 6. 2. 1978, 15 W 345 und 346/77; LG Dresden, 24. 11. 2010, 2 S 293/10; vgl. auch LG Bielefeld, 10. 1. 1984, 3 T 900/83, wonach es dem Grundsatz ordnungsmäßiger Verwaltung widerspricht, wenn ein Mehrfacheigentümer durch sein Stimmenübergewicht sich selbst zum Verwalter bestellt oder seine Abberufung verhindert, obwohl wichtige Gründe gegen eine Bestellung bzw. für eine Abberufung vorliegen; vgl. auch Majorisierung Kap. 14.2.2).
Die Frage der „Majorisierung“ bei der Verwalterbestellung stellt sich deshalb, weil nach herrschender Rechtsmeinung sowohl „Eigentümer-Verwalter“ wie auch „Nur-Verwalter“ mit der eigenen und auch mit den durch Vollmacht übertragenen Stimmrechten bei der Verwalterwahl unter der Voraussetzung stimmberechtigt sind, dass sie ihr Mehrfachstimmrecht nicht rechtsmissbräuchlich einsetzen (BGH, 19. 9. 2002, V ZB 30/02; OLG Celle, 14. 2. 2002, 4 W 6/02; HansOLG Hamburg, 16. 7. 21002, 2 Wx 116/00; BayObLG, 27. 6. 1996, 2Z BR 46/96; OLG Celle, 18. 12. 1957, 4 Wx 42/57; 27. 6. 1989, 4 W 79/89, zur Majorisierung durch den Zwangsverwalter; OLG Düsseldorf, 16. 4. 1999, 3 Wx 77/99; OLG Hamm, 6. 2. 1978, 15 W 345 und 346/77; 26. 11. 1984, 15 W 95/84; OLG Karlsruhe, 15. 1. 1976, 11 W 93/75; OLG Stuttgart, 8. 7. 1977, 8 W 572/76; OLG Köln, 6. 3. 1998, 16 Wx

8/98; KG Berlin, 10. 11. 1978, 1 W 179/78; OLG Zweibrücken, 13. 6. 1986, 3 W 98/85; 10. 7. 1989, 3 W 72/89, zum Rechtsmissbrauch bei 30 % Miteigentumsanteil und absoluter Stimmenmehrheit; OLG Saarbrücken, 10. 10. 1997, 5 W 60/97–23; OLG Schleswig, 20. 1. 2006, 2 W 24/05).

Rechtsmissbräuchlich stellt sich eine Majorisierung durch den Mehrfacheigentümer aber erst dann dar, wenn entgegen den Interessen der übrigen Wohnungseigentümer ein Verwalter bestellt wird, der persönlich oder fachlich zur Übernahme der Verwaltung nicht geeignet ist, oder wenn der Mehrheitseigentümer mit dem zu bestellenden Verwalter wirtschaftlich oder persönlich besonders eng verbunden ist und dessen Bestellung ersichtlich der einseitigen Durchsetzung der Interessen des Mehrheitseigentümers gegenüber den anderen Wohnungseigentümern dienen soll (OLG Düsseldorf, 16. 5. 2003, 107/03).

Sieht man von der Beschränkung im Falle einer rechtsmissbräuchlichen Stimmrechtsausübung durch Majorisierung ab, sind andere Beschränkungen, außer der durch Gesetz geregelten zeitlichen Befristung auf drei bzw. fünf Jahre, bei der Verwalterbestellung unzulässig.

Nichtig sind auch solche Regelungen in der Teilungserklärung bzw. der Gemeinschaftsordnung, die für die wirksame Bestellung des Verwalters in der Versammlung eine qualifizierte Mehrheit vorschreiben oder die Bestellung von der Zustimmung Dritter, beispielsweise der Grundpfandrechtsgläubiger, abhängig machen (AG Köln, 30. 7. 1976, 151 II 1005/75 WEG).

Wird bei einer Verwalterwahl in der Wohnungseigentümerversammlung gleichzeitig über mehrere Kandidaten abgestimmt und erreicht keiner der Bewerber die gemäß § 26 Abs. 1 Satz 1 WEG erforderliche einfache Mehrheit der Stimmen (mehr als die Hälfte der abgegebenen gültigen Stimmen), so ist keiner der Kandidaten gewählt, so dass eine Stichwahl zu erfolgen hat (BayObLG, 13. 3. 2003, 2Z BR 85/02).

Ein Beschluss, durch den vor der Abstimmung ausdrücklich festgestellt wird, dass der Kandidat als gewählt gelten soll, der die meisten Stimmen erhält (relative Mehrheit oder auch Minderheitsbeschluss) ist wegen Verstoßes gegen § 26 Abs. 1 Satz 2 WEG als gesetzesändernder Mehrheitsbeschluss nichtig (BGH, 20. 9. 2000, V ZB 58/98; BayObLG, 13. 3. 2003, 2Z BR 85/02; anders noch OLG Schleswig, 14. 5. 1986, 2 W 123/85; Bestätigung von LG Lübeck, 9. 9. 1985, 7 T 562/85, allerdings vor BGH, 20. 9. 2000, V ZB 58/99).

Liegen wichtige Gründe gegen die Bestellung eines Verwalters vor, kann jeder einzelne Wohnungseigentümer diese Bestellung anfechten mit der Folge, dass der Bestellungsbeschluss durch das Gericht für ungültig erklärt wird (BayObLG, 16. 1. 1990, 1b Z 41/88; 8. 3. 1989, 2 Z 98/88; 23. 2. 1989, 2 Z 85/88; 7. 5. 1997, 2Z BR 135/96, zum Interessenkonflikt bei Doppeltätigkeit als Makler und Verwalter, der zur Veräußerung die Zustimmung zu erteilen hat; 12. 3. 1998, 2Z BR 8/98; OLG Köln, 6. 3. 1998, 16 Wx 8/98, zur fehlerhaften Abrechnung als ausreichender Grund zur Anfechtung der Wiederbestellung).

Ein wichtiger Grund liegt auch dann vor, wenn Umstände vorliegen, die den gewählten Verwalter als unfähig oder ungeeignet erscheinen lassen (OLG Frankfurt, 18. 8. 2003, 20 W 302/2001) oder wenn der Verwalter wegen eines Vermögens- oder Eigentumsdelikt rechtskräftig verurteilt oder leitende Mitarbeiter der abberufenen Verwaltungsgesellschaft in gleicher Funktion bei dem neu bestellten Verwalter tätig sind (BayObLG, 12. 3. 1998, 2Z BR 8/98; AG Recklinghausen, 4. 9. 1989, 16 II 71/89).

Auch die vom Verwalter verlangte – unangemessene – Vergütung kann ein wichtiger Grund zur Ungültigerklärung eines Bestellungsbeschlusses sein (BayObLG, 8. 3. 1989, 2 Z 98/88).

Der Verwalter ist jedoch berechtigt, die gerichtliche Ungültigerklärung des Bestellungsbeschlusses anzufechten. Inso-

weit ist dem Verwalter die Möglichkeit eröffnet, die durch die Ungültigerklärung möglicherweise zu Unrecht entzogene Rechtsstellung zurück zu gewinnen (BGH, 21. 06. 2007, V ZB 20/07).
Wird die Bestellung eines Verwalters für ungültig erklärt, führt dies zur Unwirksamkeit der Bestellung von Anfang an mit der Folge, dass die gesetzliche Vertretungsbefugnis nach § 27 Abs. 2 und Abs. 3 WEG rückwirkend entfällt (BayObLG, 27. 7. 1976, 2 Z 21/76).
Mit der rückwirkenden Ungültigerklärung des Bestellungsbeschlusses wird jedoch nicht gleichzeitig der Verwaltungsvertrag rückwirkend unwirksam. Vielmehr entfällt insoweit nur die vertragliche Bindung für die Zukunft. Bis zur Ungültigerklärung hat der Verwalter während dieser „Schwebezeit" zumindest die gesetzlichen Verwaltungsaufgaben gemäß §§ 24, 27, 28 WEG zu erfüllen, um sich nicht schadensersatzpflichtig zu machen (vgl. hierzu BGH, 6. 3. 1997, III ZR 248/95).

15.2.3 Richterliche Bestellung

Fehlt ein Verwalter, kann jeder Wohnungseigentümer die Bestellung eines Verwalters gemäß §§ 21 Abs. 4, 43 Nr. 1 WEG gerichtlich durchsetzen. Dieser Anspruch kann auch durch eine einstweilige Verfügung nach § 949 BGB durchgesetzt werden (BGH, 10. 6. 2011, V ZR 146/10).
Dabei braucht im Klageantrag keine Person benannt werden, die zum Verwalter bestellt werden soll. Das Gericht hat hier gemäß § 21 Abs. 8 WEG einen Ermessenspielraum (LG Frankfurt a. M., 24. 9. 2008, 2.13 S 32/08).
Die Bestellung durch das Gericht kann im Rahmen der Geltendmachung des Anspruchs auf ordnungsmäßige Verwaltung gemäß § 21 Abs. 4 WEG auch dann verlangt werden, wenn der bestellte Verwalter untauglich ist, weil er seinen gesetzlichen und vertraglichen Verpflichtungen nicht oder nur unzureichend nachkommt (BGH, 10. 6. 2011, V

ZR 146/10, zur Bestellung eines tauglichen anstelle eines untauglichen Verwalters; OLG Düsseldorf, 23. 9. 1996, 3 Wx 47/96, zum Fehlen eines Verwalters oder zur vorherigen gerichtlichen Abberufung als Voraussetzung zur gerichtlichen Bestellung; vgl. auch Kap. 15.3 Abberufung des Verwalters).
Die richterliche Bestellung wird mit Rechtskraft des Urteils wirksam, es sei denn, dass das Gericht im Wege der einstweiligen Verfügung eine sofort wirksame Entscheidung getroffen hat (BayObLG, 21. 10. 1996).
Das Amt des richterlich bestellten Verwalters endet mit der Verwalterbestellung durch ordnungsmäßige Beschlussfassung in der Wohnungseigentümerversammlung. Dabei kann der gerichtlich bestellte ebenso wie ein anderer Verwalter gewählt werden.
Eine – vorherige – Abberufung des gerichtlich bestellten Verwalters ist nicht erforderlich (vgl. auch OLG Düsseldorf, 18. 2. 2002, 3 Wx 392/01, wonach ein für die Dauer des Verfahrens im Wege (früherer) einstweiliger Anordnung bestellter Notverwalter nicht durch Mehrheitsbeschluss abberufen werden kann).
Die gerichtliche Bestellung eines Verwalters kann insbesondere in den Fällen Bedeutung erlangen, in denen der – automatische – Ablauf der Verwalterbestellung nach drei (bei Erstbestellung) bzw. fünf Jahren übersehen wird und ein einzelner Wohnungseigentümer oder ein Dritter den Antrag auf gerichtliche Bestellung stellt, weil ein entsprechender Mehrheitsbeschluss in der Wohnungseigentümerversammlung nicht zustande kommt.
Voraussetzung für die gerichtliche Bestellung eines Verwalters ist aber immer, dass die Gemeinschaft von der Möglichkeit, den Verwalter durch Mehrheitsbeschluss in der Wohnungseigentümerversammlung zu bestellen, keinen oder keinen ordnungsmäßigen Gebrauch gemacht hat. Erst dann kommt ersatzweise die Gestaltungsmöglichkeit des Richters zum Tragen (LG Bielefeld, 10. 1. 1984, 3 T 900/83; zum

fehlenden Anspruch auf richterliche Bestellung für den Fall, dass weder rechtliche noch tatsächliche Hindernisse zur Verwalterbestellung durch die Wohnungseigentümer fehlen vgl. OLG Köln, 4. 9. 2002, 16 Wx 114/02; vgl. aber auch AG Landsberg, 19. 12. 2008, 1 C 1225/08, zur Bestellung eines Notverwalters bei Eilbedürftigkeit ohne Vorbefassung der Eigentümerversammlung; vgl. auch Kap. 15.3.2 Abberufung durch den Richter).

Im Bedarfsfall, beispielsweise bei zeitnaher Einberufung einer Versammlung, ist die gerichtliche Bestellung eines Verwalters unter den Voraussetzungen des § 21 Abs. 4 WEG nicht darauf beschränkt, die übrigen Wohnungseigentümer zur Mitwirkung bei der Bestellung des Notverwalters zu verpflichten, vielmehr kann das Gericht in einem solchen Fall den Verwalter nach billigem Ermessen den Verwalter unmittelbar bestellen (OLG Düsseldorf, 31. 8. 2007, I-3 Wx 85/07).

Ist ein Verwaltungsvertrag abgelaufen, ohne dass die Wohnungseigentümer eine Neubestellung vorgenommen haben oder eine richterliche Bestellung erfolgt ist, besteht auch in einem solchen Fall grundsätzlich kein rechtloser Zustand.

Im Falle des Verwaltungsvertrages als „Auftrag“ würde die Tätigkeit des Verwalters nach Ablauf seines Vertrages als Geschäftsführung ohne Auftrag im Sinne der Vorschriften der §§ 677, 687 BGB zu charakterisieren sein mit der Folge, dass von diesem Verwalter durchgeführte Verwaltungsmaßnahmen grundsätzlich wirksam sind, soweit sie im Interesse der Wohnungseigentümergemeinschaft liegen und deren wirklichen und mutmaßlichen Interessen entsprechen. In diesem Fall steht dem Verwalter ein Anspruch auf Aufwendungsersatz gemäß §§ 677, 683 BGB zu (BGH, 18. 2. 2011, V ZR 197/10, dort zum fehlenden Anspruch wegen nicht genehmigter Kreditaufnahme; LG Köln, 26. 8. 2010, 29 S 177/09, ebenfalls zum Aufwendungsersatz bei nicht genehmigter Kreditaufnahme; BayObLG, 13. 2. 1997, 2Z BR

132/96; zum Aufwendungsersatz bei unberechtigter Geschäftsführung vgl. OLG Düsseldorf, 20. 11. 1995, 3 Wx 447/93).

Legt man dagegen einen Dienstvertrag zugrunde, so gelten die Vorschriften des § 625 BGB, wonach das Dienstverhältnis als auf unbestimmte Zeit verlängert gilt, sofern nicht die Eigentümergemeinschaft als Dienstherr der Verlängerung widerspricht.

Im Übrigen hat der gerichtlich bestellte Verwalter die gleichen Rechte und Pflichten wie ein mehrheitlich gewählter Verwalter. Die Höhe der Vergütung richtet sich nach dem üblichen Verwalterentgelt (vgl. zur Vergütung des gerichtlich bestellten Verwalters in Höhe der mit dem vorigen Verwalter vereinbarten Vergütung KG Berlin, 24. 9. 1993, 24 W 1267/93).

15.2.4 Übertragung der Verwalterbefugnisse

Ein ordnungsmäßig bestellter Verwalter ist nicht befugt, die Verwaltung ohne Zustimmung der Wohnungseigentümer auf einen Dritten zu übertragen, selbst wenn dies nach der Teilungserklärung oder nach der Gemeinschaftsordnung ausdrücklich zulässig sein sollte. Eine solche Regelung ist nichtig, also von Anfang an unwirksam (BayObLG, 4. 8. 1975, 2 Z 50/75; OLG Frankfurt, 26. 4. 1976, 20 W 856/75; OLG Hamm, 25. 7. 1996, 15 W 81/95, auch zur Rechtswirksamkeit der Übertragung, wenn die Wohnungseigentümer dies unwidersprochen hinnehmen; OLG Schleswig, 4. 12. 1996, 2 W 85/96; zur Beendigung des Verwalteramtes bei Übergang auf den Gesamtrechtsnachfolger vgl. BayObLG, 6. 2. 1987, 2 Z 6/87).

Eine im mehrheitlich beschlossenen Verwaltungsvertrag enthaltene Regelung, die den Verwalter zur Übertragung seiner Verwaltungstätigkeit auf Dritte ohne Zustimmung der Wohnungseigentümer berechtigt, ist nichtig (OLG Saarbrücken, 10. 10. 1997, 5 W 60/97–23, dort mit Hinweis auf § 613 BGB). Die Übertragung der Verwaltung bedarf vielmehr stets eines gesonderten Mehrheitsbeschlusses der Eigentümer, und zwar auch vor Aufnahme der Verwaltungstätigkeit .

Andererseits ist der gewählte Verwalter nicht verpflichtet, die ihm übertragene Verwaltung persönlich zu führen. Er kann sich bei der Erfüllung einzelner Verwaltungsaufgaben anderer Personen als Erfüllungsgehilfen im Sinne von § 278 BGB bedienen, die Verwaltungsaufgaben als solche also durch Angestellte ausführen lassen (BayObLG, 4. 8. 1975, 2 Z 50/75; OLG Schleswig, 4. 12. 1996, 2 W 85/96; vgl. auch Niedenführ in Niedenführ/Kümmel/Vandenhouten § 27 Rn 7).

Die Voraussetzungen der Stellvertretung nach § 164f BGB brauchen dabei nicht in allen Verwaltungsangelegenheiten vorzuliegen, d. h. die Vertretung beispielsweise hinsichtlich der Unterzeichnung von Einladungen zur Wohnungseigentümerversammlung und deren Leitung ist nicht auf den Geschäftsführer oder den Prokuristen (bei einer GmbH) beschränkt, sondern kann allgemein auf Erfüllungsgehilfen delegiert werden (LG Flensburg, 18. 3. 1998, 5 T 341/97, bestätigt durch OLG Schleswig, 29. 6. 1998, 2 W 62/98).

In diesen Fällen haftet der Verwalter für die Tätigkeit der Erfüllungsgehilfen, und hat insofern auch für deren Verschulden einzustehen (LG Bonn, 6. 8. 1987, 8 T 23/87).

15.2.5 Bestellungszeitraum

Die Bestellung des Verwalters darf gemäß § 26 Abs. 1 Satz 2 WEG auf höchstens fünf Jahre vorgenommen werden, im Falle der Erstbestellung auf maximal drei Jahre. Nach Ablauf dieser Frist endet die Bestellung automatisch, ohne dass es hierzu einer besonderen Kündigung bedarf. Automatisch wirkende Verlängerungsklauseln sind unwirksam.

Allerdings wird die grundsätzliche Wirksamkeit einer Verwalterbestellung nicht dadurch berührt, dass der Verwalter für einen längeren Zeitraum als drei bzw. fünf Jahre bestellt wird (LG Köln, 4. 5. 1984, 11 T 113/84). Die Bestellung endet allerdings in einem solchen Fall automatisch von Gesetzes wegen nach drei bzw. fünf Jahren, wenn nicht vorher eine Wiederbestellung erfolgt.

Ist allerdings die Bestellung für einen Zeitraum von zwei Jahren vorgenommen mit einer „automatischen“ Verlängerungsklausel, so ist in einem solchen Fall nach hier vertretener Meinung davon auszugehen, dass diese Klausel wirksam ist mit der Einschränkung, dass durch die Verlängerung der Zeitraum von insgesamt drei bzw. fünf Jahren nicht überschritten wird. Sonst läge eine Umgehung der Vorschrift des § 26 Abs. 1 Satz 2 WEG vor (so auch OLG Frankfurt, 27. 1. 1984, 20 W 871/83; OLG Köln, 21. 2. 1990, 16 Wx 18/90, m. w. N.; vgl. insoweit auch LG Freiburg, 2. 5. 1994, 4 T 248/93, dort zur „turnusmäßigen“ Bestellung im Dreijahreswechsel, jedoch nicht über fünf Jahre hinaus).

Die drei- bzw. fünfjährige Frist für die höchstzulässige Verwalterbestellung setzt die Anlegung der Wohnungsgrundbücher voraus und erfordert weiter, dass für mindestens zwei Wohnungseinheiten verschiedene Wohnungseigentümer eingetragen sind, die Wohnungseigentümergemeinschaft also vollständig und rechtlich in Vollzug gesetzt worden ist (KG Berlin, 2.3. 1987, 24 W 4028/86; zur faktischen und zur rechtlich in Vollzug gesetzten Wohnungseigentümergemeinschaft vgl. auch Kap. 14.2.5).

Neben der zeitlichen Beschränkung der Verwalterbestellung und der Beschränkung des Stimmrechts bei Gefahr der rechtsmissbräuchlichen Ausübung sind andere Beschränkungen gemäß § 26 Abs. 1 Satz 4 WEG nicht zulässig (zur Stimmrechtsbeschränkung bei der Verwalterbestellung vgl. Kap. 14.2.2 sowie Kap. 14.2.6).

Aus diesem Grund darf eine Verwalterbestellung auch nicht unter einer aufschiebenden Bedingung in der Weise erfolgen, dass an die Stelle eines zunächst bestellten Ver-

walters ein anderer Verwalter treten soll, „sobald 40 Prozent der Wohnungen verkauft sind" (KG Berlin, 13. 1. 1976, 1 W 936/75).
Die zulässige Wiederbestellung eines Verwalters darf gemäß § 26 Abs. 2 WEG frühestens ein Jahr vor Ablauf des Bestellungszeitraumes erfolgen. Ein Mehrheitsbeschluss über die Wiederwahl des bisherigen Verwalters vor diesem Zeitpunkt ist nichtig, es sei denn, dass die neue Amtszeit mit der Neubestellung zu laufen beginnt (BGH, 23. 2. 1995, III ZR 65/94; KG Berlin, 30. 7. 1997, 24 W 2316/96; BayObLG, 16. 4. 1984, 2 Z 52/83; OLG Hamm, 8. 2. 1990, 15 W 583/88; OLG Zweibrücken, 23. 6. 2004, 3 W 64/04).
Im Fall der Wiederbestellung ist die Einholung von Alternativangeboten anderer Verwalter und deren Übersendung an die Wohnungseigentümer anders als bei einer Neubestellung nicht erforderlich. Etwas anderes gilt nur, wenn sich seit der Erstbestellung des wieder zu bestellenden Verwalters der Sachverhalt verändert hat (BGH, 1. 4. 2011, V ZR 96/10, dort m. w. N.) Eine solche Veränderung könnte dann vorliegen, wenn sich das Verhältnis zwischen Verwalter und Wohnungseigentümern deutlich verschlechtert hat oder das Anhaltspunkte dafür bestehen, dass die bisherigen Verwalterleistungen von anderen Verwaltern spürbar günstiger angeboten werden (OLG München, NJW-RR 2008, 26; zur Bedeutung der Höhe der Verwaltervergütung als Kriterium bei der Verwalterbestellung vgl. auch AG Hamburg-Blankenese, 30. 4. 2008, 539 C 2/08).
Bei der Neubestellung des Verwalters sind vor der Beschlussfassung ausreichende Konkurrenzangebote einzuholen. Im Einzelfall, beispielsweise bei Polarisierung zwischen zwei Verwaltungen, reichen zwei Alternativangebote nicht aus (LG Hamburg, 10. 12. 2007, 318 T 49/07).

15.2.6 Nachweis der Bestellung

In bestimmten Fällen hat der Verwalter seine ordnungsmäßige Bestellung durch die Wohnungseigentümerversammlung durch eine öffentlich beglaubigte Urkunde nachzuweisen.
Dies gilt u. a. für den Fall, dass die nach der Teilungserklärung vereinbarte Zustimmung des Verwalters zur Veräußerung gegenüber dem Grundbuchamt nachzuweisen ist (BayObLG, 16. 4. 1991, 2 Z 25/91, auch zum Nachweis der Fortdauer der Bestellung).
Auch im Falle der Kontoeröffnung für die Wohnungseigentümergemeinschaft hat sich der Verwalter gegenüber dem Kreditinstitut nach den Vorschriften des § 154 Abgabenordnung (AO) und der §§ 2, 8 Geldwäschegesetz (GwG) zu legitimieren.
Für diesen Nachweis genügt gemäß § 26 Abs. 3 WEG die Vorlage einer Niederschrift über den Bestellungsbeschluss, bei der die Unterschriften der in § 24 Abs. 6 WEG bezeichneten Personen (Versammlungsvorsitzender, ein Wohnungseigentümer, Vorsitzender des Verwaltungsbeirats bzw. dessen Stellvertreter – soweit letztere bestellt sind) öffentlich beglaubigt sind (OLG Frankfurt/M., 30. 9. 2010, 20 W 320/10).
Ist eine Niederschrift mit diesen Unterschriften öffentlich beglaubigt, bedarf es keines weiteren Nachweises darüber, dass die Unterzeichner die Positionen auch tatsächlich innehaben (LG Aachen, 9. 11. 1984, 3 T 3191/83; LG Köln, 4.5. 1984, 11 T 113/84; LG Oldenburg, 7. 7. 1983, 5 T 65/83, zum Verzicht auf die Unterschrift des Beiratsvorsitzenden, wenn ein Beirat nicht bestellt ist). Die Vorlage allein des Verwaltungsvertrages reicht zum Nachweis der Verwalterbestellung in der erforderlichen Form nicht aus (LG Köln, a. a. O.).
Die Gebühren der Beglaubigung der Niederschrift sind Kosten der Verwaltung und von den Wohnungseigen-

tümern gemäß § 16 Abs. 2 WEG entsprechend den Miteigentumsanteilen zu tragen oder nach einem gemäß § 16 Abs. 3 WEG mehrheitlich beschlossenen anderen Verteilungsschlüssel.

15.3 Die Abberufung des Verwalters

Über die Abberufung des Verwalters beschließen die Wohnungseigentümer wie auch über seine Bestellung gemäß § 26 Abs. 1 Satz 1 WEG mit Stimmenmehrheit. Vereinbarungen über Beschränkungen dieses Abberufungsrechts sind gemäß § 26 Abs. 1 Satz 4 WEG unzulässig.
So ist auch eine in der Teilungserklärung bzw. in der Gemeinschaftsordnung enthaltene Vereinbarung unwirksam, wonach die Abberufung des Verwalters nur mit qualifizierter Mehrheit zulässig sein soll (AG Köln, 30. 7. 1976, 151 II 1005/75 WEG).
Es genügt grundsätzlich die einfache Mehrheit der in der gemäß § 25 Abs. 3 WEG beschlussfähigen Wohnungseigentümerversammlung erschienenen bzw. vertretenen stimmberechtigten Wohnungseigentümer.
Eine nur durch den Verwaltungsbeirat schriftlich mitgeteilte Abberufung (Kündigung) ist unwirksam, auch wenn sie im Einverständnis mit den Wohnungseigentümern erfolgte (BayObLG, 9. 2. 1965, 2 Z 276/64).
Bei der Abstimmung über die Abberufung des Verwalters ist auch der Verwalter selbst stimmberechtigt, und zwar nicht nur dann, wenn er selbst Wohnungseigentümer ist, sondern auch dann, wenn Wohnungseigentümer ihn ermächtigt haben, sie in der Wohnungseigentümerversammlung zu vertreten (BGH, 19. 9. 2002, V ZB 30/02; KG Berlin, 10. 11. 1978, 1 W 179/78; 25.3. 1977, 1 W 3736/76; OLG Stuttgart, 8. 7. 1977, 8 W 572/76; OLG Celle, 18. 12. 1957, 4 Wx 42/57; OLG München, 15. 9. 2010, 32 Wx 016/10; LG Dortmund, 20. 1. 1966, 9 T 473/65).

Entgegen der früheren Rechtsauffassung ist der Verwalter auch dann stimmberechtigt, wenn mit der Abberufung gleichzeitig über die Kündigung des Verwaltungsvertrages beschlossen wird (BGH, 19. 9. 2002, V ZB 30/02; zur Kündigung des Verwaltungsvertrages vgl. auch Kap. 15.4.4).Ein Stimmverbot besteht nur für den Fall, dass die Abberufung aus wichtigem Grund erfolgt (BGH, 19. 9. 2002, V ZB 30/02).

Verhindert der Verwalter mit seiner Stimmenmehrheit seine Abberufung und auch die Kündigung des Verwaltungsvertrages, rechtfertigt eine solche Majorisierung allein noch nicht den Vorwurf rechtsmissbräuchlicher Stimmrechtsausübung. Es ist vielmehr zu prüfen, ob durch die Majorisierung die Rechte der übrigen Wohnungseigentümer in rechtsmissbräuchlicher Weise beeinträchtigt sind und damit ein Verstoß gegen Treu und Glauben (§ 242 BGB) vorliegt (BGH, 19. 9. 2002, V ZB 30/02; KG Berlin, 25. 3. 1977, 1 W 3736/76; 10. 11. 1978, 1 W 179/78; vgl. auch OLG Hamm, 6. 2. 1978, 15 W 345 und 346/77; zur Majorisierung vgl. auch Kap. 14.2.2).

Verfügt der Verwalter durch Stimmrechtsübertragung praktisch stets über die Mehrheit in der Wohnungseigentümerversammlung und verhindert dadurch rechtsmissbräuchlich seine Abberufung, kann das Gericht auf Antrag eines Wohnungseigentümers ohne vorherige Beschlussfassung der Wohnungseigentümer über die Abberufung des Verwalters entscheiden, weil die Einberufung einer Wohnungseigentümerversammlung in einem solchen Fall eine nutzlose Formalität darstellen würde (OLG Düsseldorf, 2. 2. 1998, 3 Wx 345/97; OLG Stuttgart, 8. 7. 1977, 8 W 572/76; AG Recklinghausen, 28. 4. 1989, 16 II 131/88).

In allen anderen Fällen muss aber ein Mehrheitsbeschluss oder zumindest der erfolglose Versuch einer Beschlussfassung über die Abberufung (Vorbefassung) vorausgegangen sein, bevor das Gericht nach § 21 Abs. 4, § 43 Nr. 3 WEG angerufen werden kann (BayObLG auf Anfrage zu OLG

Stuttgart, 8. 7. 1977, 8 W 572/76; BayObLG, 6. 8. 1985, 2 Z 45/85, zur Abberufung durch das Gericht, wenn dem Eigentümer die Anrufung der Wohnungseigentümerversammlung nicht zugemutet werden kann; KG Berlin, 15. 6. 1988, 24 W 5977/87, zur gerichtlichen Abberufung, wenn trotz Pflichtverletzung kein Abberufungsbeschluss durch die Wohnungseigentümerversammlung zustande kommt).

Mit der Abberufung aus wichtigem Grund ist im Regelfall auch davon auszugehen, dass damit gleichzeitig die fristlose Kündigung des Verwaltungsvertrages ausgesprochen wird (BayObLG, 29. 01. 2004, 2Z BR 181/03: vgl. dazu auch Kap. 15.4.4).

Wird allerdings ein Verwalter zu Unrecht abberufen, steht ihm für die Restlaufzeit des ursprünglich abgeschlossenen Verwaltungsvertrages gemäß § 615 BGB der vertraglich vereinbarte Vergütungsanspruch unter Abzug der ersparten Kosten zu (vgl. dazu Kap. 15. 4. 10.7).

Der Vergütungsanspruch des abberufenen Verwalters ist im Verfahren nach § 43 Nr. 5 WEG n. v. geltend zu machen (BGH, 10. 7. 1980, VII ZR 328/79).

15.3.1 Abberufung aus wichtigem Grund

Das Recht der Wohnungseigentümer, den bestellten Verwalter jederzeit durch Mehrheitsbeschluss abzuberufen, gilt grundsätzlich auch für den Fall, dass der Verwalter durch Vereinbarung (Teilungserklärung oder Gemeinschaftsordnung) bestellt worden ist, weil die gesetzliche Regelung über die Abberufung durch Mehrheitsbeschluss unabdingbar ist.

Wird allerdings mit dem Bestellungsbeschluss gleichzeitig der Bestellungszeitraum verbindlich festgelegt, liegt hierin ein Verzicht auf das Recht zur jederzeitigen Abberufung.

Eine Einschränkung des Abberufungsrechts sieht das Gesetz allerdings selbst vor. Gemäß § 26 Abs. Abs. 3 WEG kann die Abberufung des Verwalters auf das Vorliegen eines „wichtigen Grundes“ beschränkt werden. Sie ist jederzeit möglich, wird aber vom Vorliegen bestimmter Voraussetzungen abhängig gemacht (vgl. hierzu auch OLG Schleswig, 19.4. 1961, 2 W 17/61; vgl. auch OLG Karslruhe, 10. 9. 1997, 4 W 71/97). So kann es bei einmaligen Pflichtverstößen geboten sein, den Verwalter zunächst durch Abmahnung zur Erfüllung seiner Pflichten anzuhalten (LG Düsseldorf, 27. 1. 2010, 16 S 45/09).

Dieses Recht ist unabdingbar und kann deshalb auch nicht durch eine Vereinbarung, also auch nicht durch entsprechende Regelungen in der Teilungserklärung oder in der Gemeinschaftsordnung ausgeschlossen werden (BayObLG, 5. 4. 1972, 2 Z 95/71; zur Nichtigkeit entsprechender Regelungen vgl. auch OLG Hamm, 26. 11. 1984, 15 W 95/84, zur unzulässigen Verhinderung der Abberufung durch Hypothekengläubiger).

Ein wichtiger Grund liegt gemäß § 26 Abs. 1 Satz 3 WEG regelmäßig dann vor, wenn der Verwalter die Beschluss-Sammlung nicht ordnungsmäßig führt. Das wird insbesondere dann der Fall sein, wenn der Verwalter die nach § 24 Abs. 7 WEG geforderten Angaben nicht in die Beschluss-Sammlung aufnimmt und insbesondere auch die Anlegung nicht unverzüglich vornimmt (zur Beschluss-Sammlung vgl. Kap. 14.5).

Was im Übrigen als „wichtiger Grund“ anzusehen ist, hat die Rechtsprechung in zahlreichen Entscheidungen festgelegt. So liegt allgemein ein wichtiger Grund zur vorzeitigen Abberufung eines Verwalters vor,

- wenn den Wohnungseigentümern oder einzelnen von ihnen unter Berücksichtigung aller, nicht notwendig vom Verwalter verschuldeter Umstände nach Treu und Glauben eine Fortsetzung der Zusammenarbeit mit dem Verwalter nicht zugemutet werden kann und deshalb das erforderliche Vertrauensverhältnis nachhaltig zerstört ist (BGH, 19. 09. 2002, V ZB 30/02; 20.06.2002, V ZB

39/01; BayObLG, 10. 3. 2004, 2Z BR 238/03; OLG Hamm, 8. 4. 2004, 15 W 17/04; OLG Düsseldorf, 17. 4. 2002, 3 Wx 8/02; 8. 10. 2003, 3 Wx 204/03; OLG Oldenburg, 20. 1. 1970, 5 Wx 58/69; BayObLG, 5. 4. 1972, 2 Z 95/71; 5. 12. 1979, 2 Z 66/78; 22. 7. 1993, 2Z BR 54/93; 27. 11. 1998, 2 Z BR 150/98, zur fehlenden Vertrauensbasis zum Verwaltungsbeirat, vorliegend jedoch nicht anerkannt wegen vorwerfbaren Handelns des Beirates; 21. 10. 1999, 2Z BR 97/99, ebenfalls zur fehlenden Vertrauensbasis zum Verwaltungsbeirat; 17. 1. 00, 2Z BR 120/99; OLG Hamm, 26. 11. 1984, 15 W 95/84; OLG Köln, 22. 1. 1999, 16 Wx 218/98; OLG Zweibrücken, 16. 12. 2002, 3 W 202/02; vgl. auch AG Hamburg, 5. 3. 1990, 102 a II 113/89, zu einer Vielzahl nicht ausreichender Gründe).

Die Zumutbarkeit einer weiteren Zusammenarbeit mit dem Verwalter ist insbesondere dann in Frage gestellt, wenn dieser

- die Interessen der Wohnungseigentümer seinen eigenen Interessen unterordnet,
- den erklärten Willen der Wohnungseigentümer missachtet,
- die ihm obliegenden Aufgaben nicht oder nur unzulänglich erfüllt (BayObLG, 8. 8. 1985, 2 Z 21/85).

Diese Kriterien sind vor allem bei einem vom Bauträger nominierten Verwalter einer strengen Prüfung zu unterziehen (BayObLG, 5. 4. 1972, 2 Z 95/71; vgl. OLG Hamm, 8. 4. 2004, 15 W 17/04, dort zur Abberufung des bauträgeridentischen Verwalters).

Bei einmaligen Pflichtverstößen kann es geboten sein, den Verwalter zunächst durch eine Abmahnung zur Erfüllung der Verwalterpflichten anzuhalten (zur Abberufung ohne vorherige Abmahnung vgl. OLG Düsseldorf, 4. 06. 1997, 3 Wx 569/96).

Welche „wichtigen Gründe“ im konkreten Einzelfall die je-

derzeitige Abberufung, aber auch die Anfechtung einer erneuten Wiederbestellung rechtfertigen, richtet sich maßgeblich danach, ob der Verwalter zum Zeitpunkt seiner Abberufung die ihm eingeräumten Rechte missbraucht oder seine Pflichten verletzt hat. Grundsätzlich gilt, dass die Abberufung aus wichtigem Grund nur auf solche Tatsachen gestützt werden kann, die entweder nach der Bestellung entstanden oder den Wohnungseigentümern erst nach diesem Zeitpunkt bekannt geworden sind (KG Berlin, 1. 3. 1974, 1 W 858/73).
Dabei kommt es nach Auffassung des OLG Celle nicht darauf an, dass (überhaupt) ein wichtiger Grund vorliegt, vielmehr muss dieser Grund so schwerwiegend sein, dass eine Nichtabberufung des Verwalters für die Eigentümer nicht mehr vertretbar erscheint (OLG Celle, 19. 5. 1999, 4 W 49/99, im konkreten Fall zur Zurückweisung eines Abberufungsbeschlusses, nach hier vertretener Meinung jedoch unzutreffend; zu nicht wichtigen Gründen vgl. OLG Düsseldorf, 8. 10. 2003, 3 Wx 204/03).
Wichtige Gründe zur sofortigen Abberufung und zur sofortigen Kündigung des Verwaltungsvertrages:

Beschäftigung vorbestrafter Angestellter

Die Beschäftigung vorbestrafter Angestellter (KG Berlin, 4. 7. 1984, 24 W 714/84);

Eigentumsdelikte

s. Verurteilung wegen Eigentums-/Vermögensdelikt

Entgegennahme von Provisionen

Entgegennahme von Provisionen von einem Versicherungsunternehmen, das Vertragspartner der Wohnungseigentümergemeinschaft ist (vgl. Kap. 12.2. 2. 10);

Geltendmachung abgetretener Ansprüche

Abtretung von Ansprüchen Dritter gegen Wohnungseigentümer als Zerstörung des Vertrauensverhältnisses (BayObLG, 22. 7. 1993, 2Z BR 54/93).

Herbeiführung der Beschlussunfähigkeit

Verlassen der Wohnungseigentümerversammlung ohne triftigen Grund und Herbeiführung der Beschlussunfähigkeit der Wohnungseigentümerversammlung (LG Freiburg, a. a. O.; BayObLG, 9.2. 1965, 2 Z 276/64);

Mangelnde Sorgfalt in finanziellen Angelegenheiten

Mangelnde Sorge für die Sicherung geordneter finanzieller Verhältnisse der Gemeinschaft (OLG Karlsruhe, 10. 9. 1997, 4 W 71/97); Auflaufenlassen von Verbindlichkeiten ohne für rechtzeitige Tilgung und Bereitstellung der dafür erforderlichen Mittel zu sorgen (OLG Köln, 7. 5. 1999, 16 Wx 21/99);

Nichtgewährung des Einsichtsrechts

Verweigerung der Einsicht in die innerhalb eines Monats anzufertigende Niederschrift über die Beschlüsse der Wohnungseigentümerversammlung (LG Freiburg, 25. 11. 1966, 4 T 129/65; zur Nichtgewährung des Einsichtsrechts in die Jahresabrechnung als wichtiger Abberufungsgrund vgl. BayObLG, 9. 08. 1990, 1 b Z 25/890);

Nichtvorlage der Abrechnung/Rechnungsbelege

Wiederholte, nicht rechtzeitige oder verzögerte Vorlage der Jahresabrechnung oder eines beschlussmäßig verlangten Berichts über das Konto der Eigentümergemeinschaft und

Nichtvorlage der Belege (BayObLG, 7. 10. 1999, 2Z BR 76/99; LG Freiburg, a. a. O.; vgl. auch BayObLG, 9. 2. 1965, 2 Z 276/64, zur verspäteten Vorlage der Jahresabrechnung, und zwar acht Monate nach Beendigung des Abrechnungszeitraums; OLG Köln, 22. 1. 1999, 16 Wx 218/98, zur Verzögerung der Abrechnung über einen Zeitraum von 2 bzw. 3 Jahren; OLG Düsseldorf, 17. 4. 2002, 3 Wx 8/02, zur Abberufung aus wichtigem Grund bei Nichtvorlage der Abrechnung über zwei Perioden, i. Ü. zur Vorlagefrist der Jahresabrechnung von drei bis höchstens sechs Monate nach Ablauf des Wirtschaftsjahres; AG Recklinghausen, 28. 4. 1989, 16 II 131/88, zur Nichtvorlage der Jahresabrechnung über einen Zeitraum von zwei Jahren sowie Unterlassung von Wohnungseigentümerversammlungen);

Tätigkeit als Makler

Grundsätzlich schließen sich die gleichzeitige Tätigkeit als WEG-Verwalter und die Tätigkeit als Makler nicht von vornherein aus. Im konkreten Fall kann die Doppeltätigkeit als Verwalter und Makler jedoch auch einen Grund zur Abberufung darstellen.

Ist ein Verwalter gemäß Teilungserklärung verpflichtet, die Zustimmung zur Veräußerung zu erteilen, kann er sich eine von § 652 BGB unabhängige Provision versprechen lassen. Dabei genügt es, dass der Käufer die Verflechtung zwischen Makler- und Verwaltertätigkeit kennt (BGH, 6. 2. 2003, III ZR 287/02; vgl. auch BGH, 28. 4. 2005, III ZR 387/04; zur Entbehrlichkeit eines ausdrücklichen Provisionsversprechens bei Kenntnis der Maklertätigkeit vgl. OLG Köln, 10. 9. 2002, 24 U 32/02).

Für die Vermittlung oder den Nachweis von Mietverträgen über Wohnraum hat der WEG-Verwalter als Verwalter des gemeinschaftlichen Eigentums nach jetziger BGH-Rechtsprechung einen Anspruch auf Entgelt für diese Tätigkeit. Die Vorschriften des § 2 Abs. 2 Satz 1 Nr. 2 des Wohnungs-

vermittlungsgesetzes (WoVermittG) stehen dem nicht entgegen, da der WEG-Verwalter nicht Verwalter im Sinne dieser Bestimmung ist (BGH, 13. 3. 2003, III ZR 299/02; BGH, 2. 10. 2003, III ZR 5/03).
Ein wichtiger Grund zur Abberufung liegt aber vor, wenn der Verwalter, dessen Zustimmung zur Veräußerung erforderlich ist, bei einer Veräußerung als Makler gegen Entgelt mitgewirkt und er sich dabei über den erklärten Willen der Wohnungseigentümer hinweggesetzt hat (BayObLG, 5. 4. 1972, 2 Z 95/71; vgl. auch BayObLG, 7. 5. 1997, 2Z BR 135/96, zum wichtigen Grund gegen eine Wiederbestellung, wenn der Verwalter den Eigentümern seine Dienste als Makler unentgeltlich anbietet);

Unberechtigte Verfügung über Gemeinschaftsgelder

Alleinverfügung über Gelder der Gemeinschaft entgegen einem ausdrücklichen Beschluss der Wohnungseigentümer (LG Freiburg, a. a. O.) sowie eigenmächtige Entnahme gemeinschaftlicher Gelder zur Befriedigung angeblich eigener Ansprüche gegen die Gemeinschaft (OLG Düsseldorf, 1. 9. 1980, 3 W 189/80; 4. 6. 1997, 3 Wx 569/96, zur eigenmächtigen Entnahme zweckgebundener gemeinschaftlicher Gelder; vgl. auch OLG Zweibrücken, 16. 12. 2002, 3 W 202/02, zur Entnahme der Verwaltervergütung im Voraus auf 4 Jahre); rechtsgrundlose Zahlungen in beträchtlicher Höhe an einzelne Miteigentümer (KG Berlin, 15. 6. 1988, 24 W 5977/87; vgl. auch BVerwG, 6. 12. 1994, 1 B 234/94, zur unzulässigen Darlehensgewährung des Verwalters an sich oder Dritte aus gemeinschaftlichen Geldern);

Unpfändbarkeit des Verwalters

Unpfändbarkeit der Verwaltungsgesellschaft und ihrer Geschäftsführer (OLG Stuttgart, 8. 7. 1977, 8 W 572/76);

Unrichtige Protokollführung

Wahrheitswidrige und unrichtige Protokollführung über die in der Wohnungseigentümerversammlung gefassten Beschlüsse sowie Übersendung der Niederschrift erst drei Monate seit der Versammlung, wenn Versand der Niederschriften vertraglich vereinbart ist (BayObLG, 5. 12. 1979, 2 Z 66/78).

Unsachlichkeit

Eine unsachliche und von Aversionen gegen einzelne Eigentümer geprägte Versammlungsleitung kann einen wichtigen Grund zu seiner sofortigen Abberufung oder zur Anfechtung eines Beschlusses über seine Wiederbestellung sein (OLG Köln, 17. 12. 2004, 16 Wx 191/04).

Verhinderung/Nichteinberufung einer Wohnungseigentümerversammlung

Verhinderung einer Wohnungseigentümerversammlung zur Abwahl bzw. ordentlichen Kündigung des Verwaltungsvertrages (OLG Frankfurt, 22. 9. 1987, 20 W 147/87) oder Nichteinberufung einer Versammlung über einen Zeitraum von 1 ½ Jahren; OLG Düsseldorf, 2. 2. 1998, 3 Wx 345/97, zur Weigerung, eine Versammlung einzuberufen, dazu vgl. auch Kap. 14.1.1).

Vermögensdelikt

Siehe hierzu: Verurteilung wegen Eigentums-/Vermögensdelikt

Verletzung der Neutralitätspflicht

Anfertigung der Abrechnung entgegen den Grundsätzen ordnungsmäßiger Verwaltung nach den Anweisungen eines Mehrheitseigentümers als Verletzung der Neutralitätspflicht (OLG Köln, 25. 11. 1998, 16 Wx 156/98).

Verschweigen nicht getilgter Vorstrafen

Verschweigen nicht getilgter Vorstrafen bei der Verwalterbestellung trotz gezielter Fragen (KG Berlin, 9. 9. 1993, 24 W 5948/92). Getilgte Vorstrafen gelten allein nicht als Verstoß gegen die Grundsätze ordnungsmäßiger Verwaltung bei der Bestellung eines Verwalters (KG Berlin, 20. 3. 1989, 24 W 4238/88).

Verurteilung wegen Eigentums- / Vermögensdelikt

Die Verurteilung eines Verwalters wegen eines Eigentums- oder Vermögensdelikts spricht grundsätzlich gegen die (Wieder-) Bestellung eines Verwalters und rechtfertigt seine Abberufung, auch wenn sich die Delikte nicht gegen die Wohnungseigentümer selbst gerichtet haben oder in einer anderen Wohnungseigentümergemeinschaft begangen und das Urteil auf Bewährung ausgesetzt wurde (BayObLG, 12. 3. 1998, 2Z BR 8/98 = NZM 1998, 486; OLG Köln, 25. 5. 2001, 16 Wx 15/01; OLG Schleswig, 30. 10. 2002, 2 W 149/02).

Trotz der von der Rechtsprechung allgemein und – wie dargestellt – fallbezogen entwickelten Grundsätze zur Beurteilung der Zulässigkeit der Abberufung des Verwalters aus wichtigem Grund, bleibt es in der Praxis stets der Würdigung aller Umstände des konkreten Einzelfalles vorbehalten, um eine „Abberufung aus wichtigem Grund“ rechtswirksam zu begründen. Nicht jede „Verfehlung“ des Ver-

walters stellt nämlich einen „wichtigen Grund“ zur sofortigen Abberufung dar.
Allgemein nicht als „wichtiger Grund“ werden angesehen:

- vom Bauträger zu vertretende Baumängel;
- Nachlässigkeiten des Hausmeisters;
- Verzögerung bei der Durchführung von Reparaturen, ausgenommen bei grober Fahrlässigkeit;
- verzögerte Beantwortung von Briefen und Anfragen von Wohnungseigentümern;
- leichte und selbst gelegentlich gröbere Unhöflichkeiten des Verwalters und seiner Angestellten;
- gelegentliche Rechen- und Schreibfehler;
- persönliche Vorurteile gegen den Verwalter;
- die „personelle Verflechtung“ des Verwalters mit einem Wohnungseigentümer als solche.

Die Abberufung des Verwalters aus wichtigem Grund bedarf eines Mehrheitsbeschlusses der Wohnungseigentümer. Der Antrag auf Abberufung ist als Tagesordnungspunkt in die Einladung zur Wohnungseigentümerversammlung aufzunehmen.
Dieser Anspruch muss gegebenenfalls gerichtlich durchgesetzt werden, wenn sich der Verwalter weigert, einem entsprechenden Verlangen der Wohnungseigentümer nachzukommen, oder wenn ein entsprechender Antrag in der Versammlung offenkundig nicht die Mehrheit in der Versammlung finden wird (BayObLG, 4. 7. 2002, 2Z BR 139/01; BGH, 10. 6. 2011, V ZR 146/10, zur Abberufung eines untauglichen und Bestellung eines tauglichen Verwalters durch einstweilige Verfügung; vgl. auch Kap. 14.1.4.2 Tagesordnung; Kap. 15.2.3 Richterliche Bestellung).
Die Einberufung zu einer außerordentlichen Versammlung mit diesem Tagesordnungspunkt durch den Verwalter wird im Regelfall nur dadurch zu erreichen sein, dass ein entsprechendes Verlangen an den Verwalter gerichtet wird, und zwar gemäß § 24 Abs. 2 WEG schriftlich von mehr als

einem Viertel der Wohnungseigentümer unter Angabe der Gründe.

Dabei ist davon auszugehen, dass der Termin für eine solche Versammlung zur sofortigen Abberufung des Verwalters innerhalb einer angemessenen Frist nach Bekannt werden des „wichtigen Grundes“ anzuberaumen ist.

Insoweit findet die Vorschrift des § 626 Abs. 2 BGB mit der danach vorgesehenen Zwei-Wochen-Frist keine bzw. nur entsprechende Anwendung (BayObLG, 5. 12. 1979, 2 Z 66/78; zur Kündigung innerhalb angemessener Frist vgl. BayObLG, 17. 1. 00, 2Z BR 120/99, dort auch zur Verwirkung des Rechts auf Abberufung nach mehr als zwei Monaten, wenn ein Eigentümer allein über die notwendige Stimmenmehrheit nach § 24 Abs. 2 WEG verfügt; BayObLG, 30. 4. 1999, 2Z BR 3/99; OLG Frankfurt, 22. 9. 1987, 20 W 147/87; OLG Hamm, 3. 5. 1990, 15 W 8/90; OLG Frankfurt, 13. 9. 1974, 20 W 475/74; 19. 5. 1988, 20 W 206/87, dort zur „Kündigung innerhalb angemessen kurzer Zeit“; vgl. auch Beschl. v. 22. 9. 1988, 20 W 147/87, zur „entsprechenden“ Anwendung von § 626 Abs. 2 BGB).

Als angemessen in diesem Sinne ist eine Frist von zwei bis drei Monaten anzusehen, wobei allerdings auch die allgemeinen Ferien- und Urlaubszeiten zu berücksichtigen sind.

Da in der Praxis die Abberufung des Verwalters im Rahmen einer mehrheitlichen Beschlussfassung durch die Wohnungseigentümerversammlung häufig scheitern wird, stellt sich die Frage der anderweitigen Durchsetzbarkeit des Abberufungsverlangens, das von einer Minderheit oder sogar nur von einem einzelnen Wohnungseigentümer geltend gemacht wird.

15.3.2 Abberufung durch den Richter

Auch wenn das Gesetz die Abberufung des Verwalters auf Antrag einer Minderheit oder eines einzelnen Wohnungseigentümers nicht vorsieht (im Gegensatz zur Bestellung

eines Verwalters) und auch eine eigene Zuständigkeit des Gerichts zur Abberufung des Verwalters aus wichtigem Grund nicht gegeben ist, kann eine Abberufung durch das Gericht auch im Wege des Individualanspruchs auf ordnungsmäßige Verwaltung durchgesetzt werden, ohne dass es hierzu eines vorherigen Beschlusses der Wohnungseigentümerversammlung bedarf.
Bei Vorliegen eines wichtigen Grundes ist nämlich die Entlassung des Verwalters regelmäßig im Rahmen ordnungsmäßiger Verwaltung geboten und kann dementsprechend gemäß § 21 Abs. 4 WEG von jedem einzelnen Wohnungseigentümer verlangt werden (KG Berlin, 10. 11. 1978, 1 W 179/78; vgl. auch oben Kap. 15.3, dort BayObLG zu OLG Stuttgart, 8. 7. 1977, 8 W 572/76 und daselbst, BayObLG, 6. 8. 1985, 2 Z 45/85, sowie 15.3.1, dort zu BayObLG, 4. 7. 2002, 2Z BR 139/02).
Im Übrigen kann in begründeten Fällen auch ein einzelner Wohnungseigentümer im Verfahren nach § 43 Nr. 1 WEG durch den Richter gemäß § 37 Abs. 2 BGB ermächtigt werden, eine Wohnungseigentümerversammlung zwecks Abberufung des Verwalters einzuberufen (vgl. zur gerichtlichen Ermächtigung Kap. 14.1.1).

15.3.3 Anfechtung des Abberufungsbeschlusses durch den Verwalter

Dem abberufenen Verwalter steht grundsätzlich das Recht zu, den Beschluss über seine Abberufung anzufechten. Damit soll ihm das Recht und die Möglichkeit eingeräumt werden, seine durch die Abberufung gegebenenfalls zu Unrecht entzogene Rechtsstellung zurück zu erlangen (BGH, 20. 6. 2002, V ZB 39/01, m. n. N.; zum Recht des Verwalters, die gerichtliche Entscheidung über die Ungültigerklärung des Beschlusses über seine Bestellung anzufechten vgl. BGH, 21. 6. 2007, V ZB 20/07).
Wird der Abberufungsbeschluss durch das Gericht für un-

gültig erklärt, erhält der abberufene Verwalter seine Verwalterstellung zurück. Das führt dazu, dass der inzwischen neu berufene Verwalter seine Rechtstellung verliert und auch der mit ihm geschlossene Vertrag aufgehoben wird, ohne dass ihm in diesem Falle Schadensersatzansprüche zustehen.
Ficht der Verwalter den Beschluss über die Kündigung des Verwaltungsvertrages nicht wegen Mängel bei der Beschlussfassung an, sondern fordert er die Überprüfung der materiellen Voraussetzungen des Kündigungsrechts, kann er die Berechtigung der Wohnungseigentümer zur Kündigung des Verwaltungsvertrages im Feststellungsverfahren nach § 43 Nr. 3 WEG i. V. m. § 256 Abs. 1 ZPO überprüfen lassen, wobei für diesen Feststellungsantrag nicht die einmonatige Ausschlussfrist nach § 23 Abs. 4 WEG gilt. Das Feststellungsinteresse fehlt nur für den Fall, dass der Verwaltungsvertrag für die Dauer der Bestellung geschlossen wurde und die Abberufung wirksam wäre (BGH, 20. 6. 2002, V ZB 39/01).

15.4 Der Verwaltungsvertrag

Das Wohnungseigentumsgesetz selbst regelt nur die Bestellung bzw. die Abberufung des Verwalters. Mit der Bestellung des Verwalters wird jedoch ein Vertragsverhältnis zwischen dem Verwalter und der Wohnungseigentümergemeinschaft allein noch nicht begründet.
Das Vertragsverhältnis entsteht vielmehr erst durch die Annahme der Bestellung (als Vertragsangebot) durch den Verwalter (BayObLG, 198. 3. 1997, 2Z BR 98/96; zum Zusammenfallen von Bestellung und Annahme des Vertragsangebots vgl. BayObLG, 15. 3. 1990, 2 Z 8/90).
Für das rechtswirksame Zustandekommen des Vertragsverhältnisses besteht kein Formzwang, so dass auch durch mündliche Vereinbarung – Erklärung der Annahme der

Bestellung durch den Verwalter in der Wohnungseigentümerversammlung – ein Verwaltungsvertrag zustande kommen kann (vgl. BayObLG, 11. 9. 1986, 2 Z 30/87; vgl. zum Zustandekommen des Vertragsverhältnisses auch ohne ausdrücklichen Vertragsabschluss OLG Hamm, 2. 9. 1996, 15 W 138/96).
Auch stillschweigend kann ein Verwaltungsvertrag (Vertragsverhältnis) dadurch zustande kommen, dass der Verwalter durch „konkludentes" Handeln, also durch Aufnahme der Verwaltertätigkeit, der Bestellung zustimmt und damit das in der Bestellung liegende Vertragsangebot der Wohnungseigentümergemeinschaft annimmt (BGH, 6. 3. 1997, III ZR 248/95; BayObLG, 18. 3. 1997, 2Z BR 98/96).
Dies gilt auch dann, wenn der Bestellungsbeschluss den Abschluss eines schriftlichen Vertrages vorsieht, dieser aber nicht zustande kommt (BayObLG, 18. 3. 1997, 2Z BR 98/96; vgl. auch OLG Hamm, 21. 8. 1996, 15 W 174/96, zum Zustandekommen eines befristeten Geschäftsbesorgungsvertrages bei befristeter Verwalterbestellung und Nichtzustandekommens eines ausdrücklichen Verwaltungsvertrages).
Wird kein schriftlicher Vertrag geschlossen, regeln sich die Rechtsbeziehungen nach den Vorschriften des WEG und ergänzend nach den einschlägigen Vorschriften des BGB.
Der Verwaltungsvertrag ist entweder

- unentgeltlicher Auftrag (§§ 662 ff. BGB),
- ein Dienstvertrag (§§ 611 ff. BGB) oder
- ein entgeltlicher Auftrag als Geschäftsbesorgungsvertrag (§ 675 BGB).

Der BGH bezeichnet den Verwaltungsvertrag als einen Dienstvertrag, der auf eine Geschäftsbesorgung gerichtet ist (BGH, 18. 2. 2011, V ZR 197/10; 28. 4. 1993, VIII ZR 109/92).
Daraus ergibt sich, dass auch die entsprechenden Vorschrif-

ten des BGB auf das Vertragsverhältnis Anwendung finden, so insbesondere die Vorschriften des

- § 666 BGB – Auskunfts- und Rechenschaftspflicht,
- § 667 BGB – Herausgabepflicht des Beauftragten,
- § 669 BGB – Vorschusspflicht (der Wohnungseigentümer),
- § 670 BGB – Aufwendungsersatz,
- § 259 BGB – Umfang der Rechenschaftspflicht.

Für die Praxis empfiehlt sich grundsätzlich der Abschluss eines schriftlichen Verwaltungsvertrages, der die Aufgaben und Befugnisse des Verwalters im einzelnen regelt und durch klare vertragliche Bestimmungen dazu beiträgt, dass unnötige Schwierigkeiten im Verhältnis „Verwalter – Wohnungseigentümergemeinschaft" vermieden werden.
Was konkret zum Vertragsinhalt gemacht werden soll, ist in der Praxis umstritten.
Einerseits wird die Auffassung vertreten, Verwalterverträge möglichst kurz abzufassen, andererseits bleibt zu berücksichtigen, dass im Rahmen eines detaillierteren Vertrages die Möglichkeit besteht, entsprechend den jeweiligen Bedürfnissen der Gemeinschaft zusätzliche und genau umrissene Regelungen zu treffen, zumal das Wohnungseigentumsgesetz selbst nur die Mindestaufgaben und Mindestbefugnisse des Verwalters regelt.
Sinnvoll und aus Gründen der Rechtssicherheit empfehlenswert ist es, dass die Wohnungseigentümer vor der Beschlussfassung über die Bestellung des Verwalters Kenntnis über den Vertragsentwurf erlangen, um in Kenntnis der vertraglichen Konditionen die Bestellung vorzunehmen. Andernfalls kann es passieren, dass nach rechtswirksamer Bestellung durch Mehrheitsbeschluss im Nachhinein Meinungsverschiedenheiten und Differenzen über die zu konkret zu vereinbarenden Vertragsinhalte auftreten.
Dieses Problem taucht vor allem dann auf, wenn gleichzeitig mit dem Bestellungsbeschluss bestimmte Wohnungs-

eigentümer oder der Verwaltungsbeirat bevollmächtigt werden, Einzelheiten des Vertrages erst noch auszuhandeln und dann den Vertrag für die Wohnungseigentümergemeinschaft in deren Namen mit Wirkung für und gegen sie zu unterzeichnen.
Die Rechtsmeinungen über die Wirksamkeit eines solchen Beschlusses und den auf der Grundlage dieses Beschlusses ausgehandelten Verwaltungsvertrag gehen auseinander (vgl. hierzu Kap. 15. 4. 14).

15.4.1 Vertragsparteien

Der Verwaltungsvertrag wird grundsätzlich zwischen dem Verwalter auf der einen Seite und der teilrechtsfähigen Wohnungseigentümergemeinschaft auf der anderen Seite durch Mehrheitsbeschluss der Wohnungseigentümer geschlossen. Der Abschluss des Verwaltungsvertrages gehört zu den Teilbereichen des Rechtslebens, bei denen die Wohnungseigentümer im Rahmen der Verwaltung des gemeinschaftlichen Eigentum als Gemeinschaft am Rechtsverkehr teilnehmen.
Damit ist grundsätzlich die teilrechtsfähige Wohnungseigentümergemeinschaft Vertragspartner des Verwalters (OLG München, 14. 9. 2006, 34 Wx 49/06; 8. 11. 2006, 34 Wx 045/06, in beiden Entscheidung als Vertrag zugunsten Dritter, insoweit der einzelnen Eigentümer, angesehen; 20. 7. 2007, 32 Wx 093/07; OLG Düsseldorf, 29. 9. 2006, 3 Wx 281/05; OLG Hamm, 3. 1. 2006, 15 W 109/05; zur Auffassung, wonach der Verwaltungsvertrag als Vertrag zugunsten Dritter anzusehen ist, vgl. Abramenko, ZMR 2006, 6; vgl. auch Niedenführ in Niedenführ/Kümmel/Vandenhouten § 26 Rn 31, der den zwischen der Wohnungseigentümergemeinschaft und Verwalter geschlossenen Vertrag gleichzeitig als Vertrag zugunsten der Wohnungseigentümer als Dritte ansieht).
Für die rechtswirksame Unterzeichnung des Verwaltungs-

vertrages reicht die Unterschrift von einem oder zwei oder auch mehreren Wohnungseigentümern aus, die durch Mehrheitsbeschluss von der Wohnungseigentümerversammlung ermächtigt sind.
Der einzelne Wohnungseigentümer hat gegenüber dem Verwalter keinen Anspruch auf Abschluss eines gesonderten Vertrages. Insoweit ist es auch nicht erforderlich, dass jeder Wohnungseigentümer den Vertrag mit dem Verwalter unterzeichnet.
Dem steht auch nicht entgegen, dass jeder Wohnungseigentümer im Rahmen seines Anspruchs auf ordnungsmäßige Verwaltung die Bestellung eines Verwalters verlangen kann. Dieses Verlangen richtet sich lediglich darauf, dass die Wohnungseigentümergemeinschaft in ihrer Gesamtheit ihrer Verpflichtung zur Bestellung eines Verwalters für die Verwaltung des gemeinschaftlichen Eigentums nachkommt.
Aus diesem Vertragsverhältnis ergibt sich auch die Konsequenz, dass die Rechte der Gemeinschaft gegenüber dem Verwalter nur von dieser in ihrer Gesamtheit ausgeübt werden können. Ein einzelner Wohnungseigentümer oder auch der Verwaltungsbeirat bzw. seine einzelnen Mitglieder haben gegenüber dem Verwalter keine Weisungsbefugnis.

15.4.2 Zeitpunkt und Dauer der Bestellung

Aufgrund der nach § 26 Abs. 1 Satz 2 WEG vorgeschriebenen Befristung der Verwalterbestellung auf drei Jahre bei Erstbestellung bzw. höchstens fünf Jahre bei Folgebestellungen ist zwischen dem Termin der Bestellung durch Beschluss in der Wohnungseigentümerversammlung bzw. durch Vereinbarung oder Teilungserklärung und dem Termin des Wirksamwerdens der Bestellung, also dem Beginn der Verwaltungstätigkeit zu unterscheiden. Üblicherweise werden diese Termine auseinander fallen. Aus diesem Grunde soll im Bestellungsbeschluss der Beginn der Bestel-

lung im Sinne des Tätigwerdens des Verwalters und die Dauer der Bestellung im festgelegt werden.
Erfolgt keine Befristung der Bestellung, endet sie automatisch, ohne dass eine Abberufung erforderlich ist, gemäß § 26 Abs. 1 Satz 2 WEG nach Ablauf von drei bzw. fünf Jahren (zur Verlängerungsklausel vgl. Kap. 15.2.5).

15.4.3 Abberufung des Verwalters

Ungeachtet der gesetzlichen Regelung des Bestellungszeitraums kann grundsätzlich jederzeit eine Abberufung des Verwalters durch Mehrheitsbeschluss erfolgen. Vertraglich kann die Abberufung jedoch auf das Vorliegen eines wichtigen Grundes beschränkt werden. Entsprechend ist eine Regelung diesen Inhalts in den Vertrag aufzunehmen.
Andere vertragliche Beschränkungen der Abberufung, beispielsweise die Zustimmung Dritter bei Abberufung des Verwalters, sind gemäß § 26 Abs. 1 Satz 5 WEG grundsätzlich unzulässig.

15.4.4 Dauer des Verwaltungsvertrages

Die Dauer des Verwaltungsvertrages und die Bestellungszeit als Verwalter müssen einander nicht zwangsläufig entsprechen. Es ist allerdings im Regelfall sinnvoll, die Laufzeiten aufeinander abzustimmen.
Da sich aber innerhalb des Bestellungszeitraums die allgemeinen Verhältnisse und auch die Verhältnisse innerhalb der Gemeinschaft ändern können und daher auch eine Änderung der gegenseitigen vertraglichen Beziehungen zwischen Verwalter und Gemeinschaft sinnvoll erscheinen mag, sollten entsprechende vertragliche Regelungen im Verwaltungsvertrag auch Änderungen des Vertrages dadurch ermöglichen, dass abweichend von der Bestellungszeit eine kürzere Vertragsdauer vereinbart wird und Kündi-

gungsmöglichkeiten des Verwaltungsvertrages vor Ablauf der Bestellungszeit eingeräumt werden.
Nur so kann gewährleistet werden, dass im Interesse der beiderseitigen Rechtssicherheit ungeachtet eines längeren Bestellungszeitraums Anpassungen an geänderte Verhältnisse in beiderseitigem Einvernehmen möglich sind.
Hinsichtlich der beiderseitigen Kündigungsfristen sollten allerdings wegen der AGB-Vorschriften gemäß § 309 Zif. 9 c BGB keine längeren Kündigungsfristen als drei Monate vereinbart werden, da diese bei formularvertraglicher Regelung unwirksam sind.
Auch sollten entsprechend den möglichen Formen der Kündigung (schriftliche Kündigung und als Empfangsberechtigter z. B. der Verwaltungsbeirat) die entsprechenden Regelungen in eindeutiger Weise getroffen werden.
Dass entsprechende Kündigungsvorschriften im Verwaltungsvertrag sinnvoll sind, ergibt sich aus der Tatsache, dass eine Abberufung des Verwalters zwar die Kündigung, aber noch nicht die Beendigung des Dienstvertrages bedeuten muss (BayObLG, 4. 7. 1974, 2 Z 16/74).
Dies ist auch deshalb von Bedeutung weil nach jetzt herrschender Rechtsmeinung der in § 26 Abs. 1 Satz 2 und 4 WEG getroffenen Regelung als Sonderregelung – auch bezogen auf die Vertragslaufzeit – Vorrang gegenüber dem Klauselverbot gemäß § 309 Zif. 9 a BGB zukommt.
Die dort getroffene Regelung über die Unwirksamkeit einer formularvertraglichen Regelung über eine länger als zwei Jahre bindende Laufzeit eines Vertrages findet auf Verwaltungsverträge keine Anwendung, so dass diese grundsätzlich auch auf die Dauer von (allerdings höchstens) fünf Jahre abgeschlossen werden können (BGH, 20. 6. 2002, V ZB 39/01; a. A. früher KG Berlin, 20. 3. 1989, 24 W 5478/86).
Im Übrigen sollten Verwalter und Wohnungseigentümergemeinschaft ein vorzeitiges Kündigungsrecht für den Fall

einer erheblichen Vertragsverletzung (fristlose Kündigung unter Fristsetzung) vereinbaren.
Eine solche Möglichkeit ergibt sich zwar ohnehin aus den allgemeinen vertraglichen Grundsätzen und korrespondiert mit dem Recht der Wohnungseigentümer zur jederzeitigen Abberufung des Verwalters aus wichtigem Grund. Eine vertragliche Klarstellung hierzu erspart jedoch möglicherweise spätere Auseinandersetzungen.
Die allgemeinen Folgen ergeben sich aus den gesetzlichen Regelungen, wonach

- ein unentgeltlicher Vertrag jederzeit widerrufen werden kann (§ 671 Abs. 1 BGB),
- ein Geschäftsbesorgungsvertrag stets aus wichtigem Grund gekündigt werden kann (§§ 675, 626 BGB)

und insoweit Umstände, die einen wichtigen Grund zur Abberufung des Verwalters abgeben, regelmäßig auch die Kündigung des Verwaltungsvertrages aus wichtigem Grund im Sinne von § 626 BGB rechtfertigen (BayObLG, 22. 7. 1993, 2Z BR 54/93; 17. 1. 2000, 2Z BR 120/99, auch abweichend von der Zwei-Wochen-Frist gemäß § 626 Abs. 2 BGB zur Kündigung „innerhalb angemessener Zeit"; zum Unterschied zwischen Abberufung des Verwalters und Kündigung des Verwaltungsvertrages vgl. BayObLG, 11. 9. 1986, 2 Z 35/86; zur gleichzeitigen fristlosen Kündigung des Verwaltungsvertrages bei gleichzeitiger Abberufung aus wichtigem Grund vgl. OLG Köln, 22. 1. 1999, 16 Wx 218/98; zum Wegfall der Geschäftsgrundlage bei Kündigung eines Verwaltungsvertrages mit einer als Verwalter bestellten Gesellschaft bürgerlichen Rechts wegen Nichtigkeit des Vertrages vgl. AG Essen, 21. 8. 1992, 95 II 49/92).
Für die Wirksamkeit der Kündigung des Verwaltungsvertrages ist es ohne Belang, ob die Abberufung des Verwalters wirksam beschlossen worden ist. Legt der Verwalter in einem solchen Fall aufgrund einer fristgerecht von den Wohnungseigentümern vorgenommenen Kündigung des

Verwaltungsvertrages sein Verwalteramt nieder, so endet gleichzeitig auch sein Vergütungsanspruch. Bereits entnommene Verwaltervergütung hat er zu erstatten (OLG Düsseldorf, 28. 8. 2007, I-3 Wx 163/07).

15.4.5 Vertragsverhältnis

Ergänzend zu den Vorschriften des Wohnungseigentumsgesetzes, den Regelungen der Teilungserklärung oder der Gemeinschaftsordnung sowie den Beschlüssen der Wohnungseigentümergemeinschaft sind für die Gestaltung des Vertragsverhältnisses zwischen dem Verwalter und der teilrechtsfähigen Wohnungseigentümergemeinschaft die Bestimmungen des Bürgerlichen Gesetzbuches (BGB) heranzuziehen (zu Einzelheiten vgl. Kap. 15.4 Verwaltungsvertrag).

15.4.6 Vertragsänderung

Da in der Praxis Änderungen des Verwaltungsvertrages unzulässigerweise – zumindest jedenfalls strittig – „in beiderseitigem Einvernehmen zwischen dem Verwalter und dem Verwaltungsbeirat" vorgenommen werden, ist eine Regelung empfehlenswert, dass vertragliche Änderungen grundsätzlich der Zustimmung der Wohnungseigentümergemeinschaft durch Mehrheitsbeschluss in der Wohnungseigentümerversammlung einerseits und der Zustimmung des Verwalters andererseits bedürfen.
Entsprechende Beschlüsse sind in der jeweiligen Niederschrift über die Versammlung festzuhalten sowie in die Beschluss-Sammlung aufzunehmen und dem Verwaltungsvertrag grundsätzlich als Anlage beizufügen.

15.4.7 Unwirksamkeit einzelner Regelungen

Da im Einzelfall bestimmte vertragliche Regelungen unwirksam sein können oder sich erst später als unwirksam herausstellen, sollte eine entsprechende Klausel sicherstellen, dass die Unwirksamkeit einzelner Regelungen die Wirksamkeit des Verwaltungsvertrages im Übrigen nicht berührt (in diesem Sinne auch OLG Saarbrücken, 10. 10. 1997, 5 W 60/97–23).
Der Klarheit kann auch eine Regelung dienen, die den Veräußerer eines Wohnungseigentums verpflichtet, in den Kaufvertrag eine Regelung aufzunehmen, die wiederum den Erwerber verpflichtet, in die ihm nach dem Verwaltungsvertrag obliegenden Pflichten und Rechte einzutreten.
Auch eine solche Regelung hat lediglich klarstellenden Charakter, weil der Verwaltungsvertrag der mehrheitlichen Beschlussfassung der Wohnungseigentümer unterliegt und Mehrheitsbeschlüsse grundsätzlich jeden Wohnungseigentümer binden, und zwar auch den Sondernachfolger, ohne dass es hierzu der Eintragung in das Grundbuch bedarf (vgl. BayObLG, 6. 10. 1986, 2 Z 88/85; LG Berlin, 6. 3. 1985, 191 T 105/84).
Grundsätzlich gilt, dass ein Mehrheitsbeschluss, durch den ein Verwaltungsvertrag gebilligt wird, dessen Regelungen gegen Bestimmungen des Wohnungseigentumsgesetzes, des BGB (insbesondere AGB-Vorschriften, §§ 305 ff. BGB) oder gegen die Teilungserklärung oder die Gemeinschaftsordnung verstoßen oder inhaltlich unklar bzw. unbestimmt sind, ordnungsmäßiger Verwaltung widerspricht (BayObLG, 2. 8. 1990, 2 Z 40/90) oder sogar nichtig sein kann.
Nicht zum Inhalt des Verwaltungsvertrages gehören Regelungen, die die Rechte und Pflichten der Eigentümer untereinander betreffen (vgl. dazu OLG Saarbrücken, 10. 10. 1997, 5 W 60/97–23). Mangels Beschlusskompetenz sind

solche Regelungen nichtig (BGH, 20. 9. 2000, V ZB 58/99). Sie bedürfen nicht der Anfechtung.

15.4.8 Aufgaben und Rechte des Verwalters

Die Rechte und Pflichten des Verwalters von Wohnungseigentum bestimmen sich hinsichtlich der Verwaltung des gemeinschaftlichen Eigentums nach

- den Vorschriften des Wohnungseigentumsgesetzes,
- den Regelungen der Teilungserklärung und der Gemeinschaftsordnung,
- den nach § 10 Abs. 2 Satz 2 WEG getroffenen Vereinbarungen der Wohnungseigentümer,
- den Beschlüssen der Wohnungseigentümergemeinschaft,
- den Vorschriften des Bürgerlichen Gesetzbuches sowie
- weiteren vertraglichen Regelungen, soweit solche abweichend oder in Ergänzung der vorgenannten Vorschriften zulässigerweise getroffen werden können.

In einem allgemeinen, kurzgefassten Verwaltungsvertrag wird ein Hinweis auf diese Vorschriften ausreichen.

15.4.9 Rechte und Pflichten der Wohnungseigentümer

Die Verwaltung des gemeinschaftlichen Eigentums ist in erster Linie Angelegenheit der Wohnungseigentümer. Ausschließlich sie entscheiden über Inhalt, Art und Umfang der Verwaltung durch Mehrheitsbeschluss in der Wohnungseigentümerversammlung. Daraus ergibt sich aber nicht nur das Recht auf ordnungsmäßige Verwaltung, sondern gleichermaßen auch eine direkte Verpflichtung, an der Verwaltung des gemeinschaftlichen Eigentums mitzuwirken.
Diese Verpflichtung sollte auch in einem Verwaltungsvertrag ihren Niederschlag finden, wobei im Rahmen allgemeiner Regelungen der Hinweis ausreichend erscheint auf

- die Vorschriften des Wohnungseigentumsgesetzes,
- die Regelungen in der Teilungserklärung, der Gemeinschaftsordnung und die Vereinbarungen der Wohnungseigentümer gemäß § 10 Abs. 1 WEG,
- die Beschlüsse der Wohnungseigentümerversammlung und
- die Regelungen im Verwaltungsvertrag.

15.4.10 Verwaltungsvergütung

Eine gesetzliche Regelung zur Verwaltungsvergütung besteht nicht. Allerdings hat der Verwalter grundsätzlich gemäß § 670 BGB einen Anspruch auf Ersatz der ihm bei der Geschäftsführung für die Gemeinschaft der Wohnungseigentümer entstandenen Aufwendungen (BGH, 18. 2. 2011, V ZR 197/10). Dazu werden entsprechende Vergütungsregelungen im Verwaltungsvertrag getroffen.
Die danach vertraglich zu entrichtende Vergütung ist der Höhe nach grundsätzlich frei vereinbar. Eine Vereinbarung bzw. eine Regelung in der Teilungserklärung, die die freie Vereinbarkeit beschränkt, beispielsweise die Vergütung für die Zukunft unabänderbar festlegt, ist wegen Verstoßes gegen die unabdingbare Vorschrift des § 20 Abs. 2 WEG rechtsunwirksam (KG Berlin, 19. 11. 1993, 24 W 1118/93).
Ist die Höhe der Verwaltervergütung nicht vereinbart, ist gemäß § 612 Abs. 2 BGB die übliche Vergütung als vereinbart anzusehen, insoweit auch hinsichtlich der monatlichen Fälligkeit (HansOLG Hamburg, 10. 3. 2004, 2 Wx 144/01; unzutreffend allerdings OLG Hamm, 4. 3. 1993, 15 W 295/92, dort zur Fälligkeit erst nach Erbringung der Leistung, insbesondere erst nach Vorlage der Jahresabrechnung als eine der Hauptleistungen, wenn nicht ausdrücklich etwas anderes vereinbart wurde; zur Fälligkeit der Verwaltervergütung vgl. auch KG Berlin, 20. 9. 1993, 24 W 188/93, zur Fälligkeit bei „monatlicher“ Vergütung; KG Berlin, 24. 9. 1993, 24 W 1267/93, zur Vergütung des gerichtlich bestell-

ten Verwalters, wenn die Höhe der Vergütung nicht festgelegt wurde; zur üblichen Vergütung, wenn die Eigentümer bei Vertragsabschluss nicht wirksam vertreten waren, vgl. BGH, 7. 3. 1989, XI ZR 25/99).
Mit der üblichen (allgemeinen) Vergütung sind die Verwaltungsleistungen abgegolten, die dem Verwalter im Rahmen seiner gesetzlich vorgegebenen „Kardinalspflichten" obliegen (vgl. auch BayObLG, 26. 9. 2003, 2Z BR 25/03).
Um unnötige Auseinandersetzungen über die Höhe und Fälligkeit der Vergütung zu vermeiden, sollten im Verwaltungsvertrag insoweit klare Regelungen getroffen werden.

15.4.10.1 Übliche Vergütung

Als Orientierungshilfe für die „Üblichkeit" der Vergütung können die Vorschriften der §§ 41 Abs. 2 und 26 Abs. 2 der Zweiten Berechnungsverordnung (vgl. Zweite Berechnungsverordnung – II. BV i. d. Fassung der Bekanntmachung vom 12. Oktober 1990, BGBl. I S. 2178, zuletzt geändert durch Art. 78 Abs. 2 Gesetz vom 23. 11. 2007, BGBl. I S. 2614) dienen, wonach für die Verwaltung von Eigentumswohnungen ab 1. 1. 2011 316,02 Euro pro Wohnung und Jahr und für die Verwaltung von Garagen 34,74 Euro pro Garage und Jahr berechnet werden dürfen.
Diese Pauschalen können seit dem 1. Januar 2002 jeweils zum 1. Januar jedes darauf folgenden dritten Jahres (§ 26 Abs. 4 II. BV).an die entsprechenden Steigerungsraten des Verbraucherpreisindex für Deutschland (Basis 2000 = 100) prozentual angepasst werden.
Diese nach der Zweiten Berechnungsverordnung zulässigen Sätze sind als Höchstsätze verbindlich jedoch nur für den Bereich des öffentlich geförderten Wohnungsbaues im Rahmen der dort vorzunehmenden Wirtschaftlichkeitsberechnung vorgeschrieben. Für den gesamten übrigen Wohnungsbestand gibt es keine gesetzlichen Vorschriften zur Höhe der Verwaltungsvergütung.

Im Durchschnitt werden heute Verwaltungsvergütungen von 20,00 EURO bis 35,00 EURO pro Wohnung und Monat vereinbart (zur nicht ordnungsmäßigen Vergütung von DM 14,00 (= 7,15 Euro) für die Verwaltung eines von einem Nicht-Wohnungseigentümer genutzten Hobbyraumes bzw. einer Garage vgl. OLG Düsseldorf, 8. 11. 2000, 3 Wx 253/00).

15.4.10.2 Zusatzvergütungen

Mit der üblicherweise vertraglich vereinbarten Vergütung sind die dem Verwalter nach dem Wohnungseigentumsgesetz obliegenden Leistungen, auch als Kardinalspflichten bezeichnet, abgegolten.
Werden weitere Leistungen erbracht, sei es aufgrund entsprechender Regelungen in der Gemeinschaftsordnung oder im Verwaltungsvertrag, können hierfür zusätzliche Vergütungen vereinbart werden (vgl. dazu OLG Düsseldorf, 6. 1. 2003, 3 Wx 364/02; 14. 10. 1998, 3 Wx 169/98; 17. 6. 1998, 3 Wx 107/98; OLG Hamm, 19. 10. 2000, 15 W 133/00, dort zu zahlreichen Einzelvergütungen und entsprechenden Regelungen in einem vom bevollmächtigten Verwaltungsbeirat ausgehandelten Verwaltungsvertrag).
Die Vereinbarungen über Zusatzvergütungen unterliegen, sofern sie in einem Verwaltungs-Formularvertrag geregelt sind, der AGB-Kontrolle (OLG Düsseldorf, 6. 1. 2003, 3 Wx 364/02; LG Hanau, 19. 11. 2009, 8 T 90/08; vgl. dazu auch Gottschalg, DWE 2003, 41; Furmanns, NZM 2000, 985).
Regelungen über zusätzliche Vergütungen für vertraglich oder anderweitig vereinbarte Sonderleistungen des Verwalters, die über die Wahrnehmung seiner gesetzlichen Aufgaben hinausgehen wie beispielsweise Maßnahmen der Bauüberwachung und Baubetreuung oder der Bearbeitung gerichtlicher Verfahren, sind im Rahmen ordnungsmäßiger Verwaltung im Interesse der Gemeinschaft aber nur dann

vertretbar, wenn die durch Sonderleistungen verursachten zusätzlichen Kosten

- überschaubar bleiben,
- sich in angemessenem Rahmen halten,
- den besonderen Zeit- und Arbeitsaufwand berücksichtigen und
- die entsprechenden Regelungen einen denkbaren Missbrauch ausschließen

(BayObLG, 31. 3. 2004, 2Z BR 011/04, Vergütung nach RVG; 3. 3. 1988, 2 Z 104/87, zur Vergütung nach Zeitaufwand; 26. 9. 2003, 2Z BR 25/03, zur Unzulässigkeit einer prozentualen von der Auftragssumme abhängigen Vergütung; OLG Düsseldorf, 21. 2. 1996, 3 Wx 442/92; 6. 1. 2003, 3 Wx 3634/02; 22. 5. 1991, 3 Wx 428/90; OLG Hamm, 19. 10. 2000, 133/00; zur Angemessenheit einer Sondervergütung vgl. auch BGH, 6. 5. 1993, V ZB 9/92; zur Ordnungsmäßigkeit einer Sondervergütung vgl. KG Berlin, 21. 12. 1988, 24 W 5948/88; OLG Köln, 9. 7. 1990, 16 Wx 173/89, zur zulässigen Sondervergütung für die Geltendmachung von Hausgeldansprüchen m. w. N.).
In diesem Rahmen können die Wohnungseigentümer gemäß § 21 Abs. 7 WEG durch mehrheitliche Beschlussfassung, und insoweit auch im Verwaltungsvertrag, Regelungen über Kosten für einen besonderen Verwaltungsaufwand und deren Verteilung treffen.
Damit werden insbesondere Kosten für Verwaltungsleistungen erfasst, die nicht unter die dem Verwalter gesetzlich übertragenen „Kardinalspflichten“ fallen.
Dazu zählen:

Kopierkostenerstattung

Für die Anfertigung von Kopien aus Abrechnungs- oder anderen Verwaltungsunterlagen (Beschluss-Sammlung) kann dem Verwalter eine nach der Höhe bestimmte Vergütung pro Kopie vertraglich zugesagt werden. (vgl. dazu Kap. 10.4, Fotokopierkosten). Dabei sind nicht nur die reinen Sachkosten, sondern gegebenenfalls auch der zusätzliche Arbeitsaufwand zu berücksichtigen.

Abrechnung für Vorverwalter

Für Abrechnungsverpflichtungen, die eigentlich noch vom Vorgänger zu erfüllen gewesen wären, kann der Verwalter eine Sondervergütung vereinbaren (vgl. hierzu KG Berlin, 16. 9. 1992, 24 W 5725/91, dort allerdings in Abhängigkeit von dem im Einzelfall erforderlichen Arbeitsaufwand).

Verwalterzustimmung

Auch für die vom Verwalter gemäß Teilungserklärung zu erteilende Zustimmung zur Veräußerung kann im Verwaltungsvertrag eine Zusatzvergütung für den zusätzlich entstehenden Verwaltungsaufwand vereinbart werden. Ist keine abweichende Vereinbarung getroffen, ist diese Vergütung gemäß § 16 Abs. 2 WEG im Verhältnis der Miteigentumsanteile auf alle Eigentümer zu verteilen (KG Berlin, 20. 6. 1997, 24 W 1783/97, auch zur pauschalen üblichen Vergütung von 200,– DM bis 300,– DM, 102,10 bis 153,15 Euro; vgl. auch OLG Frankfurt, 3. 12. 1996, 20 W 572/95; AG Fürstenfeldbruck, 24. 8. 1984, UR II 3/84, bestätigt im Ergebnis durch BayObLG, 6. 10. 1986, 2 Z 88/86; grundsätzlich bejahend auch LG Berlin, 6. 3. 1985, 191 T 105/84; KG Berlin, 21. 3. 1988, 24 W 4552/87, bejahend bei Zahlung aus dem Verwaltungsvermögen, nicht jedoch zu Lasten des Erwerbers wegen der damit verbundenen Änderung des Verteilungsschlüssels; LG Hanau,19. 11. 2009, 8 T 90/08, Bearbeitungskosten bei Eigentümerwechsel).
Zulässig gemäß § 16 Abs. 3 WEG ist eine Regelung im Verwaltungsvertrag, die grundsätzlich den Veräußerer zur Zahlung der Sondervergütung für die Zustimmung zur Ver-

äußerung verpflichtet, da die Wohnungseigentümer gemäß § 16 Abs. 3 WEG eine von § 16 Abs. 2 WEG abweichende Verteilung der Verwaltungskosten nach dem Verursacherprinzip mehrheitlich beschließen können.

Mahngebühren

Schon nach bisheriger Rechtsauffassung waren Regelungen im Verwaltungsvertrag über die Berechnung von Mahngebühren zulässig, die allerdings nur dann geschuldet sind, wenn dem Wohnungseigentümer die angemahnten Hausgeldrückstände bekannt sind und die entsprechende Klausel klar und bestimmt genug gefasst ist, um AGB-fest zu sein (BayObLG, 27. 6. 1985, 2 Z 10/85; 9. 8. 1990, 2 Z 82/90; OLG Düsseldorf, 14. 10. 1998, 3 Wx 169/98, zur zulässigen Mahngebühr von 10,– DM = 5,10 Euro; zustimmend zur Mahngebühr 15,– DM = 7,66 Euro, LG Düsseldorf, 22. 9. 1987, 19 T 181/87; LG Hanau, 19. 11. 2009, 8 T 90/08).
Nach den jetzt geltenden Bestimmungen können die Wohnungseigentümer gemäß § 21 Abs. 7 WEG auch Mahn- und Verzugsgebühren mit einfacher Stimmenmehrheit beschließen, da es sich insoweit um Kosten für einen besonderen Verwaltungsaufwand handelt. Pauschale Mahngebühren müssen jedoch in angemessener Relation zu den geschuldeten Geldbeträgen stehen (LG München I, 17. 12. 2009, 36 S 4853/09, zu pauschalen Gebühren zwischen 5,00 bis 100,00 Euro).

Gebühren für gerichtliche Vertretung

Auch eine pauschale Zusatzvergütung für den Fall der gerichtlichen Vertretung der Wohnungseigentümergemeinschaft durch den Verwalter kann mehrheitlich auch im Rahmen des Verwaltungsvertrages beschlossen werden, wenn als Abrechnungsgrundlage wegen der nach AGB-Bestimmungen erforderlichen hinreichenden Klarheit und Be-

stimmtheit das Rechtsanwaltsvergütungsgesetz (Gesetz über die Vergütung der Rechtsanwältinnen und Rechtsanwälte vom 5. 5. 2004, BGBl. I S. 717 -RVG) zugrunde gelegt wird (zur Rechtsprechung vgl. insoweit BGH, 6. 5. 1993, V ZB 9/92; OLG Hamm, 19. 10. 2000, 15 W 133/00; OLG Düsseldorf, 6. 1. 2003, 3 Wx 364/02; früher schon OLG Köln, 28. 7. 1986, 16 Wx 49/86; 9. 7. 1990, 16 Wx 173/89, m. w. N.; LG Nürnberg-Fürth, 8. 4. 2010, 14 T 614/10, zur Erstattung der Prozessführungskosten des im Verfahren unterlegenen Wohnungseigentümers an den Verwalter).
Gegen den Grundsatz ordnungsmäßiger Verwaltung verstößt allerdings eine Regelung, durch die dem Verwalter vertraglich eine Sondervergütung für den Fall zubilligt wird, dass er gegen einen Hausgeldschuldner vorgeht, ohne dass die Vergütung von der Höhe des Rückstandes und vom Ausgang des Verfahrens abhängig gemacht wird (vgl. hierzu KG Berlin, 21. 12. 1988, 24 W 5948/88; vgl. dazu auch OLG Düsseldorf, 6. 1. 2003, 3 Wx 364/02, dort zum Verstoß einer Regelung über eine pauschale Sondervergütung gegen § 9 Abs. 1 AGBG = § 307 Abs. 1 BGB).

Sondervergütung bei Instandsetzungsmaßnahmen

Ebenfalls ordnungsmäßiger Verwaltung entspricht ein Mehrheitsbeschluss, der dem Verwalter für besondere Tätigkeiten im Zusammenhang mit Instandsetzungsarbeiten (Baubetreuung, Aufmaßprüfung, etc.) eine Zusatzvergütung zuspricht. Diese Regelung muss aber hinreichend bestimmt sein, beispielsweise dadurch, dass sich die Höhe der Vergütung nach den Bestimmungen der HOAI richtet (zur Zulässigkeit einer Pauschalvergütung nach HOAI vgl. OLG Hamm, 19. 10. 2000, 15 W 133/00).
Nicht ordnungsmäßig und deshalb anfechtbar ist ein Mehrheitsbeschluss, durch den dem Verwalter eine Sondervergütung in Höhe von 5 Prozent der Bausumme zu gewähren ist, wenn es um relativ geringfügige Instandsetzungsmaßnah-

men geht (OLG Düsseldorf, 14. 10. 1998, 3 Wx 169/98, für Maßnahmen mit einem Betrag unter 5000,– DM (= 2552,45 Euro); vgl. auch OLG Düsseldorf, 17. 6. 1998, 3 Wx 169/98).

Gebühren bei Nichtbeteiligung am Bankeinzugsverfahren

Die Festlegung einer zusätzlichen Verwaltungsvergütung bei Nichtbeteilung am Bankeinzugsverfahren durch mehrheitliche Beschlussfassung entspricht gemäß § 21 Abs. 7 WEG ordnungsmäßiger Verwaltung (vgl. dazu Kap. 17.1.4).

Gebühren für Ausweisung haushaltsnaher Dienstleistungen

Für die Ausstellung von Bescheinigungen nach § 35 a EStG (Nachweis haushaltsnaher Dienstleistungen) kann dem Verwalter durch mehrheitliche Beschlussfassung eine Sondervergütung gezahlt werden. Es handelt sich um einen besonderen Verwaltungsaufwand im Sinne von § 21 Abs. 7 WEG (KG Berlin, 16. 4. 2009, 24 W 93/08, 17,00 Euro bei Erstberechnung; LG Bremen, 19. 5. 2008, 4 T 438/07).

Gebühren für die Führung der Beschluss-Sammlung

Die Pflicht des Verwalters zur Führung der Beschluss-Sammlung ist nach vorherrschender Meinung als „Kardinalspflicht" anzusehen. Die dadurch entstehenden Kosten sind daher mit der Verwaltungsgebühr abgegolten. Zusätzliche Kosten, die durch EDV-Dienstleistungen Dritter (z. B. bei On-line-geführter Beschluss-Sammlung) anfallen, sind als Kosten der sonstigen Verwaltung nach § 16 Abs. 2 WEG oder nach einem gemäß § 16 Abs. 3 WEG abweichend beschlossenen Verteilungsschlüssel zu verteilen (vgl. dazu auch Kap. 14.5.8).

Gebühren für die Benachrichtigung über Verfahren nach § 43 WEG

Der Verwalter ist gemäß § 27 Abs. 1 Nr. 7 WEG verpflichtet, die Wohnungseigentümer unverzüglich über anhängige Rechsstreitigkeiten nach § 43 WEG zu unterrichten. Die dadurch zusätzlich anfallenden Kosten sind Kosten für einen besonderen, vom Verwalter nicht kalkulierbaren Verwaltungsaufwand, für den gemäß § 21 Abs. 7 WEG eine gesonderte Vergütung beschlossen werden kann.

15.4.10.3 Verteilung der Verwaltungsvergütung

Die von der Wohnungseigentümergemeinschaft dem Verwalter geschuldete Vergütung gehört zu den Kosten der sonstigen Verwaltung des gemeinschaftlichen Eigentums im Sinne des § 16 Abs. 2 WEG, die nach dieser Bestimmung von den Wohnungseigentümern nach dem Verhältnis ihrer Miteigentumsanteile zu tragen sind, soweit nicht ein abweichender Verteilungsmaßstab gemäß § 10 Abs. 2 Satz 2 WEG vereinbart ist. In beiden Fällen ist aber eine Änderung durch mehrheitliche Beschlussfassung nach § 16 Abs. 3 WEG möglich.
Ein solcher abweichender Verteilungsschlüssel nach der Zahl der Wohnungs- bzw. Teileigentumseinheiten ist dabei nicht nur möglich, sondern auch zweckmäßig und sachdienlich, weil der Aufwand des Verwalters für die im Vordergrund stehende Tätigkeit im Zusammenhang mit der Erstellung der Jahresabrechnung und des Wirtschaftsplans für jedes Wohnungs- und Teileigentum grundsätzlich nicht von dessen Wert oder Größe abhängt (BayObLG, 17. 4. 2001, 2Z BR 40/01).
Grundsätzlich ist jedoch die Verteilung der Vergütung auf die Wohnungseigentümer neben der im Verwaltungsvertrag geregelten Gesamtvergütung für alle Einheiten der Wohnanlage gesondert zu regeln (LG Lüneburg, 19. 3. 2009, 9 S 67/08).

15.4.10.4 Mehrwertsteuer-Zuschlag

Zulässig ist eine vertragliche Regelung, wonach auf die vereinbarte Verwaltungsvergütung die gesetzlich zulässige Mehrwertsteuer aufgeschlagen wird.
Wird über die zusätzliche Mehrwertsteuervergütung keine Regelung getroffen, kann der Verwalter keinen Anspruch auf Zahlung geltend machen (AG Bad Vilbel, 28. 8. 1973, II 4/73).

15.4.10.5 Unangemessenheit der Vergütung

Die Bewilligung einer unangemessen hohen Verwaltungsvergütung kann ein wichtiger Grund gegen die Bestellung eines Verwalters sein.
Eine erhöhte Vergütung ist jedoch dann gerechtfertigt und vertretbar, wenn für die Verwaltung ein überdurchschnittlicher Verwaltungsaufwand anfällt (OLG Hamm, 30. 8. 1989, 15 W 127/88, dort zur ausnahmsweisen Zulässigkeit einer monatlichen Gebühr von 500,– DM ,= 255,25 Euro ,für sechs Wohneinheiten; ebenso OLG München, 7. 9. 2007, 32 Wx 109/07, zur Zulässigkeit einer um 40 % höheren Vergütung gegenüber Konkurrenzangeboten, wenn es sachliche Gründe hierfür gibt; AG Aachen, 23. 1. 1990, 12 UR II 66/89, dort zur – unzulässigen – mehrheitlich beschlossenen Verwaltungsvergütung von 45,– DM ,= 22,98 Euro ,pro Monat und Wohnung in einer Anlage von 51 Einheiten ohne besonderen Verwaltungsaufwand, insoweit abzulehnen, da in dieser Höhe heute nicht unangemessen; vgl. auch BayObLG, 8. 3. 1989, 2 Z 98/88, dort zur Höhe der Vergütung als Kriterium dafür, ob eine Verwalterbestellung ordnungsmäßiger Verwaltung widerspricht; siehe i. Ü. Kap. 15. 4. 11.1).

15.4.10.6 Wertsicherungsklauseln

Grundsätzlich ist es zulässig, im Verwaltungsvertrag Klauseln zur Anpassung der Verwaltungsgebühr während der Laufzeit des Vertrages zu vereinbaren.
Zulässig und nicht genehmigungspflichtig sind so genannte Spannungsklauseln, durch die die Anpassung der Verwaltervergütung an bestimmte Tarifverträge für Tätigkeiten erfolgt, die der Verwaltertätigkeit vergleichbar sind, so beispielsweise die Tarife der Wohnungswirtschaft (zu Einzelheiten vgl. BayObLG, 26.10. 1983, 2 Z 92/82; Merle in Bärmann § 26 Rn 138 m. w. N., auch zur Zulässigkeit einer Staffelvereinbarung; Müller Rn 446; Staudinger/Bub § 26 Rn 278; zur Unzulässigkeit einer Indexklausel vgl. auch OLG Köln, 18. 3. 1994, 19 U 215/93).

15.4.10.7 Verjährung des Vergütungsanspruchs

Die Ansprüche des Verwalters auf Vergütung verjähren gemäß § 195 BGB in drei Jahren. Diese Frist gilt auch für Aufwendungsersatzansprüche des Verwalters (§§ 675, 683 BGB) und Schadensersatzansprüche des Verwalters gegen die Wohnungseigentümergemeinschaft oder einzelne Wohnungseigentümer. Auch Ansprüche der Wohnungseigentümergemeinschaft bzw. einzelner Eigentümer gegen den Verwalter verjähren nunmehr in drei Jahren.

15.4.10.8 Vergütung nach Abberufung

Wird ein Verwalter vorzeitig zu Unrecht abberufen, hat er für die Restlaufzeit des mit ihm ursprünglich abgeschlossenen Verwaltungsvertrages gemäß § 615 BGB den vertraglich vereinbarten Vergütungsanspruch unter Abzug der ersparten Kosten (OLG Hamm, 2. 9. 1996, 15 W 138/96; LG Köln, 11. 10. 1993, 30 T 46/92, dort mit einem Abzug von 20 Prozent; bestätigt durch OLG Köln, 9. 3. 1994, 16 Wx 201/93; LG Berlin, 11. 12. 1992, 151/191 T 132/86, dort unter Abzug ersparter Kosten von 45 Prozent; vgl. auch KG Berlin, 30. 7. 1997, 24 W 2316/96, zum begrenzten Rechtsschutzinteresse des Verwalters an der Anfechtung des Abberufungsbeschlusses zum Zwecke der Wahrung seiner Vergütungsansprüche).

Ist allerdings die Abberufung aus wichtigem Grund erfolgt, gegebenenfalls durch gerichtliche Anordnung, hat der Verwalter für die während des Verfahrens „erzwungene Untätigkeit" keinen Vergütungsanspruch (vgl. hierzu KG Berlin, 12. 6. 1989, 24 W 5453/88).

Im Falle der ordentlichen Abberufung ist dieser Umstand ohne unmittelbaren Einfluss auf den Verwaltungsvertrag mit der Folge, dass Ansprüche aus dem Vertrag unberührt bleiben (OLG Frankfurt, 9. 12. 1996, 20 W 289/96).

Soweit der Verwalter im Übrigen nach seiner Abberufung noch Aufwendungen für die Wohnungseigentümer tätigt, kann er Ersatz für diese Aufwendungen nach § 21 Abs. 2 WEG oder nach §§ 683, 684, 812 BGB verlangen.

Der Vergütungsanspruch des abberufenen Verwalters ist im Verfahren nach § 43 Nr. 5 WEG geltend zu machen (BGH, 10. 7. 1980, VII ZR 328/79).

15.4.10.9 Überwälzung auf den Mieter

Eine Umlegung der Verwaltervergütung (ebenso Instandhaltungs- bzw. Instandsetzungskosten sowie Beiträge zur Instandhaltungsrückstellung) bei vermieteten Eigentumswohnungen auf den Mieter ist unzulässig, da es sich bei den Verwaltungskosten im Sinne von § 26 Abs. 1 II. BV nicht um umlagefähige Betriebskosten gemäß § 27 II. BV handelt (LG Düsseldorf, 1. 6. 1984, 21 S 4/84; LG Frankfurt, 23. 4. 1985, 2/11 S. 458/84; LG Freiburg, 30. 5. 1985 3 S 2/85; LG Stuttgart, 9. 10. 1987, 6 S 15/87, dort mit Hinweis auf OLG Koblenz, RE v. 7. 1. 1986, 4 W-RE 720/85; OLG Karlsruhe, RE v. 6.5. 1988, 9 ReMiet 1/88; vgl. auch Schmid, DWW 1998, S. 142).

15.4.11 Haftung des Verwalters

Die Haftung des Verwalters gegenüber der Wohnungseigentümergemeinschaft ergibt sich bei schuldhafter Pflichtverletzung aus dem mit ihm geschlossenen Verwaltungsvertrag, in der Regel einem entgeltlichen Geschäftsbesorgungsvertrag, im Übrigen aber aus der Erfüllung der ihm gesetzlich gemäß §§ 24, 27, 28 obliegenden Pflichten sowie aus den Regelungen gemäß Teilungserklärung und Gemeinschaftsordnung und den Beschlüssen der Wohnungseigentümer.

Ein genereller Haftungsausschluss sowie die meisten der früher in den allgemeinen Verwaltungsformularverträgen vereinbarten Haftungsbeschränkungsklauseln scheitern nach jetzt geltendem Recht an dem Klauselverbot gemäß § 309 Nr. 7 BGB.

Unzulässig ist danach nicht nur der Haftungsausschluss, sondern auch jede Haftungsbegrenzung.

Ob nach geltendem Recht eine Freizeichnung zumindest für leichte Fahrlässigkeit rechtswirksam vereinbart werden kann, ist bisher nicht eindeutig entschieden (bejahend für einen Haftungsausschluss bei leichter Fahrlässigkeit Niedenführ in Niedenführ/Kümmel/Vandenhouten § 27 Rn 1066).

Soweit es sich allerdings um die so genannten Kardinalspflichten des Verwalters (§ 27 Abs. 1 bis 3, § 28 WEG) handelt, ist davon auszugehen, dass eine Freizeichnung des Verwalters und seiner Erfüllungshilfen von leichter Fahrlässigkeit nicht rechtswirksam vereinbart werden kann (BGH, NJW-RR 1988, 559).

Eine nachträgliche Anpassung oder Ergänzung eines laufenden Verwaltungsvertrages um eine Haftungsbeschränkungsklausel zugunsten des Verwalters ohne adäquate Gegenleistung des Verwalters widerspricht jedenfalls regelmäßig den Grundsätzen ordnungsmäßiger Verwaltung (BayObLG, 23. 12. 2002, 2Z BR 89/02; zu weiteren Einzelheiten vgl. Kap. 15.6; i. Ü. auch Niedenführ in Niedenführ/Kümmel/Vandenhouten zur Haftung § 27 Rn 101 ff.).

15.4.12 Erfüllungsort und Gerichtsstand

Soweit Streitigkeiten zwischen Wohnungseigentümern und dem Verwalter über dessen Rechte und Pflichten bei der Verwaltung des gemeinschaftlichen Eigentums auftreten, ist hierüber gemäß § 43 Nr. Nr. 3 WEG zu entscheiden. Zuständig ist dabei das Amtsgericht, in dessen Bezirk die Wohnanlage liegt, nicht das Amtsgericht am Sitz der Verwaltung.
Wenn somit hinsichtlich des Gerichtsstandes aufgrund der gesetzlichen Regelung gemäß § 43 WEG Unklarheiten nicht bestehen, sollte in jedem Fall hinsichtlich des Erfüllungsortes eine entsprechende Regelung getroffen werden, insbesondere in den Fällen, in denen der Verwalter nicht am Ort der Wohnanlage ansässig ist bzw. sich der Firmensitz an einem anderen Ort befindet (vgl. hierzu OLG Karlsruhe, 21. 8. 1969, 3 W 47/69, Leistungsort/Erfüllungsort = Ort der Wohnanlage; BayObLG, 17.7. 1972, 2 Z 16/72, Leistungsort/Erfüllungsort = Wohnsitz des Verwalters).

15.4.13 Inkrafttreten und Rechtswirksamkeit des Vertrages

Die Rechtswirksamkeit des Verwaltungsvertrages wird begründet mit der Unterzeichnung durch die beteiligten Vertragsparteien. Dabei ist es zwar grundsätzlich denkbar, dass sämtliche Wohnungseigentümer den Vertrag unterzeichnen, praktikabel ist ein solches Vorgehen aber nicht.

15.4.13.1 Unterzeichnung des Vertrages

Üblicherweise werden daher in der Wohnungseigentümerversammlung mit dem Mehrheitsbeschluss über die Bestellung des Verwalters gleichzeitig auch ein bzw. mehrere

Wohnungseigentümer oder der Verwaltungsbeirat ermächtigt, den zwischen dem Verwalter und der teilrechtsfähigen Wohnungseigentümergemeinschaft abzuschließenden Vertrag rechtswirksam zu unterzeichnen (vgl. dazu auch Wenzel, ZWE 2006, 462; Armbrüster, ZWE 2006, 470).
Diese Praxis ist dann unproblematisch, wenn der Verwaltungsvertrag – sinnvollerweise – vor der Beschlussfassung über die Verwalterbestellung den beschließenden Wohnungseigentümern vorlag und somit bekannt war.
In diesen Fällen ist davon auszugehen, dass mit dem Bestellungsbeschluss auch der zugrunde liegende Verwaltungsvertrag inhaltlich mit Mehrheit beschlossen wurde.

15.4.13.2 Aushandeln des Vertrages durch Eigentümer oder Beirat

Anders ist die Frage der Wirksamkeit des Vertrages jedoch dann zu beurteilen, wenn gleichzeitig mit dem Mehrheitsbeschluss über die Bestellung des Verwalters einzelne Wohnungseigentümer bzw. der Verwaltungsbeirat ermächtigt werden, die einzelnen Vertragsbestimmungen mit dem Verwalter überhaupt erst auszuhandeln und den daraufhin zustande gekommenen Vertrag zu unterzeichnen.
Nach inzwischen herrschender Meinung ist es grundsätzlich zulässig, durch mehrheitliche Beschlussfassung den Verwaltungsbeirat zu beauftragen, den Verwaltungsvertrag mit dem Verwalter zumindest dann „auszuhandeln“, wenn die Eckdaten des Vertrages – Bestellungszeitraum und Vergütung – von der Versammlung im Rahmen des Bestellungsbeschlusses festgelegt wurden.
Ein entsprechender Mehrheitsbeschluss ist jedenfalls wirksam, wenn er nicht gemäß § 23 Abs. 4 WEG angefochten und durch das Gericht für ungültig erklärt wird (OLG Köln, 13. 7. 2001, 16 Wx 115/01; 20. 9. 2002, 16 Wx 135/02).
Die so ausgehandelten Vertragsinhalte müssen ordnungsmäßiger Verwaltung entsprechen. Folglich können nur sol-

che Regelungen ausgehandelt werden, die auch von der Wohnungseigentümerversammlung im Rahmen ordnungsmäßiger Verwaltung mehrheitlich hätten beschlossen werden können (vgl. OLG Düsseldorf, 30. 5. 2006, 3 Wx 51/06, dort zum Abschluss eines Vertrages durch den Verwaltungsbeirat, der einer Inhaltskontrolle nicht standhält).
Insofern ist grundsätzlich davon auszugehen, dass die Wohnungseigentümer in erster Linie in der Versammlung selbst über den Vertragsinhalt zu beschließen haben und die Entscheidungskompetenz nur unter bestimmten Voraussetzungen auf Dritte übertragen können (so u. a. LG Lübeck, 4. 1. 1985, 7 T 69/85, dort mit Hinweis auf RGRK 12. Auflage, § 26 WEG Rn 2, 3 und 5; vgl. auch LG Kiel, 18. 1. 1993, 3 T 303/91, wonach ein von einem bevollmächtigten Rechtsanwalt ausgehandelter Verwaltungsvertrag nicht die gleiche Bindungswirkung entfaltet wie ein entsprechender Mehrheitsbeschluss der Wohnungseigentümer).
Da im Fall der Beiratsbevollmächtigung aber zumindest nicht ausgeschlossen werden kann, dass der Verwaltungsbeirat – auch unwissentlich – Regelungen aushandelt, die ordnungsmäßiger Verwaltung widersprechen und die deshalb nicht die Zustimmung der Mehrheit der Wohnungseigentümersammlung gefunden hätten, ist nach hier vertretener Auffassung die Wirksamkeit eines vom Verwaltungsbeirat ausgehandelten Verwaltungsvertrages grundsätzlich von der bestätigenden Beschlussfassung der nächsten Wohnungseigentümerversammlung abhängig zu machen.
Dies betrifft jedenfalls solche Vertragsinhalte, deren Ordnungsmäßigkeit strittig sein kann (so auch Niedenführ in Niedenführ/Kümmel/Vandenhouten § 26 Rn 43; vgl. auch LG Stuttgart, 17. 8. 1993, 2 T 490/93, wonach es ordnungsmäßiger Verwaltung widersprechen kann, für die Wahlentscheidung bedeutsame Regelungen im Verwaltungsvertrag erst nach dem Bestellungsbeschluss zur Kenntnis zu bringen; vgl. auch AG Lahr, 23. 4. 1992, 6 UR II 18/89, zur schwebenden Unwirksamkeit eines Verwaltungsvertrages,

wenn der Verwaltungsbeirat die ihm erteilte Vollmacht zum Abschluss der Vertrages überschritten hat; insoweit wohl auch Müller Rn 434, mit der Empfehlung, im Bestellungsbeschluss die wichtigsten Vertragsinhalte festzulegen, damit der Beirat eine ihn bindende Vertragsgrundlage hat).
Bevollmächtigen die Wohnungseigentümer allerdings bestimmte Eigentümer oder den Verwaltungsbeirat ausdrücklich, den Verwaltungsvertrag auch inhaltlich auszuhandeln, ist ein solcher Beschluss und der darauf hin ausgehandelte Vertrag als rechtswirksam anzusehen, wenn er nicht innerhalb Monatsfrist angefochten wird (siehe auch OLG Köln, 9. 7. 1990, 16 Wx 173/89, wonach der Beirat zum Aushandeln des Verwaltungsvertrages durch Mehrheitsbeschluss ermächtigt werden kann, dort erkennbar ohne Einschränkung, allerdings in den Grenzen ordnungsmäßiger Verwaltung; ebenso BayObLG, 8. 5. 1985, 2 Z 18/85, wonach ein bevollmächtigter Eigentümer den Vertrag abschließen kann auch hinsichtlich einer Regelung zur gerichtlichen Geltendmachung von Ansprüchen gemäß § 16 Abs. 2 WEG: vgl. auch BayObLG, 29. 11. 1990, 2 Z 72/90; 10. 8. 1994, 2 Z BR 46/94, dort zur Zulässigkeit eines vom Verwaltungsbeirat im Verwaltungsvertrag vereinbarten pauschalierten Verzugszinses bei Hausgeldrückständen, da keine Anfechtung erfolgte).

15.4.13.3 Anfechtung des Verwaltungsvertrages

Für die Anfechtungsfrist hinsichtlich des allgemein ermächtigenden Beschlusses zum Aushandeln des Vertrages gilt die Monatsfrist seit Datum der Beschlussfassung.
Hinsichtlich der Anfechtung des Vertrages oder einzelner vertraglicher Regelungen beginnt die Anfechtungsfrist mit dem Datum der Unterzeichnung des Vertrages, vorausgesetzt, die Wohnungseigentümer haben zu diesem Zeitpunkt die Möglichkeit der Kenntnisnahme. Ansonsten beginnt der Lauf der Anfechtungsfrist gemäß § 46 Abs. 1 WEG mit

dem Zeitpunkt der möglichen, nicht der tatsächlichen Kenntniserlangung.

15.4.13.4 Schadensersatzansprüche bei nicht ordnungsmäßigem Vertragsabschluss

Im Übrigen ist davon auszugehen, dass sich die den Vertrag aushandelnden Wohnungseigentümer gegenüber der Gemeinschaft schadensersatzpflichtig machen, wenn sie die durch Mehrheitsbeschluss erteilte Ermächtigung zum Abschluss des Verwaltungsvertrages überschreiten und Regelungen treffen, die ordnungsmäßiger Verwaltung widersprechen (vgl. dazu OLG Düsseldorf, 24. 9. 1997, 3 Wx 221/97, zur Haftung des Verwaltungsbeirates bei weisungswidrigem Vertragsabschluss mit dem Verwalter).
Allerdings dürfte ein solcher Schadensersatzanspruch nur für den Fall der groben Fahrlässigkeit oder bei Vorsatz geltend zu machen sein.

15.4.13.5 Bindungswirkung

Ist ein Verwaltungsvertrag rechtswirksam abgeschlossen, sind sämtliche Wohnungseigentümer an die darin getroffenen Regelungen gebunden.
Das gilt sowohl für die Eigentümer, die gegen den Vertrag gestimmt, ihn aber nicht angefochten haben, wie insbesondere aber auch für die Wohnungseigentümer, die nach Abschluss des Verwaltungsvertrages als Sondernachfolger in die Wohnungseigentümergemeinschaft eintreten.
Einer besonderen Verpflichtung im Kaufvertrag, in die Regelungen und Bindungen des Verwaltungsvertrages einzutreten, bedarf es grundsätzlich nicht.
Die insoweit entsprechende Anwendung des § 10 Abs. 4 WEG führt allerdings nicht dazu, dass neue Eigentümer für Verbindlichkeiten haften, die in der Person des Voreigentümers bereits entstanden und fällig geworden sind (Bay-

ObLG, 6. 10. 1986, 2 Z 88/85, dort zur Haftung für eine im Verwaltungsvertrag vereinbarte Gebühr für die Erteilung der Zustimmung zur Veräußerung; zur grundsätzlichen Bindung des Sondernachfolgers vgl. LG Berlin, 6. 3. 1985, 191 T 105/84).

15.4.14 Zusätzliche Vertragsvereinbarungen

Neben diesen Regelungen und Vereinbarungen werden in der Praxis vielfach zusätzliche Regelungen über die Aufgaben und Befugnisse des Verwalters in den Verwaltungsvertrag aufgenommen, die über die gesetzlichen Aufgaben und Befugnisse hinausgehen und als „Zusatzleistungen" in einen „Leistungs-Katalog" aufgenommen werden.
Für diese Zusatzleistungen werden im Regelfall dann auch entsprechende zusätzliche Vergütungen bzw. Entgelte vereinbart.

15.5 Aufgaben und Befugnisse des Verwalters

Die Aufgaben und Befugnisse des Verwalters richten sich im Einzelnen nach

- den Vorschriften des Wohnungseigentumsgesetzes,
- den Regelungen der Teilungserklärung und der Gemeinschaftsordnung,
- den zusätzlichen Vereinbarungen der Wohnungseigentümer,
- den Beschlüssen der Wohnungseigentümer und
- den Vereinbarungen im Verwaltungsvertrag.

15.5.1 Aufgaben und Befugnisse nach dem WEG

Nach der Zuerkennung der Teilrechtsfähigkeit der Wohnungseigentümergemeinschaft durch die Rechtsprechung des BGH (BGH, 2. 6. 2005, V ZB 32/05) und ihr folgend

durch den Gesetzgeber, hat der Verwalter eine „Zwitterstellung“ erlangt.
Er wird danach sowohl als Vertreter der Wohnungseigentümer in deren Eigenschaft als Mitberechtigte am gemeinschaftlichen Grundstück als auch als Vertreter der teilrechtsfähigen Wohnungseigentümergemeinschaft tätig.
Daher unterscheidet das Gesetz nunmehr zwischen der Funktion des Verwalters als Vertretungsorgan der Gemeinschaft einerseits und als Vertretungsorgan der Wohnungseigentümer andererseits.
Das bedeutet allerdings nicht, dass nach der Neuregelung zwischen zwei Wohnungseigentümergemeinschaften zu unterscheiden ist (vgl. dazu Wenzel, ZWE 2006, 321; Armbrüster, ZWE 2006, 470).
Die neuen Bestimmungen in § 27 WEG stellen klar, dass zu unterscheiden ist zwischen den Aufgaben und Befugnissen des Verwalters

- als Geschäftsführungsorgan im Innenverhältnis (§ 27 Abs. 1 WEG),
- als Vertreter der Wohnungseigentümer als Mitberechtigte am gemeinschaftlichen Grundstück (§ 27 Abs. 2 WEG) und
- als Vertreter der teilrechtsfähigen Wohnungseigentümergemeinschaft (§ 27 Abs. 3 WEG).

15.5.1.1 Aufgaben und Befugnisse nach § 27 Abs. 1 WEG

Die Neufassung regelt die Berechtigung und die Verpflichtung des Verwalters, bestimmte Aufgaben und Befugnisse im Innenverhältnis gegenüber Wohnungseigentümern und Wohnungseigentümergemeinschaft wahrzunehmen, ohne dass damit eine Vertretungsbefugnis nach außen verbunden ist.

15.5.1.1.1 Durchführung von Beschlüssen

Nach § 27 Abs. 1 Nr. 1 WEG ist der Verwalter gegenüber den Wohnungseigentümern und gegenüber der Gemeinschaft der Wohnungseigentümer berechtigt und verpflichtet, Beschlüsse der Wohnungseigentümer durchzuführen und für die Durchführung der Hausordnung zu sorgen. Dabei hat er die Beschlüsse als Organ der teilrechtsfähigen Wohnungseigentümergemeinschaft durchzusetzen, nicht aber in eigenem Namen (BGH28. 1. 2011, V ZR 145/10).

Diese Berechtigung und Verpflichtung besteht uneingeschränkt und gilt auch für die Durchführung fehlerhaft zustande gekommener Beschlüsse (BayObLG, 28. 2. 1974, 2 Z 4/74).

Dabei trifft den Verwalter allerdings die Verpflichtung, die Wohnungseigentümer auf die mögliche Fehlerhaftigkeit von Beschlüssen und die sich daraus ergebende Anfechtungsmöglichkeit hinzuweisen, jedenfalls soweit sich die Fehlerhaftigkeit offenkundig und unmittelbar aus den gesetzlichen Bestimmungen, den Vereinbarungen – insoweit auch aus der Teilungserklärung und der Gemeinschaftsordnung – und aus den Beschlüssen der Wohnungseigentümer sowie der Rechtsprechung ergibt.

Verstößt er gegen diese Verpflichtung, verstößt er gegen die Grundsätze ordnungsmäßiger Verwaltung mit der Folge, dass sich daraus Schadensersatzansprüche gegen ihn ergeben können.

Der Verwalter hat zudem grundsätzlich das Recht, Beschlüsse anzufechten, durch die er in seiner eigenen Rechtsposition berührt ist (LG Nürnberg/Fürth, 18. 3. 2009, 14 S 8312/08. Das kann dann der Fall sein, wenn es um die gerichtliche Feststellung der Pflichten der Wohnungseigentümer nach der Hausordnung geht (OLG Hamm, 15. 12. 1969, 15 W 322/69; vgl. auch AG Bonn, 11. 6. 2010, 27 C 249/09, zur Unzulässigkeit der Anfechtung einer Abmahnung des Verwalters, dazu a. A. LG Nürnberg-Fürth, 18. 3. 2009, 14 S 8312/08).

Die Beschlüsse sind ohne zeitliche Verzögerung innerhalb angemessener Frist auszuführen, spätestens wohl, wenn nicht etwas anderes ausdrücklich beschlossen wird, nach Ablauf der Anfechtungsfrist.

Gerät der Verwalter mit der zeitnahen Durchführung der Beschlüsse in Verzug und entsteht dadurch einem Wohnungseigentümer oder der Gemeinschaft ein Schaden, beispielsweise durch Mietminderung, ist der Verwalter zum Schadensersatz verpflichtet (BayObLG, 5. 1. 2000, 2Z BR 85/99; LG Frankfurt/Main, 17. 3. 2010, 2–13 S 32/09).

Führt ein Verwalter die Beschlüsse nicht durch oder setzt er sich über sie hinweg, kann dies ein wichtiger Grund zu seiner sofortigen Abberufung sein (vgl. hierzu Kap. 15.3.1).

Wird ein bereits vom Verwalter vollzogener Beschluss nachträglich für ungültig erklärt, können Schadensersatzansprüche gegen den Verwalter aus der Durchführung des Beschlusses nicht allein deshalb geltend gemacht werden, weil er die beschlossenen Maßnahmen vollzogen hat.

Eventuelle Schadensersatzansprüche aus der Rückgängigmachung der durch den Beschluss getroffenen Maßnahmen und der sich daraus ergebenden Folgen richten sich gegen die teilrechtsfähige Wohnungseigentümergemeinschaft bzw. gegen die Wohnungseigentümer, die durch ihren Beschluss die Maßnahmen veranlasst haben, nicht aber gegen den Verwalter (BayObLG, 21. 2. 1990, 1b Z 43/88; 9. 6. 1975, 2 Z 35/75).

15.5.1.1.2 Durchführung der Hausordnung

Der Verwalter ist nach § 27 Abs. 1 Nr. 1 WEG weiterhin berechtigt und verpflichtet, für die Durchführung der Hausordnung zu sorgen. Eine direkte „Überwachungspflicht" zur Einhaltung der Hausordnung ergibt sich aus dieser Vor-

schrift nicht. Es handelt sich vielmehr und in erster Linie um eine „Organisationspflicht“.
Das bedeutet, der Verwalter muss die Wohnungseigentümer über die Beschlüsse zur Hausordnung informieren. Bei Nichteinhaltung und Verstößen gegen die Hausordnung hat er die Schritte einzuleiten, die geeignet sind, Störungen abzustellen und sich daraus ergebende Beeinträchtigungen zu unterbinden (zu weiteren Einzelheiten siehe Kap. 12.2.1.3).

15.5.1.1.3 Maßnahmen zur Instandhaltung und Instandsetzung

Der Verwalter ist nach § 27 Abs. 1 Nr. 2 WEG berechtigt und verpflichtet, die für die ordnungsmäßige Instandhaltung und Instandsetzung des gemeinschaftlichen Eigentums erforderlichen Maßnahmen zu treffen.
Da die Entscheidung über Art, Umfang, Finanzierung und Zeitpunkt der durchzuführenden Maßnahmen ausschließlich in die Entscheidungskompetenz der Wohnungseigentümer fällt (OLG Düsseldorf, 30. 7. 1997, 3 Wx 61/97), erstreckt sich nach inzwischen herrschender Rechtsmeinung die dem Verwalter nach dem Gesetz obliegende Instandhaltungs- und Instandsetzungsverpflichtung nach dieser Bestimmung darauf,

- Mängel und Schäden am gemeinschaftlichen Eigentum festzustellen,
- Überprüfung von Hinweisen von Eigentümern oder Mietern auf Mängel des Gemeinschaftseigentums,
- Rechtzeitige Information der Wohnungseigentümer auf möglichen Handlungsbedarf,
- technische Lösungsvorschläge zu unterbreiten und entsprechende Angebote von Fachfirmen zur Beseitigung der Mängel und Schäden einzuholen,
- Kostenvoranschläge einzuholen und zu prüfen, gegebenenfalls mit Unterstützung durch den Verwaltungsbeirat,

- die zur Durchführung der erforderlichen Maßnahmen notwendigen Entscheidungen durch Beschlussfassung der Wohnungseigentümer vorzubereiten und herbeizuführen und
- nach erfolgter Beschlussfassung gemäß § 27 Abs. 1 Nr. 1 WEG die Aufträge zur Durchführung der Maßnahmen als gesetzlicher Vertreter der Wohnungseigentümergemeinschaft zu erteilen.

Die durch § 27 Abs. 1 Nr. 2 WEG festgelegte Pflicht beinhaltet zunächst Prüfungs-, Kontroll- und Überwachungspflichten sowie Hinweis- und Informationsaufgaben, die der Verwalter wahrzunehmen und in Vorschläge zur Herbeiführung der notwendigen Beschlüsse der Wohnungseigentümer umzusetzen hat (BayObLG, 2. 6. 1999, 2Z BR 40/99; 29. 3. 2000, 2Z BR 6/2000; 1. 2. 2001, 2Z BR 122/00; OLG Düsseldorf, 30. 7. 1997, 3 Wx 61/97; OLG Frankfurt, 28. 5. 2009, 20 W 115/06; OLG Karlsruhe, 14. 1. 2000, 11 Wx 15/99, auch zum Schadensersatz des Verwalters bei Unterlassung der erforderlichen Maßnahmen und zum Mitverschulden der Wohnungseigentümer; OLG München, 15. 5. 2006, 34 Wx 156/05; AG München, 25. 3. 2010, 483 C 2/10). Verletzt der Verwalter seine gesetzlichen und vertraglichen Pflichten, haftet er gegenüber der Wohnungseigentümergemeinschaft bzw. gegenüber dem einzelnen Wohnungseigentümer für den dadurch entstehenden Schaden (BayObLG, 4. 1. 1996, 2Z BR 120/95, zur Haftung des Verwalters für einen Unfallschaden wegen nicht rechtzeitiger Durchführung beschlossener Instandsetzungsmaßnahmen; 18. 9. 2002, 2Z BR 62/02, zur Schadensersatzverpflichtung bei Verletzung seiner Informationspflicht im Zusammenhang mit der Überwachung von Gewährleistungsfristen; vgl. dazu auch BayObLG, 1. 2. 2001, 2Z BR 122/00, sowie zum Mitverschulden der Wohnungseigentümer bei entsprechender Kenntnis; OLG Hamm, 25. 7. 1996, 15 W 81/95; zum fehlenden Verschulden des Verwalters vgl. auch OLG

Frankfurt, 28. 5. 2009, 20 W 115/06, bei aufgetretenen Feuchtigkeitsschäden und daraus resultierenden finanziellen Einbußen eines Eigentümers; vgl. auch BGH, 18. 2. 2011, V ZR 197/10, zum fehlenden Anspruch des Verwalters auf Aufwendungsersatz bzw. auf Freistellung von Bankforderungen bei Auftragsvergabe in unbegrenzter Höhe ohne entsprechende Beschlussfassung).

Ermittlung von Mängeln und Schäden

Die Verpflichtung des Verwalters erstreckt sich zunächst auf die Ermittlung und Feststellung von Mängeln und Schäden am gemeinschaftlichen Eigentum, ihrer Schadensursachen und ihres Schadensumfangs (BayObLG, 26. 1. 1999, 2Z BR 130/98; 9. 9. 1999, 2Z BR 54/99; KG Berlin, 19. 10. 1998, 24 W 4300/98; OLG Düsseldorf, 4. 9. 1996, 3 Wx 125/96; OLG Köln, 14. 4. 2000, 16 Wx 13/00).
Die Verpflichtung zur Ermittlung von Mängeln und Schäden betrifft dabei auch solche Schäden, die im Sondereigentum auftreten, deren Ursachen aber im Bereich des gemeinschaftlichen Eigentums liegen (OLG Düsseldorf, 29. 6. 1998, 3 Wx 190/98; BayObLG, 29. 1. 1998, 2Z BR 53/97; OLG München, 15. 5. 2006, 34 Wx 156/05).
So muss der Verwalter im Falle eines Wasserschadens im Sondereigentumsbereich unverzüglich alles Erforderliche unternehmen, um die Schadensursache festzustellen. Verletzt er diese Pflicht, haftet er dem Sondereigentümer selbst dann, wenn sich nachträglich herausstellt, dass die Schadensursache nicht im gemeinschaftlichen Eigentums, sondern ausschließlich im Sondereigentumsbereich liegt (OLG Düsseldorf, 29. 6. 1998, 3 Wx 190/98; BayObLG, 29 1998, 2Z BR 53/97; OLG München, 15. 5. 2006, 34 Wx 156/05).
Da auch die erstmalige Herstellung eines einwandfreien baulich-technischen Zustandes des gemeinschaftlichen Eigentums und damit auch die Beseitigung von Baumängeln unter die ordnungsmäßige Instandhaltung und In-

standsetzung fällt, ist der Verwalter auch verpflichtet, Baumängel festzustellen, die Wohnungseigentümer darüber zu unterrichten und deren Entscheidung über die weiteren Schritte herbeizuführen (OLG Hamm, 17. 12. 1996, 15 W 212/96; OLG Karlsruhe, 14. 1. 2000, 11 Wx 15/99).
Im Zusammenhang mit der Ermittlung und Feststellung von Baumängeln hat der Verwalter die Eigentümer auch über den möglichen Ablauf von Gewährleistungsfristen zu unterrichten, damit die Wohnungseigentümergemeinschaft über Art und Umfang der Geltendmachung etwaiger Gewährleistungsansprüche entscheiden kann. Diese Verpflichtung trifft den Verwalter unabhängig von einer möglichen Interessenkollision zwischen ihm und dem Bauträger (BayObLG, 18. 9. 2002, 2Z BR 62/02; OLG Frankfurt, 18. 5. 1992, 20 W 177/91; OLG Schleswig, 17. 8. 1979, 2 W 95/78, auch zur Schadensersatzpflicht bei Verletzung der Verwalterpflichten).
Wie der Verwalter bei der Mängel- und Schadensermittlung vorzugehen hat, ist in der Rechtsprechung strittig. Übereinstimmend wird zwar die Auffassung vertreten, dass der Verwalter regelmäßig Begehungen der Anlage vorzunehmen hat, zur – besonderen – Pflicht zu regelmäßigen Dachbegehungen bestehen jedoch unterschiedliche Meinungen (OLG Köln, 4. 5. 1988, 16 Wx 34/88, zur Pflicht des Verwalters zur Erstbegehung bei der Übernahme einer neuen Verwaltung und zur regelmäßigen Begehung während des Vertragsverhältnisses; LG Köln, 27. 1. 2011, 29 S 121/10; OLG Zweibrücken, 14. 6. 1991, 3 W 203/90, verneinend zur Pflicht zur Dachbegehung; wohl auch BayObLG, 2. 6. 1999, 2Z BR 40/99, wonach der Verwalter die Kontrollpflicht nicht in eigener Person wahrzunehmen, jedoch die Eigentümer auf die Möglichkeit zum Abschluss entsprechender Wartungsverträge hinzuweisen hat; a. A. zur Dachbegehung BGH, 23. 3. 1993, VI ZR 176/92, auch zu den Pflichten als Gebäudeunterhaltungspflichtiger, s. auch unten; OLG Düsseldorf, 1. 6. 1995, 10 U 178/91; vgl. auch Niedenführ

a.a.O. § 27 Rn 22; zum fehlenden Betretungsrecht des Sondereigentums vgl. Kap. 8.4. Duldungspflichten).

Da der Verwalter aber kein technischer Sachverständiger ist, dürfen die Anforderungen hinsichtlich seiner Verpflichtung zur Mängelfeststellung nicht überspannt werden (KG Berlin, 19. 10. 1998, 24 W 4300/98, verneinend zur Verpflichtung zur regelmäßigen Wartung von Regenfallrohren).

Beim Treffen entsprechender Vorsorgemaßnahmen kann sich der Verwalter grundsätzlich auf die fachliche Beratung eines Architekten verlassen. In einem solchen Fall ist dem Verwalter auch kein Unterlassungsverschulden gemäß § 278 BGB zuzurechnen, da ein Berater in dieser Funktion nicht als Erfüllungsgehilfe im Sinne des Gesetzes anzusehen ist (OLG Düsseldorf, 29. 6. 1998, 3 Wx 190/98; zur fehlenden Haftung des Verwalters und der Gemeinschaft aufgrund der Einschaltung von Fachfirmen zur Schadensbehebung vgl. auch BayObLG, 9. 11. 1995, 2Z BR 106/95; LG Köln, 27. 1. 2011, 29 S 121/10).

Der Verwalter ist jedoch aus eigenem Recht nicht befugt, einen Sachverständigen zu bestellen (OLG Frankfurt, 28. 5. 2009, 20 W 115/06; OLG Hamm, 17. 12. 1996, 15 W 212/96). Eine Ausnahme gilt in Dringlichkeitsfällen.

Einholung von Angeboten

Der Verwalter ist grundsätzlich nicht verpflichtet ist, zur Vorbereitung von Instandhaltungs- und Instandsetzungsmaßnahmen eine Ausschreibung nach den Regeln der VOB/A vorzunehmen. Das bedeutet jedoch nicht, dass er deshalb auf die Einholung von Kostenvoranschlägen durch entsprechende Vergleichsangebote oder Konkurrenzangebote verzichten kann. Vielmehr gehört es nach herrschender Auffassung zu den Verwalterpflichten, zur Vermeidung einer Überteuerung vor der Auftragsvergabe Alternativ – oder Konkurrenzangebote einzuholen (BayObLG, 11. 4. 2002, 2Z BR 85/01; OLG Köln, 14. 4. 2000, 16 Wx 13/00).

Diese Pflicht verletzt er aber nicht bereits dadurch, dass er anstelle von drei nur zwei Alternativangebote einholt (OLG Köln, 22. 5. 1997, 16 Wx 114/97; zum Verzicht auf Einholung von Vergleichsangeboten bei Auftragsvergabe an Architekten, wenn sich das Honorar im Rahmen der HOAI bewegt vgl. OLG München, 17. 2. 2009, 32 Wx 164/08).

Bei der Einholung der Angebote hat der Verwalter zu prüfen, ob die vorgeschlagenen Maßnahmen bautechnisch hinreichend sind, um den erforderlichen Zustand zu schaffen oder wiederherzustellen.

Im Zusammenhang mit der Einholung von Kostenvoranschlägen ist auch zu klären, ob wegen des Umfangs der Maßnahmen ein Architekt zur Bauüberwachung und Abnahme eingeschaltet werden soll. Die Entscheidung obliegt jedoch der Wohnungseigentümergemeinschaft durch entsprechende Beschlussfassung.

Wird ein Ingenieurbüro, Beschlussfassung vorausgesetzt, mit der Bauüberwachung und Objektbetreuung beauftragt, gehört zu dieser Objektüberwachung als zentrale Leistung auch die Rechnungsprüfung im Sinne einer fachtechnischen und rechnerischen Überprüfung aller Rechnungen von Bauunternehmen und Lieferanten aus dem Leistungsbereich des Architekten auf Richtigkeit und Vertragsmäßigkeit.

In diesem Fall haftet der Verwalter nicht für etwaige Mängel bei der Durchführung der Maßnahmen und der Rechnungsprüfung. Ein Verschulden des Architekten kann ihm gemäß § 278 BGB nicht zugerechnet werden (BayObLG, 11. 4. 2002, 2Z BR 85/01).

In Übrigen haftet der Verwalter bei der Durchführung der ihm obliegenden Instandhaltungs- und Instandsetzungspflichtenden mit der Sorgfalt eines ordentlichen Kaufmanns (BayObLG, 11. 4. 2002, 2Z BR 85/01).

Prüfung der Kostenvoranschläge und der Finanzierung

Der zur Beschlussfassung stehende Kostenvoranschlag soll die mit der vorgesehenen Maßnahme entstehenden Kosten ausweisen unter exakter Angabe der auszuführenden Gewerke. Der Preis sollte zweckmäßigerweise als Festpreis kalkuliert und angeboten werden. Risikozuschläge wegen unvorhersehbarer Maßnahmen sollten gesondert ausgewiesen werden.
Im Zusammenhang mit der Einholung und Prüfung der Kostenvoranschläge ist auch die Frage der Finanzierung zu klären, und zwar durch entsprechende Entnahmen aus der Instandhaltungsrückstellung, durch Sonderumlage oder durch Kreditfinanzierung bzw. durch eine entsprechend kombinierte Finanzierung.

Beschlussvorbereitung und Beschlussfassung

Die Instandhaltungs- und Instandsetzungsverpflichtung des Verwalters zielt mangels eigener Entscheidungskompetenz, von dringlichen Fällen abgesehen, letztlich darauf ab, „mit größer Beschleunigung auf eine Eigentümerversammlung" hinzuwirken, um die notwendigen Beschlüsse zur Instandhaltung und Instandsetzung zu fassen (BayObLG, 17. 8. 1987, 2 Z 44/87; OLG Frankfurt, 6. 1. 1984, 20 W 309/83; 9. 2. 1984, 20 W 640/83; zur Haftung bei Verzug hinsichtlich der Pflicht, die erforderlichen Maßnahmen zu treffen BayObLG, 29. 12. 1987, 2 Z 153/87).
Im Zusammenhang mit öffentlich-rechtlichen Verpflichtungen hat der Verwalter, sofern er nicht in eigenständiger Verantwortung gemäß § 27 Abs. 1 Nr. 3, § 27 Abs. 3 Satz 1 Nr. 4 WEG zur Durchführung der Maßnahmen verpflichtet ist, die Eigentümer auf die Einhaltung und Umsetzung gesetzlich vorgeschriebener Maßnahmen hinzuweisen und die erforderlichen Beschlüsse herbeizuführen (vgl. LG Mann-

heim, 26. 7. 1974, 4 T 35/73; LG Freiburg, 2. 8. 1974, 4 T 49/77).

Vor der Beschlussfassung hat der Verwalter auch zu klären, ob für die vorgesehenen Maßnahmen im Rahmen ordnungsmäßiger Instandhaltung und Instandsetzung eine mehrheitliche Beschlussfassung ausreicht, oder ob die Zustimmung aller Eigentümer erforderlich ist, weil es sich um eine bauliche Veränderung handelt.

Die Beschlussfassung selbst hat danach zu erfolgen über:

- Art und Umfang der Maßnahmen aufgrund der eingeholten Kostenvoranschläge,
- Verteilung der Kosten, Art der Finanzierung und Fälligkeit der Zahlungen,
- Termin der Durchführung.

Durchführung der Instandhaltungs- und Instandsetzungsmaßnahmen

Haben die Wohnungseigentümer über die Maßnahmen der ordnungsmäßigen Instandhaltung und Instandsetzung mit Mehrheit entschieden, ist der Verwalter gemäß § 27 Abs. 1 Nr. 1 WEG verpflichtet, die gemäß §§ 23 Abs. 1, 21 Abs. 3 und Abs. 5 Nr. 2 WEG beschlossenen Maßnahmen durchzuführen.

a. Durchführung im Namen der Wohnungseigentümergemeinschaft

Grundsätzlich erfolgt die Vergabe der Instandhaltungs- und Instandsetzungsaufträge nach erfolgter Beschlussfassung durch den Verwalter als gesetzlichen Vertreter der Wohnungseigentümergemeinschaft in deren Namen und für deren Rechnung.

Ohne vorherige Beschlussfassung ist der Verwalter nicht berechtigt, außergewöhnliche, nicht dringliche Aufträge größeren Umfangs im Namen der Gemeinschaft zu vergeben (BGH, 21. 10. 1976, VII ZR 193/75, zur fehlenden Dringlichkeit einer sofortigen Wideringangsetzung der Warmwasserversorgung im Sommer und sogar vertretbaren Stilllegung der Anlage für einige Wochen; KG Berlin, 25. 7. 1984, 24 W 2174/84; OLG Hamm, 17. 12. 1996, 15 W 212/96; OLG Zweibrücken, 23. 12. 1981, 2 U 33/81, zur fehlenden Befugnis, einen auf zwanzig Jahre ausgelegten Aufzugswartungsvertrag zu vergeben; zur vorherigen notwendigen Beschlussfassung über die Vergabe von Wartungsverträgen vgl. BayObLG, 2. 6. 1999, 2Z BR 40/99; vgl. auch OLG Köln, 18. 5. 1977, 16 Wx 40/77, zur fehlenden Befugnis zur Auftragsvergabe für den Fall, dass der Verwalter als Bauträger gewährleistungsverpflichtet ist; vgl. auch OLG Düsseldorf, 30. 7. 1997, 3 Wx 61/97, zur Kompetenzüberschreitung durch die Wohnungseigentümerversammlung, wenn diese den Verwalter im Verwaltungsvertrag bevollmächtigt, Instandhaltungsmaßnahmen betragsmäßig begrenzt selbständig in Auftrag zu geben; vgl. auch OLG Düsseldorf, 8. 11. 2000, 3 Wx 253/00, zur anfechtbaren Beschlussfassung, wonach der Verwalter Aufträge bis zu 5000 DM ohne Beteiligung der Gemeinschaft vergeben darf; AG München, 25. 3. 2010, 483 C 2/10).

b. Durchführung ohne vorherige Beschlussfassung

Der Verwalter ist gemäß § 27 Abs. 3 Satz 1 Nr. 3 WEG berechtigt, auch ohne vorherige Beschlussfassung eigenverantwortlich laufende Reparaturen oder auch außergewöhnliche Instandsetzungsmaßnahmen geringeren Umfangs als gesetzlicher Vertreter der Wohnungseigentümergemeinschaft, nicht aber in eigenem Namen, zu vergeben und Zahlungen hierfür aus der Instandhaltungsrückstellung zu leisten.

Dazu zählt auch die Ersatzbeschaffung von Gerätschaften, die bei bestimmungsgemäßem Gebrauch durch und für die Gemeinschaft dem Verschleiß unterliegen (Ersatz einer gemeinschaftlichen Waschmaschine, Geräte für den Hausmeister). Eines Beschlusses durch die Gemeinschaft bedarf es hierzu nicht (BayObLG, 15. 7. 1975, 2 Z 34/75; zur Instandsetzung einer Waschmaschine vgl. auch LG Lübeck, 26. 1. 2010, 12 T 4/09; AG München, 25. 3. 2010, 483 C 2/10, zur Wartung von Heizungs- und Aufzugsanlagen, Schneiden und Auslichten von Bäumen und Büschen). Er hat diese Maßnahmen jedoch nachträglich gegenüber den Wohnungseigentümern zu verantworten (BGH, 21. 10. 1976, VII ZR 193/75).

Führt der Verwalter im Übrigen Maßnahmen ohne entsprechende Beschlussfassung durch oder kommt er mit der Durchführung des Beschlusses in Verzug, macht er sich gegebenenfalls schadensersatzpflichtig (vgl. dazu auch Niedenführ, a. a. O., § 27 Rn 20; AG München, 25. 3. 2010, 483 C 2/10; zur Auftragsvergabe ohne vorherige Beschlussfassung, jedoch berechtigter Geschäftsführung ohne Auftrag mit der Folge des Anspruchs des Verwalters auf Schadensersatz gegenüber der Gemeinschaft vgl. BayObLG, 2Z BR 70/01).

Die Vergabe größerer, nicht dringlicher Instandhaltungs- und Instandsetzungsaufträge in eigenem Namen ist dem Verwalter zwar nicht grundsätzlich untersagt, jedoch trägt er das Risiko der persönlichen Haftung in vollem Umfang selbst, wenn die Wohnungseigentümer im Nachhinein die Zustimmung zur durchgeführten Maßnahme verweigert (vgl. dazu BGH, 18. 2. 2011, V ZR 197/10; 28. 4. 1993, VIII ZR 109/92, jeweils „ungenehmigten Kreditaufnahme zur Finanzierung einer allerdings beschlossenen In-

standhaltungsmaßnahme, insoweit auch zum fehlenden Befreiungsanspruch bzw. Erstattungsanspruch des Verwalters).
Mit der Vergabe der Aufträge zur Durchführung der beschlossenen Maßnahmen wird der Verwalter nicht automatisch auch zum Bauleiter. Vielmehr trifft ihn die Verpflichtung zur Bauüberwachung und Abnahme und dementsprechend zu Kontrollen nur dann, wenn er zusätzlich zu seiner Verwaltertätigkeit auch vertraglich oder durch gesonderte Beschlussfassung als Bauleiter verpflichtet wird (LG Berlin, 31. 3. 1998, 85 T 1/98, bestätigt durch KG Berlin, 19. 10. 1998, 24 W 4300/98).

15.5.1.1.4 Durchführung von Dringlichkeitsmaßnahmen

Nach § 27 Abs. 1 Nr. 3 WEG ist der Verwalter gegenüber den Wohnungseigentümern und der Wohnungseigentümergemeinschaft berechtigt und verpflichtet, in dringenden Fällen sonstige zur Erhaltung des gemeinschaftlichen Eigentums erforderliche Maßnahmen zu treffen. Die Handlungsbefugnis zur Auftragserteilung als gesetzlicher Vertreter der Wohnungseigentümergemeinschaft ergibt sich aus § 27 Abs. 3 Satz 1 Nr. 4 WEG.
Um dringende Fälle im Sinne dieser Vorschrift handelt es sich jedoch nur dann, wenn deren Eilbedürftigkeit die vorherige Einberufung einer Wohnungseigentümerversammlung und folglich eine entsprechende Beschlussfassung nicht zulässt (BGH, 18. 2. 2011, V ZR 197/10, zum Rahmen der Notgeschäftsführung durch den Verwalter; OLG Hamm, 19. 7. 2011, 15 Wx 120/10, dort zur fehlenden Eilbedürftigkeit für Erteilung eines Sanierungsauftrages und zum Schadensersatzanspruch gegen den Verwalter; BayObLG, 27. 3. 1997, 2Z BR 11/97; AG München, 25. 3. 2010, 483/10).
Dies kann insbesondere im Rahmen der dem Verwalter obliegenden Verkehrssicherungspflicht der Fall sein. Danach ist der Verwalter generell für einen gefahrlosen Zustand des gemeinschaftlichen Eigentums verantwortlich und deshalb nicht nur befugt, sondern verpflichtet, drohende Gefahrenquellen auch ohne vorherige Beschlussfassung der Woh-

nungseigentümer zu beseitigen (OLG Frankfurt, 15. 6. 1981, 20 W 365/81, zur Beseitigung eines Stacheldrahtzauns; 3. 8. 1983, 20 W 217/83; BayObLG, 27. 3. 1997, 2Z BR 11/97; OLG Zweibrücken, 4. 8. 1994, 3 W 89/94, zur Verkehrssicherungspflicht bei Neueinzug; vgl. auch BGH, 31. 5. 1994, VI ZR 233/93, zur Beseitigung der Gefahrenlage bei Verglasung einer Treppenhauswand mit Fensterglas, allerdings zur Vermieterpflicht; zur Haftung bei Verletzung der Verkehrssicherungspflicht vgl. auch Kap. 15.6 Die Haftung des Verwalters).

Im Zusammenhang mit der Abwehr von Gefahren treffen den Verwalter auch die Pflichten nach § 838 BGB als Gebäudeunterhaltungspflichtiger, da er im Rahmen seiner Instandsetzungsverpflichtung gemäß § 27 Abs. 1 Nr. 2 WEG eine ihm durch das Gesetz zugewiesene eigene Aufgabe wahrnimmt und dabei für die Wohnungseigentümergemeinschaft tätig wird (BGH, 23. 3. 1993, VI ZR 176/92).

Nach § 838 BGB ist derjenige, der die Unterhaltung eines Gebäudes für den Besitzer übernimmt, für den Schaden verantwortlich, der durch den Einsturz oder die Ablösung von Gebäudeteilen verursacht wird.

In Verbindung mit seinen Verpflichtungen aus § 27 Abs. 1 Nr. 2 WEG hat der Verwalter deshalb die zur Vermeidung solcher Schäden erforderlichen Maßnahmen auch in eigener Verantwortung zu treffen (OLG Düsseldorf, 12. 12. 1994, 3 Wx 619/94).

Dabei geht es um alle ihm zumutbaren Maßnahmen, die aus technischer Sicht geboten und geeignet sind, die Gefahr, die durch Ablösung von Gebäudeteilen droht, rechtzeitig zu erkennen und ihr zu begegnen (BGH, 23. 3. 1993, VI ZR 176/92).

Insoweit ist der Verwalter auch zum konkreten Nachweis verpflichtet, dass er zur Vermeidung dieser Gefahren eine Dachbegehung vorgenommen und den Dachzustand ermittelt und festgehalten hat (BGH, 23. 3. 1993, VI ZR 176/92; OLG Düsseldorf, 1. 6. 1995, 10 U 178/91; 11. 6. 1992, 10 U

178/91, Bejahung eines Schadensersatzanspruchs gegen den Verwalter wegen eines Sturmschadens als Folge unterlassener Instandhaltungspflicht).
Eine eigenverantwortliche Verpflichtung zur Beseitigung von Mängeln, Störungen und Gefahren obliegt dem Verwalter auch im Rahmen der Verpflichtung zur Aufrechterhaltung der öffentlichen Sicherheit und Ordnung.
Hier hat der Verwalter aufgrund der ihm nach § 27 Abs. 1 Nr. 2 WEG obliegenden Verpflichtung in eigener Verantwortung tätig zu werden, ohne sich auf die Notwendigkeit einer vorherigen Beschlussfassung durch die Wohnungseigentümer berufen zu können (OVG Münster, 3. 3. 1994, 11 B 2566/93; VGH Mannheim, 8. 8. 1973, VI 879/72)
Der persönlichen Haftung des Verwalters steht dabei nicht die Tatsache entgegen, dass er die im Falle seiner Inanspruchnahme erforderlichen Aufträge folglich auch im eigenen Namen zu vergeben hat, da ihm gegenüber der Gemeinschaft in entsprechender Höhe Erstattungsansprüche zustehen (BGH, 28. 4. 1993, VIII ZR 109/92, zum Aufwendungsersatzanspruch gemäß § 670 BGB und Umwandlung in Erstattungsanspruch).
Eine Verpflichtung zur Ergreifung von Notabwehrmaßnahmen trifft den Verwalter gegebenenfalls auch bei Schadensereignissen im Sondereigentumsbereich, um das gemeinschaftliche Eigentum vor Folgeschäden zu bewahren.
In diesem Fall haftet er jedoch nicht für weitere Schäden am Sondereigentum, die sich daraus ergeben können, dass er nicht Sofortmaßnahmen zur Vermeidung weiterer Schäden ergriffen hat.
Von einer Unterrichtung des betroffenen Eigentümers kann der Verwalter absehen, wenn dessen Mieter Kenntnis von dem Schadensfall hat (BayObLG, 29. 3. 2000, 2Z BR 6/00).
In den hier genannten Fällen ist der Verwalter berechtigt, als gesetzlicher Vertreter der Wohnungseigentümergemeinschaft die erforderlichen Aufträge zur Gefahrenbeseiti-

gung auch ohne Beschlussfassung der Wohnungseigentümertümer zu erteilen (vgl. insoweit auch Niedenführ a. a. O. § 27 Rn 21).

15.5.1.1.5 Anforderung, Entgegennahme und Abführung von Geldern

Der Verwalter ist nach § 27 Abs. 1 Nr. 4 WEG gegenüber Wohnungseigentümern und gegenüber der Gemeinschaft berechtigt und verpflichtet, Lasten- und Kostenbeiträge, Tilgungsbeträge und Hypothekenzinsen anzufordern, in Empfang zu nehmen und abzuführen, soweit es sich um gemeinschaftliche Angelegenheiten der Wohnungseigentümer handelt. Das Recht, hierbei als gesetzlicher Vertreter im Namen der Wohnungseigentümergemeinschaft zu handeln, ergibt sich aus § 27 Abs. 3 Satz 1 Nr. 4 WEG.
Zur gerichtlichen Geltendmachung der Beträge, insbesondere der gemäß § 16 Abs. 2 WEG zu leistenden Hausgeldbeiträge ist der Verwalter nur bei entsprechender Ermächtigung gemäß § 27 Abs. 3 Nr. 7 WEG berechtigt.
Entscheidend ist, dass die Befugnisse nach § 27 Abs. 1 Nr. WEG sich ausschließlich auf das gemeinschaftliche Eigentum richten, der Verwalter also weder berechtigt, noch verpflichtet ist, die Abwicklung solcher Zahlungsverpflichtungen zu übernehmen, die nur einzelne Wohnungseigentümer betreffen.
Möglich ist es allerdings, den Verwalter durch entsprechende Vereinbarungen auch mit der Einziehung und Abführung der Zinsen und Tilgungsbeträge, die sich auf Belastungen des einzelnen Wohnungseigentums beziehen, zu beauftragen (OLG Schleswig, 19. 4. 1961, 2 W 17/61; BayObLG, 8. 2. 1978, 2 Z 50/77; a. A. KG Berlin, 29. 3. 1974, 1 W 811/72).

15.5.1.1.6 Bewirkung und Entgegennahme von Zahlungen und Leistungen

Der Verwalter ist gemäß § 27 Abs. 1 Nr. 5 WEG berechtigt und verpflichtet, alle Zahlungen und Leistungen zu bewirken und entgegenzunehmen, die mit der laufenden Verwaltung des gemeinschaftlichen Eigentums zusammenhängen. Bei den hier genannten Zahlungen handelt es sich im Wesentlichen um die Abwicklung des Rechnungs- und Zahlungsverkehr im rechtsgeschäftlichen Verkehr mit Dritten, also mit Handwerks- und Dienstleistungsunternehmen, aber auch um die Abnahme und Prüfung von Lieferungen Dritter an die Wohnungseigentümergemeinschaft.
Hierunter fällt auch das Recht, Fristen zu setzen und Mängelrügen geltend zu machen, ohne allerdings die Befugnis, Gestaltungsrechte in Form von Rücktritt, Kündigung oder Minderung auszuüben (vgl. dazu Niedenführ in Niedenführ / Kümmel / Vandenhouten § 27 Rn 37).
Das Recht, hierbei als gesetzlicher Vertreter im Namen der Wohnungseigentümergemeinschaft zu handeln, ergibt sich auch in diesen Fällen aus § 27Abs. 3 Nr. 4 WEG, allerdings grundsätzlich nur, wenn es um die Erfüllung bestehender Verpflichtungen aufgrund entsprechender Beschlussfassungen geht.

15.5.1.1.7 Verwaltung der eingenommenen Gelder

Zu den gesetzlich vorgeschriebenen und unabdingbaren Rechten und Pflichten des Verwalters gehört gemäß § 27 Abs. 1 Nr. 6 WEG ferner die Verwaltung der eingenommenen Gelder.
Dazu zählen sämtliche vom Verwalter zum Zweck der Verwaltung des gemeinschaftlichen Eigentums eingenommenen Gelder, also Hausgelder, Beiträge zur Instandhaltungsrückstellung, einschließlich der Zinsen aus den Geldanlagen der Gemeinschaft sowie Einnahmen aus der Vermie-

tung und Verpachtung gemeinschaftlichen Eigentums (zur Beitreibungspflicht von Mieten für die Nutzung des gemeinschaftlichen Eigentums vgl. OLG Köln, 4. 5. 1988, 16 Wx 34/88, zur Vermietung einer Außenwand für Reklamezwecke).

Die nicht zur Abwicklung der laufenden Verwaltungstätigkeit benötigten Gelder hat der Verwalter verzinslich zu marktüblichen Konditionen oder anderweitig ertragbringend jeweils zum Quartalsende anzulegen, insbesondere die Instandhaltungsrückstellung. Als ordnungsmäßige Anlage gilt die Anlage auf Festgeldkonten, Sparbüchern oder auch festverzinslichen Wertpapieren (OLG Celle, 14. 4. 2004, 4 W 7/04).

Dies gilt, sofern nicht die Wohnungseigentümer anderweitig über eine konkrete Anlageform entschieden haben. Erfolgt keine Weisung, entscheidet der Verwalter mit der gebotenen Sorgfalt. Risikobehaftete und spekulative Anlagen hat er dabei jedoch zu vermeiden (BayObLG, 20.12. 1994, 2Z BR 106/94; OLG Celle, 14. 4. 2004, 4 W 7/04, dort auch zur Haftung wegen risikobehafteter Geldanlage; a. A. LG Bonn, 15. 41985, 5 T 201/84, wonach eine selbständige Verpflichtung des Verwalters zu zinsbringender Anlage der gemeinschaftlichen Gelder aufgrund fehlender gesetzlicher Regelungen zu verneinen und die Entscheidung über eine mögliche Anlageform als Angelegenheit der Verwaltung durch die Wohnungseigentümergemeinschaft anzusehen ist, letzteres allerdings zutreffend; ebenso auch AG Rheinbach, 2.11. 1984, 3 II 3/84, jedoch für die Zulässigkeit eines den Verwalter insoweit verpflichtenden Mehrheitsbeschlusses; vgl. auch AG Hamburg, 11. 4. 1988, 102b II Wo 40/86, wonach eine gesetzliche Verpflichtung des Verwalters zur verzinslichen Anlage von Gemeinschaftsgeldern nicht besteht; zur zulässigen zinsbringenden Anlageform für die Instandhaltungsrückstellung vgl. auch AG Buxtehude, 6. 8. 1991, 9 II 4/91;).

15.5.1.1.8 Unterrichtung über Rechtsstreitigkeiten

Die in § 27 Abs. 1 Nr. 7 WEG getroffene Regelung verpflichtet den Verwalter, die Wohnungseigentümer unverzüglich über alle Rechtstreitigkeiten nach § 43 WEG zu unterrichten.
Zweck dieser Vorschrift ist es, die Wohnungseigentümer über die Parteistellung im Verfahren zu unterrichten und die sachlichen Voraussetzungen dafür zu schaffen, dass die Wohnungseigentümer ihr Recht ausüben können, als so genannte Nebenintervenienten sich am Rechtsstreit als Beigeladene gemäß § 48 Abs. 2 Satz 2 WEG zu beteiligen. Unterrichtet der Verwalter die Wohnungseigentümer weder über die Klage noch über den Verhandlungstermin, rechtfertigt die unterlassene Information die sofortige Abberufung aus wichtigem Grund (AG Bonn, 3. 11. 2009, 27 C 44/09).

15.5.1.1.9 Abgabe der Grundeigentümerklärung

Nach den Vorschriften des § 27 Abs. 1 Nr. 8 WEG ist der Verwalter berechtigt, die Erklärungen abzugeben, die zur Vornahme der in § 21 Abs. 5 Nr. 6 WEG bezeichneten Maßnahmen erforderlich sind.
Hierbei handelt es sich um die Zustimmungserklärungen zu den Maßnahmen, die zur Herstellung einer Fernsprechteilnehmereinrichtung, einer Rundfunkempfangsanlage oder eines Energieversorgungsanschlusses erforderlich sind. Soweit im Übrigen ähnliche Erklärungen abzugeben sind, beispielsweise die Zustimmungserklärung des „Eigentümers" für den Kabelfernsehanschluss (vgl. Kap.13.10, Kabelfernsehen) fallen auch diese Erklärungen unter die Vorschriften des § 27 Abs. 1 Nr. 8 WEG.

15.5.1.2 Aufgaben und Befugnisse nach § 27 Abs. 2 WEG

Diese neu gefasste Bestimmung regelt die Befugnisse des Verwalters als gesetzlicher Vertreter der Wohnungseigentümer. In dieser Funktion unterliegt er den Vorschriften des § 181 BGB und kann folglich als ihr Vertreter weder mit sich selbst noch als Vertreter eines Dritten Rechtsgeschäfte abwickeln.
Im Verwaltungsvertrag kann allerdings eine Befreiung vom diesem Verbot des Selbstkontrahierens geregelt werden.

15.5.1.2.1 Entgegennahme von Willenserklärungen und Zustellungen

Nach § 27 Abs. 2 Nr. 1 WEG ist der Verwalter berechtigt, im Namen aller Wohnungseigentümer und mit Wirkung für und gegen sie, Willenserklärung und Zustellungen entgegenzunehmen, soweit sie an alle Wohnungseigentümer in dieser Eigenschaft gerichtet sind.
Nach dieser Regelung sind Willenserklärungen, die an alle Wohnungseigentümer gerichtet sind, wirksam abgegeben, wenn sie dem Verwalter zugehen. Ebenso ist der Verwalter berechtigt, Zustellungen an die Wohnungseigentümer entgegenzunehmen.
Bei der Vertretungsmacht im Sinne dieser Vorschrift geht es insbesondere um die Entgegennahme von Zustellungen aus Zwangsversteigerungsverfahren und Klagen aus Beschlussanfechtungen, die gemäß § 46 Abs. 1 WEG gegen die Wohnungseigentümer, nicht gegen die Wohnungseigentümergemeinschaft zu richten sind.
Auch ist der Verwalter Zustellungsbevollmächtigter für die Wohnungseigentümer bei Abgaben- und Gebührenbescheiden, für die die Wohnungseigentümer als Grundstückseigentümer haften. Ein solcher Bescheid an die Wohnungseigentümer muss jedoch die Gebührenschuldner ausreichend bezeichnen (vgl. dazu insbesondere BVerwG,

25. 2. 1994, 8 C. 2.92; VGH München, 17. 6. 1993, 23 B 91 1350, dort auch m. w. N.; OVG Münster, 20. 6. 1991, 2 A 1236/89, auch m. w. N.).

Allein dadurch, dass der Verwalter eine an alle Wohnungseigentümer gerichtete behördliche Aufforderung zur Beseitigung von Mängeln am gemeinschaftlichen Eigentum als Zustellungsvertreter entgegennimmt, wird dem einzelnen Wohnungseigentümer bei einem Verkauf des Wohnungseigentums noch nicht die Kenntnis von dem Inhalt vermittelt (BGH, 27. 9. 2002, V ZR 320/01).

In Wohnungseigentumsverfahren genügt es im Übrigen, Zustellungen (wie auch die formlose Übersendung von Schriftsätzen), die an die Wohnungseigentümer in ihrer Eigenschaft als Gemeinschaft oder als Verfahrensbeteiligte gerichtet sind, durch Übergabe bzw. Versendung einer Ausfertigung oder Abschrift des Schriftstücks nur an den Verwalter vorzunehmen (vgl. hierzu Kap. 18.2.6).

Die durch die Unterrichtung über die Zustellung zusätzlich entstehenden Kosten sind anteilig gemäß § 16 Abs. 2 WEG von allen Eigentümern zu tragen, sofern nicht gemäß § 16 Abs. 3 WEG eine abweichende Kostenverteilung beschlossen wird.

Das nach dem Gesetz dem Verwalter obliegende Recht zur Entgegennahme von Willenserklärungen berechtigt ihn jedoch nicht, Verträge mit Dritten ohne Zustimmung der Wohnungseigentümer abzuschließen. Hierzu bedarf es der konkreten Beschlussfassung durch die Wohnungseigentümerversammlung (zum Abschluss und zur Kündigung von Hausmeisterverträgen durch den Verwalter vgl. OLG Köln, 31. 5. 1989, 16 Wx 25/89; zum nicht ordnungsmäßigen Beschluss der Eigentümer, durch den der Verwalter zur Einstellung von Hilfskräften ohne betragsmäßige Begrenzung ermächtigt wird vgl. OLG Düsseldorf, 8. 11. 2000, 3 Wx 253/00; zum unzulässigen Abschluss eines auf zwanzig Jahre ausgelegten Fahrstuhlwartungsvertrages vgl. OLG Zweibrücken, 23. 12. 1981, 2 U 33/81, aber auch zur

Frage der stillschweigenden Genehmigung eines durch vollmachtlosen Vertreter geschlossenen Wartungsvertrages).

15.5.1.2.2 Fristenwahrung, Abwendung von Rechtsnachteilen, Prozessführung

Im Rahmen der Vertretung aller Wohnungseigentümer ist der Verwalter gemäß § 27 Abs. 2 Nr. 2 WEG berechtigt, mit Wirkung für und gegen sie Maßnahmen zu treffen, die zur Wahrung einer Frist oder zur Abwendung eines sonstigen Rechtsnachteils erforderlich sind, insbesondere einen gegen die Wohnungseigentümer gerichteten Rechtsstreit gemäß

- § 43 Nr. 1 (Streitigkeiten über die Rechte und Pflichten der Wohnungseigentümer untereinander, so genannte Binnenstreitigkeiten),
- § 43 Nr. 4 (Streitigkeiten über die Gültigkeiten von Beschlüssen) oder
- § 43 Nr. 5 (Klagen Dritter gegen die Wohnungseigentümer)

im Erkenntnis- und Vollstreckungsverfahren zu führen.
Insbesondere im Hinblick auf das Haftungsrisiko ist diese Regelung von Bedeutung. Einer besonderen Beschlussfassung, die den Verwalter zur Wahrnehmung dieser Rechte berechtigt, bedarf es nicht (vgl. dazu bereits BayObLG, 27. 7. 1976, 2 Z 21/76).
Zu den nach § 27 Abs. 2 Nr. 2 WEG erforderlichen Maßnahmen zählen u. a. die Erhebung einer Klage zur Fristwahrung, die Einlegung von Rechtsmitteln und Rechtsbehelfen sowie Einleitung und Durchführung von Beweissicherungsverfahren (BGH, 25. 9. 1980, VII ZR 276/79; BayObLG, 27. 7. 1976, 2 Z 21/76; vgl. auch 25. 6. 1987, 2 Z 39/86, zu den Hinweis- und Informationspflichten des Verwalters hinsichtlich des Ablaufs von Verjährungsfristen im Zusam-

menhang mit der Geltendmachung von Gewährleistungsansprüchen wegen Baumängeln).
Bei den genannten Rechtsstreitigkeiten ist der Verwalter gesetzlich ermächtigt, die Wohnungseigentümer als Beklagte (Passivprozess) sowohl im Erkenntnis- als auch im Vollstreckungsverfahren zu vertreten. Insoweit ist der Verwalter auch berechtigt und verpflichtet, in einem Zwangsvollstreckungsverfahren gegen die Wohnungseigentümergemeinschaft die eidesstattliche Versicherung für die Wohnungseigentümergemeinschaft abzugeben (LG Aurich, 26. 7. 2010, 4 T 237 / 10).
In einem Beschlussanfechtungsverfahren eines oder mehrerer Wohnungseigentümer vertritt er die „übrigen" Wohnungseigentümer (vgl. hierzu auch Niedenführ in Niedenführ / Kümmel / Vandenhouten § 27 Rn 64 f.).

15.5.1.2.3 Geltendmachung von Ansprüchen der Wohnungseigentümer

Die gesetzliche Ermächtigung, die Wohnungseigentümer ohne vorherige Beschlussfassung in Rechtsstreitigkeiten gerichtlich zu vertreten, gilt nur für die so genannten Passivprozesse, also in Prozessen, die gegen die Wohnungseigentümer geführt werden.
Geht es um die im Aktivprozess (Wohnungseigentümer als Kläger) geltend zu machenden gerichtlichen Ansprüche und um die außergerichtliche Geltendmachung von Ansprüchen der Wohnungseigentümer bedarf es hierzu gemäß § 27 Abs. 2 Nr. 3 WEG einer besonderen Ermächtigung durch eine Vereinbarung gemäß § 10 Abs. 2 Satz 2 WEG oder einer mehrheitlichen Beschlussfassung der Wohnungseigentümer, die auch im mehrheitlich zu beschließenden Verwaltungsvertrag dem Verwalter allgemein oder für bestimmte Maßnahmen erteilt werden kann. Ohne Vereinbarung oder Beschluss ist der Verwalter zur Geltendmachung gerichtlicher oder außergerichtlicher Ansprüche

gemäß § 27 Abs. 2 Nr. 2 WEG nur bei dringlichen Maßnahmen zur Abwehr von Rechtsnachteilen befugt. Im Übrigen obliegt es grundsätzlich der Entscheidung der Wohnungseigentümer, ob ein Prozess geführt werden soll oder nicht (BGH, 28. 1. 2011, V ZR 145/10; Merle in Bärmann, § 27 Rn 242).

15.5.1.2.4 Sonderregelungen für Rechtsanwaltsgebühren

Aufgrund der neuen Regelungen zur Streitwertfestsetzung ist der Verwalter gemäß § 27 Abs. 2 Nr. 4 WEG berechtigt, mit einem Rechtsanwalt wegen eines Rechtsstreits gemäß

- § 43 Nr. 1 WEG (Streitigkeiten der Wohnungseigentümer untereinander)
- § 43 Nr. 4 WEG (Streitigkeiten über die Gültigkeit von Beschlüssen) und
- § 43 Nr. 5 WEG (Klagen Dritter gegen die Wohnungseigentümer)

zuvereinbaren, dass sich die Gebühren nach einem höheren als dem gesetzlichen Streitwert, höchstens nach einem gemäß § 49a Abs. 1 Satz 1 des Gerichtskostengesetzes bestimmten Streitwert (höchstens 50 % des Interesses der Parteien und der Beigeladenen an der Entscheidung) bemessen.

Diese Regelung ergibt sich daraus, dass die Höhe des Streitwertes für eine Anfechtungsklage gegen einen Beschluss der Wohnungseigentümer auch für die Höhe des Streitwertes zugrunde zu legen ist, die der Rechtsanwalt auf der Seite der beklagten Wohnungseigentümer für seine Gebühr ansetzen kann, obwohl deren Interesse an einer gerichtlichen Entscheidung ein Vielfaches beträgt und der Streitwert folglich entsprechend höher anzusetzen wäre.

Da von dieser Regelung auch durch Vereinbarung nicht abgewichen werden kann, können die Wohnungseigentümer dem Verwalter bei der Regelung über die Vergütung keine größere Beschränkungen auferlegen als die vom Gesetz vorgenommene Begrenzung.

15.5.1.3 Aufgaben und Befugnisse nach § 27 Abs. 3 WEG

Die in § 27 Abs. 3 WEG getroffenen Bestimmungen regeln die Vertretungsmacht des Verwalters bei Willenserklärungen und Rechtshandlungen, die der Verwalter im Namen der teilrechtsfähigen Wohnungseigentümergemeinschaft als deren gesetzlicher Vertreter abzugeben oder vorzunehmen berechtigt ist.

15.5.1.3.1 Entgegennahme von Willenserklärungen und Zustellungen

Nach § 27 Abs. 3 Satz 1 Nr. 1 WEG ist der Verwalter berechtigt, im Namen der Gemeinschaft der Wohnungseigentümer und mit Wirkung für und gegen sie Willenserklärung und Zustellungen entgegen zu nehmen.
Damit wird die gesetzliche Empfangsvertretungsmacht für alle gemeinschaftsbezogenen Angelegenheiten geregelt, also beispielsweise die Kündigung über Mietverträge über Anlagen und gemeinschaftliche Einrichtungen, die mit Wohnungseigentümern, Mietern oder anderen Dritten geschlossen wurden. Ebenso fallen hierunter Anstellungs- oder Dienstleistungsverträge zwischen Dritten und der Gemeinschaft, beispielsweise Hausmeisterverträge.

15.5.1.3.2 Fristenwahrung, Abwendung von Rechtsnachteilen und Prozessführung

Nach § 27 Abs. 3 Satz 1 Nr. 2 WEG ist der Verwalter berechtigt, Maßnahmen zur Fristenwahrung oder zur Abwendung von sonstigen Rechtsnachteilen – auch ohne vorherigen ermächtigenden Eigentümerbeschluss – zu treffen und insbesondere einen gegen die Gemeinschaft geführten Rechtsstreit gemäß

- § 43 Nr. 2 WEG (Streitigkeiten über Rechte und Pflichten zwischen der Gemeinschaft der Wohnungseigentümer und Wohnungseigentümer oder
- § 43 Nr. 5 WEG (Klagen Dritter gegen die Gemeinschaft der Wohnungseigentümer) im Erkenntnis- und Vollstreckungsverfahren zu führen. Auch hierzu bedarf es keiner gesonderten Ermächtigung durch die Wohnungseigentümer.

15.5.1.3.3 Laufende Instandhaltung und Instandsetzung

Zu den Maßnahmen der laufenden Instandhaltung und Instandsetzung zählen alle Maßnahmen, die für die Gemeinschaft keine grundsätzliche Bedeutung haben und sich finanziell und ihrer Art nach im Rahmen dessen halten, was üblicherweise anfällt. Danach zählen zu diesen Maßnahmen regelmäßig erforderliche Wartungs- und Unterhaltungsarbeiten sowie Reparaturen, die notwendigerweise als Folge des Gebrauchs und der Nutzung des gemeinschaftlichen Eigentums anfallen (OVG Münster, 28. 1. 2011, 2 B 12495/10; vgl. auch Merle in Bärmann § 27 Rn 190). Während die Durchführung der ordnungsmäßigen Maßnahmen zur Instandhaltung und Instandsetzung gemäß § 27 Abs. 1 Nr. 2 WEG durch den Verwalter stets einer entsprechenden vorausgehenden Beschlussfassung bedarf, ist der Verwalter gemäß § 27 Abs. 3 Satz 1 Nr. 3 WEG im Namen der Gemeinschaft der Wohnungseigentümer berechtigt, die laufenden Maßnahmen der erforderlichen ordnungsmäßigen Instandhaltung und Instandsetzung gemäß § 27 Abs. 1 Nr. 2 WEG zu treffen, sie also als Vertreter der Wohnungseigentümergemeinschaft in Auftrag zu geben, ohne dass es dazu einer vorherigen Beschlussfassung bedarf (vgl. dazu Kap. 15.5.1.1.3).

Nach diesen Grundsätzen kann der Verwalter auch durch Ordnungsverfügung in Anspruch genommen werden, alle erforderlichen Maßnahmen zur Aufrechterhaltung der öffentlichen Sicherheit und Ordnung nach öffentlich-rechtlichen Vorschriften in eigenem Namen vorzunehmen (vgl. dazu Kap.12.2.4.1.6).

15.5.1.3.4 Durchführung der Maßnahmen nach § 27 Abs. 1 Nr. 3 bis 5 und 8 WEG

Gemäß § 27 Abs. 3 Satz 1 Nr. 4 WEG ist der Verwalter im Namen der Gemeinschaft der Wohnungseigentümer als deren gesetzlicher Vertreter berechtigt mit Wirkung für und gegen sie gemäß

- § 27 Abs. 1 Nr. 3 WEG in dringenden Fällen sonstige zur Erhaltung des gemeinschaftlichen Eigentums erforderlichen Maßnahmen zu treffen (vgl. Kap. 15.5.1.1 .4),
- § 27 Abs. 1 Nr. 4 WEG Lasten- und Kostenbeiträge, Tilgungsbeträge und Hypothekenzinsen anzufordern, in Empfang zu nehmen und abzuführen, soweit es sich um gemeinschaftliche Angelegenheiten der Wohnungseigentümer handelt (vgl. Kap. 15.5.1.1.5),
- § 27 Abs. 1 Nr. 5 WEG alle Zahlungen und Leistungen zu bewirken und entgegenzunehmen, die mit der laufenden Verwaltung des gemeinschaftlichen Eigentums zusammenhängen (vgl. Kap. 15.5.1.1.6),
- § 27 Abs. 1 Nr. 8 WEG die so genannten Grundeigentümererklärungen abzugeben.

Zur gerichtlichen Geltendmachung der hiernach durchzuführenden Maßnahmen ist der Verwalter jedoch nur nach entsprechender Ermächtigung durch Beschluss der Wohnungseigentümer befugt.
Die Prozessvollmacht kann dem Verwalter im Rahmen der Beschlussfassung über den Verwaltungsvertrag erteilt werden und berechtigt ihn in diesem Fall, einen Rechtsanwalt mit der Führung des Prozesses zu beauftragen.

Ein Beschluss der Wohnungseigentümer, einen Anwalt mit der Geltendmachung von Ansprüchen der Gemeinschaft gegen einen Miteigentümer zu beauftrage, entspricht bereits dann ordnungsmäßiger Verwaltung, wenn das Bestehen des Anspruchs für möglich gehalten wird (OLG München, 9. 2. 2010, 32 Wx 114/09).

15.5.1.3.5 Kontoführung

Nach § 27 Abs. 3 Satz 1 Nr. 5 WEG ist der Verwalter berechtigt, im Rahmen der Verwaltung der eingenommenen Gelder gemäß § 27 Abs. 1 Nr. 6 WEG Konten zu führen.
Das bedeutet, dass Verwalter berechtigt ist, für die Wohnungseigentümergemeinschaft Konten zu eröffnen, aber auch Konten aufzulösen.
Kontoinhaber ist die teilrechtsfähige Wohnungseigentümergemeinschaft, die bei der Kontoeröffnung durch den Verwalter als gesetzlichen Vertreter vertreten wird. Einer besonderen Vollmacht für den Verwalter zur Kontoeröffnung bedarf es nicht.
Das Konto ist als offenes Fremdkonto auf den Namen der Wohnungseigentümergemeinschaft einzurichten. Nur so ist gewährleistet, dass ein Gläubiger der Gemeinschaft seinen pfändbaren Anspruch auf das Verwaltungsvermögen auch durchsetzen kann (vgl. dazu auch Wenzel, ZWE 2006, 2, 7; Sauren, ZWE 2006 258, 262). Die Neuregelung lässt eine Kontenführung als Treuhandkonto, lautend auf den Namen des Verwalters, nicht mehr zu (vgl. dazu auch Hügel, a. a. O., § 3 Rdnr. 160, m. w. N. auf die insoweit vorherrschende Meinung).

15.5.1.3.6 Sonderregelungen für Rechtsanwaltsgebühren

Bei Streitigkeiten über die Rechte und Pflichten zwischen der Gemeinschaft der Wohnungseigentümer und Wohnungseigentümern (§ 43 Nr. 2 WEG) sowie bei Klagen Dritter gegen die Gemeinschaft der Wohnungseigentümer (§ 43 Nr. 5 WEG) kann der Verwalter gemäß § 27 Abs. 3 Nr. 6 WEG entsprechend § 27 Abs. 2 Nr. 4. WEG eine Sonderregelung über die Höhe der Anwaltsgebühr treffen (vgl. dazu Kap. 15.5.1.2.4.).

15.5.1.3.7 Vornahme sonstiger Rechtsgeschäfte und Rechtshandlungen

Über die dem Verwalter nach den Vorschriften des § 27 Abs. 3 Satz Nr. 1 bis 6 WEG hinaus eingeräumten Rechte kann der Verwalter gemäß § 27 Abs. 3 Satz 1 Nr. 7 WEG durch Vereinbarung oder durch mehrheitlichen Beschluss zur Vornahme sonstiger Rechtsgeschäfte und Rechtshandlungen ermächtigt werden.
Nach dieser Vorschrift können die Wohnungseigentümer den Verwalter auch ermächtigen, Ansprüche der Gemeinschaft der Wohnungseigentümer im Aktivprozess geltend zu machen. Auch diese Prozessvollmacht kann im Rahmen des mehrheitlich zu beschließenden Verwaltungsvertrages erteilt werden und berechtigt den Verwalter, einen Rechtsanwalt mit der Führung des Prozesses zu beauftragen.
Diese im Verwaltungsvertrag erteilte Ermächtigung zur Beauftragung eines Anwaltes berechtigt den Verwalter allerdings nicht, einen Anwalt auch mit der außergerichtlichen Beitreibung von Hausgeld zu beauftragen (OLG Düsseldorf, NZM 2001, 290; zur Prozessführung durch den Verwalter vgl. zu Einzelheiten Niedenführ, a.a.O. § 27 Rn 75 ff.).
Ein Beschluss der Wohnungseigentümer zur Bevollmächtigung des Verwalters, im Namen und auf Kosten der Gemeinschaft einen Rechtsanwalt mit der Wahrnehmung ihrer Interessen gegenüber einem störenden Miteigentümer zu beauftragen, entspricht nicht nur dann ordnungsmäßiger Verwaltung, wenn tatsächlich Ansprüche bestehen, sonder auch in den Fällen, in denen die Gemeinschaft

bereits das Bestehen von Ansprüchen und deren Geltendmachung für plausibel hält (OLG München, 9. 2. 2010, 32 Wx 114/09).

15.5.1.3.8 Vertretung der Wohnungseigentümergemeinschaft bei Fehlen eines Verwalters

Fehlt ein Verwalter, wie dies vielfach bei kleineren Gemeinschaften der Fall ist, oder ist der Verwalter nicht zur Vertretung berechtigt, beispielsweise bei Führung eines Rechtsstreits der Gemeinschaft gegen ihn, wird die Gemeinschaft gemäß § 27 Abs. 3 Satz 2 WEG durch alle Wohnungseigentümer vertreten. Die Wohnungseigentümer können in einem solchen Fall durch mehrheitlichen Beschluss einen oder mehrere Wohnungseigentümer zur Vertretung der Wohnungseigentümergemeinschaft ermächtigen. Auch ein einzelner Wohnungseigentümer kann durch Mehrheitsbeschluss ermächtigt werden, Ansprüche der Wohnungseigentümergemeinschaft im eigenen Namen gerichtlich geltend zu machen (BGH, 24. 6. 2005, V ZR 350/03, dort zur Geltendmachung von Hausgeldansprüchen).
Dies gilt grundsätzlich für die Geltendmachung von Ansprüchen aus der Verwaltung des gemeinschaftlichen Eigentums, wobei die Ansprüche auch im eigenen Namen geltend gemacht werden können (BGH, 10. 6. 2005, V ZR 235/04, zu einem bestandskräftigen Beschluss, einzelne Eigentümer allgemein zur Geltendmachung von Forderungen der Gemeinschaft zu ermächtigen).

15.5.1.4 Unabdingbarkeit der Verwalterbefugnisse

Die dem Verwalter gemäß § 27 Abs. 1 bis 3 WEG eingeräumten Befugnisse können gemäß § 27 Abs. 4 WEG durch Vereinbarung nicht eingeschränkt und auch nicht ausgeschlossen werden.

Ein Mehrheitsbeschluss, durch den im Verwaltungsvertrag abweichende Regelungen getroffen werden, wäre als gesetzesändernder Mehrheitsbeschluss nichtig.

15.5.1.5 Getrennte Kontoführung

Die für die Wohnungseigentümergemeinschaft eingenommenen Gelder hat der Verwalter gemäß § 27 Abs. 5 Satz 1 WEG von seinem Vermögen gesondert zu halten. Das bedeutet, dass diese Gelder weder auf einem Eigenkonto des Verwalters, noch auf einem gemeinschaftlichen Fremdkonto des Verwalters für mehrere Wohnungseigentümergemeinschaften gehalten werden dürfen.
Im Übrigen sind auch die Gelder verschiedener Gemeinschaften grundsätzlich getrennt zu verwalten (zum Verstoß gegen die Verpflichtung zur getrennten Vermögensverwaltung als Verletzung der Treuepflichten und zum Treubruchtatbestand der Untreue vgl. BGH, 23. 8. 1995, 5 StR 371/95; LG Berlin, 29. 7. 1994, 85 T 8/94).

15.5.1.6 Beschränkung der Kontoverfügung

Die Verfügung über die vom Verwalter eingenommenen Gelder kann gemäß § 27 Abs. 5 Satz 2 WEG durch Vereinbarung oder Beschluss der Wohnungseigentümer mit Stimmenmehrheit von der Zustimmung eines Wohnungseigentümers oder eines Dritten abhängig gemacht werden. Insoweit kann die Verwaltung der gemeinschaftlichen Gelder gemäß § 27 Abs. 1 Nr. 6, § 27 Abs. 3 Satz 1 Nr. 5 WEG durch den Verwalter eine Einschränkung erfahren.

15.5.1.7 Weitere Aufgaben und Befugnisse nach dem WEG

Die weiteren Aufgaben und Befugnisse des Verwalters nach dem Wohnungseigentumsgesetz richten sich im Übrigen nach den Vorschriften des

- § 24 WEG – Einberufung, Vorsitz und Anfertigung der Niederschrift über Beschlüsse der Wohnungseigentümerversammlung, Führung der Beschluss-Sammlung (vgl. hierzu Kap. 14.1, 14.1.5, 14.4, 14.5);
- § 25 Abs. 4 WEG – Einberufung einer Wiederholungsversammlung bei Beschlussunfähigkeit der Erstversammlung (vgl. hierzu auch Kap. 14.1.7.2),
- § 28 WEG – Aufstellung des Wirtschaftsplans, der Jahresabrechnung und Vornahme der Rechnungslegung (vgl. hierzu Kap. 17.1, 17.2.1, 17.3).

15.5.1.8 Aufgaben und Befugnisse gemäß Teilungserklärung und Gemeinschaftsordnung

Zu den Aufgaben und Befugnissen des Verwalters, die sich aus der Teilungserklärung oder der Gemeinschaftsordnung ergeben können, zählen Zustimmungserklärungen, in erster Linie bei Veräußerung und Vermietung von Wohnungs- und Teileigentum(vgl. hierzu Kap. 6.2).
Weitere Befugnisse können Zustimmungs- oder Genehmigungserklärungen bei baulichen Veränderungen betreffen. Auch Verfügungsbefugnisse über gemeinschaftliche Gelder können Inhalt besonderer Vereinbarungen sein.
Strittig war im Falle solcher Vereinbarungen, ob der Verwalter die ihm übertragene Befugnis oder Verpflichtung zur Erteilung der Zustimmung in den genannten Fällen in die Wohnungseigentümerversammlung „zurückdelegieren“ und seine Zustimmung von der Entscheidung der Eigentümer abhängig machen kann.
Nach Auffassung des KG Berlin (26. 11. 1993, 24 W 4675/93,

gegen OLG Karlsruhe, 9. 2. 1983, 4 W 97/82) verbleibt trotz der „Vorschaltung“ des Verwalters die Entscheidungskompetenz bei den Wohnungseigentümern. Deshalb sei der Verwalter in Zweifelsfällen auch berechtigt, von der ihm übertragenen Zustimmungsverpflichtung keinen Gebrauch zu machen und wegen der Entscheidung die Zustimmung der Wohnungseigentümerversammlung anzurufen.

Der BGH hat sich mit Einschränkungen dieser Auffassung angeschlossen, insbesondere im Hinblick darauf, ob es sich um einen gewerblichen oder um einen nicht berufsmäßigen, in der Regel unentgeltlich tätigen Verwalter handelt.

Grundsätzlich ist danach – auch – der gewerblich tätige Verwalter befugt, die Weisung der Wohnungseigentümer einzuholen, wenn ernsthafte Zweifel bestehen, ob ein wichtiger Grund zur Versagung der Zustimmung (hier: im Falle baulicher Veränderungen) vorliegt.

Macht der gewerbliche Verwalter von dieser Befugnis Gebrauch, hat er jedoch die Eigentümer über die aufgetretenen tatsächlichen und rechtlichen Zweifelsfragen umfassend aufzuklären. Hat er dabei die Rechtsfragen mit der erforderlichen Sorgfalt geprüft, ist es ihm nicht anzulasten, wenn er gleichwohl einem Rechtsirrtum unterliegt.

Der Verwalter haftet also für mögliche Nachteile, die sich aus einer falschen Entscheidung der Wohnungseigentümer wegen einer durch ihn erfolgten rechtsfehlerhaften Beratung ergeben, nur dann, wenn er bei der Prüfung der Rechtsfrage nicht mit der erforderlichen Sorgfalt vorgegangen ist (BGH, 21. 12. 1995, V ZB 4/94).

Im Übrigen ist eine Klage auf Erteilung der Zustimmung gegen die Wohnungseigentümergemeinschaft zu richten, wenn diese die Entscheidung über Erteilung der Zustimmung an sich gezogen hat (BGH, 13. 5. 2011, V ZR 166/10; s. auch Kap. 6.2).

15.5.1.9 Vertragliche Aufgaben und Befugnisse

Zu den gesetzlich vorgeschriebenen Mindestbefugnissen und den Rechten und Pflichten des Verwalters, die sich aus der Teilungserklärung und der Gemeinschaftsordnung ergeben, können weitere Befugnisse und Verpflichtungen aus dem Verwaltungsvertrag hinzutreten.
Im Rahmen solcher vertraglichen Vereinbarungen können u. a. Regelungen getroffen werden über

- besondere Fristen bei der Einberufung der Wohnungseigentümerversammlung,
- über Fristen zur Vorlage von Wirtschaftsplänen und Jahresabrechnungen,
- über die Anfertigung von Versammlungsniederschriften sowie deren Versendung an die Wohnungseigentümer.

Ebenso können weitere Zusatzleistungen vereinbart werden, die sowohl die kaufmännische wie auch die technische Abwicklung hinsichtlich Art und Umfang der Verwaltungsleistungen betreffen.
So sind Regelungen denkbar über die Ausübung des Einsichtsrechts in Abrechnungs- und Verwaltungsunterlagen und die Anfertigung von Kopien gegen Entgelt (vgl. hierzu Kap. 17.2.4), aber auch Regelungen über die Mitwirkung bei der Planung, Aufsicht und Abnahme größerer Instandhaltungs- oder Instandsetzungsmaßnahmen.

15.5.1.10 Weitere gesetzliche Pflichten des Verwalters

Weitere gesetzliche Pflichten ergeben sich für den Verwalter aus den entsprechenden Bestimmungen der §§ 675, 666, 667 BGB.
Sie betreffen die Auskunfts- und Rechenschaftspflicht sowie die Herausgabepflicht des Verwalters.
Hinzu kommen die Informationspflichten des Verwalters als Nebenpflichten aus seinem mit der Wohnungseigentümergemeinschaft bestehenden Vertragsverhältnis.

15.5.1.10.1 Aufbewahrungspflicht

Der Verwalter ist als Beauftragter der Wohnungseigentümer verpflichtet, sämtliche Unterlagen, die im Zusammenhang mit der Verwaltung des gemeinschaftlichen Eigentums stehen oder angelegt worden sind, aufzubewahren.
Allerdings gibt es keine speziellen Vorschriften, die die Aufbewahrung von Unterlagen der Wohnungseigentümer regeln.
Insoweit sind die handels- und steuerrechtlichen Aufbewahrungsfristen zwar nicht direkt, jedoch entsprechend anwendbar (AG München, 15. 12. 1989, UR II 424/89).
Da sich gemäß §§ 140, 147 AO für den Verwalter von Wohnungseigentum eine abgeleitete Buchführungspflicht ergibt, richten sich die die Aufbewahrungspflichten nach § 140 AO (i. d. F. des Steuerungsänderungsgesetzes 1998 vom 19. 12. 1998, BGBl. I S. 3816).
Deshalb gilt entsprechend § 147 AO für Bücher und Aufzeichnungen, Jahresabschlüsse, Inventare, Kontounterlagen und Buchungsbelege eine zehnjährige Aufbewahrungspflicht. Schriftverkehr und sonstige Verwaltungsunterlagen sind sechs Jahre aufzubewahren (AG Königstein im Sinne, 16. 9. 1999, 3 UR II 29/99; AG München, 15.12. 1989, UR II 424/89; ebenso AG Hamburg-Blankenese, 2.6. 1988, 506 II 11/88, auch zur Aufbewahrungsfrist von 10 bzw. 6 Jahren gemäß § 257 HGB; vgl. auch Schmid, DWE 1989, 146; Niedenführ in Niedenführ/Kümmel/Vandenhouten § 28 Rn 137).
Unbefristet sind aufzubewahren Teilungserklärung, Gemeinschaftsordnung, Abgeschlossenheitsbescheinigung, Aufteilungspläne, sämtliche Niederschriften über die Beschlüsse der Wohnungseigentümergemeinschaft sowie alle Unterlagen, die auf Dauer für die Verwaltung des gemeinschaftlichen Eigentums erforderlich sind (vgl. im Übrigen die nach §§ 675, 666, 676 BG zu berücksichtigenden Auskunfts-, Rechenschafts- und Herausgabepflichten).

Im Übrigen können die Wohnungseigentümer im Rahmen ordnungsmäßiger Verwaltung unter Beachtung der gesetzlichen Aufbewahrungsfristen über die Dauer der Aufbewahrung durch mehrheitliche Beschlussfassung entscheiden (Niedenführ in Niedenführ/Kümmel/Vandenhouten § 28 Rn 137132).

15.5.1.10.2 Auskunftspflicht

Die Auskunftspflicht des Verwalters besteht bei einer Wohnungseigentümergemeinschaft zunächst nur gegenüber der Eigentümerversammlung. Das gilt vorrangig in Angelegenheiten, über die die Wohnungseigentümer durch Beschlussfassung zu entscheiden haben.

Daneben ist aber ein Individualanspruch einzelner Wohnungseigentümer gegenüber dem Verwalter in solchen Angelegenheiten anzuerkennen, die nicht Gegenstand der Beschlussfassung sind, an deren Aufklärung jedoch der einzelne Wohnungseigentümer ein berechtigtes und akutes Bedürfnis hat, was im Einzelfall nach Treu und Glauben zu prüfen ist (BayObLG, 3. 5. 1972, 2 Z 7/72).

Diesen Auskunftsanspruch gegenüber dem Verwalter kann der einzelne Eigentümer jedoch nur insoweit geltend machen, als die Eigentümergemeinschaft von ihrem Auskunftsanspruch keinen Gebrauch macht (OLG Celle, 13. 6.1984, 4 W 89/84; KG Berlin, 22. 12. 1986, 24 W 5516/86; BayObLG, 11. 2. 1988, 2 Z 88/87; 3. 5. 1990, 1 b Z 24/89; vgl. auch zum Auskunftsanspruch des einzelnen Wohnungseigentümers gegenüber dem Verwaltungsbeirat Kap. 16.5.3.1).

Eine besondere gesetzliche Auskunftspflicht des Verwalters besteht aufgrund der Vorschriften gemäß § 13 Abs. 1 Nr. 3 und § 19 Abs. 1 Nr. 1 Schornsteinfegergesetz (BGBl. 1994 I S. 1625).

Danach ist der Verwalter im Einzelfall verpflichtet, dem Schornsteinfegermeister Namen und Anschrift eines Woh-

nungseigentümers zu benennen, wenn er Mängel an Feuerungsanlagen (Gasetagenheizungen etc.) festgestellt hat, die sich in dessen Sondereigentumsräumen befinden.
Gegenüber einem Mieter/Kaufinteressenten ist der Verwalter grundsätzlich nicht auskunftsverpflichtet und auch nicht auskunftsberechtigt. Das gilt auch dann, wenn der Verwalter gemäß Teilungserklärung die Zustimmung zur Veräußerung zu erteilen hat. Eine Ausnahme gilt für den Fall, dass der Vermieter/Veräußerer den Mieter/Kaufinteressenten ermächtigt hat, an seiner Stelle das Einsichtsrecht in die Verwaltungsunterlagen wahrzunehmen (vgl. OLG Köln, 4. 11. 1998, 16 Wx 154/98).
Daher ist der Verwalter auch nicht verpflichtet, bei der Einsicht in den Kaufvertrag den Erwerber auf mögliche, für ihn nachteilige Regelungen hinzuweisen.

15.5.1.10.3 Gewährung des Einsichtsrechts

Der Verwalter einer Wohnungseigentumsanlage ist grundsätzlich verpflichtet, allen Wohnungseigentümern die Möglichkeit der Einsichtnahme in sämtliche Verwaltungsunterlagen einschließlich der Abrechnungsunterlagen gewähren (zum Einsichtsrecht in die Stimmrechtsvollmachten vgl. OLG München, 31. 10. 2007, 34 Wx 060/07). Dieser Verpflichtung unterliegt auch der abberufene Verwalter, selbst wenn ihm Entlastung erteilt worden ist (zu Einzelheiten siehe Kap. 17.2.5 Einsichtsrecht).
Das Einsichtsrecht erstreckt sich auch auf die gemäß § 24 Abs. 7 WEG zu führende Beschluss-Sammlung, wobei der Verwalter auch einem Dritten bei entsprechender Bevollmächtigung durch einen Wohnungseigentümer die Einsichtnahme gewähren muss.

15.5.1.10.4 Herausgabepflicht

Bei seinem Ausscheiden hat der Verwalter ohne jede Einschränkung alle Verwaltungsunterlagen herauszugeben. Diese Verpflichtung ergibt sich bei Beendigung der Verwaltertätigkeit unmittelbar aus den Vorschriften der §§ 675, 666, 667 BGB (BayObLG, 23. 3. 2001, 2Z BR 6/01, dort auch zu den besonderen Herausgabepflichten des Bauträger-Verwalters).

Die Herausgabepflicht ist auch im Falle der bereits erfolgten Abberufung noch Bestandteil der dem Verwalter obliegenden Rechenschaftspflicht, die nicht bereits mit der Beendigung der Amtsausübung endet (BayObLG, 9. 2. 1965, 2 Z 6/74; 4. 8. 1975, 2 Z 50/75; 28. 6. 1985, 2 Z 13/85, zur Herausgabe von Schlüsseln; 9. 6. 1988, 2 Z 1/88; 13. 9. 1993, 2Z BR 66/93, m. w. N., auch zur Herausgabepflicht gemäß §§ 677, 681 Satz 2, 667 BGB im Falle der Unwirksamkeit der Verwalterbestellung sowie zur Herausgabe nach Beschlagnahme der Unterlagen durch die Staatsanwaltschaft; BayObLG, 11. 7. 1996, 2Z BR 45/96; zur Herausgabepflicht nach Ungültigerklärung der Verwalterbestellung vgl. BGH, 6. 3. 1997, III ZR 248/95; KG Berlin, 3. 9. 1986, 24 W 5606/85; OLG Frankfurt, 2. 9. 1998, 20 W 49/97, zur Herausgabe der Unterlagen im Original; zum Verzug des alten Verwalters bei der Herausgabe der Unterlagen vgl. AG Rinteln, 8. 9. 1993, 2 UR II 137/93; zum fehlenden Zurückbehaltungsrecht des ausgeschiedenen Verwalters bei ungeklärten Zahlungsansprüchen vgl. OLG Frankfurt, 19. 5. 1994, 20 W 488/93).

Der Herausgabeanspruch erstreckt sich insbesondere auf:

- Gelder und Guthaben auf Gemeinschaftskonten, Sparbücher, Wertpapiere;
- Sachgegenstände, Geräte etc. zur gemeinschaftlichen Verwaltung;
- Verwaltervollmachten;

- Teilungserklärung, Gemeinschaftsordnung, Aufteilungsplan,
- Abgeschlossenheitsbescheinigung, Bauzeichnungen sowie Werk- und Detailpläne;
- Bestandszeichnungen für Entwässerung, Schmutzwasser und Heizungsinstallationen;
- Abnahmeprotokolle des Gemeinschaftseigentums;
- Eigentümerlisten, Einladungen und Niederschriften von Wohnungseigentümerversammlungen mit Vollmachten;
- Beschluss-Sammlung,
- Jahresgesamt- und Einzelabrechnungen, Wirtschaftspläne;
- Rechnungen;
- sämtliche Kontounterlagen wie Kontoauszüge, Überweisungsträger und sonstige Kontounterlagen für das für die Gemeinschaft geführte Konto, einschl. Schecks und Scheckkarten;
- Wartungsverträge, Hausmeisterverträge, Versicherungsunterlagen, Lohn- und Gehaltsunterlagen;
- Unterlagen über Verträge der Eigentümergemeinschaft mit Firmen, die bei Beginn der Verwaltertätigkeit angelegt worden sind.

Die Herausgabepflicht ist nicht auf die zur laufenden Verwaltung benötigten Unterlagen beschränkt, sondern betrifft auch Altverträge, beispielsweise abgelaufene Wärmelieferungsverträge, um eine Vergleichsmöglichkeit mit neu abgeschlossenen Verträgen zu haben und etwaige Benachteiligungen festzustellen (umfassend zu den auch vom Bauträger-Verwalter herauszugebenden Unterlagen, insbesondere im Hinblick auch auf Gewährleistungsansprüche vgl. BayObLG, 23. 3. 2001, 2Z BR 6/01; AG Köln, 7. 1. 1980, 151 II 5015/79; vgl. auch AG Hamburg-Blankenese, 2. 6. 1988, 506 II 11/88, wonach die Aushändigung entsprechender Kopien nicht ausreicht).
Im Übrigen hat jeder Wohnungseigentümer sowohl gegen-

über einem früheren Eigentümer wie auch gegenüber dem Verwalter einen Anspruch auf Herausgabe von Bauunterlagen, allerdings nicht der Originalunterlagen.
Der Anspruch richtet sich nur auf die Aushändigung von Fotokopien gegen Kostenerstattung (vgl. insoweit auch OLG Hamm, 29.10. 1987, 15 W 361/85; zur Anspruch auf Aushändigung von Kopien der Abrechnungs- und Verwaltungsunterlagen vgl. auch OLG Hamm, 9. 2. 1998, 15 W 124/97; OLG München 19. 5. 2006, 32 Wx 58/06; i. Ü. Kap. 17.2.5).
Als Bauunterlagen in diesem Sinne gelten Bauzeichnungen, statische Berechnungen, Elektro-, Sanitär- und Heizungsinstallationspläne wie auch Handwerkerrechnungen, soweit noch Gewährleistungsansprüche geltend gemacht werden können (OLG Köln, 22. 11. 1979, 16 Wx 111/79; zum Herausgabeanspruch auf Abrechnungsunterlagen vgl. auch OLG Celle, 25. 6. 1984, 4 W 87/84, wonach einzelne Wohnungseigentümer keinen Anspruch auf Herausgabe aller Unterlagen haben, gegebenenfalls hinsichtlich einzelner Belege, im Übrigen aber die Aushändigung von Kopien der Abrechnungsunterlagen gegen Kostenerstattung verlangen können).
Der Herausgabeanspruch steht der teilrechtsfähigen Gemeinschaft, nicht den einzelnen Wohnungseigentümern OLG München 21. 2. 2006, 32 Wx 14/06). Insoweit ist der neue Verwalter berechtigt, als gesetzlicher Vertreter der Wohnungseigentümergemeinschaft den Anspruch gegen den ausgeschiedenen Verwalter gegebenenfalls gerichtlich geltend zu machen, wobei mit dem Hauptsacheantrag auch der Antrag auf Erlass einer einstweiligen Anordnung auf Herausgabe der Unterlagen für zulässig erachtet wird.
Schließlich steht dem einzelnen Eigentümer jederzeit das Recht zu, vom Verwalter eine Namens-/Anschriftenliste der Miteigentümer zu verlangen. Diesem Verlangen stehen die Vorschriften des Datenschutzes nicht entgegen (Bay-

ObLG, 8. 6. 1984, 2 Z 7/84; OLG Frankfurt, 16. 2. 1984, 20 W 866/83; LG Essen, 17. 1. 1985, 7 T 180/84; AG Hamburg, 22.5. 1985, 102a II Wo 12/85; zum Geschäftswert bei Geltendmachung des Herausgabeanspruches der Eigentümerliste vgl. LG Erfurt, 30. 3. 1999, 7 T 37/99).

15.5.1.10.5 Hinweis-/Informationspflichten

Die Frage, ob und gegebenenfalls der Verwalter gegenüber den Wohnungseigentümern auch zu Hinweisen und Informationen in rechtlichen Fragen der Verwaltung des gemeinschaftlichen Eigentums verpflichtet ist, ist von der Rechtsprechung bisher nicht eindeutig geklärt.

Einerseits wird festgestellt, dass der Verwalter, anders als ein Rechtsanwalt, nicht zu rechtlichen Hinweisen und Belehrungen verpflichtet ist (BayObLG, 23. 2. 2001, 2Z BR 36/01).

Andererseits wird vom Verwalter verlangt, dass er in der Wohnungseigentümerversammlung das Ergebnis einer Beschlussfassung in einer Verwaltungsangelegenheit mit konstitutiver Wirkung feststellt.

Das setzt eindeutig entsprechende Rechtskenntnisse und darauf fußende Hinweise auf entsprechende Rechtsfolgen voraus (vgl. insoweit auch BGH, 21. 12. 1995, V ZB 4/94, zur Aufklärung über tatsächliche und rechtliche Zweifel im Falle von Zustimmungserklärungen, s. auch Kap. 15.5.2).

Allerdings soll der Verwalter nach dieser Auffassung für mögliche Nachteile, die sich aus einer falschen Entscheidung ergeben, nur dann haften, wenn er bei der Prüfung der Rechtsfrage nicht mit der erforderlichen Sorgfalt vorgegangen ist (BGH, 21. 12. 1995, V ZB 4/94).

15.6 Die Haftung des Verwalters

Die Haftung des Verwalters ergibt sich aus

- den Bestimmungen des Wohnungseigentumsgesetzes,
- der Teilungserklärung und der Gemeinschaftsordnung,
- anderen Vereinbarungen gemäß § 10 Abs. 1 WEG,
- den Beschlüssen der Wohnungseigentümer,
- den vertraglichen Regelungen des Verwaltungsvertrages sowie
- den entsprechend anzuwendenden Vorschriften des Bürgerlichen Gesetzbuches.

Voraussetzung für die Geltendmachung von Haftungsansprüchen gegen den Verwalter ist grundsätzlich, dass

- ein Schaden entstanden ist,
- der Schaden schuldhaft vom Verwalter bzw. seinen Erfüllungsgehilfen verursacht wurde und
- ein gesetzlicher oder vertraglicher Anspruch auf Schadensersatz besteht.

Die Haftungsansprüche können entstehen einmal im so genannten „Innenverhältnis“ (Verhältnis zwischen Verwalter / Wohnungseigentümer) oder im „Außenverhältnis“ (Verhältnis zwischen Verwalter / Dritten).
Die Ansprüche können sich erstrecken

- auf die Verletzung oder das Nichterfüllen von Hauptpflichten (Verwaltung des gemeinschaftlichen Eigentums (§§ 24, 27, 28 WEG) oder
- auf die Verletzung oder das Nichterfüllen von Nebenpflichten (z. B. Vorlage von Belegen über die Jahresabrechnung gemäß § 259 Abs. 1 BGB).

Grundsätzlich hat der Verwalter die vertraglich übernommenen Verpflichtungen (§§ 675 BGB, §§ 24, 27, 28 WEG) mit der im Verkehr erforderlichen Sorgfalt zu erfüllen. Welche Anforderungen insoweit an die Sorgfaltspflicht des Verwalters zu stellen sind, richtet sich dabei auch danach,

ob der Verwalter auf bestimmten Gebieten besondere Sachkunde hat (BayObLG, 30. 8. 1989, 2 Z 40/89).
Im Übrigen ist der Verwalter verpflichtet, die von ihm zu erbringenden Leistungen so zu bewirken, wie es nach Treu und Glauben und mit Rücksicht auf die Verkehrssitte erforderlich ist (§ 242 BGB).
Pflichtwidrig handelt der Verwalter grundsätzlich dann, wenn er fahrlässig oder vorsätzlich seine Pflichten verletzt (§ 276 BGB).
Kommt der Verwalter seinen Verpflichtungen nicht nach, richten sich die Ansprüche auf Schadensersatz nach den Vorschriften über die so genannte positive Vertragsverletzung (§§ 242, 276, 282, 249 BGB; vgl. hierzu auch BayObLG, 30. 8. 1989, 2 Z 40/89) bzw. nach den Vorschriften über die Unmöglichkeit bzw. den Verzug bei der Erbringung von Leistungen (§§ 325, 326, 284 ff. BGB; vgl. dazu BayObLG, 5. 1. 00, 2Z BR 85/99, zum Schadensersatz für Mietminderung wegen Nichtausführung von Eigentümerbeschlüssen).
In welchem Umfang der Verwalter schadensersatzpflichtig ist, richtet sich nach den Vorschriften der §§ 249 BGB.
Im Rahmen seiner vertraglichen Verpflichtungen haftet der Verwalter gemäß § 278 BGB auch für Erfüllungsgehilfen, also für seinen gesetzlichen Vertreter und für Personen, deren er sich bei der Erfüllung seiner Aufgaben und Pflichten bedient, sofern diese schuldhaft handeln (OLG Frankfurt, 29. 10. 1993, 10 U 296/90, zur Haftung des beauftragten bauleitenden Architekten; vgl. auch HansOLG Hamburg, 15. 4. 1994, 2 Wx 92/93, sehr weitgehend sogar zur Haftung des Verwalters bei Rechtsirrtum des von ihm beauftragten Rechtsanwalt).
Weitere Ansprüche können sich im Übrigen aus der Geschäftsführung ohne Auftrag ergeben, wobei die Vorschriften der § 677, 678 BGB Anwendung finden.
Neben den aus dem Vertrag abzuleitenden Schadensersatzansprüchen können sich Ansprüche auch aus unerlaubter Handlung gemäß §§ 823 ff. BGB ergeben, wenn der Verwal-

ter vorsätzlich oder fahrlässig Sondereigentum oder gemeinschaftliches Eigentum schädigt.
Für den Fall der Körperverletzung oder sogar der Tötung regelt sich der Umfang des Schadensersatzes nach den Vorschriften der §§ 842 ff. BGB.
Gegen den Verwalter gerichtete Schadensersatzansprüche können sich auch aus §§ 836, 838 BGB ergeben, wonach auch der WEG-Verwalter als Gebäudeunterhaltungspflichtiger in Anspruch genommen werden kann (BGH, 23. 3. 1993, VI ZR 176/92).
Gegenüber den Wohnungseigentümern haftet der Verwalter insbesondere, wenn er

- die Jahresabrechnung unverständlich oder unvollständig erstellt (BayObLG, 24. 10. 1978, 2 Z 45/77; vgl. auch BGH, 23. 11. 1981, VIII ZR 298/80 zum Inhalt einer Abrechnung bei Vermietung einer Eigentumswohnung; BayObLG, 23. 7. 1987, 2 Z 1/87, zur Schadensersatzpflicht bei unberechtigter Erstattung von Verbindlichkeiten an einen Wohnungseigentümer; BayObLG, 30. 7. 1987, 2 Z 78/87, zur Schadensersatzpflicht bei nicht ordnungsmäßiger Buchführung; vgl. auch AG Waiblingen, 14. 12. 1995, 1 GR I 6/95, zum Schadensersatz wegen fehlerhafter Aufstellung eines Wirtschaftsplans und dadurch bedingten Zinsschadens wegen notwendiger Kreditaufnahme);
- die erforderlichen Maßnahmen zur Einleitung der Zwangsverwaltung nicht oder nicht rechtzeitig veranlasst, um aus den Mieteinnahmen rückständige Hausgelder für die Wohnungseigentümergemeinschaft zu realisieren (HansOLG Hamburg, 20. 1. 1993, 2 Wx 53/91, auch mit dem Hinweis, dass bei fehlender Sachkunde entsprechender Rechtsrat in solchen Fällen einzuholen sei);
- die Zustimmung zur Veräußerung pflichtwidrig nicht oder verspätet erteilt wird (BayObLG, 29. 12. 1983, 2 Z 18/83; OLG Karlsruhe, 18. 9. 1984, 4 W 59/84; LG Konstanz, 6. 6. 1984, 1 T 49/84; HansOLG Hamburg, 15. 4.

1994, 2 Wx 92/93; KG Berlin, 26. 11. 1993, 24 W 4675/93; vgl. auch BGH, 21. 12. 1995, V ZB 4/94, i. Ü. Kap. 15.5.2 zur Haftung bei fehlerhafter Rechtsberatung bei Information über Zustimmungserklärung);

- seinen Pflichten im Zusammenhang mit der Geltendmachung von Gewährleistungsansprüchen wegen Baumängeln nicht nachkommt (BayObLG, 30. 8. 1989, 2 Z 40/89; 25. 6. 1987, 2 Z 39/86; OLG Schleswig, 17. 8. 1979, 2 W 95/78; OLG Celle, 12. 9. 1983, 4 W 122/83, auch zum Mitverschulden der Wohnungseigentümer wegen eines „gänzlich schwammigen Auftrages" an den Verwalter; zum fehlenden Verschulden des Verwalters, wenn die Wohnungseigentümer Hinweise des Verwalters auf drohende Verjährungsansprüche nicht beachten vgl. OLG Düsseldorf, 27. 5. 2002, 3 Wx 148/01; KG Berlin, 10. 3. 1993, 24 W 5506/92, zur Haftung des Verwalters, wenn er Zahlungen für erkennbar mangelhafte Werkleistungen leistet, Gewährleistungsansprüche insoweit aber nicht mehr geltend gemacht werden können);
- damit in Verzug gerät, die für die ordnungsmäßige Instandhaltung und Instandsetzung des gemeinschaftlichen Eigentums erforderlichen Maßnahmen zu treffen (BayObLG, 29. 12. 1987, 2 Z 153/87; 5. 1. 00, 2Z BR 85/99);
- seinen Verkehrssicherungspflichten nicht nachkommt (OLG Frankfurt, 15. 6. 1981, 20 W 365/81; 3. 8. 1983, 20 W 217/83, zuletzt zur Ablehnung eines Schadensersatzanspruchs wegen nur geringen Verschuldens des Verwalters und Mitverschuldens des Wohnungseigentümers; OLG Zweibrücken, 4. 8. 1994, 3 W 89/94, zum Verschulden wegen unterlassener Information eines neuen Eigentümers über derzeitige unzureichende Kellerbeleuchtung und dadurch verursachten Unfalls, aber auch zur Berücksichtigung eines Mitverschuldens des Eigentümers; AG Hanau, 23. 1. 1997, 36 C 2155/96-16, zur Verletzung der Streupflicht während der Nachtzeit, aber auch zum Mitverschulden des Geschädigten; zur Haftung bei Übertra-

gung der Verkehrssicherungspflicht durch den Verwalter auf Dritte vgl. BayObLG, 8. 9. 2004, 2Z BR 144/04).

Weitere Schadensersatzansprüche können sich ergeben

- aus unterlassenen oder fehlerhaft vorgenommenen Hinweis- und Informationspflichten ergeben (BGH, 19. 12. 1991, V ZB 27/90, zur vermeintlichen Zulässigkeit baulicher Veränderungen; vgl. auch BGH, 21. 12. 1995, V ZB 4/94, zur Verpflichtung zur Rechtsberatung bei der Zustimmungserteilung zu baulichen Veränderungen),
- aus nicht oder nicht rechtzeitig durchgeführten Beschlüssen bei fehlerhaft einberufener Versammlung, bei Nichteinhaltung von Fristen etc. (vgl. zum Ganzen: Deckert, Die Haftung des Verwalters, DWE 1983, 66; Merle, Haftungsfragen im Wohnungseigentum, DWE 1984, 2).

Eine Freizeichnung oder eine Beschränkung der Haftung des Verwalters in den heute allgemein verwendeten Formularverträge ist nach geltendem Recht (§§ 305ff. BGB) weitestgehend ausgeschlossen (vgl. dazu auch Kap. 15. 4. 11; vgl. auch Gottschalg, DWE 2003, 41; vgl. auch BayObLG, 23. 12. 2002, 2Z BR 89/02, wonach eine Beschränkung der Verwalterhaftung auf DM 50000 je Fall bzw. 80000 pro Jahr sowie eine Regelung über die Verjährung von Schadensersatzansprüchen „ab Kenntnis“ den Interessen der Wohnungseigentümer widerspricht).
Zulässig ist es jedoch, im Verwaltungsvertrag eine Regelung zu treffen, durch die die Verjährung von Schadensersatzansprüchen gegen den Verwalter verkürzt wird. Eine Klausel in den Allgemeinen Geschäftsbedingungen, in der solche Ansprüche auch bei vorsätzlichem Handeln des Verwalters unabhängig von der Kenntnis der geschädigten Wohnungseigentümer nach drei Jahren verjähren, benachteiligt die Wohnungseigentümer als Vertragspartner jedoch unangemessen und ist deshalb unwirksam (OLG München, 8. 11. 2006, 34 Wx 045/06).

16. Der Verwaltungsbeirat

Der Verwaltungsbeirat einer Wohnungseigentümergemeinschaft ist gemäß § 20 Abs. 1 WEG neben den Wohnungseigentümern und dem Verwalter das dritte Organ, dem das Wohnungseigentumsgesetz die Verwaltung des gemeinschaftlichen Eigentums überträgt (zum Verwaltungsbeirat als „Organ" vgl. BayObLG, 3. 5. 1972, 2 Z 7/72).
Er soll als Vermittler zwischen Verwalter und Wohnungseigentümer fungieren, er ist aber nicht Vertreter der Gemeinschaft gegenüber dem Verwalter oder gegenüber Dritten (OLG Zweibrücken, 22. 9. 1983, 3 W 76/83, OLGZ 1983, 438; AG Trier, 21. 6. 1999, 8 UR II 12/99 WEG).
Von einer Vertretung ist jedoch dann auszugehen, wenn es die Wohnungseigentümergemeinschaft wissentlich duldet, dass der Beirat für sie als Vertreter auftritt (vgl. dazu AG Velbert, 1. 7. 1994, 8 II 5/93).
Einzelheiten regeln die Vorschriften des § 29 WEG, die insgesamt abdingbar sind (BayObLGZ 1972, 161; NJW-RR 1992, 210; ZMR 1994, 69; KG Berlin NJW-RR 1989, 460; OLG Düsseldorf ZMR 1991, 32). Änderungen bzw. Abweichungen bedürfen jedoch einer Vereinbarung nach § 10 Abs. 2 Satz 2 WEG. Ein Mehrheitsbeschluss reicht nicht aus, er ist als gesetzesändernder Mehrheitsbeschluss nichtig (BGH, 20. 9. 2000, V ZB 58/99).

16.1 Die Bestellung des Verwaltungsbeirates

Die Bestellung des Verwaltungsbeirates ist nicht zwingend vorgeschrieben. Dies macht die Formulierung in § 20 Abs. 1 WEG „im Falle der Bestellung" deutlich. Somit entscheiden die Wohnungseigentümer selbst, ob sie einen Verwaltungsbeirat bestellen wollen oder nicht.
Die Teilungserklärung bzw. die Gemeinschaftsordnung

kann jedoch die Bestellung eines Verwaltungsbeirates auf Dauer ausschließen (BayObLG, 21. 10. 1993, 2Z BR 103/93, NJW-RR 1994, 338 = WM 1994, 45). Hierzu bedarf es aber einer ausdrücklichen Vereinbarung. Die Streichung einer im Vordruck für eine Teilungserklärung vorgesehenen Verpflichtung der späteren Wohnungseigentümer, einen Verwaltungsbeirat zu wählen, kann die Wohnungseigentümer nicht rechtswirksam daran hindern, später doch einen Verwaltungsbeirat zu wählen (OLG Köln, 18. 02. 1972, 16 Wx 24/71).

Damit ergeben sich für die Bestellung bzw. Nichtbestellung eines Verwaltungsbeirates grundsätzlich drei Möglichkeiten:

- Teilungserklärung oder Gemeinschaftsordnung schreiben die Bestellung eines Verwaltungsbeirates vor,
- Teilungserklärung oder Gemeinschaftsordnung schließen die Bestellung eines Verwaltungsbeirates grundsätzlich aus,
- Teilungserklärung und Gemeinschaftsordnung enthalten keine Regelung über die Bestellung oder Nichtbestellung eines Verwaltungsbeirates, so dass die Wohnungseigentümerversammlung hierüber mehrheitlich entscheidet.

Nach § 29 Abs. 1 Satz 1 WEG beschließen die Wohnungseigentümer mit Stimmenmehrheit über die Bestellung eines Verwaltungsbeirates, soweit nicht eine abweichende Vereinbarung gemäß § 10 Abs. 2 Satz 2 WEG vorliegt, die ihrerseits für den Fall einer Änderung einer Vereinbarungbedarf (vgl. hierzu AG München, 30. 7. 2009, 483 C 393/09; BayObLG, 21.10. 1993, 2Z BR 103/93, zu einer Vereinbarung, die die Zustimmung aller Wohnungseigentümer vorschreibt, und ihrer nicht rechtswirksamen Änderung trotz Abweichung durch mehrheitliche Beschlussfassung über einen längeren Zeitraum).

Dabei erfolgt bei der Beiratswahl nach vorherrschender Meinung die Bestellung der einzelnen Beiratsmitglieder durch Einzelbeschluss. Erforderlich ist jeweils ein Mehrheitsbeschluss. Erreicht ein einzelner Kandidat nicht die erforderliche Mehrheit, ist jedoch auch seine Bestellung wirksam erfolgt, wenn keine Anfechtung und Ungültigerklärung des Bestellungsbeschlusses erfolgt. Es handelt sich insoweit um einen (nur) anfechtbaren gesetzeswidrigen Mehrheitsbeschluss.

Eine Blockwahl, nach der bei mehreren Bewerbern die drei Bewerber mit den meisten Stimmen als gewählt gelten sollen, war nach bisheriger Rechtsauffassung nur dann zulässig, soweit dies gemäß Teilungserklärung bzw. der Gemeinschaftsordnung vorgesehen war (a. A. LG Schweinfurt, 28. 7. 1997, 44 T 79/97; LG München II, 2. 7. 1991, 6 T 1/91). Auch in diesen Fällen war jedoch eine Blockwahl durch Mehrheitsbeschluss im konkreten Fall nicht nichtig, sondern nur anfechtbar; es handelte sich auch in diesem Fall (nur) um einen gesetzeswidrigen Mehrheitsbeschluss.

Inzwischen wird jedoch auch in der obergerichtlichen Rechtsprechung die Auffassung vertreten, dass die Bestellung des Beirates „en bloc" erfolgen kann, wenn von keinem Wohnungseigentümer eine Einzelabstimmung verlangt wird (KG Berlin, 31. 3. 2004, 24 W 194/02; HansOLG Hamburg, 28. 1. 2006, 2 Wx 4/04).

Unabhängig vom Wahlmodus ist mit der Wahl von drei Wohnungseigentümern zu Mitgliedern des Beirates der Verwaltungsbeirat als Verwaltungsorgan rechtswirksam bestellt. Ein gesonderter Beschluss über die „Bestellung" ist nicht erforderlich (BayObLG, 19. 2. 1999, 2Z BR 162/98).

Das Recht zur Bestellung des Verwaltungsbeirates (und auch zu seiner Abberufung) kann durch Mehrheitsbeschluss weder einer Minderheit noch einem Dritten übertragen werden (AG Niebüll, 22. 12. 1986, 14 II 101/86). Zulässig, aber auch erforderlich, ist hierfür eine Vereinbarung.

Kommt ein Mehrheitsbeschluss über die Bestellung eines Verwaltungsbeirates nicht zustande, kann die bei der Abstimmung unterlegene Minderheit auch im Rahmen ihres Anspruchs auf ordnungsmäßige Verwaltung nicht verlangen, dass eine Bestellung durch das Gericht vorgenommen wird, wie es bei der Verwalterbestellung der Fall ist (zum fehlenden Anspruch auf Bestellung eines Verwaltungsbeirates vgl. OLG Düsseldorf, 31.8. 1990, 3 Wx 257/90).

Ein Anspruch auf Bestellung eines Verwaltungsbeirates besteht nur dann, wenn Teilungserklärung oder Gemeinschaftsordnung dies vorschreiben. Eine Änderung dieser Regelung bedarf einer Vereinbarung. Ein Mehrheitsbeschluss reicht nicht aus (OLG Köln, 25. 5. 2001, 16 Wx 15/01).

Kommt der für die Bestellung erforderliche Mehrheitsbeschluss jedoch nicht zustande oder finden sich keine Wohnungseigentümer, die die Beiratstätigkeit zu übernehmen bereit sind, kann auch die nach der Teilungserklärung vereinbarte Verpflichtung nicht gerichtlich durchgesetzt werden (so wohl auch LG Oldenburg, 7. 7. 1985, 5 T 65/83, wonach die Unterzeichnung der Versammlungsniederschrift durch den Beiratsvorsitzenden nicht schon dann verlangt werden kann, wenn die Teilungserklärung die Bestellung eines Verwaltungsbeirates vorsieht, sondern erst dann, wenn ein Anhalt für die Annahme besteht, dass die Wohnungseigentümer auch tatsächlich einen Beirat gebildet haben; vgl. aber auch zutreffend AG Hamburg, 5. 3. 1990, 102 a II 160/89, wonach eine gerichtlich durchsetzbare Verpflichtung jedenfalls dann zu bejahen ist, wenn eine ausreichende Zahl von Wohnungseigentümern zur Übernahme des Beirats-„Amtes“ bereit ist).

16.2 Dauer der Bestellung

Eine gesetzliche Regelung über die Dauer des Bestellungszeitraums für den Verwaltungsbeirat besteht nicht (vgl. dazu auch OLG Köln, 24. 11. 1999, 16 Wx 158/99).

Daher sollte der Bestellungsbeschluss grundsätzlich eine Regelung über die Amtsdauer des Verwaltungsbeirates enthalten. Gerade bei der Erstbestellung sollte eine Befristung der Amtszeit erfolgen, um nach „Bewährung“ über eine Neubestellung oder Verlängerung der Amtszeit zu entscheiden.
Erfolgt keine zeitliche Begrenzung, so ist die Wahl als auf unbestimmte Zeit anzusehen. Eine automatische Beendigung wie bei der Verwalterbestellung (nach drei bzw. fünf Jahren) sieht das Gesetz für den Verwaltungsbeirat nicht vor.

16.3 Abberufung des Verwaltungsbeirates

Ist eine befristete Bestellung nicht ausgesprochen worden, kann die Abberufung jederzeit mit einfacher Mehrheit in der Wohnungseigentümerversammlung erfolgen (AG Traunstein, 18. 1. 1999, 3 UR II 1484/98). Dies gilt für einzelne Mitglieder des Verwaltungsbeirates ebenso wie für den gesamten Beirat (KG Berlin, GE 1997, 375; OLG Zweibrücken, 10.6. 1987, 3 W 53/87).
Die Abberufung bedarf keiner Begründung (vgl. dazu auch OLG Hamm, 18. 1. 1999, 15 W 77/98, mit Hinweis auf § 671 Abs. 1 BGB).
Hinsichtlich eines Verlangens einer Minderheit auf Abberufung des Verwaltungsbeirates oder einzelner Mitglieder bedarf es allerdings einer Klarstellung.
Gemäß § 23 Abs. 1 WEG ist es zur Gültigkeit eines Mehrheitsbeschlusses der Wohnungseigentümer erforderlich, dass der Gegenstand bei der Einberufung der Wohnungseigentümerversammlung bezeichnet wird.
Weigert sich der Verwalter, der die Tagesordnung festsetzt – und dies im Normalfall unter Abstimmung mit dem Verwaltungsbeirat – die „Abberufung des Verwaltungsbeirates“ auf die Tagesordnung der Wohnungseigentümerversamm-

lung zu setzen, könnte zunächst kein Beschluss gefasst werden. Ein dennoch gefasster Mehrheitsbeschluss wäre anfechtbar und würde vom Gericht wegen Verstoßes gegen die Vorschrift des § 23 Abs. 2 WEG für ungültig erklärt werden.

Die Wohnungseigentümergemeinschaft, die den Verwaltungsbeirat ordnungsmäßig abberufen will, könnte sich in diesen Fällen nur damit behelfen, dass sie in analoger Anwendung der Vorschriften des § 24 Abs. 2 WEG mit einer Mehrheit von mehr als einem Viertel der Wohnungseigentümer (berechnet nach Kopfzahl) die Aufnahme eines entsprechenden Tagesordnungspunktes „Abberufung des Verwaltungsbeirates" vom Verwalter verlangt. Dieses Verlangen muss jedoch schriftlich an den Verwalter gerichtet werden und bedarf der Angabe von Gründen.

Insofern ist klar zu unterscheiden zwischen dem Grundsatz, dass eine Abberufung ohne Gründe durch Mehrheitsbeschluss möglich ist und dem Recht einer Minderheit andererseits, unter Angabe von Gründen einen entsprechenden Antrag in der Wohnungseigentümerversammlung zu behandeln.

Schlagen beide Versuche zur Abberufung fehl, bleibt nur der Weg über eine gerichtlich durchsetzbare Abberufung. Dabei ist ein Antrag auf gerichtliche Abberufung der Mitglieder des Verwaltungsbeirates ohne vorherige Anrufung der Wohnungseigentümerversammlung zulässig, wenn feststeht, dass dort ein entsprechender Antrag keine Mehrheit findet (OLG München, 28. 9. 2006, 32 Wx 115/06).

Ein ordnungsmäßig zustande gekommener Mehrheitsbeschluss über die Abberufung des Verwaltungsbeirates oder einzelner Mitglieder unterliegt nicht der Anfechtbarkeit nach § 46 Abs. 1 WEG, so dass der abberufene Verwaltungsbeirat grundsätzlich keine Möglichkeit hat, gegen den Abberufungsbeschluss gerichtlich vorzugehen. Etwas anderes gilt dann, wenn eine Bestellung auf einen bestimmten Zeitraum erfolgte oder die Abberufung auf das Vorliegen

eines wichtigen Grundes beschränkt ist. In diesen Fällen sind Beschlüsse über eine vorzeitige Abberufung oder ohne das Vorliegen eines wichtigen Grundes anfechtbar (vgl. hierzu Merle in Bärmann § 29 Rn 28ff.).
Scheidet ein Wohnungseigentümer, der Mitglied des Verwaltungsbeirates ist, aus der Wohnungseigentümergemeinschaft aus, scheidet er damit auch grundsätzlich aus dem Verwaltungsbeirat aus. Bei anschließendem Wiedereintritt in die Gemeinschaft wird er aber nicht wieder automatisch Beiratsmitglied (BayObLG, 5. 11. 1992, 2Z BR 77/92).

16.4 Zusammensetzung des Verwaltungsbeirates

Der Verwaltungsbeirat besteht gemäß § 29 Abs. 1 Satz 2 WEG aus einem Wohnungseigentümer als Vorsitzenden und zwei weiteren Wohnungseigentümern als Beisitzern, von denen einer wiederum als Vertreter des Vorsitzenden fungieren soll.
Letzteres ergibt sich aus § 24 Abs. 3 WEG, wonach die Wohnungseigentümerversammlung durch den Vorsitzenden des Verwaltungsbeirates oder durch dessen Vertreter einberufen werden kann, wenn sich der Verwalter pflichtwidrig weigert, eine Versammlung einzuberufen oder wenn überhaupt ein Verwalter fehlt.
Im Übrigen ergibt sich die „Notwendigkeit" der Bestellung eines Vorsitzenden auch aus der Vorschrift des § 24 Abs. 6 WEG zur Unterzeichnung der Beschlussniederschrift auch durch den Vorsitzenden des Verwaltungsbeirates.
Nach der gesetzlichen Regelung besteht der Verwaltungsbeirat somit aus drei Wohnungseigentümern. Von dieser Bestimmung sowohl zur zahlenmäßigen Zusammensetzung als auch zur Eigenschaft als Wohnungseigentümer, kann nur durch eine Vereinbarung gemäß § 10 Abs. 2 Satz 2 WEG oder durch ihr gleichstehende Regelungen (Öffnungsklauseln) der Teilungserklärung oder der Gemein-

schaftsordnung abgewichen werden (BGH, 5. 2. 2010, V ZR 126/09; BayObLG, 15. 10. 1991, 2 Z 136/91, zur unzulässigen Bestellung von Nicht-Wohnungseigentümern; KG Berlin, 21. 12. 1988, 24 W 1435/88; OLG Düsseldorf, 2. 1. 1995, 3 Wx 195/92; OLG Düsseldorf, 31. 8. 1990, 3 Wx 257/90, zur Zahl von – nur – drei Wohnungseigentümern; vgl. auch Bielefeld, DWE 1988, 14 m. w. N.; zur zulässigen Wahl eines gesetzlichen Vertreters einer KG als Wohnungseigentümer in den Verwaltungsbeirat vgl. OLG Frankfurt, 8. 7. 1986, 20 W 361/85; ebenso LG Kiel, 20. 1. 2006, 3 T 428/05 und LG Bonn, 11. 8. 2004, 8 T 285/03; zur Unwirksamkeit der Bestellung eines Beirates ohne die nach der Teilungserklärung vorgeschriebene Mitbestellung eines Teileigentümers vgl. AG Bielefeld, 24. 2. 1995, 3 II (WEG) 104/94).

Im konkreten Fall ist aber auch die Wahl von mehr oder weniger als drei Wohnungseigentümern bzw. auch die Wahl von Nicht-Wohnungseigentümern in den Verwaltungsbeirat durch Mehrheitsbeschluss wirksam, wenn dieser nicht innerhalb Monatsfrist angefochten und vom Gericht nicht als gesetzeswidriger Mehrheitsbeschluss für ungültig erklärt wird.

Es handelt sich in diesem Fall um einen gesetzeswidrigen Mehrheitsbeschluss, der nicht nichtig, sondern (nur) anfechtbar ist (BGH, 5. 2. 2010, V ZR 126/09; 20. 9. 2000, V ZB 58/99).

Danach kann grundsätzlich auch ein aus fünf Mitgliedern bestehender Verwaltungsbeirat, der sich aus Wohnungseigentümern und Nicht-Wohnungseigentümern zusammensetzt, rechtswirksam durch Mehrheitsbeschluss bestellt sein, wenn dieser Beschluss nicht angefochten wurde.

Ebenso ist auch ein nur aus einer Person bestehender Verwaltungsbeirat als rechtswirksam bestellt anzusehen, wenn der Bestellungsbeschluss nicht angefochten und nicht für ungültig erklärt wurde (a. A. OLG Düsseldorf, 31. 8. 1990, 3 Wx 257/90, allerdings vor BGH, 20. 9. 2000, V ZB 58/99.

Auch das Ausscheiden eines Mitgliedes aus dem „dreiköpfigen" Verwaltungsbeirat führt nicht zu dessen Funktionsunfähigkeit, verpflichtet aber die Gemeinschaft in einem solchen Fall zur Nachwahl (OLG Düsseldorf, a.a.O.).

Sinnvoll ist es, bereits bei der Bestellung des Verwaltungsbeirates Ersatzmitglieder zu bestellen, die im Falle des Ausscheidens einzelner Mitglieder „nachrücken" können (bejahend zur Wahl von „Nachrückern" auch Niedenführ in Niedenführ/Kümmel/Vandenhouten § 29 Rn 5; Bub, ZWE 2002, 7, 11).

Diese „Nachrücker" können die Funktion als Beirat aber erst dann übernehmen, wenn ein Beiratsmitglied ausscheidet oder auch sein Amt niederlegt.

Ebenso wie eine jederzeitige Abberufung möglich ist, kann auch ein Beiratsmitglied sein Amt ohne Angaben von Gründen zu jedem Zeitpunkt niederlegen, allerdings nicht zur Unzeit. Letzteres wäre dann der Fall und könnte gemäß § 671 Abs. 2 BGB Schadensersatzansprüche begründen, wenn die Amtsniederlegung in engem zeitlichen Zusammenhang mit der Prüfung der Jahresabrechnung erfolgen würde und der Gemeinschaft dadurch ein Schaden entsteht.

An die Eignung und Befähigung zur Übernahme des Beiratsamtes sind, anders als bei der Verwalterbestellung, keine besonderen Anforderungen zu stellen (OLG Köln, 30. 8. 1999, 16 Wx 123/99).

Es kann jedoch die Wahl solcher Wohnungseigentümer abgelehnt bzw. deren Wahl angefochten werden, bei denen schwerwiegende Gründe gegen die Person sprechen und von denen zu befürchten ist, dass sie ihr Amt zum Nachteil der übrigen Miteigentümer missbrauchen werden (OLG Köln, a.a.O.).

Es ist daher grundsätzlich zulässig, in der Wohnungseigentümerversammlung – aber nur dort – bei der Kandidatur vorbestrafter Wohnungseigentümer um das Amt eines Verwaltungsbeiratsmitgliedes auf bereits getilgte oder tilgungsreife Vorstrafen vermögensrechtlicher Natur hinzuweisen, wenn der verurteilte Wohnungseigentümer auch weiterhin auf unlautere und unredliche Weise Vorteile zum Nachteil Dritter erstrebt (OLG Frankfurt, 11.3. 1976, 16 U 255/75; vgl. auch BayObLG, 30. 3. 1990, 2 Z 22/90, zur Ungültigerklärung einer Beiratswahl aufgrund schwerwiegender Umstände, die gegen die Eignung als Beirat sprechen; vgl. auch BayObLG, 28. 1. 2003, 2Z BR 127/02, zur Ungültigerklärung einer Beiratsbestellung bei Unzumutbarkeit der Zusammenarbeit und fehlendem Vertrauen).

Wegen der grundsätzlichen Interessenkollision kann ein Verwalter nicht in den Verwaltungsbeirat gewählt werden. Ein Beschluss, durch den ein Verwalter als Mitglied des Verwaltungsbeirates gewählt wird, ist nichtig und bedarf keiner Anfechtung (OLG Zweibrücken, 22. 9. 1983, 3 W 76/83).

Allerdings ist der Verwalter, der gleichzeitig Wohnungseigentümer ist, bei der Bestellung des Verwaltungsbeirates stimmberechtigt.

Das Amt als Beiratsmitglied ist ein höchstpersönliches und eigenverantwortliches Amt, das nicht auf Dritte übertragen werden kann. Auch eine Vertretung durch Dritte ist nicht zulässig (vgl. dazu HansOLG Hamburg, Der Betrieb 1986, 1381).

Eine Übertragung einzelner Aufgaben an oder deren Erledigung durch Dritte, beispielsweise durch die Ehefrau, kann durch Vereinbarung – wohl auch durch Mehrheitsbeschluss – gestattet werden. Allerdings berührt das die persönliche Haftung des Beirates nicht (Merle in Bärmann § 29 Rn 44).

Mitglieder des Verwaltungsbeirates können nach vorherrschender Meinung nur natürliche Personen sein. Das bedeutet, dass weder juristische Personen noch Personengesellschaften durch Mitglieder ihres Vertretungsorgans oder durch Gesellschafter als Beiratsmitglied gewählt werden können (a. A. OLG Frankfurt, 8. 7. 1986, 20 W 361/85, zur zulässigen Wahl eines gesetzlichen Vertreters einer KG; LG

Kiel, 20. 1. 2006, 3 T 428/05; LG Bonn, 11. 8. 2004, 8 T 285/03, beide zur zulässigen Beiratsbestellung eines gesetzlichen Vertreters der juristischen Person, vgl. dazu auch Bielefeld, Der Verwaltungsbeirat, 3. Auflage 2011, S. 9.)

16.5 Organisation des Verwaltungsbeirates

Die Organisation des Veraltungsbeirates ist gesetzlich nicht geregelt. So kann der Verwaltungsbeirat selbst entsprechende Regelungen über Einberufung, Vorsitz, Stimmrecht, Niederschriften über Sitzungen und Beschlussfassungen treffen, wenn nicht in der Teilungserklärung, der Gemeinschaftsordnung oder durch Versammlungsbeschluss (einfacher Mehrheitsbeschluss) bereits eine entsprechende „Geschäftsordnung" für den Verwaltungsbeirat geschaffen wurde (zur Organisation des Verwaltungsbeirates vgl. auch OLG Zweibrücken, 10. 6. 1987, 3 W 53/87).

16.5.1 Vorsitzender des Verwaltungsbeirates

Da dem Vorsitzenden des Verwaltungsbeirates vom Gesetz bestimmte Funktionen zugewiesen sind, muss dieser auch als „Person" gewählt oder bestellt werden.
Dies kann bereits bei der Wahl des Verwaltungsbeirates durch die Wohnungseigentümerversammlung geschehen, andererseits können es die Wohnungseigentümer auch den gewählten drei Mitgliedern des Beirates überlassen, wen sie aus ihrer Mitte zum Vorsitzenden wählen.
Dabei ist auch eine Regelung zulässig, dass sich die Mitglieder des Beirates im Vorsitz abwechseln. Eine solche Regelung muss jedoch im Hinblick auf die dem Vorsitzenden nach dem Gesetz obliegenden Rechte und Pflichten hinsichtlich der jeweils befugten bzw. berechtigten Person eindeutig sein.
Eine klare Regelung muss auch hinsichtlich des stellvertre-

tenden Vorsitzenden bestehen, da auch ihm das Gesetz eine bestimmte Funktion zuweist.
Ist eine Benennung von Vertretern nicht vorgenommen, wird man jedem der beiden übrigen Beiratsmitglieder das Vertretungsrecht einräumen müssen.

16.5.2 Einberufung des Verwaltungsbeirates

Nach § 29 Abs. 4 WEG wird der Verwaltungsbeirat von seinem Vorsitzenden nach Bedarf einberufen. Weigert sich der Vorsitzende, ist das Einberufungsrecht jedem der beiden anderen Beiratsmitglieder einzuräumen.
Den Wohnungseigentümern steht kein Einberufungsrecht zu, auch nicht in analoger Anwendung des § 24 Abs. 2 WEG. Tritt allerdings der gewählte Beirat zu keiner Sitzung zusammen und kommt er seinen ihm nach § 29 Abs. 2 und 3 WEG obliegenden Pflichten nicht nach, können die Wohnungseigentümer jederzeit von ihrem Recht zur Abberufung des Verwaltungsbeirates ohne weitere Begründung Gebrauch machen.
Auch der Verwalter kann eine Einberufung des Verwaltungsbeirates nicht verlangen.
Für die Einberufung selbst sind die Vorschriften des § 24 Abs. 4 WEG entsprechend anzuwenden, das heißt, die Einberufung soll in Textform erfolgen, zulässig insoweit auch durch Fax, wenn alle Beiratsmitglieder über Faxanschluss verfügen, unter Einhaltung einer Frist von mindestens zwei Wochen entsprechend § 24 Abs. 4 Satz 2 WEG.
Selbstverständlich sind auch abweichende Regelungen zulässig, die grundsätzlich durch Mehrheitsbeschluss im Wege einer „Geschäftsordnung“ für den Verwaltungsbeirat durch die Wohnungseigentümerversammlung getroffen oder vom Beirat selbst beschlossen werden können.
Verwalter und Wohnungseigentümer haben keinen Anspruch auf Teilnahme an den Sitzungen des Beirates, können jedoch von Fall zu Fall hinzugezogen werden.

16.5.3 Vorsitz, Beschlussfähigkeit, Stimmrecht, Vertretung

Den Vorsitz in einer Beiratssitzung führt stets der Vorsitzende bzw. bei dessen Weigerung oder Verhinderung dessen Stellvertreter oder das weitere Mitglied des Verwaltungsbeirates. Im letzteren Fall ist hierfür jedoch ein Beschluss der Beiratsmitglieder erforderlich.
Beschlussfähig ist der Verwaltungsbeirat mit der Mehrheit der anwesenden Mitglieder, wobei sich das Stimmrecht nach der Kopfzahl richtet. Aufgrund der gesetzlichen Begrenzung auf drei Mitglieder ist grundsätzlich die Anwesenheit von zwei Mitgliedern erforderlich.
Für die Abstimmung im Verwaltungsbeirat gilt das Kopfprinzip, wobei auch der Vorsitzende nur eine Stimme hat, da bei drei Mitgliedern Stimmengleichheit ohnehin nicht auftreten kann.
Eine Vertretung im Verwaltungsbeirat wird nach herrschender Meinung ausgeschlossen, weil es sich beim Amt des Verwaltungsbeiratsmitgliedes um ein höchstpersönliches Amt handelt, das nicht übertragbar ist. Eine insoweit abweichende Vereinbarung wird für zulässig erachtet.

16.5.4 Beschlussfassung, Niederschrift

Die Beschlüsse des Verwaltungsbeirates werden – vorbehaltlich entgegenstehender Vereinbarungen – mit einfacher Stimmenmehrheit gefasst.
Auch wenn das Wohnungseigentumsgesetz die Anfertigung einer Niederschrift über die vom Verwaltungsbeirat gefassten Beschlüsse nicht vorsieht, ist es sinnvoll, solche Beschlussniederschriften anzufertigen. Dies gilt insbesondere für die nach der Prüfung der Jahresabrechnung gegenüber der Wohnungseigentümerversammlung abzugebende Stellungnahme mit entsprechender Beschlussempfehlung. Die Unterzeichnung der Niederschriften hat durch den Vorsitzenden in entsprechender Anwendung des § 24 Abs. 6 WEG zu erfolgen.

16.6 Aufgaben und Befugnisse des Verwaltungsbeirates

Nach dem Wohnungseigentumsgesetz obliegt dem Verwaltungsbeirat

- die Einberufung der Wohnungseigentümerversammlung durch den Vorsitzenden des Verwaltungsbeirates bzw. durch dessen Stellvertreter für den Fall, dass ein Verwalter fehlt oder dieser sich pflichtwidrig weigert, eine Versammlung einzuberufen (§ 24 Abs. 3 WEG);
- die Unterstützung des Verwalters bei der Durchführung seiner Aufgaben (§ 29 Abs. 2 WEG);
- die Prüfung des Wirtschaftsplans, der Abrechnung über den Wirtschaftsplan, der Rechnungslegungen und der Kostenvoranschläge vor Beschlussfassung durch die Wohnungseigentümerversammlung unter Abgabe entsprechender Stellungnahmen (§ 29 Abs. 3 WEG);
- die Unterzeichnung der Niederschrift über die Beschlüsse der Wohnungseigentümerversammlung (§ 24 Abs. 6 Satz 2 WEG).

Diese Aufgaben nimmt der Verwaltungsbeirat im Interesse der Gesamtheit der Wohnungseigentümer auf der Rechtsgrundlage eines unentgeltlichen Geschäftsbesorgungsvertrages gemäß § 662 BGB wahr (vgl. hierzu auch BayObLG, 9. 6. 1994, 2Z BR 27/94).

16.6.1 Einberufung der Wohnungseigentümerversammlung

Für den Fall, dass der Verwalter der ihm obliegenden Verpflichtung zur Einberufung der Wohnungseigentümerversammlung gemäß § 24 Abs. 1 WEG nicht nachkommt, räumt das Gesetz gemäß § 24 Abs. 4 WEG dem Vorsitzenden des Verwaltungsbeirates oder seinem Stellvertreter das Recht ein, die Wohnungseigentümerversammlung einzuberufen. Ist kein Vorsitzender gewählt, kann die Einberufung auch durch Unterzeichnung des Einladungsschreibens durch alle drei Beiratsmitglieder rechtswirksam erfolgen (OLG Zweibrücken, 11. 2. 1999, 3 W 255/98).

16.6.2 Unterstützung des Verwalters

Die dem Verwaltungsbeirat übertragene „Unterstützung" der Verwaltertätigkeit ist im Einzelnen nicht weiter umschrieben, so dass Art und Umfang der Tätigkeit von Fall zu Fall unterschiedlich und auch vom Verhältnis des Beirates zum Verwalter abhängig sein werden. Da sich die Unterstützung uneingeschränkt auf „die Aufgaben des Verwalters" erstreckt, sind damit sämtliche Aufgaben des Verwalters gemäß §§ 27, 28 WEG einbezogen.
Vorrangig wird die Unterstützung jedoch bestehen bei

- der Überwachung der Einhaltung der Hausordnung,
- der Einholung und Unterbreitung von Vorschlägen für Maßnahmen zur Instandhaltung, Instandsetzung und zur Modernisierung/Energieeinsparung,
- der Vorbereitung der Wohnungseigentümerversammlungen und
- der Beratung der Verwaltung und Anlage gemeinschaftlicher Gelder.

Die Tätigkeiten des Verwaltungsbeirates erstrecken sich nur auf die Unterstützung des Verwalters, nicht auf die Übernahme der Verwaltungsaufgaben selbst. Werden dem Beirat bei der unterstützenden oder prüfenden Tätigkeit Mängel der Verwaltungstätigkeit bekannt, sind hierüber die Wohnungseigentümer zu informieren (BayObLG, 22. 6. 1995, 2Z BR 48/95).
Eine Überwachung der laufenden Verwaltungstätigkeit fällt dagegen nicht in den Aufgabenbereich des Beirates, es sei denn, hierzu liegt ein ausdrücklicher Auftrag der Wohnungseigentümerversammlung vor (BayObLG, 3. 5. 1972, 2 Z 7/72).

Soweit der Verwalter gemäß § 27 Abs. 2 Nr. 3 WEG zur gerichtlichen und außergerichtlichen Geltendmachung von Ansprüchen der Wohnungseigentümer durch Vereinbarung oder Beschluss ermächtigt ist, kann die insoweit zu erteilende Befugnis auch von der jeweiligen Zustimmung des Verwaltungsbeirates abhängig gemacht werden, wobei die Zustimmung von jedem Mitglied einzeln erklärt werden kann (vgl. dazu früher BayObLG, 16. 6. 1988, 2 Z 46/88).

Eine dem Verwalter allgemein von den Wohnungseigentümern erteilte Prozessführungsbefugnis kann der Verwaltungsbeirat allerdings nicht einschränken (OLG Zweibrücken, 10. 6. 1987, 3 W 53/87).

Im Übrigen sind die unterstützenden Funktionen allgemein auf das Innenverhältnis beschränkt.

Ist eine vertrauensvolle Zusammenarbeit zwischen Verwaltungsbeirat und Verwalter nicht mehr möglich, kann dies ein wichtiger Grund zur fristlosen Kündigung des Verwaltungsvertrages sein, es sei denn, dass den Verwaltungsbeirat einseitig ein Verschulden trifft (BayObLG, 27. 11. 1998, 2Z BR 150/98).

16.6.3 Prüfungsrecht / Prüfungspflicht des Verwaltungsbeirates

Gemäß § 29 Abs. 3 WEG soll der Verwaltungsbeirat den Wirtschaftsplan, die Abrechnung über den Wirtschaftsplan, die Rechnungslegung und die Kostenvoranschläge prüfen und mit Stellungnahmen versehen, bevor über sie von der Wohnungseigentümerversammlung beschlossen wird (zur rechnerischen und sachlichen Überprüfung vgl. Kap. 17.2.4).

Dieses Prüfungsrecht bzw. diese Prüfungspflicht ist verbunden mit der jederzeitigen Befugnis und dem Recht, vom Verwalter Auskunft über die laufende Verwaltungstätigkeit sowie Einsicht und Prüfung der Unterlagen, insbesondere der Abrechnungsunterlagen, zu verlangen (zum Treubruchtatbestand nach § 266 Abs. 1 Alt. 2 StGB durch den Verwalter, wenn er gegenüber dem Beirat eigene Zahlungsrückstände als Wohnungseigentümer verschleiert vgl. AG Krefeld, 15. 10. 1998, 24 Los 9 Je 657/97; zum Prüfungs- und zum Einsichtsrecht in die Stimmrechtsvollmachten vgl. auch OLG München, 31. 10. 2007, 34 Wx 060/07).

Die zur Jahresabrechnung abzugebende Stellungnahme kann mündlich oder auch schriftlich, und zwar auch noch in der Wohnungseigentümerversammlung abgegeben werden. Eine vorherige Abgabe ist nicht erforderlich, es sei denn, dass dies ausdrücklich vereinbart ist (BayObLG, 3. 11. 1983, 2 Z 40/83; a. A. allerdings nach hier vertretener Meinung unzutreffend, HansOLG Hamburg, 22. 8. 1988, 2 W 84/86, wonach der Verwalter verpflichtet sein soll, den Wohnungseigentümern das Protokoll des Verwaltungsbeirates über die Prüfung der Abrechnung spätestens mit der Einladung zur Versammlung zuzusenden und nicht erst auf der Versammlung bekanntzugeben; zur zulässigen Übertragung der „Kontrolle" über die Jahresabrechnung auf den Verwaltungsbeirat vgl. auch AG Düsseldorf, 16. 10. 1992, 291 II 169/91).

Die Stellungnahme des Verwaltungsbeirates zur Jahresabrechnung sollte, wenn Beanstandungen nicht feststellbar waren und die Genehmigung empfohlen wird, auch den Antrag auf Entlastung des Verwaltungsbeirates umfassen (vgl. hierzu auch BayObLG, 23. 9. 1988, 2 Z 97/87; zur Entlastung des Verwalters vgl. Kap. 17.2.8). Die Entlastung des Verwaltungsbeirates entspricht grundsätzlich ordnungsmäßiger Verwaltung, sofern nicht noch Schadensersatzansprüche gegen den Beirat bestehen oder geltend gemacht werden können.

Bei der Abstimmung über die Entlastung des Beirates sind die Beiratsmitglieder vom Stimmrecht ausgeschlossen. Ihnen übertragene Stimmrechtsvollmachten können sie ebenfalls nicht wahrnehmen (OLG Zweibrücken, 11. 3.

2002, 3 W 184/01). Ein Anspruch auf Entlastung besteht allerdings nicht.
Ein Beschluss über die Entlastung des Verwaltungsbeirates ist auf Anfechtung hin für ungültig zu erklären, wenn die vorgelegte Jahresabrechnung nicht ordnungsmäßiger Verwaltung entspricht und Ersatzansprüche gegen den Verwaltungsbeirat im Zusammenhang mit der von ihm vorgenommenen Prüfung nicht ausgeschlossen werden können (BGH, 4. 12. 2009, V ZR 44/09; BayObLG, 12. 6. 1991, 2 Z 49/91; AG Düsseldorf, 30. 9. 1991, 291 II 54/90; zur Wirkung einer Ungültigerklärung des Beschlusses über die Entlastung des Verwalters auch gegenüber dem Verwaltungsbeirat vgl. auch KG Berlin, 31. 1. 2000, 24 W 7617/99; OLG Düsseldorf, 3. 12. 2004, I-3 Wx 261/04; zur Beiratsentlastung durch die gesamte Gemeinschaft in einer Mehrhausanlage vgl. auch OLG Zweibrücken, 23. 6. 2004, 3 W 64/04).
Ein gerichtlich mit Zwangsmitteln durchsetzbarer Anspruch auf Erstellung eines Prüfungsberichtes durch Verwaltungsbeirat steht weder dem einzelnen Wohnungseigentümer, noch der Wohnungseigentümergemeinschaft zu. Bei Nichtanfertigung bzw. Nichtvorlage des Prüfungsberichtes ist deshalb im Regelfall eine Abberufung mit nachfolgender Neuwahl vorzunehmen (KG Berlin, 8. 1. 1997, 24 W 7947/95).
Mangels Durchsetzbarkeit der Prüfungspflicht durch den Verwaltungsbeirat, stellt die Prüfung der Abrechnung auch keine Wirksamkeitsvoraussetzung für einen genehmigenden Abrechnungsbeschluss dar (KG Berlin, 25. 8. 2003, 24 W 110/02). Andererseits widerspricht eine vom Verwaltungsbeirat unterlassene Prüfung ordnungsmäßiger Verwaltung und berechtigt zur Anfechtbarkeit des Beschlusses.

16.6.4 Unterzeichnung der Versammlungsniederschrift

Ist in einer Wohnungseigentümergemeinschaft ein Verwaltungsbeirat gewählt, ist die gemäß § 24 Abs. 6 Satz 1 WEG über die Beschlüsse der Wohnungseigentümer anzufertigende Niederschrift vom Versammlungsvorsitzenden, einem Wohnungseigentümer und dem Vorsitzenden des Verwaltungsbeirates oder seinem Vertreter zu unterzeichnen.
Ist der Beiratsvorsitzende zugleich Versammlungsvorsitzender, genügt es, dass er und ein Wohnungseigentümer die Niederschrift unterzeichnen. Dies gilt jedenfalls dann, wenn kein Anhaltspunkt dafür besteht, dass ein stellvertretender Beiratsvorsitzender gewählt ist und dieser auch an der Versammlung teilgenommen hat (LG Lübeck, 11. 2. 1991, 7 T 70/91, vorliegend zu einer Niederschrift mit dem Beschluss über die Bestellung des Verwalters; zur Unbeachtlichkeit der „fehlenden" Unterschrift, wenn ein nach der Teilungserklärung zu bestellender Verwaltungsbeirat – bisher – nicht gewählt wurde LG Oldenburg, 7. 7. 1985, 5 T 65/83).
Die von einem Miteigentümer zu leistende Unterschrift kann auch von einem Eigentümer geleistet werden, der Mitglied des Beirates ist und die Bezeichnung „Beirat" seiner Unterschrift zufügt (OLG Hamm, 8. 7. 2011, I-15 Wx 183/11; a. A. OLG Düsseldorf, 22. 10. 2010, I-3 Wx 263/09).

16.6.5 Sonstige Rechte und Pflichten

Grundsätzlich sind die Wohnungseigentümer im Rahmen der Vertragsfreiheit befugt, Aufgaben und Befugnisse des Verwaltungsbeirates über den gesetzlich vorgesehenen Rahmen hinaus durch Vereinbarung oder durch Beschluss zu erweitern oder zu ergänzen (OLG Düsseldorf, 24. 9. 1997, 3 Wx 221/97; OLG Zweibrücken, 10. 6. 1987, 3 W 53/87; vgl. dazu auch OLG Saarbrücken, 7. 5. 1999, 5 W 365/98–105,

zur Zustimmungsbedürftigkeit der Tierhaltung durch den Verwaltungsbeirat).
Auch können bestimmte Aufgaben einzelnen Mitgliedern des Verwaltungsbeirates bzw. Sonderausschüssen übertragen werden (vgl. insoweit OLG Frankfurt, 27. 10. 1987, 20 W 448/86, zum „Bau-Ausschuss" als Sonderverwaltungsbeirat).
Die Übertragbarkeit von Aufgaben an den Verwaltungsbeirat findet aber dort ihre Grenzen, wo die Verwaltungskompetenzen und Beschlusskompetenzen der Wohnungseigentümergemeinschaft eindeutig überschritten werden (§§ 21, 23 WEG) oder die Aufgaben dem Verwalter (§ 27 Abs. 1 bis 3 WEG) unabdingbar zugewiesen sind (vgl. hierzu zutreffend AG Niebüll, 22. 12. 1986, 14 II 101/86, wonach dem Verwaltungsbeirat keine Aufgaben übertragen werden können, die mit Entscheidungen verbunden sind, für die den Wohnungseigentümern die Anfechtungsmöglichkeit erhalten bleiben muss; zur fehlenden Kompetenz des Verwaltungsbeirates, den Verwalter zur Vergabe von Reinigungs- und Hausmeisterdiensten zu bevollmächtigen, vgl. OLG Koblenz, 2. 7. 1998, 5 U 1636/97).

16.6.5.1 Auskunftspflicht

Ein von der Wohnungseigentümerversammlung gewählter Verwaltungsbeirat ist aufgrund des bestehenden Rechtsverhältnisses (unentgeltlicher Geschäftsbesorgungsvertrag gemäß § 662 BGB) nur dem Auftraggeber, also den Wohnungseigentümern in ihrer Gesamtheit in der Wohnungseigentümerversammlung gemäß § 666 BGB auskunftspflichtig (vgl. hierzu BayObLG, 9. 6. 1994, 2Z BR 27/94). Das gilt insbesondere für Angelegenheiten, über die die Wohnungseigentümer im Rahmen ordnungsmäßiger Verwaltung zu beschließen haben.
Ob einem einzelnen Wohnungseigentümer im konkreten Einzelfall außerhalb der Versammlung Auskunft zu ertei-

len ist und in welcher Form, bestimmt sich nach dem Gegenstand der geschuldeten Auskunft, im Übrigen nach Treu und Glauben.
Dabei ist ein Individualanspruch einzelner Wohnungseigentümer gegenüber dem Verwaltungsbeirat nur in solchen Angelegenheiten anzuerkennen, die nicht Gegenstand der Beschlussfassung sind, so z. B. bei Angelegenheiten der laufenden Verwaltung, an deren Aufklärung jedoch für den Einzelnen ein berechtigtes und akutes Bedürfnis besteht, beispielsweise im Fall des Anspruchs auf Rechnungslegung (BayObLG, 3. 5. 1972, 2 Z 7/72; vgl. auch BayObLG, 9. 6. 1994, 2Z BR 27/94).
Vor einer solchen individuellen Auskunftserteilung ist jedoch im Regelfall das Auskunftsbegehren zunächst in der Wohnungseigentümerversammlung zu behandeln (BayObLG, 9. 6. 1994, 2Z BR 27/94; zum Auskunftsanspruch des einzelnen Eigentümers gegenüber dem Verwalter vgl. Kap. 15.5. 1. 10.2).
Neben der Auskunftspflicht obliegt dem Verwaltungsbeirat gemäß § 667 BGB auch eine Herausgabepflicht. Das bedeutet, dass der Verwaltungsbeirat oder die einzelnen Mitglieder nach Beendigung ihrer Tätigkeit als Beirat alle für die Gemeinschaft erhaltenen oder angefertigten Unterlagen im Original herausgeben müssen (OLG Hamm, 20. 2. 1997, 15 W 295/96, zur Herausgabe eines notariell beurkundeten Schuldanerkenntnisses; LG München I, 31. 7. 1984, 1 T 8126/84).

16.6.5.2 Bestellung und Abberufung des Verwalters

Die Bestellung und die Abberufung des Verwalters sind Ausdruck der organschaftlichen Willensbildung der Wohnungseigentümergemeinschaft mit Bezug auf die Person des Verwalters und nicht auf den Verwaltungsbeirat übertragbar. Die grundlegende Entscheidungs- und Beschlusskompetenz der Wohnungseigentümergemeinschaft zur Verwalterbestellung würde im Falle einer Übertragung auf den Verwaltungsbeirat unzulässig eingeschränkt. Deshalb verstößt die Verwalterbestellung durch den Verwaltungsbeirat gegen die zwingende Vorschrift des § 26 Abs. 1 Satz 4 WEG. Ein entsprechender Beschluss ist nichtig (OLG Schleswig, 4. 12. 1996, 2 W 85/96; LG Lübeck, 28. 2. 1985, 7 T 69/85; zum fehlenden Abberufungsrecht des Verwaltungsbeirats vgl. BayObLG, 9. 2. 1965, 2 Z 276/64, allerdings zur zulässigen Kündigung des Verwaltungsvertrages, wenn der Abberufungsbeschluss der Eigentümer vorangegangen ist und dem Beirat die entsprechenden Vollmacht erteilt wurde).

Der Verwaltungsbeirat kann aber vor der Verwalterbestellung eine Auswahl unter den „Kandidaten" treffen, die zur Vorstellung in die Wohnungseigentümerversammlung eingeladen werden (OLG Düsseldorf, 14. 9. 2001, 3 Wx 202/01, ZWE 2002, 185). Allerdings hat eine Minderheit keinen Anspruch darauf, dass Bewerber um die Verwaltertätigkeit in der Versammlung angehört werden (OLG München, 7. 9. 2007, 32 Wx 109/07).

16.6.5.3 Aushandeln und Abschluss des Verwaltungsvertrages

Das „Aushandeln" der einzelnen vertraglichen Inhalte des Verwaltungsvertrages, der zwischen der (teilrechtsfähigen) Wohnungseigentümergemeischaft und dem Verwalter abzuschließen ist, kann nach inzwischen vorherrschender Meinung durch entsprechende Vollmacht dem Verwaltungsbeirat jedenfalls dann übertragen werden, wenn die Wohnungseigentümer im Rahmen der konkreten Bestellung auch über den maßgeblichen Inhalt des Verwaltungsvertrages (die so genannten „essentials") beschlossen haben, nämlich über den Bestellungszeitraum, die Verwaltungsvergütung, aber auch über Erhebung von Mahngebühren, Kosten für außerordentliche Versammlungen und Kopierkosten (OLG Düsseldorf, 24. 9. 1997, 3 Wx 221/97; OLG Köln, 9. 7. 1990, 16 Wx 173/89; 13. 7. 2001, 16 Wx 115/01; AG Saarbrücken, 5. 2. 2009, 1 WEG C 7/08).

Die Wohnungseigentümer können aufgrund der ihnen zustehenden grundsätzliche Entscheidungskompetenz den Verwaltungsbeirat auch bevollmächtigen, den Vertrag mit dem Verwalter abzuschließen, ohne dass vorher ein Beschluss über die „Eckdaten" erfolgt. Bei nicht näher beschriebener Vollmacht kann der Verwaltungsbeirat jedoch nur einen Vertrag abschließen, der ordnungsmäßiger Verwaltung entspricht (BayObLG, 26. 9. 2003, 2Z BR 25/03).

Handelt es sich im Übrigen um einen vom Verwalter vorformulierten Vertrag, unterliegt dieser der Inhaltskontrolle nach den Bestimmungen über die allgemeinen Geschäftsbedingungen gemäß §§ 305 ff. BGB (OLG Frankfurt, 19. 5. 2008, 20 W 169/07; zu Einzelheiten vgl. auch Kap. 15. 4. 13 Inkrafttreten und Rechtswirksamkeit des Verwaltungsvertrages).

Vom „Aushandeln" vertraglicher Inhalte zu unterscheiden ist die Befugnis zum „Abschluss" des von den Wohnungseigentümern mehrheitlich beschlossenen Vertrages durch Unterzeichnung durch die von der Wohnungseigentümerversammlung durch Mehrheitsbeschluss bevollmächtigen Mitglieder des Verwaltungsbeirates (OLG Düsseldorf, 24. 9. 1997, 3 Wx 221/97; vgl. hierzu auch OLG Schleswig, 14. 5. 1986, 2 W 123/85, zur Bestellung des Verwalters durch Minderheitsbeschluss bei gleichzeitiger Beauftragung des Beirats, mit dem bestellten Verwalter den Vertrag abzuschließen, offen allerdings zur Frage inhaltlicher Regelungen oder zur Unterzeichnung).

16.6.5.4 Genehmigung der Jahresabrechnung/ Aufstellung des Wirtschaftsplans

Unterschiedliche Auffassung werden in der Frage vertreten, ob wegen der Abdingbarkeit der Vorschriften des § 28 Abs. 1 und 5 WEG dem Verwaltungsbeirat das Recht übertragen werden kann, nicht nur den Wirtschaftsplan und die Jahresabrechnung aufzustellen, sondern beide auch zu genehmigen.

Nach vorherrschender Meinung kann dem Verwaltungsbeirat sowohl die Aufstellung wie auch die Genehmigung von Wirtschaftsplan und Jahresabrechnung durch Vereinbarung, nicht dagegen durch mehrheitliche Beschlussfassung übertragen werden (OLG Köln, 17. 12. 1997, 16 Wx 291/97; OLG Naumburg, 10. 1. 2000, 11 Wx 2/99; OLG Hamm, 19. 3. 2007, 15 W 340/06, m. w. N. vgl. auch Bielefeld, Der Verwaltungsbeirat, 3. Auflage 2011, S. 43).

Der genehmigende Beschluss des Verwaltungsbeirates kann nicht gemäß § 46 Abs. 1 WEG angefochten werden, da es sich nicht um einen Beschluss der Wohnungseigentümer handelt. Allerdings ist davon auszugehen, dass er dessen ungeachtet in die Beschluss-Sammlung nach § 24 Abs. 7 WEG aufzunehmen ist. Widerspricht ein Beschluss des Verwaltungsbeirates über die Jahresabrechnung oder den Wirtschaftsplan der gesetzlichen, vereinbarten oder beschlossenen Kostenverteilung, ist er nichtig OLG Hamm, a. a. O.; vgl. auch Niedenführ in Niedenführ/Kümmel/Vandenhouten § 28 Rn 29).

Ein Mehrheitsbeschluss reicht nicht aus, um dem Verwaltungsbeirat die Beschlusskompetenz über die Jahresabrechnung und den Wirtschaftsplan einzuräumen. Er ist als gesetzesändernder Mehrheitsbeschluss nichtig.

Zulässig ist es im Übrigen, dass die Wohnungseigentümer durch mehrheitliche Beschlussfassung die Abrechnung vorbehaltlich der Prüfung durch den Beirat genehmigen. Versagt der Verwaltungsbeirat die Genehmigung, entfaltet auch der „aufschiebende" Beschluss der Wohnungseigentümer keine Wirksamkeit (BayObLG, 14. 8. 1996, 2Z BR 77/96; 14. 4. 1988, 2 Z 3/88).

16.6.5.5 Abnahme des Gemeinschaftseigentums

Die Abnahme des gemeinschaftlichen Eigentums ergibt sich für jeden einzelnen Wohnungseigentümer als individuelle Verpflichtung aus dem mit dem Bauträger geschlossenen Erwerbsvertrag (§ 640 Abs. 1 BGB).
Jeder Erwerber erhält durch den Kaufvertrag einen eigenen Anspruch auf mangelfreies Wohnungseigentum (BGH, 21. 2. 1985, VII ZR 72/84; zuletzt u. a. BayObLG, 4. 11. 1999, 2Z BR 89/99). Insoweit unterliegt die Abnahme grundsätzlich nicht der gemeinschaftlichen Verwaltung durch die Wohnungseigentümer.
Ebenso wie aber auch die Geltendmachung von Gewährleistungsansprüchen (durch Mehrheitsbeschluss) zu einer Angelegenheit der gemeinschaftlichen Verwaltung gemacht werden kann (BGH, 4. 6. 1981, VII ZR 9/80; BayObLG, 21. 2. 1973, 2 Z 3/73; zur Geltendmachung von Gewährleistungsansprüchen durch die teilrechtsfähige Gemeinschaft vgl. BGH, 19. 8. 2010, VII ZR 113/09), kann auch die Abnahme des Gemeinschaftseigentums durch entsprechende Regelungen im Kaufvertrag, z. B. durch Bevollmächtigung des Verwalters, oder durch Vereinbarung zu einer Angelegenheit der gemeinschaftlichen Verwaltung gemacht werden (BayObLG, 20. 3. 2001, 2Z BR 75/00; 30. 4. 1999, 2Z BR 153/98, dort offen gelassen, ob Mehrheitsbeschluss ausreicht; bejahend zur Zulässigkeit eines Mehrheitsbeschlusses Niedenführ in Niedenführ/Kümmel/Vandenhouten, Anh. § 21 WEG Rn 74 ff.).
Nach diesen Grundsätzen kann die Abnahme des Gemeinschaftseigentums und die Geltendmachung von Gewährleistungsansprüchen auch dem Verwaltungsbeirat durch entsprechende Regelung in der Teilungserklärung, der Ge-

meinschaftsordnung und auch durch Mehrheitsbeschluss übertragen werden (OLG Frankfurt, 23. 9. 1975, 22 U 255/730; vgl. auch Müller 9.Teil. Rn 349, 351).
Zur Geltendmachung der Ansprüche befugt sind die jeweils amtierenden Mitglieder des Verwaltungsbeirates und nicht ausschließlich diejenigen, die zum Zeitpunkt des Ermächtigungsbeschlusse Beiratsmitglieder waren (BGH, 15. 4. 2004, VII ZR 130/03).
Dabei ist es unbedenklich, dass die Befugnisse des Verwaltungsbeirates im Einzelfall durch die Einzelverträge der Käufer mit dem Verkäufer eingeräumt worden sind. Denn die Bevollmächtigung des Beirates ist durch die Wahl seiner Mitglieder in der Wohnungseigentümerversammlung bestätigt worden, was einem mit Stimmenmehrheit gefassten Beschluss der Eigentümer gleichsteht.
Im Übrigen ist es im Rahmen einer Vereinbarung auch zulässig, dem Beirat als Vertrauensorgan der Miteigentümergemeinschaft die Befugnis einzuräumen, über höhere Mittel für Instandhaltungs- und Instandsetzungsmaßnahmen zu verfügen als der Verwalter (vgl. hierzu insgesamt OLG Frankfurt, 23. 9. 1975, 22 U 255/73).

16.6.5.6 Schlichtungsfunktion

Über Streitigkeiten der Wohnungseigentümer untereinander, die das Wohnungseigentum betreffen, entscheidet gemäß § 43 Abs. 1 WEG das zuständige Amtsgericht.
Durch Vereinbarung kann jedoch bestimmt werden, dass vor Einleitung des gerichtlichen Verfahrens die Streitigkeiten dem Verwaltungsbeirat vorzutragen sind und dieser verpflichtet ist, auf eine gütliche Einigung hinzuwirken. Nur wenn ein solches „Vorschaltverfahren“ erfolglos durchgeführt wurde, sind die Voraussetzungen zur Einleitung eines Verfahrens gemäß § 43 Abs. 1 WEG gegeben (BayObLG, 16. 11. 1995, 2Z BR 69/95; LG Stralsund, 6. 12. 2001, 2 T 51/00).

Im Übrigen soll der Verwaltungsbeirat als schlichtendes und vermittelndes Organ nicht nur Konflikte der Eigentümer untereinander vermeiden, sondern soll auch als Mittler zwischen Wohnungseigentümern und Verwaltern fungieren (OLG Zweibrücken, 22. 9. 1983, 3 W 76/83).

16.6.5.7 Eingriffe in Eigentümerbeschlüsse

Der Verwaltungsbeirat ist nicht befugt, von der Wohnungseigentümerversammlung gefasste Beschlüsse aufzuheben bzw. in ändernder Weise in diese Beschlüsse einzugreifen.
So kann der Verwaltungsbeirat nicht eine gemäß § 27 Abs. 2 Nr. 3 WEG durch Beschluss der Wohnungseigentümer ausgesprochene Ermächtigung des Verwalters, Ansprüche der Wohnungseigentümer in deren Namen gerichtlich geltend zu machen, aufheben (BayObLG, 15. 10. 1979, 2 Z 56/78).

16.7 Aufwendungen und Vergütung für den Verwaltungsbeirat

Das Wohnungseigentumsgesetz enthält keine Regelungen zur Vergütung oder zum Aufwendungsersatz für die Tätigkeit des gewählten Verwaltungsbeirates oder einzelner Beiratsmitglieder. Die Beiratsmitglieder sind ehrenamtlich und folglich ohne Anspruch auf Vergütung tätig.
Aus dem Auftragsverhältnis folgt gemäß § 670 BGB jedoch ein Anspruch auf Aufwendungsersatz, der allerdings durch Vereinbarung ausgeschlossen werden kann, nicht durch Mehrheitsbeschluss.
Aufgrund der teilweise beträchtlichen zeitlichen Beanspruchung der einzelnen Beiratsmitglieder für ihre Tätigkeit im Interesse und für Zwecke der Gemeinschaft und nicht zuletzt auch wegen notwendiger Aufwendungen für Telefonate, Fahrtkosten, Korrespondenz etc. ist es ratsam, bereits

bei der Bestellung des Verwaltungsbeirates auch eine Regelung über eine entsprechende Aufwandsentschädigung oder eine andere Form der Vergütung zu treffen (zum zulässigen Mehrheitsbeschluss über eine angemessene Auslagenpauschale in Höhe von 150,00 Euro vgl. BayObLG, 30. 4. 1999, 2Z BR 153/98).
Grundsätzlich sind nachzuweisende Auslagen zu erstatten (so auch BayObLG, 30. 6. 1983, 2 Z 76/82, auch zur Erstattung von Aufwendungen von Seminargebühren und Fachliteratur; vgl. zum Ganzen, auch zur Besteuerung, Drasdo, ZMR 1998, 130).

16.8 Haftung des Verwaltungsbeirates

Die Haftung des Verwaltungsbeirates ergibt sich aus dem Auftragsverhältnis im Sinne des § 662 BGB, das aufgrund des Bestellungsbeschlusses der Wohnungseigentümergemeinschaft mit der (teilrechtsfähigen) Wohnungseigentümergemeinschaft geschlossen wird. Auftragnehmer sind die einzelnen Mitglieder des Verwaltungsbeirates.
Das Auftragsverhältnis kann sich dabei einerseits auf die sich aus § 29 WEG ergebenden gesetzlichen Pflichten beziehen, andererseits aber auch auf darüber hinausgehende weitere Aufgaben im Sinne der §§ 662ff. BGB bei unentgeltlicher Tätigkeit bzw. bei entgeltlicher Tätigkeit als Dienstvertrag im Sinne der § 675, § 611 BGB.
Deshalb ist stets auch das einzelne Beiratsmitglied und nicht der Verwaltungsbeirat als Gesamtorgan Auftragnehmer der (teilrechtsfähigen) Wohnungseigentümergemeinschaft.
Das hat aber zur Folge, dass jedes einzelne Mitglied des Verwaltungsbeirates gemäß § 421 Satz 1 BGB gesamtschuldnerisch haftet.
Voraussetzung für jede Haftung ist jedoch stets ein Schaden, der durch schuldhaftes Handeln oder Unterlassen des

Beirates verursacht worden sein muss. Es muss also ein ursächlicher Zusammenhang zwischen dem Schaden und dem Handeln bzw. Unterlassen des Beirates bestehen.
Als Haftungstatbestände kommen hinzu die Haftung aus vollmachtloser Vertretung gemäß §§ 177, 179 BGB, aus angemaßter Eigengeschäftsführung sowie aus unerlaubter Handlung gemäß § 823 ff. BGB.

16.8.1 Haftungsmaßstab

Grundsätzlich haftet der Verwaltungsbeirat gegenüber der Wohnungseigentümergemeinschaft für die pflichtgemäße Erfüllung der ihm übertragenen Aufgaben, also aus seinen vertraglichen Pflichten. Im Falle einer Verletzung dieser Pflichten haftet er folglich aus positiver Vertragsverletzung. Er haftet dabei einerseits für Schäden, die aus Untätigkeit oder mangelhafter Erfüllung seiner Aufgaben entstehen, beispielsweise durch Unterlassung oder fehlerhafte Prüfung der Jahresabrechnung sowie aus Verletzung der ihm obliegenden Informations- oder Hinweispflichten, beispielsweise bei nicht ordnungsmäßiger Kontenführung des Verwalters oder bei Verwendung gesetzeswidriger Verteilungsschlüssel in der Jahresabrechnung.
Maßstab ist dabei gemäß § 276 BGB die im Geschäftsverkehr erforderliche (nicht „übliche“) Sorgfalt. Die Sorgfalt in eigenen Angelegenheiten (diligentia quam in suis) reicht nach inzwischen vorherrschender Auffassung nicht aus.
Soweit von den Beiratsmitgliedern erwartet wird, dass sie ihre Aufgaben mit der „Sorgfalt eines ordentlichen Kaufmanns“ zu erfüllen haben, könnte dies höchstens bei entgeltlicher Tätigkeit als Maßstab zugrunde gelegt werden.
Werden die Mitglieder des Verwaltungsbeirates jedoch ausdrücklich aufgrund besonderer Fachkenntnis bestellt, so zum Beispiel bei der Bestellung eines Rechtsanwaltes, eines

Steuerberaters oder eines Architekten, so wird von diesen Beiratsmitgliedern die berufsübliche Kenntnis und Sorgfalt zu erwarten und als Haftungsmaßstab zugrunde zu legen sein.

Verstößt ein Beiratsmitglied schuldhaft gegen diese Sorgfaltspflichten oder handelt er fahrlässig oder sogar vorsätzlich, macht er sich schadensersatzpflichtig. Das gilt grundsätzlich auch bei leichter Fahrlässigkeit

Grob fahrlässig handelt ein Verwaltungsbeirat in jedem Fall dann, wenn er sich nicht an ausdrückliche Weisungen der Wohnungseigentümerversammlung hält.

Das ist beispielsweise dann der Fall, wenn er beim Abschluss des Verwaltungsvertrages dem Verwalter entgegen der ausdrücklichen Weisung der Wohnungseigentümergemeinschaft die uneingeschränkte Verfügungsmacht über ein Eigentümer-Rücklagenkonto von erheblicher Höhe einräumt oder wenn er bei der Prüfung der Jahresabrechnung auf eine Kontrolle der Kontenbelege verzichtet (OLG Düsseldorf, 24. 9. 1997, 3 Wx 221/97, dort zur Verurteilung eines Beiratsvorsitzenden zum Schadensersatz in Höhe von 100 000 DM)

16.8.2 Haftungsbeschränkung und Haftungsausschluss

Da die Beiratstätigkeit im Regelfall ehrenamtlich und damit unentgeltlich wahrgenommen wird, ist es nicht nur vertretbar, sondern auch geboten, das Haftungsrisiko der Beiratsmitglieder dadurch zu mindern, dass die Haftung auf Vorsatz und grobe Fahrlässigkeit beschränkt und eine Haftung für leichte Fahrlässigkeit ausgeschlossen wird.

Erforderlich hierzu ist aber wegen Abweichung von der gesetzlichen Regelung eine Vereinbarung gemäß § 10 Abs. 2 Satz 2 und Abs. 3 WEG.

Als haftungsbeschränkender Maßstab kann dabei auch auf die „Sorgfalt in eigenen Angelegenheiten“ abgestellt oder die Haftung auf eine Höchstsumme beschränkt werden.

Der Haftungsausschluss bzw. die Haftungsbeschränkung kann im Falle der konkreten Bestellung des Verwaltungsbeirats auch mehrheitlich beschlossen werden, steht allerdings unter dem Vorbehalt der Anfechtung. Ein solcher Beschluss ist als gesetzeswidriger Mehrheitsbeschluss nicht nichtig, sondern nur anfechtbar.
Ist kein Haftungsausschluss bzw. keine Haftungsbeschränkung beschlossen, räumt die herrschende Meinung dem Beirat einen Freistellungsanspruch ein, wenn durch sein Handeln ein Schaden entsteht, jedenfalls dann, wenn die Haftung des Beirates nicht auf Vorsatz oder grober Fahrlässigkeit beruht.
Ansprüche der Wohnungseigentümergemeinschaft gegen den Verwaltungsbeirat auf Schadensersatz verjähren gemäß § 195 BGB nach drei Jahren.

16.8.3 Vermögensschadenshaftpflichtversicherung

Um die Haftungsrisiken aus der unbestritten verantwortungsvollen und nicht ganz risikolosen Tätigkeit des Beirates auf ein vertretbares Maß zu beschränken, wird allgemein der Abschluss einer Vermögensschadenshaftpflichtversicherung für die Mitglieder des Verwaltungsbeirates auf Kosten bzw. zu Lasten der Wohnungseigentümergemeinschaft als förderlich und im Interesse der Gemeinschaft liegend angesehen.
Der Abschluss einer solchen Vermögensschadenshaftpflichtversicherung entspricht im Falle der konkreten Bestellung eines Verwaltungsbeirates als nähere Ausgestaltung des mit dem Beirat zustande kommenden Vertragsverhältnisses regelmäßig ordnungsmäßiger Verwaltung (KG Berlin, 19. 7. 2004, 24 W 203/02).
Die Freistellung erstreckt sich aber nur auf fahrlässiges Handeln. Vorsatz ist nicht versicherbar. Für Schäden als Folge vorsätzlichen Handelns ist der Versicherungsschutz ausgeschlossen.

Von verschiedenen Versicherungen wird aber auch die Einbeziehung der Verwaltungsbeiratsmitglieder in die Vermögensschadenshaftpflichtversicherung des Verwalters zu entsprechend günstigen Tarifen angeboten.

17. Wirtschaftsplan, Abrechnung und Rechnungslegung

Die Aufstellung des Wirtschaftsplanes, die Aufstellung und Vorlage der Jahresabrechnung und die zwischenzeitliche Rechnungslegung auf Verlangen der Wohnungseigentümer gehören zu den wichtigsten Aufgaben des Verwalters.
Ihre Prüfung obliegt dem Verwaltungsbeirat, die Beschlussfassung bzw. Genehmigung ist der Wohnungseigentümerversammlung vorbehalten.

17.1 Der Wirtschaftsplan

Der Wirtschaftsplan ist der Haushaltsplan der Wohnungseigentümergemeinschaft. Er ist gemäß § 28 Abs. 1 WEG vom Verwalter aufzustellen. Die Aufstellung umfasst einmal den Gesamtwirtschaftsplan und zum anderen die aus dem Gesamtwirtschaftsplan herzuleitenden Einzelwirtschaftspläne. Der Einzelwirtschaftsplan gehört zu den unverzichtbaren Bestandteilen des Wirtschaftsplans im Sinne von § 28 Abs. 1 WEG (BGH, 2. 6. 2005, V ZB 32/05).
Da die Vorschrift des § 28 Abs. 1 WEG abdingbar ist, können die Wohnungseigentümer auch abweichende Vereinbarungen treffen, und zwar sowohl über den Zeitraum als auch darüber, wer den Wirtschaftsplan aufzustellen hat.
So kann auch der Verwaltungsbeirat durch Vereinbarung

gemäß § 10 Abs. 2 Satz 2 und Abs. 3 WEG bevollmächtigt werden, nicht nur den Wirtschaftsplan aufzustellen, sondern auch für alle Eigentümer verbindlich zu beschließen (OLG Köln, ZfIR 1998, 157; OLG Naumburg, 10. 1. 2000, 11 Wx 2/99, WM 2001, 38; Niedenführ in Niedenführ/Kümmel/Vandenhouten § 28 Rn 29).
Die Aufstellung eines Wirtschaftsplans kann als Maßnahme ordnungsmäßiger Verwaltung gemäß § 21 Abs. 5 Nr. 5 WEG jedoch nicht ausgeschlossen werden, auch nicht durch eine Vereinbarung gemäß § 10 Abs. 2 Satz 2 WEG (so wohl auch LG Berlin, 8. 8. 1984, 191 T 40/83, wenn nach dortiger Auffassung die Vorschrift des § 28 Abs. 5 WEG für modifizierbar, nicht aber für abdingbar gehalten wird; a. A. Niedenführ in Niedenführ/Kümmel/Vandenhouten § 28 Rn 7).
Im Übrigen kann jeder einzelne Wohnungseigentümer im Rahmen seines Anspruchs auf ordnungsmäßige Verwaltung gemäß § 21 Abs. 5 Nr. 5 WEG auch die Aufstellung eines Wirtschaftsplans verlangen und gerichtlich durchsetzen, wenn der Verwalter seiner Verpflichtung hierzu nicht nachkommt (vgl. auch BayObLG, 15. 3. 1990, 2 Z 18/90; zum Einzelanspruch auf gerichtliche Ersetzung und Fortgeltung des Wirtschaftsplans vgl. KG Berlin, 10. 3. 1993, 24 W 1701/92).

17.1.1 Zeitraum und Vorlage des Wirtschaftsplans

Die Regelung in § 28 Abs. 1 WEG schreibt die Aufstellung des Wirtschaftsplans für das Kalenderjahr vor. Abweichend davon kann jedoch auch ein anderer Zeitraum als Geschäftsjahr gemäß § 10 Abs. 2 und 3 WEG vereinbart, nicht aber mit Mehrheit beschlossen werden.
Zulässig ist beispielsweise die Anpassung an die Heizperiode, jeweils beginnend am 1. Mai eines Jahres und endend am 30. April des Folgejahres.
Wird allerdings im konkreten Fall ein von der gesetzlichen

Regelung abweichender Wirtschaftsplan für eine bestimmte Abrechnungsperiode mehrheitlich beschlossen, ist ein solcher Beschluss nicht nichtig, sondern als gesetzeswidriger Mehrheitsbeschluss nur anfechtbar (so wohl auch Merle, DWE 2001, 46).
Trotz fehlender gesetzlicher Regelung lässt sich aus dem Sinn und dem Zweck der Vorlage eines Wirtschaftsplans herleiten, dass dieser jeweils zu Beginn des Kalender- oder Wirtschaftsjahres zu erfolgen hat, also im Regelfall in den ersten drei bis vier Monaten (zur Vorlage in den „ersten Monaten" vgl. BayObLG, 15.3. 1990, 2 Z 18/90). Zweckmäßig ist eine entsprechende Regelung im Verwaltungsvertrag.
Grundsätzlich gilt der für ein bestimmtes Wirtschafts- oder Kalenderjahr beschlossene Wirtschaftsplan exakt auch nur für diesen Zeitraum, so dass Zahlungsansprüche auch nur für diesen Zeitraum geltend gemacht werden können (BayObLG, 12. 12. 2002, 2Z BR 117/02).
Eine automatische Fortgeltung über diesen Zeitraum hinweg ist nach herrschender Meinung durch die Regelung nach § 28 Abs. 1 WEG nicht gedeckt (BayObLG, 29. 12. 1987, 2 Z 93/87; 23. 6. 1988, 2 Z 55/88; KG Berlin, 15. 6. 1988, 24 W 1434/88; OLG Hamm, 22. 6. 1989, 15 W 209/89; 2. 11. 1989, 15 W 209/89; a. A. OLG Köln, 2. 1. 1989, 16 Wx 116/89; ebenfalls a. A. HansOLG Hamburg, 5. 2. 1988, 2 W 11/87; ebenso LG Hamburg, 13. 6. 1990, 318 T 27/90).
Die fehlende Fortgeltung führt dazu, dass nach Ablauf des Zeitraums, für den der Wirtschaftsplan beschlossen wurde, die Verpflichtung der Wohnungseigentümer gemäß § 28 Abs. 2 WEG entfällt, Hausgeldvorschüsse nach Maßgabe des – dann nicht mehr geltenden – Wirtschaftsplans zu leisten.
Zur Vermeidung von Liquiditätsproblemen empfiehlt sich deshalb eine ausdrückliche Beschlussfassung, dass der für ein bestimmtes Kalender-/Wirtschaftsjahr konkret zu beschließende Wirtschaftsplan bis zur Beschlussfassung über

einen neuen Wirtschaftsplan fortgilt und damit eine ausreichende Rechtsgrundlage für die Verpflichtung zur Zahlung von Hausgeldvorschüssen gemäß § 28 Abs. 2 WEG über den eigentlichen Geltungszeitraum hinaus gegeben ist (KG Berlin, 11. 7. 1990, 24 W 3798/9017; 10. 3. 1993, 24 W 1701/92; 7. 1. 2004, 24 W 326/01).
Ein solcher Mehrheitsbeschluss entspricht ordnungsmäßiger Verwaltung und übersteigt auch nicht die Beschlusskompetenz der Wohnungseigentümergemeinschaft (BayObLG, 12. 12. 2002, 2Z BR 117/02; KG Berlin, 29. 5. 2002, 24 W 185/01; 27. 2. 2002, 24 W 16/02; Wenzel, ZWE 2001, 226, 237).
Allerdings kann im Einzelfall auch ohne ausdrücklichen Beschluss nach zutreffender Meinung von einer Fortgeltung ausgegangen werden, wenn dies aus anderen Gesichtspunkten geboten erscheint, so u. a. dann, wenn eine solche Fortgeltung seit längerem in der Gemeinschaft praktiziert wurde (HansOLG Hamburg, 23. 8. 2002, 2 Wx 4/99).
Ein Beschluss zur generellen Fortgeltung, unabhängig vom konkreten Wirtschaftsplan ist nichtig (OLG Düsseldorf, 11. 7. 2003, 3 Wx 77/03; KG Berlin, 7. 1. 2004, 24 W 326/01).

17.1.2 Inhalt des Wirtschaftsplans

Der Wirtschaftsplan hat gemäß § 28 Abs. 1 WEG inhaltlich drei Positionen auszuweisen, und zwar

- Angaben über die voraussichtlichen Einnahmen und Ausgaben bei der Verwaltung des gemeinschaftlichen Eigentums;
- die anteilmäßige Verpflichtung der Wohnungseigentümer zur Lasten- und Kostentragung;
- die Beitragsleistung der Wohnungseigentümer zu der nach § 21 Abs. 5 Nr. 4 WEG vorgesehenen Instandhaltungsrückstellung.

Forderungen sind in den Wirtschaftsplan nur dann aufzunehmen, wenn mit ihrer Erfüllung während des Wirtschaftsjahres gerechnet werden kann (BayObLG, 24. 6. 1999, 2Z BR 179/98).

Welche Einzelpositionen zu den jeweiligen Einnahmen und Ausgaben im Wirtschaftsplan ausgewiesen bzw. zusammengefasst werden, ergibt sich aus den konkreten Gegebenheiten und obliegt der Entscheidung durch die Wohnungseigentümerversammlung. Sie hat bei der Aufstellung des Wirtschaftsplans einen Ermessensspielraum (zur zulässigen Ausweisung nur eines Gesamtbetrages als anteilige Beitragsleistung vgl. BayObLG, 21. 5. 1999, 2Z BR 36/99).

Ordnungsmäßiger Verwaltung widerspricht ein Wirtschaftsplan grundsätzlich dann, wenn er zu wesentlich überhöhten Hausgeldforderungen oder zu erheblichen Nachzahlungspflichten führen würde (BayObLG, 24. 6. 1999, 2Z BR 179/98; 18. 2. 1998, 2Z BR 134/97, m. w. N.).

Das Gleiche gilt für einen Wirtschaftsplan, der anstelle der Ausweisung von Einzelpositionen auf der Einnahmen- und Ausgabenseite nur „Gesamtbeträge“ enthält (zur Ausweisung der Einzelpositionen vgl. Kap. 17.2.2, dort zur Abrechnung, insbesondere Kap. 17.2.2.1).

Die Ausweisung und Gliederung der Einzelpositionen im Wirtschaftsplan sollte grundsätzlich der Gliederung der Jahresabrechnung entsprechen, damit ein Vergleich der veranschlagten mit den tatsächlich erfolgten Einnahmen und Ausgaben ermöglicht wird (zur strittigen Berechnung der Heizkostenvorauszahlungen nach Miteigentumsanteilen vgl. BayObLG, 7. 11. 1990, 2 Z 116/90).

Die Darstellung und Ausweisung von Einzelpositionen allein reicht jedoch nicht aus, soweit hierzu nur die Gesamtbeträge angegeben werden.

Grundsätzlich sind die auf die einzelnen Wohnungseigentümer entfallenden Lasten und Kosten entsprechend dem jeweils zugrunde zu legenden Verteilungsschlüssel auszuweisen (vgl. hierzu auch KG Berlin, 6. 3. 1985, 24 W

2695/84; BayObLG, 12. 6. 1991, 2 Z 49/91; zur Ausnahme im Einzelfall, wenn die Berechnung aus den Gesamtbeträgen ohne Schwierigkeiten möglich ist, vgl. BayObLG, 11. 1. 1990, 1 b Z 5/89; KG Berlin, 6. 2. 1991, 24 U 5167/90; OLG Frankfurt, 27. 1. 1984, 20 W 871/83).

Die so für die einzelnen Wohnungseigentümer im Einzelwirtschaftsplan berechneten anteiligen Lasten und Kosten ergeben den Betrag der gemäß § 28 Abs. 2 WEG zu leistenden – im Regelfall monatlichen – Hausgeldvorschüsse.

Fehlen die Angaben zum Verteilungsschlüssel und sind dementsprechend auch die anteiligen Lasten und Kosten nicht ausgewiesen, entspricht ein Wirtschaftsplan nicht den Anforderungen an eine ordnungsmäßige Verwaltung und ist auf Anfechtung hin für ungültig zu erklären (BayObLG, 12. 6. 1991, 2 Z 49/91).

Das Gleiche gilt für einen Wirtschaftsplan, der eine „Unterdeckung“ ausweist und nicht ausgleicht und ferner keinen Ausweis über die Heizkosten und die darauf zu leistenden Vorauszahlungen enthält (AG Hamburg, 12. 3. 1990, 102 a II 199/89; zum Verteilungsschlüssel von Heizkostenvorauszahlungen vgl. auch BayObLG, 7. 11. 1990, 2 Z 116/90).

17.1.3 Beschlussfassung über den Wirtschaftsplan

Die Beschlussfassung über den Wirtschaftsplan erfolgt gemäß § 28 Abs. 5 WEG in der Wohnungseigentümerversammlung mit einfacher Mehrheit.

Diese Vorschrift kann zwar in der Teilungserklärung oder in der Gemeinschaftsordnung modifiziert, nicht jedoch vollständig abbedungen werden (vgl. LG Berlin, 8. 8. 1984, 191 T 40/83).

Das Recht der Wohnungseigentümer, gemäß § 28 Abs. 5 WEG über den Wirtschaftsplan mit Mehrheit in der Wohnungseigentümerversammlung zu beschließen, kann durch

Vereinbarung rechtswirksam auf Dritte, beispielsweise auf den Verwaltungsbeirat, übertragen werden kann (OLG Naumburg, 10. 1. 2000, 11 Wx 2/99).
In diesem Fall begründet der Beschluss des Beirates über den Wirtschaftsplan die Zahlungspflicht jedes einzelnen Wohnungseigentümer in gleicher Weise wie es bei einer Beschlussfassung der Wohnungseigentümerversammlung der Fall gewesen wäre (OLG Köln, 17. 12. 1997, 16 Wx 291/97).
Eine Übertragung der Beschlussfassung durch Mehrheitsbeschluss ist als gesetzesändernder Mehrheitsbeschluss nichtig (Niedenführ in Niedenführ/Kümmel/Vandenhouten § 28 Rn 29, mit Hinweis auf Wenzel, ZWE 2001, 235; nach hier vertretener Auffassung im konkreten Einzelfall – nicht mit dauerhaft gesetzesändernder Wirkung – als (nur) gesetzeswidriger Mehrheitsbeschluss nicht nichtig, sondern nur anfechtbar).
Kommt eine zeit- und periodengerechte Beschlussfassung über den Wirtschaftsplan durch die Wohnungseigentümerversammlung nicht zustande, kann gemäß § 21 Abs. 8 WEG eine gerichtliche Festsetzung mit sofortiger Fälligkeit durchgesetzt werden (so schon früher KG Berlin, 10. 3. 1993, 24 W 1701/92).
Die Beschlussfassung muss sich auf den Gesamtwirtschaftsplan und auf die Einzelwirtschaftspläne erstrecken (BGH, 2. 6. 2005, V ZB 32/05; siehe unten 17.1.3.2 und vgl. auch Kap. 17.2.7).

17.1.3.1 Vorherige Prüfung durch den Verwaltungsbeirat

Sofern ein Verwaltungsbeirat bestellt ist, hat er vor der Beschlussfassung in der Wohnungseigentümerversammlung den Wirtschaftsplan zu überprüfen und mit seiner Stellungnahme zu versehen (§ 29 Abs. 3 WEG; vgl. hierzu Kap. 16.6.2 und 17.2.4).
Bei der Prüfung des Wirtschaftsplans geht es vor allem darum, die voraussichtlichen Ausgaben in der Höhe ausrei-

chend zu kalkulieren, um Liquiditätsschwierigkeiten zu vermeiden und die Zahlungsfähigkeit der Wohnungseigentümergemeinschaft zu gewährleisten.

17.1.3.2 Wirksamwerden und Zahlungspflicht

Mit erfolgter Beschlussfassung über den Gesamtwirtschaftsplan und die Einzelwirtschaftspläne wird der Wirtschaftsplan rechtswirksam und zieht die Voraus-Zahlungsverpflichtung gemäß § 28 Abs. 2 WEG der nach Höhe und Fälligkeit beschlossenen Beträge nach sich (zur Fälligkeit vgl. Kap. 17.1.5).

Ein Beschluss zur Genehmigung eines Wirtschaftsplans ohne Einzelwirtschaftspläne ist zwar nicht nichtig, auf Antrag hin jedoch für ungültig zu erklären (BGH, 2. 6. 2005, V ZB 32/05).

Mit dem ausdrücklichen Beschluss auch über die Einzelwirtschaftspläne werden die von jedem einzelnen Wohnungseigentümer zu zahlenden Beträge festgelegt (BGH, 2. 6. 2005, V ZB 32/05; BayObLG, 8. 3. 1989, 2 Z 30/88; 11. 1. 1990, 1 b Z 5/89, dort aber auch einschränkend zum Erfordernis der Beschlussfassung über den Einzelwirtschaftsplan, wenn die Einzel-Hausgeldvorauszahlungen sich durch einfache Rechengänge unschwer aus dem Gesamtwirtschaftsplan ermitteln lassen; vgl. auch KG Berlin, 21. 1. 1990, 24 W 1408/89, und OLG Zweibrücken, 30. 10. 1989, 3 W 199/88, die beide – jedenfalls unter diesen Umständen – die Notwendigkeit einer gesonderten Beschlussfassung über die Einzelwirtschaftspläne verneinen).

Im Rahmen ihrer jetzt auch nach § 21 Abs. 7 WEG erweiterten Beschlusskompetenz können die Wohnungseigentümer hinsichtlich der Zahlungsmodalitäten – Regelungen der Art und Weise von Zahlungen und der Fälligkeit – auch verbieten, „Sammelüberweisungen“ vorzunehmen und stattdessen verlangen, dass die Zahlungen durch Einzel-

überweisungen erfolgen unter Angabe der Wohnung, für die die Zahlung geleistet wird.
Durch den Ablauf des Wirtschaftsjahres wird der beschlossene Wirtschaftsplan nicht ohne weiteres gegenstandslos, er wird nicht überholt (BayObLG, 28. 6. 2002, 2Z BR 41/02; OLG Frankfurt, 27. 1. 1984, 20 W 871/83; BGH, 23. 9. 1999, V ZB 17/99, zur Zahlungsverpflichtung des Voreigentümers für rückständige Hausgeldvorschüsse; s. auch Kap.10.5.5.3 Haftung für Hausgeldrückstände).

17.1.3.3 Rechtswirksamkeit bei Anfechtung

Selbst wenn der Wirtschaftsplan angefochten wird, bleibt er bis zu einer eventuellen rechtskräftigen Ungültigerklärung durch das Gericht zunächst wirksam.
Das bedeutet, dass auch der anfechtende Wohnungseigentümer die Zahlungsverpflichtung gemäß Wirtschaftsplan erfüllen muss. Im Falle einer späteren Ungültigerklärung hat er jedoch gegenüber der Gemeinschaft einen entsprechenden Rückzahlungsanspruch in der vom Gericht erkannten Höhe (vgl. OLG Frankfurt, 27. 1. 1984, 20 W 697/83).
Jeder Wohnungseigentümer hat also nach Abruf durch den Verwalter bzw. nach entsprechender Fälligkeit gemäß Beschlussfassung die entsprechenden Vorschüsse auf das Hausgeld zu leisten. Entscheidend ist aber immer, dass die rechtswirksame Geltendmachung die entsprechende Beschlussfassung der Wohnungseigentümer – oder ein rechtskräftiges Urteil – voraussetzt (BGH, 12. 7. 1984, VII ZB 1/84; KG Berlin, 12. 9. 1988, 24 W 5597/87; BayObLG, 8. 9. 1988, 2 Z 136/87).

17.1.4 Einzugsermächtigung

Dem Verwalter kann eine Einzugsermächtigung für das Hausgeld sowie für andere Lasten und Kosten der Verwaltung des gemeinschaftlichen Eigentums erteilt werden, und zwar sowohl durch Gemeinschaftsordnung oder Vereinbarung als auch nach bisher schon herrschender Meinung und jetzt geltender gesetzlicher Regelung gemäß § 21 Abs. 7 WEG durch Mehrheitsbeschluss im Rahmen des Abschlusses des Verwaltungsvertrages (HansOLG Hamburg, 6. 4. 1998, 2 Wx 97/97; OLG Saarbrücken, 10. 10. 1997, 5 W 60/97–23; OLG Hamm, 28. 2. 2000, 15 W 349/99; BayObLG, 28. 6. 2002, 2Z BR 41/02; Vandenhouten in Niedenführ/Kümmel/Vandenhouten § 21 Rn 125; vgl. auch Wenzel, ZWE 2001, 226,236; zur Verpflichtung des Verwalters, rechtzeitig von einer rechtswirksam erteilten Einzugsermächtigung Gebrauch zu machen, vgl. OLG Karlsruhe, 4. 3. 1991, 11 W 181/90).
Die Vereinbarung einer Zusatzvergütung bei Nichtteilnahme am mehrheitlich beschlossenen Lastschriftverfahren kann im Rahmen ordnungsmäßiger Verwaltung jetzt ebenfalls auf gesetzlicher Grundlage gemäß § 21 Abs. 7 WEG ebenfalls mit Mehrheit – aber gesondert – beschlossen werden, darf aber nicht überhöht sein (OLG Hamm, 28. 2. 2000, 15 W 349/99; OLG Düsseldorf, 14. 10. 1998, 3 Wx 169/98, zu einer zulässigen Zusatzvergütung von 5,– DM (= 2,55 Euro) pro Monat, zahlbar von den Eigentümern, die sich nicht am Lastschriftverfahren beteiligen; AG Mainz, 28. 2. 1992, 34 II 1/92).
Einer rechtswirksam erteilten Einzugsermächtigung können sich Wohnungseigentümer nicht entziehen, und zwar auch nicht dadurch, dass sie einen Dauerüberweisungsauftrag in Höhe der auf sie anteilig entfallenden Beträge erteilen (LG Frankfurt, 1. 2. 1983, 2/9 T 1177/82, dort auch zur Zulässigkeit einer solchen Regelung gemäß AGB-Recht, das nach dort vertretener – allerdings unzutreffender –

Auffassung auch auf Teilungserklärungen und Gemeinschaftsordnungen anzuwenden ist; zur AGB-Anwendung vgl. Kap. 4.9 Auslegung von Vereinbarungen).
Grundsätzlich bleibt jedoch auch bei der Erteilung von Einzugsermächtigungen zu berücksichtigen, dass ein Widerspruch gegen die Kontobelastungen aufgrund der erteilten Einzugsermächtigung ohne Einhaltung einer bestimmten Frist bis zur Genehmigung der Belastungen durch den Kontoinhaber zulässig ist (BGH, 6. 6. 2000, XI ZR 258/99, auch zur Ausnahme, wenn eine entsprechende Regelung in den Allgemeinen Geschäftsbedingungen des Kreditinstituts getroffen ist).

17.1.5 Fälligkeit und Verzug

Mit der Beschlussfassung über den Wirtschaftsplan wird üblicherweise auch mit der Festlegung des Zahlungstermins für die Hausgeldvorauszahlungen die Fälligkeit beschlossen, und zwar im Regelfall mit monatlicher Fälligkeit zu einem bestimmten Tag in gleich bleibender Höhe.
Hält ein Eigentümer diese Fälligkeitstermine nicht ein, gerät er gemäß § 286 Abs. 2 Nr. 1 BGB mit dem auf die Fälligkeit folgenden Tag – ohne Mahnung – in Verzug mit der Folge, dass er während des Verzuges gemäß § 288 Abs. 1 BGB Verzugszinsen in Höhe von 5 Prozentpunkten über dem Basiszinssatz zu zahlen hat.
Nach der jetzt geltenden Bestimmung des § 21 Abs. 7 WEG können die Wohnungseigentümer auch höhere als die gesetzlichen Verzugszinsen, sogar „bis zur Grenze der Sittenwidrigkeit“ durch mehrheitliche Beschlussfassung festlegen (vgl. dazu auch Niedenführ in Niedenführ/Kümmel/Vandenhouten § 28 Rn 166).
Der Basiszinssatz ist gemäß § 247 BGB gesetzlich festgelegt und verändert sich jeweils zum 1. Januar und zum 1. Juli eines jeden Jahres. Die Bekanntgabe erfolgt durch die Deutsche Bundesbank (Stand: 1. 7. 2011: 0,37 Prozent).

Erfolgt mlit der Beschlussfassung keine Festsetzung der Fälligkeit, gerät der Wohnungseigentümer spätestens 30 Tage bzw. nach vorher erfolgter Mahnung nach Zugang der „Rechnung" oder durch Zahlungsaufforderung durch den Verwalter in Verzug. Auch für die insoweit erforderlichen Mahnungen können die Wohnungseigentümer gemäß § 21 Abs. 7 WEG eine gesonderte Gebühr beschließen, und zwar zu Lasten des jeweils säumigen Wohnungseigentümers.

Dabei ist es erforderlich, dass dem Wohnungseigentümer die beschlossene Einzelabrechnung bzw. der beschlossene Einzelwirtschaftsplan gemäß § 286 Abs. 3 BGB zugegangen ist, also dem in der Versammlung nicht anwesenden Eigentümer zugesandt wird.

Nach hier vertretener Auffassung ist der Verwalter aber nicht verpflichtet, allen abwesenden Eigentümern die Einzelabrechnung nach Beschlussfassung mit entsprechender Fälligstellung zu übersenden. Vielmehr trifft die Wohnungseigentümer neben der Zahlungspflicht aus § 16 Abs. 2 WEG die Nebenpflicht, alles zu tun, um den Leistungserfolg für die Gemeinschaft herbeizuführen (zur Informationspflicht der Wohnungseigentümer vgl. OLG Hamm, 22. 6. 1998, 15 W 156/98; OLG Frankfurt, 23. 8. 1990, 20 W 165/90; zu weiteren Einzelheiten über Verzugsregelungen vgl. ausführlich Niedenführ in Niedenführ/Kümmel/Vandenhouten § 28 Rn 159 ff.).

Durch Vereinbarung und jetzt auch durch Beschluss gemäß § 21 Abs. 7 WEG kann eine Regelung getroffen werden, wonach bei Zahlungsrückständen wegen nicht gezahlter Hausgeldvorschüsse ab einer bestimmten Höhe der insgesamt für das laufende Wirtschaftsjahr noch zu zahlende Betrag fällig wird. Für eine solche generelle Vorfälligkeitsregelung war nach früherer Auffassung eine Vereinbarung fällig (BGH, 2. 10. 2003, V ZB 34/03).

17.1.6 Wirtschaftsplan greift Abrechnung nicht vor

Hat die Wohnungseigentümerversammlung über den Wirtschaftsplan rechtswirksam mit Mehrheit beschlossen, so greift ein solcher Beschluss nicht der – endgültigen – Jahresabrechnung vor (BayObLG, 18. 4. 1974, 2 Z 8/74).

Wird beispielsweise in einem Wirtschaftsplan ein vom Gesetz, von der Teilungserklärung, von der Gemeinschaftsordnung oder von einem Mehrheitsbeschluss gemäß § 16 Abs. 3 und 4 WEG abweichender und damit gesetzes-, vereinbarungswidriger oder beschlusswidriger – „falscher" – Verteilungsschlüssel für die Umlage bestimmter Kosten mit Mehrheit beschlossen, so wird dieser Beschluss rechtswirksam und bindet alle Wohnungseigentümer, sofern er nicht angefochten und durch das Gericht für ungültig erklärt worden ist.

Ungeachtet dessen kann aber jeder Wohnungseigentümer die Beschlussfassung über die Jahresabrechnung anfechten, wenn dort entsprechend dem mehrheitlich beschlossenen Wirtschaftsplan in gleicher Weise mit dem „falschen" Verteilungsschlüssel abgerechnet worden ist.

Das Gericht wird die Abrechnung für ungültig erklären, obwohl die „falsche" Kostenverteilung dem rechtswirksam beschlossenen Wirtschaftsplan entspricht (BayObLG, a. a. O.).

Die Anfechtung kann im Übrigen auf einzelne, nämlich die „falschen" Positionen beschränkt werden, was zur Begrenzung des Streitwertes und damit der Verfahrenskosten zu empfehlen ist (vgl. zur Anfechtung von Einzelpositionen Kap. 17.3.9 Anfechtung des Abrechnungsbeschlusses).

17.1.7 Liquiditätsumlagen

Reichen im Übrigen die nach dem Wirtschaftsplan zu entrichtenden Hausgeld-Vorauszahlungen der einzelnen Wohnungseigentümer nicht aus oder geraten einige von ihnen mit ihren Zahlungen in Verzug, so dass die laufenden Kosten der Verwaltung aus den Vorschusszahlungen nicht mehr zu decken sind, können die Wohnungseigentümer durch Mehrheit die Erhebung einer zusätzlichen Liquiditätsumlage beschließen, um die Liquiditätsschwierigkeiten zu beseitigen (BayObLG, 23. 3. 1982, 2 Z 31/81; KG Berlin, 12. 8. 1994 24 W 2762/94; vgl. i. Ü. zur Deckung von Fehlbeträgen aus der Jahresabrechnung OLG Karlsruhe, 18. 3. 1977, 3 W 74/76; zur Haftung des Zwangsverwalters für erstmals fällig gestellte Umlagen vgl. KG Berlin, 15. 3. 2000, 24 W 6527/98; vgl. auch Kap. 10.6.5.5 Liquiditätsumlage).

17.1.8 Kreditaufnahme

Aufgrund entsprechender Beschlussfassung der Wohnungseigentümer kann der Verwalter auch ermächtigt werden, zum Ausgleich kurzfristiger Liquiditätsprobleme Kredite in begrenzter Höhe aufzunehmen.
Ein solcher Beschluss entspricht ordnungsmäßiger Verwaltung, wenn sich der Kreditbetrag im Verhältnis zur Summe der Hausgeldzahlungen aller Wohnungseigentümer in einem bestimmten Rahmen hält und der Kredit der Überbrückung eines kurzfristigen Liquiditätsengpasses dient (BayObLG, 30. 6. 2004, 2Z BR 058/04; OLG Hamm, 28. 11. 1991, 15 W 169/91, jeweils zur zulässigen Kreditaufnahme in begrenzter Höhe, nach OLG Hamm Begrenzung auf insgesamt drei monatliche Hausgeld-Gesamtzahlungen; ebenso LG Köln, 26. 8. 2010, 29 S 177/09, auch zum Aufwendungsersatzanspruch des Verwalters bei ungenehmigter Kreditaufnahme; KG Berlin, 6. 3. 1985, 24 W 2695/84, zur grundsätzlichen Billigung von Überziehungskrediten durch Mehrheitsbeschluss bei Liquiditätsmangel; KG Berlin, 28. 1. 1994, 24 W 1145/93, m. w. N., zur Kreditaufnahme für Heizölkauf; KG Berlin, 12. 8. 1994, zur zulässigen Liquiditätsumlage innerhalb oder neben dem Wirtschaftsplan; vgl. auch Kap. 12.2.4.2, Zif 6, zur Kreditfinanzierung von Instandhaltungs- und Instandsetzungsmaßnahmen).

Ohne ermächtigenden oder genehmigenden Beschluss der Wohnungseigentümer ist der Verwalter grundsätzlich nicht zur Aufnahme eines Kredits im Namen der Wohnungseigentümergemeinschaft berechtigt (BGH, 28. 4. 1993, VIII ZR 109/92; OLG Celle, 25. 4. 2006, 3 U 265/05). Deshalb kann er auch keinen Aufwendungsersatz für Kreditverbindlichkeiten verlangen, die ihm durch eine Kreditaufnahme zur Finanzierung erforderlicher Instandhaltungsmaßnahmen am gemeinschaftlichen Eigentum entstanden sind (OLG Celle, 25. 4. 2006, 3 U 265/05; BGH, 18. 2. 2011, V ZR 197/10; Elzer, NZM 2009, 57, 60).

17.1.9 Durchsetzung des Wirtschaftsplanes

Die Wohnungseigentümer sind gemäß § 28 Abs. 2 WEG verpflichtet, nach Abruf durch den Verwalter die nach dem Wirtschaftsplan beschlossenen Vorschüsse zu leisten, die üblicherweise aufgrund entsprechender Beschlussfassung jeweils zu Monatsbeginn fällig gestellt werden.
Der Verwalter seinerseits ist gemäß § 27 Abs. 1 Nr. 4 WEG berechtigt, im Namen aller Wohnungseigentümer die Vorschüsse in Empfang zu nehmen.
Kommen Wohnungseigentümer ihren Zahlungsverpflichtungen nicht nach, ist der Verwalter verpflichtet, die ausstehenden Beträge im Mahnverfahren geltend zu machen und den Zahlungsanspruch gegebenenfalls gerichtlich durchzusetzen.
Zur gerichtlichen Durchsetzung der Zahlungsverpflichtungen ist der Verwalter gemäß § 27 Abs. 3 Nr. 4 WEG als gesetzlicher Vertreter der Wohnungseigentümergemeinschaft jedoch ohne ausdrückliche Ermächtigung durch Vereinbarung oder Beschluss der Wohnungseigentümer gemäß § 27 Abs. 3 Nr. 7 WEG nicht berechtigt. Diese Vollmacht kann allgemein im Verwaltungsvertrag geregelt werden und berechtigt den Verwalter, einen Anwalt zu beauftrage. Die Erteilung eines Anwaltsmandats zur außergerichtlichen Gel-

tendmachung von Hausgeldforderungen bedarf jedoch einer besonderen Ermächtigung durch die Wohnungseigentümer (OLG Düsseldorf, 00. 00. 2000, I-3 Wx 000/00).

Auch Wohnungseigentümer sind grundsätzlich befugt, Hausgeldvorschüsse von Miteigentümern geltend zu machen, vorausgesetzt, dass diese Forderungen aufgrund entsprechender Beschlussfassung – über den Wirtschaftsplan ebenso wie über Jahresabrechnungen oder Liquiditätsumlagen – rechtswirksam festgestellt sind und der betreffende Wohnungseigentümer im Übrigen durch die Wohnungseigentümerversammlung ermächtigt wurde, diese Forderung im Namen der Wohnungseigentümergemeinschaft gerichtlich geltend zu machen

Die Durchsetzung der Zahlungsverpflichtungen von Wohnungseigentümern erfolgt im Mahnverfahren gemäß § 43 Nr. 6 WEG.

Mit der Beschlussfassung über die Jahresabrechnung entfällt nicht die Zahlungsverpflichtung aus einem rechtswirksam beschlossenen Wirtschaftsplan. Vielmehr kann auch nach dem Beschluss über die Jahresabrechnung der Anspruch auf Zahlung des Hausgeldes jedenfalls dann auf den Wirtschaftsplan des gleichen Jahres gestützt werden, wenn die Jahresabrechnung gegenüber dem Wirtschaftsplan einen höheren Saldo ausweist. Nur für den überschießenden Betrag, die so genannte Abrechnungsspitze oder Restforderung, entsteht durch den Beschluss über die Jahresabrechnung ein neuer Schuldgrund (novierender oder novatorischer Beschluss).

Im Übrigen hat der Beschluss über die Jahresabrechnung nur bestätigende Wirkung bezüglich des Wirtschaftsplans (BGH, 23. 9. 1999, V ZB 17/99; 30. 11. 1995, V ZB 16/95; 10.3. 1994, IX ZR 98/93; BayObLG, 21. 10. 1999, 2Z BR 93/99; 29. 4. 1999, 2Z BR 177/98; 28. 6. 2002, 2Z BR 41/02; OLG Köln, 21. 5. 1997, 16 Wx 129/97; OLG Zweibrücken, 8. 12. 1998, 3 W 217/98; 4. 3. 1996, 3 W 250/95).

Vor einer rechtswirksamen Beschlussfassung über die Jahresgesamt- und Einzelabrechnung kann sich ein Wohnungseigentümer der Zahlungsverpflichtung aus dem rechtswirksam beschlossenen Wirtschaftsplan nicht mit der Begründung entziehen, dass die danach verbindlich festgesetzten Zahlungen nach der zu erwartenden Endabrechnung zu einer Überzahlung führen würden.

17.2 Die Jahresabrechnung

Während der Wirtschaftsplan einer Wohnungseigentümergemeinschaft die voraussichtlichen Einnahmen und Ausgaben einer künftigen Rechnungsperiode enthält, weist die für das Kalenderjahr vorzunehmende Abrechnung die tatsächlich getätigten Ausgaben und die tatsächlich zugeflossenen Einnahmen des abgeschlossenen Rechnungszeitraums aus.

17.2.1 Aufstellung der Jahresabrechnung

Die Aufstellung der Jahres-Abrechnung ist gemäß § 28 Abs. 3 WEG Sache des Verwalters. Die Vorlage hat jährlich zu erfolgen. Außerhalb der jährlichen Gesamtabrechnung im Verhältnis gegenüber der Gemeinschaft ist weder der Verwalter noch die Wohnungseigentümergemeinschaft gegenüber ausgeschiedenen Eigentümern zu weiteren Abrechnungen verpflichtet (KG Berlin, 31. 1. 2000, 24 W 7323/98).
Kommt der Verwalter seiner Verpflichtung zur Erstellung und Vorlage der Jahresabrechnung nicht nach, kann dies einen wichtigen Grund darstellen, um ihn mit sofortiger Wirkung abzuberufen (OLG Düsseldorf, 17. 4. 2002, 3 Wx 8/02; vgl. i. Ü. Kap. 15.3.1).
Scheidet ein Verwalter im Laufe oder zum Ende des Kalender- oder des davon abweichend vereinbarten Wirtschafts-

jahres aus und ist das Kalender- oder Wirtschaftsjahr identisch mit dem Abrechnungszeitraum, ist es Aufgabe des neuen Verwalters, die Abrechnung für diesen Zeitraum zu erstellen (BayObLG, 20. 12. 1994, 2Z BR 106/94; OLG Frankfurt, 14.2. 1986, 20 W 261/281/85; HansOLG Hamburg, 18. 11. 1986, 2 W 69/86; OLG Köln, 30. 10. 1985, 16 Wx 88/85; OLG Hamm, 17. 3. 1993, 15 W 260/92).

Etwas anderes gilt nur für den Fall, dass die Vorlage der Jahresabrechnung zum Zeitpunkt der Beendigung des Verwaltungsvertrages bzw. zum Zeitpunkt der Abberufung bereits fällig war.

Die Freistellung von der Verpflichtung zur Erstellung und Vorlage der Jahresabrechnung entbindet den Verwalter allerdings nicht von der Verpflichtung zur ordnungsmäßigen Rechnungslegung (BayObLG, 13. 9. 1993, 2Z BR 66/93; vgl. hierzu auch Kap. 17.3).

Für frühere Abrechnungszeiträume vor Ausscheiden des Verwalters besteht die Abrechnungspflicht des ausgeschiedenen Verwalters im Übrigen uneingeschränkt weiter (OLG Frankfurt, a.a.O.; OLG Hamm, 3. 3. 1975, 15 W 183/73; LG Frankfurt, 8.6. 1987, 8 T 23/87, zur Pflicht des Verwalters, unerledigte Aufgaben abzuwickeln; vgl. auch BayObLG, 3. 3. 1994, 2Z BR 129/93, zur Haftung für zusätzliche Vergütungen an den Nachfolgeverwalter, wenn dieser die lückenhafte oder fehlerhafte Abrechnung des ausgeschiedenen Verwalters nachholen muss).

Kommt der Verwalter seiner Verpflichtung zur Vorlage der Jahresabrechnung nicht nach, kann jeder Wohnungseigentümer gemäß § 21 Abs. 5 Nr. 5 WEG unabhängig von einem Beschluss der Wohnungseigentümerversammlung den Anspruch auf Vorlage der Jahresabrechnung gerichtlich geltend machen.

17.2.2 Zeitraum und Vorlage der Jahresabrechnung

Gemäß § 28 Abs. 3 WEG hat der Verwalter nach Ablauf des Kalenderjahres die Abrechnung zu erstellen, wobei die Vorlage an die Wohnungseigentümerversammlung in angemessener Frist nach Ablauf des Abrechnungszeitraums zu erfolgen hat, im Regelfall spätestens in den ersten drei bis höchstens 6 Monaten des folgenden Jahres (OLG Düsseldorf, 17. 4. 2002, 3 Wx 8/02; zur Vorlage der Jahresabrechnung „in den ersten Monaten eines Jahres" vgl. BayObLG, 15. 3. 1990, 2 Z 18/90; zur verspäteten Vorlage acht Monate nach Ablauf des Abrechnungszeitraums vgl. BayObLG, 9. 2. 1965, 2 Z 276/64; vgl. aber auch OLG Brandenburg, 23. 11. 2001, 5 Wx 15/01, dort zur nicht beanstandeten Abrechnungsverzögerung um elf Monate nach Abschluss des Wirtschaftsjahres wegen Vorlage der Daten für die Heizkostenabrechnung erst sechs Monate nach Abschluss des Wirtschaftsjahres).

Um unnötige Streitigkeiten über den Termin der Erstellung und Vorlage der Jahresabrechnung mit dem Verwalter zu vermeiden, sind klare Regelungen im Verwaltungsvertrag zu empfehlen.

Die Übersendung der Jahresgesamtabrechnung und der Einzelabrechnung für den einzelnen Eigentümer hat gleichzeitig mit der Einladung zur Wohnungseigentümerversammlung zu erfolgen.

Vor der Beschlussfassung in der Wohnungseigentümerversammlung muss der Verwalter den Wohnungseigentümern hinreichend Gelegenheit geben, sämtliche Abrechnungsunterlagen einschließlich der Rechnungsbelege sowie die Einzelabrechnungen aller Wohnungseigentümer einzusehen. Dabei setzt eine ordnungsmäßige Information der Eigentümer voraus, dass auch vor und während der Wohnungseigentümerversammlung für die Eigentümer uneingeschränkt und in zumutbarer Weise Gelegenheit besteht, die Einzelabrechnungen sämtlicher Miteigentümer einzusehen. Der Verwalter muss auf diese Einsichtsmöglichkeit vorab hinweisen (OLG Köln, 11. 12. 2006, 16 Wx 200/06, m. w. N.; a. A. LG Itzehoe, 9. 9. 2008, 11 S 6/08, danach keine Vorlagepflicht für die Einzelabrechnungen vor oder während der Versammlung; LG Itzehoe, 23. 11. 2010, 11 S 55/09; ebenso Merle in Bärmann, § 28 Rn 96; zum Einsichtsrecht vgl. Kap. 17.2.5).

17.2.3 Form und Inhalt der Jahresabrechnung

Die Verpflichtung des Verwalters zur Vorlage der Jahresabrechnung ergibt sich im Falle des entgeltlichen Geschäftsbesorgungsvertrages im Sinne von § 675 BGB aus § 666 BGB und im Übrigen aus § 28 Abs. 3 WEG.

Soweit § 28 Abs. 3 WEG zum Inhalt der Abrechnung keine weiteren Vorgaben enthält, ist ergänzend auf § 259 Abs. 1 BGB zu verweisen, wonach der zur Rechenschaft Verpflichtete (der Verwalter) den Berechtigten (den Wohnungseigentümern) eine die geordnete Zusammenstellung der Einnahmen und Ausgaben enthaltende Rechnung mitzuteilen und, soweit Belege erteilt zu werden pflegen, diese auch vorzulegen hat.

Daher hat die Jahresabrechnung im Sinne von § 28 Abs. 3 WEG nach herrschender Rechtsmeinung eine geordnete und übersichtliche, inhaltlich zutreffende Aufstellung der tatsächlich getätigten Ausgaben und Einnahmen des betreffenden Kalender- oder Wirtschaftsjahres auszuweisen (so u. a. zuletzt OLG Hamm, 3. 5. 2001, 15 W 7/01, m. w. N.; BayObLG, 14. 2. 2001, 2Z BR 131/00; 13. 6. 2000, 2Z BR 175/99; OLG Düsseldorf, 16. 11. 1998, 3 Wx 397/97; AG Neustadt/Weinstraße, 2. 2. 2011, 4 C 17/10).

Soll-Positionen haben in der Jahresabrechnung grundsätzlich keinen Platz (BayObLG, 10. 4. 2002, 2Z BR 70/01).

Die Jahresabrechnung muss aus sich heraus und ohne Hinzuziehung eines Buchprüfers oder sonstigen Sachverständigen verständlich sein (OLG Hamm, 3. 5. 2001, 15 W 7/01).

Sie ist eine reine Einnahmen- und Ausgabenrechnung, in der die tatsächlich angefallenen Beträge im Abrechnungszeitraum gegenüberzustellen sind (so in ständiger Rechtsprechung BayObLG, 23. 4. 1993, 2Z BR 113/92; 27. 1. 1994, 2Z BR 88/93; 10. 3. 1994, 2Z BR 11/94; OLG Hamm, 3. 5. 2001, 15 W 7/01).

Die Jahresabrechnung nach § 28 Abs. 3 WEG ist deshalb keine Bilanz und keine Gewinn- und Verlustrechnung. Forderungen und Verbindlichkeiten sind nicht aufzunehmen (BayObLG, 18. 7. 1989, 2 Z 66/89; 23. 4. 1993, 2Z BR 113/92; 10. 4. 2002, 2Z BR 70/01; OLG Düsseldorf, 16. 11. 1998, 3 Wx 397/97; OLG Hamm, 3. 5. 2001, 15 W 7/01; OLG Zweibrücken, 3. 1. 1998, 3 W 224/98, dort auch zum Erfordernis einer Vereinbarung, wenn nach HGB-Vorschriften abgerechnet werden soll; vgl. abweichend und differenzierend KG Berlin, 24. 5. 1993, 24 W 3698/92, zur Jahresabrechnung als eine „im Ansatz reine Einnahmen- und Ausgabenrechnung"; KG Berlin, 30. 11. 1992, 24 W 6947/91, zur Einnahmen-/Ausgabenrechnung als „Mindestanforderung"; vgl. auch KG Berlin, 28. 1. 1994, 24 W 1145/93, wonach es nicht gegen den Grundsatz ordnungsmäßiger Verwaltung verstößt, auf der Ausgabenseite der Jahresabrechnung auch offene Verbindlichkeiten einzusetzen, die lediglich wegen Nichtbegleichung fälliger Vorschusspflichten entstanden sind; OLG Hamm, 21. 11. 1996, 15 W 107/96; zur Aufnahme von Forderungen und Verbindlichkeiten vgl. Kap. 17.2.3.4).

Die Tatsache, dass es sich um eine reine Einnahmen-/Ausgabenrechnung für den jeweiligen Abrechnungszeitraum handelt, hat zur Folge, dass fällige, aber in dem betreffenden Wirtschaftsjahr noch nicht beglichene Rechnungen auch nicht in den Jahresabschluss für dieses Jahr einzustellen sind (OLG Karslruhe, 10. 9. 1997, 4 W 71/97).

Rechnungsabgrenzungen sind nicht vorzunehmen (OLG Zweibrücken, 3. 11. 1998, 3 W 224/98). Ein Mehrheitsbeschluss, der es gestattet, zumindest bei „wichtigen“ Ausgabepositionen Rechnungsabgrenzungen vorzunehmen, widerspricht ordnungsmäßiger Verwaltung, ist allerdings nicht nichtig, sondern nur anfechtbar (BayObLG, 13. 6. 2000, 2Z BR 175/99).

Eine Ausnahme gilt nach herrschender Rechtsprechung für die Abrechnung der Heiz- und Warmwasserkosten gemäß Heizkosten-Verordnung. Danach dürfen die in dem Abrechnungszeitraum tatsächlich angefallenen Verbrauchskosten auch dann eingestellt werden, wenn sie mit den in diesem Zeitraum geleisteten Zahlungen nicht übereinstimmen (BayObLG, 19. 6. 1991, 2 Z 46/91; 13. 6. 2000, 2Z BR 175/99; OLG Hamm, 3. 5. 2001, 15 W 7/01).

Dagegen darf – entgegen früherer Auffassung – die Instandhaltungsrückstellung nicht mit dem Soll-Betrag als Ausgabe in die Abrechnung aufgenommen werden. Nach der insoweit maßgeblichen Entscheidung des BGH dürfen die tatsächlichen und geschuldeten Zahlungen der Wohnungseigentümer auf die Instandhaltungsrückstellung in der Jahresgesamt- und Einzelabrechnung weder als Ausgabe noch als sonstige Kosten gebucht werden (BGH, 4. 12. 2009, V ZR 44/09; 1. 4. 2011, V ZR 162/10; AG Neustadt/Weinstraße, 2. 2. 2011, 4 C 17/10; AG Hannover, 1. 6. 2010, 484 C 13827/09).

Tatsächlich erfolgte Zahlungen der Wohnungseigentümer auf die Instandhaltungsrücklage sind wie die Vorschüsse auf das Wohn- oder Hausgeld als Einnahme in der Abrechnung auszuweisen. Insoweit sind die tatsächlich geleisteten Beiträge zur Instandhaltungsrückstellung – wenn man der Entscheidung des BGH konsequent folgt – unter den Einnahmen getrennt von den Vorschüssen auf das Wohn- oder Hausgeld (= Betriebs und Verwaltungskosten) auszuweisen (zu den strittigen Auffassungen vgl. u. a. Deckert, ZMR 2010, 729 ff, m. w. N.).

Erforderlich ist nach der Entscheidung des BGH keine gesonderte Abrechnung der Rücklage, wohl aber eine Darstellung der Entwicklung der Instandhaltungsrückstellung, und zwar sowohl die Darstellung der tatsächlich von den Wohnungseigentümern erbrachten Zahlungen, als auch die Darstellung der Beträge, die sie schulden, aber nicht aufgebracht haben (AG Neustadt/Weinstraße, 2. 2. 2011, 4 C 17/10).

Zur Frage der Entnahme von Beiträgen aus der Instandhaltungsrückstellung zwecks Finanzierung von Instandsetzungsmaßnahmen und deren Darstellung in der Jahresabrechnung hat sich der BGH nicht geäußert. Insofern gibt es bisher auch noch kein von Rechtsprechung „abgesegnetes Abrechnungsmuster" (zu den möglichen Darstellungsformen der Einnahmen, der Ausgaben und der Instandhaltungsrückstellung vgl. u. a. Blankenstein, DWE 2010, 84; zur Musterabrechnung siehe Casser/Schultheis, ZMR 2011, 85; zur Ausweisung rücklagenfinanzierter Ausgaben für Instandsetzungsmaßnahmen vgl. LG München I, 18. 8. 2010, 1 S 1874/10).

Im Übrigen sind an die Jahresabrechnung in einer Wohnungseigentümergemeinschaft grundsätzlich die gleichen Anforderungen zu stellen, die auch ein Mieter hinsichtlich der Abrechnung der Nebenkosten an den Vermieter zu stellen berechtigt ist (BGH, 23. 11. 1981, VIII ZR 298/80).

Nach den hierzu vom BGH und der übrigen Rechtsprechung entwickelten Grundsätzen gilt allgemein (vgl. hierzu u. a. BayObLG, 23. 4. 1993, 2Z BR 113/92; KG Berlin, 7. 1. 1985, 24 W 4964/84; 19. 6. 1985, 5557/84):

- der Anspruch auf Zahlung des (restlichen) Hausgeldes wird grundsätzlich erst mit der Beschlussfassung über eine ordnungsmäßig erteilte Abrechnung fällig, die sich an den getroffenen Vereinbarungen und Beschlüssen der Wohnungseigentümer zu orientieren hat;
- die Abrechnung muss den allgemeinen Anforderungen des § 259 BGB entsprechen, also eine geordnete Zusammenstellung der Einnahmen und Ausgaben enthalten.

Unter geordneter Zusammenstellung ist dabei auch eine zweckmäßige Aufgliederung in einzelne Abrechnungsposten zu verstehen;

- die Abrechnung muss den Eigentümer in die Lage versetzen, den fälligen Hausgeldanspruch ohne Hinzuziehung eines Buchprüfers oder eines Sachverständigen nachzuprüfen und die Abrechnung gedanklich und rechnerisch nachzuvollziehen. Eine Abrechnung erfüllt diese Funktion nur, wenn sowohl die Einzelangaben als auch die Abrechnung insgesamt klar, übersichtlich und aus sich heraus verständlich ist. Dabei ist auf das durchschnittliche Verständnisvermögen eines juristisch und betriebswirtschaftlich nicht geschulten Eigentümers abzustellen. Allerdings ist es zumutbar, dass die Prüfung der Abrechnung auch mit einem gewissen Zeit- und Arbeitsaufwand verbunden ist (vgl. BGH, 9. 4. 1986, VII ZR 133/85, zur Überprüfung einer Heizkostenabrechnung; zur Schadensersatzpflicht des Verwalters bei nicht ordnungsgemäßer Buchführung vgl. BayObLG, 30. 7. 1987, 2 Z 78/87; LG Düsseldorf, 27. 8. 1991, 25 T 419/91);
- die Geschäftsvorfälle sind vollständig, fortlaufend und ohne Rückstände zu buchen. Die Buchungen müssen durch lückenlose Belege nachprüfbar sein (OLG Düsseldorf, 16. 2. 1987, 3 Wx 275/86).

Welche Angaben die Abrechnung im konkreten Einzelfall zu enthalten hat und wie die Ausweisung und Gliederung vorzunehmen ist, hängt in erster Linie von den unterschiedlichen Gegebenheiten der jeweiligen Wohnungseigentumsanlage selbst ab.

17.2.3.1 Abrechnung in engerem Sinne als Beschlussgegenstand

Die eigentliche Abrechnung im Sinne des § 28 Abs. 3 WEG als Rechtsgrundlage für die anteilige Lasten- und Kostentragung gemäß § 16 Abs. 2 WEG, über die gemäß § 28

Abs. 5 WEG die Wohnungseigentümer mit Stimmenmehrheit beschließen, hat als Einnahmen und Ausgabenrechnung als Mindestangaben zu enthalten:

- die Zusammenstellung der Gesamtlasten und -kosten gemäß § 16 Abs. 2 WEG, wie sie als Ausgaben der Gemeinschaft im Abrechnungszeitraum tatsächlich gezahlt worden sind;
- die Angabe und Erläuterung der zugrunde liegenden Verteilungsschlüssel;
- die Angabe der Nutzungen gemäß § 16 Abs. 1 WEG, wie sie als Einnahmen der Gemeinschaft tatsächlich zugeflossen sind;
- die Berechnung des Anteils der einzelnen Wohnungseigentümer an den Einnahmen und Ausgaben;
- den Abzug der Vorauszahlungen (Hausgeldvorschüsse);
- den Ausweis der Restforderung bzw. des Guthabens.

17.2.3.2 Vermögensstatus

Auch wenn die Jahresabrechnung weder in handels- noch in steuerrechtlichem Sinne eine Bilanz darstellt, hat der Verwalter neben der nach § 28 Abs. 3 WEG vorgeschriebenen reinen Einnahmen-/Ausgaben-Überschussrechnung hinaus im Rahmen der ihm allgemein nach den Vorschriften der §§ 666, 259 Abs. 1 BGB obliegenden Auskunfts- und Rechenschaftspflicht gleichzeitig mit der Jahresabrechnung – allerdings von der reinen der Beschlussfassung unterliegenden Jahreseinnahmen-/ausgabenrechnung getrennt – einen gesonderten schriftlichen Ausweis des Verwaltungsvermögens im Sinne von § 10 Abs. 8 WEG als notwendigen Bestandteil der Gesamtabrechnung, auch als Vermögensübersicht oder Vermögensstatus bezeichnet, vorzulegen (vgl. auch insoweit schon zur früheren Rechtslage OLG Frankfurt, 14. 2. 1986, 20 W 261/298/85; BayObLG, 10. 3. 1994, 2Z BR 11/94).
Danach sind auszuweisen:

- die Kontenstände der für die Gemeinschaft unterhaltenen Konten bei den jeweiligen Kreditinstituten, und zwar jeweils zum Anfang und zum Ende des Abrechnungsjahres (so ausdrücklich auch BayObLG, 30. 6. 2004, 2Z BR 058/04; OLG Hamm, 3. 5. 2001, 15 W 7/01; OLG Düsseldorf, 3. 12. 2004, I-3 Wx 261/04; AG Neustadt/Weinstraße, 2. 2. 2011, 4 C 17/10);
- die von der Gemeinschaft eingenommenen Gelder,
- Festgelder und Wertpapieranlagen,
- Heizölvorräte;
- die Höhe der gebildeten Instandhaltungsrückstellung (einschließlich der Zinserträge) und eventueller anderer Rückstellungen, einschließlich der Zu- und Abgänge (BayObLG, 30. 6. 2004, 2Z BR 058/04);
- die Höhe der Forderungen der Gemeinschaft gegenüber Wohnungseigentümern und Dritten;
- die Verbindlichkeiten der Wohnungseigentümergemeinschaft gegenüber Wohnungseigentümern oder Dritten;
- sämtliche rechtsgeschäftlich erworbenen Sachen (Immobilienanlagen), Zubehör im Sinne von § 97 BGB (Waschmaschinen, Rasenmäher, Reinigungsgeräte) und Rechte Grundschulden, Hypotheken, beschränkt persönliche Dienstbarkeiten).

Diese Angaben zum Verwaltungsvermögen sind nach den Grundsätzen ordnungsmäßiger Abrechnung im Rahmen ordnungsmäßiger Verwaltung unverzichtbar, auch wenn sie nicht Grundlage und notwendiger Bestandteil der Beschlussfassung über die Jahresabrechnung nach § 28 Abs. 3 WEG sind (BayObLG, 23. 10. 1998, 2Z BR 110/98; vgl. auch OLG Düsseldorf, 16. 11. 1998, 3 Wx 397/97).
Ob eine Beschlussfassung über den Vermögensstatus erforderlich ist, ist bisher nicht eindeutig entschieden (offen gelassen von BGH, 17. 7. 2003, V ZB 11/03). Seine mehrheitliche Billigung als unverzichtbarer Bestandteil Teil der Gesamtabrechnung wird jedoch wird jedoch allgemein als Vo-

raussetzung für die Entlastung des Verwalters angesehen (vgl. zur Entlastung des Verwalters vgl. Kap. 17.2.8; zur Abrechnung vgl. weiter u.a. KG Berlin, 7. 1. 1985, 24 W 4964/84; 13. 4. 1987, 24 W 5174/86; BayObLG, 21. 12. 1989, 1 b Z 38+39/88; 7. 4. 1988, 2 Z 156/87; 3. 3. 1994, 2Z BR 129/93; 10. 3. 1994, 2Z BR 11/94; OLG Frankfurt, 14. 2. 1986, 20 W 261/298/85; sehr weitgehend, insoweit aber zutreffend i. Ü. hinsichtlich der Einzelanforderungen LG Bielefeld, 10. 1. 1984, 3 T 900/83; AG Hamburg, 12. 3. 1990, 102a II 97/89, auch zur Unzulässigkeit saldierter Abrechnungspositionen; vgl. auch AG Düsseldorf, 30.9. 1991, 291 II 54/90).

17.2.3.3 Ergänzung bei Unvollständigkeit

Differenzierend zur Vollständigkeit der Gesamtabrechnung hat das Bayerische Oberste Landesgericht die – pragmatische – Auffassung vertreten, dass beim Fehlen einzelner Bestandteile der Jahres-(Gesamt-)abrechnung der Beschluss über die Abrechnung im Übrigen nicht für ungültig zu erklären ist, aber jeder Wohnungseigentümer eine entsprechende Ergänzung verlangen kann (BayObLG, 18. 7. 1989, 2 Z 66/89; 7. 5. 1992, 2Z BR 26/92; 3. 3. 1994, 2Z BR 129/93; 10. 3. 1994, 2Z BR 11/94; 30. 6. 2004, 2Z BR 058/04; OLG Düsseldorf, 3. 12. 2004, I-3 Wx 261/04, zum notwendigen Nachweis der Kontenbestände zu Beginn und zum Ende des Abrechnungszeitraums).
Der Anspruch auf Ergänzung erstreckt sich allerdings nicht auf die Aufstellung über Forderungen und Verbindlichkeiten der Gemeinschaft, da eine solche Aufstellung nicht zu den wesentlichen Bestandteilen der – zu beschließenden – Jahresabrechnung gehört (BayObLG, 21. 12. 1999, 2Z BR 79/99).
Nach hier vertretener Ansicht kann aber ein solcher Anspruch auf entsprechend gesonderte Ausweisung als „Vermögensstatus" im Rahmen ordnungsmäßiger Verwaltung allein deshalb geltend gemacht werden, weil jeder Eigen-

tümer darüber Kenntnis erhalten muss, welchen Verpflichtungen und welchen Risiken er im Rahmen seiner Haftung gegenüber Dritten für gemeinschaftliche Lasten und Kosten unterliegt.

17.2.3.4 Ausweisung von Forderungen und Verbindlichkeiten

Soweit im Einzelfall Forderungen und Verbindlichkeiten in der Jahresabrechnung selbst ausgewiesen werden, darf ihre Übersichtlichkeit und Nachvollziehbarkeit dadurch keine Beeinträchtigung erfahren.
Im Übrigen muss es sich um realisierbare Forderungen und Verbindlichkeiten handeln (in diesem Sinne für die Zulässigkeit der Aufnahme von Forderungen und Verbindlichkeiten in die Jahresabrechnung KG Berlin, 19. 6. 1985, 24 W 5557/84; 30. 11. 1992, 24 W 6947/91; 28. 1. 1994, 24 W 1145/93, zur Zulässigkeit der Ausweisung offener Verbindlichkeiten, soweit wegen Nichtbegleichung von Hausgeldvorschusspflichten Zahlungsunfähigkeit eingetreten war; OLG Frankfurt, 14. 2. 1986, 20 W 261/298/85; LG Berlin, 18.7. 1986, 191 T 152/85; a. A. und insoweit grundsätzlich gegen die Aufnahme von Forderungen und Verbindlichkeiten in die Jahresabrechnung in ständiger Rechtsprechung BayObLG, 23.5. 1990, 2 Z 44/90; 9. 8. 1990, 2 Z 79/90; 16.7. 1990, 1 b Z 29/89; 10. 4. 2002, 2Z BR 70/01; 10. 7. 1986, 2 Z 41/86, allerdings hinsichtlich des Wirtschaftsplans auch wiederum einschränkend, wonach die Aufnahme von Forderungen davon abhängig sein soll, ob sie eingezogen werden können; OLG Zweibrücken, 3. 11. 1998, 3 W 224/98).

17.2.3.5 Aufnahme zu Unrecht getätigter Ausgaben

Da es sich bei der Jahresabrechnung nach § 28 Abs. 3 WEG um eine reine Einnahmen-Ausgaben-Rechnung handelt, sind auch solche Ausgaben auszuweisen, die der Verwalter zu Lasten des gemeinschaftlichen Vermögens unberechtigterweise und nicht für Zwecke der Gemeinschaft getätigt hat. Dies gilt umso mehr, als durch die Beschlussfassung über die Jahresabrechnung die Rechtsstellung der Gemeinschaft mit Blick auf Regressansprüche gegen den Verwalter nicht beeinträchtigt wird (BGH, 4. 3. 2011, V ZR 156/10; 1. 4. 2011, V ZR 162/10; vgl. auch BayObLG, 12. 1. 2000, 2Z BR 166/99, mit Hinweis auf BGH, 6. 3. 1997, III ZR 248/95; BayObLG, 25. 5. 2001, 2Z BR 133/00; 10. 4. 2002, 2Z BR 70/01; KG Berlin, 26. 9. 2005, 24 W 123/04).

17.2.3.6 Übernahme von Vorjahressalden/-guthaben/ -fehlbeträgen

Eine Übertragung von Vorjahressalden in die laufende Jahresabrechnung ist unzulässig (vgl. BGH, 23. 9. 1999, V ZB 17/99, dort zur unzulässigen Aufnahme von nicht geleisteten Hausgeldvorschüssen in die Jahresabrechnung, vgl. Kap. 10.5.5.3).

17.2.3.7 Aufstellung der Einnahmen und Gesamtausgaben

Zu den in der Jahresabrechnung auszuweisenden Einnahmen zählen neben möglichen Einnahmen aus der Vermietung gemeinschaftlicher Anlagen und Räume in erster Linie Zinserträge aus dem Verwaltungsvermögen, insbesondere aus der Instandhaltungsrückstellung.
Diese Einnahmen sind gesondert auszuweisen und anteilig auf die einzelnen Eigentümer in den Einzelabrechnungen zu verteilen. Diese Einnahmen hat jeder Eigentümer im Rahmen seiner persönlichen Steuererklärung anzugeben, gegebenenfalls unter Berücksichtigung der bereits einbehaltenen Kapitalertragssteuer.
Die Gesamtausgaben sind nach dem Grund und nach der Höhe in einzelnen Positionen auszuweisen.

Eine Zusammenfassung unter der Bezeichnung „Kosten / Ausgaben der allgemeinen Verwaltung" unter Ausweisung eines Gesamtrechnungsbetrages widerspricht den Grundsätzen ordnungsmäßiger Verwaltung. Ein Beschluss über eine solche Abrechnung ist auf Anfechtung hin für ungültig zu erklären.
Hinsichtlich der Gliederung der Einzelpositionen der Ausgaben empfiehlt es sich für die Praxis, insbesondere auch im Hinblick auf die große Zahl vermieteter Eigentumswohnungen, sich an den Bestimmungen der Betriebskostenverordnung zu orientieren (Verordnung über die Aufstellung von Betriebskosten ‚Betriebskostenverordnung – BetrKV' vom 25. 11. 2003, BGBl. I S. 2346; vgl. hierzu Kap. 10.2.2.3, 10.3.4.1, zur Kostenverteilung Betriebskosten).
Ein Zwang zur Anwendung der Betriebskostenverordnung bei der Abrechnung nach § 28 Abs. 3 WEG besteht allerdings nicht (BayObLG, 6.6. 1986, 2 Z 53/85; 10. 7. 1998, 2Z BR 49/98; 5. 8. 1999, 2Z BR 32/99, zum fehlenden Anspruch auf Aufgliederung in umlagefähige und nicht umlagefähige Kosten; BayObLG, 4. 4. 2005, 2Z BR 198/04, zum fehlenden Anspruch auf eine mietrechtlich wirksame Betriebskostenabrechnung; OLG Stuttgart, 31. 10. 1998, 8 W 37/89; ebenso AG Düsseldorf, 30. 9. 1991, 291 II 54/90, dort allerdings ausdrücklich zur entsprechenden Gliederung der Betriebskosten, dort noch zu den früher geltenden Vorschriften der II. Berechnungsverordnung).
Zusätzlich zu den Betriebskosten fallen als Bewirtschaftungskosten an und sind entsprechend umzulegen

- Kosten für die Instandhaltung,
- Kapitalkosten, soweit diese für das gemeinschaftlichen Eigentum anfallen,
- Verwaltungskosten im Sinne von § 16 Abs. 2 und 3 WEG.

Bei vermieteten Eigentumswohnungen können nur die nach der Berechnungsverordnung genannten Betriebskosten bei entsprechender mietvertraglicher Regelung an die

Mieter weiterberechnet werden, nicht dagegen die Kosten für die Instandhaltung und Instandsetzung (zur Aussonderung dieser Kosten bei entsprechender Leistung durch den Hausmeister vgl. BGH, 13. 1. 2010, VIII ZR 137/09), die Kapitalkosten (für gemeinschaftliches Eigentum) und das an den Verwalter zu zahlende Verwaltungsentgelt (vgl. hierzu auch Kap. 15. 4. 10.8).

Auf den Mieter überwälzbar ist dagegen im Rahmen der Betriebskosten die beim Wohnungseigentum von jedem Eigentümer selbst zu entrichtende Grundsteuer, soweit dies jedenfalls mietvertraglich vereinbart worden ist.

Die Verteilung der Betriebskosten kann im Übrigen bei vermieteten Eigentumswohnungen auf der Grundlage des gesetzlichen oder des davon abweichend vereinbarten oder beschlossenen Verteilungsschlüssels erfolgen, wenn der Mietvertrag keine andere Regelung enthält (LG Düsseldorf, 19. 4. 1988, 24 S 411/87; zur Unwirksamkeit einer Vereinbarung im Mietvertrag über die einseitige Abänderbarkeit des Verteilungsschlüssels vgl. aber LG Hamburg, 15. 5. 1997, 307 S 42/97).

So ist auch eine in einem Mietvertrag über eine Eigentumswohnung enthaltene maschinenschriftliche – ausdrücklich hinzugefügte – Sondervereinbarung „die Abrechnung der Hausverwaltung für beide Seiten verbindlich" als Grundlage der Betriebskostenabrechnung wirksam (AG Arnsberg, 5. 8. 1987, 14 C 126/87; vgl. auch AG Frankfurt/Main, 2. 3. 1999, 33 C 3923/98–29, zur zulässigerweise vereinbarten Betriebskostenabrechnung nach Miteigentumsanteilen statt nach Wohnfläche).

Rechtlich problematisch gestaltet sich jedoch eine Änderung des mietvertraglich vereinbarten Verteilungsschlüssels nach der jetzt gemäß § 16 Abs. 3 WEG durch einfachen Mehrheitsbeschluss zulässigen Änderung der Verteilung der Betriebskosten.

Grundsätzlich bleibt es – gerade in dem letztgenannten Fall – jedoch Sache des vermietenden Wohnungseigentümers,

eine eventuell nach den mietvertraglich getroffenen Vereinbarungen erforderliche Umrechnung der ihm nach Änderung der Kostenverteilung in Rechnung gestellten Betriebskosten selbst vorzunehmen. Soweit erforderlich, hat der Verwalter ihm die hierfür notwendigen weiteren Angaben zur Verfügung zu stellen, allerdings unter Berechnung des dafür erbrachten Aufwandes.
Handelt es sich um ein gewerbliches Mietverhältnis, kann im Mietvertrag über das Teileigentum vereinbart werden, dass die Nebenkosten generell entsprechend der vom Verwalter erstellten Jahresabrechnung zu tragen sind (OLG Frankfurt, 1. 11. 1984, 3 U 143/84).

17.2.3.8 Verteilungsschlüssel

Die Jahresabrechnung muss grundsätzlich den jeweils zugrunde gelegten Verteilungsschlüssel enthalten. Dabei genügt es nicht, dass jeweils nur ein bestimmter Prozentsatz oder Bruchteil angegeben wird, vielmehr muss ausgewiesen werden, wie die jeweiligen Quoten insgesamt ermittelt sind.
Wird beispielsweise die Umlage nach Quadratmeter Wohnfläche berechnet, so ist nicht nur die auf die jeweilige Wohnungseinheit entfallende Fläche anzugeben, sondern als Gesamt-Bezugsgröße die Wohnfläche der Gesamtanlage.
Erfolgt die Berechnung nach Kopfzahl, muss die für den Berechnungszeitraum maßgebliche Gesamtkopfzahl angegeben werden, die der Einzelberechnung nach Köpfen zugrunde gelegt wird.
Wird in der Jahresabrechnung ein anderer Verteilungsschlüssel verwendet als der, der nach Gesetz (§ 16 Abs. 2 WEG), nach einer Vereinbarung (§ 10 Abs. 2 Satz 2 WEG) oder nach einem Beschluss (§ 16 Abs. 3 und Abs. 4 WEG, § 21 Abs. 7 WEG) vorgeschrieben ist, ist die mit diesem gesetzes-, vereinbarungs- oder beschlusswidrigem Vertei-

lungsschlüssel mehrheitlich beschlossene Jahresabrechnung nur ungültig, wenn sie nach erfolgter Anfechtung durch rechtskräftiges Urteil für ungültig erklärt ist (§ 23 Abs. 4 WEG).

17.2.3.9 Einzelabrechnung

Neben der Gesamtabrechnung ist grundsätzlich für jedes Sondereigentum (Wohnungs-oder Teileigentum) eine Einzelabrechnung vorzunehmen. Sie muss die anteilige Belastung mit den Lasten und Kosten des gemeinschaftlichen Eigentums gemäß § 16 Abs. 2 WEG bzw. dem abweichend vereinbarten oder beschlossenen Vereilungsschlüssel ausweisen (BayObLG, 6. 3. 1987, 2 Z 26/86; 23. 5. 1990, 2 Z 44/90; 18. 12. 1998, 2Z BR 145/98; OLG Köln, 2. 11. 1989, 16 Wx 116/89)

Sie ist aus der Gesamtabrechnung abzuleiten. Einzelabrechnungen ohne beschlossene Gesamtabrechnung haben keinen Bestand (BayObLG, 3. 3. 1994, 2Z BR 129/93; 23. 6. 1990, 2 Z 44/90).

Salden aus rechtswirksam beschlossenen Vorjahresabrechnungen gehören nicht in die Einzelabrechnung, über die zusammen mit der Jahresabrechnung zu beschließen ist (BGH, 23. 9. 1999, V ZB 17/99; BayObLG, 7. 5. 1992, 2Z BR 25/92; 4. 7. 2002, 2Z BR 139/01; KG Berlin, 15.2. 1993, 24 W 3618/92).

Mit der Beschlussfassung über die Einzelabrechnung wird der Betrag festgestellt, der von dem einzelnen Wohnungseigentümer an die Gemeinschaft zu zahlen ist (vgl. OLG Frankfurt, 14.2. 1986, 20 W 261/298/85; vgl. auch Kap. 17.2.7).

Da der Beschluss über die Abrechnung stets objektbezogen wirkt, haftet im Falle des Eigentümerwechsels der neue, im Grundbuch eingetragene Wohnungseigentümer für die in der Einzelabrechnung ausgewiesenen Forderungen auch dann, wenn als „Adressat“ noch der Voreigentümer angegeben ist (KG Berlin, 18. 11. 1998, 24 W 5437/98, bestätigt durch BGH, 23. 9. 1999, V ZB 17/99).

Zu einer gesonderten Ausweisung der Umsatzsteuer in den Einzelabrechnungen der Wohnungseigentümer kann der Verwalter nur unter der Voraussetzung verpflichtet werden, dass die Wohnungseigentümer auf die Steuerbefreiung ihrer Leistungen an die Wohnungs- und Teileigentümer verzichtet haben.

Die Entscheidung hierüber obliegt der Wohnungseigentümergemeinschaft durch mehrheitliche Beschlussfassung (OLG Hamm, 12. 5. 1992, 15 W 33/92).

Dem einzelnen Eigentümer ist ein entsprechender Anspruch gegenüber der Wohnungseigentümergemeinschaft nur dann zuzubilligen, wenn er die übrigen Eigentümer von den Nachteilen freistellt, die sich aus der Mehrwertsteueroption ergeben (BayObLG, 13. 6. 1996, 2Z BR 28/96).

Vermietet allerdings eine Wohnungseigentümergemeinschaft PKW-Abstellplätze, unterliegt sie der Umsatzsteuerpflicht nach § 4 Nr. 12 Satz 2 UStG, es sei denn, dass sie als Kleinunternehmer im Sinne von § 19 Abs. 1 UStG zu behandeln ist (zu weiteren Einzelheiten vgl. Sauren, WE 1994, 261 ff.).

Zum Nachweises haushaltsnaher Dienstleistungen (§ 35a EStG) im Rahmen der Jahresabrechnung ist der Verwalter nicht verpflichtet (LG Bremen, 19. 5. 2008, 4 T 438/07; LG Düsseldorf, 8. 2. 2008, 19 T 489/07).

17.2.3.10 Vorauszahlungen

Die Abrechnung hat darüber hinaus die Vorauszahlungen der einzelnen Wohnungseigentümer auszuweisen, und zwar sowohl in der Gesamtabrechnung wie auch in der Einzelabrechnung.

Aus dem Differenzbetrag der geleisteten Vorauszahlungen und der auf den einzelnen Eigentümer entfallenden anteili-

gen Lasten und Kosten ergibt sich entweder eine Nachzahlungsverpflichtung oder aber ein Anspruch auf Rückzahlung.
Dabei obliegt es der Beschlussfassung durch die Wohnungseigentümerversammlung, ob zuviel gezahlte Hausgelder ausgezahlt oder mit den Hausgeldvorauszahlungen verrechnet werden.
Als ordnungsmäßiger Verwaltung entsprechend ist auch eine mehrheitliche Beschlussfassung anzusehen, nach der aus den Überschüssen entsprechend dem jeweiligen Verteilungsschlüssel ein Sonderbeitrag zur Instandhaltungsrückstellung abgeführt wird.
Ein solcher Beschluss entspricht im Grundsatz einer mehrheitlich beschließbaren Sonderumlage. Voraussetzung ist allerdings, dass eine solche Umlage wirtschaftlich begründet und gerechtfertigt werden kann (vgl. insoweit auch LG Hamburg, 2. 11. 1973, 10 T 7/73, zur Zuweisung eines angemessenen Betrages zur Instandhaltungsrückstellung bei Beschlussfassung über die Jahresabrechnung; a. A. AG Duisburg, 22. 10. 1998, 11 II 5/96).
Eine der Kapitalansammlung zwecks Liquiditätsvorsorge dienende Umlage kann als ordnungsmäßige Verwaltungsmaßnahme mit Mehrheit beschlossen werden.

17.2.4 Prüfungs- und Kontrollrecht

Nach § 29 Abs. 3 WEG sollen der Wirtschaftsplan, die Abrechnung über den Wirtschaftsplan, Rechnungslegungen und Kostenanschläge vom Verwaltungsbeirat geprüft und mit dessen Stellungnahme versehen werden, bevor über sie die Wohnungseigentümerversammlung beschließt (vgl. hierzu Kap. 16.5.2).
Die Prüfung durch den Verwaltungsbeirat ist jedoch keine Voraussetzung für die wirksame Beschlussfassung der Wohnungseigentümerversammlung über die Jahresabrechnung (KG Berlin, 25. 8. 2003, 24 W 110/02).

Die danach vorgesehene Prüfung der Jahresabrechnung soll sich auf die rechnerische und die sachliche Richtigkeit beziehen (OLG Köln, 27. 6. 2001, 16 Wx 87/01).

17.2.4.1 Rechnerische Richtigkeit

Bei der rechnerischen Prüfung geht es zunächst einmal darum, die Einnahmen und Ausgaben einander gegenüberzustellen und die entsprechenden Fehlbeträge bzw. Überschüsse rechnerisch zu überprüfen.
Der Saldo muss unter Berücksichtigung eventueller Forderungen oder Verbindlichkeiten sowie vorgenommener Zuführungen zur bzw. Entnahmen aus der Instandhaltungsrückstellung und eventuellen anderen Rückstellungen mit den ausgewiesenen Kontoständen übereinstimmen.

17.2.4.2 Sachliche Richtigkeit

Neben dieser rein rechnerischen Überprüfung ist die sachliche Richtigkeit der Abrechnung zu überprüfen.
Dabei geht es zunächst um die Belegprüfung, und zwar um die Vollständigkeit und die richtige Zuordnung. So ist festzustellen, ob für die in der Abrechnung ausgewiesenen Rechnungspositionen auch die entsprechenden Belege richtig zugeordnet sind. Es ist zu prüfen, ob

- die abgerechneten Ausgaben tatsächlich für die Wohnungseigentümergemeinschaft getätigt wurden,
- die Ausgaben in der Höhe den genehmigten Kostenvoranschlägen entsprochen haben,
- die Rechnungsabzüge aufgrund von Skontonachlässen und Mengenrabatten ausgeschöpft wurden und ob
- die jeweiligen Ausgaben auch den richtigen Sachkonten zugeordnet wurden, was insbesondere im Hinblick auf die – eventuell unterschiedlich – anzuwendenden Verteilungsschlüssel von Bedeutung sein kann.

Über die Belegprüfung hinaus ist weiterhin zu prüfen, ob bei den Einzelabrechnungen auch die richtigen Verteilungsschlüssel angewendet worden sind.
Trotz der Beschlussfassung auch über die Einzelabrechnungen bleibt deren Überprüfung jedoch in erster Linie Sache jeweiligen Eigentümer.

17.2.5 Einsichtsrecht

Neben dem Prüfungsrecht und der Prüfungspflicht des Verwaltungsbeirates steht auch jedem einzelnen Wohnungseigentümer das Recht zur Einsichtnahme in sämtliche Abrechnungs- und Verwaltungsunterlagen zu (OLG Hamm, 12. 2. 1998, 15 W 319/97; OLG Karlsruhe, 21. 8. 1969, 3 W 47/69; 21. 4. 1976, 3 W 8/76; KG Berlin, 31. 1. 2000, 24 W 601/99; OLG Frankfurt, 7. 12. 1971, 20 W 155/71; OLG Celle, 25. 6. 1984, 4 W 87/84; BayObLG, 12. 1. 2000, 2Z BR 166/99, zum Recht auf Einsicht in die Buchungsbelege; 13. 6. 2000, 2Z BR 175/99, dort auch zum Anspruch auf Anfertigung von Fotokopien durch den Verwalter gegen Kostenerstattung).
Die Verpflichtung des Verwalters, Einsichtnahme zu gewähren, ergibt sich aus § 28 Abs. 3 WEG, §§ 675, 666 BGB in Verbindung mit § 259 BGB (OLG München, 29. 5. 2006, 34 Wx 027/06).
Die Möglichkeit, in die Jahresgesamt- und Einzelabrechnungen sowie in die Abrechnungsbelege Einsicht zu nehmen, muss der Verwalter den Eigentümern in ausreichendem Maße vor und während der Wohnungseigentümerversammlung einräumen, wobei ihm ein Gestaltungsspielraum zusteht, auf welchem effektiven Wege er dies sicherstellt (OLG Köln, 11. 12. 2006, 16 Wx 200/06, m. w. N.; a. A. LG Itzehoe, 9. 9. 2008, 11 S 6/08, keine Vorlagepflicht der Einzelabrechnungen in der Versammlung, wegen abweichender Auffassung Revision zugelassen, aber nicht eingelegt; ebenso Merle in Bärmann § 28 Rn 96: vgl. auch Kap. 17.2.2).

Das Recht der Einsichtnahme in die Einzelabrechnungen aller Miteigentümer dient auch der Prüfung, ob die Miteigentümer ihren Zahlungsverpflichtungen nachgekommen sind und der Verwalter die rechtzeitigen Zahlungen ausreichend überwacht hat.

Das Einsichtsrecht steht jedem einzelnen Wohnungseigentümer auch dann noch zu, und zwar ohne Nachweis eines besonderen rechtlichen Interesses, wenn die Wohnungseigentümerversammlung über die Jahresabrechnung und die Entlastung des Verwalters bereits beschlossen hat (OLG Karlsruhe, 21. 4. 1976, 3 W 8/76; BayObLG, 27. 7. 1978, 2 Z 83/77; 10. 4. 2002, 2Z BR 70/01; 4. 7. 2002, 2Z BR 139/01; KG Berlin, 31. 1. 2000, 24 W 601/99, dort auch bejahend zum Einsichtsrecht des ausgeschiedenen Eigentümers; einschränkend – früher – hinsichtlich des Auskunftsanspruchs aber OLG Celle, 13. 6. 1984, 4 W 89/84, wonach ein einzelner Eigentümer Auskunft dann nicht mehr verlangen kann, wenn die Wohnungseigentümergemeinschaft dem Verwalter hinsichtlich der vorgelegten Jahresabrechnung bereits Entlastung erteilt hat; soweit darüber hinaus grundsätzlich eine weitergehende Auskunftspflicht besteht, braucht der Verwalter die insoweit geschuldete Auskunft jedoch nicht in der Form einer neuen „geordneten Einnahmen- und Ausgabenrechnung“ abzugeben).

Das Einsichtsrecht erstreckt sich im Übrigen auch auf die Einsichtnahme in die Wohnungsgrundbücher der Miteigentümer (OLG Düsseldorf, 15. 10. 1986, 3 Wx 340/87).

Die Vorschriften des Datenschutzgesetzes stehen dem Einsichtsrecht nicht entgegen (LG Essen, 17. 1. 1985, 7 T 180/84; KG Berlin, 31. 1. 2000, 24 W 601/99).

Unzulässig ist eine Beschränkung des Einsichtsrechts durch entsprechende Regelungen im Verwaltungsvertrag, auch nicht auf den Kreis der Mitglieder des Verwaltungsbeirates (OLG Hamm, 29. 10. 1987, 15 W 200/87; Merle in Bärmann, § 28 Rn 98).

Das Einsichtsrecht beinhaltet nicht den Anspruch auf Aus-

händigung der Abrechnungs- und Verwaltungsunterlagen im Original. Wohl aber hat jeder Wohnungseigentümer das Recht, für sich selbst Abschriften zu fertigen oder sich Kopien durch das Büro des Verwalters anfertigen lassen, dies allerdings unter vorheriger konkreter Bezeichnung der Unterlagen sowie im Rahmen der üblichen Bürozeiten und – selbstverständlich – gegen Kostenerstattung (BGH, 11. 2. 2011, V ZR 66/10; 15. 7. 2011, V ZR 21/11, zum Einsichtsrecht im Büro des Verwalters und zur Herausgabe von Originalunterlagen an einen Eigentümer; vgl. zum Ganzen auch: OLG München, 29. 5. 2006, 34 Wx 027/06; OLG Hamm, 9. 2. 1998, 15 W 124/97; OLG Karlsruhe, 21. 4. 1976, 3 W 8/76; BayObLG, 26. 7. 1988, 1 b Z 16/88; KG Berlin, 31. 1. 2000, 24 W 601/99; OLG Celle, 25. 6. 1984, 4 W 87/84, auch zum Anspruch auf Anfertigung von Kopien; insoweit auch LG Essen, 17. 1. 1985, 7 T 180/84, auch zur zulässigen Kostenerstattung von 1,– DM (= 0,51 Euro) je angefertigter Kopie; ebenso zur Erstattung von 0,50 Euro pro DIN A 4 – Kopie BayObLG, 19. 12. 2002, 2Z BR 104/02; zur Erstattung in Höhe von 1,– DM (= 0,51 Euro) zuzüglich MWSt. auch AG Köln, 29. 7. 1988, 204 II 202/87; AG Berlin-Tiergarten, 20. 1. 1988, 70 II 22/87, zur Rücksichtnahme auf Bürobelange des Verwalters).
Seine Grenzen findet das Recht auf Anfertigung von Kopien grundsätzlich im Schikane- und Missbrauchsverbot gemäß §§ 226, 242 BGB (OLG München, 29. 5. 2006, 34 Wx 027/06).
Verweigert der Verwalter die Einsichtnahme in die Unterlagen, kann dies einen wichtigen Grund zu seiner Abberufung darstellen (BayObLG, 9. 8. 1990, 1 b Z 25/89).
Wegen der nach der Veräußerung bestehenden nachwirkenden Rechte und Pflichten (z. B. Haftung für rückständige Hausgeldvorschüsse und Zahlungspflichten nach § 10 Abs. 8 Satz 1, 1. Halbsatz WEG) steht auch dem ausgeschiedenen Wohnungseigentümer das Recht auf Einsicht in die Abrechnungs- und Verwaltungsunterlagen zu. Ein beson-

deres Rechtsschutzinteresse braucht der alte Eigentümer hierzu nicht nachzuweisen (KG Berlin, 31. 1. 2000, 24 W 601/99).

17.2.6 Prüfungsort

Die Vorlage, die Einsichtnahme und die Prüfung der Abrechnungsunterlagen erfolgt in der Regel am Sitz bzw. im Büro der Verwaltung im Rahmen der üblichen Bürozeiten, sofern nicht etwas anderes ausdrücklich vereinbart worden ist (OLG Karlsruhe, 21. 4. 1976, 3 W 8/76; BayObLG, 17. 7. 1972, 2 Z 16/72; KG Berlin, 31. 1. 2000, 24 W 601/99; OLG Köln, 28. 2. 2001, 16 Wx 10/01; OLG München, 29. 5. 2006, 34 Wx 027/06; AG Berlin-Tiergarten, 20. 1. 1988, 70 II 22/87, dort konkret zur Rücksichtnahme auf die Bürobelange des Verwalters, ebenso auch OLG München, a. a. O.).
Anders ist es aber in den Fällen, wo es sich um eine überörtlich arbeitende Verwaltungsfirma handelt. In diesem Fall ist nicht der Sitz der Verwaltungsgesellschaft, sondern der Ort der Wohnanlage maßgeblich für die Vorlage der Abrechnungsunterlagen (OLG Karlsruhe, 21. 8. 1969, 3 W 47/69; OLG Köln, 28. 2. 2001, 16 Wx 10/01, zur Einsichtnahme am Ort der Anlage bei einer Entfernung zum Sitz der Verwaltung von 700 Kilometern).
Der Wohnungseigentümer, der Einsicht in die Abrechnungsunterlagen nehmen will, muss die Unterlagen konkret und hinreichend bezeichnen, damit sie ohne nennenswerten Vorbereitungsaufwand und ohne Störung des Betriebsablaufs vom Verwalter bereit gehalten werden können (OLG Hamm, 12. 2. 1998, 15 W 319/97; OLG München, 29. 5. 2006, 34 Wx 027/06).

17.2.7 Beschlussfassung

Soweit in der Teilungserklärung oder der Gemeinschaftsordnung nicht etwas anderes ausdrücklich vereinbart ist, entscheiden die Wohnungseigentümer in der Eigentümerversammlung gemäß § 28 Abs. 5 WEG mit Stimmenmehrheit über die Jahresabrechnung (vgl. zur modifizierten, jedoch nicht vollständigen Abdingbarkeit des § 28 Abs. 5 WEG LG Berlin, 8. 8. 1984, 191 T 40/83; zur Genehmigungsfiktion siehe unten).

Ob die Beschlussfassung über die Jahresabrechnung durch Vereinbarung auf den Verwaltungsbeirat übertragen werden kann, ist strittig (verneinend BayOLG, 14. 4. 1988, 2 Z 3/88; LG Berlin, 24. 7. 1985, 191 T 30/85).

Ein Mehrheitsbeschluss ist als gesetzesändernder Mehrheitsbeschluss nichtig.

Für zulässig wird es jedoch erachtet, dass die Jahresabrechnung unter der Bedingung genehmigt wird, dass die Beanstandungen des Beirates geklärt werden (BayObLG, 7. 4. 1988, 2 Z 156/87; ebenso Drasdo, Verwaltungsbeirat, S. 82, m. abl. Anm. auf die gegenteilige Auffassung des LG Berlin, 24. 7. 1985, 191 T 30/85).

Die Beschlussfassung hat nach herrschender Meinung sowohl über die Gesamt- wie auch über die Einzelabrechnung zu erfolgen (zum Anspruch auf Ergänzung der Einzelabrechnung, wenn Einnahmen und Ausgaben aus der beschlossenen Jahresgesamtabrechnung nicht eingestellt sind vgl. KG Berlin, 27. 6. 1997, 24 W 2353/96).

Ohne entsprechende Beschlussfassung auch über die Einzelabrechnungen können Forderungen aus der Jahres(Gesamt-)abrechnung nach herrschender Meinung nicht rechtswirksam geltend gemacht werden (BayObLG, 8. 3. 1989, 2 Z 30/88; zuletzt noch 23. 5. 1990, 2 Z 44/90; 19. 7. 1990, 2 Z 71/90; 7. 8. 2001, 2Z BR 63/01; 28. 6. 2002, 2Z BR 41/02; 1. 8. 2002, 2Z BR 132/01; OLG Frankfurt, 18. 11. 1996, 20 W 534/95).

Liegen lediglich Einzelabrechnungen über Nebenkosten vor, entfaltet ein Beschluss über die „Jahresabrechnung" keine Rechtswirkung und kommt als Grundlage für einen Anspruch auf Zahlung nicht in Betracht (OLG Düsseldorf, 3. 8. 2007, I-3 Wx 84/07).

Gegenüber der herrschenden Meinung wird andererseits – insoweit auch zutreffend – die Auffassung vertreten, dass es einer ausdrücklichen Genehmigung auch der Einzelabrechnungen dann nicht bedarf, wenn sämtliche notwendigen Abrechnungsgrundlagen bereits in der Jahresgesamtabrechnung enthalten sind (BayObLG, 11. 3. 1998, 2Z BR 7/98, zum Beschluss über eine Sonderumlage, zu der die anteilmäßige Verpflichtung ohne weiteres von jedem Eigentümer selbst berechnet werden kann; KG Berlin, 24. 1. 1990, 24 W 1408/89; OLG Zweibrücken, 30. 10. 1989, 3 W 199/88; vgl. hierzu auch BayObLG, 27. 7. 1989, 2 Z 54/89, wonach ein Eigentümerbeschluss über die Jahresgesamtabrechnung nicht allein deshalb für ungültig zu erklären ist, weil nicht zugleich über die Einzelabrechnungen beschlossen wurde; insoweit besteht aber ein Anspruch auf entsprechende Ergänzung, so BayObLG, 18. 7. 1989, 2 Z 66/89).

Der Eigentümerbeschluss über die Jahresabrechnung bewirkt eine rechtsgeschäftliche Verrechnung der festgestellten Zahlungspflicht mit den in den Einzelabrechnungen der jeweiligen Miteigentümer ausgewiesenen Hausgeldvorauszahlungen (OLG Hamm, 15. 11. 1999, 15 W 323/99, auch zur unzulässigen anderweitigen Abrechnung im Falle eines Eigentümerwechsels zu Lasten des neuen Eigentümers).

Weist die Jahresabrechnung Fehlbeträge aus, sind diese nach dem gesetzlichen oder dem davon abweichend vereinbarten Verteilungsschlüssel auf alle Eigentümer umzulegen.

Die sich daraus ergebende Nachzahlungsverpflichtung wird mit der Beschlussfassung verbindlich (zur Geltendmachung von rückständigen Hausgeldbeiträgen bzw. Vorschüssen vgl. Kap. 17.1.4).

Weist die Jahresabrechnung Überschüsse aus, entscheiden die Wohnungseigentümer durch Mehrheitsbeschluss, ob diese ausgezahlt oder mit den Vorauszahlungen für folgende Abrechnungszeiträume verrechnet werden. Eine Zuführung der Überschüsse in das Verwaltungsvermögen bzw. in die Instandhaltungsrückstellung hält sich unter Berücksichtigung des anzuwendenden Verteilungsschlüssels im Rahmen ordnungsmäßiger Verwaltung, sofern diese eine angemessene Höhe noch nicht erreicht hat (LG Hamburg, 2. 11. 1973, 10 T 7/73, zur Zuweisung eines angemessenen Betrages in die Instandhaltungsrückstellung bei Beschlussfassung über die Jahresabrechnung).
Auch über die Verwendung eventueller Erträge aus Vermietung oder Verpachtung des gemeinschaftlichen Eigentums sowie der sonstigen Erträge wird im Rahmen der Jahresabrechnung durch einfachen Mehrheitsbeschluss entschieden, wenn nicht eine anderslautende Vereinbarung entgegensteht.
Die Jahresabrechnung wird mit der Beschlussfassung verbindlich und löst die Zahlungsverpflichtung jedes einzelnen Wohnungseigentümers aus, nicht erst die Unanfechtbarkeit des Eigentümerbeschlusses (BayObLG, 30. 4. 1986, 2 Z 72/85; 10. 3. 1994, 2Z BR 143/93; zur notwendigen Beschlussfassung über die Gesamt- und Einzelabrechnungen als Voraussetzung zur Geltendmachung von Forderungen aus der Jahresabrechnung vgl. auch BayObLG, 1. 8. 2002, 2Z BR 132/01, dort auch zumVerzicht auf die Ausweisung der individuellen Hausgeldschuld, wenn diese unschwer zu errechnen ist; OLG Karlsruhe, 18. 3. 1977, 3 W 74/76).
Selbst ein angefochtener Beschluss über die Jahresabrechnung bleibt bis zu seiner eventuellen Ungültigerklärung durch rechtskräftiges Urteil wirksame Grundlage für die Zahlungsverpflichtung (BayObLG, 4. 5. 1988, 2 Z 33/88; 8. 9. 1988, 2 Z 136/87; 10. 3. 1994, 2Z BR 143/93; 21.7. 1994, 2Z BR 21/94).

Der Mehrheitsbeschluss über die Jahresabrechnung bindet auch die in der Abstimmung unterlegenen Wohnungseigentümer und unterwirft auch sie der sich aus dem Beschluss ergebenden Zahlungsverpflichtung.
Bei einer BGB-Gesellschaft sind alle im Grundbuch eingetragenen Gesellschafter an den Genehmigungsbeschluss gebunden. Sie haften insoweit als Gesamtschuldner (OLG Hamm, 4. 1. 1989, 15 W 416/88, dort auch für den Fall der Übertragung der Mitgliedschaft).
Die Ordnungsmäßigkeit der Beschlussfassung über die Jahresabrechnung und die sich daraus ergebende Zahlungspflicht wird nicht dadurch in Frage gestellt, dass sie einen einzelnen Wohnungseigentümer über dessen konkrete finanzielle Leistungsfähigkeit hinaus belastet (BayObLG, 10. 4. 2002, 2Z BR 70/01).
Forderungen auf Rückstände aus der Jahresabrechnung verjähren nach jetzt geltendem Recht nach Ablauf von drei Jahren (vgl. zur Verjährung auch Gaier, NZM 2003, 90).

17.2.8 Entlastung des Verwalters

Nach herrschender Meinung steht ein Beschluss zur Entlastung des Verwalters nicht grundsätzlich in Widerspruch zu einer ordnungsmäßigen Verwaltung. Kommen allerdings Ansprüche gegen den Verwalter erkennbar in Betracht, ist eine Entlastung ausnahmsweise nur dann gerechtfertigt, wenn aus besonderen Gründen Anlass besteht, auf die hiernach möglichen Ansprüche zu verzichten (BGH, 17. 7. 2003, V ZB 11/03; 23. 9. 2003, V ZB 40/03; 4. 12. 2009, V ZR 44/09; OLG München, 19. 9. 2005, 34 Wx 76/05).
Ordnungsmäßiger Verwaltung widerspricht eine Entlastung u. a. dann, wenn der Verwalter eine fehlerhafte Jahresabrechnung und auch keine Vermögensübersichten vorgelegt oder versäumt hat, der Jahresabrechnung eine Übersicht über die Konten der Wohnungseigentümergemeinschaft beizufügen (BGH, 4. 12. 2009, V ZR 44/09; 17. 7.

2003, V ZB 11/03; OLG Düsseldorf, 3. 12. 2004, I-3 Wx 261/04; OLG München, 1. 4. 2011, 32 Wx 1/11).
Im Regelfall kann über die Entlastung des Verwalters gleichzeitig mit der Genehmigung der Jahresabrechnung beschlossen werden, wobei allerdings fraglich ist, ob mit der Genehmigung der Jahresabrechnung zugleich stillschweigend eine Entlastung des Verwalters erklärt werden kann (OLG Düsseldorf, 3. 12. 2004, I-3 Wx 261/04).
Solange aber eine vollständige Jahresabrechnung nicht vorliegt oder fehlerhaft ist und einer Änderung bedarf, widerspricht die Entlastung ordnungsmäßiger Verwaltung (OLG München, 19. 9. 2006, 34 Wx 76/05, zur Entlastung für Teilbereiche der Abrechnung; BGH, 4. 12. 2009, V ZR 44/09, zur fehlerhaften Abrechnung).
Die „Entlastung des Verwalters“ braucht nicht als gesonderter Tagesordnungspunkt in die Einladung zur Wohnungseigentümerversammlung aufgenommen zu werden (OLG Zweibrücken, 1. 10. 1984, 3 W 84/84; BayObLG, 23. 9. 1988, 2 Z 97/87; 2.4. 1992, 2 Z 10/92; 10. 11. 1994, 2Z BR 102/94; zu den Voraussetzungen und zur Rechtswirkung der Entlastung vgl. auch BayObLG, 13. 4. 1984, 2 Z 19/83; zum Stimmrecht bei der Beschlussfassung über die Entlastung vgl. auch Kap. 14.2.6).
Wird über die Entlastung des Verwalters gesondert beschlossen, betrifft der Entlastungsbeschluss die gesamte Verwaltungstätigkeit und nicht nur einzelne Bereiche (BayObLG, 31. 1. 2000, 2Z BR 136/99). Die Wohnungseigentümer billigen mit dem Beschluss über die Entlastung die Amtsführung für den jeweiligen Zeitraum und bestätigen damit, dass die Tätigkeit des Verwalters den gesetzlichen Bestimmungen, der Gemeinschaftsordnung und seinen vertraglichen Pflichten entsprochen hat. Da der Entlastungsbeschluss typischerweise in der Annahme gefasst wird, dass Ansprüche gegen den Verwalter nicht bestehen, zielt er nicht auf die Wirkung eines negativen Schuldanerkenntnisses. Diese Wirkungen sind vielmehr Folge der ge-

schilderten Vertrauensbekundung (BGH, 17. 7. 2003, V ZB 11/03).

Soweit in der Regel auf den Kenntnisstand aller Wohnungseigentümer abgestellt wird, soll dies jedoch dann nicht gelten, wenn einem bestellten Verwaltungsbeirat die Kontrollfunktion über das Verwalterhandeln übertragen worden ist. In einem solchen Fall müssen sich die Wohnungseigentümer das Wissen des Verwaltungsbeirates zurechnen lassen (OLG Köln, 9. 7. 2001, 16 Wx 134/01; vgl. auch OLG Düsseldorf, 30. 10. 2001, 3 Wx 92/00).

Die Entlastung des Verwalters führt dazu, dass die Wohnungseigentümer im Umfang der Entlastung keine Schadensersatzansprüche mehr geltend machen können, soweit Geschäftsvorgänge betroffen sind, die im Zusammenhang mit der Abrechnung bekannt waren oder bei entsprechender Aufmerksamkeit und zumutbarer Sorgfalt hätten erkannt werden können (BGH, 6. 3. 1997, III ZR 248/95; BayObLG, 13. 3. 2003, 2Z BR 08/02; 12. 1. 00, 2Z BR 166/99; 17. 1. 2000, 2Z BR 99/99; 25. 3. 1999, 2Z BR 105/98; 30. 8. 1989, 2 Z 40/89; 3. 11. 1987, 2 Z 5/87; zum Umfang der Entlastung bei Genehmigung der Jahresabrechnung vgl. auch OLG Celle, 31. 1. 1983, 4 W 191/82).

Kommen Schadensersatzansprüche in Betracht, widerspricht die Entlastung regelmäßig ordnungsmäßiger Verwaltung. Der Entlastungsbeschluss ist auf Anfechtung hin für ungültig zu erklären (BayObLG, 17. 1. 2000, 2Z BR 99/99, zur Ungültigerklärung wegen unterlassener Überwachungs- und Prüfungspflichten; 25. 3. 1999, 2Z BR 105/98; zum Streitwert bei der Anfechtung eines Entlastungsbeschlusses vgl. BGH, 31. 3. 2011, V ZB 236/10).

Nach erteilter Entlastung wird der Verwalter in aller Regel nicht mehr als verpflichtet angesehen, Auskunft über die von ihm geführten Geschäfte zu erteilen, soweit sie den Zeitraum betreffen, für den ihm Entlastung erteilt worden ist (KG Berlin, 12. 9. 1988, 24 W 5887/87; 25. 2. 1998, 24 W 8414/97).

Grundsätzlich gilt aber, dass die Entlastung des Verwalters und die Billigung der Jahresabrechnung, auch bei einheitlicher Abstimmung, rechtlich zwei Beschlüsse mit verschiedenen Gegenständen darstellen, die auch unabhängig voneinander angefochten werden können (BayObLG, 7. 7. 1988, 2 Z 82/87).
Ob im Verwaltungsvertrag ein Anspruch des Verwalters begründet werden kann, erscheint zweifelhaft. Allerdings wird eine insoweit mehrheitlich beschlossene Regelung nicht nichtig, jedoch als ordnungsmäßiger Verwaltung widersprechend anfechtbar sein (für die Zulässigkeit einer entsprechenden Regelung vgl. jedoch Niedenführ, NZM 2003, 305). In einer Vereinbarung kann dagegen der Anspruch auf Entlastung rechtswirksam vereinbart werden (Niedenführ, NZM 2003, 305).

17.2.9 Anfechtung des Abrechnungsbeschlusses

Die Anfechtung der Jahresabrechnung muss gemäß § 46Abs. 1 Satz 2 WEG innerhalb Monatsfrist erfolgen.
Sie kann sich auf die Gesamtabrechnung, jedoch auch auf einzelne selbständige Rechnungspositionen sowohl auf der Einnahmen- wie auch auf der Ausgabenseite beschränken (BayObLG, 7. 3. 2002, 2Z BR 77/01; 15. 6. 2000, 2Z BR 1/00; 30. 3. 1993, 2Z BR 11/93; 23. 9. 1988, 2 Z 79/87; 9. 6. 1988, 2 Z 40/88, auch zur entsprechenden Anfechtung beim Wirtschaftsplan; zum Erfordernis der konkreten Bezeichnung der beanstandeten Positionen der Abrechnung vgl. OLG Köln, 2. 2. 1996, 16 Wx 166/95; zur Teilungültigerklärung des Beschlusses über die Jahresabrechnung g vgl. OLG Düsseldorf, 20. 4. 2007, I-3 Wx 127/06).
Auch der – notwendige – Beschluss über die Einzelabrechnung (insgesamt und einzelne Positionen) unterliegt der Anfechtung (BayObLG, 15. 6. 2000, 2Z BR 1/00; 23. 10. 1998, 2Z BR 110/98).
Eine Beschränkung der Anfechtung auf einen unselbstän-

digen Teil einer Einzelposition in der Einzelabrechnung eines Eigentümers, der auch nicht gesondert beschlossen worden ist, ist dagegen nicht möglich (BayObLG, 20. 10. 1988, 3 Z 91/88, auch zur Festsetzung des Geschäftswertes bei Anfechtung von Einzelpositionen).

Wird lediglich eine gegen das Gesetz (§ 16 Abs. 2 WEG), die Gemeinschaftsordnung (§ 10 Abs. 2 Satz 2 WEG) oder einen Beschluss (§§ 16 Abs. 3 und 4, 21 Abs. 7 WEG) verstoßende Änderung des Verteilungsschlüssels angefochten, berührt das die Wirksamkeit des Beschlusses über die Festlegung der Gesamtkosten nicht (KG Berlin, 25. 2. 1998, 24 W 3608/97).

Im Übrigen ist auch eine gesetzes-, vereinbarungs- oder beschlusswidrige Jahresabrechnung dann gültig, wenn sie nicht nach erfolgter Anfechtung durch rechtskräftiges Urteil für ungültig erklärt wird (BGH, 20. 9. 2000, V ZB 58/00).

Ein solcher gesetzes-, vereinbarungs- oder beschlusswidriger Mehrheitsbeschluss ist nicht nichtig, sondern nur anfechtbar ist. Er ändert den zugrunde liegenden Verteilungsschlüssel nicht grundsätzlich, ändert also nicht die gesetzliche, vereinbarte oder mehrheitlich beschlossene Verteilungsregelung als solche.

Insofern sind auch jahrelang unangefochten gebliebene Mehrheitsbeschlüsse über vereinbarungswidrige Abrechnungen nicht für die Zukunft bindend. Vielmehr besteht hier jederzeit die Möglichkeit, im „Wiederholungsfall" den Wirtschaftsplan oder die Jahresabrechnung anzufechten (BayObLG, 7. 11. 1985, 2 Z 83/85; vgl. hierzu auch Kap. 10.3.2.2 Änderung der Kostenverteilung im Rahmen der Jahresabrechnung).

Einem Verwalter, der wissentlich eine gesetzes-, vereinbarungs- oder beschlusswidrige Jahresabrechnung vorlegt und damit schuldhaft zu einer Beschlussanfechtung beiträgt, können gemäß § 49 Abs. 2 WEG die Prozesskosten auferlegt werden (vgl. dazu auch Kap. 14.7).

Grundsätzlich ist der Verwalter verpflichtet, die Abrechnung ordnungsmäßig nach den gesetzlichen Bestimmungen, den Regelungen der Teilungserklärung und gemäß Rechtsprechung zu erstellen und die Eigentümer andernfalls auf gesetzes- oder vereinbarungswidrige – frühere – Abrechnungen hinzuweisen.
Weisen die Eigentümer den Verwalter dennoch an, rechtswidrig und damit anfechtbar abzurechnen, soll der Verwalter nach Literaturmeinung nur dann weisungsverpflichtet sein, wenn die Eigentümer ihn gleichzeitig von eventuellen Regressansprüchen im Falle der Anfechtung freistellen (so Gottschalg, Die Haftung von Verwalter und Beirat, Rn 161).

17.2.10 Fiktive Genehmigung der Jahresabrechnung

Teilungserklärungen, Gemeinschaftsordnungen und auch Verwaltungsverträge enthalten vielfach Regelungen, wonach auch ohne Beschlussfassung eine Jahresabrechnung dann rechtswirksam sein soll, wenn ihr nicht innerhalb einer bestimmten Frist nach Absendung durch einen oder mehrere Eigentümer schriftlich widersprochen wird.
Ob eine solche Genehmigungsfiktion wirksam ist, ist umstritten.
Wegen der Abdingbarkeit der Vorschrift des § 28 Abs. 5 WEG wird einerseits die Auffassung vertreten, dass eine solche Genehmigungsfiktion in der Teilungserklärung bzw. in der Gemeinschaftsordnung grundsätzlich zulässig ist (BayObLG, 13. 11. 1978, 2 Z 92/77; OLG Hamm, 29. 6. 1981, 15 W 169/80; OLG Frankfurt, 27. 9. 1985, 20 W 426/84; KG Berlin, 20. 4. 1988, 24 W 4316/87; wohl auch BGH, 20. 12. 1990, V ZB 8/90, wonach die gemäß § 23 Abs. 3 WEG für eine gültige Beschlussfassung genügende schriftliche Zustimmung zu einer Beschlussvorlage im Interesse der Verwaltungsvereinfachung durch eine unwiderlegliche Zugangs- und Zustimmungsvermutung ersetzt werden kann, zur Genehmigungsfiktion jedoch nicht in der Sache ent-

schieden; zustimmend zur Genehmigungsfiktion Staudinger/Bub § 28 Rn 62).
Nach gegenteiliger Auffassung hält eine solche Regelung der nach § 242 BGB vorzunehmenden Inhaltskontrolle, der auch die Regelungen in der Teilungserklärung und der Gemeinschaftsordnung unterliegen, nicht stand.
Danach erfolgt durch die fiktive Genehmigung eine nicht mehr vertretbare Aushöhlung der Rechte der Wohnungseigentümer auf Mitwirkung an der Verwaltung des gemeinschaftlichen Eigentums und auf gerichtliche Kontrolle der Verwaltertätigkeit.
Auch unter dem Gesichtspunkt des Minderheitenschutzes ist danach eine solche Regelung nicht mit § 242 BGB vereinbar (BayObLG, 23. 9. 1988, 2 Z 97/87, m. w. N.; offengelassen von BayOBLG, 7. 4. 1988, 2 Z 156/87; zur Unwirksamkeit einer solchen Regelung KG Berlin, Vorlbeschl. v. 4. 7. 1990, 24 W 1434/90, wegen Abweichung von OLG Frankfurt, 27. 9. 1985, 20 W 426/84; vom BGH in dieser Frage nicht entschieden, BGH, 20. 12. 1990, V ZB 8/90; ablehnend zur Genehmigungsfiktion Müller Rn 284, 285).
Im Übrigen bleibt zu berücksichtigen, dass eine Genehmigungsfiktion eine Umgehung der unabdingbaren Vorschrift des § 23 Abs. 3 WEG darstellt, wonach Beschlüsse außerhalb der Wohnungseigentümerversammlung nur dann gültig sind, wenn alle Wohnungseigentümer schriftlich ihre Zustimmung erklärt haben. Die rechtswidrige Umgehung dieser Vorschrift führt daher nach hier vertretener Auffassung zur Nichtigkeit einer solchen Regelung (a. A. BGH, a. a. O.).
Übereinstimmung besteht aber in der Auffassung, dass eine Genehmigungsfiktion eine Beschlussfassung nicht ausschließt und die Rechtswirkung der Fiktion dann jedenfalls nicht eintritt, wenn mit der Übersendung der Jahresabrechnung gleichzeitig zu einer Wohnungseigentümerversammlung eingeladen wird, auf deren Tagesordnung die Be-

schlussfassung über die Jahresabrechnung steht (BayObLG, 7. 11. 1990, 2 Z 116/90; KG Berlin, 24. 4. 1991, 24 W 6358/90; 6. 9. 1993, 24 W 4142/92; vgl. auch BGH, 20. 12. 1990, V ZB 8/90, zum „neuen“ Beschluss über eine fiktiv genehmigte Jahresabrechnung; differenzierend jedoch OLG Frankfurt, a. a. O., wonach die fiktive Genehmigung an die Stelle der Beschlussfassung tritt und ein dennoch gefasster Mehrheitsbeschluss wegen Verstoßes gegen die Teilungserklärung unwirksam ist).

Unwirksam ist grundsätzlich eine (nur) im Verwaltungsvertrag und damit eine (nur) mehrheitlich beschlossene Genehmigungsfiktion (LG Berlin, 29. 7. 1994, 85 T 8/94; LG Stuttgart, 15. 5. 1998, 10 T 859/97; AG Dortmund, 18. 2. 1998, 138 II 98/97 WEG).

Zulässig und wirksam ist dagegen eine Genehmigung der Abrechnung unter der aufschiebenden Bedingung, dass sie vom Verwaltungsbeirat gebilligt wird. Versagt der Beirat die Zustimmung, gilt die Abrechnung als nicht beschlossen (BayObLG, 14. 8. 1996, 2Z BR 77/96; zur unwirksam aufschiebenden Bedingung der Richtigkeit der Abrechnung vgl. BayObLG, 27. 4. 1989, 2 Z 28/89).

17.3 Rechnungslegung

Innerhalb des laufenden Kalender- oder Wirtschaftsjahres kann die Wohnungseigentümerversammlung jederzeit aufgrund entsprechenden Mehrheitsbeschlusses vom Verwalter Rechnungslegung verlangen, und zwar unabhängig von der Aufstellung der Jahresabrechnung (OLG Celle, 13. 6. 1984, 4 W 89/84; BayObLG, 26.7. 1988, 1 b Z 16/88).

Diese Verpflichtung besteht jedoch aufgrund eines Mehrheitsbeschlusses nur gegenüber der Gemeinschaft, nicht gegenüber einem einzelnen Wohnungseigentümer (BayObLG, 21. 12. 1999, 2Z BR 79/99).

Im Rahmen dieser Rechnungslegung ist der Verwalter zur Erstellung einer Gesamtabrechnung (Darlegung aller Einnahmen und Ausgaben) für den geforderten Zeitraum verpflichtet. Dagegen ist er nicht verpflichtet, auch Einzelabrechnungen vorzunehmen (KG Berlin, 9. 12. 1980, 1 W 4193/80). Außer der Abrechnung mit den entsprechenden Belegen hat der Verwalter eine Aufstellung der noch bestehenden Forderungen, der Verbindlichkeiten und der Kontostände vorzulegen (OLG München, 20. 7. 2007, 32 Wx 093/07).
Scheidet der Verwalter vorzeitig aus oder wird er vorzeitig abberufen, ist er zur außerordentlichen Rechnungslegung verpflichtet, jedoch beschränkt sich diese Rechnungslegung auf das laufende Kalender- oder Wirtschaftsjahr bis zum Zeitpunkt seines Ausscheidens (KG Berlin, 13. 11. 1987, 24 W 5670/86; zur Rechnungslegungspflicht nach Beendigung der Verwaltertätigkeit vgl. auch BayObLG, 3. 2. 2000, 2Z BR 123/99; zur Vorlage der Jahresabrechnung bei Verwalterwechsel vgl. Kap. 17.2).

17.4 Nichtvorlage von Wirtschaftsplan, Jahresabrechnung und Rechnungslegung

Kommt der Verwalter seiner Verpflichtung zur Vorlage des Wirtschaftsplanes, der Jahresabrechnung oder der Aufforderung zur Rechnungslegung nicht nach, berechtigt dies die Wohnungseigentümer im Regelfall, ihn vorzeitig aus wichtigem Grund abzuberufen und gleichzeitig den Verwaltungsvertrag fristlos zu kündigen.
Dies gilt auch bei mangelhaftem bzw. unvollständigem Nachweis der Abrechnungsunterlagen (vgl. hierzu auch Kap. 15.3.1).
Kommt in einem solchen Fall ein entsprechender Mehrheitsbeschluss über eine Abberufung nicht zustande, kann auch der einzelne Wohnungseigentümer im Verfahren der

freiwilligen Gerichtsbarkeit nach §§ 21 Abs. 4, 43 Abs. 1 WEG die Abberufung des Verwalters wegen pflichtwidrigen Verhaltens verlangen.
Damit wird gleichzeitig die Voraussetzung geschaffen, gemäß § 26 Abs. 3 WEG einen neuen Verwalter durch das Gericht bestellen zu lassen (vgl. dazu Kap. 15.2.3).

18. Regelung der WEG-Streitigkeiten im ZPO-Verfahren

Durch die Überführung der WEG-Streitigkeiten aus dem bisherigen FGG- Verfahren in das Verfahren nach den Vorschriften der Zivilprozessordnung (ZPO) gelten ab 1. Juli 2007 die Vorschriften der ZPO unter Beachtung der Regelungen der §§ 44–50 WEG und Übergangsvorschriften nach § 62 WEG.
Soweit noch in „Altverfahren" Anträge geändert oder erweitert wurden, sind die FGG-Vorschriften anzuwenden, wenn die Identität des ursprünglichen Verfahrens nicht berührt wird. Andernfalls kommen die neuen Vorschriften nach ZPO zur Anwendung (vgl. zu den übergangsrechtlichen Problemen Bergerhoff, NZM 2007, 553).

18.1 Zuständigkeit

Eingangsinstanz ist gemäß § 43 WEG das Amtsgericht, in dessen Bezirk die Wohnungseigentumsanlage liegt. Bei diesem Gericht liegt die ausschließliche örtliche und sachliche Zuständigkeit. Es ist zuständig für

1. Streitigkeiten über die sich aus der Gemeinschaft der Wohnungseigentümer und aus der Verwaltung des gemeinschaftlichen Eigentums ergebenden Rechte und Pflichten der Wohnungseigentümer untereinander

Hierunter fallen alle Streitigkeiten über die Rechte und Pflichten der Wohnungseigentümer untereinander, die sich aus dem Gemeinschaftsverhältnis gemäß §§ 10 bis 19 und aus der Verwaltung des gemeinschaftlichen Eigentums gemäß §§ 20 bis 29 ergeben.

Bei diesen Streitigkeiten handelt es sich danach um Rechte und Pflichten, die sich aus der Teilungserklärung bzw. aus der Gemeinschaftsordnung ergeben, im Übrigen aber auch um Pflichten und Rechte zum Gebrauch des Sonder- und des Gemeinschaftseigentums und nicht zuletzt um die Rechte, die jeder einzelne Wohnungseigentümer im Rahmen seines Anspruchs auf ordnungsmäßige Verwaltung geltend machen kann.

Dazu zählen

- die Aufstellung einer Hausordnung,
- die ordnungsmäßige Instandhaltung und Instandsetzung des gemeinschaftlichen Eigentums,
- der Abschluss von Versicherungen für das gemeinschaftliche Eigentum und
- die Bildung einer angemessenen Instandhaltungsrückstellung.

Hinzuweisen ist auf das Recht der Minderheit auf Einberufung der Wohnungseigentümerversammlung und Beschlussfassung in der Versammlung. Schließlich fallen hierunter auch Streitigkeiten über bauliche Veränderungen und sich daraus ergebende Beseitigungsansprüche.

Streitigkeiten über die Zuordnung und Abgrenzung von Sonder- und Gemeinschaftseigentum, also über die sachenrechtlichen Grundlagen, fallen nicht unter § 43 Nr. 1 WEG, sie gehören vor das allgemeine Zivilgericht (vgl. Klein in Bärmann, § 43 Rn 55 ff.).

2. Streitigkeiten über die Rechte und Pflichten zwischen der Gemeinschaft der Wohnungseigentümer und Wohnungseigentümern

Hierunter fallen Ansprüche der teilrechtsfähigen Gemeinschaft gegen Wohnungseigentümer, beispielsweise auf Zahlung von Hausgeldern oder Sonderumlagen. Auch Ansprüche der Gemeinschaft gegen ausgeschiedene Wohnungseigentümer fallen unter § 43 Nr. 2 WEG. Auch Beseitigungs- oder Unterlassungsansprüche gegen einzelne Wohnungseigentümer können gemäß § 43 Nr. 2 WEG von der teilrechtsfähigen Gemeinschaft geltend gemacht werden, sofern diese Ansprüche durch mehrheitliche Beschlussfassung zu einer gemeinschaftlichen Angelegenheit gemacht wurden (OLG München, 32 Wx 077/05; so auch Wenzel, NZM 2006, 321 (323).

Die Geltendmachung der gemeinschaftlichen Ansprüche erfolgt gemäß § 27 Abs. 3 Satz 1 Nr. 7 WEG durch den Verwalter als gesetzlichen Vertreter, sofern er hierzu durch entsprechenden Beschluss bzw. durch entsprechende Regelung im Verwaltungsvertrag ermächtigt ist. Bei der Klage des Verbandes gegen Mitglieder der Wohnungseigentümergemeinschaft genügt die Bezeichnung „Wohnungseigentümergemeinschaft", gefolgt von einer das Grundstück näher bezeichnenden postalischen oder katastermäßigen Bezeichnung (BGH, 28. 1. 2011, V ZR 145/10).

3. Streitigkeiten über die Rechte und Pflichten des Verwalters bei der Verwaltung des gemeinschaftlichen Eigentums

Hierunter fallen alle Streitigkeiten, die sich insbesondere aus der Nichterfüllung oder nur ungenügenden Erfüllung der Pflichten des Verwalters nach §§ 27, 28 WEG ergeben.

Diese Ansprüche kann jeder einzelne Wohnungseigentümer im Rahmen seines Anspruchs auf ordnungsmäßige Verwaltung gemäß § 21 Abs. 4 WEG geltend machen, ohne dass es dazu einer Ermächtigung durch die Miteigentümer bedarf.

Hierbei geht es unter anderem um die Geltendmachung von Ansprüchen auf Abrechnung, Rechnungslegung, Einsicht in Verwaltungsunterlagen (z. B. Beschluss-Sammlung) und Herausgabeansprüche.

Ebenso kann der Verwalter von jedem einzelnen Wohnungseigentümer gerichtlich dann in Anspruch genommen werden, wenn es um die Geltendmachung von Schadensersatzansprüchen geht, die nur dem einzelnen Wohnungseigentümer zustehen (BGH, 2. 10. 1991, V ZB 9/91, zum Schadensersatz wegen der einem Wohnungseigentümer entstandenen Verfahrenskosten aufgrund unrichtiger Auskünfte durch den Verwalter).

Klagebefugt ist der einzelne Eigentümer, wenn es um allein ihm zustehende Individualansprüche geht.

Geht es dagegen um die Geltendmachung gemeinschaftlicher Ansprüche durch einen einzelnen Wohnungseigentümer, bedarf es hierzu einer entsprechenden Bevollmächtigung durch mehrheitliche Beschlussfassung in der Wohnungseigentümerversammlung (BGH, 15. 12. 1988, V ZB 9/88, zum gemeinschaftlichen Anspruch gegen den Verwalter; KG Berlin, 19. 4. 2000, 24 W 1184/00, zum Anspruch gegen den Verwalter auf Wiederherstellung von ihm unterbrochener Elektroleitungen; BGH, 20. 4. 1990, V ZB 1/90, zur Geltendmachung von Zahlungsansprüchen durch einen einzelnen Wohnungseigentümer nur nach vorangegangener Ermächtigung durch die Miteigentümer; BGH, 11. 12. 1992, V ZR 118/91, zur notwendigen Bevollmächtigung zur Geltendmachung eines Schadensersatzanspruches der Gemeinschaft gegenüber einem Dritten; BGH, 6. 3. 1997, III ZR 248/95, zum Herausgabeanspruch gemeinschaftlicher Gelder gegen den Verwalter; BGH, 19. 12. 1991, V ZB 27/90, zum Beseitigungsanspruch des einzelnen Eigentümers gegen einen Miteigentümer auch ohne vorherige Bevollmächtigung der Wohnungseigentümerversammlung;

vgl. auch HansOLG Hamburg, 20. 7. 1993, 2 Wx 74/91, zum Begehren eines Wohnungseigentümers gegenüber den übrigen Miteigentümern, gegen einen Verwalter vorzugehen, ohne dass sich vorher die Wohnungseigentümerversammlung mit diesem Verlangen auseinandergesetzt hat).

Von der Beschlussfassung über die Erteilung der Klagebefugnis kann der zu bevollmächtigende Wohnungseigentümer nicht ausgeschlossen werden (KG Berlin, 22. 12. 1993, 24 W 875/93).

Ebenso wie die Wohnungseigentümer die Rechte und Pflichten des Verwalters gerichtlich feststellen lassen können, kann auch der Verwalter Ansprüche gegen die Wohnungseigentümer geltend machen, und zwar nicht nur auf Zahlung der vereinbarten Verwaltervergütung, sondern beispielsweise auch auf Feststellung der Pflichten der Wohnungseigentümer nach der Hausordnung (OLG Hamm, 15. 12. 1969, 15 W 322/69).

4. Streitigkeiten über die Gültigkeit von Beschlüssen der Wohnungseigentümer

Neben der Beschlussanfechtung fallen unter Streitigkeiten in diesem Sinne auch Klagen auf Beschlussfeststellung, und zwar auf Feststellung der Nichtigkeit oder auch der Gültigkeit eines Beschlusses hinsichtlich seines Inhaltes (vgl. ausführlich hierzu Niedenführ in Niedenführ/Kümmel/Vandenhouten § 43 Rn 73 ff.). Beklagte im Beschlussanfechtungsverfahren sind die „übrigen“ Wohnungseigentümer (BGH, 28. 1. 2011, V ZR 145/10).

Da im Falle der Beschlussanfechtung die im Verfahren unterlegenen Wohnungseigentümer die vollen Kosten des Verfahrens tragen, ist bei Teilanfechtungen, insbesondere bei der Anfechtung der Beschlussfassung über die Jahresabrechnung zur Vermeidung eines unnötigen Kostenrisikos zu prüfen, ob die gesamte Abrechnung oder nur einzelne Positionen der Abrechnung angefochten werden soll LG Berlin, 18. 9. 2009, 85 S 17/09).

5. Klagen Dritter, die sich gegen die Gemeinschaft oder gegen Wohnungseigentümer richten und sich auf das gemeinschaftliche beziehen Eigentum

Um Klagen Dritter handelt es sich immer, wenn es um Ansprüche von Nicht-Wohnungseigentümern, beispielsweise Handwerks- oder Dienstleistungsunternehmen geht. Ebenso fallen hierunter auch Streitigkeiten zwischen Wohnungseigentümern und der Wohnungseigentümergemeinschaft, wenn beispielsweise gemeinschaftliches Eigentum an einzelne Wohnungseigentümer vermietet ist (so auch Niedenführ in Niedenführ/Kümmel/Vandenhouten § 43 Rn 97).

Hierbei ist zu beachten, dass bei Klagen Dritter gegen die Gemeinschaft das Landgericht als erstinstanzlich dann zuständig ist, wenn der Wert des Streitgegenstandes den Betrag von 5000 Euro übersteigt. Berufungsgericht ist in diesem Fall das Oberlandesgericht.

6. Mahnverfahren, wenn die Gemeinschaft der Wohnungseigentümer Antragstellerin ist

Bei den hier genannten Mahnverfahren geht es um Ansprüche der Gemeinschaft gegen die Wohnungseigentümer auf Zahlung von Hausgeldern oder Umlagen sowie um Schadensersatzansprüche der Gemeinschaft gegen den Verwalter.

Die hier von § 689 Abs. 2 ZPO abweichende Zuständigkeitsregelung stellt darauf ab, dass die Gemeinschaft der Wohnungseigentümer keinen „Sitz“ im Sinne des § 17 Abs. 1 Satz 1 ZPO hat, so dass für die Bestimmung des zuständigen Mahngerichts gemäß § 689 Abs. 2 Satz 1 ZPO i. V. m. § 17 Abs. 1 Satz 2 ZPO auf den Ort abgestellt werden müsste, an dem die Verwaltung der Anlage geführt ist, also auf den Sitz des Verwalters.

Zu berücksichtigen bleibt allerdings, ob die Landesregierungen von der Ermächtigung nach § 689 Abs. 3 ZPO Gebrauch gemacht haben, durch Rechtsverordnung die Mahnverfahren einem Amtsgericht für die Bezirke mehrerer Amtsgerichte zugewiesen haben. So ist beispielsweise das AG Hagen zuständiges Mahngericht für alle Wohnungseigentumsanlagen im Amtsgerichtsbezirk Düsseldorf; soweit ersichtlich, haben neben Nordrhein-Westfalen auch die Länder Baden-Württemberg, Bayern, Berlin, Hessen, Niedersachsen, Rheinland-Pfalz, Sachsen-Anhalt und Schleswig-Holstein durch Rechtsverordnung zentrale Mahngerichte eingerichtet.

Berufungs- und Revisionsverfahren

Gegen die erstinstanzlichen Entscheidungen kann Berufung beim zuständigen Landgericht eingelegt werden, wenn der Wert des Beschwerdegegenstandes (Berufungssumme) den Betrag von 600 Euro überschreitet. Unabhängig von der Berufungssumme kann das Erstinstanzgericht die Berufung durch Urteil zulassen.

Berufungs- und Beschwerdegericht ist das für den Sitz des Oberlandesgerichts zuständige Landgericht, und zwar für den Bezirk, in dem das Amtsgericht seinen Sitz hat (§ 72 Abs. 2 Satz 1 GVG). Mit dieser von der ursprünglichen Fassung abweichenden Regelung ist sichergestellt, dass jeweils nur ein Landgericht zuständig ist (so für München mit zwei Landgerichten) bzw. auch für den Fall eine klare Zuständigkeit gegeben ist, wenn es am Sitz des Oberlandesgerichts kein Landgericht gibt (so LG Dortmund für den OLG-Bezirk Hamm, weil es am OLG-Sitz Hamm kein Landgericht gibt).

Gegen die Entscheidung des Landgerichts kann gemäß § 543 ZPO durch das Berufungsgericht die Revision beim BGH zugelassen werden. Gegen die Nichtzulassung der Revision durch das Berufungsgericht kann gemäß § 544 ZPO die Nichtzulassungsbeschwerde eingelegt werden. Hierfür ist jedoch zur Vermeidung einer Überlastung des BGH bei Streitigkeiten gemäß § 43 Nrn. 1 bis 4 WEG eine Übergangszeit von fünf Jahren (bis 1. 7. 2012) einge-

räumt, in der Nichtzulassungsbeschwerden ausgeschlossen sind.
Für das erstinstanzliche Verfahren vor dem Amtsgericht ist keine anwaltliche Vertretung vorgeschrieben, grundsätzlich jedoch zu empfehlen. In der Berufung gegen die erstinstanzlichen Entscheidungen ist jedoch die Vertretung durch einen Rechtsanwalt erforderlich.

18.2 Bezeichnung der Wohnungseigentümer in der Klageschrift und Eigentümerliste

Gemäß § 44 WEG Abs. 1 Satz 1 WEG genügt bei Klagen durch oder gegen alle Wohnungseigentümer mit Ausnahme des Gegners (Aktivprozess) für die nähere Bezeichnung in der Klageschrift die bestimmte Angabe des gemeinschaftlichen Grundstücks, und zwar nach der postalischen Anschrift oder der entsprechenden Eintragung im Grundbuch (BGH, 28. 1. 2011, V ZR 145/10; LG München I. 27. 4. 2009, 1 S 20171/08, Angabe der Flurnummer des Grundstücks und die Anschrift der Anlage). Soweit die Vorschrift des § 44 Abs. 1 Satz 2 WEG den Zeitpunkt verlängert, bis zu dem die ladungsfähigen Anschriften zu bezeichnen sind, werden dadurch aber nicht die Anforderungen gemildert, die an die Bezeichnung zu stellen sind (BGH, 4. 3. 2011, V ZR 190/10).
Sind die Wohnungseigentümer Beklagte (Passivprozess), sind in der Klageschrift gemäß § 44 Abs. 1 Satz 2 WEG außerdem der Verwalter und der gemäß § 45 Abs. 2 Satz 2 WEG bestellte Ersatzzustellungsvertreter zu bezeichnen.
Die namentliche Bezeichnung der Wohnungseigentümer muss gemäß § 44 Abs. 1 Satz 3 WEG spätestens bis zum Schluss der mündlichen Verhandlung erfolgen. Das bedeutet, dass die Eigentümerliste nicht bereits der Klageschrift beigefügt werden muss, sondern innerhalb der genannten Frist nachzureichen ist. Dies gilt sowohl für die Aktiv- wie

auch für die Passivprozesse. Die Notwendigkeit der Beifügung einer Eigentümerliste ergibt sich daraus, dass eine spätere Zwangsvollstreckung durchgeführt werden kann.
Werden die Namen und die ladungsfähigen Anschriften der übrigen Wohnungseigentümer bis zum Schluss der mündlichen Verhandlung vor dem Amtsgericht nicht nachgereicht, ist die Klage als unzulässig abzuweisen (BGH, 20. 5. 2011, V ZR 99/10; 8. 7. 2011, V ZR 34/11). Die fehlende Angabe einer ladungsfähigen Anschrift kann aber im Berufungsrechtszug nachgeholt werden. Damit wird der Mangel der Zulässigkeit der Klage geheilt (BGH, 20. 5. 2011, V ZR 99/10; 8. 7. 2011, V ZR 34/11, Nachreichung einer aktuellen Eigentümerliste; LG München I, 9. 5. 2011, 1 S 22360/10, Nachreichung einer korrigierten Eigentümerliste; LG Frankfurt/Oder, 30. 4. 2010, 6a S 138/09, auch allgemein zur Klageerhebung).
Die Nachreichung einer aktuellen Eigentümerliste erst im Berufungsrechtzug stellt keine Klageänderung in Form eines Parteiwechsels dar. Auch ein in der Liste versehentlich nicht aufgeführter Wohnungseigentümer bleibt gleichwohl Partei (BGH, 8. 7. 2011, V ZR 34/11).
Sind an dem Rechtsstreit nicht alle Wohnungseigentümer beteiligt, beispielsweise im Falle der Geltendmachung eines Unterlassungsanspruchs durch einen einzelnen Eigentümer gegenüber dem störenden Eigentümer, sind die übrigen Wohnungseigentümer von dem Kläger namentlich zu bezeichnen, wobei auch hier die namentliche Bezeichnung spätestens bis zum Schluss der mündlichen Verhandlung zu erfolgen hat.
Auf die namentliche Bezeichnung der übrigen Wohnungseigentümer kann verzichtet werden, wenn das Gericht von ihrer Beiladung gemäß § 48 Abs. 1 Satz 1 WEG absieht. Unterbleibt die namentliche Bezeichnung bzw. wird sie grundlos verweigert, wird die Klage als unzulässig abgewiesen.
Ob bei einer Klage gegen alle Wohnungseigentümer die

teilrechtsfähige Wohnungseigentümergemeinschaft (Verband) oder die Wohnungseigentümer in ihrer Gesamtheit verklagt werden sollen, ist durch Auslegung zu ermitteln. Sollen die Wohnungseigentümer als Gesamtschuldner in Anspruch genommen werden, kommt eine Auslegung, dass die teilrechtsfähige Wohnungseigentümergemeinschaft (Verband) Beklagte sein soll, nicht Betracht (OLG Düsseldorf, 26. 3. 2009, I-5 U 63/08).

18.3 Zustellungsvertreter und Ersatzzustellungsvertreter

Der Verwalter ist im gerichtlichen Verfahren nach § 43 WEG gemäß § 45 Abs. 1 WEG Zustellungsvertreter der Wohnungseigentümer, wenn diese Beklagte oder gemäß § 48 Abs. 1 Satz 1 WEG beizuladen sind. Dies betrifft sowohl die Zustellung an den Verwalter als Zustellungsvertreter der teilrechtsfähigen Wohnungseigentümergemeinschaft (§ 27 Abs. 3 Satz 1 Nr. 1 WEG) als auch die Zustellung an den Verwalter als Vertreter der Wohnungseigentümer, sofern die Zustellung ausnahmslos an alle Wohnungseigentümer gerichtete ist (§ 27 Abs. 2 Nr. 1 WEG).
Der Verwalter ist als Zustellungsvertreter jedoch ausgeschlossen, wenn er als Gegner der Wohnungseigentümer (§ 43 Nr. 3 WEG) an dem Verfahren beteiligt ist oder aufgrund des Streitgegenstandes die Gefahr besteht, der Verwalter werde die Wohnungseigentümer nicht sachgerecht unterrichten.
Letzteres könnte der Fall sein, wenn die Wohnungseigentümer oder die Wohnungseigentümergemeinschaft von Dritten verklagt werden und zwischen dem Dritten und dem Verwalter wirtschaftliche oder personelle Verflechtungen bestehen. Auch im Falle der Anfechtung des Beschlusses über die Entlastung des Verwalters ist von einem Interessenkonflikt auszugehen, der einer sachgerechten Information entgegensteht (zum Ausschluss des Verwalters als

Zustellungsbevollmächtigter nach altem Recht vgl. zuletzt OLG München, 31. 10. 2007, 34 Wx 060/07).
Für diese Fälle, in denen der Verwalter als Zustellungsvertreter ausgeschlossen ist, haben die Wohnungseigentümer gemäß § 45 Abs. 2 WEG durch mehrheitliche Beschlussfassung einen Ersatzzustellungsvertreter sowie für diesen zusätzlich einen Vertreter zu bestellen. Dies hat unabhängig von einem anhängigen Rechtsstreit zu geschehen.
Die Bestellung ist nicht auf eine Person aus der Wohnungseigentümergemeinschaft beschränkt, so dass jede dritte natürliche oder juristische Person als Zustellungsvertreter bestellt werden kann.
Dem Zustellungsvertreter obliegen die gleichen Aufgaben und Befugnisse wie dem Verwalter in dieser Funktion, sofern das Gericht die Zustellung an ihn anordnet.
Dass bedeutet, dass ihn insbesondere die Verpflichtung trifft, die Wohnungseigentümer unverzüglich über Zustellungen in anhängigen Rechtsstreitigkeiten in geeigneter Weise zu unterrichten. Wegen der damit verbundenen organisatorischen Schwierigkeiten werden diese Pflichten in der Regel nicht einem Wohnungseigentümer zu übertragen sein, sondern zweckmäßigerweise einem leistungsfähigen Rechtsanwalt.
Zumutbar ist diese Aufgabe aber nur dann, wenn dem Ersatzzustellungsvertreter ein angemessener Vorschuss gezahlt (AG Dormund, 26. 10. 2008, 512 C 39/08). Die dadurch entstehenden Aufwendungen sind gemäß § 670 BGB von allen Wohnungseigentümern als Kosten der Verwaltung zu tragen, so unter anderem auch sämtliche Kosten für die Information aller Wohnungseigentümer über ein anhängendes Verfahren (LG München I, 30. 11. 2009, 36 S 17253/09; vgl. auch BGH, 14. 5. 2009, V ZB 172/08, wonach es sich bei den Kosten der internen Kommunikation über einen anhängigen Rechtsstreit nicht um erstattungsfähige Verfahrenskosten handelt).
Haben die Wohnungseigentümer keinen Ersatzzustellungs-

vertreter bestellt oder kann die Zustellung aus anderen Gründen nicht ausgeführt werden, kann das Gericht gemäß § 45 Abs. 3 WEG von sich aus einen Ersatzzustellungsvertreter benennen. Gegen diese Bestellung findet die sofortige Beschwerde nicht statt LG Nürnberg-Fürth, 6. 4. 2009, 14 T 2512/09; LG Berlin, 15. 8. 2008, 85 T 103/08).
Lehnt ein gerichtlich bestellter Ersatzzustellungsvertreter seine Bestellung ab, können Zustellungen an ihn nicht wirksam ausgeführt werden (LG Nürnberg-Fürth, 6. 4. 2009, 14 T 2512/09).

18.4 Anfechtungsklage – Wiedereinsetzung

Die Klage eines oder mehrerer Wohnungseigentümer auf Erklärung der Ungültigkeit von Beschlüssen der Wohnungseigentümer ist gemäß § 46 Abs. 1 Satz 1 WEG stets gegen die übrigen Wohnungseigentümer, die Klage des Verwalters gegen die Wohnungseigentümer zu richten, in beiden Fällen also nicht gegen die teilrechtsfähige Wohnungseigentümergemeinschaft.
Bei falscher Bezeichnung der Beklagten sowie bei Nichteinhaltung der Anfechtungs- und Begründungsfrist sind die Klagen im Regelfall als unzulässig abzuweisen (vgl. zu den unterschiedlichen Auffassungen: Klageabweisung: LG Itzehoe, 23. 9. 2009, 11 S 37/08; LG Köln, 12. 2. 2009, 29 S 93/06; LG Berlin, 14. 10. 2008, 8 S 21/08; AG Hannover, 9. 9. 2008, 484 C 3556/08; Klageumstellung im Wege der Auslegung: LG Düsseldorf, 1. 9. 2008, 25 S 5/08; LG Nürnberg-Fürth, 5. 5. 2009, 14 T 9452/08; vgl. auch zur Fristenwahrung BGH, 20. 5. 2011, V ZR 99/10).
Ein Bedürfnis für die Prüfung des Rechtsschutzinteresses besteht im Beschlussanfechtungsverfahren grundsätzlich nicht, weil das Anfechtungsrecht dem Interesse der Gemeinschaft an einer ordnungsgemäßen Verwaltung dient. Ein Wegfall ist nur dann gegeben, wenn ein Erfolg der

Klage den Wohnungseigentümern oder der Gemeinschaft keinen Nutzen mehr bringen kann(BGH, 13. 5. 2011, V ZR 202/10, m. w. N.; vgl. auch Kap. 14.7.1; 14.7.3.5).
Die Anfechtungsklage ist gemäß § 46 Abs. 1 Satz 2 WEG innerhalb Monatsfrist zu erheben. Die so für die Beschlussanfechtung geregelte Klagefrist wird auch durch eine innerhalb dieser Frist zunächst fälschlich gegen die Wohnungseigentümergemeinschaft erhobene Klage gewahrt, sofern die Voraussetzungen des § 44 Abs. 1 Satz WEG zur Bezeichnung der Wohnungseigentümer erfüllt sind und damit der Übergang zu einer Klage gegen die übrigen Mitglieder der Wohnungseigentümergemeinschaft vor Schluss der mündlichen Verhandlung erfolgt (BGH, 21. 1. 2011, V ZR 140/10; 6. 11. 2009, V ZR 73/09; 5. 3. 2010, V ZR 62/09; 17. 9. 2010, V ZR 5/10). Die Nachreichung einer aktuellen Namensliste der beklagten Wohnungseigentümer erst im Berufungsrechtszug ist für die Wahrung der Frist nach § 46 Abs. 1 Satz 2 1. Halbsatz WEG ohne Bedeutung (BGH, 8. 7. 2011, V ZR 34/11).
Die Klagefrist nach § 46 Abs. 1 Satz 2 WEG wird bereits durch die Erhebung der Klage, also durch deren Zustellung gemäß § 45 Abs. 1 WEG an den Verwalter gewahrt (BGH, 20. 5. 2011, V ZR 99/10; 8. 7. 2011, V ZR 34/11, auch zur Angabe der Namen und der ladungsfähigen Anschriften der Wohnungseigentümer).
Die Anfechtungsklage ist spätestens innerhalb von zwei Monaten nach der Beschlussfassung zu begründen. Dabei ist der Lebenssachverhalt, aus dem sich die Anfechtungsgründe ergeben sollen, zumindest in seinem wesentlichen Kern aus den innerhalb der Frist eingegangenen Schriftsätzen selbst ergeben. Anlagen reichen nicht aus Bei Nichteinhaltung der Begründungsfrist ist die Klage abzuweisen (BGH, 16. 1. 2009, V ZR 74/08, auch zum Unterschied der Abweisung als „unzulässig“ oder „unbegründet“).
Grundsätzlich sind Beschlüsse bis zu ihrer Ungültigerklärung rechtswirksam. Allerdings kann unter bestimmten

Voraussetzungen eine Vollziehung des Beschlusses durch einstweilige Verfügung gemäß §§ 935 ff. ZPO ausgesetzt werden, sofern glaubhaft vorgetragen wird, dass ausnahmsweise die Interessen der anfechtenden Eigentümer überwiegen. Das ist dann der Fall, wenn bei unstreitiger Rechtslage und gefestigter Rechtsprechung die Rechtswidrigkeit eines Beschlusses derart offenkundig ist, dass es nicht erst der umfassenden Prüfung durch ein Hauptsacheverfahren bedarf (LG München, 8. 8. 2008, 1 T 13 169/08; vgl. auch Schmid, DWE 2009, 85; vgl. auch BGH, 15. 1. 2009, V ZB 130/08, danach ist im Verfahren auf Erlass einer einstweiligen Verfügung keine dritte Instanz eröffnet; zum Rechtsschutzinteresse für eine Beschlussanfechtungsklage nach Vollzug des Beschlusses s. Kap. 14.7.1).

Der Streitwert in Wohnungseigentumssachen und so auch bei Beschlussanfechtungen ist gemäß § 49 a Abs. 1 GKG auf 50 Prozent des Interesses der Parteien und aller Beigeladenen an der Entscheidung festzusetzen. Er darf das Interesse des Klägers und der auf seiner Seite Beigetretenen an der Entscheidung nicht unterschreiten und das Fünffache des Wertes ihres Interesses nicht überschreiten. Der Wert darf in keinem Fall den Verkehrswert des Wohnungseigentums des Klägers und der auf seiner Seite beigetretenen übersteigen (zum Streitwert bei Antrag auf Verwalterabberufung, i. d. R .50 Prozent des Honorars für die Restlaufzeit des Vertrages, vgl. LG München, 3. 6. 2009, 1 T 499/09; zum Streitwert in voller Höhe für die restliche Vertragslaufzeit vgl. LG Köln, 22. 12. 2008, 29 T 181/08; zum Streitwert bei Anfechtung von Beschlüssen über die Jahresabrechnung nach der „Hamburger Formel“ vgl. LG Hamburg, 10. 10. 2008, 318 T 79/08; zu abweichender Berechnung vgl. LG Nürnberg-Fürth, 23. 3. 2009, 14 T 2183/09).

Eine Verlängerung der Anfechtungs- und Begründungsfristen ist gesetzlich nicht vorgesehen, jedoch kann in begründeten Fällen Wiedereinsetzung in den vorigen Stand gewährt werden (BGH, 2. 10. 2009, V ZR 235/08). Sie richtet

sich nach den §§ 233ff. ZPO und muss bei unverschuldeter Versäumnis der Anfechtungsfrist innerhalb einer zweiwöchigen Frist nach Beseitigung des Anfechtungshindernisses beantragt werden. Nach Ablauf eines Jahres, ab Ende der versäumten Frist an gerechnet, kann eine Wiedereinsetzung nicht beantragt werden. Über den Antrag auf Wiedereinsetzung in den vorigen Stand darf das Gericht nicht vor Ablauf der Wiedereinsetzungsfrist entscheiden (BGH, 17.2.2011, V ZB 310/10).
Eine Wiedereinsetzung ist allerdings dann abzulehnen, wenn der Prozessbevollmächtigte einer Wohnungseigentümergemeinschaft nach Ungültigerklärung von Beschlüssen durch das Amtsgericht beim örtlich falschen Landgericht Berufung einlegt. In diesem Fall müssen sich die betroffenen Wohnungseigentümer das Verschulden ihres Prozessbevollmächtigten zurechnen lassen (BGH, 24. 6. 2010, V ZB 170/09).

18.5 Prozessverbindung

Sind von mehreren Wohnungseigentümern Klagen auf Ungültigerklärung von Beschlüssen erhoben worden, sind die Prozesse gemäß § 47 WEG zur gleichzeitigen Verhandlung und Entscheidung zu verbinden. Das führt dazu, dass die Kläger aus den vorher selbständigen Prozessen als Streitgenossen anzusehen sind. Die Ausgestaltung dieses Verfahrens richtet sch nach den Vorschriften der §§ 59 bis 63 ZPO. Das Urteil aus einem verbundenen Verfahren wirkt für und gegen alle Wohnungseigentümer, die den (gleichen) Beschluss angefochten haben.
Wird bei einer Prozessverbindung die rechtzeitig begründete Klage eines Streitgenossen zurückgenommen, ist nur über die von dem Kläger und seinen verbleibenden Streitgenossen rechtzeitig vorgebrachten Anfechtungsgründen zu entscheiden. Hat ein Kläger seine Klage nicht innerhalb

der Begründungsfrist begründet, kann dieser sich nicht darauf berufen, dass weitere Wohnungseigentümer ihre Klage fristgerecht begründet hätten. Eine Wahrung der Frist durch andere Wohnungseigentümer scheidet aus, weil jeder Wohnungseigentümer die Frist selbst wahren muss (BGH, 27. 3. 2009, V ZR 196/08).

18.6 Beiladung und Wirkung des Urteils

Richtet sich die Klage eines Wohnungseigentümers bei Geltendmachung eines nur ihm zustehenden Anspruchs nicht gegen alle Wohnungseigentümer oder nur gegen den Verwalter, sind die übrigen Wohnungseigentümer, deren rechtliche Interessen erkennbar betroffen sind, gemäß § 48 Abs. 1 WEG beizuladen. Die Beiladung ist entbehrlich, soweit die rechtlichen Interessen der übrigen Wohnungseigentümer nicht betroffen sind.
Ist der Verwalter in einem Rechtsstreit nicht Partei, handelt es sich also nicht um einen Beschlussanfechtungsantrag (§ 43 Nr. 4 WEG) oder nicht um einen gegen ihn als Verwalter gerichteten Streit (§ 43 Nr. 3 WEG), ist er ebenfalls beizuladen.
Die Beiladung erfolgt gemäß § 48 Abs. 2 WEG durch Zustellung der Klageschrift. Die Beigeladenen können der einen oder der anderen Partei beitreten. Damit werden sie zu so genannten Nebenintervenienten und sind dadurch berechtigt, im eigenen Namen „Angriffs- und Verteidigungsmittel" geltend zu machen, dürfen sich dabei aber nicht in Widerspruch zu der Partei setzen, der sie beigetreten sind.
Das Urteil wirkt gemäß § 325 ZPO gegen die Parteien und deren Rechtsnachfolger und darüber hinaus auch für und gegen alle beigeladenen Wohnungseigentümer und deren Rechtsnachfolger sowie den beigeladenen Verwalter.

18.7 Kostenentscheidung

Grundsätzlich hat im ZPO-Verfahren gemäß § 91 ff. ZPO die unterliegende Partei die Prozesskosten zu tragen. Dabei hat die unterliegende Partei insbesondere die Kosten zu erstatten, die zur zweckentsprechenden Rechtsverfolgung oder Rechtsverteidigung erforderlich sind.

Gemäß § 49 Abs. 1 WEG können jedoch bei einer Ermessensentscheidung gemäß § 21 Abs. 8 WEG die Prozesskosten nach billigem Ermessen auf die Parteien verteilt werden. Dabei handelt es sich um die Fälle, in denen das Gericht in einem Rechtsstreit nach eigenem Ermessen eine Entscheidung trifft, wenn die Wohnungseigentümer eine Entscheidung nicht getroffen haben.

Können die Kosten der Rechtsverfolgung weder von der Gemeinschaft noch von sämtlichen Wohnungseigentümern aufgebracht werden, kann ihnen gemäß § 116 Abs. 1 Nr. 2 ZPO Prozesskostenhilfe bewilligt werden (BGH, 17. 6. 2010, V ZB 26/10, für den Fall der gerichtlichen Geltendmachung von Hausgeldforderungen; zur Ablehnung der Bewilligung von Prozesskostenhilfe im Fall einer Unterlassungsklage wegen bestimmungswidrigen Gebrauchs vgl. BGH, 16. 6. 2011, V ZR 1/11).

Gemäß § 49 Abs. 2 WEG können dem Verwalter die Prozesskosten auferlegt werden, soweit die Tätigkeit des Gerichts durch ihn veranlasst wurde und ihn ein grobes Verschulden trifft, auch wenn er nicht Partei des Rechtsstreits ist.

Ob das Gericht davon Gebrauch macht, liegt in seinem pflichtgemäßen Ermessen. Eine Verpflichtung, dem Verwalter immer dann die Kosten des Verfahrens aufzuerlegen, wenn die Voraussetzungen des § 49 Abs. 2 WEG erfüllt sind, besteht nicht.

Sieht das Gericht davon ab, die Kosten dem Verwalter aufzuerlegen, weil nach seiner Auffassung die Voraussetzungen nicht gegeben sind, führt dies allerdings nicht dazu, dass den Wohnungseigentümern damit der Kostenerstattungsanspruch gegen den Verwalter endgültig aberkannt wird (BGH, 18. 8. 2010, V ZB 164/09, ablehnend zur isolierten Kostenentscheidung, wenn das Gericht davon abgesehen hat, dem Verwalter die Kosten nach § 49 Abs. 2 WEG aufzuerlegen).

Wann jedoch im konkreten Fall von einem groben Verschulden des Verwalters im Sinne des § 49 Abs. 2 WEG auszugehen ist, ist strittig (vgl. auch Kap. 14.7 Beschlussfeststellung).

Nach herrschender Meinung setzt grobes Verschulden grobe Fahrlässigkeit voraus (LG München I, 29. 3. 2010, 1 T 5340/10; vgl. auch Greiner, ZWE 2011, 118). Das ist allgemein dann der Fall, wenn der Verwalter die im Verkehr erforderliche Sorgfalt verletzt, er ganz nahe liegende Überlegungen nicht anstellt oder beiseite geschoben hat und das unbeachtet lässt, was im gegebenen Fall jedem einleuchten muss oder sich jedem aufgedrängt hätte.

Als grobe Pflichtverletzung in diesem Sinne gilt die zu Unrecht abgelehnte Berichtigung eines Protokolls, wenn dadurch eine Beschlussanfechtung provoziert wird (LG München I, 29. 3. 2010, 1 T 5340/10). Auch bei einer Abberufung aus wichtigem Grund wegen nicht ordnungsmäßiger Führung der Beschluss-Sammlung muss der Verwalter damit rechnen, dass ihm gemäß § 49 Abs. 2 WEG die vollständigen Prozesskosten auferlegt werden.

Ebenfalls um eine grobe Pflichtverletzung handelt es sich, wenn der Verwalter nicht auf die Anfechtbarkeit eines Beschlusses und die daraus folgenden Kostenrisiken des Verfahrens hingewiesen hat (LG Köln, 10. 3. 2008, 29 T 159/07, mit krit. Anm. Deckert, NZM 2009, 272; zu weiteren groben Pflichtverletzungen vgl. auch LG Lüneburg, 13. 1. 2009, 9 T 2/09; AG Strausberg, 11. 3. 2009, 27 C 12/08; AG Velbert, 20. 2. 2009, 18 a C 88/08).

Andererseits können von einem professionellen Verwalter keine rechtlichen Spezialkenntnisse verlangt werden (vgl.

auch LG Berlin, 17. 2. 2009, 55 T 34/08). Deshalb rechtfertigt ein objektiv grober Pflichtenverstoß allein noch nicht den Schluss auf ein entsprechend gesteigertes persönliches Verschulden, vielmehr muss es sich auch um eine subjektiv schlechthin unentschuldbare Pflichtverletzung handeln.
Davon ist jedoch dann nicht auszugehen, wenn sich der Verwalter bei der Beschlussfeststellung und Beschlussverkündung auf eine zumindest in der führenden Kommentarliteratur vertretene Rechtsauffassung stützt, bei der es sich zwar um eine auch vom Verwalter erkennbare Mindermeinung handelt, die entscheidende Rechtsfrage aber noch nicht abschließend höchstrichterlich geklärt ist (LG Dresden, 24. 11. 2010, 2 S 293/10; a. A. Greiner, ZWE 2011, 118, insoweit zustimmend zu AG Dresden, 5. 5. 2010, 151 C 5545/09; vgl. auch Häublein, ZMR 2010, 804).

18.8 Kostenerstattung

Hinsichtlich der Erstattung von Kosten für einen bevollmächtigten Rechtsanwalt sind gemäß § 50 WEG nur die Kosten für *einen* Anwalt zu erstatten, es sei denn, dass aus besonderen Gründen eine Vertretung durch mehrere Anwälte geboten war.
Da bei einer Beschlussanfechtungsklage grundsätzlich die beklagten Wohnungseigentümer das gleiche Ziele verfolgen, nämlich Einwendungen gegen die Wirksamkeit des Beschlusses abzuwehren, ist die Beauftragung nur eines Rechtsanwalts grundsätzlich ausreichend und die Erstattungsfähigkeit im Regelfall auf die Kosten beschränkt, die bei Beauftragung eines gemeinsamen Anwaltes entstehen.
Hat der Verwalter daher gemäß § 27 Abs. 2 Nr. 4 WEG im Auftrag der Wohnungseigentümer einen Rechtsanwalt beauftragt, können die Wohnungseigentümer, die in einem solchen Fall einen weiteren Anwalt mit ihrer Prozessvertre-

tung beauftragt haben, i. d. R nicht mit einer Kostenerstattung rechnen (BGH, 16. 7. 2009, V ZB 11/09; zu den nicht erstattungsfähigen „Kommunikationskosten“ vgl. auch BGH, 14. 5. 2009, V ZB 172/08).
Eine nach § 50 WEG vorrangige Erstattung der Kosten des von der Mehrheit der beklagten Wohnungseigentümer beauftragten Rechtsanwalts setzt jedoch voraus, dass den übrigen Beklagten Gelegenheit gegeben wurde, auf die Willensbildung im Anfechtungsverfahren Einfluss zu nehmen. Geschieht dies nicht, ist der Kostenerstattungsanspruch anteilig zu verteilen (BGH, 14. 7. 2011, V ZB 171/10).
Hinsichtlich der Rechtsanwaltsgebühren ist im Übrigen zu beachten, dass dem Anwalt bei Vertretung der teilrechtsfähigen Wohnungseigentümergemeinschaft nur die einfache Gebühr zusteht, im Falle der Vertretung einer Mehrheit von Wohnungseigentümern eine Mehrfachgebühr, wobei die Höhe jedoch begrenzt ist.

18.9 Rechtsschutzbedürfnis

Voraussetzung für die Einleitung eines Verfahrens nach § 43 WEG durch einen Wohnungseigentümer oder durch einen Verwalter ist allerdings das Bestehen eines so genannten Rechtsschutzbedürfnisses, das heißt, der Antragsteller muss in seinen Rechten beeinträchtigt sein.
Dabei ist grundsätzlich davon auszugehen, dass im Verfahren bei Entscheidungen über die Gültigkeit von Beschlüssen der Wohnungseigentümerversammlung ein besonderes Rechtsschutzinteresse nicht erforderlich ist, weil das Wohnungseigentumsgesetz selbst bereits vorsieht, dass gemäß § 46 WEG auf Antrag eines Wohnungseigentümers oder des Verwalters über die Gültigkeit von Beschlüssen der Wohnungseigentümer das Gericht entscheidet (KG Berlin, 12. 7. 1975, 1 W 457/74 m. w. N.).
Das Rechtsschutzinteresse an einer Beschlussanfechtung

wird auch nicht dadurch ausgeschlossen, dass ein Wohnungseigentümer einer Beschlussfassung in der Versammlung zunächst zugestimmt hat (LG Düsseldorf, 15. 4. 1988, 3 Wx 68/88; LG Düsseldorf, 10. 1. 1990, 19 T 317/89; BayObLG, 7. 4. 1988, 2 Z 156/87).
Ein Rechtsschutzbedürfnis besteht auch hinsichtlich der Anfechtung eines so genannten „Negativbeschlusses" (BGH, 19. 9. 2002, V ZB 30/02; BayObLG, 25. 7. 2002, 2Z BR 63/02; OLG Düsseldorf, 18. 2. 2002, 3 Wx 406/01; zum Negativbeschluss vgl. Kap. 14.7.3.4).
In diesem Fall kann die Beschlussanfechtung mit dem Antrag verbunden werden, dass gerichtlich festgestellt wird, dass der Beschlussantrag positiv beschlossen wurde.
Diese kombinierte Antragstellung schützt die Eigentümer im Übrigen vor den negativen Folgen einer möglichen falschen oder fehlerhaften konstitutiven Feststellung des Beschlussergebnisses durch den Verwalter (zur konstitutiven Beschlussfeststellung vgl. Kap. 14.7)
Demgegenüber fehlt für die Anfechtung eines inhaltsgleichen Wiederholungsbeschlusses das Rechtsschutzinteresse, da sich die in einem solchen Fall begehrte Ungültigerklärung nicht auf den inhaltlich gleichen Erstbeschluss auswirken würde (BGH, 16. 9. 1994, V ZB 2/93).
Ein Rechtsschutzbedürfnis fehlt im Übrigen auch in dem Fall, wo ein Wohnungseigentümer die Beseitigung einer baulichen Veränderung verlangt, ohne selbst durch diese Veränderung im Sinne von § 14 Nr. 1 WEG beeinträchtigt zu sein (BayObLG, 25.5. 1983, 2 Z 40/82, zum Beseitigungsanspruch in einer Mehrhausanlage).
Ebenso fehlt für einen Feststellungsantrag ein Rechtsschutzinteresse, wenn ein Antrag auf Leistung gestellt werden kann (AG Hamburg, 5. 3. 1990, 102 a II 159/89).

19. Begrenztes Vorrecht für Hausgeldforderungen in der Zwangsversteigerung

Nach den früher geltenden Bestimmungen des Gesetzes über die Zwangsversteigerung und Zwangsverwaltung gingen Wohnungseigentümergemeinschaften im Falle der Zwangsversteigerung hinsichtlich bestehender Hausgeldforderungen gegen den insolventen Eigentümer in aller Regel leer aus.
Nach jetzt geltendem Recht ist der Wohnungseigentümergemeinschaft durch eine Änderung der Rangklasse 2 des § 10 Abs. 1 ZVG für Hausgeldansprüche der Gemeinschaft ein begrenztes Vorrecht eingeräumt worden, soweit diese den Betrag von 5 Prozent des Einheitswertes nicht übersteigen. Damit gehen den Forderungen der Wohnungseigentümer im Range nur die Forderungen nach der Rangklasse 1 vor (Verfahrenskosten und Erhaltungsaufwand).
Voraussetzung ist allerdings gemäß § 10 Abs. 3 ZVG, dass der Verzugsbetrag nach § 18 Abs. 2 Nr. 2 WEG mehr als drei vom Hundert des Einheitswertes des Wohnungseigentums beträgt und durch Vorlage des Einheitswertbescheides nachgewiesen wird (BGH, 17. 4. 2008, V ZB 14/08; 17. 4. 2008, V ZB 13/08; 7. 5. 2009, V ZB 142/08).
Nachdem anfangs die Geltendmachung dieser Forderungen an der Bekanntgabe bzw. Herausgabe des Einheitswertbescheides am Widerstand der Betroffenen scheiterte (vgl. dazu BGH, 16. 7. 2009, V ZR 57/09), ist dieses Hemmnis im Wege der „Nachbesserung“ der WEG-Reform beseitigt worden (Gesetz vom 7. Juli 2009, BGBl. I 1707/1711).
Danach steht gemäß § 10 Abs. 3 Satz 1, 2. Halbsatz ZVG bei Vorliegen eines vollstreckbaren Titels die Vorschrift des § 30 der Abgabenordnung (AO) über das Steuergeheimnis der Mitteilung des Einheitswertes an die Woh-

nungseigentümergemeinschaft durch das Finanzamt nicht entgegen.

Entsprechend ist auch die Vorschrift des § 18 Abs. 2 Nr. 2 WEG ergänzt, wonach bei Vorliegen der dort genannten Voraussetzungen die Vorschriften des § 30 AO einer Mitteilung des Einheitswertes an die Wohnungseigentümergemeinschaft nicht entgegenstehen.

19.1 Bevorrechtigte Beträge

Als bevorrechtigt zu behandelnde Beträge gelten die Beiträge zu den Lasten und Kosten des gemeinschaftlichen Eigentums und des Sondereigentums, sofern es sich um Beträge handelt, die gemäß Wirtschaftsplan, Jahresabrechnung oder Sonderumlage gemäß §§ 16 Abs. 2, 28 Abs. 2 und 5 WEG rechtswirksam beschlossen und fällig gestellt waren einschließlich der Vorschüsse und Rückstellungen. Als bevorrechtigt werden auch die Beträge angesehen, die als so genannte Rückgriffsansprüche einzelner Eigentümer gegen den Vollstreckungsschuldner anteilig geltend gemacht werden können.

Dies gilt auch in der Insolvenz eines Wohnungseigentümers. In diesem Fall sind alle vor der Insolvenzeröffnung fällig gewordenen Hausgeldansprüche als bevorrechtigte Forderung zu behandeln ohne dass eine vorherige Beschlagnahme des Wohnungseigentums notwendig ist (BGH, 21. 7. 2011, IX ZR 120/10).

19.2 Zeitliche Begrenzung der Ansprüche

Nach der gesetzlichen Regelung gemäß § 10 Abs. 1 Nr. 2 ZVG erfasst das Vorrecht die laufenden und die rückständigen Beträge aus dem Jahr der Beschlagnahme und den letzten zwei Jahren. Ob unter diese Beträge auch die im zweiten Jahr vor der Beschlagnahme erstmalig beschlossenen Abrechnungsspitzen als Restforderung aus der drei Jahre vor der Beschlagnahme zu beschließenden Jahresabrechnung fallen, erscheint strittig (vgl. dazu Kümmel in Niedenführ / Kümmel / Vandenhouten, IV Nr. 5 ZVG Rn 8).

19.3 Betragsmäßige Begrenzung der Ansprüche

Das Vorrecht ist neben der zeitlichen Begrenzung auch betragsmäßig begrenzt., und zwar hinsichtlich der Hauptforderung einschließlich Zinsen und aller Nebenleistungen (Vollstreckungskosten, Anwaltskosten) auf fünf vom Hundert des Verkehrswertes, also nicht auf die Höhe des Versteigerungserlöses.

19.4 Betreibung der Zwangsversteigerung durch die Gemeinschaft

Betreibt die Wohnungseigentümergemeinschaft gemäß §§ 10, 45 ZVG die Zwangsvollstreckung selbst, ist hierfür ein vollstreckbarer Titel erforderlich, aus dem die Verpflichtung des Schuldners zur Zahlung, die Art und der Bezugszeitraum des Anspruchs sowie seine Fälligkeit erkennbar sind.
Soweit sich diese Angaben nicht aus dem Titel ersichtlich sind, sind sie in sonst geeigneter Weise glaubhaft zu machen (Vorlage der Wirtschaftspläne, der Abrechnung und der (beglaubigten) Niederschriften über die entsprechenden Beschlussfassungen.
Dabei müssen die geltend gemachten Ansprüche gemäß § 10 Abs. 3 Satz 1 ZVG den nach § 18 Abs. 2 Nr. 2 WEG festgelegten Betrag von drei vom Hundert des Einheitswertes übersteigen.

19.5 Betreibung der Zwangsversteigerung durch Dritte

Wird das Zwangsversteigerungsverfahren von Dritten betrieben, müssen die Wohnungseigentümer ihre bevorrechtigten Ansprüche durch einen entsprechenden Titel beim Vollstreckungsgericht anmelden oder durch die Niederschrift über die Beschlüsse der Wohnungseigentümer einschließlich ihrer Anlagen (Wirtschaftspläne, Jahresabrechnungen) oder in sonstiger Weise glaubhaft machen. Daraus müssen sich Zahlungspflicht, Art und Bezugszeitraum des Anspruchs sowie seine Fälligkeit ergeben.
Da es sich um Ansprüche der teilrechtsfähigen Wohnungseigentümergemeinschaft handelt, erfolgt die Anmeldung der Ansprüche gemäß § 27 Abs. 3 Nr. 2 WEG durch den Verwalter, der insofern auch verpflichtet ist, sich Kenntnis über das Versteigerungsverfahren zu verschaffen.
Die Anmeldung hat spätestens im Versteigerungstermin zu erfolgen. Erfolgt sie erst nach der Aufforderung des Gerichts zur Abgabe von Geboten, verlieren die Ansprüche ihren Rang und werden bei der Verteilung des Versteigerungserlöses nicht mehr berücksichtigt.
Versäumt der Verwalter fahrlässig die rechtzeitige Anmeldung dieser Ansprüche, macht er sich gemäß § 280 BGB schadensersatzpflichtig.

Wohnungseigentumsgesetz

Gesetz über das Wohnungseigentum und das Dauerwohnrecht (Wohnungseigentumsgesetz)

vom 15. März 1951 (BGBl. I S. 175, ber. S. 209), geändert durch Gesetz vom 26. März 2007 (BGBl. I S. 370), zuletzt geändert durch Art. 9 Gesetz vom 7. Juli 2009, (BGBl. I S. 1707)

Gesetzesübersicht

I. Teil. Wohnungseigentum §§ 1–30
Begriffsbestimmungen § 1
1. Abschnitt. Begründung des Wohnungseigentums §§ 2–9
2. Abschnitt. Gemeinschaft der Wohnungseigentümer §§ 10–19
3. Abschnitt. Verwaltung §§ 20–29
4. Abschnitt. Wohnungserbbaurecht § 30

II. Teil. Dauerwohnrecht §§ 31–42

III. Teil . Verfahrensvorschriften §§ 43–50
§§ 51–58 aufgehoben

IV. Teil. Ergänzende Bestimmungen §§ 59–64.

I.Teil. Wohnungseigentum

§ 1 Begriffsbestimmungen

(1) Nach Maßgabe dieses Gesetzes kann an Wohnungen das Wohnungseigentum, an nicht zu Wohnzwecken dienenden Räumen eines Gebäudes das Teileigentum begründet werden.
(2) Wohnungseigentum ist das Sondereigentum an einer Wohnung in Verbindung mit dem Miteigentumsanteil an dem gemeinschaftlichen Eigentum, zu dem es gehört.
(3) Teileigentum ist das Sondereigentum an nicht zu Wohnzwecken dienenden Räumen eines Gebäudes in Verbindung mit dem Miteigentumsanteil an dem gemeinschaftlichen Eigentum, zu dem es gehört.
(4) Wohnungseigentum und Teileigentum können nicht in der Weise be-

gründet werden, dass das Sondereigentum mit Miteigentum an mehreren Grundstücken verbunden wird.
(5) Gemeinschaftliches Eigentum im Sinne dieses Gesetzes sind das Grundstück sowie die Teile, Anlagen und Einrichtungen des Gebäudes, die nicht im Sondereigentum oder im Eigentum eines Dritten stehen.
(6) Für das Teileigentum gelten die Vorschriften über das Wohnungseigentum entsprechend.

1. Abschnitt. Begründung des Wohnungseigentums

§ 2 Arten der Begründung

Wohnungseigentum wird durch die vertragliche Einräumung von Sondereigentum (§ 3) oder durch Teilung (§ 8) begründet.

§ 3 Vertragliche Einräumung von Sondereigentum [1]

(1) Das Miteigentum (§ 1008 des Bürgerlichen Gesetzbuches) an einem Grundstück kann durch Vertrag der Miteigentümer in der Weise beschränkt werden, dass jedem der Miteigentümer abweichend von § 93 des Bürgerlichen Gesetzbuches das Sondereigentum an einer bestimmten Wohnung oder an nicht zu Wohnzwecken dienenden bestimmten Räumen in einem auf dem Grundstück errichteten oder zu errichtenden Gebäude eingeräumt wird.
(2) Sondereigentum soll nur eingeräumt werden, wenn die Wohnungen oder sonstigen Räume in sich abgeschlossen sind. Garagenstellplätze gelten als abgeschlossene Räume, wenn ihre Flächen durch dauerhafte Markierungen ersichtlich sind.

§ 4 Formvorschriften

(1) Zur Einräumung und zur Aufhebung des Sondereigentums ist die Einigung der Beteiligten über den Eintritt der Rechtsänderung und die Eintragung in das Grundbuch erforderlich.
(2) Die Einigung bedarf der für die Auflassung vorgeschriebenen Form. Sondereigentum kann nicht unter einer Bedingung oder Zeitbestimmung eingeräumt oder aufgehoben werden.
(3) Für einen Vertrag, durch den sich ein Teil verpflichtet, Sondereigentum einzuräumen, zu erwerben oder aufzuheben, gilt § 311 b Abs. 1 des Bürgerlichen Gesetzbuches entsprechend.

§ 5 Gegenstand und Inhalt des Sondereigentums

(1) Gegenstand des Sondereigentums sind die gemäß § 3 Abs. 1 bestimmen Räume sowie die zu diesen Räumen gehörenden Bestandteile des

1 § 3 Abs. 3 – aufgehoben durch Gesetz vom 26. März 2007, BGBl. I, S. 370

Gebäudes, die verändert, beseitigt oder eingefügt werden können, ohne dass dadurch das gemeinschaftliche Eigentum oder ein auf Sondereigentum beruhendes Recht eines anderen Wohnungseigentümers über das nach § 14 zulässige Maß hinaus beeinträchtigt oder die äußere Gestaltung des Gebäudes verändert wird.
(2) Teile des Gebäudes, die für dessen Bestand oder Sicherheit erforderlich sind, sowie Anlagen und Einrichtungen, die dem gemeinschaftlichen Gebrauch der Wohnungseigentümer dienen, sind nicht Gegenstand des Sondereigentums, selbst wenn sie sich im Bereich der im Sondereigentum stehenden Räume befinden.
(3) Die Wohnungseigentümer können vereinbaren, dass Bestandteile des Gebäudes, die Gegenstand des Sondereigentums sein können, zum gemeinschaftlichen Eigentum gehören.
(4) Vereinbarungen über das Verhältnis der Wohnungseigentümer untereinander können nach den Vorschriften des 2. und 3. Abschnittes zum Inhalt des Sondereigentums gemacht werden. Ist das Wohnungseigentum mit der Hypothek, Grund- oder Rentenschuld oder der Reallast eines Dritten belastet, so ist dessen nach anderen Rechtsvorschriften notwendige Zustimmung zu der Vereinbarung nur erforderlich, wenn ein Sondernutzungsrecht begründet oder ein mit dem Wohnungseigentum verbundenes Sondernutzungsrecht aufgehoben, geändert oder übertragen wird. Bei der Begründung eines Sondernutzungsrechts ist die Zustimmung des Dritten nicht erforderlich, wenn durch die Vereinbarung gleichzeitig das zu seinen Gunsten belastete Wohnungseigentum mit einem Sondernutzungsrecht verbunden wird.

§ 6 Unselbständigkeit des Sondereigentums
(1) Das Sondereigentum kann ohne den Miteigentumsanteil, zu dem es gehört, nicht veräußert oder belastet werden.
(2) Rechte an dem Miteigentumsanteil erstrecken sich auf das zu ihm gehörende Sondereigentum.

§ 7 Grundbuchvorschriften
(1) Im Falle des § 3 Abs. 1 wird für jeden Miteigentumsanteil von Amts wegen ein besonderes Grundbuchblatt (Wohnungsgrundbuch, Teileigentumsgrundbuch) angelegt. Auf diesem ist das zu dem Miteigentumsanteil gehörende Sondereigentum und als Beschränkung des Miteigentums die Einräumung der zu den anderen Miteigentumsanteilen gehörenden Sondereigentumsrechte einzutragen. Das Grundbuchblatt des Grundstücks wird von Amts wegen geschlossen.
(2) Von der Anlegung besonderer Grundbuchblätter kann abgesehen werden, wenn hiervon Verwirrung nicht zu besorgen ist. In diesem Falle ist das Grundbuchblatt als gemeinschaftliches Wohnungsgrundbuch (Teileigentumsgrundbuch) zu bezeichnen.
(3) Zur näheren Bezeichnung des Gegenstandes und des Inhalts des Son-

dereigentums kann auf die Eintragungsbewilligung Bezug genommen werden.

(4) Der Eintragungsbewilligung sind als Anlagen beizufügen:

1. eine von der Baubehörde mit Unterschrift und Siegel oder Stempel versehene Bauzeichnung, aus der die Aufteilung des Gebäudes sowie die Lage und Größe der im Sondereigentum und der im gemeinschaftlichen Eigentum stehenden Gebäudeteile ersichtlich ist (Aufteilungsplan); alle zu demselben Wohnungseigentum gehörenden Einzelräume sind mit der jeweils gleichen Nummer zu kennzeichnen;
2. eine Bescheinigung der Baubehörde, dass die Voraussetzungen des § 3 Abs. 2 vorliegen.

Wenn in der Eintragungsbewilligung für die einzelnen Sondereigentumsrechte Nummern angegeben werden, sollen sie mit denen des Aufteilungsplanes übereinstimmen. Die Landesregierungen können durch Rechtsverordnung bestimmen, dass und in welchen Fällen der Aufteilungsplan (Satz 1 Nr. 1) und die Abgeschlossenheit (Satz 1 Nr. 2) von einem öffentlich bestellten oder anerkannten Sachverständigen für das Bauwesen statt von der Baubehörde ausgefertigt und bescheinigt werden. Werden diese Aufgaben von dem Sachverständigen wahrgenommen, so gelten die Bestimmungen der Allgemeinen Verwaltungsvorschrift für die Ausstellung von Bescheinigungen gemäß § 7 Abs. 4 Nr. 2 und § 32 Abs. 2 Nr. 2 des Wohnungseigentumsgesetzes vom 19. März 1974 (BAnz. Nr. 58 vom 23. März 1974) entsprechend. In diesem Fall bedürfen die Anlagen nicht der Form des § 29 der Grundbuchordnung. Die Landesregierungen können die Ermächtigung durch Rechtsverordnung auf die Landesbauverwaltungen übertragen.

(5) Für Teileigentumsgrundbücher gelten die Vorschriften über Wohnungsgrundbücher entsprechend.

§ 8 Teilung durch den Eigentümer

(1) Der Eigentümer eines Grundstücks kann durch Erklärung gegenüber dem Grundbuchamt das Eigentum an dem Grundstück in Miteigentumsanteile in der Weise teilen, dass mit jedem Anteil das Sondereigentum an einer bestimmten Wohnung oder an nicht zu Wohnzwecken dienenden bestimmten Räumen in einem auf dem Grundstück errichteten oder zu errichtenden Gebäude verbunden ist.

(2) Im Falle des Absatzes 1 gelten die Vorschriften des § 3 Abs. 2 und der §§ 5, 6, 7 Abs. 1, 3 bis 5 entsprechend. Die Teilung wird mit der Anlegung der Wohnungsgrundbücher wirksam.

§ 9 Schließung der Wohnungsgrundbücher

(1) Die Wohnungsgrundbücher werden geschlossen:

1. von Amts wegen, wenn die Sondereigentumsrechte gemäß § 4 aufgehoben werden;
2. auf Antrag sämtlicher Wohnungseigentümer, wenn alle Sondereigen-

tumsrechte durch völlige Zerstörung des Gebäudes gegenstandslos geworden sind und der Nachweis hierfür durch eine Bescheinigung der Baubehörde erbracht ist;
3. auf Antrag des Eigentümers, wenn sich sämtliche Wohnungseigentumsrechte in einer Person vereinigen.

(2) Ist ein Wohnungseigentum selbständig mit dem Rechte eines Dritten belastet, so werden die allgemeinen Vorschriften, nach denen zur Aufhebung des Sondereigentums die Zustimmung des Dritten erforderlich ist, durch Absatz 1 nicht berührt.

(3) Werden die Wohnungsgrundbücher geschlossen, so wird für das Grundstück ein Grundbuchblatt nach den allgemeinen Vorschriften angelegt; die Sondereigentumsrechte erlöschen, soweit sie nicht bereits aufgehoben sind, mit der Anlegung des Grundbuchblatts.

2. Abschnitt. Gemeinschaft der Wohnungseigentümer

§ 10 Allgemeine Grundsätze

(1) Inhaber der Rechte und Pflichten nach den Vorschriften dieses Gesetzes, insbesondere des Sondereigentums und des gemeinschaftlichen Eigentums, sind die Wohnungseigentümer, soweit nicht etwas anderes ausdrücklich bestimmt ist.

(2) Das Verhältnis der Wohnungseigentümer untereinander bestimmt sich nach den Vorschriften dieses Gesetzes und, soweit dieses Gesetz keine besonderen Bestimmungen enthält, nach den Vorschriften des Bürgerlichen Gesetzbuches über die Gemeinschaft. Die Wohnungseigentümer können von den Vorschriften dieses Gesetzes abweichende Vereinbarungen treffen, soweit nicht etwas anderes ausdrücklich bestimmt ist. Jeder Wohnungseigentümer kann eine vom Gesetz abweichende Vereinbarung oder die Anpassung einer Vereinbarung verlangen, soweit ein Festhalten an der geltenden Regelung aus schwerwiegenden Gründen unter Berücksichtigung aller Umstände des Einzelfalles, insbesondere der Rechte und Interessen der anderen Wohnungseigentümer, unbillig erscheint.

(3) Vereinbarungen, durch die die Wohnungseigentümer ihr Verhältnis untereinander in Ergänzung oder Abweichung von Vorschriften dieses Gesetzes regeln, sowie die Abänderung oder Aufhebung solcher Vereinbarungen wirken gegen den Sondernachfolger eines Wohnungseigentümers nur, wenn sie als Inhalt des Sondereigentums im Grundbuch eingetragen sind.

(4) Beschlüsse der Wohnungseigentümer gemäß § 23 und gerichtliche Entscheidungen in einem Rechtsstreit gemäß § 43 bedürfen zu ihrer Wirksamkeit gegen den Sondernachfolger eines Wohnungseigentümers nicht der Eintragung in das Grundbuch. Dies gilt auch für die gemäß § 23 Abs. 1 aufgrund einer Vereinbarung gefassten Beschlüsse, die vom Gesetz abweichen oder eine Vereinbarung ändern.

(5) Rechtshandlungen in Angelegenheiten, über die nach diesem Gesetz oder nach einer Vereinbarung der Wohnungseigentümer durch Stimmenmehrheit beschlossen werden kann, wirken, wenn sie auf Grund eines mit solcher Mehrheit gefassten Beschlusses vorgenommen werden, auch für und gegen die Wohnungseigentümer, die gegen den Beschluss gestimmt oder an der Beschlussfassung nicht mitgewirkt haben.
(6) Die Gemeinschaft der Wohnungseigentümer kann im Rahmen der gesamten Verwaltung des gemeinschaftlichen Eigentums gegenüber Dritten und Wohnungseigentümern selbst Rechte erwerben und Pflichten eingehen. Sie ist Inhaberin der als Gemeinschaft gesetzlich begründeten und rechtsgeschäftlich erworbenen Rechte und Pflichten. Sie übt die gemeinschaftsbezogenen Rechte der Wohnungseigentümer aus und nimmt die gemeinschaftsbezogenen Pflichten der Wohnungseigentümer wahr, ebenso sonstige Rechte und Pflichten der Wohnungseigentümer, soweit diese gemeinschaftlich geltend gemacht werden können oder zu erfüllen sind. Die Gemeinschaft muss die Bezeichnung „Wohnungseigentümergemeinschaft" gefolgt von der bestimmten Angabe des gemeinschaftlichen Grundstücks führen. Sie kann vor Gericht klagen und verklagt werden.
(7) Das Verwaltungsvermögen gehört der Gemeinschaft der Wohnungseigentümer. Es besteht aus den im Rahmen der gesamten Verwaltung des gemeinschaftlichen Eigentums gesetzlich begründeten und rechtsgeschäftlich erworbenen Sachen und Rechten sowie den entstandenen Verbindlichkeiten. Zu dem Verwaltungsvermögen gehören insbesondere die Ansprüche und Befugnisse aus Rechtsverhältnissen mit Dritten und mit Wohnungseigentümern sowie die eingenommenen Gelder. Vereinigen sich sämtliche Wohnungseigentumsrechte in einer Person, geht das Verwaltungsvermögen auf den Eigentümer des Grundstücks über.
(8) Jeder Wohnungseigentümer haftet einem Gläubiger nach dem Verhältnis seines Miteigentumsanteils (§ 16 Abs. 1 Satz 2) für Verbindlichkeiten der Gemeinschaft der Wohnungseigentümer, die während seiner Zugehörigkeit zur Gemeinschaft entstanden oder während dieses Zeitraums fällig geworden sind; für die Haftung nach Veräußerung des Wohnungseigentums ist § 160 des Handelsgesetzbuches entsprechend anzuwenden. Er kann gegenüber einem Gläubiger neben den in seiner Person begründeten auch die der Gemeinschaft zustehenden Einwendungen und Einreden geltend machen, nicht aber seine Einwendungen und Einreden gegenüber der Gemeinschaft. Für die Einrede der Anfechtbarkeit und Aufrechenbarkeit ist § 770 des Bürgerlichen Gesetzbuches entsprechend anzuwenden. Die Haftung eines Wohnungseigentümers gegenüber der Gemeinschaft wegen nicht ordnungsmäßiger Verwaltung bestimmt sich nach Satz 1.

§ 11 Unauflöslichkeit der Gemeinschaft

(1) Kein Wohnungseigentümer kann die Aufhebung der Gemeinschaft verlangen. Dies gilt auch für eine Aufhebung aus wichtigem Grund. Eine

abweichende Vereinbarung ist nur für den Fall zulässig, dass das Gebäude ganz oder teilweise zerstört wird und eine Verpflichtung zum Wiederaufbau nicht besteht.
(2) Das Recht eines Pfändungsgläubigers (§ 751 des Bürgerlichen Gesetzbuches) sowie das im Insolvenzverfahren bestehende Recht (§ 84 Abs. 2 der Insolvenzordnung), die Aufhebung der Gemeinschaft zu verlangen, ist ausgeschlossen.
(3) Ein Insolvenzverfahren über das Verwaltungsvermögen der Gemeinschaft findet nicht statt.

§ 12 Veräußerungsbeschränkung
(1) Als Inhalt des Sondereigentums kann vereinbart werden, dass ein Wohnungseigentümer zur Veräußerung seines Wohnungseigentums der Zustimmung anderer Wohnungseigentümer oder eines Dritten bedarf.
(2) Die Zustimmung darf nur aus einem wichtigen Grunde versagt werden. Durch Vereinbarung gemäß Absatz 1 kann dem Wohnungseigentümer darüber hinaus für bestimmte Fälle ein Anspruch auf Erteilung der Zustimmung eingeräumt werden.
(3) Ist eine Vereinbarung gemäß Absatz 1 getroffen, so ist eine Veräußerung des Wohnungseigentums und ein Vertrag, durch den sich der Wohnungseigentümer zu einer solchen Veräußerung verpflichtet, unwirksam, solange nicht die erforderliche Zustimmung erteilt ist. Einer rechtsgeschäftlichen Veräußerung steht eine Veräußerung im Wege der Zwangsvollstreckung oder durch den Insolvenzverwalter gleich.
(4) Die Wohnungseigentümer können durch Stimmenmehrheit beschließen, dass eine Veräußerungsbeschränkung gemäß Absatz 1 aufgehoben wird. Diese Befugnis kann durch Vereinbarung der Wohnungseigentümer nicht eingeschränkt oder ausgeschlossen werden. Ist ein Beschluss gemäß Satz 1 gefasst, kann die Veräußerungsbeschränkung im Grundbuch gelöscht werden. Der Bewilligung gemäß § 19 der Grundbuchordnung bedarf es nicht, wenn der Beschluss gemäß Satz 1 nachgewiesen wird. Für diesen Nachweis ist § 26 Abs. 3 entsprechend anzuwenden.

§ 13 Rechte des Wohnungseigentümers
(1) Jeder Wohnungseigentümer kann, soweit nicht das Gesetz oder Rechte Dritter entgegenstehen, mit den im Sondereigentum stehenden Gebäudeteilen nach Belieben verfahren, insbesondere diese bewohnen, vermieten, verpachten oder in sonstiger Weise nutzen, und andere von Einwirkungen ausschließen.
(2) Jeder Wohnungseigentümer ist zum Mitgebrauch des gemeinschaftlichen Eigentums nach Maßgabe der §§ 14, 15 berechtigt. An den sonstigen Nutzungen des gemeinschaftlichen Eigentums gebührt jedem Wohnungseigentümer ein Anteil nach Maßgabe des § 16.

§ 14 Pflichten des Wohnungseigentümers

Jeder Wohnungseigentümer ist verpflichtet:

1. die im Sondereigentum stehenden Gebäudeteile so instand zu halten und von diesen sowie von dem gemeinschaftlichen Eigentum nur in solcher Weise Gebrauch zu machen, dass dadurch keinem der anderen Wohnungseigentümer über das bei einem geordneten Zusammenleben unvermeidliche Maß hinaus ein Nachteil erwächst;
2. für die Einhaltung der in Nr. 1 bezeichneten Pflichten durch Personen zu sorgen, die seinem Hausstand oder Geschäftsbetrieb angehören oder denen er sonst die Benutzung der im Sonder- oder Miteigentum stehenden Grundstücks- oder Gebäudeteile überlässt;
3. Einwirkungen auf die im Sondereigentum stehenden Gebäudeteile und das gemeinschaftliche Eigentum zu dulden, soweit sie auf einem nach Nrn. 1, 2 zulässigen Gebrauch beruhen;
4. das Betreten und die Benutzung der im Sondereigentum stehenden Gebäudeteile zu gestatten, soweit dies zur Instandhaltung und Instandsetzung des gemeinschaftlichen Eigentums erforderlich ist; der hierdurch entstehende Schaden ist zu ersetzen.

§ 15 Gebrauchsregelung

(1) Die Wohnungseigentümer können den Gebrauch des Sondereigentums und des gemeinschaftlichen Eigentums durch Vereinbarung regeln.
(2) Soweit nicht eine Vereinbarung nach Absatz 1 entgegensteht, können die Wohnungseigentümer durch Stimmenmehrheit einen der Beschaffenheit der im Sondereigentum stehenden Gebäudeteile und des gemeinschaftlichen Eigentums entsprechenden ordnungsmäßigen Gebrauch beschließen.
(3) Jeder Wohnungseigentümer kann einen Gebrauch der im Sondereigentum stehenden Gebäudeteile und des gemeinschaftlichen Eigentums verlangen, der dem Gesetz, den Vereinbarungen und Beschlüssen und, soweit sich die Regelung hieraus nicht ergibt, dem Interesse der Gesamtheit der Wohnungseigentümer nach billigem Ermessen entspricht.

§ 16 Nutzungen, Lasten und Kosten

(1) Jedem Wohnungseigentümer gebührt ein seinem Anteil entsprechender Bruchteil der Nutzungen des gemeinschaftlichen Eigentums. Der Anteil bestimmt sich nach dem gemäß § 47 der Grundbuchordnung im Grundbuch eingetragenen Verhältnis der Miteigentumsanteile.
(2) Jeder Wohnungseigentümer ist den anderen Wohnungseigentümern gegenüber verpflichtet, die Lasten des gemeinschaftlichen Eigentums sowie die Kosten der Instandhaltung, Instandsetzung, sonstigen Verwaltung und eines gemeinschaftlichen Gebrauchs des gemeinschaftlichen Eigentums nach dem Verhältnis seines Anteils (Absatz 1 Satz 2) zu tragen.
(3) Die Wohnungseigentümer können abweichend von Absatz 2 durch Stimmenmehrheit beschließen, dass die Betriebskosten des gemeinschaft-

lichen Eigentums oder des Sondereigentums im Sinne des § 556 Abs. 1 des Bürgerlichen Gesetzbuches, die nicht unmittelbar gegenüber Dritten abgerechnet werden, und die Kosten der Verwaltung nach Verbrauch oder Verursachung erfasst und nach diesem oder nach einem anderen Maßstab verteilt werden, soweit dies ordnungsmäßiger Verwaltung entspricht.
(4) Die Wohnungseigentümer können im Einzelfall zur Instandhaltung oder Instandsetzung im Sinne des § 21 Abs. 5 Nr. 2 oder zu baulichen Veränderungen oder Aufwendungen im Sinne des § 22 Abs. 1 und 2 durch Beschluss die Kostenverteilung abweichend von Absatz 2 regeln, wenn der abweichende Maßstab dem Gebrauch oder der Möglichkeit des Gebrauchs durch die Wohnungseigentümer Rechnung trägt. Der Beschluss zur Regelung der Kostenverteilung nach Satz 1 bedarf einer Mehrheit von drei Viertel aller stimmberechtigten Wohnungseigentümer im Sinne des § 25 Abs. 2 und mehr als der Hälfte aller Miteigentumsanteile.
(5) Die Befugnisse im Sinne der Absätze 3 und 4 können durch Vereinbarung der Wohnungseigentümer nicht eingeschränkt oder ausgeschlossen werden.
(6) Ein Wohnungseigentümer, der einer Maßnahme nach § 22 Abs. 1 nicht zugestimmt hat, ist nicht berechtigt, einen Anteil an Nutzungen, die auf einer solchen Maßnahme beruhen, zu beanspruchen; er ist nicht verpflichtet, Kosten, die durch eine solche Maßnahme verursacht sind, zu tragen. Satz 1 ist bei einer Kostenverteilung gemäß Absatz 4 nicht anzuwenden.
(7) Zu den Kosten der Verwaltung im Sinne des Absatzes 2 gehören insbesondere Kosten eines Rechtsstreits gemäß § 18 und der Ersatz des Schadens im Falle des § 14 Nr. 4.
(8) Kosten eines Rechtsstreits gemäß § 43 gehören nur dann zu den Kosten der Verwaltung im Sinne des Absatzes 2, wenn es sich um Mehrkosten gegenüber der gesetzlichen Vergütung eines Rechtsanwalts aufgrund einer Vereinbarung über die Vergütung (§ 27 Abs. 2 Nr. 4, Abs. 3 Nr. 6) handelt.

§ 17 Anteil bei Aufhebung der Gemeinschaft
Im Falle der Aufhebung der Gemeinschaft bestimmt sich der Anteil der Miteigentümer nach dem Verhältnis des Wertes ihrer Wohnungseigentumsrechte zur Zeit der Aufhebung der Gemeinschaft. Hat sich der Wert eines Miteigentumsanteils durch Maßnahmen verändert, deren Kosten der Wohnungseigentümer nicht getragen hat, so bleibt eine solche Veränderung bei der Berechnung des Wertes dieses Anteils außer Betracht.

§ 18 Entziehung des Wohnungseigentums
(1) Hat ein Wohnungseigentümer sich einer so schweren Verletzung der ihm gegenüber anderen Wohnungseigentümern obliegenden Verpflichtungen schuldig gemacht, dass diesen die Fortsetzung der Gemeinschaft mit ihm nicht mehr zugemutet werden kann, so können die anderen Wohnungseigentümer von ihm die Veräußerung seines Wohnungseigentums verlangen. Die Ausübung des Entziehungsrechts steht der Gemeinschaft

zu, soweit es sich nicht um eine Gemeinschaft handelt, die nur aus zwei Wohnungseigentümern besteht.

(2) Die Voraussetzungen des Absatzes 1 liegen insbesondere vor, wenn

1. der Wohnungseigentümer trotz Abmahnung wiederholt gröblich gegen die ihm nach § 14 obliegenden Pflichten verstößt;
2. der Wohnungseigentümer sich mit der Erfüllung seiner Verpflichtungen zur Lasten- und Kostentragung (§ 16 Abs. 2) in Höhe eines Betrages, der drei vom Hundert des Einheitswertes seines Wohnungseigentums übersteigt, länger als drei Monate in Verzug befindet; in diesem Fall steht § 30 der Abgabenordnung einer Mitteilung des Einheitswertes an die Gemeinschaft der Wohnungseigentümer oder, soweit die Gemeinschaft nur aus zwei Wohnungseigentümern besteht, an den anderen Wohnungseigentümer nicht entgegen.

(3) Über das Verlangen nach Absatz 1 beschließen die Wohnungseigentümer durch Stimmenmehrheit. Der Beschluss bedarf einer Mehrheit von mehr als der Hälfte der stimmberechtigten Wohnungseigentümer. Die Vorschriften des § 25 Abs. 3, 4 sind in diesem Falle nicht anzuwenden.

(4) Der in Absatz 1 bestimmte Anspruch kann durch Vereinbarung der Wohnungseigentümer nicht eingeschränkt oder ausgeschlossen werden.

§ 19 Wirkung des Urteils

(1) Das Urteil, durch das ein Wohnungseigentümer zur Veräußerung seines Wohnungseigentums verurteilt wird, berechtigt jeden Miteigentümer zur Zwangsvollstreckung entsprechend den Vorschriften des Ersten Abschnitts des Gesetzes über die Zwangsversteigerung und die Zwangsverwaltung. Die Ausübung dieses Rechts steht der Gemeinschaft der Wohnungseigentümer zu, soweit es sich nicht um eine Gemeinschaft handelt, die nur aus zwei Wohnungseigentümern besteht.

(2) Der Wohnungseigentümer kann im Falle des § 18 Abs. 2 Nr. 2 bis zur Erteilung des Zuschlags die in Absatz 1 bezeichnete Wirkung des Urteils dadurch abwenden, dass er die Verpflichtungen, wegen deren Nichterfüllung er verurteilt ist, einschließlich der Verpflichtung zum Ersatz der durch den Rechtsstreit und das Versteigerungsverfahren entstandenen Kosten sowie die fälligen weiteren Verpflichtungen zur Lasten- und Kostentragung erfüllt.

(3) Ein gerichtlicher oder von einer Gütestelle geschlossener Vergleich, durch den sich der Wohnungseigentümer zur Veräußerung seines Wohnungseigentums verpflichtet, steht dem in Absatz 1 bezeichneten Urteil gleich.

3. Abschnitt. Verwaltung

§ 20 Gliederung der Verwaltung

(1) Die Verwaltung des gemeinschaftlichen Eigentums obliegt den Wohnungseigentümern nach Maßgabe der §§ 21 bis 25 und dem Verwalter nach

Maßgabe der §§ 26 bis 28, im Falle der Bestellung eines Verwaltungsbeirats auch diesem nach Maßgabe des § 29.
(2) Die Bestellung eines Verwalters kann nicht ausgeschlossen werden.

§ 21 Verwaltung durch die Wohnungseigentümer
(1) Soweit nicht in diesem Gesetz oder durch Vereinbarung der Wohnungseigentümer etwas anderes bestimmt ist, steht die Verwaltung des gemeinschaftlichen Eigentums den Wohnungseigentümern gemeinschaftlich zu.
(2) Jeder Wohnungseigentümer ist berechtigt, ohne Zustimmung der anderen Wohnungseigentümer die Maßnahmen zu treffen, die zur Abwendung eines dem gemeinschaftlichen Eigentum unmittelbar drohenden Schadens notwendig sind.
(3) Soweit die Verwaltung des gemeinschaftlichen Eigentums nicht durch Vereinbarung der Wohnungseigentümer geregelt ist, können die Wohnungseigentümer eine der Beschaffenheit des gemeinschaftlichen Eigentums entsprechende ordnungsmäßige Verwaltung durch Stimmenmehrheit beschließen.
(4) Jeder Wohnungseigentümer kann eine Verwaltung verlangen, die den Vereinbarungen der Gesamtheit der Wohnungseigentümer nach billigem Ermessen entspricht.
(5) Zu einer ordnungsmäßigen, dem Interesse der Gesamtheit der Wohnungseigentümer entsprechenden Verwaltung
gehört insbesondere:
1. die Aufstellung einer Hausordnung;
2. die ordnungsmäßige Instandhaltung und Instandsetzung des gemeinschaftlichen Eigentums;
3. die Feuerversicherung des gemeinschaftlichen Eigentums zum Neuwert sowie die angemessene Versicherung der Wohnungseigentümer gegen Haus- und Grundbesitzerhaftpflicht;
4. die Ansammlung einer angemessenen Instandhaltungsrückstellung;
5. die Aufstellung eines Wirtschaftplans (§ 28);
6. die Duldung aller Maßnahmen, die zur Herstellung einer Fernsprechteilnehmereinrichtung, einer Rundfunkempfangsanlage oder eines Energieversorgungsanschlusses zugunsten eines Wohnungseigentümers erforderlich sind.

(6) Der Wohnungseigentümer, zu dessen Gunsten eine Maßnahme der in Absatz 5 Nr. 6 bezeichneten Art getroffen
wird, ist zum Ersatz des hierdurch entstehenden Schadens verpflichtet.
(7) Die Wohnungseigentümer können die Regelung der Art und Weise von Zahlungen, der Fälligkeit und der Folgen des Verzugs sowie der Kosten für eine besondere Nutzung des gemeinschaftlichen Eigentums oder für einen besonderen Verwaltungsaufwand mit Stimmenmehrheit beschließen.
(8) Treffen die Wohnungseigentümer eine nach dem Gesetz erforderliche

Maßnahme nicht, so kann an ihrer Stelle das Gericht in einem Rechtsstreit gemäß § 43 nach billigem Ermessen entscheiden, soweit sich die Maßnahme nicht aus dem Gesetz, einer Vereinbarung oder einem Beschluss der Wohnungseigentümer ergibt.

§ 22 Besondere Aufwendungen, Wiederaufbau

(1) Bauliche Veränderungen und Aufwendungen, die über die ordnungsmäßige Instandhaltung oder Instandsetzung des gemeinschaftlichen Eigentums hinausgehen, können beschlossen oder verlangt werden, wenn jeder Wohnungseigentümer zustimmt, dessen Rechte durch die Maßnahmen über das in § 14 Nr. 1 bestimmte Maß hinaus beeinträchtigt werden. Die Zustimmung ist nicht erforderlich, soweit die Rechte eines Wohnungseigentümers nicht in der in Satz 1 bezeichneten Weise beeinträchtigt werden.

(2) Maßnahmen gemäß Absatz 1 Satz 1, die der Modernisierung entsprechend § 559 Abs. 1 des Bürgerlichen Gesetzbuches oder der Anpassung des gemeinschaftlichen Eigentums an den Stand der Technik dienen, die Eigenart der Wohnanlage nicht ändern und keinen Wohnungseigentümer gegenüber anderen unbillig beeinträchtigen, können abweichend von Absatz 1 durch eine Mehrheit von drei Viertel aller stimmberechtigten Wohnungseigentümer im Sinne des § 25 Abs. 2 und mehr als der Hälfte aller Miteigentumsanteile beschlossen werden. Die Befugnis im Sinne des Satzes 1 kann durch Vereinbarung der Wohnungseigentümer nicht eingeschränkt oder ausgeschlossen werden.

(3) Für Maßnahmen der modernisierenden Instandsetzung im Sinne des § 21 Abs. 5 Nr. 2 verbleibt es bei den Vorschriften des § 21 Abs. 3 und 4.

(4) Ist das Gebäude zu mehr als der Hälfte seines Wertes zerstört und ist der Schaden nicht durch eine Versicherung oder in anderer Weise gedeckt, so kann der Wiederaufbau nicht gemäß § 21 Abs. 3 beschlossen oder gemäß § 21 Abs. 4 verlangt werden.

§ 23 Wohnungseigentümerversammlung

(1) Angelegenheiten, über die nach diesem Gesetz oder nach einer Vereinbarung der Wohnungseigentümer die Wohnungseigentümer durch Beschluss entscheiden können, werden durch Beschlussfassung in einer Versammlung der Wohnungseigentümer geordnet.

(2) Zur Gültigkeit eines Beschlusses ist erforderlich, dass der Gegenstand bei der Einberufung bezeichnet ist.

(3) Auch ohne Versammlung ist ein Beschluss gültig, wenn alle Wohnungseigentümer ihre Zustimmung zu diesem Beschluss schriftlich erklären.

(4) Ein Beschluss, der gegen eine Rechtsvorschrift verstößt, auf deren Einhaltung rechtswirksam nicht verzichtet werden kann, ist nichtig. Im Übrigen ist ein Beschluss gültig, solange er nicht durch rechtskräftiges Urteil für ungültig erklärt ist.

§ 24 Einberufung, Vorsitz, Niederschrift

(1) Die Versammlung der Wohnungseigentümer wird von dem Verwalter mindestens einmal im Jahr einberufen.

(2) Die Versammlung der Wohnungseigentümer muss von dem Verwalter in den durch Vereinbarung der Wohnungseigentümer bestimmten Fällen, im Übrigen dann einberufen werden, wenn dies schriftlich unter Angabe des Zwecks und der Gründe von mehr als einem Viertel der Wohnungseigentümer verlangt wird.

(3) Fehlt ein Verwalter oder weigert er sich pflichtwidrig, die Versammlung der Wohnungseigentümer einzuberufen, so kann die Versammlung auch, falls ein Verwaltungsbeirat bestellt ist, von dessen Vorsitzenden oder seinem Vertreter einberufen werden.

(4) Die Einberufung erfolgt in Textform. Die Frist der Einberufung soll, sofern nicht ein Fall besonderer Dringlichkeit vorliegt, mindestens zwei Wochen betragen.

(5) Den Vorsitz in der Wohnungseigentümerversammlung führt, sofern diese nichts anderes beschließt, der Verwalter.

(6) Über die in der Versammlung gefassten Beschlüsse ist eine Niederschrift aufzunehmen. Die Niederschrift ist von dem Vorsitzenden und einem Wohnungseigentümer und, falls ein Verwaltungsbeirat bestellt ist, auch von dessen Vorsitzenden oder seinem Vertreter zu unterschreiben. Jeder Wohnungseigentümer ist berechtigt, die Niederschrift einzusehen.

(7) Es ist eine Beschluss-Sammlung zu führen. Die Beschluss-Sammlung enthält nur den Wortlaut

1. der in der Versammlung der Wohnungseigentümer verkündeten Beschlüsse mit Angabe von Ort und Datum der Versammlung
2. der schriftlichen Beschlüsse mit Angabe von Ort und Datum der Verkündung
   und
3. der Urteilsformeln der gerichtlichen Entscheidungen in einem Rechtsstreit gemäß § 43 mit Angabe ihres Datums, des Gerichts und der Parteien,

soweit diese Beschlüsse und gerichtlichen Entscheidungen nach dem 1. Juli 2007 ergangen sind. Die Beschlüsse und gerichtlichen Entscheidungen sind fortlaufend einzutragen und zu nummerieren. Sind sie angefochten oder aufgehoben worden, so ist dies anzumerken. Im Falle einer Aufhebung kann von einer Anmerkung abgesehen und die Eintragung gelöscht werden. Eine Eintragung kann auch gelöscht werden, wenn sie aus einem anderen Grund für die Wohnungseigentümer keine Bedeutung mehr hat. Die Eintragungen, Vermerke und Löschungen gemäß den Sätzen 3 bis 6 sind unverzüglich zu erledigen und mit Datum zu versehen. Einem Wohnungseigentümer oder einem Dritten, den ein Wohnungseigentümer ermächtigt hat, ist auf sein Verlangen Einsicht in die Beschluss-Sammlung zu geben.

(8) Die Beschluss-Sammlung ist von dem Verwalter zu führen. Fehlt ein Verwalter, so ist der Vorsitzende der Wohnungseigentümerversammlung

verpflichtet, die Beschluss-Sammlung zu führen, sofern die Wohnungseigentümer durch Stimmenmehrheit keinen anderen für diese Aufgabe bestellt haben.

§ 25 Mehrheitsbeschluss

(1) Für die Beschlussfassung in Angelegenheiten, über die die Wohnungseigentümer durch Stimmenmehrheit beschließen, gelten die Vorschriften der Absätze 2 bis 5.

(2) Jeder Wohnungseigentümer hat eine Stimme. Steht ein Wohnungseigentum mehreren gemeinschaftlich zu, so können sie das Stimmrecht nur einheitlich ausüben.

(3) Die Versammlung ist nur beschlussfähig, wenn die erschienenen stimmberechtigten Wohnungseigentümer mehr als die Hälfte der Miteigentumsanteile, berechnet nach der im Grundbuch eingetragenen Größe dieser Anteile, vertreten.

(4) Ist eine Versammlung nicht gemäß Absatz 3 beschlussfähig, so beruft der Verwalter eine neue Versammlung mit dem gleichen Gegenstand ein. Diese Versammlung ist ohne Rücksicht auf die Höhe der vertretenen Anteile beschlussfähig; hierauf ist bei der Einberufung hinzuweisen.

(5) Ein Wohnungseigentümer ist nicht stimmberechtigt, wenn die Beschlussfassung die Vornahme eines auf die Verwaltung des gemeinschaftlichen Eigentums bezüglichen Rechtsgeschäfts mit ihm oder die Einleitung oder Erledigung eines Rechtsstreits der anderen Wohnungseigentümer gegen ihn betrifft oder wenn er nach § 18 rechtskräftig verurteilt ist.

§ 26 Bestellung und Abberufung des Verwalters

(1) Über die Bestellung und Abberufung des Verwalters beschließen die Wohnungseigentümer mit Stimmenmehrheit. Die Bestellung darf auf höchstens fünf Jahre vorgenommen werden, im Falle der ersten Bestellung nach der Begründung von Wohnungseigentum aber auf höchstens drei Jahre. Die Abberufung des Verwalters kann auf das Vorliegen eines wichtigen Grundes beschränkt werden. Ein wichtiger Grund liegt regelmäßig vor, wenn der Verwalter die Beschluss-Sammlung nicht ordnungsmäßig führt. Andere Beschränkungen der Bestellung oder Abberufung des Verwalters sind nicht zulässig.

(2) Die wiederholte Bestellung ist zulässig; sie bedarf eines erneuten Beschlusses der Wohnungseigentümer, der frühestens ein Jahr vor Ablauf der Bestellungszeit gefasst werden kann.

(3) Soweit die Verwaltereigenschaft durch eine öffentlich beglaubigte Urkunde nachgewiesen werden muss, genügt die Vorlage einer Niederschrift über den Bestellungsbeschluss, bei der die Unterschriften der in § 24 Abs. 6 bezeichneten Personen öffentlich beglaubigt sind.[2]

2 Der bisherige Absatz 3 zur richterlichen Bestellung des Verwalters ist aufgehoben durch Gesetz vom 26. 3. 2007

§ 27 Aufgaben und Befugnisse des Verwalters

(1) Der Verwalter ist gegenüber den Wohnungseigentümern und gegenüber der Gemeinschaft der Wohnungseigentümer berechtigt und verpflichtet:

1. Beschlüsse der Wohnungseigentümer durchzuführen und für die Durchführung der Hausordnung zu sorgen;
2. die für die ordnungsmäßige Instandhaltung und Instandsetzung des gemeinschaftlichen Eigentums erforderlichen Maßnahmen zu treffen;
3. in dringenden Fällen sonstige zur Erhaltung des gemeinschaftlichen Eigentums erforderliche Maßnahmen zu treffen;
4. Lasten- und Kostenbeiträge, Tilgungsbeträge und Hypothekenzinsen anzufordern, in Empfang zu nehmen und abzuführen, soweit es sich um gemeinschaftliche Angelegenheiten der Wohnungseigentümer handelt;
5. alle Zahlungen und Leistungen zu bewirken und entgegenzunehmen, die mit der laufenden Verwaltung des gemeinschaftlichen Eigentums zusammenhängen;
6. eingenommene Gelder zu verwalten;
7. die Wohnungseigentümer unverzüglich darüber zu unterrichten, dass ein Rechtsstreit gemäß § 43 anhängig ist;
8. die Erklärungen abzugeben, die zur Vornahme der in § 21 Abs. 5 Nr. 6 bezeichneten Maßnahmen erforderlich sind .

(2) Der Verwalter ist berechtigt, im Namen aller Wohnungseigentümer und mit Wirkung für und gegen sie

1. Willenserklärungen und Zustellungen entgegenzunehmen, soweit sie an alle Wohnungseigentümer in dieser Eigenschaft gerichtet sind;
2. Maßnahmen zu treffen, die zur Wahrung einer Frist oder zur Abwendung eines sonstigen Rechtsnachteils erforderlich sind, insbesondere einen gegen die Wohnungseigentümer gerichteten Rechtsstreit gemäß § 43 Nr. 1, Nr. 4 oder Nr. 5 im Erkenntnis- und Vollstreckungsverfahren zu führen;
3. Ansprüche gerichtlich und außergerichtlich geltend zu machen, sofern er hierzu durch Vereinbarung oder Beschluss mit Stimmenmehrheit der Wohnungseigentümer ermächtigt ist;
4. mit einem Rechtsanwalt wegen eines Rechtsstreits gemäß § 43 Nr. 1, Nr. 4 oder Nr. 5 zu vereinbaren, dass sich die Gebühren nach einem höheren als dem gesetzlichen Streitwert, höchstens nach einem gemäß § 49 a Abs. 1 Satz 1 des Gerichtskostengesetzes bestimmten Streitwert bemessen.

(3) Der Verwalter ist berechtigt, im Namen der Gemeinschaft der Wohnungseigentümer und mit Wirkung für und gegen sie

1. Willenserklärungen und Zustellungen entgegenzunehmen;
2. Maßnahmen zu treffen, die zur Wahrung einer Frist oder zur Abwendung eines sonstigen Rechtsnachteils erforderlich sind, insbesondere einen gegen die Gemeinschaft gerichteten Rechtsstreit gemäß § 43 Nr. 2 oder Nr. 5 im Erkenntnis- und Vollstreckungsverfahren zu führen;

3. die laufenden Maßnahmen der erforderlichen ordnungsmäßigen Instandhaltung und Instandsetzung gemäß Abs. 1 Nr. 2 zu treffen;
4. die Maßnahmen gemäß Abs. 1 Nr. 3 bis 5 und Nr. 8 zu treffen;
5. im Rahmen der Verwaltung der eingenommenen Gelder gemäß Abs. 1 Nr. 6 Konten zu führen;
6. mit einem Rechtsanwalt wegen eines Rechtsstreits gemäß § 43 Nr. 2 oder Nr. 5 eine Vergütung gemäß Abs. 2 Nr. 4 zu vereinbaren;
7. sonstige Rechtsgeschäfte und Rechtshandlungen vorzunehmen, soweit er hierzu durch Vereinbarung oder Beschluss der Wohnungseigentümer mit Stimmenmehrheit ermächtigt ist.

Fehlt ein Verwalter oder ist er zur Vertretung nicht berechtigt, so vertreten alle Wohnungseigentümer die Gemeinschaft. Die Wohnungseigentümer können durch Beschluss mit Stimmenmehrheit einen oder mehrere Wohnungseigentümer zur Vertretung ermächtigen.
(4) Die dem Verwalter nach den Absätzen 1 bis 3 zustehenden Aufgaben und Befugnisse können durch Vereinbarung der Wohnungseigentümer nicht eingeschränkt oder ausgeschlossen werden.
(5) Der Verwalter ist verpflichtet, eingenommene Gelder von seinem Vermögen gesondert zu halten. Die Verfügung über solche Gelder kann durch Vereinbarung oder Beschluss der Wohnungseigentümer mit Stimmenmehrheit von der Zustimmung eines Wohnungseigentümers oder eines Dritten abhängig gemacht werden.
(6) Der Verwalter kann von den Wohnungseigentümern die Ausstellung einer Vollmachts- und Ermächtigungsurkunde verlangen, aus der der Umfang seiner Vertretungsmacht ersichtlich ist.

§ 28 Wirtschaftsplan, Rechnungslegung

(1) Der Verwalter hat jeweils für ein Kalenderjahr einen Wirtschaftsplan aufzustellen. Der Wirtschaftsplan enthält:
1. die voraussichtlichen Einnahmen und Ausgaben bei der Verwaltung des gemeinschaftlichen Eigentums;
2. die anteilmäßige Verpflichtung der Wohnungseigentümer zur Lasten- und Kostentragung;
3. die Beitragsleistungen der Wohnungseigentümer zu der in § 21 Abs. 5 Nr. 4 vorgesehenen Instandhaltungsrückstellung.

(2) Die Wohnungseigentümer sind verpflichtet, nach Abruf durch den Verwalter dem beschlossenen Wirtschaftsplan entsprechende Vorschüsse zu leisten.
(3) Der Verwalter hat nach Ablauf des Kalenderjahres eine Abrechnung aufzustellen.
(4) Die Wohnungseigentümer können durch Mehrheitsbeschluss jederzeit von dem Verwalter Rechnungslegung verlangen.
(5) Über den Wirtschaftsplan, die Abrechnung und die Rechnungslegung des Verwalters beschließen die Wohnungseigentümer durch Stimmenmehrheit.

§ 29 Verwaltungsbeirat

(1) Die Wohnungseigentümer können durch Stimmenmehrheit die Bestellung eines Verwaltungsbeirats beschließen. Der Verwaltungsbeirat besteht aus einem Wohnungseigentümer als Vorsitzenden und zwei weiteren Wohnungseigentümern als Beisitzern.

(2) Der Verwaltungsbeirat unterstützt den Verwalter bei der Durchführung seiner Aufgaben.

(3) Der Wirtschaftsplan, die Abrechnung über den Wirtschaftsplan, Rechnungslegungen und Kostenanschläge sollen, bevor über sie die Wohnungseigentümerversammlung beschließt, vom Verwaltungsbeirat geprüft und mit dessen Stellungnahme versehen werden.

(4) Der Verwaltungsbeirat wird von dem Vorsitzenden nach Bedarf einberufen.

4. Abschnitt. Wohnungserbbaurecht

§ 30 Erbbaurecht

(1) Steht ein Erbbaurecht mehreren gemeinschaftlich nach Bruchteilen zu, so können die Anteile in der Weise beschränkt werden, dass jedem der Mitberechtigten das Sondereigentum an einer bestimmten Wohnung oder nicht zu Wohnzwecken dienenden bestimmten Räumen in einem auf Grund des Erbbaurechts errichteten oder zu errichtenden Gebäude eingeräumt wird (Wohnungserbbaurecht, Teilerbbaurecht).

(2) Ein Erbbauberechtigter kann das Erbbaurecht in entsprechender Anwendung des § 8 teilen.

(3) Für jeden Anteil wird von Amts wegen ein besonderes Erbbaugrundbuchblatt angelegt (Wohnungserbbaugrundbuch, Teilerbbaugrundbuch). Im Übrigen gelten für das Wohnungserbbaurecht (Teilerbbaurecht) die Vorschriften über das Wohnungseigentum (Teileigentum) entsprechend.

II. Teil. Dauerwohnrecht

§ 31 Begriffsbestimmungen

(1) Ein Grundstück kann in der Weise belastet werden, dass derjenige, zu dessen Gunsten die Belastung erfolgt, berechtigt ist, unter Ausschluss des Eigentümers eine bestimmte Wohnung in einem auf dem Grundstück errichteten oder zu errichtenden Gebäude zu bewohnen oder n anderer Weise zu nutzen (Dauerwohnrecht). Das Dauerwohnrecht kann auf einen außerhalb des Gebäudes liegenden Teil des Grundstücks erstreckt werden, sofern die Wohnung wirtschaftlich die Hauptsache bleibt.

(2) Ein Grundstück kann in der Weise belastet werden, dass derjenige, zu

dessen Gunsten die Belastung erfolgt, berechtigt ist, unter Ausschluss des Eigentümers nicht zu Wohnzwecken dienende bestimmte Räume in einem auf dem Grundstück errichteten oder zu errichtenden Gebäude zu nutzen (Dauernutzungsrecht).
(3) Für das Dauernutzungsrecht gelten die Vorschriften über das Dauerwohnrecht entsprechend.

§ 32 Voraussetzungen der Eintragung

(1) Das Dauerwohnrecht soll nur bestellt werden, wenn die Wohnung in sich abgeschlossen ist.[3]
(2) Zur näheren Bezeichnung des Gegenstandes und des Inhalts des Dauerwohnrechts kann auf die Eintragungsbewilligung Bezug genommen werden. Der Eintragungsbewilligung sind als Anlage beizufügen:

1. eine von der Baubehörde mit Unterschrift und Siegel oder Stempel versehene Bauzeichnung, aus der die Aufteilung des Gebäudes sowie die Lage und Größe der dem Dauerwohnrecht unterliegenden Gebäude- und Grundstücksteile ersichtlich ist (Aufteilungsplan); alle zu demselben Dauerwohnrecht gehörenden Einzelräume sind mit der jeweils gleichen Nummer zu kennzeichnen;
2. eine Bescheinigung der Baubehörde, dass die Voraussetzungen des Absatzes 1 vorliegen.

Wenn in der Eintragungsbewilligung für die einzelnen Dauerwohnrechte Nummern angegeben werden, sollen sie mit denen des Aufteilungsplans übereinstimmen. Die Landesregierungen können durch Rechtsverordnung bestimmen, dass und in welchen Fällen der Aufteilungsplan (Satz 2 Nr. 1) und die Abgeschlossenheit (Satz 2 Nr. 2) von einem öffentlich bestellten oder anerkannten Sachverständigen für das Bauwesen statt von der Baubehörde ausgefertigt und bescheinigt werden. Werden diese Aufgaben von dem Sachverständigen wahrgenommen, so gelten die Bestimmungen der Allgemeinen Verwaltungsvorschrift für die Ausstellung von Bescheinigungen gemäß § 7 Abs. 4 Nr. 2 und § 32 Abs. 2 Nr. 2 des Wohnungseigentumsgesetzes vom 19. März 1974 (BAnz Nr. 58 vom 23. März 1974) entsprechend. In diesem Fall bedürfen die Anlagen nicht der Form des § 29 der Grundbuchordnung. Die Landesregierungen können die Ermächtigung durch Rechtsverordnung auf die Landesbauverwaltungen übertragen.
(3) Das Grundbuchamt soll die Eintragung des Dauerwohnrechts ablehnen, wenn über die in § 33 Abs. 4 Nr. 1 bis 4 bezeichneten Angelegenheiten, über die Voraussetzungen des Heimfallanspruchs (§ 36 Abs. 1) und über die Entschädigung beim Heimfall (§ 36 Abs. 4) keine Vereinbarungen getroffen sind.

3 Satz 2 ist aufgehoben durch Gesetz vom 26. 3. 2007, BGBl. I S. 370

§ 33 Inhalt des Dauerwohnrechts

(1) Das Dauerwohnrecht ist veräußerlich und vererblich. Es kann nicht unter einer Bedingung bestellt werden.

(2) Auf das Dauerwohnrecht sind, soweit nicht etwas anderes vereinbart ist, die Vorschriften des § 14 entsprechend anzuwenden.

(3) Der Berechtigte kann die zum gemeinschaftlichen Gebrauch bestimmten Teile, Anlagen und Einrichtungen des Gebäudes und Grundstücks mitbenutzen, soweit nichts anderes vereinbart ist.

(4) Als Inhalt des Dauerwohnrechts können Vereinbarungen getroffen werden über:

1. Art und Umfang der Nutzungen;
2. Instandhaltung und Instandsetzung der dem Dauerwohnrecht unterliegenden Gebäudeteile;
3. die Pflicht des Berechtigten zur Tragung öffentlicher oder privatrechtlicher Lasten des Grundstücks;
4. die Versicherung des Gebäudes und seinen Wiederaufbau im Falle der Zerstörung;
5. das Recht des Eigentümers, bei Vorliegen bestimmter Voraussetzungen Sicherheitsleistung zu verlangen.

§ 34 Ansprüche des Eigentümers und der Dauerwohnberechtigten

(1) Auf die Ersatzansprüche des Eigentümers wegen Veränderungen oder Verschlechterungen sowie auf die Ansprüche der Dauerwohnberechtigten auf Ersatz von Verwendungen oder auf Gestattung der Wegnahme einer Einrichtung sind die §§ 1049, 1057 des Bürgerlichen Gesetzbuches entsprechend anzuwenden.

(2) Wird das Dauerwohnrecht beeinträchtigt, so sind auf die Ansprüche des Berechtigten die für die Ansprüche aus dem Eigentum geltenden Vorschriften entsprechend anzuwenden.

§ 35 Veräußerungsbeschränkung

Als Inhalt des Dauerwohnrechts kann vereinbart werden, dass der Berechtigte zur Veräußerung des Dauerwohnrechts der Zustimmung des Eigentümers oder eines Dritten bedarf. Die Vorschriften des § 12 gelten in diesem Falle entsprechend.

§ 36 Heimfallanspruch

(1) Als Inhalt des Dauerwohnrechts kann vereinbart werden, dass der Berechtigte verpflichtet ist, das Dauerwohnrecht beim Eintritt bestimmter Voraussetzungen auf den Grundstückseigentümer oder einen von diesem zu bezeichnenden Dritten zu übertragen (Heimfallanspruch). Der Heimfallanspruch kann nicht von dem Eigentum an dem Grundstück getrennt werden.

(2) Bezieht sich das Dauerwohnrecht auf Räume, die dem Mieterschutz unterliegen, so kann der Eigentümer von dem Heimfallanspruch nur Ge-

brauch machen, wenn ein Grund vorliegt, aus dem ein Vermieter die Aufhebung des Mietverhältnisses verlangen oder kündigen kann.
(3) Der Heimfallanspruch verjährt in sechs Monaten von dem Zeitpunkt an, in dem der Eigentümer von dem Eintritt der Voraussetzungen Kenntnis erlangt, ohne Rücksicht auf diese Kenntnis in zwei Jahren von dem Eintritt der Voraussetzungen an.
(4) Als Inhalt des Dauerwohnrechts kann vereinbart werden, dass der Eigentümer dem Berechtigten eine Entschädigung zu gewähren hat, wenn er von dem Heimfallanspruch Gebrauch macht. Als Inhalt des Dauerwohnrechts können Vereinbarungen über die Berechnung oder Höhe der Entschädigung oder die Art ihrer Zahlung getroffen werden.

§ 37 Vermietung
(1) Hat der Dauerwohnberechtigte die dem Dauerwohnrecht unterliegenden Gebäude- oder Grundstücksteile vermietet oder verpachtet, so erlischt das Miet- oder Pachtverhältnis, wenn das Dauerwohnrecht erlischt.
(2) Macht der Eigentümer von seinem Heimfallanspruch Gebrauch, so tritt er oder derjenige, auf den das Dauerwohnrecht zu übertragen ist, in das Miet- oder Pachtverhältnis ein; die Vorschriften der §§ 566 bis 566e des Bürgerlichen Gesetzbuches gelten entsprechend.[4]
(3) Absatz 2 gilt entsprechend, wenn das Dauerwohnrecht veräußert wird. Wird das Dauerwohnrecht im Wege der Zwangsvollstreckung veräußert, so steht dem Erwerber ein Kündigungsrecht in entsprechender Anwendung des § 57a des Gesetzes über die Zwangsversteigerung und Zwangsverwaltung zu.

§ 38 Eintritt in das Rechtsverhältnis
(1) Wird das Dauerwohnrecht veräußert, so tritt der Erwerber an Stelle des Veräußerers in die sich während der Dauer seiner Berechtigung aus dem Rechtsverhältnis zu dem Eigentümer ergebenden Verpflichtungen ein.
(2) Wird das Grundstück veräußert, so tritt der Erwerber an die Stelle des Veräußerers in die sich während der Dauer seines Eigentums aus dem Rechtsverhältnis zu dem Dauerwohnberechtigten ergebenden Rechte ein. Das gleiche gilt für den Erwerb auf Grund Zuschlages in der Zwangsversteigerung, wenn das Dauerwohnrecht durch den Zuschlag nicht erlischt.

§ 39 Zwangsversteigerung
(1) Als Inhalt des Dauerwohnrechts kann vereinbart werden, dass das Dauerwohnrecht im Falle der Zwangsversteigerung des Grundstücks abweichend von § 44 des Gesetzes über die Zwangsversteigerung und Zwangsverwaltung auch dann bestehen bleiben soll, wenn der Gläubiger einer dem Dauerwohnrecht im Range vorgehenden oder gleichstehenden

4 § 37 Abs. 2 Halbsatz 2 geändert durch Art. 7 Abs. 25 Nr. 1 Gesetz vom 19. 6. 2001 (BGBl. I S. 1149)

Hypothek, Grundschuld, Rentenschuld oder Reallast die Zwangsversteigerung in das Grundstück betreibt.
(2) Eine Vereinbarung gemäß Absatz 1 bedarf zu ihrer Wirksamkeit der Zustimmung derjenigen, denen eine dem Dauerwohnrecht im Range vorgehende oder gleichstehende Hypothek, Grundschuld, Rentenschuld oder Reallast zusteht.
(3) Eine Vereinbarung gemäß Absatz 1 ist nur wirksam für den Fall, dass der Dauerwohnberechtigte im Zeitpunkt der Feststellung der Versteigerungsbedingungen seine fälligen Zahlungsverpflichtungen gegenüber dem Eigentümer erfüllt hat; in Ergänzung einer Vereinbarung nach Absatz 1 kann vereinbart werden, dass das Fortbestehen des Dauerwohnrechts vom Vorliegen weiterer Voraussetzungen abhängig ist.

§ 40 Haftung des Entgelts
(1) Hypotheken, Grundschulden, Rentenschulden und Reallasten, die dem Dauerwohnrecht im Range vorgehen oder gleichstehen, sowie öffentliche Lasten, die in wiederkehrenden Leistungen bestehen, erstrecken sich auf den Anspruch auf das Entgelt für das Dauerwohnrecht in gleicher Weise wie auf eine Mietforderung, soweit nicht in Absatz 2 etwas Abweichendes bestimmt ist. Im Übrigen sind die für Mietforderungen geltenden Vorschriften nicht entsprechend anzuwenden.
(2) Als Inhalt des Dauerwohnrechts kann vereinbart werden, dass Verfügungen über den Anspruch auf das Entgelt, wenn es in wiederkehrenden Leistungen ausbedungen ist, gegenüber dem Gläubiger einer dem Dauerwohnrecht im Range vorgehenden oder gleichstehenden Hypothek, Grundschuld, Rentenschuld oder Reallast wirksam sind. Für eine solche Vereinbarung gilt § 39 Abs. 2 entsprechend.

§ 41 Besondere Vorschriften für langfristige Dauerwohnrechte
(1) Für Dauerwohnrechte, die zeitlich unbegrenzt oder für einen Zeitraum von mehr als zehn Jahren eingeräumt sind, gelten die besonderen Vorschriften der Absätze 2 und 3.
(2) Der Eigentümer ist, sofern nicht etwas anderes vereinbart ist, dem Dauerwohnberechtigten gegenüber verpflichtet, eine dem Dauerwohnrecht im Range vorgehende oder gleichstehende Hypothek löschen zu lassen für den Fall, dass sie sich mit dem Eigentum in einer Person vereinigt, und die Eintragung einer entsprechenden Löschungsvormerkung in das Grundbuch zu bewilligen.
(3) Der Eigentümer ist verpflichtet, dem Dauerwohnberechtigten eine angemessene Entschädigung zu gewähren, wenn er von dem Heimfallanspruch Gebrauch macht.

§ 42 Belastung eines Erbbaurechts
(1) Die Vorschriften der §§ 31 bis 41 gelten für die Belastung eines Erbbaurechts mit einem Dauerwohnrecht entsprechend.
(2) Beim Heimfall des Erbbaurechts bleibt das Dauerwohnrecht bestehen.

III. Teil. Verfahrensvorschriften

§ 43 Zuständigkeit

Das Gericht, in dessen Bezirk das Grundstück liegt, ist ausschließlich zuständig für

1. Streitigkeiten über die sich aus der Gemeinschaft der Wohnungseigentümer und aus der Verwaltung des gemeinschaftlichen Eigentums ergebenden Rechte und Pflichten der Wohnungseigentümer untereinander;
2. Streitigkeiten über die Rechte und Pflichten zwischen der Gemeinschaft der Wohnungseigentümer und Wohnungseigentümern;
3. Streitigkeiten über die Rechte und Pflichten des Verwalters bei der Verwaltung des gemeinschaftlichen Eigentums;
4. Streitigkeiten über die Gültigkeit von Beschlüssen der Wohnungseigentümer;
5. Klagen Dritter, die sich gegen die Gemeinschaft der Wohnungseigentümer oder gegen Wohnungseigentümer richten und sich auf das gemeinschaftliche Eigentum, seine Verwaltung oder das Sondereigentum beziehen;
6. Mahnverfahren, wenn die Gemeinschaft der Wohnungseigentümer Antragstellerin ist. Insoweit ist § 689 Abs. 2 der Zivilprozessordnung nicht anzuwenden.

§ 44 Bezeichnung der Wohnungseigentümer in der Klageschrift

(1) Wird die Klage durch oder gegen alle Wohnungseigentümer mit Ausnahme des Gegners erhoben, so genügt für ihre nähere Bezeichnung in der Klageschrift die bestimmte Angabe des gemeinschaftlichen Grundstücks; wenn die Wohnungseigentümer Beklagte sind, sind in der Klageschrift außerdem der Verwalter und der gemäß § 45 Abs. 2
Satz 1 bestellte Ersatzzustellungsvertreter zu bezeichnen. Die namentliche Bezeichnung der Wohnungseigentümer hat spätestens bis zum Schluss der mündlichen Verhandlung zu erfolgen.

(2) Sind an dem Rechtsstreit nicht alle Wohnungseigentümer als Partei beteiligt, so sind die übrigen Wohnungseigentümer entsprechend Abs. 1 von dem Kläger zu bezeichnen. Der namentlichen Bezeichnung der übrigen Wohnungseigentümer bedarf es nicht, wenn das Gericht von ihrer Beiladung gemäß § 48 Abs. 1 Satz 1 absieht.

§ 45 Zustellung

(1) Der Verwalter ist Zustellungsvertreter der Wohnungseigentümer, wenn diese Beklagte oder gemäß § 48 Abs. 1 Satz 1 beizuladen sind, es sei denn, dass er als Gegner der Wohnungseigentümer an dem Verfahren beteiligt ist oder aufgrund des Streitgegenstandes die Gefahr besteht, der Verwalter werde die Wohnungseigentümer nicht sachgerecht unterrichten.

(2) Die Wohnungseigentümer haben für den Fall, dass der Verwalter als

Zustellungsvertreter ausgeschlossen ist, durch Beschluss mit Stimmenmehrheit einen Ersatzzustellungsvertreter sowie dessen Vertreter zu bestellen, auch wenn ein Rechtsstreit noch nicht anhängig ist. Der Ersatzzustellungsvertreter tritt in die dem Verwalter als Zustellungsvertreter der Wohnungseigentümer zustehenden Aufgaben und Befugnisse ein, sofern das Gericht die Zustellung an ihn anordnet; Abs. 1 gilt entsprechend.
(3) Haben die Wohnungseigentümer entgegen Absatz 2 Satz 1 keinen Ersatzzustellungsvertreter bestellt oder ist die Zustellung nach den Absätzen 1 und 2 aus sonstigen Gründen nicht ausführbar, kann das Gericht einen Ersatzzustellungsvertreter bestellen.

§ 46 Anfechtungsklage
(1) Die Klage eines oder mehrerer Wohnungseigentümer auf Erklärung der Ungültigkeit eines Beschlusses der Wohnungseigentümer ist gegen die übrigen Wohnungseigentümer und die Klage des Verwalters ist gegen die Wohnungseigentümer zu richten. Sie muss innerhalb eines Monats nach der Beschlussfassung erhoben und innerhalb zweier Monate nach der Beschlussfassung begründet werden. Die §§ 233 bis 238 der Zivilprozessordnung gelten entsprechend.
(2) Hat der Kläger erkennbar eine Tatsache übersehen, aus der sich ergibt, dass der Beschluss nichtig ist, so hat das Gericht darauf hinzuweisen.

§ 47 Prozessverbindung
Mehrere Prozesse, in denen Klagen auf Erklärung oder Feststellung der Ungültigkeit desselben Beschlusses der Wohnungseigentümer erhoben werden, sind zur gleichzeitigen Verhandlung und Entscheidung zu verbinden. Die Verbindung bewirkt, dass die Kläger der vorher selbständigen Prozesse als Streitgenossen anzusehen sind.

§ 48 Beiladung, Wirkung des Urteils
(1) Richtet sich die Klage eines Wohnungseigentümers, der in einem Rechtsstreit gemäß § 43 Nr. 1 oder 3 einen ihm allein zustehenden Anspruch geltend macht, nur gegen einen oder einzelne Wohnungseigentümer oder nur gegen den Verwalter, so sind die übrigen Wohnungseigentümer beizuladen, es sei denn, dass ihre rechtlichen Interessen erkennbar nicht betroffen sind. Soweit in einem Rechtsstreit gemäß § 43 Nr. 3 oder 4 der Verwalter nicht Partei ist, ist er ebenfalls beizuladen.
(2) Die Beiladung erfolgt durch Zustellung der Klageschrift, der die Verfügungen des Vorsitzenden beizufügen sind. Die Beigeladenen können der einen oder der anderen Partei zu deren Unterstützung beitreten. Veräußert ein beigeladener Wohnungseigentümer während des Prozesses sein Wohnungseigentum, ist § 265 Absatz 2 der Zivilprozessordnung entsprechend anzuwenden.
(3) Über die in § 325 der Zivilprozessordnung angeordneten Wirkungen hinaus wirkt das rechtskräftige Urteil auch für und gegen alle beigelade-

nen Wohnungseigentümer und ihre Rechtsnachfolger sowie den beigeladenen Verwalter.

(4) Wird durch das Urteil eine Anfechtungsklage als unbegründet abgewiesen, so kann auch nicht mehr geltend gemacht werden, der Beschluss sei nichtig.

§ 49 Kostenentscheidung

(1) Wird gemäß § 21 Abs. 8 nach billigem Ermessen entschieden, so können auch die Prozesskosten nach billigem Ermessen verteilt werden.

(2) Dem Verwalter können Prozesskosten auferlegt werden, soweit die Tätigkeit des Gerichts durch ihn veranlasst wurde und ihn ein grobes Verschulden trifft, auch wenn er nicht Partei des Rechtsstreits ist.

§ 50 Kostenerstattung

Den Wohnungseigentümern sind als zur zweckentsprechenden Rechtsverfolgung oder Rechtsverteidigung notwendige Kosten nur die Kosten eines bevollmächtigten Rechtsanwalts zu erstatten, wenn nicht aus Gründen, die mit dem Gegenstand des Rechtsstreits zusammenhängen, eine Vertretung durch mehrere bevollmächtigte Rechtsanwälte geboten war.

§§ 51 bis 58 aufgehoben.

IV. Teil. Ergänzende Bestimmungen

§ 59 aufgehoben [5]

§ 60 aufgehoben [6]

§ 61 Rückwirkende Heilung des Erwerbs von Wohnungseigentum [7]

Fehlt eine nach § 12 erforderliche Zustimmung, so sind die Veräußerung und das zugrundeliegende Verpflichtungsgeschäft unbeschadet der sonstigen Voraussetzungen wirksam, wenn die Eintragung der Veräußerung oder einer Auflassungsvormerkung in das Grundbuch vor dem 15. Januar 1994 erfolgt ist und es sich um die erstmalige Veräußerung dieses Wohnungseigentums nach seiner Begründung handelt, es sei denn, dass eine rechtskräftige gerichtliche Entscheidung entgegensteht. Das Fehlen der Zustimmung steht in diesen Fällen dem Eintritt der Rechtsfolgen des § 878 des Bürgerlichen Gesetzbuches nicht entgegen. Die Sätze 1 und 2 gelten entsprechend in den Fällen der §§ 30 und 35 des Wohnungseigentumsgesetzes.

5 § 59 aufgehoben durch Gesetz vom 26. März 2007 (BGBl. I S. 370)

6 § 60 aufgehoben durch Art. 8 des Gesetzes vom 6. 7. 2009 (BGBl. I S. 1696

7 § 61 aufgehoben durch Art. 28, Gesetz vom 14. 12. 1984 (BGBl. I 1513); § 61 (neu) eingefügt durch Gesetz vom 3. 1. 1994 (BGBl. I S. 66)

§ 62 Übergangsvorschrift

(1) Für die am 1. Juli 2007 bei Gericht anhängigen Verfahren in Wohnungseigentums- oder in Zwangsversteigerungssachen oder für die bei einem Notar beantragten freiwilligen Versteigerungen sind die durch Artikel 1 und 2 des Gesetzes vom 26. März 2007 (BGBl. I S. 370) geänderten Vorschriften des III. Teils dieses Gesetzes sowie die des Gesetzes über die Zwangsversteigerung und die Zwangsverwaltung in ihrer bis dahin geltenden Fassung weiter anzuwenden.

(2) In Wohnungseigentumssachen nach § 43 Nr. 1 bis 4 finden die Bestimmungen über die Nichtzulassungsbeschwerde (§ 543 Abs. 1 Nr. 2, § 544 der Zivilprozessordnung) keine Anwendung, soweit die anzufechtende Entscheidung vor dem 1. Juli 2012 verkündet worden ist.

§ 63 Überleitung bestehender Rechtsverhältnisse

(1) Werden Rechtsverhältnisse, mit denen ein Rechtserfolg bezweckt wird, der den durch dieses Gesetz geschaffenen Rechtsformen entspricht, in solche Rechtsformen umgewandelt, so ist als Geschäftswert für die Berechnung der hierdurch veranlassten Gebühren der Gerichte und Notare im Falle des Wohnungseigentums ein Fünfundzwanzigstel des Einheitswertes des Grundstücks, im Falle des Dauerwohnrechts ein Fünfundzwanzigstel des Wertes des Rechtes anzunehmen.

(2) (gegenstandslose Übergangsvorschrift)

(3) Durch Landesgesetz können Vorschriften zur Überleitung bestehender, auf Landesrecht beruhender Rechtsverhältnisse in die durch dieses Gesetz geschaffenen Rechtsformen getroffen werden.

§ 64 Inkrafttreten

Dieses Gesetz tritt am Tage nach seiner Verkündigung in Kraft.[8]

Bonn, den 15. März 1951

8 Verkündet am 19. 3. 1951

Allgemeine Verwaltungsvorschrift

für die Ausstellung von Bescheinigungen gemäß § 7 Abs. 4 Nr. 2 und § 32 Abs. 2 Nr. 2 des Wohnungseigentumsgesetzes

Vom 19. März 1974

Auf Grund des Artikels 84 Abs. 2 des Grundgesetzes werden mit Zustimmung des Bundesrates folgende Richtlinien für die Baubehörden über die Bescheinigung gemäß § 7 Abs. 4 Nr. 2 bzw. § 32 Abs. 2 Nr. 2 des Wohnungseigentumsgesetzes vom 15. März 1951 (Bundesgesetzbl. I S 175. 209), zuletzt geändert durch das Gesetz zur Änderung des Wohnungseigentumsgesetzes und der Verordnung über das Erbbaurecht vom 30. Juli 1973 (Bundesgesetzbl. I S. 910) erlassen:

1. Die Bescheinigung darüber, dass eine Wohnung oder nicht zu Wohnzwecken dienende Räume in sich abgeschlossen im Sinne des § 3 Abs. 2 bzw. der § 32 Abs. 1 des Wohnungseigentumsgesetzes sind, wird auf Antrag des Grundstückseigentümers oder Erbbauberechtigten durch die Bauaufsichtsbehörde erteilt, die für die bauaufsichtliche Erlaubnis (Baugenehmigung) und die bauaufsichtlichen Abnahmen zuständig ist, soweit die zuständige oberste Landesbehörde nicht etwas anderes bestimmt.
2. Dem Antrag ist eine Bauzeichnung in zweifacher Ausfertigung im Maßstab mindestens 1:100 beizufügen; sie muss bei bestehenden Gebäuden eine Baubestandszeichnung sein und bei zu errichtenden Gebäuden den bauaufsichtlichen (baupolizeilichen) Vorschriften entsprechen.
3. Aus der Bauzeichnung müssen die Wohnungen, auf die sich das Wohnungseigentum, Wohnungserbbaurecht oder Dauerwohnrecht beziehen soll, oder die nicht zu Wohnzwecken dienenden Räumen, auf die sich das Teileigentum, Teilerbbaurecht oder Dauernutzungsrecht beziehen soll, ersichtlich sein. Dabei sind alle zu demselben Wohnungseigentum, Teileigentum, Wohnungserbbaurecht, Teilerbbaurecht, Dauerwohnrecht oder Dauernutzungsrecht gehörenden Einzelräume in der Bauzeichnung mit der jeweils gleichen Nummer zu kennzeichnen.
4. Eine Wohnung ist die Summe der Räume, welche die Führung eines Haushaltes ermöglichen: dazu gehören stets eine Küche oder ein Raum mit Kochgelegenheit sowie Wasserversorgung. Ausguss und WC. Die Eigenschaft als Wohnung geht nicht dadurch verloren, dass einzelne Räume vorübergehend zu beruflichen oder gewerblichen Zwecken benutzt werden.

Räume, die zwar zu Wohnzwecken bestimmt sind, aber die genannten Voraussetzungen nicht erfüllen, können nicht als Wohnung im Sinne der oben angeführten Vorschriften angesehen werden.
Der Unterschied zwischen „Wohnung" und „nicht zu Wohnzwecken dienenden Räumen" ergibt sich aus der Zweckbestimmung der Räume. Nicht zu Wohnzwecken dienende Räume sind z. B. Läden, Werkstatträume, sonstige gewerbliche Räume, Garagen und dergleichen.

5. Aus der Bauzeichnung muss weiter ersichtlich sein, dass die „Wohnungen" oder „die nicht zu Wohnzwecken dienenden Räume" in sich abgeschlossen sind.
   a) Abgeschlossene Wohnungen sind solche Wohnungen, die baulich vollkommen von fremden Wohnungen und Räumen abgeschlossen sind, z. B. durch Wände und Decken, die den Anforderungen der Bauaufsichtsbehörden (Baupolizei) an Wohnungstrennwände und Wohnungstrenndecken entsprechen und einen eigenen abschließbaren Zugang unmittelbar vom Freien, von einem Treppenhaus oder einem Vorraum haben. Zu abgeschlossenen Wohnungen können zusätzliche Räume außerhalb des Wohnungsabschlusses gehören. Wasserversorgung, Ausguss und WC müssen innerhalb der Wohnung liegen. Zusätzliche Räume, die außerhalb des Wohnungsabschlusses liegen, müssen verschließbar sein.
   b) Bei „nicht zu Wohnzwecken dienenden Räumen" gelten diese Erfordernisse sinngemäß.

6. Bei Garagenstellplätzen muss sich im Falle des § 3 Abs. 2 Satz 2 des Wohnungseigentumsgesetzes aus der Bauzeichnung gegebenenfalls durch zusätzliche Beschriftung ergänzt, ergeben, wie die Flächen der Garagenstellplätze durch dauerhafte Markierungen ersichtlich sind. Als dauerhafte Markierungen kommen in Betracht
   a) Wände aus Stein oder Metall,
   b) festverankerte Geländer oder Begrenzungseinrichtungen aus Stein oder Metall,
   c) festverankerte Begrenzungsschwellen aus Stein oder Metall,
   d) in den Fußboden eingelassene Markierungssteine,
   e) andere Maßnahmen, die den Maßnahmen nach den Buchstaben a bis d zumindest gleichzusetzen sind.

7. Bei Vorliegen der Voraussetzungen der Nummern 1 bis 6 ist die Bescheinigung nach dem Muster der Anlage zu erteilen. Die Bescheinigung ist mit Unterschrift sowie Siegel oder Stempel zu versehen. Mit der Bescheinigung ist eine als Aufteilungsplan bezeichnete und mit Unterschrift sowie mit Siegel oder Stempel versehene Ausfertigung der Bauzeichnung zu erteilen. Die Zusammengehörigkeit von Bescheinigung und Aufteilungsplan ist durch Verbindung beider mittels Schnur und Siegel oder durch übereinstimmende Aktenbezeichnung ersichtlich zu machen.

8. Die Bescheinigung gemäß Nummer 7 ist bei zu errichtenden Gebäuden nicht zu erteilen, wenn die Voraussetzungen für eine bauaufsichtliche Genehmigung des Bauvorhabens nach Maßgabe der eingereichten Bauzeichnungen nicht gegeben sind.

Die Richtlinien treten am ersten Tage des auf die Veröffentlichung folgenden Monats in Kraft. Die Richtlinien des Bundesministers für Wohnungsbau vom 3. August 1951 für die Ausstellung von Bescheinigungen gemäß § 7 Abs. 4 Nr. 2 und § 32 Abs. 2 Nr. 2 des Wohnungseigentumsgesetzes (Bundesanzeiger Nr. 152 vom 9. August 1951) treten gleichzeitig außer Kraft.

Bescheinigung

Auf Grund des § 7 Abs. 4 Nr. 2/§ 32 Abs. 2 Nr. 2 des Wohnungseigentumsgesetzes

Die in dem beiliegenden Aufteilungsplan

mit Nummer _____ bis _____ bezeichneten Wohnungen*)
mit Nummer _____ bis _____ bezeichneten nicht zu Wohnzwecken dienende Räume*)
in dem bestehenden/zu errichtenden*) Gebäude auf dem

Grundstück in __________ ____________________
(Ort) (Straße. Nr.)

(Katastermäßige Bezeichnung) ______________________________
Grundbuch von ______________________________
Band: ________________ Blatt: ________________
Sind/gelten als*) in sich abgeschlossen.
Sie entsprechen daher dem Erfordernis des § 3 Abs. 2/§ 32 Abs. 1*) des Wohnungseigentumsgesetzes.

________________, den ____________________
(Ort)
(Siegel oder Stempel) ____________________
(Unterschrift der Behörde)

Rechtsprechungsregister

Bundesgerichtshof – BGH

28. 10. 1953	II	ZR	149/52	BGHZ 10, 385
15. 06. 1962	V	ZB	27/62	BGHZ 37, 203 = NJW 1962, 1613
17. 01. 1968	V	ZB	9/67	BGHZ 49, 250 = NJW 1968, 499
03. 04. 1968	V	ZB	14/67	BGHZ 50, 56 = NJW 1968, 1230
21. 05. 1970	VII	ZB	3/70	BGHZ 54, 65 = NJW 1970, 1316
18. 10. 1974	V	ZR	120/73	Rpfleger 1975, 124 = DWE 1975, 92
18. 06. 1976	V	ZR	156/75	NJW 1976, 1976 = Rpfleger 1976, 352
21. 10. 1976	VII	ZR	193/75	NJW 1977, 44 = DWE 1977, 91
29. 06. 1977	VIII	ZR	23/76	MDR 1978, 134 = NJW 1977, 1964 (L)
27. 09. 1978	V	ZR	128/76	ZMR 1979, 318
24. 11. 1978	V	ZR	11/78	BGHZ 73, 145 = NJW 1979, 548
18. 01. 1979	VII	ZB	19/78	NJW 1979, 817 = DWE 1979, 55
02. 02. 1979	V	ZR	14/77	NJW 1979, 2391 = DWE 1979, 90
10. 05. 1979	VII	ZR	30/78	NJW 1979, 2207 = 1980, 400
11. 10. 1979	VII	ZR	247/78	Rpfleger 1980, 14
10. 07. 1980	VII	ZR	328/79	BGHZ 78, 57
25. 09. 1980	VII	ZR	276/79	BGHZ 78, 166 = NJW 1981, 282
10. 10. 1980	V	ZR	47/79	BGHZ 78,225 = NJW 1981, 455
23. 11. 1981	VIII	ZR	298/80	NJW 1982, 573= WM 1982, 207
25. 01. 1982	II	ZR	164/81	NJW 1982, 1585 = Rpfleger 1982, 291
10. 02. 1983	V	ZB	18/82	NJW 1983, 1672 = Rpfleger 1983, 270
24. 03. 1983	VII	ZB	28/82	DWE 1983, 93 = NJW 1983, 1615
14. 06. 1984	V	ZB	32/82	NJW 1984, 2409 = DWE 1984, 120
28. 06. 1984	VII	ZB	15/83	DWE 1985, 27 = ZMR 1984, 420
12. 07. 1984	VII	ZB	1/84	WM 1985, 95= ZMR 1984, 422
02. 10. 1984	VI	ZR	125/83	DB 1985, 170 = JZ 1985, 98
27. 11. 1984	VI	ZR	49/83	NJW 1985, 484 = ZMR 1985, 120
21. 02. 1985	VII	ZR	72/84	NJW 1985, 1551 = ZMR 1985, 204
19. 04. 1985	V	ZR	33/84	VersR 1985, 740 = WertpMitt 1985, 1041
27. 06. 1985	VII	ZB	21/84	DWE 1985, 120 = NJW 1985, 2832
27. 06. 1985	VV	ZB	16/84	NJW 1985, 2717
27. 06. 1985	VII	ZB	25/84	WertpMitt 1985, 1325 = ZMR 1985, 419
26. 09. 1985	III	ZR	171/84	WertpMitt 1986, 33

08. 11. 1985	V	ZR	113/84	NJW 1986, 845, 826 m. Anm. Reinelt
09. 04. 1986	VIII	ZR	133/85	BlnGrdE 1986, 601 = ZMR 1986, 275
06. 06. 1986	V	ZR	264/84	Rpfleger 1986, 430 = ZMR 1986, 365
09. 07. 1986	GSZ		1/86	BGHZ 98, 212 = NJW 1987, 50
11. 11. 1986	V	ZB	1/86	DWE 1987, 23
04. 12. 1986	VII	ZR	354/85	BGHZ 99, 169 = JZ 1987, 579
22. 01. 1987	V	ZB	3/86	BGHZ 99, 358 = ZMR 1987, 273
12. 02. 1987	III	ZR	255/85	NJW 1987, 2240 = DWW 1987, 131
7. 07. 1987	1	StR	247/87	NJW 1988, 272
21. 04. 1988	V	ZB	10/87	DWE 1988, 135= NJW 1988, 11 910
24. 11. 1988	V	ZB	11/88	BGHZ 106, 34 = DWE 1989, 58
01. 12. 1988	V	ZB	6/88	DWE 1989, 63 = NJW 1989, 1087
08. 12. 1988	V	ZB	3/88	DWE 1989, 68 = NJW 1989, 1090
15. 12. 1988	V	ZB	9/88	DWE 1989, 66 = NJW 1989, 109
17. 01. 1989	VI	ZR	186/88	DWE 1989, 170 = NJW-RR 1989, 394
07. 03. 1989	XI	ZR	25/88	ZMR 1989, 265
18. 05. 1989	V	ZB	4/89	DWE 1989, 130 = NJW 1989, 2059
18. 05. 1989	V	ZB	14/88	DWE 1989, 172 = WE 1989, 196
19. 05. 1989	V	ZR	182/89	BGHZ 107, 289 = NJW 1989, 2391
15. 06. 1989	V	ZB	22/88	DWE 1989, 130 = WE 1989, 197
23. 06. 1989	V	ZR	40/88	BGHZ 108, 156 = NJW 1989, 2534
21. 09. 1989	V	ZB	11/89	NJW-RR 1990, 81 = DWE 1990, 113 (L)
11. 12. 1989	II	ZR	117/89	WM 1990, 128 = ZMR 1990, 188
21. 12. 1989	V	ZB	22/89	BlnGrdE 1990, 715 = NJW 1990, 1112
20. 04. 1990	V	Z	1/90	DWE 1990, 140 = NJW 1990, 2386
26. 09. 1990	IV	ZR	226/89	NJW 1991, 168 = ZMR 1991, 61
14. 11. 1990	IV	ZR	36/90	WM 1991, 46 = ZMR 1991, 71
20. 12. 1990	V	ZB	8/90	DWE 1991, 70 = NJW 1991, 979
14. 02. 1991	V	ZB	12/90	DWE 1991, 70 = NJW 1991, 1611
21. 02. 1991	V	ZB	13/90	DWE 1992, 147 = NJW 1991, 1613
06. 06. 1991	VII	ZR	372/89	NJW 1991, 2480 = ZMR 1991, 400
05. 07. 1991	V	ZR	222/90	DWE 1991, 152 = NJW 1992, 182
11. 07. 1991	V	ZB	24/90	DWE 1991, 102 = NJW 1991, 2637
02. 10. 1991	V	ZB	9/91	DWE 1991, 152 = NJW 1992, 182
19. 12. 1991	V	ZB	27/90	DWE 1992, 72 = NJW 1992, 978
21. 02. 1992	V	ZR	268/90	BGHZ 117, 260
17. 09. 1992	V	ZB	21/92	DWE 1992, 148 = NJW 1992, 3305
11. 12. 1992	V	ZR	118/91	DWE 1993, 60 = NJW 1993, 727
29. 01. 1993	V	ZB	24/92	DWE 1993, 65 = NJW 1993, 1329
23. 03. 1993	VI	ZR	176/92	DWE 1993, 66 = WM 1993, 273
28. 04. 1993	VIII	ZR	109/92	DWE 1994, 25 = NJW-RR 1993, 1227
06. 05. 1993	V	ZB	9/92	DWE 1994, 25 = NJW 1993, 1924
24. 02. 1994	V	ZB	43/93	DWE 1994, 72 = NJW 1994, 2950
10. 03. 1994	IX	ZR	98/93	DWE 1994, 104 = NJW 1994, 1866

31. 05. 1994	VI	ZR	233/93	DWE 1994, 120 (L) = NJW 1994, 2232
16. 09. 1994	V	ZB	2/93	DWE 1994, 140 = NJW 1994, 3230
06. 10. 1994	V	ZB	2/94	DWE 1994, 141 = NJW 1994, 3352
18. 01. 1995	XII	ZR	30/93	ZMR 1995, 480
23. 02. 1995	III	ZR	65/94	DWE 1995, 158 = NJW-RR 1995, 780
29. 03. 1995	IV	ZR	207/94	DWE 1995, 105 = NJW 1995, 2284
04. 05. 1995	V	ZB	5/95	DWE 1995, 62 = NJW 1995, 2036
30. 06. 1995	V	ZR	118/94	NJW 1995, 2851 = WM 1995, 614
13. 07. 1995	V	ZB	6/94	NJW 1995, 2791 = ZMR 1995, 483
23. 08. 1995	5	StR	371/95	DWE 1996, 28 = NJW 1996, 65
29. 11. 1995	XII	ZR	230/94	DWE 1996, 27 = NJW 1996, 714
30. 11. 1995	V	ZB	16/95	DWE 1996, 27 = NJW 1996, 725
21. 12. 1995	V	ZB	4/94	NJW 1996, 1216 = ZMR 1996, 240
06. 03. 1997	III	ZR	248/95	DWE 1997, 72 = NJW 1997, 2106
03. 07. 1997	V	ZB	2/97	DWE 1997, 117 = NJW 1997, 2956
09. 10. 1997	V	ZB	3/97	DWE 1997, 159 = NZM 1998, 78
14. 05. 1998	VII	ZR	184/97	DWE 1999, 71 = MDR 1998, 1026
10. 09. 1998	V	ZB	11/98	DWE 1998, 177 = NZM 1998, 955
17. 09. 1998	V	ZB	14/88	DWE 1998, 176 = NZM 1998, 954
05. 10. 1998	II	ZR	182/97	DWE 1998, 179 = NZM 1998, 953
22. 04. 1999	V	ZB	28/98	NZM 1999, 562 = ZMR 1999, 647
28. 04. 1999	VIII	ARZ	1/98	DWE 1999, 162 = NZM 1999, 553
23. 09. 1999	V	ZB	17/99	DWE 1999, 164 = NZM 1999, 1101
13. 09. 2000	V	ZB	14/00	ZWE 2001, 63
20. 09. 2000	V	ZB	58/99	DWE 2000, 113 = ZWE 2000, 518
21. 12. 2000	V	ZB	45/00	BGHZ 146, 241 = NZM 2001, 196
25. 01. 2001	VII	ZR	193/99	MittBayNot 2001, 479 = NZM 2001, 435
29. 01. 2001	II	ZR	331/00	BGHZ 146, 341 = NZM 2001, 299
28. 03. 2001	IV	ZR	163/99	NZM 2001, 624 = ZWE 2001, 365
06. 04. 2001	V	ZR	402/99	NZM 2001, 625 = ZWE 2001, 365
09. 05. 2001	IV	ZR	138/99	WM 2001, 1152
23. 08. 2001	V	ZB	10/01	DWE 2001, 105 = NZM 2001, 96
13. 09. 2001	V	ZB	15/01	NZM 2001, 1078 = ZWE 2002, 28.
07. 03. 2002	V	ZB	24/01	DWE 2002, 55 = WuM 2002, 277;
20. 06. 2002	V	ZB	39/01	DWE 2002, 94 = ZWE 2002, 570
19. 09. 2002	V	ZB	30/02	DWE 2002, 132
19. 09. 2002	V	ZB	37/02	DWE 2002, 125
26. 09. 2002	V	ZB	24/02	DWE 2002, 129 = ZMR 2002, 941
27. 09. 2002	V	ZR	320/01	DWE 2003, 19 = NZM 2003, 118
11. 12. 2002	IV	ZR	226/01	NZM 2003, 197
06. 02. 2003	III	ZR	287/02	NZM 2003, 284
13. 03. 2003	III	ZR	299/02	NZM 2003, 358 = DWE 2003, 58
17. 03. 2003	V	ZV	11/03	NJW 2003, 3124
04. 04. 2003	V	ZR	322/02	NJW 2003, 2165 = NZM 2003, 480

10. 04. 2003	IX	ZR	106/02	DWE 2003, 59
17. 07. 2003	V	ZB	11/03	DWE 2003, 91
24. 07. 2003	VII	ZR	360/02	DWE 2003, 91
23. 09. 2003	V	ZB	40/03	DWE 2003, 143
25. 09. 2003	V	ZB	21/03	DWE 2003, 131 = NJW 2003, 3476
02. 10. 2003	III	ZR	5/03	NZM 2003, 985
05. 12. 2003	V	ZR	447/01	NZM 2004, 103 = ZMR 2004, 206
15. 04. 2004	VII	ZR	130/03	NZM 2004, 464 = NJW-RR 2004, 949
07. 10. 2004	V	ZB	22/04	NZM 2004, 870 = ZfIR 2004, 946
02. 03. 2005	VIII	ZR	118/04	NZM 2005, 335
28. 04. 2005	III	ZR	387/04	DWE 2005, 170 = NZM 2005, 633
02. 06. 2005	V	ZB	32/05	DWE 2005, 135 = NZM 2005, 543
10. 06. 2005	V	ZR	235/04	DWE 2005, 143 = NZM 2005, 626
24. 06. 2005	V	ZR	350/03	NZM 2005, 747
05. 07. 2005	X	ZR	99/04	WuM 2005. 593
06. 10. 2005	VII	ZR	325/03	NZM 2006, 19
26. 01. 2006	V	ZB	132/05	DWE 2006, 23
30. 03. 2006	V	ZB	17/06	DWE 2006, 101 = NZM 2006, 465
21. 09. 2006	V	ZR	28/06	DWE 2006, 136
01. 12. 2006	V	ZR	112/06	NZM2007, 130
07. 03. 2007	VIII	ZR	125/06	NJW 2007, 2987
12. 04. 2007	VII	ZR	236/05	DWE 2007, 50 = NZM 2007, 403
17. 04. 2007	VIII	ZR	63/04	DWE 2007, 88 = ZMR 2007, 674
21. 06. 2007	V	ZB	20/07	ZWE 2007, 396
17. 04. 2008	V	ZB	13/08	ZMR 2008, 724
17. 04. 2008	V	ZB	14/08	IMR 2008, 287
05. 06. 2008	V	ZB	85/07	DWE 2008,88 = ZMR 2008, 805
18. 07. 2008	V	ZR	97/07	BGHZ 177, 338 = ZMR 2008, 897
23. 10. 2008	V	ZB	89/09	DWE 2009, 16 = NZM 2009, 86
16. 01. 2009	V	ZR	74/08	DWE 2009, 51 = ZMR 2009, 296
05. 02. 2009	IX	ZR	21/07	NZM 2009, 243
11. 03. 2009	VIII	ZR	127/08	WM 2009, 294
27. 03. 2009	V	ZR	196/08	DWE 2009, 95 = NZM 2009, 436
02. 04. 2009	V	ZB	157/08	DWE 2009, 90 = NZM 2009, 400
07. 05. 2009	V	ZB	142/08	NZM 2009, 486
07. 05. 2009	V	ZB	142/08	DWE 2009, 92 = ZMR 2009, 775
14. 05. 2009	V	ZB	172/08	NZM 2009, 517 = ZMR 2009, 777
18. 06. 2009	VII	ZR	196/08	DWE 2009, 94 = ZMR 2009, 854
25. 09. 2009	V	ZR	33/09	DWE 2009, 131 = NZM 2009, 866
10. 07. 2009	V	ZB	48/09	NZM 2009, 744
16. 07. 2009	V	ZB	11/09	NZM 2009, 707
02. 10. 2009	V	ZR	235/08	ZMR 2010, 126
15. 10. 2009	V	ZB	43/09	DWE 2010, 12 = ZMR 2010, 296
06. 11. 2009	V	ZR	73/09	NJW 2010, 446
13. 11. 2009	V	ZR	10/09	DWE 2010, 15

04. 12. 2009	V	ZR	44/09	DWE 2010, 20 = ZMR 2010, 300
10. 12. 2009	V	ZB	67/09	DWE 2011, 124 (LS)
13. 01. 2010	VIII	ZR	137/09	DWE 2010, 46 = ZMR 2010, 433
15. 01. 2010	V	ZR	72/09	DWE 2010, 54 = NZM 2010, 285
15. 01. 2010	V	ZR	114/09	DWE 2010, 16 = ZMR 2010, 542
15. 01. 2010	V	ZR	80/09	DWE 2010, 52 = NJW 2010, 933
20. 01. 2010	VIII	ZR	329/08	DWE 2010, 57
22. 01. 2010	V	ZR	75/09	DWE 2010, 90 = ZMR 2010, 621
05. 02. 2010	V	ZR	126/09	DWE 2010, 47
10. 02. 2010	VIII	ZR	343/08	ZMR 2010, 517
04. 03. 2010	V	ZB	130/09	DWE 2010, 61
05. 03. 2010	V	ZR	62/09	NJW 2010, 2132
16. 03. 2010	VI	ZR	176/09	ZMR 2010, 619
21. 04. 2010	VIII	ZR	97/09	DWE 2010, 89
11. 05. 2010	IX	ZR	127/09	DWE 2011, 19
21. 05. 2010	V	ZR	10/10	DWE 2010, 93 =ZMR 2010, 783
11. 06. 2010	V	ZR	174/09	NZM 2010, 624 = ZMR 2010, 778
17. 06. 2010	V	ZB	26/10	NZM 2010, 586 = ZMR 2010, 780
18. 06. 2010	V	ZR	193/09	ZMR 2010, 777
24. 06. 2010	V	ZB	170/09	ZMR2010, 774
09. 07. 2010	V	ZR	202/09	NJW 2010, 2654 = ZMR 2010, 775
16. 07. 2010	V	ZR	221/09	NZM 2010, 707 = NJW 2010, 3298
18. 08. 2010	V	ZB	164/09	NZM 2010, 748
19. 08. 2010	VII	ZR	113/09	ZMR 2011, 54
17. 09. 2010	V	ZR	5/10	NJW 2010, 3376
01. 10. 2010	V	ZR	220/09	DWE 2011, 22 = ZMR 2011, 31
10. 12. 2010	V	ZR	60/10	DWE 2011, 63 = NJW 2011, 679
17. 12. 2010	V	ZR	131/10	DWE 2011, 24
21. 01. 2011	V	ZR	140/10	DWE 2011, 66
11. 02. 2011	V	ZR	66/10	DWE 2011, 61 = ZMR 2011, 489
17. 02. 2011	V	ZB	310/10	DWE 2011, 70
18. 02. 2011	V	ZR	82/10	DWE 2011, 101
18. 02. 2011	V	ZR	197/10	DWE 2011, 58 = NZM 2011, 455
04. 03. 2011	V	ZR	156/10	DWE 2011, 64
04. 03. 2011	V	ZR	190/10	DWE 2011, 71
31. 03. 2011	V	ZB	236/10	NZM 2011, 489 = NJW-RR 2011, 1026
01. 04. 2011	V	ZR	96/10	NZM 2011, 515 = ZMR 2011, 735
01. 04. 2011	V	ZR	162/10	NZM 2011, 514 = DWE 2011, 103
08. 04. 2011	V	ZR	210/10	DWE 2011, 106 = NZM 2011, 512
28. 04. 2011	V	ZB	194/10	MietRB 2011, 221 = DB 2011, 1323
13. 05. 2011	V	ZR	166/10	DWE 2011, 108 = ZMR 2011, 813
13. 05. 2011	V	ZB	202/10	ZMR 2011, 732 = DWE 2011, 124 (LS)
20. 05. 2011	V	ZR	99/10	NZM 2011, 779 = ZMR 2011, 809
10. 06. 2011	V	ZR	2/10	DWE 2011, 109 = NZM 2011, 589
10. 06. 2011	V	ZR	146/10	NJW 2011, 3025 = ZWE 2011, 356

10. 06. 2011	V	ZR	222/10	ZWE 2011, 354
11. 06. 2011	V	ZR	174/09	NZM 2011, 624
16. 06. 2011	V	ZA	1/11	IMR 2011, 418
18. 06. 2011	V	ZR	193/09	NZM 2011, 625
29. 06. 2011	VIII	ZR	349/10	DWE 2011, 124 (LS) = NZM 2011, 639
08. 07. 2011	V	ZR	176/10	DWE 2011, 98 = NZM 2011, 750
08. 07. 2011	V	ZR	2/11	NZM 2011, 694 = DWE 2011, 124 (LS)
08. 07. 2011	V	ZR	34/11	NZM 2011, 782 = IMR 2011, 478
09. 07. 2011	V	ZR	202/09	NZM 2011, 622
14. 07. 2011	V	ZB	171/10	NZM 2011, 748
15. 07. 2011	V	ZR	21/11	ZWE 2011, 361
16. 07. 2011	V	ZR	221/09	NZM 2011, 707
21. 07. 2011	IX	ZR	120/10	IMR 2011, 4312 = NZM 2011, 712

BAYERISCHES OBERSTES LANDESGERICHT (BAYOBLG)

26. 09. 1958	2	Z	104/58	BayObLGZ 1958, 263
24. 11. 1959	2	Z	164/59	BayObLGZ 1959, 457 = NJW 1960, 292
10. 11. 1961	2	Z	153/63	BayObLGZ 1961, 322 = NJW 1962, 492
27. 06. 1963	2	Z	225/62	BayObLGZ 1963, 161 = NJW 1964, 47
09. 02. 1965	2	Z	276/64	BayObLGZ 1965, 34 = NJW 1965, 821
14. 07. 1965	2	Z	31664	BayObLGZ 1965, 283 = Rpfleger 1965, 334
12. 01. 1966	2	Z	80/65	BayObLGZ 1966, 20 = Rpfleger 1966, 149
13. 09. 1968	2	Z	22/68	BayObLGZ 1968, 233 = NJW 1969, 191
27. 01. 1970	2	Z	22/69	BayObLGZ 1970, 1136 = MDR 1970, 507
18. 03. 1970	2	Z	36/69	BayObLGZ 1970, 65 = NJW 1970, 1550
19. 08. 1971	2	Z	99/70	BayObLGZ 1971, 273 = MDR 1972; 52
27. 10. 1971	2	Z	85/70	BayObLGZ 1971, 313 = MDR 1972, 145
07. 03. 1972	2	Z	59/71	BayObLGZ 1972, 90 = MDR 1972, 516
10. 03. 1972	2	Z	78/71	ZMR 1972, 227 = DWE 4/1973,33
21. 03. 1972	2	Z	58/71	NJW 1972, 1286 = DWE 4/1973, 33
05. 04. 1972	2	Z	95/71	NJW 1972, 1248 = ZMR 1972, 218
21. 04. 1972	2	Z	125/71	NJW 1972, 1376 = DWE 4/1973, 33
03. 05. 1972	2	Z	7/72	NJW 1972, 1377 = DWE 4/1973, 34

17. 07. 1972	2	Z	16/72	BayObLGZ 1972, 246 = Rpfleger 1972, 411
05. 10. 1972	2	Z	54/72	BayObLGZ 1972, 314 = NJW 1973, 151
16. 11. 1972	2	Z	68/72	NJW 1973, 152 = DWE 4/1973, 34
04. 01. 1973	2	Z	73/72	BayObLGZ 1973, 1 = Rpfleger 1973, 139
21. 02. 1973	2	Z	3/73	BayObLGZ 1973, 68 = NJW 1973, 1086
19. 03. 1973	2	Z	5/73	NJW 1973, 1086 = DWE 4/1973, 33
10. 03. 1973	2	Z	7/73	MDR 1973, 673
28. 05. 1973	2	Z	14/73	NJW 1973, 1881 = DWE 2/1974, 30
09. 10. 1973	2	Z	48/73	NJW 1974, 152 = DWE 3/1974, 28
28. 02. 1974	2	Z	4/74	BayObLGZ 1974, 86 = MDR 1974, 491
18. 04. 1974	2	Z	8/74	BayObLGZ 1974, 172 = NJW 1974, 1910
08. 05. 1974	2	Z	17/74	BayObLGZ 1974, 847 = DWE 1975, 29
20. 06. 1974	2	Z	22/74	BayObLGZ 1974, 269= DWE 4/1974, 30
04. 07. 1974	2	Z	16/74	NJW 1974, 2134 = DWE 4/1974, 30
11. 07. 1974	2	Z	40–42/74	BayObLGZ 1974, 294 = DWE 1975, 29
24. 10. 1974	2	Z	51/74	BayObLGZ 1974, 396 = NJW 1975, 59
29. 11. 1974	2	Z	54/74	BayObLGZ 1974, 466 = NJW 1975, 740
14. 05. 1975	2	Z	23/75	BayObLGZ 1975, 177 = DWE 1976, 60
09. 06. 1975	2	Z	35/75	BayObLGZ 1975, 201 = DWE 1976, 30
15. 07. 1975	2	Z	34/75	NJW 1976, 1321 = DWE 1976, 60
04. 08. 1975	2	Z	50/75	BayObLGZ 1975, 327
25. 03. 1976	2	Z	77/75	Rpfleger 1976, 291
27. 07. 1976	2	Z	21/76	BayObLGZ 1976, 211 = DWE 1977, 90
06. 08. 1976	2	Z	61/75	BayObLGZ 1976, 223 = DWE 1977, 58
30. 09. 1976	2	Z	60/76	Rpfleger 1976, 422
22. 12. 1976	2	Z	20/76	BayObLGZ 1976, 328 = Rpfleger 1977, 104
12. 01. 1977	2	Z	32/76	Rpfleger 1977, 140 = DWE 1978, 56
09. 03. 1977	2	Z	79/76	BayObLGZ 1977, 40 = DWE 1978, 57
22. 03. 1977	2	Z	48/76	ZMR 1977, 378 = DWE 1978, 57
25. 07. 1977	2	Z	87/76	n. v.
08. 02. 1978	2	Z	50/77	Rpfleger 1978, 256 = DWE 1978, 87
19. 04. 1978	2	Z	43/77	WEM 1978, 116

11. 05. 1978	2	Z	29/77	BayObLGZ 1978, 117 = Rpfleger 1978, 299
19. 07. 1978	2	Z	1/78	BayObLGZ 1978, 214 = Rpfleger 1978, 414
27. 07. 1978	2	Z	83/77	BayObLGZ 1978, 231 = DWE 1979, 61
28. 09. 1978	2	Z	21/77	BayObLGZ 1978, 270 = DWE 1980, 27
10. 10. 1978	2	Z	61/77	BayObLGZ 1978, 305 = Rpfleger 1978, 444
24. 10. 1978	2	Z	45/77	Rpfleger 1979, 66
13. 11. 1978	2	Z	12/78	DB 1979, 545
13. 11. 1978	2	Z	92/77	BB 1979, 857 = DB 1979, 545
14. 12. 1978	2	Z	14/78	BayObLGZ 1978, 377 = Rpfleger 1979, 108
21. 02. 1979	2	Z	35/79	n. v.
02. 02. 1979	2	Z	17/78	DWE 1979, 126/128 = Rpfleger 1979, 216
28. 03. 1979	2	Z	7/78	Rpfleger 1979, 265
10. 05. 1979	2	Z	31/78	ZMR 1980, 125
11. 06. 1979	2	Z	59/78	DWE 1983, 61
03. 08. 1979	2	Z	24/79	BayObLGZ 1979, 267 = Rpfleger 1979, 446
28. 09. 1979	2	Z	37/78	Rpfleger 1979, 446
10. 10. 1979	2	Z	19/79	WEM 1980, 31
15. 10. 1979	2	Z	56/78	Rpfleger 1980, 23
30. 10. 1979	2	Z	28/78	DWE 1982, 29
30. 11. 1979	2	Z	38/79	Rpfleger 1980, 111
05. 12. 1979	2	Z	66/78	WEM 1980, 125
10. 12. 1979	2	Z	23/78	BayObLGZ 1979, 414 = Rpfleger 1980, 110
15. 01. 1980	2	Z	80/78	DWE 1989, 60
31. 01. 1980	2	Z	24/79	DWE 1980, 62
31. 01. 1980	2	Z	49/79	BayObLGZ 1980, 29
21. 02. 1980	2	Z	13/79	Rpfleger 1980, 230
30. 04. 1980	2	Z	12/79	Rpfleger 1980, 295
02. 06. 1980	2	Z	66/79	BayObLGZ 1980, 154 = ZMR 1980, 251
16. 06. 1980	2	Z	10/79	Rpfleger 1980, 349
19. 06. 1980	2	Z	25/79	Rpfleger 1980, 391
01. 07. 1980	2	Z	23/79	ZMR 1980, 381
21. 07. 1980	2	Z	4/79	DWE 1982, 35
24. 07. 1980	2	Z	34/79	Rpfleger 1980, 478
31. 07. 1980	2	Z	54/79	Rpfleger 1980, 435 = DWE 1982, 35
20. 10. 1980	2	Z	33/79	DWE 1982, 35
28. 10. 1980	2	Z	63/80	BayObLGZ 1980, 331 = DWE 1981, 55

21. 11. 1980	2	Z	72/80	DWE 1981, 58
11. 12. 1980	2	Z	74/79	DWE 1981, 93 = NJW 1981, 690
18. 02. 1981	2	Z	13/80	DWE 1982, 30 = Rpfleger 1981, 284
27. 02. 1981	2	Z	10/81	BayObLGZ 1981, 56 = DWE 1982, 104
08. 04. 1981	2	Z	35/80	Rpfleger 1981, 284
24. 04. 1981	2	Z	58/80	WEM 5/1981, 30
07. 05. 1981	2	Z	20/80	Rpfleger 1981, 284
11. 05. 1981	2	Z	47/80	BayObLGZ 1981, 161 = Rpfleger 1981, 285
02. 06. 1981	2	Z	46/80	DWE 1982, 66
12. 06. 1981	2	Z	49/80	DWE 1982, 133
08. 07. 1981	2	Z	14/81	DWE 1983, 27
08. 07. 1981	2	Z	81/80	DWE 1982, 103
28. 09. 1981	2	Z	68/81	Rpfleger 1982, 21 = MDR 1982, 148
01. 10. 1981	2	Z	84/80	BayObLGZ 1981, 332 = Rpfleger 1982, 21
08. 10. 1981	2	Z	78/80	WEM 6/1981, 38
03. 12. 1981	2	Z	80/80	WEM 1982, 109
15. 12. 1981	2	Z	89/81	BayObLGZ 1981, 407 = DWE 1982, 104
23. 12. 1981	2	Z	11/81	Rpfleger 1982, 143
04. 02. 1982	2	Z	9/81	BayObLGZ 1982, 69 = DWE 1982, 67
11. 02. 1981	2	Z	44/81	BayObLGZ 1982, 90 = DWE 1982, 99
15. 03. 1982	2	Z	2/81	DWE 1982, 98
23. 03. 1982	2	Z	31/81	DWE 1982, 136
06. 04. 1982	2	Z	41/81	Rpfleger 1982, 268
30. 04. 1982	2	Z	42/81	DWE 1982, 136
30. 04. 1982	2	Z	67/81	BayObLGZ 1982, 203 = DWE 1982, 102
02. 06. 1982	2	Z	60/81	DWE 1982, 137
28. 06. 1982	2	Z	38/81	DWE 1982, 137
05. 07. 1982	2	Z	63/81	DWE 1983, 26
05. 07. 1982	2	Z	39/81	DWE 1982, 137
12. 07. 1982	2	Z	55/81	DWE 1983, 30
06. 08. 1982	2	Z	99/81	DWE 1983, 30
18. 08. 1982	2	Z	73/81	DWE 1983, 30
16. 09. 1982	2	Z	78/81	DWE 1983, 30 = ZMR 1983, 106
04. 10. 1982	2	Z	35/82	DWE 1983, 31 = ZMR 1983, 35
17. 02. 1983	2	Z	10/82	DWE 1983, 60 = ZMR 1983, 419
28. 02. 1983	2	Z	15/82	DWE 1983, 63 (L) = Rpfleger 1983, 346
23. 03. 1983	2	Z	25/82	DWE 1983, 94
05. 05. 1983	2	Z	32/83	n. v.
06. 05. 1983	2	Z	73/82	n. v.
25. 05. 1983	2	Z	40/82	DWE 1983, 126

30. 06. 1983	2	Z	76/82	DWE 1983, 123
26. 10. 1983	2	Z	106/82	DWE 1984, 27
26. 10. 1983	2	Z	92/82	DWE 1984, 30
03. 11. 1983	2	Z	40/83	DWE 1984, 30
10. 11. 1983	2	Z	117/82	DWE 1984, 30
24. 11. 1983	2	Z	116/82	DWE 1984, 30
01. 12. 1983	2	Z	105/82	BayObLGZ 1983, 289 = DWE 1984, 30
01. 12. 1983	2	Z	109/82	DWE 1984, 59
22. 12. 1983	2	Z	92/83	DWE 1984, 92
29. 12. 1983	2	Z	18/83	DWE 1984, 60
30. 12. 1983	2	Z	73/83	DWE 1984, 92
05. 01. 1984	2	Z	23/83	WM 1985, 231 = DWE 1984, 62 (L)
12. 01. 1984	2	Z	116/83	WM 1984, 311 = DWE 1984, 62 (L)
19. 01. 1984	2	Z	17/83	MDR 1984, 406 = ZMR 1985, 65
02. 02. 1984	2	Z	63/83	BayObLGZ 1984, 15
02. 02. 1984	2	Z	125/83	BayObLGZ 1984, 10 = WM 1985, 32
15. 02. 1984	2	Z	111/83	WM 1985, 35 = DWE 1984, 62 (L)
15. 02. 1984	2	Z	113/83	Rpfleger 1984, 269 = WM 1985, 235
08. 03. 1984	2	Z	51/83	WM 1985, 30
14. 03. 1984	2	Z	74/83	DWE 1984, 93 (L) = WE 1986, 25 (L)
15. 03. 1984	2	Z	75/83	BayObLGZ 1984, 50 = DWE 1984, 93 (L)
15. 03. 1984	2	Z	118/83	DWE 1984, 93 (L) = WE 1986, 25 (L)
22. 03. 1984	2	Z	104/83	DWE 1984, 124 (L) = WE 1986, 26 (L)
27. 03. 1984	2	Z	22/83	DWE 1984, 89 = WE 1986, 26 (L)
27. 03. 1984	2	Z	27/83	DWE 1984, 124 (L) = WE 1986, 26 (L)
27. 03. 1984	2	Z	25/84	WM 1985, 160 = DWE 1984, 124 (L)
05. 04. 1984	2	Z	26/84	n. v.
06. 04. 1984	2	Z	7/83	DWE 1984, 124 (L) = WE 1986, 26 (L)
13. 04. 1984	2	Z	19/83	DWE 1984, 124 (L) = WE 1986, 71 (L)
13. 04. 1984	2	Z	35/83	MDR 1984, 670 = DWE 1984, 125 (L)
16. 04. 1984	2	Z	52/83	DWE 1984, 125 (L) = WE 1986, 71 (L)
23. 05. 1984	2	Z	37/83	DWE 1984, 125 (L) = WE 1986, 71 (L)
23. 05. 1984	2	Z	18/84	DWE 1984, 125 (L) = WE 1986, 71 (L)
23. 05. 1984	2	Z	47/84	WM 1985, 103 = DWE 1984, 125 (L)
08. 06. 1984	2	Z	7/84	BayObLGZ 1984, 133 = WM 1984, 304
19. 06. 1984	2	Z	32/84	BayObLGZ 1984, 136 = WM 1985, 29
20. 06. 1984	2	Z	59/83	Rpfleger 1984, 409 = DWE 1984, 126
29. 06. 1984	2	Z	15/84	DWE 1984, 125 (L) = WE 1986, 72 (L)
13. 07. 1984	2	Z	67/84	WE 1986, 72 (L)
13. 07. 1984	2	Z	70/83	WE 1986, 72 (L)
13. 07. 1984	2	Z	22/84	WM 1985, 298 = WE 1986, 72 (L)
19. 07. 1984	2	Z	79/83	WM 1985, 101 = WE 1986, 72 (L)

19. 07. 1984	2	Z	60/84	ZMR 1985, 29 = DWE 1984, 125 (L)
25. 07. 1984	2	Z	108/83	BayObLGZ 1984, 198 = DWE 1984, 125
25. 07. 1984	2	Z	57/84	DNotZ 1985, 414 = DWE 1984, 125 (L)
09. 08. 1984	2	Z	77/83	DWE 1984, 122 = DWE 1985, 56
09. 08. 1984	2	Z	24/84	BayObLGZ 1984, 213; DWE 1985, 56
21. 09. 1984	2	Z	96/83	DWE 1985, 58 = WE 1986, 73 (L)
21. 09. 1984	2	Z	99/83	DWE 1984, 126 (L) = ZMR 1985, 132 (L)
21. 09. 1984	2	Z	107/83	DWE 1984, 126 (L) = WE 1986, 73 (L)
21. 09. 1984	2	Z	112/83	DWE 1985, 58 = WE 1986, 73 (L)
04. 10. 1984	2	Z	115/83	DWE 1984, 126 (L) = WE 1986, 73 (L)
12. 10. 1984	2	Z	119/83	WE 1986, 73 (L)
12. 10. 1984	2	Z	1/84	WE 1986, 73 (L)
30. 10. 1984	2	Z	110/84	Rpfleger 1985, 325 = WM 1985, 163
15. 11. 1984	2	Z	16/84	WM 1985, 232 = WE 1986, 74 (L)
15. 11. 1984	2	Z	27/84	ZMR 1985, 62 = WE 1986, 74 (L)
13. 12. 1984	2	Z	5/83	MDR 1985, 412 = WM 1985, 100
13. 12. 1984	2	Z	46/84	WE 1986, 64 (L)
24. 01. 1985	2	Z	63/84	BayObLGZ 1985, 47 = ZMR 1985, 132 (L)
21. 02. 1985	2	Z	101/84	DWE 1985, 60 (L) = ZMR 1985, 206
21. 02. 1985	2	Z	105/84	DWE 1985, 60 (L) = ZMR 1985, 208 (L)
21. 02. 1985	2	Z	112/84	ZMR 1985, 239 = DWE 1985, 60 (L)
25. 02. 1985	2	Z	201/83	Rpfleger 1985, 238 = DWE 1986, 29 (L)
15. 03. 1985	2	Z	127/84	WM 1985, 238 = DWE 1986, 29 (L)
18. 03. 1985	2	Z	51/84	WM 1985, 234 = DWE 1986, 29 (L)
20. 03. 1985	2	Z	141/84	WM 1986, 26 = DWE 1985, 61 (L)
28. 03. 1985	2	Z	8/85	BayObLGZ 1985, 104 = NJW 1985, 2138
02. 05. 1985	2	Z	108/84	BayObLGZ 1985, 172 = ZMR 1985, 275
02. 05. 1985	2	Z	48/84	BayObLGZ 1985, 164 = DWE 1985, 61 (L)
08. 05. 1985	2	Z	18/85	DWE 1985, 95 (L) = WM 1987, 38
17. 05. 1985	2	Z	52/84	DWE 1985, 95 (L)
17. 05. 1985	2	Z	144/84	DWE 1985, 95 (L)
23. 05. 1985	2	Z	43/85	BayObLGZ 1985, 204 = DWE 1985, 95 (L)
27. 06. 1985	2	Z	59/84	DWE 1985, 125 (L) = ZMR 1985, 307
27. 06. 1985	2	Z	62/84	WE 1986, 62 = DWE 1985, 125 (L)
27. 06. 1985	2	Z	10/85	ZMR 1985, 307 = DWE 1985, 125 (L)

28. 06. 1985	2	Z	13/85	ZMR 1985, 306 = DWE 1985, 125 (L)
04. 07. 1985	2	Z	106/84	WE 1986, 63 = DWE 1985, 125 (L)
06. 08. 1985	2	Z	45/85	ZMR 1985, 390 = NJW-RR 1986, 445
08. 08. 1985	2	Z	21/85	WE 1986, 65 = DWE 1985, 126 (L)
07. 11. 1985	2	Z	83/85	DWE 1986, 57 = NJW 1986, 385
07. 11. 1985	2	Z	65/85	NJW-RR 1986, 317 = DWE 1986, 29 (L)
05. 12. 1985	2	Z	67/85	NJW-RR 1986, 244 = Rpfleger 1986, 177
19. 12. 1985	2	Z	103/85	BayObLGZ 1985, 436 = MDR 1986, 502
23. 01. 1986	2	Z	126/85	NJW-RR 1986, 564 = WE 1986, 142
28. 01. 1986	2	Z	4/86	BayObLGZ 1986, 10 = NJW-RR 1986, 566
06. 02. 1986	2	Z	12/86	BayObLGZ 1986, 26 = ZMR 1986, 209
06. 02. 1986	2	Z	70/85	NJW-RR 1986, 761 = ZMR 1986, 207
13. 02. 1986	2	Z	87/85	NJW-RR 1986, 762 = DWE 1986, 94 (L)
27. 02. 1986	2	Z	99/85	ZMR 1986, 249 = DWE 1986, 94 (L)
06. 03. 1986	2	Z	57/85	DWE 1986, 94 (L) = WE 1987, 12
27. 03. 1986	2	Z	109/85	NJW-RR 1986, 954 = WE 1986, 99
30. 04. 1986	2	Z	72/85	BayObLGZ 1986, 128 = ZMR 1986, 452
16. 05. 1986	2	Z	30/85	DWE 1986, 95 (L) = ZMR 1986, 321 (L)
16. 05. 1986	2	Z	29/86	MDR 1986, 853 = DWE 1986, 95 (L)
06. 06. 1986	2	Z	53/85	NJW-RR 1986, 1076 = ZMR 1986, 450
26. 06. 1986	2	Z	54/85	NJW-RR 1986, 1077 = DWE 1986, 95 (L)
26. 06. 1986	2	Z	84/85	WM 1986, 287 = ZMR 1986, 452;
03. 07. 1986	2	Z	36/85	NJW 1986, 3145 = DWE 1987, 29 (L)
10. 07. 1986	2	Z	41/86	BayObLGZ 1986, 263 = MDR 1986, 1031
17. 07. 1986	2	Z	20/86	Rpfleger 1987, 153 (L) = WE 1987, 54
17. 07. 1986	2	Z	32/86	WE 1987, 51
08. 08. 1986	2	Z	95/85	NJW-RR 1986, 1463 = WM 1986, 354
11. 09. 1986	2	Z	35/86	NJW-RR 1987, 78 = ZMR 1987, 188
06. 10. 1986	2	Z	88/85	DWE 1986, 127 = ZMR 1987, 60
23. 10. 1986	2	Z	51/86	NJW-RR 1987, 202 = ZMR 1987, 30
23. 10. 1986	2	Z	96/85	NJW-RR 1987, 203 = ZMR 1987, 29
23. 10. 1986	2	Z	110/86	WM 1988, 96 = ZMR 1987, 29
31. 10. 1986	2	Z	83/86	richtiges Datum: 6. 11. 1986; NJW-RR 1987, 329
06. 11. 1986	2	Z	98/86	DWE 1987, 27 = ZMR 1987, 98

06. 11. 1986	2	Z	193/86	WM 1987, 95 = ZMR 1987, 100
11. 12. 1986	2	Z	119/86	NJW-RR 1987, 463 = WM 1987, 96
18. 12. 1986	2	Z	81/85	NJW-RR 1987, 595 = WM 1987, 101
06. 02. 1987	2	Z	93/86	ZMR 1987, 227
06. 02. 1987	2	Z	129/86	DWE 1987, 56 = ZMR 1987, 389
19. 02. 1987	2	Z	114/86	BayObLGZ 1987, 66 = NJW-RR 1987, 714
19. 02. 1987	2	Z	139/86	NJW-RR 1987, 655 = WM 1988, 100
19. 02. 1987	2	Z	4/87	MDR 1987, 588 = WE 1988, 22
05. 03. 1987	2	Z	50/86	NJW-RR 1987, 846 = WM 1988, 95
05. 03. 1987	2	Z	111/86	NJW-RR 1987, 717 = WM 1988, 177
03. 06. 1987	2	Z	34/97	NJW-RR 1987, 1357 = WM 1987, 327
15. 06. 1987	2	Z	104/86	DWE 1988, 34 (L) = NJW-RR 1987, 1162
25. 06. 1987	2	Z	39/86	WE 1988, 31 = WM 1987, 330
25. 06. 1987	2	Z	68/86	BayObLGZ 1987, 219 = NJW-RR 1987, 1362
02. 07. 1987	2	Z	136/86	DWE 1988, 34 (L) = WM 1987, 327
09. 07. 1987	2	Z	70/87	DWE 1988, 34 (L) = WM 1987, 328
10. 07. 1987	2	Z	47/87	NJW-RR 1987, 1363 = WM 1988, 34
23. 07. 1987	2	Z	41/87	NJW-RR 1987, 1368 = WM 1988, 102
30. 07. 1987	2	Z	78/87	NJW-RR 1988, 18 = WM 1988, 101
06. 08. 1987	2	Z	94/86	NJW-RR 1988, 140 = DWE 1988, 108
11. 08. 1987	2	Z	32/87	NJW-RR 1987, 1493 = WE 1988, 70
14. 09. 1987	2	Z	38/87	NJW-RR 1988, 17 = ZMR 1988, 106
17. 09. 1987	2	Z	44/87	WE 1988, 74 = DWE 1988, 109 (L)
10. 11. 1987	2	Z	75/86	BayObLGZ 1987, 390 = Rpfleger 1988, 102
20. 11. 1987	2	Z	91/87	NJW-RR 1988, 587 = DWE 1988, 110 (L)
07. 12. 1987	2	Z	35/87	NJW-RR 1988, 1151 = WM 1988, 104
17. 12. 1987	2	Z	84/87	NJW-RR 1988, 59 = DWE 1988, 110 (L)
29. 12. 1987	2	Z	93/87	WE 1988, 141
29. 12. 1987	2	Z	153/87	NJW-RR 1988, 599 = WE 1988, 108
21. 01. 1988	2	Z	133/87	WE 1988, 143 = WM 1988, 182
11. 02. 1988	2	Z	88/87	WM 1988, 191
26. 02. 1988	2	Z	113/87	WE 1988, 200 = DWE 1988, 110 (L)
03. 03. 1988	2	Z	104/87	NJW-RR 1988, 847 = WM 1988, 183
16. 03. 1988	2	Z	149/87	DWE 1988, 101 = NJW-RR 1988, 1169
30. 03. 1988	2	Z	120/87	WE 1988, 205 = DWE 1988, 73 (L)
07. 04. 1988	2	Z	156/87	DWE 1989, 27 = NJW-RR 1988, 1168
07. 04. 1988	2	Z	157/87	DWE 1989, 26 = NJW-RR 1988, 1166
14. 04. 1988	2	Z	3/88	WM 1988, 322 = DWE 1988, 74 (L)
04. 05. 1988	2	Z	33/88	WM 1988, 331 = ZMR 1988, 346

10. 05. 1989	2	Z	101/87	ZMR 1988, 345 = DWE 1989, 37 (L)
09. 06. 1989	2	Z	102/87	NJW-RR 1988, 1164 = WM 1988, 320
09. 06. 1988	2	Z	1/88	WE 1989, 63
09. 06. 1989	2	Z	12/88	WM 1988, 332 = ZMR 1988, 349
09. 06. 1988	2	Z	40/88	WM 1988, 329 = DWE 1988, 142 (L)
09. 06. 1988	2	Z	54/88	WM 1988, 319 = DWE 1988, 142 (L)
16. 06. 1988	2	Z	46/88	WE 1989, 106
23. 06. 1988	2	Z	55/88	WM 1988, 411
29. 06. 1988	2	Z	164/87	WM 1988, 408 = DWE 1989, 79 (L)
07. 07. 1988	2	Z	82/87	WM 1988, 419 = DWE 1989, 183 (L)
07. 07. 1988	2	Z	7/88	DWE 1989, 27 = WM 1988, 407
15. 07. 1988	2	Z	145/87	DWE 1989, 37 (L) = ZMR 1988, 436
26. 07. 1988	1 b	Z	16/88	WM 1988, 419 = DWE 1989, 79 (L)
29. 07. 1988	2	Z	43/88	DWE 1988, 140 = WM 1988, 418
04. 08. 1988	2	Z	57/88	WE 1989, 68 = DWE 1989, 37 (L)
24. 08. 1988	2	Z	26/88	WM 1988, 414 = DWE 1989, 37 (L)
08. 09. 1988	2	Z	55/87	DWE 1989, 37 (L) = WE 1989, 147
08. 09. 1988	2	Z	136/87	WE 1989, 147 = DWE 1989, 183 (L)
14. 09. 1988	2	Z	80/88	WM 1988, 410 = DWE 1989, 79 (L)
14. 09. 1988	2	Z	112/87	DWE 1989, 37 (L) = WE 1989, 211
23. 09. 1988	2	Z	97/87	BayObLGZ 1988, 287 = DNotZ 1989, 428
05. 10. 1988	2	Z	91/88	DWE 1989, 79
20. 10. 1988	3	Z	74/88	NJW-RR 1989, 79 = WE 1989, 214
20. 10. 1988	2	Z	91/88	BayObLGZ 1988, 326 = WE 1989, 216
11. 11. 1988	2	Z	92/88	WE 1989, 218 = DWE 1989, 184 (L)
13. 12. 1988	2	Z	120/88	WE 1990, 30
29. 12. 1988	2	Z	79/88	WE 1990, 31 = WM 1989, 212
12. 01. 1989	2	Z	123/88	DWE 1990, 37 (L) = NJW-RR 1989, 526
18. 01. 1989	2	Z	125/88	DWE 1990, 37 (L) = ZMR 1989, 192
27. 01. 1989	2	Z	67/88	NJW-RR 1989, 656
15. 02. 1989	2	Z	129/88	BayObLGZ 1989, Nr. 7
23. 02. 1989	2	Z	85/88	n. v.
02. 03. 1989	2	Z	87/88	BayObLGZ 1989, Nr. 12 = DWE 1990, 38 (L)
02. 03. 1989	2	Z	8/89	n. v.
08. 03. 1989	2	Z	39/88	DWE 1990, 38 (L)
08. 03. 1989	2	Z	98/88	DWE 1990, 38 (L)
09. 03. 1989	2	Z	2/89	DWE 1990, 38 (L)
15. 03. 1989	2	Z	127/88	DWE 1990, 38 (L)
23. 03. 1989	2	Z	7/89	WE 1990, 69
30. 03. 1989	2	Z	128/88	WE 1990, 112
13. 04. 1989	2	Z	69/88	ZMR 1989, 317
27. 04. 1989	2	Z	28/89	WE 1990, 138

10. 05. 1989	2	Z	23/88	WM 1989, 459 = DWE 1990, 93
10. 05. 1989	2	Z	121/88	WM 1989, 452
09. 06. 1989	1 b	Z	11/88	n. v.
15. 06. 1989	2	Z	112/88	WE 1990, 146
06. 07. 1989	2	Z	111/88	BlnGrdE 1990, 155
18. 07. 1989	2	Z	66/89	DWE 1990, 62 = BlnGrdE 1990, 147
19. 07. 1989	1 b	Z	29/88	WM 1989, 539
27. 07. 1989	2	Z	54/89	DWE 1990, 62 = BlnGrdE 1990, 145
27. 07. 1989	2	Z	68/89	WE 1990, 183
02. 08. 1989	2	Z	36/89	BlnGrdE 1990, 151 = WM 1989, 536
09. 08. 1989	2	Z	60/89	BayObLGZ 1989, 342 = ZMR 1989, 438
31. 08. 1989	2	Z	73/89	WM 1989, 657
10. 09. 1989	2	Z	81/89	RDM-Bayern-aktuell 3/1991, 33
27. 09. 1989	2	Z	38/89	NJW-RR 1989, 82
27. 09. 1989	2	Z	45/89	WE 1991, 47= WM 1990, 164
27. 09. 1989	2	Z	67/89	WE 1991, 27
30. 09. 1989	2	Z	49/89	WE 1991, 22 = ZMR 1990, 65
11. 10. 1989	2	Z	65/89	WE 1991, 49 = WM 1989, 658
11. 10. 1989	2	Z	71/89	WM 1990, 48
11. 10. 1989	2	Z	96/89	ZMR 1990, 230
24. 10. 1989	2	Z	115/89	DWE 1990, 113 (L) = Rpfleger 1990, 63
27. 10. 1989	2	Z	75/89	NJW-RR 1990, 210 = DWE 1990, 113 (L)
31. 10. 1989	1 b	Z	26/88	DWE 1990, 28
31. 10. 1989	2	Z	93/89	DWE 1990, 28 = BlnGrdE 1990, 153
09. 11. 1989	2	Z	51/89	DWE 1990, 29
09. 11. 1989	2	Z	107/89	n. v.
23. 11. 1989	2	Z	108/89	WM 1990, 39
05. 12. 1989	2	Z	121/89	DWE 1990, 113 (L) = WM 1990, 173
12. 12. 1989	2	Z	49/88	DWE 1990, 152 (L) = NVwZ-RR 1989, 461
14. 12. 1989	1 b	Z	36/88	DWE 1990, 63 = NJW-RR 1990, 330
15. 12. 1989	2	Z	130/89	NJW-RR 1990, 332= Rpfleger 1990, 204
15. 12. 1989	2	Z	128/89	DWE 1990, 74 (L) = WE 1991, 140
19. 12. 1989	1 b	Z	42/88	BlnGrdE 1990, 379 = DWE 1990, 74 (L)
21. 12. 1989	1 b	Z	38+39/88	DWE 1990, 75 (L)
11. 01. 1990	1 b	Z	5/89	DWE 1990, 64 = NJW-RR 1990, 720
16. 01. 1990	1 b	Z	35/89	BlnGrdE 1990, 717 = DWE 1990, 75 (L)
16. 01. 1990	1 b	Z	41/88	DWE 1990, 152 (L) = WE 1991, 168
30. 01. 1990	2	Z	111/89	DWE 1990, 75 (L)

01. 02. 1990	2	Z	141/89	DWE 1990, 75 (L)
06. 02. 1990	2	Z	104/89	MDR 1990, 552
06. 02. 1990	2	Z	119/89	DWE 1990, 75 (L) = NJW-RR 1990, 660
08. 02. 1990	1 b	Z	14/89	DWE 1990, 75 (L)
21. 02. 1990	1 b	Z	43/88	DWE 1970, 75 (L) = WM 1990, 366
14. 03. 1990	1 b	Z	7/89	DWE 1990, 100 = NJW-RR 1990, 657
14. 03. 1990	1 b	Z	11/89	WE 1991, 203 = DWE 1990, 76 (L)
15. 03. 1990	2	Z	8/90	DWE 1990, 76 (L) = WM 1990, 236
15. 03. 1990	2	Z	18/90	DWE 1990, 67 = NJW-RR 1990, 659
30. 03. 1990	2	Z	22/90	WM 1990, 322
30. 03. 1990	2	Z	31/90	NJW-RR 1990, 784
05. 04. 1990	2	Z	14/90	DWE 1991, 151 (L) = NJW-RR 1990, 784
05. 04. 1990	2	Z	24/90	n. v.
05. 04. 1990	2	Z	30/90	WM 1990, 322
11. 04. 1990	2	Z	7/90	BayObLGZ 1990, 101 = NJW 1990, 3216
11. 04. 1990	2	Z	23/90	NJW 1990, H. 30, VI (L)
19. 04. 1990	1 b	Z	19/89	BlnGrdE 1990, 871 = DWE 1990, 101
03. 05. 1990	1 b	Z	24/89	BlnGrdE 1990, 871
10. 05. 1990	2	Z	26/90	BayObLGZ 1990, 120 = ZMR 1990, 390
14. 05. 1990	1 b	Z	27/89	n. v.
16. 05. 1990	1 b	Z	22/89	DWE 1991, 74 = NJW-RR 1990, 1168
23. 05. 1990	2	Z	44/90	BlnGrdE 1990, 873 = DWE 1990, 114 (L)
23. 05. 1990	2	Z	46/90	DWE 1990, 114 (L) = NJW-RR 1990, 1102
30. 05. 1990	2	Z	36/90	DWE 1990, 114 (L) = NJW-RR 1990, 1104
30. 05. 1990	2	Z	57/90	DWE 1990, 114 (L)
08. 06. 1990	1 b	Z	18/99	DWE 1991, 114 (L) = WE 1991, 261
13. 06. 1990	2	Z	25/90	n. v.
20. 06. 1990	2	Z	37/90	NJW 1990, H. 35, VI (L)
21. 06. 1990	1 b	Z	36/89	n. v.
28. 06. 1990	1 b	Z	35/89	DWE 1990, 114 (L)
28. 06. 1990	2	Z	54/90	DWE 1990, 102
28. 06. 1990	2	Z	67/90	n. v.
16. 07. 1990	1 b	Z	29/89	n. v.
19. 07. 1990	2	Z	71/90	WM 1990, 455
02. 08. 1990	2	Z	40/90	WM 1991, 312
09. 08. 1990	1 b	Z	25/89	DWE 1992, 163 = WM 1990, 464
09. 08. 1990	2	Z	79/90	NJW-RR 1991, 15 = WM 1990, 459

09. 08. 1990	2	Z	82/90	WE 1991, 111
09. 08. 1990	2	Z	83/90	DWE 1991, 164 (L) = WE 1991, 360
16. 08. 1990	2	Z	88/90	WE 1992, 362
13. 09. 1990	2	Z	100/90	NJW-RR 1991, 531
18. 10. 1990	2	Z	119/90	WE 1990, 23 = WM 1991, 60
30. 10. 1990	2	Z	107/90	DWE 1991, 82 (L) = WE 1992, 26
07. 11. 1990	2	Z	116/90	WE 1992, 49
22. 11. 1990	2	Z	103/90	WE 1992, 27
29. 11. 1990	2	Z	72/90	DWE 1991, 104 = WM 1991, 131
05. 12. 1990	2	Z	146/90	WE 1992, 52 (L) = WM 1991, 134
20. 12. 1990	2	Z	154/90	DWE 1991, 76 = NJW-RR 1991, 658
17. 01. 1991	2	Z	161/90	DWE 1992, 166 (L) = NJW-RR 1991, 910
17. 01. 1991	2	Z	164/90	DWE 1992, 166 (L) = WE 1992, 56
14. 02. 1991	2	Z	4/91	BayObLGZ 1991, 93 = NJW-RR 1991, 723
14. 02. 1991	2	Z	13/91	WE 1992, 84 = WM 1991, 303
14. 02. 1991	2	Z	16/91	BayObLGZ 1991, 90 = NJW 1991, 1962
21. 02. 1991	2	Z	2/91	DWE 1992, 167 (L) = WE 1992, 86
21. 02. 1991	2	Z	7/91	NJW 1991, 1620 = WM 1991, 299
21. 02. 1991	2	Z	11/91	DWE 1991, 126 (L) = WE 1992, 85
28. 02. 1991	2	Z	144/90	DWE 1991, 126 (L) = WM 1991, 310
14. 03. 1991	2	Z	139/90	DWE 1992, 167 (L) = WE 1992, 138 (L)
14. 03. 1991	2	Z	168/90	DWE 1991, 155 = WE 1992, 138
11. 04. 1991	2	Z	28/91	DWE 1992, 162 = NJW-RR 1992, 83
16. 04. 1991	2	Z	25/91	DWE 1992, 167 (L) = NJW-RR 1992, 978;
08. 05. 1991	2	Z	33/91	BayObLGZ 1991, 165 = DWE 1991, 109
29. 05. 1991	2	Z	23/91	DWE 1992, 130 (L) = WE 1992, 171
29. 05. 1991	2	Z	45/91	DWE 1991, 113 = NJW-RR 1991, 1490
12. 06. 1991	2	Z	49/91	NJW-RR 1992, 1360 = WM 1991, 443
19. 06. 1991	2	Z	46/91	DWE 1991, 127 (L) = WE 1992, 175
19. 06. 1991	2	Z	47/91	DWE 1992, 167 (L) = WE 1992, 176
22. 06. 1991	2	Z	66/91	DWE 1991, 127 (L) = WM 1991, 440
03. 07. 1991	2	Z	56/91	DWE 1991, 127 (L) = WE 1992, 178
09. 07. 1991	2	Z	72/91	DWE 1991, 156 = NJW-RR 1992, 14
18. 07. 1991	2	Z	64/91	WE 1992, 195
18. 07. 1991	2	Z	87/91	DnotZ 1992, 714 = DWE 1991, 157
25. 07. 1991	2	Z	69/91	WE 1992, 197 = WM 1991, 512
12. 08. 1991	2	Z	86/91	BayObLGZ 1991, 296 = DWE 1991, 158
12. 09. 1991	2	Z	111/91	WE 1992, 203 = WM 1991, 610

15. 10. 1991	2	Z	136/91	BayObLGZ 1991, 356 = NJW-RR 1992, 210
22. 10. 1991	2	Z	114/91	DWE 1992, 40 = WM 1991, 706
23. 10. 1991	2	Z	91/91	WE 1992, 208
07. 11. 1991	2	Z	99/91	DWE 1992, 130 (L) = WM 1992, 90
07. 11. 1991	2	Z	112/91	DWE 1992, 130 = MittBayNot 1992, 266
07. 11. 1991	2	Z	137/91	DWE 1992, 26 = NJW 1992, 700
07. 11. 1991	2	Z	146/91	DWE 1992, 130 (L) = WM 1992, 80
14. 11. 1991	2	Z	123/91	DWE 1992, 41 = WM 1992, 88
18. 11. 1991	2	Z	124/91	DWE 1992, 28 = WM 1992, 83
28. 11. 1991	2	Z	113/91	DWE 1992, 130 (L) = WM 1992, 156
28. 11. 1991	2	Z	133/91	BayObLGZ 1991, 409 = NJW 1992, 917
05. 12. 1991	2	Z	154/91	BayObLGZ 1991, 421 = NJW-RR 1992, 343
12. 12. 1991	2	Z	145/91	WE 1992, 264 = WM 1992, 152
12. 12. 1991	2	Z	157/91	WE 1992, 345 = WM 1992, 155
08. 01. 1992	2	Z	160/91	BayObLGZ 1992, 1 = NJW-RR 1992, 599
16. 01. 1992	2	Z	162/91	MDR 1992, 967 = WM 1992, 207
31. 01. 1992	2	Z	143/91	NJW 1993, 603 = WM 1992, 209
06. 02. 1992	2	Z	166/91	WM 1992, 206 = ZMR 1992, 202
20. 02. 1992	2	Z	158/91	WE 1993, 140 = WM 1992, 280
05. 03. 1992	2	Z	171/91	DWE 1992, 87 (L) = WM 1992, 280
19. 03. 1992	2	Z	7/92	WE 1993, 55
19. 03. 1992	2	Z	16/92	DWE 1993, 166 (L) = WE 1993, 253
25. 03. 1992	2Z	BR	1/92	DWE 1992, 76 = MDR 1992, 772
02. 04. 1992	2Z	BR	4/92	BayObLGZ 1992, 79 = NJW-RR 1992, 910
02. 04. 1992	2	Z	10/92	DWE 1993, 166 (L) = WE 1993, 144
21. 04. 1992	2Z	BR	20/92	NJW-RR 1992, 975 = ZMR 1992, 310
07. 05. 1992	2Z	BR	26/92	DWE 1992, 128 = NJW-RR 1992, 1169
21. 05. 1992	2Z	BR	6/92	DWE 1992, 116 = ZMR 1992, 352
21. 05. 1992	2Z	BR	38/92	DWE 1992, 123 = WM 1992, 392
03. 06. 1992	2Z	BR	30/92	WE 1993, 279 = WM 1992, 498
25. 06. 1992	2Z	BR	25/92	BayObLGZ 1992, 210 = NJW-RR 1992, 1431
23. 07. 1992	2Z	BR	22/92	DWE 1993, 17 = NJW-RR 1993, 337
30. 07. 1992	2Z	BR	34/92	NJW-RR 1992, 1367 = WM 1992, 566
10. 09. 1992	2Z	BR	74/92	DWE 1992, 163 = NJW-RR 1993, 85
17. 09. 1992	2Z	BR	62/92	DWE 1992, 164 = WM 1992, 642
15. 10. 1992	2Z	BR	75/92	DWE 1994, 77 = NJW-RR 1993, 206
15. 10. 1992	2Z	BR	79/92	DWE 1993, 166 (L) = WE 1993, 347
22. 10. 1992	2Z	BR	66/92	DWE 1993, 38 (L) = ZMR 1993, 29

22. 10. 1992	2Z	BR	80/92	DWE 1993, 122 = NJW-RR 1993, 280
22. 10. 1992	2Z	BR	83/92	NJW-RR 1993, 149 = WM 1992, 703
23. 10. 1992	2Z	BR	87/92	WE 1994, 17 = WM 1992, 707
30. 10. 1992	2Z	BR	88/92	NJW-RR 1993, 205 = ZMR 1993, 341
05. 11. 1992	2Z	BR	77/92	BayObLGZ 1992, 336 = DWE 1993, 23
12. 11. 1992	2Z	BR	96/92	DWE 1993, 123 = WM 1993, 79
14. 01. 1993	2Z	BR	118/92	WE 1994, 28 = WM 1993, 206
10. 02. 1993	2Z	BR	116/92	DWE 1993, 161 = ZMR 1993, 231
10. 02. 1993	2Z	BR	126/92	DWE 1993, 39 (L) = WM 1993, 289
26. 02. 1993	2Z	BR	117/92	WE 1994, 150 = WM 1993, 291
11. 03. 1993	2Z	BR	12/93	WE 1994, 151 = WM 1993, 295
18. 03. 1993	2Z	BR	108/92	DWE 1994, 29 = WM 1993, 486
30. 03. 1993	2Z	BR	11/93	NJW-RR 1993, 1039 = WM 1993, 481
30. 03. 1993	2Z	BR	21/93	DWE 1993, 167 (L) = ZMR 1993, 427
16. 04. 1993	2Z	BR	34/93	BayObLGZ 1993, 166 = NJW-RR 1993, 444
23. 04. 1993	2Z	BR	31/93	Rpfleger 1994, 335 (L) = WM 1993, 558
23. 04. 1993	2Z	BR	35/93	NJW-RR 1993, 1040
23. 04. 1993	2Z	BR	113/92	DWE 1993, 159 = WM 1993, 485
28. 04. 1993	2Z	BR	47/93	DWE 1993, 167 (L) = WM 1993, 562
05. 05. 1993	2Z	BR	29/93	WE 1994, 184 = WM 1993, 488
27. 05. 1993	2Z	BR	39/93	DWE 1994, 29 = ZMR 1993, 580
24. 06. 1993	2Z	BR	121/92	WE 1994, 247= WM 1993, 697
24. 06. 1993	2Z	BR	28/93	DWE 1993, 168 (L) = WE 1994, 247 (L)
24. 06. 1993	2Z	BR	56/93	NJW-RR 1993, 1362 = Rpfleger 1994, 17
24. 06. 1993	2Z	BR	121/92	DWE 1993, 168 (L) = WM 1993, 697
01. 07. 1993	2Z	BR	38/93	WE 1994, 249 (L)) WM 1993, 700
22. 07. 1993	2Z	BR	54/73	DWE 1993, 168 (L) = WM 1993, 762
23. 07. 1993	2Z	BR	69/93	Rpfleger 1994, 108 = WM 1993, 748
06. 08. 1993	2Z	BR	43/93	WE 1994, 276 = ZMR 1994, 34
10. 08. 1993	2Z	BR	86/93	NJW-RR 1993, 1488 = WM 1993, 764
02. 09. 1993	2Z	BR	63/93	DWE 1994, 40 (L) = NJW-RR 1994, 337
02. 09. 1993	2Z	BR	73/93	NJW-RR 1994, 82 = WM 1994, 163
10. 09. 1993	2Z	BR	63/93	DWE 1994, 278 = ZMR 1994, 25
13. 09. 1993	2Z	BR	66/93	DWE 1994, 40 (L) = WM 1994, 44
13. 09. 1993	2Z	BR	72/93	MDR 1993, 1200 = WM 1994, 98
16. 09. 1993	2Z	BR	91/93	NJW-RR 1994, 145 = WM 1993, 753
21. 10. 1993	2Z	BR	103/93	DWE 1994, 26 = NJW-RR 1994, 338
27. 10. 1993	2Z	BR	17/93	DWE 1994, 40 (L) = WM 1994, 105
27. 10. 1993	2Z	BR	107/93	DWE 1994, 28 = WM 1993, 766

04. 11. 1993	2Z	BR	89/93	NJW 1995, 202 = ZMR 1994, 120
05. 11. 1993	2Z	BR	83/93	NJW-RR 1994, 276 = ZMR 1994, 126
09. 12. 1993	2Z	BR	121/93	DWE 1994, 86 (L) = WM 1994, 168
16. 12. 1993	2Z	BR	82/93	DWE 1994, 87 = NJW-RR 1994, 781
16. 12. 1993	2Z	BR	112/93	DWE 1994, 87 (L) = ZMR 1994, 231
16. 12. 1993	2Z	BR	113/93	DWE 1994, 152 = NJW-RR 1994, 598;
17. 12. 1993	2Z	BR	105/93	DWE 1994, 121 (L) = WM 1994, 152
13. 01. 1994	2Z	BR	130/93	DWE 1994, 153 = WM 1994, 222
27. 01. 1994	2Z	BR	88/93	DWE 1994, 154 = WM 1994, 230
01. 02. 1994	2Z	BR	97/93	DWE 1994, 88 (L) = WM 1994, 295
09. 02. 1994	2Z	BR	7/94	DWE 1994, 88 (L) = NJW 1994, 1662
09. 02. 1994	2Z	BR	127/93	DWE 1994, 88 (L) = NJW-RR 1994, 658
11. 02. 1994	2Z	BR	6/94	DWE 1994, 88 (L) = WM 1994, 229
17. 02. 1994	2Z	BR	134/93	MDR 1994, 1148 = WM 1994, 574
24. 02. 1994	2Z	BR	122/93	DWE 1994, 121 (L) = WM 1994, 559
03. 03. 1994	2Z	BR	129/93	WM 1994, 568
03. 03. 1994	2Z	BR	142/93	NJW-RR 1994, 784 = ZMR 1994, 483
10. 03. 1994	2Z	BR	136/93	WM 1994, 504 = ZMR 1994, 279
10. 03. 1994	2Z	BR	143/93	WN 1994, 570
10. 03. 1994	2Z	BR	11/94	DWE 1994, 156 = WM 1994, 498
10. 03. 1994	2Z	BR	13/94	NJW-RR 1994, 718 = ZMR 1994, 277
24. 03. 1994	2Z	BR	28/94	WM 1994, 403 = ZMR 1994, 430
31. 03. 1994	2Z	BR	16/94	WM 1994, 567; ZMR 1994, 338
22. 04. 1994	2Z	BR	9/94	DWE 1994, 113 = NJW-RR 1994, 1169
22. 04. 1994	2Z	BR	19/94	NJW-RR 1994, 10036 = WM 1994,633
28. 04. 1994	2Z	BR	32/94	DWE 1994, 122 = ZMR 1994, 431
09. 05. 1994	2Z	BR	23/94	WM 1995, 50 = ZMR 1994, 425
19. 05. 1994	2Z	BR	135/93	DWE 1994, 114 = NJW-RR 1994, 104
09. 06. 1994	2Z	BR	27/94	DWE 1994, 122 (L) = ZMR 1994, 575
15. 06. 1994	2Z	BR	31/94	DWE 1994, 122 (L)
12. 07. 1994	2Z	BR	51/94	DWE 1994, 161 (L)
21. 07. 1994	2Z	BR	21/94	DWE 1995, 41 (L) = WM 1995, 54
21. 07. 1994	2Z	BR	43/94	DWE 1995, 41 (L) = WM 1995, 52
21. 07. 1994	2Z	BR	47/94	DWE 1995, 84 (L) = WM 1995, 59
21. 07. 1994	2Z	BR	56/94	NJW-RR 1994, 1427
26. 07. 1994	2Z	BR	72/94	DWE 1995, 41 (L) = WM 1995, 65
04. 08. 1994	2Z	BR	34/94	NJW-RR 1994, 1425 = WM 1994, 637
10. 08. 1994	2Z	BR	46/94	DWE 1995, 84 (L) = WM 1995, 56
18. 08. 1994	2Z	BR	30/94	WM 1994, 629 = ZMR 1994, 576
19. 08. 1994	2Z	BR	45/94	BlnGrdE 1994, 1389 = WM 1994, 635
25. 08. 1994	2Z	BR	80/94	WM 1994, 631
07. 09. 1994	2Z	BR	65/94	DWE 1994, 161 (L) = WM 1994, 640
16. 09. 1994	2Z	BR	78/94	DWE 1994, 137 = WM 1994, 640
12. 10. 1994	2Z	BR	97/94	MDR 1995, 144 = NJW-RR 1995, 271

18. 10. 1994	2Z	BR	55/94	DWE 1995, 18 = WM 1994, 709
20. 10. 1994	2Z	BR	92/94	WE 1995, 287
10. 11. 1994	2Z	BR	100/94	DWE 1995, 26 = WM 1995, 217
10. 11. 1994	2Z	BR	192/94	DWE 1995, 42 (L) = WE 1995, 256 (L)
24. 11. 1994	2Z	BR	110/94	WE 1995, 344 = ZMR 1995, 87
01. 12. 1994	2Z	BR	111/94	DWE 1995, 28 = WE 1995, 345
15. 12. 1994	2Z	BR	115/94	WE 1995, 350 = ZMR 1995, 130
20. 12. 1994	2Z	BR	106/94	DWE 1995, 161 = NJW-RR 1995, 530
04. 01. 1995	2Z	BR	114/94	DWE 1995, 29 = WM 1995, 328
18. 01. 1995	2Z	BR	118/94	WE 1995, 377
02. 02. 1995	2Z	BR	71/94	MittBayNot 1995, 281 = NJW-RR 1995, 649
02. 02. 1995	2Z	BR	120/94	WM 1995, 320 = ZMR 1995, 167
02. 02. 1995	2Z	BR	131/94	WE 1995, 378 = DWE 1995, 85 (L)
09. 02. 1995	2Z	BR	4/95	NJW-RR 1995, 783= WM 1995, 325
15. 02. 1995	2Z	BR	1/95	DWE 1995, 106 = NJW-RR 1996, 12
23. 02. 1995	2Z	BR	103/94	MittBayNot 1995, 202 = NJW-RR 1995, 1103
16. 03. 1995	2Z	BR	12/95	MittBayNot 1995, 204 = WM 1995, 326
30. 05. 1995	2Z	BR	41/95	DWE 1995, 118 = NJW 1995, 3129
14. 06. 1995	2Z	BR	53/95	DNotZ 1996, 37 = DWE 1995, 118
20. 07. 1995	2Z	BR	49/95	WM 1996, 497
12. 10. 1995	2Z	BR	66/95	NJW-MietR 1996, 35 = WM 1995, 728
12. 10. 1995	2Z	BR	87/95	WE 1996, 154 = ZMR 1996, 43
19. 10. 1995	2Z	BR	101/95	DWE 1996, 41 (L) = WM 1996, 490
07. 12. 1995	2Z	BR	90/95	NJW-RR 1996, 721 = ZMR 1996, 285
18. 01. 1996	2Z	BR	115/95	DWE 1996, 81 (L) = WM 1996, 488
29. 02. 1996	2Z	BR	142/95	NJW-RR 1996, 1101 = ZMR 1996, 394
06. 03. 1996	2Z	BR	2/96	DWE 1996, 81 (L) = ZMR 1996, 334
07. 03. 1996	2Z	BR	136/95	NJW 1996, 2106 = WM 1996, 294
14. 03. 1996	2Z	BR	6/96	DWE 1996, 81 (L) = NJWE-MietR 1996, 183
13. 06. 1996	2Z	BR	28/96	DWE 1998, 23 = NJW-RR 1997, 79
27. 06. 1996	2Z	BR	46/96	NJWE-MietR 1997, 16
17. 07. 1996	2Z	BR	58/96	DWE 1997, 129 = ZMR 1996, 618
14. 08. 1996	2Z	BR	77/96	NJWE-MietR 1997, 15 = ZMR 1996, 680
27. 09. 1996	2Z	BR	80/96	WE 1997, 158
10. 10. 1996	2Z	BR	108/96	FGPrax 1997, 19 = MittBayNot 1996, 437
21. 10. 1996	2Z	BR	72/96	WE 1997, 268
05. 12. 1996	2Z	BR	82/96	NJWE-MietR 1997, 112 = WE 1997, 273

13. 02. 1997	2Z	BR	132/96	FGPrax 1997, 136 = NJWE-MietR 1997, 162
18. 03. 1997	2Z	BR	98/96	DWE 1997, 131 = WM 1997, 396
27. 03. 1997	2Z	BR	11/97	WM 1997, 398 = DWE 1997, 131 (L)
07. 05. 1997	2Z	BR	32/97	FGPrax 1997, 141 = ZMR 1997, 428
23. 05. 1997	2Z	BR	44/97	MittBayNot 1997, 369 = WM 1997, 461 (L)
28. 05. 1997	2Z	BR	60/97	BayObLGZ 1997, 163 = FGPrax 1997, 178
25. 06. 1997	2Z	BR	50/97	NJW-RR 1997, 1307 = ZMR 1997, 604
25. 06. 1997	2Z	BR	90/96	WM 1997, 515 = ZMR 1997, 537
27. 06. 1997	2Z	BR	16/96	BayObLGZ 1996, 146 =; FGPrax 1996, 179
24. 07. 1997	2Z	BR	49/97	MittBayNot 1998, 99 = WM 1997, 512
07. 08. 1997	2Z	BR	80/97	NZM 1998, 121 = WM 1998, 49 = ZMR 1998, 176
11. 09. 1997	2Z	BR	120/97	FGPrax 1998, 6 = WM 1997, 689
25. 09. 1997	2Z	BR	79/97	DWE 1998, 50 (L) = WM 1997, 700
09. 10. 1997	2Z	BR	90/97	WM 1997, 690 = ZMR 1998, 182
27. 11. 1997	2Z	BR	136/97	WM 1998, 112 = ZMR 1998, 241
04. 12. 1997	2Z	BR	123/97	WE 1998, 276 = WM 1998, 117
16. 12. 1997	2Z	BR	10/97	MittBayNot 1998, 180 = ZMR 1998, 299
29. 01. 1998	2Z	BR	146/97	MittBayNot 1998, 183 (L)
05. 02. 1998	2Z	BR	110/97	NZM 1998, 524 = WM 1998, 368
19. 02. 1998	2Z	BR	135/97	NJW-RR 1998, 875 = NZM 1998, 336
12. 03. 1998	2Z	BR	8/98	NJW-RR 1998, 1022 = NZM 1998, 486
19. 03. 1998	2Z	BR	113/97	NJW-RR 1999, 8 = NZM 1998, 440
19. 03. 1998	2Z	BR	131/97	WM 1998, 563 = ZMR 1998, 503
19. 03. 1998	2Z	BR	18/98	NZM 1998, 408 = WE 1999, 25
26. 03. 1998	2Z	BR	154/97	NZM 1998, 486 = ZMR 1999, 508
16. 04. 1998	2Z	BR	61/98	NZM 1999, 132 = WE 1999, 29
23. 04. 1998	2Z	BR	65/97	NZM 1998, 1012= ZMR 1998, 509
18. 05. 1998	2Z	BR	51/98	NZM 1998, 917 = ZMR 1998, 643
22. 05. 1998	2Z	BR	38/98	NZM 1999, 282
25. 05. 1998	2Z	BR	22/98	NZM 1999, 34 = WE 1999, 35
25. 05. 1998	2Z	BR	21/98	NZM 1998, ZfIR 1998, 481
25. 06. 1998	2Z	BR	53/98	NZM 1998, 815 = WM 1999, 127
10. 07. 1998	2Z	BR	89/98	NZM 1998, 980 = WE 1999, 34
30. 07. 1998	2Z	BR	9/98	MittBayNot 1998, 440 = NZM 1998, 973
03. 08. 1998	2Z	BR	72/98	NZM 1998, 966 = ZfIR 1998, 614
04. 08. 1998	2Z	BR	103/98	NJW-RR 1998, 1704 = NZM 1998, 965
20. 08. 1998	2Z	BR	44/98	ZMR 1999, 50
27. 08. 1998	2Z	BR	35/98	BayObLGZ 1998, 199 = NZM 1999, 31

01. 10. 1998	2Z	BR	71/98	NZM 1999, 264 = ZMR 1999, 55
01. 10. 1998	2Z	BR	107/98	NJW-RR 1999, 453
15. 10. 1998	2Z	BR	126/98	DWE 1999, 35
23. 10. 1998	2Z	BR	110/98	NZM 1999, 379
28. 10. 1998	2Z	BR	122/98	NZM 1999, 261
28. 10. 1998	2Z	BR	137/98	NZM 1998, 130 = ZMR 1999, 186
29. 10. 1998	2Z	BR	81/98	ZMR 1999, 118
05. 11. 1998	2Z	BR	92/98	DWE 1999, 33 = NZM 1999, 74
05. 11. 1998	2Z	BR	131/98	NZM 1999, 77 = ZMR 1999, 121
27. 11. 1998	2Z	BR	150/98	NZM 1999, 283
18. 12. 1998	2Z	BR	166/98	DWE 1999, 31 = NZM 1999, 466 (L)
14. 01. 1999	2Z	BR	125/98	DWE 1999, 30 = ZMR 1999, 273
21. 01. 1999	2Z	BR	156/98	n. v.
29. 01. 1999	2Z	BR	135/98	NJW-RR 1999, 956 = NZM 1999, 423
04. 03. 1999	2Z	BR	20/99	NJW-RR 1999, 887 = NZM 1999, 578
18. 03. 1999	2Z	BR	151/98	NZM 1999, 672 = ZMR 1999, 570
18. 03. 1999	2Z	BR	182/98	NZM 2000, 52 = ZMR 1999, 721
18. 03. 1999	2Z	BR	6/99	DWE 1999, 69 (L) = NZM 1999, 575
30. 04. 1999	2Z	BR	33/99	FGPrax 1999, 129 = NZM 1999, 715
30. 04. 1999	2Z	BR	153/98	NZM 1999, 862
07. 05. 1999	2Z	BR	178/98	ZMR 1999, 580
18. 05. 1999	2Z	BR	1/99	NZM 1999, 850 (L)
21. 05. 1999	2Z	BR	188/98	DWE 1999, 122 = NZM 1999, 809
21. 05. 1999	2Z	BR	36/99	NZM 1999, 1058 = ZMR 1999, 723
25. 05. 1999	2Z	BR	38/99	DWE 1999, 120 = NZM 1999, 865 (L)
17. 06. 1999	2Z	BR	46/99	DWE 1999, 106 = NZM 1999, 908
24. 06. 1999	2Z	BR	179/98	NZM 1999, 868 = ZMR 1999, 724
24. 06. 1999	2Z	BR	48/99	NZM 1999, 1060 (L)
15. 07. 1999	2Z	BR	86/99	ZMR 1999, 773 = ZWE 2000, 69
23. 07. 1999	2Z	BR	100/99	NZM 1999, 1145 = ZMR 1999, 776
05. 08. 1999	2Z	BR	32/99	NZM 2000, 507 = ZMR 1999, 778
05. 08. 1999	2Z	BR	67/99	NZM 1999, 1154 (L) = ZMR 1999, 781
12. 08. 1999	2Z	BR	39/99	DWE 2000, 34 = NZM 1999, 1146
12. 08. 1999	2Z	BR	80/99	DWE 2000, 33 = NZM 1999, 301
19. 08. 1999	2Z	BR	62/99	NZM 1999, 350 = ZWE 2000, 261
26. 08. 1999	2Z	BR	66/99	DWE 2000, 37= ZMR 1999, 846
26. 08. 1999	2Z	BR	74/99	NZM 2000, 289 = ZMR 1999, 847
29. 09. 1999	2Z	BR	68/99	DWE 2000, 35 = NZM 1999, 1150
29. 09. 1999	2Z	BR	75/99	NZM 2000, 392
29. 09. 1999	2Z	BR	103/99	NZM 2000, 288 = ZMR 2000, 53
07. 10. 1999	2Z	BR	76/99	NZM 2000, 343 = ZMR 2000, 108
21. 10. 1999	2Z	BR	97/99	NZM 2000, 510 = ZWE 2000, 77
21. 10. 1999	2Z	BR	126/99	ZMR 2000, 185 = ZWE 2000, 78 (L)
04. 11. 1999	2Z	BR	89/99	NZM 2000, 344
18. 11. 1999	2Z	BR	77/99	DWE 2000, 117 = NZM 2000, 502

09. 12. 1999	2Z	BR	101/99	ZWE 2000, 175
21. 12. 1999	2Z	BR	79/99	NZM 2000, 280 = ZWE 2000, 135
21. 12. 1999	2Z	BR	115/99	ZWE 2000, 177
05. 01. 2000	2Z	BR	85/99	ZWE 2000, 179
12. 01. 2000	2Z	BR	166/99	ZWE 2000, 183
17. 01. 2000	2Z	BR	99/99	NZM 2000, 554 = ZWE 2000, 268
17. 01. 2000	2Z	BR	107/00	DWE 2001, 35
17. 01. 2000	2Z	BR	120/99	NZM 2000, 341
31. 01. 2000	2Z	BR	136/99	ZWE 2000, 352
03. 02. 2000	2Z	BR	123/99	ZWE 2000, 187
17. 02. 2000	2Z	BR	113/99	NZM 2006, 686 (L)
17. 02. 2000	2Z	BR	180/99	NZM 2000, 513
24. 02. 2000	2Z	BR	147/99	NZM 2000, 509 = ZWE 2000, 211
24. 02. 2000	2Z	BR	155/99	NZM 2000, 516 = WM 2001, 95
24. 02. 2000	2Z	BR	173/99	WM 2001, 75 = ZWE 2000, 214
24. 02. 2000	2Z	BR	176/99	ZWE 2000, 216
02. 03. 2000	2Z	BR	152/99	NZM 2000, 686 = ZWE 2000, 217
16. 03. 2000	2Z	BR	168/99	NZM 2000, 499
16. 03. 2000	2Z	BR	181/99	DWE 2000, 159 = ZWE 2000, 526
23. 03. 2000	2Z	BR	167/99	DWE 2000, 157 = NZM 2000, 1231
23. 03. 2000	2Z	BR	177/99	NZM 2000, 676 (L)
29. 03. 2000	2Z	BR	159/99	NZM 2000, 672
29. 03. 2000	2Z	BR	3/00	NZM 2000, 667
29. 03. 2000	2Z	BR	6/00	DWE 2000, 156 = NZM 2000, 555
30. 03. 2000	2Z	BR	2/00	NZM 2000, 674 = WM 2001, 89
30. 03. 2000	2Z	BR	18/00	ZWE 2000, 413
12. 04. 2000	2Z	BR	151/99	NZM 2001, 387 = ZWE 2000, 411
20. 04. 2000	2Z	BR	171/99	NZM 2000, 679 = ZWE 2000, 309
20. 04. 2000	2Z	BR	9/00	ZWE 2000, 409
27. 04. 2000	2Z	BR	7/00	ZWE 2001, 31
13. 06. 2000	2Z	BR	175/99	DWE 2001, 32 = NZM 2000, 873
15. 06. 2000	2Z	BR	1/00	ZWE 2000, 461
16. 06. 2000	2Z	BR	178/99	ZWE 2000, 405
16. 06. 2000	2Z	BR	20/00	ZWE 2001, 27
03. 08. 2000	2Z	BR	184/99	NZM 2001, 1081 = ZWE 2001, 71
08. 09. 2000	2Z	BR	8/00	FGPrax 2000, 220
21. 09. 2000	2Z	BR	66/00	ZWE 2000, 575
17. 11. 2000	2Z	BR	82/00	DWE 2001, 37 = NZM 2001, 148
17. 11. 2000	2Z	BR	107/00	NZM 2001, 771 = ZWE 2001, 269
30. 11. 2000	2Z	BR	81/00	NZM 2001, 133 = ZWE 2001, 267
30. 11. 2000	2Z	BR	92/00	DWE 2001, 36 = NZM 2001, 433
06. 12. 2000	2Z	BR	89/00	DWE 2001, 64 = NZM 2002, 24
14. 12. 2000	2Z	BR	60/00	DWE 2001, 63 = NZM 2001, 769
20. 12. 2000	2Z	BR	61/00	DWE 2001, 145 = NZM 2001, 534 (L)
05. 01. 2001	2Z	BR	125/00	DWE 2001, 71

10. 01. 2001	2Z	BR	180/01	DWE 2002, 101
18. 01. 2001	2Z	BR	65/00	DWE 2001, 110
23. 01. 2001	2Z	BR	116/00	DWE 2001, 70, 116 = NZM 816 (L)
24. 01. 2001	2Z	BR	112/00	ZWE 2001, 492
01. 02. 2001	2Z	BR	122/00	NZM 2001, 388 = ZWE 2001, 263
01. 02. 2001	2Z	BR	136/00	NZM 2001, 290 = ZWE2001,320
14. 02. 2001	2Z	BR	90/00	NZM 2001, 1083
14. 02. 2001	2Z	BR	131/00	ZMR 2001, 561
21. 02. 2001	2Z	BR	104/00	BayObLGZ 2001, 41 = DWE 2001, 68
20. 03. 2001	2Z	BR	101/00	NZM 2001, 754
23. 03. 2001	2Z	BR	6/01	DWE 2001, 68 = NZM 2001, 469
28. 03. 2001	2Z	BR	1/01	NZM 2002, 127 = ZWE 2001, 609
28. 03. 2001	2Z	BR	52/00	DWE 2001, 72
04. 04. 2001	2Z	BR	141/00	NZM 2001, 893 = ZWE 2001, 372
04. 04. 2001	2Z	BR	13/01	DWE 2001, 66 = NZM 2001, 535
11. 04. 2001	2Z	BR	27/01	DWE 2001, 67 = FGPrax 2001, 149
11. 04. 2001	2Z	BR	121/00	DWE 2001, 146 = ZWE 2001, 607
17. 04. 2001	2Z	BR	40/01	ZWE 2001, 369
25. 05. 2001	2Z	BR	133/00	NZM 2001, 1040 = ZWE 2001, 487
20. 06. 2001	2Z	BR	12/01	ZWE 2001, 603
26. 07. 2001	2Z	BR	73/01	DWE 2001, 148 = NZM 2001, 956
07. 08. 2001	2Z	BR	63/01	ZWE 2002, 34
10. 08. 2001	2Z	BR	91/01	DWE 2001, 144 = ZWE 2002, 31
23. 08. 2001	2Z	BR	114/01	ZWE 2001, 597
06. 09. 2001	2Z	BR	107/01	ZWE 2001, 593
25. 09. 2001	2Z	BR	95/01	DWE 2002, 139
12. 10. 2001	2Z	BR	127/01	ZWE 2002, 127
24. 10. 2001	2Z	BR	120/01	NZM 2002, 167
25. 10. 2001	2Z	BR	81/01	ZWE 2002, 175
31. 10. 2001	2Z	BR	37/01	DWE 2001, 141 = ZWE 2002, 528
14. 11. 2001	2Z	BR	113/02	NJW-RR 2003, 67
12. 12. 2001	2Z	BR	93/01	n. v.
13. 12. 2001	2Z	BR	93/01	DWE 2002, 137 = ZWE 2002, 360
13. 12. 2001	2Z	BR	156/01	DWE 2002, 136 = ZWE 2002, 269
19. 12. 2001	2Z	BR	15/01	n. v.
19. 12. 2001	2Z	BR	167/01	DWE 2002, 136 = ZWE 2002, 318
28. 12. 2001	2Z	BR	163/01	NZM 2002, 351
10. 01. 2002	2Z	BR	180/01	ZWE 2002, 268
31. 01. 2002	2Z	BR	57/01	DWE 2002, 58 = ZWE 2002, 217
31. 01. 2002	2Z	BR	165/01	DWE 2002, 123 (r)
25. 09. 2003	2Z	BR	161/01	ZMR 2002, 532 = DWE 2004, 19 (r)
14. 02. 2002	2Z	BR	138/01	NZM 2003, 114 = ZWE 2002, 213
14. 02. 2002	2Z	BR	187/01	DWE 2002, 61 = NZM 2002, 391 (L)
24. 02. 2002	2Z	BR	173/99	ZWE 2000, 214
28. 02. 2002	2Z	BR	141/01	DWE 2002, 122

28. 02. 2002	2Z	BR	177/01	FGPrax 2002, 10
28. 02. 2002	2Z	BR	23/02	ZWE 2002, 358
07. 03. 2002	2Z	BR	77/01	n. v.
07. 03. 2002	2Z	BR	151/01	NZM 2002, 492 = ZWE 2002, 265
20. 03. 2002	2Z	BR	178/01	ZWE 2002, 589
28. 03. 2002	2Z	BR	182/01	NZM 2002, 569
28. 03. 2002	2Z	BR	4/02	NZM 2002, 529 = ZWE 2002, 405
09. 04. 2002	2Z	BR	30/02	BayObLGZ 2002 Nr. 19
10. 04. 2002	2Z	BR	70/01	NZM 2002, 531
10. 04. 2002	2Z	BR	97/01	ZWE 2002, 469
11. 04. 2002	2Z	BR	85/01	ZWE 2002, 466
17. 04. 2002	2Z	BR	14/02	ZWE 2002, 526
18. 04. 2002	2Z	BR	9/02	ZWE 2002, 585
16. 05. 2002	2Z	BR	32/02	FGPrax2002, 171 = ZWE 2002, 463
28. 06. 2002	2Z	BR	41/02	NZM 2002, 743 = ZMR 2002, 850
04. 07. 2002	2Z	BR	139/01	NZM 2003, 905 = ZMR 2002, 946
11. 07. 2002	2Z	BR	60/02	FGPrax 2002, 212
25. 07. 2002	2Z	BR	63/02	NZM 2003, 122
01. 08. 2002	2Z	BR	132/01	ZMR 2003, 50
18. 09. 2002	2Z	BR	62/02	DWE 2002, 124
31. 10. 2002	2Z	BR	94/02	n. v.
07. 11. 2002	2Z	BR	97/02	ZMR 2003, 360
14. 11. 2002	2Z	BR	107/02	NZM 2003, 199
14. 11. 2002	2Z	BR	113/02	NZM 2003, 67
20. 11. 2002	2Z	BR	144/01	NZM 2003, 66
04. 12. 2002	2Z	BR	40/02	DWE 2003, 53
04. 12. 2002	2Z	BR	84/02	n. v.
19. 12. 2002	2Z	BR	104/02	DWE 2003, 18 = ZMR 2003,
23. 12. 2002	2Z	BR	89/02	DWE 2003, 18 = NZM 2003, 204
23. 12. 2002	2Z	BR	93/02	ZMR 2004, 2831
15. 01. 2003	2Z	BR	101/02	ZMR 2003, 433
17. 01. 2003	2Z	BR	130/02	NZM 2003, 520
30. 01. 2003	2Z	BR	121/02	ZMR 2004, 514
28. 01. 2003	2Z	BR	140/02	ZMR 2003, 514
13. 03. 2003	2Z	BR	85/02	BayObLGZ 2003, 53 = NZM 2003, 444.
27. 03. 2003	2Z	BR	122/02	n. v.
03. 04. 2003	2Z	BR	38/03	ZWE 2003, 302
04. 04. 2003	2Z	BR	38/03	n. v.
10. 04. 2003	2Z	BR	133/02	n. v.
26. 09. 2003	2Z	BR	25/03	DWE 2004, 18 (r)
07. 01. 2004	2Z	BR	220/03	n. v.
29. 01. 2004	2Z	BR	153/03	n. v.
29. 02. 2004	2Z	BR	181/03	n. v.
19. 02. 2004	2Z	BR	212/03	NZM 2004, 388 = ZMR 2004, 603

10. 03. 2004	2Z	BR	238/03	NZM 2004, 659
31. 03. 2004	2Z	BR	011/04	NZM 2004, 586
02. 06. 2004	2Z	BR	099/04	NZM 2004, 792
23. 06. 2004	2Z	BR	173/03	n. v.
30. 06. 2004	2Z	BR	113/04	NZM 2005, 307
19. 07. 2004	2Z	BR	45/04	n. v.
15. 09. 2004	2Z	BR	120/04	n. v.
27. 10. 2004	2Z	BR	124/04	NZM 2005, 107
09. 02. 2005	2Z	BR	170/04	NZM 2005, 463
08. 03. 2005	2Z	BR	239/04	ZfIR 2005, 666 (L)

KAMMERGERICHT BERLIN (KG Berlin)

16. 08. 1956	1	W	591/56	
			657/56	NJW 1956, 1679 = DWE 1/1974, 30
31. 08. 1967	1	W	973/67	OLGZ 1967, 479 = NJW 1968, 160
19. 06. 1969	1	W	2890/68	NJW 1969, 2205 = MDR 1969, 925
03. 09. 1971	1	W	3312/69	NJW 1972, 691 = MDR 1972, 239
11. 07. 1972	1	W	12541/70	n. v.
01. 03. 1974	1	W	858/73	OLGZ 1974, 399
29. 03. 1974	1	W	811/72	OLGZ 1974, 411 = NJW 1975, 318
10. 05. 1974	1	W	899/72	OLGZ 1974, 419 = Rpfleger 1974, 438
12. 07. 1975	1	W	457/74	OLGZ 1976, 56 = Rpfleger 1976, 216
13. 01. 1976	1	W	936/75	OLGZ 1976, 266 = WEM 1976, 41
25. 03. 1977	1	W	3736/76	Rpfleger 1977, 24 = ZMR 1978, 250
12. 04. 1977	1	W	3787/76	Rpfleger 1977, 314 = ZMR 1978, 245
15. 04. 1977	1	W	1151/77	NJW 1978, 1439 = Rpfleger 1978, 146
03. 02. 1978	1	W	2570/77	Rpfleger 1978, 257 = WEM 1978, 89
20. 06. 1978	1	W	31/78	Rpfleger 1978, 382
10. 11. 1978	1	W	179/78	Rpfleger 1979, 65
08. 05. 1979	1	W	4151/78	Rpfleger 1979, 316
09. 12. 1980	1	W	4193/80	DWE 1981, 132
02. 10. 1981	1	W	4877/80	DWE 1982, 63 = ZMR 1982, 61
14. 09. 1982	1	W	4779/81	OLGZ 1982, 436 = DWE 1983, 31
17. 05. 1983	1	W	5856/82	n. v.
16. 01. 1984	24	W	4173/83	WM 1985, 97 = ZMR 1984, 249;
16. 01. 1984	24	W	4224/83	ZMR 1986, 189 (r)
03. 07. 1984	1	W	561/84	OLGZ 1985, 129 = Rpfleger 1985, 107
04. 07. 1984	24	W	1714/84	ZMR 1886, 191 (r)
23. 07. 1984	24	W	1715/84	ZMR 1986, 191 (r)
23. 07. 1984	24	W	2514/84	ZMR 1985, 27 = WM 1985, 161
25. 07. 1984	24	W	2174/84	ZMR 1986, 190 (r)
26. 11. 1984	24	W	2076/84	BlnGrdE 1986, 93
28. 11. 1984	24	W	3678/84	ZMR 1985, 105 = WM 1985, 101

07. 01. 1985	24	W	4631/84	WM 1985, 94 = ZMR 1985, 131; BlnGrdE 1985, 305 = DWE 1985, 61 (L)
07. 01. 1985	24	W	4964/84	BlnGrdE 1985, 997 = DWE 1985, 126 (L)
06. 03. 1985	24	W	2695/84	BlnGrdE 1985, 995 = DWE 1985, 126 (L)
06. 03. 1985	24	W	2804/84	WM 1986, 30 = BlnGrdE 1985, 989
06. 03. 1985	24	W	3538/84	WM 1985, 236 = ZMR 1985, 207
06. 03. 1985	24	W	3664/84	OLGZ 1985, 263 = BlnGrdE 1985, 987
29. 04. 1985	24	W	4474/84	BlnGrdE 1986, 87 = DWE 1986, 30 (L)
29. 04. 1985	24	W	4734/84	ZMR 1986, 189 (r)
19. 06. 1985	24	W	4020/84	WM 1985, 353 = BlnGrdE 1986, 275
19. 06. 1985	24	W	5557/84	ZMR 1986, 190 (r)
19. 06. 1985	24	W	6402/84	ZMR 1985, 346 = MDR 1985, 1031
12. 07. 1985	24	W	288/85	ZMR 1986, 189 (r)
17. 07. 1985	24	W	1956/85	WM 1985, 357 = ZMR 1985, 345
03. 10. 1985	24	W	2637/85	ZMR 1986, 189 (r)
30. 10. 1985	24	W	6819/84	NJW-RR 1986 642 = ZMR 1986, 94
27. 11. 1985	24	W1856/85 TB		OLGZ 1986, 51 = ZMR 1986, 91
27. 11. 1985	24	W1856/85 VB		OLGZ 1986, 56 = ZMR 1986, 93
10. 02. 1986	24	W	4051/85	ZMR 1986, 189 (r)
10. 02. 1986	24	W	4146/85	OLGZ 1986, 174 = ZMR 1986, 210
09. 07. 1986	24	W	2741/86	n. v.
03. 09. 1986	24	W	5606/85	ZMR 1989, 204 (r)
21. 05. 1986	24	W	3233/85	NJW-RR 1986, 1078 = ZMR 1986, 318
21. 05. 1986	24	W	1511/86	NJW-RR 1986, 1073 = ZMR 1986, 296
18. 06. 1986	24	W	4940/85	NJW-RR 1986, 1337 = ZMR 1986, 371
09. 07. 1986	24	W	2741/86	NJW-RR 1986, 1072 = WM 1986, 286
09. 07. 1986	24	W	3198/86	DWE 1987, 27
27. 08. 1986	24	W	1747/86	BlnGrdE 1987, 85 = NJW 1987, 386
27. 08. 1986	24	W	5931/85	NJW-RR 1987, 77 = DWE 1987, 30 (L)
15. 10. 1986	24	W	910/86	NJW-RR 1987, 79 = ZMR 1987, 31
05. 11. 1986	24	W	1558/86	DWE 1987, 24 = ZMR 1987, 61
22. 12. 1986	24	W	5516/86	OLGZ 1987, 185 = NJW-RR 1987, 462
09. 01. 1987	24	W	4564/86	BlnGrdE 1988, 973
02. 03. 1987	24	W	4028/86	DWE 1987, 97 = WM 1988, 188 (L)
01. 04. 1987	24	W	3131/86	OLGZ 1987, 417 = DWE 1987, 134
01. 04. 1987	24	W	5282/86	BlnGrdE 1988, 973
13. 04. 1987	24	W	5174/86	DWE 1988, 35 (L) = NJW-RR 1987, 1160
06. 05. 1987	24	W	5641/86	DWE 1988, 35 (L) = NJW-RR 1987, 1160
01. 06. 1987	24	W	5578/86	ZMR 1989, 203

13. 07. 1987	24	W	1752/87	OLGZ 1987, 410 = DWE 1988, 36 (L)
13. 07. 1987	24	W	5496/86	BlnGrdE 1988, 973
11. 09. 1987	24	W	3293/87	OLGZ 1987, 435 = DWE 1988, 36 (L)
13. 11. 1987	24	W	5670/86	BlnGrdE 1988, 91 = DWE 1988, 36 (L)
24. 11. 1987	24	W	4218/87	BlnGrdE 1988, 973
23. 12. 1987	24	W	6824/86	n. v.
15. 02. 1988	24	W	3007/87	OLGZ 1988, 302 = DWE 1989, 17
15. 02. 1988	24	W	4716/87	DWE 1989, 39 (L) = ZMR 1988, 268
15. 02. 1988	24	W	5315/87	n. v.
21. 03. 1988	24	W	4552/87	BlnGrdE 1989, 492 = DWE 1989, 143 (L)
24. 03. 1988	24	W	4602/87	DWE 1989, 39 (L)
20. 04. 1988	24	W	4316/87	DWE 1989, 39 (L)
11. 05. 1988	24	W	6079/87	n. v.
11. 05. 1988	24	W	6131/87	DWE 1989, 143 (L)
11. 05. 1988	24	W	6454/87	DWE 1989, 39 (L)
15. 06. 1988	24	W	817/88	OLGZ 1988, 429 = DWE 1989, 23
15. 06. 1988	24	W	1434/88	DWE 1989, 18 = WE 1988, 167
15. 06. 1988	24	W	2084/88	OLGZ 1988, 434 = DWE 1988, 99
15. 06. 1988	24	W	5977/87	DWE 1989, 18 = WE 1988, 168
29. 06. 1988	24	W	3060/88	ZMR 1989, 202
12. 09. 1988	24	W	5597/87	n. v.
12. 09. 1988	24	W	5887/87	NJW-RR 1989, 144 = WE 1989, 134
16. 09. 1988	24	W	3200/88	OLGZ 1989, 38 = ZMR 1988, 469
16. 09. 1988	24	W	3952/88	OLGZ 1989, 51 = NJW-RR 1989, 16
17. 10. 1988	24	W	1240/88	NJW-RR 1989, 140 = ZMR 1989, 25
14. 11. 1988	24	W	2207/88	ZMR 1989, 201
14. 11. 1988	24	W	2933/88	WE 1989, 97 = BlnGrdE 1989, 517
14. 11. 1988	24	W	4304/88	OLGZ 1989, 43
21. 12. 1988	24	W	1435/88	NJW-RR 1989, 460 = WE 1989, 137
21. 12. 1988	24	W	5369/88	NJW-RR 1989, 463 = WE 1989, 136
21. 12. 1988	24	W	5948/88	NJW-RR 1989, 329 = DWE 1989, 39 (L)
20. 03. 1989	24	W	3239/88	DWE 1990, 39 (L)
20. 03. 1989	24	W	4238/88	WE 1989, 168
20. 03. 1989	24	W	5478/86	DWE 1989, 39 (L) = ZMR 1987, 394
17. 05. 1989	24	W	5147/88	OLGZ 1989, 425
17. 05. 1989	24	W	6092/88	OLGZ 1989, 305 = DWE 1990, 39 (L)
12. 06. 1989	24	W	5453/88	OLGZ 1989, 430 = WM 1989, 462
27. 06. 1989	1	W	2309/89	OLGZ 1989, 385
12. 07. 1989	24	W	1063/89	OLGZ 1989, 423 = ZMR 1989, 383
11. 10. 1989	24	W	4478/89	WM 1989, 652 =; DWE 1990, 115(L)
13. 11. 1989	24	W	415/89	BlnGrdE 1990, 153 = DWE 1990, 39 (L)
13. 11. 1989	24	W	4201/89	OLGZ 1990, 54 = NJW-RR 1990, 155

20. 12. 1989	24	W	2779/89	DWE 1990, 39 (L) = WM 1990, 180;
20. 12. 1989	24	W	3084/89	DWE 1990, 74 (L) = ZMR 1990, 151
10. 01. 1990	24	W	6746/89	OLGZ 1990, 155 = DWE 1990, 115 (L)
24. 01. 1990	24	W	1408/89	DWE 1990, 115 (L) = ZMR 1990, 191
07. 02. 1990	24	W	6163/88	
		+	7140/89	n. v.
14. 03. 1990	24	W	4243/89	DWE 1990, 68 = BlnGrdE 1990, 877
14. 03. 1990	24	W	6087/89	DWE 1990, 115 (L) = BlnGrdE 1990, 877
06. 06. 1990	24	W	1227/90	DWE 1990, 115 (L), 1991, 72 = NJW-RR 1991, 213
02. 07. 1990	24	W	1434/90	DWE 1990, 115 (L) 140 = OLGZ 1990, 416
04. 07. 1990	24	W	1434/90	OLGZ 1990, 437 = ZMR 1990, 428
18. 07. 1990	24	W	2488/90	DWE 1990, 94 = WM 1990, 460
22. 08. 1990	24	W	649/89	RDM-Bayern-aktuell 3/1991, 32
01. 10. 1990	24	W	184/90	DWE 1992, 29 = NJW-RR 1992, 1169
28. 11. 1990	24	W	5299/90	DWE 1991, 28 = WM 1991, 128
06. 02. 1991	24	U	5167/90	DWE 1991, 73 = NJW-RR 1991, 912
11. 02. 1991	24	W	4560/90	NJW-RR 1991, 725 = ZMR 1991, 188
24. 04. 1991	24	W	5388/90	NJW-RR 1991, 1489 = WM 1991, 513
24. 04. 1991	24	W	6358/90	DWE 1991, 113 = ZMR 1991, 405
10. 05. 1991	24	W	154/91	DWE 1991, 114 = NJW-RR 1991, 1299
10. 05. 1991	24	W	6578/90	DWE 1992, 154 = NJW-RR 1991, 1363
22. 05. 1991	24	W	401/91	DWE 1991, 118 = NJW-RR 1991, 1117
10. 07. 1991	24	W	6574/90	DWE 1991, 154 = NJW-RR 1991, 1421
10. 07. 1991	24	W	6578/90	DWE 1992, 154 = NJW-RR 1991, 1363
09. 10. 1991	24	W	1484/91	NJW-RR 1992, 150 = ZMR 1992, 34
18. 11. 1991	24	W	3791/91	DWE 1992, 33 = ZMR 1992, 68
13. 01. 1992	24	W	2671/91	NJW 1992, 2577 = WM 1992, 150
10. 02. 1992	24	W	402/91	DWE 1992, 122 = NJW-RR 1992, 1232
30. 03. 1992	24	W	6339/91	DWE 1992, 81 = ZMR 1992, 308
10. 07. 1992	24	W	3030/92	DWE 1992, 155 = ZMR 1992, 507
16. 09. 1992	24	W	5725/91	NJW-RR 1993, 529 = WM 1993, 142
04. 11. 1991	24	W	6716/90	DWE 1992, 37 = WM 1992, 89
16. 11. 1992	24	W	6919/91	BlnGrdE 1993, 925 = DWE 1994, 41 (L)
30. 11. 1992	24	W	3802/92	DWE 1993, 80 = ZMR 1993, 182
30. 11. 1992	24	W	6947/91	DWE 1994, 82 = WM 1993, 138
15. 02. 1993	24	W	3618/92	DWE 1993, 81, 83 (L) = WM 1993, 302
17. 02. 1993	24	W	3563/92	DWE 1993, 117 = ZMR 1993, 289
10. 03. 1993	24	W	1701/92	DWE 1993, 119 = WM 1993, 303
10. 03. 1993	24	W	5506/92	DWE 1993, 118 = WM 1993, 307
05. 04. 1993	24	W	5569/92	DWE 1993, 121 = ZMR 1993, 346
14. 04. 1993	24	W	829/93	DWE 1994, 41 (L) = ZMR 1993, 344

24. 05. 1993	24	W	3698/92	DWE 1994, 83 = WM 1993, 429
14. 06. 1993	24	W	5328/92	DWE 1993, 121 = ZMR 1993, 478
18. 08. 1993	24	W	386/93	DWE 1993, 155 = ZMR 1993, 532
18. 08. 1993	24	W	7292/92	DWE 1993, 153 = NJW 1993, 2960 (L)
25. 08. 1993	24	W	3788/93	DWE 1994, 41 (L) = NJW-RR 1994, 208
06. 09. 1993	24	W	4142/92	DWE 1994, 85 = ZMR 1994, 29
06. 09. 1993	24	W	5948/92	DWE 1994, 84 = ZMR 1994, 31
08. 09. 1993	24	W	5753/92	
		+	2301/93	DWE 1994, 161 (L) = WM 1994, 38
20. 09. 1993	24	W	188/93	DWE 1994, 117 = ZMR 1994, 579
20. 09. 1993	24	W	2670/93	DWE 1994, 117 = 764; ZMR 1994, 35
24. 09. 1993	24	W	1267/93	DWE 1994, 34 = ZMR 1994, 33
22. 10. 1993	24	W	7471/92	NJW-RR 1994, 206 = ZMR 1994, 27
03. 11. 1993	24	W	5915/93	DWE 1994, 118 = ZMR 1994, 72
12. 11. 1993	24	W	3064/93	DWE 1994, 32 = NJW-RR 1994, 207
19. 11. 1993	24	W	1118/93	BlnGrdE 1994, 171 = ZMR 1994, 227
26. 11. 1993	24	W	4675/93	DWE 1994, 30 = ZMR 1994, 124
03. 12. 1993	24	W	6483/93	DWE 1994, 161 (L) = WM 1994, 99
10. 12. 1993	24	W	6967/93	DWE 1994, 162 (L) = NJW-RR 1994, 599
5. 12. 1993	24	W	2014/93	NJW-RR 1994, 401 = ZMR 1994, 169
22. 12. 1993	24	W	875/93	DWE 1994, 162 (L) = WM 1994, 405
22. 12. 1993	24	W	914/93	DWE 1994, 161 (L) = NJW-RR 1994, 528
10. 01. 1994	24	W	3851/93	DWE 1994, 162 (L) = NJW-RR 1994, 526
10. 01. 1994	24	W	4817/93	DWE 1994, 162 (L) = NJW-RR 1994, 525
28. 01. 1994	24	W	1145/93	DWE 1994, 162 (L) = NJW-RR 1994, 1105
16. 02. 1994	24	W	7008/92	DWE 1994, 162 (L) = ZMR 1994, 277
27. 04. 1994	24	W	7352/93	NJW-RR 1994, 912 = ZMR 1994, 379
07. 06. 1994	1	W	6026/93	DWE 1994, 157 = NJW 1995, 62
07. 06. 1994	1	W	6026/93	DWE 1994, 157 = WM 1994, 499
08. 06. 1994	24	W	5760/93	DWE 1994, 162 (L) = WM 1994, 494
27. 06. 1994	24	W	588/93	DWE 1994, 162 (L) = WM 1994, 497
27. 06. 1994	24	W	7640/93	DWE 1994, 159 = NJW-RR 1994, 1358
20. 07. 1994	24	W	3942/94	DWE 1994, 162 (L) = ZMR 1994, 524
20. 07. 1994	24	W	4748/93	DWE 1994, 159 = WM 1994, 561
12. 08. 1994	24	W	2762/94	DWE 1994, 160 = ZMR 1994, 527
22. 11. 1995	24	W	2452/95	DWE 1996, 30 = NJW-RR 1996, 526
18. 12. 1995	24	W	7497/94	NJW-RR-1996, 215 = ZMR 1996, 216
02. 02. 1996	24	W	3553/95	FGPrax 1996, 94 = WM 1996, 299
02. 02. 1996	24	W	7880/95	WM 1996, 300 = ZMR 1996, 282

28. 02. 1996	24	W	8306/94	WM 1996, 293 = ZMR 1996, 392
24. 06. 1996	24	W	3110/95	DWE 1997, 161 = MittBayNot 1996, 438
08. 01. 1997	24	W	5678/96	DWE 1997, 82 = NJW-RR 1997, 1033
10. 02. 1997	24	W	6582/96	NJW-RR 1997, 713 = ZMR 1997, 534 315
20. 06. 1997	24	W	9042/96	DWE 1997, 162
30. 07. 1997	24	W	2316/96	DWE 1999, 74 = WM 1997, 572
19. 11. 1997	24	W	1011/97	DWE 1998, 182 = ZMR 1998, 309
17. 12. 1997	24	W	3797/97	DWE 1998, 183 = NZM 1998, 581
30. 03. 1998	24	W	9038/97	DWE 1998, 185 = ZMR 1998, 515
19. 10. 1998	24	W	4300/98	NZM 1999, 131 = WM 1999, 184
18. 11. 1998	24	W	4180/97	DWE 2000, 31 = NZM 1999, 850
18. 11. 1998	24	W	8659/97	FGPrax 1999, 93 = NZM 1999, 425
23. 12. 1998	24	W	4996/98	NZM 1999, 1144 (L)
20. 01. 1999	24	W	6942/98	NZM 1999, 569 = ZMR 1999, 354
28. 05. 1999	24	W	1698/99	DWE 1999, 128 = ZMR 1999, 657
21. 07. 1999	24	W	2613/98	DWE 2000, 30 = NZM 2000, 553
15. 09. 1999	24	W	911/98	NZM 2000, 552
20. 10. 1999	24	W	9855/98	NZM 2000, 511 = ZMR 2000, 192
17. 11. 1999	24	W	3094/99	NZM 2000, 387
15. 12. 1999	24	W	6209/99	DWE 2000, 28, 137 = ZMR 2000, 194
31. 01. 2000	24	W	601/99	NZM 2000, 828 = ZWE 2000, 226
31. 01. 2000	24	W	7323/98	NZM 2000, 830 = ZWE 2000, 224
31. 01. 2000	24	W	7617/99	ZWE 2000, 274
16. 02. 2000	24	W	3925/98	NZM 2000, 879 = ZWE 2000, 228
15. 03. 2000	24	W	6527/98	WE 2001, 9 (L)
19. 04. 2000	24	W	1184/00	NZM 2000, 677
19. 04. 2000	24	W	1808/00	ZWE 2000, 419
17. 05. 2000	24	W	3651/99	WM 2000, 503
17. 07. 2000	24	W	8114/00 + 2406/00	DWE 2001, 163
15. 11. 2000	24	W	6514/00	DWE 2001, 118 = ZWE 2001, 331
21. 05. 2001	24	W	6221/00	DWE 2001, 76 = ZWE 2001, 377
21. 05. 2001	24	W	94/01	FGPrax 2001, 181 = ZWE 2001, 497
26. 11. 2001	24	W	7/01	DWE 2002, 124 = FGPrax 2002, 54
27. 02. 2002	24	W	16/02	DWE 2002, 104 = ZWE 2002, 367
17. 04. 2002	24	W	9387/00	NZM 2002, 613 = ZWE 2002, 471
17. 04. 2002	24	W	279/01	NZM 2003, 113 = ZWE 2002, 531
29. 04. 2002	24	W	26/01	DWE 2003, 22 = ZWE 2002, 413
29. 05. 2002	24	W	185/01	ZWE 2002, 363
29. 05. 2002	24	W	66/02	ZWE 2002, 471
26. 06. 2002	24	W	179/01	FGPrax 2002, 211 = NZM 2002, 707
26. 06. 2002	24	W	309/01	FGPrax 2002, 211 = ZWE 2002, 409
08. 07. 2002	24	W	344/01	NZM 2003, 112

15. 07. 2002	24	W	21/02	DWE 2003, 20 = ZWE 2002, 529
22. 07. 2002	24	W	65/02	NZM 2002, 868
18. 09. 2002	24	W	199/02	n. v.
02. 12. 2002	24	W	92/02	NZM 2003, 116
10. 03. 2003	24	W	3/03	NZM 2003, 319
31. 03. 2004	24	W	194/02	NZM 2005, 107 = ZMR 2004, 775
26. 04. 2003	1	U	67/03	n. v.
28. 04. 2003	24	W	326/01	n. v.
20. 08. 2003	24	W	142/02	ZMR 2004, 375
25. 08. 2003	24	W	110/02	ZWE 2004, 277
07. 01. 2004	24	W	326/01	DWE 2003, 154
19. 07. 2004	24	W	203/02	NZM 2004, 743
26. 07. 2004	24	W	360/02	NZM 2004, 792 = WuM 2004, 681
13. 06. 2005	24	W	115/04	NZM 2005, 745 = ZMR 2005, 75
08. 08. 2005	24	W	112/04	DWE 2005, 170
23. 09. 2005	7	U	70/05	n. v.
26. 09. 2005	24	W	123/04	NZM 2006, 108
06. 04. 2006	1	U	96/05	ZMR 2006, 636
04. 12. 2006	24	W	201/05	DWE 2007, 94
19. 03. 2007	24	W	317&06	NZM2007, 845
24. 01. 2008	19	U	8/07	ZMR 2009, 783
16. 04. 2009	24	W	93/08	ZMR 2009, 709
24. 04. 2009	24	W	55/08	ZMR 2009, 786
25. 02. 2009	24	W	362/08	DWE 2009, 54
18. 05. 2009	24	W	17/08	ZMR 2009, 790
17. 08. 2010	1	W	97/10	DWE 2011, H. 3, S. III (LS)

OLG BRANDENBURG

23. 11. 2001	5	Wx	15/01	NZM 2002, 131
12. 01. 2009	5	Wx	49/07	DWE 2009, 55 = NZM 2009, 622 = ZMR 2009, 703

OLG BRAUNSCHWEIG

03. 05. 1966	2	W	10/66	OLGZ 1966, 571
30. 06. 1976	2	Wx	44/75	MDR 1976, 1023
22. 02. 1977	2	Wx	33/76	MDR 1977, 583
18. 08. 1983	2	W	95/83	NdsRpfl. 1983, 227 = WE 1984, H. 2, 9
24. 07. 1986	3	W	55/85	WM 1986, 353
12. 10. 1988	3	W	2/88	OLGZ 1989, 187
29. 08. 1989	3	W	27/89	WM 1990, 171
15. 11. 1993	3	W	22/93	DWE 1994, 42 (L)

22. 12. 1993	3	W	49/93	DWE 1994, 34 = WM 1994, 501
18. 04. 1994	3	W	6/93	DWE 1995, 128
15. 08. 1994	3	W	6/94	n. v.
23. 12. 1999	3	W	67/1999	n. v.
08. 02. 2010	3	W	1/10	DWE 2011, H. 3, S. III (LS)

OLG BREMEN

25. 05. 1977	1	W	18/77	Rpfleger 1977, 313
25. 03. 1980	1	W	1/80	Rpfleger 1980, 295
03. 03. 1987	1	U	82/86	WM 1989, 650
16. 07. 1993	2	W	26/93	WM 1993, 696
16. 08. 1994	3	W	25/94	WM 1995, 58
27. 11. 2001	3	W	52/01	ZWE 2002, 184 = ZWE 2002, 184, 229

OLG CELLE

07. 04. 1955	4	Wx	1/55	NJW 1955, 935 = DNotZ 1955, 320
18. 12. 1957	4	Wx	42/57	NJW 1958, 307
08. 10. 1960	4	Wx	24/60	DWW 1961, 29 = ZMR 1961, 196
07. 06. 1967	4	Wx	10/67	MDR 1968, 48
12. 11. 1969	9	x	16/69	DWE 3/1973, 30
29. 03. 1974	4	Wx	2/74	NJW 1974, 1909 = Rpfleger 1974, 267
02. 07. 1974	4	Wx	10/74	Rpfleger 1974, 438
19. 04. 1978	4	Wx	5/78	Nds. Rpfl. 1978, 149
17. 12. 1980	4	Wx	40/80	Nds. Rpfl. 1981, 38
21. 12. 1981	4	Wx	29/81	DWE 1982, 33
31. 01. 1983	4	W	191/82	DWE 1984, 126
12. 09. 1983	4	W	122/83	DWE 1984, 127
13. 06. 1984	4	W	89/84	DWE 1984, 126 (L), 1985, 25 (r)
25. 06. 1984	4	W	87/84	DWE 1984, 126 (L), 1985, 24 (r)
08. 10. 1984	4	W	181/84	MDR 1985, 145 = DWE 1984, 126 (L)
26. 11. 1984	4	W	90/84	MDR 1985, 236;
05. 04. 1986	4	W	30/86	DWE 1986, 54 = NJW-RR 1986, 1271
22. 11. 1986	4	W	224/86	DWE 1987, 62 (L) = NJW-RR 1987, 465
19. 01. 1989	4	W	164/88	OLGZ 1989, 183 = WE 1989, 138
27. 06. 1989	4	W	79/89	WE 1989, 199 = ZMR 1989, 436
09. 11. 1990	4	W	211/90	OLGZ 1991, 50 = DWE 1991, 34
16. 05. 1991	4	W	19/91	DWE 1991, 120; NJW-RR 1992, 89
13. 06. 1991	4	W	61/91	NJW-RR 1991, 1489 = Rpfleger 1991, 364
22. 11. 1992	4	W	47/92	DWE 1994, 42 (L) = WM 1993, 89

19. 04. 1993	4	W	82/93	n. v.
19. 05. 1994	4	W	350/93	DWE 1994, 111 = NJW-RR 1994, 977
15. 02. 1995	4	W	295/94	DWE 1995, 131 (L) = WM 1995, 338
17. 11. 1997	4	W	198/97	NJW-RR 1998, 1706 = NZM 1998, 822
19. 05. 1999	4	W	49/99	NZM 1999, 841
28. 04. 2000	4	W	13/00	MDR 2000, 1428
30. 05. 2000	4	W	53/00	ZWE 2001, 33
15. 01. 2002	4	W	310/01	ZWE 2002, 276
14. 02. 2002	4	W	6/02	ZWE 2002, 474
31. 01. 2003	4	W	15/03	DWE 2003, 17
14. 04. 2004	4	W	7/04	n. v.
25. 04. 2006	3	U	265/05	NZM 2006, 633
26. 02. 2008	4	W	213/07	NZM 2008, 370

OLG DÜSSELDORF

05. 01. 1970	3	W	144/69	NJW 1970, 1137 = MDR 1970, 426
05. 05. 1975	3	W	33/75	Rpfleger 1975, 308 = DWE 1976, 30
20. 06. 1979	3	W	134/79	DWE 1979, 128
01. 09. 1980	3	W	189/80	DWE 1981, 25
25. 02. 1981	3	W	359/80	n. v.
10. 11. 1982	3	W	195/82	MDR 1983, 320 = DWE 1983, 31
12. 12. 1983	3	W	227/83	ZMR 1984, 161 = DWE 1984, 93
22. 08. 1984	3	W	256/84	NJW 1985, 390 = DWE 1985, 29, 1986
12. 04. 1985	3	W	100/84	PiG 21, 179
24. 04. 1985	3	W	32/85	DWE 1985, 122 = NJW 1985, 848
07. 08. 1985	3	W	105/85	OLGZ 1985, 437 = DWE 1985, 127 (L)
18. 09. 1985	3	W	317/85	DWE 1986, 28, 30 (L) = NJW-RR 1986, 95
16. 10. 1985	3	Wx	376/85	DWE 1987, 26 = MDR 1986, 237
15. 11. 1985	3	W	359/85	n. v.
27. 11. 1985	3	Wx	340/85	n. v.
27. 11. 1985	3	Wx	352/85	DWE 1986, 64 (L) = MDR 1986, 852
07. 03. 1986	3	Wx	36/86	MDR 1986, 677
15. 10. 1986	3	Wx	340/86	DWE 1987, 104 = NJW-RR 1987, 842
20. 10. 1986	3	Wx	391/86	OLGZ 1987, 51
15. 04. 1988	3	W	68/88	DWE 1989, 28
07. 07. 1988	3	Wx	178/88	DWE 1989, 80 (L) = WE 1989, 98
24. 08. 1988	3	Wx	309/88	n. v.
05. 10. 1988	3	Wx	378/88	DWE 1989, 80 (L)
23. 11. 1988	3	Wx	422/88	DWE 1989, 29
14. 08. 1989	3	Wx	261/89	DWE 1990, 94
06. 09. 1989	3	Wx	191/89	n. v.
10. 11. 1989	3	Wx	263/89	n. v.

17. 11. 1989	3	Wx	476/89	DWE 1990, 70 = NJW-RR 1990, 154
01. 12. 1989	3	Wx	499/89	DWE 1990, 116 (L)
10. 01. 1990	5	Ss (OWi)	76/89	ZMR 1990, 184
24. 01. 1990	3	Wx	571/89	DWE 1990, 103 = NJW-RR 1990, 521
26. 03. 1990	3	Wx	95/89	DWE 1990, 116 (L)
27. 04. 1990	3	Wx	7/90	DWE 1990, 116 (L); WE 1990, 204
10. 08. 1990	3	Wx	01/90	DWE 1990, 149 = NJW-RR 1991, 724
31. 08. 1990	3	Wx	257/90	DWE 1990, 148 = ZMR 1991, 32
01. 03. 1991	3	Wx	3/91	WM 1991, 623
22. 05. 1991	3	Wx	428/90	n. v.
24. 07. 1991	3	x	99/91	DWE 1991, 159 = MDR 1992, 374
09. 08. 1991	22	U	20/91	WE 1991, 331 = ZMR 1991, 486
26. 08. 1991	3	Wx	189/91	DWE 1995, 119
11. 06. 1992	10	U	178/91	OLGZ 1993, 107 = DWE 1996, 186
02. 12. 1992	3	Wx	159/92	DWE 1993, 68 = ZMR 1993, 119
01. 03. 1993	3	Wx	512/92	DWE 1993, 99 (r) = WM 1993, 305
14. 06. 1993	3	Wx	129/92	DWE 1994, 35 = NJW-RR 1994, 277
12. 11. 1993	3	Wx	333/93	DWE 1994, 76 = NJW 1994, 1163
07. 03. 1994	3	Wx	502/93	DWE 1994, 163 (L) = NJW-RR 1994, 1426
06. 04. 1994	3	Wx	534/93	DWE 1994, 163 (L) = NJW-RR 1994, 1167
20. 04. 1994	9	U	220/93	NJW-RR 1994, 1038
22. 04. 1994	3	Wx	370/93	NJW-RR 1994, 1169 = WM 1994, 503
06. 07. 1994	3	Wx	456/92	DWE 1994, 142 = ZMR 1994, 520
24. 08. 1994	3	Wx	254/94	WM 1994, 711
28. 10. 1994	3	Wx	448/94	DWE 1995, 120 = ZMR 1995, 84
28. 10. 1994	3	Wx	488/94	DWE 1995, 120 = ZMR 1995, 84
05. 12. 1994	3	Wx	536/93	DWE 1995, 121 = NJW-RR 1995, 464
12. 12. 1994	3	Wx	619/94	NJW-RR 1995, 587 = WM 1995, 230
07. 04. 1995	3	Wx	472/94	NJW-RR 1995, 1165 = WM 1995, 497
24. 05. 1995	3	Wx	17/95	DWE 1995, 122 = NJW-RR 1995, 1294
01. 06. 1995	10	U	178/91	n. v.
10. 07. 1995	3	Wx	99/95	DWE 1995, 131 (L) = WM 1996, 111
12. 07. 1995	3	Wx	181/95	DWE 1995, 124 = NJW-RR 1996, 210
19. 07. 1995	3	Wx	201/95	DWE 1995, 124 = NJW-RR 1996,1418
28. 07. 1995	3	Wx	210/95	DEW 1995, 163 = ZMR 1996, 604
02. 08. 1995	3	Wx	174/95	DWE 1995, 164 = ZMR 1995, 554
02. 11. 1995	3	Wx	447/93	NJW-RR 1996, 913 = WM 1996, 178
01. 12. 1995	3	Wx	322+	DWE 1996, 34 = FGPrax 1996, 51
01. 12. 1995	3	Wx	337/95	WM 1996, 170 = ZMR 1996, 281
25. 04. 1996	3	Wx	378/95	WM 1996, 444 = ZMR 1996, 396
03. 05. 1996	3	Wx	356/93	NJW-RR 1997, 13 = ZMR 1996, 571
08. 05. 1996	3	Wx	389/95	NJWE-MietR, 1997, 81
04. 09. 1996	3	Wx	125/96	DWE 1996, 40 = ZMR 1997, 91

23. 09. 1996	3	Wx	47/96	DWE 1998, 82 = WM 1997, 67
04. 12. 1996	9	U	92/96	DWE 1997, 171 = NJW 1997, 1079
20. 12. 1996	3	Wx	9/96	NJWE-MietR 1997, 111
12. 02. 1997	3	Wx	75/95	DWE 1997, 76 = WM 1997, 345
24. 03. 1997	3	Wx	426/95	FGPrax 1997, 138 = NJW-RR 1997, 907
05. 05. 1997	3	Wx	459/96	DWE 1997, 174 = WM 1997, 387
21. 05. 1997	3	Wx	566/96	DWE 1998, 48 = WM 1997, 517
04. 06. 1997	3	Wx	569/96	WM 1997, 572 = ZMR 1997, 485
30. 07. 1997	3	Wx	61/97	NJW-RR 1998, 13 = WM 1997, 639
11. 08. 1997	3	Wx	227/97	DWE 1998, 87 = NZM 1998, 79
15. 08. 1997	3	Wx	147/97	DWE 1998, 88 = ZMR 1998, 244
15. 09. 1997	3	Wx	313/97	DWE 1998, 90 = FGPrax 1998, 12
24. 09. 1997	3	Wx	221/97	NZM 1998, 36
12. 01. 1998	3	Wx	546/97	NZM 1998, 269 = ZMR 1998, 304
21. 01. 1998	3	Wx	492/97	NZM 1998, 487 = ZMR 1998, 306
02. 02. 1998	3	Wx	345/97	NZM 1998, 517 = ZMR 1998, 449
20. 03. 1998	3	Wx	7/98	n. v.
17. 06. 1998	3	Wx	107/98	NZM 1998, 770 = ZMR 1998, 653
03. 08. 1998	3	Wx	10/98	DWE 1999, 42 = NZM 1998, 969
07. 10. 1998	3	Wx	310/98	NZM 1999, 378 = ZMR 1999, 61
14. 10. 1998	3	Wx	169/98	DWE 1999, 38 = NZM 1999, 267
16. 11. 1998	3	Wx	393/98	NZM 1999, 269 = WM 1999, 481
16. 11. 1998	3	Wx	397/97	WM 1999, 357 = ZMR 1999, 275
23. 11. 1998	3	Wx	376/98	DWE 1999, 37 = NZM 1999, 277
21. 12. 1998	3	Wx	418/98	DWE 1999, 36 = NZM 1999, 507
03 1999	3	Wx	14/99	NZM 1999, 571 = ZMR 1999, 500
16. 04. 1999	3	Wx	77/99	NZM 1999, 844 (L) = ZMR 1999, 581
03. 05. 1999	3	Wx	76/99	ZMR 1999, 582
05. 07. 1999	3	Wx	139/99	FGPrax 1999, 218 = NZM 1999, 1145
30. 08. 1999	9	U	256/98	NZM 2000, 389
10. 09. 1999	22	U	35/99	n. v.
06. 10. 1999	3	Wx	259/99	ZMR 2000, 118 = ZWE 2000, 279
22. 10. 1999	3	Wx	141/99	DWE 2000, 40 = ZMR 2000, 120
04. 02. 2000	3	Wx	448/99	NZM 2000, 502 = ZWE 2000, 190
09. 02. 2000	3	Wx	340/99	NZM 2000, 866
16. 02. 2000	15	U	161/99	NZM 2000, 282
20. 03. 2000	3	Wx	414/99	NZM 2000, 875
24. 03. 2000	3	Wx	77/00	NZM 2000, 873
27. 03. 2000	3	Wx	53/00	DWE 2000, 167
03. 04. 2000	3	Wx	465/99	NJW-RR 2001, 11
05. 04. 2000	3	Wx	334/99	NZM 2000, 765 = ZWE 2000, 421
10. 04. 2000	3	Wx	425/99	NZM 2000, 870
14. 04. 2000	3	Wx	60/00	NZM 2000, 666
19. 04. 2000	3	Wx	51/00	NZM 2000, 833

26. 04. 2000	3	Wx	81/900	ZWE 2001, 37
30. 04. 2000	3	Wx	465/99	NZM 2000, 763 = ZWE 2000, 423
05. 06. 2000	3	Wx	118/00	WM 2000, 498
28. 06. 2000	3	Wx	163/00	ZWE 2000, 589
20. 09. 2000	3	Wx	328/00	FGPrax 2001, 8 = ZWE 2001, 36
30. 10. 2000	3	Wx	276/00	DWE 2001, 28 = FGPrax 2001, 16
08. 11. 2000	3	Wx	253/00	ZWE 2001, 219
13. 12. 2000	3	Wx	265/00	DWE 2001, 150 = ZWE 2001, 336
08. 01. 2001	3	Wx	402/00	FGPRax 2001, 101 = ZWE 2001, 388
10. 01. 2001	3	Wx	419/00	FGPrax 2001, 102 = ZWE 2001, 335
14. 02. 2001	3	Wx	392/00	DWE 2001, 152 = FGPrax 2001, 104
16. 03. 2001	3	Wx	51/01	ZWE 2001, 444
04. 04. 2001	3	Wx	7/01	DWE 2001, 121 = ZMR 2001, 723
13. 06. 2001	3	Wx	132/01	ZWE2001, 559
27. 06. 2001	3	Wx	79/01	DWE 2002, 21 = ZWE 2002, 41
12. 11. 2001	3	Wx	256/01	DWE 2002, 24 = ZWE 2002, 230
04. 01. 2002	3	Wx	293/01	DWE 2002, 22 = ZWE 2002, 279
14. 01. 2002	3	Wx	336/01	DWE 2002, 23 = ZWE 2002, 230
04. 02. 2002	3	Wx	293/01	DWE 2002, 22
18. 02. 2002	3	Wx	406/01	DWE 2002, 68 = NZM 2002, 613
18. 02. 2002	3	Wx	392/01	DWE 2002, 67
27. 02. 2002	3	Wx	348/01	DWE 2002, 70 = NZM 2002, 443
15. 03. 2002	3	Wx	13/02	DWE 2002, 67 = FGPrax 2002, 110
17. 04. 2002	3	Wx	8/02	FGPrax 2002, 162 = NZM 2002, 487
06. 05. 2002	3	Wx	244/01	DWE 2003, 70
27. 05. 2002	3	Wx	148/01	ZWE 2002, 537
21. 06. 2002	3	Wx	123/02	DWE 2002, 123 = FGPrax 2002, 211
15. 07. 2002	3	Wx	173/02	ZWE 2002, 535
21. 08. 2002	3	Wx	388/01	ZWE 2002, 590
28. 08. 2002	3	Wx	166/02	FGPrax 2003, 11
30. 08. 2002	3	Wx	213/02	DWE 2002, 122
18. 10. 2002	3	Wx	261/02	NZM 2003, 327
08. 11. 2002	3	Wx	258/02	DWE 2002, 123 (r)
06. 01. 2003	3	Wx	364/02	DWE 2003, 25 = NZM 2003, 119
24. 01. 2003	3	Wx	381/02	DWE 2003, 24 = FGPrax 2003, 115
12. 03. 2003	3	Wx	369/02	n. v.
12. 03. 2003	3	Wx	377/02	n. v.
19. 03. 2003	3	Wx	249/02	n. v.
16. 05. 2003	3	Wx	107/03	DWE 2003, 98
02. 06. 2003	3	Wx	94/03	FGPrax 2003, 158
25. 08. 2003	3	Wx	218/02	n. v.
08. 10. 2003	3	Wx	204/03	n. v.
17. 10. 2003	I-3	Wx	227/03	DWE 2004, 16 (r)
15. 10. 2003	I-3	Wx	225/03	DWE 2004, 66 = NZM 2004, 554
03. 02. 2004	I-3	Wx	364/04	

15. 06. 2004	I-3	Wx	97/04	n. v.
03. 12. 2004	I-3	Wx	261/04	n. v.
10. 05. 2005	I-3	Wx	321/04	ZMR 2005, 971
29. 09. 2006	I-3	Wx	281/05	NM 2007, 137
05. 01. 2007	I-3	Wx	199/06	n. v.
20. 04. 2007	I-3	Wx	127/06	n. v.
03. 08. 2007	I-3	Wx	84/07	NZM 2007, 811
28. 08. 2007	I-3	Wx	163/07	n. v.
31. 08. 2007	I-3	Wx	85/07	n. v.
23. 06. 2008	I-3	Wx	77/08	NZM 2009, 162
09. 04. 2008	I-3	Wx	3/08	ZMR 2008, 731
12. 03. 2009	I-3	Wx	60/08	ZMR 2009, 706
26. 03. 2009	I-5	U	63/08	DWE 2009, 111
03. 04. 2009	I-3	Wx	52–69/09	DWE 2009, 61 = NZM 2009, 585
19. 08. 2009	I-3	Wx	233/08	DWE 2010, 10 = NZM 2009, 748 = ZMR 2010, 52
16. 11. 2009	I-3	Wx	179/09	DWE 2010, 47
11. 05. 2011	I-3	Wx	70/11	DWE 2011, 72

OLG FRANKFURT a. M.

30. 11. 1960	6	W	497/60	NJW 1961, 324 = DWW 1961, 59
07. 12. 1971	20	W	155/71	NJW 1972, 1376 = DWE 4/1973, 34
09. 11. 1972	20	W	261/72	MDR 1974, 848 = DWE 3/1974, 29
13. 09. 1974	20	W	475/74	OLGZ 1975, 100 = DWE 1975, 94
09. 01. 1975	20	W	561/74	Rpfleger 1975, 178
02. 05. 1975	20	W	261/75	Rpfleger 1975, 309
23. 09. 1975	22	U	255/73	NJW 1975, 2297
11. 03. 1976	16	U	255/75	NJW 1976, 1410
26. 04. 1976	20	W	856/75	Rpfleger 1976, 253
26. 04. 1977	20	W	302/77	Rpfleger 1977, 312 = DNotZ 1977, 635
21. 02. 1978	20	W	825/77	Rpfleger 1978, 380
10. 04. 1978	20	W	959/77	Rpfleger 1978, 381
27. 06. 1978	20	W	210/78	Rpfleger 1978, 383
20. 07. 1978	20	W	363/78	Rpfleger 1978, 415
19. 09. 1978	20	W	531/78	Rpfleger 1978, 109
12. 02. 1979	20	W	834/78	OLGZ 1979, 145 = Rpfleger 1979, 217
06. 03. 1979	3	Ws	9–25, 84–85/79	NJW 1979, 1613
05. 11. 1979	20	W	279/79	OLGZ 1980, 78 = Rpfleger 1980, 112
01. 04. 1980	20	W	11/80	Rpfleger 1980, 391
23. 09. 1980	20	W	100/80	Rpfleger 1981, 148
15. 06. 1981	20	W	365/81	DWE 1983, 58, 61
08. 07. 1981	17	U	58/81	OLGZ 1984, 120 = MDR 1982, 151

12. 10. 1981	20	W	151/81	Rpfleger 1982, 64 = WE 2/1982, 16
09. 08. 1982	20	W	403/82	OLGZ 1982, 418 = DWE 1983, 61
15. 10. 1982	20	W	626/82	DWE 1983, 58, 61 = Rpfleger 1983, 22
25. 10. 1982	20	W	216/82	DWE 1983, 61
01. 11. 1982	20	W	464/82	DWE 1983, 61
18. 11. 1982	20	W	712/82	DWE 1983, 59 = Rpfleger 1983, 64
03. 02. 1983	20	W	68/83	DWE 1983, 121
17. 03. 1983	20	W	847/72	OLGZ 1983, 180 = DWE 1983, 121
03. 08. 1983	20	W	217/83	DWE 1984, 29
17. 10. 1983	20	W	648/83	OLGZ 1984, 32 = Rpfleger 1983, 482
18. 11. 1983	20	W	461/83	OLGZ 1984, 60
28. 11. 1983	20	W	392/83	DWE 1984, 89
06. 01. 1984	20	W	394/83	DWE 1984, 62 (L)
27. 01. 1984	20	W	697/83	DWE 1984, 126 (L)
27. 01. 1984	20	W	871/83	OLGZ 1984, 257 = DWE 1984, 61
09. 02. 1984	20	W	640/83	OLGZ 1984, 148 = DWE 1984, 126 (L)
16. 02. 1984	20	W	866/83	OLGZ 1984, 258 = DWE 1984, 126 (L)
21. 02. 1984	20	W	816/83	OLGZ 1984, 146 = DWE 1984, 126 (L)
20. 06. 1984	20	W	602/83	OLGZ 1984, 333 = DWE 1984, 126 (L)
22. 08. 1984	20	W	148/84	OLGZ 1984, 407 = DWE 1985, 30
29. 08. 1984	20	W	190/84	WM 1984, 303
01. 11. 1984	3	U	143/83	WM 1985, 91, 1986, 15
26. 11. 1984	20	W	130/84	n. v.
29. 11. 1984	20	W	192/84	OLGZ 1985, 48
06. 12. 1984	20	W	242/84	OLGZ 1985, 50 = DWE 1986, 60
17. 01. 1985	20	W	94/84	OLGZ 1985, 144 = DWE 1985, 121
14. 05. 1985	20	W	370/84	OLGZ 1986, 42 = DWE 1986, 59
09. 08. 1985	20	W	283/85	OLGZ 1986, 43 = DWE 1986, 30 (L)
27. 09. 1985	20	W	426/84	OLGZ 1986, 45 = DWE 1986, 30 (L)
14. 02. 1986	20	W	261/85	WE 1986, 138298/85
20. 02. 1986	20	W	30/86	DWE 1986, 64 (L) = WE 1986, 135
06. 03. 1986	20	W	570/85	DWE 1986, 64 (L) = WE 1986, 135
01. 04. 1986	20	W	99/86	DWE 1986, 64 (L) = WE 1986, 104
27. 06. 1986	20	W	114/86	WE 1986, 141
09. 07. 1986	20	W	357/85	WE 1986, 141
18. 07. 1986	20	W	361/85	WE 1986, 141
13. 10. 1986	20	W	159/86	DWE 1987, 28
30. 12. 1986	20	W	134/86	DWE 1987, 51
01. 06. 1987	20	W	23/87	OLGZ 1988, 61 = DWE 1988, 36 (L)
22. 09. 1987	20	W	147/87	OLGZ 1988, 43 = DWE 1988, 36 (L)
27. 10. 1987	20	W	448/86	OLGZ 1988, 188, 36 (L)
11. 02. 1988	20	W	24/88	n. v.
29. 02. 1988	20	W	268/87	OLGZ 1988, 440 = DWE 1988, 141
19. 05. 1988	20	W	206/87	DWE 1988, 105 = NJW-RR 1988, 1169
28. 06. 1988	20	W	175/88	DWE 1989, 89

28. 07. 1988	20	W	216/88	DWE 1989, 70
04. 07. 1989	20	W	411/88	OLGZ 1989, 422 = DWE 1990, 107, 114
19. 07. 1989	20	W	190/89	OLGZ 1989, 429
15. 11. 1989	20	W	338/89	DWE 1990, 107
03. 12. 1989	20	W	613/82	OLGZ 1983, 61
07. 06. 1989	20	W	150/89	OLGZ 1989, 433 = WE 1990, 56
23. 10. 1989	20	W	185/89	DWE 1990, 107 = WM 1990, 232
04. 12. 1989	20	W	418/89	WM 1990, 449
19. 07. 1990	20	W	149/90	DWE 1990, 108 = OLGZ 1990, 414
10. 08. 1990	20	W	113/90	WM 1990, 457
23. 08. 1990	20	W	165/90	WM 1990, 461
15. 03. 1991	20	W	114/90	DWE 1991, 160 = OLGZ 1991, 293
17. 05. 1991	20	W	362/90	OLGZ 1992, 53 = DWE 1991, 119
18. 05. 1992	20	W	177/91	DWE 1994, 42 (L) = ZMR 1992, 356
22. 07. 1992	20	REmiet	1/91	NJW 1992, 2490
18. 03. 1993	2	U	124/92	NJW-RR 1993, 981
28. 07. 1993	20	W	44/92	DWE 1993, 110 = NJW 1993, 2817
29. 10. 1993	10	U	296/90	WE 1994, 340
15. 11. 1993	20	W	208/92	DWE 1994, 163 (L) = WM 1994, 36
19. 11. 1993	20	W	376/92	DWE 1994, 37 = ZMR 1994, 124
19. 04. 1994	20	W	30/94	DWE 1994, 115 = ZMR 1994, 381
11. 05. 1994	20	W	216/94	DWE 1994, 116 = OLGZ 1994, 532
19. 05. 1994	20	W	488/93	DWE 1994, 116 = ZMR 1994, 376
19. 12. 1994	20	W	313/93	DWE 1995, 86 (L) = ZMR 1995, 166
07. 04. 1995	20	W	16/95	NJW 1995, 3395 = ZMR 1995, 326
18. 05. 1995	20	W	134/95	FGPrax 1995, 139
06. 06. 1996	20	W	342/95	NJW 1996, H. 48, X (L)
01. 08. 1996	20	W	555/95	ZMR 1997, 156
07. 08. 1996	20	W	543/95	DWE 1997, 80
03. 12. 1996	20	W	572/95	DWE 1997, 165
17. 06. 1997	20	W	357/96	DWE 1998, 44
23. 03. 1997	20	W	135/97	NJW-RR 1997, 1305 = ZMR 1997, 426
17. 07. 1997	20	W	278/96	DWE 1998, 44 = FGPrax 1997, 215
02. 03. 1998	20	W	54/98	DWE 1998, 144 = ZMR 1998, 365
02. 09. 1998	20	W	48/97	WM 1999, 61
13. 04. 2000	20	W	485/98	NZM 2001, 140
24. 05. 2000	20	W	200/00	n. v.
04. 12. 2000	20	W	414/99	DWE 2002, 141
19. 12. 2000	20	W	139/99	DWE 2001, 29
05. 03. 2002	20	W	508/01	DWE 2002, 105
06. 08. 2003	20	W	22/02	n. v.
17. 05. 2005	20	W	132/03	n. v.
24. 08. 2006	20	W	214/06	NZM 2007, 806
24. 08. 2006	20	W	215/06	NZM 2007, 806
12. 11. 2007	20	W	395/07	NZM 2009, 624

19. 05. 2008	20	W	169/07	n. v.
17. 07. 2008	20	W	325/06	DWE 2009, 63
18. 08. 2008	20	W	426/06	NZM 2009, 34
03. 11. 2008	20	W	259/07	ZMR 2009, 385
08. 01. 2009	20	W	384/07	DWE 2009, 64 = NZM 2009, 440
28. 05. 2009	20	W	115/06	NZM 2010, 367
30. 09. 2010	20	W	320/10	n. v.
15. 11. 2010	20	W	138/08	n. v.
28. 10. 2010	20	W	122/07	n. v.
15. 11. 2010	20	W	138/08	NZM 2011, 37 = ZMR 2011, 737
17. 01. 2011	20	W	500/08	n. v.
04. 04. 2011	20	W	75/08	MietRM 2011, 350

OLG HAMM

06. 12. 1967	15	W	496/67	MDR 1968, 413 = DNotZ 1968, 489
15. 12. 1969	15	W	322/69	OLGZ 1970, 399
11. 08. 1970	15	W	232/69	OLGZ 1971, 96 = Rpfleger 1970, 400
26. 02. 1971	15	W	547/70	Rpfleger 1971, 220
04. 09. 1973	15	W	34/73	NJW 1973, 2300 = MDR 1974, 138
02. 10. 1974	15	Wx	72/74	NJW 1975, 60 = Rpfleger 1975, 27
03. 03. 1975	15	W	183/73	OLGZ 1975, 157 = Rpfleger 1975, 255
25. 06. 1975	15	W	65/73	OLGZ 1975, 428 = Rpfleger 1975, 401
25. 11. 1975	15	W	314/75	OLGZ 1976, 61 = Rpfleger 1976, 100
26. 09. 1977	15	W	209/77	Rpfleger 1978, 25
04. 10. 1977	15	W	67/77	Rpfleger 1978, 60
06. 02. 1978	15	W	345, 346/77	OLGZ 1978, 184 = Rpfleger 1978, 182
06. 04. 1978	15	W	117/76	Rpfleger 1978, 319 = MDR 1978, 759
07. 06. 1979	15	W	56/79	OLGZ 1979, 296 = Rpfleger 1979, 342
02. 07. 1979	15	W	3/78	n. v.
13. 09. 1979	15	W	209/79	NJW 1980, 1397 = Rpfleger 1979, 461
05. 02. 1980	15	W	277/79	OLGZ 1980, 261
15. 02. 1980	15	W	131/79	OLGZ 1980, 274
04. 07. 1980	15	W	177/79	DWE 1981, 131
10. 11. 1980	15	W	122/80	NJW 1981, 465 = DWE 1981, 128
29. 06. 1981	15	W	169/80	OLGZ 1982, 20;
31. 08. 1981	15	W	38/81	NJW 1982, 1109 = MDR 1982, 150
04. 10. 1982	15	W	293/82	OLGZ 1983, 1 = DWE 1983, 62
22. 10. 1981	15	W	147/81	OLGZ 1992, 260;
12. 03. 1984	15	W	283/83	DWE 1984, 126 (L)
16. 03. 1984	15	W	266/83	OLGZ 1984, 278 = DWE 1984, 121
26. 11. 1984	15	W	95/84	n. v.
24. 01. 1985	15	W	450/84	OLGZ 1985, 147 = MDR 1985, 502
24. 04. 1985	3	SsOWi	208/85	DWE 1986, 61 = NJW-RR 1986, 16

09. 10. 1985	15	W	95/85	DWE 1986, 31 (L)
07. 11. 1985	15	W	181/85	OLGZ 1986, 167 = NJW-RR 1986, 500
26. 11. 1985	15	W	309/85	n. v.
25. 03. 1986	15	W	406/85	DWE 1990, 70
11. 06. 1986	15	W	452/85	NJW-RR 1986, 1275 = Rpfleger 1986, 374
20. 06. 1986	15	W	177/86	DWE 1986, 90 = NJW-RR 1986, 1336
27. 06. 1986	15	W	28/86	n. v.
23. 10. 1986	15	W	253/86	DWE 1987, 25
23. 01. 1987	15	W	429/86	
			+434/86	DWE 1987, 54
03. 02. 1987	15	W	456/85	OLGZ 1987, 389 = DWE 1988, 27
28. 04. 1987	15	W	163/85	n. v.
15. 10. 1987	15	W	371/86	n. v.
16. 10. 1987	15	W	238/87	n. v.
29. 10. 1987	15	W	361/85	DWE 1988, 36 (L) = NJW-RR 1988, 268
29. 10. 1987	15	W	200/87	NJW-RR 1988, 597 = DWE 1988, 36 (L);
04. 11. 1987	15	W	397/87	n. v.
15. 01. 1988	15	W	350/87	OLGZ 1988, 185 = DWE 1988, 100
01. 02. 1988	15	W	349/87	n. v.
26. 02. 1988	15	W	407/87	n. v.
20. 04. 1988	15	W	168/88	
			-169/88	NJW-RR 1988, 1171 = MDR 1988, 677
21. 04. 1988	15	W	448/86	n. v.
16. 09. 1988	26	U	57/88	ZMR 1989, 98
09. 12. 1988	15	W	119/86	OLGZ 1989, 54 = DWE 1990, 39 (L)
04. 01. 1989	15	W	416/88	OLGZ 1989, 167 = DWE 1990, 39 (L)
07. 04. 1989	15	W	513/88	OLGZ 1989, 302
22. 06. 1989	15	W	209/89	MDR 1989, 915 = WE 1990, 25;
30. 08. 1989	15	W	127/88	n. v.
25. 09. 1989	15	W	314/88	OLGZ 1990, 34 = DWE 1990, 115 (L)
25. 09. 1989	15	W	505/88	OLGZ 1990, 42
13. 10. 1989	15	W	314/89	OLGZ 1990, 57 = MDR 1990, 343
02. 11. 1989	15	W	520/88	OLGZ 1990, 168 = DWE 1990, 39 (L)
14. 11. 1989	15	W	347/89	OLGZ 1990, 159 = DWE 1990, 40 (L)
20. 11. 1989	15	W	308/89	WE 1993, 24
28. 12. 1989	15	W	441/89	OLGZ 1990, 180
08. 02. 1990	15	W	583/88	OLGZ 1990, 191 = DWE 1990, 114 (L)
22. 10. 1990	15	W	331/90	DWE 1991, 37 = NJW-RR 1991, 212
12. 03. 1991	15	W	41/90	OLGZ 1991, 418 = NJW-RR 1991, 910
23. 04. 1991	15	W	50/91	n. v.
22. 08. 1991	15	W	166/91	OLGZ 1992, 174 = DWE 1991. 160
26. 09. 1991	15	W	127/91	NJW 1992, 184 = OLGZ 1992, 300

28. 11. 1991	15	W	169/91	DWE 1992, 35 = OLGZ 1992, 313
13. 01. 1992	15	W	13/91	DWE 1992, 126 = OLGZ 1992, 310
12. 05. 1992	15	W	33/92	OLGZ 1993, 57 = DWE 1992, 119
04. 12. 1992	15	W	324/92	DWE 1993, 70 = NJW 1993, 1276
07. 12. 1992	15	W	240/91	OLGZ 1994, 22 = DWE 1993, 28
08. 12. 1992	15	W	218/91	DWE 1993, 28 = NJW-RR 1993, 468
29. 12. 1992	15	W	233/92	DWE 1993, 74 = WE 1993, 244
04. 03. 1993	15	W	295/92	DWE 1993, 112 = NJW-RR 1993, 845
17. 03. 1993	15	W	260/92	DWE 1993, 114 = NJW-RR 1993, 847
23. 03. 1993	15	W	362/92	DWE 1993, 163 = NJW-RR 1993, 1233
26. 06. 1993	5	U	275/92	n. v.
11. 10. 1993	15	W	79/93	OLGZ 1994, 269 = DWE 1994, 37
07. 04. 1994	15	W	26/94	OLGZ 1994, 515 = NJW-RR 1994, 975
23. 06. 1994	15	W	76/94	WE 1994, 378
22. 12. 1994	15	W	159/94	n. v.
21. 02. 1995	15	W	401/94	DWE 1995, 159
19. 04. 1995	15	W	26/95	DWE 1995, 125 = ZMR 1995, 498 (L)
03. 07. 1995	15	W	93/95	DWE 1995, 127
09. 11. 1995	15	W	163/95	FGPrax 1996, 47 = ZMR 1996, 218
16. 11. 1995	15	W	263/95	NJWE-MietR 1996, 61
09. 01. 1996	15	W	340/95	NJW-RR 1996, 971 = ZMR 1996, 390
14. 06. 1996	15	W	15/96	NJWE-MietR 1997, 62 = ZMR 1996, 677
13. 08. 1996	15	W	115/96	DWE 1997, 37 = ZMR 1996, 503
15. 08. 1996	15	W	58/96	DWE 1997, 119 = ZMR 1997, 34
21. 08. 1996	15	W	174/96	NJWE-MietR 1997, 65 = ZMR 1997, 94
02. 09. 1996	15	W	138/96	DWE 1997, 163 = NJW-RR 1997, 523
10. 09. 1996	15	W	236/96	DWE 1996, 187 = ZMR 1996, 671
17. 12. 1996	15	W	212/96	DWE 1997, 84 = NJW-RR 1997, 908
13. 02. 1997	15	W	445/96	DWE 1997, 124 = FGPrax 1997, 96
23. 03. 1997	15	W	314/96	DWE 1998, 41 = FGPrax 1997, 98
14. 04. 1997	22	U	96/96	NJW-RR 1997, 1168
09. 10. 1997	15	W	245/97	WE 1998, 111 = ZMR 1998, 188
26. 01. 1998	15	W	502/97	DWE 1998, 186 = ZMR 1998, 456
09. 02. 1998	15	W	124/97	DWE 1998, 134 = NZM 1998, 724
12. 02. 1998	15	W	319/97	DWE 1998, 132 = NZM 1998, 722
28. 05. 1998	15	W	4/98	NZM 1998, 873 = ZMR 1998, 718
22. 06. 1998	15	W	156/98	NZM 1998, 971 = WE 1999, 112
01. 02. 1999	15	W	164/98	n. v.
18. 02. 1999	15	W	234/98	NZM 2000, 350 (L) = ZMR 1999, 504
20. 05. 1999	15	W	124/99	Rpfleger 1999, 487
10. 06. 1999	15	W	11/99	NZM 2000, 308 = ZWE 2000, 44
15. 11. 1999	15	W	323/99	NZM 2000, 139
13. 02. 2000	15	W	454/99	NZM 2000, 659 = ZWE 2000, 316

15. 02. 2000	15	W	426/99	MittBayNot 2000, 231 (L)
28. 02. 2000	15	W	349/99	NZM 2000, 505 = ZWE 2000, 424
19. 10. 2000	15	W	133/00	ZWE 2001, 81
12. 12. 2000	15	W	109/00	FGPrax 2001, 64
27. 02. 2001	15	W	17/01	n. v.
06. 03. 2001	15	W	320/00	ZWE 2001, 393
03. 05. 2001	15	W	7/01	ZWE2001, 446
03. 07. 2001	15	W	444/00	NJW-RR 2002, 10
19. 06. 2001	15	W	20/01	FGPrax 2001, 185 = ZWE 2001, 560
01. 10. 2001	15	W	166/01	DWE 2002, 106
03. 01. 2002	15	W	287/01	FGPrax 2002, 103 = ZWE 2002, 319
12. 03. 2002	15	W	358/01	DWE 2003, 29 = NZM 2003, 123
14. 05. 2002	15	W	300/01	DWE 2003, 27 = ZWE 2002, 600
26. 08. 2002	16	Wx	126/02	NZM 2002, 865
21. 10. 2002	15	W	77/02	DWE 2003, 30 = NZM 2003, 156
03. 12. 2002	15	W	212/02	NZM 2003, 323
22. 05. 2003	15	W	98/03	n. v.
23. 10. 2003	15	W	372/02	n. v.
28. 10. 2003	15	W	203/02	n. v.
22. 12. 2003	15	W	396/03	ZMR2004, 852
05. 01. 2004	15	W	153/03	n. v.
08. 04. 2004	15	W	17/04	NZM 2004, 744
18. 10. 2005	15	W	424/04	n. v.
22. 12. 2005	15	W	375/04	n. v.
03. 01. 2006	15	W	109/05	NZM 2006, 632
23. 02. 2006	15	W	135/0	n. v.
26. 03. 2007	15	W	131/06	n. v.
29. 05. 2007	15	W	16/07	n. v.
23. 07. 2007	15	W	205/06	NZM 2007, 805
10. 09. 2007	15	W	358/06	n. v.
19. 08. 2008	15	Wx	89/09	DWE 2008, 130 = NZM 2009, 163
11. 11. 2008	15	Wx	62/08	DWE 2009, 67
04. 12. 2008	15	Wx	198/08	ZMR 2009, 386
09. 01. 2009	15	Wx	142/08	DWE 2009, 66
20. 01. 2009	15	Wx	164/08	ZMR 2009, 464
20. 10. 2009	I-15	Wx	81/09	DWE 2009, 141 = ZMR 2010, 216
05. 11. 2009	I-15	Wx	15/09	DWE 2010, 31
04. 05. 2010	I-15	Wx	382/09	DWE 2010, 64 = ZMR 2010, 785
12. 06. 2010	I-15	Wx	63/10	n. v.
08. 07. 2011	I-15	Wx	183/11	DWE 2011, 111
19. 07. 2011	15	Wx	120/10	DWE 2011, 111
12. 08. 2011	I-15	Wx	63/10	DWE 2010, 143

18. 02. 1965	6	U	226/64	MDR 1966, 146
25. 06. 1965	2	W	77/65	NJW 1965, 1765 = Rpfleger 1966, 79
14. 05. 1971	2	W	33/71	MDR 1971, 1012
21. 09. 1973	2	W	4/73	MDR 1974, 138
25. 06. 1974	2	W	37/74	DWE 1975, 26 m. Anm. Happ
27. 07. 1976	2	W	34/76	MDR 1977, 230
26. 07. 1978	5	U	222/77	MDR 1979, 58
24. 08. 1981	2	W	20/81	OLGZ 1982, 53
19. 01. 1984	2	W	29/83	DWE 1984, 91
30. 08. 1984	2	W	31/83	DWE 1984, 123
18. 11. 1986	2	W	61/86	OLGZ 1987, 188 = DWW 1987, 30
07. 04. 1987	2	W	24/86	DWE 1987, 98
16. 04. 1987	2	W	10/86	n. v.
10. 09. 1987	2	W	21/86	NJW-RR 1988, 267 = Rpfleger 1988, 55
05. 02. 1988	2	W	67/85	n. v.
05. 02. 1988	2	W	11/87	OLGZ 1988, 299 = WE 1988, 173
22. 02. 1988	2	W	84/86	n. v.
20. 04. 1988	2	W	7/87	DWE 1989, 31 = NJW 1988, 2052
09. 01. 1989	2	W	37/88	OLGZ 1989, 318
10. 01. 1989	2	W	25/88	OLGZ 1989, 164
30. 01. 1989	2	W	24/88	OLGZ 1989, 309 = ZMR 1989, 466
14. 01. 1991	2	W	54/89	NJW-RR 1991, 1119 = WM 1991, 194
18. 09. 1991	2	Wx	22/90	OLGZ 1992, 179 = DWE 1992, 34
13. 11. 1991	2	Wx	64/90	OLGZ 1992, 186 = DWE 1992, 124
20. 01. 1993	2	Wx	53/91	DWE 1993, 104 = OLGZ 1993, 431
25. 05. 1993	2	Wx	6/93	DWE 1995, 14
20. 07. 1993	2	Wx	74/91	OLGZ 1994, 147 = ZMR 1993, 536
18. 02. 1994	2	Wx	49/92	WE 1994, 377
15. 04. 1994	2	Wx	92/93	DWE 1994, 148
25. 04. 1994	2	Wx	70/91	DWE 1994, 151
26. 03. 1997	5	U	212/96	MDR 1997, 819 = NZM 1998, 121
06. 04. 1998	2	Wx	97/97	DWE 1998, 146 = NJW-RR 1998, 1163
29. 07. 1998	2	Wx	20/98	MDR 1998, 1156 = ZMR 1998, 714
31. 08. 1998	2	Wx	109/97	ZMR 1998, 797
07. 09. 1998	2	Wx	48/95	WM 1999, 230 = ZMR 1998, 798
15. 06. 1999	8	U	214/98	DWE 1999, 169
07. 07. 1999	2	Wx	63/96	NZM 2000, 517 = WM 1999, 538
22. 04. 1999	2	Wx	39/99	DWE 1999, 158 = MR 1999, 502
21. 03. 2002	2	Wx	103/99	NZM 2002, 872; ZMR 2002, 618
16. 07. 2002	2	Wx	116/00	ZWE 2002, 483
23. 08. 2002	2	Wx	4/99	NZM 2003, 203
04. 03. 2003	2	Wx	102/99	n. v.
04. 03. 2003	2	Wx	75/00	n. v.

04. 03. 2003	2	Wx	148/00	n. v.
22. 10. 2003	2	Wx	34/01	n. v.
10. 03. 2004	2	Wx	144/01	ZMR 2004, 615
28. 07. 2004	2	Wx	92/98	ZMR 2004, 850
28. 01. 2005	2	Wx	4/04	ZMR 2005, 395
14. 03. 2005	2	Wx	19/05	n. v.
24. 10. 2008	2	Wx	115/08	ZMR 2009, 306
04. 12. 2009	2	Wx	34/09	ZMR 2010, 388
15. 03. 2011	13	W	15/11	ZMR 2011, 815

OLG JENA

24. 11. 1999	6	W	715/99	ZWE 2000, 232

OLG KARLSRUHE

21. 08. 1969	3	W	47/69	NJW 1969, 1968 = MDR 1969, 100
27. 01. 1972	11	W	53/71	MDR 1972, 516 = DNotZ 1973, 235
15. 01. 1976	11	W	93/75	OLGZ 1976, 145 = Die Justiz 1976, 260
21. 04. 1976	3	W	8/76	OLGZ 1976, 273 = MDR 1976, 758
18. 03. 1977	3	W	4/76	Die Justiz 1977, 310 = DWE 1978, 56
19. 12. 1977	3	W	6/77	MDR 1978, 495 = WEM 1978, 116
20. 12. 1977	3	W	8/77	OLGZ 1978, 177 = DWE 1979, 62
28. 12. 1977	3	W	15/77	OLGZ 1978, 175 = DWE 1978, 87
12. 01. 1978	3	W	14/77	OLGZ 1978, 172 = MDR 1978, 495
08. 03. 1979	11	W	98/78	OLGZ 1979, 287 = NJW 1981, 466
28. 03. 1983	4	W	95/82	MDR 1993, 672
18. 05. 1984	11	W	4/84	OLGZ 1985, 392 = Justiz 1985, 351
18. 09. 1984	4	W	9/84	OLGZ 1985, 140 = Justiz 1985, 143
14. 01. 1985	11	W	102/84	ZMR 1985, 209 = DWE 1985, 127 (L)
16. 04. 1985	11	W	127/83	n. v.
09. 07. 1985	11	W	38/85	OLGZ 1985, 397 = Justiz 1985, 352
15. 04. 1986	11	W	2/86	WM 1986, 229
23. 07. 1986	11	W	8/86	NJW-RR 1987, 975 = WM 1988, 325
20. 08. 1986	11	W	100/85	n. v.
27. 08. 1986	11	W	39/86	DWE 1987, 63 (L) = WM 1987, 97
05. 12. 1986	11	W	98/86	n. v.
23. 01. 1987	11	W	133/86	DWE 1987, 63 (L) = WM 1987, 236
04. 05. 1987	11	W	35/87	n. v.
25. 02. 1988	11	W	142/87	DWE 1988, 68 (dort irrtümlich mit AZ.: 11 W 427/87) = DWE 1988, 96 = ZMR 1988, 184

11. 01. 1989	11	W	192/88	n. v.
28. 06. 1989	4	W	127/88	n. v.
29. 12. 1989	13	U	256/88	DWE 1990, 116 (L)
11. 01. 1990	11	W	167/89	DWE 1990, 106 = WM 1990, 168; ZMR 1990, 189
16. 01. 1990	11	W	233/89	DWE 1990, 106
30. 01. 1990	11	W	128/89	DWE 1990, 144 = WM 1991, 54
04. 03. 1991	11	W	81/90	n. v.
15. 03. 1993	11	W	72/92	DWE 1994, 20 (r); DWE 1994, 43 (L)
01. 07. 1993	9	U	351/91	DWE 1993, 110 = ZMR 1993, 474
22. 09. 1993	6	U	49/93	DWE 1994, 43 (L) = NJW-RR 1994, 146
28. 08. 1997	11	Wx	94/96	DWE 1998, 51 (L) = NJW-RR 1998, 14
30. 10. 1998	11	Wx	53/98	NZM 1999, 274 = ZMR 1999, 123
18. 11. 1998	4	W	158/97	WM 1999, 594
14. 01. 2000	11	Wx	15/99	n. v.
05. 05. 2000	11	Wx	71/99	NZM 2002, 220
31. 05. 2000	11	Wx	96/00	NZM 2000, 869 = WM 2000, 499
08. 11. 2001	12	U	180/01	n. v.
12. 11. 2001	14	Wx	37/01	n. v.
27. 05. 2002	14	Wx	91/01	n. v.
07. 07. 2010	11	Wx	115/08	DWE 2011, 27 = ZWE 2011, 38

OLG KOBLENZ

10. 01. 1979	1	U	1011/77	DB 1979, 788 = DWE 1992, 44 (L);
07. 01. 1986	4	W-RE	20/85	OLGZ 1986, 117 = NJW 1986, 995

OLG KÖLN

18. 02. 1972	16	Wx	24/71	Rpfleger 1972, 261
09. 01. 1976	16	Wx	155/75	OLGZ 1976, 142 = Rpfleger 1976, 185
02. 08. 1976	16	Wx	72/76	WEM 1977, 52
18. 05. 1977	16	Wx	40/77	WEM 1978, 91
05. 10. 1977	16	Wx	106/77	n. v.
19. 10. 1977	16	Wx	63/77	DWE 1978, 87 m. Anm. Happ
29. 12. 1977	16	Wx	24/77	OLGZ 1978, 151 = WEM 1978, 56
02. 05. 1978	16	Wx	10/78	OLGZ 1978, 287 = WEM 1978, 122
22. 11. 1979	16	Wx	111/79	WEM 1980, 82
30. 07. 1980	16	Wx	67/80	NJW 1981, 585 = DWE 1981, 95
18. 02. 1981	16	Wx	10/81	n. v.
21. 04. 1982	2	Wx	13/82	OLGZ 1982, 413
28. 04. 1982	16	Wx	31/82	WE 3/1982, 16

20. 02. 1984	2	Wx	29/83	OLGZ 1984, 294 = Rpfleger 1984, 268
18. 07. 1984	2	Wx	11/84	DNotZ 1984, 700 = Rpfleger 1984, 464
03. 04. 1985	27	U	18/84	DWW 1985, 180 = BlnGrdE 1986, 341
30. 10. 1985	16	Wx	4/85	OLGZ 1986, 19
30. 10. 1985	16	Wx	88/85	OLGZ 1986, 163 = NJW 1986, 328
13. 01. 1986	16	Wx	118/85	WM 1986, 285
28. 07. 1986	16	Wx	49/86	n. v.
14. 10. 1987	16	Wx	60/87	DWE 1988, 24
16. 11. 1987	16	Wx	91/87	DWE 988, 25
16. 12. 1987	16	Wx	92/87	WE 1989, 30
04. 05. 1988	16	Wx	4/88	DWE 1988, 106 = WE 1989, 31
11. 07. 1988	16	Wx	19/88	DWE 1988, 30
13. 08. 1988	16	Wx	23/88	n. v.
17. 11. 1988	16	Wx	116/88	MDR 1989, 359
22. 02. 1989	13	U	232/89	NJW-RR 1989, 1040
31. 05. 1989	16	Wx	25/89	DWE 1990, 108
10. 08. 1989	16	Wx	113/88	ZMR 1989, 384
23. 08. 1989	16	Wx	79/89	NJW-RR 1990, 26 = DWE 1990, 53
18. 09. 1989	16	Wx	115/89	DWE 1990, 30
02. 11. 1989	16	Wx	116/89	DWE 1990, 116 (L) = WM 1990, 46
21. 02. 1990	16	Wx	18/90	DWE 1990, 69 = WE 1990, 171
09. 07. 1990	16	Wx	173/89	DWE 1990, 109 = NJW 1991, 1302
09. 07. 1990	16	Wx	60/90	n. v.
29. 07. 1991	16	Wx	29/91	n. v.
27. 09. 1991	16	Wx	60/91	DWE 1991, 155 = NJW 1995, 202
16. 11. 1992	16	Wx	144/92	DWE 1994, 43 (L) = NJW-RR 1993, 844
01. 02. 1993	16	Wx	16/93	DWE 1994, 43 (L)
12. 03. 1993	2	Wx	4/93	WE 1994, 86
09. 03. 1994	16	Wx	201/93	DWE 1994, 110
18. 03. 1994	19	U	215/93	MDR 1995, 37 = WE 1995, 21
16. 05. 1994	2	Wx	15/94	Rpfleger 1994, 496 = ZMR 1994, 366
27. 06. 1994	16	Wx	88/94	MDR 1994, 1153 = WE 1995, 23
10. 01. 1994	2	Wx	51/93	Rpfleger 1994, 348 = ZMR 1994, 230
23. 01. 1995	16	Wx	202/94	DWE 1996, 43 (L) = WE 1995, 240
08. 02. 1995	16	Wx	187/94	DWE 1995, 129 = WE 1995, 221
13. 02. 1995	16	Wx	6/95	DWE 1995, 72 = WM 1995, 446
07. 06. 1995	16	Wx	78/95	DWE 1997, 32
19. 07. 1995	16	Wx	83/95	WE 1996, 39 = WM 1996, 109
03. 01. 1996	16	Wx	214/95	DWE 1996, 77 = WM 1996, 246 (dort mit falschem Beschlussdatum 9. 1. 1996 veröffentlicht)
31. 01. 1996	16	Wx	230/95	DWE 1996, 76 = WM 1996, 292
02. 02. 1996	16	Wx	166/95	n. v.
15. 03. 1996	19	Z	139/95	NJW-RR 1996, 1296

25. 04. 1996	16	Wx	50/96	NJW-RR 1996, 1481= ZMR 1996, 576
29. 04. 1996	16	Wx	30/96	NJW 1996, HZ. 47, VIII (L)
13. 05. 1996	16	Wx	69/96	DWE 1997, 71
08. 11. 1996	16	Wx	215/96	WM 1997, 696
20. 11. 1996	16	Wx	217/96	NZM 1998, 870 = WM 1997, 695
08. 01. 1997	16	Wx	319/96	WM 1997, 637
15. 01. 1997	16	Wx	275/96	WM 1997, 636
24. 01. 1997	16	Wx	2/97	WM 1997, 638
21. 02. 1997	16	Wx	8/97	DWE 1998, 51 (L) = MDR 1997, 1020
05. 03. 1997	16	Wx	279/96	DWE 1997, 126 = WM 1997, 461 (L)
29. 04. 1997	16	Wx	76/97	DWE 1998, 51 (L) = WM 1997, 461 (L)
16. 05. 1997	16	WX	97/97	DWE 1997, 166 = WM 1997, 454
22. 05. 1997	16	Wx	114/97	NJW-RR 1989, 123 = ZMR 1998, 109
21. 10. 1997	16	Wx	255/97	WM 1998, 248 = ZMR 1998, 248
29. 10. 1997	16	Wx	274/97	n. v.
14. 11. 1997	16	Wx	275/97	NZM 1998, 122 = WM 1998, 238
08. 12. 1997	16	Wx	311/97	DWE 1998, 190
17. 12. 1997	16	Wx	291/97	ZfIR 1998, 157 = WM 1998, 179
23. 12. 1997	16	Wx	236/97	ZMR 1998, 376
22. 01. 1998	16	Wx	299/97	NZM 1998, 1015 = WE 1999, 114 (L)
27. 02. 1998	16	Wx	30/98	NZM 1998, 877 = ZMR 1998, 463
06. 03. 1998	16	Wx	8/98	NJW-RR 1998, 1622 = NZM 1998, 128
06. 03. 1998	16	Wx	309/97	WE 1999, 520 = WM 1998, 628 (L)
30. 03. 1998	16	Wx	20/98	NZM 1998, 83 = WM 1998, 628 (L)
30. 03. 1998	16	Wx	56/98	NZM 1998, 484 = ZMR 1998, 799
30. 04. 1998	16	Wx	43/98	NZM 1998, 878
22. 06. 1998	16	Wx	99/98	NZM 1998, 864
07. 09. 1998	16	Wx	108/98	NZM 1998, 970 = WM 199, 295
04. 11. 1998	16	Wx	154/98	DWE 1999, 174 = NZM 1999, 174
18. 11. 1998	16	Wx	169/98	n. v.
25. 11. 1998	16	Wx	156/98	NZM 1999, 126 = WM 1999, 298
30. 12. 1998	16	Wx	187/97	n. v.
22. 01. 1999	16	Wx	218/98	DWE 2000, 38 = NZM 1999, 843
23. 04. 1999	16	Wx	54/99	NZM 1999, 846 = ZMR 1999, 786
26. 05. 1999	16	Wx	13/99	NZM 1999, 865
31. 05. 1999	16	Wx	77/99	NZM 1999, 911 (L) = ZMR 2000, 58
09. 06. 1999	16	Wx	56/99	NZM 1999, 1103 = ZMR 2000, 59
30. 08. 1999	16	Wx	123/99	NJW-RR 1999, 88 = ZM 1999, 1156
13. 09. 1999	16	Wx	65/99	NZM 2000, 390 (L)
24. 11. 1999	16	Wx	158/99	NZM 2000, 193
03. 12. 1999	16	Wx	165/99	NZM 2000, 191
24. 01. 2000	16	Wx	185/99	ZWE 2000, 429
09. 02. 2000	16	Wx	15/00	NZM 2000, 686 (L)
11. 02. 2000	16	Wx	9/00	NZM 2000, 764
25. 02. 2000	16	Wx	29/00	NZM 2000, 1021 (L)

15. 03. 2000	2	U	74/99	NJW-RR 2001, 301 = ZWE 2000, 516
14. 04. 2000	16	Wx	13/00	ZMR 2000, 862.
09. 10. 2000	16	Wx	102/00	DWE 2001, 56 (r)
05. 12. 2000	16	Wx	121/00	DWE 2001, 55 (r)
28. 12. 2000	16	Wx	163/00	DWE 2001, 102 (r)
12. 01. 2001	16	Wx	156/00	NZM 2001, 293 = DWE 2001, 101 (r)
15. 01. 2001	16	Wx	140/99	DWE 2011, 58 (r)
12. 02. 2001	16	Wx	156/00	n. v.
16. 02. 2001	16	Wx	4/01	FGPrax 2001, 179 = ZMR 2001, 387
28. 02. 2001	16	Wx	10/01	NZM 2002, 221
02. 04. 2001	16	Wx	7/01	NZM 2001,, 1135
05. 04. 2001	16	Wx	101/00	NZM 2001, 1142 (L)
25. 04. 2001	16	Wx	29/01	NZM 2001, 1140 (L) = DWE 2011, 56 (r)
18. 05. 2001	16	Wx	68/01	DWE 2001, 56 (r)
25. 05. 2001	16	Wx	15/01	DWE 2001, 103 (r)
27. 06. 2001	16	Wx	87/01	NZM 2001, 862 = DWE 2001, 104 (r)
05. 07. 2001	16	Wx	27/01	DWE 2001, 100 (r)
09. 07. 2001	16	Wx	134/01	DWE 2011, 103 (r)
13. 07. 2001	16	Wx	115/01	n. v.
04. 09. 2001	16	Wx	124/07	n. v.
24. 10. 2001	16	Wx	192/01	NZM 2001, 1141 (L)
17. 12. 2001	16	Wx	276/01	n. v.
10. 01. 2002	16	Wx	221/02	n. v.
18. 01. 2002	16	Wx	187/01	n. v.
18. 01. 2002	16	Wx	247/01	n. v.
18. 01. 2002	16	Wx	249/01	n. v.
23. 01. 2002	16	Wx	175/01	n. v.
23. 01. 2002	16	Wx	176/01	n. v.
08. 02. 2002	16	Wx	6/02	DWE 2004, 69.
15. 02. 2002	16	Wx	232/01	DWE 2002, 92
24. 05. 2002	16	Wx	84/02	DWE 2003, 26 = NZM 2002, 615
06. 06. 2002	16	Wx	97/02	n. v.
17. 06. 2002	16	Wx	73/02	n. v.
19. 06. 2002	16	Wx	82/02	n. v.
26. 08. 2002	16	Wx	126/02	NZM 2002, 865
04. 09. 2002	16	Wx	114/02	NZM 2003, 810
10. 09. 2002	24	U	32/02	NZM 2003, 241
11. 09. 2002	16	Wx	128/02	NZM 2003, 115
20. 09. 2002	16	Wx	31/02	n. v.
20. 09. 2002	16	Wx	135/02	n. v.
27. 09. 2002	16	Wx	115/02	n. v.
01. 10. 2002	16	Wx	13/02	n.v
27. 11. 2002	16	Wx	226/02	n. v.
02. 12. 2002	16	Wx	205/02	n. v.

04. 12. 2002	16	Wx	180/02	n. v.
27. 12. 2002	16	Wx	233/02	n. v.
17. 01. 2003	16	Wx	111/02	n. v.
03. 12. 2003	16	Wx	216/03	NZM 2004, 793
08. 12. 2003	16	Wx	200/03	NZM 2004, 656
17. 12. 2004	16	Wx	191/04	NJW 2005, 908 = NZM 2005, 149
06. 01. 2006	16	Wx	188/05	ZfIR 2006, 308 (L)
11. 12. 2006	16	Wx	200/06	ZMR 2007, 986
28. 07. 2008	16	Wx	116/08	ZMR 2009, 310
25. 08. 2008	16	Wx	117/08	ZMR 2009, 387

OLG MÜNCHEN

20. 06. 1984	3	U	1940/83	WertpMitt 1986, 33
12. 03. 1985	9	U	4773/84	Rpfleger 1985, 437
25. 02. 1992	25	U	3550/91	DWE 1993, 32 = ZMR 1992, 306
09. 05. 2005	32	Wx	030/05	ZMR 2005, 650
12. 07. 2005	32	Wx	51/05	n. v.
15. 05. 2006	34	Wx	156/05	n. v.
25. 05. 2005	34	Wx	024/05	ZMR 2005, 727
27. 07. 2005	34	Wx	69/05	ZMR 2005, 733
07. 09. 2005	34	Wx	043/05	ibr-online
19. 09. 2005	34	Wx	76/05	NZM 2005, 825
27. 09. 2005	32	Wx	065/05	n. v.
24. 10. 2005	34	Wx	082/05	NZM 2006, 110 = NJW 2006, 1293
17. 11. 2005	32	Wx	077/05	ZWE 2005, 135
11. 01. 2006	34	Wx	150/05	n. v.
23. 01. 2006	34	Wx	16/05	DWE 2006, 27 = NZM 2006, 225
25. 01. 2006	34	Wx	114/05	n. v.
21. 02. 2006	32	Wx	014/06	NZM 2006, 349 = DWE 2006, 74
22. 02. 2006	34	Wx	133/05	NZM 2006, 635
27. 02. 2006	34	Wx	047/05	NZM 2006, 827 = ZWE 2006, 442
30. 03. 2006	32	Wx	040/06	ZMR 2006, 553
19. 05. 2006	32	Wx	058/06	NZM 2006, 512
29. 05. 2006	34	Wx	027/06	n. v.
27. 09. 2006	34	Wx	059/06	ZMR 2007,557
28. 09. 2006	32	Wx	115/06	NZM 2007, 132
12. 10. 2006	32	Wx	124/06	ZMR 2007, 216
30. 01. 2007	34	Wx	116/06	NZM 2007, 369
11. 07. 2007	34	Wx	021/07	ZMR 2007, 811
20. 07. 2007	32	Wx	093/07	ZMR 2007, 814
26. 07. 2007	32	Wx	073/07	ZMR 2007, 815
06. 09. 2007	34	Wx	033/07	ZMR 2007, 998
07. 09. 2007	32	Wx	109/07	NZM 2007, 804

11. 09. 2007	32	Wx	118/07	ZMR 2007, 1001
16. 11. 2007	32	Wx	111/07	NZM 2008, 877 = ZMR 2008, 234
22. 02. 2008	34	Wx	66/07	DWE 2008, 144 = NZM 2008, 848
20. 03. 2008	34	Wx	46/07	DWE 2009, 29 = NZM 2009, 548
28. 11. 2008	34	Wx	24/07	DWE 2009, 34 = NZM 2009, 130
18. 02. 2009	32	Wx	120/08	DWE 2009, 103
03. 08. 2009	32	Wx	8/09	NZM 2009, 707
09. 02. 2010	32	Wx	114/09	DWE 2010, 65
15. 09. 2010	32	Wx	016/10	DWE 2010, 145 = ZMR 2011, 148
24. 01. 2011	15	U	4931/10	ZMR 2011, 817
01. 04. 2011	32	Wx	1/11	DWE 2011, 74
05. 04. 2011	32	Wx	1/11	ZMR 2011, 738
18. 05. 2011	34	Wx	220/11	ZMR 2011, 818

OLG NAUMBURG

17. 05. 1999	11	Wx	19/98	NZM 2000, 104
10. 01. 2000	1	Wx	291/97	WM 2001, 38

OLG NÜRNBERG

26. 02. 1987	2	U	3413/86	ETW 2/1185

OLG OLDENBURG

20. 01. 1970	5	Wx	58/69	MDR 1970, 761
21. 07. 1977	5	Wx	9/77	MDR 1978, 245 = DWE 1978, 86
05. 11. 1979	6	T	411/77	n. v.
16. 03. 1984	5	W	41/83	ZMR 1985, 30 = DWE 1986, 20
15. 05. 1987	2	W	35/87	DWE 1988, 132
05. 11. 1987	5	W	61/87	DWE 1988, 64 = ZMR 1987, 185
18. 01. 1989	5	W	66/88	MDR 1989, 823 = WM 1989, 346
06. 02. 1989	5	W	9/89	Rpfleger 1989, 365
07. 02. 1990	5	W	3/90	MDR 1990, 552
09. 04. 1993	14	U	5/92	WE 1994, 218
11. 03. 1997	5	W	18/97	DWE 1997, 127 = WM 1997, 391

OLG SAARBRÜCKEN

17. 01. 1983	8	W	451/82	OLGZ 1983, 172
14. 02. 1986	8	W	496/85	WEZ 1987, 51 = DWE 1987, 139 (L)

04. 11. 1986	8	W	297/86	DWE 1987, 31 (L)
18. 07. 1988	8	W	182/88	DWE 1989, 32 = NJW-RR 1989, 654; ZMR 1989, 187
24. 10. 1989	5	W	187/89	NJW-RR 1990, 24 = DWE 1990, 92
11. 04. 1991	8	W	422/90	NJW-RR 1991, 913 = ZMR 1991, 273
30. 09. 1992	8	W	256/92	NJW-RR 1993, 24 = ZMR 1992, 553
19. 05. 1993	8	W	485/92	DWE 1993, 78 = ZMR 1993, 381
05. 05. 1994	8	W	315/93	OLGZ 1994, 524 = NJW-RR 1994, 1497
07. 10. 1994	8	W	218/93	WM 1994, 712
04. 10. 1996	5	W	286/95	FGPrax 1997, 56 = ZMR 1997, 31
10. 10. 1997	5 W		60/97–23	FGPrax 1998, 18 = WM 1998, 243
12. 01. 1998	5 W		9/97–8	ZMR 1998, 310
20. 07. 1998	5 W		110/98–35	NZM 1999, 198 = ZMR 1999, 360
26. 08. 1998	5 W		173/98–52	NZM 1999, 265
07. 05. 1999	5 W		365/98–105	NZM 1999, 621
28. 09. 2004	5	W	173/03	NZM 2005, 423
27. 07. 2005,	3	W	167/04	NZM 2005, 949

OLG SCHLESWIG

19. 04. 1961	2	W	17/61	NJW 1961, 1870
19. 05. 1967	2	W	35/67	SchlHolA 1968, 70
17. 08. 1977	2	W	95/78	WE 2/1980, 33 = ZfgW 1980, 199
28. 05. 1982	2	W	22/82	n. v.
12. 03. 1985	2	W	105/84	HmbGrdE 1986, 215
14. 05. 1986	2	W	123/85	DWE 1987, 133
06. 04. 1987	2	W	144/85	NJW-RR 1987, 1362 = DWE 1988, 96
23. 05. 1990	2	W	98/89	NJW-RR 1990, 1045
30. 07. 1990	2	W	24/90	n. v.
21. 02. 1994	2	W	104/91	n. v.
14. 03. 1996	2	W	32/95	DWE 1996, 184 = WM 1996, 296
17. 07. 1996	2	W	104/95	WM 1996, 785
04. 12. 1996	2	W	85/96	MDR 1997, 821
20. 03. 2000	2	W	140/99	DWE 2001, 27
29. 03. 2000	2	W	7/00	n. v.
01. 03. 2001	2	W	179/00	DWE 2001, 74 = ZWE 2001, 11
05. 09. 2001	9	U	103/00	ZWE 2002, 138
12. 08. 2002	2	W	21/02	n. v.
22. 08. 2002	11	U	26/01	NZM 2003, 68
30. 10. 2002	2	W	149/02	n. v.
08. 08. 2007	2	W	33/07	n. v.

OLG STUTTGART

26. 05. 1961	8	W	238/60	NJW 1961, 1359
23. 09. 1969	8	W	147/69	OLGZ 1970, 74 = NJW 1970, 102
05. 07. 1974	8	W	61/74	NJW 1974, 2137 = DWE 1975, 29
08. 07. 1977	8	W	572/76	OLGZ 1977, 433
24. 11. 1978	8	W	351/78	OLGZ 1979, 34 = Die Justiz 1979, 64
17. 08. 1979	8	W	270/79	WEM 1979, 178
17. 09. 1979	8	W	214/79	WEM 1980, 36
15. 10. 1979	8	W	232/79	DWE 1980, 62
15. 10. 1979	8	W	381/79	WEM 1980, 38
05. 11. 1979	8	W	315/79	WEM 1980, 75
13. 10. 1980	8	W	384/80	Rpfleger 1981, 109
19. 02. 1981	8	W	233/80	Die Justiz 1981, 207
04. 03. 1982	8	W	8/82	Rpfleger 1982, 220 = DWE 1983, 29
17. 01. 1983	8	W	451/82	OLGZ 1983, 172
22. 04. 1985	8	W	68/85	OLGZ 1985, 259 = NJW-RR 1986, 243
12. 12. 1985	8	W	344/84	Justiz 1986, 93 = WM 1986, 147
18. 12. 1985	8	W	338/85	NJW-RR 1986, 315
05. 02. 1986	13	U	110/85	NJW-RR 1986, 1141
14. 02. 1986	8	W	496/85	WEZ 1987, 51 = DWE 1987, 139 (L)
30. 04. 1986	8	W	531/85	NJW-RR 1986, 1277 = ZMR 1986, 370
04. 11. 1986	8	W	297/86	DWE 1987, 31 (L)
04. 11. 1986	8	W	357/86	NJW 1987, 385 = WM 1987, 34
21. 11. 1986	8	W	581/85	WM 1987, 36 = DWE 1987, 31 (L)
19. 05. 1987	8	W	89/87	DWE 1987, 99 = NJW-RR 1987, 976
11. 04. 1988	8	W	252/87	DWE 1989, 144 (L)
18. 07. 1988	8	W	182/88	DWE 1989, 32 = MDR 1989, 359
21. 01. 1989	8	W	248/88	OLGZ 1989, 179
03. 05. 1989	8	W	369/88	DWE 1990, 30
10. 10. 1989	8	W	625/88	ZMR 1989, 468
30. 10. 1998	8	W	37/89	DWE 1990, 112 = ZMR 1990, 69
09. 01. 1990	8	W	603/89	DWE 1990, 74 (L)
03. 09. 1990	8	W	200/90	n. v.
27. 09. 1990	8	W	344/90	OLGZ 1991, 40 = DWE 1990, 145
11. 04. 1991	8	W	422/90	NJW-RR 1991, 913 = ZMR 1991, 273
13. 08. 1992	8	W	219/92	NJW 1992, 3046 = ZMR 1992, 508
30. 09. 1992	8	W	256/92	DWE 1993, 84 (L) = ZMR 1992, 553
19. 05. 1993	8	W	485/92	DWE 1993, 78, 84 (L) = ZMR 1993, 381
05. 05. 1994	8	W	315/93	NJW-RR 1994, 497 = WM 1994, 390
07. 10. 1994	8	W	218/93	WM 1994, 712
24. 11. 1995	8	W	164/93	WM 1996, 177
09. 10. 1996	8	W	265/96	FGPrax 1997, 17 = WM 1996, 791
05. 10. 1998	8	W	573/97	n. v.

18. 12. 1998	8	W	123/98	n. v.
05. 08. 2010	7	U	82/10	DWE 2011, 56

OLG ZWEIBRÜCKEN

23. 12. 1981	2	U	33/81	OLGZ 1993, 339
04. 07. 1982	3	W	38/82	DWE 1983, 95
14. 03. 1983	3	W	222/82	DWE 1983, 95
22. 09. 1983	3	W	76/83	OLGZ 1983, 438
01. 10. 1984	3	W	84/84	DWE 1985, 117
27. 08. 1985	3	W	121/85	DWE 1986, 26 = ZMR 1986, 61; NJW-RR 1986, 562 = ZMR 1986, 61
17. 10. 1985	3	W	192/85	ZMR 1986, 63
05. 06. 1986	3	W	96/86	NJW-RR 1986, 1338 = ZMR 1986, 368
13. 06. 1986	3	W	98/86	ZMR 1986, 369
15. 08. 1986	3	W	134/86	DWE 1987, 54 = WE 1987, 86
07. 11. 1986	3	W	152/86	DWE 1987, 31 (L)
16. 12. 1986	3	W	174/86	DWE 1987, 31 (L)
09. 01. 1987	3	W	198/86	DWE 1987, 139 (L) = NJW-RR 1987, 464
28. 01. 1987	3	W	14, 15/87	DWE 1987, 54 = ZMR 1987, 228
10. 06. 1987	3	W	53/87	DWE 1987, 137 = NJW-RR 1987, 1366
06. 07. 1987	3	W	66/87	DWW 1987, 356 = NJW-RR 1987, 1367
07. 07. 1987	3	W	58/87	DWW 1987, 357 = NJW-RR 1987, 1358
23. 11. 1988	3	W	136/88	OLGZ 1989, 181
22. 06. 1989	3	W	36/89	OLGZ 1990, 51 = WE 1990, 56
10. 07. 1989	3	W	72/89	DWE 1991, 91 = ZMR 1990, 30
30. 10. 1989	3	W	199/88	ZMR 1990, 155 = NJW-RR 1990, 912
15. 08. 1990	3	W	48/90	DWE 1990, 148 = ZMR 1990, 427
08. 11. 1990	3	W	109/90	WE 1991, 357 = ZMR 1992, 206 (L)
14. 06. 1991	3	W	203/90	NJW-RR 1991, 1301
29. 06. 1992	3	W	30/92	DWE 1993, 67 = NJW 1992, 2899
06. 04. 1993	3	W	50/93	DWE 1994, 44 (L)
17. 08. 1993	3	W	141/93	MittBayNot 1994, 44
29. 11. 1993	3	W	133/93	DWE 1994, 109 = WE 1994, 146
18. 02. 1994	3	W	200/93	NJW-RR 1994, 1103 = Rpfleger 1994, 459
05. 07. 1994	3	W	85/94	NJW-RR 1995, 397 = ZMR 1994, 482
04. 08. 1994	3	W	89/94	WE 1995, 26
04. 03. 1996	3	W	250/95	DWE 1996, 182 = ZMR 1996, 340
10. 02. 1997	3	W	200/96	DWE 1998, 36
03. 06. 1997	3	W	91/97	FGPrax 1997, 180 = 254; ZMR 1997, 481
27. 05. 1997	3	W	81/97	ZMR 1997, 482

14. 05. 1998	3	W	40/98	NZM 1998, 671
03. 11. 1998	3	W	224/98	DWE 1999, 78 = NZM 1999, 276
11. 02. 1999	3	W	255/98	NZM 1999, 858 = WE 1999, 191
15. 04. 1999	3	W	60/99	Rpfleger 1999, 441
30. 04. 1999	3	W	83/99	DWE 2000, 42 = ZMR 1999, 585
21. 09. 1999	3	W	141/99	FGPrax 1999, 220 = ZMR 1999, 855
15. 10. 1999	3	W	149/99	n. v.
23. 12. 1999	3	W	198/99	NZM 2000, 293 = ZWE 2000, 95
02. 02. 2000	3	W	12/00	NZM 2000, 623 = ZWE 2000, 283
24. 11. 2000	3	W	184/00	NZM 2001, 289 = ZWE 2001, 171
31. 01. 2002	3	W	299/01	NZM 2002, 269 = ZWE 2002, 238
11. 03. 2002	3	W	184/01	FGPrax 2002, 109 = NZM 2002, 345
04. 06. 2002	3	W	46/02	ZMR 2003, 136 = ZWE 2002, 542
11. 07. 2002	3	W	48/02	ZMR 2003, 137 = ZWE 2002, 603
16. 12. 2002	3	W	202/02	DWE 2003, 32
02. 04. 2003	3	W	252/03	n. v.
23. 06. 2004	3	W	64/04	n. v.
16. 09. 2010	3	W	132/10	NZM 2011. 79
17. 01. 2011	3	W	196/10	n. v.

LANDGERICHTE

LG AACHEN

11. 01. 1984	3	T	235/83	Rpfleger 1984, 184
09. 11. 1984	3	T	391/83	MittRhNotK 1985, 13
07. 03. 1986	33	T	84/86	MittRhNotK 1986, 100 = Rpfleger 1986, 258
15. 10. 1992	2	S	298/91	ZMR 1993, 233
28. 02. 1994	3	T	38/94	Rpfleger 1994, 496

LG ANSBACH

16. 12. 1981	II	S	619/81	n. v.

LG AUGSBURG

23. 03. 1990	4	T	4662/89	MittBayNot 1990, 175

LG AURICH

28. 08. 1986	3	T	97/86	NJW 1987, 448
15. 09. 1988	3	T	204/88	Rpfleger 1989, 365
26. 07. 2010	4	T	237/10	NZM 2011, 41 = ZWE 2011, 41

LG BAD KREUZNACH

02. 08. 1976	2	T	63/76	DWE 1984, 127

LG BAMBERG

14. 01. 1972	2	S	81/71	NJW 1972, 1376

LG BAYREUTH

08. 06. 1972		T	65/72	Rpfleger 1973, 401

LG BERLIN

28. 06. 1983	65	S	457/82	BlnGrdE 1984, 8
20. 02. 1984	61	S	305/83	ZMR 1985, 65
13. 07. 1984	65	S	3/84	n. v.
08. 08. 1984	191	T	40/83	ZMR 1984, 424
07. 09. 1984	191	T	27/84	BlnGrdE 1984, 1081
24. 10. 1984	191	T	63/84	BlnGrdE 1985, 253
05. 11. 1984	61	S	87/84	MDR 1985, 324
06. 03. 1985	191	T	105/84	BlnGrdE 1985, 555
19. 04. 1985	191	T	60/84	NJW-RR 1986, 97 = ZMR 1985, 278
13. 06. 1985	7	S	12/85	n. v.
24. 07. 1985	191	T	30/85	BlnGrdE 1986, 24 (r)
17. 10. 1985	61	T	55/85	ZMR 1986, 89
10. 02. 1986	191	T	34/86	DWE 1986, 92
16. 06. 1986	61	S	112/85	WM 1987, 32
18. 07. 1986	191	T	152/86	n. v.
06. 10. 1986	62	S	381/85	BlnGrdE 1986, 1173
17. 03. 1989	65	S	115/88	BlnGrdE 1989, 943
13. 02. 1990	85	T	4/90	BlnGrdE 1990, 879
12. 04. 1994	85	T	56/94	Rpfleger 1994, 502
29. 07. 1994	85	T	8/94	DWE 1995, 44 (L)
31. 03. 1998	85	T	1/98	n. v.

27. 04. 2001	85	T	384/00	ZMR 2001, 916
17. 08. 2007	55	T	112/06	ZMR 2008, 244
15. 08. 2008	85	T	103/08	n. v.
14. 10. 2008	8	S	21/08	NZM2009, 442
17. 02. 2009	55	T	34/08	NZM 2009, 551
18. 09. 2009	85	S	17/09	n. v.
26. 03. 2010	82	T	236/10	n. v.
22. 10. 2010	63	S	451/10	NJW-RR 2011, 740

LG BIELEFELD

10. 01. 1984	3	T	900/83	n. v.

LG BOCHUM

04. 06. 1981	7	T	112/81	Rpfleger 1982, 99
14. 01. 1988	7	T	1019/87	DWE 1988, 69

LG BONN

06. 08. 1987	8	T	23/87	n. v.
07. 12. 1995	8	S	122/95	NJW-RR 1996, 1524 = WM 1996, 148
29. 07. 1997	8	T	27/97	DWE 1997, 150 (r)
04. 07. 2000	8	T	47/00	n. v.
14. 02. 2003	8	T	193/02	n. v.
06. 10. 2010	8	S	142/09	n. v.

LG BRAUNSCHWEIG

10. 03. 1981	8	T	89/81	Rpfleger 1981, 298

LG BREMEN

15. 08. 1984	5	T	400/84	Rpfleger 1985, 106 = DWE 1985, 95
10. 10. 1986	2	T	330/86	DWE 1987, 31 (L)
05. 11. 1987	2	T	345/87	DWE 1989, 33
25. 03. 1991	2	T	19/91	NJW-RR 1991, 1423 = WM 1991, 364
01. 12. 1993	2	T	647/92	WM 1994, 37
20. 07. 1995	2	T	247/95	DWE 1995, 130 = WM 1996, 168

02. 03. 2007	3	T	137/07	NZM 2007, 453
19. 05. 2008	4	T	438/07	NZM 2009,750
25. 03. 2011	4	S	75/10	DWE 2011, H. 3, S. III (LS)

LG DARMSTADT

24. 07. 1986	5	T	1343/85	DWE 1987, 31 (L)

LG DORTMUND

20. 01. 1966	9	T	473/65	MDR 1966, 843 = ZMR 1967, 22
09. 08. 2007	11	T	66/07	NZM 2007, 692
10. 03. 2011	11	S	148/10	DWE 2011, 94 (r)

LG DRESDEN

15. 05. 2006	5	T	105/06	NZM 2006, 513
24. 11. 2010	2	S	293/10	ZWE 2011, 121

LG DUISBURG

14. 04. 1994	9	T	102/93	n. v.
02. 04. 2003	11	T	356/02	n. v.

LG DÜSSELDORF

12. 11. 1971	15	T	661/71	Rpfleger 1991, 204
10. 05. 1979	25	T	498/79	DWE 1980, 24
01. 06. 1984	21	S	4/84	WM 1985, 368
28. 09. 1984	19	T	269/84	n. v.
07. 01. 1985	25	T	252/83	MittRhNotK 1985, 126
22. 09. 1987	19	T	181/87	n. v.
19. 04. 1988	24	S	411/87	DWE 1988, 99 (r), 1989, 35
02. 03. 1989	25	T	625/88	n. v.
10. 10. 1989	25	T	500/89	DWE 1990, 25 (r) = NJW-RR 1990, 785
20. 11. 1989	25	T	584/89	n. v.
10. 01. 1990	19	T	317/89	n. v.
28. 05. 1990	25	T	219/90	n. v.
09. 11. 1990	25	T	435/90	NJW-RR 991, 52 = ZMR 1991, 234

17. 06. 1991	25	T	236/91	WE 1991, 334
27. 08. 1991	25	T	419/91	n. v.
17. 09. 1991	19	T	196/91	DWE 1992, 168 (L)
04. 10. 1991	25	T	542/91	n. v.
29. 10. 1991	25	T	699/91	n. v.
19. 08. 1993	19	T	360/93	WM 1994, 399
04. 04. 2002	19	T	461/01	n. v.
01. 09. 2008	25	S	5/08	n. v.
22. 10. 2009	19	S	40/09	DWE 2010, 46
27. 01. 2010	16	S	45/09	DWE 2011, 18
09. 06. 2010	16	S	77/08	ZMR 2010, 59

LG ERFURT

30. 03. 1999	7	T	37/99	NZM 2000, 519

LG ESSEN

03. 05. 1978	1	S	115/78	VersR 1979, 80
17. 01. 1985	7	T	180/84	n. v.
11. 09. 1985	7	T	108/85	n. v.
03. 09. 1986	7	T	911/85	WM 1987, 37

LG FLENSBURG

18. 03. 1998	5	T	341/07	NJW-RR 1999, 596 = NZM 1998, 776

LG FRANKENTHAL

19. 03. 1984	1	T	72/84	n. v.
10. 04. 1985	2	S	483/84	ZMR 1985, 302
06. 03. 1991	2	S	449/90	Wasserfach 1994, 2; Recht und Steuern im Gas- und Wasserfach

LG FRANKFURT a. M.

16. 05. 1978	2/9	T	1133/77	MDR 1978, 936
12. 02. 1981	2/9	T	999/80	n. v.
01. 02. 1983	2/9	T	1177/82	DWE 1983, 121
06. 05. 1985	2/9	T	1149/84	n. v.

14. 10. 1987	2/9	T	651/87	NJW-RR 1988, 598
01. 03. 1989	2/9	T	1212/88	DWE 1990, 35 = ZMR 1989, 350
14. 04. 1989	2/9	T	362/89	NJW-RR 1990, 24 = ZMR 1990, 71
12. 03. 1990	2/9	T	1215/89	n. v.
26. 06. 1991	2/9	T	640/88	WM 1991, 616
13. 02. 1992	2/9	T	113/92	DWE 1992, 86
04. 03. 1992	2/9	T	142/92	DWE 1993, 32 = ZMR 1993, 185
20. 08. 1992	2/9	T	495/92	NJW-RR 1993, 589 = Rpfleger 1993, 238
21. 05. 2001	2–13	T	101/01	n. v.
17. 03. 2010	2–13	S	32/09	DWE 2011, H. 3, S. III (L)

LG FRANKFURT/Oder

30. 04. 2010	6a	S	138/09	ZMR 2011, 740

LG FREIBURG

25. 11. 1966	4	T	129/65	NJW 1968, 1973 = ZMR 1968, 337
02. 08. 1978	4	T	49/77	ZMR 1979, 382
05. 04. 1983	9	S	345/82	n. v.
30. 05. 1985	3	S	2/85	Deckert, H. 5/1985, 2/344
05. 08. 1986	4	T	40/85	ZMR 1987, 67
10. 10. 1986	4	T	38/86	DWE 1987, 31 (L)
16. 02. 1994	4	T	144/93	WM 1994, 397
02. 05. 1994	4	T	248/93	WM 1994, 406

LG HAMBURG

16. 05. 1962	10	T	4/62	NJW 1962, 1867
02. 11. 1973	10	T	7/73	DWE 2/1974, 29
29. 03. 1974	10	T	10/73	NJW 1974, 1911 = DWE 1975, 28
21. 12. 1981	10	T	13/79	DWE 1984, 93
30. 12. 1981	10	T	29/80	DWE 1982, 25
01. 12. 1983	10d	T	57/83	DWE 1984, 28
07. 02. 1985	7	S	189/84	ZMR 1986, 15
13. 01. 1986	20a	T	3/85	DWE 1987, 31 (L)
10. 09. 1986	20	T	43/85	DWE 1987, 31 (L)
11. 05. 1989	20	T	17/89	WM 1989, 653
19. 05. 1989	20	T	103/88	DWE 1990, 32
20. 07. 1989	20	T	94/88	DWE 1990, 32
28. 09. 1989	20	T	25/89	DWE 1990, 33

07. 12. 1989	73	T	18/89	n. v.
17. 05. 1990	18	T	237/89	DWE 1991, 83 (L), 122
13. 06. 1990	318	T	27/90	n. v.
26. 06. 1991	318	T	21/90	n. v.
05. 06. 1992	311	S	272/90	NJW-RR 1992, 1163
19. 02. 1992	318	T	215/91	n. v.
08. 07. 1992	318	T	284/91	n. v.
16. 06. 1993	318	T	16/93	n. v.
20. 07. 1994	317	S	254/93	ZMR 1995, 89
21. 05. 1999	321	O	67/99	n. v.
13. 10. 1999	318	T	20/99	n. v.
06. 06. 2001	318	T	70/99	ZWE 2001, 503
10. 12. 2007	318	T	49/07	ZMR 2011, 833
10. 10. 2008	318	T	79/08	ZMR 2009, 71
17. 12. 2008	318	S	91/08	ZMR 2009, 314
30. 09. 2009	318	S	22/09	ZMR 2010, 144
17. 03. 2010	318	S	84/09	DWE 2010, 100 = ZMR 2010, 635
14. 04. 2010	318	S	183/09	ZMR 2010, 788
12. 05. 2010	318	S	190/09	DWE 2010, 147
30. 06. 2010	318	S	138/09	DWE 2010, 109
18. 08. 2010	318	S	77/09	ZMR 2011, 77
10. 09. 2010	318	S	24/09	NZM 2011, 589
29. 12. 2010	318	S	101/10	ZMR 2011, 495
02. 03. 2011	318	S	193/10	DWE 2011, 77
18. 08. 2011	318	S	168/09	DWE 2011, 97 (r)

LG HANAU

19. 11. 2009	8	T	90/08	DWE 2010, 90

LG HANNOVER

11. 11. 1982	16	T	209/82	DWE 1983, 124
30. 04. 1984	1	T	48/84	DWE 1984, 127
1712 1985.	1	T	137/85+	
			145/85	WM 1986, 157
21. 05. 1986	1	T	134/85	n. v.
19. 06. 1986	16	S	6/86	ZMR 1986, 321
08. 09. 1997	20	S	20/97	MDR 1997, 1115 = ZMR 1998, 169

LG HEIDELBERG

25. 10. 1989	7	T	10/89	n. v.
15. 03. 2000	7	T	15/99	n. v.
19. 11. 2010	5	S	34/10	GE 2011, 269

LG ITZEHOE

11. 10. 1990	4	S	118/90	DWE 1991, 80, 128 (L)
21. 08. 2008	1	S (W)	1/07	DWE 2010, 89
23. 02. 2009	11	S	37/08	NZM 2009, 750
29. 09. 2009	11	S	11/09	DWE 2010, 89 = ZMR 2010, 149
01. 06. 2010	11	S	70/09	ZMR 2010, 792
23. 11. 2010	11	S	55/09	ZWE 2011, 274.

LG KARLSRUHE

01. 06. 89	11	T	5/89	DWE 1991, 83 (L)

LG KASSEL

03. 09. 2002	3	T	359/02 + 3 T 365/02	MittBayNot 2003, 222
27. 05. 2004	1	S	381/03	NZM 2006, 818

LG KIEL

18. 01. 93	3	T	303/91	n. v.

LG KOBLENZ

06. 06. 1984	1	T	49/93	WertpMitt 1985, 484
21. 02. 1985	3	S	382/84	DWW 1985, 156

LG KÖLN

17. 03. 1976	19	T	243/76	ZMR 1977, 377
04. 05. 1984	11	T	113/84	MittRhNotK 1984, 121
11. 10. 1984	6	S	134/84	WM 1985, 303

18. 04. 1985	1	S	466/84	DWW 1985, 233 = WM 1985, 294
03. 06. 1985	30	T	26/85	DWE 1985, 128 (L)
14. 08. 1986	2	O	370/86	DWE 1987, 31 (L)
21. 07. 1987	30	T	192/86	DWE 1988, 70 = Rpfleger 1987, 325
22. 11. 1988	10	S	198/88	n. v.
04. 01. 1989	30	T	209/88	NJW-RR 1989, 202 = ZMR 1989, 192
13. 03. 1989	30	T	209/88	n. v.
10. 04. 1989	30	T	191/88	n. v.
03. 07. 1989	30	T	89	WM 1989, 659
25. 06. 1992	30	T	64/92	WM 1993, 712
11. 10. 1993	30	T	46/92	n. v.
29. 09. 1994	29	T	52/94	WM 1995, 57
30. 10. 1997	6	T	472/97	n. v.
10. 03. 2008	29	T	159/07	NZM 2009, 285 = ZMR 2008, 485
22. 12. 2008	29	T	181/08	NZM 2009, 364
12. 02. 2009	29	S	93/06	ZMR 2009, 632
19. 03. 2009	29	S	45/09	DWE 2009, 112
19. 03. 2009	29	S	64/08	ZMR 2009, 633
12. 04. 2010	29	T	72/09	ZMR 2010, 793 = ZWE 2011, 50
26. 08. 2010	29	S	177/09	ZWE 2011, 45

LG KONSTANZ

04. 07. 1989	1	T	127/89	WM 1989, 448 = ZMR 1989, 428
15. 12. 2008	62	T	73/08	ZMR 2009, 634

LG KREFELD

22. 10. 1980	1	T	103/80	n. v.
27. 04. 1983	1	T	180, 181/81	n. v.
03. 11. 1986	6	T	3/86	n. v.

LG LANDAU

25. 06. 1985	4	T	52/85	Rpfleger 1985, 437

LG LÜBECK

11. 07. 1975	7	T	298/75	Rpfleger 1976, 252
25. 02. 1985	7	T	15/83	DWE 1985, 62
28. 02. 1985	7	T	69/85	Rpfleger 1985, 232

01. 07. 1985	7	T	365/85	Rpfleger 1985, 490
09. 09. 1985	7	T	562/85	DWE 1986, 63
28. 04. 1987	7	T	98/87	n. v.
08. 02. 1990	7	T	678/88	NJW-RR 1990, 912
11. 02. 1991	7	T	70/91	Rpfleger 1991, 309
21. 05. 1992	7	T	269/92	Rpfleger 1992, 343
26. 01. 2010	12	T	4/09	ZMR 2011, 747

LG LÜNEBURG

13. 01. 2009	9	T	2/09	NZM 2009, 285
19. 03. 2009	9	S	67/08	ZMR 2009, 554
31. 05. 2011	9	S	75/10	DWE 2011, 118 = ZMR 2011, 830

LG MAGDEBURG

22. 07. 1996	3	T	117/96	NJW-RR 1997, 969 = Rpfleger 1997, 108
26. 08. 1996	3	T	481/96	Rpfleger 1997, 308

LG MAINZ

16. 09. 1999	8	T	129/98	NZM 2000, 519
28. 01. 2000	3	S	105/99	n. v.

LG MANNHEIM

26. 07. 1974	4	T	35/73	ZMR 1976, 51 = DWE 1975, 56
22. 01. 1976	4	T	159/75	DWE 1977, 29 = ZMR 1976, 218
23. 12. 1976	4	T	278/76	DWE 1977, 125
29. 09. 1977	4	T	336/76	DWE 1978, 90
18. 09. 1990	4	T	210/90	n. v.
21. 08. 1991	4	T	170/91	DWW 1991, 310

LG MEMMINGEN

29. 12. 1977	4	T	1048/77	Rpfleger 1978, 101
22. 10. 1990	4	T	1555/90	n. v.

LG MÖNCHENGLADBACH

28. 11. 2002	2	T	102/00	n. v.

LG MÜNCHEN I

21. 02. 1969	13	T	560/68	Rpfleger 1969, 245
12. 05. 1976	6	T	792/75	DB 1977, 2231
13. 07. 1978	1	T	8163/78	Rpfleger 1978, 381 = DNotZ 1978, 630
07. 03. 1984	14	S	2171/82	n. v.
06. 04. 1984	1	T	1851/83	DWE 1984, 91
26. 10. 1984	1	T	1711/84	MittBayNotK 1985, 258
17. 02. 1987	1	T	10773/86	n. v.
25. 04. 1989	1	T	14129/88	WM 1990, 653
14. 02. 1990	14	S	19840/89	n. v.
14. 06. 1993	6	T	2408/93	NJW-RR 1994, 1497
12. 07. 1995	31	S	24382/94	DWE 1995, 168 (L) = WE 1995, 352
21. 03. 2001	15	S	7927/00	DWE 2003, 35
08. 08. 2008	1	T	13169/08	DWE 2009, 73
16. 02. 2009	1	S	2028/08	n. v.
27. 04. 2009	1	S	19129/08	DWE 2009, 107
27. 04. 2009	1	S	20171/08	DWE 2009, 109 = ZMR 2009, 945
03. 06. 2009	1	T	499/09	DWE 2009, 112 = ZMR 2009, 802
19. 10. 2009	1	S	21731/08	DWE 2010, 88
30. 11. 2009	36	S	17253/09	ZMR2010, 803
15. 02. 2010	1	S	15854/09	ZMR 2010, 795
29. 03. 2010	1	S	17989/09	DWE 2010, 111
14. 06. 2010	1	S	25652/09	DWE 2011, 56
29. 03. 2010	1	T	5340/10	ZMR 2010, 799
02. 08. 2010	1	S	4042/10	n. v.
20. 12. 2011	1	S	4319/10	DWE 2011, 78
14. 02. 2011	1	S	15864/10	ZMR 2011, 749
28. 02. 2011	1	S	19089/10	DWE 2011, 114
09. 05. 2011	1	S	22360/10	DWE 2011, 96 (r)
16. 05. 2011	1	S	5166/11	ZMR 2011, 839
30. 08. 2011	36	T	6199/11	ibr-online

LG NÜRNBERG/FÜRTH

21. 03. 1985	1	O	4928/84	ZMR 1985, 347
18. 04. 1990	14	T	214/90	NJW-RR 1990, 1355
18. 03. 2009	14	S	8312/08	ZMR 2009, 483
23. 03. 2009	14	T	2103/09	DWE 2009, 112 = ZMR 2009, 555

25. 03. 2009	14	S	7627/08	ZMR 2009, 638
06. 04. 2009	14	T	2512/09	NZM 2009, 365 = ZMR 2009, 640
05. 05. 2009	14	T	9452/08	NZM 2009, 520 = ZMR 2009, 803
23. 09. 2009	14	S	1754/09	ZMR 2010, 315
17. 03. 2010	14	S	5126/09	ZWE 2010, 233
28. 07. 2010	14	S	438/10	ZMR 2011, 750

LG OFFENBURG

24. 08. 1993	4	T	42/93	DWE 1994, 17 (r); WM 1993, 710

LG OLDENBURG

01. 02. 1977	6	T	353/76	n. v.
07. 07. 1983	5	T	65/83	WE 2/1984, 17
11. 02. 1987	6	T	1109/86	DWE 1988, 70

LG PADERBORN

07. 12. 1993	5	Z	535/93	WM 1994, 104

LG PASSAU

11. 01. 1983	2	T	151/82	Rpfleger 1983, 147
12. 04. 1984	1	S	151/83	Rpfleger 1984, 412 m. Anm. Gerauer

LG RAVENSBURG

09. 07. 1997	1	S	51/97	WM 1998, 605

LG SAARBRÜCKEN

12. 03. 1998	5	T	702/97	ZMR 1999, 360
27. 05. 2009	5	S	26/08	ZMR 2009, 877
27. 10. 2010	5	S	7/10	ZWE 2011, 47

LG SCHWEINFURT

28. 07. 1997	44	T	79/97	WM 1997, 641

LG SCHWERIN

24. 07. 2008	5	T	165/05	ZMR 2009, 401

LG STADE

05. 02. 1993	2	T	99/92	n. v.

LG STRALSUND

06. 12. 2001	2	T	51/00	NZM 2003, 327; ZMR 2003, 68

LG STUTTGART

20. 12. 1988	2	T	934/88	DWE 1989, 72
11. 12. 1990	2	T	518/90	DWE 1991, 79 = ZMR 1991, 192
27. 03. 1992	2	T	996/91	DWE 1992, 165 = WM 1992, 559
27. 05. 1992	2	T	390/92	DWE 1993, 33 = WM 1992, 565
17. 08. 1993	2	T	490/93	DWE 1994, 101 (r)
14. 08. 1996	10	T	359/96	ZMR 1996, 624
15. 05. 1998	10	T	859/97	n. v.
30. 11. 1998	19	T	89/98	WM 1999, 591
14. 04. 1999	10	T	40/99	n.v
17. 03. 2009	19	T	486/08	NZM 2009, 365 = ZMR 2009, 642
25. 03. 2010	2	S	43/09	n. v.

LG WÜRZBURG

31. 07. 1985	3	T	1952/84	NJW-RR 1986, 16 (L) = WM 1986, 22

LG WUPPERTAL

30. 05. 1972	6	T	433/70	Rpfleger 1972, 451 = DWE 1/1974, 30
15. 02. 1975	9	S	361/75	DWE 1976, 125
05. 07. 1977	6	T	7/77	Rpfleger 1978, 23

19. 12. 1985	6	T	858/85	NJW-RR 1986, 1074
27. 02. 1986	6	T	46/72/86	n. v.
04. 01. 1993	6	T	798/90	WE 1993, 172
27. 10. 1994	6	T	735/94	WM 1995, 673 = ZMR 1995, 423

AMTSGERICHTE

AG AACHEN

10. 09. 1984	12	UR	II 41/83	WM 1985, 359
30. 11. 1984	15	C	677/84	ZMR 198, 102
23. 01. 1990	12	UR	II 66/89	n. v.
24. 03. 2010	118	C	1/10	ZMR 2011, 752

AG AHRENSBURG

28. 12. 1984	3	II	88/84	n. v.
25. 09. 2008	37	C	11/08	ZMR 2009

AG ARNSBERG

05. 08. 1987	14	C	126/87	n. v.

AG AUGSBURG

08. 06. 1989	3		1700/89	WM 1990, 231

AG BADEN-BADEN

14. 03. 1984	4	UR	II 14/84	MDR 1984, 941
22. 03. 1985	1	C	626/84	WM 1985, 367 (L)

AG BAD CANNSTADT – STUTTGART

24. 01. 1991	5	GR	285/90	n. v.

AG BAD VILBEL

28. 08. 1973	II	4/73	ZMR 1975, 85; DWE 1975, 125

AG BECKUM

01. 12. 1989	5	II	25/89	n. v.

AG BERGHEIM

17. 03. 1989 15 a UR II12/88 WEGDWE 1990, 54 (r)

AG BERGISCH-GLADBACH

27. 01. 1982 31 (7) II 35/81DWE 1983, 62

AG BERLIN-CHARLOTTENBURG

06. 11. 1981	70	II	93/81	n. v.
02. 02. 1982	70	II	93/81	DWE 1984, 28
17. 01. 1985	10	C	608/84	BlnGrdE 1985, 371 = WE 1985, 62 (L)
01. 07. 1986	70	I	142/86	NJW-RR 1987, 1162

AG BERLIN-NEUKÖLLN

01. 12. 1989	70	II	87/89	BlnGrdE 1990, 383

AG BERLIN-SCHÖNEBERG

08. 07. 1986	15	C	136/86	BlnGrdE 1986, 1177
05. 11. 1991	76	II	164/91	BlnGrdE 1992, 271

AG BERLIN-TIERGARTEN

20. 01. 1988	70	II	22/87	n. v.

AG BERLIN-WEDDING

14. 03. 1985	64	S	305/84	n. v.
01. 06. 1990	10	C	476/89	MM 1990, 317

AG BIELEFELD

03. 12. 2003	5 II WEG	52/03	DWE 2004, 104

AG BOCHUM

30. 10. 2008	94	C	26/08	ZMR 2009, 230

AG BONN

17. 09. 1981	15 WEG II		28/81	DWE 1983, 25 (L)
07. 01. 1997	28	II	106/96	n. v.
11. 09. 2000	28	II	7/00	n. v.
08. 11. 2001	28	II54/01 WEG		n. v.
03. 11. 2009	27	C	44/09	n. v.
11. 06. 2010	27	C	249/09	ZMR 2011, 841
31. 03. 2011	27	C	194/10	ZMR 2011, 755

AG BREMEN

28. 05. 1985	111 a	WEG 10/1985		DWE 1985, 128 (L)
23. 09. 1986	111 a	WEG 87/1986		n. v.
11. 02. 1987	111 a	WEG 52/1986		n. v.
23. 06. 1995	111 a	II	47/1995	DWE 1995, 168 (L)
29. 07. 2002	111 a	II	85/2002	NZM 2003, 323
03. 06. 2007	111 a	II	89/2007	DWE 2007, 108
06. 12. 2010	16	C	0424/10	DWE 2011, H. 3, S. III (LS)

AG BREMERHAVEN

23. 10. 1985	53	C	1566/85	DWW 1986, 19; WM 1986, 120
01. 10. 1986	53	C	512/86	WM 1987, 33

AG BRÜHL

07. 04. 2011 23 C 583/10 ZMR 2011, 756

AG BURGWEDEL

02. 05. 1995 4 UR II 37/94 DWE 1995, 168 (L)

AG BUXTEHUDE

06. 08. 1991 9 II 4/91 n. v.

AG CHAM/KÖTZING

29. 09. 1983 C 127/83 WE 1984, 29 (L)

AG CUXHAVEN

22. 04. 1994 2 II 16/93 n. v.

AG DACHAU

25. 10. 1985 4 UR II 20/84 DWE 1986, 93

AG DORTMUND

17. 01. 1995 139 II 89/94 n. v.
18. 02. 1998 138 II 98/97 WEG n. v.
26. 10. 2008 512 C 39/08 n. v.

AG DRESDEN

12. 01. 2006 531 IN 3653/05 NZM 2006, 266
05. 05. 2010 151 C 5545/09 ZMR 2010, 804

AG DÜSSELDORF

07. 05. 1987	291	II	159/86	n. v.
30. 09. 1991	291	II	54/90	n. v.
16. 10. 1992	291	II	169/91	n. v.
05. 05. 1994	290	C	2/94	DWE 1994, 138 (r)
20. 08. 1996	52	C	8831/95	n. v.
21. 03. 2011	292	aC	7251/10	DWE 2011, 120

AG DUISBURG

22. 10. 1998 11 II 5/96WEGn. v.

AG ERFURT

12. 01. 2011	5	C WEG69/09	DWE 2011, 57

AG ERLANGEN

12. 10. 1983	5	C	21/83	VersR 1984, 634

AG ESSEN

24. 03. 1985	96	II	104/84	ZMR 1986, 24
21. 08. 1992	95	II	49/92	DWE 1993, 36;

AG ESSEN-BORBECK

30. 12. 1999 19 II 35/99 WEG NZM 2000, 309

AG FRANKFURT a. M.

23. 12. 1993	65	UR II 191/93	NJW-RR 1994, 1167
02. 03. 1999	33	C 3923/98–29	Immobilien PuR 1999, 443
09. 09. 2002	65	UR II 149/02	NZM 2003, 68

AG FÜRSTENFELDBRUCK

24. 07. 1984	UR II	3/84	n. v.

AG GROSS-GERAU

05. 07. 1984	4 UR II	85/84	n. v.

AG HAMBURG

09. 04. 1956	102 II	1/56	MDR 1957, 43
16. 01. 1980	102 I Wo	50/79	n. v.
05. 10. 1984	102b II Wo	42/84	n. v.
22. 02. 1985	102a II Wo	12/85	DWE 1985, 62 (L)
26. 05. 1986	102a II Wo	36/85	DWE 1986, 116 (r)
22. 01. 1987	102a II	147/86	DWE 1987, 140 (L)
11. 04. 1988	102b II	40/86	DWE 1989, 76
30. 10. 1989	102b II	118/89	n. v.
05. 03. 1990	102a II	113/89	n. v.
05. 03. 1990	102a II	159/89	n. v.
05. 03. 1990	102a II	160/89	n. v.
12. 03. 1990	102a II	199/89	n. v.
12. 03. 1990	102a II	97/89	n. v.
21. 03. 1990	102a II	18/90	n. v.
18. 01. 1991	102a II	206/90	n. v.
23. 09. 1992	102a II	130/92	DWE 1993, 37
11. 04. 2001	102c II	559/00	ZMR 2001, 486
26. 05. 2005	102c II	6/05	ZMR 2005, 821
16. 02. 2011	531 C	341/10	ZMR 2011, 395

AG HAMBURG-ALTONA

02. 07. 1976	303 II	2/76	n. v.
12. 02. 1976	303 II	9/75	n.v
07. 08. 2007	316 C	425/06	DWE 2008, 50

AG HAMBURG-BERGEDORF

22. 06. 1984	402 II	30/82	WM 1985, 99

AG HAMBURG-BLANKENESE

31. 10. 1984	506	II	10/84	n. v.
09. 04. 1985	506	II	24/83	DWE 1985, 95 (L)
23. 03. 1987	506	II	3/87	DWE 1989, 22
30. 11. 1987	506	II	52/87	DWE 1989, 14
12. 08. 1993	506	II	4/92	WM 1994, 403
30. 04. 2008	539	C	2/08	ZMR 2008, 575

AG HAMBURG-WANDSBEK

24. 09. 1974	705	II	13/74	n. v.
27. 12. 1989	715	II	55/89	DWE 1991, 84 (L)
21. 06. 2010	740	C	31/10	ZMR 2010, 809
05. 07. 2010	740	C	55/09	ZMR 2010, 809

AG HANAU

23. 01. 1997	36	C	2155/96–16	n. v.

AG HANNOVER

30. 08. 1968	86	II	115/67	Rpfleger 1969, 132
25. 11. 1975	86	II	43/75	DWE 1978, 58
31. 01. 2000	70	II	414/99	NZM 2000, 520
31. 07. 2001	71	II	169/01	DWE 2002, 71; ZWE 2002, 491
06. 03. 2002	72	II	15/02	DWE 2002, 71; ZWE 2002, 492
23. 07. 2002	71	II	187/02	ZMR 2003, 147
02. 10. 2007	484	C	9870/07	DWE 2008, 49
08. 09. 2008	458	C	5980/08	n. v.
04. 04. 2009	481	C	1989/08	ZMR 2009, 558
25. 11. 2009	483	C	9799/09	ZWE 2011, 58

AG HEIDELBERG

01. 02. 1989	25	UR	232/87	DWE 1989, 72
13. 08. 1999	41	UR II	46/99	n. v.

AG HERZBERG/HARZ

30. 12. 1982		II	10/82	n. v.

AG HILDESHEIM

13. 05. 1976	4	UR II	6/76	DWE 1979, 24
07. 03. 1985	18	UR II	34/84	ZMR 1986, 23
05. 07. 1985	18	UR II	12/85	WM 1986, 25
19. 11. 1985	18	C	512/85	WM 1986, 17
05. 02. 1988	25	UR II	19/87	ZMR 1989, 195
24. 06. 1988	25	UR II	1/88	ZMR 1989, 196

AG KARLSRUHE-DURLACH

30. 12. 2009	4	C	21/09	ZWE 2011, 59

AG KASSEL

07. 02. 2011	800	C	4439/09	DWE 2011, 122

AG KIEL

05. 06. 1989	6	II	25/86	DWE 1990, 25 (r)

AG KOBLENZ

15. 11. 1984	5 a	UR II	13/84	n. v.
18. 05. 2010	133	C	3201/10	NZM 2010, 710

AG KÖLN

30. 07. 1976	151	II	1005/75	DWE 1978, 58
07. 01. 1980	151	II	5015/79	n. v.
29. 07. 1988	204	II	202/87	DWE 1990, 36
26. 09. 1988	204	II	230/88	n. v.
26. 02. 1989	204	II	457/88	DWE 1990, 36
29. 08. 1990	204	II	193/90	n. v.

AG KÖNIGSTEIN

08. 09. 1978	7	UR II	8/77	MDR 1979, 231
16. 09. 1999	3	UR II	29/99	NZM 2000, 876

AG KONSTANZ

25. 10. 2007	12	C	10/07	NZM 2007, 23
13. 03. 2008	12	C	17/07	ZMR 2008, 494

AG KREFELD

09. 07. 1999	38	UR II	88/98	WM 1999, 590

AG LAHR

23. 04. 1992	6	UR II	18/89	WE 1992, 320

AG LANDSBERG am Lech

19. 12. 2008	1	C	1225/08	ZMR 2009, 486

AG LUDWIGSBURG

09. 02. 2009	20	C	2872/08	n. v.

AG MAINZ

28. 02. 1992	34	II	1/92	n. v.

AG MANNHEIM

20. 11. 1979	1	UR II	10/78	DWE 1980, 93
26. 08. 1983	6	UR II	14/83	DWE 1984, 29
28. 07. 1988	10	UR II	11/88	n. v.
06. 04. 2005	4	UR WEG	251/04	NZM 2005, 591
04. 06. 2010	4	C	25/10	ZWE 2010, 310

AG MEDEBACH

16. 08. 1994	4	II	69/94	n. v.

AG METTMANN

29. 09. 1986	3	IIa	39/86	n. v.
28. 08. 2008	26	C	40/08	ZMR 2009, 720

AG MÖNCHENGLADBACH

07. 04. 1977	12	II	10/76	ZMR 1977, 380
24. 02. 2006	32	IN	26/06	NZM 2006, 227

AG MOERS

11. 12. 1996	4	II	26/96	n. v.

AG MÜLHEIM a.d .RUHR

24. 10. 1979	12	II	15/79	n. v.
15. 05. 1986	23	C	4/86	DWE 1986, 92 = Rpfleger 1986, 430

AG MÜNCHEN

14. 12. 1960	13	C	180/60	MDR 1961, 604 = ZMR 1961, 304
05. 12. 1974	21	U II	60/74	ZMR 1976, 312 = WM 1975, 216
06. 04. 1982	UR	II	63/82	n. v.
20. 12. 1982	UR	II	182/82	DWE 1991, 80 = WE 1991, 112
04. 01. 1985	UR	II	252/84	DWE 1985, 62 (L)
28. 04. 1987	UR	II	605/86	n. v.
23. 08. 1989	UR	II	1311/88	n. v.
15. 12. 1989	UR	II	424/89	DWE 1990, 40
28. 12. 1992	UR	II	600/92	DWE 1993, 44 = WE 1993, 198
24. 11. 1994	UR	II	724/94	n. v.
20. 12. 1994	UR	II	312/94	n. v.
25. 03. 2010	483	C	2/10	ZMR 2011, 760

AG MÜNSTER

24. 04. 1985	26	II	71/84	BlGBW 1985, 225

AG NEUSS

21. 09. 1979	39	C	309/79	n. v.
	39	C	318/79	n. v.
29. 01. 1980	19	UR	44/79	DWE 1980, 93
12. 06. 1987	27	II	29/87	DWE 1987, 140 (L)
29. 06. 1992	27	II	392/90	n. v.
10. 03. 1993	27	II	158/92	WM 1994, 505
09. 11. 2001	27 c	II	205/01	DWE 2002, 70
29. 06. 2007	74	II	106/07	

AG NEUSTADT/Weinstrasse

02. 02. 2011	4	C	17/10	ZMR 2011, 763

AG NIEBÜLL

12. 12. 1986	14	II	101/86	n. v.

AG NORDERSTEDT

10. 06. 1977	8	II	33/75	DWE 1978, 123 m. Anm. Happ

AG NÜRNBERG

19. 03. 1985	1	UR II	4/85	WM 1985, 164 = DWE 1986, 31 (L)
30. 10. 1985	1	UR II	127/85	n. v.
11. 07. 2005	1	UR II	365/03	ZMR 2005, 827

AG NÜRTINGEN

11. 05. 1990	G. Reg. III	10/90	n. v.

AG OBERHAUSEN

22. 12. 2009	34	C	55/09	ZMR 2011, 76

AG OFFENBACH

01. 03. 1985	41	II	111/84	DWW 1985, 184; DWE 1985, 62 (L)
22. 09. 1985	41	II	48/84	ZMR 1986, 134

AG PASSAU

21. 09. 1979	1	UR II	123/79	Rpfleger 1980, 23

AG PFORZHEIM

27. 05. 1994	2	UR II	9/94	DWE 1994, 100 (r)

AG RECKLINGHAUSEN

28. 04. 1989	16	II	131/88	DWE 1990, 36
04. 09. 1989	16	II	71/89	DWE 1990, 37
18. 10. 1995	9	II	65/95	DWE 1996, 40 = NJW-RR 1996, 657

AG REINBEK

22. 09. 1983	7	II	15/83	n. v.
26. 01. 1987	1	II	93/86	n. v.
24. 02. 1993	5	C	87/91	DWE 1993, 127

AG RENDSBURG

30. 10. 2008	18	C	545/08	ZMR 2009, 230

AG RHEINBACH

02. 11. 1984	3	II	3/84	n. v.

AG RINTELN

08. 09. 1993	2	UR II	137/93	ZMR 1994, 236

AG SAARBRÜCKEN

05. 02. 2009	1	WEG C	7/08	n. v.

AG SIEGBURG

31. 08. 1990	3	II	29/90	n. v.

AG SOBERNHEIN

30. 06. 1975	4	II	17/74	ZMR 1977, 344

AG STARNBERG

10. 03. 1970	1	UR II	18/69	MDR 1970, 679

AG STRRAUSBERG

11. 03. 2009	27	C	12/08	n. v.

AG STUTTGART

21. 12. 1979	31	GR	3517/78	DWE 1980, 128

AG TRAUNSTEIN

18. 01. 1999	3	UR II	1484/98	n. v.

AG VELBERT

03. 03. 1982	8	II	202/81	n. v.
20. 02. 2009	18 a	C	88/08	ZMR 2009, 565

AG VIERSEN

10. 05. 1991	o. Aktenzeichen	n. v.

AG WAIBLINGEN

14. 12. 1995	1 GR I76/95	DWE 1996, 40; WM 1996, 115

AG WEINHEIM

28. 02. 1986	UR II 44/85	n. v.

AG WENNINGEN/DEISTER

20. 08. 1985	10 II 37/85	WM 1985, 355 = ZMR 1985, 392
03. 06. 1986	10 a II 6/86	WM 1986, 354; = ZMR 1986, 321 (L)
05. 12. 2008	21 C 11/08/11	ZMR 2009, 414

AG WETTER

09. 05. 2000	7 A I16/00	n. v.

AG WIESBADEN

10. 09. 1965		MDR 1967, 126; ZMR 1967, 114 Bd. 51 Wiesbaden. Innern Bl. 6131

AG WINSEN/LUHE

22. 05. 1986	10 K 128/84	n. v.

AG WUPPERTAL

25. 10. 1976	47 UR II 7/76	Rpfleger 1977, 445
31. 03. 1981	52 UR II 32/80	n. v.
05. 08. 1985	90 C 50/85	DWW 1986, 20
17. 02. 1993	98 UR II 157/92	DWE 1994, 17 (r); WM 1993, 711
24. 04. 1996	99 UR II 145/95	WE 1996, 279

GEMEINSAMER SENAT

30. 06. 1992	GmS-OGB1/91	BHGZ 119, 42 = DWE 1992, 145 = NJW 1992, 3290 = ZMR 1993, 25

BVERFG

30. 11. 1989	1	BvR 1212/89	NJW 1990, 825 = WM 1990, 58
10. 03. 1993	1	BvR 1192/92	DWE 1993, 56 = NJW 1993, 1252
21. 06. 1993	1	BvR 641/94	BlnGrdE 1994, 1248
14. 07. 1993	1	BvR 1523/92	DWE 1993, 151 = NJW 1994, 241
09. 02. 1994	1	BvR 1687/92	DWE 1994, 71 = NJW 1994, 1147
13. 03. 1995	1	BvR 1107/92	DWE 1995, 61 = NJW 1995, 1665
14. 09. 1995	1	BvR 1471/94	BlnGrdE 1995, 1407 = WM 1995, 693
10. 11. 1995	1	BvR 2119/95	BlnGrdE 1996, 600 = ZMR 1996, 122
30. 11. 1995	1	BvR 403/95	NJW-RR 1996, 205
11. 07. 1996	1	BvR 1912/95	BlnGrdE 1996, 1108 = ZMR 1996, 534
27. 02. 1997	1	BvR 1526/96	WM 1998, 45
28. 03. 2000	1	BvR 1460/99	NZM 2000, 537 = ZMR 2000,435
28. 02. 2002	1	BvR 1676/01	NZM 2002, 496 = ZMR 2002, 578
24. 01. 2005	2	BvR 1953/00	NJW-RR 2005, 661 = NZM 2005, 252
17. 03. 2005	1	BvR 42/03	n. v.
06. 0. 2009	2	BvR 693/09	NZM 2010, 44 = NJW 2010, 220

BVERWG

04. 05. 1988	4	C	20.85	BB 1988, 1994 = DVÖ 1988, 837
26. 07. 1989	8	B	112.89	DWE 1990, 68 = ZMR 1990, 71
28. 02. 1990	4		32.90	NVwZ 1990, 655
12. 02. 1992	1	BvL	1/89	DWE 1992, 69 = NJW 1992, 1673
14. 08. 1992	8	C	39.91	NVwZ 1993, 1106 = WM 1993, 70
25. 02. 1994	8	C	2.92	NJW-RR 1995, 73 = WM 1994, 348
18. 03. 1994	8	C	15/93	NJW-RR 1994, 972 = WE 1994, 369
06. 12. 1994	1	B	234/94	NVwZ-RR 1995, 197
01. 11. 1999	4	B	3.99	NVwZ 2000, 680 = ZfBR 2000, 276

BERLVERFGH

06. 12. 2002	VerfGH 188/01	NZM 2003, 112

OVG HAMBURG

01. 07. 2008	1	Bf	250/07	ZMR 2009, 567

OVG MÜNSTER

03. 03. 1994	11	B	2566/93	WM 1994, 507
07. 03. 1994	22	A	753/92	WM 1994, 406
02. 07. 2002	7	B	924/02	BauR 2002, 1844
15. 04. 2009	10	B	304/09	IMR 2009, 350 = NJW 2009, 3528
28. 01. 2011	2	B	1495/10	ZWE 2011, 166

OVG SCHLESWIG

20. 08. 1991	2	L	142/91	NJW-RR 1992, 457

VGH MÜNCHEN

21. 01. 1991	23	B	88 01295	NJW-RR 1990, 718
17. 06. 1993	23	B	91 1350	NJW-RR 1994, 13
20. 11. 1997	2	B	94 3258	NZM 1999, 260

BAYVHG

26. 07. 1990	2	B	89:29.05	DNotZ 1991, 481 = DWE 1992, 27
25. 02. 1992	7	B	90 1013	n. v.
18. 12. 1992	22	B	92 1745	DWE 4/1994 = WE 1994, 370

VG DARMSTADT

07. 12. 2006	9	G	1829/06	

VG DÜSSELDORF

20. 08. 2010	25	K	3682/10	DWE 2011, 17

Schrifttum zum Wohnungseigentum

Bärmann	Wohnungseigentumsgesetz, 11. neu bearbeitete Auflage, München 2010
Bärmann/Pick	WEG – Wohnungseigentumsgesetz Kommentar, 18. Auflage, 2007 München
Becker/Kümmel/Ott	Wohnungseigentum Grundlagen – Systematik – Praxis 2. Auflage, Köln 2010
Deckert	Die Eigentumswohnung – Erwerb, Nutzung, Verwaltung, München, Loseblattsammlung mit laufenden Ergänzungslieferungen
Elzer/Fritsch/Meier	Wohnungseigentumsrecht
Hügel/Elzer	Das neue WEG-Recht, München 2007
Gottschalg	Die Haftung von Verwalter und Beirat in der Wohnungseigentümergemeinschaft, 3. Auflage, München 2009
Niedenführ/Kümmel/Vandenhouten	WEG Kommentar und Handbuch zum Wohnungseigentumsgesetz, 9., völlig neu bearbeitete Auflage, Heidelberg 2009
Müller	Praktische Fragen des Wohnungseigentums, Schriftenreihe der Neuen Juristischen Wochen-Schrift, Heft 43, 5. Auflage, München 2010
Röll/Sauren	Handbuch für Wohnungseigentümer und Verwalter, 9., völlig neu bearbeitete Auflage, Köln 2008
Seuß/Jennißen	Die Eigentumswohnung Finanzierung/Erwerb/Nutzung/Verwaltung 12., völlig neu bearbeitete Auflage, München 2008

Anhang 5

Abkürzungsverzeichnis

a. A.	anderer Ansicht
a. a. O.	am angeführten Ort
Abs.	Absatz
Abl.	Amtsblatt
a. F.	alte Fassung
AG	Amtsgericht
AGB	Allgemeine Geschäftsbedingungen
AGBG	Gesetz zur Regelung des Rechts der Allgemeinen Geschäftsbedingungen
AHB	Allgemeine Versicherungsbedingungen für die Haftpflichtversicherung
AIZ	Allgemeine Immobilienzeitung (Zeitschrift)
AktG	Aktiengesetz
Anm.	Anmerkung
Anh.	Anhang
AO	Abgabenordnung
Art.	Artikel
Aufl.	Auflage
AufzV	Verordnung über Aufzugsanlagen (Aufzugsverordnung)
AVBFernwärmeV	Verordnung über allgemeine Bedingungen für die Versorgung mit Fernwärme
Az.	Aktenzeichen
BaFin	Bundesanstalt für Finanzdienstleistungsaufsicht
BauGB	Baugesetzbuch
BauR	Baurecht (Zeitschrift)
BayBauO	Bayerische Bauordnung
BayObLG	Bayerisches Oberstes Landesgericht
BayObLGZ	Entscheidungen des Bayerischen Obersten Landesgerichts in Zivilsachen (Entscheidungssammlung)
BazBV	Basiszinssatz-Bezugsgrößen-Verordnung
BB	Betriebsberater (Zeitschrift)
BBauBl.	Bundesbaublatt (Zeitschrift)
BBauG	Bundesbaugesetz
Bd.	Band
BerechnungsVO	Berechnungsverordnung
Beschl.	Beschluss
BGB	Bürgerliches Gesetzbuch
BGBl.	Bundesgesetzblatt

BGH	Bundesgerichtshof
BGHZ	Entscheidungen des Bundesgerichtshofes in Zivilsachen (Entscheidungssammlung)
Bl.	Blatt
BlBGW	Blätter für Bau-, Grundstücks- und Wohnungsrecht (Zeitschrift)
BlnGrdE	Das Grundeigentum (Zeitschrift, Berlin)
BRAGO	Bundesgebührenordnung für Rechtsanwälte
BVerfG	Bundesverfassungsgericht
BV	Berechnungsverordnung
BVO	Berechnungsverordnung
bzw.	beziehungsweise
ca.	circa
DB	Der Betrieb (Zeitschrift)
d. h.	das heißt
DIN	Deutsche Industrienorm
DNotZ	Deutsche Notarzeitung (Zeitschrift)
DRsp	Deutsche Rechtsprechung (Entscheidungssammlung)
DÜG	Diskontsatz-Überleitungs-Gesetz
DVO	Durchführungsverordnung
DWE	Der Wohnungseigentümer (Zeitschrift)
DWW	Deutsche Wohnungswirtschaft (Zeitschrift)
EnEG	Gesetz zur Einsparung von Energie in Gebäuden
EneV	Energieeinsparungsverordnung
ErbbauVO	Verordnung über das Erbbaurecht (Erbbaurechtsverordnung)
EStDV	Einkommensteuer-Durchführungsverordnung
EStG	Einkommensteuergesetz
evtl.	eventuell
f., ff.	folgende, fortfolgende
FGG	Gesetz über Angelegenheiten der freiwilligen Gerichtsbarkeit
FGPrax	Praxis der freiwlligen Gerichtsbarkeit (Zeitschrift, früher OLGZ)
GBO	Grundbuchordnung
GbR	Gesellschaft Bürgerlichen Rechts
GBVfg.	Grundbuchverfügung
gem.	gemäß
GG	Grundgesetz
GmbH	Gesellschaft mit beschränkter Haftung
GKG	Gerichtskostengesetz
GmS-OGB	Gemeinsamer Senat der obersten Gerichtshöfe des Bundes

GoA	Geschäftsführung ohne Auftrag
GVBl.	Gesetz- und Verordnungsblatt
GVB	Gerichtsverfassungsgesetz
GwG	Geldwäschegesetz
H.	Heft
HansOLG	Hanseatisches Oberlandesgericht
HeizAnlV	Heizunsganlagen-Verordnung
HeizBetrV	Heizungsbetriebs-Verordnung
HeizkostenV	Verordnung über die verbrauchsabhängige Abrechnung der Heiz- und Warmwasserkosten
HessNachbG	Hessisches Nachbarrechtsgesetz
h. M.	herrschende Meinung
HmbGrdE	Hamburger Grundeigentum (Zeitschrift)
HOAI	Honorarordnung für Architekten und Ingenieure
i. d. F.	in der Fassung
i. d. R.	in der Regel
IHK	Industrie- und Handelskammer
IMR	Immobilien- und Mietrecht (Zeitschrift)
InsO	Insolvenzordnung
i. S.	im Sinne
i. Ü.	im Übrigen
i. V. m.	in Verbindung mit
JMBl.NW	Justizministerialblatt für das Land Nordrhein-Westfalen
JurBüro	Das juristische Büro (Zeitschrift)
Justiz	Die Justiz (Zeitschrift)
JZ	Juristen-Zeitung (Zeitschrift)
KG	Kammergericht (Berlin)
KGR	Rechtsprechung des KG Berlin (Rechtsprechungssammlung des KG Berlin)
KostO	Gesetz über die Kosten in Angelegenheiten der freiwilligen Gerichtsbarkeit (Kostenordnung)
K	Kurzwelle
L	Veröffentlichte Entscheidung in Leitsatzform
LG	Landgericht
L-M-K (-Empfang)	Lang-, Mittel-, Kurzwellen-Empfang
LW	Langwelle
MaBV	Makler- und Bauträgerverordnung
m. Anm.	mit Anmerkung
MDR	Monatsschrift für Deutsches Recht (Zeitschrift)
MHG	Gesetz zur Regelung der Miethöhe
MHRG	Gesetz zur Regelung der Miethöhe
MietRÄndG	Mietrechts-Änderungsgesetz
MittBayNot	Mitteilungen der Bayerischen Notarkammer (Zeitschrift)

MittRhNotK	Mitteilungen der Rheinischen Notarkammer (Zeitschrift)
MM	Mieter-Magazin (Zeitschrift)
MRVG	Mietrechtsverbesserungsgesetz (Gesetz zur Rege-lung von Architekten und Ingenieurleistungen)
MW	Mittelwelle
m. w. N.	mit weiteren Nachweisen
MWSt.	Mehrwertsteuer
NdsRpfl.	Niedersächsische Rechtspflege (Zeitschrift)
NJW	Neue Juristische Wochenzeitschrift (Zeitschrift)
NJW-RR	NJW-Rechtsprechungs-Report (Zeitschrift)
NMV	Neubaumietenverordnung
n. v.	nicht veröffentlicht
Nr.	Nummer
NW	Nordrheinwestfalen
NZM	Neue Zeitschrift für Miet- und Wohnungsrecht
OLG	Oberlandesgericht
OLGZ	Entscheidungen der Oberlandesgerichte in Zivilsachen (Entscheidungssammlung)
PreisangabenVO	Preisangabenverordnung
R	Veröffentlichte Entscheidungen mit Begründung
r	Veröffentlichte Entscheidungen in redaktioneller Bearbeitung
Rdnr.	Randnummer
RGBl.	Reichsgesetzblatt
Rn	Randnummer
Rpfleger	Der Deutsche Rechtspfleger (Zeitschrift)
RVG	Rechtsanwaltsvergütungsgesetz
Rz.	Randziffer
S.	Seite
s. o.	siehe oben
s. u.	siehe unten
SchlHolA	Schleswig-Holsteinische Anzeigen
StGB	Strafgesetzbuch
TE	Teilungserklärung
U	Umschlagseite
u. U.	unter Umständen
UWG	Gesetz gegen den unlauteren Wettbewerb
VDI	Verein Deutscher Ingenieure
VersR	Versicherungsrecht (Zeitschrift)
VOB/B	Verdingungsordnung für Bauleistungen/Teil B
VVG	Gesetz über den Versicherungsvertrag
WE	Wohnungseigentum (Zeitschrift)
WEG	Wohnungseigentumsgesetz

WEM	Wohnungseigentümer-Magazin (Zeitschrift)
WHG	Wasserhaushaltsgesetz
WM	Wohnungswirtschaft und Mietrecht (Zeitschrift)
WertpMitt	Wertpapier-Mitteilungen (Zeitschrift, in anderen Veröffentlichungen auch in der Abkürzung WM gebräuchlich)
WoBindG	Gesetz zur Sicherung der Zweckbestimmung von Sozialwohnungen (Wohnungsbindungsgesetz)
WoFG	Wohnraumförderungsgesetz
WoGG	Wohngeldgesetz
WohnGebBefrG	Gesetz über Gebührenbefreiung beim Wohnungsbau
WoVermG	Gesetz zur Regelung der Wohnungsvermittlung (Wohnungsvermittlungsgesetz)
WuH	Wohnung und Haus (Zeitschrift)
ZfBR	Zeitschrift für deutsches und internationales Baurecht
ZfgWBay	Zeitschrift für das gemeinnützige Wohnungswesen in Bayern
ZfIR	Zeitschrift für Immobilienrecht
Zif.	Ziffer
ZMR	Zeitschrift für Miet- und Raumrecht
ZPO	Zivilprozessordnung
ZS	Zivilsenat
ZVG	Gesetz über die Zwangsversteigerung und Zwangsverwaltung
ZWE	Zeitschrift für Wohnungseigentumsrecht

Stichwortverzeichnis

C

D

E

G

H

J

K

N

O

P

Q

R

S

U

V

Z